Money, Banking, AND THE Financial System
FOURTH EDITION

4판

Hubbard
화폐금융

GLENN HUBBARD · ANTHONY PATRICK O'BRIEN 지음
설윤 감수 김성은 · 김현학 · 노산하 · 설윤 옮김

Pearson

교문사

4판

Hubbard 화폐금융

Money, banking, and the financial system, Fourth edition

2023년 2월 28일 4판 1쇄 펴냄
지은이 Glenn Hubbard · Anthony Patrick O'Brien
감 수 설윤
옮긴이 김성은 · 김현학 · 노산하 · 설윤
펴낸이 류원식 | **펴낸곳 교문사**

편집팀장 김경수 | **디자인** 신나리 | **본문편집** 홍익 m&b

주소 (10881) 경기도 파주시 문발로 116(문발동 536-2)
전화 031-955-6111~4 | **팩스** 031-955-0955
등록번호 1968. 10. 28. 제406-2006-000035호
홈페이지 www.gyomoon.com | **E-mail** genie@gyomoon.com

ISBN 978-89-363-2406-3 (93320)
값 38,000원

* 잘못된 책은 바꿔 드립니다.
* 불법복사·스캔은 지적재산을 훔치는 범죄행위입니다.
  저작권법 제136조의 제1항에 따라 위반자는 5년 이하의 징역 또는 5천만 원 이하의 벌금에 처하거나 이를 병과할 수 있습니다.

글렌 허바드(Glenn Hubbard), 교수, 연구자, 및 정책입안자

글렌 허바드는 명예 학장이자 컬럼비아대학교 경영대학원 러셀 L. 칼슨(Russel L. Carson) 금융 경제학 교수이며, 예술과학 대학의 경제학 교수이다. 그는 또한 전미경제연구소의 연구위원이며 블랙 록 고정소득 기금 및 메트라이프 이사이다. 그는 1983년 하버드대학교에서 경제학으로 박사학위를 취득하였다. 1991~1993년 재무부 부차관보였으며, 2001~2003년 동안 백악관 경제자문회와 OECD 경제정책위원회 의장으로 봉사하였다. 그는 현재 민간 자본시장규제위원회의 공동의장이다. 허바드의 전문영역은 공공경제학, 자본시장 및 금융기관, 기업재무, 거시경제학, 산업조직론 및 공공정책이다. 그는 *American Economic Review, Brookings Papers on Economic Activity, Journal of Finance, Journal of Financial Economics, Journal of Money, Credit, and Banking, Journal of Political Economy, Journal of Public Economics, Quarterly Journal of Economics, RAND Journal of Economics, and Review of Economics and Statistics*를 포함한 주요 학술지에 100편 이상의 논문을 게재하였다. 그의 연구는 국가과학재단, 전미경제연구소, 및 다수의 민간 재단으로부터 연구비를 지원받아 수행되었다.

토비 오브라이언(Anthony Patrick O'Brien), 수업상 수상자, 교수 및 연구자

앤서니 패트릭 오브라이언은 리하이대학교 경제학 교수이다. 그는 1987년 캘리포니아 버클리대학교에서 박사학위를 취득하였다. 그는 20년 이상 대형강좌와 소형영예강좌에서 둘 다 경제학원론을 강의해 오고 있다. 그는 리하이대학교에서 최고 수업상을 받았다. 그는 과거 경제교육의 다이아몬드 센터의 이사였으며, 다나 파운데이션 패컬티 펠로우 및 리하이 클래스 1961 경제학 교수였다. 그는 캘리포니아 산타바바라대학교와 카네기멜론대학교의 산업경영대학원의 방문교수로 활동하였다. 오브라이언의 연구는 미국 자동차 산업의 진화, 미국 경제적 경쟁의 원천, 미국 무역정책의 발전, 대공황의 원인 및 흑-백 소득격차의 원인과 같은 이슈를 다루었다. 그의 연구는 *American Economic Review, Quarterly Journal of Economics, Journal of Money, Credit, and Banking, Industrial Relations, Journal of Economic History, and Explorations in Economic History*를 포함한 주요 학술지에 게재하였다. 그의 연구는 정부기관과 민간 재단으로부터 연구비를 지원받아 수행되었다.

화폐와 금융은 한 국가경제뿐만 아니라 세계경제와 밀접하게 관련되어 있다. 최근 COVID-19 팬데믹으로 발생된 위기는 전 세계적으로 파급되어 확산되었다. 이러한 위기는 실업률 증가, 기업파산, 주식가격 변동성 확대 및 예상치 못한 통화정책 조치 등의 결과를 초래하였다. 실물경제의 위기를 진화하기 위해 각국은 시장에 유동성을 공급하면서 저금리의 통화정책을 유지하였다. 하지만 2022년 초 발발된 러시아·우크라이나 전쟁과 지속된 저금리 상황은 인플레이션을 촉발시켰다. 통화정책과 금융시장의 변동은 실물경제에 영향을 미치고 이에 따른 개별 경제주체의 의사결정에도 막대한 영향을 미친다. 매일 매일 살아가는 모든 이에게 화폐와 금융시장에 대한 이해의 중요성은 강조해도 지나침이 없다.

컬럼비아대학교 경영대학원 러셀 L. 칼슨(Russel L. Carson) 금융 경제학 교수인 글렌 허바드 교수와 리하이대학교 경제학과 교수인 토비 오브라이언 교수의 Money, Banking, and the Financial System(fourth edition)은 화폐와 금융의 세계적인 역작이다. 본 교과서는 저자들이 지난 15년 동안 관찰했던 화폐를 어떻게 차입하고 대여해 왔는지, 은행과 다른 금융기관이 어떻게 작동하고 있는지, 정책입안자가 금융시스템을 어떻게 규제하여 왔는지에 대한 극적인 변화의 산물이다. 이 책의 궁극적인 목적은 교수와 학생 및 일반인에게 금융시스템과 통화정책 수행의 변화를 이해하는 도구를 제공하는 것이다.

책의 구성은 화폐와 금융시스템, 지급시스템, 이자율과 수익률, 이자율 결정의 화폐와 금융의 기초 내용을 시작으로 이자율 위험 구조와 기간 구조, 주식시장과 효율성, 파생시장 및 외환시장의 금융시장 내용을 담고 있다. 금융기관에 대해 거래비용, 비대칭정보, 금융시스템에 대한 이해를 시작으로 은행, 그림자 금융 및 비은행기관에 대한 내용과 금융 위기와 금융 규제에 대한 내용을 포함하였다. 통화정책에 대해서는 연방준비제도와 중앙은행, 연준의 재무상태표 및 화폐공급과정, 통화정책, 국제금융시스템에 대한 내용으로 구성되었다. 마지막으로 전통적인 총수요와 공급 모형과 *IS-MP* 모형을 바탕으로 한 금융시스템과 거시경제학에 대해 구성되었다.

이 책의 또 다른 특징은 화폐와 금융이 시간의 흐름에 따라 빠르게 변화하는 만큼 새로운 주제를 포함하여 새로운 버전으로 개정되었다. 예를 들면, 최근 개정판에서는 COVID-19

팬데믹의 금융시스템에 대한 영향, 팬데믹에 대한 연준의 조치, 연준의 독립성과 구조에 대한 지속적인 논쟁, 역사적으로 저금리의 금융시스템에 대한 영향, 국제금융시스템에서의 미국 달러의 진화 등 새로운 내용을 다루고 있다.

역자들은 전공으로서 화폐와 금융을 수강하는 경제학과 경영학 또는 금융전공 학생들뿐만 아니라 일반인에게도 유익한 지식과 정보를 제공할 것을 기대한다. 역자들은 원서의 용어와 표현 등 한국어로 번역하는 과정에서 독자들에게 얼마나 원서의 내용을 잘 전달할 수 있는지 고민을 거듭하면서 번역을 진행하였다. 미흡한 점에 대해서는 독자들의 의견을 경청하여 지속적으로 개선할 것을 약속드린다. 많은 격려와 성원을 부탁드린다.

마지막으로 역자들은 출간의 모든 과정에서 전폭적인 지지를 해 주신 교문사의 류원식 대표와 성실하고 편하게 작업을 진행하도록 노력하신 진경민 과장께 감사드린다. 또한 꼼꼼하고 세심하게 편집을 진행한 김경수 팀장에게 감사의 말씀을 드린다.

2023년 2월
역자 대표 설 윤

간단한 차례

차례

Chapter 3 이자율과 수익률   57

Chapter 7   파생상품과 파생상품 시장   209

Chapter 8   외환시장   243

Chapter 13 미국 연방준비제도와 중앙은행   423

Chapter 16 국제금융시스템과 통화정책   537

Chapter 17 화폐이론 I: 총수요와 총공급 모형   575

Chapter 18 화폐이론 II: *IS-MP* 모형 609

CHAPTER 1

화폐와 금융시스템 소개

학습목표

이번 장을 통해 다음을 이해할 수 있다.

1.1 금융시스템의 주요 요소를 파악한다.

1.2 2007~2009 그리고 2020년 금융위기에 대해 전반적으로 이해한다.

1.3 금융시스템에 관련한 주요 이슈와 질문들에 대해 설명한다.

코로나 바이러스, 금융시장과 자금의 흐름

개인과 기업은 **금융시장**에서 주식, 채권, 그리고 기타 증권들을 사고판다. 월스트리트 저널의 기사에 따르면 2020년 3월 16일은 "금융시장 최악의 날 중 하나"였는데, 그 이유는 코로나 바이러스의 유행이었다. 대유행으로 인해 생산, 고용, 이익이 감소하면서 미국에 심각한 불황이 초래될 것이 분명해지자, 많은 투자자들이 금융자산 매입을 중단했다. 기업, 지방 정부, 학군 모두 하루이틀의 단기자금도 금융시장을 이용해 돈을 빌리는 게 어렵다고 봤다. 그 결과 직원들의 급여와 임금을 포함한 지출을 앞다투어 실시하였다.

미국의 중앙은행인 연방준비제도이사회(Federal Reserve Board, FRB)(이하 '연준'이라 지칭)는 **금융시스템**을 안정시키고 대출자들의 신용 흐름을 회복하기 위한 조치를 취했다. 연준의 개입은 기업들과 지방정부들이 지출을 실시하는데 도움을 주었지만, 많은 사람들은 계속해서 금융시스템에 문제가 있다고 느꼈다. 이 책 후반에서는 2020년에 금융시스템을 안정화하려는 연준의 시도와 더불어 금융불안 초기의 상황을 더 면밀히 살펴볼 예정이다.

잘 작동하는 금융시스템은 경제 번영의 결정적 요소이다. 우리는 현대와 과거의 경제 경험을 통해 효율적인 금융시스템이 없다면 차입이나 대출이 거의 없을 것이라는 것을 알고 있다. 이러한 상황에서, 사람들은 낮은 소득도 얻기 힘들 것이고, 그 나라는 거의 경제적 발전을 이루지 못할 것이다.

경제에 대한 차입과 대출의 중요성을 이해하기 위해서 스마트폰 앱(App)을 디자인하는 일을 하고 있다고 가정해보자. 이 앱을 통해 학생은 제한된 시간 동안 저렴한 가격으로 휴대폰에서 교과서 챕터를 볼 수 있다. 예를 들어, 만약 학생이 미적분학 교과서를 구입하지 않았지만 숙제를 하기 위해 10장을 봐야 한다면, 해당 장을 6시간 동안 $5에 이용할 수 있게 하는 것이다.[1] 이를 위해서는 콘텐츠에 접근하기 위해서 교과서 출판사와 협상하고, 페이지를 디자인하고 소프트웨어를 완벽하게 만들고, 앱 스토어에 올리고, 해당 앱을 학생들에게 마케팅도 해야 한다. 즉, 앱 판매 수익을 얻기 위해서는 많은 돈을 써야 한다. 과연 이 돈을 어디서 구할 수 있을까?

---

[1] 만약 이와 같은 아이디어로 창업을 하고 성공하였다면 이 아이디어를 어디서 얻었는지 상기하기 바랍니다.

여러분은 오늘날과 과거의 거의 모든 기업가와 같은 도전에 직면했다. **금융시스템**의 역할은 가계 및 기타 저축자들의 자금을 기업에 전달하는 것이다. 기업이 창업하고 생존하고 성장하기 위해서는 자금(fund)에 접근할 수 있어야 한다. 기업은 농장이 물에 의존하는 것처럼 자금에 의존한다. 예를 들어, 남부 애리조나나 캘리포니아의 중앙 계곡의 넓은 지역에 비옥한 토양을 가지고 있지만 비가 거의 내리지 않는 것을 생각해보자. 저수지와 운하의 정교한 관개 시스템이 없었다면, 물은 이 지역으로 흐르지 않았을 것이고, 농부들은 방대한 양의 상추, 아스파라거스, 목화와 같은 작물을 기를 수 없었다. 금융시스템에는 물이 아닌 돈이 흐르지만 금융시스템은 관개시스템과 같다.

금융위기 동안, 금융시스템은 붕괴되었고, 일부 미국 경제에서는 자금이 원활하게 흐르지 않았다. 캘리포니아의 샌 호아킨 계곡의 관개수를 차단하면 농작물 생산이 중단되는 것처럼, 금융시스템의 붕괴는 경제 전반에 걸쳐 상품과 서비스의 생산 감소를 초래한다. 2007~2009년과 2020년의 불경기는 모두 재정위기를 동반했고, 이는 1930년대 대공황 이후 세계가 경험한 최악의 불황이었다.

물 흐름을 복원하기 위해 손상된 관개수로를 보수하려는 엔지니어들처럼 미 재무부와 연준 관계자들은 2007~2009년과 2020년 금융위기 때 은행과 금융시장을 통한 기업과 가계의 자금 흐름을 복원하기 위해 강력한 조치를 취했다. 비록 이러한 정책들 중 일부는 논란의 여지가 있었지만, 대부분의 경제학자들은 금융시스템을 안정시키기 위해 정부의 개입이 필요했다고 주장한다.

다행히도, 대형 금융위기에도 불구하고 금융시스템은 금방 안정을 되찾았다. 그러나 다음 장에서 보겠지만, 평상시에도 금융시스템을 통해 자금이 흘러들어가는 능력은 모든 가계와 기업에 중요하다.

이 장에서는 금융시스템의 중요한 구성 요소에 대한 개요를 제시하고 책 전반에 걸쳐 살펴볼 주요 쟁점과 질문을 소개한다.

1.1 금융시스템의 주요 요소

학습목표: 금융시스템의 주요 요소를 파악한다.

이 책의 목적은 현대 금융시스템을 이해하는 데 필요한 도구를 제공하는 것이다. 먼저 금융시스템의 세 가지 주요 구성요소를 숙지해야 한다.

1. 금융자산
2. 금융기관
3. 연방준비제도(Fed)와 다른 금융규제기관들

이제 이러한 각 구성 요소를 짧게 살펴본 후 이후 장에서 다시 살펴본다.

자산
개인이나 법인이 가지고 있는 가치 있는 모든 것

금융자산
다른 사람에 대한 지급 청구를 나타내는 자산

금융자산

몇 가지 기본적인 용어부터 살펴보자. **자산**(asset)은 사람이나 회사가 소유한 가치 있는 모든 것이다. **금융자산**(financial asset)은 금융 청구권이며, 금융자산을 소유하고 있다면 다른 사람에게 돈을 지불할 청구권이 있다는 것을 의미한다. 예를 들어, 은행 당좌예금 계좌는 당신이 은행에 대해 당신의 계좌의 달러 가치에 해당하는 금액을 지불하라는 요구를 나타내기 때문에 금융자산이다. 경제학자들은 금융자산을 **증권**(securitiy)인 자산과 그렇지 않은 자산으로 나눈다. **증권**(security)은 **거래**할 수 있는데, 이는 **금융시장**에서 사고팔 수 있다는 것을 의미한다. **금융시장**(financial market)은 뉴욕 증권거래소와 같이 주식, 채권, 기타 증권들을 사고팔기 위한 물리적이고 가상적인 장소이다. 애플이나 테슬라의 주식을 소유하고 있다면 그 주식을 주식 시장에서 팔 수 있기 때문에 유가증권을 소유하고 있는 것이다. 시티은행이나 뱅크오브아메리카에 당좌예금 계좌는 판매할 수 없기 때문에 당좌예금 계좌는 자산이지만 증권은 아니다.

　이 책에서는 많은 금융자산에 대해 논의할 것인데, 이는 다음 다섯 가지 주요 범주로 분류할 수 있다.

1. 화폐
2. 주식
3. 채권
4. 환율
5. 유동화 대출

화폐　비록 우리가 전형적으로 "화폐"를 동전과 지폐로 생각할지라도, **화폐**에 대한 협의의 정의에서도 당좌예금을 포함한다. 사실, 경제학자들이 내리는 **화폐**(money)에 대한 매우 일반적인 정의는 "사람들이 재화와 용역에 대한 지불이나 빚을 갚기 위해 기꺼이 받아들이는 모든 것"이다. **화폐공급**(money supply)은 경제에서 화폐의 총량이다. 우리가 2장에서 보게 될 것처럼, 화폐는 경제에서 중요한 역할을 하며, 그것을 측정하는 가장 좋은 방법에 대해서는 논쟁이 있다.

주식　자기자본(equity)이라고도 불리는 **주식**(stock)은 기업의 일부 소유권을 나타내는 금융증권이다. 당신이 마이크로소프트 주식을 사면 당신은 마이크로소프트 **주주**(shareholder)가 되고 회사의 일부를 소유하게 된다. 비록 마이크로소프트가 70억 주 이상의 주식을 발행했기 때문에 당신의 주식은 회사의 극히 일부분에 불과하지만 말이다. 기업이 주식을 추가로 팔 때, 그것은 작은 회사의 주인이 파트너를 맡을 때 하는 것과 같은 일을 하는 것이다. 즉, 그 회사의 **금융자본**(financial capital)인 회사가 사용할 수 있는 자금을 늘리는 것이다. 주식회사 주식의 소유자로서, 당신은 그 회사의 자산이나 이익의 일부에 대한 법적 권리를 가진다. 기업은 이익의 일부를 **이익잉여금**으로 유지하고 나머지를 **배당금**(dividend) 형태로 주주들에게 지급하는데, 이는 통상 기업이 분기별로 지급하는 지급액　이다.

채권　기업이나 정부가 발행한 **채권**(bond)을 사는 것은 정해진 금액을 기업이나 정부에 빌려주는 것이다. **이자율**(interest rate)은 자금을 빌리는 비용(또는 대출 자금에 대한 지불)으로, 보통 빌린 금액의 백분율 만기로 표현된다. 예를 들어 친구에게 $1,000를 빌린 후 1년 후에 $1,100를 갚으면 대출금리는 $100/$1,000 = 0.10으로 10%가 된다. 채권은 일반적

증권
금융시장에서 사고팔 수 있는 금융자산

금융시장
주식, 채권 및 기타 유가증권의 매수 또는 판매를 위한 장소 또는 통로

화폐
재화와 용역에 대한 지불이나 빚을 갚기 위해 일반적으로 받아들여지는 모든 것

화폐공급
경제에 공급된 화폐의 총량

주식
기업의 일부 소유권을 나타내는 금융 담보이며, 자본이라고도 함

배당금
기업이 주주에게 지급하는 것

채권
일정한 금액의 상환 약속을 나타내는 법인이나 정부가 발행하는 금융 담보

이자율
자금을 빌리는 비용(또는 대출에 대한 지불)으로 일반적으로 빌린 금액의 백분율로 표현됨

으로 **쿠폰**(coupon)이라고 불리는 고정 금액의 이자를 지불한다. 채권이 **만기**(mature)가 되면 채권 판매자는 원금을 상환한다. 예를 들어, IBM에서 발행한 연간 $40의 쿠폰과 30년의 만기가 있는 $1,000의 채권을 구입하는 경우, IBM은 향후 30년간 매년 $40를 지급하게 되며, 그 후 IBM은 $1,000의 원금을 지급하게 된다. 1년 이내에 만기가 돌아오는 채권은 **단기채권**이고, 1년 이상 만기가 돌아오는 채권은 **장기채권**이다. 채권은 금융시장에서 사고팔 수 있기 때문에 주식과 마찬가지로 증권이다.

환율 한 국가에서 구매되는 많은 상품과 서비스는 그 나라 밖에서 생산된다. 마찬가지로 외국 정부와 기업이 발행한 금융자산을 사들이는 투자자들도 많다. 외국 상품과 서비스 또는 외국 자산을 사들이려면 국내 기업이나 국내 투자자가 먼저 국내 화폐를 외화로 환전해야 한다.

환율
외국화폐의 단위

　　예를 들어, 가전업체 베스트바이는 소니 TV를 수입할 때 미국 달러를 일본 엔화로 교환한다. **환율**(foreign exchange)은 외화 단위를 말한다. 외환의 가장 중요한 매수자와 매도자는 대형은행이다. 은행은 외국 금융자산을 사려는 투자자들을 대신해 외화거래를 벌인다. 또한 은행은 재화와 서비스를 수출입하거나 외국 공장 등 실물자산에 투자하려는 기업을 대신해 외화 거래도 벌인다.

유동화 대출 차값이나 집값을 완납할 현금이 없다면 은행에 대출 신청을 하면 된다. 마찬가지로 개발업자가 사옥이나 쇼핑몰을 신축하고 싶을 경우 개발업자는 은행에서 대출을 받을 수 있다. 약 35년 전까지만 해도 은행들은 대출자가 대출금을 갚을 때까지 대출 이자 지급액을 모아 수익을 올리겠다는 취지로 대출을 했다. 금융시장에서 대부분의 대출을 팔 수 없어 대출은 금융자산이지 증권이 아니었다. 11장에서 논의하겠지만 그 후 연방정부와 일부 금융회사들이 많은 유형의 대출 시장을 만들었다. 은행들이 금융시장에서 팔 수 있는 대출이 증권이 되는, 대출금을 증권으로 전환하는 과정을 **증권화**(securitization)라고 한다.

증권화
거래할 수 없는 대출 및 기타 금융자산을 유가증권으로 전환하는 과정

　　예를 들어, 은행은 대출자가 집을 사기 위해 사용하는 대출인 담보대출(모기지, mortgage)을 허가하고, 그 담보대출을 정부기관이나 금융회사에 매각하여 다른 은행이 허가한 유사한 담보대출과 함께 묶을 수 있다. 이 담보대출 묶음은 채권과 같은 기능을 할 **모기지담보증권**(mortgage-backed security)이라고 불리는 새로운 담보권의 기초를 형성할 것이다. 투자자가 IBM으로부터 채권을 살 수 있는 것처럼 투자자는 정부기관이나 금융회사로부터 모기지담보증권을 살 수 있다. **발행자**(originate)는 원래의 담보대출을 허가하거나 대출자들이 지불한 이자를 회수하여 담보대출을 산 투자자들에게 분배하기 위해 정부기관이나 금융회사에 이자를 보낼 것이다. 은행은 대출 원금과 대출 상환금을 차주로부터 회수해 모기지담보증권 발행자에게 송금함으로써 수수료를 받게 된다.

금융부채
개인이나 법인이 가지는 금전적 청구권

　　저축자는 차입자가 금융자산으로 보는 것을 금융부채로 본다. **금융부채**(financial liability)는 개인이나 회사가 부담해야 할 금전적 청구권이다. 예를 들어 은행에서 자동차 대출을 받을 경우, 대출금이 상환될 때까지 매달 은행에 일정 금액을 납부하겠다는 약속을 나타내기 때문에 은행 입장에서는 자산이다. 그러나 당신은 대출에 명시된 지불을 은행에

빚지고 있기 때문에, 대출자인 당신에게는 부채가 된다.

금융기관

금융시스템은 (1) 은행 및 기타 **금융중개자**(financial intermediary)와 (2) **금융시장**(financial market)의 두 가지 경로를 통해 저축자와 대출자를 연결한다. 이 두 채널은 자금이 저축자 또는 대출기관으로부터 대출자에게 어떻게 흘러가는지에 따라 그리고 관련된 금융기관에 따라 구별된다.[2] 자금은 은행과 같은 **금융중개기관**을 통해 간접적으로 또는 뉴욕 증권 거래소와 같은 금융시장을 통해 직접적으로 대출자에게로 흘러간다.

만약 당신이 차를 사기 위해 은행에서 대출을 받는다면, 경제학자들은 이 자금의 흐름을 **간접금융**이라고 부른다. 은행이 당신에게 빌려주는 자금이 은행의 당좌예금이나 저축예금에 돈을 넣어둔 사람들로부터 오기 때문에 그 흐름은 간접적이다. 그런 의미에서 은행은 당신에게 직접 자금을 빌려주지 않는다. 반면 기업이 발행한 지 얼마 안 된 주식을 사들이면 자금이 본인으로부터 회사로 바로 흘러가고 있기 때문에 자금 흐름은 **직접금융**이다.

저축자와 대출자는 가계(경제학자들이 가족이나 혼자 사는 개인을 지칭하는 방식), 기업 또는 정부가 될 수 있다. 그림 1.1은 금융시스템을 다음과 같이 보여준다.

- 저축자에서 대출자로 자금 전달
- 채널은 저축자들에게 직간접적으로 **상환한다**(저축자들은 주식 배당금, 채권 쿠폰 지급, 대출 이자 지급 등 다양한 형태로 수익을 받는다).
- 상업은행이 금융시장에서 채권을 구입하는 경우와 같이 금융중개기관과 금융시장 간의 자금 경로 설정

그림 1.1은 금융시스템을 통해 자금이 어떻게 흘러가는지에 대한 개요를 제공한다. 이 절에서 몇 가지 핵심 개념에 대해 설명하겠지만, 대부분의 논의는 뒷장에 있다.

금융중개기관　**상업은행**(commercial bank)은 가장 중요한 금융중개기관이다. 상업은행은 가계와 기업으로부터 예금을 가져와서 대부분의 예금을 주택 보유 및 회사에 대출하거나 국채나 증권화 대출과 같은 유가증권을 매입하여 금융시스템에 중요한 역할을 한다. 대부분의 가계는 자동차나 집과 같은 '고가의 물건'을 구입할 때 은행에서 돈을 빌린다. 이와 비슷하게, 많은 기업들은 재고자산(생산하거나 매입하였으나 아직 판매되지 않은 재화기업)을 지급하기 위한 자금이나 급여를 충족시키기 위해 은행 대출을 받는다. 많은 기업들이 은행 대출에 의존해 재고 대금을 지급하거나 급여를 맞춰야 하는 시점과 재화와 용역의 판매로 수익을 얻는 시점 사이의 격차를 해소한다. 일부 기업은 회사를 물리적으로 확장하기 위해

금융중개기관
저축자에게 자금을 빌려 대출자에 자금을 빌려주는 은행과 같은 금융기관

상업은행
예금을 받아 대출에 활용하는 금융중개 역할을 하는 금융회사

---

[2] 편의상 자금을 대출하거나 투자할 의사가 있는 가계, 기업, 정부를 대부자로 지칭하는 경우가 있으며, 그 자금을 사용하고자 하는 가계, 기업, 정부를 차입자로 지칭하는 경우가 있다. 자금의 흐름이 항상 대출의 형태를 띠는 것은 아니기 때문에 이 구분이 엄밀하지는 않다. 예를 들어, 주식을 사는 투자자들은 회사에 돈을 빌려주는 것이 아니라 회사의 부분 소유권을 사는 것이다.

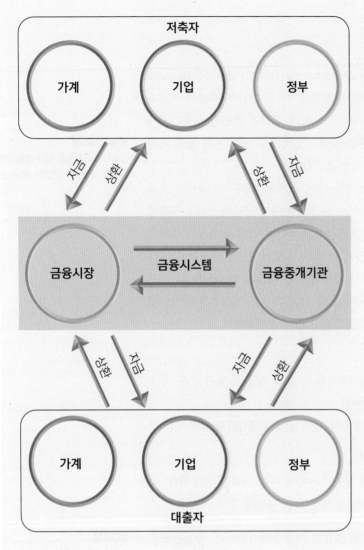

그림 1.1

금융시스템을 통한 자금 이동

금융시스템은 저축자들로부터 대출자들에게 자금을 보낸다. 대출자들은 금융시스템을 통해 저축자들에게 상환한다. 저축자와 대출자는 국내외 가계, 기업, 정부를 포함한다.

필요한 자금 등 장기적인 신용 수요를 충족시키기 위해 은행 대출을 받기도 한다.

각 장마다 학습 내용과 관련된 뉴스 기사나 응용에 대해서 설명하는 '개념적용'이 적어도 하나씩은 있다. 기술 발전으로 P2P(peer-to-peer) 대출이 어떻게 증가했는지에 대한 논의는 다음 '개념적용'을 읽어 보기 바란다.

개념 적용

P2P 대출의 발전과 핀테크

대기업은 주식과 채권을 팔아 금융시장에서 자금을 조달할 수 있지만 중소기업과 가계는 그렇지 못하다. 투자자가 소기업에 대한 정보를 수집하는 데 비용이 많이 들기 때문에 이들 기업은 주식과 채권을 팔 수 없고 대신 은행 대출을 받아야 한다. 마찬가지로 개인과 가족 (경제학자들이 말하는 **가계**)이 집을 사기 위해 대출을 받을 때, 일반적으로 은행 대출을 받는다. 가계가 자동차, 가전제품, 가구를 살 때, 주로 은행 대출, 그 상품들의 판매자들에 의해 제공되는 대출, 개인 신용카드 등 세 가지 선택지에 의존해 왔다.

1990년대까지만 해도 정부의 규제로 대부분의 은행은 규모가 작았다. 이들 소규모 은행에 고용된 대출 담당자들은 지역 기업과 가계에 대한 대출 여부를 결정할 때 자신의 판단과 경험에 의존하는 경우가 많았다. 2000년대까지 은행법의 변화는 많은 중소기업과 가계들이 지역, 심지어 국가적인 기반에서 운영되는 대형은행으로부터의 대출에 의존한다는 것을 의미했다. 이들 대형은행은 전통적으로 소규모 은행의 대출 담당자들이 행사하는 개인적인 판단에 거의 여지를 남기지 않는 고정된 지침을 주로 사용했다.

2007~2009년의 금융위기 동안, 많은 수의 대출자들이 대출금을 **연체**했다. 이 대출로 인한 은행들의 손실은 1930년대 대공황 이후 가장 컸다. 이러한 손실에 대응하여 연방정부 규제당국은 은행들이 대출 가이드라인을 강화하도록 압박하기 시작했다. 은행들도 추가 손실을 피하려다 보니 대출에 더욱 신중해졌다. 이러한 요인들로 인해 기업과 가계가 대출 자격을 갖추기가 훨씬 어려워졌다.

대출이나 이자율이 낮은 신용카드의 자격요건은 **신용점수**(credit score)에 달려 있다. 피코(Fair, Isaac and Company, FICO)사는 가장 잘 알려진 신용평가사로 신용점수를 집계해 350~850점 만점으로 대출자를 평가하는데 점수가 높을수록 채무불이행 가능성이 줄어든다는 뜻이다. 신용점수는 대출자가 기타대출과 신용카드 대금을 제때 납부했는지, 대출자가 현재 거주지에 얼마나 살았는지, 현재 직장을 얼마나 다녔는지, 다른 부채가 얼마나 있는지 등 다양한 요인에 의해 결정된다.

대부분의 젊은 층은 FICO가 점수를 계산할 수 있을 만큼 긴 신용 이력을 가지고 있지 않기 때문에 신용점수가 없다. 미 연방소비자금융보호국은 미국 내 약 4,500만 명이 신용점수가 부족한 것으로 추산하고 있다. 은행들은 신용점수가 없는 사람들에게 대출을 해주기를 꺼려하고, 점수가 없거나 점수가 낮은 사람들은 고금리와 낮은 한도의 신용카드만 받을 수 있다. 이에 **P2P**(peer-to-peer) **대출기관** 또는 **시장 대출기관**(marketplace lenders)으로 알려진 새로운 회사들은 은행들이 하려고 하지 않는 대출에 대한 수요를 채워왔다. 렌딩클럽(LendingClub), 프로스퍼(Prosper), 소파이(SoFi) 등 P2P 대출 사이트는 중소기업과 가계가 온라인으로 대출을 신청할 수 있도록 했다. 이러한 대출 자금은 개인, 다른 사업체, 그리고 보험회사나 연기금과 같은 점점 더 많아지는 금융회사 등 세 가지 주요 출처에서 나온다. 은행은 주로 대출자에게 청구하는 것보다 예금자에게 더 낮은 금리를 지불함으로써 대출에 대한 이익을 얻었다. 반면 P2P 대출자는 대출자에게 일회성 수수료를 부과하고 자금을 제공하는 사람들에게 대출자로부터 대금을 회수하는 수수료를 부과함으로써 수익을 낸다.

은행과 마찬가지로 P2P 업체는 대출자의 소득 데이터, 고지서 납부 기록, 기타 대출자의 신용 이력 등을 이용해 대출금의 상환능력을 추정할 수 있다. P2P 업체가 대출자의 정보를 빠르게 평가하는 소프트웨어를 활용하고 대출 신청 과정에서 스마트폰 기술에 크게 의존하기 때문에 대출 사이트는 **금융기술**(financial technology), 즉 **핀테크**(fintech)의 한 예가 된다. 많은 대출자들은 신용카드보다 금리가 낮기 때문에 P2P 대출이 매력적이라고 생각한다. 신용카드 잔액으로 18%를 지불하는 대신, 대출자는 P2P 대출로 10%만 지불할 수 있다. 최근 몇 년 동안 채권, 은행 저축계좌 및 기타 금융자산의 금리가 기록적으로 낮자, 많은 투자자들은 대출자들이 대출을 연체할 경우 손실을 볼 수 있음에도 P2P 대출 사이트에서 이용할 수 있는 더 높은 금리로 대출을 기꺼이 해왔다.

2020년, 코로나 대유행이 시작되기 전부터 핀테크 업계는 약간의 성장통을 겪고 있었다. 렌딩클럽이나 소파이 같은 회사들은 투자자들이 예상했던 것보다 수익성이 낮았다. 일부 분석가들은 이 기업에서 대출자들의 신용도를 평가하기 위해 사용하고 있는 컴퓨터 알고리즘이 대출자들의 소득을 확인하는 등 은행이 사용하는 전통적인 방법보다 채무불이행 예측력이 더 미흡하다고 생각했다. 일부 다른 국가의 핀테크 기업과 달리 미국에서는 이러한 기업이 대출자의 은행 데이터에 대한 접근 권한이 부족하다.

이 책에서 논의할 P2P 대출 등 핀테크 사례가 금융시스템 내 채권자에서 채무자로의 자금 흐름에 얼마나 광범위하게 영향을 미칠지는 미지수다.

비은행 금융기관　**저축·대출 기관**(savings and loans), **저축은행**(savings banks), **신용조합** (credit unions) 등 일부 금융중개사는 예금을 받아 대출을 해주는 방식으로 운영되지만 법적으로는 은행과 차이가 있다. 다른 금융중개사로는 투자은행, 보험회사, 연기금, 뮤추얼펀드, 헤지펀드 등이 있다. 이 기관들은 은행과 유사하지는 않지만 저축자에서 대출자로 자금을 돌림으로써 금융시스템에서 유사한 기능을 수행한다.

투자은행　모건스탠리와 같은 투자은행은 예금을 받지 않고 아주 최근까지도 가계에 직접 대출하는 경우가 드물다는 점에서 상업은행과 차이가 있다. 대신, 투자은행은 주식과 채권을 발행하는 회사에 조언을 제공하거나 다른 회사와의 합병을 중개하는 데 집중한다. 또한 주식이나 채권을 발행하는 회사에 가격을 보장한 뒤 주식이나 채권을 더 높은 가격에 팔아 차익을 내는 **유가증권 인수** 활동도 한다. 1990년대 후반, 투자은행은 대출, 특히 주택담보대출의 증권화에 크게 관여함으로써 금융중개자로서 그 중요성을 증대시켰다.

보험회사　보험회사는 자동차 사고나 화재 등 특정 사건과 관련된 금전적 손실 위험으로부터 보험가입자를 보호하기 위해 계약서를 작성하는 금융회사이다. 보험회사는 보험계약자로부터 **보험료**(premium)를 징수하고, 보험계약자에게 보험금을 지급하거나 그들의 다른 비용을 충당하기 위한 자금을 얻기 위해 투자한다. 예를 들어, 당신이 자동차 보험에 가입할 때, 보험회사는 당신이 지불하는 보험료를 확장 자금이 필요한 호텔 체인점에 빌려줄 수 있다.

연기금 많은 사람들에게 노후를 위한 저축은 저축의 가장 중요한 형태이다. 연기금은 근로자와 기업의 출연금을 주식, 채권, 주택담보대출 등에 투자해 근로자가 퇴직할 때 연금급여를 지급하는 데 필요한 돈을 벌어들인다. 2019년 $24조의 자산이 있는 상황에서 민간, 주정부 및 지방정부 연기금은 금융증권의 중요한 수요처이다.

뮤추얼펀드 및 ETF 피델리티 인베스트먼트(Fidelity Investment)의 마젤란 펀드(Magellan Fund)와 같은 뮤추얼펀드나 뱅가드(Vanguard)의 S&P500 ETF와 같은 ETF(Exchange-Traded Funds)는 투자자들에게 주식을 팔아서 수익을 얻는다. 뮤추얼펀드 또는 ETF는 그 돈을 주식이나 채권과 같은 금융자산 **포트폴리오**(portfolio)에 투자하고, 서비스에 대한 약간의 관리 수수료를 부과한다. (11장 11.2절에서 뮤추얼펀드와 ETF의 차이점을 논의한다.) 뮤추얼펀드와 ETF는 저축자들에게 두 가지 주요 이점을 제공한다. 첫째, 뮤추얼펀드나 ETF의 주식을 매입함으로써 저축자들은 많은 개별 주식과 채권을 매입할 경우 발생할 비용을 줄인다. 둘째, 뮤추얼펀드와 ETF는 주식과 채권을 보유하고 있기 때문에 소수의 개별 주식과 채권을 살 수 있는 자금만 있는 저축자들이 **분산투자**(diversification)를 통해 투자 위험을 낮출 수 있도록 한다. 주식이나 채권을 발행하는 기업이 파산을 선언해 주식이나 채권이 모두 가치를 잃게 되면 뮤추얼펀드나 ETF의 포트폴리오에 미치는 영향은 미미할 것으로 보인다. 그러나 저축한 돈의 대부분을 그 주식이나 채권에만 투자한 소액 투자자에게 그 효과는 치명적일 수 있다.

> **포트폴리오**
> 주식 및 채권과 같은 자산 모음

    대부분의 뮤추얼펀드는 언제든 자사주 매입 의사가 있고, 대부분의 ETF는 주식시장에서 손쉽게 매도할 수 있어 이들 투자수단은 저축자들에게 자금에 쉽게 접근할 수 있는 기회를 제공한다.

헤지펀드 레이 달리오(Ray Dalio)가 설립한 브리지워터 어소시에이츠(Bridgewater Associates)와 같은 헤지펀드는 투자자로부터 돈을 받아 자산 포트폴리오 매입에 활용한다는 점에서 뮤추얼펀드와 유사하다. 그러나 헤지펀드는 일반적으로 99명 이하의 투자자를 보유하고 있으며, 이들은 모두 부유한 개인이나 연기금과 같은 기관이다. 헤지펀드는 보통 뮤추얼펀드보다 더 위험한 투자를 하며, 투자자들에게 훨씬 더 높은 수수료를 부과한다.

금융시장 금융시장은 주식, 채권, 그리고 다른 증권들을 사고 팔기 위한 장소 또는 통로이다. 전통적으로 금융시장은 뉴욕의 월스트리트에 위치한 뉴욕증권거래소나 런던의 패터노스터 광장에 위치한 런던증권거래소와 같은 물리적 장소였다. 이들 거래소에서 딜러들은 직접 만나 주식과 채권을 거래한다. 오늘날 이러한 거래소의 대부분의 증권 거래는 컴퓨터로 연결된 딜러들 사이에서 전자적으로 이루어진다. 이 거래는 대면거래와 구별하기 위해 '장외거래'라고 불렸다. 나스닥(NASDAQ)은 원래 전미증권업자협회 자동 주식시세(the National Association of Securities Dealers Automated Quotation System)의 약자로 애플, 인텔 등 많은 첨단기술 기업의 주가가 거래되는 장외시장이다. 특정 시장에서 판매되는 주식과 채권은 해당 시장에 '상장'된다. 예를 들어, 제너럴 일렉트릭(General Electric)은 뉴욕 증권거래소에 상장되어 있고, 애플은 나스닥에 상장되어 있다.

경제학자들은 **발행시장**과 **유통시장**을 구별한다. **발행시장**(primary market)은 주식, 채권 등 유가증권이 처음으로 매매되는 금융시장이다. **기업공개(IPO)**는 발행시장에서 처음으로 회사의 주식을 파는 것을 말한다. 예를 들어, 우버의 IPO는 2019년 5월에 이루어졌다. **유통시장**(secondary market)은 투자자들이 기존 증권을 사고파는 금융시장이다. 예를 들어, 오늘 우버 주식을 사서 내년에 팔면 그 거래는 유통시장에서 이뤄진다. 발행 및 유통시장은 뉴욕 증권거래소나 나스닥에 상장된 주식에 대해 IPO가 이루어질 때와 같은 물리적 또는 가상 장소에 있을 수 있다.

발행시장
주식, 채권 등 유가증권이 처음으로 매매되는 금융시장

유통시장
투자자들이 기존 증권을 사고파는 금융시장

개념 적용

사람들은 저축으로 무엇을 할까?

당신이 대부분의 다른 대학생들과 같다면, 당신의 주요 금융자산은 당좌예금이다. 하지만 경력을 쌓고 나면 다양한 자산이 쌓인다. 연방준비제도(Fed)는 가계가 총 금융 부를 어떻게 나누는지 보여주는 금융자산 가계보유현황 자료를 공개하고 있다. 다음 그림은 1978년과 2019년 가계의 금융자산 보유량을 비교한 것이다. 주식과 채권 등 일부 자산은 금융시장이 공급하고, 은행예금, 뮤추얼펀드 주식 등 기타 자산은 금융중개업자가 공급하였다.

이 수치는 가계가 금융 부를 투자하는 자산에 수십 년 동안 상당한 변화가 있었음을 보여준다. 금융시장이 공급하는 자산 분류를 보면 가계가 1978년 총재산의 약 14%에서 2019년 거의 22%로 기업 발행 주식을 늘린 것으로 나타났다. 그러나 현재 가계는 **파트너십**(partnership)(둘 이상의 사람이 소유하지만 기업이 아닌 사업)과 자영업자(sole proprietorship)와 같은 비법인 기업(unincorporated business)들의 지분 중 절반도 안 되는 만큼만 가지고 있다. 이들 사업의 지분은 기업이 부채를 뺀 값에 팔 수 있는 금액의 차이를 나

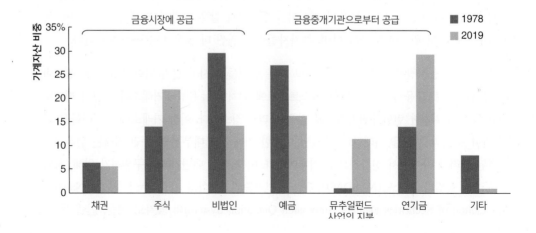

타낸다. 1978년에 파트너십으로 설립된 많은 비교적 큰 기업들이 2019년까지는 법인이 되었기 때문에 이와 같은 지분은 덜 중요하게 되었다.

금융중개업자가 공급하는 자산에 보유하는 부의 범주는 현재 가계가 당좌예금, 저축예금, 예금 증서 등 은행 예금에 보유하는 재산의 비율이 아주 적다는 것을 보여준다. 가계는 뮤추얼펀드 주식과 연기금 등에 훨씬 더 많은 재산을 보유하고 있는데, 이는 민간기업, 주정부 및 지방정부 연금제도, 개인퇴직계좌(IRA)의 가계청구권 가치를 나타낸다. 가계연금 가치 상승은 국가와 지방자치단체가 근로자에게 지급한 연금이 크게 늘고 근로자들이 IRA와 기업이 제시한 401(k) 플랜에 예치한 자금이 늘어난 데 따른 것이다. 근로자들이 대부분의 IRA와 401(k) 계좌에 예치하는 소득은 은퇴 후 자금을 인출할 때까지 세금이 부과되지 않아 이들 계좌는 매우 매력적인 저축 수단이다.

이 장의 끝에 있는 관련문제 1.7을 참조하시오.

연방준비제도와 다른 금융규제기관들

미국 대부분의 상품과 서비스 시장에서, 정부는 무엇이 생산되고, 어떻게 생산되는지, 기업이 얼마의 가격을 부과하고, 기업이 어떻게 운영되는지를 결정하는 데 있어 매우 제한된 역할을 한다. 그러나 미국과 대부분의 다른 나라의 정책입안자들은 금융시스템이 대부분의 상품과 서비스의 시장과 다르다고 보고 있다. 앞으로 살펴보겠지만 금융시스템은 내버려 둘 때, 경제 침체로 이어질 만큼 불안정해지는 것을 역사적으로 경험하였다.

미국 연방정부는 금융시스템을 규제하는 여러 기관을 두고 있다.

- 금융시장을 규제하는 증권거래위원회(SEC)
- 은행의 예금을 보증하는 연방예금보험공사(FDIC)
- 연방정부의 공인은행을 규제하는 통화감사관실(OCC)
- 미국의 중앙은행인 연방준비제도
- 2007~2009년 금융위기에 대응하여 금융시장의 사기 및 기만 행위로부터 소비자를 보호하기 위해 의회가 창설한 소비자 금융 보호국(CFPB)

이 책에서 이 모든 연방 기관들을 논하지만, 중요도에 따라 연방준비제도에 초점을 맞출 것이다. 우선 연방준비제도의 간략한 개요를 살펴보고 연준의 운영에 대해서는 뒷 장에서 더 자세히 살펴본다.

연방준비제도는 무엇인가? **연방준비제도(Fed)**는 미국의 중앙은행이다. 미 의회는 1913년 은행 시스템의 문제를 다루기 위해 연방준비제도를 설립했다. 지금까지 살펴본 것처럼 주된 은행업무는 예금 입금과 대출이다. 은행들은 예금자들이 언제든 돈을 인출할 권리가 있기 때문에 어려움에 처할 수 있는 반면, 은행이 자동차나 집을 사는 사람들에게 주는 대출 중 상당수는 수년간 상환되지 않을 것이다. 만약 다수의 예금자가 동시에 돈을 돌려달라고 요구하면 은행은 수요를 충족시키는 데 필요한 자금을 확보하지 못할 수 있다. 이 문제에 대

연방준비제도
미국의 중앙은행으로 보통 줄여서 '연준'이라고 함

한 한 가지 해결책은 한 국가의 중앙은행이 **최종 대부자** 역할을 맡아 은행이 예금자들에게 지급할 자금을 제공하는 단기대출을 하는 것이다. 의회는 1930년대 대공황 기간 중 연방준비제도이사회가 최후의 수단으로서의 의무를 다하지 못했다고 판단하고 1934년 연방예금보험공사를 설립했다. FDIC는 예금주 1인당 최대 $25만 한도까지 은행에 예금을 보장하고 있어 금융위기 때 예금주가 자금을 인출할 가능성이 낮다.

연준은 어떤 일을 하는가? 현대 연방준비제도이사회는 최후의 대부자로서 본래의 역할을 훨씬 넘어섰다. 특히 통화정책을 현재 연준이 책임지고 있는데, **통화정책**(monetary policy)이란 연방준비제도이사회(FRB)가 거시경제 정책 목표를 추구하기 위해 화폐공급과 금리를 관리하기 위해 취하는 조치를 말한다. 이러한 정책적인 관점은 높은 수준의 고용, 낮은 인플레이션율, 높은 성장률, 그리고 금융시스템의 안정성을 포함한다. 연준은 미국 대통령이 임명하고 미 상원에서 인준하는 7명의 위원으로 구성된 이사회로 운영되며, 이 중 한 명이 의장으로 지명된다. 2020년 의장은 도널드 트럼프(Donald Trump) 대통령이 임명한 제롬 파월(Jerome Powell)이다. 연방준비제도시스템(Federal Reserve System)은 12개 구역으로 나뉘

통화정책
연방준비제도이사회(FRB)가 거시경제 정책 목표를 추구하기 위해 화폐공급 및 이자율을 관리하기 위해 취하는 조치

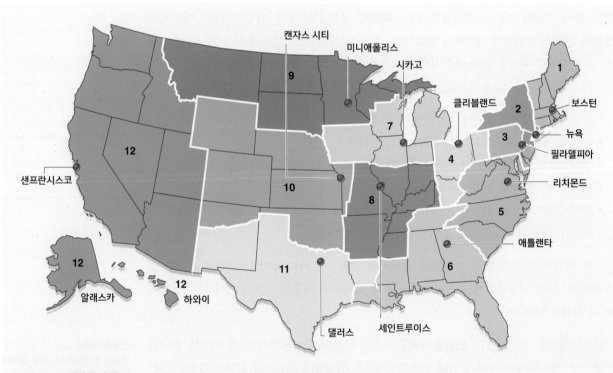

그림 1.2 연방준비제도

연방준비제도(Fed)는 12개 구역으로 나뉘며, 각 구역에는 연방준비은행이 있으며, 그림에서 검은색 점으로 식별된다. 연방정부는 연방준비제도를 만들었지만, 각 지역 연방준비은행은 그 지역 내의 상업은행들에 의해 소유된다. 하와이와 알래스카는 연방준비제도이사회 제12구역에 포함되어 있다.

출처: Board of Governors of the Federal Reserve System.

며, 각 구역에는 그림 1.2와 같이 연방준비은행이 있다. 연방공개시장위원회(FOMC)는 연준의 주요 정책 기구이다. FOMC는 다음과 같이 구성된다.

- 7명의 이사회 멤버들
- 뉴욕 연방준비은행 총재
- 다른 11개의 연방준비은행 총재 중 선택된 4명

FOMC는 1년에 8번 워싱턴 DC에서 개최되며 통화정책에 대해 논의한다. 이 회의에서 FOMC는 특히 중요한 이자율인 **연방기금금리**(federal funds rate), 즉 은행이 단기대출에 대해 서로 부과하는 이자율을 목표로 결정한다.

1.2절에서 2007~2009년 금융위기에서 연준의 역할에 대해 간략히 논의하기에 앞서, 금융시스템이 제공하는 주요 서비스에 대해 논의함으로써 금융시스템에 대한 소개를 마친다.

연방기금금리
은행들이 단기대출에 서로 부과하는 이자율

금융시스템은 어떤 일을 하는가?

이 책에서는 단순히 금융시스템을 설명하는 것을 넘어, 경제학의 기본 도구를 사용하여 시스템이 어떻게 작동하는지 **분석**할 것이다. 경제학 개론에서 당신은 수요와 공급, 한계 분석 등의 기본적인 경제학 도구에 대해 배웠을 것이다. 소비자들이 가장 원하는 상품과 서비스를 공급하기 위해 기업들이 경쟁한다는 기본적인 경제 지식도 역시 학습하였다. 금융시스템에서도 은행, 보험사, 뮤추얼펀드, 주식중개업자, 기타 **금융서비스 회사**(financial services firm)들은 가계와 기업에 금융서비스를 제공하기 위해 경쟁한다.

경제학자들은 금융시스템이 저축자와 대출자에게 제공하는 세 가지 핵심 서비스로 **위험 분담, 유동성, 정보**가 있다고 여긴다. 금융 서비스 회사들은 이러한 서비스를 다양한 방식으로 제공하므로, 서로 다른 금융자산과 금융연계를 개인 저축자와 대출자를 고객으로 영업을 한다.

위험 분담 **위험**은 금융자산의 가치가 당신이 기대하는 것에 비례하여 변화할 가능성이다. 금융시스템을 이용해 개인 저축자와 대출자를 매칭하는 것의 장점 중 하나는 위험을 공유한다는 점이다. 예를 들어, 만약 당신이 애플 주식 하나를 $300에 산다면, 그 주식은 애플의 수익성에 따라 1년 안에 $270 또는 $320의 가치가 있을 수 있다. 대부분의 개인 저축자들은 높은 수익과 낮은 수익 사이의 불규칙한 변동보다는 꾸준한 자산 수익을 추구한다. 꾸준한 수익률을 높일 수 있는 한 가지 방법은 자산 포트폴리오를 보유하는 것이다. 예를 들어, 당신은 미국 저축 채권, 주식, 그리고 뮤추얼펀드의 주식을 보유할 수 있다. 특정 기간 동안 한 자산이나 자산집단만 수익률이 우수하고 다른 자산은 그렇지 않을 수 있지만, 전반적으로 수익률은 평균이 되는 경향이 있다. 위험을 줄이기 위해 부를 많은 자산에 나누어 담는 것을 **분산투자**(diversification)라고 한다. 금융시스템은 저축자들이 많은 자산을 보유할 수 있도록 함으로써 **위험 분담**(risk sharing)을 제공한다.

위험 분담을 제공하는 금융시스템은 저축자들이 주식, 채권, 그리고 다른 금융자산을

분산투자
위험을 줄이기 위해 많은 다른 자산으로 부를 나누는 것

위험 분담
저축자가 위험을 분산시키고 이전할 수 있도록 금융시스템이 제공하는 서비스

더 사도록 만든다. 이런 의지는 금융시스템에서 대출자들의 자금조달 능력을 높인다.

유동성
자산을 돈으로 쉽게 교환할 수 있
는 용이성

유동성 금융시스템이 저축자와 대출자에게 제공하는 두 번째 핵심 서비스는 **유동성**(liquidity)으로, 자산을 돈으로 교환할 수 있는 용이성이다. 저축자들은 금융자산의 유동성을 이익으로 본다. 이들은 재화나 서비스를 사들이거나 금융투자를 할 때, 자금을 사용해야 할 때 자산을 쉽게 매각할 수 있기를 원한다. 유동성이 높은 자산은 빠르고 쉽게 돈으로 교환될 수 있는 반면, 유동성이 낮은 자산은 지연되거나 비용이 발생하는 경우에만 돈으로 교환될 수 있다. 예를 들어, 식료품이나 옷을 사고 싶다면 쉽게 달러 지폐나 당좌예금 계좌와 연동된 직불카드를 사용할 수 있다. 그러나 차는 유동성이 낮기 때문에 차를 파는 데에는 더 많은 시간이 걸린다. 차를 팔기 위해서는 광고비를 들이거나 중고차 매매상에게 비교적 저렴한 가격에 넘겨야 할 수도 있다. 공장을 소유한 회사가 발행한 주식이나 채권과 같은 공장에 대한 재정적 청구권을 보유함으로써 개인투자자는 공장에 기계를 소유하고 있을 때보다 더 많은 유동성이 있는 저축을 할 수 있다. 투자자들은 특수한 기계보다 주식이나 채권을 훨씬 더 쉽게 돈으로 바꿀 수 있다.

일반적으로 주식이나 채권, 당좌예금 등 금융시스템에 의해 창출되는 자산은 자동차나 기계, 부동산 등 실물자산보다 유동성이 높다고 할 수 있다. 예를 들어, 중소기업에 $10만를 직접 빌려주면 대출금을 전매할 수 없기 때문에 투자금은 덜 유동적이다. 그러나 만약 당신이 $10만를 은행에 예치하고, 그 후에 사업체에 대출을 한다면, 예금은 대출보다 훨씬 유동적인 자산이다.

금융시장과 중개자는 금융자산을 유동적으로 만드는 데 도움을 준다. 투자자들은 그들의 국·공채나 대기업의 주식과 채권을 쉽게 팔 수 있기 때문에 그러한 자산들은 매우 유동적이다. 앞서 언급했듯이 지난 20년 동안 금융시스템은 주식과 채권 외에도 많은 다른 자산의 유동성을 증가시켰다. 증권화 과정이 진행되면서 대출을 기반으로 한 유가증권의 매매가 가능해졌다. 그 결과, 주택담보대출과 기타 대출은 저축자들이 보유하기에 더 바람직한 자산이 되었다. 저축자들은 유동성이 더 큰 자산에 대해 낮은 금리를 기꺼이 받아들이며, 이는 많은 가계와 기업의 대출 비용을 줄여준다. 금융시스템의 효율성을 측정하는 한 가지 척도는 유동자산을 저축자가 사고자 하는 유동자산으로 전환할 수 있는 정도이다.

정보
대출자에 대한 사실과 금융자산의
수익에 대한 기대

정보 금융시스템의 세 번째 서비스는 대출자에 대한 **정보**(information)나 사실, 금융자산의 수익에 대한 기대치를 수집하고 전달하는 것이다. 은행 지점은 정보 창고로, 대출자에 대한 정보를 수집하여 대출 상환 가능성을 예측한다. 잠재적 대출자가 온라인 대출신청서를 자세히 작성하면 은행 대출담당자는 제공된 정보를 활용해 신청자의 자금상황과 고지서 납부기록이 대출채무를 이행하지 않을 가능성이 높은지 판단한다. 은행은 정보 수집과 처리를 전문으로 하기 때문에 대출자에 대한 정보를 직접 수집하려고 할 경우보다 정보 수집 비용이 저렴하다. 은행이 대출로 얻는 이익은 은행 직원들이 정보를 수집하고 저장하는 데 소비하는 자원과 시간에 대한 보상이다.

금융시장은 주식, 채권, 그리고 다른 유가증권의 가격을 결정함으로써 저축자와 대출자 모두에게 정보를 전달한다. 애플 주식 가격이 상승할 때, 다른 투자자들은 애플의 이익이 더 높을 것이라고 예상해야 한다는 것을 알고 있다. 이 정보는 애플 주식에 대한 투자를 계속할 것인지 여부를 결정하는 데 도움이 될 수 있다. 마찬가지로, 애플의 경영자들은 투자자들이 회사가 얼마나 잘 하고 있다고 생각하는지를 결정하기 위해 회사 주식의 가격을 사용할 수 있다. 예를 들어, 애플 주가의 큰 증가는 투자자들의 회사에 대한 긍정적인 전망을 전달한다. 애플은 이 정보를 회사의 확장 자금을 조달하기 위해 더 많은 주식 또는 채권을 팔지 결정할 때 사용할 수 있다. 이용 가능한 정보가 자산 가격에 반영된다는 것은 금융시장이 원활히 작동한다는 의미이다.

이 책의 각 장에는 '예제'라는 특별한 파트가 있다. 예제는 자금, 은행 및 금융시장에서 응용 문제를 해결하는 단계를 안내함으로써 자료에 대한 이해를 높여준다. 문제를 읽은 후에는 장 끝에 나오는 관련문제를 풀면서 이해도를 점검할 수 있다.

예제 1.1

유동화 대출이 제공하는 서비스

앞서 증권화 대출은 지난 25년간 중요성이 높아진 금융자산이라는 점을 학습하였다. 증권화 대출이 위험 분담, 유동성, 정보의 핵심 서비스를 제공하는지 간략히 논의하시오. 이때 반드시 증권화 대출을 정의하고 그것들이 금융자산인지, 금융증권인지, 아니면 둘 다인지 설명해야 한다.

문제풀이

1 단계 **이 장의 내용을 복습한다.** 이 문제는 증권화 대출이 제공하는 서비스에 관한 것이므로 "금융자산" 과 "금융시스템은 어떤 일을 하는가?" 절을 검토해 보는 것이 좋다.

2 단계 **유동화 대출을 정의하고 금융자산인지, 금융증권인지, 아니면 둘 다인지 설명한다.** 보통(비담보) 대출은 은행이나 다른 대출자가 승인한 후에는 재판매할 수 없다. 따라서 비담보대출은 금융자산이지만 금융증권은 아니다. 유가증권대출은 다른 대출과 묶어서 투자자에게 되파는 대출이다. 따라서 증권화 대출은 금융자산이자 금융증권이다.

3 단계 **증권화된 대출이 위험 분담, 유동성, 정보를 제공하는지 설명한다.** 증권화된 대출은 이 세 가지 핵심 서비스를 모두 제공한다. 예를 들어, 주택담보대출이 증권화되기 전에는 대출자가 채무불이행하거나 대출에 대한 지급을 중단하는 위험은 은행이나 다른 대출자가 부담하였다. 모기지담보증권에서 주택담보대출이 유사한 주택담보대출과 함께 묶이면 해당 유가증권의 매입자들은 채무불이행 위험을 공유한다. 개별 주택담보대출은 유가증권의 가치 중 작은 부분만을 나타내기 때문에, 차입자가 그 개별 주택담보대출을 연체하는 경우 유가증권의 구매자는 작은 손실만을 입을 것이다.

담보화되지 않은 대출은 재판매가 불가능하기 때문에 유동성이 떨어진다. 유동화 대출은 전매가 가능하기 때문에 2차 시장이 있어 유동화된다. 개인투자자들이 기업이나 가계에 직접 대출을 꺼리는 이유 중 하나는 대출자들의 재무상황에 대한 좋은 정보가 부족하기 때문이다. 대출이 증권화되면 사실상 투자자는 대출자의 재무상황에 대한 직접적인 정보를 보유할 필요 없이 증권화된 대출을 사들여 가계와 기업에 대출을 할 수 있다. 증권화된 대출을 사들이는 과정에서 투자자들은 은행이나 다른 **대출원인**(loan originator)이 필요한 정보를 수집했을 것이라고 믿고 있다.

따라서 증권화된 대출은 세가지 핵심 금융 서비스인 위험 분담, 유동성, 그리고 정보를 모두 제공한다.

1.2 2007~2009 그리고 2020년 금융위기

학습목표: 2007~2009 그리고 2020년 금융위기에 대해 전반적으로 이해한다.

2007년에 이어 2020년에도 미국은 심각한 불경기로 수백만 명이 일자리를 잃었고, 많은 기업들이 파산했으며, 금융시스템은 심각한 압박을 받았다. 2009년 6월 2007~2009년 경기침체는 2009년 6월 끝났지만 경기회복은 미약해 실업률이 정상 수준으로 돌아오기까지 5년 이상이 걸렸다.

지난 100년 동안 2007~2009년, 2020년 불황에 버금가는 사례는 1930년대 대공황이 유일했다. 1931년, 허버트 후버(Herbert Hoover) 대통령은 "우리는 이제 막 최악의 상황을 넘고 있습니다… 그리고 이제 빠르게 회복할 것입니다"라는 유명한 말을 남겼지만, 이후 높은 실업률은 9년 이상 지속되었다. 2007~2009년의 경기침체 기간과 그 이후에, 마찬가지로 일부 정책입안자들과 경제학자들은 경기가 곧 회복될 것이라는 부정확한 예측을 했다.

미국 경제가 2020년 경기침체에서 얼마나 빠르게 회복될지 알기는 이르지만, 2007~2009년 경기침체가 왜 그렇게 심했는지, 왜 예상보다 회복이 훨씬 오래 걸렸는지 간단하게 생각해볼 수 있다. 2007~2009년 경기침체가 심각했던 이유는 1930년대 대공황 이후 처음으로 금융위기를 동반한 경기침체였기 때문이다. 다음 장에서 볼 수 있듯이, 금융시스템은 2007~2009년 위기로 중요한 방식으로 변화하였다. 따라서 금융위기가 10년 이상 지난 현재에도 불구하고, 금융시스템을 이해하고 정책입안자들이 2020년 코로나 대유행으로 인한 경기침체와 금융위기에 어떻게 반응하는지 이해하는 것은 여전히 중요하다.

2007~2009년의 금융위기에 대한 전체적인 상황을 이해하기 위해 본 장에서 금융시스템에 대한 논의를 할 것이다. 여기서 **금융위기**(financial crisis)는 대출자에서 차입자로의 자금흐름이 크게 중단되는 것을 말한다.

금융위기
대출자에서 차입자로의 자금흐름이 크게 중단되는 것

2007~2009 금융위기의 시작

2007~2009년 금융위기의 주요 원인은 2000~2005년의 주택 거품이었다. **버블**(bubble)은 첨단 기술 회사, 석유 및 기타 상품, 주택과 같은 자산 부류의 가격이 지속적으로 상승하는 것을 말한다. 그림 1.3은 주택 거품의 성장과 붕괴를 보여준다. (a)에 따르면 미국의 신규 단독주택 판매는 2005년 7월까지 꾸준히 증가했으나 2005년 7월부터 2010년 7월까지 80% 감소했다. (b)는 단독주택의 가격 변동을 측정하는 케이스 실러(Case-Shiller) 지수를 나타내며, 2006년 초까지 가격이 빠르게 상승했다가 2007년 초부터 2012년 초까지 지속적으로 하락하는 비슷한 패턴을 보여준다.

주택 가격은 2017년에야 금융위기 이전 수준에 도달했고, 심지어 코로나 대유행이 주택 시장에 영향을 미치기 전인 2020년까지도 주택 판매는 여전히 금융위기 이전 수준을 회복하지 못했다.

많은 경제학자들은 주택 거품이 일어난 데는 주택담보대출(이하 모기지(mortgage)) 시장의 변화가 핵심적인 역할을 했다고 보고 있다. 주택담보대출은 널리 증권화된 최초의 대출이었다. 주택 보유를 권장하기 위해 의회는 주택담보대출에서 2차 시장을 창출하기를 원했다. 이 목표를 달성하기 위해 1968년 의회는 연방 국가 모기지 협회(Federal National Mortgage Association, 이하 패니메(Fannie Mae))와 연방 주택 융자 회사(Federal Home Loan Mortgage Corporation, 이하 프레디 맥(Freddie Mac))와 같은 **정부 후원 기업**(government sponsored enterprise, GSE)에 의존하기 시작했다. 패니메와 프레디 맥은 채권

버블
자산가격이 지속불가능하게 상승하는 현상

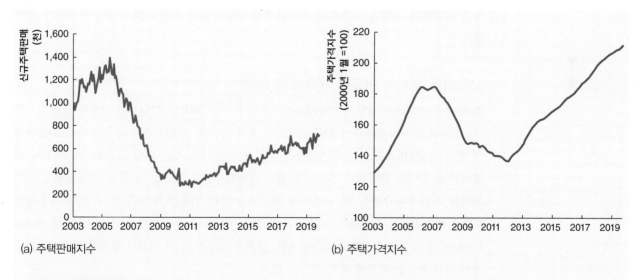

(a) 주택판매지수

(b) 주택가격지수

그림 1.3 주택 버블

(a)는 주택 버블로 인해 2005년까지 신규 단독주택 판매가 급증했으며 2005년 7월부터 판매가 급감했음을 보여준다. 주택 판매의 완만한 회복은 2011년에 시작되었다.

(b)는 2011년 이후 주택 가격이 주택 판매보다 더 빠르게 상승했지만 주택 판매와 유사한 패턴을 따른다는 것을 보여준다.

출처: Federal Reserve Bank of St. Louis.

발행자에게 채권을 판매하고 그 자금을 은행에서 주택담보대출을 매입하는 데 사용한다. 1990년대까지 모기지에는 큰 2차 시장이 존재했는데, 투자자들로부터 자금이 패니메와 프레디 맥을 통해 은행으로 흘러들어갔고, 궁극적으로 집을 사기 위해 돈을 빌리는 사람들에게도 자금이 유입되었다.

2000년대까지 투자은행은 2차 주택담보대출 시장에 중요한 참여자였다. 투자은행들은 모기지 매입을 시작하였고, 그중 많은 금액을 모기지담보증권으로 묶어서 투자자들에게 되팔았다. 모기지담보증권은 매도자가 채무불이행하거나 유가증권에 대한 지급을 중단하는 비슷한 위험을 안고 있는 다른 증권보다 높은 금리를 지급하는 경우가 많아 투자자들에게 큰 인기를 끌었다. 2005년과 2006년 초 주택 버블이 최고조에 달했을 때, 채권자(lender)들은 신용이력이 있는 **서브프라임 대출자**(subprime borrower)들에게 많은 주택담보대출이 발행되고 있다는 결과로 주택담보대출을 받기 위한 기준을 완화했다. 또 소득을 기재했지만 소득세 신고서를 작성하지 않은 **알트에이(Alt-A) 대출자**, 계약금이 매우 적은 대출자 등에게도 대출이 쉬워졌다.

하지만 2006년에 시작된 주택 가격의 하락은 많은 대출자들이 주택담보대출을 연체하는 결과를 낳았다. 그 결과 모기지담보증권 가치가 급격히 하락했고, 투자자들은 손실 볼 것을 우려했다. 많은 상업은행과 투자은행이 모기지담보증권을 소유하고 있었고, 그 가치의 하락은 은행들의 큰 손실을 야기시켰다. 2007년 중반, 모기지담보증권의 가치 하락과 상업 및 투자은행들이 입은 큰 손실은 금융시스템에 혼란을 일으켰다. 많은 투자자들이 모기지담보증권의 매입을 거부했고, 일부 투자자들은 미국 재무부가 발행한 채권만 사들이기도 했다. 은행은 가장 안전한 채무자를 제외한 모든 채무자에 대해 신용을 제한하기 시작했다. 경제가 의존하던 저축자에서 대출자로의 자금흐름이 크게 줄어들기 시작했다.

심화되는 위기와 연준과 재무부의 대응

2008년 봄, 연방준비제도이사회(FRB)와 미 재무부는 2007년 12월부터 시작된 금융위기와 경기침체의 결과에 대처하기 위해 이례적인 정책 행동을 취했다. 연준과 재무부가 2008년 3월 베어스턴스(Bear Sterns) 투자은행을 살리기 위해 나선 것은 대형 금융회사의 파장이 더 넓어질 수 있다고 판단했기 때문이다. 일부 경제학자들과 정책입안자들은, 연방정부가 투자은행을 파산에서 구했을 때, 금융회사 관리자들이 더 위험한 투자를 할 수 있는 가능성인 **도덕적 해이 문제**를 우려하여 이와 같은 결정을 비판했다. 투자은행 리먼 브라더스(Lehman Brothers)가 파산 직전이었던 2008년 9월, 연준과 재무부는 이 회사의 부실이 금융시스템을 통한 자금 흐름을 위험에 빠뜨릴까 우려했다.

베어스턴스 구제에 대한 정치적 비판 때문에 연준과 재무부는 2008년 9월 15일 리먼 브라더스의 파산을 허용했다. 리먼 브라더스 파산 사태의 여파는 대부분의 대출이 급감하는 등 광범위한 반향을 불러일으켰다. 2008년 10월, 의회는 재무부가 그 은행들의 주식을 대가로 상업은행에 자금을 제공하는 **부실 자산 구제 프로그램**을 통과시켰다. 민간 상업은행의 부분적 소유권을 가져간 것은 연방정부로서는 전례가 없는 조치였다.

2007~2009년 경기침체 당시 연준과 재무부의 일부 정책은 금융회사의 부분적 정부 소유, 대형 금융회사에 대한 암묵적 보증, 전례 없는 금융시장 개입이 수반되어 논란이 됐다. 연준과 재무부의 이러한 조치는 저축자에서 대출자로의 자금 흐름을 회복시키기 위한 것이었다. 자금 흐름이 정상적인 수준으로 돌아오지 않는다면, 가계는 주택, 자동차 및 기타 내구 소비재를 구입하는데 필요한 신용이 부족할 것이고, 기업은 공장 및 장비에 대한 새로운 투자, 심지어 재고를 조달하고 급여를 지급하는 데 필요한 자금이 부족할 것이다.

코로나로 인한 금융위기

이번 장 도입부에서 보았듯이, 금융시스템은 미국 경제에 미치는 코로나 대유행의 영향으로부터 즉각적인 충격을 받았다. 2020년 3월 중순까지 많은 시장과 주지사들이 필수적이지 않은 사업체들을 폐쇄했고, 이로 인해 이들 사업체들이 정상적으로 벌어들일 수 있는 수익이 심각하게 감소하거나 없어져 많은 근로자들이 해고되었다. 저축자와 투자자들은 가계 대출자와 사업자 대출자 모두 대출 상환에 어려움을 겪을 것을 우려해 대출을 꺼리게 됐다.

이에 연준은 2007~2009년 금융위기 당시 사용하던 대출 프로그램, 즉 **대출지원제도**를 일부 부활시켰고 금융시스템을 통한 자금 흐름과 기업의 신용접근 능력을 계속 유지하겠다는 목표로 일부 신규 프로그램을 마련했다. 여기에 의회와 도널드 트럼프 대통령은 여러 지원책을 통과시킴으로써 이 위기에 대응했다. 많은 사업체들이 문을 닫고 일부 주는 식료품을 사는 것과 같은 필수적인 외출을 제외하고 집에 머물도록 하였다. 의회와 대통령은 사업체들이 계속 문을 열 수 있도록 도왔고, 그들의 임대료나 저당권을 지불하고, 가계에는 식료품을 구입하고, 다른 필수적인 지출을 충당할 충분한 자금을 제공하는 데 초점을 맞췄다. 주요 지원책은 코로나바이러스 지원, 구제 및 경제 보장(Coronavirus Aid, Relief and Economic Security, CARES)법으로 $2조 이상의 예산을 지출했는데, 이는 미국 역사상 가장 큰 규모의 재정정책 조치이다. 이 법은 다음과 같은 지원책을 제공하였다.

- 가계에 직접 현금 지급
- 실업보험금 충당
- 전염병 퇴치 비용 일부를 상쇄하기 위해 주 정부에 자금 지원
- 급여 보호 계획(Paycheck Protection Plan, PPP)에 따른 기업에 대한 대출 및 보조금

은행이 PPP에 따른 중소기업에 대출을 했다면, 연준은 이들 은행에 대출을 해 사실상 은행에 대출에 필요한 자금 대부분을 제공했다. 중소기업만 PPP를 받을 수 있었기 때문에 연준은 지난 4월 말 중견기업에 대출을 해주는 '메인 스트리트 대출 프로그램'을 시작했다. 이 프로그램에 따라 은행들이 대출을 한 뒤 연준에 되팔았다. 기업들이 대출금을 체납하면 연준이 손실을 볼 수 있어 미 재무부는 CARES법에 따라 의회가 제공한 자금을 활용해 연준의 손실을 메우기로 했다.

많은 경제학자들과 정책입안자들은 코로나 대유행으로 인한 금융위기 결과의 심각성이

연준의 혁신적인 정책 사용을 정당화한다고 믿었지만, 일부에서는 위기 동안 재무부와 긴밀히 협력하는 연준의 행동이 연준의 독립성을 떨어뜨릴 수 있다고 우려했다. 뒷 장에서 살펴보겠지만, 금융시스템에서 연준의 적절한 역할은 계속해서 논의되고 있다.

1.3 화폐, 금융 그리고 금융시스템에 대한 주요 이슈와 질문들

학습목표: 금융시스템에 관련한 핵심 이슈와 질문들에 대해 설명한다.

본 교과서에서는 다양한 주제를 다룰 것이다. 2장부터는 각 장의 시작 부분에서 한 가지 핵심 이슈와 관련 질문을 강조하고, 각 장의 내용을 활용하여 질문에 답하는 것으로 장을 마무리한다. 다음은 이후의 장에 대한 이해의 틀을 제공하는 이슈 및 질문이다.

2장: 화폐와 결제 시스템

이슈: 2007~2009년과 2020년의 금융위기에 대응한 연방준비제도이사회(FRB)의 조치는 대통령과 의회의 감독과는 별개로 계속 운영되어야 하는지에 대한 의문으로 이어졌다.

질문: 중앙은행은 나머지 정부로부터 독립해야 하는가?

3장: 이자율과 수익률

이슈: 일부 투자 분석가들은 일부 장기 채권의 매우 낮은 금리가 투자 위험을 초래한다고 주장한다.

질문: 금리와 금융증권 가격은 왜 반대 방향으로 움직이는가?

4장: 이자율 결정

이슈: 2007~2009년 금융위기 이후 수년간 금리는 역사적으로 낮은 수준을 유지해 왔다.

질문: 금리를 결정할 때 가장 중요한 요소는 무엇인가?

5장: 이자율의 위험구조와 기간구조

이슈: 일부 경제학자와 정책입안자들은 채권평가기관이 채권의 등급을 매기는 회사로부터 급여를 받기 때문에 이해관계가 있다고 주장한다.

질문: 정부가 채권평가기관을 더 엄격하게 규제해야 하는가?

6장: 주식시장, 정보 및 금융시장 효율성

이슈: 주가는 큰 폭의 등락을 겪는다.

질문: 주식 시장의 변동성이 경제 전반에 영향을 미치는가?

7장: 파생상품과 파생상품 시장

이슈: 2007~2009년 금융위기 기간과 그 이후에, 투자자, 경제학자, 정책입안자들은 금융 파생상품이 금융시스템의 불안정에 기여했다고 주장한다.

질문: 파생상품은 "금융 대량살상무기"인가?

8장: 외환시장

이슈: 달러와 다른 통화 사이의 환율은 최근 몇 년 동안 큰 변동을 겪었다.

질문: 다른 통화 대비 달러 가치는 왜 안정적이지 않은가?

9장: 거래비용, 비대칭정보 및 금융시스템 구조

이슈: 사업 확장을 위한 자금 확보는 많은 기업에게 중요한 과제이다.

질문: 왜 회사들은 외부 금융의 원천으로서 주식보다 대출과 채권에 더 많이 의존하는가?

10장: 은행

이슈: 지난 40년 동안, 미국 금융시스템은 은행 파산 건수가 급격히 증가한 두 번의 시기를 경험하였다.

질문: 은행업이 특별히 위험한 사업인가? 은행은 어떤 종류의 위험에 직면하는가?

11장: 상업은행을 넘어서: 그림자 금융과 비은행 금융기관

이슈: 2000년대와 2010년대에는, 은행 시스템 밖의 대출자들에게서 자금 흐름이 증가했다.

질문: 그림자 금융시스템은 미국 금융시스템의 안정성에 위협이 되는가?

12장: 금융위기와 금융규제

이슈: 미국은 15년도 안 되어 집값 거품 붕괴에 따른 2007~2009년의 위기와 코로나 대유행 기간 중 2020년의 위기를 겪었다. 두 금융위기는 모두 심각한 불경기로 이어졌다.

질문: 금융위기의 원인은 무엇인가?

13장: 미국 연방준비제도와 중앙은행

이슈: 도널드 트럼프 대통령의 연방준비제도 정책에 대한 비판은 연방준비제도의 독립성을 축소할 것인지에 대한 논쟁으로 이어졌다.

질문: 의회와 대통령이 연방준비제도이사회에 대한 더 큰 권한을 가져야 하는가?

14장: 연준의 재무상태표와 화폐공급과정

이슈: 2007~2009년 금융위기가 끝난 후 수년 동안 은행들은 계속해서 기록적인 수준의 예금을 보유하고 있었다.

질문: 왜 2007~2009년의 금융위기 동안과 이후에 은행 준비금이 빠르게 증가했으며, 정책입안자들은 그 증가에 대해 걱정해야 하는가?

15장: 통화정책

이슈: 2007~2009년과 2020년의 금융위기 동안, 연방준비제도이사회는 금융시스템을 안정시키고 경제침체에서 벗어나기 위해 특이한 통화정책 조치를 시행했다.

질문: 연준은 2007년 이전 통화정책 절차를 다시 사용할 것인가?

16장: 국제금융시스템과 통화정책

이슈: 2007~2009년 금융위기에서 유럽의 약한 회복은 유럽중앙은행의 통화정책에 대한 논란으로 이어졌다.

질문: 유럽 국가들은 그들의 공통 통화 사용을 포기해야 하는가?

17장: 화폐이론 I: 총수요와 총공급 모형

이슈: 2007~2009년 금융위기 이후 10년이 넘도록, 고용인구비율은 낮은 수준을 유지했다.

질문: 2009년에 시작된 경제 확장 기간 동안 고용의 비교적 느린 성장을 설명하는 것은 무엇인가?

18장: 화폐이론 II: *IS-MP* 모형

이슈: 2007~2009년과 2020년 불경기 모두에서 연방준비제도이사회는 연방기금금리 목표치를 거의 0에 가깝게 끌어올렸다.

질문: 어떤 상황에서 경기침체와 싸우는데 효과적이지 않을 것 같은 연방기금금리의 목표치를 낮추고 있는가?

1.1 금융시스템의 주요 요소
금융시스템의 주요 요소를 파악한다.

복습문제

1.1 5개의 주요 금융자산을 각각 간략하게 정의하시오. 모든 금융자산도 금융 담보인가? 저축자가 금융자산을 고려할 때 차입자가 금융부채를 고려할 가능성이 있는가?

1.2 직접금융과 간접금융의 차이점은 무엇인가? 어떤 것이 금융중개자와 관련이 있고, 어떤 것이 금융시장과 관련이 있는가?

1.3 금융시스템이 왜 경제에서 가장 규제가 심한 부문 중 하나인지 간략히 설명하시오.

1.4 연방준비제도이사회는 무엇인가? 누가 연방준비제도 이사회 멤버를 임명하는가? 연준의 현재 책임과 의회가 연준을 만들었을 때의 책임을 비교하면 어떤가?

1.5 금융시스템이 저축자에게 제공하는 세 가지 핵심 서비스에 대해 간략하게 설명하시오.

응용문제

1.6 [이 장 도입부 관련] 2020년 초 월스트리트 저널의 기사는 연방정부 금융당국의 말을 인용하여 "은행 부도가 적으며 시스템적인 문제가 있다는 우려를 주는 것은 아무것도 없다"고 밝혔다.

a. 산업이 "시스템적 문제"로 고통 받는다는 것은 무엇을 의미하는가?

b. 왜 연방정부 규제당국이 식당, 소프트웨어 회사 또는 백화점과 같은 다른 산업의 상태보다 은행 산업의 상태를 더 감시할 가능성이 있는가? 그 산업들 역시 경제에 중요하지 않은가?

1.7 [개념적용: "사람들은 저축으로 무엇을 하는가?" 관련] 가계는 은행 예금보다 연금 기금으로 저축한 돈의 훨씬 더 큰 부분을 차지한다. 은퇴를 위해 저축하고 있다면 은행 계좌보다 IRA 또는 401(k) 계정에 자금을 넣는 것이 더 나은 이유는 무엇인가? 이때 IRA와 401(k) 계정이 무엇인지 반드시 설명하시오.

1.8 금융중개기관이 존재하지 않고 직접금융만이 가능하다고 가정하자. 이것이 개인이 차나 집을 사는 과정에 어떤 영향을 미치는가?

1.2 2007~2009 그리고 2020년 금융위기
2007~2009 그리고 2020년 금융위기에 대해 전반적으로 이해한다.

복습문제

2.1 경제학자들이 말하는 "버블"이란 무엇을 의미하는가? 왜 많은 경제학자들은 2000년과 2005년 사이에 미국에서 주택 거품이 있었다고 생각하는가?

2.2 2000년대까지 주택담보대출 시장에서 어떤 중요한 변화가 일어났는가? 서브 프라임 대출자는 누구인가? "알트에이(Alt-A)" 대출자는 누구인가?

2.3 2006년부터 시작된 집값 하락이 금융시스템에 어떤 문제를 일으켰는가?

2.4 연방준비제도이사회와 재무부는 2007~2009년과 2020년의 금융위기에 대처하기 위해 어떤 조치를 취했는가? 왜 일부 경제학자들과 정책입안자들은 연준의 독립에 대한 이러한 조치들의 영향에 대해 우려했을까?

응용문제

2.5 왜 자동차나 냉장고 시장보다 주택 시장에서 거품이 발생할 가능성이 더 높은가?

2.6 주택담보대출에서 2차 시장의 창출은 주택 소유를 증진하는 데 어떻게 도움이 되는가? 왜 연방정부는 주택 소유를 촉진하기 위해 주택 시장에 개입하기로 결정했는가?

화폐와 결제 시스템

학습목표

이번 장을 통해 다음을 이해할 수 있다.

2.1 물물교환 시스템의 비효율성을 분석한다.

2.2 화폐의 네 가지 기능을 나열한다.

2.3 경제에서 결제 시스템의 역할을 설명한다.

2.4 미국의 화폐공급이 어떻게 측정되는지 설명한다.

2.5 화폐수량이론을 이용하여 장기적으로 화폐와 물가가 어떤 관계를 가지는지 분석한다.

연방준비제도는 월스트리트(금융)에게 유익한가? 메인스트리트(실물경제)에 유익한가? 아니면 둘 다에게 유익한가?

도널드 트럼프(Donald Trump) 대통령은 2020년 대선 당시 연방준비제도이사회 지도부에 대한 불만을 숨기지 않았다. 트럼프 대통령은 연설에서 제롬 파월(Jerome Powell) 연준 의장이 금리를 낮추고 경제에 활력을 불어넣기 위해 더 많은 일을 하지 않는다고 비판했다. 대통령들은 경제가 위축될 때보다 팽창할 때 재선될 가능성이 훨씬 높다. 2020년 민주당 대선 후보로 출마한 엘리자베스 워런(Elizabeth Warron) 매사추세츠주 상원의원과 버니 샌더스(Bernie Sanders) 버몬트주 상원의원도 트럼프 대통령과는 다른 이유로 연준을 비판했다. 이들은 연준이 금융회사의 이익에만 너무 치중하고 대중의 요구에는 충분히 치중하지 않았다고 주장했다. 샌더스 상원의원은 "연준은 월가 억만장자가 아닌 일반 미국인과 소기업의 요구를 대변하는 보다 민주적인 기관이 돼야 한다"고 말했다. 연준에 대한 불만은 대통령 후보를 넘어 의회 의원들과 일반 대중들에게까지 확대되었다.

그리고 나서 코로나 전염병이 강타했다. 1장에서 보았듯이, 연준과 미국 재무부는 기업과 가계에 수조 달러의 직간접 지원을 제공했다. 그들은 2007~2009년 금융위기와 경기침체 시기에도 비록 규모는 작지만 비슷한 조치를

핵심 이슈와 질문

이슈: 연방준비제도이사회(FRB)의 2007~2009년과 2020년의 금융위기에 대응 조치는 대통령과 의회의 감독 없이 계속 운영되어야 하는지에 대한 의문으로 이어졌다.

질문: 중앙은행은 나머지 정부로부터 독립해야 하는가?

해답은 이 장의 끝에서…

취했다. 많은 경제학자들은 이러한 조치들이 금융시스템을 추가 붕괴로부터 구한 것으로 본다. 2020년 경기침체와 금융위기라는 매우 다른 여건 속에서 연준과 재무부의 조치가 얼마나 실효성을 발휘할지는 미지수다. 일부 경제학자들과 정책입안자들 사이에서 두 기간 동안 연준의 조치에 대한 불만의 근원은 그 결과에 있는 것이 아니라, 연준이 1913년 연방준비제도이사회법에 구체화된 기본적인 생각과 반대되는 행동을 했다는 믿음에 있는 것처럼 보였다. 이 법으로 연준은 의회와 대통령으로부터 실질적인 독립성을 부여받았지만, 그 대가로 연준은 좁게 정의된 통화정책에 관여하는 데 그쳤다. 워런과 샌더스 상원의원은 지난 수년간 연방준비제도이사회(FRB)가 '메인 스트리트'보다 '월스트리트', 즉 '소기업'보다 '주요 금융회사'에 유리한 정책을 추진하기 위해 독립성을 사용해 왔다고 주장했다.

하지만 왜 연방준비제도이사회는 FBI나 국방부와 같은 연방정부의 다른 기관들처럼 운영되지 않는가? 13장에서는 의회가 현재의 구조로 연준을 설립한 이유에 대해 논의한다. 현 시점에서는 많은 국가들이 그들의 중앙은행들에게 상당한 독립성을 부여한 중요한 이유가 화폐공급의 변화가 인플레이션율에 영향을 미치기 때문이라는 것에 주목한다. 중앙은행이 정부의 직접적인 통제하에 있을 때, 화폐공급과 인플레이션율이 종종 빠르게 증가한다. 특히 주목할 만한 두 가지 예를 들어보자.

아프리카 국가 짐바브웨 정부는 정부 지출을 지원하기 위해 중앙은행에 화폐공급을 빠르게 늘리라고 지시했다. 그 결과 2008년에 인플레이션율이 상상도 할 수 없는 150억 퍼센트에 도달했다. 짐바브웨 중앙은행은 짐바브웨 달러화를 $500억, $1000억, $100조로 발행하기 시작했다. 짐바브웨의 이례적인 인플레이션율은 생산과 고용을 처참하게 낮추었다. 2009년 인플레이션을 억제하기 위한 시도로, 짐바브웨 정부는 미국 달러를 선택하고 자국 통화를 완전히 포기하기로 결정했다. 최근 베네수엘라 정부도 중앙은행이 빠른 속도로 돈을 찍어내도록 요구함으로써 정부 지출의 많은 부분을 조달하여, 2019년 1,000만 퍼센트의 인플레이션율을 기록하였다.

보통 가계와 소기업들이 대형 금융회사보다 매우 높은 물가상승률에 더 큰 타격을 입는데, 대형 회사들은 물가 상승의 영향으로부터 빠른 조치를 취하여 자신들을 보호할 수 있기 때문이다. 그런 면에서 메인 스트리트에게는 중앙은행 정책이 올바르게 펼쳐져야 할 필요성이 더 크다.

그러나 짐바브웨나 베네수엘라 같은 경제적 재앙을 피하기 위해 연준의 현재 구조는 옳은 것인가? 우리는 중앙은행 정책과 연준에 대한 정치적 논쟁에 대해 후반부에서 계속 논의될 것이다. 이 장에서는 화폐공급과 통화와 인플레이션 사이의 연관성에 초점을 맞춘다.

한 나라의 매우 높은 인플레이션율은 늘 생산과 고용의 감소로 이어지기 때문에, 통화, 인플레이션, 그리고 한 나라의 중앙은행의 정책 사이의 연관성은 매우 중요하다. 이 장에서는 화폐가 무엇이고 어떻게 측정되는지에 대한 간단한 논의부터 시작하여 이러한 연결고리를 탐구한다. 이 장의 끝부분에서는, 화폐공급의 변화와 인플레이션율 사이의 연관성을 장기적으로 보여주는 화폐수량이론에 대해 논의한다.

2.1 화폐는 필요한가?

학습목표: 물물교환 시스템의 비효율성을 분석한다.

경제학자들은 **화폐**(money)를 상품과 용역에 대한 지불이나 부채의 상환으로 받아들여지는 모든 것으로 정의한다. 화폐는 필요한가? 경제가 운영되기 위해 화폐가 필요하다는 것은 분명해 보일 수 있다. 하지만 경제학 입문 과정과 공급과 수요, 생산, 경쟁, 그리고 다른 미시경제 주제에 대한 논의를 되돌아보면, 그 논의에서 화폐는 언급되지 않았을 것이다. 물론 모든 매매에는 화폐가 관여한다는 고정관념이 있다. 하지만 화폐를 언급하지 않고 시장이 어떻게 운영되는지에 대한 기본적인 이야기를 할 수 있다는 것은 화폐가 가계와 기업에 제공하는 서비스가 항상 명확한 것은 아니라는 것을 의미한다.

화폐
재화와 용역에 대한 지불 또는 채무의 상환으로 일반적으로 인정되는 모든 것

물물교환

경제는 화폐 없이도 기능할 수 있다. 경제 발전 초기에, 개인들은 종종 서로 직접 산출물을 거래함으로써 상품과 서비스를 교환했다. 이러한 유형의 교환을 **물물교환**(barter)이라고 한다. 예를 들어, 자신의 소가 죽은 농부는 자신이 보유한 돼지 몇 마리와 이웃의 소 중 한 마리와 교환할 수 있다. 원칙적으로, 물물교환 경제에 있는 사람들은 상품과 용역을 거래함으로써 그들의 모든 필요를 충족시킬 수 있고, 이 경우 그들은 화폐가 필요하지 않을 것이다. 그러나 실제로 물물교환 경제는 비효율적이다.

물물교환
개인이 상품과 용역을 직접 다른 상품과 용역과 교환하는 교환 시스템

　물물교환 경제의 비효율성에는 네 가지 주요 원인이 있다.

1. **구매와 판매에 시간과 노력이 필요하다.** 구매자나 판매자는 거래 상대를 찾는데 시간과 노력을 들여야 한다. 농부가 처음 접근하는 이웃은 소와 돼지를 교환하고 싶어하지 않을 수도 있다. 물물교환제도에서, 거래의 각 당사자는 상대방이 거래할 수 있는 것을 원해야 한다. 즉, **욕구의 이중적 우연**(double coincidence of wants)이 필요하다. 물물교환 경제에서 교역 상대를 찾는 데 드는 시간과 노력 때문에 **거래비용**(transactions costs), 즉 거래나 교환을 성사시키는 시간 또는 다른 자원의 비용이 높을 것이다.

2. **상품마다 고유한 가격이 없다.** 물물교환에 따라 상품마다 가격이 다르다. 농부는 돼지 3마리를 소 한 마리와 교환할 수도 있고, 밀 10포대를 쟁기로, 식탁을 마차로 교환할 수도 있을 것이다. 그렇다면 소, 쟁기, 마차의 가격은 얼마인가? 정답은 상품마다 가격이 다양하다는 것이다 다시 말해서, 상품과 교환될 수 있는 상품마다 가격이 있다. 소는 돼지의 가격, 밀의 가격, 마차의 가격 등을 가질 것이다. 100개의 상품만을 가지고 있는 물물교환 경제는 4,950개의 가격을 가질 것이고, 10,000개의 상품이 있는 경제는 49,995,000개의 가격을 가질 것이다.[1]

3. **표준화가 부족하다.** 돼지와 소가 모두 같지는 아니므로 돼지로 환산한 소의 가격이 동물

거래비용
당사자들이 재화와 용역의 교환을 합의하고 수행하는 과정에서 발생하는 시간 내 비용 또는 기타 자원

---

[1] 이 계산은 N개의 상품으로 필요한 가격이 얼마나 있는지, 즉 N개의 품목이 있을 때의 가격 수를 결정하는 공식을 기반으로 한다. 가격 수=N(N−1)/2

의 크기나 다른 특징을 명시해야 할 것이다.

4. **부를 축적하는 것이 어렵다.** 물물교환 시스템에서 부를 축적하는 유일한 방법은 상품을 비축하는 것인데, 여기에는 상품을 안전하게 보관하는 비용이 수반될 것이다.

화폐의 발명

물물교환의 비효율성은 대부분의 사람들을 자급자족하게 만들었다. 식민지 미국의 국경에서, 대부분의 사람들은 직접 음식을 기르고, 집을 짓고, 옷과 도구를 만들었다. 이러한 경제는 모든 개인이 어떤 일에는 능숙하지만 다른 일에는 능숙하지 않기 때문에 성장하는 데 어려움을 겪는다. 예를 들어, 식민지 미국에 있는 목공 일을 잘하는 사람은 식량을 재배하는 데 서툴렀을 수도 있다. 물물교환을 개선하기 위해, 사람들은 교환할 때 많은 사람들이 일반적으로 받아들일 수 있는 특정 상품을 식별하고자 했다. 다시 말해, 이들은 화폐를 발명할 강한 동기를 가지고 있었다. 예를 들어, 식민지 시대에 동물의 가죽은 옷을 만드는 데 흔히 사용되었다. 테네시주의 초대 주지사는 연간 1,000마리의 사슴가죽을 받았고, 주 재무장관은 450마리의 수달가죽을 받았다. 화폐로서의 사용과는 무관하게 가치가 있는 것을 **상품화폐**(commodity money)라고 한다. 역사적으로, 일단 재화가 화폐로 널리 받아들여지면, 당장 그 재화를 사용하지 않는 사람들도 기꺼이 화폐로서 받아들였다. 식민지 농부나 테네시 주지사는 사슴가죽을 원하지는 않지만, 그것들이 다른 상품과 서비스를 사는 데 사용할 수 있다는 것을 아는 한, 이들은 팔려는 것의 대가로 사슴가죽을 받아들일 것이다.

상품화폐
돈으로 사용하는 것과 무관하게 가치가 있는 돈으로 사용되는 상품

개념 적용

화폐란 무엇인가? 모스크바의 택시 기사에게 물어보아라

1989년 8월, 이 책의 저자 중 한 명은 모스크바와 레닌그라드(현재의 상트페테르부르크)를 여행한 미국 경제학자 그룹의 일원이었다. 당시 소련은 양국이 직면한 경제 문제를 소련 경제학자들과 논의하기 위해 상트페테르부르크에 있었다. 그곳에 있는 동안, 그는 러시아 택시 기사들로부터 돈에 대한 훌륭한 교훈을 얻었다.

모스크바에서 회의와 만찬을 오가며 택시를 타는 것은 힘든 일이었다. 저자를 초청한 이들은 당시 미국 경제학자들에게 소련 화폐인 루블을 주었지만 러시아 상인들과 택시 운전사들은 루블을 원하지 않았다. 택시 운전사들은 오히려 미국 달러, 독일 마르크, 일본 엔화로 요금을 요구했고, 요금은 택시마다 달랐다.

저자가 이 당혹감을 아내에게 전했을 때, 아내는 택시 요금을 화폐 대신 말보로 담배로 지불했기 때문에 택시에 어려움이 없었다고 설명했다! 저자는 다음날 말보로를 사용하여 (다른 브랜드는 효과가 없다) 성공적으로 택시 기사에게 요금을 지불할 수 있었다. 그는 택시 기사들이 모든 주요 화폐를 말보로 담배라는 등가물로 쉽게 바꿀 수 있다는 것을 발견했다.

적어도 이 기간 동안 말보로 담배는 모스크바의 택시 운전사들이 가장 많이 사용하는

화폐로 공식 화폐(루블)를 대체했다.

이 장의 끝에 있는 관련문제 1.5를 참조하시오.

사회가 돈을 발명하면(세계 각국에서 여러 번 발생했듯), 거래비용이 크게 감소하며, 물물교환의 다른 비효율성도 마찬가지로 감소한다. 사람들은 자신의 능력 중 다른 사람들보다 더 뛰어난 능력을 재화 생산이나 서비스에 전념하는 **전문화**(specialization)의 이점을 누릴 수 있다. 현대 경제의 대부분의 사람들은 고도로 전문화되어 있다. 그들은 회계사, 교사 또는 엔지니어로 일하며 그들이 번 돈을 그들이 필요한 것을 사는 데 사용한다. 물물교환 경제와는 달리, 오늘날에는 음식을 스스로 마련하거나, 옷을 직접 만들거나, 집을 직접 짓는 사람은 거의 없다. 전문화함으로써, 사람들은 그들이 소비하는 모든 상품과 서비스를 생산하려고 할 때보다 훨씬 더 생산적이다. 지난 200년간 평균소득의 큰 증가는 화폐가 허용하는 전문화 덕분에 가능했다.

따라서 "화폐는 필요한가?"라는 질문에 대한 대답은 "그렇다. 화폐는 전문화, 더 높은 생산성, 더 높은 소득을 허용하기 때문이다"이다.

> **전문화**
> 개인이 다른 사람에 비해 자신이 가장 뛰어난 능력을 가진 재화나 용역을 생산하는 시스템

2.2 화폐의 주요 기능

학습목표: 화폐의 네 가지 기능을 나열한다.

화폐는 경제에서 네 가지 주요 기능을 담당한다.

1. 교환 매체(medium of exchange)
2. 계좌 단위(unit of account)
3. 가치 저장(store of value)
4. 후불 기준(standard of deferred payment)

교환 매체

만약 당신이 간호사나 회계사라면, 당신은 봉사에 대한 대가를 받는다. 당신은 대가로 받은 화폐로 상품과 서비스를 사는 데 사용한다. 당신은 근본적으로 당신의 간호 또는 회계 서비스를 음식, 옷, 임대료, 그리고 다른 상품과 서비스로 교환한다. 그러나 상품과 서비스가 다른 상품과 서비스로 직접 교환되는 물물교환과 달리, 당신이 참여하는 거래는 화폐를 수반한다. 화폐는 **교환 매체**(medium of exchange) 역할을 한다. 즉, 화폐가 바로 교환이 이루어지는 매개체가 된다. 정의상 화폐는 일반적으로 상품과 서비스에 대한 지불 또는 부채에 대한 지불로 받아들여지기 때문에, 당신의 고용주가 당신에게 지불하는 화폐가 당신이 음식, 옷, 그리고 다른 상품과 서비스를 구매하는 상점에서 받아들여질 것이라는 것을 알고 있다. 즉, 물물교환 경제에서처럼 필요에 맞게 필요한 상품과 서비스를 직접 생산할 걱정 없이 간호나

> **교환 매체**
> 일반적으로 재화와 용역에 대한 지불로 받아들여지는 것; 화폐의 기능

회계 서비스를 전문적으로 생산할 수 있다는 얘기다.

계좌 단위

계좌 단위
화폐로 경제의 가치를 측정하는
방법; 화폐의 기능

교환 수단으로 화폐를 사용하면 또 다른 이점이 있다. 물물교환의 경우에는 한 재화의 가격이 다른 여러 개의 재화로서 가격이 책정되어야 하는데, 이와 달리 화폐를 이용하면 교환매체로서 한 재화에 한 가격만 책정되면 된다. 화폐의 이와 같은 기능은 가계와 기업에 **계좌 단위**(unit of account), 또는 어떤 경제의 가치를 화폐로 측정하는 방법을 제공한다. 예를 들어, 미국 경제에서 각각의 상품이나 서비스는 달러로 모든 가격이 측정된다.

가치 저장

가치 저장
미래에 상품과 서비스를 구매하는
데 사용될 수 있는 달러나 다른 자
산을 보유함으로써 부를 축적하는
것. 사실상 구매력을 미래로 이전
하는 것; 화폐의 기능

화폐는 가치를 쉽게 저장할 수 있게 해 **가치 저장**(store of value) 기능이 있다. 현재 보유하고 있는 달러를 모두 사용하여 상품과 서비스를 구입하지 않을 경우, 나머지는 나중에 사용할 수 있도록 보유할 수 있으므로 사실상 구매력을 미래로 이전할 수 있다. 그러나 한 경제에서 가격이 시간이 지남에 따라 빠르게 상승하면, 주어진 양의 화폐로 구매할 수 있는 상품과 서비스의 양은 감소하고, 화폐가 가치 저장 수단으로서의 유용성은 감소한다는 점에 유의한다.

물론, 화폐는 가치를 저장하기 위해 사용될 수 있는 많은 **자산**(assets) 중 하나일 뿐이다. 사실 애플 주식, 재무부채권, 부동산, 르누아르 그림 등 모든 자산은 가치 저장의 역할을 한다. 실제로 주식이나 채권과 같은 **금융자산**(financial assets)은 보통 이자를 지급하거나 가치가 상승할 수 있기 때문에 화폐를 보유하는 것보다 많은 이익을 제공한다. 그 밖의 자산도 용역을 제공하기 때문에 화폐에 비해 이점이 있다. 예를 들어, 집은 집 주인에게 잠잘 곳을 제공한다. 그런데 왜 화폐를 쥐려고 하는 걸까? 그 이유는 **유동성**, 즉 자산을 돈으로 교환할 수 있는 용이성 때문이다. 다른 자산을 돈으로 교환하면 거래비용이 발생하지만, 돈 자체는 완전히 유동적이다. 예를 들어, 당신이 채권이나 주식을 팔 때, 당신은 보통 온라인이나 중개인에게 수수료나 중개료를 지불한다. 다른 지역에 취업을 해서 급하게 집을 팔아야 한다면 공인중개사에게 수수료를 내야 하고, 집을 빨리 팔기 위해 더 낮은 가격에 팔아야 할 수도 있다. 이러한 거래비용을 피하기 위해 사람들은 다른 자산들이 가치의 저장소로서 더 큰 이익을 제공하더라도 다른 자산들 외에 화폐를 보유하려고 한다.

후불 기준

후불 기준
시간이 지남에 따라 환전을 촉진
하는 화폐의 특성; 화폐의 기능

화폐는 **후불 기준**(standard of deferred payment)이 될 수 있기 때문에 유용하다. 화폐는 교환매체와 계좌 단위 역할을 함으로써 **주어진 시점**에 교환을 용이하게 할 수 있다. 화폐는 또한 후불 기준과 가치 저장 역할을 함으로써 **시간이 지나도** 교환을 쉽게 할 수 있다. 예를 들어, 가구점에서 60일 이내에 합의된 가격을 완납하겠다고 약속함으로써 가구 제조업체에게 25개의 식당 테이블을 주문할 수 있다.

화폐, 소득, 부가 다른 것들을 측정한다는 것을 기억하라

화폐(money), **소득**(income), **부**(wealth)의 차이에 대해 명확하게 이해하는 것이 중요하다. 우리는 종종 빌 게이츠(Bill Gates), 제프 베조스(Jeff Bezos) 또는 포브스 잡지의 미국인 부자 명단에 있는 다른 사람들이 많은 돈(화폐)을 가지고 있다고 말한다. 이는 정말로 그들이 주머니에 많은 지폐를 가지고 있다는 것을 의미하는 것이 아니라 그들이 주식, 채권, 또는 집과 같은 귀중한 자산을 소유하고 있다는 것을 의미한다. 화폐는 다른 자산과 마찬가지로 **부**(wealth)의 구성요소인데, 이는 한 개인의 자산 가치와 부채 가치의 차이이다. 자산이 교환 매체 역할을 해야만 우리는 그것을 **화폐**라고 부를 수 있다. 한 개인의 **소득**은 일정 기간 동안 그 사람의 수입과 같다. 보통 한 사람은 수입이나 재산보다 상당히 적은 화폐를 가지고 있다.

부
자산의 총액에서 부채의 총액을 제한 가치

무엇이 돈이 될 수 있을까?

앞에서 우리는 일반적으로 지급수단으로 받아들여진다면 어떤 자산이라도 화폐로 사용될 수 있다고 언급하였다. 실무적으로 자산은 다음과 같은 경우에 교환 매체로 사용하기에 적합하다.

- 대부분의 사용자가 **수용 가능하고** 사용 가능함
- 두 단위가 동일하도록 **품질 측면에서 표준화됨**
- 사용하기에 너무 빨리 닳지 않도록 **내구성**이 뛰어남
- 무게에 비해 **가치가 있어** 많은 양이더라도 거래 시에 쉽게 운반할 수 있어야 함
- 상품 및 서비스의 가격이 다양하기 때문에 **분할할 수 있어야 함**

미국 지폐(미국 재무부에서 인쇄하여 공식적으로 **연방준비제도이사회권**(Federal Reserve Notes)이라 부르는 통화)는 이러한 기준을 모두 충족한다.

명목화폐의 신비

종이화폐는 내재가치가 없다. $20 지폐를 사용하여 상품과 서비스를 구입할 수 있지만, 그 이상으로는 책갈피로 쓰일 정도의 가치밖에 없다. 연방준비제도이사회(Fed)는 미국의 지폐를 발행하지만, 금이나 다른 상품으로 상환할 의무는 없다. 지폐와 같이 화폐로 사용하는 것 외에는 가치가 없는 화폐를 **명목화폐**(fiat money)라고 한다.

사람들은 상품과 용역에 대한 교환으로 종이화폐를 사용하는데, 이는 부분적으로 정부가 이 화폐를 **법정화폐**(legal tender)로 지정하였기 때문이다. 법정화폐라는 말은 정부가 세금을 수금할 때, 개인과 기업이 채무를 갚을 때 수용될 수 있는 종이화폐란 뜻이다. 연방준비제도이사회권이 법정화폐라면 미국의 모든 기업이 이 지폐를 수용해야 할까? 많은 사람들은 이 질문에 대한 답이 "아니오"라는 사실에 매우 놀랄 것이다. 미 재무부는 웹사이트에 다음과 같이 설명하고 있다.

명목화폐
지폐와 같이 화폐로서의 사용하는 것 외에는 가치가 없는 화폐

법정화폐
세금 납부할 때 사용 가능하고 개인과 기업이 채무를 갚을 때도 사용할 수 있는 정부가 지정한 통화

개인 사업체, 개인 또는 단체가 상품 및/또는 용역에 대한 지불을 화폐 또는 동전을 사용해야 한다는 연방 법령은 없다. 예를 들어 버스 회사는 페니나 달러 지폐로 요금을 지불하는 것을 금지할 수 있다. 또한 영화관, 편의점, 주유소는 정책의 문제로 고액권 화폐(보통 $20 이상 지폐)를 받지 않을 수도 있다.

사실 종이화폐가 교환 매체로 유통되는 이유는 정부가 법정화폐로 정하였기 때문이 아니다. 종이화폐가 유통되는 이유는 소비자와 기업들이 종이화폐를 널리 받아들이면, 그들이 상품과 서비스를 사야 할 때 이 종이화폐를 사용할 수 있을 것으로 확신하기 때문이다. 기본적으로, 이는 자기 충족 기대(self-fulfilling expectation)의 경우이다. 당신은 다른 사람들이 그것을 결제수단으로 받아들일 것이라고 믿는 경우에만 화폐로서 가치를 매긴다. 연방준비제도가 발행한 녹색 종이를 화폐로 사용하려는 우리 사회의 의지가 그 종이를 수용 가능한 교환 매체로 만드는 것이다.

2.5절에서 보겠지만, 만약 소비자와 기업이 상품과 서비스를 구매할 때 통화를 전달할 수 있다는 신뢰를 잃는다면, 그 통화는 교환 매체가 될 수 없을 것이다.

개념 적용

굿바이 벤자민?

2020년 중반에는 약 $1조 8천억의 연방준비제도이사회(FRB) 지폐가 유통되었다. 다음 그래프에서 알 수 있듯이, 유통되고 있는 총 통화는 2000년 이후 3배 이상 증가했다. 이는 미국 국민 한 명당 $5,200가 넘는 엄청난 양의 현금이다. 몇몇 사업체들은 그렇게 많은 현금을 수중에 가지고 있을 수 있지만, 그 당시 수백 달러 이상의 통화를 보유하고 있는 개인은 거의 없다.

그럼, 그 화폐는 다 어디 있는 것인가? 연방준비제도이사회(FRB)의 경제학자 루스 저드슨(Ruth Judson)은 미국 통화의 70%가 미국 밖의 개인, 기업, 정부가 소유하고 있으며, 이

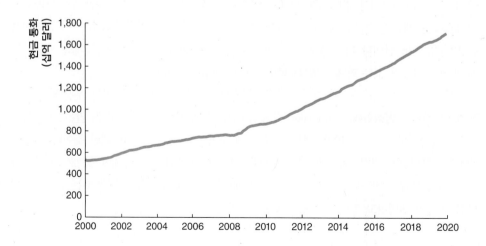

모든 것이 여전히 미국 화폐공급의 일부로 계산된다고 하였다. 미국 화폐는 물리적으로 어떻게 다른 나라에 갈까?

1. 은행은 외국 기업과의 거래상 필요한 수요를 충족하기 위해 일부 통화를 해외로 반출한다.
2. 외국을 여행하는 미국 관광객들은 미국 화폐를 외국 화폐로 교환한다.
3. 미국으로 이민 온 사람들은 그들의 가족에게 약간의 화폐를 우편으로 보내기도 한다.
4. 일부 화폐는 범죄 활동에 사용하고자 하는 개인에 의해 미국에서 밀반출된다.

서두에서 본 베네수엘라와 같이 인플레이션 비율이 급등한 국가에서는 많은 가계와 기업들이 자국 통화가 아닌 미국 달러로 거래하는 것으로 전환했다. 달러의 구매력은 안정적인 반면 자국 통화의 구매력은 급격히 떨어졌기 때문이다. 파나마, 엘살바도르, 에콰도르 등 일부 국가는 미국 달러를 공식 통화로 사용하고 있으며, 미국 정부의 정식 승인 없이도 사용 가능하다.

미국이든 다른 나라에 있는 일부 사람들은 불법 행위를 하고 있거나 합법적 활동에 대한 세금 납부를 회피하고자 수표나 신용카드보다 현금을 사용하는 것을 선호하기도 한다. 이때 고액권은 현금으로 실질적인 거래를 할 수 있기 때문에 유용하다. 다음 그래프는 다양한 지폐로 구성된 모든 통화의 총 가치 비율을 보여준다. (여전히 유통되고는 있지만 기술적으로 1969년 이후 발행되지 않은 $500에서 $10,000 사이의 지폐 가치는 무시한다.) 대부분의 사람들은 일상 생활에서 소액권만을 사용한다. 그러나 액면가가 $20 이하인 지폐는 유통되는 모든 통화 가치의 약 15%만을 차지한다. 모든 미국 화폐 가치의 80% 이상이 $100 지폐로 구성되어 있다. $100 지폐에는 벤자민 프랭클린의 초상화가 그려져 있기 때문에, 텔레비전 쇼와 영화에서 범죄자들과 테러리스트들은 종종 이 지폐를 "벤자민"이라고 부른다.

많은 정책입안자들과 경제학자들은 $100 지폐가 영화에서만 범죄자들과 테러리스트들을 돕는 것이 아니라며, 고액권을 사용하여 현금 거래를 하는 것은 정부가 그 활동을 감시

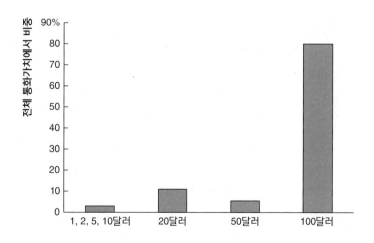

하기 어렵게 만듦으로써 불법 활동을 촉진시킨다고 주장한다. 이에 일부 정책입안자들은 $100 지폐를 폐지할 것을 제안했다. 이 문제를 연구한 한 경제학자는 "고액권은 탈세, 범죄를 저지르거나 테러 자금을 대거나 뇌물을 주거나 받는 사람들이 선택하는 지불 수단"이라고 주장한다. 2019년 유럽중앙은행은 지폐가 범죄를 촉진시키는 것을 우려하여 500유로 지폐의 발행을 중단했다. 일부 테러리스트들이 500유로 지폐를 자신들의 활동에 사용했기 때문에 이 지폐는 "빈 라덴"이라는 별명으로 불렸다.

범죄와의 싸움, 조세 회피, 테러리즘으로 인해 $100 지폐도 500유로 지폐처럼 역사책 속으로 사라질까? 로렌스 서머스(Lawrence Summers) 전 재무장관과 다른 많은 경제학자들과 정책입안자들은 그렇게 해야 한다고 주장한다. 그러나 2020년 현재 연방준비제도이사회는 $100 지폐 발행을 중단할 즉각적인 계획은 없다고 밝혔다. 전 세계적으로 130억 장 이상의 지폐가 유통되고 있는 가운데, 연준이 신권 발행을 중단한다고 해도, $100 지폐가 사용되지 않을 때까지는 수년이 걸릴 것이기 때문이다.

이 장의 끝에 있는 관련문제 2.7을 참조하시오.

2.3 결제 시스템
학습목표: 경제에서 결제 시스템 역할을 설명한다.

결제 시스템
경제에서 거래를 수행하는 메커니즘

화폐는 경제에서 거래를 용이하게 한다. 이러한 거래를 수행하는 메커니즘을 **결제 시스템** (payments system)이라고 한다. 시간이 지남에 따라 금화와 은화로 결제하는 방식에서, 지폐와 은행의 예금에 발행되는 수표로 결제하는 방식, 전자 자금 이체 방식으로 발전해 왔다.

상품화폐에서 명목화폐로의 전환

정확히 언제 금속 동전이 발명되었는지에 대해서는 역사가들의 의견이 일치하지 않는다. 중국 사람들은 기원전 1000년에 금속 동전을 사용했고 그리스 사람들은 기원전 700년에 금속 동전을 사용했다는 증거가 있다. 그 이후 수세기 동안, 구매자와 판매자는 금, 은, 구리와 같은 귀금속에서 주조된 동전을 화폐로 사용했다. 그러나 금화와 은화는 몇 가지 단점이 있다. 예를 들어, 로마 제국만큼 오래 전에는, 동전을 녹여 금과 은에 덜 가치 있는 금속을 섞어 다시 주조하는 방식으로 부족한 자신들의 통치 자금을 충당하기도 하였다. 경제가 금화와 은화에만 의존하는 것은 이상적인 결제 시스템이라고 할 수 없다. 사람들은 거래를 하기 위해 많은 양의 금화를 운송하는 데 어려움을 겪었고, 도난당할 위험도 감수해야 했다. 이 문제를 해결하기 위해 기원후 1500년경 유럽에서 정부와 민간 기업들(초기 은행)은 금화를 안전한 장소에 보관하고 종이 인증서를 발행했다. 종이 인증서를 받는 사람은 누구나 동등한 양의 금을 청구할 수 있었다. 사람들이 금을 요구하면 구할 수 있다는 확신을 가지고 있는 한, 종이 증서는 교환 수단으로 유통될 수 있었고, 이는 사실상 종이화폐가 발명된 것이나 다름없었다.

현대 경제에서 미국의 연방준비제도이사회와 같은 중앙은행은 지폐를 발행한다. 연방준비제도이사회(FRB)가 지폐를 금이나 다른 상품화폐로 교환하지 않기 때문에 현대의 미국 결제 시스템은 명목화폐 시스템이라 할 수 있다. 연방준비제도이사회(FRB)는 지폐를 발행하고 은행과 연방정부로부터 예금을 보유한다. 은행들은 이 예금들을 서로 간의 거래를 결제하는 데 사용할 수 있다. 오늘날 연준은 화폐 발행권을 법적으로 독점하고 있다. 19세기에 민간 은행들이 자체 화폐를 발행했지만, 그것은 그리 오래가지 못했다.

수표의 중요성

지폐에는 단점이 있다. 예를 들어, 대규모 상업 또는 금융 거래를 결제하기 위해 지폐를 운송하는 것은 비용이 많이 든다. 달러 지폐로 가득 찬 여행 가방을 들고 차를 산다고 상상해보자. 결제 시스템의 또 다른 중요한 혁신은 20세기 초에 **수표**의 사용이 증가하면서 찾아왔다. **수표**(checks)는 은행이나 다른 금융기관에 예치된 요구불 예금을 지불하기로 한 약속이다. 또한 수표는 어떤 금액으로도 작성될 수 있고, 결제를 매우 편리하게 해준다.

수표
은행이나 다른 금융기관에 예금된 금액을 지급한다는 약속

    그러나 수표로 거래를 결제하는 것은 화폐로 거래를 결제하는 것보다 더 많은 단계가 필요하다. 룸메이트가 당신에게 $50를 빚졌다고 가정하자. 그녀가 현금으로 $50를 주면 거래는 끝난다. 하지만 그녀가 당신에게 $50짜리 수표를 쓴다고 가정해보자. 당신은 수표를 은행에 가져가거나 스마트폰 은행 앱을 통해 입금해야 한다. 은행은 룸메이트의 은행에 지불수표를 (전자적으로) 제시해야 하며, 그제서야 룸메이트의 계좌에서 돈을 인출할 수 있다. 수표 작성자(구매자)가 수표 금액을 충당할 수 있는 충분한 금액이 수표 작성자(구매자)의 당좌계좌에 있는지 확인하는 데 필요한 시간과 노력 등 수표 사용에 대한 정보 비용도 있다. 수표를 받는 것은 달러 지폐를 받는 것보다 판매자 측의 신뢰를 더 필요로 하는 것이다.

신기술 및 결제 시스템

연방준비제도이사회(FRB)는 결제 시스템을 감독하지만 많은 결제가 은행 등 민간 기업에서 처리되기 때문에 직접 통제하지는 않는다. FRB는 결제 시스템에 있어 가장 바람직한 결과 다섯 가지를 나열했다.[2]

1. **속도**. 빠른 결제가 가계와 기업 모두의 거래를 촉진한다.
2. **보안**. 보안이 강화되면 블랙 해커들이 전자적으로 자금을 빼돌리지 않을 것이라는 소비자와 기업의 신뢰가 높아진다.
3. **효율성**. 종이 수표 또는 기타 결제 처리를 위해 다른 재화와 용역을 생산하는 데 투입되는 자원이 전용될 수 있다. 결제 시스템의 효율성을 높이면 더 적은 수의 노동자와 컴퓨터 또는 다른 자본을 사용하여 시스템을 작동할 수 있게 되어 경제에 이익이 된다.
4. **원활한 국제거래**. 빠르고 편리하게 결제가 이뤄지면 국경을 넘어 증가하는 업무량을 촉

---

[2] 아래 목록은 미 연준의 다음 보고서에서 발췌함. *Strategies for Improving the Payments System*, January 26, 2015, p. 2.

진할 수 있다.

5. **시스템 참여자 간의 효과적인 협업.** 결제 시스템은 전 세계의 정부, 은행과 같은 금융회사, 그리고 다른 사업들을 효율적으로 참여시킬 필요가 있다. 이러한 관여는 거래에서 자금의 원활한 이전을 보장한다.

전자 통신의 획기적인 발전으로 수표 발행 및 자금 송금에 필요한 시간이 크게 단축되었으며, 이러한 기술 발전은 결제 시스템에서 손쉽게 많은 결과물을 도출하였다. **직불카드**(debit card), **자동결제소**(Automatic Clearing House, ACH) 거래, **현금자동입출금기**(Automatic Telling Machines, ATM), 전자화폐와 같은 전산 결제 장치를 사용하는 전자자금 송금 시스템을 통해 거래의 정산 및 청산이 이루어지고 있다.

직불카드 및 결제 앱 소비자들은 직불카드를 수표처럼 사용할 수 있다. 슈퍼마켓이나 소매점의 금전 등록기는 은행 컴퓨터와 연동되기 때문에 직불카드를 이용해 식료품 등을 사면 은행이 즉시 가게 계좌에 금액을 입금하고 계좌에서 차감한다. 이 시스템은 은행 컴퓨터가 거래를 보증하기 때문에 수표에 관련된 구매자와 판매자 사이의 신뢰 문제를 없앤다. 최근 몇 년 사이 많은 소비자들이 신용카드나 직불카드에 연결된 스마트폰이나 스마트워치의 앱을 사용하기 시작했다. 예를 들어, 애플페이와 구글페이는 계산대에 있는 호환 가능한 레지스터가 있는 어느 매장에서나 소비자들이 핸드폰이나 시계를 흔들어 물건을 살 수 있게 해준다. 애플페이와 구글페이는 근접 모바일 결제의 예로, 이 같은 결제를 이용한 전체 거래량이 급증하고 있다.

ACH 거래 자동결제소(ACH) 거래에는 근로자 당좌예금 계좌로 급여 수표를 직접 입금하는 것과 자동차대출 및 주택담보대출에 대한 전자적 지급이 포함되며, 이 경우 차입자의 계좌에서 전자적으로 지급이 전송되어 대출자의 계좌에 입금된다. ACH 거래는 수표의 처리와 관련된 거래비용을 줄이고, 지불을 놓칠 가능성을 줄이며, 차입자에게 지불을 미루는 것을 통지할 때 발생하는 비용을 줄인다.

ATM 현금자동입출금기(ATM)는 50년 전에 존재하지 않았다. 지금은 상상하기 힘들지만, 당좌예금 계좌에서 돈을 입출금하려면 입출금 전표를 작성하고 은행 창구에서 줄을 서야 했다. 불편함을 가중시킨 것은 많은 은행이 오전 10시부터 오후 3시(**은행원의 시간**이라 불림)까지만 문을 연다는 사실이었다. 오늘날 ATM은 당신이 가장 편리할 때 언제든지 당신의 은행에서 같은 거래를 할 수 있게 해준다. 그리고 ATM은 (Cirrus와 같은) 네트워크에 연결되어 있기 때문에 타은행의 ATM에서 현금을 인출할 수 있다.

실시간 결제 시스템

수십 년 동안 미국 결제 시스템에 상당한 개선이 있었지만, 어떤 면에서는 일본과 서유럽 국가와 같은 다른 고소득 국가들에 비해 뒤쳐져 있다. 일부 경제학자들과 많은 은행들은 연방준비제도이사회(FRB)가 수 분 내에 자금을 사용할 수 있도록 수표와 기타 지불을 전자적으로 처리할 수 있도록 하는 **실시간 결제 시스템**(real-time payments system)을 더디게 시행하고 있다고 비판해 왔다. 이러한 시스템은 1년 365일 하루 24시간 내내 사용할 수 있다. 현재 미국 결제 시스템의 주요 기능은 월요일부터 금요일까지 동부 해안의 정상 근무 시간에만 이용할 수 있다. 일부 사람들은 해커들이 ATM이나 소매점의 신용카드 리더기에 접근하여 일부 유명인들 은행 및 신용카드 정보와 계좌를 빼낸 적이 있기 때문에 미국 결제 시스템의 보안에 대해서도 우려해 왔다.

실시간 결제 시스템
수 분 내에 수표 및 기타 결제를 사용할 수 있도록 하고 1년 365일 하루 24시간 운영되는 시스템

개념 적용

미국 결제 시스템은 왜 이렇게 느릴까?

생일에 이모로부터 $200 수표를 받았다고 가정해보자. 당신은 스마트폰 앱으로 수표 사진을 찍어서 은행 당좌계좌로 입금한다. 이후 즉시 은행으로부터 "입금에 성공했습니다"라는 이메일을 받는다. 그럼, 이제 $200 쓸 수 있을까? 아니다! 실상은 계좌에 돈이 들어오기까지 평균 이틀이 소요되며, 주말이나 휴일 전날에 입금하면 그 이상이 걸릴 수 있다. 만약 당신이 이 사실을 모르고 직불카드로 계좌에 있는 잔액보다 더 높은 금액의 것을 사면, 은행으로부터 $35.00의 **당좌대월 수수료**(overdraft fee)가 부과될 가능성이 높다. 계좌에 있는 자금으로 충당할 수 없는 구매를 여러 번 할 경우, 구매 시마다 당좌대월 수수료가 부과된다.

방금 언급한 문제는 미국의 은행 시스템에는 일본, 멕시코, 중국, 그리고 많은 유럽 국가들처럼 **실시간 결제**(Real Time Payments, RTP) **시스템**이 없기 때문에 발생한다. 예를 들어, 영국은 2007년부터 결제 및 청산을 위한 실시간 결제 시스템을 사용해 왔다. 이 시스템을 통해 단 몇 분 만에 수표와 다른 결제들이 처리되어 다른 결제에 이용할 수 있다. 이모로부터 받은 $200는 이틀 후가 아니라 은행으로부터 "입금에 성공했습니다"라는 이메일을 받는 즉시 사용할 수 있다.

미국이 실시간 결제 시스템을 채택하지 못함에 따라, 당좌예금 계좌에 소액 이상의 잔고를 유지할 자금이 부족한 일부 대학생을 포함한 많은 저소득층이 피해를 입었다. 만약 상품(예: 주말에 먹을 음식)을 사야 하지만 수표나 다른 지불을 기다려야 하기 때문에 살 수 없다면, 당신은 다음의 세 가지 자금조달 방법에 의존할 수밖에 없다.

1. 이미 언급했듯이, $35의 은행 당좌대월 수수료를 지불해야 한다는 것을 알면서도 직불카드나 수표를 써서 구매한다.
2. 초단기대출을 하고 높은 금리를 부과하는 대부업체로부터 돈을 빌린다.
3. 수표를 은행 계좌에 입금하지 않고 수수료를 내고 수표 현금화 서비스를 이용한다.

브루킹스 연구소의 애런 클라인(Aaron Klein)은 미국의 저소득층이 이 세 가지 자금조달원을 사용하는 데 필요한 수수료로 연간 총 $340억를 지출하고 있다고 추산했다.

어째서 미국은 실시간 결제 시스템을 시행하는 데 있어서 다른 나라들에 비해 뒤쳐져 있을까? 영국의 은행들이 2007년부터 이러한 시스템을 사용하고 있기 때문에, 그 기술이

사용 가능하다는 것을 알고 있다. 어음교환소(The Clearing House, TCH)는 뱅크오브아메리카, 산탄데르, 그리고 JP모건 체이스를 포함한 전 세계의 24개 대형은행들의 연합체이다. TCH는 2017년부터 실시간 결제 시스템을 운영하기 시작했는데, 이는 이 시스템에 가입한 은행들 간의 결제 정리가 용이하도록 하기 위해서다. RTP는 은행이 연준과 함께 유지하는 준비금 계좌에서 인출을 용이하게 하기 위해 연방준비제도이사회의 페드와이어(Fedwire)에 의존한다. 다만 페드와이어는 평일 제한된 시간에만 이용이 가능해 TCH 내 은행들이 야간이나 주말, 공휴일에 실시간 결제를 수행하기 어렵다.

TCH 회원 은행들은 연중무휴 24시간 페드와이어를 사용할 수 있도록 압박했지만 연준은 이를 허용하지 않았다. 대신 연방준비제도이사회는 2019년 페드와이어라고 불리는 자체 실시간 결제 시스템을 구축할 것이라고 발표했다. 연준은 TCH보다 미국에 있는 5,000개 이르는 은행 모두를 연결하는 시스템을 운영하는 것이 더 나을 것이라고 주장한다. 연준은 또한 민간이 운영하는 TCH가 소규모 은행에 부과하는 수수료 인상을 막기 위해서는 경쟁이 필요하다고 주장한다. 많은 경제학자들과 정책입안자들은 연준이 페드와이어를 가동하는데 5년이 걸릴 것이라고 발표한 것에 실망했다. 연준 내에서도 일부 정책입안자들은 새로운 실시간 결제 시스템을 구축할 필요가 있는지에 의문을 제기했다. 랜달 콰얼스(Randal Quarles) 연준 이사는 "실현 가능한 민간부문 대안이 있는 상태에서 연방준비제도이사회(FRB)가 이 시스템을 도입하여 혁신을 몰아낼 강력한 명분이 보이지 않는다"고 말했다.

2020년에도 미국 소비자들이 은행 거래를 위해 이용할 수 있는 실시간 결제 시스템을 가까운 시일 내에 갖추지 못할 것으로 보인다.

전자화폐, 비트코인, 블록체인

전자화폐
인터넷을 통해 상품과 서비스를 구매하기 위해 사용하는 디지털 현금; 전자화폐(electronic money)의 줄임말

전자 자금 이체의 경계는 사람들이 상품과 서비스를 사기 위해 사용하는 디지털 현금인 **전자화폐**(e-money)로 확장되었다. 전자화폐의 첫 번째 형태는 1998년에 설립된 페이팔 서비스이다. 개인이나 회사는 당좌예금 계좌나 신용카드에 연결된 페이팔 계좌를 설정할 수 있다. 판매자들이 구매자의 페이팔(또는 다른 전자화폐) 계좌에서 송금된 자금을 받으면, 전자화폐는 마치 전통적인 정부 발행 화폐처럼 기능한다. 최근에는 페이팔이 2014년 인수한 벤모(Venmo) 같은 스마트폰 앱으로 물건을 구매하는 사례가 늘고 있다. 은행 당좌예금 계좌, 직불카드 또는 신용카드에 연결된 벤모 계좌를 설정하면 이 앱을 통해 다른 벤모 사용자에게 자금을 직접 송금하거나 다른 사용자로부터 자금을 받을 수 있다. 이 앱은 사용자들이 현금 없이도 서로 소액을 송금할 수 있게 해준다. 예를 들어, 친구들은 식당 비용을 나누기 위해 벤모를 사용할 수도 있다. 일부 은행들은 연합으로 벤모의 경쟁자로 젤(Zelle)을 출범했다. 일부 사람들은 결제가 한 사람의 은행 계좌에서 벤모 계좌가 아닌 다른 사람의 은행 계좌로 바로 이동하기 때문에 젤을 더 선호한다. 한 사용자로부터 다른 사용자로 자금이 직접 이전되기 때문에 벤모와 젤은 **P2P**(peer-to-peer) **결제 시스템**의 예라고 할 수 있다.

최근 몇 년 동안 비트코인은 논란이 많은 전자화폐 형태가 되었다. 벤모처럼 전자적으

로 송금하는 서비스와 달리 비트코인은 회사가 소유하지 않고 링크된 컴퓨터의 분산 시스템에 의해 생산된다. 비트코인은 2009년 가명으로 추정되는 "나카모토 사토시"에 의해 처음 고안되었다. 비트코인은 사람들이 비트코인으로 온라인 구매를 하는 것이 합법적인지 확인하기 위해, 즉 누군가가 동일한 비트코인을 여러 번 쓰지 못하도록 하기 위해 필요한 복잡한 계산을 수행함으로써 생산된다. 이러한 계산을 성공적으로 완료한 사람들은 고정된 양의 비트코인(일반적으로 12.5)을 받는다. 비트코인의 채굴 과정은 2030년에 총 2,100만 개의 비트코인이 생산될 때까지 계속될 것이다.

사람들이 웹사이트에서 달러와 다른 화폐와 교환하여 비트코인을 사고팔 수 있기 때문에, 어떤 사람들은 비트코인을 **암호화폐**(cryptocurrency)라고 부른다. 비트코인을 사서 스마트폰 모바일 지갑에 코인을 저장할 수도 있다. 처음에 비트코인은 물건을 사고파는 방법으로 생각되었다. 일부 상점은 비트코인을 받아 고객이 휴대폰으로 바코드를 스캔해 결제할 수 있도록 하기도 했다. 일부 웹사이트는 가맹점이 신용카드 결제를 처리하는 방식과 비슷한 방식으로 비트코인 구매를 처리하는 방법을 가맹점에 제공하기 시작하였다.

왜 구매자와 판매자는 현금이나 신용카드보다 비트코인과 같은 암호화폐를 사용하는 것을 선호하는가? 일부 구매자들이 암호화폐에 매력을 느낀 것은 스마트폰을 이용해 구매할 수 있는 트렌디하고 편리한 방법 때문인 것으로 보인다. 또한 신용카드를 사용할 때와 달리 암호화폐 거래는 거래 기록이 존재하지 않기 때문에 사생활이 보호된다. 소매업체의 경우 신용카드로 판매 시 3%의 수수료를 지불하는 데 비해 암호화폐로 거래하면 판매액의 1% 정도만 처리비로 지불하면 되기 때문에 암호화폐에 매력을 느꼈다. 또한 암호화폐 판매는 마치 현금으로 구매한 것처럼 최종적인 것이다. 신용카드 판매는 반대로 구매자가 구매 후 수개월 후에도 이의를 제기할 수 있다.

실제로 암호화폐는 상품과 서비스를 사고파는 데 널리 쓰이지 않았다. 애플페이와 구글페이가 도입되면서 소비자들이 신용카드와 연동된 스마트폰을 이용해 결제를 할 수 있는 길이 열렸고, 이는 암호화폐의 장점 중 하나를 깎아내렸다. 암호화폐는 일상적인 구매에 쓰이기보다는 투기에 활용되었고, 그 결과 가격이 크게 변동하여 통화로서의 유용성이 더욱 떨어졌다. 달러와 교환하는 비트코인 가격은 2012년 비트코인당 $5에서 2017년 12월 비트코인당 $1만 9,282로 최고치를 기록했다. 이후 비트코인 가격은 2018년 12월 $3,200까지 폭락한 뒤 2020년 중반 $8,700까지 올랐다.

일부 기업가들은 일정한 수의 달러(하나의 스테이블코인에 $1)에 사고팔 수 있는 **스테이블코인**(stablecoin)을 도입함으로써 암호화폐를 교환 매체로 사용한다는 본래의 발상으로 돌아가려 했다. 스테이블코인 발행자들은 스테이블코인 보유자들이 일대일로 달러를 교환할 수 있다는 주장을 믿을 수 있도록 달러를 비축해두고 있다. 일부 경제학자들은 스테이블코인이 널리 받아들여지는 교환 매체가 될 수 있을지에 회의적이다. 예를 들어, 버클리 캘리포니아 대학의 배리 아이켄그린(Barry Eichengreen) 교수는 누군가가 달러를 스테이블 코인으로 교환할 때, "우리 중 한 명은 미국 정부의 완전한 믿음과 신용의 지원을 받아 완벽하게 유동적인 달러를, 출처가 모호한 암호화폐와 교환했을 것이다. 이러한 교환은 돈세탁자와 탈세자들에게는 매력적일 수 있지만, 다른 사람들에게는 매력적이지 않다"라고 언급했다.

2019년 페이스북은 리브라(Libra)라는 암호화폐를 선보였는데, 그 가치는 달러를 포함한 화폐의 시장 바구니에 연동되었다. 페이스북이 소비자들에 의해 널리 사용되는 데 있어 다른 암호화폐들이 직면한 문제들을 극복할 수 있을지는 명확하지 않다.

비트코인의 문제에도 불구하고, **블록체인**(blockchain)으로 알려진 기반 기술은 결제 시스템의 속도, 효율성, 보안을 높이려고 시도하면서 기업과 정부 모두의 관심을 끌고 있다. 블록체인은 영화나 노래를 포함한 펀드, 증권 또는 기타 상품의 소유권을 등록하는 온라인 네트워크이다. 블록체인을 통해 전 세계 개인과 기업이 암호화된 사이트에서 즉각적이고 안전하게 거래를 결제할 수 있다. 블록체인을 통해 거래를 지시할 수 있는 능력은 은행과 다른 중개업자들을 제거함으로써 잠재적으로 비용을 크게 절감할 수 있다. 기업이 블록체인을 채택하는 데 가장 큰 걸림돌은 기술의 복잡성과 그에 따른 높은 비용이다. 시간이 지나 비용이 감소하면 블록체인이 결제 시스템의 핵심이 될 수도 있다.

중앙은행들이 페이팔, 벤모, 비트코인, 또는 다른 종류의 전자화폐를 통제하지 않기 때문에, 본질적으로 개인 결제 시스템이다. 이러한 개인 결제 시스템과 직불카드 또는 신용카드를 사용하는 지불의 증가가 결합되면 미국은 "현금 없는 사회"가 될 수 있을까? 연방준비제도이사회(FRB)의 연구에 따르면 비현금 지급이 전체 지급액의 85% 이상을 차지하면서 계속 증가하고 있는 것으로 나타났다. 놀랄 것도 없이, 수표 발행 건수는 2012년 이후 매년 10억 건 이상 감소했고, 2018년에는 처음으로 직불카드 거래 건수가 수표 발행 건수를 넘어섰다. 그러나 현실에서 완전히 현금이 없는(또는 수표가 없는) 사회는 세 가지 주요 이유 때문에 가까운 미래에 실현되기 어려울 수 있다. 첫째, 블록체인과 관련하여 언급했듯이 전자 결제 시스템을 위한 인프라는 구축 비용이 많이 든다. 둘째, 많은 가계와 기업들이 컴퓨터 해커의 영향을 받는 전자 시스템에서 프라이버시를 보호하는 것에 대해 걱정하지만, 블록체인 지지자들은 암호화 기술이 이 문제를 극복할 수 있다고 믿는다. 결제 시스템에서 지폐를 사용하는 흐름은 계속 줄어들 것으로 보이지만 사라지지는 않을 것으로 보인다. 셋째, 현금을 받지 않는 소매점에 대한 정치적 반발이 있었다. 예를 들어, 아마존 고 편의점은 카메라와 센서를 사용하여 고객의 신용카드가 자동으로 결제하는데, 이것은 상점들이 계산원과 계산대를 없앨 수 있게 한다. 필라델피아와 뉴욕을 포함한 일부 도시들은 많은 저소득자들이 현금을 사용하지 않고 물건을 살 수 있는 신용카드나 다른 방법이 부족하다는 이유로 상점에서 현금을 받도록 요구하는 법을 통과시켰다.

개념 적용

스웨덴은 최초의 현금 없는 사회가 될 것인가?

당신은 아무도 현금을 사용하지 않는 경제를 상상할 수 있는가? 아직 어떠한 나라도 이 수준에 이르지는 않았지만, 스웨덴이 가장 가까이 왔다. 모바일 뱅킹 앱인 스위쉬(Swish)는 스웨덴을 비롯한 스칸디나비아 국가에서 큰 인기를 끌었다. 이 앱을 통해 한 사람의 은행 계좌에서 다른 사람의 은행 계좌로 자금을 쉽게 이체할 수 있고, 스웨덴에 있는 대부분의 가게와 식당들은 이러한 결제를 처리할 수 있는 장비를 갖추고 있기 때문에, 사람들이 현금을 사용할 필요가 거의 없다. 스웨덴은 시골에서도 믿을 수 있는 와이파이 서비스를 이용할 수 있기 때문에, 스웨덴은 거의 모든 사람들이 잠재적으로 스위쉬나 유사한 앱을 사용할 수 있다.

　일부 가게와 레스토랑은 현금 결제를 중단하고 이제는 신용카드로 결제하거나 스위시 또는 이와 유사한 앱을 사용하도록 한다. 이 상점들은 현금 등록기를 없애고 전적으로 모바일 앱을 사용하여 돈을 지불하는 사람들에게 의존한다. 스웨덴 교구민들 중 많은 수가 더 이상 현금을 가지고 다니지 않기 때문에, 스웨덴 교회들은 교회 예배에서 스위쉬를 사용하여 기부를 하도록 격려한다. 이케아 매장 구매의 1% 정도만 현금으로 이루어진다. 뉴욕타임스의 기사에 따르면 "이케아 직원들이 근로시간 중 약 15%를 현금을 취급하고, 세고, 보관하는 데 쓰고 있다"는 이유로 무현금화를 고려하고 있었다. 한 이케아 매장 관리자는 "우리는 실제로 서비스를 필요로 하는 아주 적은 부분에 많은 자원을 소비하고 있습니다"고 말했다.

　스웨덴의 많은 은행 지점들은 더 이상 현금을 사용할 수 없고 현금 예금을 받지 않는다. 은행들은 많은 ATM을 없애고 있다. 일부 은행 운영진들은 현금이 없어지면서 은행 강도 발생 가능성이 낮아졌다고 한다. 다른 유럽 국가들이 평균 약 10%, 미국은 약 30%를 전체 결제 수단에서 현금이 차지하는 데 반해, 스웨덴에서는 현재 현금 결제 비중이 약 2%이다.

　특히 스웨덴 젊은이들은 현금이나 신용카드보다 스위쉬나 다른 앱에 의존할 가능성이 높다. 한 대학생은 "아무도 현금을 사용하지 않아요. 저는 저희 세대가 현금 없이도 살 수 있다고 생각해요"라고 말했다. 약 4천 명의 스웨덴 사람들은 마이크로칩을 손에 이식하여 상점이나 대중교통에서 손을 흔들면 지불할 수 있다. 그러나 일부 사람들은 여전히 현금에 의존해야 한다. 예를 들어, 일부 노인들은 스마트폰 앱을 사용하는 방법을 모른다. 시력에 문제가 있는 사람들은 앱을 사용하는 데 어려움을 겪을 수 있다. 그리고 저소득층 사람들은 스마트폰이나 신용카드를 살 여유가 없을 수도 있다. 또한 일부 프라이버시 옹호자들은 앱과 신용카드가 소비자들이 비밀로 하고 싶은 정당한 이유가 있을 수 있는 구매에 대한 공개 기록을 제공한다고 우려한다. 어떤 사람들은 신용카드나 앱을 사용하면 해커들이 자신의 계좌에서 돈을 훔칠 수 있게 될까 두려워한다. 마지막으로, 스웨덴 정부와 중앙은행은 수표나 현금으로 거래가 이뤄지지 않을 경우 화폐공급과 결제 시스템에 대한 통제가 훼손될 것을 우려하고 있다.

　이 시점에서 스웨덴은 미국과 다른 나라들보다 현금이 없는 경제가 되는 것에 더 가깝다. 앞으로 많은 나라들이 스웨덴의 길을 따를지, 아니면 모든 거래를 전자적으로 하였을 때의 단점 때문에 현금이 계속 중요한 역할을 할지는 두고 봐야 한다.

이 장의 끝에 있는 관련문제 3.6을 참조하시오.

2.4 화폐공급량의 측정

학습목표: 미국의 화폐공급이 어떻게 측정되는지 설명한다.

경제학자들과 정책입안자들은 통화량을 측정하는 데 관심이 있는데, 이는 다음 장과 후반 장에서 보듯이 통화량 변화는 금리, 가격, 생산 및 고용의 변화와 관련이 있기 때문이다. 만약 화폐의 유일한 기능이 교환 매체 역할이라면, 현금과 당좌예금만 화폐공급에 포함시키면 된다. 왜냐하면 가계와 기업들은 이러한 자산을 상품과 서비스를 사는 데만 사용하기 때문이다.

그러나 현금과 당좌예금, 두 자산만을 포함시키는 것은 현실적인 화폐공급량을 측정하는 데 협소한 정의이다. 가계와 기업은 현금이나 당좌예금처럼 유동적이지 않아도 다른 많은 자산을 교환 매체로 사용할 수 있다. 예를 들어, 은행에 있는 예금 계좌를 쉽게 현금으로 바꿀 수 있다. 마찬가지로 머니마켓펀드(money market fund, MMF; 재무부채권 등 단기채에만 투자하는 뮤추얼펀드)의 지분을 보유하고 있다면 지분에 대응되는 금액만큼 수표를 발행할 수도 있다(뮤추얼펀드의 정의는 1장 1.1절 참조). 따라서 여기서는 저축 계좌와 MMF의 지분과 같은 자산을 교환 매체의 일부로 고려한다.

통화량의 측정

연방준비제도이사회는 미국의 통화의 수량을 규제하는 책임을 가진 당국으로 현재 화폐공급에 대한 정의를 두 가지 방식으로 발표하고 있다. 그림 2.1은 **통화량**(monetary aggregate)이라고 불리는 두 가지 정의를 나타낸다.

M1 통화량 협의의 화폐공급은 **M1**으로 정의된다. 그림 2.1 (a)에서 볼 수 있듯이 M1은 교환수단으로 사용되는 통화량을 의미하는데, 여기에는 현금과 **당좌예금계좌**와 저축계좌와 같은 **거래계좌**(transaction account)들이 포함된다. 이와 같은 현금과 거래계좌들로 가계와 기업들은 재화와 용역을 거래하기 때문이다. 1980년대 초반까지 정부 규제로 은행들은 당좌예금에 이자를 지급하지 않았기 때문에 현금에 대한 대체품에 가까웠다. 은행업의 금융혁신과 정부 규제 완화로 저축기관과 신용조합의 당좌계좌는 물론 상업은행의 당좌계좌 소유주에 이자가 지급되었다. M1은 **요구불예금**(demand deposit)이라고 부르는 무이자 당좌예금과 함께 이러한 **기타 당좌예금**(other checkable deposit)을 모두 포함한다. 참고로 2020년까지는 저축 계좌에서 한 달에 6번만 인출할 수 있었다. 연준이 이 규정을 폐지하면서 당좌예금과 저축예금 사이의 핵심적인 구분이 사라졌다. 이에 연준은 현재 당좌예금과 저축예금 모두 거래계좌로 간주하고 있으며 M1에 모두 포함시킨다.

M2 통화량 M2는 M1보다 화폐공급에 대한 광범위한 정의이며 많은 가계가 단기투자로 취급하는 계좌를 포함한다. 그림 2.1 (b)에 표시된 바와 같이 M1에 포함된 자산 외에도 M2는 다음을 포함한다.

통화량
현금보다 더 넓은 의미의 통화의 양으로, M1과 M2로 불림

M1
화폐공급의 좁은 정의: 유통 중인 통화와 당좌예금 및 은행의 저축계좌의 합계

M2
화폐공급의 넓은 정의: M1에 포함된 모든 자산에 $10만 미만의 정기예금과 비제도권 MMF 지분을 포함함

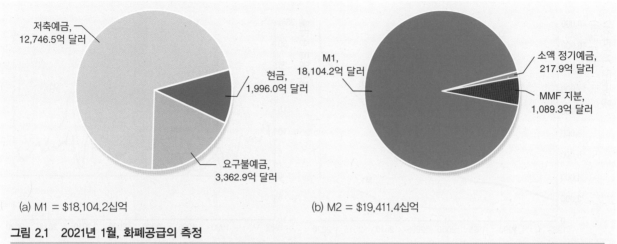

그림 2.1 2021년 1월, 화폐공급의 측정

연방준비제도이사회(FRB)는 화폐공급 측정을 위해 M1과 M2로 나눈다. M1은 통화 및 당좌예금, 저축예금 등을 포함한다. M2는 (b)에 표시된 추가 자산뿐만 아니라 M1의 모든 자산을 포함한다.

참고: (b)에서 저축예금은 단기자금(money market) 예금을 포함한다.
출처: Board of Governors of the Federal Reserve System, *Federal Reserve Statistical Release*, *H6*, February 23, 2021.

- $10만 미만의 정기 예금(주로 은행 **예금 증서**(certificates of deposit))

- 비제도권 MMF 지분("비제도권" 이라 함은 연기금과 같은 **기관 투자자**(institutional investor)가 아닌 개인투자자가 소유하는 지분을 의미한다. 비제도권이란 것은 소매업이라고도 불린다.)

화폐공급의 정의가 중요한가?

M1과 M2 중 어떤 것이 더 나은 화폐의 척도인가? M1과 M2가 유사하게 움직인다면, 연준은 이들 중 하나를 사용하여 경제의 생산량, 가격, 또는 금리에 영향력을 행사할 수 있다. 만약 M1과 M2가 함께 움직이지 않는다면, 두 척도는 화폐공급에 무슨 일이 일어나고 있는지에 대해 다른 이야기를 할 수 있다.

그림 2.2 (a)는 1982년 1월부터 2020년 6월까지의 M1과 M2 수준을 나타낸다. 그림에서 M1은 은행에 저축계좌를 포함하지 않는 2021년 이전의 정의를 따르고 있다. 가계와 기업들이 통화 또는 당좌예금에 대한 수요보다 M2에만 포함된 예금증서, MMF 및 기타 자산에 대한 수요가 높았기 때문에 M2는 M1보다 빠르게 성장하고 있다. 경제학자들은 일반적으로 경제 변수의 **변화율**(change)이 변수의 **수준**(level)보다 더 중요하다고 믿는다. 예를 들어, 집을 사기 위해 대출을 고려할 때 현재 가격 수준보다 가격 수준의 변화를 측정하는 **인플레이션율**(inflation rate)에 더 관심을 가지게 된다. 화폐공급의 변화가 인플레이션을 일으킨다고 한다면, (a)보다 (b)는 연간 성장률의 변화로 측정되는 M1과 M2의 성장률을 보여주는 (b)가 더 많은 정보를 제공한다.

그림 2.2의 (b)는 M1과 M2의 성장률이 현저하게 다르다는 것을 보여준다. 전반적으로

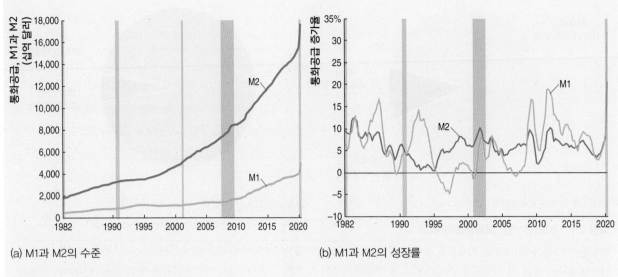

(a) M1과 M2의 수준　　　　　　　　　　(b) M1과 M2의 성장률

그림 2.2　1982~2020년, M1과 M2

(a)는 1982년 이후 M2가 M1보다 훨씬 빠르게 증가했음을 보여준다. (b)는 분기별 데이터를 사용하여 1982년 이후 M1과 M2의 연간 성장률을 보여준다. M1은 M2보다 훨씬 더 불안정하다. 음영 부분은 미국 경제가 침체된 기간을 나타낸다.

참고: (b)에서 성장률은 전년 동기 대비 성장률로 측정되었다. (a)와 (b) 모두에서 M1은 2021년 이전 정의에 따라 측정되어 저축계좌를 포함하지 않는다.

출처: Federal Reserve Bank of St. Louis.

M2의 성장률은 여러 기간 동안 마이너스였고 1990~1991, 2001, 2007~2009, 2020년 경기침체기(그림의 음영 부분)에 치솟은 M1의 성장률보다 안정적이다. 마이너스 성장률은 M1이 측정한 화폐공급이 실제로 그 기간 동안 감소했음을 의미한다. M1과 M2의 성장률 차이를 감안할 때, 연준과 민간 예측가들은 경제의 총생산, 물가수준, 금리 등 다른 경제 변수의 변화를 설명하기 위해 어떤 조치를 사용할지 어떻게 결정할 것인가? 사실, 어떤 화폐공급의 척도가 예측에 가장 적합한지는 연방준비제도이사회(FRB) 경제학자, 학계 경제학자, 민간 예측가들이 계속 연구하고 있는 미해결 문제로 남아 있다.

2.5　화폐수량이론: 화폐와 물가의 연관성에 대한 개론

학습목표: 화폐수량이론을 이용하여 장기적으로 분석한다.

화폐공급의 증가와 가격 상승 사이의 관계는 적어도 기원전 4세기 그리스의 아리스토텔레스와 같은 철학자들 때부터 논의되어 왔다. 16세기 스페인의 멕시코와 페루 정복으로 막대한 양의 금과 은이 유럽으로 수출되어 동전으로 만들어졌고, 유럽의 화폐공급을 크게 증가시켰다. 많은 역사가들은 이러한 화폐공급의 증가가 가격 수준의 상승과 그에 상응하는 구매력을 낮추게 되었다고 말한다. 여기서 **구매력**(purchasing power)이란 소비자들이 상품과 서비스를 얻기 위해 화폐를 사용할 수 있는 능력이다. 본 절에서는 경제학자들이 어떻게 화폐공급의 변화와 물가수준의 변화 사이의 연관성에 대해 연구하는지 지속적인 연구 방법론을 살펴보도록 한다.

어빙 피셔와 화폐 교환 방정식

20세기 초에 예일 대학교의 경제학자인 어빙 피셔(Irving Fisher)는 화폐공급과 인플레이션 사이의 관계를 더 명확하게 하기 위해 화폐의 수량 이론을 개발했다. 피셔는 다음과 같은 **화폐 교환 방정식**(equation of exchange)을 사용하여 분석을 시작했다.

$$M \times V = P \times Y$$

이 방정식은 화폐량(M)에 화폐 속도(V)를 곱한 값이 가격 수준(P)에 실질GDP(Y)를 곱한 값과 같다는 것을 의미한다. 가격 수준은 모든 재화와 용역의 가격의 평균 수준으로 측정된다. 가격 수준에는 여러 가지 측정법이 있는데, 여기서 가장 관련성이 있는 척도는 **GDP 디플레이터**로, GDP에 포함된 모든 재화와 서비스의 가격을 가리킨다. 실질GDP에 GDP 디플레이터를 곱하면 명목GDP가 된다. 따라서 교환 방정식의 오른쪽은 명목GDP와 같다. 피셔는 **화폐의 유통속도**(velocity of money)를 주어진 기간 동안 GDP에 포함된 재화나 서비스에 사용되는 화폐공급 달러가 몇 번 사용되는지로 정의했는데, 수식으로는 다음과 같이 표현된다.

$$V = \frac{PY}{M}$$

예를 들어, 2019년 명목GDP는 $21조 4270억, M1은 $38,420억로, 2019년 화폐 유통속도는 $21조 4,270억/$38,420억 = 5.6이었다. 이 결과는 2019년 한 해 동안 GDP에 포함된 재화나 서비스에 M1 달러가 평균적으로 5.6회 사용되었다는 것을 의미한다.

피셔가 유통속도를 PY/M과 같다고 정의했기 때문에, 교환 방정식은 항등식이다. 즉, 좌측항은 항상 우측항과 같아야 한다. 이론이란 것이 거짓일 수도 현실에 대한 진술이라는 면에서, 사실 이 교환 방정식은 이론이 아니다. 피셔는 화폐 유통속도가 단기적으로 일정할 것이라고 주장함으로써 교환 방정식을 **화폐수량이론**(quantity theory of money)으로 만들었다. 피셔는 $1가 소비되는 평균 횟수는 사람들이 얼마나 자주 돈을 받는지, 얼마나 자주 쇼핑을 가는지, 기업들이 얼마나 자주 청구서를 보내는지와 같이 매우 느리게 변하는 제도적 요인에 달려있다고 주장했다. 속도는 화폐의 양이나 실질GDP에 영향을 받지 않는다. 피셔는 화폐의 양이 변하거나 실질GDP의 가치가 변하더라도 화폐 유통속도는 변하지 않을 것이라고 주장했다. 유통속도에 대한 이러한 주장들은 참일 수도 있고 거짓일 수도 있기 때문에 화폐수량이론은 이론이라고 할 수 있다.

화폐수량이론
화폐의 유통속도가 주로 제도적 요인에 의해 결정되므로 단기적으로 거의 일정하다는 가정하에서 화폐와 물가 사이의 연관성을 설명하는 이론

인플레이션에 대한 화폐수량이론의 설명

화폐공급량 변화가 인플레이션에 미치는 영향을 조사하기 위해서는 화폐 교환 방정식을 수

준에서 백분율 변화로 다시 작성해야 한다. 변수를 곱하는 방정식은 변수들의 백분율 변화를 더하는 방정식과 같다는 편리한 수학적 규칙을 사용하여 방정식을 전환할 수 있다. 따라서 수량 방정식을 다음과 같이 다시 작성할 수 있다.

$$M의 \%변화 + V의 \%변화 = P의 \%변화 + Y의 \%변화$$

만약 화폐 유통속도가 단기적으로 일정하고 화폐의 양이나 실질GDP의 가치의 변화에 영향을 받지 않는다는 피셔의 가정이 맞다면 속도의 변화는 0이 될 것이다. 또한 물가수준의 백분율 변화는 인플레이션율과 같다. 이 두 가지 사실을 고려하여 마지막으로 수량 방정식을 다시 작성하면 다음과 같다.

$$인플레이션율 = M의 \%변화 - Y의 \%변화$$

이와 같은 결론은 화폐와 물가 사이의 관계를 고려할 때 매우 유용하다. 만약 화폐 유통속도가 일정하다면, 화폐의 양이 실제 GDP보다 더 빠르게 증가할 때 인플레이션이 발생할 것이다. 화폐 양의 백분율 변화가 클수록 물가상승률도 커진다. 미국에서는 1900년 이후 실질GDP 성장률이 매년 약 3.2%를 기록하고 있다. 따라서 화폐수량이론은 장기적으로 연방준비제도이사회가 화폐공급을 이 수치보다 더 빠른 속도로 증가하도록 한다면, 인플레이션이 일어날 것이라는 것을 나타낸다.

예제 2.5

화폐와 소득의 관계

한 학생이 다음과 같은 주장을 한다. "화폐 공급이 증가하지 않는 한 총생산 가치가 상승하는 것은 불가능합니다. 결국, 이용할 수 있는 화폐가 없다면 어떻게 사고 파는 상품과 서비스의 가치가 높아질 수 있나요?" 당신은 이 주장에 동의하는지 설명하시오.

문제풀이

1 단계 이 장의 내용을 복습한다. 이 문제는 통화량 성장과 생산이나 소득의 변화 사이의 관계에 관한 것이므로 "어빙 피셔와 화폐 교환 방정식" 절을 검토해 보는 것이 좋다.

2 단계 화폐공급의 증가 없이 경제에서 생산량이 증가할 수 있는지를 설명한다. 명목GDP는 총생산의 가치를 측정하며, 기호로는 PY이다. PY는 교환 방정식의 우측항으로, 이 항이 증가한다면 좌측항인 MV 또한 증가해야 한다. 학생은 화폐공급이 늘지 않으면 명목GDP가 증가할 수 없다고 주장하지만, 환산식은 V가 늘면 명목GDP가 증가할 수 있음을 보여준다. 즉, 명목GDP로 대표되는 경제에서 지출되는 총액은 달러 총액이 일정하게 유지되더라도 해당 달러가 소비되는 평균 횟수(V)가 증가한다면 증가할 수 있다.

추가 점수: 화폐와 화폐와 소득의 차이를 상기하라. 경제학 입문에서 학습하였듯이 경제 전체 수준에서 총생산은 총소득, 즉 GDP=국민소득과 같다. (구체적으로는 국민소득에 도달하기 위해 GDP에서 감가상각을 빼야 하지만, 이러한 차이는 대부분의 거시 경제 문제에서 중요하지 않다.) 그러나 GDP나 국민소득의 가치는 화폐공급의 가치보다 훨씬 크다. 미국에서 GDP의 가치는 일반적으로 화폐공급을 나타내는 M1의 가치보다 5배 이상 크다.

이 장의 끝에 있는 관련문제 5.7을 참조하십시오.

화폐수량이론에 근거한 인플레이션 예측은 얼마나 정확한가?

화폐수량이론의 정확성은 속도가 일정하다는 핵심 가정이 정확한지에 달려 있다. 유통속도가 일정하지 않으면 화폐공급 증가와 물가수준 상승 사이에 밀접한 연관성이 없을 수 있다. 예를 들어 화폐량의 증가는 속도 감소로 상쇄될 수 있으며, 가격수준은 영향을 받지 않는다. 알려진 바와 같이, 속도는 단기적으로 불규칙하게 움직일 수 있기 때문에, 우리는 수량 방정식이 인플레이션에 대해 정확한 단기 예측을 제공할 것이라고 기대하지 않는다. 그러나 장기적으로 화폐공급의 변화와 인플레이션 사이에는 강한 연관성이 있다. 그림 2.3 (a)는 화폐공급의 M2 척도와 미국의 10년별 인플레이션율 사이의 관계를 보여준다. (M2에 대한 데이터가 M1에 대한 데이터보다 더 긴 기간 동안 사용 가능하기 때문에 여기서 M2를 사용한다.) 각 다이아몬드는 화폐공급의 연평균 성장률과 해당 10년의 평균 인플레이션율의 조합을 나타낸다. 실질GDP 성장률과 속도의 차이 때문에 M2 성장률과 인플레이션 사이에 정확한 관계는 없지만 분명한 패턴이 있다. 화폐공급에서 높은 성장률을 보인 수십 년은 또한 높은 인플레이션율을 보였다. 즉, 수십 년에 걸친 인플레이션 비율 변동의 대부분은 화폐공급의 성장 속도 변동으로 설명될 수 있다.

(b)는 2002년부터 2018년까지 129개국의 화폐공급 증가율과 인플레이션 비율을 살펴봄으로써 수량 이론과 일치하는 결과를 보여준다. 화폐공급의 증가율과 국가 간 인플레이션율 사이에 정확한 관계가 없지만, (b)는 화폐공급이 빠르게 증가한 국가는 높은 인플레이션율을 보이는 경향이 있는 반면 화폐공급이 느리게 증가한 국가는 훨씬 낮은 인플레이션율을 보이는 경향이 있음을 보여준다. (b)에 포함되지 않은 데이터는 우리가 이 장 초반에 언급한 아프리카 국가 짐바브웨에 대한 데이터이다. 1999년과 2008년 사이에 짐바브웨의 화폐공급은 매년 7,500% 이상 증가했다. 그 결과로 2008년 동안 150억%에 도달할 정도로 인플레이션이 가속화되었다. 짐바브웨는 매달 인플레이션이 50%를 넘는 인플레이션을 넘는 **초인플레이션**(hyperinflation)으로 고통받고 있었다. 베네수엘라 또한 최근 몇 년간 베네수엘라 정부가 정확한 데이터 발표를 중단했기 때문에 (b)에 포함되지 않는다. 경제전문가들은 다만 최근 몇 년간 화폐공급이 100만% 이상 증가한 것으로 추산하고 있으며, 국제통화기금(IMF)은 베네수엘라의 물가상승률이 2017년 494%에서 2018년 92만9790%, 2019년 1000만%로 상승한 것으로 추산하고 있다. 다음 절에서는 초인플레이션이 국가의 경제에 일으킬 수 있는 문제들에 대해 논의한다.

초인플레이션
매달 인플레이션율이 50%가 넘는 극도로 높은 인플레이션 상태

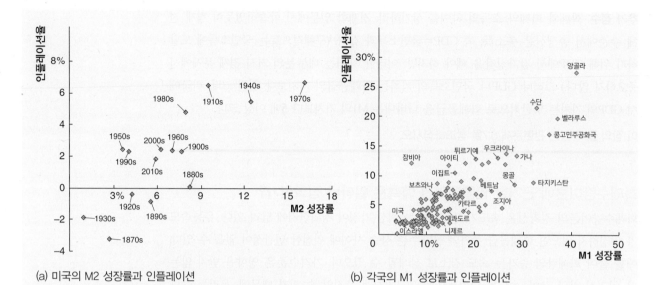

(a) 미국의 M2 성장률과 인플레이션

(b) 각국의 M1 성장률과 인플레이션

그림 2.3 시간에 따른 각국의 통화량 증가율과 인플레이션의 관계

(a)는 1870년대부터 2010년대까지 미국의 M2 성장률과 인플레이션율 사이의 관계를 보여준다. (b)는 2002~2018년 129개국의 M1 성장률과 인플레이션 사이의 관계를 보여준다. (a), (b) 모두 높은 통화 성장률은 높은 인플레이션율과 관련이 있다.

출처: Panel (a): for 1870s to 1960s, Milton Friedman and Anna J. Schwartz, *Monetary Trends in the United States and United Kingdom: Their Relation to Income, Prices, and Interest Rates, 1867-1975*, Chicago: University of Chicago Press, 1982, Table 4.8; for the 1970s to 2010s: Federal Reserve Board of Governors and U.S. Bureau of Economic Analysis; panel (b): International Monetary Fund, *International Financial Statistics*.

초인플레이션의 위험성

초인플레이션의 발생은 드물다. 남북전쟁 말년의 미국 남부, 1920년대 초의 독일, 1990년대 아르헨티나, 최근 짐바브웨와 베네수엘라가 그 예이다. 이러한 극심한 인플레이션의 경우, 가격은 매우 빠르게 상승하여 주어진 양의 통화로 구매할 수 있는 상품과 서비스가 점점 줄어들게 된다. 2008년 짐바브웨나 2019년 베네수엘라처럼 물가가 빠르게 오르면, 단 몇 시간이라도 돈을 쥐고 있는 사람은 돈을 쓰기도 전에 대부분의 가치를 잃었다는 사실을 알게 된다. 이러한 상황에서, 가계와 기업은 돈을 받는 것을 거부할 수 있으며, 이 경우 돈은 더 이상 교환 매체로 기능하지 않는다. 경제가 돈을 쓰지 않는다면 각자의 분야에 높은 생산성을 유지하는 전문화의 과정이 무너진다. 예를 들어 1920년대 초 독일의 초인플레이션 기간 동안, 많은 노동자들은 월급을 쓰기도 전에 가치를 잃었기 때문에 직업을 포기했다. 경제활동은 급격히 위축되고 실업률이 치솟았다. 그 결과로 생긴 경제적 어려움은 아돌프 히틀러(Adolf Hitler)와 나치당의 발흥을 위한 길을 닦는 데 도움을 주었다. 최근 짐바브웨와 베네수엘라의 초인플레이션은 생산과 고용의 급격한 감소와 정치적 혼란으로 이어졌다.

초인플레이션의 원인은 무엇인가?

화폐수량이론은 초인플레이션이 상품과 서비스의 실제 생산량보다 화폐공급이 훨씬 더 빠르게 증가하기 때문에 발생한다는 것을 나타낸다. 물가가 빠르게 상승해 화폐의 가치가 상당 부분을 잃을 때, 가계와 기업은 가능한 한 짧은 시간 동안 돈을 보유하려고 한다. 즉, 화폐가 점점 더 빠르게 거래되면서 유통속도가 올라가기 시작한다. 초인플레이션 동안, 화폐수량이론 방정식의 왼쪽에 있는 M과 V는 빠르게 증가한다. Y가 성장할 수 있는 속도에는 한계가 있기 때문에 산술적으로 물가상승률이 치솟는다.

화폐수량이론은 어떻게 초인플레이션이 일어나는지에 대해 산술적으로 이해하는 데 도움을 줄 수 있지만, 그것이 왜 발생하는지는 설명하지 못한다. 중앙은행은 화폐공급을 통제하기 때문에 초인플레이션이라는 경제적 재앙을 피할 수 있는 수단이 있다. 그렇다면 왜 일부 중앙은행들은 화폐공급이 매우 빠른 속도로 증가하는 것을 허용했을까? 답은 중앙은행들이 정부로부터 독립적으로 행동하는 것이 자유롭지는 않다는 것이다. 초인플레이션의 궁극적인 원인은 보통 정부가 세금으로 거둬들이는 것보다 더 많은 돈을 쓰는 것인데, 이것은 **재정 적자**(budget deficit)를 초래한다. 재정 적자가 일어나면 정부는 정부 지출과 세수 사이의 차액을 차입할 수밖에 없는데, 대개의 경우 채권을 팔아서 이와 같은 자금을 조달한다. 미국, 독일, 캐나다와 같은 고소득 국가들은 정부가 이자를 지불할 수 있다고 확신하기 때문에 개인투자자들에게 국채를 판매할 수 있다. 그러나 짐바브웨나 베네수엘라 같은 개발도상국들이 발행한 채권은 개인투자자들이 사려 하지 않는다.

개인 투자자에게 채권을 팔 수 없는 정부는 중앙은행에 채권을 팔게 된다. 채권을 매입하기 위해 중앙은행은 국가의 화폐공급을 늘릴 수밖에 없다. 이 과정을 **정부 부채의 수익화**(monetizing the government's debt)라고 하며, 즉 **화폐 찍기**로 정부 지출 자금을 조달하는 것이다.

중앙은행은 독립적이어야 하는가?

현대 경제에서 초인플레이션은 주로 개발도상국에서 중앙은행이 정부 지출에 자금을 조달하기 위해 화폐를 과도하게 발행하여 물가상승률이 치솟을 때 발생한다. 그러나 고소득 국가의 중앙은행들 또한 정부 예산 적자에 대한 자금 지원을 위해 국채를 사라는 정치적 압력을 받을 수도 있다. 중앙은행이 정부로부터 독립성을 가질수록 화폐공급량을 늘리라는 정치적 압력에 저항할 수 있고, 물가상승률도 낮아질 가능성이 높다.

고(故) 알베르토 알레시나(Alberto Alesina) 하버드대 교수와 로렌스 서머스(Lawrence Summers)는 1955년부터 1988년까지 16개 고소득국을 대상으로 한 중앙은행의 독립성과 물가상승률 사이의 연관성을 실험했다. 그림 2.4는 그 결과를 보여주는데, 미국, 스위스, 독일 등 중앙은행 독립도가 높은 국가들은 뉴질랜드, 이탈리아, 스페인처럼 중앙은행 독립도가 낮은 나라들보다 인플레이션율이 낮았다. 최근 몇 년 동안, 뉴질랜드와 캐나다는 인플레이션과 싸우기 위해 중앙은행에게 더 많은 독립성을 부여했다.

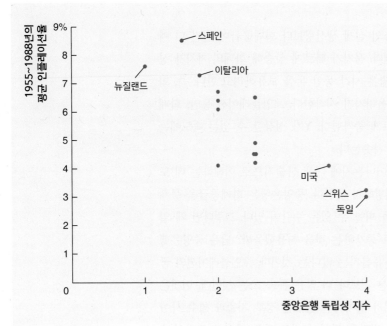

그림 2.4

중앙은행의 독립과 인플레이션율의 관계

16개의 고소득 국가의 경우 중앙은행 독립 정도가 클수록 물가상승률이 낮아진다. 중앙은행 독립성은 1(최소 독립성)에서 4(최대 독립성) 사이의 지수로 측정된다.

출처: Alberto Alesina and Lawrence H. Summers, "Central Bank Independence and Macroeconomic Performance: Some Comparative Evidence," *Journal of Money, Credit and Banking*, Vol. 25, No. 2, May 1993, pp. 151-162. Copyright 1993 by Ohio State University Press (Journals). Reproduced with permission of Ohio State University Press via Copyright Clearance Center.

연방준비제도이사회(FRB)의 독립이 지난 30년간 미국에서 상대적으로 낮은 인플레이션율을 설명하는 데 도움이 될 것으로 보인다. 그러나 2007~2009년과 2020년 경기침체 기간 동안 연준의 조치는 일부 의회의 의원들이 연준의 독립성을 축소해야 한다고 주장하게 만들었다. 이들 중 다수는 연방준비제도이사회를 오랫동안 비판해왔으며 민주주의에서는 통화정책이 의회와 미국 대통령에 의해 결정되고 대통령에게 직접 답변해야 하는 관리들에 의해 시행되어야 한다고 주장했다. 현행법상 연방준비제도이사회는 14년 임기의 7인 이사회가 운영하고 대통령이 임명하지만 사임하거나 임기가 만료되지 않는 한 대통령이나 의회가 대체할 수 없기 때문에 독립적으로 운영된다. 이사회의 구성원들은 선거에 출마하지 않기 때문에, 민주주의의 궁극적인 권위자인 유권자들에게 자신들의 행동에 대해 책임이 없다.

도널드 트럼프 대통령이 2019년 제롬 파월 연준 의장을 해임하는 방안을 검토했던 것은 파월 의장이 경기부양을 위해 금리인하에 더 힘썼어야 했다고 판단했기 때문으로 알려졌다. 다른 대통령들도 연준 의장에 영향력을 행사하려 했지만 임기가 끝나 후임 총재 지명될 때까지 임기 기다리지 않고 연준 의장을 해임하는 방안을 검토한 사람은 없었다. 현행법상 연준 의장이 미 상원에서 확정되면 대통령은 "명분을 위해서"가 아닌 경우에는 해임할 수 없다. 미 대법원은 이 "명분을 위해서"가 무엇을 의미하는지 판결한 적이 없다. 법률학자들은 대통령이 단지 "비능률, 직무태만, 또는 직무상 배임"을 이유로 연준 의장을 해임할 수 있다는 펜실베이아 대학의 피터 콘티-브라운(Peter Conti-Brown)의 주장을 폭넓게 받아들인다. 일부 의원들은 경기침체 기간 연준의 조치가 연방법에 따라 연준에 부여된 권한을 넘어선다며 연준의 조치에 반대했다. 또 다른 의원들은 특히 연준이 화폐공급과 은행 준비금의 증가를 불러와 향후 인플레이션율 상승에 압력을 준다고 우려했다.

　　의회의 다른 의원들과 많은 경제학자들은 경기침체의 심각성을 고려할 때 이러한 경기 침체 기간 동안 연준의 조치가 적절하다고 보았다. 다음 장에서 보겠지만, 연준에 대한 논쟁 은 금융시스템의 핵심 요소에 중요한 변화를 가져올 수 있다.

핵심 질문에 대한 해답

이번 장 서두로부터 연결됨

이 장을 시작할 때 다음과 같이 질문했다.

"중앙은행은 정부로부터 독립적이어야 하는가?"

우리는 이번 장에서 정책입안자들이 이 질문에 대한 대답에 동의하지 않는 것을 보았다. 한 국가가 중앙은행에 부여하는 독립 성의 정도는 결국 정치적인 문제이다. 그러나 대부분의 경제학자들은 독립적인 중앙은행이 인플레이션 억제에 도움이 된다고 믿는다.

2.1 화폐는 필요한가?
물물교환 시스템의 비효율성에 대해 분석한다.

복습문제

1.1 물물교환 시스템의 비용은 얼마인가?

1.2 상품화폐의 두 가지 예를 들어보시오.

1.3 전문화는 경제의 생활수준에서 어떤 역할을 하는가?

응용문제

1.4 사슴 가죽을 화폐로 사용하는 것과 달러 지폐를 화폐로 사용하는 것의 주요 차이점은 무엇인가?

1.5 **[개념적용: "화폐란 무엇인가? 모스크바의 택시 운전사에게 물어보라" 관련]** 1945년 2차 세계대전이 끝난 후, 독일의 통화인 라이히스마르크가 가치를 잃자 물물교환 경제가 발전했다. 이 기간 동안 많은 독일인들은 미국 담배를 현금처럼 사용했다. 왜 사람들은 이런 상황에서 다른 상품이 아닌 담배를 화폐로 사용했을까? 담배를 피운 사람들만 기꺼이 담배를 돈으로 사용했을까? 간략하게 설명하시오.

2.2 화폐의 주요 기능
화폐의 네 가지 기능을 나열한다.

복습문제

2.1 달러 지폐가 화폐가 될 수 있는 이유는 무엇인가? 당신의 당좌예금 잔액은 어떻게 화폐가 될 수 있는가? 달러 지폐를 돈으로 받기를 꺼려할 수 있는 상황이 있는가? 혹은 개인수표의 경우는?

2.2 화폐의 네 가지 주요 기능을 간략하게 설명하시오.

2.3 가치 저장 수단은 화폐뿐인가? 그렇지 않다면 다른 가치 저장 수단의 예를 들어보시오. 화폐가 교환 매체로서의 기능을 하기 위해서는 반드시 가치 있는 저장 수단이 되어야 하는가? 간략하게 설명하시오.

2.4 상품화폐와 명목화폐의 차이점은 무엇인가?

응용문제

2.5 우유가 화폐의 주요 형태로 받아들여지는 단순한 농장 경제에 살고 있다고 가정해보자. 우유를 화폐로 사용할 때의 어려움에 대해 다음 화폐의 기능 관점에서 논의하시오.

  a. 교환 매체

  b. 계좌 단위

  c. 가치 저장

  d. 후불 기준

2.6 의회가 모든 회사가 어떤 것을 판매하더라도 지폐를 받도록 법을 정했다고 가정하자. 이 법안에서 누가 이득을 보고 손실을 볼지 간략히 논의하시오.

2.7 **[개념적용: "굿바이 벤자민?" 관련]** 국제통화기금의 한 경제학자는 "벤자민 붐: 무엇이 $100 지폐를 인기있게 하는가?"라는 글을 작성하였다.

  a. 당신은 이 질문에 어떻게 대답할 것인가?

  b. 이 글은 연방준비제도이사회(FRB)의 한 경제학자의 말을 인용하여 "다른 통화들도 본국 밖에서 쓰이지만, 우리가 아는 한 달러는 자국 이외에서 가장 많이 쓰이는 화폐이다"고 말했다. 왜 다른 나라 사람들은 자국 정부가 발행한 화폐가 아닌 미국 화폐를 사용하려고 할까? 왜 $100 지폐에 대한 수요가 소액권 지폐에 대한 수요보다 큰가?

2.3 **결제 시스템**
경제에서 결제 시스템의 역할을 설명한다.

복습문제

3.1 연방준비제도이사회는 왜 결제 시스템에 신경을 쓰는가? 실시간 결제 시스템이란 무엇인가? 실시간 결제 시스템은 어떤 이점을 가지고 있는가?

3.2 정부는 왜 지폐를 발행하기 시작했는가?

3.3 블록체인 기술이란 무엇인가? 이 기술이 미국을 현금 없는 사회로 이끌 것인가? 간략하게 설명하시오.

응용문제

3.4 한 역사학자는 디오클레티아누스 황제 치하의 3세기 로마제국의 경제에 대해 다음과 같이 기술했다.

그 화폐는 사실상 가치가 없을 정도로 가치가 떨어졌었다. 디오클레티아누스의 금화 및 은화 재발행 시도는 화폐에 대한 신뢰를 회복하기에 충분한 양이 없었기 때문에 실패했다. 디오클레티아누스는 마침내 화폐경제의 파멸을 받아들이고 현물 지불에 근거하도록 세금제도를 개정했다. 군인들도 현물로 급여를 받기 위해 왔다.

a. 화폐 가치가 낮아졌다는 것은 무엇을 의미하는가?

b. 왜 정부 관리들은 사람들이 동전을 돈으로 사용하기 전에 그 동전에 대한 신뢰를 회복할 필요가 있는가?

c. "현물"로 지급된다는 것은 무엇을 의미하는가? 금화와 은화로 이루어지는 지불 체계에서 현물로 이루어지는 지불 체계로의 이동은 제국 경제에 어떤 영향을 미칠까?

3.5 2009년 말에 아마존은 페이팔과 경쟁하기 위한 전자 결제 시스템인 페이프레이즈를 선보였다. 3년이 채 지나지 않은 2012년 초에 아마존은 이 프로그램을 중단하였다. 페이팔은 단연코 가장 큰 전자 결제 시스템이다. 경쟁사가 경쟁 시스템을 구축하려고 할 때 어떤 문제에 직면할 수 있을까?

3.6 [개념적용 "스웨덴은 최초의 현금 없는 사회가 될 것인가?" 관련] 스웨덴 일부 은행은 ATM을 폐쇄하고, 더 이상 예금자가 영업점에서 직접 현금을 인출하지 못하도록 하며, 더 이상 현금 예금을 받지 않고 있다.

a. 이러한 조치를 취함으로써 은행이 얻을 수 있는 이점은 무엇인가? 비용은 얼마인가?

b. 은행이 현금 없이 운영될지에 대한 결정을 내리는 데 있어 비용과 이익을 어떻게 측정할 수 있는가?

2.4 **화폐공급량의 측정**
미국의 화폐공급이 어떻게 측정되는지 설명한다.

복습문제

4.1 M1에 포함된 자산이 M2에 포함된 자산보다 유동성이 더 많은가? 혹은 적은가? 간단히 설명하시오.

4.2 1982년 이래로, M1과 M2 중 화폐 공급의 어느 척도가 더 빠르게 증가하였는가? 그 이유를 간략히 설명하시오. 두 척도 중 어느 척도의 성장률이 안정적이었나?

응용문제

4.3 유동성을 정의하시오. [MMF, 저축계좌, 기업주식, 달러어음, 주택, 골드바, 당좌계좌] 다음 자산 중 유동성이 가장 높은 것부터 적은 것의 순서를 정하시오.

4.4 다음 각 항목이 M1에만 포함되는지, M2에만 포함되는지, 아니면 M1과 M2 모두에 포함되는지 설명하시오.

a. 단기금융시장 예금 계좌

b. 저축성 예금

c. 예금 증서

d. 당좌계좌 예금

4.5 당신이 당좌예금 계좌에서 $1,000를 인출하고 그 자금을 은행에서 예금 증서를 사는 데 사용한다고 가정하자. 이러한 조치가 M1 및 M2에 미치는 즉각적인 영향은 무엇인가?

4.6 그림 2.2에서 (b)는 1990년대 초 M1의 성장 속도는 빠르게 증가하는 반면 M2의 성장 속도는 감소했음을 보여준다. 이 결과가 어떻게 가능했는지 간략히 설명하시오.

2.5 화폐수량이론: 화폐와 물가의 연관성에 대한 개론
화폐수량이론을 이용하여 장기적으로 화폐와 물가가 어떤 관계를 가지는지 분석한다.

복습문제

5.1 화폐 교환 방정식은 이론인가? 간략하게 설명하시오.

5.2 화폐수량이론은 인플레이션의 원인이 무엇이라고 설명하는가?

5.3 왜 정부는 초인플레이션 발생을 허용하는가?

5.4 중앙은행이 나머지 정부로부터 독립하는 것에 대한 장단점을 간략히 논의하시오.

응용문제

5.5 2022년 동안 화폐공급이 4% 증가하고 인플레이션율이 2%이며 실질GDP 성장률이 3%라고 가정하자. 2022년 동안 속도값은 얼마인가?

5.6 [예제 2.5 관련] 한 학생은 다음과 같이 말하였다. "한 나라의 화폐공급이 증가한다면, 그 나라의 총생산 수준도 증가해야 한다." 이 문장에 동의하는지 간략히 설명하시오.

5.7 높은 인플레이션율이 화폐 가치에 어떤 영향을 미치는가? 또한 높은 인플레이션은 교환 수단으로서 돈의 유용성에 어떤 영향을 미치는가?

5.8 [이 장 도입부와 관련] 2019년 월스트리트 저널의 기사는 베네수엘라의 인플레이션율이 200만%일 것이라는 추정치를 인용했다(다른 추정치들은 훨씬 더 높았다).

a. 한 나라의 인플레이션율이 어떻게 그렇게까지 높을 수 있는지 간략히 설명하시오.

b. 왜 베네수엘라의 중앙은행은 그렇게 높은 인플레이션율을 허용하였나?

c. 이 기사는 "초인플레이션을 이기는 사람은 없다. 아무도 없다"라는 공장 소유주의 말을 인용한다. "초인플레이션 때리기"가 무슨 뜻인가? 왜 아무도 초인플레이션을 이길 수 없는가?

5.9 [이 장 도입부 관련] 2019년 월스트리트 저널의 칼럼에서 전 연방준비제도이사회 의장 4명은 "중앙은행이 적은 정치적 압력과 독립적으로 행동할 때 경제가 가장 튼튼하고 잘 작동한다"고 주장했다.

a. 연방준비제도이사회는 어떤 의미에서 "독립적"인가? 미국 국무부와 농무부보다 더 독립적인가? 간략하게 설명하시오.

b. 왜 대통령이나 국회의원은 연준의 독립성을 해치려고 하는가?

c. 왜 전 연준 의장은 연준이 독립적일 때 미국 경제가 더 잘 작동한다고 믿는가?

이자율과 수익률

학습목표

이번 장을 통해 다음을 이해할 수 있다.

3.1 이자율을 이용하여 현재가치와 미래가치를 계산한다.

3.2 서로 다른 부채상품을 구별하고 가격이 어떻게 결정되는지 이해한다.

3.3 채권의 만기수익률과 가격의 관계를 설명한다.

3.4 채권가격과 채권수익률 사이의 역관계를 이해한다.

3.5 이자율과 수익률의 차이를 설명한다.

3.6 명목금리와 실질금리의 차이를 설명한다.

국채는 위험한 투자인가?

안전한 투자를 원하는가? 그렇다면 미국 국채는 어떨까? 미 재무부는 연방정부의 어음을 지불하기 위해 돈을 빌려야 할 때 액면가 $100의 채권을 발행한다. 당신이 채권을 사면 재무부는 6개월마다 이자를 지급하고 만기가 되면 채권의 액면가 $100를 갚을 것이다. 채권을 발행하는 일부 지방자치단체나 기업, 외국 정부와 달리 미국 정부는 채권에 대한 이자 지급이 거의 확실하다. 즉, 채무불이행 위험이 사실상 제로라는 말이다. 월스트리트 저널의 한 기사에 따르면, "투자자들은 채권이 본질적으로 채무불이행의 위험이 없는 꾸준한 소득 흐름을 제공하기 때문에 채권을 세계에서 가장 안전한 자산 중 하나로 본다."

그러나 2020년 코로나 대유행이 미국에 영향을 미치기 시작하자, 일부 투자자와 금융 전문가들은 재무부채권이 너무 위험하다고 생각하여 투자자들에게 매수하지 말라고 경고했다. 어딘가 모순이 있다고 생각할 수 있지만 꼭 그렇다고 할 수는 없다. 2020년 중반, 30년 만기 재무부채권(30년 후에 만기가 되어 소유자에게 $100를 지급하는 채권)의 이자율은 1.5%였다. 이 금리는 당좌예금이나 은행의 저축예금보다 높았지만, 30년 만기 국고채의 경우 역사적으로 낮은 금리였다. 1981년에 이 채권들의 금리는 15%였고, 2007~2009년 금융위기 이전인 2007년 중반에는 5.25% 수준이었다. 그렇다면 왜 30년 만기 재무부채권

핵심 이슈와 질문

이슈: 일부 투자 분석가들은 장기 채권에 대한 아주 낮은 금리로 투자가 더 위험해졌다고 주장한다.

질문: 왜 이자율과 증권의 가격이 다른 방향으로 움직이는가?

해답은 이 장의 끝에서…

의 금리가 2020년에는 그렇게 낮았을까? 4장에서 더 자세히 논의하겠지만 금리는 수요와 공급, 즉 차입자의 자금 수요와 대부자 혹은 투자자의 잉여 자금 공급의 상호작용에 의해 결정된다. 대출자와 투자자들이 고려하는 중요한 요소 중 하나는 기대 인플레이션율이다. 물가상승률이 높을수록 차입자가 투자자에게 갚아야 할 달러의 구매력은 낮아진다. 투자자들은 향후 물가상승률이 높을 것으로 예상된다면 채권의 금리가 높아야 한다고 할 것이다.

2020년, 많은 투자자들은 미래에도 인플레이션율이 2% 이하를 유지할 것으로 예상했다. 이 예상이 정확하다면 저금리의 장기채권이 '뉴 노멀(new normal)'이 될 수도 있다. 그러나 일부 경제학자들과 투자 전문가들은 확신하지 못했다. 코로나 유행이 미국 경제와 금융시스템에 대해 미치는 영향 때문에 연준은 몇 가지 특수한 통화정책을 실시하였다. 제롬 파월(Jerome Powell) 연준 의장을 비롯한 연방공개시장위원회 위원들은 장기적으로도 물가상승률이 2% 수준일 것으로 예상했다. 그러나 연준 정책입안자들의 예상과 다르게 인플레이션이 예상보다 빠르게 상승한다면, 재무부는 새로 발행된 채권에 더 높은 이자를 지불해야 한다.

만약 당신이 1.5%의 이자를 지급하는 재무부채권을 샀는데, 5%의 이자를 지급하는 새로운 채권이 팔린다면 어떻게 될까? 만약 채권을 **만기**(maturity)까지 보유한다면, 계속해서 1.5%의 금리를 받게 될 것이다. 하지만 차나 집을 사기 위해 자금이 필요하고, 채권이 만기가 되기 **전에** 팔기로 결정한다고 하자. 이 채권은 1.5% 이자율을 지불하는 가운데, 시장에는 5%를 지불하는 새로운 채권이 판매되고 있다. 이 채권의 판매를 맡은 채권 중개인은 새로운 채권보다 더 낮은 이자율을 받는 이 채권의 구매자에게 결국 더 낮은 가격으로 채권을 판매할 수밖에 없다. 즉, 채권 손실을 감수해야 한다는 말이다.

따라서 미 재무부채권을 사는 데 있어서 **채무불이행위험**(default risk)에 직면하지 않는 것은 사실이지만, 시장 금리의 변화에 따라 채권 가격이 변동할 수 있는 **이자율위험**에 직면하게 될 것이다. 뱅가드(Vanguard) 투자 웹사이트는 "미 재무부는 금리 변동으로 인한 가격 변동으로부터 투자자를 보호하지 않습니다. 정부 증권의 시장 가치는 보장되지 않으며 변동할 수 있습니다"라고 공지하고 있다. 향후 물가상승률이 상승할 것이라는 예측이 맞는다면 2020년 채권을 소유했던 많은 투자자들은 채권 가격이 하락하면서 손실을 볼 가능성이 있다.

이번 장에서는 채권과 이와 유사한 증권에 대해 알아볼 것이다. 채권은 저축자에서 대출자로 자금이 쉽게 전이될 수 있게 함으로써 금융시스템에서 매우 중요한 역할을 한다. 금리에 대한 확실한 이해는 채권과 금융시스템의 많은 측면들을 이해하는 데 도움을 줄 것이다.

3.1 이자율, 현재가치, 그리고 미래가치

학습목표: 이자율을 이용하여 현재가치와 미래가치를 계산한다.

유럽 중세시대 때 정부는 대부자가 대출에 이자를 부과하는 것을 금지하였는데, 사람들이 성경에서 그런 관행을 금지한다고 해석하였기 때문이기도 하고, 여력이 있는 사람은 가난한 친구들과 이웃들에게 기꺼이 이자를 받지 않고 돈을 빌려주어 기본적인 생필품을 구입할 수 있어야 한다고 믿었기 때문이었다. 현대 경제에서, 가계는 주로 집, 가구, 대학교육, 그리고 자동차와 같은 것들을 위한 지출을 위해 돈을 빌리고, 기업은 공장, 사무실, 그리고 정보기술과 같은 것들에 대한 지출을 위해 돈을 빌린다. 아마도 현대 경제에서 일상생활 필수품을 사기 위해서 돈을 빌리는 경우는 거의 없기 때문에, 대부분의 나라에서 대출에 대해 이자를 부과하는 것을 더 이상 금지하지 않는다. 오늘날 경제학자들은 이 이자율을 신용을 얻기 위한 비용으로 간주한다.

왜 대출자들은 대출에 이자를 부과하는가?

만약 사과 농부들이 사과 가격을 0으로 책정한다면, 사과는 거의 공급되지 않을 것이다. 마찬가지로, 신용공급자인 대출자에 대한 이자가 없다면, 대부자들이 공급하는 신용은 거의 없을 것이다. 경제학 개론에서 학습한, 어떠한 활동에 참여하기 위해 포기해야 하는 것의 가치인 **기회비용**(opportunity cost)을 다시 한번 상기하길 바란다. 사과 가격이 사과 농부의 사과의 공급에 대한 기회비용을 감당해야 하듯 이자율도 대부자의 신용공급에 대한 기회비용을 감당할 만큼이어야 한다.

다음과 같은 상황을 고려해보자. 당신은 친구에게 $1,000를 빌려주고, 친구는 1년 안에 그 돈을 갚겠다고 약속하였다. 그 친구에게 얼마의 이자를 부과할지 결정할 때 고려해야 할 세 가지 핵심적인 내용은 다음과 같다.

1. 친구가 돈을 갚을 때쯤이면 가격이 올랐을 가능성이 높기 때문에, 미래에는 돈을 빌려주는 대신 그 돈으로 오늘 살 수 있는 재화나 서비스보다 더 적은 양을 살 가능성이 높다.
2. 친구가 돈을 안 갚을 수도 있다. 다시 말해, 친구가 채무불이행을 선언할 수도 있다.
3. 대출 기간 동안, 당신의 친구는 당신의 돈을 사용할 수 있지만, 당신은 사용할 수 없다. 만약 그 친구가 빌린 돈으로 노트북을 구입한다면, 당신이 친구가 돈을 갚기를 기다리는 동안 그 친구는 1년 동안 노트북을 사용할 수 있다. 즉, 돈을 빌려줌으로써 당신에게는 오늘 상품과 서비스에 쓸 수 없는 기회비용이 발생하게 되는 것이다.

따라서, 당신이 대출에 부과하는 이자는 다음의 결과로 생각할 수 있다.

- 가격인상(인플레이션)에 대한 보상
- 채무불이행위험에 대한 보상(차입자가 대출금을 갚지 않을 가능성)
- 지출 대기의 기회비용에 대한 보상

이에 대해 다음 두 가지를 주목하자. 첫째, 대부자가 대출기간 동안 인플레이션이 발생하지 않을 것이며 차입자가 채무불이행을 할 가능성이 없다고 확신하더라도 대부자들은 이자를 부과하여 돈을 갚기를 기다린 것에 대한 보상을 받으려 할 것이다. 둘째, 이 세 가지 요소는 개인에 따라, 그리고 대출에 따라 다르다. 예를 들어, 대부자들이 인플레이션율이 높을 것이라고 믿는 기간에는 더 많은 이자를 부과할 것이다. 또한 대부자들은 채무불이행 가능성이 더 높아 보이는 차입자들에게 더 많은 이자를 부과할 것이다.

대부분의 금융거래에는 미래에 지불한다는 것을 수반함

대부분의 금융거래에는 미래에 지불한다는 것을 수반한다는 기본적인 사실 때문에 이자율을 이해하는 것이 금융시스템을 이해하는 핵심이다. 당신이 자동차 대출을 받을 때, 당신은 원금을 갚을 때까지 매달 일정 금액을 갚겠다고 약속한다. 당신이 애플에서 발행한 채권을 살 때, 애플은 그 채권이 만기가 될 때까지 매년 당신에게 이자를 지불하겠다고 약속한다. 이 밖에도 미래의 지불과 관련된 많은 유사한 금융거래의 예제들이 있다. 금융거래가 미래에 지불한다는 것과 관련이 있다는 것은 다음과 같이 서로 다른 거래를 비교할 때 문제가 된다. 차를 사기 위해 은행에서 $15,000를 빌려야 한다고 가정할 때, 다음 두 가지 대출을 고려해보자.

1. 48개월 동안 매달 $366.19를 지불해야 하는 대출 A
2. 60개월 동안 매달 $318.71를 지불해야 하는 대출 B

어떤 대출을 골라야 하는가? 금리는 현재와 미래 사이의 연결고리를 제공하기 때문에 이 질문에 답하는 데 도움이 된다. 위의 경우 대출 A는 월 지급액이 더 높더라도 연간 이자율은 더 낮다. 대출 A의 금리는 8%이고 대출 B의 금리는 10%이다. 대출을 평가할 때 금리가 유일한 고려 요소는 아니지만 중요한 요소이다.

복리와 할인이라는 두 가지 핵심 개념은 이자율이 현재와 미래 사이의 연결고리를 어떻게 제공하는지 학습하고, 또한 이 두 가지 종류의 대출에 대한 이자율을 계산하는 방법을 이해하는 데 도움이 될 수 있다.

복리와 할인

미래가치
오늘 이루어진 미래의 투자 가치

다음 복리에 대한 예제를 고려해보자. 5%의 금리를 지급하는 1년 만기 은행 양도성 예금증서(CD)에 $1,000를 예치한다고 가정하자. 이 투자의 미래가치는 어떻게 될 것인가? **미래가치**(future value)란 오늘 이루어진 투자의 미래 날짜의 가치를 말한다. 1년 후에는 $1,000의 원금(이는 투자금 혹은 대여금으로 볼 수도 있다)과 5%의 이자를 돌려받을 수 있다. 즉,

$$\$1,000 + (\$1,000 \times 0.05) = \$1,050$$

이는 다음과 같이 간단히 표현할 수 있다.

$$\$1,000 \times (1 + 0.05) = \$1,050$$

만약,

i = 이자율(금리)

Principal = 투자금액(원금 $1,000)

FV_1 = 1년 후의 미래가치

라고 하면, 다음과 같이 표현할 수 있다.

$$Principal \times (1 + i) = FV_1$$

(FV_1의 아래첨자 '1'은 1년 후의 미래가치를 의미한다.) 이와 같은 관계는 투자한 원금에 이자율을 곱하면 1년 후의 미래가치를 계산할 수 있다는 것을 의미하기 때문에 중요하다.

다기간 복리 방법   1년 후에 CD에 재투자(또는 롤오버(rollover)하기로 결정했다고 가정해 보자. 2년차에 $1,050를 재투자하면, 당초의 투자액 $1,000의 이자를 받을 수 있을 뿐만 아니라, 첫 해에 얻은 $50의 이자도 받을 수 있다. 투자 원금에 대한 이자와 시간이 지남에 따라 저축이 쌓이면서 생기는 이자를 얻는 과정을 **복리화**(compounding)라고 한다. 복리(compound interest), 즉 누적 이자에 대한 이자는 투자로 버는 총 금액의 중요한 구성요소이다.

복리화
저축이 누적됨에 따라 투자 원금과 이자에 대한 이자를 얻는 과정

초기 투자 후 2년 후의 미래가치는 다음과 같다.

$$[\$1,000 \times (1 + 0.05)] \times (1 + 0.05) = \$1,102.50$$

$$(1년 후 수입금액) \times (2년차 금리) = 2년 후의 미래가치$$

이 표현은 간단히 다음과 같이 쓸 수 있다.

$$\$1,000 \times (1 + 0.05)^2 = \$1,102.50$$

기호로 표현하면,

$$Principal \times (1 + i)^2 = FV_2$$

재투자를 선택한 기간만큼 초기 $1,000의 투자를 계속 회수할 수 있다. 예를 들어 같은 금리로 3년 동안 재투자한 경우, 3년차에는 다음과 같이 된다.

$$\$1,000 \times (1 + 0.05) \times (1 + 0.05) \times (1 + 0.05) = \$1,000 \times (1 + 0.05)^3 = \$1,157.63$$

복리요인의 지수 $(1 + 0.05)$는 복리화가 이루어지는 년수와 같다.

결과를 일반화해보면, n년(임의의 연수) 동안 5%의 이자율로 $1,000를 투자하면, n년 말에는 다음과 같이 얻을 수 있다.

$$\$1,000 \times (1 + 0.05)^n$$

기호로 표현하면,

$$Principal \times (1 + i)^n = FV_n$$

복리를 이용하여 은행 CD를 선택하기

다음 은행 CD 중 하나에 $1,000 투자를 고려하고 있다고 가정해보자.

• 첫 번째 CD는 3년간 연 4%의 이자를 지불한다.

• 두 번째 CD는 첫 해에 8%, 2년차에 1%, 3년차에 1%의 금리를 지불한다.

당신은 어떤 CD를 고를 것인가?

문제풀이

1 단계 **이 장의 내용을 복습한다.** 이 문제는 복리 이자에 관한 것이므로 "다기간 복리 방법"을 복습하는 게 좋다.

2 단계 **첫 번째 CD 투자로 얻는 미래가치를 계산한다.** 첫 번째 CD의 금리가 매년 동일하기 때문에, 3년 후의 미래가치는 현재가치인 $1,000 원금액에 1 더하기 이자율의 3승을 곱한 값으로 다음과 같다.

$$\$1,000 \times (1 + 0.04)^3 = \$1,124.86$$

3 단계 **두 번째 CD 투자로 얻는 미래가치를 계산한다.** 두 번째 CD의 금리는 매년 동일하지 않다. 매해 다른 복리화가 필요하다.

$$\$1,000 \times (1 + 0.08) \times (1 + 0.01) \times (1 + 0.01) = \$1,101.71$$

4 단계 **어떤 CD를 선택할지 결정한다.** 더 높은 미래가치를 주는 CD를 선택해야 하므로, 첫 번째 CD를 선택하게 될 것이다.

추가 점수: 먼저 계산하지 않고 이 문제에 대한 답을 추측하도록 했을 때, 많은 학생들이 두 번째 CD를 선택한다. 1년차에 8%의 높은 금리를 받는다는 것은 2, 3년차에 금리가 낮더라도 2년차에 CD가 더 높은 미래가치를 갖게 된다는 것을 의미한다. 다음 표와 같이 첫 번째 CD는 첫 해에 낮은 값으로 시작하지만 3년차에는 더 높은 값으로 끝난다. 이 예제는 복리화의 놀라운 결과를 보여준다.

	첫 번째 CD	두 번째 CD
1년 후	$1,040.00	$1,080.00
2년 후	1,081.60	1,090.80
3년 후	1,124.86	1,101.71

현재가치
미래에 지급되거나 수령될 오늘의 자금 가치

할인(discouting)의 예제 현재의 달러 금액이 복리의 결과로 미래에 얼마나 커질지 봄으로써 금융의 관점에서 미래와 현재를 연결하기 위해 이자율을 사용했다. 이 과정은 역으로 이자율을 이용해 미래에 지급 받을 펀드(자금)의 **현재가치**(present value), 혹은 오늘의 가치를 계산할 수 있다. 핵심은 **미래의 펀드는 현재의 펀드보다 가치가 낮기 때문에 미래의 펀드를 줄이거나 할인해줘야 현재가치를 찾을 수 있다는 것이다.** 화폐의 시간가치(time value of money)는 언제 지급 받느냐에 따라 지급액이 달라지는 방식을 말한다. 미래의 펀드가 현재의 펀드보다 가치가 낮은 이유는 무엇일까? 이는 앞서 설명한 대부자가 대출에 대해 이자를 매기는 세 가지 이유와 같다.

화폐의 시간가치
지급을 받은 시기에 따라 지급액이 달라지는 방식

1. 물가는 보통 시간이 지남에 따라 증가하기 때문에 미래의 달러로 살 수 있는 것은 오늘날 같은 달러로 살 수 있는 것보다 적다.
2. 미래에 지불하기로 약속된 달러는 실제로 수령되지 않을 수 있다. 왜냐하면 대출자는 약속된 지불을 이행하지 않음으로써 채무불이행할 수 있기 때문이다.
3. 오늘 돈이 있었다면 살 수 있었던 상품과 서비스의 혜택을 받을 수 없기 때문에 자금을 지급받기 위해 기다리는 데에는 기회비용이 발생한다.

할인(discounting)을 이해하기 위해서는 방금 논의한 복리 과정을 반대로 진행하면 된다. 앞서 본 예에서는 1년 후에 $1,050를 받기 위해 $1,000(1년짜리 CD를 구입함)를 지불할 의사가 있다. 즉, 현재가치로 $1,000는 1년 후에 받게 될 미래가치로 $1,050에 해당한다. 여기서 이야기를 뒤집어서 물어볼 수 있다. 만약 은행이 당신에게 1년 후에 $1,050를 지불하겠다고 약속한다면, 당신은 오늘 은행에 얼마를 지불할 의향이 있는가? 물론, 그 대답은 $1,000이다. 이렇게 보면, 1년 후에 은행에서 받을 $1,050는 현재가치가 $1,000이다. 이러한 관점에서 볼 때, 복리와 할인은 동등한 과정이다. 이와 같은 과정을 다음과 같이 요약할 수 있다(여기서 "PV=현재가치"이다).

할인
미래에 지급되거나 받을 자금의 현재가치를 결정하는 과정

$$\text{복리과정: } \$1,000 \times (1 + 0.05) = \$1,050 \text{ 또는 } PV \times (1 + i) = FV_1$$

$$\text{할인과정: } \$1,000 = \frac{\$1,050}{(1 + 0.05)} \text{ 또는 } PV = \frac{FV_1}{(1 + i)}$$

여기서 $(1 + i)$는 현재 투자하는 금액의 미래가치를 계산하기 위한 복리요인이며, $1/(1 + i)$는 미래에 지급받을 금액의 현재가치를 계산하기 위한 할인요인이다.

이와 같은 결과를 다음과 같이 일반화할 수 있다.

$$\text{복리과정: } PV \times (1 + i)^n = FV_n$$

$$\text{할인과정: } PV = \frac{FV_n}{(1 + i)^n}$$

할인에 대한 몇 가지 중요한 점 이 책에서는 미래 지불을 할인하는 개념을 여러 번 사용할 예정이므로, 다음 네 가지 중요한 사항을 이해하는 것이 중요하다.

1. **현재가치는 때때로 "현재 할인된 가치"라고 불린다.** 이 용어는 미래에 받은 달러를 현재 달러로 환산할 때 미래의 달러 가치를 할인 또는 축소한다는 것을 강조한다.

2. **미래에 더 많이 지급을 받을수록 현재가치는 더 작아진다.** 할인 공식을 보면 이 점이 사실임을 알 수 있다.

$$PV = \frac{FV_n}{(1 + i)^n}$$

n의 값이 클수록 분모 값은 커지고 현재가치는 작아진다.

3. **미래 지불을 할인하기 위해 사용하는 이자율이 높을수록 지불액의 현재가치는 더 작아진다.** 이 역시 할인 공식을 살펴봄으로써 이 점이 사실임을 알 수 있다.

$$PV = \frac{FV_n}{(1 + i)^n}$$

분모에 금리가 나타나기 때문에 이자율이 클수록 현재가치는 작아진다. 경제적인 관점에서, 당신이 돈을 빌려주기 위해 더 높은 금리를 요구한다면, 미래의 더 많은 달러는 오늘의 $1만큼 가치가 있다고 말하는 것이다. 그것은 미래의 $1는 금리가 더 낮았을 때보다 오늘 당신에게 더 가치가 없다고 말하는 것과 같다.

표 3.1을 이용하여 두 번째와 세 번째 점을 설명할 수 있다. 표의 행은 주어진 이자율에 대해, 미래에 지급을 받을수록 현재가치가 더 작다는 것을 보여준다. 예를 들어 5%의 이자율로 1년에 $1,000를 받는 경우 현재가치는 $952.38(2열, 3행)이지만, 30년 후에 지급을 받는 경우(5열, 3행) 현재가치는 $231.38로 떨어진다. 이 열에는 미래에 지불을 받을 수 있는 년수가 지정되어 있을 때 금리가 높을수록 지불의 현재가치는 작아진다는 것을 보여준다. 예를 들어, 15년 후에 받는 $1,000의 지불은 1%의 이자율로 할인된 경우(4열, 1행), $861.35의 현재가치가 있지만, 20%의 이자율로 할인된 경우(4열, 5행)에는 $64.91의 가치가 있다. 30년 후에 받게 될 $1,000의 지불은 20%의 이자율로 할인된 경우 현재가치 $4.21에 불과하다는 점에 유의하자(5열, 5행).

4. **일련의 미래 지급의 현재가치는 단순히 모든 개별 지급의 할인된 가치의 합계이다.** 예를 들어, 1년 안에 $1,000, 5년 후에 $1,000를 더 주겠다는 약속은 당신에게 얼마만큼의 어떤 가치가 있을까? 10%의 이자율을 가계할 경우, 표 3.1은 1년 후에 받게 될 지불금의

표 3.1 시간, 이자율, 그리고 지불의 현재가치

	지급 시점에 따른 $1,000의 현재가치			
이자율	1년 후	5년 후	15년 후	30년 후
1%	$990.10	$951.47	$861.35	$741.92
2%	980.39	905.73	743.01	552.07
5%	952.38	783.53	481.02	231.38
10%	909.09	620.92	239.39	57.31
20%	833.33	401.88	64.91	4.21

현재가치가 $909.09이고, 5년 후에 받게 될 지불금의 현재가치는 $620.92임을 보여준다. 따라서 이 두 가지 지불을 모두 하겠다는 약속의 현재가치는 $909.09 + $620.92 = $1,530.01이다.

예제 3.1B

대학 등록금의 가치를 어떻게 평가할 것인가?

하버드 대학의 크리스토퍼 에이버리(Christopher Avery)와 버지니아 대학의 사라 터너(Sarah Turner)는 인구 조사국의 22세 대상 현재 인구 조사의 자료를 사용하여, 대졸자가 고졸자보다 매년 약 $7,200를 더 번다고 계산했다. 고졸자와 대졸자의 소득격차는 약 42세까지 벌어진다.

대졸자와 고졸자의 소득격차에 관한 다음의 자료를 보자. (간단히 하기 위해 대졸자가 받는 추가소득은 모두 연말에 받는다고 가정한다.)

    22세: $7,200
    23세: $7,200
    24세: $7,300

25세: $7,300

a. 22~25세만을 고려했을 때, 대학 교육에서 더 높은 수입의 현재가치는 얼마인가? 이자율은 5%로 가정한다.
b. 현재 18세이고 고등학교 졸업 후 바로 취업을 해서 일을 해야 하는지 아니면 22세에 대학을 다니고 일을 해야 하는지 고민하고 있다고 가정해보자. 대학 교육의 현재가치를 어떻게 계산할 수 있는지 간단히 설명하시오. (힌트: 모든 고졸자와 모든 대졸자 사이의 소득격차 이상의 비용과 다른 요소들이 고려되어야 하는가?)

문제풀이

1 단계 **이 장의 내용을 복습한다.** 이 문제는 미래의 지불에 대한 할인에 관한 것이다. 그러므로 "할인에 대한 몇 가지 중요한 점"을 복습하는 것이 좋다.

2 단계 **(a) 해당 기간 동안 대학 등록금의 현재가치를 계산하기 위한 자료를 이용한다.** "할인에 대한 몇 가지 중요한 점"의 네 번째는 **"일련의 미래 지급의 현재가치는 단순히 모든 개별 지급의 할인된 가치의 합계이다"**였다. 대졸자와 고졸자의 연간 소득격차는 사실상 대졸자가 받는 급여라고 볼 수 있다. 따라서 이러한 년수에 대한 대학교육의 현재가치의 계산은 다음과 같다(이자율을 십진수로 표기하였음을 유의하자.)

$$PV = \frac{\$7,200}{1 + 0.05} + \frac{\$7,200}{(1 + 0.05)^2} + \frac{\$7,300}{(1 + 0.05)^3} + \frac{\$7,300}{(1 + 0.05)^4} = \$25,699.50$$

3 단계 **대학 등록금을 본인 입장에서 어떻게 계산할 수 있을지 고려한다.** 첫 번째 단계는 (a) 부분에서 수행한 현재가치 계산을 67세의 정상 은퇴 연령까지 연장하는 것이다(이 연령은 연방정부로부터 사회보장비를 전액 받을 수 있는 연령이다). 그러나 상황에 따라 계산을 더 잘 조정하려면 다음 사항을 고려해야 한다.

1. 대학에 다니면서 등록금과 책값을 포함한 명시적인 비용을 부담한다. 대학 교육의 순 현재가치, 즉 비용을 고려한 후의 현재가치를 계산하려면 이러한 명시

적 비용을 고려해야 한다. 향후 몇 년 동안 이러한 비용이 발생하므로 이러한 비용의 현재가치는 상당할 것이다.

2. 대학을 다니면서 풀타임으로 일할 수 없다고 가정하면, 고등학교를 마치고 바로 일을 해서 벌었을 임금을 잃게 된다. 이 손실된 임금은 당신에게 기회비용이며, 이 비용은 현재에 가깝게 발생하므로 현재가치가 높을 것이다.

3. 마지막으로, 현재가치 계산에 대졸자의 평균 소득과 고졸자의 평균 소득의 차이를 이용하기보다는, 당신이 들어가고자 하는 직업의 평균 소득과 당신이 고등학교 졸업 후 바로 일하러 들어갈 수 있는 직업의 평균 소득의 차이를 이용해야 한다.

이 장의 끝에 있는 관련문제 1.6, 1.7을 참조하시오.

할인과 금융자산의 가격

대출, 주식, 채권 등 대부분의 금융자산은 기본적으로 대출자가 향후 대부자에게 일정 금액을 지급하기로 한 약속이다. 할인은 미래에 다른 시기에 받을 지급의 현재가치를 결정하는 수단을 제공함으로써 금융자산을 비교할 수 있게 해준다. 특히 할인은 금융자산의 가격을 결정할 수 있는 방법을 제공한다. 왜 투자자가 주식이나 채권과 같은 금융자산을 사고 싶어하는지 생각해보자. 추정컨대, 투자자들은 금융자산을 매도자로부터 지급을 받기 위해 매입한다. 이때 구매자에게 지불할 가치는 얼마일까? 그 금액의 지불은 현재가치를 가진다. 모든 지불의 현재가치를 더함으로써, 구매자가 자산에 대해 지불할 달러 금액을 알 수 있다. 다시 말해, 자산의 가격을 결정한다.

3.2 부채상품과 가격

학습목표: 서로 다른 부채상품을 구별하고 가격이 어떻게 결정되는지 이해한다.

부채상품(신용시장 상품, 고정수익 자산)
단순대출, 할인채권, 쿠폰채권, 고정지급대출을 포함한 대출 방법

자기자본
기업의 소유권을 주장할 수 있는 권리; 기업이 발행한 주식 그 자체

앞 절의 중요한 결론을 다시 설명하자면, 금융자산의 가격은 해당 금융자산을 대여한 자로부터 받을 지급액의 현재가치와 같다. 이 절에서는 이 핵심 사실을 **부채상품**(debt instrument)이라고 불리는 중요한 종류의 금융자산에 적용할 것이다. 부채상품(신용시장 상품 혹은 고정수익 자산으로 불림)은 은행이 발행한 대출금과 기업 및 정부가 발행한 채권을 포함한다. 주식은 부채상품이 아니라 발행회사의 일부 소유권을 나타내는 **자기자본**(equity)이다. 부채상품은 그 조건에 따라 달라질 수 있지만, 그것들은 모두 IOU(I Owe U(You)), 혹은 채무자가 이자를 지불하고 채권자에게 원금을 상환하기로 한 약속이다. 부채상품은 채권자와 채무자가 모두 같은 욕구를 가지고 있지 않기 때문에 다른 형태를 취한다.

대출, 채권, 그리고 지불 시점

부채상품에는 기본적으로 다음과 같이 네 가지로 분류할 수 있다.

1. 단순대출
2. 할인채권
3. 쿠폰채권
4. 고정지급대출(원리금 동시 상환 대출)

채무자들이 채권자에게 지불하는 시기에 따라 서로 다른 증권의 범주를 나누었다. 이러한 지급 시기의 변동이 현재가치, 그리고 부채상품의 가격에 영향을 미칠 것이라는 것을 알고 있다. 여기서는 각 유형의 채무 상품에 대해 설명하는 것 외에, 자금 유입과 유출을 더 쉽게 측정할 수 있는 대출 또는 채권에 대한 지급을 타임라인으로 나타내고자 한다.

단순대출 **단순대출**(simple loan)에서는 채무자는 채권자로부터 **원금**(principal)으로 불리는 금액을 받고 대출 만기가 돌아오는 특정일에 원리금을 더한 금액을 상환하기로 합의한다. 가장 일반적인 단순대출은 은행으로부터 **상업 및 산업 대출**(commercial and industrial loan)이라고 불리는 단기 비즈니스 대출이다. 예를 들어, 뱅크오브아메리카(Bank of America)가 네이트의 유아원에 10%의 금리로 1년 동안 $1만의 단순대출을 한다고 가정하자. 채무자가 채권자에게 이자 및 원금을 지불하는 것을 다음 타임라인을 통해 설명할 수 있다.

1년 후, 네이트는 원금에 이자를 더하여 $10,000+($10,000×0.10), $11,000를 상환하였다. 채권자의 입장에서 시간상의 거래 상황은 다음과 같다.

단순대출
원금이라고 하는 금액을 대출자가 대부자로부터 지급받고 대부자에게 특정일자에 원금을 되갚으면서 이자를 함께 지급하기로 한 부채상품

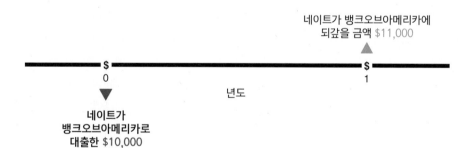

할인채권 단순대출과 마찬가지로 **할인채권**(discount bond)도 채무자가 한 번에 갚는다. 그러나 이 경우에 채무자는 만기에 채권자에게 **액면가**(face value)라고 불리는 금액을 지급하지만 처음에는 채권자로부터 액면가보다 적게 받는다. 대출에 대해 지급되는 이자는 상환된 금액과 빌린 금액의 차액이다. 네이트의 유아원이 1년 만기 할인채권을 발행하고 $9,091를 받는다고 가정하자. 이 채권은 1년 후 구매자에게 액면가 $10,000를 상환한다. 따라서 네이트의 유아원 할인채권 발행 일정은 다음과 같다.

할인채권
대출자가 만기에 한번에 대출금 전부를 되갚지만 처음에는 액면가 이하로 지급받는 부채상품

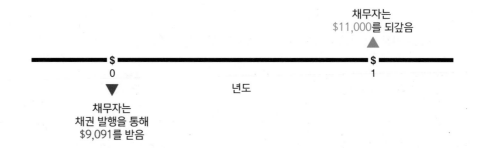

채권자는 당해 연도에 $10,000-$9,091=$909의 이자를 받는다. 따라서 이율은 $909/$9,091=0.10 또는 10%이다. 가장 흔한 할인채권은 미국 저축채권, 미국 재무부채권, 제로쿠폰채권이다.

쿠폰채권
반년 혹은 일 년에 한 번씩 이자를 정기적으로 지급하고 만기에 액면가를 상환하는 부채상품

쿠폰채권 "채권"이라는 단어를 공유하지만, **쿠폰채권**(coupon bond)은 할인채권과는 상당히 다르다. **쿠폰채권**을 발행하는 채무자는 보통 1년에 1~2회 정기적으로 쿠폰 형태로 이자를 지급하고 만기에 액면가액을 상환한다. 미국 재무부와 주정부, 지방정부, 대기업 모두 쿠폰채권을 발행한다. 금융시스템에서 쿠폰채권이 중요하기 때문에 다음과 같은 관련 용어를 숙지해야 한다.

- **액면가**. 채권 발행자(채무자)가 되갚아야 할 금액. 전형적인 쿠폰채권 액면가는 $1,000이다.
- **쿠폰이자**. 채권의 발행자가 채권의 구매자에게 연간 일정한 금액으로 지불하는 이자금액
- **쿠폰이율**. 채권의 액면가 백분율로 표시된 쿠폰의 가치. 예를 들어, 채권의 연간 쿠폰이 $50이고 액면가가 $1,000라면, 쿠폰이율은 $50/$1,000=0.05 또는 5%이다.
- **수익률**. 3.4절에서 살펴보겠지만, 쿠폰채권이 발행된 후에 채권이 금융시장에서 재판매되기도 한다. 이와 같은 거래 과정에서, 채권가격은 특정한 날에는 액면가 $1,000보다 높을 수도 혹은 낮을 수도 있다. 수익률은 채권의 현재 가격에 대하여 쿠폰 수익의 가치를 비율로서 표현한 값이다. 예를 들어, 어떤 채권의 쿠폰이 $50, 액면가가 $1,000, 그리고 현재 가격이 $900라면, 수익률은 $50/$900=0.056 또는 5.6%이다.
- **만기**. 채권이 만기가 되어 채권 발행자가 채권 매입자에게 액면가를 지불해야 할 때까지의 기간을 의미한다. 대다수의 정부 채권과 기업 채권은 30년 이상의 만기를 가지기도 하는데, 이는 채권 발행자가 30년 후에 채권의 액면가를 채권 구매자에게 지급하기 전까지 매해 30년 동안 쿠폰을 지급해야 한다는 것을 의미한다. 예를 들어, IBM이 액면가 $1,000에 30년 만기, 5%의 쿠폰이율을 가지는 채권을 발행했다고 하자. 이는 30년 후에 $1,000의 최종 액면가 지불을 하기 전 30년 동안 매해 $50를 채권 구매자에게 지불해야 한다. 이를 타임라인에 따라 나타내면 다음과 같다.

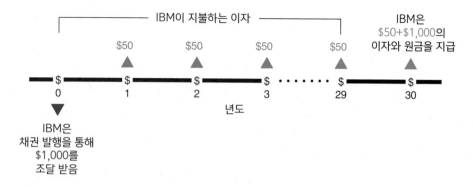

고정지급대출   **고정지급대출**(fixed-payment loan)은 채무자가 채권자에게 정기적으로(보통 매달이지만 때로는 분기 또는 매년) 고정금액을 지불한다. 이 금액에는 이자 및 원금이 모두 포함된다. 따라서 만기가 되면 채무자는 대출금을 완전히 상환했고, 원금지급과 같은 일시금은 없다. 이자 및 원금이 모두 포함된 대출을 **상각대출**(armotized loan)이라고도 한다. 일반적인 고정지급대출은 주택담보대출, 학자금대출, 자동차대출이다. 예를 들어, 10년 만기 학자금대출 $10,000를 4.6%의 금리로 상환하는 경우 월 지급액은 약 $104가 되며, 그 지급일정은 다음과 같다.

> **고정지급대출**
> 대출자가 대부자에게 원금과 이자금을 합쳐 매번 일정한 금액을 지급하는 부채상품

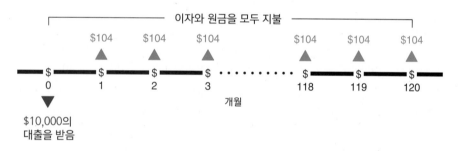

고정지급대출은 가계가 모든 대금을 다 갚기만 하면 대출금이 완전히 갚아지고, 단순대출처럼 큰 최종대금을 걱정할 필요가 없기 때문에 많이 이용된다. 또한 채권자의 입장에서도 월 지급액에서 원금이 일부 상환되기 때문에 채무자가 원금 전액을 연체할 가능성이 낮아지는 이점도 있다.

대부분의 부채상품은 단순대출, 할인채권, 쿠폰채권, 고정지급대출 등 네 가지 범주로 분류되지만 저축자와 채무자의 요구로 둘 이상의 특성을 갖는 새로운 금융상품이 만들어지기도 한다.

개념 적용

이자율과 학자금대출

등록금이 오르면서, 점점 더 많은 학생들이 학자금대출을 받고 있고, 대출 금액 또한 증가하고 있다. 2020년 미국의 학자금대출 총액은 $1조 5천억 이상으로, 신용카드 부채나 자동

차대출 총액보다 크다. 학자금대출 상환은 최근 대졸자들의 지출에서 가장 큰 항목인 경우가 많다. 이는 미래의 대통령들도 예외가 아니다. 전 영부인 미셸 오바마(Michelle Obama)에 따르면, "사실, [남편과 내가] 처음 결혼했을 때, 우리의 월 학자금대출 총액은 실제로 우리의 주택담보대출보다 더 높았다." 졸업 후, 많은 학생들은 학자금대출을 갚기 위해 고군분투한다. 2019년 뉴욕 연방준비은행의 경제학자들은 학자금대출을 받은 사람들 중 약 14%가 30세가 되면 학자금대출을 연체하게 될 것이라고 추정했다. 2020년 대선 당시, 학자금대출 채무는 매사추세츠주의 엘리자베스 워런 상원의원과 버몬트주의 버니 샌더스 상원의원이 연방 학자금대출 채무의 부분적 또는 완전한 탕감을 지원하겠다고 약속하면서 주요 정치적 이슈가 된 적이 있다. 2020년 트럼프 행정부는 학생들이 개인파산을 선언하도록 강요받았을 때 학생들이 빚을 쉽게 탕감받을 수 있도록 하는 연방 학자금대출 프로그램의 변경을 고려하고 있었다.

학자금대출에는 크게 세 가지 유형이 있다.

1. 학자금 융자 지원
2. 학자금대출 미지원
3. 개인 대출

2019~2020학년 동안 학부생을 위한 연방 학자금대출의 고정금리는 4.53%였다. (코로나19 팬데믹으로 인한 미국의 금리 하락은 2020~2021학년도에 연방 학자금대출의 이자율이 더 낮아질 것이라는 것을 의미한다.) 표준상환계획에 따르면, 채무자는 10년에 걸쳐 연방 학자금대출을 상환하게 되어 있다. 여기에는 채무자들이 지불액을 그들의 가처분소득의 일부분으로 제한하는 몇 가지 프로그램이 있다. 2015년 이후, 연방 학자금대출 프로그램(Revised Pay As You Earn, REPAYE)에 따라 모든 대출자는 소득에 따라 지불액이 대출자 재량소득의 10%로 제한되며, 대출 잔액은 20년(대학원 공부를 위해 대출을 받은 경우 25년) 후에 상환되지 않으면 면제된다. 은행에서 얻는 개인 학자금대출은 금리나 상환시기가 다양하다. 복리 및 할인 개념을 사용하여, 학생들이 직면하는 대출 옵션을 분석해보자.

1. **당신이 대학에 있는 동안 이자 지불을 하지 않으면 어떻게 될까?** 무보조 학자금대출의 경우, 대학에 있는 동안 대출금에 대한 이자를 지불해야 하지만, 보통 졸업할 때까지 이자 지불을 연기할 수 있는 선택권이 있다. 그러나 이 기간 동안 미지급된 이자가 누적되어 대출 원금에 추가된다. 간단한 예로 4.53%의 금리로 10년 동안 $2만의 학자금대출을 받는다고 가정해보자. 대학 4년 동안 총 $3,624의 이자가 청구될 것이다. 졸업할 때까지 이자 지급을 하지 않으면 대출 원금은 2만 $3624인데, 이는 10년 상환 기간 중 매달 지불액이 $208에서 $245로 올라가고 결국 총 이자 지급액보다 $889를 더 내게 된다는 뜻이다. 물론 학생들의 경제적 상황은 매우 다양하기 때문에, 이자 지불을 연기하는 것은 한 학생에게는 매력적일 수 있지만 다른 학생에게는 매력적이지 않을 수 있다.

2. **투자 회수 기간을 10년에서 25년으로 연장하면 어떤 결과가 초래될까?** 연방 학자금대출의

표준 상환 기간은 REPAYE 같은 유사한 계획을 사용하지 않는 학생들의 경우 10년이
지만, 그 기간을 최대 25년까지 연장할 수 있다. 이번에도 이자율이 4.53%인 $2만의 학
자금대출이 있다고 가정해보자. 투자 회수 기간이 10년이면 한 달 지불액은 $208이다.
투자 회수 기간이 25년이 되면 지급액은 $112로 감소하며, 이는 첫 급여로 지불할 것들
이 많은 학생들에게 부담이 덜 되는 금액이다. 하지만 고정 상환 대출은 상각된다는 것
을 기억하자. 즉 금액은 이자와 원금의 혼합을 의미하는데, 상환 기간을 15년 연장함으
로써, $2만의 원금을 더 천천히 갚게 되면서, 대출 기간 동안 총 이자를 더 많이 지불하
게 된다. 상환 기간이 10년인 경우 총 이자 지급액은 $4,908인 반면, 상환 기간이 25년
인 경우 총 이자 지급액은 약 $13,452, 거의 3배에 달한다.

다음은 이러한 대출 옵션을 요약한 것이다.

	대출금액	이자율	지불 이자금액	대출 원금	월 지급액
재학 중 전혀 되갚지 않을 경우	$20,000	4.53%	$3,624	$23,624	10년 상환: 월 지급액이 $208에서 $245로 상승
10년 균등분할 상환	$20,000	4.53%	$4,908	$24,908	$208
25년 균등분할 상환	$20,000	4.53%	$13,452	$33,452	$112

이 장에서 논의되는 이자율의 개념에 대한 이해는 학생과 학부모들이 어떻게 대학 등
록금을 충당할지 결정하는 데 사용할 수 있다. studentaid.ed.gov와 bankrate.com 등의 사이
트에서 편리한 대출 계산기를 이용할 수 있다.

이 장의 끝에 있는 관련문제 2.5를 참조하시오.

3.3 채권가격과 만기수익률

학습목표: 채권의 만기수익률과 가격의 관계를 설명한다.

채권(혹은 다른 재무 증권)의 가격은 채권 소유주가 앞으로 지급받을 금액의 합의 현재가치
와 일치한다고 하였다. 이와 같은 개념을 통해 쿠폰채권의 가격을 결정할 수 있다.

채권가격

쿠폰이율이 6%이고 액면가가 $1,000인 5년 만기 쿠폰채권을 생각해보자. 6%의 쿠폰 금리
는 채권 매도자가 5년 동안 매년 $60를 채권 매수자에게 지급할 뿐만 아니라 5년차 말에
$1,000를 최종 지급한다는 것을 의미한다. (참고로, 쿠폰은 일반적으로 1년에 두 번 지급되
므로 액면가 $1,000의 6% 채권은 6개월 후에 $30를, 그리고 연말에 다시 한번 $30를 추가

로 지불하게 된다. 편의를 위해 이 책에서는 채권과 같은 유가증권에 대한 이자 지불은 연말에만 이루어진다고 가정한다.) 따라서 채권의 가격(P)은 투자자가 받게 될 6번의 지급액(쿠폰 지급액 5개와 원금 최종 지급액)의 현재가치의 합이다.

$$P = \frac{\$60}{(1 + i)} + \frac{\$60}{(1 + i)^2} + \frac{\$60}{(1 + i)^3} + \frac{\$60}{(1 + i)^4} + \frac{\$60}{(1 + i)^5} + \frac{\$1,000}{(1 + i)^5}$$

이와 같은 방법으로 쿠폰 지불액이 C이고, 미래가치가 FV, 만기가 n년인 채권에 대해서 다음과 같이 정의할 수 있다.

$$P = \frac{C}{(1 + i)} + \frac{C}{(1 + i)^2} + \frac{C}{(1 + i)^3} + \cdots + \frac{C}{(1 + i)^n} + \frac{FV}{(1 + i)^n}$$

여기서 …은 3년차와 n년차 사이의 항들을 생략한 것을 의미하며, 마지막 해는 채권의 만기로서, 10년, 12년, 13년 등 어떤 수든 가능하다.

만기수익률

쿠폰채권이라는 표현을 사용해 채권의 가격을 찾으려면 앞으로 받을 지급액과 이자율을 알아야 한다. 그러나 채권가격과 향후 지불액은 알 수 있지만 이자율은 알 수 없는 상황에 있다고 가정하자. 예를 들어, 두 가지 잠재적 투자 중 하나를 선택해야 하는 상황에 직면하면 어떻게 될까?

채권 1. 쿠폰 금리 8%인 액면가 \$1,000의 3년 만기 쿠폰채권의 가격이 \$1,050

채권 2. 쿠폰 금리 6%인 액면가 \$1,000의 2년 만기 쿠폰채권의 가격이 \$980

이 두 가지 투자 중 하나를 선택하는 데 있어 중요한 요소 중 하나는 각각에 대해 받게 될 이자율을 결정하는 것이다. 두 채권의 가격과 지급액을 알고 있기 때문에, 현재가치 계산을 사용하여 각 투자에 대한 이자율을 찾을 수 있다.

$$\text{채권 1: } \$1,050 = \frac{\$80}{(1 + i)} + \frac{\$80}{(1 + i)^2} + \frac{\$80}{(1 + i)^3} + \frac{\$1,000}{(1 + i)^3}$$

재무용 계산기, 온라인 계산기, 혹은 엑셀과 같은 스프레드시트 프로그램을 사용하여 위 식에서 i를 구할 수 있다.[1] 채권 1의 i는 0.061, 즉 6.1%가 된다.

$$\text{채권 2: } \$980 = \frac{\$60}{(1 + i)} + \frac{\$60}{(1 + i)^2} + \frac{\$1,000}{(1 + i)^2}$$

채권 2의 i는 0.071, 즉 7.1%이다.

---

[1] 이와 같은 유형 방정식에서 이자율을 계산하기 위한 스프레드시트나 계산기 사용법은 MyLab Economics를 참조한다.

이러한 계산은 채권 1이 채권 2보다 높은 쿠폰금리를 갖고 있기 때문에 더 나은 투자로 보일 수 있지만, 채권 1의 가격이 높다는 것은 채권 2보다 금리가 현저히 낮다는 것을 의미한다. 만약 투자에서 높은 이자율을 얻고 싶다면, 당신은 채권 2를 선택해야 한다.

우리가 방금 계산한 이율은 **만기수익률**(yield to maturity)이라고 하는데, 이것은 자산으로부터의 지불의 현재가치와 현재 자산의 가격이 동일하다는 개념으로부터 구한 값이다. 만기수익률은 현재가치 개념에 기반한 것으로 경제학자, 기업, 투자자들이 가장 많이 사용하는 금리 척도다. 실제로 이들이 달리 표시하지 않는 한 **경제학자나 투자자들이 금융자산의 금리를 언급할 때마다 이들이 의미하는 금리는 만기수익률이라는 점**을 유념해야 한다. 대체투자의 만기수익률을 계산하면 투자자들은 다양한 유형의 부채상품을 한눈에 비교할 수 있다.

이와 같은 만기수익률 계산은 할인 공식을 사용한 것인데, 앞서 설명한 바와 같이 할인하는 것과 복리는 밀접한 관계를 가지고 있다. 따라서 만기수익률은 다음과 같이 복리적인 관점에서 생각해 볼 수도 있다. "만약 내가 특정 미래 지불 계획이 있는 채권에 대해 현재가격 P를 지불한다면, 내가 P를 투자하고 동일한 금액을 미래에 받을 수 있을 때 이자율은 얼마인가?" 예를 들어, 30년 만기 국고채에 받을 지급액의 현재가치를 계산하는 대신 30년간 채권에 지급된 돈을 투자해 동일한 현재가치를 얻을 수 있는 이자율을 계산할 수도 있다.

만기수익률
자산의 현재가격과 동일한 자산으로부터 얻는 지급액의 현재가치에 대한 이자율

기타 부채상품에 대한 만기수익률

3.2절에서는 단순대출, 할인채권, 쿠폰채권, 고정지급대출의 네 가지 부채상품에 대해 학습하였다. 그리고 앞선 절에서는 쿠폰채권의 만기수익률을 계산하였다. 이제 다른 세 가지 유형의 부채상품에 대해서도 만기수익률을 구해보자.

단순대출　단순대출로 만기수익률을 계산하는 것은 간단하다. 대출자가 오늘 대출금액을 상환할지 혹은 만기일에 상환할지의 여부와 상관없는 이자율을 찾아야 한다. 네이트의 유아원에 집행한 $1만 대출을 다시 한번 고려해보자. 이 대출은 $1만의 원금에 1년 후 이자 $1,000를 더 내야 한다. 만기수익률을 다음과 같이 계산할 수 있다.

$$\text{오늘의 가격} = \text{미래 지급액의 현재가격}$$

$$\$10{,}000 = \frac{\$10{,}000 + \$1{,}000}{(1 + i)}$$

이와 같은 공식에서 i는 다음과 같이 구할 수 있다.

$$i = \frac{\$11{,}000 - \$10{,}000}{\$10{,}000} = 0.10, \text{ 또는 } 10\%.$$

단순 채무의 만기수익률은 금리인 10%와 동일하다. 이 사례를 통해 단순대출에서 만기수익률은 대출의 금리와 동일하다고 할 수 있다.

할인채권　할인채권의 만기수익률을 계산하는 것은 단순대출의 만기수익률을 계산하는 것

과 비슷하다. 예를 들어, 네이트의 유아원이 1년 만기 \$1만 할인채권을 발행한다고 가정하자. 단순대출의 경우처럼 할인채권에서 만기수익률을 구하기 위해 같은 방정식을 사용할 수 있다. 네이트의 유아원이 채권을 판매하여 오늘 \$9,200를 받는 경우, 향후 지불의 현재가치를 현재의 가치로 설정하거나 \$9,200 = \$10,000/(1 + i)로 설정하여 만기수익률을 계산할 수 있다. i에 대한 풀이방법은 다음과 같다.

$$i = \frac{\$10,000 - \$9,200}{\$9,200} = 0.087 \text{ 또는 } 8.7\%$$

이 예제를 이용하여, 액면가 FV로 가격 P에 판매되는 1년 만기 할인채권에 대한 일반적인 방정식을 구할 수 있다. 즉, 만기수익률은 다음과 같다.

$$i = \frac{FV - P}{P}$$

고정상환대출 고정상환대출의 만기수익률을 계산하는 것은 쿠폰채권의 만기수익률을 계산하는 것과 비슷하다. 고정상환대출은 이자와 원금을 합친 금액을 정기적으로 납부하여 만기에 액면가를 지급할 필요가 없다. 네이트의 유아원 은행에서 주택담보대출을 받아 새 창고를 구입하기 위해 \$10만를 빌린다고 가정하자. 네이트는 매해 \$12,731를 지불해야 한다고 하면 이를 20년 동안 반복하여, 네이트는 대출 원금 \$10만를 갚게 될 것이다. 대출의 현재가치는 \$10만이기 때문에 만기수익률은 다음과 같은 방정식에서 구하는 이자율로 정의할 수 있다.

오늘의 가격=미래지불 금액의 현재가치

$$\$100,000 = \frac{\$12,731}{(1 + i)} + \frac{\$12,731}{(1 + i)^2} + \cdots + \frac{\$12,731}{(1 + i)^{20}}$$

재무용 계산기, 온라인 계산기, 혹은 엑셀과 같은 스프레드시트 프로그램을 이용하여 이 방정식의 i에 대한 해가 0.112, 즉 11.2%인 것을 계산할 수 있다. 일반적으로, 고정지불액 FP, 만기 n년의 고정상환대출은 다음과 같이 정의된다.

$$고정상환대출 = \frac{FP}{(1 + i)} + \frac{FP}{(1 + i)^2} + \cdots + \frac{FP}{(1 + i)^n}$$

요약하자면, 만약 i가 고정상환대출의 만기수익률이라면, 오늘의 대출액은 이자율 i로 할인된 상환금액의 현재가치로 정의할 수 있다.

영구채 영구채는 쿠폰채권의 특수한 경우이다. 영구채는 고정된 쿠폰 지급액을 지급하지만, 일반적인 쿠폰채권과 다르게 만기가 없다. 영구채의 예시로 영국 정부가 딱 한 번 발행한 **콘솔**(consol)을 들 수 있다. 이후 수십년 동안 새롭게 발행한 영구채는 없었다. 쿠폰 지급액이 2.5%인 콘솔은 현재도 금융시장에서 거래되고 있다. 영구채는 영원히 쿠폰 지급을 하기 때문에 영구채의 만기수익률은 해를 구하기 힘들 것으로 여기기 쉽다. 하지만 채권가격,

쿠폰 그리고 만기수익률의 관계는 간단하다. 수학 실력이 충분하다면 앞서 소개한 쿠폰채권의 가격 방정식으로부터 다음 방정식을 유도할 수 있다.[2]

$$P = \frac{C}{i}$$

따라서 현재가격이 $500이고, $25의 쿠폰을 가진 영구채의 만기수익률은 $i = 25/500 = 0.05$, 즉 5%이다.

예제 3.3

다른 종류의 부채상품의 만기수익률 구하기

다음 각 상황에서 만기수익률을 도출하는 방정식을 작성하시오. 변수 i에 대한 방정식을 풀 필요는 없지만, 만기수익률 방정식을 작성하시오.[3]

a. 4년 후에 $700,000를 지불하게 되는 $500,000 단순영업대출

b. 액면가가 $10,000이고, 만기가 1년인 현재가격이 $9,000인 정부의 할인채권

c. 액면가가 $1,000이고, 이자율이 10%, 만기가 5년인 현재가격이 $975인 회사채

d. 25년 동안 매년 $315를 지불해야 하는 1년 거치의 $2,500의 학자금대출

문제풀이

1 단계 **이 장의 내용을 복습한다.** 이 문제는 다른 종류의 부채상품의 만기수익률을 계산하는 것이기에, "채권가격과 만기수익률"을 복습하는 것이 좋다.

2 단계 **(a) 경우의 부채상품에서 만기수익률을 도출할 방정식을 작성한다.** 단순대출의 경우 만기수익률은 대출금의 현재가치와 대출금액이 같아지는 이자율이다. 따라서 올바른 계산식은 다음과 같다.

---

[2] 계산 방법은 다음과 같다. 영구채의 가격은 채권 구매자가 무한대로 지급받는 쿠폰의 현재가치와 같다.

$P = \frac{C}{1+i} + \frac{C}{(1+i)^2} + \frac{C}{(1+i)^3} + \frac{C}{(1+i)^4} + \ldots$ $1 + x + x^2 + x^3 + x^4 + \ldots$ 와 같은 무한등

비급수의 합은 x가 1보다 작다면 $\frac{1}{1-x}$인 것으로 잘 알려져 있다. 여기서 $\frac{1}{1+i}$가 1보다 작다면, 다음과

같이 영구채의 가격을 도출할 수 있다.

$$P = C \times \left[\frac{1}{1 - \left(\frac{1}{1+i}\right)} - 1 \right]$$

이 수식을 간단히 하면 다음과 같다.

$$P = \frac{C}{i}$$

[3] MyLab Economics에서 이자율 i에 대한 방정식을 재무계산기나 스프레드시트를 이용하여 계산하는 방법을 설명한다.

$$\$500,000 = \frac{\$700,000}{(1 + i)^4}$$

3 단계   **(b) 경우의 부채상품에서 만기수익률을 도출할 방정식을 작성한다.** 할인채권의 경우 만기수익률은 채권의 액면가 현재가치가 채권의 가격과 같아지는 이자율이다. 따라서 계산식은 다음과 같다.

$$\$9,000 = \frac{\$10,000}{(1 + i)} \quad \text{혹은} \quad i = \frac{\$10,000 - \$9,000}{\$9,000}$$

4 단계   **(c) 경우의 부채상품에서 만기수익률을 도출할 방정식을 작성한다.** 장기 회사채와 같은 쿠폰채권의 경우, 만기수익률은 구매자가 받는 지급액의 현재가치가 채권가격과 같아지는 이자율이다. 쿠폰금리가 10%인 채권은 연간 $100의 쿠폰을 지급한다. 따라서 계산식은 다음과 같다.

$$\$975 = \frac{\$100}{(1 + i)} + \frac{\$100}{(1 + i)^2} + \frac{\$100}{(1 + i)^3} + \frac{\$100}{(1 + i)^4} + \frac{\$100}{(1 + i)^5} + \frac{\$1,000}{(1 + i)^5}$$

5 단계   **(d) 경우의 부채상품에서 만기수익률을 도출할 방정식을 작성한다.** 고정상환대출의 경우 만기수익률은 대출금의 현재가치와 대출금액이 같아지는 이자율이다. 이 경우 1년차 말에 지급해야 하는 지급이 없으므로 첫 번째 항이 생략된다. 따라서 계산식은 다음과 같다.

$$\$2,500 = \frac{\$315}{(1 + i)^2} + \frac{\$315}{(1 + i)^3} + \dots + \frac{\$315}{(1 + i)^{26}}$$

3.4 채권가격과 채권수익률 사이의 역관계

학습목표: 채권가격과 채권수익률 사이의 역관계를 이해한다.

정부와 대기업이 발행하는 쿠폰채권은 대체로 만기가 30년이다. 이 30년 동안, 투자자는 **유통시장**에서 이 채권을 얼마든지 사고팔 수 있다. 채권이 처음 발행되고 나서, 채권을 발행한 기업이나 정부는 그 이후 어떻게 거래되는지에는 관여하지 않는다. 포드사가 발행한 $1,000 채권을 샀다고 가정해보자. 이 채권의 액면가는 $1,000이고, 쿠폰금리는 5%이다. (**채권가격이 액면가와 같다면, 채권의 만기수익률은 쿠폰금리와 동일하다.**) 아마도 당신은 5%라는 수익률이 괜찮은 이자율이라고 생각했기 때문에 채권을 구입하였을 것이다. 만약 어느 시점에 당신이 채권을 매각한다고 하면, 거래는 당신과 채권을 매수하고자 하는 사람 사이에서 이루어진다. 포드는 이 거래에 관여하는 바가 없고 다만 미래의 쿠폰 이자를 당신이 아닌 새로운 채권자에게 지급해야 한다고 알림을 받게 된다.

만약 이자율이 변한다면 채권가격은 어떤 영향을 받는가?

당신이 채권을 매수하고 1년이 지났다고 하자. 포드는 30년 채권을 올해 더 발행하고자 하는데, 새롭게 발행하는 채권은 쿠폰금리가 5%가 아닌 6%로 상승하였다. 포드는 다른 기업과 마찬가지로 채권 시장의 상황에 맞추어 얼마든지 쿠폰금리를 조정할 수 있다. 이상적으로는, 기업은 가능한 가장 낮은 이자율로 자금을 조달하려 한다. 그러나 채권자(이 경우에는 채권 매수자)는 여유자금을 대출해 주려고 할 때 되도록이면 높은 이자율을 받고 싶어 한다. 그 예로, 채권 매수자가 미래의 인플레이션율이 이전에 예상했던 것보다 높을 것이라고 생각하면, 채권을 사기 전에 더 높은 이자를 받아야 한다고 생각할 것이다. 또한 포드가 채무불이행을 할 위험이 높다고 생각되어도 역시 높은 이자를 받으려 할 것이다.

포드가 높은 이자율로 새로운 채권을 발행한다면 어떤 영향을 미칠 것인가? 첫째, 기업이 채권을 발행하게 되면, 쿠폰금리는 변하지 않는다. 따라서 포드가 새로운 채권 구매자에게 매해 $60를 쿠폰 이자로 지급한다 하더라도, 당신이 받는 금액은 $50로 고정이다. 만약 당신이 채권을 매각한다고 한다면, 얼만큼 받을 수 있을까? 당신의 채권은 새로운 구매자에게 있어 치명적인 단점이 있다. 새로운 채권은 $60를 지급받을 수 있는데, 당신의 채권은 $50밖에 받지 못한다는 것이다. 6%의 쿠폰 이자를 주는 $1,000의 가치를 지닌 채권이 팔리고 있는 상황에서는 어떤 새로운 투자자도 5%의 쿠폰 이자를 지급하는 당신의 채권을 $1,000를 주고 사려 하지 않을 것이다. 그렇다면 $1,000보다 얼마나 낮아야 다른 투자자들이 이 채권을 사려고 할까? 이 질문에 대한 대답은 금융상품의 가격은 미래에 해당 금융상품으로부터 얻을 수익의 현재가치라는 기본개념에서 얻을 수 있다. 이 가격을 계산하기 위해서는 우선 만기수익률에 대해서 이해해야 한다. 당신이 채권을 구매할 때 만기수익률은 5%였다. 그러나 1년 후 채권시장의 상황이 변화하여, 포드는 새로운 채권을 시장에 내놓기 위해 쿠폰금리를 6%로 올렸다. 만약 당신이 채권을 매각하고자 하면, 이 채권은 유통시장에서 6%를 주는 채권과 경쟁해야 한다. 따라서 이 6%가 당신의 채권가격을 새롭게 정할 수 있는 만기수익률이 되어야 한다.

채권가격을 계산하기 전에, 당신 채권의 매수자는 30년이 아닌 29년간 쿠폰 이자를 다음과 같이 지급받게 된다.

$$\$864.09 = \frac{\$50}{(1 + 0.06)} + \frac{\$50}{(1 + 0.06)^2} + \frac{\$50}{(1 + 0.06)^3} + \cdots + \frac{\$50}{(1 + 0.06)^{29}} + \frac{\$1,000}{(1 + 0.06)^{29}}.$$

$1,000의 액면가를 가진 채권을 만기까지 보유하고 있을 때, 이 채권의 가격이 고작 $864.09 밖에 되지 않는다는 것에 의아할 수 있다. 하지만 당신이나 새로운 구매자나 $1,000의 액면가를 지급받으려면 29년을 기다려야 한다는 점을 상기하자. 6%의 이자율로 할인된 액면가 $1,000 채권의 현재가치는 $184.56에 불과하다.

만약 자산의 시장가격이 상승하면, 이를 **자본이익**(capital gain)이라고 한다. 반대로 자산의 시장가격이 하락하면, 이는 **자본손실**(capital loss)이라고 한다. 앞선 예에서는 $135.91($864.09 − $1,000 = −$135.91)의 자본손실이 발생하게 된다.

자본이익
자산의 시장가격이 상승

자본손실
자산의 시장가격이 하락

만약 장기 쿠폰채를 가지고 있다면, 이자율 상승은 확실히 좋은 소식이 아니다. 그럼 이자율이 하락하게 된다면 어떻게 될까? 5% 쿠폰금리의 포드 채권을 매수하고 1년이 지난 후에, 포드가 새로운 채권을 4%에 발행한다고 가정하자. 투자자들이 미래 인플레이션율이 예상보다 낮다고 여기거나 포드의 채무불이행 위험이 낮아졌다고 생각한다면, 포드는 더 낮은 쿠폰금리로 채권을 발행할 수 있다. 새롭게 발행된 채권보다 당신의 채권이 높은 이자율을 보장하기 때문에 당신의 채권은 이제 시장에서 더욱 매력적일 수 있다. 만약 당신이 채권을 매각하고자 한다면, 당신 채권은 유통시장에서 새롭게 발행된 4% 채권과 경쟁하게 되고, 이는 4%가 당신 채권의 새로운 시장 가격을 결정하게 하는 만기수익률이 된다.

$$\$1,169.84 = \frac{\$50}{(1 + 0.04)} + \frac{\$50}{(1 + 0.04)^2} + \frac{\$50}{(1 + 0.04)^3} + \cdots + \frac{\$50}{(1 + 0.04)^{29}} + \frac{\$1,000}{(1 + 0.04)^{29}}$$

이 경우에서는 \$169.84(\$1,169.84 − \$1,000 = \$169.84)의 자본이익을 얻는다.

개념 적용

모기지담보증권(Mortgage-Backed Bonds)

앞서 1장에서 살펴본 바와 같이, 은행은 금융시스템에서 핵심적인 역할을 한다. 대기업들이 투자자들에게 그들의 채권이나 주식을 발행하여 자금을 조달하는 반면, 중소기업들은 영업 혹은 확장을 위한 자금을 은행을 통해 대출 받아야 하는 경우가 많다. 가계들 역시 주택 구입이나, 차 혹은 가구를 사기 위해 은행에 전적으로 의존하게 된다. 은행들은 금융위기가 닥치자 대출을 급격하게 줄였고, 이는 기업들과 가계들의 지출을 줄여 2007~2009년의 불황을 더욱 악화시켰다.

왜 은행들은 당시에 대출을 줄였을까? 이자율과 채권가격의 역관계를 생각해보면 쉽게 답을 얻을 수 있다. 먼저, 상업은행들은 가계나 기업들의 저축을 통해 자금을 마련하고 이를 통해 영업(투자)을 한다. 대출을 하거나 채권을 사는 것은 은행이 하는 가장 중요한 영업(투자)행위이다. 2000년 중반 주택시장의 호황 동안, 은행은 예전이면 대출받을 자격이 되지 않거나 과거 신용행태에 오점이 있는 가계들에게 상당한 양의 주택담보대출(mortgage)을 내주었다. 또한 은행들은 이런 사람들에게 선금(down payment)을 아주 적게 받거나 심지어 아예 받지 않는 경우도 있었다. 많은 양의 주택담보대출은 증권화(securitized)되었는데, 여기서 증권화란 다수의 주택담보대출을 묶어서(pooled), **모기지담보증권**(mortgage-backed securities, MBS)이라는 부채상품으로 전환하고, 이를 투자자들에게 판매하는 것이다. 대다수의 모기지담보증권은 주택담보대출을 저당으로 잡고, 정기적으로 이자를 지급하는 장기 채권과 비슷하다.

주택시장 활황이 최고점에 이르렀을 때, 일부 은행들은 과도하게 모기지담보증권에 투자를 하였는데, 이는 같은 정도의 채무불이행 위험을 지닌 상품들의 수익률보다 이들 수익률이 높았기 때문이거나 혹은 은행들이 그렇게 생각했기 때문이다. 2006년에 주택가격이 하락하게 되자, 대출자들은 점점 채무불이행 상태에 빠져들게 된다. 대출자(채무자)들이 주택담보대출을 갚지 못하게 되자, 모기지담보증권을 구매한 이들도 자신들이 생각한 것보다 적은 금액을 지급받았다. 모기지담보증권 유통시장에서, 구매자는 해당 증권의 수익률이 증권의 채무불이행을 감수할 만큼 충분히 높은 수익률이 보장되어야 증권을 구매하고자 했다. 이 증권의 높은 수익률이라는 말은 낮은 가격을 의미한다. 2008년에 이르러, 대다수의 모기지담보증권의 가격은 50% 이상 하락하였다.

2009년 초반까지, 미국의 상업은행들은 MBS로 $1조에 이르는 손실을 입게 되었다. 2010년 초반에 이르러서야, 주택 시장이 안정화되고 모기지담보증권의 가격이 상승하게 되면서 이 손실금액이 다소 낮아졌지만, 이와 같은 막대한 손실은 일부 은행들의 문을 닫게 하였다. 남은 은행들도 미 연방정부의 TARP의 도움으로 자금을 수혈받게 되면서 생존하였다. 살아남은 은행들은 새로운 대출을 내주는 데 있어 상당한 주의를 기울이게 되었다. 은행들은 이 경험을 통해 급등하는 이자율이 기존에 부채상품을 보유하고 있는 투자자들에게 재앙같은 결과를 가지고 온다는 점을 학습하였다.

이 장의 끝에 있는 관련문제 4.8을 참조하시오.

반대로 움직이는 채권가격과 만기수익률

포드 채권의 예제는 다음과 같은 두 가지 중요한 점을 보여준다.

1. 새롭게 발행되는 채권의 이자율이 **상승**하면, 기발행된 채권의 가격은 **하락**한다.
2. 새롭게 발행되는 채권의 이자율이 **하락**하면, 기발행된 채권의 가격은 **상승**한다.

다른 말로 하면, **만기수익률과 채권의 가격은 반대방향으로 움직인다**는 것이다. 이와 같은 관계는 채권가격 결정 공식에서 쿠폰 이자 지급액과 액면가의 현재가격이 하락해야만 채권의 가격이 하락하기 때문에 발생한다. 채권가격과 만기수익률의 역관계에 대한 경제적 함의는 이자율이 상승하면, 이자율이 낮았을 때 발행된 채권은 상대적으로 투자자들에게 덜 매력적으로 보이게 되고, 가격이 하락한다는 것이다. 반대로 이자율이 하락하면 상대적으로 높은 이자율로 발행된 기존 채권이 더 매력적으로 보이게 되고, 가격이 상승한다.

마지막으로, 채권가격과 만기수익률의 역관계는 다른 부채상품에도 똑같이 적용될 수 있다. 따라서 현재가격, 즉 부채상품의 가격은 시장이자율이 상승하면 하락하게 되고, 반대로 시장이자율이 하락하면 부채상품의 가격은 상승하게 된다.

유통시장, 차익거래, 그리고 일물일가의 법칙

채권의 가격과 수익률이 시장 상황에 따라 변동되는 과정을 생각해보자. 채권이나 주식과 같은 금융자산을 시장에서 사고 파는 것은 상품과 서비스를 사고 파는 것과 비슷하지만, 크게 두 가지가 다르다. 첫째, 대부분 금융 거래는 전자적으로 이루어지기 때문에, 사는 사람과 파는 사람이 컴퓨터 시스템으로 연결되어 있어 대면 거래는 거의 이루어지지 않는다.

둘째, 금융 거래는 매우 빠른 시간에 체결되어, 수백만 달러의 주식과 채권이 불과 수초만에 거래된다. 대량 주식이나 채권 거래는 매우 빠르게 진행되는데, 이는 대부분의 금융시장 참가자들이 투자자들 자체보다는 전문 거래인(trader)들이기 때문이다.

금융시장에서 투자자들이란 그들이 매수하는 증권에서 얻는 지급액으로 수익을 창출하는 것이 일반적이다. 예를 들면, 애플 주식을 매수한 투자자는 애플로부터 배당금을 받고 주식 가격이 상승하면 자본이익을 획득할 수 있다. 그에 비해, 전문 거래인들은 비슷한 증권들 사이에 아주 작은 가격 차이로부터 수익을 얻기 위해 증권들을 끊임없이 사고파는 행위를 하는 사람들이다.

이자율이 4%로 하락할 때 기발행된 5%의 쿠폰채권의 가격이 어떻게 되는지 상기해보자. 기발행된 5% 채권의 가격은 $1,000에서 $1,169.84로 상승하게 된다. 가격이 상승하게 되면, 이 채권의 만기수익률과 새롭게 발행되는 채권의 만기수익률은 4%로 같아지게 되어 두 채권의 상품성은 투자자들에게 동일해진다. 만약 시장 이자율이 계속 같다면, 가격변동은 더 이상 일어나지 않는다. 그러나 5%의 쿠폰채권이 가격이 완전히 $1,169.84로 상승되기 전까지의 기간 동안은 어떻게 될까? 그 기간 동안 5% 채권을 매수한 전문 거래인들은 수익을 얻을 수 있다. 예를 들면, 완전히 오르기 전 $1,160에 매수하여, 채권이 완전히 $1,169.84까지 상승하게 되면 다시 되팖으로써 수익을 얻는다.

금융차익거래
짧은 시간의 가격변화로부터 수익을 얻기 위해 증권을 사고파는 행위

짧은 시간의 가격변화로부터 수익을 얻기 위해 증권을 사고파는 행위를 **금융차익거래**(financial arbitrage)라고 하며, 금융차익거래로부터 얻는 수익을 **차익거래 수익**(arbitrage profit)이라고 한다. 차익거래 수익을 얻을 수 있는 증권을 매수하기 위해, 전문 거래인들은 더 이상 차익거래로 수익을 얻지 못하는 수준까지 가격을 올린다. 증권시장에는 수많은 트레이더들이 참여하고 전자거래의 도움으로 증권가격은 1초도 안 돼서 순식간에 변해 차익거래 수익이 사라진다. 경제학자들은 **투자자들이 비슷한 증권으로부터 같은 수익을 얻을 수 있도록 증권의 가격이 반영되어야 한다**고 결론을 내리고 있다. 앞선 예제에서, 5% 쿠폰채권의 만기수익률을 4% 쿠폰채권의 만기수익률과 같게 하기 위해 비슷한 쿠폰채권 가격이 반영된다.

금융 증권의 가격이 어떻게 조정이 되는지는 **일물일가의 법칙**이라는 경제원칙으로 설명할 수 있다. 이 법칙은 동일한 상품은 어느 곳에서나 동일한 가격으로 팔린다는 것을 의미한다. 차익거래 수익의 가능성은 일물일가의 법칙을 잘 설명할 수 있다. 그 예로, 사과가 미국 미네소타주에서는 $1.00에 팔리고 있는데, 위스콘신주에서는 $1.50에 팔리고 있다고 하자. 누구든지 이런 상황에서 미네소타에서 사과를 사서, 위스콘신에 되팔아 수익을 얻을 수 있다. 이와 같은 상황이 지속되면, 미네소타주의 사과 가격은 상승하고, 위스콘신주의 사과 가격은 하락하게 된다. 운송비를 제하고 생각하면, 차익거래는 결국 두 지역의 사과 가격을 동일하게 만들 것이다.

금융차익거래 때문에 유사한 증권들은 아주 짧은 시간이 지나면 수익률은 결국 같게 될 것이라는 점을 기억하기 바란다.

개념 적용

채권 시장 따라잡기: 채권가격표 읽기

여러분이 채권에 투자하고 싶거나 채권 시장의 흐름을 파악하고 싶다면, 어디서 정보를 얻으면 될까? 월스트리트 저널(wsj.com)이나 야후! 파이낸스(finance.yahoo.com)와 같은 웹사이트를 통해 미 단·중·장기 국채의 가격과 수익률을 알아볼 수 있다. 회사채는 금융산업규제당국(Financial Industry Regulatory Authority, FINRA)나 야후! 파이낸스 등을 통해 동일한 정보를 얻을 수 있다.

미 중·장기 국채

다음 표는 2020년 2월 3일 기준 국채 유통시장에서 거래되는 미국의 중·장기 국채의 가격과 수익률에 관한 자료이다. 중기 국채는 만기가 2~10년인 국채를 의미하며, 장기 국채는 만기가 30년에 이른다.

(1)열과 (2)열은 $1,000의 액면가를 기준으로 국채의 만기와 쿠폰금리을 나타낸 것이다. 예를 들어 채권 A의 만기는 2023년 8월 31일로, 쿠폰금리는 2.750%이다. 따라서 이 채권은 액면가 $1,000에 대해 매해 $27.50를 쿠폰 이자로 지급하고 있다.

(3), (4), (5)열은 모두 채권의 가격과 관련이 있다. 미 중·장기 채권의 액면가는 보통 $1,000이지만, 여기서 모든 가격은 액면가 $100를 기준으로 하고 있다. 예를 들어 채권 A의 첫번째 가격 지표는 104.2560인데, 이는 액면가 $1,000 기준으로 $1,042.560를 의미한다. 매도(bid) 가격은 여러분이 채권을 딜러에게 매각하고자 할 때 받는 가격이다. 그에 비해 매수(asked) 가격은 여러분이 딜러로부터 채권을 매수하고자 할 때 지불하는 가격이다. 두 가격의 차이를 **매매가격차이**(bid-asked spread)라고 하며, 이 가격차이가 바로 딜러 혹은 금융중개업이 얻는 이익마진이다. 보통 정부 채권의 경우 매매가격차이가 매우 낮은데, 이는 정부 채권의 거래비용이 상대적으로 낮고, 유동성이 매우 높은 경쟁적인 시장에서 거래되기 때문이다. (5)열은 전 거래일 기준으로 팔 때 가격이 얼만큼 변동했는지 보여주는 것이다. 채권 A의 경우 전 거래일보다 팔 때 가격은 액면가 $100 기준으로 $0.0320 올라, 액면가 $1,000 기준으로 $0.320 올랐다.

	(1) 만기	(2) 쿠폰이자율	(3) 매도가	(4) 매수가	(5) 변동폭	(6) 만기수익률 (살 때 기준)
채권 A —	2023년 8월 31일	2.750	104.2560	104.2620	0.0320	1.366
	2024년 9월 30일	2.215	103.1140	103.1200	0.0520	1.375
	2026년 9월 30일	1.625	101.0160	101.0220	0.7600	1.456
	2028년 8월 15일	5.500	132.0120	132.0220	0.7980	1.487
	2030년 5월 15일	6.250	144.2260	144.2360	0.1540	1.533

(6)열은 살 때 가격을 기준으로 3.3절에서 사용한 공식을 이용하여 계산한 채권의 만기 수익률이다. 살 때 가격이 기준이 되는 것은 월스트리트 저널이 본 신문의 독자가 대부분 투자자의 관점에서 채권시장을 바라볼 것이라고 생각했기 때문이다. 최종적으로 본 표에서 는 만기수익률, 쿠폰금리, 현재 수익률(쿠폰 이자액을 가격으로 나눈 값으로, 채권 A의 경 우 ($27.50 / $1,042.560) × 100 = 2.64) 세 가지 종류의 이자율이 표현되어 있다. 채권 A의 만기수익률은 1.366으로 현재 수익률이 더 높은 상태이다. 현재 수익률은 자본이익 혹은 손 실의 기대효과가 전혀 반영되지 않기 때문에, 만기가 얼마 남지 않은 채권의 현재 수익률은 만기수익률의 대체재가 되지 못한다.

미 단기국채

다음 표는 미국 단기국채의 수익률을 나타낸 것이다. 미국 단기국채는 앞서 설명한 중·장기 국채와 달리 쿠폰 지급이 없는 할인채권이다. 그렇기 때문에 미 단기국채는 오직 만기만으 로 구별할 수 있다. 단기국채는 오랜 전통에 따라 만기수익률을 직접 나타내기 보다는 수익 률을 할인 기준으로 표현한다(그래서 할인 수익률[4]이라고도 한다). 중·장기 채권에서는 '매 도가'와 '매수가' 열이 가격을 나타냈는데, 단기 채권의 경우 수익률을 나타낸다. 팔 때 수익 률은 투자자가 딜러에게 팔 때 얻을 수 있는 수익률을, 살 때 수익률은 투자자가 딜러에게 채권을 구입할 때 얻을 수 있는 수익률을 나타낸다. 딜러의 이익 마진은 두 수익률의 차이 로 표현된다. 단기국채를 다른 채권들과 같은 선상에서 비교를 위해, 투자자는 만기수익률 을 잘 이해하고 있어야 한다. 마지막 열은 살 때 가격을 기준으로 만기수익률을 나타낸 것 이다.

만기	매도가	매수가	변동폭	만기수익률 (맥수가 기준)
2020년 2월 4일	1.455	1.445	−0.025	1.469
2020년 4월 16일	1.523	1.513	−0.002	1.543
2020년 5월 21일	1.538	1.528	0.010	1.560

두 가지 종류의 채권에서 공통적인 점은, 만기일이 멀면 멀수록 채권의 만기수익률이 더 높 아진다는 것이다. 이와 같은 패턴이 어떻게 가능한지는 이자율의 기간구조를 설명하는 5.2 절에서 자세하게 설명하도록 한다.

뉴욕 증권거래소 회사채

다음 표는 뉴욕 증권거래소에서 가장 활발하게 거래되는 회사채에 대한 거래 정보를 나타 낸 것이다. (1)열은 채권의 발행 회사를 가리키는 것으로, 채권 B의 경우 발행 회사는 애플 이다. (2)열은 채권의 표식을 나타내는 것으로, 이 경우 AAPL4507383이다. (3)열은 쿠폰금

---

[4] 액면가 FV이고, 매입가격이 P인 채권의 할인 기준 수익률은 다음과 같다.

$[(FV-P)/FV]×(360/$만기까지 남은 날짜)

리로 3.000%임을 보이고 있고, (4)열은 만기일로서, 2027년 6월 20일이다. (5)열은 두 메이저 신용평가사의 신용등급을 나타낸다. 이 신용등급은 투자자들에게 회사에 채권의 채무불이행 가능성에 대한 정보를 제공하여 준다. 가장 높은 등급인 AAA는 채무불이행의 가능성이 가장 낮다는 것을 의미한다. 이에 관한 자세한 설명은 5장(5.1절)에서 하기로 한다. (6)열은 전기에 거래된 채권의 가격($1,068.21)[5]을 나타낸다. (7)열은 최종 판매가의 만기수익률을 나타내며, 채권 B는 1.970%를 나타내고 있다.

	(1) 발행사	(2) 심볼	(3) 쿠폰	(4) 만기	(5) 신용등급 (무디스, S&P)	(6) 최종 판매가	(7) 만기수익률
	뱅크오브아메리카	BAC.SX	8.570%	11/15/2024	Baa1/BBB+	129.271	2.104
채권 B —	애플	AAPL4507383	3.000%	06/20/2027	Aa1/AA+	106.821	1.970
	AT&T	T.KA	6.800%	05/15/2036	Baa2/BBB	135.743	3.829
	월마트	WMT4117478	4.300%	04/22/2044	Aa2/AA	124.904	2.848

3.5 이자율과 수익률

학습목표: 이자율과 수익률의 차이를 설명한다.

투자할 때 가장 신경을 쓰는 것은 **보유 기간**(holding period) 동안 과연 얼만큼의 수익을 낼 수 있는지일 것이다. 쿠폰채권을 매입하고 1년 동안 보유한다면, 이에 따라 **수익**(return)은 (1) 쿠폰 지급액과 (2) 채권의 가격변동(이익 혹은 손실)으로 이루어진다. 보통 수익은 투자 총액에 대한 비율로 나타내기 때문에 이를 **수익률**(rate of return, R)이라고 정의한다.

5% 쿠폰 이자를 지급하는 액면가 $1,000 포드사의 채권을 $1,000에 매입하였다고 하자. 매입한 해의 마지막 날에 채권가격은 $1,169.84로 상승할 경우, 그 해에 쿠폰 이자는 $50 지급되고, $169.84의 자본이익이 생긴다. 여기서 수익률은 다음과 같이 계산된다.

$$R = \frac{쿠폰 + 자본이익}{구입가격} = \frac{\$50 + \$169.84}{\$1,000} = 0.220 \text{ 또는 } 22.0\%$$

만약 채권가격이 $864.09로 하락할 경우, 쿠폰 이자 $50는 여전히 받지만 $135.91의 자본손실이 발생한다. 즉, 수익률은 다음과 같이 음(−)이 된다.

$$R = \frac{\$50 - \$135.91}{\$1,000} = -0.086 \text{ 또는 } -8.6\%$$

수익
증권으로부터 얻는 지급액 전부; 1년 동안 채권을 보유하고 있다면, 수익은 쿠폰 이자와 채권의 가격 변동의 합

수익률
증권의 수익을 처음 가격으로 나눈 비율; 1년 동안 채권을 보유하고 있다면, 수익은 쿠폰 이자와 채권의 가격 변동의 합을 시초 가격으로 나눈 값

---

[5] 일반적으로 채권의 액면가인 $1,000를 기준가 100으로 나타내기 때문에 최종 판매가 106.821은 실제로는 $1068.21가 된다.

채권 수익률의 일반적인 공식

앞선 예제를 바탕으로, 쿠폰채권을 1년간 보유할 때 수익률을 공식으로 만들 수 있다. 먼저, 쿠폰채권의 **경상수익률**(current yield)은 쿠폰 이자액을 채권의 시초 가격으로 나눈 것이다. 쿠폰채권의 **자본이익 혹은 손실률**은 채권가격의 보유 기간 동안의 변동액을 시초 가격으로 나눈 것이다. 이에 따라 다음과 같이 공식으로 나타낼 수 있다.

$$수익률 = 현재\ 수익률 + 자본이익률$$

$$R = \frac{쿠폰이자}{시초가격} + \frac{가격\ 변동액}{시초가격}$$

다음은 수익률에 관한 세 가지 중요한 점이다.

1. 수익률을 계산할 때, 현재 수익률을 계산하기 위해 연초의 채권가격을 이용하였다.
2. 어느 한 해의 마지막에 해당 채권을 매각하지 않았다고 하더라도 채권의 자본이익 혹은 손실은 발생할 수 있다. 만약 채권을 매각하였다면, 이는 **실현된**(realized) **자본이익 혹은 손실**이 될 것이다. 가격이 상승하든 하락하든 어떤 경우에도 투자 수익률을 계산할 때 포함되어야 한다.
3. 채권 매수 후에는 두 지표 모두 발생할 수 있는 자본이익이나 손실을 반영하지 못하기 때문에, 현재수익률도 만기수익률도 채권을 보유하는 동안의 수익률을 대표하기에는 부족하다.

이자 위험과 만기

이자율 위험
시장 이자율의 변화에 따라 이자 위험 재무 자산의 가격이 오르내리는 위험

기발행된 채권의 소유주는 시장 이자율이 상승하면 자본손실이 발생할 가능성이 있다. **이자율 위험**(interest-rate risk)은 시장 이자율에 따라 재무 자산의 가격이 변동하는 위험을 의미한다. 그러나 모든 채권이 이자율 위험에 노출되어 있을까? 만기가 얼마 안남은 채권은 만기가 많이 남은 채권보다 시장 이자율 변화에 덜 영향을 받는다고 생각한다. 경제적인 추론에 따르면 채권의 만기가 많이 남을수록 채권의 구매자는 시장 이자율보다 낮은 쿠폰금리을 받을 가능성이 높다는 것이고, 이는 채권 구매가가 더 적은 값을 지불하려고 할 것이다.

표 3.2는 이와 같은 추론을 바탕으로 채권가격을 만기에 따라 나타낸 것이다. 연초에 액면가 $1,000, 쿠폰금리 5%인 채권을 $1,000에 매입하였다고 하자. 한편 연말에 비슷한 채권의 만기수익률은 7%로 상승하였다. 표는 다른 만기의 채권을 여러 개 매입한 경우의 수익률을 보여준다. 예를 들면 첫 번째 행은 1년 만기의 채권을 매입하였다면, 채권의 수익률은 현재 수익률과 같은 5%가 된다. 왜냐하면 1년 만기 채권을 1년 동안 보유하고, 액면가 $1,000를 만기에 수령하여 시장 이자율의 변화는 상관이 없다. 두 번째 행은 2년 만기의 채권을 구매한 경우 자본손실은 입게 되고, 이에 따라 채권 수익률은 현재 수익률보다 낮아진다. 2년 만기 채권의 만기가 1년 남았을 때의 가격은 다음과 같다.

표 3.2 이자율이 5%에서 7%로 상승하였을 때, 채권을 1년 보유하는 경우 만기가 이자율위험에 미치는 영향

만기까지 남은 기간	현재 수익률	연초 가격	연말 가격	자본이익 혹은 손실률	연간 수익률
1	5%	$1,000	$1,000.00	0%	5.0%
2	5	1,000	981.31	−1.87	3.1
10	5	1,000	869.70	−13.0	−8.0
20	5	1,000	793.29	−20.7	−25.7
30	5	1,000	754.45	−24.6	−19.6
50	5	1,000	724.66	−27.5	−22.5

$$\$981.31 = \frac{\$50}{(1 + 0.07)} + \frac{\$1,000}{(1 + 0.07)}.$$

나머지 행들은 채권의 만기가 길어질수록, 수익률이 감소함을 보여주고 있다. 50년 만기의 채권을 1년만 보유했을 때의 수익률은 −22.5%가 된다.

이자율 위험은 얼만큼 미 국채에 영향을 미치는가?

이 장 서두에서 2020년 중반 코로나19가 한참 유행하던 때 미 30년 만기 국채의 이자율이 1.5%에도 못 미치는 것을 확인했다. 많은 사람들은 미 국채를 매우 안전한 투자로 여기고 있지만, 과연 그럴까? 미 국채는 **채무불이행 위험**(default risk)이 없지만, 채권의 만기가 길어질수록, **이자율 위험**은 상당하다. 예를 들어, 2021년 초반에 30년 만기, 액면가 $1,000, 쿠폰금리 1.5%인 국채를 $1,000에 매입하였다고 하자. 연말에 국채의 만기수익률이 5%(2007년 수준임)로 상승하고, 매입한 채권의 가격은 $470.06로 하락하였다. 이로 인해 −53.0%의 자본손실을 입었고 수익률은 −51.5%가 되었다. 그럼에도 미 국채가 안전한 자산이 맞는가? (팔든 팔지 않든 자산 가격이 53%나 하락하였기 때문에, 연말에 자산을 매각하지 않는다고 하더라도 자본손실은 입는다.)

3.6 명목이자율과 실질이자율

학습목표: 명목금리와 실질금리의 차이를 설명한다.

이번 장에서 언급한 이자율은 **명목이자율**(nominal interest rates)이다. 명목이자율은 가격 변화에 따른 구매력 변화를 반영하지 않는 이자율을 말한다. 인플레이션은 모든 투자에 대한 수익률의 구매력 저하를 일으킨다. 예를 들면, 20년 동안 $50를 지급하는 채권을 $1,000에 매입하였다고 하자. 여러분이 가진 화폐의 구매력이 시간에 따라 감소한다면, 인플레이션에

명목이자율
가격 변화로 인한 구매력 변화를 반영하지 않은 이자율

따라 여러분이 받는 이자금액의 가치도 줄어들게 된다. 더군다나 인플레이션은 원금의 구매력 또한 저하시킨다. 만약 인플레이션율이 5%라고 하면, $1,000 원금의 구매력은 매해 $50씩 줄어들게 된다.

대부자와 대출자는 인플레이션이 구매력을 저하시킨다는 사실을 잘 알고 있다. 따라서 보통 구매력 변화를 고려하여 이자율로 투자-대출을 결정하게 된다. 바로 이와 같은 이자율을 **실질이자율**(real interest rates)이라고 하고, 이는 실질적인 대출 비용과 실질적인 투자 수익을 나타낸다. 하지만 대부자와 대출자는 대출이 실행되는 동안 **실제**(actual) 실질이자율을 알 수 없기 때문에, 투자-대출을 결정할 때 **기대**(expected) 실질이자율에 근거할 수밖에 없다. 즉, 저축하려는 사람이나 대출 받으려 하는 사람 모두 기대 실질이자율을 구하기 위해서는 인플레이션율이 얼만큼 될지 예상한다. 기대 실질이자율, r은 명목이자율, i에서 기대 인플레이션율, π^e를 제거한 것으로 다음과 같이 나타낼 수 있다.[6]

실질이자율
가격 변화로 인한 구매력 변화를 반영한 이자율

$$r = i - \pi^e$$

이 방정식은 명목이자율이 기대 실질이자율과 기대 인플레이션율의 합으로도 나타낼 수 있다($i = r + \pi^e$).

예를 들어, 자동차를 구매하기 위해서 대출을 받았다고 하자. 당신이 지불할 수 있고, 은행이 받아들인 실질이자율은 3%이다. 당신과 은행은 인플레이션율이 2%가 될 것으로 예상하고 있다. 따라서 당신과 은행은 5%라는 명목이자율에 합의할 수 있다. 만약 인플레이션율이 4%가 된다면 누가 더 이익 혹은 손실을 보게 될까? 이 상황에서 지불해야 하는(혹은 은행이 받게 되는) 실질이자율은 5%−4%=1%가 되어 예상 실질이자율 3%보다 작게 된다. 인플레이션율이 당신과 은행이 예상한 것보다 높게 나타나는 바람에, 여러분은 낮은 실질이자율로 이득을 얻게 되고, 은행은 반대로 손실을 보게 된다.

이와 같은 결과는 다음과 같은 일반화할 수 있다.

1. 인플레이션율이 기대 인플레이션율보다 크다면, 실질이자율은 기대 실질이자율보다 낮게 된다. 이 경우, 대출자는 이득을 얻고, 대부자는 손실을 보게 된다.
2. 인플레이션율이 기대 인플레이션율보다 작다면, 실질이자율은 기대 실질이자율보다 높게 된다. 이 경우, 대출자는 손실을 보고, 대부자는 이익을 보게 된다.

표 3.3은 명목이자율, 기대 실질이자율, 실질이자율의 관계에 대하여 요약한 표이다.

---

[6] 명목이자율의 구매력 변화를 정확히 측정하기 위해서는 다음 방정식을 이용해야 한다.

$$\frac{1 + i}{1 + \pi^e} = 1 + r$$

위 방정식을 다시 쓰면, $1+i=1+r+\pi^e+r\pi^e$ 혹은 $r=i-\pi^e-r\pi^e$이다. 이 방정식은 본문에 나온 방정식과 $r\pi^e$ 항을 제외하고는 동일하다. 이 항은 보통 매우 작은 수이기 때문에 무시할 수 있다. 예를 들어, 실질이자율이 2%이고, 기대 인플레이션율이 3%라면, $r\pi^e=0.02\times0.03=0.0006$이다. 따라서 인플레이션율이 상대적으로 작다면, 본문의 방정식은 이 각주에 나와 있는 정확한 방정식의 결과와 거의 근사하게 된다.

표 3.3 명목이자율, 기대 실질이자율, 실질이자율의 관계

만약 인플레이션율이…	실질이자율은…	그리고 대출자는…	대부자는…
기대 인플레이션율보다 높다면	기대 실질이자율보다 낮게 되고…	이득을 보고…	손해를 본다.
기대 인플레이션율보다 낮다면	기대 실질이자율보다 높게 되고…	손해를 보고…	이득을 본다.

　경제 전체적으로 본다면, 경제학자들은 미국의 3개월 만기 단기국채의 이자율을 명목이자율로 측정한다. 그림 3.1은 1990년 1분기부터 2019년 4분기까지의 명목이자율, 실질이자율, 그리고 기대 실질이자율을 보여준다. 기대 실질이자율을 계산하기 위해, 필라델피아 연방준비은행이 집계하는 예측 전문가 서베이(survey of professional forecasters)의 자료를 사용하였다.

　그림 3.1은 명목이자율과 실질이자율이 등락을 반복하는 모습을 보여준다. 특히 2007년 금융위기 이후부터 실질이자율은 음수가 되었다. 그렇다면 투자자들은 왜 음의 실질이자율을 받으면서도 미국 단기국채에 투자를 하였을까? 가장 타당한 설명은 금융위기 중 그리고 그 이후에, 투자자들이 다른 대체 상품들이 높은 채무불이행 위험을 감수할 만큼의 이자율을 지급하지 못하고 있다고 생각했기 때문이다. 투자자들은 위험이 있는 회사채나 다른 상품들에 투자할 바에 차라리 미국 채권에 투자하여 음의 이자율을 받는 게 더 낫다고 생각하였다. 이때 명목이자율은 실질이자율보다 낮아질 수도 있음에 유의하자. 이런 결

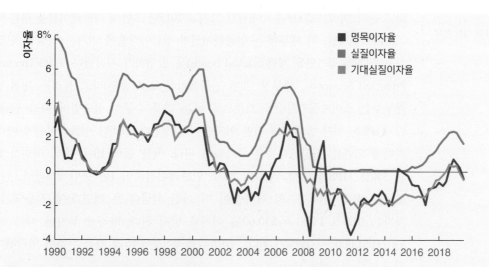

그림 3.1 1990~2019년 미국의 명목 및 실질이자율

위 그림에서, 명목이자율은 3개월 만기 미국 국채의 이자율이다. 실질이자율은 명목이자율에서 소비자물가지수로 측정된 인플레이션율을 뺀 값이다. 기대 실질이자율은 명목이자율에서 예측 전문가 서베이로 측정한 기대 인플레이션율을 뺀 값이다. 2009

년, 2015년에 미국이 디플레이션을 겪고 있는 동안, 실질이자율이 명목이자율보다 높았다.

출처: Federal Reserve Bank of St. Louis, and Federal Reserve Bank of Philadelphia.

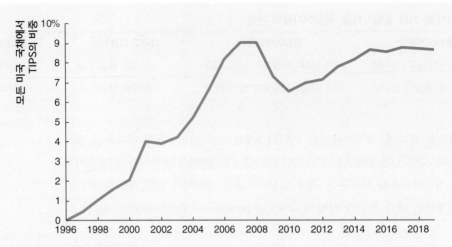

그림 3.2 모든 미국 국채에서 TIPS의 비중

2008년까지 미국 국채 중에서 TIPS(미 재무부 발행 인플레이션-보호 증권)의 비중은 점차 높아지고 있었다. 이후 2년간 TIPS에 대한 수요가 감소하였다가, 이후 투자자들이 인플레이션이 상승할 것이라고 기대함에 따라 그 비중이 다시 상승하였다.

2015년 이후 TIPS의 비중은 9% 안팎으로 안정적으로 유지되고 있다.

출처: U.S. Treasury, *Treasury Bulletin*, various issues.

디플레이션
지속적인 물가수준의 하락 현상

과가 나오려면 물론 인플레이션율이 음수가 되어야 하는데, 이는 물가수준이 상승하는 게 아니라 하락하는 것을 의미한다. 특히 지속적인 물가수준의 하락은 **디플레이션(deflation)**이라고 한다. 미국은 2009년 10개월간 그리고 2015년 초반에 디플레이션을 겪은 바 있다.

1997년 1월, 미 재무부는 인플레이션이 실질이자율에 미치는 영향을 신경 쓰는 투자자들을 위해 **물가연동 채권(indexed bonds)**을 발행하기 시작했다. TIPS(Treasury Inflation-Protected Securities, 재무부 발행 인플레이션-보호 증권)라고 불리는 채권 발행과 함께, 재무부는 소비자물가지수를 기준으로 하는 가격 수준이 상승함에 따라 원금도 증가하였다. TIPS는 일단 발행하게 되면 이자율이 고정된다. 그러나 인플레이션에 따라 원금이 증가하게 되면서, 실질이자율은 증가하게 된다. 예를 들어 10년 만기, 액면가 $1,000, 이자율 3%인 TIPS가 발행되었다고 하자. 인플레이션율이 1년 동안 2%라면, 원금은 $1,020로 상승하게 된다. 3%의 이자율이 더 커진 원금(혹은 액면가)에 적용되기 때문에, 투자자는 $0.03 × 1,020 = $30.60를 이자로 받게 된다. 따라서 투자에 따른 실질이자율은 $30.60/$1,000 = 3.06%가 된다.[7] 만약 디플레이션에 따라 가격 수준이 하락했다면, TIPS의 원금 또한 감소하게 된다.

그림 3.2는 모든 미국 국채에서 TIPS의 비중을 나타낸 것이다. TIPS의 비중은 2008년까지 지속적으로 상승하였다. 이후 2년 동안 투자자들의 기대 인플레이션율이 하락하였고,

---

[7] 이 예제는 실제 TIPS보다 간소화하여 설명한 것이다. 왜냐하면 재무부는 TIPS의 원금을 매달 인플레이션에 따라 조정하고, 이자 지급은 6개월마다 이루어지기 때문이다.

TIPS의 비중 또한 축소되었다. 그러나 그 이후 다시 투자자들이 인플레이션이 상승할 가능성이 높다고 생각하자 다시 비중이 확대되었다. 2015년 이후로는, TIPS의 비중이 9% 안팎에서 매우 안정적으로 유지되고 있다.

핵심 질문에 대한 해답

이번 장 서두로부터 연결됨

이 장을 시작할 때 다음과 같이 질문했다.

"왜 이자율과 금융 증권의 가격은 다른 방향으로 움직이는가?"

이 장에서 우리는 금융 증권의 가격은 투자자들이 해당 증권을 보유함으로써 얻을 수 있는 지급액의 현재가치라고 학습하였다. 이자율이 상승할 때, 현재가치는 하락하게 되고, 이자율이 하락할 때, 현재가치는 상승한다. 따라서 이자율과 금융 증권의 가격은 반드시 반대로 움직이게 되어 있다.

3.1 **이자율, 현재가치, 그리고 미래가치**
이자율을 이용하여 현재가치와 미래가치를 계산한다.

복습문제

1.1 대부자가 대출에 대해 이자를 부과하는 세 가지 주요한 이유는 무엇인가?

1.2 매해 2%의 이자를 지급하는 은행의 CD에 $1,000를 예금하였다고 하면, 2년 후에는 얼마가 되는가?

1.3 이자율이 5%라면 1년 후에 받을 $1,200의 현재가치는 얼마인가?

1.4 금융자산의 가격과 투자자가 자산을 보유함으로 얻는 지급액과의 관계는 무엇인가?

응용문제

1.5 유타대학교의 경제사학자인 노만 존스(Norman Jones)는 아리스토텔레스의 이자율에 대한 견해를 다음과 같이 설명하였다.

> 아리스토텔레스는 돈을 사용 목적에 따라 소비되는 도구로 정의하였다. 사용함에 따라 닳지 않는 집이나 대지와 달리, 돈은 쓰여야 하는 것이기 때문이다. 따라서 우리가 음식을 빌릴 수 없듯이, 돈 역시 빌릴 수 없다. 더군다나 돈은 재생산하지 않는다. 집이나 가축들은 사용함에 따라 새로운 가치를 창출하기에, 사용에 따른 보상을 요구하는 것이 당연하다. 돈은 척박(barren)할 수밖에 없기에 부가적인 가치를 생산한다는 것을 기대할 수 없다. 그렇기에 이자라는 것은 부자연스러운 것이다.

아리스토텔레스가 돈이 척박(barren)하다고 한 의미는 무엇인가? 왜 척박할 수밖에 없는 돈은 대부자가 대출에 대해서 이자를 부과하지 못한다는 것을 의미하는가? 아리스토텔레스의 견해에 동의하는지 간단히 설명하시오.

1.6 **[예제 3.1B 관련]** 일부 사업체들은 직원들에게 확정급여형 연금을 제공하고 있다. 이를 통해 직원들은 퇴직 후에 고정된 월 지급액을 받게 된다. 제너럴 일렉트릭(GE)과 같은 일부 회사들은 직원들이 월 고정지급 방식을 원하지 않으면 일시불 방식으로 지급을 받을 수 있도록 하겠다고 하여 한 재무계획 사이트 기사에서 논쟁이 된 적이 있다.

a. 해당 기사는 "일시불 지급액은 의뢰인의 미래 지급액의 현재가치를 이자율과 기대수명을 바탕으로 계산한 것"이라고 설명하였다. 만약 한 직원이 90세까지 살 것이라고 가정하고, 65세에 은퇴하여 매달 $1,000를 받는 연금을 GE의 계획에 따라 일시불로 받고자 한다면 이는 얼마인가? GE가 제시하는 일시불 지급액이 이 금액과 일치하는지 간단히 설명하시오.

b. 해당 기사는 "이자율이 낮은 현 상황에서 일시불로 받는 제안은 최고조에 달할 가능성이 높다"라고 하였다. 이와 같은 내용의 배경에 대해서 간단히 설명하시오.

1.7 **[예제 3.1B 관련]** 야구 투수 크리스 세일(Chris Sale)은 2019년 보스턴 레드삭스와 2020년부터 5년간 매해 $2,900만를 받는 계약을 체결하였다. 그러나 그는 매해 평균연봉을 실제로 받지 못한다. 레드삭스는 2035년까지 $5,000만는 지급하지 않고, 이후 $1,000만씩 2039년까지 지급하는 것으로 하였기 때문이다.

a. 스포츠 전문 웹사이트인 espn.com에서 세일의 계약이 5년간 $1.45억에 해당하는 가치를 가졌다고 했다. 이 기사에서 전하는 세일 계약의 "가치"에 대해서 어떻게 생각하는가? 세일이 계약이 진짜 $1.45억의 가치를 가지고 있다고 생각하는가? 간단히 설명하시오.

b. 세일이 2020, 2021, 2022년 말 매해 $2,000만를 받는다고 하자. 2020년 초에 앞으로 3년 동안 받을 연봉의 현재가치는 얼마인가? 이자율은 7%라고 가정하고 문제를 풀이하시오.

3.2 부채상품과 가격
서로 다른 부채상품을 구별하고 가격이 어떻게 결정되는지 이해한다.

복습문제

2.1 부채상품과 자기자본의 차이는 무엇인가?

2.2 부채상품의 기본적인 분류 네 가지는 무엇인가? 만기가 되기 전에 이자를 지급하는 부채상품은 무엇인가? 만기가 되기 전에 원금을 돌려주는 부채상품은 무엇인가?

응용문제

2.3 다음의 금융상품들이 어떤 부채상품에 해당되는지 설명하시오.

    a. 자동차대출

    b. 미 국채(장기)

    c. 3개월 만기 미 국채

    d. 주택담보대출(모기지)

2.4 포드사가 액면가 $1,000의 쿠폰채권을 발행한다고 하자. (본문의 IBM 채권 타임라인처럼) 본 채권의 지급 타임라인을 작성해보시오. 조건은 다음과 같다.

- 쿠폰금리 5%
- 현재 가격 $1,000
- 20년 만기

2.5 [개념적용: "이자율과 학자금대출" 관련] 두 금융 전문가가 보조금을 받지 않는 학자금대출에 대하여 기고를 하였다. 이 학자금대출은 대출자가 대학을 다니는 동안 이자를 지급할지 안 할지 선택할 수 있다. 두 전문가는 졸업까지 이자 지불을 미루지 말고 당장 이자를 지급하도록 권고하였는데, 이는 이자가 지급이 시작될 때부터 자본화(capitalize)되기에, 즉 잔액이 증가하게 되어 더 많은 금액을 이자로 지급해야 하기 때문이라고 하였다.

    a. 두 전문가가 언급한 이자 지불금이 '자본화'된다는 것은 무엇을 의미하는가?

    b. 왜 두 전문가는 재학 중에 이자를 지불하는 것이 금전적으로 도움이 된다고 한 것인가? 학생들이 졸업때까지 이자 지급을 미루는 것에도 이점이 있는가? 간단히 설명하시오.

3.3 채권가격과 만기수익률
채권의 만기수익률과 가격의 관계를 설명한다.

복습문제

3.1 쿠폰금리보다 만기수익률이 왜 이자율을 측정하는데 더 좋은 방법인가?

3.2. 다음 각각의 경우에서 나열된 상품들의 관계를 표현하시오.

    a. 쿠폰채권의 가격, 쿠폰이자 지급, 만기수익률

    b. 단순대출로부터 받은 대출금, 필수 대출 지급, 만기수익률

    c. 할인채권의 가격, 채권의 액면가, 만기수익률

    d. 균등상환대출의 대출금, 대출금에 대한 지급액, 만기수익률

응용문제

3.3 이자율이 10%라고 할 때, 다음 세 가지 경우 중 어떤 경우를 선호하는지 간단히 설명하시오. (a) 1년 후에 $75 받기, (b) 2년 후에 $85 받기, (c) 3년 후에 $90 받기. 만약 이자율이 20%라면 답이 달라지는가?

3.4 쿠폰 지급이 없고 만기가 2년인 할인채권이 있다. 만약 액면가가 $1,000이고, 현재 채권가격이 $870이면, 이 채권의 만기수익률은 얼마인가? (공식이 아닌 정확한 수치를 계산하시오.)

3.5 시초가격이 $450, 액면가 $1,000인 채권이 있다. 10년간은 쿠폰 지급이 전혀 없고, 이후 20년간 6.25%

의 쿠폰 지급을 한다. 본 채권의 가격, 쿠폰 지급액, 그리고 만기수익률의 관계를 나타내는 공식을 작성하시오. 공식의 모든 용어를 표시할 필요는 없지만 관계를 이해하고 있음을 나타낼 수 있는 충분한 용어를 표시해야 한다.

3.6 대다수의 은퇴자들은 연금에 가입한다. 은퇴자들은 버크셔 해서웨이 보험사 혹은 노스웨스턴 상호보험사와 같은 생명보험사에 일시불로 연금액을 납부하고 추후 가입자가 사망할 때까지 일정금액을 받기로 한다. 일반적인 연금에서는, 가입자가 사망하면

유족들에게 추가적으로 지급하는 건 없다. 65세의 크리스 드존(Chris Dejohn)은 남은 여생 동안 매해 $10,000를 지급하는 연금보험에 $100,000를 내고 가입하였다.

a. 크리스가 연금에 가입하고 20년 후에 사망한다면, 크리스가 연금으로 받은 금액의 이자율을 계산하는 공식을 작성하시오.

b. 크리스가 연금에 가입하고 40년 후에 사망한다면, 20년 후에 사망한 경우보다 이자율이 높은지 혹은 낮은지 간단히 설명하시오.

3.4 채권가격과 채권수익률 사이의 역관계
채권가격과 채권수익률 사이의 역관계를 이해한다.

복습문제

4.1 유통시장에서 사고 파는 채권에 대해서 설명하시오.

4.2. 현재 당신은 채권을 보유하고 있고 시장이자율이 상승한다고 가정한다. 당신은 금전적 손실을 입을 것인가? 이득을 얻을 것인가? 간단히 설명하시오.

4.3 만기수익률이과 채권가격이 왜 반대방향으로 움직이는 간단히 설명하시오.

4.4. 투자자와 트레이더와의 차이는 무엇인가? 재무적 차익거래는 무엇인가?

응용문제

4.5 **[이 장 도입부 관련]** 한 학생이 다음과 같이 말했다.

> 쿠폰채권의 액면가가 $1,000인데, 저는 왜 이 채권을 가진 사람이 $1,000보다 낮은 가격에 판매하는지 이해가 되지 않아요. 결국에 채권을 가진 사람이 만기가 될 때까지 가지고 있으면, $1,000를 받을 수 있는데, 왜 낮은 가격에 파는건가요?

이 학생의 질문에 대해 답하시오.

4.6 피델리티 투자사는 "고정수입증권(fixed income securities)은 이자율 위험이 있습니다"라고 자사 웹사이트를 통해 경고하고 있다.

a. "고정수입증권"은 무엇인가?

b. 피델리티 투자사는 고정수입증권의 발행자가 채무불이행하여 미래에 약속된 금액을 지불하지 못할 수 있다는 것을 고객들에게 고지하고 있는 것인가? 아니라면, 위 문구는 무엇을 의미하는가?

4.7 2020년 9월 15일에 액면가 $1,000이고 만기가 2022년 9월 15일인 채권에 대한 정보는 다음과 같다.

쿠폰금리: 5.0%

현재 가격: $955.11

만기수익률: 7.5%

a. 이 채권의 현재 수익률은 얼마인가?

b. 어째서 채권의 만기수익률이 쿠폰금리보다 높은가?

4.8 **[개념적용: "모기지담보증권"과 관련]** 2019년 뉴욕타임즈 칼럼에 전직 투자은행가는 다음과 같이 기고하였다. "10년 전만해도, [인기 있는] 고수익 투자는…모기지담보증권으로, 이는 여러 개의 주택담보대출을 묶어 전세계에 '안전한' 투자상품으로 팔렸다."

a. 왜 은행들은 모기지담보증권을 인기 있는 투자상품으로 보았는가?

b. 왜 칼럼니스트는 '안전한'이라는 단어를 강조하였는가?

c. 2007~2008년 모기지담보증권에 투자한 은행들은 어떻게 되었는가?

4.9 다음과 같은 분석을 고려해보자.

오르락내리락하는 채권의 가격은 채권의 만기수익률, 혹은 이자율과 역관계에 있다. 가격이 올라 갈수록 수익률은 내려가고, 가격이 내려갈수록 수익률은 높아진다. 예를 들어, 액면가 $1,000인 채권의 쿠폰이자율이 8%라고 한다면, 매해 채권의 소유자에게 $80를 지급한다는 의미이다. 만약 이 채권을 $870에 샀다고 하면, 실질적인 만기수익률은 9.2%이다.

이 분석에 대해서 동의하는지 간단히 설명하시오.

3.5 이자율과 수익률
이자율과 수익률의 차이를 설명한다.

복습문제

5.1 쿠폰채권의 만기수익률과 채권의 수익률의 차이점에 대하여 설명하시오.

5.2 만기가 길게 남은 채권은 만기가 짧게 남은 채권보다 이자율 위험이 왜 더 클까?

응용문제

5.3 액면가 $1,000이고, 쿠폰이자율이 4%인 10년 만기 미 국채의 가격이 $950라고 하자. 이 채권을 1년 후에 $1,150에 판다고 할 때, 1년간 보유했던 채권의 수익률은 얼마인가?

5.4 2020년 1월 1일, 다음과 같은 쿠폰채권을 구입하였다고 하자.

- 액면가: $1,000
- 쿠폰금리: 8 3/8
- 현재 수익률: 7.5%
- 만기일: 2024

만약 채권이 2023년 1월에 $850에 팔렸다고 한다면, 1년간 보유했던 채권의 수익률은 얼마인가?

5.5 액면가 $1,000이고 쿠폰이자율이 6%인 4년 만기 채권에 투자했다고 가정한다.

a. 비슷한 채권의 시장 이자율이 6%라면 채권의 가격은 얼마인가? 채권의 현재 수익률은 얼마인가?

b. 채권을 매수하고 나서, 다음날 비슷한 채권의 시장 이자율이 5%로 하락하였다고 하자. 채권의 가격의 얼마인가? 현재 수익률은 얼마가 될 것인가?

c. 이번에는 채권을 매수하고 나서 1년이 지나, 쿠폰 이자를 1회 지급받았다고 하자. 다른 투자자가 해당 상품을 구매하려면 얼마를 지불해야 하는가? 이 경우 이 채권의 수익률은 얼마인가? 어떤 투자자가 작년에 (b)에서 계산한 가격으로 채권을 매수하였다고 할 때, 이 투자자의 최종 수익률은 얼마인가?

d. 이번에는 채권을 매수하고 나서 2년이 지나, 쿠폰 이자를 2회 지급받았다고 하자. 그런데 비슷한 채권의 시장 이자율이 10%로 예상치 못하게 상승하였다. 다른 투자자가 이 채권을 사고자 한다면 얼마를 지불해야 하는가? 이 채권의 현재 수익률은 앞으로 얼마인가? 어떤 투자자가 (c)에서 계산한 가격으로 채권을 매수하였다고 할 때, 이 투자자의 작년 최종 수익률은 얼마인가?

3.6	**명목이자율 대 실질이자율** 명목금리와 실질금리의 차이를 설명한다.

복습문제

6.1 대출에 대한 명목이자율과 실질이자율의 차이는 무엇인가?

6.2 실질이자율과 기대 실질이자율의 차이는 무엇인가?

6.3 TIPS는 무엇인가? 왜 투자자들은 다른 일반적인 미국 채권보다 TIPS를 구매하려 하는가?

응용문제

6.4 실질이자율은 기대 실질이자율과 언제 다르게 되는가? 이러한 두 이자율의 차이는 여러분이 대출을 1년 후에 혹은 10년 후에 갚을지 결정하는 데 영향을 미치는가? 간단히 설명하시오.

6.5 2022년 1월 1일, 1년 만기 미 국채의 가격이 $970.87라고 하자. 투자자들은 2022년에 인플레이션율이 2%라고 예상하였는데, 인플레이션율은 1%였다. 이와 같은 상황에서 명목이자율, 기대 실질이자율 그리고 실질이자율은 얼마인가?

이자율 결정

학습목표

이번 장을 통해 다음을 이해할 수 있다.

4.1 투자 포트폴리오 구성의 주요 요소에 대해 논의한다.

4.2 수요−공급 모형을 이용하여 채권의 시장 이자율을 결정한다.

4.3 채권 시장 모형을 이용하여 이자율의 변화를 설명한다.

4.4 단기금융시장 모형을 이용하여 이자율이 어떻게 결정되는지 설명한다.

4.A 대부 시장 모형을 이용하여 국제 자본 시장에서 이자율 결정 과정을 확인한다.

이자율은 왜 이렇게 낮은가?

최근에 새로운 자동차나 집 사는 것을 고려해 본 적이 있는가? 보통 많은 사람들은 이런 품목을 구매하기 위해 은행에 저축을 한다. 추후 다른 장에서 논의하겠지만, 은행이 만약 부도가 나더라도, **연방예금보험**은 은행당 여러분의 예금 중 $250,000까지는 보장해준다. 그래서 많은 사람들이 주식시장이나 채권시장에서 위험을 감수하기 보다는 더 안전한 예금을 선택한다.

2007년에 일어난 금융위기 이전에는, 은행들은 5% 이상의 이자를 지급하는 예금을 취급하곤 했다. 즉, 여러분이 5%의 이자를 지급하는 예금증서(CD)와 같은 상품에 $10,000를 예금해두면, 5년 후에 이 예금은 $12,763가 된다는 것이다. 7년 이후에는, 저축액이 $14,071까지 늘어난다.

그러나 금융위기 때는, 은행이 예금자에게 제공하는 이자율을 포함해서 모든 이자율이 급격하게 하락하였다. 2009년까지, 이자율은 1%까지 떨어졌고, 10년 이상 이와

핵심 이슈와 질문

이슈: 2007~2009 금융위기 동안, 이자율은 역사적으로 낮은 수준에 머물렀다.

질문: 이자율을 결정하는 주요 요소는 무엇인가?

해답은 이 장의 끝에서…

같은 수치가 유지되었다. 2020년 코로나19로 인해 이자율은 더욱 하락했다. 2020년 중반 미국에서 가장 큰 은행 중 하나인 웰스파고(Wells Fargo) 은행은 1년짜리 정기예금에 0.15%의 이자율을 적용했다. 이와 같은 낮은 이자율하에서는 여러분이 $10,000를 5년간 예금하더라도, 5년 후에 저축액은 $10,075가 된다. 7년이 지나더라도, $10,105에 불과하다. 즉, 7년간 은행이 여러분의 자금을 쓰도록 해준 대가가 고작 $105밖에 안 된다는 말이다. 만약 7년간 인플레이션이 매해 2%라면, 저축의 구매력은 13% 떨어진다. 즉, 7년간의 저축은 여러분의 구매력을 오히려 떨어뜨리게 되는 결과를 가져오게 된다.

예금 이자율이 낮아지자, 저축자들은 국채나 회사채를 샀다. 그러나 이들의 이자율 역시 낮았다. 1980~2009년, 10년 만기 미국 국채의 평균 이자율은 7.2%에 달했다. 2020년 초기 이자율은 1.6%에 불과했고, 미 연준은 2020년 중반 코로나19가 금융시장에 미친 영향으로 이자율을 0.7%까지 내렸다. 1980~2009년 재정적으로 안정된 대기업들이 발행한 장기 채권의 이자율 역시 8.4%에 달했는데,

2020년 중반에는 2.4%까지 떨어졌다. 3장에 학습하였듯이, 시장 이자율 상승은 기발행된 채권의 가격을 떨어뜨린다. 따라서 국채나 회사채의 이자율이 역사적 수준으로 떨어진다는 것은, 채권 투자자들이 상당한 금전적인 손실을 입었다는 말이 된다. 많은 재무 전문가들은 투자자들이 고위험 채권을 사는 것에 대해 경고를 했다. 은퇴를 앞둔 투자자들에게 하는 일반적인 재무 계획 설계는 주식을 어느 정도 팔고 채권에 투자하라는 것인데, 이는 주식이 채권보다 수익률이 높긴 하지만 보통 주식 가격은 채권 가격에 비해 훨씬 변동성이 크기 때문이다. 그러나 채권의 낮은 수익률과 이자율과 기존 채권 역시 가격이 낮아질 거라는 가능성은 많은 투자자들이 주식에 더 투자하게 했다. 어느 한 재무 상담가는 "은퇴한 투자자들이 부를 유지하거나 혹은 재산을 불리고 싶다면, 더 많은 위험을 감수해야 한다"라고 말했다.

이 장에서는 왜 이자율이 이와 같이 장기간 낮은 수준을 유지하고 있었는지 그리고 어떻게 채권 시장이 이자율을 결정하는지 심도 있게 학습할 예정이다.

이 장에서는 어떻게 저축자들이 자산을 주식과 채권 같은 대체 상품들에 배분하는지 학습할 것이다. 또한 채권 시장에 대한 심도 있는 학습과 함께 다른 금융시장, 균형 이자율과 균형 채권 시장 가격을 결정하는 수요–공급 모형의 주요 요소를 학습한다.

4.1 　어떻게 투자 포트폴리오를 구성할 것인가

학습목표: 투자 포트폴리오를 구성하는 주요 요소를 논의한다.

승진을 하게 되고 소득이 올라가게 되면, 어떤 자산에 투자해야 할지 고려하는 시기가 온다. 단순 당좌예금에서부터 저축예금, 주식, 채권 그리고 매우 복잡한 금융상품까지 다양한 상품 중에서 여러분은 선택을 해야 한다. 이와 같이 투자 **포트폴리오**를 구성하기 위해 어떠한 원칙을 세우고 따라야 할까? (포트폴리오는 투자자들이 가진 자산의 총구성을 말한다.)

먼저 전형적인 투자자의 목적부터 알아보자. 투자자들은 보통 자신들의 투자로부터 되도록이면 가장 높은 수익을 거두고 싶어한다. 한번 −5%의 수익률을 나올 수 있지만 10%의 수익률을 기대하고 주식이나 채권 같은 자산에 $1,000를 투자할 기회가 있다고 가정해

보자. 여러분은 이 자산에 투자할 것인가 아니면 손실을 절대 보지 않지만 5%의 수익률을 가져다주는 자산에 투자할 것인가? 만약 여러분이 $1,000를 투자할 때와 $100만를 투자할 때 위와 같은 고민에 차이가 있을까? 혹은 여러분이 20세가 아니라 60세라면 질문에 대한 대답이 달라질까?

포트폴리오 선택의 결정요소

앞선 질문에 대한 대답에 따라 포트폴리오 구성이 달라진다. 심지어 소득, 부 혹은 나이가 같은 투자자라 할지라도 다른 포트폴리오를 가진다. 투자자들은 다음과 같은 포트폴리오 선택의 결정요소들을 사용하여 투자옵션을 비교한다.

1. 투자자의 **부**(wealth), 혹은 투자액 중 저축하고자 하는 총액
2. 다른 투자 상품들과 비교한 본 투자의 **기대수익률**
3. 다른 투자 상품들과 비교한 본 투자의 **위험도**
4. 다른 투자 상품들과 비교한 본 투자의 **유동성**
5. 다른 투자 상품들과 비교한 본 투자에서 **정보를 얻기 위해 사용한 비용**

이제 이러한 결정요소들을 자세히 살펴보자.

부   앞서 배웠듯이 소득과 부는 다르다. **소득**(income)은 1년처럼 특정 기간 동안 어느 한 사람이 벌어들이는 모든 금액을 말한다. 자산이라 주식이나 채권과 같이 어느 한 사람이 소유하는 가치 있는 것이다. 부채란 대출이나 빚을 의미한다. **부**는 사람들이 소유한 자산의 가치에서 **보유한** 부채의 가치를 뺀 금액이다. 여러분의 부가 늘어날수록, 여러분의 자산 포트폴리오 크기도 늘어날 것이다. 이때 포트폴리오에 있는 각 자산들이 같은 비율로 늘어나는 걸 원치 않을 수 있다. 대학 졸업 직후에는 자산이 그렇게 많지 않을 것이므로 은행 계좌에 $500 정도 밖에 없다고 하자. 취직을 하게 되면서 부는 점차 증가할 것이고, 여러분의 당좌계좌의 금액이 당장 증가하지는 않겠지만, 예금증서를 사거나 단기금융시장 펀드에 투자할 것이다. 그렇게 부가 계속 늘어나면, 뮤추얼펀드에 투자하거나 ETF와 같은 곳에 투자할 수 있다. 일반적으로, 전체 재무 시장 관점에서 부가 상승한다는 것은 금융자산에 대한 수요가 늘어난다는 것을 의미한다.

기대수익률   현재 가지고 있는 부를 감안할 때, 포트폴리오에 어떤 자산을 추가할 지 어떻게 결정하는가? 아마도 더 높은 수익률을 가져다주는 자산에 투자하고 싶을 것이다. 3장에서 학습하였듯이, 일정 기간 동안 수익률은 자본이익을 포함하는 개념이다. 5%의 쿠폰 이자를 지급하는 현재 $950인 IBM의 회사채에 투자한다고 가정해보자. 매년 말마다 $50의 쿠폰 이자를 지급받을 것을 알고 있으나 올해 말 IBM회사채의 가격이 얼마가 될지는 알 수 없다. 따라서 수익률도 계산할 수 없다. 하지만 각종 정보를 통해 일년 후의 채권 가격을 추측해 볼 수 있는데, 바로 이것을 **기대수익률**(expected return)이라고 한다.

간단한 예로, 올해 말에 두 가지 옵션이 있다고 하자.

기대수익률
미래 기간 동안 자산으로부터 얻을 수 있을 것으로 기대하는 수익률

IBM채권	연말 채권 가격	자본이익 혹은 손실	연간 수익률
사건 1	$1,016.50	7% 이득	5%+7%=12%
사건 2	$921.50	−3% 손실	5%−3%=2%

어떠한 사건이 일어날 **확률**(probability)은 어떠한 사건이 일어날 수 있는 가능성을 백분율로 표시한 것이다. 이 경우에서, 각 사건이 일어날 확률을 50%라고 하자. 일반적으로 투자의 기대수익률은 다음과 같이 표현할 수 있다.

$$기대수익률 = [(사건 1의 \ 확률) \times (사건 1의 \ 가치)]$$
$$+ [(사건 2의 \ 확률) \times (사건 2의 \ 가치)]$$

이 공식은 투자자가 고려하고 있는 사건의 개수가 늘어나는 만큼 확장할 수 있다. 본 예제를 이 공식에 대입하여 보면 다음과 같다.

$$기대수익률 = (0.50 \times 12\%) + (0.50 \times 2\%) = 7\%$$

기대수익률은 장기 평균이라고도 생각할 수 있다. 즉, 채권을 일년 넘게 투자한다고 하면, 두 가지 가능성 모두 일어날 수 있어, 반년은 12%를 얻고, 반년은 2%의 수익률은 얻는 것이다. 따라서 평균적으로 수익률이 7%가 된다는 것이다. 물론, 이 예제는 두 가지의 경우만을 고려하였기 때문에 너무 단순하다. 실제로는 훨씬 더 많은 수익률 가능성이 있을 수 있다. 또한 여기서는 두 가지의 경우에 똑같은 확률을 가정하였지만 현실에서는 그렇지 않을 가능성이 더 높다. 그럼에도 불구하고 이 예제는 투자자들이 금융자산을 고를 때, 수익률과 어떤 사건들이 일어날 가능성을 투자 결정에 고려한다는 기본적인 생각을 잘 보여준다.

위험　이번에는 앞서 얘기한 IBM 채권과 50%의 확률로 10%의 수익률과 4%의 수익률을 가져다줄 것으로 예상되는 포드자동차의 채권 중에 투자해야 한다고 하자. 포드사의 기대수익률은 다음과 같다.

$$(0.50 \times 10\%) + (0.50 \times 4\%) = 7\%$$

이는 IBM의 기대수익률과 같다. 두 채권의 기대수익률은 동일하지만, IBM 채권이 더 위험하다고 생각하기 때문에 대부분의 투자자들은 포드사의 채권을 선호한다.

3장에서 부도 위험과 이자율 위험에 대해서 학습하였으나, 경제학자들은 위험을 정의할 때 앞선 두 가지 위험에 한 가지를 더 포함한다. 이 **위험**(risk)은 자산 수익률에 대한 불확실의 정도를 의미한다. 자산의 기대수익률과 거리가 먼 수익률을 받을 가능성이 높아질수록, 자산의 위험도는 증가하게 된다. 두 가지 채권에서 IBM 채권이 더 위험한 것으로 평가받고 있다. 투자자들이 IBM은 기대수익률보다 5% 높거나 낮은 수익률을 받을 것으로 기대하는 반면, 포드에서는 같은 기대수익률에서 3% 높거나 낮은 수익률을 기대하고 있다. 위험을 정량적으로 정의하고자 할 때, 경제학자들은 자산 수익률의 표준편차를 이용하여 자

위험
자산의 수익률에서 불확실의 정도

산 수익률의 변동성을 측정하는 방식을 사용한다. 만약 통계학 수업을 들었다면, 특정한 그룹의 숫자가 얼만큼 퍼져 있는지 측정하는 표준편차의 개념을 복습하길 바란다.[1]

대부분의 투자자들은 **위험 회피적**(risk averse)이다. 즉, 기대수익률이 동일한 두 가지 자산 중 하나를 택할 때, 위험이 낮은 자산을 택한다는 뜻이다. 투자자들 대부분은 저축 목적으로 금융자산을 매입하게 될 때 집을 사거나 자식들을 위한 등록금 마련하거나 은퇴를 대비해 충분한 자산을 쌓고 싶어 하는 의도이므로 위험 회피적이 된다. 즉, 투자자들이 자금을 필요로 할 때 자산 가치가 떨어지는 것을 피하고 싶어 한다. 투자자들이 위험한 자산에 투자하고 싶어 하는 것은 더 높은 수익률로 이를 보상받고 싶어할 때이다. 대부분의 투자자들이 금융시장에서 위험 회피적이라는 사실을 통해 **위험과 수익률이 상충**(trade-off)**관계**를 알 수 있다. 예를 들어 은행의 예금증서 같은 자산은 수익률은 낮지만 위험도는 더 낮은 반면, 주식과 같은 자산은 수익률이 높지만 위험도도 높다.

일부 투자자들은 **위험을 선호하기도**(risk loving) 한다. 이는 수익률을 극대화하기 위해 위험도가 높은 자산을 도박하듯이 더 선호한다는 의미이다. 예를 들면, 위험 선호 투자자들은 IBM 채권을 더 선호하는데, 이는 IBM 채권이 비록 2% 수익률의 가능성도 있지만 12% 수익률을 얻을 가능성도 반반 가지고 있기 때문이다. 끝으로, 일부 투자자들은 **위험 중립적**(neutral)이기도 하다. 이는 투자 결정에 있어 위험도는 무시하고, 수익률에 기반한다는 의미이다.

---

[1] 이 예제에서 자산 수익률의 표준편차를 측정하여 투자의 위험 정도를 계산할 수 있다. 우선 각 경우의 수익률과 기대수익률 간의 차이를 이용하여 표준편차를 계산한다. 예를 들어 IBM의 경우 수익률 1은 12%이고, 기대수익률은 7%였으므로, 기대수익률과의 차이는 12%−7%=5%가 된다.

	수익률 1	기대수익률과의 차이	수익률 2	기대수익률과의 차이
IBM	12%	5%	2%	−5%
포드	10%	3%	4%	−3%

다음으로, 이 수익률의 편차를 제곱하고 발생할 확률에 가중치를 두어 모두 합한다. 수익률의 분산은 다음과 같다.

	수익률 1	기대수익률과의 차이	수익률 2	기대수익률과의 차이	제곱 가중 편차 (수익률의 분산)
IBM	12%	25%	2%	25%	(0.50×25%)+(0.50×25%)=25%
포드	10%	9%	4%	9%	(0.50×9%)+(0.50×9%)=9%

마지막으로, 분산에 제곱근을 취하게 되면 수익률의 표준편차를 구할 수 있다. 이와 같은 위험도 측정을 통해, IBM이 포드보다 더 위험한 채권이라는 결론을 얻게 된다.

	분산	표준편차
IBM	25%	5%
포드	9%	3%

블랙스완이 401(k)를 잠식할 것인가?

만약 제법 규모가 있는 미국 회사에서 일하게 된다면, 가장 큰 혜택 중에 하나는 회사가 지원하는 401(k) 은퇴연금이다. 이는 1978년 통과된 법안에 따라 여러분의 월급 일부를 금융자산(주로 주식과 채권을 기반으로 하는 뮤추얼펀드나 ETF)에 투자하여 저축을 하도록 하는 것이다. 은퇴 전까지 인출만 하지 않는다면 401(k)에 납입한 금액과 이로부터 얻은 수익은 세금이 면제된다. 2019년 기준, 미국에서는 사기업이든 중앙정부 혹은 지방정부의 9,900만 명의 노동자들이 다양한 은퇴연금을 보유하고 있다.

대부분의 회사가 제공하는 401(k)의 옵션에서 여러분은 기대수익률과 위험률 정도를 따져 고를 수 있다. 앞서 보았듯이, 금융시장에서는 위험과 수익률은 서로 상충관계에 있다. 즉, 가장 위험한 자산이 가장 높은 수익률의 가능성을 가지고 있다. 다음 표는 1970년 이후 많은 투자자들이 보유한 4개의 금융자산에 대한 정보이다. 여기서 "소형" 회사는 미국 주식 시장에서 소형이라는 의미이다. 사실 이들의 시장가치가 $3억에서 $20억 사이라는 점에서 꽤 규모가 있는 회사들이다. "대형"회사는 제너럴모터스(General Motors, GM), AT&T, 맥도널드, 애플과 같은 S&P500에 포함된 500대 기업들로, 이들의 평균 시장가치는 $50억가 넘는다.

두 번째와 세 번째 열은 수익률과 위험의 상충쇄관계를 나타낸다. 해당 기간 동안 소형 회사의 주식에 투자한 투자자들은 높은 수익률을 얻었지만 높은 위험률을 감수해야 했다. 단기 미국 채권에 투자한 이들은 가장 낮은 수익률을 얻었지만 위험률 역시 가장 낮았다.

금융자산	연간 수익률	위험
소형 회사 주식	12.6%	22.5%
대형 회사 주식	10.5	17.0
장기 미국 국채	8.3	12.0
단기 미국 국채	4.8	3.5

출처: Morningstar/Ibboston

위 표에서 위험도를 측정하는 일반적인 방법은 수익률이 얼마나 변동할지 범위로서 보이는 것이다. 그러나 특정한 기간 동안의 수익률은 일반적인 수익률 범위를 월등히 벗어나는 경우도 있다. 예를 들어, 글로벌 금융위기가 최고조였던 2008년 동안, 대형 회사 주식에 투자한 투자자들은 37% 손실을 겪어야 했다. (2020년 초 코로나19로 인해 S&P500가 2월 19일~3월 23일 사이 34% 폭락하기도 하였다. 그러나 2008년과 달리, 시장은 훨씬 빨리 회복을 하여 투자자들의 손실이 일부 회복되었지만, 급작스러운 폭락으로 인해 5주 만에 주식을 매각한 사람들은 그러지 못하였다.) 이와 같은 대규모 손실의 가능성은 5% 미만이다. 1930년대 대공황 이후 최악의 금융위기는 주택시장의 붕괴를 촉진시켜, 주식 시장이 매우

부진하였다. 전문 투자자이자, 뉴욕대 경제학과 교수인 탈렙(Nassim Nicholas Taleb)은 사회
나 경제에 엄청난 충격을 주는 드물게 일어나는 사건을 '**블랙 스완**'이라고 명명하여 유명해
졌다. 이 이름은 유럽인들이 모든 백조는 하얗다고 믿었다가 1967년 호주에서 검은 백조가
발견된 일로부터 유래하였다. 즉, 여기서 검은 백조는 과거의 경험과 반대되는 매우 충격적
인 일이다. 금융위기 이전에 가능하다고 생각하지 않았기 때문에 일부 경제학자는 금융위
기를 블랙 스완 사건이라고 본다.

2008년 동안, 401(k)의 1인당 평균 가치가 $65,600에서 $45,500로 30% 이상 하락하였
다. 그 결과, 많은 위험 회피적인 투자자들이 주식기반 뮤추얼펀드에서 채권기반 뮤추얼펀드
혹은 1%의 이하의 이자를 주는 단기시장 펀드로 옮겨갔다. 은퇴를 이미 하였거나 은퇴를
막 앞둔 이들에게, 이 연금을 은퇴 후 생활비로 쓰고자 하는 이들에게, 401(k)의 30% 폭락
은 재앙이나 다름없었다. 하지만 젊은 투자자들에게는 폭락으로 인한 문제가 그렇게 심각하
지는 않았는데, 이는 대형 기업들의 가치가 2013년까지 2008년 이전 가치를 완전 회복하였
기 때문이다.

그래서 2007~2009 금융위기로 인한 블랙 스완은 평균적인 포트폴리오를 구성하는 이
들에게 더 큰 피해가 갔다. 왜냐하면 이들이 일시적인 하락을 겪은 주식 대신에 덜 위험하
지만 수익률도 덜한 자산으로 옮겨갔기 때문이다.

유동성   2장에서 학습한 **유동성**은 어떤 자산이 화폐로 얼마나 쉽게 교환될 수 있는 정도
를 의미한다. 유동성이 높은 자산은 저축자들이 시간에 걸쳐 소비할 수 있도록 도와주거
나 급할 때 이를 처분할 수도 있게 해준다. 예를 들면, 예상하지 못한 의료비를 지출해야
할 때, 빨리 자산을 처분해 비용을 처리해야 할 수도 있다. 자산의 유동성이 높을수록 투
자자들에게 해당 자산은 매력적이다. 모든 조건이 같다면 유동성이 낮은 자산보다 유동성
이 높은 자산에게는 낮은 수익률을 받는다. 그렇기 때문에 위험과 수익률 간의 상쇄관계
와 마찬가지로, 수익률과 유동성 역시 상충관계에 있다. 당좌 계좌에 매우 낮은, 거의 0에
가까운 이자율의 당좌 계좌를 쓰는 이유는 계좌에서 즉시 돈을 인출할 수 있기 때문이다.

정보를 얻기 위한 비용   투자자들은 자산에 대한 정보를 얻기 위해 비용을 지불하거나 시
간을 소비하지 않는 자산을 더 선호한다. 예를 들면, 미국 국채의 수익률과 가격에 대한 정
보는 월스트리트 저널이나 야후! 파이낸스 같은 웹사이트를 통해 손쉽게 얻을 수 있다. 심지
어 연방정부의 채권은 거의 채무불이행하는 경우가 없다는 것은 온라인에서도 쉽게 알 수
있다. 그러나 만약 새로운 회사 채권을 발행한다면, 투자자들은 투자 결정을 하기 전에 해
당 회사에 대한 정보를 분석하고 모으는 데 시간과 비용을 소비해야만 한다.

모든 조건이 동일하다면, 투자자들은 정보 습득 비용이 적은 자산의 낮은 수익률을 용
인한다. 따라서, 위험과 수익률, 유동성과 수익률의 상충관계와 마찬가지로, 정보 습득 비용
과 수익률 사이에도 상충관계가 존재한다. 국채의 이자율이 회사채의 이자율보다 낮은 이

표 4.1 포트폴리오 선택의 결정요소

가(이) 상승하면…	포트폴리오에서 해당 자산에 대한 수요가	왜냐하면…기 때문이다.
부	상승한다.	투자자들이 저축을 더 많이 하고 싶어하
다른 자산의 기대수익률 대비 본 자산의 수익률	상승한다.	투자자들은 자산을 보유함으로 더 많은 이득을 기대하
위험(수익률의 변동성)	하락한다.	대다수의 투자자들은 위험 회피적이
유동성(자산이 얼마나 쉽게 현금으로 교환가능한지)	상승한다.	투자자들은 손쉽게 자산을 현금으로 바꾸어 소비에 사용하고 싶
정보 비용	하락한다.	투자자들은 자산과 수익률에 대한 정보를 얻고 분석하는데 비용과 시간을 사용해야 하

유 중에 하나는 미 국채에 대한 정보 습득 비용이 낮기 때문이다.

　포트폴리오 선택에 있어 결정요소에 대한 분석을 다음과 같이 정리할 수 있다. **바람직한 금융자산의 특성은 투자자들의 해당 자산에 대한 수요를 증가시키고, 바람직하지 못한 금융자산의 특성은 해당 자산에 대한 수요를 감소시킨다.** 표 4.1은 포트폴리오 선택의 결정요소를 정리한 것이다.

분산투자

거의 모든 투자자들은 포트폴리오에 다양한 자산을 보유하고 있는데, 이는 현실은 불확실성으로 가득 차 있고, 심도 있는 분석에도 불구하고 투자자들은 어떤 자산이 기대하는 대로 수익률을 가져올 수 있을지 확신하지 못한다. 완벽한 하나의 자산을 찾을 능력이 없기 때문에 투자자들은 기업들의 주식과 같이 다양한 자산을 가진다. 이렇게 다양한 자산에 자신의 부를 나누어 위험을 줄이는 것을 **분산투자**(diversification)라고 한다.

　투자자들은 자산의 수익률이 완벽히 동일하게 움직이는 것은 아니라는 사실을 이용할 수 있다. 여러분이 포드와 애플의 주식을 가지고 있다고 하자. 경기침체기 동안, 포드 주식의 가격은 자동차 판매가 줄어듦에 따라 하락할 수 있는 반면, 불황에도 불구하고 새로운 아이폰의 인기가 치솟음에 따라 매출이 상승하여 애플 주식의 가격은 상승할 수도 있다. 또한 머크(Merck) 같은 제약회사 주식의 가격은 연방정부가 새로운 약에 대한 승인을 거부하여 하락할 수 있는 반면, 레드로빈 버거의 주가는 콜리플라워와 양배추를 첨가한 새로운 버거가 센세이션을 일으켜 급등할 수도 있는 것이다. 분산화된 포트폴리오의 수익률은 포트폴리오를 단일한 자산으로 구성한 경우보다 훨씬 안정적일 수 있다.

분산투자
위험을 낮추기 위해 다양한 자산들에 부를 나누는 것

자산들이 어느 정도는 공통적으로 위험을 가지고 있기 때문에 투자자들은 위험을 완전히 제거하지는 못한다. 이런 공통적인 위험을 **시장(시스템) 위험**(market(systematic) risk)이라고 한다. 예를 들어, 경기침체나 호황은 주가 수익률 전체를 하락시키거나 상승시킨다. 일부 투자자들은 2007~2009 금융위기 기간에도 괜찮은 수익률을 거두기도 하였다. 자산들은 자신들만의 고유의 위험을 가지고 있고, 이를 **고유(비시스템) 위험**(idiosyncratic(unsystematic) risk)이라고 한다. 개별 주식의 가격은 과학적 발견이나, 노동자들의 파업, 혹은 회사 수익률에 지대한 영향을 미치는 소송과 같은 예상할 수 없는 사건으로 인해 영향을 받는다. 분산화는 이런 고유 위험을 줄여준다.

시장(시스템) 위험
특정한 종류의 모든 자산에 동시적으로 미치는 위험으로, 경기 변동에 따른 주가 수익률 등락을 의미함

고유(비시스템) 위험
시장 전체보다는 특정한 자산에만 미치는 위험으로 새로운 상품의 성공 혹은 실패로 인해 주가가 요동치는 경우에 발생함

개념 적용

당신의 포트폴리오는 충분한 위험을 감수하고 있는가?

모든 투자는 위험하지만 포트폴리오를 구성할 때 위험을 이해하고 관리하기 위해서는 몇 가지 단계를 거쳐야 한다. 재무 설계자들은 의뢰인들에게 자신들의 재무 상태와 투자를 결정할 때 위험을 얼만큼 감수할지를 평가하도록 한다.

여러분의 **투자기간**(time horizon)은 위험의 정도를 정할 때 매우 중요한 요소이다. 몇 년 후에 차나 집을 사기 위해 모은 자금은 아마도 위험도가 낮은, 그리고 당연히 수익률도 낮은 은행 예금증서나 자산에 투자되었을 가능성이 높다. 만약 여러분이 곧 은퇴하는 게 아니라면, 단기간의 수익률 변동은 신경을 좀 덜 쓰는 주식과 같은 장기간에 걸쳐 이익을 기대할 수 있는 조금 더 위험한 자산에 투자하게 될 것이다. 한편 은퇴가 다가올수록, 아마도 조금 더 보수적인 전략으로 선회하여 잃을 가능성이 있는 몫을 점점 줄여 나갈 것이다.

다음 그림은 미국 연준의 자료를 활용하여 연령층이 다른 가계의 부의 분포를 나타낸 것이다.

- 35세 이하가 가구주인 가계 (a)의 부의 대부분은 주택이거나 자신들이 보유한 소규모 사업 혹은 부동산으로 설명이 된다. 상대적으로 주식이나 채권 혹은 퇴직연금의 몫이 적다.
- 55~64세가 가구주인 가계 (b)는 은퇴를 거의 앞두었으나 부의 거의 반이 집, 소규모 사업 혹은 부동산으로 되어 있다. 이들은 퇴직금 외에는 상대적으로 주식과 채권에 부가 조금 더 투자되어 있다.
- 75세 이상이 가구주인 관계(본문에 없음)는 많은 자금들을 은행 계좌에 넣어 두고 있고 55~64세가 가구주인 그룹에 비해 주식에 대한 비중이 월등이 적다.

다음 두 재무 계획은 젊은 투자자와 나이 든 투자자의 다른 투자기간과 저축 목적을 보여준다.

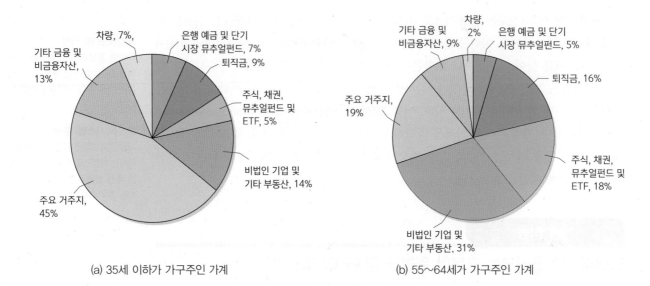

<table>
<tr><td></td><td>35세 이하의 젊은 투자자를
위한 재무 계획</td><td>55~64세의 나이 든 투자자를
위한 재무 계획</td></tr>
<tr><td>자금이 필요한 시간
라인</td><td>10년 이상 포트폴리오에서 수익을 얻
고자 함</td><td>은퇴에 필요한 재무 계획 혹은 이에 걸
맞는 포트폴리오</td></tr>
<tr><td>재무 목표</td><td>장기적으로 높은 수익률을 얻기 위해
자금을 모음</td><td>인플레이션율보다는 조금 높은 수준으
로 수익률 내는 펀드를 유지하고 싶어함</td></tr>
<tr><td>포트폴리오의 목적</td><td>기대수익률을 최대로 하는 포트폴리오
를 구성하고, 자산의 변동성에 대한 문
제는 덜 신경 씀</td><td>인플레이션과 세금을 제외하고 0보다
조금이라도 높은 수익률을 위해 조금
더 안전한 자산을 선택하여 위험도를
줄이고자 함</td></tr>
</table>

저축 계획을 평가할 때, 인플레이션과 세금에 대한 고려가 필요하다. 3장에서 보았듯이 실질이자율과 명목이자율의 차이를 생각하여 보자. 명목이자율이 높은 자산은 높은 인플 레이션율 때문에 실질 수익률은 그렇게 높지 않을 수 있다. 이와 더불어, 연방정부를 비롯하 여 지방정부는 대다수의 투자 수익금에 대하여 세금을 부과한다. 그리고 세금의 근거는 실 질 수익이 아닌 명목 수익에 기반한다. 예를 들어, 5% 쿠폰이자(혹은 연 $50)를 지급하는 채권은 인플레이션율이 3%일 때 실질이자율은 2%에 불과한데 반해, 세금은 실질 수익률 5%에 따라 부과한다. 투자에 따라 **실질, 세후 수익률**(real, after-tax return)은 명목 세전 이 익과 상당히 다를 수 있다. 대다수의 투자자가 주식을 택하곤 하는데, 이는 미국 국채와 같 은 안전자산에 장기간 투자하는 건 매우 낮은 실질 세후 수익만을 주기 때문이다. (5.1절에 서 세금 효과가 투자 수익에 어떤 영향을 미치는지 학습할 예정이다.)

뛰어난 투자자는 위험, 인플레이션, 세금이 투자에 어떻게 영향을 미치는지 이해해야 한다.

이 장의 끝에 있는 관련문제 1.7을 참조하시오.

4.2 시장 이자율과 채권의 수요-공급

학습목표: 수요-공급 모형을 이용하여 채권의 시장 이자율을 결정한다.

앞선 논한 포트폴리오 선택의 결정요소들은 채권의 수요와 공급의 상호작용이 어떻게 시장이자율을 결정하는지 보여주는데 사용할 수 있다. 수요-공급 분석이 개론에서 이미 배운 내용이라 익숙하겠지만, 이를 채권 시장에 적용하는 것은 복잡하다. 전형적인 수요-공급 분석은 세로축에 재화나 서비스의 가격을 그리는 것으로부터 시작한다. 채권의 가격에도 관심이 있긴 하지만, 사실 우리는 이자율에도 관심이 있다.

앞선 3장 3절에서, 채권가격 P와 만기수익률 i의 관계가 다음과 같다는 것을 학습하였다. 여기서 C는 쿠폰 지급액, FV는 채권의 액면가, 그리고 n은 채권 만기까지 남은 기간을 의미한다.

$$P = \frac{C}{(1+i)} + \frac{C}{(1+i)^2} + \frac{C}{(1+i)^3} + \ldots + \frac{C}{(1+i)^n} + \frac{FV}{(1+i)^n}$$

쿠폰 지급액과 액면가는 변하지 않기 때문에, 채권 시장에서 균형 가격이 결정되면 균형 이자율도 결정된다. 시장 이자율이 어떻게 결정되는지를 보이기 위해 채권 가격이 어떻게 결정되는지 보이는 접근법을 **채권 시장 접근법**(bond market approach)이라고 한다. 이 방법은 채권을 시장에서 거래되는 "상품"으로 다루는 것이다. 이와 같은 채권 시장 접근법은 이자율에 영향을 미치는 채권의 수요와 공급에 미치는 요소들을 고려한다는 점에서 유용하다. 이 방법에 대한 대안으로, 이 장의 부록에서는 **대부자금 시장 접근법**(market for loanable funds approach)을 소개한다. 이 방법에서는 자금(돈)을 거래 가능한 상품으로 취급한다. 다른 경제 분야와 같이 특정한 상황에서 가장 중요한 요소가 무엇인지에 따라 어떤 모형을 사용할지가 결정된다.

채권 시장의 수요와 공급곡선

그림 4.1은 채권 시장을 묘사한 것이다. 단순화를 위하여 이 채권 시장은 액면가가 $1,000이고 만기가 1년인 할인채권에 대한 것이라고 하자. 그림은 채권의 균형 가격이 $960이고, 균형 거래액은 $5,000억임을 보여주고 있다. 이전 장에서 학습하였듯이, 가격이 P이고 액면가가 FV인 1년 만기 할인채권의 가격 공식은 다음과 같다.

$$i = \frac{FV - P}{P}$$

이를 본 예제에 적용하면, 다음과 같다.

$$i = \frac{\$1,000 - \$960}{\$960} = 0.042 \text{ 또는 } 4.2\%$$

재화와 서비스 시장에서와 같이, 채권의 가격 외에 채권에 영향을 미치는 모든 요소들이 동일하다는 가정하에 채권에 대한 수요와 공급곡선을 그릴 수 있다. 채권 수요곡선은 모든 요소들이 동일할 때 채권 가격과 투자자들이 원하는 채권 수요의 양을 나타낸다. 채권 가격이 상승하면, 채권의 이자율은 하락하고, 채권은 투자자들에게 덜 매력적이게 되어, 수요량이 하락하게 된다. 그렇기 때문에, 채권의 수요곡선은 그림 4.1에서와 같이 하향곡선을 가지게 된다.

다음으로, 공급곡선에 대하여 생각해보자. 공급곡선은 채권 가격과 **채권을 이미 소유한 투자자와 새로운 채권을 발행하는 기업**들이 공급하는 채권의 양에 대한 관계이다. 채권 가격이 상승할수록, 이자율은 하락하게 되고, 기존 채권을 보유한 투자자들은 기존 채권을 더 팔고 싶어 한다. 일부 기업들은 낮은 이자율로 새로운 프로젝트를 진행할 수 있기 때문에 새로운 채권을 더 발행하고 싶어한다. 따라서 채권의 공급은 늘어나게 된다.

재화와 서비스 시장에서와 마찬가지로, 채권 시장이 균형에 있다면, 변화가 없을 것이다. 그러나 만약 균형이 아니라면, 시장은 균형으로 돌아가려 할 것이다. 예를 들어, 그림 4.2에서와 같이 채권 가격이 $980로 균형 가격 $960보다 높다고 하자. 이 가격에 수요량은 $4,000억(B지점)로 균형 수요량보다 적은 반면, 공급량은 $6,000억(C 지점)로 균형 공급량보다 높다. 이로 인해 $2,000억의 **채권 초과공급**(excess supply of bonds)이 발생한다. 투자자들은 이 가격에 채권을 사고 싶어 하지만, 판매자들은 구매자를 찾을 수 없다. 판매자들은 가격을 내려야 투자자들이 채권을 구매할 것이라는 것을 안다. 이와 같은 채권 가격에 대한 하향 압력은 채권 가격을 $960(지점 E)까지 떨어지게 만든다.

이제 채권 가격이 $950라고 하자. 이는 균형 가격인 $960보다 낮은 금액이다. 이와 같은 낮은 금액에서 채권의 수요량은 $5,500억(지점 A)로 균형 수요량보다 많은 반면, 공급량은 $4,500억로 균형 공급량보다 적다. 이로 인해 $1,000의 **채권 초과 수요**(excess demand for

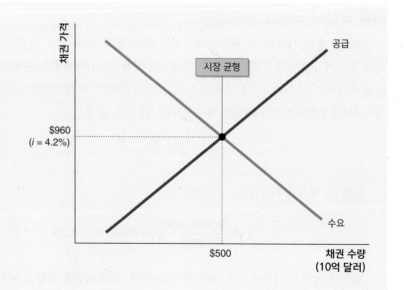

그림 4.1

채권 시장

균형 채권 가격은 채권 시장에서 결정된다. 채권 가격을 결정함에 따라 채권 시장은 채권에 대한 이자율도 결정하게 된다. 이 경우에, 액면가 $1,000인 1년 만기 할인채권의 균형 가격은 $960이고, 이는 이자율($i$)이 4.2%라는 말이다. 채권의 균형 수량은 $5,000억가 된다.

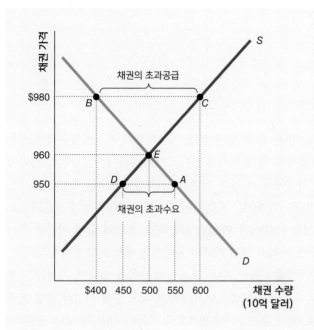

그림 4.2

채권 시장에서의 균형

$960 균형 가격에서, 투자자들의 채권 수요량과 대부자의 채권 공급량이 일치하게 된다. $960보다 높은 금액에서는, 채권의 초과공급이 생기게 되고, 채권 가격은 하락하게 된다. $960보다 낮은 금액에서는, 채권의 초과수요가 생기게 되고, 채권 가격은 상승하게 된다. 채권 구매자와 판매자의 행동은 채권 가격을 $960의 균형 가격으로 움직이게 한다.

bonds)가 발생한다. $1,000억에 이르게 한다. 투자자들과 기업들은 이 가격에 채권을 팔고자 하지만, 일부 구매자들은 판매자들을 찾을 수 없다. 구매자들은 채권을 사기 위해서는 기업들이나 다른 투자자들이 해당 채권을 팔려고 하는 가격까지 올려야 한다. 이와 같은 채권 가격의 상승압력은 균형 가격이 $960에 이를 때까지 계속된다.

균형이자율의 변화에 대한 설명

그림 4.1에서 채권에 대한 수요-공급곡선을 그릴 때, 채권의 가격 이외에 채권을 사고자 하는 의지나 기업 혹은 투자자들이 채권을 팔고자 하는 나머지 모든 요소들은 모두 동일하다고 가정하였다. 경제학 원론에서 **수요량(공급량)의 변화**와 **수요(공급)의 변화**의 차이에 대해서 학습한 적이 있을 것이다. 만약 채권의 가격이 변화한다면, 수요량(공급량)은 수요(공급) 곡선 위에서 움직이지, 곡선 자체가 변하지는 않는다. 부나 기대 인플레이션율과 같은 다른 변수들이 변한다면, 수요(공급) 곡선이 이동할 수 있고, 이를 수요(공급)의 변화라고 한다. 다음 절에서 채권의 수요-공급곡선을 변화시키는 주요 요인들에 대해서 학습하여 보자.

채권의 수요곡선을 이동시키는 요인들

4.1절에서, 투자자들이 포트폴리오를 구성할 때 고려하는 결정요소들에 대하여 학습하였다. 다음 다섯 가지는 채권의 수요곡선을 변동시킬 수 있는 요인들이다.

1. 부
2. 채권의 기대수익률
3. 위험
4. 유동성
5. 정보 비용

부 경제가 성장할 때에는 가계는 많은 부를 쌓게 된다. 저축자들이 부유해질수록 채권을 포함하여 금융자산에 투자할 여유자금 역시 커지게 된다. 그림 4.3과 같이, 다른 요인들이 동일하다면, 저축자들은 주어진 가격에서 더 많은 채권을 사고 싶어하기에, 자산의 증가는 채권의 수요곡선을 오른쪽으로 이동시킨다($D_1 \rightarrow D_2$). 이 그림에서 수요곡선이 오른쪽으로 이동하는 동안, 채권의 균형 가격은 $960에서 $980로 상승하고, 채권의 균형 거래량 역시 $5,000억에서 $6,000억로 상승한다. 따라서 채권 가격의 균형은 E_1에서 E_2로 이동한다.

2007~2009년과 2020년의 경기침체기 동안, 다른 요소들의 변화가 없다면, 가계들은 부의 감소를 겪었을 것이고, 채권 수요곡선은 왼쪽으로 이동하게 되고 균형 가격과 균형 거래량이 모두 감소하게 된다. 그림 4.3에서 수요곡선이 왼쪽으로 이동하자(($D_1 \rightarrow D_3$), 균형 가격은 $960에서 $940로, 균형 거래량은 $5,000억에서 $4,000억로 감소하게 되었다. 이 결과 채권 시장의 균형은 E_1에서 E_3로 이동하게 되었다.

채권의 기대수익률 다른 자산의 기대수익률에 대비하여 채권의 기대수익률이 상승하면, 투자자들은 채권에 대한 수요를 늘리게 되며, 채권의 수요곡선은 오른쪽으로 이동하게 된다. 반대로 다른 자산 대비 채권의 기대수익률이 감소하게 되면, 채권의 수요곡선은 왼쪽으로

그림 4.3

채권의 수요곡선의 이동

다른 모든 요소들이 동일하다면, 부의 증가는 채권 수요곡선을 오른쪽으로 이동시킨다. 수요곡선이 오른쪽으로 이동하게 되면서, 균형 가격은 $960에서 $980로 상승하게 되고, 균형거래량은 $5,000억에서 $6,000억로 상승하게 된다.

다른 모든 요소들이 동일하다면, 부의 감소는 채권 수요곡선을 왼쪽으로 이동시킨다. 수요곡선이 왼쪽으로 이동하게 되면서, 균형 가격은 $960에서 $940로, 균형 거래량은 $5,000억에서 $4,000억로 감소하게 된다.

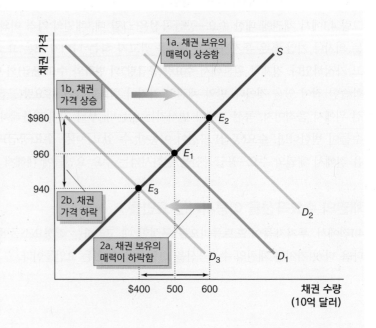

이동하게 된다. 다른 자산에 대비하여 채권의 기대수익률이 채권의 수요곡선을 이동시키는 것이라 점에 유의한다. 예를 들어, 채권의 기대수익률이 변하지 않더라도, 투자자들은 주식에 대한 기대수익률이 기대한 것에 비해 더 높다고 생각하게 된다면 채권의 기대수익률은 상대적으로 낮아지게 되고, 채권의 수요곡선은 왼쪽으로 이동하게 된다.

채권의 기대수익률은 기대 인플레이션율에 의해 영향을 받기도 한다. 3장에서 학습하였듯이, 실질이자율은 명목이자율에서 기대 인플레이션율을 뺀 것이다. 따라서, 기대 인플레이션율의 상승은 실질이자율을 감소시킨다. 이와 동일하게, 채권의 기대 실질수익률은 명목 수익률에서 기대 인플레이션율을 뺀 값이다. 기대 인플레이션율의 상승은 채권의 기대 실질수익률을 감소시키고, 이는 주어진 가격에서 채권을 사고자 하는 투자자의 의지를 꺾게 되고, 결국 채권의 수요곡선을 왼쪽으로 이동시킨다. 기대 인플레이션율의 감소는 기대 실질수익률을 증가시키고, 주어진 가격에서 투자자가 채권을 사고자 하는 의지를 증가시켜, 결국 채권의 수요곡선을 오른쪽으로 이동시킨다.

위험   **다른 자산의 위험 대비하여** 채권의 위험도가 증가하면 투자자들은 해당 채권을 사지 않게 되면서 채권의 수요곡선이 왼쪽으로 이동하게 된다. 다른 자산 대비 채권의 위험도가 낮아지게 되면 투자자들은 채권을 더 사고자 할 것이며, 이는 채권의 수요곡선을 오른쪽으로 이동하게 만든다. 채권의 위험도가 변하지 않아도 투자자들이 주식이 이전에 생각한 것보다 더 위험해졌다고 생각한다면 채권의 상대적 위험도는 감소하게 되고, 채권에 대한 수요가 늘어나 채권의 수요곡선을 오른쪽으로 이동시킨다. 2008년 말에서 2009년 초반 동안, 많은 투자자들이 주식 투자의 위험성이 높아졌다고 여겼다. 그 결과, 투자자들의 채권에 대한 수요가 늘어났고, 이는 채권의 균형 가격을 끌어올렸으며, 채권의 이자율을 끌어내리게 되었다. 2020년 코로나19가 막 확산되었을 당시에는 투자자들이 다르게 행동하였다. 경기침체의 심각성으로 인해 투자자들은 주식과 채권 모두의 위험도가 늘어났다고 생각해서, 두 자산에 대한 수요를 모두 낮추었다.

유동성   높은 자산은 차를 산다거나 다른 자산을 사고자 자금이 필요할 때 손쉽게 낮은 비용으로 처분할 수 있기 때문에 투자자들은 유동성을 매우 중요하게 생각한다. 채권의 유동성이 증가한다면, 투자자들은 주어진 가격에서 더 많은 채권을 수요하고 싶어 하고, 이는 채권 수요곡선을 오른쪽으로 이동시킨다. 채권 유동성의 감소는 채권 수요곡선을 왼쪽으로 이동시킨다. 다시 한번 말하지만, 채권의 상대적인 유동성이 중요한 것이다. 예를 들어, 1990년대에 온라인 주식 거래 사이트가 등장하였다. 투자자들이 이 사이트를 통해 매우 낮은 가격으로 주식을 사고팔게 되면서 주식의 유동성이 증가하게 되었다. 그 결과 채권의 유동성은 상대적으로 낮아지게 되었고, 채권의 수요곡선은 왼쪽으로 이동하게 되었다.

정보 비용   자산의 가치를 평가하기 위해 투자자들이 지불해야 하는 정보 비용은 자산의 선호도에 영향을 미친다. 1990년 초반에 금융 정보들이 매우 낮은 가격에 혹은 무료로 인터넷을 통해 유통되기 시작했다. 이전에는 투자자들이 신문을 구독하기 위해 돈을 지불하거나, 도서관에서 몇 시간 동안 연차 보고서나 다른 기록들을 수집하여 이와 같은 정보들을 모았다. 월스트리트 저널이나 비즈니스 위크, 포춘과 같은 잡지들에서 채권보다 주식을 훨씬 더 많이 다루기 때문에, 인터넷을 통한 정보 유통은 채권에 큰 영향을 미쳤다. 2007~2009년 금융위기 동안, 많은 투자자들은 특정 타입의 채권(특히 모기지담보증권)에 대한 정보가 부족하여 이들 채권이 부도가 날 확률을 제대로 알지 못했다고 생각했다. 만약 가능했다 하더라도 충분한 정보를 모으는 데 상당한 비용이 들었을 것이다. 따라서 정보비용이 높을수록, 채권의 수요곡선은 왼쪽으로 이동하게 된다.

표 4.2는 채권의 수요곡선을 이동시키는 주요 요인들을 정리한 것이다.

채권의 공급곡선을 이동시키는 요인들

채권의 가격 이외의 요인들로 채권의 공급곡선이 이동하는 것은 기존 채권을 팔고자 하는 투자자와 새로운 채권을 발행하고자 하는 기업 혹은 정부의 의지에 영향을 미친다. 다음 네 가지 요인들은 채권의 공급곡선을 이동시키는 주요 요인들이다.

1. 물리적 자본투자에서 얻는 기대 세전 이익률
2. 법인세
3. 기대 인플레이션
4. 정부 부채

물리적 자본 투자에서 얻는 기대 세전 이익률 기업들은 앞으로 몇 년간 재화와 용역을 생산하기 위해 사용할 공장, 기계 그리고 기술 정보와 같은 물적 자산을 매입하기 위해 자금을 빌리게 된다. 물적 자산 투자로부터 더 이익을 얻고자 할 때, 기업들은 채권을 더 많이 발행하여 자금을 조달하고 싶어한다. 1990년 말에 많은 기업들이 온라인상에서 소비자에게 직접 판매하는 것이 매우 이익이 난다는 것을 알았다. 그 결과 컴퓨터, 서버와 같은 정보 기술에 관한 물적 자본의 투자 붐이 일어났고 이로 인해 채권 판매가 늘어나게 되었다.

그림 4.4는 다른 요소들의 변화가 없을 때, 기업이 물적 자본 투자로부터 더 많은 이익을 기대하게 된다면, 주어진 가격에서 기업들은 더 많은 채권을 발행할 것이고 채권의 공급곡선은 오른쪽으로 이동하게 된다. 그림에서 채권의 공급곡선이 오른쪽으로 이동하게 되면서($S_1 \rightarrow S_2$), 균형 채권 가격은 $960에서 $940로 하락하고, 균형 채권 공급량은 $5,000억에서 $5,750억으로 상승하게 된다. 불황기에는 기업들이 물적 자산을 투자하는 것으로부터 얻을 이익에 대해 비관적이 되므로, 다른 요소들의 변화가 없다면 채권의 공급곡선은 왼쪽으로 이동하게 되고, 이에 균형 채권 가격은 상승하고, 균형 공급량은 하락하게 된다. 그림 4.4에서 채권의 공급곡선은 왼쪽으로 이동하게 되면서($S_1 \rightarrow S_3$), 균형 채권 가격은 $960에서 $975로 상승하게 되고, 균형 공급량은 $5,000억에서 $4,000억로 하락하게 된다.

법인세 기업은 세후 수익에 관심이 있기 때문에 법인세 역시 기업의 미래의 기대 이익에 영향을 미친다. 정부가 법인세를 올릴 때, 새로운 물적 자본에 대한 투자로 얻는 이익은 내

표 4.2 채권의 수요곡선을 이동시키는 요인들

다른 모든 것이 동일할 때, …의 증가는	채권 수요를 …시킨다	왜냐하면 … 때문이다.	채권 시장의 균형에 대한 변화 그래프
부	증가	더 많은 자금들이 채권에 투자되기	P / D_1 D_2 S → / Q
채권의 기대수익률	증가	채권을 보유하는 것이 더 선호되기	P / D_1 D_2 S → / Q
기대 인플레이션	감소	채권을 보유하는 것이 덜 선호되기	P / D_2 D_1 S ← / Q
다른 자산의 기대수익률	감소	채권을 보유하는 것이 덜 선호되기	P / D_2 D_1 S ← / Q
다른 자산 대비 채권의 위험도	감소	채권을 보유하는 것이 덜 선호되기	P / D_2 D_1 S ← / Q
다른 자산 대비 채권의 유동성	증가	채권을 보유하는 것이 더 선호되기	P / D_1 D_2 S → / Q
다른 자산 대비 채권의 정보 비용	감소	채권을 보유하는 것이 덜 선호되기	P / D_2 D_1 S ← / Q

그림 4.4

채권 공급곡선의 이동

다른 모든 요소들이 동일할 때, 기업들이 물리적 자본으로부터 얻는 투자 수익성에 대한 기대가 증가할수록 채권 공급곡선은 오른쪽으로 이동할 것이다 채권 공급곡선이 오른쪽으로 이동할수록, 채권 균형가격은 $960에서 $940로 하락하고, 채권의 균형거래량은 $5,000억에서 $5,750억로 증가할 것이다.

다른 모든 요소들이 동일할 때, 기업들이 물리적 자본으로부터 얻는 투자 수익성에 대한 기대가 부정적이라면, 채권 공급곡선은 왼쪽으로 이동할 것이다. 채권 공급곡선이 왼쪽으로 이동할수록, 균형 가격은 $960에서 $975로 상승할 것이고, 채권 균형거래량은 $5,000억에서 $4,000억로 감소할 것이다.

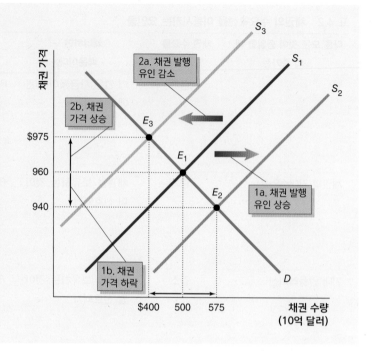

려갈 수밖에 없고, 이로 인해 기업은 채권을 덜 발행하게 되어 채권의 공급곡선은 왼쪽으로 이동한다. 2017년에 도널드 트럼프 행정부와 미 의회는 법인세율을 감축한 바 있는데, 낮은 세율로 기업의 새로운 투자 프로젝트의 수익성이 높아지게 되었다. 그 결과 기업들은 채권을 더 발행하였고, 채권의 공급곡선은 오른쪽으로 이동하였다.

기대 인플레이션 기대 인플레이션율의 상승은 주어진 명목이자율하에 투자로부터 얻을 수 있는 기대 실질 이자가 줄어들게 되어 투자 수요를 낮춘다. 기업들이 채권을 발행한다는 점에서, 낮은 기대 실질이자율은 자금 조달 비용이 줄어든다는 의미이기 때문에 더욱 매력적이다. 따라서 기대 인플레이션율의 상승은 채권의 공급곡선을 오른쪽으로 이동시키고, 기업들은 모든 가격에서 채권 공급을 늘리게 된다. 기대 인플레이션율의 하락은 채권 공급곡선을 왼쪽으로 이동시킨다.

정부 부채 지금까지 투자자와 기업들의 결정이 채권 가격과 이자율에 미치는 영향을 보았다. 정부의 결정 역시 채권의 가격과 이자율에 영향을 미친다. 예를 들어, 1980년대부터 1990년대 초반까지 미 연방정부가 겪었던 재정 적자가 이자율을 적정한 이자율보다 더 높게 만들었다고 경제학자들은 생각하고 있다.

미국에서의 "정부 부문"이란 연방정부뿐만 아니라 주 정부와 지방 정부 모두를 포함하는 것이다. 정부 부문은 대학생 혹은 소규모 사업장에 대출을 해주는 등의 채권자로서 역할도 있지만, 기본적으로 채무자이다. 최근 몇 년간, 연방정부는 세수가 정부 지출에 비해 부족하여 미국과 해외 투자자로부터 어마어마한 자금을 빌려왔고, 이는 **연방정부의 재정 적자**

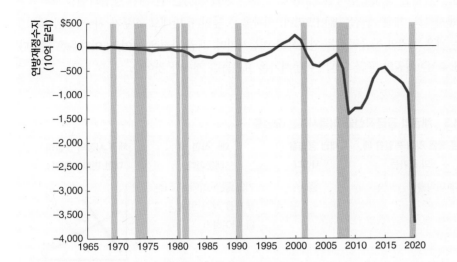

그림 4.5

1965~2020년 Fed의 예산

1990년대 후반 일부 기간을 제외하고는, 미 연방정부는 대체적으로 재정 적자에 시달려 왔다. 2007~2009년 불황기 동안 미 연방정부는 대대적으로 대출을 시행하여 큰 재정 적자를 불러 일으켰고 연방정부는 이를 채권 판매를 통하여 감당해 왔다. 2020년 코로나19는 더 큰 재정 적자를 불러 일으켰다. 음영 부분은 경제가 불황기에 있었을 때의 시기를 나타낸다.

출처: U.S. Bureau of Economic Analysis

(federal budget deficit)를 초래했다. 그림 4.5는 1965년 이후 연방 재정 상황을 보여준다(음영 부분은 경기침체기를 나타낸다). 이 기간 동안 대부분, 세수가 정부 지출보다 많이 걷혔던 1990년대 말을 제외하고, 연방정부는 재정 적자에 시달렸다. 연방정부는 2008년 초기에 대규모의 재정 적자를 겪게 되는데, 이는 2007~2009년의 심각한 불황 때문이다. 경기가 침체기로 접어들면, 가계의 수입과 기업의 이익은 줄면서 세수는 자동적으로 줄어들게 된다. 이에 정부는 실업 보험과 실업자들을 위한 여러 프로그램을 위해 지출을 늘리게 된다. 경기침체의 심각성은 의회와 부시 대통령 그리고 오바마 대통령도 지출을 엄청나게 늘리거나 감세 조치를 하도록 만들었다. 2007~2009년 불황으로부터 회복하면서 2009~2015년 사이 연방정부의 재정 적자 규모가 감소하였다. 그러나 이후 지출을 늘리고 세수를 줄이면서 다시 증가하였다. 2020년의 코로나19로 인해 의회와 트럼프 대통령이 엄청난 지출 증가와 감세를 단행하면서 재정적자 규모는 역사적 수준이었다. 2020년 중반, 미국 의회예산국은 2020년 미 재정적자 규모가 $3.7조에 달할 것으로 예측했는데 이는 2019년 수준의 3배나 되는 규모이다.

여기서 우리는 정부의 재정 적자 혹은 흑자가 채권 시장에 미치는 영향을 분석할 수 있다. 연방정부가 세금 인상 없이 정부 지출을 늘린다고 하자. 정부가 채권을 발행하여 재정 부족분을 메꾸려 할 때, 채권의 공급곡선은 오른쪽으로 이동한다. 만약 정부가 돈을 더 빌리게 되는 상황에서 가계가 저축 수준을 그대로 유지한다면, 정부는 재정 적자 상태가 된다. 다른 모든 요인들이 변화가 없다면, 이는 균형 채권 가격을 떨어드리고 채권 거래량은 상승한다. 채권 가격과 이자율은 서로 다른 방향으로 움직이므로, 균형 이자율은 상승하게 된다.

만약 아무런 변화가 없다면, 정부가 더 많은 돈을 빌리는 건 채권 공급곡선을 오른쪽으로 이동시키고, 채권 가격은 떨어뜨리며, 이자율은 높인다. 반대로 정부가 자금을 덜 빌리게 된다는 것은 채권의 공급곡선을 왼쪽으로 이동시키며, 채권 가격은 높이고, 이자율은 낮춘다.

표 4.3은 채권의 공급곡선을 이동시키는 요인들을 정리한 것이다.

표 4.3 채권의 공급곡선을 이동시키는 요인들

다른 모든 것이 동일할 때, …의 증가는	채권 공급을 … 시킨다	왜냐하면 … 때문이다.	채권 시장의 균형에 대한 변화 그래프
기대 이익률	증가	기업들은 이익이 나는 투자를 하기 위해 자금을 대여하기	
법인세	감소	세금은 기업의 이익률을 낮추기	
투자 세금 감면	증가	정부의 세금감면은 기업의 투자 비용을 감소시키고, 투자 수익률이 늘어나기	
기대 인플레이션율	증가	어떠한 채권 가격하에서, 실질 대부 비용은 감소하기	
정부 대출	증가	주어진 이자율하에서 더 많은 채권들이 경제에 공급되기	

4.3 이자율의 변화에 대하여 설명하기

학습목표: 채권 시장 모형을 이용하여 이자율의 변화를 설명한다.

채권 수요, 채권 공급곡선의 이동 혹은 동시 이동은 이자율에 영향을 미칠 수 있다. 이 절에서는 채권 시장 모형을 통해 이자율 변화를 설명하고자 한다.

1. 미국을 비롯한 모든 나라들이 겪는 것으로, 경제 확장기와 수축기가 번갈아 나타나는 **경기변동**(business cycle)에 따라 이자율은 변한다.
2. **피셔 효과**(Fisher effect)는 이자율이 인플레이션율의 변화에 따라 움직이는 것을 말한다.

현실에서는 채권 수요와 공급의 변화는 동시에 이뤄질 때가 많기 때문에, 경제학자들은 각 곡선이 얼만큼 이동할지 아는 게 쉽지 않다고 말한다.

왜 이자율은 불황기에 하락하는가?

경기변동에 따라 이자율이 변하는 것을 채권 시장을 이용하여 표현할 수 있다. 불황 초기에 가계와 기업들은 일정 기간 동안 생산과 고용 수준이 이전보다 낮아질 거라는 것을 예상할 수 있다. 가계는 부가 감소하는 것을 알게 되고, 기업은 투자한 자본으로부터 얻을 이익에 대하여 비관적이게 된다. 그림 4.6에서와 같이, 감소하는 가계의 부는 채권 수요곡선을 왼쪽으로 이동시키고($D_1 \rightarrow D_2$), 기업들의 투자 자본에 대한 기대 이익 감소는 기업들이 채권 발행을 덜 하게 하여 채권 공급곡선을 왼쪽으로 이동시킨다($S_1 \rightarrow S_2$). 따라서 채권의 균형 가격이 P_1에서 P_2로 상승한다. 채권 균형 가격의 상승은 결국 균형 이자율을 낮춘다.

불황기에는 채권 수요곡선은 공급곡선보다 더 많이 왼쪽으로 이동하게 된다. 이로 인해 균형 채권 가격은 하락하게 되고, 균형 이자율이 상승하게 된다. 미국 자료에 따르면 이자율은 불황기에 주로 하락하고 확장기에는 상승한다. 이는 경기변동 동안 채권 공급곡선이 수요곡선보다 더 많이 이동하는 것을 의미한다.

기대 인플레이션이 이자율에 어떻게 영향을 미치는가?

피셔 효과

채권 시장의 균형점은 채권 가격과 명목이자율을 결정한다. 그러나 채무자와 채권자는 실질이자율에 더 주목한다. 왜냐하면 실질이자율은 인플레이션 효과를 조정한 후 실제로 지불하거나 지급받을 금액을 의미하기 때문이다. 이 사실을 바탕으로, 실질이자율을 명목이자율에서 인플레이션율을 차감하여 구할 수 있다. 투자자들과 기업들은 인플레이션율이 얼만큼일지 미리 알 수 없기 때문에, 기대 인플레이션에 의존해야 한다. 채권 시장의 균형은 이와 같이 채무자와 채권자의 기대 실질이자율(명목이자율−기대 인플레이션율)에 대한 믿음을 반영하게 된다.

20세기 초반, 미 예일대의 경제학 교수였던 어빙 피셔(Irving Fisher)는 채권 시장의 균형이 채무자가 기꺼이 내고자 하고, 채권자가 기꺼이 받고 싶어하는 특정한 이자율(예를 들어

그림 4.6

경기 침체기동안 이자율의 변화

1. 초기 균형값인 E_1으로부터 경기 침체기는 가계의 부를 감소시키고 모든 가격에서 채권 수요를 감소시킨다. 채권 수요곡선은 왼쪽으로 이동한다. ($D_1 \rightarrow D_2$)
2. 기대 이익률의 하락은 미래 채무자가 모든 가격에서 채권 공급을 줄이게 한다. 채권 공급곡선은 왼쪽으로 이동한다. ($S_1 \rightarrow S_2$)
3. 새로운 균형 E_2에서 채권 가격은 P_1에서 P_2로 상승한다.

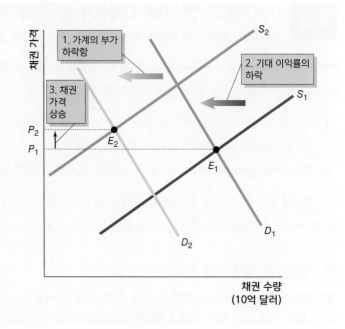

피셔 효과
어빙 피셔가 주장한 이론으로, 명목이자율이 기대 인플레이션율의 변화에 일대일로 반응하는 것을 의미

3%)이 존재한다는 것을 의미한다면, 기대 인플레이션율의 변화가 실질이자율의 변화 없이 명목이자율을 변화시킬 것이라고 생각하였다. 예를 들어, 현재 명목이자율 5%이고, 기대 인플레이션율이 2%라고 하자. 여기서 실질이자율은 3%가 된다. 이제 투자자들과 기업들이 미래 인플레이션율이 4%가 될 거라고 생각한다고 하자. 피셔는 이로 인해 명목이자율이 5%에서 7%로 오르고 실질이자율은 변하지 않을 것이라고 했다. 일반적으로 **피셔 효과**(Fisher effect)란 **명목이자율이 기대 인플레이션율의 변화에 일대일로 반응하는 것**을 말한다.

그림 4.7은 피셔 효과가 채권 시장에서 수요와 공급이 조정되는 방식과 일치하는지를 보여준다. 채권 시장 참여자들이 기대 인플레이션율이 2%라고 생각하고, 시장이 현재 균형 E_1에 있고, 이는 D_1과 S_1이 만나는 점이다. 이제 채권 시장 참여자들이 인플레이션율이 4%로 오를 것이라고 생각한다고 가정하자. 4.2절에서 학습하였듯이, 기대 인플레이션의 상승은 채권 수요곡선을 왼쪽으로 이동시킨다($D_1 \rightarrow D_2$). 왜냐하면 투자자들이 받는 기대 실질이자율은 어느 가격에서나 하락하기 때문이다. 동시에, 기대 인플레이션율의 상승은 공급곡선을 오른쪽으로 이동시킨다($S_1 \rightarrow S_2$). 따라서 기업이 지급해야 할 기대 실질이자율은 어느 가격에서나 하락한다.

기대 인플레이션율의 상승으로 인해 수요곡선과 공급곡선 모두 이동하였다. 새로운 균형에서 채권 가격은 하락하였고, 그 결과 명목이자율은 상승하였다. 그림 4.7에서 균형 채권 거래량은 변하지 않았는데, 이는 명목이자율은 정확하게 기대 인플레이션율만큼 상승하였기 때문이다. 위 그림은 피셔 효과를 정확하게 보여준다. 하지만 실제로는 명목이자율이 정확히 기대 인플레이션율 변화만큼 변하지 않는다는 것을 발견하였다. 현실 세계는 투자자들이 채권을 사고팔 때 발생하는 수수료와 세금을 포함하고 있기 때문이다.

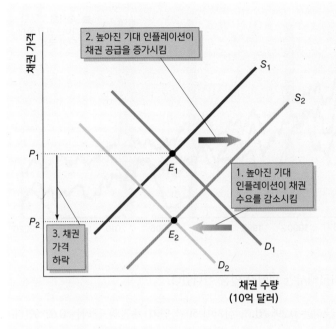

그림 4.7

기대 인플레이션과 이자율

1. 초기 균형 E_1에서, 기대 인플레이션의 상승은 투자자들의 기대 실질수익률을 낮추고, 투자자들이 어느 가격에서나 채권을 매입하고자 하는 의지를 꺾게 한다. 채권의 수요곡선은 D_1에서 D_2로 왼쪽으로 이동한다.

2. 기대 인플레이션율 상승은 어느 가격에서나 기업이 채권을 발행하고자 만든다. 채권의 공급곡선은 S_1에서 S_2로 오른쪽으로 이동한다.

3. 새로운 균형 E_2에서 채권 가격은 P_1에서 P_2로 하락한다.

피셔 효과가 완벽하게 나타나지 않는다 하더라도 다음과 같은 두 가지 중요한 사실을 알려준다.

1. 높은 인플레이션율은 높은 명목이자율을 가져온다. 그리고 낮은 인플레이션율은 낮은 명목이자율을 가져온다.

2. 기대 인플레이션의 변화는 실제 인플레이션이 변하기 전에 명목이자율의 변화를 가져온다.

개념 적용

왜 채권 이자율은 낮은가?

2007~2009년 금융위기 직전인 2007년 중반에 10년 만기 미국 국채의 이자율은 5%였고, 신용이 우수한 기업의 회사채 금리는 6.7%, 3개월 만기 단기국채의 경우에는 4.6%였다. 경기침체기 동안, 이자율이 하락할 것이라고 생각한다. 다음 그림에서 2007~2009년 불황기 동안, 장단기 미국 국채의 금리는 하락하는 가운데, 회사채 금리가 잠시 상승하였는데, 이는 투자자들이 채무불이행 위험이 높아졌다고 생각했기 때문이다. (음영 부분은 경기침체기를 나타낸다.)

그림에서 세 가지 타입의 채권들은 경기침체기가 끝나고 나서도 10년 이상 역사적으로 낮은 이자율을 유지하고 하고 있다. 2020년 8월, 코로나19 확산으로 인해 금리는 더 하락하였다. 10년 만기 국채의 금리가 0.68%, 단기국채의 경우 0.11%가 되었다. 2020년에 이자율

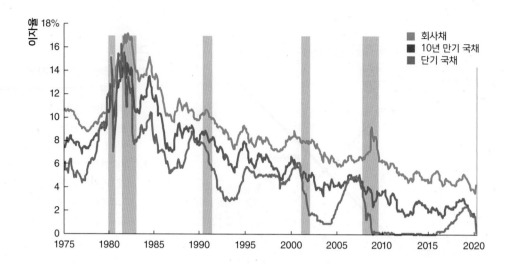

이 이렇게 낮은 것은 비단 미국에서만 벌어진 일은 아니었다.

- 10년 만기 영국 국채의 금리는 0.29%였고, 심지어 50년 만기 채권의 금리는 0.62%였다.
- 일본, 프랑스, 스위스, 벨기에, 독일의 10년 만기 채권 금리는 마이너스였는데, 이는 채권 투자자들이 액면가를 10년 후에 돌려받기 위해서는 정부에 오히려 돈을 지불해야 하는 상황이다.

채권 시장 모형을 이용하여 채권 금리가 왜 이렇게 오랫동안 낮은 수준이었는지 분석할 수 있다. 먼저, 그림 4.7에 나와있듯이 실제와 기대 인플레이션율이 매우 낮은 수준이었기 때문에, 피셔 효과가 낮은 명목 채권 이자율의 결과를 만들었을 것으로 생각할 수 있다. 다음 그림은 해당 기간 동안 채권 시장의 움직임을 나타낸다. 2007~2009년 경기침체기 동안 그리고 그 이후, 2020년 불황기 동안 미국과 고소득 국가들의 재정 적자는 늘어갔고 이는 채권 공급곡선을 오른쪽으로 이동시켰다($S_{2007} \rightarrow S_{2020}$). 이로 인해 채권의 균형 가격은 P_1으로 하락하였고, 균형 이자율은 높아졌다. 그러나 그림에서와 같이 채권의 수요곡선은 D_{2007}에서 D_{2020}으로 이동하였고, 이는 공급곡선의 이동폭보다 더 컸다. 그 결과, 채권의 균형 가격은 P_{2007}에서 P_{2020}으로 상승하였고, 이에 따라 균형이자율은 낮아졌다.

채권의 수요가 대폭 오른 이유는 무엇일까? 국채 수요가 이렇게 추가적으로 생긴 것은 중앙은행으로부터 발생한 것으로, 2007~2009년 경기침체기 동안 중앙은행이 생산과 고용을 늘리기 위해 이자율을 낮추는 통화정책을 실시하였기 때문이다. 중앙은행은 2020년 코로나19가 확산으로 금융위기가 오고 경기가 침체되자 위와 같은 정책에 변형을 주었다. 추후 다른 장에서도 배우겠지만, 보통 중앙은행은 단기국채 등을 매입하여 확장적 통화정책을 펼치고자 한다. 연준 역시 당시에는 미 단기국채를 매입하였다. 그러나 2007~2009년 경기침체로부터의 회복이 더디어지자 미 연준을 비롯한 영란은행, 유럽중앙은행, 일본은행 모두 **양적완화** 정책을 시행하였다. 이 정책은 경기를 다시 활성화시키기 위하여 장기 채권을 매입하는 방식이다. 예를 들면, 연준은 중기 채권과 모기지담보증권을 매입하였다. 양적완화는

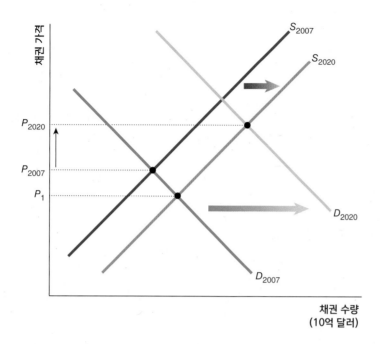

국채 수요를 급증시켜, 국채 가격의 인상과 이자율 하락을 불러왔다. 양적완화 정책이 시작될 때, 많은 경제학들과 정책입안자들은 세계경기가 불황으로부터 회복하면 자연스럽게 뒤집어질 것으로 생각했다. 그러나 실제 2020년에 코로나19 확산으로 연준을 비롯한 중앙은행들은 국채 매입을 상당히 늘렸고, 회사채까지 매입하는 통상적이지 않은 행보를 취했다. 연준은 모기지담보증권의 비중 또한 늘렸다.

국채 수요의 또 다른 유입은 은행과 비은행 금융회사들로부터 온다. 2007~2009 금융위기 이후에, 정부는 특정 금융기업들이 보유할 수 있는 자산의 종류를 제한하는 방식으로 금융시스템의 위험을 줄이고자 하였다. 그 결과, **안전 자산**(safe asset)에 대한 수요가 늘어났다. 장기 국채 보유자는 이자율 위험에 노출되어 있으나 대신 채무불이행 위험은 낮다. 은행과 다른 금융기관들은 미 국채를 비롯한 정부채권의 보유 비중을 높여 새로운 규제에 적응하였다.

2020년 중반 코로나19 이후 세계 경제가 급격하게 성장하지 못했더라면, 채권 이자율은 여전히 낮은 수준을 기록했을 것이다. 경제성장은 인플레이션의 증가를 불러와 중앙은행의 정부 채권을 매입이 줄어든다. 이는 다시 채권 가격을 떨어뜨리고 이자율을 오르게 하여 채권을 보유한 투자자들에게 자본손실이 발생할 수도 있다. 그러나 2020년에 세계 경제가 코로나19로 큰 피해를 입는 동안 인플레이션의 상승 가능성은 없어 보였다. 월스트리트 저널 경제 평론의 한 기고문은 "너무 높은 인플레이션의 위험을 걱정하던 날들이 완전히 사라져버렸다"는 기사를 실었다.

이 장의 끝에 있는 관련문제 3.4를 참조하시오.

예제 4.3

인플레이션 상승을 초래하는 정책 변화 때 채권 투자

2020년 미국 대통령 경선 기간 동안, 버몬트주 상원의원 버니 샌더스와 매사추세츠주 엘리자베스 워렌 상원위원과 같은 민주당 일부 후보들은 대규모 재정정책을 세금이 아닌 채권을 추가 발행하여 조달하자고 주장하였다. 이와 같은 정책하에서는 연준은 더 많이, 혹은 모든 추가 채권을 인수해야 할 수도 있다. 이와 같은 방법으로 정부 지출을 조달하는 것을 **현대통화이론**(Modern Monetary Theory, MMT)이라고 한다. 월스트리트 저널의 기사는 "경제 평론가들은 MMT가 인플레이션과 이자율 폭등을 가져올 것이다"라고 전했다.

a. 코로나19의 여파가 아직 미국 경제에 영향을 주기도 전이었던 2020년 초반에 왜 채권 금리는 매우 낮은 수준이었는가?

b. 어떤 시기에 MMT를 주장하는 후보가 대통령에 당선되었다고 하자. 연방정부는 국채를 발행하여 정부 지

출을 조달했을 것이고, 이 추가 발행된 채권의 대부분은 연준이 인수하였을 것이다. 왜 MMT를 비난하는 전문가들은 인플레이션율이 상승할 것이라고 예상하는가? 만약 이와 같은 비판론자들의 의견이 맞다면, 국채 시장에 영향을 주는 경로를 수요–공급곡선을 이용하여 설명하시오.

c. 여러분이 MMT에 매우 열심히 공부한 결과, 3년 이내에 상승은 없지만 다른 투자자들보다 인플레이션이 더 많이 오를 것이라고 예상한다고 하자. 그렇다면 채권을 매각하기까지 3년을 기다려야 하는가? 간단히 설명하시오.

d. 기대 인플레이션이 상승하였다고 하자. 이때 장기 채권에 투자하는 것이 나은가? 아니면 단기 채권에 투자하여야 하는가? 간단히 설명하시오.

문제풀이

1 단계 **이 장의 내용을 복습한다.** 이 문제는 낮은 채권금리가 지속된 상황과 인플레이션이 채권 가격에 미치는 영향에 관한 것이다. 그러므로 "개념 적용: 왜 채권 금리가 계속 낮은가?"와 "기대 인플레이션의 변화는 이자율에 어떤 영향을 미치는가" 절을 복습해야 한다.

2 단계 **문제 (a)에 대한 해답은 왜 채권 금리가 2020년 초반까지 낮은 수준을 유지했는가를 설명한다.** "개념 적용"에서 실제와 기대 인플레이션이 2020년 초반까지 매우 낮은 수준을 유지했기 때문에, 즉 코로나19의 영향력이 아직 미국 경제에 영향을 미치기도 전이었기에, 피셔 효과에 따라 명목 채권 이자율이 낮을 것으로 기대할 수밖에 없었다. 또한, 채권 수요, 특히 국채에 대한 수요가 채권 공급도다 더 늘어나 채권 가격은 상승하고 명목이자율은 떨어질 수밖에 없었다.

3 단계 **문제 (b)에 대한 해답은 왜 MMT 비판론자들은 이 정책이 인플레이션을 일으킨다고 믿는지 설명하고 채권 시장에서 미치는 영향을 그래프로 이용해서 보여준다.** 2.5절에서 학습하였듯이 장기적으로 화폐공급의 성장률이 상승하면 인플레이션율이 상승하게 된다. 비판론자들은 MMT와 연관된 정책들을 쫓아가면 화폐공급 성장율이 상승할 수밖에 없다고 생각한다. 이는 늘어나는 정부 지출을 조달하기 위해 채권을 더 발행하고, 이를 연준이 모두 매입하여야 하기 때문이다. 이 장에서 보았듯이 기

대 인플레이션율의 상승은 국채에 대한 수요곡선을 왼쪽으로 이동시킨다. MMT에 따르면 이 효과는 연준이 채권을 매입함으로써 사라질 수 있기 때문에, 채권 수요 곡선이 어디로 갈지 확신할 수 없다. 그래프 상에서는, 이와 같은 채권 수요곡선에 대한 순 효과는 곡선을 왼쪽으로 이동시킨다고 가정한다. 왜냐하면 MMT 정책은 국채를 더 발행하여 정부 지출을 늘리는 효과를 가져오기 때문이다. 따라서 채권 수요곡선은 왼쪽으로 이동하고($D_1 \rightarrow D_2$), 공급곡선은 오른쪽으로 이동한다($S_1 \rightarrow S_2$). 균형 채권 가격은 하락하여 P_1에서 P_2가 되는데, 이는 국채 금리가 상승한다는 의미이다.

4 단계 **문제 (c)에 대한 해답은 실제 인플레이션과 기대 인플레이션의 차이에 의한 효과가 채권 가격의 변화에 미치는 영향에 대해서 설명한다.** 채권가격의 변화는 기대 인플레이션의 변화로 설명할 수 있다. 현재 기대 인플레이션은 이미 명목이자율과 채권 가격에 반영되어 있다. 예를 들어, 채권 매수자와 매도자 모두 2%의 실질이자율을 기대하고 있다고 하자. 만약 기대 인플레이션율이 1%라면, 명목이자율은 3%가 된다. 매도자와 매수자가 만약 기대를 바꾸어, 명목이자율이 이에 맞게 조정되었다고 하자. 여러분은 생각하기에 미래 인플레이션이 다른 투자자들보다 더 높다고 생각한다면, 모든 채권을 매도하는 것이 옳다. 인플레이션이 상승하는 것을 기다리는 것은 명목이자율이 오르고 채권 가격이 하락하는 것을 기다리는 것과 같다. 그때가 되면, 이미 채권 투자에서 손실을 피하기에는 늦었을 것이다.

5 단계 **문제 (d)에 대한 해답은 기대 인플레이션이 상승한다고 하면 왜 장기 채권이 좋지 못한 투자인지를 설명한다.** 기대 인플레이션의 상승은 장단기 채권 모두의 명목이자율이 상승한다는 의미이다. 그러나 3.5절에서 학습하였듯이 채권의 만기가 길수록,

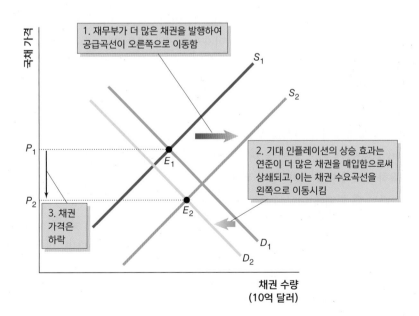

시장 금리의 변화로 채권 가격의 변화가 더 심해진다. 따라서 기대 인플레이션과 명목이자율이 상승하면, 장기 채권에 대한 대한 투자 손실 역시 단기 채권의 경우보다 훨씬 더 커질 것이다.

4.4 이자율과 단기금융시장 모형

학습목표: 단기금융시장 모형을 이용하여 이자율이 어떻게 결정되는지 설명한다.

앞 절에서 채권 시장 분석은 장기 금리에만 초점을 맞추었다. 이전 장에서 학습하였듯이, 통화정책은 전통적으로 단기 명목 금리에 초점을 맞추고 있다. 특히, 연준은 은행들이 서로에게 익일간 적용하는 금리인 **연방기금금리**를 타깃으로 하고 있다. 이 절에서는 단기금융시장 모형[2](혹은 **유동성 선호 모형**)을 이용하여 단기 명목 금리가 어떻게 결정되는지 설명하고자 한다.

단기 자금에 대한 수요와 공급

단기금융시장 모형
단기 자금의 수요–공급을 통해 단기 명목 금리가 어떻게 결정되는지를 보여주는 모형

단기금융시장 모형(money market model)은 단기자금에 대한 수요와 공급이 어떻게 명목 금리를 결정하는지 보여주는 데 초점을 맞춘다. 그림 4.8은 단기자금에 대한 수요곡선을 보여준다. 명목이자율은 세로축, 화폐 수량이 가로축이다. 유통화폐와 당좌예금의 합인 M1을 화폐 수량의 정의로 사용한다.

그림 4.8에서 왜 단기자금에 대한 수요곡선이 하향하는지 이해하기 위해 가계와 기업들은 화폐와 같은 단기 자금과 국채와 같은 다른 금융자산 중에 선택할 수 있다고 하자. 화폐에는 유동성이라는 특징이 있어 재화, 용역 혹은 금융 상품을 살 때 이를 이용할 수 있다. 반대로 화폐가 선호되지 않는 특징이라면, 지갑속의 현금은 이자를 가져다주지 않는다는 것이다. 당좌예금 안에 있는 화폐 역시 이자가 없거나 매우 작은 수준이다. 화폐 대신에 미국 국채 같은 경우에는 이자도 지급하지만, 재화나 용역을 구매하기 위한 자금을 마련하기 위해서는 국채를 팔아야 한다. 명목이자율이 미 국채와 같은 금융자산 대비 상승한다면, 가계나 기업이 화폐를 보유함으로써 잃는 이자 금액은 늘어나게 된다. 반대로 명목이자율이 하락한다면, 가계나 기업이 화폐를 보유함으로써 잃는 이자 금액은 줄어들게 된다. **기회비용**(opportunity cost)이란 어떤 활동을 하게 되어 없어지게 되는 것을 의미한다. **명목이자율은 화폐를 보유하는 것에 대한 기회비용이 된다.**

지금부터는 왜 화폐에 대한 수요곡선이 하향하는지 설명하고자 한다. 미 국채와 금융자산에 대한 명목이자율이 낮다면, 화폐를 보유함으로써 기회비용 역시 낮아지게 되고, 가계나 기업이 수요하고자 하는 화폐의 양은 늘어나게 된다. 이자율이 높다면, 화폐 보유에 대

---

[2] (역주) 단기금융시장 모형의 영문명은 money market model로 직역하면 '화폐시장모형'이라고 해야 하지만, 한국은행은 money market을 단기금융시장의 영문명으로 사용하고 있다.

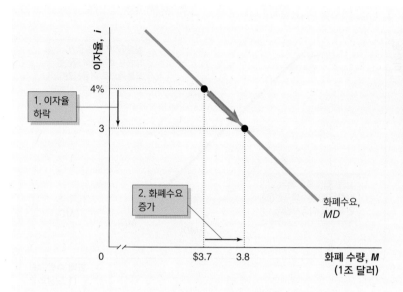

그림 4.8

화폐 수요

낮은 이자율은 가계나 기업들이 미 국채와 같은 금융자산을 화폐로 바꾸고 싶어하기 때문에 화폐 수요곡선은 하향하게 된다. 다른 모든 요소들이 같다면, 이자율은 4%에서 3%로 낮아졌으며, 화폐 수요량은 $3.7조에서 $3.8조로 상승하였다.

한 기회비용은 늘어나고, 화폐 수요량은 낮아진다. 그림 4.8에서, 이자율이 4%에서 3%로 낮아지게 되면 가계나 기업이 수요하는 화폐량은 $3.7조에서 $3.8조로 상승하게 된다.

화폐 수요곡선의 이동

경제학 원론에서 여러분이 이미 학습하였듯이, 재화에 대한 수요곡선은 가격 이외에 다른 모든 요소들이 동일하다면 재화를 구매하고자 하는 소비자의 의지에 영향을 미친다. 가격 이외 요소들의 변화는 수요곡선 자체를 이동시킨다. 이와 같이, 화폐에 대한 수요곡선은 이자율을 제외한 다른 요소들이 동일하다면 가계나 기업이 화폐를 보유하려는 의지에 영향을 미친다. 이자율 이외의 요소들의 변화는 화폐 수요 함수 자체를 이동시킨다. 수요곡선을 이동시키는 가장 중요한 변수 두 가지는 다음과 같다.

1. 실질GDP
2. 물가

실질GDP의 상승은 재화와 용역의 거래가 늘어난다는 것을 의미한다. 가계와 기업은 이와 같은 거래 수행을 위해 더 많은 화폐가 필요하다. 그러므로 가계와 기업이 보유하고자 하는 화폐량은 어떠한 이자율 수준에서도 상승하게 되고, 이는 화폐 수요곡선을 오른쪽으로 이동시킨다. 실질GDP의 감소는 모든 이자율에서 화폐 수요량을 감소시키고, 이는 화폐 수요 함수를 왼쪽으로 이동시킨다. 높은 가격수준은 주어진 거래 수준에서 필요한 화폐 수량을 늘린다. 예를 들어, 물가가 훨씬 낮았던 100년 전에는 주당 $30의 월급이면 중산층에 속하는 수준으로, 당시에 새 차를 $500면 살 수 있었다. 그 결과, 낮은 GDP수준이나 더 적었던 인구 수준을 보정하고서도, 가계나 기업이 보유하고자 하는 화폐 수량은 오늘날보다 훨

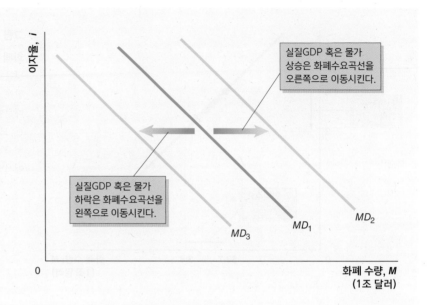

그림 4.9

화폐 수요곡선의 이동

실질GDP 혹은 물가 상승은 화폐 수요곡선을 오른쪽으로 이동시킨다(MD_1 → MD_2). 실질GDP와 물가 하락은 화폐 수요곡선을 왼쪽으로 이동시킨다 (MD_1 → MD_3).

> 실질GDP 혹은 물가 상승은 화폐수요곡선을 오른쪽으로 이동시킨다.

> 실질GDP 혹은 물가 하락은 화폐수요곡선을 왼쪽으로 이동시킨다.

(세로축) 이자율, i
(가로축) 화폐 수량, M (1조 달러)

MD_3 MD_1 MD_2

씬 더 낮았다. 물가 상승은 동일한 이자율에서 필요한 화폐의 양을 증가시켰고, 화폐 수요곡선을 오른쪽으로 이동시켰다. 물가 하락은 동일한 이자율에서 필요로 하는 화폐의 양을 감소시켰고, 화폐 수요곡선을 왼쪽으로 이동시킨다.

그림 4.9는 수요곡선의 이동을 나타낸다. 실질GDP 혹은 물가 상승은 화폐 수요곡선을 오른쪽으로 이동시킨다(MD_1 → MD_2). 실질GDP와 물가 하락은 화폐 수요곡선을 왼쪽으로 이동시킨다(MD_1 → MD_3).

단기금융시장의 균형

14장 14.3절에서 학습하겠지만, 미국 연준을 비롯한 중앙은행은 화폐 공급을 완전히 제어하지는 못한다. 하지만 여기에서는 연준이 화폐 공급을 어느 수준이 되었든 완전히 조정할 수 있다고 가정하고, 화폐 공급의 변화가 단기 명목이자율에 어떤 영향을 미치는지 살펴보도록 하자. 이 가정하에서, 화폐 공급곡선은 수직선이 되고, 명목이자율의 변화는 화폐 공급량에 전혀 영향을 주지 못한다. 그림 4.10은 화폐 수요-공급곡선을 동시에 나타내며, 어떻게 균형 명목이자율이 단기금융시장에서 결정되는지 나타내고 있다. 다른 시장에서와 마찬가지로 단기금융시장에서 균형은 화폐 수요와 화폐 공급이 일치할 때 발생한다. 만약 연준이 화폐 공급을 증가시키면, 화폐 공급곡선은 오른쪽으로 이동하고, 균형 이자율은 하락한다. 그림 4.10은 연준이 화폐 공급을 $3.7조에서 $3.8조로 올리자, 화폐 공급곡선이 오른쪽으로 이동하고(MS_1 → MS_2), 균형 이자율은 4%에서 3%로 하락한다.

단기금융시장에서, 한 균형에서 다른 균형으로 이동하는 과정은 재화 시장에서 균형이 이동하는 것과는 조금 다르다. 그림 4.10에서 단기금융시장은 이자율 4%, 화폐수량 $3.7조

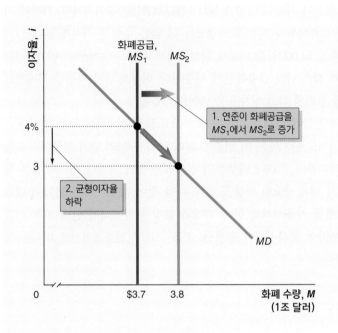

그림 4.10

Fed가 화폐공급을 증가시킬 때 이자율에 대한 효과

Fed가 화폐공급을 $3.7조에서 $3.8조로 늘리면 화폐 공급곡선은 오른쪽으로 이동하여($MS_1 \rightarrow MS_2$), 명목이자율은 4%에서 3%로 하락한다.

표 4.4 단기금융시장 모형의 요약

…이(가) 상승하면	… 이동시키고	…하게 한다	단기금융시장에서 균형의 이동
실질GDP	화폐 수요를 오른쪽으로	명목이자율을 상승	
물가	화폐 수요를 오른쪽으로	명목이자율을 상승	
화폐 공급	화폐 공급을 오른쪽으로	명목이자율을 하락하게 하고 화폐 수량을 상승	

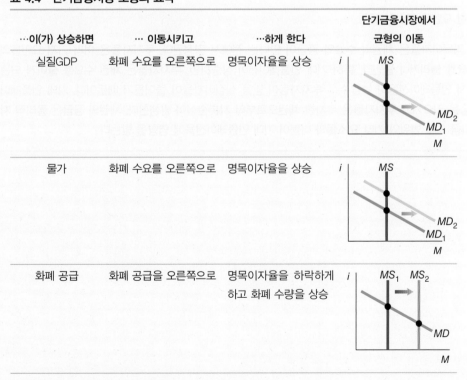

의 균형에서 시작한다. 미 연준이 화폐 공급량을 $0.1조($1,000억)를 증가시키면, 가계와 기업은 이자율 4% 수준에서 보유하고자 하는 화폐량보다 더 많은 수량을 가지게 된다. 그러면 가계나 기업은 이 추가적인 $1,000억를 어떻게 할까? 대체적으로 이 자금은 만기가 1년 혹은 그 이하인 단기 채권과 같은 단기 금융자산에 사용된다. 이렇게 단기 자산을 구매함으로써, 가계나 기업은 가격을 올리게 되고 이자율은 떨어뜨리게 된다.

표 4.4는 화폐의 수요와 공급에 영향을 미치는 주요 요소들을 정리하여 놓은 것이다.

단기금융시장 모형은 적어도 단기에는 미 연준이 화폐 공급을 늘려 단기 명목이자율을 감소시킬 수 있다는 것을 보여준다. 그러나 대부분의 경우에는 장기 국채나 회사채 같은 장기 이자율이 금융시스템에서 더욱 중요한 역할을 한다. 다음 장에서는, 이자율 변화에 대한 분석을 위해 채권 시장 모형을 사용하기로 한다. 17장과 18장에서는 다시 한번 화폐 시장 모형(단기금융 모형)을 사용하여 통화정책이 총생산, 고용 그리고 인플레이션에 미치는 영향에 대해서 논의하기로 한다.

핵심 질문에 대한 해답

이번 장 서두로부터 연결됨

이 장을 시작할 때 다음과 같이 질문했다.

"이자율을 결정하는 가장 중요한 요인은 무엇인가?"

이 장에서 학습하였듯이 장기 명목이자율은 채권의 수요와 공급이 만나는 점에서 결정된다. 투자자들은 여러 가지 요인들의 변화의 결과로 채권에 대한 수요를 늘리거나 줄인다. 특히 기대 인플레이션이 상승하면, 투자자들은 채권 수요를 줄이게 되는데, 이는 주어진 명목이자율에서 인플레이션율이 높을수록 투자자들이 받을 실질이자율이 줄어들기 때문이다. 기대 인플레이션의 상승은 명목이자율의 상승을 일으키고 투자자들은 투자한 채권으로부터 자본손실이 발생한다. 채권의 공급은 물리적 자본 투자의 예상 수익, 정부의 자금 조달 범위와 기타 요소들과 더불어 기대 인플레이션율에 영향을 받는다.

4.1 투자 포트폴리오 구성하기

투자 포트폴리오 구성의 주요 요소에 대해 논의한다.

복습문제

1.1 자산 수요의 결정 요인은 무엇인가?

1.2 경제학자들은 기대수익률과 위험을 어떻게 정의하는가? 투자자들은 전형적으로 위험 회피적인가? 위험 선호적인가? 간단히 설명하시오.

1.3 투자자들은 위험과 수익률 사이의 상충관계에 대해서 어떻게 반응하는가?

1.4 시장 위험과 고유 위험의 차이는 무엇인가? 분산투자는 어떻게 재무 포트폴리오의 위험을 낮출 수 있는가?

응용문제

1.5 뉴욕 타임즈는 재무 설계사의 다음과 같은 발언을 기사에 담았다. "분산 포트폴리오는 진짜 따분한 일입니다. 그래도 파산하는 것보다는 따분한 게 낫습니다."

a. 재무 설계사가 말하는 분산 포트폴리오는 무엇을 의미하는가?

b. 왜 포트폴리오가 분산되어 있지 않으면 투자자가 파산할 수 있다는 것인가?

1.6 [개념적용: "당신의 포트폴리오는 충분한 위험을 가지고 있는가?" 관련] 많은 사람들이 401(k)와 같은 퇴직연금을 이용하여 저축을 한다. 월스트리트 저널의 퇴직 연금에 대한 기사는 다음과 같이 얘기하고 있다. "젊은 투자자들은 퇴직 포트폴리오의 90% 아니 100%를 주식에 쏟아부어야 한다" 그리고 "은퇴를 막 앞둔 사람들에게는 주식 60%, 채권 40%를 추천한다."

a. 401(k) 퇴직 연금이란 무엇인가? 이 기사에서 말하는 "퇴직 포트폴리오"는 무엇을 의미하는가?

b. 은퇴를 위해 저축하는 동안, 왜 투자자의 나이에 따라 구입하는 자산이 달라지는가?

4.2 시장 이자율과 채권의 수요와 공급

수요-공급 모형을 이용하여 채권의 시장 이자율을 결정한다.

복습문제

2.1 채권 수요곡선을 왼쪽으로, 채권 공급곡선을 오른쪽으로 이동시키는 변수 변화에 대한 예를 제시하시오.

2.2 왜 채권 공급곡선은 기울기가 양(+)인가? 왜 채권 수요곡선의 기울기는 음(−)인가?

2.3 채권 시장의 현재 가격이 균형 가격보다 높다면, 어떻게 채권 시장이 균형으로 복귀하는지 설명하시오.

응용문제

2.4 한 학생이 "채권 금리가 낮아진다면, 채권의 매력이 떨어져 투자자들은 채권을 덜 사려할 것이고, 채권 수요곡선은 왼쪽으로 이동할거야"라고 관찰하였다.

이 말에 동의하는지 간단히 설명하시오.

2.5 채권의 수요와 공급 그래프를 활용하여 다음 상황을 설명하시오. 그래프에서 수요 혹은 공급곡선이 어디로 이동하는지, 최초의 균형 가격과 수량, 그리고 새로운 균형 가격과 수량 등을 정확히 제시해야 하며, 그래프 상에서 어떤 원인으로 변화가 있는지 설명해야 한다.

a. 다른 모든 요소들은 변화가 없는 가운데, 정부 재정이 막대한 적자를 보고 있다.

b. 가계는 미래 세금이 현재보다 높을 거라고 예상하여, 저축을 늘렸다.

c. (a)와 (b)가 동시에 일어났다.

4.3 이자율 변화 설명하기
채권 시장 모형을 이용하여 이자율 변화를 설명한다.

복습문제

3.1 불황 중에 일반적으로 이자율에 어떤 변화가 있는지 간단히 설명하시오. 채권의 수요-공급곡선을 이용하여 앞 문제를 그림으로 나타내시오.

3.2 채권 시장은 어떻게 기대 인플레이션율의 상승에 대처하는가? 채권의 수요-공급 분석 그림을 이용하여 답하시오.

응용문제

3.3 다음 상황에서 채권의 균형 가격과 수량에 어떤 영향을 미치는지 설명하시오. (균형 가격과 수량이 어느 방향으로 이동하는지 확실하지 않다면, 이에 대해 설명하시오.)

    a. 의회가 법인세를 올리는 것과 동시에 경제의 부(wealth) 전체가 상승하였다.

    b. 경제가 호황기에 있다.

    c. 기대 인플레이션이 하락하였다.

    d. 정부 재정이 적자가 나고 있다.

3.4 **[개념적용: "왜 채권 이자율은 항상 낮은가?" 관련]** 2020년 초, 월스트리트 저널은 미 국채 시장에 대해서 다음과 같은 기사를 내보냈다. "중국의 코로나바이러스 창궐은 글로벌 경제에 악영향을 미칠 것이다." 그리고 "성장은 더디어지는 반면, 안전 자산으로서의 매력과 인플레이션 기대의 하락으로 장기 채권에 대한 수요는 폭발할 것이다."

    a. 기사에서 "안전 자산"이란 무엇을 의미하는가? 무엇보다 안전하다는 말인가? 안전 자산으로서의 매력이 증가했다는 것이 어떻게 미 국채 시장에 영향을 미치는지 간단히 설명하시오.

    b. 기대 인플레이션 하락이 어떻게 미 채권 시장에 영향을 미치는가?

    c. (a)와 (b)에서 언급한 요인들이 장기 채권에 대한 수요를 폭발시킬 때, 미 국채의 가격과 수익률이 어떻게 된다는 것을 의미하는가? 채권 시장 모형을 이용하여 답하시오. 위 요인들과 채권 균형 가격의 변화 결과로 채권 수요와 공급곡선이 이동할 수 있는 것을 그래프 상에 표현하시오.

3.5 **[이 장 도입부 관련]** 2020년에, 월스트리트 저널은 다음과 같이 제목을 선정하였다. "회사채 판매와 가격을 올릴 수 있는 수익률 사냥"

    a. 기사 제목에서 "수익률 사냥"은 무엇을 의미하는가? 왜 투자자들은 2020년에 수익률을 쫓았는가?

    b. 왜 국채의 가격보다 회사채 가격을 상승시킬 수 있는 수익률을 사냥하고자 하는가? 투자자가 수익률을 사냥한 결과로 회사채 수익률의 등락여부를 설명하시오.

4.4 이자율과 단기금융시장 모형
단기금융시장 모형을 이용하여 이자율이 어떻게 결정되는지 설명한다.

복습문제

4.1 왜 화폐 수요곡선은 하향하는가?

4.2 연준이 명목이자율을 어떻게 낮추는지 화폐의 수요와 공급곡선을 이용하여 설명하시오.

응용문제

4.3 단기금융시장을 그림으로 나타내시오. 다음 경우에 화폐 수요곡선과 공급곡선, 시장 균형과 단기 이자율이 어떻게 변화하는지를 보이시오.

    a. 미 연준이 화폐공급을 감소시켰다.

    b. 불황이 GDP를 떨어뜨리게 하였다.

    c. 가격 수준이 상승하였다.

    d. 물가수준이 떨어지는 동시에 미 연준이 화폐공급을 늘렸다.

대부자금 모형과 국제 자본 시장

학습목표

4.A 대부자금 모형을 이용하여 국제 자본 시장에서 이자율의 결정 과정을 확인한다.

이 장에서 채권의 수요와 공급 관점에서 채권 시장을 분석하였다. **대부자금**(loanable fund)에도 똑같은 접근이 가능하다. 여기서 차주는 구매자가 되는데, 이는 차주가 자금을 사용하기 위해 매입하는 것이기 때문이다. 대부자는 판매자로, 이는 대부자가 대여할 수 있는 자금을 공급하기 때문이다. 두 방법은 동일하지만, 대부자금 접근법은 미국과 해외 금융시장 간에 자금이 유통되는 모습을 파악하고자 할 때 더 유용하다. 표 4A.1은 채권 시장에 대한 두 관점을 비교한 것이다.

표 4A.1 채권 시장 분석의 두 가지 접근법

	채권 접근법의 수요와 공급	대부 시장 접근법의 수요와 공급
재화는 무엇인가?	채권	자금의 운용
구매자는 누구인가?	채권을 사고자 하는 투자자(대부자)	자금을 모으는 기업(차주)
판매자는 누구인가?	채권을 발행하고자 하는 기업(차주)	자금을 공급하려는 투자자(대부자)
가격은 무엇인가?	채권 가격	이자율

대부자금의 수요와 공급

그림 4A.1은 채권의 수요곡선이 대부자금의 공급곡선과 같다는 것을 보여준다. 이 그림에서 고려하고 있는 채권은 1년 만기, 액면가 $1,000인 할인채이다. (a)에서 채권 수요곡선은 그림 4.1의 채권 수요곡선과 같다. (다만 수요라고 하지 않고 B^d로 표기했다.) 참고로 가로축은 채권 수량을 나타내고, 세로축은 채권 가격을 나타낸다. (b)에서는 대부자금의 공급곡선을 나타냈는데, 여기서 이자율은 세로축, 대부자금 수량은 가로축이다. (a)에서 채권 가격은 수요곡선의 A점에 대응하는 $970이다. 이 가격에서 채권의 이자율은 ($1,000−$970)/$970 = 0.031, 즉 3.1%로 대부자금의 공급곡선에서 A점을 나타낸다. 이제 채권 가격이 $950로 하락하였다고 하자, 이는 채권 수요곡선에서 B점을 나타낸다. 이 낮은 가격에서

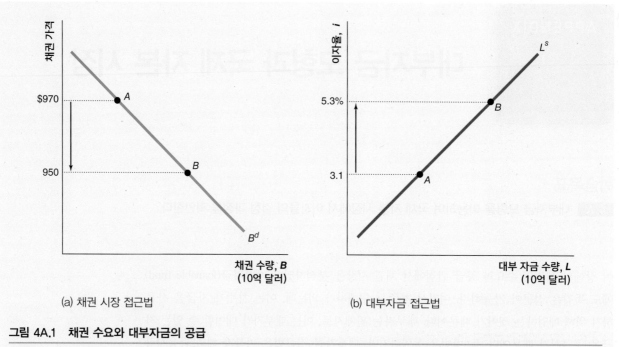

그림 4A.1 채권 수요와 대부자금의 공급

(a)에서, 채권 수요곡선, B^d^는 모든 요소들이 동일할 때, 차주들 이 수요하는 채권 수량과 채권 가격과의 음(−)의 관계를 보여주

고 있다. (b)는 대부자금의 공급곡선을 나타낸 것으로, 공급된 대부자금 수량과 이자율과의 양(+)의 관계를 보여주고 있다.

채권의 이자율은 상승하여, ($1,000−$950)/$950 = 0.053, 즉 5.3%로 대부자금 공급곡선에 서 B점을 나타낸다. 채권을 사들이는 투자자의 입장에서 볼 때 (즉, 채권 시장 접근법에서), 낮은 가격은 채권의 수요량을 늘린다. 마찬가지로, 대부자금을 차주에게 공급하는 투자자 의 입장에서 봤을 때(즉, 대부자금 접근법에서), 높은 이자율은 대부자금의 공급량을 끌어 올리게 된다.

그림 4A.2는 채권의 공급곡선이 대부자금의 수요곡선과 동일하다는 것을 보여주고 있 다. (a)는 채권의 공급곡선이고, (b)는 대부자금의 수요곡선이다. 다시 한번 (a)에서 채권의 가격이 $970라고 하면 이는 채권 공급곡선에서 C점에 해당한다. 이 가격에서 채권은 3.1% 의 이자율을 가지게 되고 이는 대부자금 수요곡선의 C점에 해당한다. 이제 채권 가격이 $950로 낮아진다고 하면 이는 채권 공급곡선에서 D점으로 이동하게 된다. 이 가격에서 채 권의 이자율은 5.3%가 되고 이는 대부자금 수요곡선의 D점에 해당한다. 채권 시장 접근법 에서 채권을 발행하는 기업은 가격이 낮다면 채권 공급을 줄이게 된다. 마찬가지로, 대부 자금 접근법에서 차주로서 대부자금을 수요하는 기업 입장에서는 높은 이자율은 대부자 금 수요를 감소시킨다.

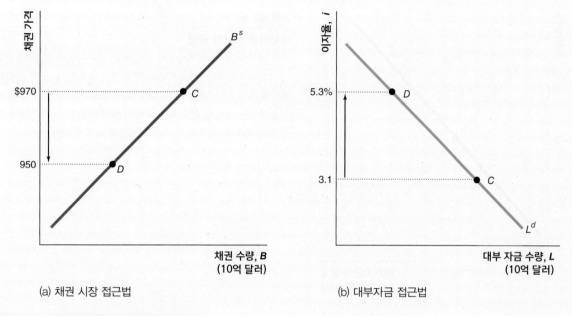

그림 4A.2 채권의 공급과 대부자금의 수요

(a)에서 채권 공급곡선, B^s는 다른 요인이 동일할 때, 차주의 채권 공급량과 채권 가격이 양(+)의 관계에 있음을 보여준다.

(b)에서 대부자금의 수요곡선, L^d는 다른 요인이 동일할 때, 차주의 대부자금 수용량이 이자율과 음(−)의 관계에 있음을 보여준다.

대부자금 모형 관점에서 채권 시장의 균형

그림 4A.3은 대부자금 모형을 이용하여 채권 시장의 균형을 보여준다. 대부자금 모형에서 균형은 대부자금 수요량과 대부자금 공급량이 일치하는 곳에서 나타난다. 그림에서 거래되는 채권은 1년 만기, 액면가 $1,000인 할인채권으로 가정한다. 균형 이자율은 4.2%로 이는 1년 만기, 액면가 $1,000인 할인채의 가격이 $960임을 의미한다. 이 분석은 그림 4.1에 나타난 이자율과 같은 값으로, 채권의 수요와 공급과 대부자금의 수요와 공급이 동일하다는 것을 알려준다.

표 4.2에 정리한 채권 수요곡선을 이동시키는 요인들은 대부자금 공급곡선을 이동시킨다. 마찬가지로, 표 4.3에 정리한 채권 공급곡선을 이동시키는 요인들은 대부자금 수요곡선을 이동시킨다.

국제 자본 시장과 이자율

지금까지는 국제 부문이 국내 이자율과 국내 경제에서 가능한 자금의 양에 어떻게 영향을 미치는지 살펴보지 않았다. 외국 가계, 기업, 그리고 정부들은 자국에 더 높은 이익의 기회가 있다면 얼마든지 미국에서 자금을 빌려줄 수 있다. 같은 논리로, 미국 밖에서 더 높은 이익의 기회가 있다면, 미국의 대부자금은 미국을 떠나 해외에 투자될 수 있다. 대부자금 접

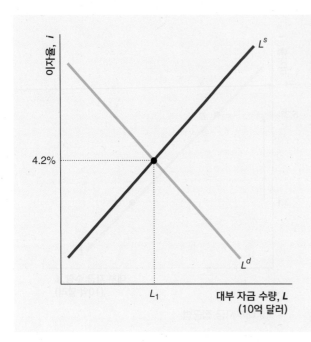

그림 4A.3

대부자금 시장의 균형

균형 이자율에서, 대부자들이 공급하는 대부자금의 양은 차주들이 수요하고자 하는 대부자금의 양과 일치하게 된다. 균형 이하의 이자율에서는 대부자금에 초과 수요가 발생하고, 균형 이상의 이자율에서는 대부자금의 초과 공급이 발생하게 된다. 대부자와 차주 모두 4.2%의 이자율로 거래하는 압박을 받게 된다.

근법은 미국과 해외의 채권 시장 사이의 상호작용을 이해할 수 있는 틀을 제공한다. 논의를 간단히 하기 위해서, 앞으로 이자율은 기대 실질이자율로 명목이자율에서 기대 인플레이션을 뺀 값으로 가정한다.

> **폐쇄경제**
> 가계, 기업, 그리고 정부가 국제적으로 빌리거나 빌려줄 수 없는 경제

폐쇄경제(closed economy)에서, 가계, 기업 그리고 정부는 국제적으로 자금을 빌리거나 빌려주지 못한다. 그러나 실제로는 거의 모든 경제는 **개방경제**(open economy)로서 **금융 자본**(financial capital)(혹은 대부자금)이 국제적으로 움직일 수 있다. 자금을 빌리고 빌려주는 일들은 **국제 자본 시장**(international capital market)에서 일어난 것으로, 가계, 기업, 정부가 국경을 넘어 자금이 움직이는 것이다. **세계 이자율**, r_w를 국제 자본 시장에서 결정되는 이자율이라고 한다. 개방경제에서 공급되는 대부자금의 양은 국내 혹은 해외에서 얼마든지 사용될 수 있다. 네덜란드나 벨기에 같은 소규모 개방경제에서 대부자금의 공급과 수요가 결정되는 것은 세계 실질이자율에 별다른 영향을 미치지 못한다. 그러나 독일이나 미국과 같은 대규모 개방경제에서 차주나 대부자들의 행동 변화는 세계 실질이자율에 영향을 미친다. 다음 절에서 각 경우에 이자율이 어떻게 결정되는지 살펴보자.

> **개방경제**
> 가계, 기업, 그리고 정부가 국제적으로 빌리거나 빌려줄 수 있는 경제

소규모 개방경제

지금까지 암묵적으로 폐쇄경제를 중심으로 설명이 이루어졌다. 이와 같은 폐쇄경제하에서는 균형 국내 이자율에 국내의 대부자금 수요와 공급곡선이 만나는 점에서 이루어졌고, 세계 이자율은 무시하였다. 개방경제하에서는 세계 이자율은 국내 대부자금의 수요와 공급곡선이 만나는 점이 아니라 국제 자본 시장에서 결정된다. **소규모 개방경제**(small open economy)하에서, 대부자금의 수요량과 공급량은 너무 작아서 세계 실질이자율에 영향을 미치지 못

> **소규모 개방경제**
> 대부자금의 수요와 공급량이 너무 적어 세계 실질이자율에 영향을 미치지 못하는 경제

한다. 그래서 소규모 개방경제의 국내 실질이자율은 세계 실질이자율과 같게 되고, 이는 국제 자본 시장에서 결정된 값이다. 예를 들면, 프랑스 남부 지중해에 있는 모나코와 같은 소규모 경제에서 국내 부(wealth)가 엄청나게 증가한다 하더라도, 세계 대부자금의 총량에 비해 늘어나는 대부자금의 양이 미미하기에, 세계 이자율에 미치는 영향도 미미하다.

왜 소규모 개방경제의 국내 이자율은 세계 이자율과 동일하게 되는가? 세계 실질이자율이 4%인 반면, 모나코의 국내 실질이자율은 3%라고 가정해보자. 모나코의 대부자는 해외 채권에 투자하면 4%의 이자를 얻게 되기 때문에 4%보다 낮은 이자율을 받아들이기 어렵다. 그러므로 국내 차주들이 세계 이자율과 같은 4%를 지불하지 않는다면, 자금을 빌릴 수가 없다. 마찬가지로, 만약 세계 이자율이 4%인데, 모나코의 국내 이자율이 5%라고 하자. 모나코 국내 대부자들은 세계 이자율이 4%로 빌려주지 않는다면 빌려줄 사람을 아마 찾지 못하게 될 것이다. 이와 같은 이유로 소규모 개방경제에서 국내 이자율과 세계 실질이자율은 동일할 수밖에 없게 되는 것이다.

그림 4A.4는 소규모 개방경제에서 대부자금의 수요와 공급곡선을 나타낸 것이다. 세계 실질이자율, r_w가 3%라고 하면, 국내에서의 대부자금 공급량과 수요량은 일치하게 된다(E점). 이 국가는 해외 자본 시장으로부터 자금을 빌리거나 시장에 자금을 빌려줄 필요가 없게 된다. 하지만 세계 이자율이 5%라고 해보자. 이 경우에는 국내의 대부자금 공급량(C점)이 국내의 대부자금 수요량(B점)보다 많아진다. 그렇다면 초과 공급된 대부자금은 어떻게 될까? 이들은 국제 자본 시장에서 세계 이자율 5%에서 공급된다. 소규모 개방경제이기 때문에 대출되는 자금의 양이 작아서 세계 시장에 별다른 영향을 미치지 못하고, 국내의 대

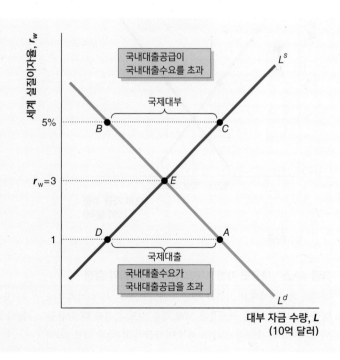

그림 4A.4

소규모 개방경제에서 실질이자율의 결정

소규모 개방경제에서 국내 실질이자율은 세계 실질이자율과 같고, 이 경우 3%이다.

만약 세계 실질이자율이 5%라고 하면, 국내에 공급되는 대부 자금의 양이(C점)이 국내의 대부자금수요(B점)보다 크게 된다. 이 경우, 국제 자본 시장에서 이 나라는 자금을 대출할 수 있다.

만약 세계 실질이자율이 1%라고 하면, 국내에 공급되는 대부 자금의 양이(D점)이 국내의 대부자금수요(A점)보다 적게 된다. 이 경우, 국제 자본 시장에서 이 나라는 자금을 대출받아야 한다.

부자들은 다른 국가에서 새로운 차주들을 찾는 데 전혀 문제가 없다.

이번에는 세계 이자율이 1%라고 하자. 그림 4A.4에서 국내에서 수요되는 대부자금의 양(A점)은 국내에 공급되는 자금의 양(D점)보다 많아지게 된다. 그렇다면 초과 수요되는 대부자금은 어떻게 될까? 초과 수요량은 국제 자본 시장에서 소화하게 된다. 소규모 개방 경제이기 때문에 국제 자본 시장에서 빌리는 자금의 양은 세계 시장에 영향을 미칠 수 없고, 국내의 차주들은 다른 국가의 대부자들로부터 자금을 빌리는 데 전혀 문제가 없다.

요약하자면, 소규모 개방경제에서 실질이자율은 국제 자본시장에서 이자율과 같다. 국내적으로 공급되는 대부자금의 양이 국내적으로 수요되는 대부자금의 양보다 많으면, 남은 대부자금은 해외로 공급된다. 국내적으로 수요되는 대부자금의 양이 국내적으로 공급되는 대부자금의 양보다 많으면, 국내에서 필요한 자금은 외국으로부터 공급받게 된다.

대규모 개방경제

대규모 개방경제
대부자금의 수요와 공급 변화가 세계 실질이자율에 영향을 미칠 정도로 큰 경제

미국, 일본, 독일과 같은 나라에서 대부자금의 수요와 공급 변화는 국제 자본 시장의 세계 이자율에 영향을 미칠 정도로 크다. 이런 국가들을 **대규모 개방경제**(large open economy)라고 하며, 이들은 세계 실질이자율에 영향을 미칠 정도로 대규모 경제를 가지고 있다.

대규모 개방경제의 경우, 국내 실질이자율이 세계 실질이자율과 같다는 가계이 필요없

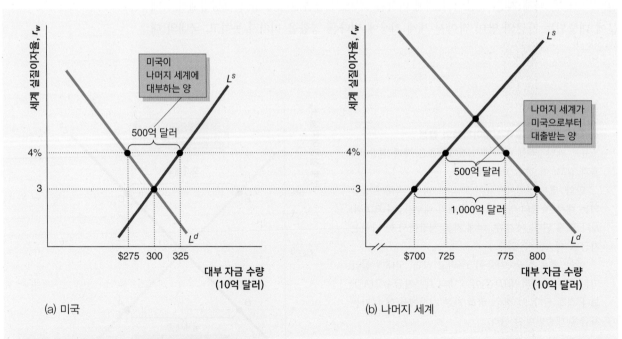

(a) 미국   (b) 나머지 세계

그림 4A.5   대규모 개방경제에서 실질이자율의 결정

대규모 개방경제에서 저축과 투자 곡선의 이동은 세계 이자율에 영향을 미친다. 세계 이자율은 국제 대출 수요와 국제 대출 공급이 일치하도록 조정될 것이다. 세계 이자율이 4%라고 하면, (a)에 서 국내 경제가 수요하고자 하는 국제 대출은 (b)의 나머지 세계들이 공급하고자 하는 국제 대출과 일치하게 된다.

다. 폐쇄경제에서 균형 이자율은 대부자금의 수요와 공급이 일치하는 점에서 결정된다. 세계 경제가 크게 두 개의 대규모 개방경제, 즉 미국과 나머지 경제로 이루어졌다고 가정해보자. 국제 자본시장의 실질이자율은 미국의 대부 혹은 대출하고자 하는 양과 나머지 세계가 대출 혹은 대부하고자 양이 일치하는 곳에서 결정될 것이다.

그림 4A.5는 대규모 개방경제에서 이자율이 어떻게 결정되는지 보여준다. (a)는 미국의 대부자금을 나타낸 것이고 (b)는 나머지 경제를 나타낸 것이다. (a)에서 세계 실질이자율이 3%라고 하면, 미국이 공급하고 수요하고자 하는 대부자금의 양은 모두 $3,000억로 동일하다. 그러나 (b)에서 3% 이자율에서 나머지 세계가 수요하는 대부자금의 양은 $8,000억인데 반면 대부자금의 공급량은 $7,000억이다. 이와 같은 차이는 미국 입장에서 해외 차주들이 국제 자본 시장으로부터 가능한 물량보다 $1,000억만큼 더 빌리고 싶어 하는 상황임을 의미한다. 그렇기 때문에 해외 차주들은 미국이든 나머지 세계에서든 대부자들에게 3%보다 더 지불할 수 있다고 제시하게 된다.

이자율은 미국에서의 초과 대부 공급이 나머지 세계에서의 초과 수요와 일치하는 점까지 상승하게 된다. 그림 4A.5는 세계 실질이자율이 4%까지 상승하고서야 균형이 이루어짐을 나타내며, 미국에서의 초과 공급과 나머지 세계에서의 초과 수요는 $500억로 동일하다. 즉, 4%의 이자율에서 미국이 국제적으로 대부하고자 하는 자금과 나머지 세계가 대출하고자 하는 자금의 양이 일치하게 된다는 것이다. 따라서 국제 자본 시장은 미국과 나머지 세계의 이자율이 4%가 되는 곳에서 균형을 맞추게 된다.

대규모 개방경제에서 수요와 공급곡선을 이동시키는 요인들은 자국의 이자율뿐만 아니라 세계 실질이자율에도 영향을 미친다는 점을 유의해야 한다.

개념 적용

세계적 저축 과잉은 미국의 주택 시장 붐을 발생시켰는가?

1장에서 2007~2009년 금융위기가 주택 시장의 "버블"이 터지면서 발생하였다는 것을 보았다. 버블의 원인 중에 하나는 2000년 전까지만 해도 주택담보대출을 받을 수 없는 저신용자들에게 주택담보대출이 늘어난 것이다. 일부 경제학자들은 주택담보대출의 비정상적으로 낮은 이자율이 2000년 중반 주택 가격이 급격하게 오르게 했다고 주장하기도 한다. 낮은 이자율은 주택 수요를 촉진시켰고, 투자자들이 다수의 집을 사서 미래 주택 가격이 오르는데 투기하기 쉽게 해주었다.

2000년대의 낮은 이자율은 어떻게 설명할 수 있는가? 미국이 2001년 불황으로부터 회복하기 위해, 미 연준은 이자율을 낮추고 2004년 중반까지 낮은 수준을 계속 유지하였다. 일부 경제학자들은 미 연준이 낮은 이자율을 유지하는 정책을 너무 오래 지속한 것이 주택 시장 붐을 촉진시켰다고 얘기한다. 미 연준의 전 의장인 벤 버냉키(Ben Bernanke)는 이에 대해 의견을 달리하는데, 연준의 정책보다는 해외 요인이 2000년 초반 낮은 이자율에 가장 책임이 있다고 하였다. 2005년 주택 버블이 거의 정점에 달했을 때, 당시 연준 의장이었던 버냉키는 "과잉 저축이라 할 수 있는 급격한 전 세계 저축증가가 … 현재의 상대적으로 낮은 장기 이자율을 설명할 수 있다". 버냉키는 과잉 저축이 일본과 같은 나라들의 높은 저축률 때문인 것으로 일부 생각할 수 있다고 하였다. 일본은 고령 인구가 많아, 은퇴를 대비하여 저축을 늘리고 있었다. 또한, 1990년대 초반부터 중국과 한국 같은 개도국들이 저축률을 늘렸기 때문에 글로벌 저축규모가 늘었다고 하였다.

다음 그림은 버냉키의 논리를 대규모 개방경제하에서 대부자금 시장 모형을 이용하여 설명한 것이다. 세계 이자율이 3%인 점에서 균형이 이루어진다고 하자. (a)에서 이자율이 3%이 곳에서 미국은 $2,000억를 해외에서 조달한다. 미국의 대출이 $2,000억라면, 나머지 세계는 $2,000억를 대출시켜 줄 수 있어야 하고, 이는 (b)에 나타나 있다. 나머지 세계에서 저축이 늘게 되면, 버냉키 말처럼 (b)에서 대부자금의 공급곡선이 오른쪽으로 이동하게 된다. 나머지 세계에서의 대부자들이 대부하고자 하는 자금의 양이 미국이 차주들이 빌리고자 하는 자금의 양보다 많아질수록 세계 실질이자율은 낮아지게 된다. 낮아지는 이자율은 미국이 수요하고자 하는 자금의 양을 늘어나게 하고, 나머지 세계가 공급하고자 하는 자금의 양을 줄어들게 한다. 실질 세계 이자율이 1%로 떨어지면, 미국이 해외로부터 빌리고자 하는 $4,000억는 나머지 세계가 빌려주고자 하는 양과 일치하게 되고, 이는 국제 자본 시장이 다시 균형으로 돌아왔다는 의미가 된다.

스탠퍼드 대학의 존 테일러(John Taylor) 교수와 몇몇 경제학자들은 2000년대 세계적인 과잉 저축이 있었다는 말에 회의적이다. 테일러는 과잉 저축보다는 연준의 정책이 미국의 주택 버블에 더 많은 영향을 끼쳤다고 생각한다.

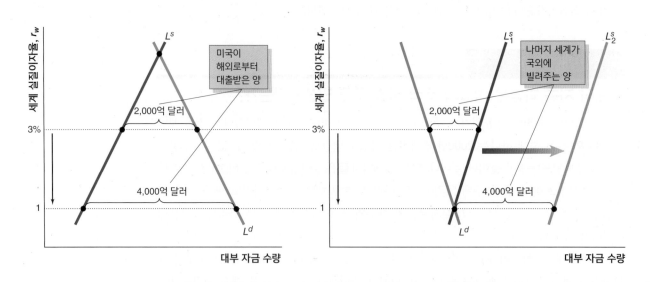

4.A 대부자금 모형과 국제 자본 시장

대부자금 모형을 이용하여 국제 자본 시장에서 이자율의 결정 과정을 확인한다.

복습문제

4A.1 채권 시장모형과 대부자금 모형을 비교하고, 다음을 설명하시오.

    a. 재화는 무엇인가?

    b. 구매자는 누구인가?

    c. 판매자는 누구인가?

    d. 가격은 무엇인가?

4A.2 대부 자금 모형에서, 왜 수요곡선은 음의 기울기를 갖는가? 왜 공급곡선은 양의 기울기를 갖고 있는가?

4A.3 경제학자들은 이자율 변화를 설명하기 위해 언제 채권 시장모형을 사용하고, 언제 대부자금 모형을 주로 사용하는가?

응용문제

4A.4 대규모 개방경제에서 국내에 공급되는 대부자금이 국내의 대부자금 수요량과 일치한다고 가정한다. 법인세의 인상으로 투자가 줄어든다고 하면, 이런 변화가 대부자금의 양과 세계 실질이자율에 어떤 영향을 미치는지 보이시오. 해당 경제는 국제적으로 빌리거나 빌려줄 수 있는가?

4A.5 다음과 같은 사건들이 미국의 대부자금 수요량에 어떻게 영향을 미치는가?

    a. 많은 미국 도시들이 법인세를 올려 재정 적자를 메꾸고자 한다.

    b. 태블릿 컴퓨터의 유행으로 기업의 영업 비용이 줄어들었다.

    c. 정부는 집주인들이 주택담보대출에 지불하는 이자에 대해서 세액공제를 축소시켰다.

이자율의 위험구조와 기간구조

학습목표

이번 장을 통해 다음을 이해할 수 있다.

5.1 왜 동일한 만기의 채권이 다른 이자율을 가지게
되는지 설명한다.

5.2 왜 만기가 다른 채권이 다른 이자율을 가지게
되는지 설명한다.

이자율로 불황을 예측할 수 있는가?

2019년 8월, 일부 경제학자와 투자자들은 3개월 만기 미국 국채의 금리가 2.04%인 반면, 10년 만기 국채의 이자율은 1.50%에 불과한 것에 우려를 표명하였다. 정상적인 경우라면, 10년 만기 국채의 이자율이 3개월 만기 국채 이자율보다 훨씬 높아야 한다. 채권시장은 3개월 만기 보다는 10년 만기 국채에 더 많은 이자로써 보상하는 게 상식적이다. 왜 투자자들은 3개월 만기 국채보다 더 낮은 10년 만기 국채의 금리를 받아들였을까? 일부 경제학자들은 불황이 곧 닥칠 것이기 때문이라고 답했다.

이미 드러난 바와 같이, 미국은 2019년 동안 불황을 겪지 않았다. (금리에서 나타난 현상과는 다른 이유로, 2020년 2월부터 미국은 코로나19로 인한 불황을 겪긴 하였다.) 그러나 왜 경제학자들과 투자자들은 두 이자율의 관계가 불황과 관련이 있다고 생각했을까? 이번 장에서

살펴보겠지만, 경제에 대한 중요한 정보는 만기가 다른 두 채권의 이자율의 관계에 들어가 있다.

물론 동일한 만기의 채권들 사이에서도 중요한 정보들이 녹아 있다. 예를 들어, 2020년 초에 2026년에 만기가 되는 회사채에 투자하였다고 하자. 애플이 발행하는 회사채로부터는 2.0%의 수익을 기대할 수 있는 반면, US스틸이 발행하는 채권으로부터는 8.9%의 이자를 기대할 수 있다. 이때 왜 만기가 동일한 다른 채권에서 4배가 넘는 이자를 기대할 수 있는데 2.0%를 주는 채권에 투자하는 것일까?

어떤 회사가 다른 채권들보다 더 높은 이자율을 제시하는 이유 중에 하나는 그 회사의 채무불이행 위험이 더 높기 때문이다. 다른 말로 하면 채권의 원금과 이자를 되갚지 못할 수도 있다는 말이다. 채무불이행 위험이 낮은

핵심 이슈와 질문

이슈: 일부 경제학자와 정책입안자들은 채권 평가 회사들이 이해충돌의 문제를 가지고 있다고 생각한다. 채권 평가 회사들은 그들이 평가하는 채권을 발행한 회사들이 지불하는 금액으로 운영되기 때문이다.

질문: 정부는 채권 평가 회사를 조금 더 철저하게 규제하여야 하는가?

해답은 이 장의 끝에서…

채권들은 낮은 이자율을 제시한다. 투자자들은 일반적으로 **채권 평가 회사들**(bond rating agencies)의 평가에 의존하여 채권의 채무불이행 위험을 평가한다. 기업들은 채권 발행을 위해서 채권 평가 회사에 비용을 지불하고 평가를 받는다. 이 사실이 평가 회사가 이해 충돌 소지를 가지고 있다는 것을 의미하는 것일까? 평가 회사의 평가는 믿을 만할까?

경제 안에는 왜 다양한 이자율이 존재할까? 이 질문에 대한 대답은 여러 그룹들에게 매우 중요하다. 먼저, 저축자들은 단기채권을 살지 혹은 장기채권을 살지, 아니면 특정 회사에서 발행한 회사채를 살지, 단순히 예금 증서와 같은 곳에 전부 자금을 집어넣을지를 고민한다. 둘째, 기업 운영진은 채권을 발행하여 지불하여야 하는 이자금액이 얼마나 될지 이자율의 변화를 계속 지켜보고 있다. 애플과 같은 기업의 운영진들은 낮은 이자율로 자금을 빌려서 물적 자본에 투자하거나 연구 개발에 투자할 수도 있다. 반면 US스틸과 같은 회사들은 높은 이자율로 자금을 빌려야 하기 때문에 이와 같은 투자는 매우 비용이 많이 들 수도 있다. 이와 같이, 연방, 주 혹은 지방 정부의 정책입안자들은 자금을 빌리기 위해 지불해야 하는 이자가 재정에 상당한 영향을 미친다는 것을 알고 있다. 마지막으로, 연준의 정책입안자들은 어떤 이자율 수준이 정책에 가장 효과적일지 그리고 이자율을 얼마나 낮출지 올릴지를 결정해야 한다.

단기국채나 장기 국채처럼 만기가 서로 다른 채권들의 이자율 관계와 서로 다른 기업들의 발행한 채권들의 이자율 관계를 이해하는 것은 금융시스템이 어떻게 운영되고 통화정책이 어떻게 경제에 영향을 미치는지를 이해하는 열쇠이다. 이 장에서는 경제에 존재하는 다양한 이자율에 대해서 학습하도록 한다.

지금까지, 오직 하나의 채권, 하나의 이자율, 그리고 이자율을 결정하는 하나의 채권시장만이 존재한다고 단순화하여 채권시장에 대한 논의를 전개해 왔다. 이와 같은 단순 가정은 채권의 수요와 공급에 영향을 주는 요인들은 분석하는 데에는 매우 유용하였다. 이 장에서는 왜 채권에 따라 이자율이 다른지, 왜 이자율이 시간에 따라 변하는지를 분석하면서 채권시장에 대해서 조금 더 자세히 분석하도록 한다.

먼저 만기가 동일한 채권들 사이에 다른 수익률을 설명하는 **이자율의 위험구조**서부터 살펴보도록 한다. 그리고 나서 만기에 따라 채권의 수익률이 왜 변하는지를 설명하는 **이자율의 기간구조**에 대해서 살펴본다. 경제학자들은 이 두 가지 종류의 분석을 이자율 전체의 변화뿐만 아니라 개별 채권의 수익률 변화를 예상하는 데에도 사용하기도 한다.

5.1 이자율의 위험구조

학습목표: 왜 동일한 만기의 채권이 다른 이자율을 가지게 되는지 설명한다.

왜 동일한 만기의 채권(예: 30년 만기)들이 다른 이자율 혹은 만기수익률을 가질까?

동일한 만기의 채권은 투자자들이 생각하는 다른 중요한 특징들(예: 위험도, 유동성, 정보 비용, 세금)에 따라 다르다. 선호하는 특징들을 가진 채권들은 이자율이 낮게 되는데, 이는 투자자들이 해당 채권에 대해서 낮은 기대수익률을 받아들이기 때문이다. 한편, 덜 선호되는 특징을 가진 채권들은 투자자들이 해당 채권으로부터 더 높은 수익률을 기대하기 때문에 이자율이 높게 된다. 경제학자들은 만기는 동일하지만 특성들이 다른 채권의 이자율의 관계를 **이자율의 위험구조**(risk structure of interest rates)라고 한다.

채무불이행 위험

채권은 채권 발행자가 원금이나 이자를 갚지 못하는 되는 경우를 가리키는 **채무불이행 위험**(default risk)(혹은 **신용 위험**(credit risk))에 따라 나뉜다. 채무불이행 위험의 효과를 알아보기 위해, 앞서 본 애플과 US스틸의 예를 사용해보자. 두 회사 모두 동일한 만기의 채권을 발행한다고 할 때, 투자자들은 US스틸이 더 높은 채무불이행 위험을 갖는다고 생각하여, US스틸 채권은 애플 채권보다 더 높은 이자율을 가지게 된다.

채무불이행 위험의 측정 미 국채는 미국 정부가 모든 원금과 이자의 지급을 보장하고 있기 때문에 채무불이행 위험이 제로(0)라고 여겨진다. 따라서 투자자들은 미 국채를 다른 채권의 채무불이행 위험을 결정하는 기준점으로 사용한다. 물론 다른 채권과 마찬가지로 미 국채 역시 이자율 위험에 노출되어 있다.

채무불이행 위험 프리미엄이란 동일한 만기의 미 국채와 다른 채권의 이자율 차이를 일컫는다. 채무불이행 위험 프리미엄은 채무불이행 위험이 있는 채권을 보유함으로써 투자자가 필요로 하는 추가적인 수익률이라고 생각할 수 있다. 예를 들면, 30년 만기 3%의 쿠폰금리을 가진 미 국채 대신에 동일한 만기에 5%의 이자를 주는 IBM 회사채를 매입하였다고 하자. IBM 회사채는 어느 정도 채무불이행 위험을 가지고 있고, 채무불이행 위험 프리미엄은 5%−3%=2%로 평가된다.

채권 발행자의 채권에 대한 지불(원금 혹은 이자)이 실패하게 될 확률이 높을수록, 투자자가 바라는 채무불이행 위험 프리미엄은 더 커지게 된다. 채권 발행자의 **신용도**(creditworthiness), 되갚을 능력과 같은 정보의 습득 비용이 높을 수 있기 때문에, 많은 투자자들은 채권을 발행하는 정부나 기업들에 신용도 정보를 제공하는 무디스(Moody's), 스탠다드&푸어스(Standard & Poors), 피치(Fitch) 같은 신용 평가사들에 의존한다. **채권 등급**(bond rating)이란 평가 회사 채권 발행자의 원금 및 이자 지불 능력을 하나의 통계량으로 표현한 것을 의미한다.

표 5.1은 세 가지 대표적인 신용평가사의 신용도 결과를 보여준다. 신용도가 높을수록, 채무불이행 위험도가 낮아진다. (평가척도는 회사마다 조금 다르지만, 가장 낮은 채무불이행 위험도는 모두 "AAA"이다.) 상위 네 등급에 해당하는 채권은 "투자 등급"을 의미하여 채무불이행 위험이 낮거나 보통인 수준이다. B와 같은 낮은 등급 중 하나를 받은 채권은 "비투자 등급", "투기", "고수익률" 혹은 "정크본드"라고 불리게 된다. 이와 같은 채권들은 채무불이행 위험도가 높다. 신용 평가사는 이와 같은 정보를 대중에게 공개하고 발행사의 신용도가 변할 때마다 업데이트를 한다. 예를 들어 2020년 4월, S&P와 무디스는 코로나 19로 인해 보잉사의 매출이 줄어들자 보잉사의 신용도 평가를 낮추었다.

신용평가사가 제시하는 것은 **의견**일 뿐, 투자자들은 이와 같은 의견에 동의하지 않을 수 있다. 2011년 S&P는 미국 장기 국채의 신용도를 AAA에서 AA+로 강등하였다. 왜냐하

표 5.1 채권 평가에 대한 해설

	무디스	스탠다드&푸어스 (S&P)	피치	척도에 대한 의미
투자 등급	Aaa	AAA	AAA	가장 높은 신용등급
	Aa	AA	AA	매우 높은 신용 등급
	A	A	A	높은 신용 등급
	Baa	BBB	BBB	좋은 신용 등급
비투자 등급	Ba	BB	BB	투기 등급
	B	B	B	높은 투기 등급
	Caa	CCC	CCC	상당한 채무불이행 위험
	Ca	CC	CC	매우 높은 채무불이행 위험
	C	C	C	거의 채무불이행 수준(무디스의 경우 원금과 이자를 회수 가능성이 거의 없는 상태라고 함)
	–	D	D	채무불이행

참고: "척도에 대한 의미"의 행의 내용은 피치가 사용하는 용어로부터 조금 수정된 것이다. 다른 두 신용평가사는 거의 비슷한 표현을 쓰고 있다. Aa에서 Caa까지 무디스는 1, 2, 3과 같은 수치를 덧붙여 세분화하였다. 즉 Aa1은 Aa2보다 높은 등급, Aa2는 Aa3보다 높은 등급을 의미한다. 같은 방식으로, S&P와 피치도 플러스(+)와 마이너스(-) 사인을 이용하여 세분화한다. AA+는 AA보다, AA는 AA-보다 높은 등급을 의미한다.

출처: Moody's Investors Service, Rating Symbols and Definitions, January 2020; Fitch Ratings, Definitions of Ratings and Other Forms of Opinion, May 3, 2019; and Standard & Poor's, Standard and Poor's Ratings Definitions, September 18, 2019.

면 미 연방정부가 계속해서 대규모 재정 적자에 시달려 정부가 계속해서 이자와 원금을 갚을 수 있는 능력에 영향을 미쳤기 때문이다. 그러나 S&P가 신용도를 낮춘 후에도, 대부분의 투자자들은 미 국채의 채무불이행 위험에 대해서 걱정하지 않았다.

채무불이행 위험과 채무불이행 위험 프리미엄의 변화 채무불이행 위험의 변화는 채권 금리에 어떻게 영향을 미치는가? 신용평가사는 기업이 원금 및 이자 지불 능력이 떨어진다고 생각될 때, 채권의 신용등급을 낮추게 된다. 만약 투자자들이 이 등급이 옳다고 생각하면, 어느 가격에서도 해당 채권의 수요량을 줄이게 될 것이고, 이는 채권 수요곡선을 왼쪽으로 이동시킨다. 4장에서 학습한 바와 같이, 채권 수요곡선이 왼쪽으로 이동하면, 채권가격은 하락하고, 만기수익률은 상승한다. 예를 들어, 맥클래치 신문은 7.15%의 금리를 보장하는 채권을 발행하였다. 그러나 2020년 1월, 무디스와 S&P는 해당 채권에 비투자 등급, 혹은 "정크" 수준의 신용도를 매겼다. 왜냐하면 평가사들은 이 신문사가 2027년 만기까지 채권 관련한 지불을 완수하지 못할 것으로 생각했기 때문이다. 그 결과, 해당 채권에 대한 수요는 낮아졌고, 가격은 $1,000에서 $632.50까지 내려갔다. 이와 같은 낮은 가격에서, 채권의 만기수익률은 15.44%가 되었다. 투자자들은 이 채권이 가지는 고위험에 대한 보상으로 높은 수익률이 필요하기 때문이다. 다른 말로 하면, 채권의 채무불이행 위험 프리미엄이 치솟은 것으로 볼 수 있다. 낮은 채권 평가도는 2020년 2월 맥클래치 신문사가 파산신청을 하면서 정확한 것으로 나타났다.

투자자들은 모든 범주의 채권들에서 채무불이행 위험이 상승하였다고 생각할 수 있다. 불황기 같은 때에는 회사채의 채무불이행 위험은 상승하고, 이는 (투자자들이 위험 자산을 모두 팔고 안전 자산으로 갈아타는) **안전자산선호**(flight to safety, 혹은 **질을 찾아 비행**)를 발생시킨다. 안전자산선호는 투자자들이 높은 위험을 가진 채권에 대한 수요를 줄이고 위험이 낮은 채권에 대한 수요를 늘리는 것이다. 그림 5.1은 이와 같은 과정을 보여준다. (a)는 Baa 등급의 회사채 시장을 나타낸 것이다. 일반적으로 불황기 동안에는 기업의 수익이 떨어지고, 투자자는 기업이 채권 관련 지불을 하지 못할 수도 있음을 걱정한다. 그 결과 Baa 등급 회사채의 수요곡선이 왼쪽으로 이동하고, 균형 가격은 P_1^C에서 P_2^C로 하락한다. 회사채 가격이 하락하고 있기 때문에, (b)는 투자자들이 늘어나는 채무불이행 위험에 대한 우려로 미 국채의 수요곡선이 오른쪽으로 이동하는 것을 보여준다. 회사채 가격이 떨어졌기 때문에, 회사채의 만기수익률은 상승하게 된다. 반면 미 채권의 가격이 상승하기 때문에, 국채의 수익률은 떨어지게 된다. 따라서 채무불이행 위험 프리미엄의 크기는 상승하게 된다.

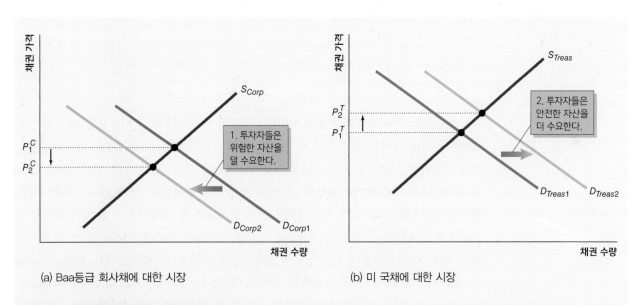

(a) Baa등급 회사채에 대한 시장　　　　　(b) 미 국채에 대한 시장

그림 5.1　채무불이행 위험 프리미엄의 결정

채무불이행 위험 프리미엄을 가격 P_1^T에서 P_1^C로 변화할 때 수익률을 비교하여 정의할 수 있다. 안전한 미 국채의 가격이 위험한 회사채의 가격보다 높기 때문에, 위험을 짊어지는 것에 대한 보상으로 회사채 수익률이 미 국채 수익률보다 높을 수밖에 없다. (a)에서 회사채의 채무불이행 위험이 상승할수록, 회사채에 대한 수요는 D_{Corp1}에서 D_{Corp2}, 왼쪽으로 이동한다. (b)에서 미 국채에 대한 수요는 D_{Treas1}에서 D_{Treas2}, 오른쪽으로 이동한다. 회사채 가격이 P_1^C에서 P_2^C로 하락하고, 미 국채의 가격이 P_1^T에서 P_2^T로 상승하게 되어, 미 국채의 수익률은 회사채 수익률 대비하여 하락한다. 즉, 채무불이행 위험 프리미엄은 올라가게 된다.

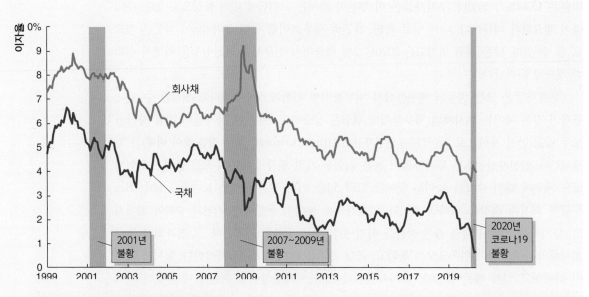

그림 5.2 불황 동안 상승하는 채무불이행 프리미엄

채무불이행 프리미엄은 불황 동안 보통 상승하게 된다. 2001년 불황기에는, 회사채 이자율과 미 국채의 이자율이 차이가 평소에는 2%p 정도 차이를 보이다가 불황기에는 3%p 이상 벌어지는 매우 전형적인 패턴을 보인다. 2007~2009년 불황기에는, 채무불이행 위험 프리미엄이 훨씬 더 커졌다. 불황 전에는 2%p가 안되는 수준에서 불황이 절정이던 2008년도에는 6%p까지 벌어졌다.

2020년에는, 채무불이행 위험 프리미엄이 1월에 2%p 이던 것이 회사채 이자율은 상승하고, 국채 이자율은 하락하면서 4월에는 4%p까지 벌어졌다.

참고: 회사채 수익률은 Baa 등급에 대한 것이다. 미 국채는 10년 만기 채권을 사용하였다.

출처: Federal Reserve Bank of St. Louis.

그림 5.2는 1999년 1월~2020년 5월 Baa 등급의 회사채의 평균 이자율과 10년 만기 미 국채의 수익률 차이를 보여준다.[1] 세 그림자 영역은 각각 2001, 2007~2009, 2020년의 불황기를 나타낸다. 2001년 불황기는 매우 전형적인 패턴을 보여주고 있는데, 불황 전에는 2%p를 유지하던 이자율 차이가 불황에 접어들자 3%p 이상 벌어졌다. 2007~2009년 불황기에는, 채무불이행 위험 프리미엄이 훨씬 확대되었다. 회사채와 미 국채의 이자율 차이는 불황 전 2%p에 못 미치던 수준에서 불황이 가장 심각했던 2008년 가을에는 6%p 이상으로 확대되었다. 이후 2009년 가을에 3%p 정도로 회복되었다. 그림 5.1이 예견한 대로, 위험 프리미엄의 상승은 회사채 이자율이 상승하고, 국채의 이자율이 떨어지는 것으로 발생한다. Baa 등급의 평균 회사채 이자율이 2007년 중반 6.5%에 못 미치다가 2008년 10월에는 거의 9.5%에 이르게 되는 반면, 미 국채의 이자율은 2007년 중반 5% 수준에서 2008년 말에는 3% 이하로 떨어졌다. 2020년에는 1월에 채무불이행 위험 프리미엄이 2% 수준이다가, 회사채 이

---

[1] 역주: 미 국채는 만기에 따라 Treasury Notes, Treasury Bonds로 불리지만 번역할 때는 모두 국채라고 한다. 굳이 구별하자면 Treasury Bills은 단기 국채, Treasury Notes는 중기 국채, Treasury Bonds는 장기 국채이다.

자율이 상승하고 국채의 이자율이 하락하면서 4월에는 4%까지 상승하였다.

정치적 불확실성과 채권 수익률

2020년 초, 블룸버그의 한 기사는 유럽 투자자들 사이에 경제성장에 대한 긍정적인 전망이 확대되고 있는 것을 다룬 적이 있다. (유럽이 코로나19로 인해 2020년 봄부터 불황에 접어들었기 때문에 이와 같은 전망은 맞지 않았다. 2020년 초반 투자자들은 팬데믹이 유행할거라는 것을 미처 알지 못했다.) 이 기사는 한 재무분석가의 말을 인용하여 "미국과 중국의 무역 전쟁이 우호적인 결론에 도달할거라는 낙관론이 수익률을 추구하려는 글로벌 현상을 재점화시켰다"라고 전하였다. 또한 "가장 정크 레벨 수준인" 유럽 채권에까지 그 수요가 증가할 것이라고 전했다. 그리고 더 많은 유럽 기업들이 정크 수준의 채권을 발행할 것이라고 했다.

a. 재무 분석가가 의미하는 "수익률 추구"란 무엇인가? 수익률 추구는 투자자들이 정부 채권에 대한 수요를 늘리는 결과를 가져올 가능성이 있을까? 간단히 설명하시오.

b. 기사에서 언급하는 "정크" 등급이란 무엇인가? 왜 투자자들은 더 높은 등급의 채권을 살 수 있을 때에도 정크 수준의 채권을 사려고 하는가?

c. 이 기사가 정확하다고 가계할 때, 해당 시가 동안 정크 채권의 시장에서 효과를 그래프로 설명하시오. 그 효과로 해당 채권들의 균형 수익률이 올라갈지 아니면 내려갈지 확신할 수 있는지를 간단히 설명하시오.

문제풀이

1 단계 **이 장의 내용을 복습한다.** 이 문제는 채권시장에서 채무불이행 위험에 관한 문제이므로, "채무불이행 위험" 절을 복습해야 한다.

2 단계 **문제 (a)에 대한 해답은 "수익률 추구"가 어떤 의미인지 설명하고 수익률 추구가 정부 채권에 대한 수요를 늘릴 가능성이 있는지를 설명한다.** "수익률 추구"란 투자자들이 더 높은 이자를 주는 채권을 찾아 투자하고자 하는 욕망을 일컫는다. 미국과 중국의 무역 분쟁에 대한 합의에 따라 경제성장이 더욱 견고해질 거라는 투자자들의 믿음은 많은 기업들이 채무불이행 상태에 빠지는 불황에 대한 걱정을 덜었다는 의미이다. 정부 채권은 회사채보다는 낮은 이자율을 가지고 있기에, 수익률을 추구하는 투자자들에게는 정부 채권에 대한 수요 증가의 가능성은 낮아지게 된다.

3 단계 **문제 (b)에 대한 해답은 정크 등급이란 것이 무엇을 의미하고 왜 투자자들이 더 높은 등급의 채권을 대신에 정크 채권을 사고자 하는지 설명한다.** S&P, 무디스, 피치와 같은 신용평가사들은 채권을 발행하는 기업이 채무불이행에 빠질 가능성을 바탕으로 등급을 매긴다. 투자 등급 이하의 신용도를 받은 채권들은 보통 "정크 채권(본드)"으로 불리우는데, 이는 이 채권을 발행한 기업들이 투자 등급 채권을 발행한 기업들보다 채무불이행에 빠질 위험이 훨씬 높기 때문이다. 투자자들은 해당 채권의 채무불이행 위험이라는 부정적인 면을 높은 이자율이라는 긍정적인 면으로 상쇄하여 생각한다. 기사에서 언급한 사례에서, 유럽 투자자들은 높은 채무불이행

위험을 높은 수익률로 상쇄할 수 있을 것이라고 믿었기 때문에 정크 채권을 매입하여 더 높은 채무불이행 위험을 감수한 것이다.

4 단계 **문제 (c)에 대한 해답은 유럽에서 정크본드 시장을 그래프로 묘사하는 것이다. 해당 채권의 균형 수익률이 상승할지 하락할지를 그래프를 통해 확신할 수 있는지를 보여준다.** 기사에 따르면, 투자자들은 유럽 정크본드에 대한 수요를 증가시켰다. 그 결과 수요곡선은 오른쪽으로 이동하여 D_{Junk1}에서 D_{Junk2}가 된다. 동시에 유럽의 기업들은 더 많은 정크본드를 발행하게 되고, 이는 공급곡선이 오른쪽으로 이동하여, S_{Junk1}에서 S_{Junk2}가 된다. 그래프에서 보이는 바와 같이, 채권의 균형 가격은 P_1^J에서 P_2^J로 상승하게 된다. 채권가격과 채권 수익률은 다른 방향으로 움직였기 때문에, 유럽 정크본드의 수익률은 하락하게 된다. 그러나 만약 정크본드의 공급곡선이 수요곡선보다 더 많이 오른쪽으로 이동하였다고 한다면, 균형 가격은 하락할 것이고, 이에 따라 채권의 수익률은 상승하게 된다. 공급곡선이 수요곡선에 비해 얼마나 많이 혹은 적게 이동할지 충분한 정보가 없기 때문에 기사에서 언급한 효과에 따라 채권 수익률이 상승할지 하락할지 확신할 수 없게 된다.

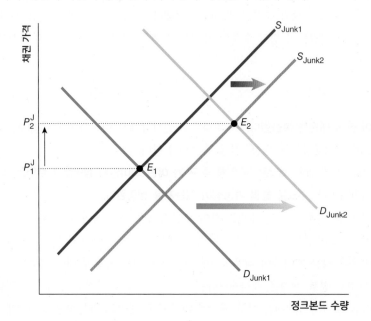

이 장의 끝에 있는 관련문제 1.8을 참조하시오.

개념 적용

신용평가사는 이해 충돌문제가 있는가?

처음으로 미국에서 대량 채권을 발행한 기업은 19세기 철도건설 회사였다. 존 무디(John Moody)는 1909년『무디스의 철도건설 투자 분석』을 발행하면서 현대의 채권 평가 사업을 시작하였다. 나중에 스탠다드 & 푸어스가 된 그 기업은 1916년부터, 피치는 1924년부터 채권 등급 평가를 시작하였다. 20세기 초에, 철강, 석유, 화학 그리고 자동차 산업 등에 속한 기업들은 채권을 발행하여 자금을 조달하였고, 신용평가사들은 철도건설 채권을 넘어 영업을 확장하였다. 1920년대에 이르러, 기업들은 이 세 신용평가사로부터 등급을 받지 못하면 채권 발행에 어려움을 겪게 되었다.

1970년대에 이르러, 채권 평가사들은 두 가지 때문에 어려워졌다. 먼저, 2차 세계대전 이후 번영은 채권의 채무불이행 이슈가 상대적으로 드물게 되자 투자자들은 신용평가사가 제공하는 서비스가 중요하지 않았다. 두 번째로, 신용평가사의 기존 사업모델은 더 이상 이익이 나지 않았다. 신용평가사들은 주로 투자자들의 구독을 통해 평가등급 결과를 판매하여 수익을 창출하였다. 1970년대 저렴한 복사장치의 발전으로 이와 같은 사업모델이 더 이상 유효하지 않았다. 왜냐하면 한 투자자가 이 보고서를 구매하면 손쉽게 구독하지 않는 사람에게 다시 되팔거나 그냥 전달해줄 수 있었기 때문이다.

1970년대 후반, 네 가지의 변화로 신용평가사들은 위기를 모면할 수 있었다. 먼저, 불황기와 높은 인플레이션으로 채무불이행률이 늘어나기 시작했고, 이에 따라 투자자들은 기업들의 신용도를 평가한 정보에 대가를 지불하려 했다. 둘째, 신용평가사들은 1970년대 들어 채권 발행액을 늘리고 있는 해외 기업이나 정부가 발행하는 채권에도 신용평가를 하기 시작하였다. 셋째, 정부는 은행, 뮤추얼펀드 등 금융사를 규제하는 데 있어 채권 평가를 포함하기 시작했다. 수많은 뮤추얼펀드들은 높은 신용등급의 채권을 보유해야 했다. 마지막으로, 신용평가사들은 제공하는 신용평가 서비스의 대가를 투자자들이 아니라 기업이나 정부에게 부과하기 시작했다.

마지막 변화는 신용평가사들이 이해충돌문제에 직면하지 않느냐는 문제를 제기하게 만들었다. 채권을 발행하는 기업들은 자신들의 채권을 평가하는 평가사를 고를 수 있기 때문이다. 평가사들은 이 기업과의 관계를 유지하기 위해 높은 신용도를 줄 수 있는 유인을 가지고 있다. 신용평가사들은 채권 발행기업이 등급 평가를 맡기기 전에 "예비 등급"을 제공했다. 2000년대 중반 주택 경기 활황 동안, 투자은행들은 많은 주택담보부채권과 각종 복잡한 증권을 발행한 적이 있다. 2006년 초 주택 시장이 붕괴될 때, 신용평가사의 높은 신용등급에도 불구하고 이 수많은 증권들의 가치는 폭락하였다.

2006, 2007년에 AAA등급으로 발행된 모기지담보증권의 90%는 결국 채무불이행이 되거나 거의 정크본드 수준으로 등급이 하향되었다. 경제학자들과 정책입안자들은 신용평가사가 의뢰한 기업들이 자신들에게 계속 신용평가를 의뢰하도록 높은 신용등급을 매겼다고 얘기한다. 대다수의 모기지담보증권은 매우 복잡한 구조를 가지고 있다. 일부 언론에서는

신용평가사가 채권 발행자에게 채권 등급을 정확하게 평가할 충분한 정보를 요구하는 것을 꺼리고 있다는 것을 지적하고 있다. 분석가들은 이와 같은 행동이 채권 발행자를 불편하게 한다고 생각했다. 금융위기 이후에, 주 정부의 연기금 관리자들을 포함한 일부 투자자들은 신용평가사들이 투자자들에게 정확한 등급을 제공할 책임을 다하지 않았다는 이유로 신용평가사를 상대로 소송을 제기하였다. 신용평가사들은 벌금과 함께 제대로 신용평가를 내리지 않아 금융위기를 초래했다는 소송에 대한 합의금으로 $19억를 지불하였다. 어떤 경제학자들과 정책입안자들은 신용평가사가 그렇게 중요하지는 않았다고 생각하기도 한다. 신용평가사들도 주택시장의 붕괴가 그렇게 심각할지 예상할 수 없었고 주택시장의 위기가 모기지 담보증권까지 영향을 미칠지 예상할 수 없었기 때문이다.

2010년에, 미 의회는 도드-프랭크(Dodd-Frank) 법안이라 불리는 월스트리트 개혁과 소비자 보호법을 통과시켰다. 이 법안들에는 신용평가사를 규제하는 내용이 담겨 있다. 신용평가사를 관리하기 위해 미 증권거래위원회(Securities and Exchange Commission, SEC)에는 새롭게 신용평가 담당부서가 창설되었다. 이 법안은 (1) 신용평가사의 이해충돌을 규제하는 내용과, (2) 신용평가사 금융상품에 대한 등급을 매길 때 충분한 정보를 제공하는 것이 실패하였을 경우 인가된 투자자들에게 소송을 제기할 수 있도록 하였고, (3) 미 증권거래위원회에게 지속적으로 부정확한 신용등급을 제공할 경우 해당 신용평가사의 인가를 취소할 권한을 주었다. 이 규제를 반대하는 사람들은 신용평가사들의 이해충돌을 제한할 만큼 충분히 입법이 이루어지지 않았다고 주장한다. 2019년 월스트리트 저널의 기사는 "10년 후에, 지나치게 우호적으로 평가된 채권의 증거가 나올 것이다. 채권시장이 가장 활황인 시점에, S&P나 다른 경쟁사들은 시장점유율을 차지하기 위해 극도로 우호적인 등급을 남발하기 시작할 것이다"라고 전했다. 어떤 투자자들은 등급의 정확성 자체에 의문을 가진다. 그리고 한 투자사의 운영자는, "우리는 신용평가를 믿지 않습니다"라며 당당하게 말했다.

신용평가사들은 발행할 채권의 등급이 필요한 기업과 정부로부터 여전히 필요한 기업들이다. 그러나 2020년, 다시 한번 세간의 주목을 받게 되었다. 신용평가사들은 코로나19 팬데믹이 기업의 신용에 미치는 영향을 평가하는데 어려움을 겪었다. 다른 불황의 경우와 달리, 기업들은 심각한 매출 저하를 겪게 될 가능성이 높아 보였다. 다른 때라면 신용평가사들은 회사채의 등급을 강등하여 대응했을텐데, 당시 상황에서는 정부가 사회적 거리두기를 완화하면 금세 매출이 회복될 것으로 보이기 때문에 등급을 낮추지 않았다. 그러나 불확실성의 정도가 2020년 4월 어느 정도 수준에 이르자, 무디스는 신용등급을 매기는 증권의 거의 20%의 등급을 강등하였다. 일본을 기반으로 하는 무선통신 회사인 스프린트/T-모바일과 공유사무실 서비스 업체인 위워크의 대주주인 소프트뱅크사는 무디스가 소프트뱅크 채권의 등급을 강등하자 더 이상 무디스의 신용평가 서비스를 이용하지 않겠다고 선언하는 것을 볼 때, 신용평가사 등급을 매기는 회사로부터 여전히 압력을 받고 있다는 것은 명백해 보인다. 2020년 현재, 미 의회는 이와 같은 어려운 점에도 불구하고, 신용평가사의 영업을 규제하는 법안을 바꿀 것 같아 보이지는 않는다.

유동성과 정보 비용

채무불이행 위험의 차이와 함께, 유동성과 정보 비용의 차이 역시 이자율에 차이를 만든다. 투자자들은 유동성을 신경쓰기 때문에, 다른 모든 요인들이 동일하다면 유동성이 높은 투자에는 낮은 이자율을 감내하고자 한다. 즉, 투자자들은 유동성을 포기하는 대가로 유동성이 낮은 채권에는 더 높은 수익률을 기대한다.

마찬가지로, 투자자들은 채권에 대한 정보를 얻는 비용 역시 신경을 쓴다. 채권에 대한 정보를 얻기 위해 쓰는 시간과 돈은 채권의 기대수익률을 낮추게 된다. 당연히 두 자산 중에서 정보 비용이 낮게 드는 자산을 선호하게 된다. 즉, 투자자들은 정보를 얻기 위해 높은 비용이 드는 채권보다 정보를 얻기 위해 드는 비용이 적은 채권에는 낮은 수익률을 감내한다.

채권의 유동성이 상승하거나 채권에 대한 정보 습득 비용이 하락하면 채권수요는 상승하게 된다. 채권시장 그래프에서 채권 수요곡선은 오른쪽으로 이동하게 되고, 이는 채권가격을 상승시키고 채권 이자율을 하락시킨다. 만약 채권의 유동성이 하락하고 채권에 대한 정보 습득 비용이 증가한다면, 채권 수요는 감소하게 된다. 2007~2009 금융위기 동안 채권의 주요 요소가 되는 주택담보대출에서 수많은 채무불이행이 발생하였기 때문에 투자자들이 채권에 대해 충분히 이해하지 못하고, 모기지담보증권에 대한 정확한 정보를 얻는 데 어려움은 상황을 더욱 악화시켰다. 많은 투자자들은 모기지담보증권을 매입하기 꺼려하였다. 이와 같은 상황은 채권시장 그래프에서 채권 수요곡선이 왼쪽으로 이동하는 것으로 나타낼 수 있으며, 이는 채권가격을 하락시키고 채권의 이자율을 상승시킨다.

세금 효과

투자자들은 채권에서 쿠폰 지급의 형태로 이자를 지급받는다. 투자자들은 소득세를 납부할 때 쿠폰이자로부터 얻은 소득을 반드시 포함해야 한다. 쿠폰으로부터 얻은 소득에 대한 과세는 채권을 누가 발행했느냐에 따라, 투자자가 어디에 거주하느냐에 따라 달리 적용된다. 따라서 투자자들은 세후 수익을 신경 쓰게 되는데, 세후 수익률이란 세금을 지불하고 나서 투자할 때 남는 수익을 의미한다. 예를 들면, 두 가지 채권이 있다고 하자. 각각 액면가 $1,000에 6%의 쿠폰이자를 지급하는 것으로, 1년마다 $60의 쿠폰 이자 지급이 이루어진다. 첫 번째 채권은 포드 자동차가 발행하였고, 투자자는 받은 쿠폰 이자에 40% 세금을 내야 한다고 하자. 다른 채권은 미국 정부가 발행한 것으로서 쿠폰 이자에 대한 세금이 25%이다. 세금을 납부하고 나서, 포드사의 채권으로부터는 쿠폰 이자로 받은 $60에서 $36가 남게 된다. 그에 비해 국채에서는 $45가 남게 된다. 두 채권 모두 투자자의 투자 금액은 $1,000라고 하고, 다른 자본 이득이나 손실을 무시하면, 세후 수익이 포드 채권은 $36/$1,000 = 0.036 혹은 3.6%인데 반해, 미 국채는 $45/$1,000 = 0.045 혹은 4.5%가 된다. 동일한 위험, 유동성, 정보 습득 비용을 가진 두 종류의 채권에서, 세금 효과에만 초점을 맞춘다면, 투자자들은 확실히 세후 수익이 높은 정부 채권을 선호하게 된다. (사실, 미 국채의 위험, 유동성, 정보 습득 비용은 포드에 비해서 월등이 낮다.) 표 5.2는 이와 같은 계산을 요약하여 보여주고 있다.

표 5.2 세금이 두 채권의 세후 수익에 미치는 영향

채권 발행자	액면가	쿠폰이율	과세율	세후 쿠폰이자	세후 수익
포드	$1,000	6%	40%	$36	$26/$1,000=0.036 혹은 3.6%
미 국채	$1,000	6%	25%	$45	$45/$1,000=0.045 혹은 4.5%

지방채
주나 지방자치단체가 발행한 채권

채권의 세금효과는 어떻게 달라지는가 다음과 같이 회사채, 미 국채, **지방채**(municipal bond) 세 종류의 채권을 고려해보자. 회사채의 쿠폰은 연방, 주, 지방 정부의 과세 대상이다. 국채의 쿠폰은 연방정부의 과세 대상이나, 주나 지방 정부의 대상은 아니다. 지방채는 연방, 주, 지방 정부 어디에도 과세대상이 아니다. 회사채의 과세 상황은 미국의 8개주에는 소득세가 없기 때문에 조금 복잡하다. 어떤 지방 정부는 소득세가 없고, 임금에는 세금을 매기지만 투자 소득은 면제인 경우도 있다. 표 5.3은 세 가지 종류의 채권에 대한 과세 상황을 정리한 것이다.

채권투자자는 채권을 보유함으로서 (1) 쿠폰에서 얻는 이자 소득과 (2) 채권의 가격변화로 얻는 자본이익(손해) 두 가지의 수익을 얻을 수 있다. 이자 소득은 임금 혹은 근로 소득과 같은 세율로 세금이 매겨진다.

2020년에, 최소 1년 이상 보유한 자산을 매각하였을 때는 얻은 자본이익에 대해서 이자 소득보다 낮은 세율이 부과되었다. (1년 이하로 부유한 자산을 매각하였을 때 얻는 자본이익에 대해서는 급여나 임금에 부과되는 세율과 동일하였다.) 자본이익은 오직 **실현**되었을 때만 부과 대상이 된다. 즉, 투자자가 기존에 매입하였을 때보다 더 높은 금액으로 매각하였을 때만 발생한다. 예를 들어, 여러분이 채권을 $800를 주고 매입하고 $900에 매각하였다면, 매각 후에 과세 대상이 되는 실현된 자본이익이 생기는 것이다. 만약 매각하지 않는다면, 실현된 소득도 없고 과세도 부과되지 않는다. 자본이익에 대해서 세금을 내는 것이 미루어진다는 것은, 여러분이 세금을 나중에 낼수록 세금의 현재가치는 낮아지기 때문이다. 지방채의 이자 소득은 소득세 부과 대상이 아니지만, 실현된 자본이익은 과세 대상이다.

표 5.3 세금 부과 채권의 쿠폰 지급

채권 종류	주와 지방 정부로부터 징세	연방정부로부터 징세
회사채	거의 모든 주나 도시로부터 과세	예
미 국채	아니오	예
지방채	아니오	아니오

이자율에 대한 세금 변화의 효과   투자자들은 채권의 종류에 따라 다른 세율과 채권에 대한 세후 수익이 중요하다. 따라서 소득세율의 변화는 이자율에 영향을 미친다.

그림 5.3은 연방 소득세의 변화가 지방채와 국채의 이자율에 미치는 영향을 보여준다. 일단 연방 소득세율을 35%라고 가정해보자. (a)는 지방채의 경우를, (b)는 국채 시장의 경우를 보여준다. (a)의 균형 가격, P_1^M은 (b)의 균형가격 P_1^T보다 높다. 지방채의 이자율이 국채 이자율보다 낮은 것은 일반적인 현상이다. 이번에는 연방정부가 세율을 45%로 올린다고 해보자. 높아진 세율로 지방채의 면세조건은 투자자들에게 더 매력적으로 다가온다. 이와 동시에 국채의 세후 수익이 낮아진다. (a)에서 지방채의 수요곡선은 D_{Muni1}에서 D_{Muni2}로 오른쪽으로 이동하며, 가격은 P_1^M에서 P_2^M로 상승하고 이자율은 낮아진다. (b)에서 국채의 수요곡선은 D_{Treas1}에서 D_{Treas2}로 왼쪽으로 이동하며, 가격은 P_1^T에서 P_2^T로 하락하고 이자율은 상승한다. 쿠폰에 대한 과세 이외에는 두 채권이 같은 성격을 가졌다면, 세율이 상승하고 난 후 채권에 대한 이자율은 두 채권에서 받는 세후 수익률이 동일할 때까지 조정이 일어날 것이다. 이와 같은 분석을 바탕으로, 소득세율의 증가는 국채 이자율을 올리고, 지방채의 이자율을 낮추는 효과가 있다고 결론지을 수 있다.

표 5.4는 이자율의 위험구조의 결정요소들을 정리한 것이다.

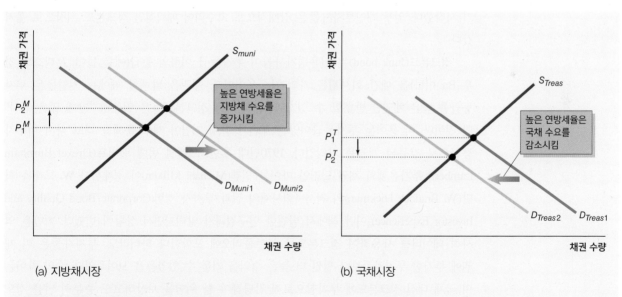

(a) 지방채시장　　　　　　　　　　　　　(b) 국채시장

그림 5.3　세금의 변화가 채권가격에 미치는 영향

만약 연방 소득세가 상승하면, 국채보다는 면세 효과가 있는 지방채가 투자자들에게 더 매력적이다. (a)에서 지방채의 수요곡선은 D_{Muni1}에서 D_{Muni2}로 오른쪽으로 이동하며, 가격이 P_1^M에서 P_2^M로 상승하고, 이자율은 낮아진다. (b)에서 국채의 수요곡선은 D_{Treas1}에서 D_{Treas2}로 왼쪽으로 이동하며, 가격은 P_1^T에서 P_2^T로 하락하고 이자율은 상승한다.

표 5.4 이자율의 위험구조

채권의 ⋯ 이(가) 상승하면,	채권의 수익률이 ⋯한다.	왜냐하면 ⋯
채무불이행 위험	상승	투자자들은 추가적인 위험을 감수하는 데 따른 보상을 원한다.
유동성	하락	투자자들은 채권을 매각할 때 비용이 덜 든다.
정보 비용	상승	투자자들은 채권을 평가하기 위해 더 많은 자원을 소비한다.
세율	상승	투자자들은 세후 수익에 더 신경을 쓰며, 높은 세금을 지불하는 데 따른 보상을 받길 원한다.

개념 적용

정크본드에 투자해야 하는가?

4장에서 2020년 중반 이자율이 역사적으로 낮은 수준에 머물렀다는 것을 보았다. 코로나19의 영향과 연준의 정책 반응이 10년 만기 국채의 이자율을 0.7%까지 낮췄다. 은행들의 양도성예금증서 이자율 역시 1% 이하였다. 그 결과, 많은 투자자들이 높은 이자율을 찾아 헤매기 시작했다. 일부 개인투자자들은 상대적으로 고수익이 매력적인 정크본드 시장으로 옮겨갔다.

정크본드(Junk bond)는 신용평가사들이 투자등급 이하의 등급(예를 들어, 무디스의 경우 Ba 이하)을 매긴 회사채를 가리키는 용어이다. 채권을 발행할 때에는 기업들은 투자등급을 받은 채권만 발행할 수 있기 때문에, 모든 정크본드들은 일종의 "날개 잃은 천사"인 것이다. 이 용어는 투자등급이었던 채권이 발행 기업이 재무 문제를 겪고 나서 비투자등급으로 강등된 채권을 가리킨다. 1970년대 후반, 드렉셀 번햄 램버트(Drexel Burnham Lambert) 투자은행의 채권 딜러인 마이클 밀켄(Michael Milken)이 경제학자 W. 브래독 힉만(W. Bradock Hickman)의 저서 『회사채의 질과 투자자 경험(Corporate Bond Quality and Investor Experience)』이란 책에서 발견한 연구결과가 알려지면서 상황이 변했다. 힉만은 역사적 데이터를 사용하여 정크본드를 포트폴리오에 포함한다 하더라도, 투자자들은 미 채권에 투자한 투자자들보다 훨씬 더 높은 수익을 거둘 수 있었음을 보여주었다. 수익 차이는 미 국채 대신 정크본드에 투자함으로써 감당해야 할 위험을 보상하고도 충분히 남을 정도였다. 정크본드는 이자율이 높아서 포트폴리오의 일부 정크본드가 채무불이행을 하더라도 전체 포트폴리오의 수익은 여전히 높을 것이다.

밀켄은 연기금이나 뮤추얼펀드와 같은 기관 투자자들에게 힉만의 연구를 소개하고, 이들이 정크본드에 투자하도록 격려하였다. 이후 정크본드의 수요를 늘리는 데 성공하여 사상 처음으로 투자 등급 이하의 채권을 발행하는 데 성공하였다. 일부 기관 투자자들은 연금 특성상 혹은 정부의 규제로 인해 여전히 정크본드 매입이 금지되어 있지만, 다른 기관 투자자들은 투자 포트폴리오의 한 부문으로서 정크본드를 매입하기 시작했다.

2007~2009 금융위기 이후, 개인투자자들은 개별 채권을 매입하거나 정크본드에 투자하는 뮤추얼펀드를 통해서 정크본드에 투자하기 시작했다. 정크본드의 이자율이 투자등급의 채권이나 미 국채에 투자하여 얻는 이자율보다 훨씬 더 높았기 때문이다. 예를 들어, 코로나19가 성행하던 2020년 8월, 비투자 등급 혹은 정크등급 채권의 평균 이자율이 5.6%인 반면, AA 투자 등급의 평균 수익률은 1.5%, 10년 만기 미 국채는 0.7%였다.

그러나 정크본드에 투자하는 것이 좋은 투자라고 할 수 있을까? 금융위기가 절정이던 2008년 가을에 정크본드의 평균 이자율은 20%를 넘었다. 그러나 이후 12년 동안 경제적인 상황이 안정되자, 정크본드의 수요가 늘어나고, 수익률은 줄어들게 되었다. 많은 재무 분석가들은 투자자들이 높은 채무불이행 위험을 감수하고 보상받는 수익률이 충분한지를 따져봤다. 정크본드의 유동성은 매우 낮아, 정크본드를 매각하려는 투자자들은 훨씬 낮은 가격을 받을 수 있는 것을 감수해야 한다. 예를 들어, 체서피크 에너지사가 2019년 11월 수익이 예상보다 낮다는 것을 발표하자, 해당 기업의 채권가격이 30%나 급락하였다. 파티 시티사가 기대 이하의 수익을 발표했을 때는, 채권가격이 $50나 폭락하였고, 채권 보유자들은 $5억 이상 손실을 보았다. 두 회사의 채권가격은 나중에 어느 정도 회복하였으나, 정크본드의 가격 변동성은 정크본드를 매입하려는 투자자들에게 또 다른 위험이 증가하는 것과 같다.

코로나19가 유행하는 동안 정크본드를 매입하고자 하는 투자자들은 경제가 불황으로부터 생각보다 빠르게 회복할 수 있음을 유의해야 한다. 깊고 오래 지속되는 불황에서 정크본드를 발행하는 기업들 중 일부는 진짜 파산하여, 투자자들은 투자 금액 대부분, 혹은 전부를 잃을 수도 있다. 무디스의 수석 경제학자는 "[정크본드] 시장은 나를 비롯한 대부분 경제학자들이 이 시점에 생각하는 것보다 더 빠르게 회복할 수 있을 확률이 매우 높다는 점을 감안해야 한다"고 말했다. 많은 재무 분석가들은 위험한 투자가 값어치를 하는지를 의심하는데, 이는 개인투자자들이 투자를 하면서 감수하는 위험을 완전히 이해할지 의문이 들기 때문이다.

5.2 이자율의 기간구조

학습목표: 왜 만기가 다른 채권이 다른 이자율을 가지게 되는지 설명한다.

이자율의 기간구조
만기는 다르지만 다른 요소는 유사한 채권들 사이의 이자율 관계

앞에서 왜 동일한 만기를 가진 채권이 다른 이자율을 가지는지에 대해 살펴봤다면, 지금부터는 만기가 다른 것 외에는 동일한 채권의 이자율 사이의 관계를 나타내는 **이자율의 기간구조**(term structure of interest rates)에 대해서 설명하고자 한다. 이자율의 기간구조에 대한 이론은 다음과 같은 질문에 답을 하고자 한다. "왜 채무불이행 위험, 유동성, 정보 비용, 세금 상황이 동일한 채권이 만기가 다른 다는 이유로 이자율이 다른가?"에 대해 답을 제시한다. 다만 이러한 채권의 특징을 미 국채의 경우에 적용하기로 한다. 이와 같이 기간구조를 분석하는 일반적인 방법은 **미 국채의 수익률 곡선**(Treasury yield curve)을 보는 것이다. 수익률 곡선이란 만기가 다른 미 국채의 이자율의 관계를 특정한 날에 바라본 것을 의미한다. (미 국채의 경우 만기가 1년 이하인 국채는 빌(bills), 만기가 2년에서 10년 사이의 것을 노트(notes), 10년 이상의 것을 본드(bonds)라고 하지만, 편의상 모두 미 국채라고 통칭한다.)

그림 5.4는 2007~2009년 금융위기가 오기 전인 2007년 6월 15일, 비교적 최근인 2019년 8월 30일, 2020년 6월 5일 시점을 기준으로 하는 국채의 수익률 곡선을 나타낸 것이다. 세 가지 수익률 곡선으로 두 가지 중요한 사실을 도출할 수 있다. 먼저 이자율 혹은 수익률은 2007년에 비해 2019년과 2020년에 어떤 만기에서도 다 낮다. 예를 들어, 2007년 6월 15일, 3개월 만기 국채의 수익률은 4.56%인 반면, 2019년 8월 30일에는 2.04%, 2020년 6월 5일에는 0.15%에 불과하다. 미 연준은 2007~2009년 금융위기 이후와 2020년 코로나19에 이자율을 낮추어 경제를 회생하려 했는데, 2020년 인플레이션율이 2007~2009년에 비해 낮아 수익률

그림 5.4

미 국채의 수익률 곡선

2007년 6월 15일, 그리고 2020년 6월 5일 장기채권의 수익률이 단기채권보다 높았다. 2019년 8월 30일, 1개월, 3개월 만기 미 국채의 수익률은 10년 만기, 30년 만기 국채의 수익률보다 높았다. 수익률 곡선의 형태는 투자자들에게 미래 단기 이자율의 향방을 예측할 수 있는 정보를 제공한다.

출처: U.S. Department of the Treasury, *Daily Treasury Yield Curve Rates*.

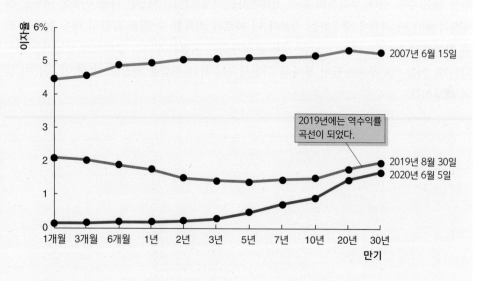

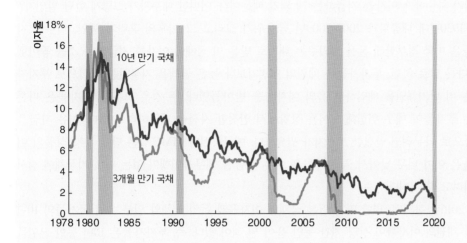

그림 5.5

1978~2020년 3개월 만기와 10년 만기 국채의 이자율

이 그림은 1978년 이후 거의 모든 시기에서 3개월 만기 채권의 이자율이 10년 만기 채권의 이자율보다 낮다는 것을 보여준다. 하지만 일부 기간 동안은 3개월 만기 이자율이 10년 만기 이자율보다 높기도 하다.

출처: Federal Reserve Bank of St. Louis.

역시 낮다. 두 번째로는, 2007년 6월 15일과 2020년 6월 5일, 장기채권의 수익률이 단기채권의 수익률보다 높았다. 특히 2007년보다 2020년에 그 차이가 더했다. 2019년 8월 30일에는 1개월, 3개월 만기 단기국채의 수익률이 10년, 30년 만기 장기 국채의 수익률보다 높았다.

일반적으로는 장기 이자율이 단기 이자율보다 높다. 그림 5.5는 1978년 이후 이러한 패턴을 보여주고 있다. 3개월 만기 이자율은 일반적으로 10년 만기 채권의 이자율보다 낮다. 단기 이자율이 장기이자율보다 낮을 때, **상향 수익률 곡선**이 나타난다. 그림 5.5를 자세히 살펴보면, 2019년처럼, 3개월 만기 채권의 이자율이 10년 만기 채권의 이자율보다 높을 때가 나타난다. 이와 같이 장기 이자율보다 단기 이자율이 더 높을 때, **하향 수익률 곡선**이 나타난다. 하향 수익률 곡선은 자주 일어나지 않기 때문에 **역수익률곡선**이라고도 한다. 그림 5.5는 **다른 만기를 가진 채권의 이자율이 같이 움직인다**는 채권시장에 대해 매우 중요한 사실을 보여주고 있다. 예를 들면, 1970년대 후반, 3년 만기 채권과 10년 만기 채권의 이자율은 같이 올라갔다가, 1980년대 초에 최정점에 이르러, 이후 두 지표 모두 하락하였다. 2년 만기나 30년 만기의 다른 만기의 채권 역시 같은 패턴을 보일 것이다. 그림 5.5에서 3개월 만기 채권의 이자율과 10년 만기의 채권의 이자율 차이는 연준이 단기 이자율을 낮추는 불황기에 극대화된다.

개념 적용

재산을 지키기 위해 정부에 계속 돈을 지불할 것인가?

음의 실질이자율은 종종 일어난다. 예를 들어, 2020년 7월, 3년 만기 미 국채의 명목이자율은 0.13%였고, 인플레이션율(소비자물가지수의 상승률)은 1.03%로, 실질이자율은 0.13%−1.03%=−0.90%였다. 그러나 명목이자율이 음수가 될 수 있는가? 아마도 "아니오"라고 대답할텐데, 음의 명목이자율은 차주가 대부자로부터 빌리는 자금에 대한 대가로 대부자가 오히려 차주에게 이자를 지급하는 게 되기 때문이다. 어떠한 대부자가 그렇게 한단 말인가?

1930년대 대공황과 2007~2009년 금융위기 그리고 그 이후의 혼란기 동안, 일부 투자자들은 미국 정부한테 돈을 빌려주는 대가로 받은 미 국채에 이자를 지급하는 것을 좋아했다. 다른 말로 하면, 투자자들은 채권의 액면가보다 높은 금액을 지불하는 방식으로 투자자들은 미 단기채권을 매입하면 음의 이자율을 받아들였다. 두 경우 모두, 투자자들은 다른 모든 투자들이 매우 위험해 보이는 상황에서 안전한 자산을 매입하려고 했다. 여유 자금을 현금으로 놔두려면 안전한 보관처가 필요하다. 예금증서나 MMF 같은 단기 투자 상품의 이자율은 이미 너무 낮아서, 투자자들은 여유 자금을 채무불이행이 없는 미 단기국채에 잠시 맡기려고 한 것이다.

2016년 봄까지, 10년 만기 일본 국채의 이자율과 독일 국채와 일부 유럽 국가들의 10년 만기 채권의 이자률이 상당 기간 동안 음이 된 적이 있다. 즉, 투자자들은 10년 동안 본인들의 자금을 맡기기 위해 돈을 지불하게 되는 것이다. 일본은행과 유럽중앙은행의 행동의 결과로 이와 같이 있을 수 없을 것 같은 상황이 일어났다. 매우 더딘 경제성장을 촉진시키기 위해, 중앙은행은 상업은행들이 중앙은행에 맡겨 둔 자금을 대상으로 이자를 지급하는 대신에 은행으로부터 이자를 지급받는 것으로 바꾸었다. 이와 같은 정책은 코로나19의 영향으로 2020년까지 지속되었다. 상업은행은 중앙은행에 맡겨 둔 자금에 대해서 중앙은행으로부터 이자를 받기는커녕 이자를 지급해야 하므로, 은행들을 여유자금을 투자할 수 있는 다른 곳을 찾기 시작했다. 미 국채도 그중에 하나이다. 이에 대한 내용은 15장에서 어떻게 중앙은행의 정책이 음의 이자율을 만드는지 다시 살펴보도록 하겠다.

10여 년 동안, 정부부채에 대한 음의 이자율은 대공황 이후로 역사적인 호기심을 끌기 충분했다. 음의 이자율은 세계 금융시스템이 2007~2009년 금융위기로부터의 회복과 2020년 코로나19의 효과를 다루기가 쉽지 않음을 보여준다.

이 장의 끝에 있는 관련문제 2.7을 참조하시오.

기간구조에 대한 설명
그림 5.4와 5.5를 통해 기간구조에 대한 다음 세 가지 사실을 알 수 있었다.

1. 보통 장기채권의 이자율은 단기채권 이자율보다 높다.
2. 단기채권 이자율이 장기채권 이자율보다 높을 때가 있다.
3. 모든 만기의 채권 이자율은 같이 상승하고 하락한다.

경제학자들은 이와 같은 사실들을 설명하기 위해 세 가지 이론을 사용하는데, 이는 **기대 이론, 분리된 시장 이론, 유동성 프리미엄 이론** 혹은 **선호 서식지 이론**이다. 기대 이론은 어떻게 채권시장이 작동하는지를 잘 보여주지만, 앞선 두 이론의 요소들을 결합한 유동성 선호 이론이 가장 많이 받아들여지는 이론이다. 이론들을 평가하는 데 있어서 두 가지 기준점이 유용하게 쓰인다. 첫째는 논리적인 일관성으로 이론이 우리가 알고 있는 투자자들의 행동과 채권시장 이론이 일관성이 있는지를 보는 것이다. 두 번째는 예측력으로서 이론이 실제 수익률 곡선 자료를 설명할 수 있는지 여부에 관한 것이다.

기간구조에 대한 기대 이론

기대 이론(expectations theory)은 기간구조를 이해하기 위한 기초이다. 이 이론은 장기채권의 이자율이 장기채권의 만기 기간 동안의 단기채권에 대한 기대 이자율의 평균이라는 것이다. 이 이론은 채권시장에 참여하는 투자자들을 가장 높은 기대수익률을 얻으려는 목표를 가지고 있는 사람들이라고 정의한다. 이론에서는 채권을 보유하는 기간 동안, 투자자들은 투자하고 있는 채권의 만기를 신경쓰지 않는다고 가정한다. 즉, 투자자가 10년 동안 채권시장에 투자한다고 할 때, 투자자들은 수익률을 최대한으로 하고자 하지, 어떻게 수익을 얻는지는 신경쓰지 않는다. 예를 들어, 이 이론에서는 10년 만기 채권을 매입하여 만기까지 보유하는 것과, 5년 만기 채권을 매입하여 만기 동안 보유하고, 이후 다시 5년 만기 채권을 매입하여 5년 동안 보유하고 있는 것을 동일하다고 여긴다.

> **기대 이론**
> 장기채권의 이자율이 장기채권의 만기 이전 기간까지의 단기채권의 기대 이자율의 평균이 이자율의 기간구조임 설명하는 이론

따라서 기대 이론의 핵심 가계는 다음과 같다.

1. 투자자들은 같은 투자 목적을 가지고 있다.
2. 채권 보유 기간 동안, 투자자들은 다른 만기 기간을 다른 만기 기간에 대한 완벽한 대체재로 본다. 즉, 10년 만기 채권을 10년 동안 보유하는 것은 5년 만기 채권을 5년 보유하고 다시 5년 만기 채권을 매입하여 5년을 보유하는 것은 같다고 취급한다.

이 두 가계 중 어떠한 것도 정확하지는 않다. 따라서 기대 이론은 기간구조에 대한 중요한 직관을 제공하긴 하지만, 완벽한 설명은 되지 못한다. 하지만 기간구조에 대한 조금 더 완벽한 설명을 하기 위해 다음 단계로 넘어가기 전에 기대 이론에 대해 이해하는 것은 필요하다. 이제 기대 이론이 어떻게 작동하는지 살펴보자.

간단한 예를 통해 기대 이론 적용해보기 $1,000를 2년 동안 투자하기 위해 다음 두 가지 전략을 고려하고 있다고 가정하자.

1. **매입 후 보유 전략**. 이 전략은 2년 만기 채권을 매입하고 만기까지 보유하는 것이다. 2년 만기 할인채를 구매하였다고 하자. 할인채를 이용하면 복잡한 쿠폰 이자 지급에 대해서 생각할 필요가 없을 뿐더러, 할인채와 같은 복잡한 가정을 추가하더라도 결과가 바뀌지는 않는다. 2년 만기 채권의 이자율을 i_{2t}라고 하자. 여기서 아래 첨자 2는 채권의 만기를, 아래 첨자 t는 시간을 의미하고, t는 지금 현재이다. 2년 후에, $1,000의 투자금은 $1,000(1+i_{2t})(1+i_{2t})$가 된다. (3장 3.1절 복리 계산 참조)
2. **롤오버(연장) 전략**. 이 전략은 1년 만기 채권을 구매하여 만기까지 보유하는 것이다. 만기 이후, 다시 1년 만기 채권을 매입하여 만기까지 보유한다. 이때, 1년 후 1년 만기 채권의 이자율이 어떻게 될지 확신할 수 없다. 대신에, 앞으로 1년 후에 채권시장에서 이자율이 어떻게 결정될지에 대한 기대인 채권시장에서 모든 정보를 얻는다. 1년 만기 채권 이

자율은 i_{1t}, 1년 후($t+1$)에 1년 만기 채권의 기대 이자율은 $i^e_{(1t+1)}$가 된다. 2년 후에 여러분이 \$1,000의 투자에 기대하는 수익은 $\$1,000(1+i_{1t})(1+i^e_{(1t+1)})$이다.

기대 이론의 가정에 따르면, 두 전략의 수익률은 동일하여야 한다. 재무적인 차익거래 때문에, 증권의 가격은 투자자가 다른 비교 가능한 증권으로부터 얻을 수 있는 수익률에 맞춰져야 한다는 것을 3장 3.4절에서 학습하였다. 기대 이론에 따르면, 투자자들은 2년 만기 채권을 2년 보유하는 것과 2개의 1년 만기 채권을 보유하는 것을 대안으로 고려할 수 있다. 따라서 차익거래는 두 전략에서 동일한 결과를 나오도록 할 것이다. \$1,000의 투자는 두 전략에서 동일한 결과를 가져올 것을 다음과 같이 나타낼 수 있다.

$$\$1,000(1 + i_{2t})(1 + i_{2t}) = \$1,000(1 + i_{1t})(1 + i^e_{1t+1})$$

괄호 안의 항을 곱한 후 정리하면,

$$2i_{2t} + i^2_{2t} = i_{1t} + i^e_{1t+1} + (i_{1t})(i^e_{1t+1})$$

i^2_{2t}와 $(i_{1t})(i^e_{(1t+1)})$는 이자율의 곱으로 매우 작다는 점을 고려하여 위 항등식을 더욱 간단히 할 수 있다. 예를 들어, 2년 만기 채권의 이자율이 3%라면, $i^2_{2t}=0.03 \times 0.03=0.0009$로서 아주 작아서 결과에 영향을 미치지 않을 것이므로 무시할 수 있다. 이렇게 i^2_{2t}와 (i_{1t}) $(i^e_{(1t+1)})$를 고려하지 않고 항등식을 2로 나누게 되면,

$$i_{2t} = \frac{i_{1t} + i^e_{1t+1}}{2}$$

이 식은 2년 만기 채권의 이자율이 현재의 1년 만기 채권의 이자율과 1년 후에 1년 만기 채권의 이자율의 평균이라는 것을 보여준다. 예를 들어, 오늘 1년 만기 채권의 이자율이 2%이고, 1년 후의 1년 만기 채권의 이자율이 4%라고 하면, 오늘 2년 만기 채권의 이자율은 3%(= (2% + 4%)/2)가 되어야 한다는 것이다.

매입 후 보유 전략과 롤오버 전략의 동일성은 어느 기간 동안에서나 성립해야 한다. 예를 들어, 10년 만기 채권이 이자율은 앞으로 10년 동안의 10개의 1년 만기 채권의 이자율의 평균이어야 한다는 것이다. 따라서 n년 만기 채권의 이자율에 대해서 다음과 같이 정리할 수 있다.

$$i_{nt} = \frac{i_{1t} + i^e_{1t+1} + i^e_{1t+2} + i^e_{1t+3} + \ldots + i^e_{1t+(n-1)}}{n}$$

기대 이론을 이용한 기간구조의 해석   기대 이론이 정확하다면, 기간구조는 채권 투자자들이 미래의 단기 이자율이 어떻게 될 거라고 기대하는지에 대한 정보를 제공한다. 예를 들어, 1년 만기 채권의 이자율이 2%, 2년 만기 채권의 이자율이 3%라고 하면, 투자자들은 1년 후에 1년 만기 채권의 이자율이 4%가 될 거라고 기대한다. 그렇지 않다면, 두 1년 만기 채권의 이자율 평균이 2년 만기 채권이 이자율과 같아질 수 없다.

그림 5.6은 세 개의 가능한 수익률 곡선을 보여주고 있다. 기대 이론을 이용하여 수익률 곡선의 기울기를 설명할 수 있다. (a)는 상향하는 수익률 곡선으로 1년 만기 채권의 이자율이 2%, 2년 만기 채권의 이자율이 3%, 3년 만기 채권의 이자율이 4%로 나타나 있다. 2년 만기 채권이 이자율은 1년 만기 채권의 이자율과 1년 후의 1년 만기 채권의 기대 이자율의 평균이다.

$$3\% = \frac{2\% + 1년\ 후\ 1년\ 만기\ 채권의\ 기대\ 이자율}{2}$$

따라서, 1년 후의 1년 만기 채권의 기대 이자율은 $(2 \times 3\%) - 2\% = 4\%$가 된다.

이와 같이, 1년 후의 1년 만기 채권의 기대 이자율을 이용하여 2년 후의 1년 만기 채권의 기대 이자율을 도출할 수 있다.

$$4\% = \frac{2\% + 4\% + 2년\ 후\ 1년\ 만기\ 채권의\ 기대\ 이자율}{3}$$

2년 후의 1년 만기 채권의 기대 이자율은 $=(3\% \times 4\%) - (2\% + 4\%) = 6\%$이다.

3년 만기 채권의 이자율은 2년 만기 채권의 이자율보다 높고, 2년 만기 채권의 이자율이 1년 만기 채권의 이자율보다 높은 이유는 투자자들이 1년 만기 채권의 이자율이 2%에서 4%, 4%에서 6%까지 상승할 것으로 예상하기 때문이다. 즉, **기대 이론에 따르면, 상향 수익 곡선은 투자자들이 미래의 단기 이자율이 현재의 단기 이자율보다 높을 것이라고 기대하는 것이다.**

그림 5.6의 (b)는 평평한 수익률 곡선을 나타내는데, 이는 2년 만기와 3년 만기 채권의 이자율이 1년 만기 채권의 이자율과 같다는 것을 보여준다. 기대 이론에 따르면, 투자자들의 1년 만기 채권의 이자율이 2%로 동일하다고 생각한다는 것을 알 수 있다. 즉, **기대 이론에 따르면, 평평한 수익률 곡선은 미래의 단기 이자율이 현재의 단기 이자율과 동일하다고 기대한다는 것을 보여준다.**

마지막으로 그림 5.6의 (c)는 하향 수익률 곡선을 나타내는 것으로 1년 만기 채권이 이자율이 6%, 2년 만기 채권의 이자율이 5%, 3년 만기 채권의 이자율이 4%이다. 앞서 상향 수익률 때 사용한 동일한 공식을 이용하여 1년 후 2년 만기 채권과 2년 후 1년 만기 채권의 이자율을 유추할 수 있다. 계산하면 2년 후 1년 만기 채권의 이자율은 4%, 2년 후의 1년 만기 채권의 이자율은 2%이다.

3년 만기 채권의 이자율은 2년 만기 채권의 이자율보다 낮고, 2년 만기 채권의 이자율은 1년 만기 채권의 이자율보다 낮다. 이는 투자자들이 1년 만기 채권의 이자율이 6%에서 4%, 4%에서 다시 2%까지 낮아질 거라고 기대하기 때문이다. 즉, **기대 이론에 따르면, 하향 수익률 곡선은 투자자들이 미래의 단기 이자율이 현재 단기 이자율보다 낮다고 기대하기 때문에 발생한다.**

기대 이론의 단점 기대 이론은 수익률 곡선의 기울기에 대해서 일관된 설명이 가능하다.

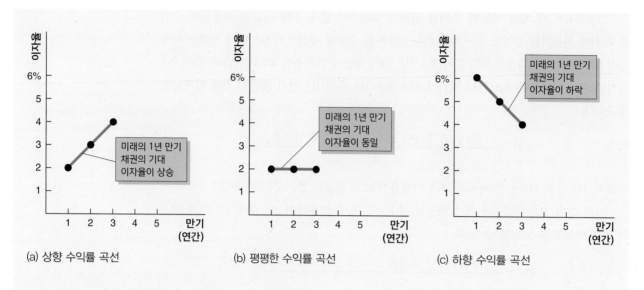

그림 5.6   수익률 곡선을 이용한 이자율 예측: 기대 이론

기대 이론에 따르면, 수익률 곡선의 기울기는 미래의 단기 이자율이 현재의 이자율에 비해 (a) 상승, (b) 동일, 혹은 (c) 하락할 수 있다.

즉, 이 이론은 왜 수익률 곡선이 상향하는지, 동일한지, 하향하는지를 설명할 수 있다. 또한 그림 5.5에서 보인 바와 같이 왜 단기 이자율과 장기 이자율이 동시에 같이 움직인다는 것 역시 설명할 수 있다. 1940년대 이후, 미국의 이자율 변동은 지속성이 있다. 이자율의 상승과 하락이 일정 기간 동안 지속되어 왔다. 따라서 단기 이자율이 오늘 오른다고 한다면, 투자자들은 미래 단기 이자율이 상승할 것으로 기대하기에, 기대 이론에 따르면 이는 장기 이자율이 상승하는 결과를 가져올 것이다.

기대 이론은 앞서 소개한 '장기채권의 이자율은 보통 단기채권의 이자율보다 높다. 즉 수익률 곡선은 대체로 우상향한다.'는 이자율의 기간구조에 관한 첫 번째 사실을 설명하는 데 있어서는 어려운 점이 있다. 기대 이론은 우상향하는 수익률 곡선이 투자자들이 미래의 단기 이자율이 현재의 단기 이자율보다 클 것이라는 기대의 결과라고 한다. 그러나 수익률 곡선이 전형적으로 상향하는 기울기를 가졌다고 하면, 투자자들은 대부분의 시간 동안 단기 이자율이 상승해야 한다고 기대해야만 한다. 어느 특정한 순간, 단기 이자율이 상승하는 만큼 하락할 가능성이 있기 때문에 이와 같은 설명은 현실성이 떨어진다. 따라서 기대 이론은 채권시장에서 투자자들의 행동에 대해서 꽤 중요한 점을 간과하고 있다고 결론을 내릴 수 있다.

예제 5.2A

이자율의 기간구조를 이용하여 손쉽게 돈을 벌 수 있을까?

이자율 캐리 트레이드(interest carry trade)란 낮은 이자율로 대출하여 고수익의 장기 이자율에 투자하는 것을 말한다.

a. 당신은 개인투자에 이자율 캐리 트레이드 전략을 사용할 것인가? 개인이 이 전략을 사용하기에 어려운 점을 설명하시오. (힌트: 돈을 어떻게 빌릴 것인지부터 생각해본다.)

b. 당신이 연기금이나 보험사와 같은 기관 투자자를 위

한 투자 자문가라고 가정해보자. 이들에게 이자율 캐리 트레이드 전략을 추천할 것인가? 기관 투자자 입장에서 이 전략의 어려운 점을 설명하시오.

c. 수익률 곡선이 뒤집어졌다면(즉, 하향한다면), 기관 투자자들은 여전히 이자율 캐리 트레이드 전략을 유지할 수 있을까? 간단히 설명하시오.

문제풀이

1 단계   **이 장의 내용을 복습한다.** 이 문제는 수익률 곡선의 이해에 대한 것으로, "기간구조에 대한 기대 이론" 절을 복습하여 해결할 수 있다.

2 단계   **문제 (a)에 대한 해답은 개인투자자가 이자율 캐리 트레이드를 통해 수익을 창출할 수 있는지를 설명한다.** 수익률 곡선은 주로 상향하기에, 대부분의 경우 단기 이자율은 장기 이자율보다 낮다. 따라서, 단기 자금을 대출하여 장기에 투자하는 것이 괜찮은 전략으로 보인다. 하지만 평균적인 투자자는 이 전략을 펼치기에 어려운 점이 따른다. 왜냐하면 단기국채 이자율 같은 수익률 곡선의 단기 이자율은 일반적인 투자자들이 이용 가능한 이자율보다 훨씬 낮다. 대부분은 소액 투자자들은 은행으로부터 돈을 빌리거나, 증권을 담보로 증권회사로부터 대출을 받거나, 신용카드를 통한 소액대출을 이용하게 된다. 이와 같은 대출들의 이자율들은 단기국채 이자율보다 월등히 높다. 그래서 여러분이 평균적인 투자자라면, 여러분이 대출을 받을 때 적용 받는 이자율과 장기 국채나 다른 장기채권의 이자율과의 차이가 작거나 혹은 음(−)이 될 수도 있다.

3 단계   **문제 (b)에 대한 해답은 기관 투자자가 처한 상황을 생각한다.** 개인투자자와 달리 연기금이나 보험회사 같은 기관 투자자들은 낮은 단기 이자율로 돈을 빌릴 수 있고 장기의 높은 이자율 상품에 투자할 수 있다. 왜냐하면 이와 같은 기관 투자자들의 채무불이행 위험은 낮고, 대부자들도 이들에 대한 정보를 쉽게 얻을 수 있기 때문이다. 하지만 여기에는 기관 투자자들이 단기대출을 연장하는데 이자율이 계속 오를 수도 있다는 위험을 가지고 있다는 문제가 있다. 예를 들어, 연기금이 \$1,000만를 6개월 동안 1%로 대출을 받아 10년 만기 3% 이자율의 미 국채에 투자하였다고 하자. 6개월이 지나, 단기 이자율이 1% 이상으로 올라버리면 연기금의 수익이 줄어든다. 사실, 기대 이론이 정확하다면, 장기 투자의 기간 동안의 기대 단기 이자율의 평균은 장기 투자의 이자율과 거의 동일하게 되고, 이자율 캐리 트레이드에서 얻을 수 있는 수익들은 사라지게 된다. 이때 이자율이 기대보다 더 빠르게 오

른다면, 장기 투자의 가격은 하락할 것이고, 투자자들은 자본손해를 겪게 될 것이다.

4 단계 **문제 (c)에 대한 해답은 이자율 캐리 트레이드가 수익률 곡선이 뒤집힌 상태에서도 유지될 수 있는가에 관한 것이다.** 수익률 곡선이 뒤집어졌다면, 장기 이자율은 단기 이자율보다 낮을 것이고, 기관 투자자들은 장기로 대출을 받아 높은 이자율의 단기 상품에 투자할 것이다. 이와 같은 경우에, 투자자들은 재투자위험에 직면하게 되는데, 이는 단기 투자가 만기가 된 후, 단기 투자의 이자율이 하락하는 것을 말한다. 예를 들어, 보험회사가 $1,000만를 4%의 이자율로 대출을 받아, 이자율이 5%인 6개월 만기 미 국채에 투자했다고 하자. 단기국채가 만기가 되었을 때, 새로운 미 단기국채의 이자율이 3%로 떨어질 수 있다. 다시 한번 말하지만, 기대 이론은 장기 투자의 기간 동안의 기대 단기 이자율의 평균은 장기 투자의 이자율과 거의 동일하게 되고, 이자율 캐리 트레이드에서 얻을 수 있는 수익들은 사라지게 된다.

기대 이론은 이자율 캐리 트레이드가 사람들을 부자로 만드는 방법은 아니라는 것을 보여준다.

이 장의 끝에 있는 관련문제 2.8을 참조하시오.

기간구조에 대한 분리된 시장 이론

분리된 시장 이론
특정한 만기의 채권의 이자율은 해당 만기를 가진 채권의 수요와 공급에 의해 결정된다고 하는 이자율의 기간구조에 관한 이론

분리된 시장 이론(segmented markets theory)은 기대 이론의 단점을 다음 두 가지 측면에서 지적한다.

1. 채권시장의 투자자들은 모두 같은 목적을 가지고 있지 않다.
2. 투자자들은 다른 만기의 채권을 완벽히 대체재로 인식하지 않는다.

위와 같은 지적은 다른 만기의 채권시장이 분리되어 있다는 것을 의미한다. 그렇기 때문에, 특정한 채권의 이자율은 해당 만기 채권의 수요와 공급에 의해 결정된다. 분리된 시장 이론은 모든 투자자가 같다고 생각하지 않는다. 예를 들어, 대기업은 많은 양의 현금을 가지고 있는데, 이들은 이를 통해 이자를 벌고 싶어 하기도 하지만 필요할 때 사용하기 위해 비축을 하기도 한다. 만약 이런 회사를 경영하는 운영진이라면 장기 국채보다는 단기국채에 투자하여 필요할 때 사용할 수 있도록 할 것이다. 이와 비슷하게 단기국채나, 기업어음과 기타 단기 상품에 투자하고 장기 상품에 투자하는 것은 아예 규제되어 있는 단기 자금 뮤추얼펀드 등도 존재한다.

한편, 장기 국채에는 투자를 하지만, 단기국채에는 거의 투자를 하지 않는 투자자도 있다. 예를 들어, 보험회사는 보험가입자가 사망하게 되면 보험금을 납부하는 생명 보험을 판매한다. 보험 계리사는 특정한 기간 동안 얼만큼 지불이 이루어지는지 측정을 하게 된다. 보험회사는 이 추정을 이용하여 제때 보험금을 지급할 수 있도록 채권을 매입하여야 한다. 여러분이 보험회사의 운영진이라면, 20년 후에나 지급할 것으로 기대되는 보험금을 위해 중기

채권에 투자하고 싶지는 않아 할 것이다. 20년 만기의 채권에 투자하는 것이 중기 채권에 투자하는 것보다 나은 전략이다.

순수한 형태의 분리된 시장 이론은 어떤 만기의 채권시장에 참여하는 투자자들은 다른 만기의 채권에 투자하지 않는다. 따라서, 단기채권에 대한 수요에 미치는 요인들이 중장기채권의 투자에 영향을 주지 않는다.

두 번째로 분리된 시장 이론은 투자자들이 다른 만기의 채권을 완전한 대체재로 인식하지 않는다는 것을 의미한다. 장기채권은 두 가지 단점을 가지고 있다. (1) 장기채권은 단기채권에 비해 훨씬 더 높은 이자율 위험에 노출되어 있다. (2) 장기채권은 단기채권에 비해 유동성이 떨어진다. 이 두 가지 단점으로 인해 투자자들은 단기채권 대비 장기채권으로부터 더 높은 수익으로 보상받고 싶어한다. 분리된 시장 이론을 지지하는 경제학자들은 단기채권을 가지고 있는 투자자(기업의 자금 관리인)들이 장기채권을 가지고 있는 투자자의 수(예를 들어 보험회사)를 압도한다고 얘기한다. 그 결과 단기채권의 가격이 상대적으로 올라가고, 장기채권의 가격은 상대적으로 하락하게 된다.

분리된 시장 이론은 왜 수익률 곡선이 전형적으로 상향하는지에 대해 설명할 수 있다. 단기채권시장에 투자자들이 많아, 이는 단기채권가격을 높이고 이자율은 낮추게 되는 반면, 장기채권시장에는 상대적으로 투자자들이 적어, 이는 장기채권가격을 낮추고 이자율은 높인다. 또한, 장기채권을 매입하려고 하는 투자자들은 추가적인 이자율 위험과 낮은 유동성에 대한 보상으로 더 높은 이자율을 요구하게 된다. 이로써 분리된 시장 이론은 기간구조에 관한 첫 번째 사실을 매우 잘 설명하고 있다.

하지만 분리된 시장 이론은 기간구조에 관한 나머지 두 사실에 대해서는 설명을 해주지 못한다는 심각한 문제점들이 있다. 이 이론은 왜 단기 이자율이 장기 이자율보다 더 높은지를 설명하지 못한다. 즉, 왜 수익률 곡선이 하향하는지를 설명하지 못한다. 다른 만기를 가진 채권들이 완전히 분리되어 있다면(즉, 서로서로가 완전 독립적), 기간구조에 관한 세 번째 사실(모든 만기의 이자율은 같은 방향으로 움직인다)을 이해하기 힘들다.

유동성 프리미엄 이론

기대 이론도 분리된 시장 이론도 기간구조에 관한 완벽한 설명을 내려주지는 못하였다. 각 이론이 취하는 극단적인 경우에서 오히려 단점이 부각되었다. 기대 이론에서는 투자자들은 만기가 다른 채권을 완벽한 대체재로서 생각하는데, 분리된 시장 이론에서 투자자들은 만기가 다른 채권을 대체재로 전혀 보지 않는다는 것이다. 기간구조에 관한 **유동성 프리미엄 이론**(liquidity premium theory)(혹은 **선호 서식지 이론**(preferred habitat theory))은 앞선 두 이론의 극단적인 가계을 피하고 두 이론을 적절히 결합하여 조금 더 나은 설명을 제공한다.

유동성 프리미엄 이론은 다른 만기의 채권을 투자자들이 대체재라고 생각하지만 완벽한 대체재로 인식하지는 않는다고 가정한다. 분리된 시장 이론처럼, 유동성 프리미엄 이론은 투자자들이 만기가 긴 채권보다는 만기가 짧은 채권을 선호한다고 가정한다. 투자자들은 여러 번의 단기채권의 이자율과 같더라도 장기채권은 수요하지 않는다. 하지만 분리된 시

유동성 프리미엄 이론(선호 서식지 이론)
장기채권의 이자율이 장기채권의 만기 기간동안 기대되는 단기채권의 이자율 평균에 만기가 길어질수록 늘어나는 기간 프리미엄을 더한 값이 되는 이자율의 기간구조에 관한 이론

장 이론과 다르게, 장기채권이 충분히 높은 이자율을 제공한다면 단기채권에서 장기채권으로 갈아탈 수 있다고 본다. 여러 개의 단기채권의 결합보다 장기채권을 매입하는 투자자들이 얻는 추가적인 이자율을 **기간 프리미엄**(term premium)이라고 한다. 따라서 유동성 프리미엄 이론은 장기채권의 이자율이 장기채권의 만기 기간 동안 기대되는 단기채권의 이자율 평균에 만기가 길어질수록 늘어나는 기간 프리미엄을 더한 값이 된다.

기간 프리미엄
여러 개의 단기채권의 결합보다 장기채권을 매입하는 투자자들이 얻는 추가적인 이자율

예를 들어, 1년 만기 채권의 현재 이자율이 2%라고 하고, 1년 후에 1년 만기 기대 이자율이 4%라고 하자. 이때 2년 만기 3%채권이면 투자자는 만족해할까? 2년 만기 채권은 1년 만기 채권의 이자율과 1년 후의 1년 만기 채권의 이자율의 평균과 같은 이자율을 제공한다. 그러나 투자자들은 1년 채권을 선호하기 때문에, 더 높은 이자율, 예를 들어 3.25%를 2년 만기 채권을 사는 인센티브로서 받아야만 한다. 이와 같이 추가된 0.25%는 1년 만기 채권을 두 번 사는 것 대비 2년 만기 채권을 사게 만드는 유인으로 기간 프리미엄으로 불린다.

채권의 만기가 길어질수록, 채권의 기간 프리미엄은 더 커진다. 5년 만기 채권의 프리미엄은 2년 만기 채권의 것보다 크고, 20년 만기 채권의 프리미엄은 10년 만기의 것보다 크다. 유동성 프리미엄 이론은 기대 이론의 공식에 기간 프리미엄을 덧붙인 형태로서, 장기이자율과 단기이자율의 관계를 보여준다. 예를 들어, i_{2t}^{TP}가 2년 만기 채권의 기간 프리미엄이라고 하면, 2년 만기 채권의 이자율은 다음과 같다.

$$i_{2t} = \frac{i_{1t} + i_{1t+1}^e}{2} + i_{2t}^{TP}$$

n 기간에 대한 이자율 공식은 다음과 같다.

$$i_{nt} = \frac{i_{1t} + i_{1t+1}^e + i_{1t+2}^e + i_{1t+3}^e + \ldots + i_{1t+(n-1)}^e}{n} + i_{nt}^{TP}$$

예제 5.2B

유동성 프리미엄 이론을 이용하여 기대 이자율 구하기

만기가 서로 다른 미 채권에 대한 다음 표의 자료를 이용하여 다음 문제에 답하시오.

1년	2년	3년
1.25%	2.00%	2.50%

유동성 프리미엄 이론이 유효하다고 가정할 때, 2년 만기 미 국채의 기간 프리미엄이 0.20%, 3년 만기 국채의 프리미엄이 0.40%라고 한다면 2년 후의 1년 만기 채권의 이자율은 얼마인가? 세 종류의 채권 모두 할인채로, 따로 쿠폰은 고려하지 않는다.

문제풀이

1 단계 **이 장의 내용을 복습한다.** 이 문제는 유동성 프리미엄 이론을 이용하여 기대 이자율을 구하는 것으로, "유동성 프리미엄 이론"절을 복습하여 해결할 수 있다.

2 단계 **단기 이자율과 장기 이자율을 연결하는 유동성 프리미엄 방정식을 이용하여, 1년 후에**

1년 만기 채권의 기대 이자율을 계산할 수 있다. 유동성 프리미엄 이론에 따르면, 2년 만기 채권의 이자율은 1년 만기 채권의 이자율과 1년 후에 1년 만기 채권의 기대 이자율의 평균+기간 프리미엄과 같다. 문제에서 기간 프리미엄이 2년 만기 채권의 경우 0.20%이므로, 1년 후에 1년 만기 채권이 기대 이자율은 다음과 같이 계산할 수 있다.

$$i_{2t} = 2.00\% = \frac{1.25\% + i^e_{1t+1}}{2} + 0.20\%$$

즉,

$$i^e_{1t+1} = 2.35\%$$

3 단계   2단계의 결과를 이용하여 2년 후에 1년 만기 채권의 기대 이자율을 계산할 수 있다.

$$i_{3t} = 2.50\% = \frac{1.25\% + 2.35\% + i^e_{1t+2}}{3} + 0.40\%$$

즉,

$$i^e_{1t+2} = 2.70\%$$

기간구조를 이용하여 시장 기대를 측정하기

투자자들, 기업의 경영진들, 그리고 정책입안자들은 경제 변수를 예측하기 위해 이자율의 기간구조에 함의된 정보를 사용할 수 있다. 기대 이론과 유동성 프리미엄 이론에 따르면, 수익률 곡선의 기울기는 시장 참여자들이 미래에 일어난 것으로 예상하는 단기 이자율을 보여준다. 또한 기대 실질이자율의 변화가 작다면, 수익률 곡선은 미래 인플레이션에 대한 기대를 포함한다. 이를 살펴보기 위해 앞으로 5년 후의 인플레이션을 시장은 어떻게 예상하고 있는지 알고 싶다고 하자. 만약 실질이자율이 그대로일 것이라고 예상한다면, 상향 수익률 곡선은 인플레이션이 상승한다고 예상하는 것으로 해석할 수 있으며, 이는 투자자들이 미래에 명목이자율이 상승할 것이라고 기대하게 한다. 미래 인플레이션에 대한 정확한 측정을 위해서는, 장기채권의 기간 프리미엄을 측정해야 한다. 이와 같은 방법으로 미 연준을 비롯한 많은 금융시장 참여자들은 수익률 곡선을 이용하여 미래 인플레이션을 예측한다.

표 5.5 이자율의 기간구조 이론들

이론	가정	예상	이론이 설명하는 내용
기대 이론	투자자들은 동일한 투자 목표를 가지고 있고, 주어진 기간 동안 투자자들은 다른 만기의 채권을 완벽하게 서로 대체 가능한 것으로 본다.	장기 채권의 이자율은 보유 기간 동안 1년 만기 채권의 기대 이자율의 평균과 일치한다.	수익률 곡선의 기울기를 설명하고 왜 단기 채권과 장기 채권의 이자율이 같이 움직이는지 설명할 수 있다. 단점: 왜 수익률 곡선이 상향하는지 설명하지 못한다.
분리된 시장 이론	채권 시장의 투자자들이 모두 같은 목표를 가지고 있는 것은 아니다. 투자자들은 다른 만기의 채권을 대체 가능한 것으로 본다.	다른 만기의 채권 이자율은 분리된 시장에서 결정된다.	왜 수익률 곡선이 상향하는지 설명한다. 단점: 왜 수익률 곡선이 하향할 수 있는지 설명하지 못하고 왜 다른 만기의 이자율이 같이 움직일 수 있는지 설명하지 못한다.
유동성 프리미엄 이론	다른 만기의 채권을 각각에 대한 대체재로 보나, 완벽한 대체재로 보지는 않는다.	n년 만기의 채권 이자율은 n개의 1년 만기 채권이 이자율 평균에 기간 프리미엄을 합한 것이다.	기간 구조에 대한 중요한 사실 세 가지 모두를 설명한다.

개념 적용

2019년 불황기에는 무슨 일이 일어났는가?

이 장 서두에서 2019년 중반, 일부 경제학자와 재무분석가들은 수익률 곡선이 뒤집어지고, 3개월 만기 단기 미 국채의 이자율이 10년 만기 국채의 이자율보다 높아졌기 때문에, 미국의 경제가 조만간 불황에 접어들 가능성이 높다고 생각하였다. 그러나 2019년에 불황은 일어나지 않았다. (2020년 2월에 코로나19로 불황이 발생하기는 했지만 말이다.) 왜 경제학자들과 재무 분석가들은 뒤집어진 수익률 곡선이 불황을 이끌 것이라고 생각했을까?

경제학자들과 재무분석가들은 오랫동안 수익률 곡선의 기울기를 불황의 가능성을 예측하는 도구로 사용했다. 여기서는, 3개월 만기 미 국채의 이자율과 10년 만기 미 국채의 이자율 차이라 정의되는 **기간 스프레드**(term spread)에 주목하게 된다. 세인트루이스 연방은행의 데이비드 C. 휘락(David C. Wheelock)과 네브라스카 대학 오마하 캠퍼스의 마크 우하(Mark E. Wohar) 교수는 1953년부터 2007~2009년까지 모든 불황 전에 기간 스프레드가 상당히 좁아지는 것을 발견하였다. 즉, 10년 만기 국채의 수익률이 3개월 만기 국채의 이자율에 비해 상당히 낮아지는 것이다. 두 사람은 단기 이자율이 장기 이자율보다 높은, 즉 수익률 곡선이 역전된 이후로 어떤 일이 생기는지 조사하였다. 그 결과 딱 한 번을 제외하고, 3개월 만기 금리가 10년 만기 금리보다 높을 때, 다음 해에 불황이 찾아왔다. 이를 통해 경제학자들과 투자자들이 수익률 곡선을 이용하여 불황을 측정했다.

불황이 오기 전에 왜 수익률이 역전되는 현상이 발생할까? 다음 그림에서 2007년 2월 27일 수익률 곡선을 살펴보자. 당시 3개월 만기 국채의 금리는 5.14%, 10년 만기 국채의 금리는 4.50%였다. 이렇게 수익률 곡선이 뒤집어진 것은 당시 채권시장의 상황에 따른 것이다. 2006년과 2007년 연준은 단기 이자율을 높게 유지하여 상승하는 유가와 주택 시장 활황에 따른 인플레이션 상승 압박에 대응하였다. 투자자들은 2007년 12월에 시작될 경제 불황에 대비하고 있었다. 4.3절에 살펴본 바와 같이 불황기에 이자율은 보통 하락하고, 연준이 경기를 활성화시키기 위해 지속적으로 이자율을 낮춰 단기 이자율은 장기 이자율보다 더 떨어지게 된다. 이 상황에서, 유동성 프리미엄 이론에 따라 장기 이자율이 단기이자율보다 낮아, 수익률 곡선이 뒤집어진다.

휘락 박사와 우하 교수에 따르면 다음과 같은 결론을 얻을 수 있다. 미 연준은 인플레이션이 오를 것이라고 생각될 때, 15장에서 설명하는 정책들을 이용하여 단기 이자율을 올려서 경제 활동 속도를 늦출 것이다. 높은 단기 이자율은 대출 비용이 늘어 가계나 기업의 지출을 줄이게 된다. 또한, 단기이자율이 장기이자율보다 높을 때, 은행이 예금에 대해 지급하는 이자와 장기대출로부터 받을 이자 금액의 차이가 좁혀져서 은행이 새로운 대출을 발급할 유인이 적어지게 된다.

채권시장 투자자들과 트레이더들은 미 연준이 일시적으로 단기 이자율을 높게 유지하기를 바라게 된다. 왜냐하면 경기 확장 속도가 완화되고 인플레이션이 낮아지면, 연준은 단기 이자율을 낮추기 시작할 것이기 때문이다. 특히 경제가 불황에 빠져들게 되면 단기 이자율을 낮출 가능성이 매우 높다. 물론 인플레이션 억제를 위한 단기 이자율을 상승시키는 정

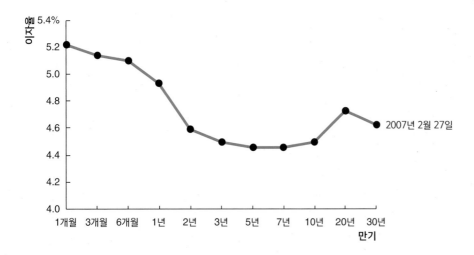

책이 불황을 일으키지 않고 성공할 수도 있다. 즉, 연준의 단기이자율을 올리는 정책이 불황을 유발한다는 것은 역수익률 곡선과 불황의 관계를 설명해준다.

그러나 2019년에 이러한 패턴이 깨졌다. 2019년 3월에 미 국채의 수익률 곡선이 뒤집어졌는데 10월이 되도록 불황의 조짐없이 역수익률 곡선이 유지되었다. 8월에 월스트리트 저널은 "미래 불황에 대한 위험을 알려주는 핵심 바로미터가 지난 금융위기 시작 한 달 전이었던 2007년 4월 이후 가장 시끄럽게 경고를 울리고 있다"라는 기사를 냈다. 다른 역수익률 곡선의 경우와 마찬가지로, 2019년의 상황은 미 연준이 2015년 12월부터 시작한 단기 이자율을 상승으로 발생한 것이다. 미 연준은 2015년 이후 몇 차례나 단기 이자율을 올렸고, 2019년 이전에 가장 최근에 단행한 것은 2018년 12월의 일이었다. 2019년 초기 유럽과 중국의 성장속도가 둔해지고, 미국의 인플레이션이 미 연준의 목표인 2%를 하회하자 투자자들과 경제학자들은 미 연준이 지금까지의 정책에서 선회하여 금리를 낮출 것이라고 예상하였다. 그 결과 수익률 곡선은 3월에 다시 역전되었다. 8월에는 이와 같은 기대가 실현되어 미 연준은 연방공개시장위원회에서 단기 이자율을 낮추며, "조용한 인플레이션 압력과 더불어 글로벌 경제 상황에 따른 것"이라고 하였다. 9월과 10월, 미 연준은 다시 한번 단기 이자율을 낮추었다.

2019년 수익률 곡선이 역전되었음에도 불구하고 불황이 발생하지 않은 데에는 크게 두 가지 이유가 있다.

1. 10년 만기 미 국채의 이자율이 1995년부터 금융위기가 발생한 2007년 초까지 평균 이자율이 5.2%였다. 그러나 금융위기와 연준이 수십억 달러의 10년 만기 채권을 매입한 양적완화로 10년 만기 채권의 이자율이 상당히 하락하였다. 2019년의 수준은 2014년 이후보다 2.5%나 하락한 것이었다. 이 때문에 몇 해 동안 수익률 곡선은 금융위기 전보다 평평하였고, 단기 이자율이 약간만 상승해도 수익률 곡선을 역전시킬 수 있었다. 이는 휘락 박사와 우하 교수가 분석한 시기와는 확실히 다른 상황이었다.

2. 미 연준은 단기 이자율을 올리는 정책에서 상대적으로 짧은 7개월만에 이자율 하락을 단행하였다. 미 연준은 제롬 파월 의장의 말을 통해 이를 확실히 하였다. "만약 경제 상황이 나빠진다면, 더 많이 이자율을 낮추는 것이 적절할 수도 있다…. 통화정책 결정문에서 언급하였듯이, 우리는 이와 같은 상황변화를 면밀히 모니터할 것이고, 경기가 지속적으로 확장할 수 있도록 적절한 조치를 취할 것이다." 채권시장의 트레이더들과 투자자들은 남은 2019년과 2020년에도 연준이 이자율을 올리기보다는 낮출 가능성이 더 높다고 보았다. (코로나19의 영향이 미 경제에 영향을 미치기 시작했던 3월에 미 연준은 연방자금이자율 목표를 빠르게 하락시켜 거의 0에 다다르게 하였다.) 그 결과, 유동성 프리미엄 이론에서 예상한 바와 같이, 장기 이자율은 낮게 유지가 되었다. 낮은 장기 이자율은 가계가 집을 구매하기 위해 주택담보대출을 받기 쉽게 하였고, 기업이 기계, 로봇, 소프트웨어 등 기술 개발에 필요한 지출을 감당하기 위한 채권 발행을 쉽게 했다. 이는 나머지 2019년과 2020년 초에 경제가 불황에 빠지는 것을 방지하였다.

2019년에 불황이 일어나지 않았던 사실로부터, 미국 경제와 미국 금융시스템이 수익률 곡선과 불황의 관계와 같은 간단한 관계로 설명하기에는 너무 복잡하다는 것을 알 수 있다.

이 장의 끝에 있는 관련문제 2.10을 참조하시오.

핵심 질문에 대한 해답

이번 장 서두로부터 연결됨

이 장을 시작할 때 다음과 같이 질문했다.

"정부는 채권 평가사를 더 엄밀하게 규제해야 하는가?"

이 책에서 다루는 다른 정책 관련 질문과 마찬가지로, 이 질문에 대한 명확한 해답은 없다. 이 장에서 보면 투자자들은 채권의 채무불이행 위험 같은 중요한 정보를 신용평가사에 의존하였다. 2007~2009년의 금융위기 동안 모기지담보증권을 비롯한 많은 채권들이 신용평가사들이 가리킨 수준보다 훨씬 높은 채무불이행 위험이 있다는 것이 드러났다. 일부 경제학자들과 국회의원들은 신용평가사들이 채권을 발행하고자 하는 기업들로부터 수수료를 받는 상태에서는 이해관계의 충돌 문제가 있기 때문에 신용평가사가 신용도를 실제보다 높게 매긴다고 주장하였다. 다른 한편에서는 신용 평가점수 자체는 정확했는데, 주택시장의 붕괴와 이에 따른 금융위기가 예상치 못하게 발생하여 채권들의 신용도가 급격하게 떨어진 것이 원인이라고 주장했다. 금융위기 이후 늘어난 신용평가사에 대한 규제에도 불구하고, 채권을 발행하고자 하는 기업들과 정부는 평가 수수료를 지불하고 있다. 또 다시 경제위기가 발생하지 않는 이상, 신용평가사에 대한 의미 있는 규제 변화는 일어날 것처럼 보이지는 않는다.

5.1 이자율의 위험구조
왜 동일한 만기의 채권이 다른 이자율을 가지게 되는지 설명한다.

복습문제

1.1 동일한 만기를 가진 채권이 왜 이자율이 다른지 간단히 설명하시오.

1.2 채권 등급은 무엇인가? 누가 채권 등급을 매기는가? 채권 평가사가 채권을 평가할 때 고려하는 중요 요소는 무엇인가?

1.3 유동성 외에 다른 특성은 동일한 비유동성 채권의 이자율이 유동성 채권의 이자율과 어떻게 다른가? 정보 비용 외에 다른 특성은 동일한 정보 습득 비용이 높은 채권과 정보 습득 비용이 낮은 채권의 이자율은 어떻게 다른가?

1.4 투자자들이 채권으로부터 얻는 두 가지 전형적인 소득은 무엇인가? 이들은 어떻게 과세되는가?

1.5 휴스턴 시가 발행한 채권, 애플이 발행한 채권, 미 재무부가 발행한 채권의 쿠폰지급에 대한 과세 특징을 비교하시오.

응용문제

1.6 무디스에 따르면, "Aaa 등급으로 평가된 채무증권(obligation)은 신용도가 최상위로 판단되며 신용위험은 가장 낮은 수준이다."

　a. 무디스가 의미하는 "채무증권(obligation)"이란 무엇인가?

　b. 무디스가 의미하는 "신용위험"이란 무엇인가?

1.7 **[이 장 도입부 관련]** 이 장의 서두에서 언급한 애플의 회사채는 무디스로부터 Aa1 등급을 받았고, US스틸은 B3를 받았다.

　a. 이와 같은 등급은 이 장의 서두에서 언급한 채권의 수익률 차이를 어떻게 설명할 수 있는가? 간단히 답하시오.

　b. US스틸의 수익률이 거의 9%일 때에, 월스트리트 저널은 US스틸이 폭발 용광로와 소규모 제철소로 알려진 아칸소주의 빅 리버 전기 용광로 공장에 집중하여 이익률이 높아질 것이라는 기사를 내보냈다. 만약 US스틸이 소규모 제철공장에서 대부분의 제철을 생산하여 이익률을 높이는 데 성공한다면, 채권 수익률에 어떤 영향을 미치는가? US스틸 채권시장에 대한 그래프를 이용하여 답하시오.

1.8 **[예제 5.1 관련]** 2020년 초, 월스트리트 저널은 코로나의 확산에 따른 채권시장의 영향에 대해서 묘사한바 있다. 이 기사에 따르면 코로나로 인한 두려움은 세계 경기를 둔화시킬 것이고 이는 투자자들이 "안전자산선호"를 하도록 할 것이라고 했다.

　a. 채권 투자자들이 안전자산선호로 선회하게 되면, 투자자들은 미 국채를 더 사게 되는가? 회사채를 더 사게 되는가? 간단히 설명하시오.

　b. 안전자산선호의 결과 미 국채의 수익률은 상승하는가? 하락하는가? 회사채의 수익률은 상승하는가? 하락하는가? 미 국채 시장과 회사채 시장 각각의 그래프를 그려서 답하시오. 수요곡선의 이동과 균형 가격의 변화를 그래프에 정확히 표시하시오.

1.9 2009년 초, 미 의회는 "건설 미국 채권"을 승인하였는데, 이는 미국의 주와 도시들이 이 채권을 이용하여 도로, 다리와 학교를 건설할 수 있도록 하였다. 다른 미국의 지방채와 달리, 건설 미국 채권의 쿠폰은 과세 대상이었다. 지방채와 비교하여 이 채권의 이자율은 높을 것으로 예상되는가? 낮을 것으로 예상되는가? 간단히 설명하시오.

1.10 수익률이 동일한 상태에서, 투자자들은 연방정부가 발행했는지 주나 지방정부가 발행한 채권인지 무관심하다고 가정하자. (즉, 투자자들은 이들 채권의 채무불이행 위험, 정보 비용, 유동성을 동일하다고 판단한다.) 주 정부와 연방정부가 각각 $75의 쿠폰지급액이 딸린 영구채를 발행하였다. 주와 연방정부의 영구채 세후 수익률이 모두 8%라고 할 때, 세전 수익률은 얼마인가? (연방 소득세율은 39.6%라고 가정한다.)

5.2 이자율의 기간구조
왜 만기가 다른 채권이 다른 이자율을 가지게 되는지 설명한다.

복습문제

2.1 전 연준 의장인 벤 버냉키는 그의 회고록에서 "장기 이자율을 정하는 데 있어, 시장 참여자들은 단기 이자율 성장에 대한 기대를 반영한다"고 말했다. 그가 의도한 의미가 무엇인지 설명하시오.

2.2 미 국채의 수익률 곡선은 이자율의 기간구조를 어떻게 설명하는가?

2.3 기간구조에 관한 세 가지 주요 사실은 무엇인가?

2.4 이자율의 기간구조에 관한 세 가지 이론을 간단히 정리하시오.

응용문제

2.5 2020년 8월, 1년 만기 국채를 매입하면 0.13%의 이자를, 30년 만기 채권을 매입하면 1.40%의 이자를 받을 수 있다. 30년 만기 채권 투자가 더 많은 이자를 받을 수 있을 때 어떻게 미 재무부는 1년 만기 채권의 투자자를 찾을 수 있는가?

2.6 2022년 1월 1일 채권시장에 $1,000를 투자한다고 하자. 1년 만기에 4% 채권, 2년 만기에 5% 채권, 3년 만기에 5.5% 채권, 4년 만기에 6% 채권에 투자할 수 있다. 2023년 1월 1일 1년 만기 채권의 이자율을 6.5%도 예상하고, 2024년 1월 1일에는 7%, 2025년 1월 1일에는 9%가 된다고 예상한다. 2026년 1월 1일까지만 채권을 보유하고자 할 때, 어떤 투자 전략이 가장 높은 수익률을 거둘 수 있는지 설명하시오. (a) 2022년 1월에 4년 만기 채권 매입, (b) 2022년 1월에 3년 만기 채권 구입하고, 2025년 1월에 1년만기 채권 매입, (c) 2022년 1월에 2년 만기 채권 매입, 2024년 1월에 1년 만기 채권을 매입하고 다시 2025년 1월에 1년 만기 채권 매입, (d) 2022년 1월에 1년 만기 채권 매입하고 2023, 2024, 2025년

첫 날에 1년 만기 채권 매입

2.7 **[개념적용: "재산을 지키기 위해 계속 정부에게 지불할 것인가?" 관련]** 블룸버그의 기사는 "부채의 가장 기본적인 가정은 차주가 대부자에게 이자를 지급한다는 것이다…[그러나] 투자자들은 독일의 연방과 지방 정부 채권의 80%를 스스로에게 이자 지급을 하고 있다"고 얘기한다. 왜 채권 투자자들은 독일 정부에 돈을 빌려주기 위해 돈을 지급하는가? 왜 독일 정부가 자금을 조달하면서 채권 보유자들에게 지불을 하지 않아도 되는 것인가?

2.8 **[예제 5.2A 관련]** 미 단기국채의 이자율은 미국의 중장기 국채의 이자율보다 대체적으로 낮다. 만약 미 연방정부가 자금 조달을 할 때 지급하는 이자 지급을 줄이고자 한다면, 왜 중장기 국채의 발행을 중단하고 단기채권만을 발행하는 것은 안 되는 것일까?

2.9 경제학자의 기사는 미 연준과 다른 중앙은행의 장기 이자율에 미치는 영향력이 "중앙은행이 미래 단기 이자율의 경로에 대한 약속에 달려있다고 했다."

a. 기대 이론을 이용하여 이 기사를 분석하시오.

b. 분리된 시장 이론에서도 이 기사는 여전히 유효한가? 간단히 설명하시오.

2.10 **[개념적용: "2019년 불황기에 무슨 일이 일어났는가?" 관련]** 2020년 초, 월스트리트 저널의 한 칼럼은 수익률 곡선에 대해서 논하면서 다음과 같이 기사 제목을 정하였다. "시장이 선호하는 불황 신호는 아마도 잘못되어 있는 것 같다."

a. 어떻게 수익률 곡선으로 불황을 예측할 수 있는가?

b. 왜 수익률 곡선은 2019년에 불황이 일어날 가능성에 대해서 잘못된 신호를 주었는가?

주식시장, 정보 및 금융시장 효율성

학습목표

이번 장을 통해 다음을 이해할 수 있다.

6.1 주식시장의 기본 작동 방식을 설명한다.

6.2 주가가 결정되는 방식을 설명한다.

6.3 합리적 기대 가설과 효율적 시장 가설 사이의

관계를 설명한다.

6.4 금융시장의 실제 효율성을 논의한다.

6.5 행동재무의 기본 개념을 설명한다.

주식시장에 투자할 의향이 있습니까?

테슬라(Tesla)와 같이 투자자의 관심과 충성심을 고취시키는 회사는 거의 없다. 카리스마 넘치는 테슬라의 최고경영자(CEO)인 일론 머스크(Elon Musk)는 가솔린 자동차와 경쟁할 수 있는 가격으로 판매할 수 있는 전기차를 생산한다는 목표로 2003년 테슬라모터스(Tesla Motors)를 설립했다. 2019년까지 테슬라 모델3의 성공과 자율주행 기술 개발에서 테슬라의 우위는 투자자에게 테슬라가 결국 세계 자동차 산업을 지배할 것이라고 믿게 했다. 그렇다면 테슬라는 얼마나 좋은 투자대상이었을까? 테슬라는 2010년 기업공개(IPO)를 통해 일반 대중에게 주식을 판매할 수 있는 공개회사가 되었다. 2010년 6월 테슬라 주식을 거래할 수 있게 된 날, 조부모님이 당신에게 100주씩 주었다

고 가정해보자. 만약 2020년 2월 19일까지 주식을 보유했다면, 투자는 어떻게 되었을까? 다음 표에서 알 수 있듯이, 2020년 2월 19일 100주의 달러 가치는 2010년보다 38배 더 높아졌을 것이다. 그러나 2월 28일, 코로나19가 중국과 이탈리아에서 미국으로 확산될 것을 투자자들이 우려하면서 테슬라의 주가는 27% 이상 하락했고, 9일 만에 투자금 중 거의 $25,000를 날렸다. 그러나 6월 중순, 코로나19가 미국 경제에 미치는 영향이 당초 우려했던 것보다 작을 것이라고 투자자들이 믿기 시작하면서 테슬라 주가는 2월 가격보다 거의 50% 상승했다. 다음 표는 여러분이 테슬라에 투자했을 때 경험했을 거친 여정을 보여준다.

핵심 이슈와 질문

이슈: 주가는 큰 폭의 등락을 겪는다.

질문: 주식시장의 변동성이 경제 전반에 영향을 미칠까?

해답은 이 장의 끝에서…

날짜	테슬라 주당 가격	테슬라 100주의 가치
2010년 6월 29일	$ 23.89	$ 2,389
2012년 10월 15일	27.33	2,733
2014년 3월 16일	252.94	25,294
2016년 2월 10일	143.67	14,367
2020년 2월 19일	917.42	91,742
2020년 2월 28일	667.99	66,799
2020년 6월 19일	1,000.90	100,090

테슬라는 단지 하나의 주식일 뿐이다. 만약 여러분의 투자가 분산되었다면 어땠을까? 다우존스산업평균지수(Dow Jones Industrial Average, 다우지수라고도 함)는 미국 주식시장의 성과를 나타내는 가장 잘 알려진 척도이다. 다우지수는 가장 큰 우량 주식회사 주가 30개의 평균값이다. 만약 여러분이 2010년 6월에서 2011년 5월까지 다우지수에 투자했다면, 여러분의 투자금은 24% 증가했을 것이다. 이것은 좋은 소식이다. 2011년 5월부터 8월까지 3개월 동안에는 10%의 손실을 보았을 것이다. 반대로 2011년 8월부터 2012년 3월까지 7개월 동안에는 13% 이상 증가했을 것이다. 2020년 2월, 코로나19가 전 세계로 확산되면서 다우지수는 2주 만에 14% 하락했다가, 미국 경제에 미치는 팬데믹의 여파가 예상보다 작을 것이라고 투자자들이 믿게 되면서 2020년 3월과 6월 사이에 다우지수는 39% 상승했다. 다우지수에 대한 투자는 테슬라에 대한 투자보다 다소 안정적이겠지만, 양도성 예금증서(certificate of deposit, CD)에 넣어두는 것보다는 위험했을 것이다.

분명한 것은 주식은 신중한 투자자를 위한 것은 아니다. 그렇다면 무엇이 주가의 변동성을 설명할까? 또한 주식시장은 금융시스템과 경제에서 어떤 역할을 하는가? 주식시장은 항상 변동성이 컸지만 유난히 지난 15년간 주가 변동이 컸다. 특히, 2007~2009년 금융위기 당시 주가 폭락은 많은 투자자를 위협했고, 이들 중 일부는 주식시장에 투자한 돈을 모두 꺼내 다시는 주식에 투자하지 않겠다고 다짐했다.

경제의 생산과 고용에 주가 변동이 중요한가? 아니면 주로 투자자의 관심사인가? 주식시장을 피하고 저축한 돈을 은행 CD나 재무부증권(Treasury bills)과 같은 변동성이 낮은 상품에 투자해야 하는가? 이 장에서는 이러한 질문에 대해 살펴본다.

주식시장은 대형 주식회사의 중요한 자금원이며, 수백만 명의 개인투자자들이 대량매입과 노후를 위해 저축하는 곳이기도 하다. 예금자들은 때때로 개별 주식을 사기도 하지만, 주식시장에서 그들의 투자는 뮤추얼펀드(mutual funds), 상장지수펀드(exchange-traded funds, ETFs) 또는 은퇴 계좌(retirement accounts)에 있는 경우가 더 많다. 이 장에서는 주식시장에 대해 논의하고 주가를 결정하는 요소들을 살펴본다.

6.1 주식과 주식시장

학습목표: 주식시장의 기본 작동 방식을 설명한다.

1장 1.1절에서 보았듯이, 투자자는 기업의 주식을 매수함으로써 회사 일부를 소유하게 된다. 기업의 소유주로서 **주주**(shareholder)는 기업의 이익과 **자기자본**(equity), 즉 기업의 자산가치와 부채가치의 차이에 대한 법적 청구권을 갖는다. 회사 주식에 대한 소유권은 회사에 대한 부분 소유권을 나타내기 때문에 주식을 **자기자본**(equities 또는 주주지분)이라고 부르기도 한다. 채권은 자기자본이 아닌 부채를 나타낸다. 대부분의 회사는 수백만 주를 발행한다. 예를 들어, 2020년까지 테슬라는 1억 8400만 주 이상의 주식을 발행했다. 따라서 대부분의 주주는 그들이 투자하는 회사의 극히 일부만을 소유하고 있다.

　회사의 유일한 소유자로서 **개인 사업자**(sole proprietor)는 일반적으로 회사의 부채에 대한 무한책임을 진다. **파트너십**(partnership)로 회사를 공동 소유한 사람들도 마찬가지다. 만약 이 회사가 파산한다면, 돈을 빌려준 사람은 소유주를 고소하여 소유주의 개인 자산으로 회사의 부채를 갚도록 강제할 수 있다. **주식회사**(corporation)로 이루어진 회사의 주식을 소유한 투자자는 유한책임의 보호를 받는다. **유한책임**(limited liability)은 주식회사의 소유주가 그 기업에 투자한 것보다 더 큰 손실을 입지 않도록 보호하는 법적 조항이다. 만일 포트워스 스타텔레그램(Fort Worth Star-Telegram)과 25개 이상 신문의 출판사인 맥클래치 회사(McClatchhy Company)의 주식 $10,000를 보유한다면 이는 2020년 회사가 파산했을 때 잃을 수 있는 가장 큰 액수였다. 법의 관점에서, 주식회사는 소유주와 분리된 법적 "인격체"이다. 유한책임의 보호가 없다면, 많은 투자자는 회사의 중요한 결정이 회사의 주주에 의해서가 아니라 경영자에 의해 이루어지는 회사에 투자하는 것을 꺼릴 것이다.

보통주 대 우선주

주식은 크게 **보통주**(common stock)와 **우선주**(preferred stock)로 나눌 수 있다. 모두 주식회사에 대한 부분 소유권을 나타내지만, 몇 가지 중요한 차이점이 있다. 주식회사는 최고경영자(chief executive officer, CEO), 최고운영책임자(chief operating officer, COO), 최고재무책임자(chief financial officer, CFO) 등 회사의 최고 경영진을 임명하는 **이사회**(board of directors)에 의해 운영된다. **보통주 주주**(common stockholder)는 이사회 구성원을 선출하지만, **우선주 주주**(preferred stockholder)는 투표할 자격이 없다.

　주식회사는 이익 일부를 **배당**(dividends)을 통해 주주들에게 분배하는데, 보통 배당금은 분기별로 지급된다. 우선주 주주는 기업이 주식을 발행할 때 정해진 고정배당을 받는다. 기업의 수익성이 시간이 지남에 따라 달라지기 때문에 보통주 주주는 변동하는 배당을 받는다. 손실을 본 기업은 배당금 지급을 유예하기로 결정할 수 있지만, 만약 기업이 배당금을 지급한다면 보통주 주주에게 배당금을 지급하기 전에 우선주 주주에게 약정된 배당금을 먼저 지급해야 한다. 기업이 파산을 선언하면 채무자(주식회사의 채권을 매입했거나 주식회사에 대출한 투자자 및 금융기관)에게 먼저 부채를 갚고, 그 다음에 우선주 주주에게 부채를 갚는다. 이후 돈이 남아 있다면, 회사는 보통주 주주에게 나머지를 지급한다.

　기업의 보통주와 우선주의 시가총액을 회사의 **시가총액**(market capitalization)이라고 한다. 예를 들어, 2020년 8월, 테슬라의 시가총액은 약 $3,500억으로, 오랫동안 미국 3대 자동차 회사인 제너럴 모터스(General Motors), 포드(Ford), 피아트 크라이슬러(Fiat Chrysler)의 시가총액을 합친 것보다 더 컸다.

주식회사
사업 실패 시 투자 손실보다 더 큰 손실을 입지 않도록 소유자를 보호하는 법적 형태의 사업체

유한책임
기업 소유주가 기업에 투자한 것보다 더 많은 손실을 입지 않도록 보호하는 법적 조항

배당
일반적으로 분기별로 기업이 주주에게 지급하는 지급금

주식 매매 방식과 장소

상장기업
미국 주식시장에서 주식을 발행해서 파는 기업. 500만 개가 넘는 미국 기업 중 4,400개만이 상장기업이다.

미국에는 500만 개가 넘는 주식회사가 있지만, 미국 주식시장에서 주식이 거래되는 **상장기업**(publicly traded companies)은 4,400여 개에 불과하다. 나머지 주식회사와 대부분의 파트너십 및 개인 소유회사를 포함하는 사업은 **개인 회사**(private firm)이다. 즉, 이들은 주식시장에서 거래되는 주식을 발행하지 않는다.

'자동차시장'이 자동차가 거래되는 시장을 말하는 것처럼, '주식시장'은 주식이 거래되는 시장을 의미한다. 주식의 경우, 주식의 전자거래가 점점 중요해지고 있기 때문에 주식의 거래 "장소"는 주로 가상이다. 여전히 많은 사람은 미국 증시를 떠올리면 뉴욕시 월스트리트에 위치한 뉴욕증권거래소(NYSE) 건물을 떠올린다. NYSE는 거래소에서 주식을

증권거래소
거래소에서 대면하여 주식을 사고 팔 수 있는 물리적 장소

직접 사고팔 수 있는 **증권거래소**(stock exchange)의 한 예이다. 거래는 매일 영업일 오전 9시 30분부터 오후 4시(동해안 표준시) 사이에 이루어진다. IBM, 맥도널드(McDonald's), 월마트(Walmart)와 같은 많은 미국의 큰 주식회사는 NYSE에 상장되어 있다. 최근 몇 년간 NYSE에서 대부분의 거래는 전자거래로 이루어졌지만, 일부는 여전히 거래소에서 이루어지고 있다. 미국증권업협회(National Association of Securities Dealers)의 이름을 딴 나스닥(NASDAQ) 주식시장 거래는 전적으로 전자거래이다. NASDAQ은 컴퓨터로 연결된 딜러들이 주식을 사고파는 **장외시장**(over-the-counter market)의 한 예이다. 장외시장에서 딜러들은

장외시장
컴퓨터로 연결된 딜러들이 금융증권을 사고파는 시장

주식을 사고팔기 위해 투자자로부터 받은 주문을 맞추려고 한다. 딜러들은 매매 주문의 균형을 맞추기 위해 자신들이 거래하는 주식의 재고를 유지한다.

여기서 발행시장과 유통시장의 차이를 유념해야 한다. 주식시장도 채권시장과 마찬가지로 주식회사가 새로 발행한 주식보다는 기존 발행된 주식의 매매가 대부분이다. 따라서 주식과 채권 모두 유통시장이 발행시장보다 훨씬 크다.

전통적으로 개인투자자는 메릴린치(지금은 뱅크오브아메리카(Bank of America)의 일부)와 같은 증권브로커를 통해 계좌를 만들어 주식을 매입했다. 브로커는 **수수료**(commission)를 받고 투자자를 위해 주식을 사고판다. 오늘날 개별 주식을 사는 대부분의 개인투자자는 E-Trade나 TD Ameritrade와 같은 온라인 중개회사를 이용한다. 온라인 중개업자는 일반적으로 전통적인 중개업자보다 낮은 수수료를 받지만, 전통적인 중개업자가 제공하는 투자 자문과 기타 서비스를 제공하지 않는다. 그러나 최근에는 일부 온라인 중개업자가 로보어드바이저(robo-advisors) 조언을 제공하기도 한다. 이러한 컴퓨터 알고리즘은 은퇴를 대비한 저축이나 자녀의 대학 등록금을 위한 저축과 같은 개인의 재무적 목적과 투자 시 얼마나 많은 위험을 감수할 것인가에 따라 투자 포트폴리오를 선택한다. 로보어드바이저는 인공지능(AI)이 금융서비스 산업을 어떻게 교란시키고 있는지를 보여주는 사례이다. 2019년 말 웰스파고 은행(Wells Fargo bank) 보고서는 향후 10년 동안 AI가 은행과 중개회사를 포함한 금융서비스 산업에서 20만 개의 일자리를 없앨 것이라고 추정했다.

개별 주식을 사들이기보다는 주식 뮤추얼펀드나 ETF를 매수하는 것을 선호하는 투자자가 많다. 피델리티인베스트먼트의 마젤란펀드(Fidelity Investment's Magellan Fund) 등 주식형 뮤추얼펀드와 뱅가드(Vanguard's)의 S&P500 ETF와 같은 ETF가 포트폴리오에 많은

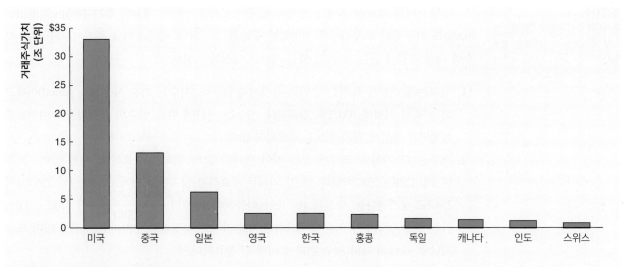

그림 6.1 주식거래가 가장 많은 국가

다른 어느 곳보다 NYSE와 NASDAQ을 중심으로 미국에서 주식거래가 많이 이뤄지고 있지만, 중국에서 주식거래가 빠르게 증 가하고 있다.

출처: World Bank, "Stocks Traded, Total Value," 2019.

주식을 보유하고 있어 투자자에게 분산투자의 혜택을 제공한다.

공개 상장된 4,400개 미국 주식회사는 전 세계 증권거래소에 상장된 기업 중 약 10%에 불과하다. 그림 6.1은 거래된 주식의 총 가치로 측정된 주식 거래량이 가장 많은 10개 국을 보여준다. NYSE가 세계 최대 규모를 유지하고 있지만, 해외 주식시장이 빠르게 규모가 커지고 있다. 소니(Sony), 도요타(Toyota), 알리바바(Alibaba) 등 해외 최대 기업의 주식은 해외 국가가 보유한 주식에 대한 예탁증서로 미국 주식예탁증서(American Respository Receipments) 형태로 NYSE에서 간접적으로 거래된다. 뱅가드의 글로벌 주식형 펀드와 같은 일부 뮤추얼펀드도 외국 기업의 주식에 투자한다. 해외 현지 중개회사를 통해 계좌를 개설하면 해외 증권거래소에 상장된 개별 종목을 살 수 있다. 한때는 부유한 개인만이 해외 증시에 직접 투자했지만, 인터넷을 통해 일반 투자자들이 외국 기업을 조사하고 해외 중개 계좌를 개설하는 것이 훨씬 쉬워졌다.

주식시장의 성과 측정

인플레이션을 측정하려면, 상품 하나의 가격만 살펴볼 수는 없다. 예를 들어, 많은 다른 재화의 가격이 상승할 때 휘발유 가격은 하락하고 있을지도 모르기 때문에, 한 상품의 가격만 살펴보면 인플레이션을 측정하는데 오류를 범할 수 있다. 따라서 정부가 인플레이션을 측정할 때, 노동통계국(Bureau of Labor Statistics) 직원은 먼저 많은 재화 및 서비스 가격의 평균인 소비자물가지수(CPI)를 계산한다. 마찬가지로, 주식시장의 성과를 측정하는 데 관심이 있을 때도 애플, 월마트, 테슬라처럼 크고 중요한 회사라도 한 회사의 주가만을 지켜보는 방식으로는 주식시장의 성과를 측정할 수 없다.

주가지수
투자자가 주식 시장의 전반적인 성과를 측정하는 데 사용하는 평균 주가

대신 CPI가 재화와 서비스 가격의 평균인 것처럼 주가의 평균인 **주가지수**(stock market index)를 이용하여 주식시장의 전반적인 성과를 측정한다. 이때 CPI나 주가지수와 같은 지수에 대해 다음과 같은 두 가지 핵심 사항을 명심해야 한다.

1. 지수는 달러같은 특정한 단위로 측정되지 않는다. 지수는 **기준 시점**(base period)이라고 하는 특정 시점에 100으로 정해진다. 지수는 시간에 따른 변수의 움직임을 보여주도록 설계되기 때문에 기준 연도는 중요하지 않다.

2. 지수는 그 자체로 의미가 있는 것이 아니라 값의 변화가 중요하다. 예를 들어, 2020년 7월 CPI는 258.7이었다. 그 값 자체는 중요하지 않지만, CPI가 2019년 7월 256.1에서 258.7로 증가했다는 사실은 1년 동안 인플레이션율이 $\left(\dfrac{258.7 - 256.1}{256.1}\right) \times 100 = 1.0\%$ 라는 것을 알려주기 때문에 중요하다. 마찬가지로 특정일의 주가지수는 전일 대비 또는 지난달, 지난해 대비 지수 변화에 비해 덜 중요하다.

가장 많이 살펴보는 주가지수는 월스트리트 저널 웹사이트의 첫 페이지에 나오는 다우존스산업평균지수, S&P500 지수, NASDAQ 종합지수 세 가지이다. 다우지수는 코카콜라(Coca-Cola), 마이크로소프트(Microsoft), 월트디즈니(Walt Disney) 등 30개 대기업 주가의 평균치이자, 많은 개인투자자에게 가장 친숙한 지수다. S&P500 지수에는 다우지수에 속한 30개 종목과 470개의 다른 대기업이 발행한 종목이 포함돼 있는데, 각 종목의 시가총액은 최소 $50억다. 스탠더드앤드푸어스사(Standard & Poor's Company)의 위원회는 미국 경제의 다양한 산업을 대표할 기업들을 선정한다. 이들 기업의 시가총액은 미국에 상장된 전

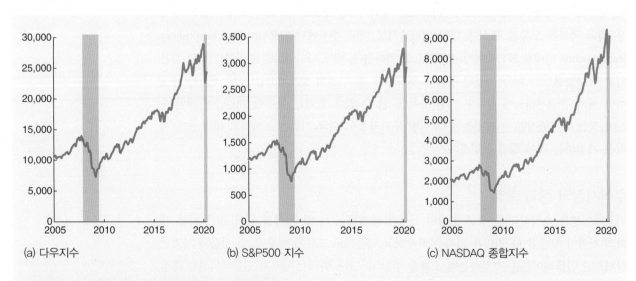

(a) 다우지수　　　　　　　(b) S&P500 지수　　　　　　　(c) NASDAQ 종합지수

그림 6.2 2005년 1월~2020년 5월 주식시장의 변동

투자자는 주가의 평균인 주가지수를 통해 미국의 주식시장 성과를 추적할 수 있다. 가장 널리 사용되는 지수는 다우존스산업평균지수, S&P500 지수 및 NASDAQ 종합지수이다. 그래프는 세 가지 지수가 대략 유사한 패턴을 따랐음을 보여준다. 음영 처리된 부분은 경기침체기에 있었던 기간을 나타낸다.

체 기업 가치의 약 80%를 차지할 정도로 규모가 크다. NASDAQ 종합지수는 NASDAQ 장외시장에서 거래되는 3,300개 종목을 포함한다. 마이크로소프트(Microsoft), 인텔(Intel) 등 NASDAQ 종합지수의 일부 기업은 다우지수와 S&P500 지수에 포함되지만, NASDAQ은 다른 지수에 포함되지 않은 다수의 소규모 기술기업이 발행하는 주식을 포함하고 있다.

이 세 가지 주가지수는 서로 다른 회사의 주가를 평균한 수치이지만, 그림 6.2는 지수가 전반적으로 함께 움직이는 것을 보여준다. 주식은 발행 회사의 이익에 대한 청구권을 나타내므로, 회사의 이익이 증가할 때 주가도 상승할 것으로 예상할 수 있다. 따라서 우리는 경기 확장기에는 주가가 상승하고 경기침체기에는 하락할 것으로 예상한다. 그림 6.2에서 이러한 패턴을 볼 수 있는데, 세 가지 지수 모두 2000년대 중반의 경기 확장기에 상승하고, 2007년 말부터 시작된 대침체기에 하락한다(각 그림의 음영 부분은 미국 경제가 침체기에 있었던 기간을 보여준다). 경기가 회복되면서 2009년 초부터 세 가지 지수의 값이 모두 상승하여 역사상 최고치에 도달했다.

월스트리트 전문용어로는 주가가 전저점에서 20% 이상 상승하는 것을 **강세장**(bull market), 전고점에서 20% 이상 하락하는 것을 **약세장**(bear market), 주가가 10%에서 20% 미만으로 떨어지는 것을 **조정**(correction)이라고 한다.

주식시장 성과가 경제에 중요한가?

그림 6.2는 주식시장이 상당한 변동을 겪는 것을 보여준다. 이러한 변동은 주식을 소유한 투자자들 개인의 재무상태에 영향을 준다. 그렇다면 주식시장의 변동은 고용과 생산에 영향을 줌으로써 경제 전반에 영향을 미칠까? 주가 상승과 하락이 가계와 기업의 지출에 영향을 미쳐 결국 경제 전반에 영향을 미칠 수 있기 때문에 어느 정도는 그렇다고 할 수 있다. 주가 상승은 소비 증가로 이어져 생산과 고용 증가로 이어질 수 있다. 반면, 주가 하락은 지출 감소로 이어져 생산과 고용 감소로 이어질 수 있다. 주가는 경기침체의 선행 지표로서 대부분의 경기침체는 주가 하락이 선행된다. 그러나 모든 경기침체가 주가의 하락으로 이어지는 것은 아니며, 모든 주가 하락이 경기침체로 이어지는 것은 아니다. 따라서 주가 하락이 경기침체의 일관된 예측 변수는 아니다.

주가변동이 지출에 미치는 영향은 주로 다음의 세 가지 경로를 통해 발생한다.

1. **주식 발행을 통한 기업의 자금조달 비용의 변화.** 큰 주식회사는 사업 확장을 위한 중요한 자금원으로 주식시장을 활용한다. 주식 판매를 통해 지출 자금을 조달하는 것을 주식 발행을 통한 **자금조달**(equity funding)이라고 한다. 주가가 오르면 기업은 신주를 발행해 공장·기계 등 실물 투자나 연구개발에 투자하는 자금을 조달하기가 수월해진다. 낮은 주가는 기업들이 이러한 유형의 지출에 자금을 조달하는 것을 더 어렵게 한다.

2. **가계 부의 변화.** 주식은 가계 부의 상당 부분을 차지한다. 주가가 오르면 가계 부는 증가하고, 주가가 떨어지면 가계 부는 감소한다. 예를 들어, 2007년 가을과 2009년 봄 사이의 주가 하락은 $8.5조의 가계 부를 소멸시켰다. 가계는 부가 증가하면 더 많이 소비하

지만, 부가 줄어들면 지출을 줄인다. 따라서 주가의 변동은 가계의 소비 지출에 상당한 영향을 미칠 수 있다.

3. **가계와 기업의 기대 변화.** 주가 변동은 소비자와 기업의 기대에 큰 영향을 준다. 주가가 크게 하락하면 경기침체가 뒤따를 수 있다. 따라서 주가가 크게 하락할 때, 이런 사실을 인식하고 있는 소비자의 미래 소득과 일자리에 대한 불확실성이 더 커질 수 있다. 이러한 불확실성으로 인해 소비자는 집과 자동차, 가구, 가전제품과 같은 내구재에 대한 지출을 줄일 수 있다. 기업은 새로운 공장, 사무실 건물 또는 정보기술(IT)과 같은 물리적 자본에 투자하거나 신제품의 연구개발에 투자하기 전에 자사 제품에 대한 수요가 일정 기간 유지될 것이라는 확신을 가져야 한다. 경기침체는 기업의 투자 지출에 대한 수익성을 줄일 수 있다. 주가가 크게 떨어지면 기업은 안정을 선호하고 경제의 불확실성이 줄어들 때까지 투자를 지연시킬 수 있다.

개념 적용

1929년 주식시장의 폭락이 대공황의 원인이었을까?

1930년대의 대공황은 미국 역사상 최악의 경기침체였다. 1929년 8월부터 생산과 고용이 감소하기 시작했지만, 당시 대부분의 사람들은 대공황의 시작을 10월 주식시장 붕괴로 추정했다. 10월 28일 월요일, NYSE 가격은 10% 이상 하락했다. "블랙 화요일"로 불리는 이튿날 주가는 11% 추가 하락하면서 한 경제학자는 "뉴욕 증시와 주식시장 역사상 가장 처참한 날"로 묘사했다. (a)는 1920년부터 1939년까지 S&P500의 움직임을 보여준다. (b)는 같은 기간 동안의 실질GDP의 움직임을 보여준다. (음영은 대공황 시기의 경기침체 기간을 나타낸다.)

주가 하락, 특히 1929년 10월의 폭락은 1929년부터 1933년까지의 전례 없는 실질GDP

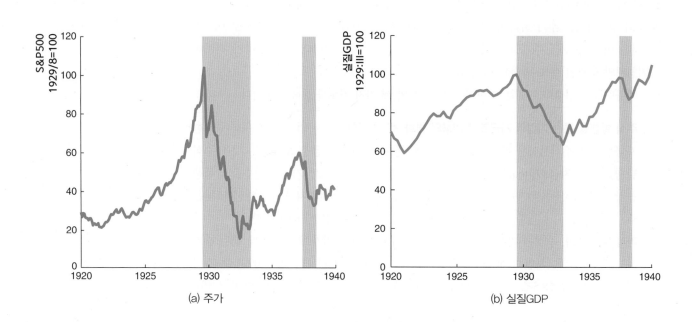

(a) 주가　　　　　　　　　　　　　　(b) 실질GDP

감소를 설명하는가? 1955년에 출판되어 널리 읽힌 저서, 『The Great Crash(1929)』에서, 하버드 경제학자 존 케네스 갤브레이스(John Kenneth Galbraith)는 주식시장의 붕괴는 부를 파괴하고 자본이득으로부터 발생하는 소득을 줄임으로써 소비 지출을 줄였으며, 특히 소비자 내구재에 대한 지출을 줄였다고 주장한다. 또한 주식시장의 폭락은 지출을 더욱 감소시키면서 미래 경제성장에 대한 가계와 기업의 기대를 떨어뜨렸다. 그 결과, 주가 폭락은 8월에 시작된 경기침체의 심각성을 증가시켰고, 그렇지 않았다면 일반적인 경기침체가 될 수도 있었던 것을 대공황으로 바꾸었다.

　　이후 경제학자들은 갤브레이스의 분석에 의문을 제기했다. 1929년 이후 주식시장은 또 다른 불황을 촉발시키지 않고 상당한 하락을 경험했다. 예를 들어, 1987년 10월 19일 S&P500 지수는 20% 이상 하락했는데, 이는 사상 최대 일일 하락폭이며, 1929년 10월 29일 하락폭의 거의 두 배이다. 그러나 그 후 몇 달 동안, 미국 경제는 불황은커녕 심지어 경기침체도 겪지 않았다. 시카고 대학의 노벨상 수상자 밀턴 프리드먼(Milton Friedman)과 전미경제연구소(National Bureau of Economic Research, NBER)의 애나 슈워츠(Anna Schwartz)는 대공황의 원인이 대공황의 심각성을 설명하는 주식시장 붕괴가 아니라 1930년 가을부터 시작된 미국 금융시스템의 붕괴라는 매우 영향력 있는 주장을 펼쳤다(12장 12.2절에서 이 주장에 대해 살펴본다).

　　그러나 일부 경제학자는 주식시장의 폭락이 대공황의 심각성에 중요한 역할을 했다고 믿는다. 캘리포니아 버클리 대학의 경제학자이자 버락 오바마(Barack Obama) 대통령 시절 경제자문위원회의 전 의장이었던 크리스티나 로머(Christina Romer)는 1929년의 폭락이 1987년의 폭락보다 더 심각하고 길었다고 주장한다. 1929년 12월, 주가는 이미 최고점에서 32% 떨어졌다. 이러한 폭락은 미래 소득에 대한 소비자의 불확실성을 증가시켰고, 이로 인해 소비자는 자동차, 가구, 가전제품과 같은 소비자 내구재에 대한 지출을 크게 줄였다. 여기에 더해 소비자 대출 계약이 현재와 다른 구조로 되어 있어 소비자들은 내구재 구매를 위해 돈을 빌리는 것을 더 꺼렸다. 캘리포니아 버클리 대학의 마사 올니(Martha Olney)가 보여주었듯이, 1920년대 소비자가 빚에 대한 대금을 지불하지 않는다면, 대부자는 순자산에 대한 자동차나 기타 내구재를 압류할 수 있었다. $600 자동차 대출 중 $500를 갚았더라도, 빚을 납부하지 않았다면 $600 전액을 잃게 되는 것이다. 자동차 판매량은 주가 폭락 시점과 1930년 1월 사이에 거의 25% 감소했다. 로머는 이러한 내구재에 대한 소비자 지출의 감소가 왜 대공황 초기에 실질GDP가 빠르게 감소했는지를 이해하는 데 열쇠라고 주장 한다.

　　1929년의 주식시장 붕괴가 대공황에 얼마나 큰 영향을 미쳤는지에 대한 논쟁은 금융시스템이 생산과 고용의 실물 경제와 상호작용하는 방식에 대한 경제학자 사이의 큰 의견 차이를 반영한다. 우리는 12장에서 금융위기에 대해 논의할 때 이러한 문제들에 대해 다시 다룰 것이다.

6.2 주식가격 결정 방식

학습목표: 주가가 결정되는 방식을 설명한다.

주가지수는 등락을 거듭하지만, 무엇이 주가지수를 구성하는 개별 종목의 가격을 결정할까? 3장 3.2절(금융자산의 가격은 자산을 소유함으로써 받게 되는 현금흐름의 현재가치와 동일하다) 금융시장에 대한 주요 사실을 상기해보자. 우리는 이 규칙을 채권 가격에 적용했고, 다음 절에서 볼 수 있듯이 주가에도 적용할 수 있다.

1년간 주식 투자

개인투자자는 회사를 통제하기 위해 주식을 매입하지 않는다. 개인투자자는 회사의 이사회가 감독하는 회사의 경영자에게 회사 통제 권한을 맡긴다. 대신 투자자는 높은 수익률을 얻고자 하는 금융투자의 하나로 주식 매입을 고려한다. 여러분이 1년 동안 마이크로소프트 주식에 투자하려고 한다고 가정해보자. 연중에 배당금을 받을 것으로 예상하고, 연말에는 시세에 맞춰 주식을 매도할 수 있다. 기업은 분기별로 배당금을 지급하지만, 단순하게 하기 위해 연말에 배당금을 한 번 지급한다고 가정한다. 보통주에 대한 배당은 채권에 대한 쿠폰 지급 방식처럼 고정되지 않는다. 예상치 못한 손실을 입은 기업은 투자자가 예상한 것보다 낮은 배당금을 줄 수 있다. 마이크로소프트는 주당 $2.00의 배당금을 지급하고, 연말에 마이크로소프트 주가가 주당 $150가 될 것으로 예상한다고 가정한다. 투자자에게 주가는 주식을 소유함으로써 생기는 현금흐름인 배당금 $2.00의 현재가치와 같다.

3.3절에서 우리는 채권시장의 투자자가 미래 지급액을 할인하기 위해 이자율을 사용하여 채권의 현재가치를 계산하는 것을 살펴보았다. 마찬가지로 주식에서 현금흐름의 현재가치를 계산하기 위해서는 할인율을 사용해야 한다. 예를 들어, 주식 한 주를 보유함으로써 발생하는 현금흐름을 할인하기 위해 은행 CD의 이자율을 사용하는 대신 마이크로소프트 주식 투자와 비슷한 위험성을 가진 대체 투자에 대한 기대수익률을 사용하는 것이 타당하다. 투자자의 관점에서, 경제학자는 이 수익률을 자기자본에 대한 **요구수익률**(required return on equities, r_E)이라고 부른다. 기업의 관점에서, 이 수익률은 투자자를 유치하기 위해 기업이 지불해야 하는 수익률이기 때문에 자본에 대한 **자기자본 비용**(equity cost of capital)이라고 불린다. 요구수익률과 자본에 대한 자기자본 비용은 동일하다(단지 투자자와 기업이 서로 다른 관점에서 바라보았을 뿐이다).

요구수익률
주식 투자의 위험을 보상하는 데 필요한 기대 수익

주식 투자가 재무부채권에 대한 투자보다 더 위험하기 때문에 자기자본에 대한 요구수익률은 무위험 이자율(일반적으로 재무부채권 수익률로 측정됨)과 발생하는 위험 프리미엄의 합이라고 생각할 수 있다. 자기자본에 대한 요구수익률에 포함된 위험 프리미엄은 투자자를 재무부채권이 아닌 주식 투자로 유인하는 추가적인 수익률이기 때문에 **주식프리미엄**(equity premium)이라고 불린다. 마이크로소프트와 같은 개별 주식에 대한 주식프리미엄은 두 가지 구성요소로 이루어져 있다. 하나는 2007~2009년 금융위기 당시 주가 하락과 같이 모든 종목에 영향을 미치는 주식시장 전반의 가격변동에 따른 **시스템 위험**(systematic risk)

을 나타낸다. 다른 하나는 **비시스템적**(unsystematic)이거나 **고유**(idiosyncratic) 위험으로 특정 주식의 가격변동으로 인해 발생하며, 주식시장 전반의 변동으로는 발생하지 않는다. 비체계적 위험의 예로는 새로운 버전의 소프트웨어 어플리케이션의 판매가 저조하기 때문에 마이크로소프트의 주가가 하락하는 것을 들 수 있다.

이러한 요인을 고려하여, 여러분은 10%의 수익을 주어야 마이크로소프트에 투자할 수 있다고 가정하자. 이 경우, 연말 예상 배당금($2.00)과 연말 예상 주가($150)의 현재가치는 다음과 같다.

$$\frac{\$2.00}{1 + 0.10} + \frac{\$150}{1 + 0.10} = \$138.18$$

현재 마이크로소프트 주식의 가격이 $138.18 미만이라면 주식을 소유함으로써 받게 될 금액의 현재가치보다 낮은 가격에 판매되고 있기 때문에 주식을 사야 한다. 반면, 가격이 $138.18 이상이라면 주식을 매입하면 안 된다.

한 명의 투자자의 관점이 아닌 전체 투자자의 관점에서 본다면, 오늘 주가 P_t는 r_E로 할인된 연말에 지급될 것으로 예상되는 배당금 D_{t+1}^e와 연말 예상 주가 P_{t+1}^e의 현재가치 합과 같다고 할 수 있다.

$$P_t = \frac{D_{t+1}^e}{(1 + r_E)} + \frac{P_{t+1}^e}{(1 + r_E)}$$

우리는 투자자가 회사가 연말에 지급할 배당금이나 회사 주식의 가격을 확실히 모른다는 것을 나타내기 위해 위첨자 e를 사용한다.

1년간 주식투자수익률

1년의 보유기간 동안, **채권**의 투자수익률은 채권의 현재 수익률에 채권의 자본이득 수익률을 더한 것과 같다. 우리는 비슷한 방법으로 **주식**에 대한 투자수익률을 계산할 수 있다. 쿠폰을 현재가격으로 나눈 것이 채권수익률인 것처럼 연간 예상 배당을 현재가격으로 나눈 것이 주식 **배당수익률**(dividend yield)이다. 주식에 대한 자본이득 수익률은 연중 주가 변동분을 연초 가격으로 나눈 값과 같다. 따라서 주식투자의 기대수익률은 배당수익률에 자본이득의 기대수익률을 더한 값과 같다.

배당수익률
예상 연간 배당금을 주식의 현재 가격으로 나눈 값

$$수익률 = \frac{연간\ 예상\ 배당금}{연초\ 주가} + \frac{연간\ 기대\ 주가\ 변화}{연초\ 주가}$$

또는

$$R = \frac{D_{t+1}^e}{P_t} + \frac{(P_{t+1}^e - P_t)}{P_t}$$

연말 예상 배당금에 실제로 받은 배당금을 대입하고 예상 가격에 연말 주식의 실제 가격을 대입하여 실제 수익률을 계산할 수 있다. 예를 들어, 연초에 마이크로소프트 주식 한 주를 $130에 샀는데 마이크로소프트가 배당금을 $2.00 지급하고 연말 마이크로소프트 주식 가격이 $140라고 가정해보면 연간 수익률은 다음과 같다.

$$($2.00 / $130) + ($140 - $130) / $130 = 0.015 + 0.077 = 0.092 \text{ 또는 } 9.2\%$$

개념 적용

정부는 주식투자에 어떻게 세금을 부과해야 하는가?

주식에 투자하면 투자금에 대한 배당금과 자본이득을 얻게 되는데, 이를 세금 신고 시 소득으로 신고해야 한다. 경제학자와 정책입안자들은 배당금과 자본이득에 세금을 부과하는 최선의 방법에 대해 논쟁한다. 기업이익에는 이익의 일부를 주주에게 배당하기 전에 내야 하는 법인소득세가 부과된다. 주주는 받은 배당금에 대해 개별소득세를 납부해야 하므로 배당금에 대한 **이중과세**(double taxation of dividends)가 발생한다.

이중과세는 다음의 세 가지 중요한 효과가 있다. 첫째, 기업과 개인 모두에게 배당금에 대한 세금이 부과되기 때문에 투자자가 주식을 사면서 얻는 수익이 줄어 주식 투자 형태로 저축해야 할 인센티브가 줄고 기업의 자금조달 비용이 늘어난다. 둘째, 기업이 주주에게 분배하는 이익은 두 번째로 과세되기 때문에 기업은 이익을 분배하기보다는 유보할 유인이 생긴다(배당금을 주기보다 기업이 유보하는 이익을 **이익유보금**(retained earnings)이라고 한다). 이때 주주가 배당금을 받아서 했을 투자보다 기업이 더 낮은 수익을 내는 투자를 하게 되면 이익을 유보하는 것이 비효율적일 수 있다. 마지막으로, 기업은 대출과 채권에 대한 이자 납부액을 이윤에서 공제할 수 있기 때문에, 배당금에 대한 이중과세는 기업이 주식을 발행하기보다는 과도한 부채를 떠맡을 수 있다는 걸 알려준다.

일부 경제학자는 법인세와 개인소득세를 통합하여 배당의 이중과세를 없애자고 제안했다. 이렇게 되면, 세금때문에 기업은 모든 이익, 심지어 기업이 배당금으로 분배하지 않는 이익도 그들의 주주들에게 배분할 것이다. 이때 개인은 기업의 이익에 대해 부과되는 세금을 모두 부담해야 할 것이다. 예를 들어 2020년 애플은 연간 배당금 $3.08를 지급하고 있었지만, 이 금액은 애플이 주당 벌어들이는 이익의 약 25%에 불과했다. 만일 여러분이 애플 주식 1,000주를 소유하고 있다면 배당금으로 받는 $3,080뿐 아니라 여러분의 몫인 애플의 이익유보금 $9,240에 대해서도 세금을 내게 된다. 이 계획은 법인세를 없애고 이중과세로 인한 문제를 종식시킬 것이다. 그러나 이 계획은 현행 조세 제도의 광범위한 개정을 필요로 하며, 정책입안자들로부터 많은 지지를 얻지 못하고 있다.

자본이득은 투자자가 자산을 매각하고 차익을 실현해야 과세된다. 이때 투자자는 자본이득이 큰 주식을 매도하는 것을 꺼릴 수 있기 때문에, 일부 경제학자는 자본이득에 과세하는 것은 **잠김효과**(lock-in effect)를 낳는다고 주장한다. 투자자가 인플레이션에 대한 조정 없는 명목상의 차익에 대해 세금을 납부해야 한다는 사실은 투자자의 거부감을 증가시킨다. 예를 들어, 테슬라 주식 한 주를 $700에 사서 10년 동안 보유하다가 $1,000에 판다고 가정해보자. 그 기간 동안 인플레이션이 연평균 3%였다면, 주식을 매입할 때 $744로 살 수 있었던 재화 및 서비스와 거의 같은 양의 재화와 서비스를 주식을 매도할 때 $1,000로 살 수 있을 것이다. 이때 실질 이득은 $44($744−$700)이다. 그러나 $44의 실질 이득이 아니라 $300의 명목상의 이득에 대해 세금이 부과될 것이다. 명목 차익에 대해 세금을 납부해야 한다는 점도 투자자가 수년간 보유해 온 주식을 매도하지 않는 또 다른 이유다. 많은 투자자가 현재의 포트폴리오에 잠겨있다면, 포트폴리오의 가격은 자본이득세가 없는 경우의 가격과 다를 것이며, 이는 투자자와 기업에 잘못된 신호를 보낼 수 있다.

2020년에는 배당금과 자본이득 모두 임금과 급여에 대한 세율보다 낮은 세율로 과세되었다. 배당금에 대한 세율과 자본이득에 대한 세율은 납세자의 소득에 따라 0~20%까지 다양했다(당해 임금과 급여에 대한 세율은 10~37%까지 다양했다). 이 밖에 일부 납세자는 자본이득과 배당금에 대해 추가적인 3.8%를 납부해야 하기 때문에 최고세율이 23.8%로 올라간다. 이 세율은 개인 최고 세율인 37%보다 낮기 때문에 배당금에 대한 이중과세와 자본이득 과세에 따른 비효율이 줄어들었다.

소득분위에서 최상위에 있는 가구는 소득의 3/4을 배당금과 자본이득으로 벌어들인다. 그래서 배당금과 자본이득에 대한 세율이 낮으면 저소득층이 납부하는 세율에 비해 고소득층이 납부하는 세율이 낮아질 수 있는데, 이는 저소득층은 더 높은 세율로 과세될 수 있는 임금소득에 더 많이 의존하기 때문이다. 바이든 전 부통령은 2020년 대선 당시 연간 $1백만 이상을 버는 사람은 임금과 급여에 내는 세금과 같은 세금을 배당금과 자본이득에도 내야 한다고 제안했다. 또한 임금과 급여에 대한 최고 소득세율을 37%에서 39.6%로 인상할 것을 제안하여 일부 납세자의 경우 배당 세율과 자본이득 세율이 상당히 인상될 것이다.

주식 투자로 인한 수익률이 낮아지면, 기업으로 가는 자금 흐름과 기업이 성장을 지속하는 데 필요한 플랜트·장비·소프트웨어·연구개발 등에 투자할 수 있는 자금력이 줄어든다. 효율성과 형평성 사이의 균형은 경제 정책에서 반복되는 문제이다. 정책입안자는 경제성장과 가계 소득을 증가시킬 수 있는 경제적 효율성을 개선할 필요와 소득을 더 균등하게 분배하려는 갈망 사이에서 균형을 맞추어야 한다.

이 장의 끝에 있는 관련문제 2.8을 참조하시오.

주식의 기초가치

2년 동안 주식에 투자하려는 투자자를 생각해보자. 1년간 투자하는 경우 사용한 방식을 2년간 투자하는 경우에 적용한다. 주가는 투자자가 2년 동안 받을 것으로 예상되는 배당금의 현재가치에 2년 후 연말에 예상되는 주가의 현재가치를 더한 값과 같아야 한다.

$$P_t = \frac{D_{t+1}^e}{(1 + r_E)} + \frac{D_{t+2}^e}{(1 + r_E)^2} + \frac{P_{t+2}^e}{(1 + r_E)^2}$$

우리는 계속해서 몇 년에 걸친 투자를 고려할 수 있다. 이때 최종 예상가격은 더욱더

먼 미래에 놓여지며, 이는 앞선 식과 유사하게 현재가치의 합으로 표현된다. 채권 가격을 논의할 때 배운 것과 같이, 주가는 주식을 소유하는 함으로써 받는 모든 지급액의 현재가치를 반영해야 한다. 경제학자는 주식의 **기초가치**(fundamental value)가 투자자가 무한한 미래에 받을 것으로 예상되는 모든 배당금의 현재가치와 같다고 본다.

$$P_t = \frac{D_{t+1}^e}{(1 + r_E)} + \frac{D_{t+2}^e}{(1 + r_E)^2} + \frac{D_{t+3}^e}{(1 + r_E)^3} + \cdots$$

여기서 줄임표(...)는 배당금 지급이 영원히 지속되는 것을 의미한다. 배당금 지급이 무한한 것으로 나타나기 때문에 더 이상 최종 가격(P^e)은 존재하지 않는다.

테슬라(Tesla), 페이스북(Facebook), 그리고 최근 수십 년 동안 가장 유명하고 가장 성공한 투자자인 워렌 버핏(Warren Buffett)이 운영하는 버크셔 해서웨이(Berkshire Hathaway)와 같이 배당금을 지급하지 않는 회사들은 어떨까? 투자자는 이러한 회사가 결국 배당금을 지급할 것이라는 가정하에 위 식을 이용하여 회사의 기초가치를 계산할 수 있다. 이 경우, 초기에 기대되는 배당금 중 일부는 0이 되고, 회사가 배당을 시작할 것으로 예상한 연도부터 양수의 배당금을 입력할 수 있다. 이 경우 투자자는 회사의 수익 중 그들의 비례하는 몫을 받을 것이라고 결코 예상하지 못할 것이기 때문에, 투자자는 아마도 배당금이 지급되지 않을 것 같은 회사의 주식을 매수하지 않을 것이다.

고든 성장 모형

주식의 기초가치에 대한 위 식은 무한한 배당금을 예측해야 하기 때문에 주가를 평가하려는 투자자에게 그다지 도움이 되지 않는다. 이에 매사추세츠 공과대학의 마이런 고든(Myron J. Gordon)은 주식의 기초가치를 추정하는 편리한 방법을 개발했다. 고든은 투자자가 회사의 배당이 일정한 비율(g)로 증가할 것으로 예상(예 : 5%)하는 경우를 고려했다. 이 경우 위 식의 각 배당금은 전년도에 받은 배당금보다 5% 더 클 것이다. 고든은 배당금이 일정한 비율로 증가할 것으로 예상한다는 가정을 바탕으로 현재 주식가격, 현재 지급된 배당금, 배당금의 예상증가율, 자기자본에 대한 요구수익률 사이의 관계를 보여주는 식을 개발했다. 이 식은 **고든 성장 모형**(또는 **배당-할인 모형**)이라고 불린다.

고든 성장 모형(또는 배당-할인 모형)
현재 지급된 배당금, 예상 배당 증가율 및 요구수익률을 사용하여 주식 가격을 계산하는 모형

$$P_t = D_t \times \frac{(1 + g)}{(r_E - g)}$$

현재 애플이 주당 $3.08의 연간 배당금을 지급하고 있다고 가정하자. 배당금은 매년 7%의 일정한 증가율을 보일 것으로 예상되며, 요구수익률은 8%이다. 그렇다면 애플 주식의 현재 가격은 다음과 같아야 한다.

$$\$3.08 \times \frac{(1 + 0.07)}{(0.08 - 0.07)} = \$329.56$$

고든 성장 모형에 대해 주목할 점이 몇 가지 있다.

1. 이 모형에서 배당금 증가율은 일정하다고 가정한다. 물론 투자자가 배당금이 불규칙하게 증가할 것이라고 생각할 수 있기 때문에 이러한 가정은 비현실적이다. 예를 들어, 애플의 이익과 애플의 배당금은 다음 해보다 아이폰의 새로운 모델이 출시된 후 몇 년 동안 더 빠르게 증가할 수 있다. 그럼에도 불구하고, 일정한 배당금 증가율에 대한 가정은 주가를 분석하는 데 유용하다.

2. 이 모형을 사용하려면 주식에 대한 요구수익률이 배당금 증가율보다 커야 한다. 실제로 일어날 수는 없지만, 기업의 배당금이 주식의 요구수익률보다 빠른 속도로 성장하면 기업은 결국 전체 경제보다 커지게 되기 때문에, 이 조건은 합리적이다.

3. 기업의 미래 수익성과 미래 배당금에 대한 투자자의 기대는 주가를 결정하는 데 매우 중요하다.

예제 6.2

고든 성장 모형을 사용하여 GE 주식 평가

고든 성장 모형은 주가를 계산하는 데 유용하다. 다음 두 문제에 모형을 적용하시오.

a. 현재 제너럴일렉트릭(GE)이 주당 $0.40의 연간 배당금을 지급하고 있고, 배당금은 매년 7%로 증가할 것으로 예상되며, 요구수익률이 8%인 경우, GE 주식의 주당 가격을 계산하시오.

b. 2020년 2월 IBM 주식의 가격은 주당 $136였다. 당시 IBM은 주당 $6.48의 연간 배당금을 지급하고 있었다. 만약 투자자의 요구수익률이 10%였다면, 투자자는 IBM의 배당금 증가율을 어느 정도로 예상했을까?

문제풀이

1 단계 **이 장의 내용을 복습한다.** 이 문제는 고든 성장 모형을 사용하여 주가를 계산하는 것이므로 "고든 성장 모형" 절을 검토하는 것이 좋다.

2 단계 **고든 성장 모형 방정식에 (a)에 주어진 숫자를 적용하여 GE의 주가를 계산한다.** 고든 성장 모형 방정식은 다음과 같다.

$$P_t = D_t \times \frac{(1 + g)}{(r_E - g)}$$

문제에 주어진 수치를 대입하면 GE 주가를 계산할 수 있다.

$$\$0.40 \times \frac{(1 + 0.07)}{(0.08 - 0.07)} = \$42.80$$

3 단계 **고든 성장 모형 방정식을 (b)에 주어진 숫자를 적용하여 IBM 배당금의 예상 증가율을 계산한다.** 이 문제에서 우리는 주가를 알고 있지만 배당금 예상 증가율은 알지 못한다. 배당금 예상 증가율을 계산하기 위해, 우리는 고든 성장 모형 방정식에 주어진 숫자들을 이용하여 g를 계산한다.

$$\$136 = \$6.48 \times \frac{(1 + g)}{(0.10 - g)}$$

$$\$136 \times (0.10 - g) = \$6.48 \times (1 + g)$$

$$\$13.60 - \$136g = \$6.48 + \$6.48g$$

$$g = \frac{\$7.12}{\$142.48} = 0.05 \text{ 또는 } 5\%$$

계산에 따르면 투자자들은 IBM의 배당금이 매년 5%씩 증가할 것으로 예상했을 것이다.

6.3 합리적 기대와 효율적 시장

학습목표: 합리적 기대 가설과 효율적 시장 가설 사이의 관계를 설명한다.

고든 성장 모형은 기업의 미래 수익성에 대한 투자자의 기대가 주가를 결정하는 데 중요한 역할을 한다는 것을 보여준다. 많은 매매거래가 경제변수의 미래 가치를 예측하도록 하기 때문에, 기대는 경제 전반에 걸쳐 중요한 역할을 한다. 예를 들어, 여러분이 30년간 5% 고정 금리인 주택담보대출을 받는 것을 고려하고 있다면 다음 사항을 예측할 필요가 있다.

- **미래 소득.** 담보대출 상환금을 감당할 수 있을까?
- **미래 인플레이션율.** 대출금의 실질 금리는 어떻게 될까?
- **집 주변 환경의 미래.** 시내 여행을 용이하게 하는 버스나 지하철 노선이 연장될까?

적응적 기대 대 합리적 기대

적응적 기대
사람들이 변수의 과거 값만 사용하여 변수의 미래 값을 예측한다는 가정

경제학자는 사람들이 어떻게 기대를 형성하는지 수십 년간 연구해 왔다. 초기 연구는 사람들이 주로 과거의 정보를 통해 기대를 형성한다고 가정했다. 예를 들어, 일부 경제학자는 기업의 주가에 대한 투자자의 기대는 과거 주가에만 의존한다고 가정했다. 이러한 접근 방식을 **적응적 기대**(adaptive expectations)라고 한다. 주식 분석가들은 **기술적 분석**(technical analysis)이라고 알려진 적응적 기대를 사용한다. 분석가들은 과거 주가의 특정 패턴이 반복될 가능성이 높기 때문에 이를 향후 주가 예측에 활용할 수 있다고 본다.

적응적 기대는 예측에 유용한 다른 정보를 무시한다고 가정하기 때문에 오늘날 대부분의 경제학자는 적응적 기대 접근법에 비판적이다. 예를 들어, 1970년대 후반, 인플레이션은 1976년부터 1980년까지 매년 증가하였다. 과거 수치만 보고 미래 인플레이션을 예측하는 사람은 인플레이션이 실제 수치보다 낮을 것으로 예상했을 것이다. 인플레이션율은 1980년부터 1983년까지 매년 감소하였다. 이 기간 과거 수치만 보고 인플레이션을 예측하는 사람은 실제 수치보다 인플레이션이 더 높을 것으로 예상했을 것이다. 과거 인플레이션 수치뿐만 아니라 연방준비제도 정책, 유가 움직임, 인플레이션에 영향을 미치는 기타 요인 등 추가 정

보를 고려해야만 정확한 예측을 할 수 있다.

1961년 카네기 멜론 대학의 존 무스(John Muth)는 **합리적 기대**라고 이름 붙인 새로운 접근법을 제안했다. **합리적 기대**(rational expectations)를 가진 사람들은 이용 가능한 모든 정보를 사용하여 예측한다. 무스는 이용 가능한 모든 정보를 사용하지 않는 사람은 이성적으로 행동하지 않을 것이라고 주장했다. 즉, 그들은 정확한 예측이라는 목표를 달성하기 위해 최선을 다하고 있지 않다는 것이다. 예를 들어, 기업의 주가를 예측할 때 투자자는 과거 주가뿐만 아니라 기업의 경영진, 기업이 개발하고 있는 신제품 등을 포함하여 기업의 미래 수익성을 예측하는 데 도움이 되는 다른 모든 정보를 사용해야 한다. 주식시장에서 상당수의 투자자와 트레이더가 합리적 기대를 갖고 있다면, 주식의 시장 가치는 앞서 살펴본 바와 같이 주식의 **기초가치**(fundamental value)인 미래배당의 현재가치에 대한 최선의 추정치와 같아야 한다. 따라서 시장참여자가 합리적인 기대를 가지고 있다면, 그들이 관찰한 주가는 해당 주식의 기초가치를 나타낸다고 가정할 수 있다.

합리적 기대
사람들이 사용 가능한 모든 정보를 사용하여 변수의 미래 값을 예측한다는 가정; 공식적으로 모든 이용 가능한 정보를 사용하여 기대치가 최적의 예측과 같다는 가정

경제학자의 관점에서, 사람들이 합리적인 기대를 가지고 있다면, 기대치는 이용할 수 있는 모든 정보를 사용하여 결정된 최적의 가격 예측치(최선의 추정치)와 같다. 여기서는 합리적 기대를 주식에 적용하고 있지만, 이 개념은 모든 금융증권에 적용된다. 주식시장의 투자자들이 합리적 기대를 가지고 있다면, 주식의 미래가치에 대한 기대는 최적의(최선의) 가격 예측과 같아야 한다. 물론 투자자들이 합리적 기대를 가지고 있다는 것이 미래를 예측할 수 있다는 것을 의미하지 않는다. 즉, 최적의 예측은 최적일 뿐 틀릴 수 있다.

이 개념을 좀 더 명확하게 표현하기 위해, 오늘 주식시장의 거래 종료 시점에 P_{t+1}^e은 내일 주식거래가 끝날 때 애플 주가에 대한 최적의 예측치라고 가정하자. 내일 거래가 끝날 때 애플 주가의 실제 가격이 P_{t+1}라면, $P_{t+1}^e = P_{t+1}$일 가능성은 작다. 이는 투자자와 트레이더가 내일 그들이 가지고 있는 애플 주식의 기초가치에 대한 시각에 영향을 주는 추가적인 정보(예: 지난달 아이폰 판매량은 예상치를 밑돌 것이다.)를 얻을 가능성이 있기 때문이다. 따라서 애플 주식의 예상가격과 실제 가격의 차이인 **예측 오차**(forecast error)가 발생할 가능성이 있다. 하지만 예측 시 사용할 수 없는 새로운 정보에 의해 오차가 발생하는 것이므로 누구도 사전에 오차의 크기를 정확하게 예측할 수 없다. 만약 새로운 정보가 이용 가능했다면, 합리적 기대는 그 정보가 주가 예측에 반영되었으리라는 것을 말해준다. 따라서 예측 오차는 예측할 수 없다. 이를 수식으로 표현하면,

$$P_{t+1} - P_{t+1}^e = 예측불가능한\ 오차_{t+1}$$

예측을 할 때, 예측치가 실제값보다 낮거나 높게 나올 것이라는 것은 알지만 오차가 얼마나 클지, 양수일지(우리의 예측이 너무 낮았는지) 음수일지(우리의 예측이 너무 높았는지) 알 방법은 없다.

효율적 시장 가설

존 무스에 의해 제안되었듯이, 합리적 기대는 사람들이 예측을 할 때마다 적용된다. 합리적

효율적 시장 가설
금융시장에 합리적 기대 적용; 유가증권의 균형가격이 증권의 기초가치와 같다는 가설

기대를 금융시장에 적용한 것을 **효율적 시장 가설**(efficient markets hypothesis)이라고 한다. 주식시장에서 효율적 시장 가설은 투자자와 트레이더가 미래 배당금 지급액에 대한 기대를 형성하기 위해 이용 가능한 모든 정보를 사용할 때, 주식의 균형가격은 시장의 최적 예측치(주식의 기본가치에 대한 최선의 예측치)라는 것이다. 효율적 시장 가설이 예측하는 것과 같이 시장이 작동하고 균형가격이 기초가치와 같게 된다는 것을 어떻게 확신할 수 있을까?

효율적 시장 가설의 예 예를 들어 보겠다. 월요일 오전 10시 14분, 애플의 주가가 주당 $106이고 현재 연간 배당금이 주당 $4.00이며 배당금은 매년 6%씩 증가할 것으로 예상된다고 가정하자. 10시 15분, 애플은 최신 아이폰 모델의 판매량이 예상보다 훨씬 컸고 앞으로도 더 높은 판매가 이어질 것으로 기대한다는 내용을 공개한다. 이 소식으로 투자자들은 애플의 연간 배당 증가율 전망치를 6%에서 7%로 상향 조정한다. r_E를 10%로 가정했을 때, 높은 배당금 증가율은 애플의 미래 배당금의 현재가치를 $106에서 $142로 높인다. 따라서 이 새로운 정보는 투자자들이 애플 주식을 매수하도록 한다. 증가된 수요로 인해 애플 주가는 새로운 기초가치인 $142에 도달할 때까지 계속 상승할 것이다. 합리적 기대를 가진 투자자는 주가가 주식의 기초가치에 대한 최적 전망치보다 높거나 낮을 때 주식을 사거나 팔아 차익을 얻을 수 있다. 정보에 입각한 트레이더의 자기 본위적 행동은 이러한 방식으로 이용 가능한 정보가 시장 가격에 반영되도록 한다.

효율적 시장 가설에서 모든 투자자와 트레이더는 합리적 기대를 가져야 할까? 꼭 그렇지는 않다. 3장 3.4절에서 살펴본 것처럼 단기간에 가격 변동으로부터 이익을 얻기 위해 유가증권을 사고 재판매하는 과정을 **금융차익거래**(financial arbitrage)라고 한다. 금융차익거래로 얻은 이익을 **차익거래 이익**(arbitrage profit)이라고 한다. 차익거래 이익을 얻을 수 있는 증권을 매수하기 위해 경쟁하면서 트레이더는 투자자가 차익거래 이익을 더 이상 얻을 수 없는 수준으로 가격을 조정할 것이다. 합리적 기대를 가진 트레이더가 있는 한, 새로운 정보가 제공하는 차익거래 이익은 트레이더가 주가를 기초가치로 끌어올릴 동기를 부여할 것이다. 예를 들어 위에서 논의한 예에서, 일단 애플에 대한 새로운 정보가 알려지면, 트레이더는 주당 $36에 해당하는 차익거래 이익을 얻을 수 있다. 정보가 많은 소수의 트레이더 사이의 경쟁은 가격을 새로운 기초가치로 빠르게 끌어올리기에 충분할 것이다.

금융차익거래
단기간에 가격 변동으로부터 이익을 얻기 위해 유가 증권을 사고파는 과정

효율적 시장 가설은 주가가 이용 가능한 모든 정보를 반영하는 것을 의미하지만, 애플의 사례는 주가가 매일, 시시각각으로 변하는 것을 보여준다. 기초가치에 영향을 미치는 뉴스가 나오면서 주가는 끊임없이 변한다. 주식이나 다른 금융자산을 보유하려는 투자자의 의지에 영향을 미치는 어느 것이든 주식의 기초가치에 영향을 미친다. 따라서 새로운 정보로 인해 투자자가 위험, 유동성, 정보 비용 또는 주식 소유 수익에 대한 세금처리에 대한 의견이 바뀌면 r_E가 바뀌기 때문에 주가도 변할 것으로 예상할 수 있다.

"내부 정보"는 어떻습니까? 효율적 시장 가설은 공개적으로 이용 가능한 정보가 주가에 반영된다고 가정한다. 하지만 공개적으로 이용할 수 없는 정보는 어떨까? 예를 들어, 한 제약회사의 경영자가 새로운 암 치료제가 정부의 승인을 받았다는 정보를 입수했고, 이

정보는 아직 공개적으로 공개되지 않았다고 가정해보자. 또는 미국 노동통계국의 경제학자는 투자자가 예상했던 것보다 실업률이 훨씬 높았기 때문에 자동차 수요와 테슬라 및 제너럴 모터스의 이익이 예상보다 낮을 가능성이 높다는 데이터를 수집했고, 이 정보 역시 아직 공개적으로 공개되지 않았다고 가정해보자. 유가증권에 대해서 공개적으로 이용할 수 없는 관련 정보를 **내부 정보**(inside information)라고 한다. 일부 경제학자는 내부 정보조차 주가에 빠르게 반영된다는 효율적 시장 가설을 지지한다. 그러나 내부 정보를 바탕으로 거래해서 평균 이상의 수익을 얻을 수 있다는 연구 결과가 많다. 예를 들어 제약회사 경영자는 의약품 승인 정보가 입수되면 자사주를 매입해 주가 상승에 따른 이익을 얻을 수 있다.

> **내부 정보**
> 공개적으로 사용할 수 없는 보안 관련 정보

하지만 여기에는 중요한 함정이 있다. **내부자 거래**(insider trading)로 알려진 내부 정보를 이용해서 거래하는 것은 불법이다. 미국 증권거래위원회(SEC)가 시행하고 있는 미국 증권법에 따르면 기업의 직원은 공개적으로 입수할 수 없는 정보를 근거로 회사의 주식과 채권을 사고팔 수 없다. 또한 그들은 회사의 주식과 채권을 사고팔기 위해 그러한 정보를 이용하려는 다른 사람들에게 내부 정보를 제공할 수 없다. 일례로 2020년에 아리아드제약(Ariad Pharmaceuticals) 이사회 임원의 아들은 회사 내부 정보를 제공하여 주식 트레이더들이 $2백만에 가까운 수익을 올릴 수 있게 한 혐의로 재판에 넘겨졌다.

주가는 예측 가능한가?

효율적 시장 가설의 핵심적인 함의는 주가가 예측 불가능하다는 것이다. 오후 4시 주식거래가 마감될 때 테슬라 주식이 주당 $1,300에 마감됐다고 가정하고, 내일 장 마감 시점에 테슬라 주가를 예측하려고 한다면 최적의 예측은 얼마일까? 효율적 시장 가설에 따르면 $1,300이다. 다시 말해, 내일 주가에 대한 가장 좋은 예측치는 오늘 주가이다. 이는 오늘의 가격이 현재 이용 가능한 모든 관련 정보를 반영하기 때문이다. 내일 거래 마감 시 테슬라 주가가 실제로 $1,300가 되지는 않겠지만, 지금 시점에서 내일 테슬라 주식이 오를지 내릴지 예측할 수 있는 정보는 없다.

주가는 예측이 가능하다기보다는 **임의보행**(random walk)을 따르게 되는데, 이는 시점과 무관하게 주가가 하락할 가능성만큼 오를 가능성도 같다는 것을 의미한다. 우리는 현실에서 며칠 연속 상승하는 종목을 확실히 관찰할 수 있지만, 이는 주가가 임의보행을 따른다는 아이디어에 반하지 않는다. 마치 우리가 동전을 던질 때, 앞면이나 뒷면이 나올 가능성은 같지만, 앞면이나 뒷면이 여러 차례 연속으로 나올 수 있는 것과 같다.

> **임의보행**
> 유가 증권 가격의 예측할 수 없는 움직임

효율적 시장과 투자전략

효율적 시장 가설을 이해하면 포트폴리오 배분은 물론 주식거래와 재무 분석 가치 평가를 위한 전략을 수립할 수 있다. 우리는 다음 절에서 이러한 전략을 고려한다.

포트폴리오 배분 효율적 시장 가설은 주식시장에서 주식 매매가 평균 이상의 수익을 얻을 수 있는 기회를 없앨 것이라고 예측한다. 다시 말해, 테슬라가 모델Y 전기차를 팔아 매우 높은 이익을 올릴 것이라고 확신할지 모르지만, 만약 다른 투자자도 이 정보를 가지고 있다면, 테슬라에 투자한다고 해서 다른 주식에 투자함으로써 얻을 수 있는 수익률보다 더 높은 수익률을 제공할 가능성은 낮을 것이다. 왜냐하면 높은 기대 이익이 이미 테슬라 주가에 반영되어 있기 때문이다. 따라서 주식을 한 개만 매수해서 저축 위험을 감수하는 것은 좋은 전략이 아니다. 다양한 자산으로 구성된 포트폴리오를 보유해야 한다. 그래야 한 종목의 가격에 부정적인 영향을 미칠 수 있는 뉴스가 다른 종목의 가격에 긍정적인 영향을 미칠 뉴스로 상쇄될 수 있다. 모델Y 판매가 부진하면 테슬라 주가는 하락하지만, 맥도널드에서 당근버거 신제품 판매량이 예상보다 많으면 맥도널드 주가는 상승할 것이다. 어떤 일이 벌어질지 미리 알 수 없기 때문에, 주식을 포함한 여러 자산으로 구성된 다양한 포트폴리오를 보유하는 것이 좋다.

주식거래 만약 주가가 이용 가능한 모든 정보를 반영한다면, 정기적으로 개별 주식을 사고파는 것은 수익성이 있는 전략이 아니다. 특히 투자자는 일반적으로 주식을 매도하거나 매수할 때마다 브로커나 온라인 거래 사이트에 수수료를 지불해야 하기 때문에 한 주식에서 다른 주식으로 반복적으로 자금을 이동하거나 포트폴리오를 변경해서는 안 된다. 다각화된 포트폴리오를 장기간에 걸쳐 매입해 보유하는 것이 더 나은 전략이다.

재무분석가 및 유용한 정보 모건스탠리(Morgan Stanley), 골드만삭스(Goldman Sachs) 등 월가 기업에 고용된 재무분석가는 미래 주가를 예측하기 위해 과거 주가의 패턴에 의존하는 **기술분석가**(technical analysts)와 미래 주가를 예측하기 위해 기업의 미래 이익을 예측하는 데 의존하는 **기본분석가**(fundamental analysts) 크게 두 가지로 나뉜다. 우리는 이미 기술적 분석(technical analysis)이 적응적 기대에 의존한다고 배웠다. 경제학자는 기술적 분석이 과거 주가를 제외한 이용 가능한 모든 정보를 무시하기 때문에 주가를 예측하는데 성공적인 전략이 될 가능성이 낮다고 본다.

기본적 분석(fundamental analysis)은 이용할 수 있는 모든 정보를 사용하기 때문에 합리적 기대 접근법과 더 일치하는 것으로 보인다. 하지만 기본적 분석이 성공적인 주가 예측 전략이 될 수 있을까? 많은 재무분석가는 기본적 분석을 통해 고객들에게 어떤 주식을 사야 할지 조언한다. 또한 케이블 뉴스 프로그램, 금융 웹사이트와의 인터뷰 또는 소셜 미디어에서 주식을 추천할 때 기본적 분석을 이용한다. 다만 효율적 시장 가설은 재무분석가들이 추천하는 종목이 시장 지수보다 성과가 좋을 가능성이 낮다는 것을 암시한다. 분석가는 어떤 회사가 가장 경영상태가 좋고, 가장 인상적인 신상품이 있고, 미래에 이익을 얻을 수 있는 능력이 가장 큰지 파악하는 데 매우 능숙할 수 있지만, 투자자와 트레이더들도 그러한 정보를 알고 있으며, 정보는 이미 주가에 반영되어 있다.

역설적으로 보이지만 분석가와 투자자가 향후 높은 수익성을 기대할 수 있는 기업은 수익성이 훨씬 떨어질 것으로 예상하는 기업보다 투자로서 나을 게 없을 수도 있다. 투자자가 어느 한 회사의 주식에 투자하기 위해 10%의 수익률을 요구하면 수익성이 매우 높은 기업이 발행한 주식은 수익성이 낮은 기업이 발행한 주식보다 훨씬 높은 가격을 갖게 된다. 사실 우리는 수익성이 높은 기업의 주식 가격은 높아야 하고 수익성이 낮은 기업의 주식 가격은 낮아야 한다는 것을 알고 있다. 따라서 투자자는 두 투자 모두에 대해 10%의 수익을 기대할 것이다. 채권시장도 마찬가지다. 두 채권이 위험, 유동성, 정보비용, 세금처리 측면에서 투자자에게 동일한 것으로 보인다면, 최상의 투자처를 찾는 투자자들 사이의 경쟁은 두 채권의 만기까지의 수익률이 같도록 할 것이다. 한 채권의 쿠폰이 $60이고 다른 채권의 쿠폰이 $50라면, 쿠폰이 높은 채권의 가격은 쿠폰이 낮은 채권의 만기까지 수익률과 같을 정도로 높아진다. **따라서 효율적 시장 가설은 수익성이 높은 기업의 주식이 수익성이 낮은 기업의 주식보다 더 나은 투자가 아니라는 것을 나타낸다.**

효율적 시장 가설을 처음 접하는 많은 사람들은 "월스트리트의 금융회사에 고용된 매우 똑똑하고 근면한 취업자는 모두 시장을 이길 수 있어야 한다. 그렇지 않으면 왜 그들이 그렇게 높은 급여를 받는다 말인가"라며 이러한 사실을 받아들이기 어려워한다. 그러나 많은 연구 결과는 뮤추얼펀드 관리자와 기타 전문 투자자가 장기적인 평균 주식수익률보다 지속적으로 더 나은 수익을 낼 수 없다는 것을 보여준다. 실제로 대부분은 평균수익률보다 상당히 좋지 않다. 즉, 투자자가 뱅가드 500 인덱스펀드(Vanguard's 500 Index Fund)와 같은 인덱스펀드를 사는 것이 다른 투자전략을 통해 얻을 수 있는 수익보다 높은 수익을 얻을 가능성이 높다. **인덱스펀드**(index fund)는 S&P500 주가지수에 포함된 주식처럼 정해진 포트폴리오의 주식을 매수하지만, 회사에 대한 소식을 근거로 개별 회사의 주식을 매매하지 않는다. **액티브펀드**(actively managed funds)는 개별 주식을 자주 사고팔아 높은 수익률을 올리려 한다. 액티브펀드의 어떤 관리자도 뱅가드 500 인덱스펀드와 같은 인덱스펀드의 수익률을 꾸준히 이기지는 못했다.

예를 들어, 만약 당신이 2009년 1월에 S&P500 주가지수에 $1,000를 투자했다면, 2019년 말에 당신의 투자금은 $4,225로 증가했을 것이다. 그러나 만약 당신이 평균적인 액티브펀드에 투자했다면, 당신의 투자액은 $3,441로 약 19% 적게 증가했을 것이다. 실제로 인덱스펀드는 일반적으로 액티브펀드에 비해 운용수수료나 비용비율(투자가가 얻을 수 있는 수익에서 차감됨)이 매우 낮기 때문에 그 차이는 실제로 더 클 것이다.

프린스턴 대학의 경제학자인 버튼 말키엘(Burton Malkiel)은 100만 부 이상이 팔린 저서 『A Random Walk Down Wall Street』에서 효율적인 시장 가설을 대중화시켰다. 말키엘은 효율적 시장 가설에 대해 "눈을 가린 원숭이가 신문의 재무 페이지에 다트를 던져도 전문가들이 신중하게 선택한 포트폴리오만큼 성과를 내는 포트폴리오를 선택할 수 있다"고 했다.

많은 투자자들은 장기적으로는 주식시장 전체가 벌어들인 수익률보다 높은 수익률을 얻어 시장을 이길 수 없다는 효율적 시장 가설의 메시지를 받아들였다. 이에 따라 많은 개인투자자는 물론 연기금 등 일부 기관투자자는 액티브 뮤추얼펀드보다 S&P500 또는 다른 시장 벤치마크를 추종하는 인덱스 뮤추얼펀드에 많은 투자를 해 왔다. 인덱스펀드는 운용사가 적극적으로 종목을 선택하기보다는 지수에 있는 주식을 수동적으로 매입하기 때문에 패시브펀드(passive funds)라고도 불린다. 2019년 말 주가지수펀드는 처음으로 액티브펀드보다 총 가치가 컸다. 지난 10년간 인덱스펀드의 총 가치는 $1.36조 증가한 반면, 액티브펀드의 가치는 $1.32조 감소했다. 월스트리트 저널의 기사에 따르면, "이러한 변화는 개인들을 위한 투자비용을 낮추었고, 주식 종목 선정가의 영향력을 감소시켰다."[1]

주가를 예측할 수 없다면 왜 주식시장에 투자해야 하는가?

많은 사람들은 고수익 저위험 투자방법이 없다는 것을 받아들이기 어려워한다. 이에, 채권 쿠폰은 주식 배당과는 달리 고정돼 있어 주식보다 덜 위험하다는 생각에 고수익(또는 정크) 채권을 사들이는 등의 투자전략을 따르기도 한다. 하지만 5장 5.1절에서 보았듯이 신규 발행 채권의 금리는 크게 오르내리고 정크본드는 채무불이행 위험이 상당해 채권가격이 크게 출렁일 수 있다.

어떤 사람들은 평균 이상의 수익을 보장하는 금융자산 관리자에게 현혹되어 투자하기도 한다. 그러나 이 관리자는 위험한 투자를 하거나 노골적인 사기 행각을 벌임으로써 높은 수익을 얻으려는 것이다. 사기의 흔한 유형은 **폰지사기**(Ponzi scheme)이며, 사기 행각을 하는 사람은 실제로 가지고 있는 돈을 투자하지 않는다. 대신, 그들은 새로운 투자자로부터 받은 돈으로 기존 투자자에게 갚는다. 2008년 연방 수사관들은 월가의 존경받는 금융자산 관리자인 버나드 매도프(Bernard Madoff)가 수십 년 동안 폰지사기를 해 왔으며, 그 기간 동안 투자자들로부터 수십억 달러를 사취했다고 판단했다.

2007~2009년의 금융위기는 많은 소액투자자가 주식시장을 불신하게 만들었다. 2007년 10월 14,000을 넘었던 다우존스산업평균지수는 2009년 3월 약 6,500으로 54% 하락하였다. S&P500 지수와 NASDAQ 종합지수도 비슷한 하락세를 보였다. 이 기간 가계가 보유한 뮤추얼펀드의 가치는 $2조 가까이 감소했다.

한 경제 연구 결과, 투자자들의 주식시장 참여 의지는 평생 경험한 수익률에 영향을 받는 것으로 나타났다. 예를 들어, 다우지수가 89% 하락한 1929년부터 1932년까지 발생한 미국 역사상 최악의 약세장을 겪은 일부 투자자는 수십 년이 지난 후에도 주식에 투자하는 것을 꺼렸다. 시장이 공정한 경쟁의 장이 아니라는 인상은 주식시장에 대한 개인투자자의 참여를 더욱 위축시킬 수 있다. 2007~2009년 금융위기가 끝난 직후 실시된 여론조사에서 조사 대상자의 24%가 지역 은행에 대한 믿음이 거의 없거나 아예 없는 반면, 67%는 월스트리트에 대한 믿음이 거의 없거나 아예 없는 것으로 나타났다.

젊은 투자자로서, 당신은 주식시장에서 멀어져야 하는가? 그렇게 하면 장기적인 투자목표를 달성하지 못할 수도 있다. 4장 4.1절에서 보았듯이 주식시장에서의 장기 평균 연간 투자수익률은 재무부채권이나 양도성예금증서(CD)의 연간 투자수익률보다 월등히 높다. 22세

---

[1] Dawn Lim, "Index Funds Are the New Kings of Wall Street," *Wall Street Journal*, September 18, 2019.

〈22세부터 월 $100 투자 결과〉			
	CD(1.5%)	재무부채권(2.5%)	주식(10.0%)
45세	$33,076	$37,429	$107,543
67세	$77,253	$99,985	$1,057,086
인플레이션 보정 후 67세	$25,430	$32,913	$347,966

참고: 표의 계산은 초기 예치금이 $100이고 연간 이자율이 매월 복리로 쌓인다고 가정한다.

부터 매달 $100씩 저축하여 투자를 시작한다고 가정해보자. 위 표는 은행 CD나 미국 재무부채권, 주식 등에 투자해 저축할 경우, 45세와 정상 퇴직연령인 67세에 투자된 돈이 얼마나 쌓이게 될지 보여준다. 표의 처음 두 행은 인플레이션에 대해 보정되지 않은 명목 수익을 나타낸다. 마지막 행은 인플레이션이 매년 평균 2.5%라고 가정했을 때 22세 때와 동일한 구매력을 가진 달러로 축적되는 양을 나타낸다.[2]

　수십 년 후 이 투자에 대한 수익률을 정확히 예측할 수 있는 사람은 아무도 없지만, 우리는 과거의 수익률에 기초하여 합리적인 추정치를 선택했다. 은행 CD는 신중한 투자자들이 신뢰하는 매우 안전한 투자이지만, 표의 첫 번째 행은 45세 여러분이 재무부채권에 투자함으로써 약간 더 많은 위험을 감수하거나 뱅가드 500 인덱스와 같은 뮤추얼펀드를 사서 주식에 투자해 더욱 많은 위험을 감수했을 때보다 축적된 투자금이 작다는 것을 보여준다. 투자 기간이 길수록 투자 간 격차가 더 커진다. 인플레이션을 고려했을 때, 67세 은퇴 시까지 주식에 투자하면, 은행 CD를 통해 축적할 수 있는 투자금액($347,966 대 $25,430)의 13배 이상을 벌 수 있다. 이 표는 4장에서 논의한 위험과 수익 간의 균형을 다시 보여준다. 여기서 언급했듯이 경제학자 대부분은 은퇴까지 수십 년이 남은 젊은 예금자가 은퇴를 앞두고 있는 예금자보다 더 많은 위험을 감수할 수 있다고 생각한다.[3]

　최근 몇 년간 높은 증시 변동성을 경험한 젊은 투자자의 증시 참여 의지가 나이든 투자자보다 떨어질지가 향후 미국 금융시스템의 중요한 이슈다. 경제학자는 뮤추얼펀드, 연기

---

[2]　참고로, 시간에 따라 정기적으로 투자하는 것이 간헐적으로 큰 금액을 투자하는 것보다 이점이 있다. 예를 들어, 매월 투자하면 **달러평균원가법(dollar cost averaging)**의 이점을 이용할 수 있다. 달러평균원가법을 사용하면 가격이 낮을 때 더 많은 주식을 자동으로 매수하고 가격이 높을 때 더 적은 주식을 매수하게 된다. 이 접근 방식은 주가가 높을 때 대부분의 구매를 해서 나중에 가격이 하락할 때 더 취약하게 만드는 가능성을 줄여준다. 또한, 주가가 급격히 상승하는 시기를 놓칠 가능성이 없다는 의미이기도 하다. 예를 들어, 1970년 1월에 S&P500에 $1,000를 투자하고 계속 투자했다면 2019년 8월에는 $138,908로 증가했을 것이다. 그러나 45년 동안 주가가 가장 많이 오른 단 25일 동안만 투자가 이루어졌다면 $1,000는 $32,763로 75% 적게 증가했을 것이다.

[3]　2020년에 일부 경제학자는 기업의 수익성에 비해 주가가 특히 높다고 믿는다. 즉, P/E 비율(주당 회사의 이익에 대한 주식 가격의 비율)은 많은 회사에서 역사적으로 높은 수준이었다. P/E 비율이 높으면, 다음 해에 주식 투자 수익률은 더 낮아지는 경향이 있다. 한 연구에 따르면 향후 10년 동안 주식시장에 투자했을 때의 실제 수익은 장기 평균보다 3%p 낮을 수 있다. 결과적으로, 오늘날 20대는 그의 어머니나 할머니와 같은 투자목표를 달성하기 위해 더 많은 금액을 투자해야 할 것이다.

금, 헤지펀드 등 기관투자자가 수행하는 주식시장 거래 비중에 비해 개인투자자가 수행하는 주식시장 거래 비중이 계속 줄어들면 시장 효율성에 미칠 수 있는 결과에 대해 논쟁을 벌인다.

이 장의 끝에 있는 관련문제 3.6을 참조하시오.

투자분석가의 조언을 따라야 할까?

재무분석가는 보통 투자자에게 가격이 급격하게 오를 것으로 판단되는 종목을 매수하고 가격이 하락하거나 천천히 오를 것으로 판단되는 종목을 매도하라고 조언한다. 블룸버그에 실린 기사에서 발췌한 다음의 내용은 주식시장 분석가들이 1년 동안 가격을 예측하는 데 얼마나 성공했는지를 보여준다.

JDS 유니페이스(JDS Uniphase)는 주식시장 분석가 사이에서 가장 많은 "매도" 추천을 받은 회사다. 이 회사는 올해 가장 많은 "매수"를 보유한 회사인 마이크로소프트보다 더 많은 수익을 올렸다.

이 기사는 "월스트리트 분석가들이 JDS 유니페이스의 수익 전망과 잠재적인 주가 상승 여력이 아닌 과거 성과에 기반해 추천한 사례("매도"추천)라고 투자자는 말한다"고 언급했다. 기사가 언급하고 있는 "투자자"의 분석에 동의하는지 간략히 설명하시오.

문제풀이

1 단계 **이 장의 내용을 복습한다.** 이 문제는 재무분석가가 성공적으로 주가를 예측하는 것을 기대할 수 있느냐의 문제인데, "주가는 예측 가능한가?" 라는 부분을 검토해 보는 것이 바람직하다.

2 단계 **효율적 시장 가설에 대한 이해를 이용하여 문제를 해결한다.** 효율적 시장 가설의 관점에서 볼 때, 그 해에 JDS 유니페이스의 주가가 마이크로소프트의 주가보다 더 많이 올랐다는 것은 놀라운 일이 아니다. 마이크로소프트가 JDS 유니페이스보다 더 나은 경영진을 보유하고 있고 수익성이 높았을지 모르지만, 연초 마이크로소프스 주가는 그에 상응해 더 높았다. 우리는 투자자가 둘 중 어느 한 회사에 투자해도 금융차익거래의 결과로 비슷한 수익을 얻을 것으로 기대했을 것이라는 것을 알고 있다. 어느 회사가 투자하기 더 좋을지는 투자자가 연초에 예상할 수 없었던 한 해 동안의 사건들에 달려 있다. 예상치 못한 이러한 사건들이 JDS 유니파이스에 더 긍정적인 영향을 주었기 때문에, 나중에 생각해 보면, 더 좋은 투자였다고 할 수 있다.

기사에서 언급한 "투자자"의 분석은 효율적 시장 관점에서 올바르지 않다. 재무분석가가 "실적 전망과 잠재적 주가 상승 여력보다는 과거 성과를 근거로 추천한" 것이 핵심은 아니다. 분석가들이 기업의 수익 전망을 근거로 예측했더라도, 기업의

　　수익 전망에 대한 이용 가능한 모든 정보가 이미 그 회사의 주가에 반영되어 있었
　　기 때문에 그들의 투자는 성공적이지 못했을 것이다.

이 장의 끝에 있는 관련문제 3.8을 참조하시오.

6.4 금융시장의 실제 효율성

학습목표: 금융시장의 실제 효율성을 논의한다.

많은 경제학자는 대부분의 금융시장에서 자산가격의 변동이 효율적 시장 가설과 일치한다
고 믿는다. 시카고 대학의 유진 파마(Eugene Fama)와 다른 많은 경제학자의 실증적 연구는
주가 변동을 예측할 수 없다는 결론을 지지한다.

　　하지만, 활동적인 트레이더나 투자 자문을 하는 분석가들은 주식시장이 효율적 시장인
지에 대해 회의적이다. 그들은 효율적 시장 가설의 타당성에 의문을 제기하며 금융시장의
이론적 행태와 실제 행태 사이의 세 가지 차이점을 지적한다.

1. 일부 재무분석가는 시장의 **가격 이상**(pricing anomalies) 현상이 투자자가 평균 이상의
   수익을 일관되게 얻을 수 있게 한다고 생각한다. 효율적 시장 가설에 따르면 매우 빈번
   하게 또는 매우 오랫동안 평균 이상의 수익을 위한 이러한 기회가 존재해서는 안 된다.
2. 재무분석가는 이용 가능한 정보를 사용하여 가격 변동을 일부 예측할 수 있다는 증거
   도 지적한다. 효율적 시장 가설에 따르면 투자자는 공개적으로 이용 가능한 정보를 사
   용하여 미래의 가격 변동을 예측할 수 없어야 한다.
3. 재무분석가는 또한 주가 변동이 때때로 주식의 기초가치 변화보다 더 큰 것으로 보인다
   고 주장한다. 효율적 시장 가설에 따르면 주가는 주식의 기초가치를 반영해야 한다.

가격 이상 현상

효율적 시장 가설에서는 투자자가 개별 주식이나 주식군을 사고팔아 일관되게 평균 이상의
수익을 올릴 수 없다는 것이 성립한다. 그러나 일부 재무분석가는 평균 이상의 수익을 가져
올 수 있는 주식거래 전략을 발견했다고 생각한다. 효율적 시장 가설의 관점에서 이러한 거
래 전략은 이상 현상이거나 가설과 일치하지 않는 결과이다. 재무분석가와 경제학자가 논의
한 두 가지 이상 현상은 **소형주 효과**(small firm effect)와 **1월 효과**(January effect)이다.

　　소형주 효과는 대기업에 대한 투자보다 소기업에 대한 투자가 장기적으로 봤을 때 더
높은 수익을 낸다는 사실을 의미한다. 1970~2019년 동안 소기업 주식에 대한 투자는 연평
균 12.6%의 수익률을 기록한 반면, 대기업 주식에 대한 투자는 연평균 10.5%에 불과했다. 1
월 효과는 몇 년 동안 1월의 주식수익률이 비정상적으로 높았던 사실을 말한다.

　　가격 이상은 효율적 시장 가설의 결점을 의미하는가? 경제학자 사이에 의견은 다양하
지만, 대부분은 위에서 설명한 두 가지 이상 현상과 또 다른 이상 현상이 효율적 시장 가설

과 실제로 모순된다는 생각에 회의적이다.

- **데이터 마이닝.** 미리 생각만 했더라면 데이터 마이닝을 통해(철저히 데이터를 조사해서) 평균 이상의 수익을 얻을 수 있는 거래 전략을 항상 수립할 수 있다. 이 점은 "NFC 효과"와 같은 작은 거래 전략을 생각할 때 분명해진다. 1978년 스포팅 뉴스(Sporting News)의 칼럼니스트 레너드 코펫(Leonard Koppett)은 지난 11년 동안 NFC(National Football Conference) 팀이 슈퍼볼에서 우승했을 때 주식시장은 몇 년 동안 상승했고 AFC(American Football Conference) 팀이 우승했을 때 몇 년 동안 하락했다는 것을 발견했다. 코펫의 시스템은 그가 처음 그러한 사실을 발표한 이후 11년 동안 증시가 상승할지 하락할지에 대해 정확하게 예측했다. 물론, 이 효과는 관련이 없는 사건들 사이의 우연한 상관관계를 나타냈으며, 최근 몇 년 동안 주식시장의 성과를 예측하는 지표로서 NFC 효과는 제대로 작동하지 않았다. 예컨대 2008년 NFC 뉴욕 자이언츠가 슈퍼볼에서 우승했지만 다우지수는 35% 이상 하락했고, 2017년 AFC 뉴잉글랜드 패트리어츠가 슈퍼볼에서 우승했지만 다우지수는 21% 상승했다. 데이터 마이닝이 평균 이상의 수익을 얻을 수 있는 거래 전략을 밝혀낼 수 있다고 해도, 그 전략이 널리 알려지고 나면 계속해서 높은 수익을 얻을 가능성은 희박하다는 것이다. 따라서 1월 효과가 1980년대에 상당한 인기를 얻고 난 이후, 그 효과가 사라진 것은 자연스러운 것이다.

- **위험, 유동성 및 정보 비용.** 효율적 시장 가설이 모든 주식 투자가 동일한 기대수익률을 가져야 한다는 것을 의미하지는 않는다. 모든 주식 투자는 **위험, 유동성, 정보 비용의 차이를 조정한 후** 동일한 수익률을 내야 한다는 게 가설의 전망이다. 그동안 소형주 투자는 대형주 투자보다 연평균 수익률이 높았지만, 소형주 투자는 위험 수준이 현저히 높다. 또한 소형주 시장은 대형주 시장보다 유동성이 적고 정보 비용이 더 높을 수 있다. 이에 일부 경제학자는 소형주에 대한 높은 투자 수익은 사실 높은 위험, 낮은 유동성, 더 높은 정보 비용을 수용한 투자자들에게 보상하는 것일 뿐이라고 주장한다.

- **거래비용, 세금 및 차익거래에 대한 제도적 제한.** 책이나 온라인에서 대중화된 주식 거래 전략은 상당히 복잡하고, 한 해 동안 많은 개별 주식 또는 주식군을 사고팔아야 한다. 이러한 전략에 대한 수익률을 계산할 때, 이러한 전략을 홍보하는 작가들은 요구되는 거래비용을 거의 고려하지 않는다. 투자자가 주식을 사거나 팔 때마다 수수료를 내야 하는데, 이 비용을 투자자의 투자전략 수익률에서 빼야 한다. 또한 투자자가 주식을 매수한 가격보다 더 높은 가격에 매도할 때, 투자자에게 과세대상 자본이득이 발생하므로 수익률을 계산할 때 납부될 세금 역시 고려할 필요가 있다. 거래비용과 세금을 포함하면 많은 거래전략을 이용하여 벌어들인 것으로 추정되는 평균 이상의 수익은 사라진다.

  마지막으로 효율적인 시장 가설은 주식과 채권 같은 자산 수익률 간의 차이를 없애는 차익거래를 하는 금융시장 트레이더에 제한이 없다고 가정한다. 그러나 실제로는 수익률 간의 차이를 제거하기 위해 필요한 거래에 대해 정부 또는 금융시장이 부과하는 제한이 있을 수 있다. 예를 들어 주식시장 규제를 담당하는 연방기관인 SEC는 공매도에 일부 제한을 가한다. 공매도를 이용하여 주가가 하락할 것으로 예상하는 트레이더가 브로커에게 주식을 빌린 뒤 매도하고 주가가 하락하면 중개인에게 주식을 되사줌으로써 이익을 기대한다. 공매도를 통해 거래자는 기초가치 이상으로 상승했다고 믿는 주식의 가격을 낮출 수 있다. 대부분의 경제학자는 단기적으로는 제도적 거래제한이 자산수익률 간 차이를 어느 정도 허용할 수 있지만 장기적으로 이러한 차이가 지속될 가능성은 낮다고 본다.

평균 회귀 및 모멘텀 투자

효율적 시장 가설에서는 새로운 정보만이 가격과 수익을 바꿀 수 있기 때문에 투자자들이 현재 이용 가능한 정보를 이용해 주가 변동을 예측할 수 없다는 것이 성립한다. 따라서 이 가설은 최근에 높은 수익률을 기록한 주식이 미래에 수익률이 낮아지고 최근에 낮은 수익률을 기록한 주식이 미래에 수익률이 높아진다는 **평균 회귀**(mean reversion)로 알려진 것과 모순된다. 이 패턴이 널리 알려지면, 투자자는 최근에 수익률이 낮은 주식을 매수하고 최근에 수익률이 높았던 주식을 매도함으로써 포트폴리오에서 평균 이상의 수익을 얻을 수 있다.

일부 투자자들은 평균 회귀와 거의 반대되는 **모멘텀 투자**(momentum investing)로 알려진 전략을 따라 평균 이상의 수익을 올렸다고 주장한다. 모멘텀 투자는 주가의 움직임이 지속되어 가격이 상승하는 주식은 하락할 것보다 상승할 가능성이 더 높고, 하락하는 주식은 상승하는 것보다 하락할 가능성이 더 높다는 아이디어에 기반을 두고 있다. "트렌드가 친구"라는 월스트리트의 말을 따른다면 주가가 상승할 때 매수하고 하락할 때 매도하는 것이 바람직할 수 있다.

경제 전문가들 사이에 평균 회귀과 모멘텀 투자에 대한 의견은 다르지만, 세심한 연구는 실제로 두 가지 아이디어에 기반한 거래 전략은 장기적으로, 특히 거래비용과 세금을 고려할 때, 평균 이상의 수익을 얻는 데 어려움을 겪는다는 것을 보여준다.

초과 변동성

효율적 시장 가설은 자산가격이 그 자산의 기초가치에 대한 시장 최선의 추정치와 같다는 것을 말해준다. 따라서 실제 시장가격의 변동은 기초가치의 변동보다 크지 않아야 한다. 예일 대학교의 로버트 쉴러(Robert Shiller)는 수십 년에 걸쳐 S&P500에 포함된 주식의 기초가치를 추정했다. 그는 이들 주식의 실제 가격 변동이 기초가치의 변동보다 훨씬 더 컸다고 결론내렸다. 경제학자들은 쉴러의 결과에 대한 기술적 정확성에 대해 논쟁을 벌여왔는데, 주로 주식의 기초가치 추정치와 다른 기타 이슈들에 대한 의견이 달랐다. 그러나 쉴러의 분석은 효율적 시장 가설이 주식시장에 정확히 적용되는지에 대해 의문을 제기했다고 많은 경제학자는 생각한다. 원칙적으로 쉴러의 결과는 평균 이상의 수익을 얻기 위해 사용될 수 있는데, 예를 들어 주식을 기초가치보다 높을 때 팔고 기초가치보다 낮을 때 주식을 매수하는 것이다. 그러나 실제로 이 거래 전략을 사용하려는 시도는 매번 평균 이상의 수익을 창출하지 못했다.

실증적 연구의 증거는 일반적으로 주가가 이용 가능한 정보를 반영한다는 것과 위험, 거래비용 및 세금을 고려하여 정상보다 높은 수익을 지속적으로 얻을 수 있는 거래 전략이 발견되지 않았음을 확인하였다는 것으로 요약할 수 있다. 그러나 평균 이상의 수익률을 제거하려고 할 때 트레이더가 직면하는 제도적 장벽(예: 공매도 주식에 대한 제한)뿐만 아니라 가격변동, 평균회귀, 초과변동성에 대한 조사는 주가변동이 기초가치 변동만을 반영하는지에 대한 논쟁을 불러일으킨다.

개념 적용

코로나19 팬데믹 기간 동안 주식시장의 변동은 효율적 시장 가설을 반증하는가?

주가는 주식을 발행한 회사의 수익성을 반영한다. 경기침체기에 기업은 매출과 이익 감소를 경험하고 이에 따라 주가는 하락한다. 우리는 2020년 코로나19 팬데믹으로 인해 경기침체가 시작하는 단계에서 주가가 하락하는 것을 보았다. 다음 그림에서 알 수 있듯이, S&P500 주가지수는 2월 14일에 최고치를 기록했다. 하지만 3월 20일 주말에 이 지수는 29% 하락했다.

그림에서 음영은 경제가 침체되었던 기간을 나타낸다. 전미경제조사국 경기순환측정위원회는 2020년 2월부터 경기침체가 시작됐다고 판단했다.

위 그림을 통해 두 가지를 알 수 있다.

1. 고용, 산업생산 또는 소매판매와 같은 대부분의 경제 활동 지표가 하락하기 시작하기 전인 2020년 2월 중순에 주가는 하락하기 시작했다. 주식시장은 선행지표가 된다. 즉,

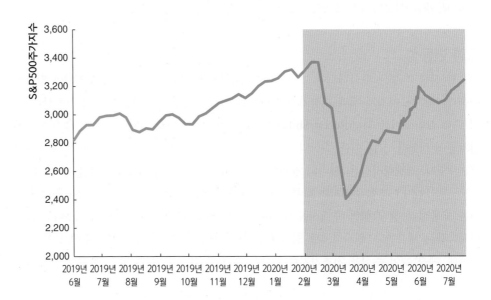

주가는 생산과 고용이 떨어지기 전에 하락하는 경향이 있다. 전문 주식 트레이더와 뮤추얼펀드 및 ETFs 운용사의 수입은 부분적으로 주가가 하락하기 전에 주식을 팔고 가격이 오르기 전에 매수할 수 있는 능력에 달려 있다. 따라서 이러한 금융 전문가들은 경제에 변화가 생기기 전에 이를 예측하려는 강한 동기를 가지고 있다. 사실, 효율적 시장 가설은 이러한 행동에 기반을 두고 있다.

2. 경제가 여전히 침체된 가운데 3월 중순부터 주가가 오르기 시작했다. 생산과 고용이 급격히 감소하면서 경기침체가 심해지고 있음에도 S&P500 주가지수는 3월 중순부터 6월 초까지 30% 이상 상승했다. 이 결과는 뉴욕 타임즈 기사의 "나쁜 뉴스는 멈추지 않아도 시장은 계속 상승한다"는 헤드라인을 이해하지 못했던 많은 사람들을 놀라게 했다.

경제가 심각한 침체를 겪고 있던 시기에 주가가 급격히 상승했다는 것은 효율적인 시장 가설이 틀렸다는 것을 의미할까? 기업의 현재 수익성이 예상되는 미래 수익성보다 덜 중요하다는 것을 돌이켜보면, 주가 상승은 효율적 시장 가설과 일치했다고 볼 수 있다. 2월 중순 대부분의 미국 기업들의 수익성이 하락하지 않았음에도 불구하고, 많은 투자자는 코로나19가 미국 경제에 큰 영향을 미칠 것을 두려워하기 시작했고, 이에 주가는 하락하기 시작했다.

그렇다면 왜 주가가 반전을 거듭해 한 달 만에 상승세로 돌아섰고, 왜 여러 날 크게 오르내렸을까? 앞서 살펴본 것처럼, 효율적 시장 가설은 새로운 정보가 지속적으로 제공되기 때문에, 우리는 매일 그리고 시시각각으로 주가가 변할 것으로 예상할 수 있다. S&P500과 같은 주가지수에 반영되는 것처럼 시장 전체의 주가는 향후 경제의 강건함과 관련한 새로운 정보를 얻을 수 있게 되면서 오르내릴 것이다. 코로나19 팬데믹 기간 동안 투자자는 특히 다음 네 가지 문제에 대해 우려했다.

1. 질병과 관련된 새로운 치료법, 특히 백신 개발
2. 바이러스의 확산을 줄이는 데 사용된 사회적 거리두기의 효과로부터 경제를 회복시키는 것을 돕기 위한 기업에 대한 대출과 같은 정부 프로그램의 효과
3. 어떤 형태로든 바이러스가 몇 년 동안 지속될 가능성에 적응하는 경제 능력
4. 바이러스에 크게 영향을 받은 음식점과 영화표 등 상품과 서비스 구매를 재개하려는 소비자의 의지

코로나19에 대한 백신의 성공적인 초기 시험과 같은 낙관적인 뉴스는 주가를 급격히 상승시켰고, 비관적인 뉴스는 주가를 하락시켰다. 예를 들어, 다음 표는 2020년 3월 중순 연속 거래일 동안 S&P500 주가지수의 백분율 변화를 보여준다(주식시장은 토요일과 일요일에 휴무이다).

날짜	S&P500 지수의 변화율
2020.03.09	−7.6%
2020.03.10	4.9%
2020.03.11	−4.9%
2020.03.12	−9.5%
2020.03.13	9.3%
2020.03.16	−12.0%
2020.03.17	6.0%
2020.03.18	−5.2%

주가가 이렇게 변동성이 있는 경우는 드물다. 월가의 투자전문가들은 기업의 미래 수익성에 대해 가능한 모든 정보를 수집하기 위해 많은 노력을 기울이지만, 이 시기에는 새로운 정보의 중요성을 해석하는 데 어려움을 겪었다. 어떤 투자자도 코로나19만큼 심각한 전염병을 경험하지 못했기 때문에 미래의 경제 상황, 따라서 기업의 수익성에 대한 새로운 정보의 영향을 예측하기 특히 어려웠다.

효율적 시장 가설에 회의적인 경제학자는 이 몇 주 동안 투자자들이 이용할 수 있게 된 새로운 정보가 주가 변동의 규모를 설명하기에 충분하지 않다고 주장했다. 또 다른 사람들은 이러한 큰 주가 변동은 코로나19 팬데믹이 미국 경제에 미칠 수 있는 장기적인 영향을 이해하는 데 있어서 투자자가 겪는 어려움을 보여주는 또 다른 증거라고 결론지었다.

6.5 행동재무

학습목표: 행동재무의 기본 개념을 설명한다.

효율적 시장 가설이 맞고 평균 이상의 수익을 달성할 수 있는 거래전략이 극히 드물다고 해도 투자자가 어떻게 의사결정을 내리는지는 여전히 연구할 가치가 있다. **행동경제학**(behavioral economics)은 경제적인 측면에서 사람들이 합리적으로 보이지 않는 선택을 하는 상황을 연구하는 학문이다. **행동재무**(behavioral finance) 분야는 사람들이 금융시장에서 어떻게 선택을 하는지를 이해하기 위해 행동경제학의 개념을 적용한다.

행동재무
금융시장에서 사람들이 선택하는 방식을 이해하기 위해 행동 경제학의 개념을 적용

경제학자가 소비자, 기업 또는 투자자가 "합리적으로" 행동하고 있다고 말할 때, 이는 그들이 이용 가능한 정보를 고려하여 그들의 목표를 달성하는 데 적절한 행동을 하고 있음을 의미한다. 하지만 이와 다르게 사람들이 합리적으로 행동하지 않는 것처럼 보이는 상황이 많이 있는데, 사람들이 합리적으로 행동하지 않는 이유는 무엇일까? 가장 분명한 이유는 자신의 행동이 목표와 일치하지 않는다는 사실을 깨닫지 못하기 때문이다. 예를 들어, 사람이 미래 행동에 대해 비현실적인 모습을 보이는 증거가 있다. 어떤 사람은 날씬해지려

고 하지만, 더 건강한 식단을 미루고 오늘은 초콜릿 케이크를 먹기로 결정하기도 한다. 매일 케이크를 먹는 것을 고집한다면, 날씬해지려는 목표를 결코 이루지 못할 것이다. 마찬가지로 어떤 사람들은 미래에 담배를 끊을 생각으로 담배를 계속 피운다. 하지만 그 시기는 절대 오지 않고, 결국 흡연으로 인한 장기적인 건강상의 영향을 겪는다. 이 두 경우 모두, 사람들의 현재 행동이 그들의 장기적인 목표와 일치하지 않는다.

일부 기업은 401(k) 플랜으로 알려진 자발적인 퇴직자 연금저축제도에 가입하는 직원 수가 예상보다 적다는 사실을 알고 있다. 이 직원들은 편안한 노후를 누릴 수 있을 만큼 저축하는 것이 장기적인 목표이지만, 단기적으로는 장기적 목표를 달성하기 위해 저축해야만 하는 돈을 지출한다. 그러나 회사가 이러한 퇴직자 연금제도에 직원을 자동으로 등록하고 원하는 경우 연금제도에서 탈퇴할 수 있는 옵션을 제공하면, 대부분의 직원은 해당 퇴직자 연금제도에 남아 있는다. 완전히 합리적인 직원의 경우 401(k) 플랜을 통한 저축 여부에 대한 결정은 제도에 등록하거나 직원이 고용주가 등록한 제도를 탈퇴하는 것과 관련된 소량의 서류 작업과는 무관해야 한다. 그러나 실제로 직원을 자동으로 제도에 등록한다는 것은 제도를 탈퇴하기 위해서 직원이 과소비적 단기 행동과 안락한 퇴직이라는 장기적 목표 사이의 모순에 직면해야 한다는 것을 의미한다. 대부분의 직원은 모순에 직면하기보다 제도에 남아 있기를 선택한다.

행동재무는 기술분석을 하는 일부 투자자들이 왜 과거 주가 패턴을 바탕으로 미래 주가를 예측하려고 하는지 설명하는 데 도움이 된다. 연구에 따르면 무작위로 생성된 숫자로 생성된 가상의 주가를 사람들에게 보여주면 그들은 실제로 존재하지 않더라도 주가에 지속적인 패턴이 있다고 믿는다. 효율적 시장 가설에서 알 수 있듯이, 이러한 연구 결과는 주가가 실제로 무작위로 상승하더라도 일부 투자자는 과거 주가의 움직임에서 반복되는 패턴을 본다고 믿는 이유를 설명할 수 있다. 또한 많은 투자자들은 주가 예측 능력에 과신하는 모습을 보인다. 이러한 과신은 투자자들의 사후판단 편견을 발생시킨다. 그들의 과거 투자가 얼마나 성공적이었는지를 물었을 때, 가격이 하락한 주식을 매수한 사실은 잊은 채 가격이 상승한 주식을 매수한 사실만 기억한다. 즉, 많은 개인투자자들은 실제로 그들이 생각하는 것보다 더 낮은 수익률을 경험한다. 투자자들은 성공적인 주식 종목을 선택한 것은 탁월한 통찰력의 결과이고 손실을 본 주식을 선택한 것은 불운의 결과라고 생각한다. 한 연구원은 이러한 행동을 "동전 앞면이 나오면 내 덕분인 거고, 뒷면이 나오면 그건 우연이라는 거지" 라고 표현했다.

투자자들은 실수를 인정하기를 주저하기 때문에 손실을 본 투자를 매도하지 않는다. 행동경제학자들은 이것을 **손실회피**(loss aversion)라고 부른다. 일단 가격이 하락한 종목이 팔리면 해당 종목에 대한 투자가 실수였음을 부인할 수 없다. 투자자가 손실 주식을 보유하고 있는 한 투자자는 결국 주가가 회복되고 주식이 계속 하락할 가능성이 똑같이 높더라도 패자(손실을 본 주식)가 승자가 되기를 바랄 수 있다. 연구에 따르면 투자자는 가격 하락을 경험한 주식을 매도할 때보다 가격 상승을 보인 주식을 매도할 가능성이 더 높으며, 이로 인해 상승분을 "가둬들일" 가능성이 더 높다. 세금 목적상 이러한 접근법은 효율적인 전략과는 반대되는데, 그 이유는 주식을 매도하는 경우에만 자본이득에 과세되기 때문이다. 따라서 가격이 하락한 주식을 매도하는 즉시 세제혜택을 받으면서 가격이 상승한 주식을 매도하는 것은 미래로 미루는 것이 타당하다.

노이즈 트레이딩 및 거품

행동재무에 대한 연구는 많은 투자자가 투자전략을 수행할 수 있는 능력에 과신한다는 증거를 제공했다. 지나친 자신감은 투자자가 좋은 소식이나 나쁜 소식에 과민 반응을 보이는 노이즈 트레이딩을 발생시킨다. 노이즈 트레이딩은 투자자가 뉴스의 중요성을 이해할 수 있는 능력을 부풀려 발생하기도 한다. 예를 들어, 노이즈 트레이더는 월스트리트 저널이나 포춘의 웹사이트에 있는 기사에 불리하게 기술된 회사의 주식을 공격적으로 매도할 수 있다. 물론, 모든 사람이 웹사이트에 있는 정보를 이해할 수 있고, 효율적 시장 가설은 노이즈 트레이더가 기사를 읽기도 훨씬 전에 주가가 그 정보를 반영한다고 주장한다. 그럼에도 불구하고 노이즈 트레이더의 매도 압력은 기초가치 하락보다 주가를 더 많이 하락시킬 수 있다.

더 나은 정보를 가진 트레이더는 노이즈 트레이더의 희생으로 이익을 얻을 수 있지 않을까? 노이즈 트레이더로 인한 가격 변동의 증가는 시장의 위험을 증가시킬 수 있기 때문에 어려울 수 있다. 효율적 시장 가설을 믿는 투자자는 노이즈 트레이더가 과도한 반응을 보인 뒤 주가가 기초가치로 돌아가기까지 얼마나 많은 시간이 걸릴지 확신할 수 없다.

노이즈 트레이딩은 **군집행동**(herd behavior)을 초래할 수 있다. 군집행동의 경우, 상대적으로 정보가 없는 투자자는 기초가치에 근거하여 거래를 시도하기보다는 다른 투자자의 행동을 모방한다. 투자자들이 서로 흉내 내는 것은 **투기 버블**(bubble)을 부채질할 수 있다. 거품이 낀 자산의 가격은 기초가치를 훨씬 웃돈다. 일단 거품이 끼기 시작하면 투자자는 자산의 기초가치보다 가격이 크다는 것을 알더라도 자산을 장기간 보유하지 않고 빠르게 되팔아 이익을 남기기 위해 자산을 매입할 수 있다. 거품과 함께 **더 큰 바보 이론**(greater fool theory)이 작동한다. 나중에 더 높은 가격에 자산을 사려는 더 큰 바보가 있는 한 투자자는 과대평가된 자산을 사들이는 바보가 아니다. 1990년대 후반 주식시장 닷컴 붐이 일었을 때, 일부 투자자들은 Pets.com과 다른 인터넷 회사들이 결코 이익을 낼 것 같지 않다는 사실을 알았지만, 자신이 지불한 가격보다는 높은 가격에 주식을 팔 수 있을 것이라고 기대했기 때문에 해당 주식들을 샀다. 거품은 상당수의 투자자들이 어느 순간 주가가 기초가치를 너무 상회한다는 우려를 갖고 주식을 팔기 시작하면서 꺼진다. 테슬라 주가가 2019년 6월 주당 $200미만에서 2020년 8월 주당 $1,900 이상으로 오른 것은 투자자들이 테슬라의 미래 수익성에 대한 현실적인 평가 이상의 가격 상승을 지속할 것으로 전망한 결과라고 일부 증권가 분석가들은 주장했다.

효율적 시장 가설에 대한 행동재무의 도전은 얼마나 큰가?

금융시장의 많은 참가자가 노이즈 트레이더이고 군집행동을 보인다면, 그리고 자산가격의 거품이 일반적이라면 효율적 시장 가설은 이러한 시장을 분석하는 가장 좋은 접근 방식일

투기 버블
자산의 가격이 자산의 기초가치보다 훨씬 높게 상승하는 상황

까? 특히, 2007~2009년 금융위기 동안과 그 이후에 주가가 크게 변동한 후, 많은 경제학자들은 효율적 시장 가설의 정확성에 회의를 갖게 되었다. 금융시장의 투자자가 합리적 기대를 보이는 것에 의문을 제기하는 행동재무 연구는 이러한 회의론에 가세했다. 앞서 언급했듯이 거품이 발생하는 동안 더 나은 정보를 가진 투자자가 가격을 기초가격 수준으로 되돌리기는 어려울 수 있다. 1990년대 후반에 일부 투자자는 정점이 되기 1~2년 전에 닷컴 주식에 반대로 베팅을 했다. 이러한 투자자는 주가가 기초가치(많은 경우 0)보다 훨씬 높은 상태를 장기간 유지했기 때문에 큰 손실을 입었다.

일부 경제학자는 모든 자산의 가격이 지속적으로 자산의 기초가치를 반영한다고 생각하지만, 대부분은 여전히 투자자가 투자 전략을 이용해 장기적으로 평균 이상의 이익을 얻을 수 있기를 바랄 가능성은 낮다고 얘기한다. 행동재무와 관련해 진행 중인 연구는 투자자의 실제 행동과 그동안 경제학자가 금융시장에서 만연하다고 가정해 온 합리적인 행동을 조화시키기 위해 시도하고 있다.

핵심 질문에 대한 해답

이번 장 서두로부터 연결됨

이 장을 시작할 때 다음과 같이 질문했다.

"주식시장의 변동성이 경제 전반에 영향을 미칠까?"

주식시장은 주식을 발행하는 기업에 자금원을 제공하고 투자자들에게 다른 많은 투자보다 더 높은 수익을 얻을 수 있는 방법을 제공함으로써 금융시스템에서 중요한 역할을 한다. 그러나 우리는 주가가 큰 변동성을 보일 수 있다는 것을 보았다. 이러한 변동성은 여러 가지 방식으로 경제에 영향을 미칠 수 있다. 주가의 상승은 소비자의 부를 증가시켜 소비를 증가시키고, 주가의 하락은 반대의 효과를 가져온다. 또한 주가의 상승은 기업이 조달할 수 있는 자금을 증가시켜 실물 자본에 대한 지출을 증가시키고, 주가의 하락은 반대의 결과를 가져올 수 있다. 마지막으로, 주가의 증감은 미래의 경제성장에 관한 가계와 기업의 기대에 영향을 미쳐 그들의 소비에 영향을 미칠 수 있다. 대부분의 경제학자는 역사적으로 주가의 상당한 상승 및 하락이 실질GDP나 고용에 큰 영향을 미치지 않은 것으로 보이기 때문에 이러한 효과가 일반적으로 매우 크다고 보지 않는다. 그러나 일부 경제학자는 1929년의 주식시장 대폭락이 대공황의 심각성에 기여했다고 주장한다.

6.1 주식과 주식시장
주식시장의 기본 작동 방식을 설명한다.

복습문제

1.1 주식을 왜 "자기자본"이라고 하는가? 채권도 자기자본인가?

1.2 배당금은 어떤 면에서 채권의 쿠폰과 비슷한가? 배당금은 채권의 쿠폰과 어떤 면에서 다른가?

1.3 증권거래소와 장외시장의 차이점은 무엇인가? 가장 중요한 세 가지 주식시장 지표는 무엇인가?

1.4 주가 변동이 경제에 어떤 영향을 미치는가?

응용문제

1.5 한 학생이 "다우존스 산업평균지수는 현재 26,000인 반면 S&P500 지수는 3,000이다. 따라서 DJIA에 있는 주식의 가격은 S&P500 주식의 가격보다 8배 이상 높다"고 의견을 냈다. 학생의 추론에 동의하는지 간단히 설명하시오.

1.6 cnbc.com의 한 기사는 한 재무 설계자의 말을 인용하여 우선주가 "보통주와 비슷한 측면이 있고, 채권과는 더 유사한 측면이 있다"고 한다.

a. 어떤 의미에서 우선주는 채권과 유사하며, 어떤 의미에서 우선주는 보통주와 유사한가?

b. 많은 기업은 5년 후에 원래 가격으로 다시 살 수 있는 조항을 가지고 우선주를 발행한다. 기업이 언제 우선주를 다시 사들일 것 같은가? 이러한 재매입(바이백)이 투자자들에게 손실을 줄 수 있는가? 간단하게 설명하시오.

6.2 주가 결정 방법
주가가 결정되는 방식을 설명한다.

복습문제

2.1 월스트리트 저널의 한 칼럼니스트는 "주식은 미래 이익의 할인된 가치를 의미한다"고 썼다. 이는 무엇을 의미하는지 간략하게 설명하시오.

2.2 요구수익률과 자본의 자기 자본 비용 사이에는 어떤 관계가 있는가?

2.3 1년의 보유 기간 동안 주식 투자에 대한 수익률의 두 가지 요소를 단어와 기호로 쓰시오.

2.4 주식의 기초가치는 얼마인가? 주식의 가격은 항상 기초가치와 같은가? 간단하게 설명하시오.

2.5 고든의 성장 모형에 대한 방정식을 작성하시오. 이 모형에서 핵심 가계는 무엇인가?

응용문제

2.6 연초에 IBM 주식 한 주를 $120에 매입한다. 그리고 $2.50의 배당금을 받고 연말에 IBM 주식이 $130에 팔린다면, 주식의 투자 수익률은 얼마나 되는가?

2.7 월스트리트 저널의 기사는 State Street Bank의 우선주에 대해서 "7월 $26.55에서 12월 초 $25.07로 가격이 하락한 후 현재 6%의 수익률을 보이고 있다"고 언급했다.

a. 기사에서 언급하고 있는 "수익률"은 얼마인가?

b. 우선주에 대한 배당은 고정되어 있는데, 어떻게 기사가 언급하는 수익률이 변동될 수 있는가?

2.8 **[개념적용: "정부는 주식투자에 어떻게 세금을 부과해야 하는가?" 관련]** 월스트리트 저널의 한 기사는 다음과 같이 지적하고 있다.

미국은 1913년 현대식 소득세를 도입한 이후 자본이득에 세금을 부과해 왔다.... 의회는 다음 세 가지 주요 이유(인플레이션 효과를 상쇄하고, 투자를 장려하고, 세금 때문에 자산을 보유하는 것을 막기 위해) 때문에 대부분 자본이득에 대한 세율을 낮춰 왔다.

a. 자본이득이란 무엇인가?

b. 어떤 방식으로 자본이득은 급여 및 임금 소득과 다르게 과세되는가?

c. 열거된 세 가지 이유가 왜 자본이득에 대한 낮은 세율을 정당화하기 위해 사용될 수 있는지를 간단하게 설명하시오.

d. 더 낮은 세율로 자본이득에 세금을 부과하지 않는 이유는 무엇인가?

2.9 2020년 초 월스트리트 저널의 칼럼니스트는 테슬라의 현재 주가에 대해 "테슬라가 올해 예상 보고된 주당 순이익 $4.10의 약 183배를 정당화할 만큼 충분히 수익성 있는 성장을 창출할 수 있을지 매우 회의적이다"라고 말했다.

a. 회사의 현재 주가는 해당 연도의 순이익만을 반영하는가? 간단하게 설명하시오.

b. 고든 성장 모형을 이용하여 칼럼니스트와 주식시장의 일반적인 투자자가 동의하지 않을지도 모르는 기업의 주가를 어떤 요인이 결정하는지를 논하시오.

6.3 합리적 기대와 효율적인 시장

합리적 기대 가설과 효율적 시장 가설 사이의 관계를 설명한다.

복습문제

3.1 적응적 기대와 합리적 기대의 차이는 무엇인가?

3.2 합리적 기대와 효율적 시장 가설은 어떠한 관계가 있는가?

3.3 효율적 시장 가설에 따르면, 주가는 예측 가능한가? 임의보행(random walk)은 무엇인가?

응용문제

3.4 2018년과 2019년 동안 미국과 중국은 상대국에 관세를 부과하는 등 무역전쟁을 벌였다. 그 결과, 일부 미국 기업들은 투입요소에 대해 더 높은 가격을 지불해야 했고, 일부는 중국에서의 판매 감소를 경험했다. 월스트리트 저널의 한 기사는 미래 이익 감소가 주가를 더 떨어뜨리는지 궁금해 했다. 기사는 주가가 더 하락할 것이라고 믿지 않는 어느 증권 분석가의 말을 인용했다. 증권분석가는 "내 생각에 시장은 이 모든 나쁜 뉴스들이 이미 가격에 반영됐다고 말하고 있다"고 주장한다. 분석가가 무역전쟁에 대한 뉴스가 이미 "가격에 반영되었다"고 말한 것은 무엇을 의미하는가? 투자자가 예상한 기간 동안 무역전쟁이 계속된다면 주가는 더 하락할 것인가? 간단하게 설명하시오.

3.5 월스트리트 저널의 한 기사는 제약회사 바이오젠이 미국 식품의약국(FDA)으로부터 알츠하이머병을 치료하기 위한 약을 승인받기로 한 결정에 대해 다뤘다. 이전에 바이오젠은 해당 약이 효과가 없는 것으로 보여 연구를 중단했었다. 이 기사는 바이오젠의 결정을 "놀라운 반전"이라고 표현하며 "바이오젠의 주가가 26% 급등하여 $281.87를 기록했다"고 언급했다.

a. 바이오젠이 FDA 승인을 받았다고 하더라도, 바이오젠이 약을 판매할 수 있고 바이오젠이 그로부터 이익을 얻을 수 있을 때까지 몇 년이 걸릴 것이다. 그런데 어째서 바이오젠의 주가는 하루 만에 26% 상승하였는가?

b. 바이오젠이 FDA 승인을 받기로 한 결정이 놀랄 일이 아니었다면, 그 발표가 주가에 미치는 영향은 달랐을까? 간단하게 설명하시오.

3.6 [개념적용: "주가를 예측할 수 없다면 왜 시장에 투자해야 할까?" 관련] 월스트리트 저널의 기사는 버튼 말키엘에 대해 "인덱스펀드가 존재하기도 전에, 지금은 은퇴한 프린스턴대 교수는 인덱스펀드가 액티브펀드를 능가할 수 있다고 주장했다"고 지적했다.

a. 인덱스펀드와 액티브펀드의 차이점은 무엇인가?

b. 왜 투자자들이 적극적으로 운용되는 펀드를 사는 것보다 인덱스펀드를 사는 것으로 장기적으로 더 높은 수익을 얻을 것으로 기대할 수 있는가?

c. 인덱스펀드가 액티브펀드보다 장기적으로 더 높은 수익을 제공한다는 사실은 인덱스펀드를 운용하는 사람들이 액티브펀드보다 주식시장에 대해 더 많이 알고 있다는 것을 나타내는가? 간단하게 설명하시오.

3.7 경영전문가인 마이클 루이스(Michael Lewis)는 펀드매니저 마이클 버리(Michael Burry)의 말을 인용하여 다음과 같이 말했다.

> 나는 어떤 학교도 누군가에게 위대한 투자가가 되는 법을 가르칠 수 없다는 생각을 즉시 받아들였다. 만약 가르칠 수 있다면, 그 학교는 세계에서 가장 인기 있는 학교가 될 것이고, 엄청나게 비싼 등록금을 낼 것이다. 따라서 이는 사실이 아니다.

버리의 추론에 동의하는가? 간단히 설명하시오.

3.8 **[예제 6.3 관련]** 매년 월스트리트 저널은 신문 칼럼니스트가 24개 주식종목을 선정하고, 월스트리트 펀드매니저가 24개 주식종목을 선정하는 주식선정 대회를 개최한다. 최근 1년 동안 칼럼니스트가 선택한 종목은 "돈을 버는 것보다 잃은 것이 더 많은" 종목이다. 그러나 칼럼니스트는 여전히 펀드매니저보다 더 좋은 성과를 냈다. 똑똑한 금융전문가와 고액 연봉의 펀드매니저들이 가격 하락보다 가격이 오를 종목을 더 많이 선택할 수 있어야 하지 않을까? 간단하게 설명하시오.

6.4 금융시장의 실제 효율성
금융시장의 실제 효율성을 논의한다.

복습문제

4.1 투자자가 주식시장에서 평균 이상의 수익을 얻기 위해 가격 이상 현상을 이용할 수 있을까? 간단하게 설명하시오.

4.2 효율적 시장 가설을 옹호하는 사람들은 왜 금융시장의 이론적 행동과 실제 행동 간의 차이가 실제로 가설을 무효화한다고 확신하지 않는가?

응용문제

4.3 연방준비제도이사회(FRB) 정책위원회는 1년에 8번 워싱턴 DC에서 회의를 가지며, 회의가 끝날 때마다 통화정책에 대한 공시를 한다. 1994년으로 거슬러 올라가 월스트리트 저널의 기사에 따르면 다음과 같은 전략으로 평균 이상의 투자 수익을 얻을 수 있었다. "연준의 정책 발표 전날에, S&P500 지수의 주식을 산다. 일주일 후에 팔고 그 다음주에 다시 산다." 이 기사가 실린 후에도 이 전략을 따르는 것이 여전히 수익성이 있을 것으로 예상하는가? 간단하게 설명하시오.

4.4 칼럼니스트 노아 스미스(Noah Smith)는 bloomberg.com에 기고한 글에서 주식시장의 가격 이상 현상에 대한 일부 학술적 연구는 "많은 가격 이상 현상이 존재하고, 많은 트레이더가 가격왜곡 현상이 사라지는 것을 알 때까지 시장의 성과를 이기기 위해 가격 이상 현상이 이용될 수 있다는"것을 암시한다고 말했다. 가격 이상 현상으로 인해 일부 거래자가 일정 기간 평균 이상의 수익을 낼 수 있게 한다는 사실은 효율적 시장 가설과 불일치하지 않는가? 간단하게 설명하시오.

4.5 bloomberg.com의 칼럼에 따르면, "학자들이 이상 현상(예측 가능한 우수한 위험 조정 수익을 얻는 데 사용할 수 있는 주가의 일부 패턴)을 발견하고 발표하면 이상 현상은 사라지는 경향이 있다"라고 했다.

a. 칼럼니스트가 왜 "위험 조정 수익"을 언급하는가? 평균 이상의 위험을 가진 투자에 대해 평균 이상의 수익을 얻는 것이 효율적인 시장 가설과 일치하는가? 간단하게 설명하시오.

b. 투자자가 가격 이상 현상에 의존하는 거래 전략을 사용하여 평균 이상의 수익을 얻을 수 있다는 사실이 효율적인 시장 가설과 불일치하는가? 학자들이 출판된 논문에서 가격 이상 현상에 대해 논의한 후 평균 이상의 수익이 사라진다면 효율적 시장 가설과 여전히 불일치하는가? 간단하게 설명하시오.

6.5 　**행동재무**
행동재무의 기본 개념을 설명한다.

복습문제

5.1　행동재무와 행동경제학은 어떤 연관성이 있는가?

5.2　경제학자들이 투자자는 합리적으로 행동한다고 설명할 때 의미하는 바는 무엇일까?

5.3　군집행동은 금융시장에서 어떻게 거품을 일으킬 수 있는가?

응용문제

5.4　2020년 초 barrons.com의 기사 제목은 "테슬라 주식이 20% 급등하다니, 말이 안 돼"였다. 기사는 테슬라의 주가 상승이 "투자 전문가들을 당황하게 했다"고 언급했다.

a. "투자 전문가"는 어떤 상황에서 기업의 주가가 상승할 것으로 예상하는가?

b. 투자 전문가를 당황하게 하는 이유에도 불구하고 주가가 급격히 상승하는 이유는 무엇일까?

c. (b)에 답한 이유로 주가 상승이 무한하게 지속될 수 있다고 보는가? 그렇지 않다면, 무엇이 주가 상승을 멈추게 할 것인가?

5.5　영국의 경제학자 존 메이너드 케인스(John Maynard Keynes)는 투자자는 어떤 투자를 할지를 결정할 때, 기댓값을 계산하는 것에 의존하지 않는다고 말했다.

　아마도, 긍정적인 무언가를 하기 위한 우리의 결정들 중, 앞으로 많은 시간에 걸쳐 나타나는 결과는, 행동하지 않는 것보다는 행동하는 자연스러운 욕구인 오직 야성적 충동의 결과일 뿐, 정량적 편익의 가중 평균에 정량적 확률을 곱한 결과물이 아니다.

투자자가 투자를 할 때, 기대값이 아닌 '야성적 충동'에 의존하는 것이 사실이라면 효율적 시장 가설은 정확한가? 간단하게 설명하시오.

파생상품과 파생상품 시장

학습목표

이번 장을 통해 다음을 이해할 수 있다.

7.1 파생상품에 관해 설명하고, 헤지에 파생상품을 이용하는 것과 투기에 파생상품을 이용하는 것을 구분한다.

7.2 선도계약의 정의 및 금융시스템에서 선도계약의 역할을 설명한다.

7.3 선물계약이 헤지 및 투기에 어떻게 이용되는지 설명한다.

7.4 콜옵션과 풋옵션을 구분하고 어떻게 이용되는지 설명한다.

7.5 스왑을 정의하고 위험을 줄이기 위해 스왑을 이용하는 방법을 설명한다.

여러분도 원유를 사고 팔 수 있지만 그래야 하나요?

금융시장에서 돈을 벌 수 있는 가장 좋은 방법은 무엇일까? 6장 6.3절에서 보았듯이 대부분의 경제학자는 S&P500 지수와 같이 주식시장 지수를 추종하는 뮤추얼펀드나 ETF의 주식을 정기적으로 매수하여 투자할 것을 권한다. 전문 금융매니저들도 개별 종목을 자주 사고파는 전략을 구사해서는 시장 지수를 이기기 쉽지 않다. 그런데도, 어떤 개인은 주식을 단 몇 분만 보유하고 있다가 사고팔거나 "일일거래"를 하기 위해 유명한 소프트웨어를 사용한다. 이러한 투자자는 보통 단기적 이익을 얻으려고 한

다. 그에 비해 뮤추얼펀드나 ETF를 사는 투자자는 일반적으로 장기간에 걸쳐 천천히 부를 축적하려고 한다.

지난 15년 동안 유가는 2008년 배럴당 최고 $145, 2009년 $34, 2010년과 2014년 사이에 여러 차례 $100를 넘어섰다가, 2016년에는 $30 아래로 내려가면서 특히 변동성이 심했다. 2018년 대부분의 기간 동안 다시 $60 이상으로 상승한 다음, 코로나19 팬데믹 기간 2020년 4월에 $37까지 하락했다. 일부 개인투자자는 이러한 유가 변동에 대한 원인에 대해 통찰력을 가지고 있어 석유를 사고팔아서

핵심 이슈와 질문

이슈: 2007~2009년 금융위기 당시와 이후, 투자자, 경제학자, 정책입안자들은 파생금융상품이 금융시스템의 불안정에 기여했다고 주장했다.

질문: 파생상품은 "대량살상 금융무기"인가?

해답은 이 장의 끝에서…

수익을 낼 수 있다고 생각한다.

이러한 투자자들은 석유 일일거래자가 된다. 주식 일일거래자는 회사 주식을 직접 사고판다. 석유 일일거래자는 실제로 석유를 사고파는 것이 아니라 **파생상품**을 이용하여 유가가 오를지 내릴지에 베팅한다. 파생상품은 기초자산에 기초하거나 기초자산에서 파생된다는 점에서 파생상품이라는 이름이 붙었다. 기초자산은 석유나 밀과 같은 상품이나 주식이나 채권과 같은 금융자산일 수 있다.

투기자(speculator)라는 용어는 기초상품이나 기초금융자산의 가격 변동으로부터 이익을 얻고자 하는 목적으로 파생상품을 사고파는 투자자를 지칭한다. 석유 파생상품을 거래하는 일부 일일 개인투자자는 수익을 낼 수 있겠지만, 장기적으로 대부분 손실을 본다. barrons.com의 칼럼에 따르면 "[파생상품] 거래는 유리 멘탈을 가진 사람을 위한 것이 아니다." 2020년 증권거래위원회(SEC)는 일부 개인은 자신도 모르는 사이에 파생상품에 투자하고 있다고 우려했다. 이들은 파생상품을 직접 사고파는 것이 아니라 파생상품에 투자하는 뮤추얼펀드와 ETF를 사들였다. SEC는 파생상품 사용으로 인해 시장가치가 크게 영향을 받을 수 있는 펀드 이름에 "파생상품"이라는 단어를 포함하도록 금융회사에 요구하는 규칙을 고려하고 있다.

파생상품은 투기를 가능하게 하는 것보다 더 중요한 목적을 제공한다. 파생상품은 가격 변동으로 인해 개인과 기업이 직면하는 위험을 헤지하거나 줄여준다. 예를 들어, 항공사와 같이 석유(또는 석유 기반 제품)를 사용하는 회사와 시추 회사와 같이 석유 생산을 돕는 기업 모두 석유 파생상품을 사용하여 석유 가격의 변동을 헤지할 수 있다.

많은 미국 사업체들이 수십 년 동안 파생상품을 사용해 왔지만, 2007~2009년의 금융위기 동안과 이후의 파생상품은 광범위한 논쟁의 대상이 되었다. 네브래스카주 오마하가 고향인 워렌 버핏(Warren Buffett)은 아마도 세계에서 가장 성공한 금융 투자가일 것이다. 2020년에 포브스지는 그의 부를 $65.5십 억로 추정하여, 그를 세계에서 네 번째로 부유한 사람이라 발표했다. 버핏은 기민한 투자로 "오마하의 오라클"이라는 별명을 얻었고, 그래서 투자자는 버크셔 해서웨이의 주주에게 보내는 그의 연례 편지를 자세히 읽었다. 버핏은 2002년 서한에서 파생금융상품을 "거래하는 당사자와 경제시스템에 대한 시한폭탄"이라고 비난했다. 그는 "파생상품은 현재는 보이지 않지만, 잠재적으로 치명적인 위험을 수반하는 대량살상 금융 무기"라고 주장했다. 버핏의 경고에도 불구하고, 2002~2007년 파생금융상품 시장은 폭발적으로 성장했다. 2007년 금융위기가 시작됐을 때 버핏이 경고했던 것처럼 파생금융상품은 금융위기에 중요한 역할을 했다.

앞으로 알게 되겠지만, 버핏의 비판은 파생상품에 대한 기본적인 발상이 아니라, 금융위기에 이르기까지의 몇 년 동안 어떻게 기존 유가증권과 다르고 낯선 파생상품이 사용되었는지를 겨냥한 것이었다. 실제로 파생상품은 경제에 유용한 역할을 하며, 파생상품시장은 투자자와 기업에 다른 방법으로는 이용할 수 없는 위험공유, 유동성, 그리고 정보를 제공한다.

파생상품

주식이나 채권과 같은 기초자산에서 경제적 가치를 파생시키는 선물계약이나 옵션계약과 같은 자산

파생상품(derivative securities, 또는 derivatives)은 기초자산의 가치에 따라 경제적 가치가 달라지는 금융증권이다. 이번 장에서는 가장 중요한 파생상품인 선도계약, 선물계약, 옵션계약, 스왑에 대해 집중적으로 알아볼 것이다. 투자자가 포트폴리오에 파생상품을 포함하는 이유와 기업이 위험을 헤지하기 위해 파생상품을 사용하는 이유를 이해하기 위해, 파생상품이 거래 당사자에게 이익이 되는 상황, 각 파생상품 유형의 의무와 이익, 투자자와 기업이 파생상품을 사고팔 때 사용하는 전략을 설명한다. 또한 파생상품이 어떻게 거래되는지, 최근 몇 년간의 금융개혁이 파생상품 거래에 어떤 영향을 미쳤는지 논의한다.

7.1 파생상품, 헤지 및 투기

학습목표: 파생상품에 관해 설명하고, 위험 헤지에 파생상품을 이용하는 것과 투기에 파생상품을 이용하는 것을 구분한다.

파생금융상품(financial derivative)은 주식, 채권 또는 외화 단위와 같은 기초 금융자산에 따라 경제적 가치가 달라지는 금융증권이다. **상품파생상품**(commodity derivative)의 경제적 가치는 밀, 원유, 금과 같은 기초상품에 의해 결정된다. 대부분의 파생상품은 기초자산의 가격 변동으로부터 투자자와 기업이 혜택을 얻을 수 있도록 하기 위한 것이다. 파생상품의 중요한 용도는 위험을 **헤지**(hedge)하거나 줄이는 것이다. 예를 들어 트로피카나 오렌지 주스를 생산하는 경영자의 상황을 생각해보자. 경영자는 미래에 오렌지 가격이 상승하여 트로피카나의 오렌지 주스 판매 이윤이 줄어들 것을 우려하고 있다. 트로피카나는 오렌지 가격이 상승할 경우 가치가 상승하는 파생상품을 이용해 이러한 위험을 헤지할 수 있다. 이후 오렌지 가격이 오르면 트로피카나가 비싼 오렌지를 살 때 입는 손실은 파생상품 가치 상승으로 상쇄된다. 오렌지 가격이 하락하면 트로피카나는 오렌지를 사는 비용이 줄어들지만, 파생상품의 가치에는 손실을 본다.

이 사례에서 트로피카나는 파생상품을 이용하여 순이익을 보지 못할 수도 있다. 그 이유는 회사가 파생상품을 사용할 때 이익을 볼 때도 있지만 손실을 볼 때도 있기 때문이다. 4장 4.1절에서 보았듯이, 경제학자는 금융 투자의 위험을 자산 수익률의 불확실성의 크기로 측정한다. 마찬가지로, 오렌지 주스 생산의 주요 위험은 트로피카나가 오렌지 주스를 판매하여 얻을 수 있는 이윤에 변동을 초래하는 오렌지 가격의 변동이다. 파생상품은 오렌지 주스 판매 이윤에 대한 불확실성을 줄이기 때문에 트로피카나는 이를 가치 있게 여긴다. 즉, 파생상품을 사용하면 오렌지 가격 하락으로 인한 트로피카나의 이윤은 줄어들지만, 오렌지 가격 상승으로 인한 손실도 줄어들기 때문에 트로피카나는 위험의 순감소로부터 이득을 얻는다.

이와 비슷하게, 당신이 내년에 집 계약금을 지불하기 위해 $20,000의 10년 만기 재무부 채권을 사서 다음 해에 판다고 가정해보자. 우리는 금리가 오르면 채권 시세가 떨어진다는 것을 알고 있다. 금리가 오르면 이익이 발생하는 파생상품 거래를 체결함으로써 당신은 이러한 위험을 헤지할 수 있다. 금리가 떨어지면 채권 가격 상승의 이익을 보게 되지만, 파생상품 거래에서는 손실을 보게 될 것이다. 하지만 위험이 순감소하기 때문에 이 절충안을 기꺼이 수락할 것이다.

파생상품은 기초자산의 가격변동에 대한 일종의 보험 역할을 할 수 있다. 보험은 경제 시스템에서 중요한 역할을 한다. 경제활동에 대한 보험이 있는 경우, 보험이 적용되는 경제활동은 더욱 활발할 것이다. 예를 들어, 화재보험이 없다면 많은 사람들은 화재 발생 시 겪게 되는 큰 무보험 손실로 인해 집을 소유하는 것을 꺼려할 것이고, 주택 수요가 줄면 주택 건설이 줄어들 것이다. 반면, 화재보험 가입이 가능해지면 주택 건설 규모가 늘어난다. 마찬가지로, 만약 투자자가 금융 투자의 위험을 헤지할 수 없다면, 그들은 더 적은 투자를 할 것이고, 이는 금융시스템에 자금흐름을 감소시킬 것이다. 따라서 기업과 가계가 자금에 대한 접근성이 줄어 경제성장이 둔화될 수밖에 없다.

투기
자산 가격의 움직임에서 이익을 얻으려는 시도로 선물이나 옵션계약을 매매할 때와 같이 금융 베팅을 하는 것

투자자는 또한 파생상품을 이용하여 자산가격의 움직임에 베팅을 하거나 **투기**(speculate)할 수 있다. 예를 들어, 오렌지 사업과 유일한 연관성이 매일 아침 오렌지 주스 한 잔을 마시는 것이라고 가정해보자. 그럼에도 불구하고, 오렌지 수확 보고서와 장기 일기예보에 대한 철저한 검토로 미래에 오렌지 가격이 오를 것이라고 확신했다. 오렌지 가격이 상승함에 따라 가치가 증가하는 파생상품은 당신이 가지고 있는 오렌지 시장에 대한 통찰력으로 수익을 얻을 수 있는 기회를 제공한다. 물론 통찰력이 틀리고 오렌지 가격이 떨어지면, 손실을 볼 것이다.

일부 투자자와 정책입안자는 투기와 투기세력이 금융시장에 아무런 이득도 제공하지 않는다고 믿는다. 그러나 사실 투기자는 두 가지 유용한 목적을 제공함으로써 파생상품 시장이 운영되도록 돕는다. 첫째, 위험을 헤지하는 투자자는 투기자에게 위험을 전가할 수 있다. 다른 시장에서와 마찬가지로 파생상품 시장에서도 거래에는 두 당사자가 있어야 한다. 위험을 헤지하려는 투자자가 투기자에게 파생상품을 매도하는 경우, 위험을 헤지하려는 투자자로부터 파생상품을 매입함으로써 투기자는 위험이 전가되는 것을 받아들인 것이다. 둘째, 파생상품시장에 대한 연구는 투기자가 시장에 필수적인 유동성을 제공한다는 것을 보여준다. 즉, 투기자가 없다면 시장이 효율적으로 운영되기 위한 충분한 매수자와 매도자가 없을 것이다. 다른 증권과 마찬가지로 파생상품을 쉽게 팔 수 있는 시장이 없는 한 투자자는 파생상품 보유를 꺼리게 된다.

다음 절에서는 파생상품의 가장 중요한 유형과 금융시장에서 파생상품의 역할에 대해 살펴본다.

7.2 선도계약

학습목표: 선도계약 정의 및 금융시스템에서 선도계약의 역할을 설명한다.

기업, 가계, 투자자가 세우는 계획은 미래 가격에 영향을 받을 수 있다. 예를 들어, 농부는 몇 달 동안 수확되지 않을 밀을 심을 수 있다. 농부의 손익은 수확 시점의 밀 가격에 따라 달라진다. 은행은 예금에 지급하는 금리가 2% 이하에 머무르는 한 금리가 5%인 수익성이 있는 4년 만기 자동차 대출을 할 수 있다. 예금 금리가 4%로 오르면, 대출 관련 비용을 모두 감당하지 못해 은행은 대출하는 데 손실을 보게 된다.

선도계약
미래의 시간에 합의된 가격으로 자산을 사고파는 계약

선도계약(forward contracts)은 기업과 투자자에게 미래 가격에 영향을 받는 거래에 대한 위험을 헤지할 기회를 준다. 선도계약은 현재 합의되었지만 약속된 조건으로 미래에 결제가 이루어지는 거래인 선도거래를 가능하게 한다. 일반적으로 선도계약은 미래의 특정일에 밀, 석유, 금과 같은 상품이나 재무부채권과 같은 금융자산의 일정 규모를 정해진 가격으로 교환하는 현재의 약정을 수반한다. 선도계약은 농산물 시장에서 처음 만들어졌다. 농산물의

공급은 날씨에 따라 달라지기 때문에 공급량에 큰 변동이 있을 수 있고, 농산물에 대한 수요는 대개 가격 비탄력적이다. 경제학 원리에서 배웠듯이, 수요가 비탄력적일 때 공급의 변동이 균형가격에 큰 변동을 일으킨다.

그렇다면 선도계약의 예를 들어보자. 당신은 5월에 밀 1만 부셸[1]의 수확을 기대하고 씨앗을 뿌리는 농부이다. 현재 당신이 가지고 있는 밀을 즉시 판매할 수 있는 가격을 **현물가격**(spot price)이라고 한다. 5월 현물가격이 부셸당 $5.00라고 가정해보자. 8월에 밀을 수확할 때 현물가격이 $5.00 이하로 떨어져 밀값으로 $50,000보다 낮게 받을까 걱정한다. 반면에, 제너럴밀스(General Mills)가 워터 시리얼(Wheaties) 및 기타 아침 식사용 시리얼을 만들기 위해 밀을 구매할 때는 농부와는 반대되는 걱정이 있다. 제너럴밀스의 관리자는 8월 밀 가격이 $5.00 이상으로 올라 시리얼 생산 비용이 인상될 것을 우려한다. 당신과 제너럴밀스의 관리자는 **결제일**(settlement date)에 제너럴밀스에 10,000부셸의 밀을 $5.00에 판매하기로 약속하는 선도계약을 체결함으로써 밀 가격의 변동을 헤지할 수 있다. 계약의 양 당사자는 미래 결제일에 받거나 지불할 가격을 오늘 확정한다.

선도계약은 위험을 분담하지만 중요한 단점이 있다. 선도계약은 일반적으로 거래에 관여하는 특정 매수자와 매도자에게 특정한 조건을 포함하고 있다. 따라서 선도계약을 매도할 때 매수자는 이 조건을 수용해야 하기 때문에 선도계약을 매매하는 것은 어렵다. 즉, 선도계약은 유동성이 떨어지는 경향이 있다. 또한 선도계약은 매수자나 매도자가 계약을 이행할 수 없거나 이행할 의사가 없을 수 있기 때문에 채무불이행 위험에 노출되어 있다. 예를 들어, 앞의 예에서 제너럴밀스는 계약 체결 직후 파산을 선언하여 당신에게 필요한 금액을 지불하지 못할 수 있다. 이러한 맥락에서 채무불이행 위험이 **거래상대방 위험**(counterparty risk)이라고 불린다. 여기서 거래상대방(counterparty)은 거래 행위 반대편에 있는 사람이나 회사이다. 매도자의 관점에서 거래 상대는 매수자이고, 매수자의 관점에서 거래 상대는 매도자이다. 거래상대방 위험은 매수자가 매도자에게 의무를 이행하지 않거나 매도자가 매수자에게 의무를 이행하지 않을 위험이다. 거래상대방 위험으로 인해 선도계약의 매수자와 매도자는 잠재적 거래상대방의 신용도를 분석할 때 정보비용이 발생한다.

7.3 선물계약

학습목표: 선물계약이 헤지 및 투기에 어떻게 이용되는지 설명한다.

선물계약(futures contract)은 유동성을 높이고 거래상대방 위험과 정보비용을 낮추는 동시에 선도계약의 위험분담 이점을 유지하기 위해 상품시장에서 처음 만들어졌다. 선물계약은 선도계약과 여러 가지 면에서 다르다.

1. 선물계약은 시카고 무역 위원회(Chicago Board of Trade, CBOT)와 뉴욕 상업 거래소

현물가격
상품 또는 금융자산이 현재 날짜에 판매될 수 있는 가격

결제일
선도계약에 명시된 상품이나 금융자산의 인도가 이루어져야 하는 날짜

거래상대방 위험
거래 상대방(거래의 상대방에 있는 사람 또는 회사)이 채무 불이행을 할 위험

선물계약
특정 미래 날짜에 특정 금액의 상품 또는 금융자산을 구매하거나 판매하기 위한 표준화된 계약

---

[1] 부셸은 과일 또는 곡물의 무게를 표현할 때도 쓰이는 단위로 미국에서는 1부셸이 27.216 kg, 영국에서는 28.123kg 정도가 된다.

(New York Mercantile Exchange, NYMEX)와 같은 거래소에서 거래된다.

2. 선물계약은 일반적으로 양도될 기초자산의 수량을 명시하지만, 자산이 인도되는 결제일에 기초자산의 가격을 확정하지 않는다. 대신 거래소에서 계약을 사고팔면서 선물가격이 지속적으로 변한다.

3. 선물계약은 인도될 기초자산의 수량과 가능한 계약의 결제일자를 기준으로 표준화된다.

선물계약은 거래소의 규칙에 따라 표준화되어 있기 때문에 선도계약에서와 같은 유연성이 다소 부족하다. 예를 들어 밀 선도계약 매수자와 매도자는 원하는 결제일을 선택할 수 있지만, CBOT는 연간 5번의 결제일만 있는 밀 선물계약을 제공한다. 그러나 선물계약의 경우 거래상대방 위험이 적고 정보비용이 낮으며 유동성이 더 높기 때문에 많은 투자자와 기업은 선물계약을 선호한다. 거래소가 매수자와 매도자를 연결해주는 **교환소**(clearinghouse) 또는 **청산법인**(clearing corporation) 역할을 하고, 매수자와 매도자가 아닌 거래소가 각 거래의 상대방이 되기 때문에 거래상대방 위험이 감소한다. 예를 들어, CBOT에서 선물계약을 사는 사람은 CBOT를 거래상대방으로 두고 있어 채무불이행 위험을 크게 줄일 수 있다. 거래소를 거래상대방으로 하면 선물계약의 매수자와 매도자가 거래 파트너의 신용도를 결정하는 데 자원을 할애할 필요가 없기 때문에 정보비용도 절감된다. 끝으로 위험 및 정보비용의 감소, 계약조건의 표준화는 투자자의 선물계약 매매 의지를 증가시킨다. 즉, 선물계약 시장은 매수자와 매도자가 많아 유동성이 높다.

상품선물헤지

선물계약을 이용하여 밀 가격의 하락을 헤지하려 한다고 가정하자. 당신은 5월에 밀을 심는데, 이때 밀 현물가격은 부셸당 $5.00이며, 이는 그 당시 밀을 팔 수 있는 가격이다. 당신은 8월에 밀을 수확할 때 가격이 떨어질까 봐 걱정한다. CBOT은 결제일이 8월인 밀 선물계약이 아닌, 결제일이 9월인 밀 선물계약을 제공한다. 계약에서 **선물가격**(futures price)이 $5.50라고 가정하자. 선물계약의 매수자와 매도자는 9월의 현물가격이 5월의 현물가격보다 높을 것으로 예상하기 때문에 선물가격은 현재 현물가격보다 $0.50 높다. 매수자와 매도자는 정부의 곡물 보고서 및 장기간의 일기예보와 같은 정보에 따라 밀 가격이 오를 것이라는 기대를 가지고 있다.

CBOT의 각 밀 선물계약은 5,000부셸로 표준화되어 있다. 밀 10,000부셸 수확이 예상되기 때문에 가격 하락을 헤지하려면 밀 선물계약 2건을 매도해야 한다. 계약을 매도하기 위해서 당신은 CBOT에서 거래를 대신할 수 있는 등록된 선물 브로커를 이용해야 한다. 밀 선물 매도를 통해 당신은 선물시장에서 숏포지션을 취하게 된다. 기초자산을 매각하거나 인도하기로 약속했다면 누군가는 **숏포지션**(short position; 매도포지션)을 갖는다. 향후 밀 가격 상승이 우려되는 제너럴밀스 관리자가 계약을 매수할 경우, 그는 선물시장에서 **롱포지션**(long position; 매수포지션)을 취하고 있으며, 이는 그가 기초자산을 사거나 받을 권리와 의무가 있음을 의미한다. **일반적으로 숏포지션을 취하는 투자자는 기초자산 가격 하락으로부터**

숏포지션
선물계약에서 매도인이 특정 미래일에 기초자산을 매도하거나 인도할 권리와 의무

롱포지션
선물계약에서 구매자가 특정 미래일에 기초자산을 수취하거나 매입할 권리와 의무

이득을 얻고, 롱포지션을 취하는 투자자는 기초자산 가격 상승의 이득을 얻는다. 이 시나리오에서 밀을 수확한 후 당신은 매도하고자 하는 밀을 보유하기 때문에 밀 현물시장에서 롱포지션을 취하고 있는 반면, 제너럴밀스의 관리자는 아침 시리얼을 만들기 위해 밀을 사려고 하기 때문에 밀 현물시장에서 숏포지션을 취한다. 우리는 다음과 같은 중요한 점을 일반화할 수 있다.

헤징은 현물시장에서 롱포지션을 상쇄하기 위해 선물시장에서 숏포지션을 취하거나 현물시장에서 숏포지션을 상쇄하기 위해 선물시장에서 롱포지션을 취하는 것을 포함한다.

밀 선물계약 결제일에 형성되는 미래 밀 현물가격을 예측하는 데 관련된 새로운 정보가 입수됨에 따라 밀 선물계약의 가격은 매일 거래되는 과정에서 변한다. 인도 시점이 다가올수록 선물가격은 현물가격에 가까워지고, 결국 결제일의 현물가격과 같아진다. 현물가격이 결제일의 선물가격과 같아야 하는 이유는 무엇일까? 이는 두 가격 사이에 차이가 있다면 차익거래가 가능하기 때문이다. 예를 들어 선물계약 결제일에 밀 현물가격이 $5.00인데 선물가격이 $5.50이면, 투자자는 현물시장에서 밀을 사들이는 동시에 선물계약을 매도할 수 있다. 선물계약 매수자는 $5.50에 밀을 인도해야 하며, 따라서 투자자는 밀 부셸당 $0.50의 위험부담이 없는 이익을 얻을 수 있다. 실제로 투자자가 추가로 선물계약을 매도하면 현물가격과 같아질 때까지 선물가격이 하락하게 된다. 이 경우 차익거래 이익이 사라진다.

계속해서 8월에 밀을 수확할 때 선물가격이 부셸당 $5.25까지 떨어진 반면 현물가격은 $4.75라고 가정하자. 선물가격이 현물가격보다 높은 것은 선물시장 거래자가 선물계약이 만료되는 8~9월 사이에 밀 현물가격이 오를 것으로 예상하기 때문이다. 단순하게 하기 위해 밀을 수확하고 당일 판매한다고 가정하자. 선물시장에서 의무를 이행하기 위해, **인도 또는 상계에 의한 지불**(settlement by delivery or settlement by offset)로 결제할 수 있다. 8월에 밀을 수확하는 대로 바로 팔기 원하기 때문에, 실제 밀을 인도하기보다는 선물계약 2건을 매입해 5월에 매도한 선물계약 2건을 상쇄하는 방식으로 CBOT 거래포지션을 완료한다. 즉, 선물계약을 통해 $55,000(= 부셸당 $5.50 × 10,000)에 판매했다. 그것을 $52,500(= $5.25 × 10,000부셸)에 다시 사들이면 선물시장에서 $2,500의 이익을 얻을 수 있다. 현물시장에서 밀을 $47,500에 팔면 5월 현물가격에서 받을 수 있는 것보다 $2,500를 덜 받게 된다. 이 $2,500 손실은 선물시장에서 $2,500 이익에 의해 상쇄되기 때문에, 당신은 밀 시장의 가격 하락 위험을 헤지할 수 있다.

제너럴밀스의 관리자는 반대 포지션에 있다. 선물시장에서 거래포지션을 정하는 과정에서, 관리자는 두 계약을 부셸당 $5.25의 선물가격에 팔게 돼 $2,500의 손실을 입게 된다. 왜냐하면 5월에 계약을 매수했을 때의 선물가격이 부셸당 $5.50였기 때문이다. 그러나 관리자는 현물시장에서 5월 가격인 부셸당 $5.00보다 $2,500 싸게 밀을 살 예정이다. 밀 현물가격이 하락하지 않고 올랐다면, 당신은 선물시장에서 손실을 봤지만 현물시장에서 이익을 얻었을 것이고, 제너럴밀스 관리자는 선물시장에서 이익을 얻었지만 현물시장에서는 손실을 봤을 것이다.

표 7.1 위험 헤지를 위한 상품선물계약 이용

	밀 농부	제너럴밀스 관리자
걱정…	낮은 밀 가격	높은 밀 가격
위험헤지 방안	선물계약 매도	선물계약 매수
선물시장에서 포지션	숏포지션	롱포지션
현물시장에서 포지션	롱포지션	숏포지션
밀값이 오르면…	선물시장에서는 손실을 보지만 현물시장에서는 이익	선물시장에서 이득을 보지만 현물시장에서 손실
밀값이 하락하면…	선물시장에서 이득을 보지만 현물시장에서 손실	선물시장에서는 손실을 보지만 현물시장에서는 이익

선물계약의 매수자와 매도자의 손익을 다음과 같이 요약할 수 있다.

매수자에 대한 이익(또는 손실) = 결제 시 현물가격 − 구매 시 선물가격

매도자에 대한 이익(또는 손실) = 구매 시 선물가격 − 결제 시 현물가격

선물시장은 제로섬 게임이다. 즉, 매도자가 이익을 내면 매수자는 정확히 같은 금액의 손실을 입어야 하고, 매도자가 손실을 보면 매수자는 정확히 같은 금액의 이익을 얻게 된다. (이 점을 확실히 이해하려면 농부와 제너럴밀스의 사례에서 한 쪽이 이득을 얻으면 다른 쪽이 손실을 보는지 확인해본다.) 표 7.1은 가격변동위험을 헤지하기 위해 상품선물계약을 사용한 사례를 요약한다.

앞에서 언급한 바와 같이, 매수자와 매도자가 이익을 기대할 수 있는 만큼 그들의 미래 포지션에 대해 손실도 예상할 수 있기 때문에 선물계약을 이용한 위험 헤지가 유용해 보이지 않을 수 있다. 선물계약을 사고파는 것과 관련된 비용이 있다는 점을 감안할 때, 이 예에서 당신과 제너럴밀스 관리자의 이득이 오히려 감소하는 것처럼 보일 수 있다. 그러나 선물계약을 사용하면 수익률의 분산이 줄어들어 위험이 줄어든다. 투자자와 기업은 비용을 들여서라도 위험을 줄이려 하기 때문에 선물계약을 활용해 위험을 헤지하는 것이다.

상품선물을 이용한 투기

앞서 밀 시장에 참여하며 사업운영의 위험을 줄이기 위해 선물거래를 원하는 기업(농부와 제너럴밀스)의 예를 살펴보았다. 밀 시장과 연관이 없는 투자자는 밀 가격에 투기하기 위해 밀 선물을 이용할 수 있다. 예를 들어 5월이라고 가정하고, 밀의 미래 수요와 공급을 예측하는 데 필요한 모든 정보를 면밀히 살펴본 뒤, 9월에 밀 가격이 부셸당 $6.25가 될 것이라는 결론을 내렸다. 만약 9월 밀 선물가격이 부셸당 $5.50이면, 선물을 매수함으로써 이익을 얻을 수 있다. 비록 당신이 9월에 밀을 실제로 인도받고 싶지는 않지만, 5월~9월 결제일 사

이 어느 시점에 밀 선물을 매도해 포지션을 정리하면 수익을 낼 수 있다. 밀 현물가격이 현재 선물가격보다 9월 중 낮아질 것으로 확신했다면, 결제일 또는 그 전에 더 낮은 가격에 다시 살 의도로 밀 선물을 매도할 수 있다.

하지만 현물시장에서 상쇄할 수 있는 거래포지션이 부족하기 때문에, 밀 가격이 불리하게 움직이면 손실을 입게 된다. 예를 들어 밀 선물을 샀는데 밀 가격이 오르기는커녕 떨어지면, 손실에 대한 포지션을 정산해야 한다. 마찬가지로 밀 선물을 팔고 밀값이 오르면, 손실에 대한 포지션을 정산해야 한다.

이 장의 서두에서 언급했듯이, 투기자는 필요한 유동성을 더함으로써 선물시장에서 중요한 역할을 한다. 투기자가 없다면 선물시장에는 운용할 수 있는 매수자나 매도자가 충분하지 않을 것이고, 따라서 위험을 헤지하고자 하는 사람이 이용할 수 있는 위험분담 기능은 작아질 것이다.

개념 적용

여러분은 원유시장에서 스마트 머니를 이길 수 있다고 생각하나요?

투기세력은 가격 변동성이 있는 증권이나 상품에 끌리는 경향이 있다. 결국, 가격이 크게 변하지 않는다면 가격 변화에 베팅해서 돈을 벌기는 어렵다! 서두에서 언급했듯이, 지난 15년간 유가는 상당히 변동성이 컸다. 다음 그림은 서부 텍사스 중질유 1배럴의 가격을 보여준다. 서부 텍사스 중질유는 텍사스와 남부 오클라호마에서 생산되며 미국 유가의 기준이 된다. 그림은 원유 1배럴 가격이 크게 출렁였음을 보여준다. 실제로 2020년 초 코로나19 팬데믹 기간 중 유가 변동은 그림에서 보여진 수치보다 더 컸다. 이 수치는 일간 변동을 보여주지 않고 주간 데이터를 사용한다. 4월 20일 월요일에는 배럴당 마이너스 $37까지 떨어졌다

가 다음날 플러스 $9로 회복했다. 석유 가격이 마이너스인 것이 어떻게 가능한지 살펴보자.

6장 6.3절에서 보았듯이 주식시장에 투자하는 펀드매니저(머니매니저)와 기타 월스트리트 전문가들은 기업에 대한 뉴스를 세심하게 모니터링한다. 효율적 시장 가설에 따르면 뉴스는 즉시 주가에 반영된다. 애플이 예상외로 아이폰 판매가 호조를 보였다고 발표하면, 발표 몇 초 만에 주가가 상승할 것이다. 월스트리트 전문가들은 또한 뉴스로 인해 상품 가치가 변할 때 파생상품을 신속하게 사고팔 수 있도록 상품시장의 상황을 면밀히 살펴본다. 따라서 석유파생상품을 사고팔아서 이익을 얻으려면, 석유산업에 대한 뉴스를 주의 깊게 살펴보고 해당 뉴스가 유가에 어떤 영향을 미칠지 월스트리트 전문가보다 더 잘 이해해야 한다. 현실적으로 유가에 투기하여 돈을 벌기 위해 월스트리트 전문가보다 더 빨리 뉴스에 반응하기 어렵다. 즉, 석유 시장이 어떻게 작동하는지에 대한 탁월한 통찰력이 필요하다.

2016년에 처음으로 개인투자자가 시카고 상품 거래소(CME)의 석유 선물 일일 거래량의 10% 이상을 차지한 이후로 점점 더 많은 사람이 월스트리트 전문가를 이길 수 있다고 믿는다. 일반적으로 고소득 투자자만 선물계약을 직접 거래할 수 있다. 하지만 많은 소액 투자자는 석유 선물계약과 연계된 금융증권을 사고팔 수 있다.

예를 들어, 한 뉴스 기사는 두 자녀를 풀타임으로 돌보면서 석유 시장에서 유가증권을 사고팔아 투기를 하는 여성에 대해 다뤘다. 그녀는 "캐나다 앨버타주의 산불이 발생하고 있다는 소식을 듣고 핫초코 한 컵과 노트북을 들고 거실 소파에 앉아 원유 관련 투자대상 주식을 샀다"고 말했다. 4일 후 그녀는 투자대상 주식을 팔아 약 $400를 벌었다. 월스트리트 저널의 한 기사는 CME의 텔레비전 광고에 대해 "석유 파이프라인과 금 금고 앞을 거닐며 선물을 홍보하는 아빠의 모습을 보여준다. 투자자는 집에서 선물을 이용할 수 있고 24시간 다양한 시장에 베팅할 수 있다"고 묘사했다.

하지만 개인투자자들이 실제로 석유가격에 대한 투기를 통해 이익을 낼 수 있을까? 그럴 것 같지 않다. 신뢰성 있는 통계는 드물지만, 매매 거래비용과 모든 차익에 대한 세금을 고려할 때 주식이나 파생상품을 활발하게 거래하는 개인 중 5%도 안되는 투자자가 이러한 투자로 손익분기점을 맞출 수 있다는 것이 일반적인 추정치이다.

상품선물거래위원회(CFTC)는 상품시장을 규제하는 연방기관이다. CFTC는 웹사이트에 "상품선물과 옵션에 대한 투기는 개인투자자 또는 소매 고객에게 적합하지 않고 변동성이 높고 복잡하며 위험한 모험이다"라고 경고한다. CME는 선물계약을 거래하고자 하는 개인에게 이와 유사하게, "여러분이 거래하는 자금은 대학, 퇴직, 비상시를 위해 적립한 저축금과는 별개로 재량적이어야 합니다. 다시 말해, 선물계좌의 위험에 노출되는 자금이 무엇이든 손실을 감수할 수 있는 여유가 있는지 자문해 보세요" 즉, 위험을 감수하고 진행하라고 얘기한다.

이 조언은 일부 투자자가 2020년 4월 선물계약에서 손실을 보는 것을 막았을지도 모른다. 코로나19 팬데믹으로 갑작스럽게 석유 수요가 줄자 기업은 그들이 퍼 올리는 석유의 양을 얼마나 줄여야 할지 확신하지 못했다. 만약 수요 감소가 일시적이어서 최악의 팬데믹 기간 동안만 지속된다면, 너무 많은 양을 줄인 회사들은 유정을 폐쇄했다가 다시 개방하는 비용에 직면할 것이다. 어떤 경우에는 심지어 유정에서 생산을 일시적으로 중단하더라도 유정에서 회수할 수 있는 기름의 양을 영구적으로 줄일 수 있다. 또한 평소에 기름을 저장하던 곳도 빠르게 한계에 다다랐다. 월스트리트 저널의 기사는 다음과 같이 말했다. "원유 축적은 저장 공간을 압도하고 파이프라인을 막고 있다. 유조선 저장을 쉽게 이용할 수 없는 지역에서 생산자는 초과분을 제거하기 위해 극단적인 조치를 취해야 할 수 있다." 여기서 "극단"은 마이너스 가격을 수용하는 것이 포함되어 있다.

2020년 4월 20일, 유가를 마이너스로 만든 두 번째 요인이 있다. 5월 선물계약은 다음 날 만료되는데, 이는 계약을 매도하지 않은 매수자는 법적으로 석유 1,000배럴을 지불하고 인도를 수락해야 한다는 것을 의미한다. 우리가 살펴본 것처럼 대부분의 개인투자자를 포함한 석유 선물계약의 일부 매수자와 매도자는 석유를 인도하거나 받을 생각이 없는 투기자이다. 저장 시설이 부족하기 때문에, 석유를 저장할 곳이 없는 상황에서 석유를 인도받기보다는, 투기자는 자신의 계약을 배럴당 −$37에 팔아서라도 큰 손실을 감수하려고 했다. 이로써 계약 매수자는 석유 1,000배럴에 추가로 $37,000(약 1배럴당 $37달× 1,000배럴)를 받았다. 큰 금액이지만 석유를 저장할 곳이 있는 경우에만 가능하다.

주로 주식과 채권으로 구성된 투자 포트폴리오 다변화를 위해 상품을 보유하려는 개인투자자들은 석유파생상품을 소유하는 것보다 미국석유펀드와 같은 상품에 투자하는 ETF 주식을 매입해 간접적으로 상품을 소유하는 것이 낫다.

금융선물을 이용한 위험헤지 및 투기

선물계약은 19세기에 밀과 석유시장과 같은 상품시장에서 처음 나타났다. 1972년까지는 금융선물거래는 이뤄지지 않았지만, 오늘날 거래되는 대부분의 선물은 금융선물이다. 널리 거래되는 금융선물계약은 재무부채권, S&P500, 다우존스산업평균과 같은 주가지수, 그리고 미국 달러, 일본 엔, 유로, 영국 파운드와 같은 통화를 포함한다. 금융선물계약은 상품선물거래위원회(CFTC)에 의해 승인된 거래 규칙에 의해 규제된다. CFTC는 거래소의 움직임뿐만 아니라 선물 거래소의 거래자에 의한 잠재적인 가격 조작을 감시한다.

금융선물을 사용하여 위험을 헤지하는 과정은 일반상품선물을 사용하여 위험을 헤지하는 과정과 매우 유사하다. 이자율위험을 헤지하기 위해 금융선물을 사용하는 예를 들어 보겠다. 당신은 재무부채권을 소유하고 있지만, 시장 금리가 상승할 경우 채권의 가격이 하락할 위험에 노출되는 것을 우려하고 있다. 즉, 앞선 사례의 밀 농사꾼과 본질적으로 동일한 상황에 처해 있는 것이다. (1)가격 하락 위험을 헤지하고자 하며, (2)현물시장에서 롱포지션을 취한다(즉, 재무부채권을 소유하고 있다). 따라서 가격 하락 위험을 헤지하기 위해서는 재무부채권 선물계약을 매도함으로써 선물시장에서 숏포지션을 취해야 한다. 우려한 대로 시중금리가 오르고 채권가격이 하락하면 선물가격도 함께 하락한다. 이때 선물계약 매도를 상쇄하기 위해 선물계약을 매수하여 선물 포지션을 정산할 수 있다. 팔았던 가격보다 더 낮은 가격에 계약을 사들이기 때문에 당신은 재무부채권의 가격 하락으로 인한 손실을 상쇄하는 이익을 얻는다.

누가 이 거래의 상대방이 되길 원할까? 즉, 누가 당신이 매도하고 싶은 선물계약을 매수할 의향이 있는가? 예를 들어, 6개월 안에 기금에서 출연금을 받을 것으로 예상되는 회사의 연금기금 운용자를 생각해보자. 운용자는 출연금을 재무부채권에 투자하고 싶지만, 그때까지 채권의 이자율이 하락하여 투자 수익률이 낮아질 것을 우려할 수 있다. 재무부채권의 이자율 하락을 우려하는 것은 채권가격 상승을 우려하는 것과 마찬가지이므로 연기금 운용자는 앞서 예시한 제너럴밀스의 관리자와 같다. 연기금 운용자는 재무부채권의 현물시장에서 숏포지션을 취해서 가격 상승 위험을 헤지하고, 재무부채권 선물계약을 통해 선물시장에서 롱포지션을 취할 필요가 있다. 만약 재무부채권의 이자율이 하락하고 가격이 상승한다면, 운용자는 선물계약 매수를 상쇄하기 위해 선물계약을 매도해서 재무부채권 선물거래 포지션을 정산할 수 있다. 그는 매수한 가격보다 더 높은 가격에 매도하였기 때문에, 재무부채권을 매수할 때 받게 될 더 낮은 수익률을 상쇄하는 이익을 얻는다. 표 7.2는 금융선물과의 위험회피관계를 요약한 것이다.

미래 이자율의 가능한 경로에 대한 통찰력이 뛰어나다고 믿는 투자자는 선물시장을 활용해 투기할 수 있다. 예를 들어 앞으로 재무부채권의 이자율이 현재 재무부채권 선물가격으로 표시된 것보다 낮아질 것으로 판단되면 재무부채권 선물을 매수해서 차익을 얻을 수 있다. 만약 판단이 맞고 미래 이자율이 예상보다 낮다고 판명된다면, 선물가격은 상승할 것이고, 여러분은 이익을 남기고 재무부채권 선물계약을 매도해서 거래포지션을 정산할 수 있다. 만약 미래 이자율이 예상보다 높을 것이라고 예상된다면, 재무부 선물계약을 매도할 수 있다.

표 7.2   이자율 위험 헤지를 위한 금융선물 이용

	재무부채권 보유 투자자	재무부채권을 6개월 내에 매수하려는 연금펀드 관리자
걱정...	낮은 재무부채권 가격(높은 이자율)	높은 재무부채권 가격(낮은 이자율)
위험헤지 방안	선물계약 매도	선물계약 매수
선물시장에서 포지션	숏포지션	롱포지션
현물시장에서 포지션	롱포지션	숏포지션
채권 가격이 오르면 (이자율이 하락하면)	선물시장에서는 손실을 보지만 현물시장에서는 이익	선물시장에서는 이득을 보지만 현물시장에서는 손실
채권 가격이 하락하면 (이자율이 상승하면)	선물시장에서는 이득을 보지만 현물시장에서는 손실	선물시장에서는 손실을 보지만 현물시장에서는 이익

개념 적용

선물시장을 따라가는 방법: 금융선물 기재사항 읽기

선물시장을 따라가는 것은 금융시장의 상황을 이해하는 데 도움을 줄 수 있다. 정보를 얻기 위해 어디로 갈 수 있을까? 월스트리트 저널과 yahoo.finance.com은 매일 영업일에 선물계약에 대한 정보를 보고한다. CBOT와 CME가 합병해 만든 CME그룹 홈페이지(www.cmegroup.com)에서도 자료를 확인할 수 있다.

미국 재무부채권의 이자율 선물에 대한 "시세"의 예가 다음 표에 나와 있다. 시세는 2020년 8월 11일 거래 종료 시점부터이며, CBOT에서 거래되는 10년 만기 미국 재무부채권 선물계약에 대한 것이다. 시세는 6% 쿠폰을 지불하는 채권의 액면가 $100,000의 표준화된 계약에 대한 것이다. 첫 번째 열에는 인도 계약 월과 연도가 명시되어 있다. 첫 번째 줄의 계약 납기일은 2020년 9월이다(인도는 계약 월의 마지막 영업일에 이루어진다). 다음 5개의 열은 가격 정보를 제시한다. 왼쪽부터 순서대로 공개가격, 즉 첫 거래가 발생했을 때 가격, 그날의 높은 가격, 그날의 낮은 가격, 그리고 그날의 마지막 거래 가격인 정산가격이다. Chg 열은 당일과 전일의 정산가격의 차이를 나타낸다. 모든 가격은 액면당 $100로 시세가 매겨진다. $100,000 계약의 액면가는 1,000 × $100이다. 따라서 두 번째 행에 있는 계약의 정산가격은 $139.125 × 1,000 = $139,125이다. 가격이 액면가 $100,000 이상이기 때문에, 계약상 만기수익률이 쿠폰금리 6% 미만이어야 한다는 것을 알 수 있다.

10년 미국 재무부채권 선물

월	시가	고가	저가	정산가격	Chg	미결제 거래잔고
2020년 9월	139.359	139.500	139.000	139.250	−0.172	3,465,356
2020년 12월	138.953	139.375	138.891	139.125	−0.172	44,456

미결제 거래잔고는 미결제된, 즉 아직 정산되지 않은 계약의 양이다. 2020년 9월 계약의 경우, 미결제 거래잔고는 3,465,356 계약이었다.

이 시세에서 유용한 정보를 얻을 수 있다. 이자율 선물거래소는 시장 참가자들에게 미래의 이자율에 대한 기대치를 알려준다. 여기에 나온 시세는 2020년 9월 선물가격이 2020년 12월보다 약간 높다는 것을 나타내는데, 이는 선물시장 투자자들이 장기 재무부채권 이자율이 소폭 하락할 것으로 예상한다는 것을 말해준다.

여기에 나와 있지는 않지만, 재무부채권과 어음, 외화에 대한 이자율 선물 시세도 찾을 수 있다. 금융선물 기재사항은 또한 S&P500 지수와 같은 주가지수 선물에 대한 시세를 제공한다. 투자자는 광범위한 증시 움직임을 예상하기 위해 주가지수 선물을 이용한다.

예제 7.3

이자율이 낮을 때 재무부채권에 대한 투자를 어떻게 헤지할 수 있는가?

2020년 초, 전 세계적인 코로나 팬데믹 기간 동안 많은 투자자들은 주식에서 안전자산, 특히 미국 재무부채권에 투자했다. 재무부 10년 만기 국채 수익률이 사상 처음으로 1% 아래로 떨어졌다. 월스트리트 저널의 한 칼럼에는 "채권은 여러분이 생각하는 것만큼 안전하지 않다"는 표제가 실려 있었다. 또 다른 기사는 골드만삭스 투자은행 분석가가 투자자에게 채권 약세장 가능성에 대해 경고했다고 지적했다.

a. 자금 관리자가 2020년 초에 채권이 안전한 투자가 아니라고 썼을 때, 미국 재무부가 채권을 채무불이행할 수도 있다는 것을 의미했을까? 간략하게 설명하시오.

b. 채권 약세장이 의미하는 바는? 무엇이 채권 시장의 약세를 야기할 수 있을까?

c. 채권 투자의 위험을 어떻게 헤지할 수 있는가?

문제풀이

1 단계 **이 장의 내용을 복습한다.** 이 문제는 채권 투자 위험을 헤지하는 것이므로 "금융선물을 이용한 헤징 및 투기"에 관한 절을 검토하는 것이 좋다.

2 단계 **(a)에 미국 재무부가 채무 불이행 가능성이 매우 낮더라도 재무부채권에 투자하는 것이 위험한 이유를 설명하여 답한다.** 3장 3.5절에서 보듯 2020년 초와 같이 채권가격이 유난히 높을 때(채권수익률이 유난히 낮을 때), 수익률 상승이 채권가격 하락을 초래하기 때문에 위험할 수 있다. 재무부 10년 만기 국채 수익률이 사상 처음으로 1% 아래로 떨어진 가운데 수익률이 올라 재무부채권 투자자는 상당한 손실을 입었다. 다시 말해 채권투자자는 채무불이행위험에 거의 직면하지 않았지만 상당한 이자율위험에 직면했다.

3 단계 **(b)에 채권의 약세장이 무엇이고 무엇 때문에 약세장이 발생할 수 있는지 설명함으로써 답한다.** 주식시장 논의에서 보았듯이 약세장은 가격이 전고점 대비 최소 20% 이상 하락한 것을 말한다. 채권 약세장은 투자자가 향후 물가상승률이 상승할 수 있다고 믿기 때문에 발생할 수 있다. 피셔 효과는 기대 인플레이션율이 높을수록 명목금리가 높아진다는 것을 말해준다. 명목금리가 높으면 채권가격이 낮아진다는 뜻이다. 경기가 침체에서 회복되고 신용수요가 늘면서 명목금리 인상도 실질금리를 상승시키는 결과를 낳을 수 있다. 2020년 중반만 해도 채권시장 분석가들 가운데 가까운 장래에 인플레이션율이나 실질금리가 크게 오를 것으로 예상한 사람은 거의 없었지만, 예상치 못한 인플레이션 상승이나 예상외로 강한 경기회복은 명목금리를 증가시키고 재무부채권 투자자에게 상당한 손실을 입힐 것이다.

4 단계 **(c)에 채권 투자 위험을 헤지할 수 있는 방법에 대해 설명한다.** 앞서 투자자들이 채권 투자 위험을 헤지하기 위해 선물시장을 이용할 수 있다는 것을 보았다. 이 경우 금리 상승과 채권 가격 하락이 우려될 수 있으므로 적절한 위험회피수단은 CBOT에서 재무부채권과 같은 선물계약을 매도하는 것이다. 채권을 소유함으로써 채권 현

물시장에 롱포지션을 취하고 있기 때문에 적절한 위험회피수단은 선물계약을 매도해서 채권선물시장에서 숏포지션을 취하는 것일 것이다. 개인투자자로서, CBOT에 매도 주문을 할 등록된 선물 브로커를 이용하여 계약을 매도할 수 있다. 또한 많은 증권 브로커는 선물 브로커이다. 일부 브로커는 이른바 풀서비스 브로커로 거래 자문을 제공하고 거래 실행뿐만 아니라 연구 지원을 제공한다. 다른 브로커는 할인 브로커인데, 그들은 거래를 실행하기 위해 더 낮은 수수료를 부과하지만 일반적으로 투자조언을 제공하지 않는다. 개인투자자는 때때로 계약 자체를 매수하거나 매도하기보다는 파생상품계약에 투자하는 뮤추얼펀드의 주식을 매입하여 채권에 투자하는 위험을 헤지한다.

이 장의 끝에 있는 관련문제 3.8을 참조하시오.

선물시장에서의 거래

우리가 보았듯이 선물계약의 매수자와 매도자는 선도계약의 경우와는 다르게 서로 직접 거래하지 않고 거래소와 거래한다. 채무불이행 위험을 줄이기 위해 거래소는 구매자와 판매자 모두에게 **증거금**(margin requirement)이라고 하는 초기 예치금을 **증거금 계좌**(margin account)에 넣을 것을 요구한다. 예를 들어, CBOT에서 미국 국채 선물계약은 액면가 $100,000 또는 채권 100개에 대한 액면가 $1,000로 표준화된다. CBOT는 이러한 계약의 매수자와 매도자가 각 계약에 대해 최소 $1,100를 증거금 계좌에 예치하도록 요구한다.

각 거래일이 끝날 때 거래소는 **일일정산**(marking to market)이라고 하는 일일결제를 수행한다. 이 결제에서는 계약의 종가에 따라서 자금이 매수자의 계좌에서 매도자의 계좌로 또는 그 반대로 이체된다. 예를 들어, 100의 가격으로 국채 선물계약을 매수한다고 가정하자. 개념적용 "선물시장을 따라가는 방법"에서 이 가격은 계약에 대해 $100,000를 지불했음을 의미한다. CBOT에서 요구하는 최소 $1,100만 증거금 계좌에 입금했고 매도자는 같은 금액을 자신의 계좌에 입금했다. 다음 날 시장에서 거래가 끝날 때 계약 가격이 101로 상승했다. 아마도 새로운 정보로 인해 거래자들이 이전에 예상했던 것보다 미래에 이자율이 더 낮아질 것이라고 믿게 되었기 때문일 것이다(따라서 재무부채권 가격은 더 높을 것이다). 당신의 계약 가치가 $1,000 증가했기 때문에 거래소는 매도자의 계좌에서 당신의 계좌로 $1,000를 이체할 것이다. 매도자 계좌의 잔액은 $100로 떨어지게 된다. 이 금액은 유지 증거금을 밑도는 금액으로, 때로는 초기 증거금보다 적지만 재무부 채권선물계약의 경우에도 $1,100다. 매도자는 $1,100 유지 증거금에 도달하도록 자신의 계좌에 충분한 자금을 추가하라는 거래소의 주문인 **증거금 요청**(margin call; 마진콜)을 받게 된다. 증거금 요구 사항 및 일일정산으로 인해 트레이더는 선물계약을 불이행하는 경우가 거의 없으며, 이는 거래소의 손실 노출을 제약한다.

표 7.3은 선물시장에서 매수자와 매도자의 활동을 요약한 것이다.

증거금
선물시장에서 거래소가 금융자산의 매수인과 매도인에게 요구하는 최소한의 예치금; 증거금은 채무불이행 위험을 감소시킴

일일정산
선물시장에서 거래소가 계약 가격의 변동에 따라 구매자의 계정에서 판매자의 계정으로 또는 그 반대로 자금을 이체하는 일일결제

표 7.3 선물시장에서 매수자와 매도자

선물계약의 매수자	선물계약의 매도자
결제일에 기초자산을 매수할 의무가 있음	결제일에 기초자산을 인도할 의무가 있음
매수자는 기초자산을 매수할 의사가 있고 가격 상승에 대비하여 보험에 가입하려는 사람인 경우 선물계약 매수를 이용하여 헤지할 수 있다.	매도자는 기초자산의 소유자이고 가격 하락에 대비하기를 원하는 경우 선물계약을 매도하여 헤지할 수 있다.
매수자가 기초자산의 가격이 상승할 것이라고 믿는다면 투기하기 위해 선물계약 매수를 이용할 수 있다.	매도자가 기초자산의 가격이 하락할 것이라고 믿는다면 투기하기 위해 선물계약 매도를 이용할 수 있다.

7.4 옵션

학습목표: 콜옵션과 풋옵션을 구분하고 어떻게 이용되는지 설명한다.

옵션
구매자가 정해진 기간 동안 정해진 가격으로 기초 자산을 사고 팔 수 있는 권리를 갖는 파생상품 계약의 한 유형

콜옵션
구매자에게 정해진 기간 동안 정해진 가격으로 기초 자산을 살 수 있는 권리를 부여하는 파생상품 계약의 한 유형

행사가격
옵션 매수자가 기초 자산을 매수 또는 매도할 수 있는 권리가 있는 가격

풋옵션
구매자에게 정해진 기간 동안 정해진 가격에 기초 자산을 판매할 수 있는 권리를 부여하는 파생상품 계약의 한 유형

옵션(options)은 파생상품계약의 또 다른 유형이다. 선물계약과 마찬가지로 옵션계약은 투자자와 기업이 위험을 헤지하거나 투기할 수 있게 한다. 옵션의 매수자는 정해진 기간 동안 기초자산을 정해진 가격으로 매입하거나 매도할 권리가 갖는다. **콜옵션**(call option)은 옵션만기일(expiration date)까지 매수자에게 기초자산을 **행사가격**(strike price 또는 exercise price)으로 언제든지 매수할 수 있는 권리를 부여한다. 예를 들어, 행사가격이 $310이고 만기가 7월인 애플에 대한 콜옵션을 매수한다면, 7월 만기일까지 언제든지 애플 주식 1주를 $310에 매수할 수 있는 권리를 갖는다(보통 매월 세 번째 금요일).

풋옵션(put option)은 매수자가 옵션의 만기일까지 행사가격으로 기초자산을 언제든지 매도할 수 있는 권리를 부여한다. 예를 들어, 행사가가 $310이고 만기가 7월인 애플에 대한 풋옵션을 매수하는 경우, 당신은 7월 만기일까지 언제든지 애플 주식 1주를 $310에 매도할 수 있는 권리를 갖는다. 여기에서 설명한 옵션은 투자자가 만기일까지 언제든지 권리를 행사할 수 있는 **미국식 옵션**(American options)이다. 투자자는 만기일에만 **유럽식 옵션**(European options)을 행사할 수 있다. 옵션계약의 가격은 **옵션 프리미엄**이라고도 한다.

선물계약을 통해 매수자와 매도자는 대칭적인 권리와 의무가 있다. 즉, 매도자는 기초자산을 인도해야 하고 매수자는 인도 날짜에 선물가격으로 인도받아야 한다(보았듯이 일반적으로는 결제는 인도 전에 발생한다). 이와는 대조적으로 옵션계약에서는 매수자가 권리를 가지며 **옵션 발행자**(option writer)라고 불리는 매도자는 의무가 있다. 예를 들어, 당신이 콜옵션을 매입하고 기초자산을 매입할 권리를 행사한다면, 콜옵션 매도자는 자산을 매도할 의무를 이행할 수밖에 없다. 그러나 콜옵션의 매수자인 당신은 기초자산을 매입하여 콜옵션을 행사할 의무가 없으며, 대신 옵션이 행사되지 않고 소멸되도록 할 수 있다(매도자는 옵션을 행사하게 강제할 수 없다). 마찬가지로 당신이 풋옵션을 매입하고 기초자

산을 매도할 권리를 행사한다면, 풋옵션 매도자는 해당 자산을 매입할 의무를 이행할 수밖에 없다.

옵션은 시카고옵션거래소(Chicago Board Options Exchange, CBOE) 및 뉴욕증권거래소(New York Stock Exchange, NYSE)와 같은 거래소와 장외에서 거래된다. 거래소에서 거래되는 옵션을 **상장옵션**(listed options)이라고 한다. 미국에서 거래되는 옵션계약에는 개별 주식, 주가지수, 주식선물계약에 대한 스톡옵션, 금리선물옵션(미국 국채선물계약 등), 통화 및 통화선물옵션(일본 엔화, 유로화, 캐나다 달러화, 영국 파운드 선물계약 등)이 포함된다. 선물계약과 옵션계약의 중요한 차이점은 선물계약을 구매하는 경우 계약이 시장가격으로 평가될 때 자금이 거래된다. 그러나 옵션계약의 경우 옵션을 구매한 후 옵션이 행사될 때만 자금이 거래된다.

옵션을 매수하거나 매도하는 이유는 무엇일까?

애플 주식의 현재 주가는 주당 $300이지만 내년 어느 시점에는 주가가 $320까지 오를 것으로 믿는다고 가정해보자. 예상대로 가격이 오르면 애플 주식을 매입하여 수익을 얻을 수 있다. 하지만 이 전략에는 두 가지 잠재적인 단점이 있다. (1) 주식을 온전히 매수하는 것은 상당한 투자를 필요로 할 것이고, (2) 애플의 가격이 오르기보다 하락한다면 상당한 손실에 직면할 것이다. 여기에 대안으로, $310의 행사가격으로 애플 주식을 매수할 수 있는 콜옵션을 살 수 있다. 옵션을 사는 가격은 기초주식을 매수하는 가격보다 훨씬 낮을 것이다. 여기에 애플 가격이 $310 이상 오르지 않을 경우 행사하지 않고 옵션이 만료되도록 할 수 있어 손실이 옵션 가격으로 제한된다.

애플 주식이 주당 $300에 팔리고 있고 가격 하락이 확실하다면 **공매도**(short sale)에 나설 수 있다. 공매도를 이용해서 당신은 주식 가격이 하락한 후 주식을 다시 매수해서 브로커에게 상환할 계획으로 브로커에게 주식을 빌려서 바로 매도한다. 그러나 만약 애플의 가격이 하락하기보다는 오른다면, 매도했던 가격보다 더 높은 가격에 주식을 다시 매수해야 하기 때문에("숏커버링") 손실을 보게 될 것이다. 또는 행사가격이 주당 $290인 풋옵션을 당신이 매수하면 애플 주식 가격이 하락할 때 이익을 얻을 수 있다. 반면에, 가격이 상승하면 옵션이 만료되도록 허용하고 손실을 옵션 가격으로 제한할 수 있다.

그림 7.1은 애플주식에 대한 옵션 구매로 인한 잠재적 이익과 손실을 보여준다. 여기서는 옵션 매수자가 옵션 가격을 지불하지만 기초 주식을 매수하거나 매도할 때 비용이 발생하지 않는다고 가정한다. 매수자가 콜옵션이나 풋옵션을 사기 위해 지불하는 가격이 주당 $10이다. 옵션 매수자는 언제든지 옵션을 행사할 수 있지만 단순화를 위해 옵션을 소유하는 데 따른 대가가 만기일의 주식 가격에 따라 어떻게 달라지는지에 중점을 둔다.[2] (a)에서 우리는 행사가격이 $310인 콜옵션을 구매함으로써 얻을 수 있는 이익을 보여준다. 만기일

---

[2] 그림 7.1은 만기일 전에 애플 주식이 최고가에 도달하거나(a) 최저가에 도달하는 상황(b)을 나타낸 것이라고 생각할 수 있다.

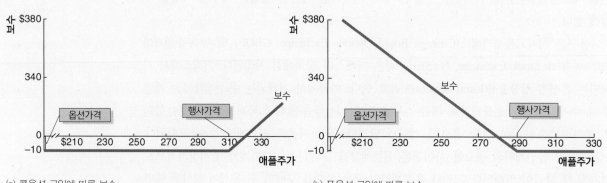

(a) 콜옵션 구입에 따른 보수   (b) 풋옵션 구입에 따른 보수

그림 7.1 애플 주식 옵션 소유에 대한 보상

(a)는 행사가 $310의 콜옵션 매수로 인한 이익을 보여준다. 애플 주가가 0에서 $310 사이일 때 옵션 소유자는 옵션을 행사하지 않으며 $10 옵션 가격에 해당하는 손실을 입게 된다. 애플 주가가 주당 $310 이상으로 상승함에 따라 옵션 소유자는 옵션을 행사하여 양의 이득을 얻게 된다. $320 이상의 가격에 대해 소유자는 이윤을 얻는다.

(b)는 행사가 $290의 풋옵션 매수로 인한 이익을 보여준다. 풋옵션 소유자는 애플 주가가 0일 때 최대 이익을 얻는다. 애플 주가가 오르면 풋옵션을 보유함으로써 얻는 이익은 감소한다. $280의 가격에서 풋옵션 소유자의 손익이 0이 된다. 행사가 $290 이상의 가격에 대해 풋옵션 소유자는 옵션을 행사하지 않고 $10의 옵션 가격과 동일한 손실을 입게 된다.

에 애플 주식 가격이 0~$310 사이일 때 옵션 소유자는 이를 행사하지 않고 옵션 가격 $10에 해당하는 손실을 입게 된다. 애플 가격이 주당 $310 이상으로 상승함에 따라 옵션 소유자는 이를 행사함으로써 이득을 얻게된다. 예를 들어 가격이 $315인 경우, 소유자는 옵션을 행사하고 행사가격이 $310에 옵션 매도자로부터 애플주식을 매수하고 시장에서 $315에 매도하여 $5를 벌 수 있다. 소유자는 옵션에 대해 $10를 지불했기 때문에 $5의 순손실이 발생했다. 애플의 가격이 $320라면 소유자는 손익분기점을 넘겨, $320 이상의 가격에 대해 소유자는 이익을 얻는다. 예를 들어 애플가격이 $350이면, 소유자는 옵션을 행사하고 주식을 $310에 매수하고 시장에서 $350에 주식을 매도하여 $30[= ($350−$310)−$10]의 이익을 얻는다. 애플주식의 가격이 높을수록 콜옵션 구매자의 이익이 커진다.

(b)에서는 행사가격이 $290인 풋옵션 매수에 따른 이익을 보여준다. 풋옵션의 소유자는 애플주식의 가격이 0일 때 최대 이익을 얻는다.[3] 소유자는 애플주식을 0의 가격에 매수하고 옵션을 행사하고 풋옵션의 매도자에게 주식을 $290에 매도한다. 옵션의 $10 가격을 빼면 옵션 매수자는 $280의 이익을 얻게 된다. 애플주식의 가격이 오르면 풋옵션을 보유함으로써 얻는 이익이 감소한다. $280의 가격에서 풋옵션의 소유자는 시장에서 $280에 애플주식을 매수하고 $290에 옵션 발행자에게 주식을 매도하여 $10를 벌지만 $10의 옵션

---

[3] 물론 실제로는 기업이 파산한 경우에만 주식의 가격이 0이다. 이 경우에는 주식거래가 중단된다. 보다 현실적인 경우는 주식거래가 일어날 정도의 낮은 가격일 것이다.

표 7.4 콜옵션과 풋옵션의 주요 특징

	콜옵션	풋옵션
매수자	만기일 또는 그 이전에 행사가격으로 기초자산을 매수할 권리가 있다.	만기일 또는 그 이전에 가격으로 기초자산을 매도할 권리가 있다.
매도자	매수자가 옵션을 행사하는 경우 기초자산을 행사가로 매도할 의무가 있다.	매수자가 옵션을 행사하는 경우 기초자산을 행사가로 매수할 의무가 있다.
누가 매수할까?	기초자산의 가격이 오를 것이라고 베팅하려는 투자자	기초자산의 가격이 하락할 것이라고 베팅하려는 투자자
누가 매도할까?	기초자산의 가격이 오르지 않을 것이라고 베팅하려는 투자자	기초자산의 가격이 하락하지 않을 것이라고 베팅하려는 투자자

가격을 상쇄할 것이기 때문에 풋옵션 소유자의 손익은 0이 된다. $290 이상의 가격에 대해서는 풋옵션의 소유자는 옵션을 행사하지 않고 $10의 옵션 가격에 해당하는 금액을 잃는다.

표 7.4는 기본적인 콜옵션과 풋옵션의 주요 특징들을 요약하고 있다.

옵션 가격 및 "가격"의 상승

이번에는 옵션의 가격이 **옵션 프리미엄**(option premium)이라고 불리는 이유를 살펴보겠다. 옵션의 매도자는 옵션이 행사되면 손실을 본다. 예를 들어, 당신이 행사가격이 150 마이크로소프트를 매수할 수 있는 콜옵션을 매도한다고 가정하자. 콜옵션 매수자가 옵션을 행사한다면, 마이크로소프트의 시장가격이 $150 이상이어야 한다. 이 경우 마이크로소프트를 현재 가격보다 낮게 매도할 의무가 있으므로 매수자의 이익이 당신의 손실이 된다. 자동차 보험료가 사고위험을 반영하는 것과 같은 방식으로 옵션 프리미엄 크기는 매수자가 옵션을 행사할 확률을 반영한다.

옵션 프리미엄
옵션 가격

옵션 프리미엄은 옵션의 내재가치와 시간가치 두 부분으로 나눌 수 있다. 옵션의 **내재가치**(intrinsic value)는 옵션의 매수자가 즉시 행사하여 얻게 되는 보상과 같다. 예를 들어, 마이크로소프트 주식에 대한 콜옵션의 행사가격이 $150이고 마이크로소프트 주식의 시장가격이 $155인 경우, 옵션 매수자가 즉시 행사할 수 있기 때문에 $5의 내재가치를 가지며 판매자로부터 마이크로소프트 주식을 $150에 매수하고 $155에 시장에 다시 매도한다. 양의 내재가치가 있는 옵션을 내가격이라고 한다. 기초자산의 시장가격이 행사가격보다 높으면 콜옵션이 **내가격**(in the money)이고, 기초자산의 시장가격이 행사가격보다 낮으면 풋옵션이 내가격이다.

요약하자면, 기초자산의 시장가격이

- 행사가격보다 낮으면, 콜옵션이 **외가격**(out of the money)이거나 **잠김상태**(underwater)이다.

- 행사가격보다 높으면, 풋옵션이 외가격이다.
- 행사가격과 동일하면, 콜옵션 또는 풋옵션은 **등가격**(at the money)이다.

매수자가 옵션을 행사할 필요는 없기 때문에 옵션의 내재가치는 0보다 작을 수 없다.

옵션 프리미엄에는 내재가치 외에 **시간가치**(time value)가 있는데, 이는 만기일이 얼마나 남았는지, 과거 주가의 변동성에 따라 결정된다. 만기일이 멀수록 옵션의 내재가치가 상승할 가능성이 커진다. 마이크로소프트의 콜옵션 행사가격이 $150이고 현재 시장가격이 $145라고 가정하자. 옵션이 내일 만료되면, 마이크로소프트의 시장가격이 $150 이상으로 오를 가능성은 적다. 그러나 옵션이 6개월 후에 만료된다면, 시장가격이 오를 가능성은 훨씬 크다. 즉, 다른 모든 조건이 동일할 때, **옵션의 만기일이 멀수록 옵션 프리미엄이 커진다**는 결론을 내릴 수 있다. 마찬가지로 기초자산 가격의 변동성이 작은 경우, 큰 가격 변동으로 인해 옵션의 내재가치가 크게 증가할 가능성은 적다. 그러나 기초자산 가격의 변동성이 크면, 가능성은 훨씬 커진다. 따라서 다른 모든 조건이 동일할 때, **기초자산 가격의 변동성이 클수록 옵션 프리미엄이 커진다.**

옵션의 내재가치를 계산하는 것은 간단하지만, 옵션이 만료될 때까지의 시간이나 기초자산 가격의 변동성에 의해 옵션 프리미엄이 정확히 어떤 영향을 받는지 예측하는 것은 어렵다. 월가의 기업들과 다른 전문 투자자는 옵션가격 결정 방식에 대해 확신하지 못했기 때문에 수년 동안 옵션이 거의 거래되지 않았다. 1973년, 당시 시카고 대학의 경제학자인 피셔 블랙(Fischer Black)과 마이런 숄즈(Myron Scholes)가 정교한 수학을 사용하여 옵션의 최적 가격 결정 공식을 계산한 학술 논문을 Journal of Political Economy에 게재하면서 돌파구가 생겼다. 블랙-숄즈(Black-Scholes) 공식은 CBOE의 설립과 함께 옵션거래의 폭발적인 성장을 이끌었다.

블랙-숄즈 공식은 정교한 수학적 모델링을 통해 복잡한 금융증권 가격을 결정할 수 있다는 것을 월스트리트 기업에 보여주었기 때문에 큰 의미를 가졌다. 그 결과 월스트리트 기업은 경제학, 금융, 수학 분야의 고급 학위를 가진 많은 사람들을 고용하여 기업이 새로운 증권의 가격을 결정하고 평가하는 데 사용할 수 있는 수학적 모형을 구축했다. 이 사람들은 "로켓 과학자" 또는 "퀀트"로 불린다.

개념 적용

옵션 시장을 따라가는 방법: 옵션 기재사항 읽기

선물과 마찬가지로 옵션에 대한 투자는 정교한 투자자에게 맡기는 것이 가장 좋지만, 옵션 기재사항을 따라가면 상품과 금융자산에 대해서 투자자가 기대하는 선물가격 변화를 이해하는 데 도움이 될 수 있다. 신문 및 온라인 옵션 기재사항에는 선물 기재사항과 동일한 수치가 많이 포함되어 있다. 그러나 기초자산이 직접청구권(예: 채권 또는 주식)인지 아니면 선물계약(예: 주가지수선물계약)인지에 따라 옵션이 기재되는 방식에 약간의 차이

애플(AAPL)에 대한 콜옵션 및 풋옵션(기초자산 주가: 287.25)

만기	행사	콜옵션			풋옵션		
		가격	계약수	미결제 거래잔고	가격	계약수	미결제 거래잔고
(1)	(2)	(3)	(4)	(5)	(6)	(7)	(8)
3월	320.00	2.53	313	1,445	34.00	13	349
6월	320.00	10.70	400	14,900	46.26	10	3,061
9월	320.00	16.70	15	14,062	50.45	13	1,172
12월	320.00	20.50	14	688	56.49	1	1,088

가 있다.

위 시세는 애플 주식 옵션계약에 대한 것이며 2020년 3월 6일 marketwatch.com 사이트에 게시되었다(시세는 wsj.com을 포함한 다른 사이트에서도 볼 수 있다.). 기재사항은 행사가격이 $320.00인 풋옵션과 콜옵션에 대한 정보를 제공한다. 애플의 현재 주가는 $287.25였다. 실제로는 애플 주식에 대해서 행사가격이 다른 많은 풋옵션 및 콜옵션이 있지만, 여기에서는 4개만 나열한다. 첫 번째 열은 옵션의 만기일을 나타낸다. 두 번째 열은 행사가격을 보여준다. 다음 3개의 열은 콜옵션에 대한 정보를 제공하고, 마지막 3개의 열은 풋옵션에 대한 정보를 제공한다.

가격을 나타내는 2개의 열은 각각 계약이 거래된 마지막 가격이다. 예를 들어, 첫 번째 줄에 기재된 3월 콜옵션 계약 가격은 $2.53이다. 상장된 주식 옵션계약은 주식 100주에 대한 것이다. 따라서 3월 콜옵션 계약을 구입한 경우 $2.53 × 100 = $253를 지불해야 한다. '계약수'와 관련된 열은 그날 거래된 계약수에 대한 정보를 제공하며, '미결제 거래잔고' 열은 아직 행사되지 않은 미결 계약의 수에 대한 정보를 제공한다. 풋옵션의 가격은 만기일이 같은 콜옵션보다 높다. 이러한 높은 가격은 행사가격이 기초가격보다 높기 때문에 풋옵션은 **내가격**이고 콜옵션은 **외가격**이라는 사실을 반영한다. 또한 콜옵션과 풋옵션 모두 만기일이 멀수록 옵션의 가격이 높아진다.

예제 7.4

테슬라 옵션 기재사항에 대한 해석

테슬라의 콜 및 풋옵션에 대한 다음 정보를 사용하여 질문에 답하시오. 답변에서 옵션 또는 주식의 가격이나 기초 주식의 매수 및 매도와 관련된 모든 비용은 무시한다.

테슬라(TSLA)에 대한 콜옵션 및 풋옵션(기초자산 주가: 752.68)

만기	행사	콜옵션			풋옵션		
		가격	계약수	미결제 거래잔고	가격	계약수	미결제 거래잔고
(1)	(2)	(3)	(4)	(5)	(6)	(7)	(8)
8월	700.00	52.65	101	2375	26.43	70	1341
10월	700.00	64.03	12	519	37.97	10	409
1월	700.00	81.67	26	2443	54.82	16	1200
6월	700.00	100.95	0	41	77.40	2	92

a. 콜옵션이 풋옵션보다 높은 가격에 판매되는 이유는 무엇인가?

b. 6월 콜옵션이 10월 콜옵션보다 높은 가격에 매도하는 이유는 무엇인가?

c. 6월 콜옵션을 매수했다고 가정팔 때, 콜옵션을 바로 행사할 것인지 간단히 설명하시오.

d. 제시된 가격으로 10월 콜옵션을 매수하고 테슬라 주식 가격이 $800일 때 행사한다고 가정하자. 이익 또는 손실은 얼마인가?(각 옵션계약은 100주에 대한 것이다.)

e. 제시된 가격에 6월 풋옵션을 매수하고 테슬라 주식의 가격은 $752.68로 유지된다고 가정하자. 이익 또는 손실은 얼마인가?

문제풀이

1 단계 **이 장의 내용을 복습한다.** 이 문제는 옵션 기재사항을 해석하는 것에 관한 것이므로 "옵션 가격 결정 및 '가격'의 상승" 부분을 검토하고 "옵션 시장을 따라가는 방법: 옵션 기재사항 읽기" 개념을 적용하는 것이 좋다.

2 단계 **콜옵션이 풋옵션보다 높은 가격에 판매되는 이유를 설명함으로써 (a)에 답한다.** 행사가 $700.00는 기초 주식 가격인 $752.68보다 낮으므로 콜옵션은 모두 내가격이다. 콜옵션을 행사하면 콜옵션 매도자로부터 테슬라 주식 100주를 각각 $700.00에 구매한 다음 시장에서 각 주식을 $752.68에 매도하여 주당 $52.68(= $752.68 − $700.00)의 이익을 얻을 수 있다. 시장에서 테슬라 주식을 $752.68에 판매할 수 있는 당신은 테슬라 주식을 $700.00에 풋옵션 매도인에게 판매할 권리를 행사하고 싶지 않기 때문에 풋옵션은 모두 외가격이다. 따라서 풋옵션은 내재가치가 0이고 가격은 모두 콜옵션 가격보다 낮다.

3 단계 **6월 콜옵션이 10월 콜옵션보다 더 높은 가격에 판매되는 이유를 설명함으로써 (b)에 답한다.** 옵션의 가격은 옵션의 내재가치에 시간가치를 더한 값과 같으며, 옵션이 행사될 가능성에 영향을 미치는 다른 모든 요소를 나타낸다. 만기일에서 멀어질수록 옵션의 내재가치가 증가할 가능성이 커지고 옵션의 가격이 높아진다. 따라서 두 콜옵션의 행사가격이 같기 때문에 6월 콜옵션은 10월 콜옵션보다 가격이 더 높게 책정된다.

4 단계 **6월 콜옵션을 즉시 행사할 것인지 대해 설명함으로써 (c)에 답한다.** 6월 콜옵션을 매

수했다면 콜옵션 매도자로부터 테슬라를 주당 $700.00에 매수하고 시장에서 주당 $752.68에 주식을 매도하여 주당 52.68를 벌 수 있다. 그러나 콜옵션 가격은 $100.95이므로 즉시 행사하기 위해 콜옵션을 매수하지는 않는다. 콜옵션 만기일 이전에 테슬라 가격이 충분히 상승해서 콜옵션의 내재가치가 $100.95를 초과할 것으로 예상하는 경우에만 콜옵션을 매수할 것이다.

5 단계 **10월 콜옵션을 매수하여 테슬라 주식 가격이 $800일 때 행사하여 얻은 손익을 계산해 (d)에 답한다.** 행사가가 $700.00인 10월 콜옵션을 행사하면 테슬라 주식 가격이 $800일 때 $100.00에서 옵션 가격 $64.03를 뺀 $35.97의 이익을 얻게 된다. 옵션계약에는 100개의 주식이 있으므로 총 이익은 $35.97 × 100 = $3,597.00이다.

6 단계 **(e)는 테슬라 가격이 $752.68에 머무를 경우 6월 풋옵션을 매수하여 얻은 손익을 계산하여 답한다.** 테슬라 가격이 $752.68에 머물면 6월 풋옵션은 외가격이 된다. 따라서 당신은 그것을 행사하지 않을 것이고, 대신 옵션의 주당 $77.40에 해당하는 손실을 입을 것이다. 총 손실액은 $77.40 × 100 = $7,740.00이다.

옵션을 이용한 위험 관리

기업, 은행, 개인투자자들은 선물뿐만 아니라 옵션을 사용하여 상품이나 주가, 이자율, 그리고 환율의 변동에 따른 위험을 헤지할 수 있다. 옵션은 선물보다 비싸다는 단점이 있지만 가격이 위험헤지대상과 반대되는 방향으로 움직인다면 옵션을 매수하는 투자자는 손실을 입지 않을 것이라는 중요한 장점이 있다. 예를 들어, 재무부채권을 소유하고 가격 하락에 대해 위험을 헤지하고 싶다면 재무부채권 선물을 매도할 수 있다. 하지만 만약 재무부채권의 가격이 오른다면 어떻게 되는가? 이 경우 재무부채권 보유에 대한 이익은 있지만 선물거래 포지션에 대해서는 손실을 본다. 당신은 위험을 헤지했지만 재무부채권의 가격 상승으로 이익을 얻지는 못한다.

재무부채권 선물을 매도(selling)하는 대신 재무부채권 풋옵션을 매수(buying)함으로써 당신은 위험을 헤지할 수 있다. 재무부채권 가격이 하락할 경우, 당신은 풋옵션을 행사해 행사가격으로 매도할 수 있어 손실을 최소화할 수 있다. 재무부채권 가격이 오르면 풋옵션을 행사하지 않고 소멸하도록 할 수 있어 가격 상승에 따른 차익 대부분을 유지할 수 있다. 옵션계약은 부정적인 결과를 피하면서도 긍정적인 결과를 통한 이익은 얻을 수 있기 때문에 선물계약보다는 보험에 가깝다. 옵션의 이러한 보험적 측면은 옵션가격이 **옵션 프리미엄**이라고 불리는 이유이다(보험증권의 구매자가 보험회사에 지불하는 것을 **프리미엄**이라고 한다).

옵션을 이용한 위험헤지와 선물을 이용한 위험헤지 중 하나를 선택할 때, 기업이나 투자자는 높은 옵션 이용비용을 옵션이 제공하는 추가 보험 혜택으로 상쇄해야 한다. 옵션 매수자에게 발생할 수 있는 최대 손실이 옵션 프리미엄이기 때문에 선물계약보다 위험을 덜 부담한다. 그러나 옵션 매도자는 손실에 제한이 없다. 예를 들어, 재무부채권 가격이 매우 낮은 수준으로 하락하면 풋옵션 매도자는 현재 시세를 크게 웃돌더라도 여전히 행사가격에 매수할 의무가 있다.

위험헤지를 하는 많은 투자자는 기초 금융자산이 아니라 그 자산에서 파생된 선물계약에 대한 옵션을 매수한다. 예를 들어, 앞의 예에서 재무부채권에 대한 풋옵션을 매수함으로써 재무부채권의 가격 하락을 헤지하기보다는, 재무부채권의 선물에 대한 풋옵션을 매수할 수 있다. 선물옵션을 사고파는 것은 기초자산에 대한 옵션을 사고파는 것보다 몇 가지 이점이 있다. 재무부채권과 국채에 대한 선물계약은 장내거래 유가증권이며, 재무부채권과 국채는 딜러를 통해 거래해야 하기 때문에 선물계약이 이들보다 더 유동성이 높다. 마찬가지로 선물계약의 가격은 거래일 내내 거래소에서 투자자에게 쉽게 제공되지만, 투자자는 당일 시장이 마감될 때까지 재무부채권과 국채 가격에 대한 정보를 찾는 데 어려움을 겪을 수 있다.

개념 적용

주식 시장에서 얼마나 큰 변동성을 예상해야 하는가?

어쩌면 주가 변동성 때문에 주식시장 투자를 꺼릴 수도 있다. 결국 자산의 가격 변동이 클수록 투자자로서의 위험도 커지는 것이다. 투자자가 미래에 기대하는 변동성의 크기를 측정하는 것이 가능할까? 측정된 변동성의 크기는 주식투자와 다른 금융자산에 대한 투자를 비교할 수 있는 수단을 제공한다.

그러한 변동성을 측정하는 한 가지 방법은 옵션의 가격을 사용하는 것이다. 1993년에 현재 밴더빌트 대학의 로버트 E. 웨일리(Robert E. Whaley)는 S&P500과 같은 주식시장 지수의 옵션 가격이 미래의 시장 변동성에 대한 투자자의 기대치를 내재적으로 포함하고 있다고 언급했다. 옵션 가격은 옵션의 내재가치에 투자자의 옵션 행사 가능성에 영향을 미치는 그 밖의 요인(변동성 포함)을 포함하므로 변동성의 측정은 명시적이기보다는 내재적이다. 웨일리는 옵션 가격에서 변동성에 대한 투자자의 예측치를 분리하는 방법을 제안하였다.

시카고옵션거래소(CBOE)는 S&P500 지수의 풋옵션과 콜옵션 가격을 활용해 향후 30일간 미국 증시의 예상 변동성을 측정하기 위해 VIX로 불리는 **시장 변동성 지수**(Market Volatility Index)를 만들었다. 투자자들이 주가 변동성이 커질 것으로 예상할 때 옵션 수요를 늘려 주가를 끌어올리고 VIX의 가치를 높이기 때문에 '공포 게이지'라고 부르는 이들이 많다. 다음 그래프는 2006년 1월부터 2020년 6월까지 VIX의 움직임을 보여준다.

2007년 중반까지 VIX 지수는 일반적으로 10~20% 사이였으며, 이는 투자자가 향후 30일 동안 S&P500 지수가 연간 10%~20% 상승 또는 하락할 것이라는 것을 의미한다. 그러던 중 2007년 금융위기가 시작되면서 VIX는 리먼 브라더스 투자은행의 파산과 함께 2008년 10월과 11월에는 사상 최대치인 80까지 치솟았다. 변동성이 커질 것으로 예상되는 상황에서 투자자들이 주식시장 투자를 헤지하려고 하면서 옵션 가격을 높인 것이 VIX의 상승에 영향을 주었다. VIX는 2009년 12월까지 20 아래로 내려가지 않았다. 시장이 또 다른 변

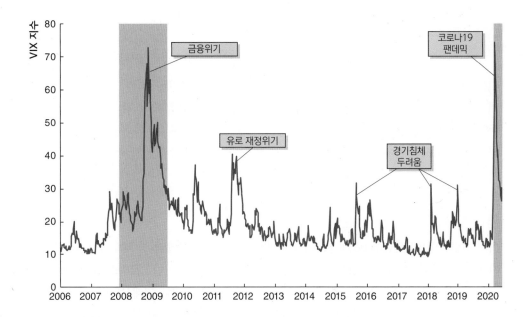

동성을 경험하면서 2010년 5월과 2011년 가을에 다시 급격히 상승했다. 이번에는 유럽의 재정 문제가 미국 시장으로 확산될 가능성에 대한 우려와 연결되었다. VIX는 2015년, 2016년, 2018년에 여러 차례 급등했다. 이는 투자자가 전 세계 성장 둔화 기간이 경기침체로 이어질 수 있다고 우려했기 때문이다. 2020년 2월 말부터 4월 초까지 코로나19 팬데믹의 영향으로 심각한 전 세계 경기침체로 이어질 것을 투자자들이 두려워하면서 VIX는 2007~2009년 금융위기 이후 최고 수준에 도달했다. 지수는 2020년 중반에도 여전히 비정상적으로 높은 수준을 유지했지만, 투자자들이 경기침체가 우려했던 것만큼 가혹하지 않을 수 있다는 결론을 내림에 따라 지수는 하락했다.

2004년 3월, CBOE는 VIX에 대한 선물거래를 시작했고 2006년 2월에는 VIX 옵션을 거래하기 시작했다. 시장의 변동성 증가에 대한 위험을 회피하고자 하는 투자자는 VIX 선물을 매수할 것이다. 이와 비슷하게, 시장 변동성 증가에 베팅하기를 원하는 투기자는 VIX 선물을 매수할 것이다. 시장 변동성의 감소에 베팅하기를 원하는 투기자는 VIX 선물을 매도할 것이다.

VIX는 투자자들이 시장에서 기대하는 변동성을 측정하고 그 변동성에 대한 위험헤지에 유용한 도구이다.

7.5 스왑

학습목표: 스왑을 정의하고 위험을 줄이기 위해 스왑을 이용하는 방법을 설명한다.

스왑
미래의 일정 기간 동안 일련의 현금 흐름을 교환하기로 하는 둘 이상의 거래상대방 간의 계약

선물·옵션 계약의 표준화가 유동성을 촉진하지만, 이는 투자자와 기업의 특정 요구에 맞춰 계약을 조정할 수 없다는 의미이기도 하다. 이 문제는 스왑계약, 즉 스왑의 성장에 영향을 주었다. **스왑**(swap)은 둘 이상의 거래상대방이 미래 기간에 걸쳐 현금흐름을 교환하기로 합의한 것이다. 그런 점에서 스왑은 선물계약과 유사하지만 거래상대방 간 수의계약으로 조건이 유동적이다.

금리스왑

금리스왑
거래상대방이 명목원금이라고 하는 고정된 달러 금액으로 지정된 기간 동안 이자를 교환하기로 합의하는 계약

거래상대방이 **명목원금**(notional principal)이라고 하는 고정된 달러 금액에 대해 지정된 기간에 걸쳐 이자를 교환하기로 동의하는 계약인 기본 또는 "일반" **금리스왑**(interest-rate swap)을 살펴보자. 명목원금은 계산 기준으로 사용되지만 실제로 거래상대방 간에 이전되는 금액은 아니다. 예를 들어 웰스파고(Wells Fargo)와 IBM이 $1천만의 명목원금을 기준으로 5년 동안 지속되는 스왑에 합의한다고 가정하자. $1천만에 대해 IBM은 웰스파고에게 5년간 매년 6%의 이자율을 지급하기로 동의한다. 그 대가로 웰스파고는 가변금리 또는 변동금리를 IBM에 지급하기로 동의한다. 금리스왑의 경우 변동금리는 국제은행이 서로 빌려주는 이자율을 기준으로 하는 경우가 많다. 이 이자율은 London Interbank Offered Rate의 약자인 '리보(LIBOR)'로 알려져 있다. 스왑의 협상조건에 따라 변동금리가 LIBOR + 4%와 동일한 비율로 설정된다고 가정하자. 그림 7.2는 스왑 거래의 지급액을 요약한 것이다.

최초 지급액이 LIBOR 3%를 기준으로 하는 경우 IBM은 웰스파고에 $600,000 (= 10,000,000 × 0.06)를, 웰스파고는 IBM에 $700,000(= 10,000,000 × (0.03 + 0.04))를 빚지고 있다. 두 가지 지급액을 모두 고려해서 웰스파고는 IBM에 $100,000를 지불한다. 일반적으로 당사자들은 순 지급액만 교환한다.

기업과 금융기관이 금리스왑에 참여하는 주요 이유는 다섯 가지다. 첫째, 스왑은 이자율 위험을 감수할 의사가 있는 당사자에게 이전할 수 있도록 한다. 이 예에서 IBM은 스왑 후 더 많은 이자율위험에 노출되어 있지만 수익을 기대하고 위험을 감수할 용의가 있다. 첫 번째 지불에서 IBM은 웰스파고에 지불하는 것보다 웰스파고로부터 $100,000를 더 받는다. 둘째, 변동금리 모기지와 같은 변동금리 자산이 많은 은행은 고정금리 모기지 대출이 많은 은행과 금리스왑을 원할 수 있다. 은행 및 기타 회사가 변동금리 또는 고정금리 자산을 취득하는 데에는 여러 사업상의 이유가 있다. 예를 들어, 은행은 주택 매수자가 변동금리 모기지보다 고정금리 모기지를 선호한다는 것을 알게 될 수 있다. 이때 스왑을 사용하면 받는 고정 지급금과 변동 지급금의 혼합 비중을 변경하면서 해당 자산을 유지할 수 있다. 셋째, 이미 언급했듯이 스왑은 거래상대방의 요구를 충족하도록 맞춤화될 수 있기 때문에 선물이나 옵션보다 더 유연하다. 넷째, 스왑은 거래소 거래보다 더 많은 프라이버시를 제공하며 상대적으로 정부 규제가 적다. 마지막으로, 스왑은 20년까지 장기간 계약을 맺을 수 있다. 따

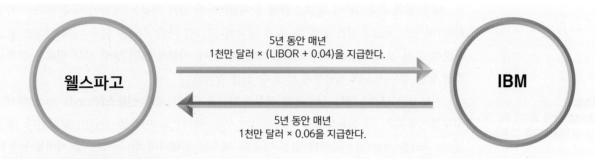

그림 7.2 스왑 거래에서 지급액

웰스파고와 IBM은 $1천만의 명목원금을 기준으로 5년간 지속되는 스왑에 동의한다. IBM은 $1천만에 대해 웰스파고에 5년 동안 연 6%의 이자를 지급하기로 합의한다. 그 대가로 웰스파고는 IBM에 변동 금리를 지불하는 데 동의한다. 이 예에서 IBM은 웰스파고에 $600,000(=$10,000,000×0.06)의 빚을 지고 있

고 웰스파고는 IBM에 $700,000(=$10,000,000×(0.03+0.04))의 빚을 지고 있다. 웰스파고는 두 가지 지불액을 감안하여 IBM에 $100,000를 지불한다. 일반적으로 당사자는 순지불액만 교환한다.

라서 일반적으로 1년 이내에 결제되거나 만료되는 금융선물 및 옵션보다 장기적인 헤지를 제공한다.

그러나 선물 및 장내 옵션과 달리 스왑의 경우 거래상대방은 파트너의 신용도를 확인해야 한다. 이러한 문제로 인해 스왑시장은 신용도 판단이 용이한 대기업과 금융기관이 주도하고 있다. 또한 선도계약과 같은 스왑은 선물 및 옵션만큼 유동성이 높지 않다. 실제로 스왑은 거의 재판매되지 않는다.

2010년 도드-프랭크법(Dodd-Frank Act)이 통과되면서 스왑에 대한 규제가 강화됐다. 연간 $8십억 이상의 스왑계약을 하는 금융회사들은 이제 상품선물거래위원회에 '스왑 딜러'로 등록해야 한다. 2014년부터 스왑 딜러는 **스왑집행기구**(swap execution facility)라는 중앙정보센터를 통해 스왑을 거래해야 한다. 이러한 거래에 대한 자료는 공개적으로 구할 수 있으며, 딜러는 오랫동안 선물계약을 거래할 때 그랬던 것처럼 스왑집행기구에 스왑계약 가치의 일부를 예치해야 한다.

통화스왑 및 신용스왑

금리스왑에서는 상대방이 고정금리 채무와 변동금리 채무에 대한 지급을 교환한다. **통화스왑**(currency swap)에서 거래상대방은 서로 다른 통화로 표시된 원금을 교환하는 데 동의한다. 예를 들어, 한 프랑스 회사가 가지고 있는 유로를 미국 달러로 바꾸기를 원할 수도 있고, 미국 회사가 가지고 있는 미국 달러를 유로로 바꿀 의향이 있을지도 모른다.

기본 통화스왑은 3단계로 이루어진다. 첫째, 양 당사자는 원금을 두 통화로 교환한다 (상대방이 동일한 통화로 거래하고 원금이 아닌 순이자 금액만 교환하는 금리스왑과 차이가 있다). 둘째, 당사자들은 약정기간에 걸쳐 정기적인 이자 지급을 교환한다. 셋째, 당사자들은 스왑이 종료될 때 원금을 다시 교환한다.

통화스왑
거래상대방이 서로 다른 통화로 표시된 원금을 교환하기로 합의하는 계약

왜 기업과 금융기관이 통화스왑에 참여할까? 한 가지 이유는 기업이 자국 통화로 차입하는 데 있어 비교우위가 있을 수 있기 때문이다. 그런 다음 수익을 외국 거래 상대방과 교환하여 투자 프로젝트를 위한 외화를 얻을 수 있다. 이렇게 하면 쌍방 모두 필요한 통화로 직접 빌린 경우보다 더 저렴하게 빌릴 수 있을 것이다.

신용스왑
채무불이행 위험을 줄이기 위한 목적으로 이자율 지급을 교환하는 계약

기본적인 금리스왑의 경우처럼 이자율위험을 줄이기보다 **신용스왑**(credit swap)에서는 채무불이행위험, 즉 신용위험을 감소시키기 위한 목적으로 이자율 지급이 교환된다. 예를 들어, 구리를 채굴하는 회사에 많은 대출을 해주는 몬태나의 한 은행은 밀 재배농가에 많은 대출을 해주는 캔자스의 한 은행과 신용스왑을 할 수 있다. 몬태나 은행은 구리 가격이 하락할 경우 해당 업계의 일부 대출자들이 대출을 연체할 수 있다고 우려하는 반면 캔자스 은행은 밀 가격이 하락할 경우 해당 업계의 일부 대출자들이 대출을 연체할 수 있다고 우려한다. 은행은 이러한 대출 중 일부에 대한 지불흐름을 교환함으로써 위험을 줄일 수 있다. 많은 은행은 오랜 관계를 맺고 있는 회사에게는 대출을 전문적으로 해주기 때문에 몬태나 은행이 광부들에게는 대출을 줄이고 농부들에게는 대출을 늘려 대출 포트폴리오를 다양화하는 대안은 실행하기가 어려울 수 있다. 포트폴리오를 다양화하는 데 있어서 캔자스 은행도 비슷한 어려움에 직면할 것이다.

신용디폴트스왑

신용디폴트스왑
기초유가증권의 가격이 하락할 경우 판매자가 구매자에게 지급하도록 요구하는 파생상품. 사실상 보험의 일종

1990년대 중반, 뱅커스 트러스트(Bankers Trust)와 JP모건(JP Morgan) 투자은행은 신용디폴트스왑을 개발했다. 지금까지 논의한 스왑과는 달리 **신용디폴트스왑**(credit default swap, CDS)은 사실상 보험의 한 종류이기 때문에 명칭에 다소 오해의 소지가 있다. 2007~2009년 금융위기 동안 이러한 스왑은 모기지담보부증권 및 모기지담보부증권과 유사한 CDO와 함께 가장 널리 사용되었다. 모기지담보부증권에 대한 신용디폴트스왑 발행자는 유가증권이 채무불이행으로 전환될 경우 매수자에게 지급을 약속하는 대가로 매수자로부터 일정한 금액을 받는다. 예를 들면, 매수자는 신용디폴트스왑의 매도자에게 매년 $20를 지급하는 대가로 액면금액 $1,000의 모기지담보부증권에 대한 신용디폴트스왑을 구매할 수 있다. 모기지담보부증권 발행자가 예정된 원리금 지급을 못하고 채권이 채무불이행되면 그 가치는 크게 하락할 것이다. 채권 가격이 $300로 떨어지면 신용디폴트스왑 매수자는 매도자로부터 $700를 받는다.

주택시장 호황이 일었던 2005년 무렵, 일부 투자자는 모기지담보부증권과 CDO에 포함된 서브프라임 모기지 중 많은 수가 채무불이행 될 가능성이 높다고 확신했고, 이러한 유가증권에 대한 신용디폴트스왑을 매수해서 투기하기로 결정했다. 투자자는 매수한 신용디폴트스왑(채무불이행스왑)이 적용된 기초 모기지담보부증권을 소유하고 있지 않았기 때문에 보험에 가입하기보다는 투기를 했다. 미국 최대 보험사인 아메리칸인터내셔널그룹(AIG)이 모기지담보부증권에 대한 대규모 신용디폴트스왑(채무불이행스왑)을 발행했다. 뒤늦게 보면 AIG가 실제 위험에 비해 상대적으로 적은 금액을 매수자에게 청구한 것은 분명하다. AIG가 발행한 신용디폴트스왑의 수량은 미국 주택시장의 하락에 회사를 취약하게 만들었으며,

미국 주택시장의 하락은 회사가 보증하고 있는 모기지담보부증권의 기초가 되는 모기지의 디폴트(채무불이행)를 초래할 것이다. AIG는 이러한 많은 증권에 S&P와 Moody's가 부여한 높은 등급에 의존했기 때문에 자신이 떠안고 있는 위험의 정도를 과소평가하였다.

2008년 9월까지, AIG가 신용디폴트스왑을 발행한 증권의 가격은 상당히 가치가 하락한 것으로 보였고, 신용디폴트스왑 매수자는 AIG가 야기한 거래상대방 위험을 상쇄하고 기초 유가증권의 가격 하락으로 인해 그들이 받아야 한다고 생각하는 지불금을 확실히 회수할 수 있도록 AIG가 담보를 제시해야 한다고 주장했다. AIG는 담보가 충분치 않아 파산 직전까지 내몰렸다. 재무부와 연방준비제도이사회는 연방정부가 회사의 80% 지분을 받는 대가로 AIG에 $850억를 대출하기로 결정했다. AIG는 자회사의 매각과 일부 보유 금융자산의 가격 반등을 통해 결국 연방정부로부터 받은 자금을 모두 상환했다. 2012년 말까지 재무부는 $220억 이상의 이익을 보았으며 보유 중인 AIG 주식을 매각했다.

주택시장 호황의 마지막 달에는, 발행되는 서브프라임 모기지 수가 모기지담보부증권 및 CDO 수요에 뒤떨어지기 시작했다. 일부 상업은행과 투자은행 등 금융회사는 이들 증권에 대한 신용디폴트스왑(채무불이행스왑)을 팔아 유리한 베팅에 나서기로 했다. 그들의 논리는 유가증권의 가격이 높은 상태를 유지할 것이기 때문에 회사는 신용디폴트스왑 매수자에게 어떤 것도 지불하지 않아도 된다는 것이었다. 그 회사는 매수자로부터 받을 지급액으로부터 이익을 얻을 것이다. 그러나 이들 회사에게 불행하게도, 기초 증권의 가치가 폭락했고, 신용디폴트스왑을 매도한 회사는 신용디폴트스왑 매수자에게 막대한 지불을 해야 했다.[4]

경제학자나 정책입안자들뿐만 아니라 금융계의 일부 사람들은 신용디폴트스왑이 금융시스템에 미칠 수 있는 위험에 대해 여전히 우려하고 있다. 유가증권뿐만 아니라 기업에 대한 신용디폴트스왑도 판매되고 있고, 동일한 증권이나 회사에 대한 다수의 신용디폴트스왑이 판매될 수도 있다. 따라서 유가증권에 대한 채무불이행이나 기업의 파산은 증권이나 기업에 대한 신용디폴트스왑을 판매한 여러 기업에게 상당한 손실을 초래할 수 있다. 파생상품 딜러의 민간단체인 국제스왑·파생상품협회(International Swaps and Derivatives Association)는 신용디폴트스왑 계약의 표준화를 강화하고 신용디폴트스왑 매도자가 매수자에게 지급을 의무화해야 하는 상황을 명확히 하기 위해 노력해 왔다.

2018년 연방정부 CFTC는 블랙스톤 그룹(Blackstone Group) 금융회사가 주택제조업체 호브나니안 엔터프라이즈(Hovnanian Enterprises)에 소액 이자 지급을 불이행할 수 있는 금융 유인책을 제공했다고 우려했다. 투자은행 골드만삭스를 포함한 신용디폴트스왑 판매자들은 블랙스톤의 전략에 반대했고 CFTC의 압력으로 블랙스톤은 약정을 철회하기로 합의했다. 이 사건이 신용디폴트스왑이 여전히 금융시스템의 불안요인이라는 것을 보여준다고

---

[4] 금융위기 중 신용디폴트스왑의 개발에 관한 흥미롭고 재미있는 설명은 마이클 루이스(Michael Lewis), The Big Short: Inside the Doomsday Machine, New York: W. W. Norton & Company, 2010에서 나타난다(이 책은 상당한 양의 욕설이 포함된 투자자와의 대화를 재현하고 있다). 담보부 채무(CDO)에 대한 정보와 관련한 훌륭한 출처는 하버드 대학교 학부 졸업 논문, Anna Katherine Barnett-Hart, "The Story of the CDO Market Meltdown," Harvard College, March 19, 2009.이다.

일부 정책입안자들은 우려했다. 스왑을 사고파는 회사는 규제 권한이 SEC와 CFTC로 나뉘기 때문에 이러한 파생상품을 통제하는 규칙이 항상 명확하게 정의되어 있지 않다고 불평해 왔다.

개념 적용

파생상품은 "대량살상 금융무기"인가?

파생상품이 특히 위험분담을 촉진함으로써 금융시스템에서 중요한 역할을 할 수 있음을 확인했다. 하지만 서두에서 언급했듯이 억만장자 투자자인 워렌 버핏은 이를 "대량살상 금융무기"로 간주한다. 버핏은 우리가 이 장에서 초점을 두고 이야기한 형태의 선물계약과 장내옵션을 언급한 것이 아니다. 그는 거래소에서 거래되지 않는 파생상품을 언급하고 있다. 이러한 파생상품에는 선도계약, 비상장 옵션계약 및 신용디폴트스왑이 포함된다.

버핏은 이러한 파생상품에서 세 가지 문제를 발견했다.

1. 이러한 파생상품은 거래량이 적다. 즉, 자주 사고팔지 않기 때문에 가치 평가가 어렵다. 시장가치가 많지 않기 때문에 매수자나 매도자의 재정 건전성을 평가하기 어렵게 만든다. 또한 이러한 옵션 중 일부에 딜러는 존재하지 않는 실제 시장가격이 아닌 컴퓨터 모형에서 예측한 가격을 사용하여 시장가격으로 표시한다. 이 관행은 딜러가 매수자 또는 매도자 중 하나의 계좌에 돈을 추가하고(어느 쪽이든 가격 변동으로 이익을 얻는 쪽) 상대방의 계좌에서 돈을 빼는 것을 의미한다. 파생상품의 가치증가로 인해 이익을 얻는 쪽은 재무제표에서 이익으로 계산할 수 있다. 버핏은 가격 변동을 추정하는 데 사용된 모형이 부정확할 수 있기 때문에 증가된 이익도 부정확할 수 있다고 주장한다.

2. 이러한 파생상품 중 다수는 정부의 규제를 받지 않기 때문에 기업은 잠재적 손실을 상쇄하기 위한 적립금을 적립하지 않을 수 있다. AIG는 회사가 신용디폴트스왑 매수자에게 담보를 제공해야 할 때, 자금이 부족하여 연방준비제도이사회와 재무부에서 대출을 받아야 하는 문제를 겪었다.

3. 일부 파생상품은 거래소에서 거래되지 않으므로 상당한 거래상대방 위험을 수반한다. 2014년 이후 대부분의 스왑은 CBOT와 같은 거래소와 달리 스왑집행기구에서 거래되지만, 이러한 기구는 매수자와 매도자 모두에게 거래상대방 역할을 하는 것은 아니다. 거래소는 양쪽의 거래상대방 역할을 함으로써 채무불이행 위험을 크게 감소시킨다. 금융위기 동안 거래상대방에 대한 우려로 일부 파생상품 시장은 거래가 말라붙어 잠재적 매수자들은 채무불이행 위험을 우려했다. 이 문제는 2008년 9월 리먼 브라더스가 파산을 선언하고 많은 계약을 불이행한 이후 특히 심각했다.

많은 경제학자와 정책입안자들은 버핏의 우려에 공감한다. 2010년, 의회는 금융위기에 대응하여 도드-프랭크법이라고도 불리는 월가 개혁 및 소비자 보호법을 통과시켰다. 법에 따르면, 많은 파생상품은 이제 거래소에서 사고팔아야 한다. 경제학자는 파생상품의 유연성을 상실하면서 거래상대방 위험의 감소와 투명성 증가를 위해 파생상품 계약을 표준화하는 것이 가치가 있었는지 여부에 대해 동의하지 않는다.

이 장의 끝에 있는 관련문제 5.6을 참조하시오.

핵심 질문에 대한 해답

이번 장 서두로부터 연결됨

이 장을 시작할 때 다음과 같이 질문했다.

"파생상품은 대량살상 금융무기인가?

이 장에서 선물과 장내옵션이 금융시스템에서 중요한 역할을 하고 위험분담의 핵심 서비스를 제공하는 것을 보았다. 워렌 버핏은 거래소에서 거래되지 않는 일부 파생상품이 금융위기에 크게 기여했다고 주장했다. 모든 파생상품이 대량살상 금융무기는 아니지만 정책입안자는 일부 파생상품이 금융시스템을 불안정하게 하지 않도록 새로운 규정을 제정했다.

7.1 파생상품, 헤지 및 투기
파생상품에 관해 설명하고, 헤지에 파생상품을 이용하는 것과 투기에 파생상품을 이용하는 것을 구분한다.

복습문제

1.1 투자자들은 왜 기초자산이 아닌 파생상품을 사고 파는가?

1.2 헤징과 투기의 차이점은 무엇인가?

응용문제

1.3 파생상품계약을 사고파는 사람에 오직 위험을 헤지 하는 사람만 있다면 파생상품시장이 더 나아지는 가? 간단하게 설명하시오.

7.2 선도계약
선도계약의 정의 및 금융시스템에서 선도계약의 역할을 설명한다.

복습문제

2.1 선도계약은 금융시스템에서 어떤 서비스를 제공하 는가?

2.2 선도계약에 거래상대방 위험이 수반되는 이유는 무 엇인가?

응용문제

2.3 당신이 부유한 투자자라고 가정해보자. 석유산업과 연관은 없지만 석유시장의 수요와 공급의 결정요인 을 연구했을 때 앞으로 유가가 급격히 하락할 것이 라고 확신한다. 당신은 예측을 통해 이익을 얻기 위 해 어떻게 선도계약을 이용할 수 있는가?

7.3 선물계약
선물계약이 헤지 및 투기에 어떻게 이용되는지 설명한다.

복습문제

3.1 선도계약과 선물계약의 주요 차이점은 무엇인가? 상품선물과 금융선물의 차이점은 무엇인가? 각각 2 개의 예를 들어보시오.

3.2 기업이 석유 선물시장에서 롱포지션을 취하는 이유 를 간략하게 설명하시오. 기업이 석유 선물시장에서 숏포지션을 취하는 이유를 간략하게 설명하시오.

3.3 상품선물을 이용한 투기와 금융선물을 이용한 투 기의 예를 들어보시오.

응용문제

3.4 월스트리트 저널의 기사에 따르면, 2020년 미국의 금리가 코로나19 팬데믹의 결과로 하락함에 따라 "은행들[필요한]은 담보대출에 대한 위험을 없애기 위해 약 $1.2조의 10년 만기 재무부채권을 구입해 야 한다. 금리가 하락할 때, 고정금리 주택담보대출

을 받은 많은 주택 소유자들은 더 낮은 월 지급액 에 고정하기 위해 재융자를 한다"고 했다.

a. 대출자가 주택담보대출을 "재융자"하는 것은 무 엇을 의미하는가?

b. 재무부채권을 구입하면 은행이 주택담보대출 금 리의 하락 위험을 어떻게 회피할 수 있는지 간단 하게 설명하시오.

c. 은행이 이와 같은 위험을 헤지하기 위해 선물시 장도 이용할 수 있는가? 간단하게 설명하시오.

3.5 [이 장 도입부 관련] 월스트리트 저널의 한 기사는 다음과 같이 언급했다. "석유회사는 미래에 원유를 어느정도 생산할지 예상하고 유가 변동으로부터 자 신들을 보호하고자 한다. 실제 그들은 금융상품을 구매함으로써 그렇게 한다."

a. 석유회사들이 가격이 상승하거나 하락하는 것을 염려하는가? 간단하게 설명하시오.

b. 석유회사들이 유가의 변동으로부터 자신들을 보호하기 위해 사용할 수 있는 금융상품은 무엇인가? 이 보호 장치가 어떻게 작동하는지 간단히 설명하시오.

3.6 당신이 밀 농사꾼이라고 가정하고, 다음 질문에 답하시오.

  a. 지금은 9월이고 수확한 5만 부셸의 밀을 11월에 판매할 예정이다. 현재 밀 현물가격은 부셸당 $2.50, 12월 선물가격은 부셸당 $2.75이다. 여러분은 밀 선물을 사야 하는가 팔아야 하는가? 만약 각각의 밀 선물계약이 5,000부셸에 대한 것이라면, 당신은 얼마나 많은 계약을 사고팔 것이며, 선물계약을 사고 팔 때 얼마나 지출하거나 받을 것인가?

  b. 지금은 11월이고, 5만 부셸의 밀을 현물가격 $2.60에 판매한다. 선물가격이 $2.85이고 선물시장에서 정산하면, 선물시장에서의 손익은 얼마인가? 밀 시장의 가격 변동으로 인한 위험을 완전히 헤지했는가? 수치로 설명하시오.

3.7 이코노미스트 잡지의 기사에 따르면, 1958년 미국 양파 농부는 곡물 가격의 변동성을 투기꾼의 탓으로 돌리며 미시건 출신의 제럴드 포드 하원의원에게 양파의 선물거래를 금지하도록 로비를 했다. 그들은 대통령 후보자의 지지를 받아 원하는 대로 그렇게 했다. 그 이후로 양파의 선물거래는 금지되었다. 양파 선물거래를 금지한 것이 양파 가격의 변동성을 줄였을 가능성이 높은가? 양파 농가는 이러한 금지로 인해 더 나아졌나?

3.8 [예제 7.3 관련] 당신이 미국 재무부채권으로 $10,000를 소유하고 있는 투자자라고 가정해보자.

  a. 시장 금리가 상승하는 것 또는 하락하는 것 중 무엇에 더 염려할 것인가? 간단하게 설명하시오.

  b. 문제 (a)에서 알게 된 위험을 어떻게 헤지할 수 있는가?

7.4 옵션
콜옵션과 풋옵션을 구분하고 어떻게 이용되는지 설명한다.

복습문제

4.1 콜옵션과 풋옵션의 차이점은 무엇인가? 옵션 작성자는 어떤 역할을 하는가?

4.2 옵션 매수자와 매도자의 권리와 의무는 선물 매수자와 매도자의 권리와 의무와 어떻게 다른가?

4.3 옵션 프리미엄이란 무엇인가? 옵션의 내재가치는 무엇인가? 내재가치 외에 옵션 프리미엄의 크기에 영향을 미칠 수 있는 다른 요소는 무엇인가?

4.4 투자자는 옵션을 사용하여 위험을 관리할 수 있는가?

응용문제

4.5 넷플릭스 주가에 대한 투자자의 기대를 다룬 월스트리트 저널의 기사는 "목요일에 가장 활발하게 거래된 옵션 계약 중 하나는 콜옵션이었다"고 했다.

  a. 이러한 콜옵션을 매수하는 투자자는 넷플릭스 주식의 가격이 상승할 것으로 예상하였는가, 하락할 것으로 예상하였는가? 간단하게 설명하시오.

  b. 투자자가 넷플릭스 주식의 가격에 대해서 (a)에 대해 답변할 때 확인한 가격과 반대되는 기대를 했다면, 어떤 옵션 계약을 했을까?

  c. 넷플릭스 주식 가격이 오를 것으로 예상한다면 주식을 그냥 사는 것보다 주식에 대한 옵션계약을 매수하는 이유를 간단하게 설명하시오.

4.6 옵션계약을 논의하는 월스트리트 저널의 기사는 "위험헤지에 대한 수요 중 일부는 올해 예약한 강한 수익을 보호하려는 투자자로부터 나올 수 있다"고 언급했다.

  a. 이러한 투자자들은 어떤 종류의 옵션을 살 것 같은가?

b. 이러한 투자자들이 이들 계약을 위험헤지에 어떻게 이용하였는지 간단히 설명하시오. 반드시 답변에 투자위험 헤지의 의미를 포함하여 설명하시오.

4.7 월스트리트 저널의 기사는 주가 변동성이 감소했던 시기에, "주가 하락에 대해 보호하기 위해 디자인된 옵션 가격의 척도는 극적으로 하락했다"고 관찰했다. 주가 변동성이 떨어질 때 옵션가격이 떨어질 것으로 예상하는 이유를 간단하게 설명하시오.

4.8 다우존스 산업평균지수가 25,000을 초과한다고 가정하자. 만약 다우지수가 21,000까지 떨어진다면, 콜옵션을 매수한 투자자들, 콜옵션을 매도한 투자자들, 풋옵션을 매수한 투자자들, 풋옵션을 매도한 투자자들 중 누가 가장 많이 이익을 볼 것인가? 또한 누가 가장 많은 피해를 보았을까?

7.5 **스왑**
스왑을 정의하고 위험을 줄이기 위해 스왑을 이용하는 방법을 설명한다.

복습문제

5.1 스왑계약과 선물계약은 어떤 면에서 다른가?

5.2 신용스왑은 금리스왑과 어떤 면에서 다른가?

5.3 신용디폴트스왑은 이 장에서 논의한 다른 스왑계약과 어떻게 다른가? 2007~2009년 금융위기 동안 신용디폴트스왑은 어떤 어려움을 초래하였는가?

응용문제

5.4 월스트리트 저널의 기사는 블랙스톤그룹에 주택제조업체 호브나니안(Hovnanian)에 대한 신용디폴트스왑을 판매한 금융회사가 블랙스톤 '보험'을 판매한 것을 보도했다. 신용디폴트스왑이 어떤 의미에서 보험인지 간단히 설명하시오.

5.5 bloomberg.com의 한 기사는 "Credit Suisse는 회사의 반등에 성공적으로 베팅하기 위해 CDS 시장을 이용했다"고 밝혔다.

a. 이러한 상황에서 Credit Suisse와 같은 금융회사는 회사의 채무에 대한 CDS를 매수하거나 CDS를 매도할 것인가? 간단히 설명하시오.

b. 이 회사에 대한 CDS에서 Credit Suisse 활동의 상대방으로 누가 있을 것 같은가? 즉, Credit Suisse 상대는 누구인가? 관련된 회사가 반등하는 대신 파산한다고 가정했을 때, 이 회사의 CDS 가격은 어떻게 되는가? Credit Suisse와 상대방 중 누가 회사의 실패로부터 이익을 얻을 것인가? 간단하게 설명하시오.

5.6 **[개념적용: "파생상품은 '대량살상 금융무기'인가?" 관련]** 워렌 버핏은 버크셔 해서웨이 주주들에게 보낸 연례 편지에서 "경험이 풍부한 투자자와 애널리스트들도 파생상품 계약에 크게 관여하는 기업의 재무 상태를 분석하는 데 큰 문제에 직면한다"고 썼다.

a. 투자자가 다량의 파생상품을 사고파는 회사의 재무 상태를 분석하는 것이 왜 어려울 수 있는가?

b. 기업이 어떤 유형의 파생상품을 사고파는지가 중요한가? 간단하게 설명하시오.

외환시장

학습목표

이번 장을 통해 다음을 이해할 수 있다.

8.1 외환시장의 작동 방식을 설명한다.

8.2 구매력평가이론을 이용하여 장기적으로 환율이 어떻게 결정되는지 설명한다.

8.3 수요 및 공급 모형을 이용하여 단기적으로 환율이 어떻게 결정되는지 설명한다.

코로나바이러스, 미국달러, 그리고 코카콜라

사업을 운영하면서 수익을 내기 위해 가격을 얼마로 매길 것인지, 비용을 어떻게 통제할 것인지, 직원 및 공급업체와의 관계를 어떻게 관리할 것인지, 제품을 어떻게 마케팅할 것인지, 소셜 미디어를 어떻게 관리할 것인지 등 여러 가지 요소를 고려해야 한다. 그러나 이러한 문제를 얼마나 잘 처리하든지 간에 예상치 못한 사건으로 인해 사업이 타격을 입을 수 있다. 2020년 초, 코로나19는 전 세계적으로 많은 사람들을 감염시켰다. 이에 사람들은 비행기 탑승, 영화나 스포츠 행사에 참석, 식당에서 외식하기를 중단했다. 매출이 줄면서 이들 사업체 상당수가 적자와 정리해고를 겪었다. 3월 중순까지, 주와 지방 정부는 학교와 비필수 사업체를 폐쇄하는 것을 포함하여 사회적 거리두기 조치를 시행했다.

바이러스 확산으로 인한 전 세계적인 경기침체를 감안할 때 수출에 의존하던 기업들의 해외 매출 감소가 눈에 띄었다. 글로벌 체인의 붕괴는 바이러스로 인해 생산에 심각한 타격을 입은 중국과 기타 다른 나라의 공급업체에 의존하는 애플과 같은 회사에게도 피해를 입혔다.

기업은 해외로 제품을 수출하거나 재판매를 위한 제품을 수입하거나 일부 투입요소를 수입할 때 환율에 중요한 관심을 갖는데, 환율은 한 통화의 가치가 다른 통화로 환산할 때 얼마인지를 측정한다. 코로나19 팬데믹 초기에 미국 달러의 가치는 대부분의 미국 무역 상대국 통화 가치에 비해 상승했다가 하락하였다.

환율의 움직임이 중요한 이유는 오늘날 세계 경제에서 많은 대기업이 여러 나라에서 제품을 생산하여 다른

핵심 이슈와 질문

이슈: 달러와 다른 통화 사이의 환율은 최근 몇 년 동안 큰 변동을 겪었다.

질문: 다른 통화 대비 달러 가치는 왜 안정적이지 않은가?

해답은 이 장의 끝에서…

나라에 판매하고 있기 때문이다. 200개국에 4,000가지 이상의 탄산음료를 판매하는 코카콜라를 생각해보자. 코카콜라는 미국에서 발생하는 매출이 20% 미만이다. 따라서 다른 통화와 교환하는 달러 가치의 변동은 코카콜라의 이윤에 영향을 미친다. 외화 수익을 환산하면 어떤 해에는 다른 해보다 더 많은 달러를 얻을 수 있다. 예를 들어, 2019년 코카콜라의 전 세계 수익은 현지 통화(영국 파운드, 독일 유로, 멕시코 페소)로 측정했을 때보다 미국 달러로 측정했을 때 1.4십억 낮았다. 왜 이런 차이가 날까? 2019년 한 해 동안 달러 가치는 일부 통화 대비 상승했으나 다른 통화 대비 하락하였다. 그러나 전반적으로 달러의 가치는 상승했고, 이는 외화를 달러로 바꾸면 코카콜라가 더 적은 달러를 얻게 된다는 것을 의미했다.

코카콜라의 이윤은 달러 대비 외화 가치의 변동뿐만 아니라 다른 외화 사이의 가치 변동에도 영향을 받는다. 예를 들어, 코카콜라는 인도네시아에서 판매하는 청량음료를 말레이시아에서 생산한다. 따라서 말레이시아와 인도네시아 간 환율 변동으로 인해 인도네시아에서의 회사 매출 수익성이 영향을 받는다. 코카콜라는 연례 보고서에서 투자자들에게 "환율의 변화가 향후 수익에 미치는 실제 영향을 회사가 확실하게 예측하는 것은 불가능하다"고 경고했다. 코로나19 확산에 따른 외환시장 불안이 증가함에 따라 코카콜라 처럼 다양한 국가에서 영업을 하는 다른 미국 기업은 팬데믹이 그들의 매출과 비용에 어떤 영향을 미칠지 추정하는 것을 어렵게 했다.

달러와 다른 통화의 환율이 변동하는 이유는 무엇일까? 지난 25년 동안 해외 금융투자가 증가해 투자자들이 국가 간 금리차이에 더욱 민감해졌다는 것이 한 가지 핵심 요인이다. 연방준비제도이사회가 목표금리를 인하해 미국 경제에 미치는 영향에 대응하자 외국인 투자자는 미국 금융자산을 매입할 가능성이 낮아졌다. 그 결과 다른 통화의 수요에 비해 달러 수요가 감소하여 달러와 이들 통화 사이의 환율이 하락하였다.

이 장에서 살펴보겠지만, 투자자의 행동 외에도 다른 요소들이 장기적인 환율을 결정하는 데 도움이 될 수 있다. 그러나 현대 국제 금융시스템에서 연방준비제도이사회(FRB)와 유럽중앙은행(ECB) 등 중앙은행은 자신의 정책이 다른 나라의 경제에 어떤 영향을 미치는지, 다른 나라의 금융과 경제 발전이 자신의 경제에 어떤 영향을 미치는지 무시할 수 없다.

이 장에서는 환율이 어떻게 결정되고 시간이 지남에 따라 변화하는 이유를 분석한다. 환율은 장기 흐름을 중심으로 단기 등락을 경험하였다. 이러한 변화를 이해하면 미국 금리의 움직임을 포함한 미국의 경제 발전이 국제 금융시장과 세계 경제에 영향을 미칠 수 있는 이유를 알 수 있을 것이다.

8.1 환율과 외환시장

학습목표: 외환시장의 작동 방식을 설명한다.

오늘날 많은 상품과 금융자산 시장은 글로벌 시장이며, 상품과 서비스의 수출과 수입 모두 엄청나게 증가했다. 2020년 기준 해외 소비자와 기업 및 정부는 미국에서 생산된 상품과 서비스의 약 11.7%를 구매한 반면, 미국에서 소비되는 상품과 서비스의 14.6%는 해외에서 생산되었다. 이 비율은 1960년대보다 2~3배 높다. 미국에 있는 개인이나 기업이 상품을 수입하거나 수출하거나 다른 나라에 투자할 때 달러를 외국 통화로 교환해야 한다. 보통 단순히 환율이라고 부르는 **명목환율**(nominal exchange rate)은 다른 나라의 통화로 나타낸 한 나라의 통화 가격이다. 예를 들어, 2020년 6월 미화 \$1는 107엔 또는 22페소를 살 수 있다.

달러와 외화 간 환율 변동은 미국 소비자가 외국산 수입품에 대해 지불하는 가격에 영향을 미친다. 예를 들어, 도쿄에서 '소니 플레이스테이션 4' 비디오 게임기의 가격이 30,000엔이고 엔화와 미국 달러 사이의 환율이 100엔 = \$1라고 가정해보자. 플레이스테이션의 달러 가격은 \$300(= 30,000엔/ (100엔/\$))가 된다. 환율이 80엔 = \$1이면, 도쿄에서 플레이스테이션 엔화 가격은 그대로 유지되지만, 플레이스테이션의 달러 가격은 \$375(= ¥30,000/ (¥80/\$))이다. 이 경우 엔화를 \$1로 교환할 때 엔화가 적게 들기 때문에 달러 대비 엔화 가치가 상승한 것이다.

다른 나라 통화에 대해서 한 나라 통화의 가치가 상승하는 것을 **절상**(appreciation; 가치 상승)이라고 한다. 엔화가 달러에 대해 절상되면 일본 기업은 미국에서 상품과 서비스를 판매하는 데 더 많은 어려움을 겪는다. 반면에 달러에 대한 엔화의 절상은 미국 기업이 일본에서 상품과 서비스를 판매하는 것을 더 쉽게 한다. 예를 들어, 100엔 = \$1의 환율하에서 필라델피아에서 가격이 \$1인 허쉬 캔디바의 일본 가격은 100엔이다. 그러나 엔화가 ¥80 = \$1로 절상되면 캔디바의 엔화 가격은 80엔에 불과하다. 엔화가 달러에 대해 **강세**(appreciation)를 보였다고 말할 때 이는 달러가 엔화에 대해 **절하**(depreciation; 가치 하락)를 경험했다고 말하는 것과 같다.

명목환율
다른 통화에 대한 통화의 가격; 환율이라고도 함

절상
다른 통화와 교환하는 통화 가치의 증가

절하
다른 통화와 교환하는 통화 가치의 감소

개념 적용

브렉시트, 코로나19, 환율, 영국 기업의 수익성

1750년대에 영국은 산업화된 최초의 국가였다. 1850년경에는 인구의 절반 이상이 도시에 거주한 최초의 국가가 되었고, 식량 소비의 상당 부분을 수입해야 했다(미국은 약 1920년까지 이 수준을 달성하지 못했다). 영국 파운드화는 제1차 세계대전 전까지 국제무역에서 가장 널리 사용된 통화였으며, 오늘날 세계 상업에서 중요한 위치를 유지하고 있다. 국제무역은 오랫동안 영국에 중요했으며, 코로나19 팬데믹이 도래하기 전인 2020년 초에도 마찬가지였다. 영국의 수입 및 수출은 GDP 대비 미국의 2배에 달한다. 따라서 환율 변동은 영국 경제에 큰 영향을 미칠 수 있다.

1973년, 영국은 유럽 연합(European Union, EU)의 전신인 유럽 공동체(European Community)에 가입했는데, 유럽 연합은 대부분의 무역 장벽을 없애고 국가 간 노동자와 기업의 자유로운 이동을 허용함으로써 경제를 통합한 28개국의 기구였다. 2001년 EU 회원국 대부분이 유로화를 그들의 공통 통화로 사용하기로 할 때, 영국은 파운드화를 계속 사용하기로 결정했다. 2016년 6월, 영국은 국민투표를 실시하여 과반수가 EU를 탈퇴하기로 결정했다. 이 투표는 "영국의 탈퇴"를 의미하는 브렉시트로 알려져 있다.

투표 전에, 많은 투자자는 영국이 EU를 떠날 경우 (1) 금융 중심지로서의 런던의 중요성은 줄어들 것이고, (2) 영국 기업이 EU 국가에 수출할 때 관세를 지불해야 할 가능성이

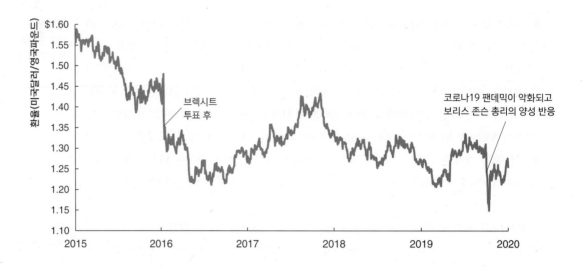

꽝장히 높기 때문에 영국 경제는 타격을 입을 것이라고 얘기했다. 대부분의 정치 분석가는 사람들이 EU 잔류를 위해 투표할 것이라고 예측했다. 투표의 결과로 많은 투자자들이 충격을 받았고, 투표 다음날 아침에 금융시장이 개장했을 때, 파운드화의 가치는 거의 8% 하락했다($1.48 = 1파운드에서 $1.36 = 1파운드).

2020년 3월, 투자자들이 코로나19가 중국에 국한되지 않고 전 세계적인 전염병이 될 것이라고 판단하자 파운드는 1985년 이후 미국 달러 대비 최저치로 하락하면서 또 한 번의 하락세를 보였다. 투자자는 팬데믹이 국제 금융시스템에 영향을 미칠 것이라고 우려했는데, 이후 금융 중심지로서 런던의 중요성 때문에 영국에 더 큰 문제를 일으킬 것이라고 우려했다. 또한 영국 정부가 보리스 존슨(Boris Johnson) 총리가 코로나19에 양성 반응을 보였다고 발표하면서 투자자는 정부가 위기에 신속하게 대응할 수 있는지 정부 능력에 대한 의문을 제기했다.

영국 경제에 대한 다른 문제를 제쳐두고 EU 탈퇴와 코로나19로 인한 파운드 가치 하락은 영국 기업에 좋은 소식일까 아니면 나쁜 소식일까? 대체로 파운드 가치 하락은 수출국이었던 영국 기업에 도움이 되었지만, 영국 밖에 공급업체가 위치한 영국 기업에는 피해를 입혔다. 예를 들어, 브렉시트 투표 후 파운드화 하락으로 인한 승자 중에는 런던의 한 공장에서 인기 있는 접이식 자전거를 만드는 브롬튼(Brompton) 자전거가 있었다. 그 회사는 자전거의 80%를 다른 나라에 수출한다. 환율 하락으로 인해, 미국에서 달러를 받고 판매한 자전거는 달러를 파운드로 환산했을 때 더 높은 수익을 낳았다. 롤스로이스(Rolls-Royce)는 영국에서 에어 비행기 엔진을 제조하고 수출한다. 이 회사의 경영자는 달러 파운드 환율이 1센트 하락할 때마다 연간 수익이 $2백만씩 증가할 것이라고 추정했다. 브렉시트 표결 이후 며칠 사이 환율이 16센트 하락했기 때문에 이 하락세가 지속된다면 롤스로이스의 이익은 $32백만로 늘어날 것으로 보인다.

반면, 에어앤그레이스(Air & Grace) 신발회사는 파운드화 가치 하락으로 타격을 입었다. 이 회사는 영국에서 구두를 디자인하고 판매하지만, 유로화를 통화로 사용하는 포르투갈의 공장에서 구두를 제조한다. 유로화 대비 파운드화 가치도 하락했기 때문에 에어앤그레이스가 수입하는 신발의 가격은 파운드로 환산했을 때 상승했다. 이 회사의 설립자는 "사업자가 비용을 감수해 이윤을 줄이거나 소매 가격 인상을 통해 소비자에게 전가하는 두 가지 선택이 있다"고 말한 것으로 유명하다.

코로나19 팬데믹은 수출 기업이든 수입 기업이든 모든 영국 기업에게 어려운 것으로 입증되었지만, 수출업자들은 타격을 덜 받았다. 영국은 2020년 2월 미국에 수출한 상품보다 약 $2십억를 더 수입했지만, 4월에는 수입액보다 약 $500백만를 더 수출했다. 이러한 변화는 파운드의 가치 하락으로부터 영국 수출업자가 이익을 얻었음을 보여주는데, 이는 환율이 기업의 수익성을 결정하는 데 중요한 역할을 한다는 증거이다.

이 장의 끝에 있는 관련문제 1.6을 참조하시오.

엔화당 달러인가, 아니면 달러당 엔화인가?

환율을 표시하는 방법에는 (1) 국내 통화 단위당 외화 단위 또는 (2) 외화 단위당 국내 통화 단위 두 가지가 있다. 예를 들어, 미국 달러와 일본 엔화 사이의 환율을 ¥100 = $1 또는 $0.01 = ¥1으로 표현할 수 있다. 두 식은 수학적으로 동일하며, 하나는 다른 하나의 역수이다. 은행과 기타 금융기관의 전문 환전업자는 일반적으로 외화 단위당 국내 통화 단위로 환율을 매긴다. 이렇게 환율을 표현하는 것을 **직접 시세**(direct quotation)라고 한다. **간접 시세**(indirect quotation)는 국내 통화 단위당 외화 단위로 환율을 나타낸다.

실제로 금융 뉴스에서 환율을 보도할 때 직간접 시세가 뒤섞인 관행이 있다. 예를 들어 미국 달러와 일본 엔화 사이의 환율은 대부분 달러당 엔으로, 유로화와 달러의 환율은 유

	미국 달러	유로	파운드	스위스 프랑	페소	엔	캐나다 달러
캐나다	1.38	1.55	1.77	1.47	0.06	0.01	⋯
일본	104.35	117.68	133.96	111.22	4.87	⋯	75.73
멕시코	21.45	24.19	27.53	22.86	⋯	0.2	15.56
스위스	0.94	1.06	1.2	⋯	0.04	0.01	0.68
영국	0.78	0.88	⋯	0.83	0.04	0.01	0.56
유로존	0.89	⋯	1.14	0.95	0.04	0.01	0.64
미국	⋯	1.13	1.28	1.07	0.05	0.01	0.73

표 8.1 외환 교차 환율

환율은 외화 단위당 미국 달러 또는 미국 달러당 외화 단위로 표시할 수 있다. 행을 가로질러 읽으면 직접 시세를 볼 수 있고 열을 아래로 읽으면 간접 시세를 볼 수 있다. 예를 들어, 미국 행의 세 번째 항목은 이날 환율이 파운드(£)당 $1.28임을 보여준다. 미국 달러 열의 다섯 번째 항목은 달러당 0.78파운드로 표시된 동일한 환율을 보여준다.

출처: "Key Cross Currency Rates," *Wall Street Journal*, March 11, 2020.

로당 달러, 영국 파운드화와 달러의 환율은 파운드당 달러로 보고된다. 많은 금융 뉴스 매체는 2020년 3월 하루 동안 직접 및 간접 시세를 제공하는 표 8.1과 같은 외환 "교차 환율" 표를 제공한다. 행을 가로질러 읽으면, 우리는 직접 시세를 볼 수 있고, 열을 아래로 읽으면, 간접 시세를 볼 수 있다. 예를 들어, 미국 행의 세 번째 항목은 이날 환율이 파운드(£)당 $1.28임을 보여준다. 미국 달러 열의 마지막 항목은 달러당 0.78파운드로 표시된 동일한 환율을 보여준다.

그림 8.1은 2006년 이후 미국 달러와 엔화, 캐나다 달러화, 유로화 사이의 환율 변동을 보여준다. 일관성을 위해 세로축에 각각 외화 한 단위를 사는 데 필요한 미국 달러를 표시한다. 이 수치가 크면 클수록 달러 통화 가치의 절하, 다른 통화 가치의 절상을 나타낸다. 왜냐하면 외화 한 단위를 사는데 더 많은 달러가 필요하기 때문이다. 이 그래프는 각 통화에 대한 달러 가치의 상당한 변동을 보여준다. 8.2절과 8.3절에서는 환율 변동을 초래하는 요인을 살펴볼 것이다.

명목환율 대 실질환율

실질환율
한 나라의 상품과 서비스가 다른 나라의 상품과 서비스와 교환될 수 있는 비율

명목환율은 미국 달러와 교환하여 받을 수 있는 엔화, 유로화, 캐나다 달러를 알려주지만, 미국 달러로 어느 정도의 재화와 서비스를 구매할 수 있는지는 알려주지 않는다. 두 국가 통화의 상대적 구매력에 관심이 있을 때, 우리는 한 국가의 재화와 서비스가 다른 국가의 재화 및 서비스와 교환될 수 있는 비율을 측정하는 **실질환율**(real exchange rate)을 이용한다. 단순화를 위해 단일 재화로 맥도널드 빅맥을 이용해 실질환율을 고려해보자. 두 나라의 빅맥 가격이 주어졌을 때, 빅맥을 구입하는데 미국 달러와 영국 파운드가 얼마나 필요한지 알고 싶다고 가정한다. 뉴욕의 빅맥 가격이 $4.50이고, 런던의 빅맥 가격이 5.00파운드이며, 달러와 파운드의 명목환율은 $1.25 = 1파운드이다. 이 경우 런던 빅맥의 파운드 가격을 명목환율을 곱하여 달러 가격으로 변환할 수 있다(5.00파운드 × $1.25/파운드 = $6.25). 따라서 미국 빅맥은 런던에서 $4.50/$6.25 = 0.72 빅맥으로 교환할 수 있다.

위의 계산 결과를 빅맥에 대한 달러와 파운드화 간의 실질환율로 표현한 식으로 요약할 수 있다.

$$\text{빅맥 실질환율} = \frac{\text{뉴욕 빅맥의 달러가격}}{\text{런던 빅맥의 파운드가격} \times \text{파운드당 달러환율(명목환율)}}$$

물론 우리는 단일 재화의 실질환율에 대해 크게 관심을 갖지 않는다. 그러나 특정재화의 가격 대신 국가별 소비자물가지수를 대입하여 두 통화 사이의 실질환율을 결정할 수 있다. 소비자물가지수는 일반적인 소비자가 구매한 모든 재화와 서비스의 평균값을 나타내며, 한 국가의 물가수준을 나타낸다. 이를 대입하면 명목환율과 각 국가의 물가수준에 대해서 다음과 같이 실질환율식을 얻을 수 있다.

$$\text{달러와 파운드 사이의 실질환율} = \frac{\text{미국 소비자물가지수}}{\text{영국 물가지수} \times \text{파운드당 달러환율(명목환율)}}$$

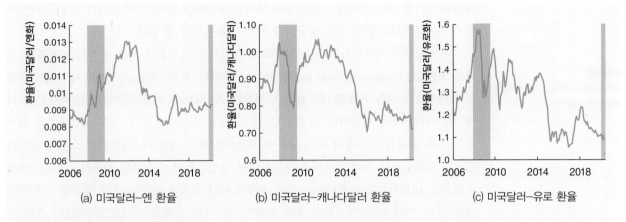

그림 8.1 2006~2020년 환율 변동

패널은 미국 달러와 엔, 캐나다 달러, 그리고 유로 사이의 환율 변동을 보여준다. 세로축의 환율을 외화 1단위당 달러로 측정하기 때문에 환율의 상승은 달러의 평가절하와 다른 통화의 평가 절상을 의미한다.

출처: Federal Reserve Bank of St. Louis.

우리는 기호를 사용해서 명목환율과 실질환율 사이의 관계를 보여주는 보다 일반적인 식으로 표현할 수 있다.

$$e = E \times \left(\frac{P^{\text{Domestic}}}{P^{\text{Foreign}}} \right)$$

여기서, E = 명목환율, 국내 통화 단위당 외화 단위로 표시

$\quad\quad\quad e$ = 실질환율

$\quad P^{\text{Domestic}}$ = 국내물가수준

$\quad P^{\text{Foreign}}$ = 해외물가수준

예를 들어, 영국 파운드화와 미국 달러 사이의 실질환율이 2라면, 이 값은 미국에서 생산된 평균적인 재화나 서비스를 영국에서 생산된 평균적인 재화나 서비스 2개로 교환할 수 있음을 나타낼 것이다. 즉, 평균적으로 미국의 재화와 서비스는 영국의 재화와 서비스에 비해 비쌀 것이다. 실질환율이 1 미만이면 미국의 재화와 서비스는 영국의 재화와 서비스보다 저렴할 것이다.

외환시장

개인 소비자나 투자자는 환율을 이용하여 한 통화를 다른 통화로 교환할 수 있다. 만약 사업상, 학교에 다니기 위해, 또는 방학에 다른 나라로 여행을 간다면, 미국 달러를 캐나다 달러, 일본 엔화, 중국 위안화, 유로화 또는 영국 파운드화 등 현지 통화로 교환해야 한다. 이들 화폐에 비해 달러 가치가 오르면 여행 중 다른 화폐를 더 많이 교환할 수 있어 더 비싼 식당에서 식사를 즐기거나 더 많은 기념품을 구입할 수 있다. 마찬가지로 해외의 주식이나

채권을 사려면 미국 달러를 적절한 현지 통화로 교환해야 한다. 만약 달러가 절상된다면, 더 많은 캐나다, 일본, 중국, 또는 영국의 주식이나 채권을 살 수 있다.

다른 물가와 마찬가지로 환율은 수요와 공급의 상호작용에 의해 결정된다. 통화는 전 세계 **외환시장**(foreign exchange markets)에서 거래된다. 북미, 유럽, 아시아의 대형 상업은행의 트레이더가 외환 거래의 대부분을 수행한다. NASDAQ 주식시장처럼 외환시장은 물리적 장소라기보다는 컴퓨터로 연결된 딜러로 구성된 장외시장이다. 대형 상업은행은 언제든지 주요 통화를 사고팔려 하기 때문에 **시장조성자**라고 불린다. 대부분의 소규모 은행과 기업은 외환시장에 직접 진출하기보다는 대형 상업은행에 수수료를 지불하고 외환거래를 수행한다. 대표적으로 트레이더는 통화 자체가 아닌 통화로 표시된 은행 예금을 사고판다. 예를 들어, 뱅크오브아메리카의 통화 트레이더는 파리 은행의 뱅크오브아메리카 소유 계좌에 있는 유로를 도쿄에 있는 도이치뱅크(Deutsche Bank) 소유 계좌에 보유하고 있는 엔으로 거래함으로써 유로를 엔으로 교환할 수 있다. 대부분의 외환 거래는 런던, 뉴욕, 도쿄에 위치한 상업은행들 사이에서 이루어지며 홍콩, 싱가포르, 취리히에 2차 센터가 있다.

미국 밖의 은행에 예치된 달러를 **유로달러**(Eurodollar)라고 하고, 유로달러가 거래되는 시장을 **유로달러 시장**(Eurodollar market)이라고 한다. 원래 유로달러는 유럽 은행의 달러 예금만을 지칭했다. 그러나 오늘날 이 용어는 미국 밖의 모든 은행에 예치된 예금을 의미한다. 유로달러 시장은 1950년대에 두 가지 주요 목적을 위해 발전했다. 첫째, 1940년대 후반과 1950년대 초반에 대부분의 서유럽 국가에는 **자본통제**(capital control)가 있었다. 이러한 자본통제를 회피하는 한 가지 방법은 유럽의 은행이 유럽의 통화와 달리 자유롭게 거래할 수 있는 달러 예금을 고객에게 제공하는 것이었다. 둘째, 1940년대 후반부터 1990년대 초반까지 미국과 소련은 냉전을 벌였다. 정치적 적대감에도 불구하고 소비에트 연방은 석유를 포함하여 달러로 가격이 매겨진 상품을 구매하기 위해 달러에 대한 접근이 필요했다. 소련 정부는 냉전이 가열될 경우 미국 정부가 자금을 압류할 수 있기 때문에 미국 은행에 예금을 유지하는 것이 위험하다고 생각했다. 이에 소련은 유럽의 은행이 소련의 달러 예금을 보유할 수 있도록 설득했다. 오늘날 미국 은행은 외국 은행에 달러 예금을 보유함으로써 다국적 미국 기업의 요구에 더 잘 부응할 수 있다는 사실을 알게 되었다. 실제로 해외에서 모은 유로달러는 미국 은행의 중요한 자금원이 되었다.

하루 거래액이 수조 달러에 달해 외환시장은 세계에서 가장 큰 금융시장이다. 상업은행 외에도 펀드매니저와 연방준비제도 등 중앙은행은 외환시장의 주요 참여자다. 참가자들은 미국 달러, 엔화, 파운드화, 위안화, 유로화와 같은 화폐를 24시간 거래한다. 가장 거래량이 많은 시간은 런던과 뉴욕 금융시장이 모두 거래할 수 있는 오전 동부 해안 시간이다. 하지만 어디선가 거래는 항상 이루어지고 있다. 뉴욕의 한 환전상은 한밤중에 달러나 다른 통화를 사고팔아야만 하는 뉴스가 담긴 문자를 받을지도 모른다.

외환시장
국제 통화가 거래되고 환율이 결정되는 장외 시장

8.2 장기적 환율

학습목표: 구매력평가이론을 이용하여 장기적으로 환율이 어떻게 결정되는지 설명한다.

앞서 환율에 상당한 변동이 있을 수 있다는 것을 보았다. 지금부터는 환율이 변동하는 이유를 살펴보자.

일물일가의 법칙과 구매력평가이론

먼저 장기적으로 환율을 결정하는 요인이 무엇인지 설명하는 것으로 분석을 시작한다. 첫째, 우리는 동일한 제품이 어디에서나 같은 가격에 팔려야 한다는 **일물일가의 법칙**(law of one price)이라는 기본적인 경제이론을 고려한다. 일물일가의 법칙이 왜 성립되어야 하는지를 보기 위해 다음 예를 살펴보자. 휴스턴 상점에서는 아이폰이 $799에 판매되고 보스턴 상점에서는 $699에 판매되고 있다고 가정해보자. 보스턴에 사는 사람이라면 누구나 $699에 아이폰을 구입해 휴스턴에서 $799에 재판매할 수 있다. 3장에서 살펴본 것처럼, 유사한 증권의 수익률이 서로 다를 때 차익거래 기회 때문에 수익률이 같아질 때까지 증권의 가격이 변한다. 휴스턴과 보스턴의 아이폰 가격 격차는 보스턴에서 아이폰을 사서 휴스턴에서 더 높은 가격에 되팔면 얻을 수 있는 차익거래 이익을 창출한다. 보스턴에서 $699에 구매할 수 있는 아이폰의 수에 제한이 없다면 휴스턴에서 재판매되는 아이폰의 공급 증가로 가격이 $699까지 내려갈 때까지 차익거래 과정이 계속된다.

일물일가의 법칙은 한 국가 내에서 거래되는 재화뿐만 아니라 국제적으로 거래되는 재화에도 적용된다. 국제무역에서 일물일가의 법칙은 환율이 다른 통화의 구매력을 균등하게 하기 위해 움직인다고 주장하는 **구매력평가**(purchasing power parity, PPP)이론의 기초가 된다. 즉, 장기적으로 환율은 어느 국가의 화폐로도 같은 양의 재화와 서비스를 살 수 있는 수준이어야 한다는 것이다.

간단한 예를 들어보자. 2리터짜리 코카콜라 한 병을 뉴욕에서 $1.50, 런던에서 1파운드에 살 수 있다면, 구매력평가 이론은 달러와 파운드의 환율이 $1.50 = 1파운드가 되어야 한다고 말한다. 환율이 PPP에서 제시한 값이 아니라면 차익거래가 가능하다. 뉴욕에서는 콜라 한 병을 $1.50, 런던에서는 1파운드에 살 수 있지만 달러와 파운드 사이의 환율이 $1 = 1파운드라고 가정해보자. $1천만를 1천만 파운드로 교환하고 런던에서 콜라를 1천만 병 사서 뉴욕으로 보내면 $1천 5백만에 팔 수 있다. 그 결과 $5백만의 차익(배송 비용 제외)이 발생한다. 만약 달러-파운드 환율이 콜라뿐만 아니라 많은 제품에 대한 구매력평가치를 반영하지 못한다면, 다른 많은 제품에도 이러한 과정을 반복하여 차익거래를 통한 이득을 얻을 수 있다. 그러나 실제로는 달러를 파운드로 교환하여 이러한 차익거래 이익을 얻으려고 시도함에 따라 파운드의 수요가 증가하여 파운드화 가치가 PPP 환율 $1.50 = 1파운드에 도달할 때까지 달러 가치가 상승하게 된다. 환율이 두 통화의 구매력을 반영하면 차익거래 기회가 없어진다. PPP 환율로 미국의 콜라 1병을 런던에서 콜라 1병으로 교환할 수 있기 때문에 실질환율은 1이 된다.

방금 사용한 논리는 장기적으로 명목환율이 다른 통화의 구매력을 균등하게 하기 위해 조정된다는 것을 의미한다. 즉, 장기적으로 실질환율은 1이 되어야 한다(실질환율이 1일 때, 미국의 상품과 서비스를 영국의 동일한 양의 상품과 서비스로 교환할 수 있다는 8.1절의 내용을 참고한다). 장기적으로 외환시장에서 통화를 사고팔아 수익기회를 추구하는 개인은 명목환율이 조정되어 실질환율은 1이 되고 구매력평가가 유지되도록 한다. 이 논리가 설득력 있어 보일지 모르지만, 다음 절에서 논의할 내용처럼 이러한 논리에는 결점이 있다.

PPP의 단점을 논의하기 전에, PPP 이론은 장기적인 환율의 움직임에 대한 예측으로 이어진다는 점에 주목할 수 있다. 한 국가의 인플레이션율이 다른 국가보다 높으면 인플레이션이 높은 국가의 통화는 상대적으로 낮은 인플레이션 국가의 통화와 비교해서 평가절하된다. 그 이유를 알아보기 위해서 실질환율에 대한 표현을 다시 살펴보자.

$$e = E \times \left(\frac{p^{\text{Domestic}}}{p^{\text{Foreign}}} \right)$$

우리는 변수들이 함께 곱해진 식은 해당 변수의 백분율 변화를 더한 식과 거의 같다는 편리한 수학적 규칙을 사용할 수 있다. 이와 마찬가지로 우리는 백분율 변화를 빼서 두 변수의 나눗셈을 근사할 수 있다. 물가수준의 백분율 변화는 인플레이션율과 동일하다.

만약 $\pi^{Domestic}$이 국내 인플레이션 비율을 나타내고, $\pi^{Foreign}$이 해외 인플레이션 비율을 나타낸다면, 우리는 다음 식을 얻을 수 있다.

실질환율(e)의 %변화율 = 명목환율(E)의 %변화율 + $\pi^{Domestic} - \pi^{Foreign}$

구매력평가이론이 맞다면 장기적으로 실질환율(e)은 1이다. 만약 실질환율이 1로 일정하다면, 퍼센트 변화는 0이므로 다음과 같이 다시 쓸 수 있다.

명목환율(E)의 %변화율 = $\pi^{Foreign} - \pi^{Domestic}$

마지막 방정식은 명목환율의 백분율 변화가 해외 물가상승률과 국내 물가상승률의 차이와 같다는 것을 말해준다. 예를 들어, 영국의 인플레이션율이 미국의 인플레이션율보다 높다면, 우리는 시간이 지남에 따라 1파운드를 환전하는 데 필요한 달러가 줄어들 것이라고 예상할 것이다. 실제로 PPP 이론의 이러한 예측은 정확하다. 지난 수십 년 동안 미국 달러 가치는 멕시코와 같이 물가상승률이 높았던 나라들의 통화에 비해 상승했고, 일본 등 물가상승률이 낮았던 나라의 통화에 비해 하락했다.

PPP는 완전한 환율 이론인가?

PPP 이론은 일반적으로 장기적인 환율의 움직임을 정확하게 예측하지만, 단기적인 예측력은 좋지 않다. 구매력평가가 환율에 대한 완전한 이론이 되지 못하는 세 가지 현실적인 문제는 다음과 같다.

1. **모든 상품이 국제적으로 거래될 수 있는 것은 아니다.** 상품이 국제적으로 거래될 경우 환율이 PPP를 반영하지 않을 때마다 차익거래를 할 수 있다. 그러나 대부분의 국가에서 생산된 상품과 서비스의 절반 이상이 국제적으로 거래되지 않는다. 상품이 국제적으로 거래되지 않을 때, 차익거래를 통해 상품의 가격을 동일하게 할 수 없다. 예를 들어, 환율이 $1 = 1유로이지만, 치아 클리닝 비용이 베를린에 비해 시카고에서 두 배나 높다고 가정해보자. 이 경우, 독일의 저가 서비스를 미국에 재판매할 방법이 없고, 시카고 사람들은 치아 클리닝을 위해 베를린으로 비행기를 타고 가지 않을 것이다. 많은 재화와 용역이 국제적으로 거래되지 않기 때문에, 환율은 통화의 상대적 구매력을 정확히 반영하지 못한다.

2. **제품은 차별화된다.** 우리는 같은 제품이 전 세계적으로 같은 가격에 팔릴 것으로 예상하지만, 만약 두 제품이 비슷하지만 동일하지 않다면 가격이 다를 수 있다. 따라서 석유, 밀, 알루미늄, 그리고 몇몇 상품은 본질적으로 동일하지만, 자동차, 텔레비전, 의류, 그리고 많은 다른 상품들은 차별화되어 있기 때문에 우리는 이 상품이 장소와 무관하게 같은 가격을 갖기를 기대할 수 없다. 즉, 차별화된 제품에는 일물일가의 법칙이 적용되지 않는다.

3. **정부는 무역 장벽을 세운다.** 대부분 나라의 정부는 수입품에 **관세**와 **쿼터**를 부과한다. **관세**(tariff)는 정부가 수입품에 부과하는 세금이다. **쿼터**(quota)는 수입할 수 있는 상품의 규모에 정부가 부과하는 제재이다. 관세와 쿼터의 효과는 상품의 국내 가격을 국제 가격 이상으로 올리는 것이다. 예를 들어, 미국 정부는 설탕 수입에 쿼터를 부과하여, 미국의 설탕 가격은 다른 나라의 설탕 가격의 2~3배이다. 쿼터로 인해, 누군가가 가격이 낮은 외국 설탕을 사들여 미국에서 되팔 수 있는 법적 방법이 없다. 따라서 일물일가의 법칙은 관세와 쿼터를 적용받는 상품에는 적용되지 않는다.

관세
정부가 수입품에 부과하는 세금

쿼터
정부가 수입할 수 있는 상품의 수량에 부과하는 제한

예제 8.2

빅맥은 어디에서나 동일한 가격이어야 하나?

이코노미스트지는 전 세계 국가의 맥도널드 빅맥 햄버거 가격을 추적한다. 다음 표는 미국과 다른 6개국의 빅맥 가격과 각 나라의 통화와 미국 달러 사이의 환율을 보여준다.

a. 표의 수치가 구매력평가이론과 일치하는지 설명하시오.

b. (a)의 답이 빅맥 시장에 차익거래 이익이 존재한다는 것을 의미하는지 설명하시오.

국가	빅맥 가격	환율
미국	5.67달러	–
일본	390엔	110.04
멕시코	50페소	18.82
영국	3.39파운드	0.77
중국	21.50위안	6.89
러시아	135루블	61.43
노르웨이	53크로네	8.88

출처: "The Economist Big Mac Index," *Economist*, January 15, 2020.

문제풀이

1 단계 **이 장의 내용을 복습한다.** 이 문제는 구매력평가이론에 관한 것이므로, "일물일가의 법칙과 구매력평가이론" 그리고 "PPP는 완전한 환율 이론인가?" 절을 검토해 보는 것이 좋다.

2 단계 **구매력평가이론이 빅맥에 적용되는지 여부를 판단하여 (a)에 답한다.** 구매력평가이론 이 빅맥에 적용된다면, 국내 통화 가격을 달러로 환산하기 위해 환율을 사용할 때 모든 국가에서 빅맥 가격은 $5.67로 동일해야 한다. 예를 들어, 일본에서 빅맥의 가격은 390엔이고, 이 가격을 달러당 엔화로 나누어 달러로 환산할 수 있다(390엔/ (110.04엔/$) = $3.54). 이러한 방식으로 다음과 같은 표를 구성할 수 있다.

국가	국가별 가격	빅맥의 달러 가격
일본	390엔	$3.54
멕시코	50페소	$2.66
영국	3.39파운드	$4.40
중국	21.50위안	$3.12
러시아	135루블	$2.20
노르웨이	53크로네	$5.97

노르웨이 빅맥의 달러 가격이 미국 빅맥 가격에 상당히 근접한 반면 나머지 5개 국 빅맥의 달러 가격은 미국 가격과 크게 차이가 난다는 것을 보여준다. 따라서 일 물일가의 법칙, 즉 구매력평가이론은 빅맥에 적용되지 않는다는 결론을 내릴 수 있다.

3 단계 **(b)에 빅맥 시장에 차익거래 이익이 존재하는지 설명하여 답한다.** 일물일가 법칙이 적 용되지 않으면 차익거래가 가능하기 때문에 우리는 일물일가 법칙이 유지될 것으 로 예상할 수 있다. 하지만 베이징에서 저가 빅맥을 구입해 시애틀로 배송하거나 모스크바에서 저가 빅맥을 구입해 런던으로 배송하는 방식으로는 차익거래 수익 을 낼 수 없다. 빅맥은 목적지에 도착했을 때 차갑고 눅눅해질 것이다. 이번 절에서 논의했듯이 구매력평가이론이 환율에 대한 완전한 설명을 제공하지 못하는 한 가 지 이유는 빅맥과 같은 많은 상품이 국제적으로 거래될 수 없기 때문이다.

8.3 환율의 단기 변동에 대한 수요 공급 모형

학습목표: 수요 및 공급 모형을 이용하여 단기적으로 환율이 어떻게 결정되는지 설명한다.

그림 8.1에서 보았듯이 환율은 크게 변동한다. 실제로 며칠에 걸쳐 환율이 몇 %p씩 변동하는 것은 드문 일이 아니다. 예를 들어, 2020년 3월 동안 투자자는 코로나19 팬데믹으로 가장 큰 영향을 받을 수 있는 국가를 파악하기 위해 노력했고 환율은 크게 변동했다. 2020년 3월 첫 3주 동안 미국 달러 가치는 8% 이상 상승했다. 그리고 3월 23일부터 3월 26일까지, 단 3일 만에 달러 가치는 3% 하락한 후 다음 주에 다시 2% 상승했다. 통화의 구매력은 이 짧은 기간 동안 아주 약간만 변한다. 따라서 단기 환율 변동의 크기는 구매력평가이론이 환율에 대한 완전한 설명을 제공할 수 없다는 또 다른 증거를 보여준다.

환율에 대한 수요 공급 모형

경제학자는 수요와 공급 모형을 이용하여 시장 가격이 어떻게 결정되는지 분석한다. 환율은 국내통화로 환산한 외화의 가격이기 때문에 단기적으로 환율에 영향을 미치는 가장 중요한 요인을 수요와 공급을 이용하여 분석할 수 있다. 여기서는 단기간 미국, 캐나다, 일본, 중국 등 연간 인플레이션율이 낮은 국가의 통화를 분석하고 있으므로 가격 수준은 일정하다고 가정하는 것이 합리적이다. 앞서 실질환율 대비 명목환율의 변화에 영향을 주는 유일한 요인이 두 나라의 물가수준이라는 것을 보았다. 따라서 물가수준이 일정하다고 가계함으로써 환율에 대한 수요와 공급 모형은 균형 명목환율과 균형 실질환율 모두를 결정할 것이다.

미국 달러에 대한 수요는 미국 이외 나라의 가계와 기업에서 미국 상품과 미국 금융자산에 대한 수요를 나타낸다. 예를 들어, 애플 아이폰을 수입하려는 일본 전자제품 매장은 아이폰을 구입하기 위해 엔화를 달러로 교환해야 한다. 환율이 낮을수록 외화를 달러로 변환하는 비용이 저렴하고 달러 수요량이 많기 때문에 달러 수요량이 환율에 따라 좌우되는 것이 논리적이다. 예를 들어, 100엔 = $1일 때보다 80엔 = $1의 환율에서 수요되는 달러의 양이 더 많다. 그림 8.2에서 세로축은 환율을 나타낸다. 이 경우 환율은 달러당 엔화이지만 우리는 임의의 두 통화 간의 환율을 사용할 수 있다. 가로축은 엔화로 교환되는 달러의 양을 측정한다. 엔화와 교환되는 달러의 수요곡선은 환율이 하락해서 미국 상품 및 미국의 금융자산의 엔화 가격이 상대적으로 저렴해짐에 따라 달러 수요량이 증가하기 때문에 우하향한다.

엔화와 교환되는 달러의 공급은 가계와 달러를 소유한 기업이 이를 엔화로 교환하려는 의지에 따라 결정된다. 미국 가계와 기업은 일본 상품과 일본의 금융자산을 구매하기 위해 달러를 엔화로 교환해야 한다. 미국 가계나 기업이 달러당 교환되는 엔화가 많을수록 일본 상품과 일본 금융자산의 달러 가격은 더 낮아질 것이기 때문에 공급되는 달러의 양이 환율에 따라 좌우되는 것은 합당하다. 따라서 환율이 높을수록 가계나 기업이 달러와 교환하여

그림 8.2 외환의 수요와 공급

환율이 낮을수록 외화를 달러로 바꾸는 비용이 저렴해지고 달러 수요량이 많아지므로 엔화에 대한 달러의 수요곡선은 우하향한다. 한편 환율이 높을수록 가계나 기업이 달러와 교환하여 받는 엔화가 많아지고 공급되는 달러의 양이 많아진다. 엔화와 교환되는 달러의 공급곡선은 환율이 상승함에 따라 공급되는 달러의 양이 증가하기 때문에 우상향한다.

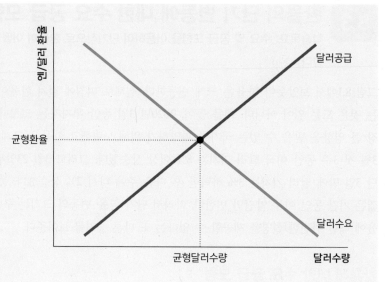

받는 엔화가 많아지고 공급되는 달러의 양이 많아진다. 그림 8.2에서 엔화에 대한 달러의 공급곡선은 환율이 상승함에 따라 공급되는 달러의 양이 증가하기 때문에 우상향한다.

외환의 수요와 공급의 이동

여기서는 가계와 기업이 달러를 수요하거나 공급하려는 의지에 영향을 미칠 **환율 이외의 모든 요인을 일정하게 유지하여** 수요 및 공급곡선을 그린다고 가정한다. 환율의 변화는 수요 또는 공급곡선을 따라 움직이지만(수요 또는 공급된 달러의 양의 변화), 수요곡선 또는 공급곡선을 이동시키지는 않는다. 다만, 환율 이외의 다른 요인의 변화는 수요곡선 또는 공급곡선을 이동시킨다.

일본 가계와 기업이 미국 상품이나 미국 자산을 구매하려는 의사를 높이는 것이 무엇이든 달러 수요곡선을 오른쪽으로 이동시킨다. 예를 들어, 그림 8.3의 (a)는 일본 소비자가 미국 기업이 판매하는 스마트폰에 대한 수요를 증가시키는 효과를 보여준다. 일본 소매점에서 이러한 스마트폰에 대한 주문이 증가함에 따라 엔화 대신 달러에 대한 수요를 늘려야 한다. 그림은 달러에 대한 수요곡선이 오른쪽으로 이동하여 균형환율이 80엔 = \$1에서 85엔 = \$1로 증가하고, 거래되는 달러의 균형 수량은 달러$_1$에서 달러$_2$로 증가함을 보여준다. (b)는 미국 소비자가 소니 텔레비전에 대한 수요를 증가시키는 효과를 보여준다. 미국 소매점에서 소니 텔레비전에 대한 주문이 증가함에 따라 엔화와 교환하여 더 많은 달러를 공급해야 한다. 이 그림은 엔화와 교환되는 달러의 공급곡선이 오른쪽으로 이동하여 균형환율이 80엔 = \$1에서 75엔 = \$1로 감소하고, 거래되는 달러의 균형 수량은 달러$_1$에서 달러$_2$로 증가함을 보여준다.

1960년대까지 환율의 단기적 변화는 주로 위에서 논의한 요인들, 즉 수입과 수출을 하는데 자금 조달을 위한 외화의 수요와 공급의 변화에 의해 주도되었다. 다르게 말하면, 금

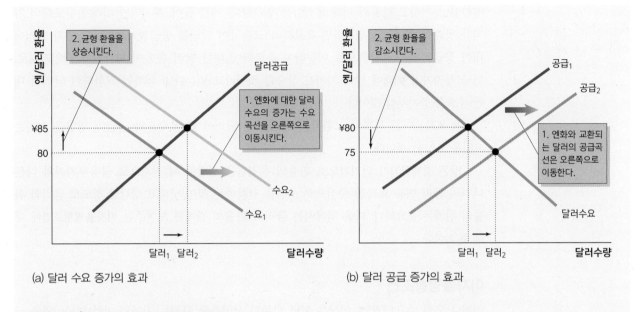

(a) 달러 수요 증가의 효과   (b) 달러 공급 증가의 효과

그림 8.3 달러 수요와 공급 변화의 영향

(a)는 엔화에 대한 달러 수요 증가의 효과를 보여준다. 달러에 대한 수요곡선은 오른쪽으로 이동하여 균형환율은 80엔=$1에서 85엔=$1로 증가하고, 거래되는 달러의 균형 수량은 달러1에서 달러2로 증가한다.

(b)는 엔화와 교환하여 달러 공급이 증가하는 효과를 보여준다. 엔과 교환되는 달러의 공급곡선은 오른쪽으로 이동하여 균형환율은 80엔=$1에서 75엔=$1로 감소하고, 거래되는 달러의 균형 수량은 달러1에서 달러2로 증가한다.

융증권의 국가 간 흐름보다 단기적으로는 상품교역이 더 중요했다. 상대적으로 소수의 미국 투자자가 유럽 또는 일본 주식과 채권을 사고팔았고, 유럽이나 일본 투자자가 미국 주식과 채권을 사고팔았다. 그러나 오늘날 단기적으로는 금융거래에 따른 외화의 수요와 공급이 상품교역에 따른 외화의 수요와 공급보다 훨씬 더 중요하다. 따라서 금리의 변화는 통화의 수요곡선과 공급곡선을 이동시키는 주요 요인이다. 예를 들어, 미국 금리가 일본 금리에 비해 상승하면 외국 투자자는 미국 금융자산을 구매하기 위해 자국 통화를 달러로 교환하기 때문에 미국 달러에 대한 수요가 증가한다. 수요곡선이 오른쪽으로 이동하면 균형환율이 높아진다. 미국 금리에 비해 일본 금리가 상승하면 미국 투자자가 일본 금융자산을 사기 위해 달러를 엔화로 교환하기 때문에 달러의 공급곡선은 오른쪽으로 이동한다. 공급곡선이 오른쪽으로 이동하면 균형환율이 낮아진다.

마찬가지로 외국 증권과 비교해서 금리를 제외한 미국 금융증권의 다른 특성이 변하면 달러 수요가 이동한다. 예를 들어, 투자자들이 특정 외국 정부 채권의 채무불이행 가능성이 증가했다고 생각하면 투자자는 외국 채권을 매도하고 미국 채권을 사면서 달러의 수요곡선은 오른쪽으로 이동한다. 투자자가 외국 채권이 더 유동적이라고 믿는다면 외국 채권을 사기 위해 달러를 외화로 교환함에 따라 달러의 공급곡선은 오른쪽으로 이동할 것이다.

마지막으로 금융시장의 일부 참여자들은 통화의 수요와 공급에 영향을 미치는 요인의 영향을 분석하고 환율의 미래 움직임을 추측한다. 예를 들어, 투자자가 미래에 유로화의 가치가 상승할 것이라고 믿는다면 유로화와 교환하여 달러를 공급할 것이다. 그 결과 달러에 대한 공급곡선이 오른쪽으로 이동하여 유로화에 대한 달러 환율이 하락한다. 마찬가지로, 외국 투자자가 미래에 달러 가치가 상승할 것이라고 믿는다면 외화와 교환하여 달러에 대한 수요를 증가시킬 것이다.

표 8.2는 다른 통화와 교환하는 데 필요한 달러에 대한 수요와 공급에 영향을 미치는 요인을 요약한 것이다.

많은 경제학자가 단기적으로 환율의 움직임을 설명할 때 전적으로 금융투자자와 다른 나라의 금리 변동 효과를 중심으로 초점을 전환하는 것이 낫다고 생각할 정도로 금리와 환율의 관계는 중요하다. 다음 절에서는 금리와 환율의 관계를 보여주는 **이자율평형조건**에 대해 논의한다.

이자율평형조건

언제나 외환 수요의 95% 이상은 외국 상품과 서비스를 사려는 가계와 기업보다는 외국 금융자산을 사려는 투자자로부터 나온다. 금융투자를 목적으로 한 엄청난 외환수요는 최근 수십 년간 **국제자본이동**(international capital mobility) 증가의 중요성을 반영한다. 많은 나라의 정책입안자들은 한때 국경을 넘어 금융투자를 방해했던 규제를 없앴다. 인터넷은 한 나라의 투자자가 다른 나라의 회사에 대한 정보를 쉽게 접할 수 있게 해준다. 또한 인터넷은 투자자가 외국 금융회사, 특히 중개 회사와 접촉하여 외국 회사에 투자하기 쉽게 한다. 이번 절에서는 환율 결정을 위한 국제자본이동의 영향을 살펴본다.

1년 만기 국채에 $10,000를 투자하려고 한다고 가정해보자. 현재 미국 1년 만기 국채의 금리가 1%인 반면, 일본 1년 만기 국채의 금리는 3%이다. 예를 간단히 하기 위해 두 채권이 이자율을 제외하고 나머지는 동일한 것으로 가정하자. 즉, 동일한 채무불이행 위험, 유동성, 정보비용 및 기타 특성을 가지고 있다. 당신은 어떤 채권을 매수해야 할까? 3%가 1%보다 크므로 일본 국채를 매수해야 한다. 다만 일본 국채를 매입하려면 달러를 엔화로 환전해야 하므로 환율 변동으로 인해 투자자나 기업은 손실을 볼 수 있다. 당신의 자금이 일본 국채에 투자되는 동안 엔화 가치는 달러에 비해 하락할 수 있다.

이어서 미국 국채를 사면 1년 후에 $10,100(= $10,000 × 1.01)를 벌게 된다. 환율이 100엔 = $1라고 가정하면 일본 국채를 매수하는 경우, $10,000를 1,000,000엔(= $10,000 × 100엔/$)으로 교환해야 한다. 일본 국채에 투자하면 1년 후 1,030,000엔(= 1,000,000엔 × 1.03)이 된다. 환율이 여전히 100엔 = $1이면 엔화를 달러로 다시 변환하여 $10,300(= 1,030,000엔/(100엔/$))를 얻을 수 있다. 따라서 일본 국채에 투자하는 것이 분명히 더 좋다. 그러나 1년 동안 엔화 가치가 4% 하락하여 104엔 = $1가 되면 어떻게 될까? (이는 달러 가치가 4% 상승한 것과 같다.) 이 경우, 일본 국채에 투자해 버는 1,030,000엔이 단돈 $9,903.85로 교환되므로 미국 국채에 투자하는 편이 나았을 것이다.

3장 3.4절에서 처음 논의했듯이, 경제학자는 금융시장에서 이용할 수 있는 차익거래 이

표 8.2 외화교환에 대한 달러 수요와 공급을 이동시키는 요인

모든 조건이 같을 때 다음이 증가하면,	결과	원인	외환시장의 균형에 미치는 영향에 대한 그래프
미국 상품에 대한 해외 수요	달러 수요 증가	외국 기업이 미국산 수입품을 구매하려면 달러를 필요로 한다.	환율 / D_1 D_2 S / Q
외국 금리 대비 미국 금리	달러 수요 증가	외국 투자자는 미국 금융증권을 매수하기 위해 달러를 필요로 한다.	환율 / D_1 D_2 S / Q
미국 금융증권의 바람직한 특성	달러 수요 증가	외국 투자자는 미국 금융증권을 매수하기 위해 달러를 필요로 한다.	환율 / D_1 D_2 S / Q
외국 상품에 대한 미국 수요	달러 공급 증가	미국 기업은 해외 수출품을 구매하기 위해 외화를 필요로 한다.	환율 / D S_1 S_2 / Q
미국 금리 대비 외국 금리	달러 공급 증가	미국 투자자는 외국 금융증권을 매수하기 위해 외화를 필요로 한다.	환율 / D S_1 S_2 / Q
외국 금융증권의 바람직한 특성	달러 공급 증가	미국 투자자는 외국 금융증권을 매수하기 위해 외화를 필요로 한다.	환율 / D S_1 S_2 / Q

익이 없다고 가정한다. 이러한 가계는 1% 금리의 미국 채권, 3% 금리의 일본 채권이 있고, 엔화 가치가 4% 절하(또는 달러 가치의 4% 절상)될 때도 성립할까? 투자자는 일본 투자보다 미국 투자에서 훨씬 더 높은 수익을 기대할 것이기 때문에 이러한 가정은 위에서 성립하지 않는다. 이러한 수익률의 차이는 투자자로 하여금 미국 국채를 사게 하여 가격을 올리고

이자율을 내리게 하고, 투자자는 일본 국채를 매도하게 하여 가격을 내리고 금리를 올리게 한다. 차익거래 가능성을 없애기 위해서는 미국 국채 금리가 얼마나 하락하고 일본 국채 금리는 얼마나 상승해야 할까? 두 이자율의 차이는 엔화와 달러 간의 예상 환율 변화와 같아야 한다.

예를 들어, 일본 채권의 이자율은 5%로 상승하고 엔화 가치는 달러 대비 4% 하락할 것으로 예상된다고 가정하자. 이때 미국 국채를 사면 $10,100를 받고 일본 국채를 사면 거의 같은 금액인 1,050,000엔/(104엔/$) = $10,096.15를 받게 된다.

이자율평형조건(interest-rate parity condition)은 국가별로 유사한 채권의 금리 차이가 향후 환율변동에 대한 기대를 반영한다고 본다. 이 조건은 일반적으로 다음과 같이 기술할 수 있다.[1]

이자율평형조건
국가별로 유사한 채권의 금리 차이가 향후 환율 변동에 대한 기대감을 반영한다는 명제

국내채권금리 = 해외채권금리 − 예상된 국내 통화 절상

예를 들어, 독일 국채 이자율이 5%이고 이에 상응하는 미국 국채 이자율이 3%인 경우 달러는 유로에 대해 2% 절상될 것으로 예상된다. 이자율평형조건 뒤에 있는 경제적 근거는 주어진 국가 내에서 유사한 증권의 수익률이 동일할 것이라는 결과와 동일하다. 이 결과가 유지되지 않으면 투자자는 차익거래를 할 수 있다. 글로벌 투자의 경우에도 마찬가지이다. 해외자산을 소유하여 예상되는 이익(환율변동 포함)이 국내자산을 소유하여 생기는 이익과 같지 않다면, 투자자는 차익거래를 할 수 있는데, 그 이유는 둘 중 하나의 자산은 기대수익에 비해 저평가되었을 것이기 때문이다.

이자율평형조건은 항상 유지될까? 즉, 서로 다른 국가에서 유사한 채권의 이자율 차이가 항상 환율의 미래 변화에 대한 기대를 반영한다고 확신할 수 있는가? 다음과 같은 이유로 확신할 수 없다.

1. **채무불이행 위험과 유동성의 차이.** 나라마다 채권 간에는 투자자들에게 중요한 몇 가지 차이점이 항상 존재한다. 예를 들어, 미국 투자자는 독일이나 일본 국채의 채무불이행 위험이 낮지만 미국 국채보다 높다고 생각할 수 있다. 즉, 미국 투자자 입장에서는 외국 국채보다 미국 국채가 더 유동성이 높을 것이다. 따라서 우리가 보는 나라별 채권 이자율 차이의 일부는 채권의 특징 차이에 대한 투자자들의 보상으로 볼 수 있다. 특히 2007~2009년 금융위기, 뒤이은 영국이 유럽연합(EU)을 탈퇴하기로 결정한 브렉시트(Brexit) 투표, 그리고 2020년 전 세계적인 코로나19 팬데믹 등과 같이 국제금융시장이 혼란에 빠진 기간 동안에는, 미국과 외국 투자자 모두 미국 국채의 낮은 부도위험으로 인해 외국 채권보다 미국 국채를 선호할 때 **안전자산선호**(flight to quality)가

---

[1] 앞의 사례에서 볼 수 있듯이, 이 식은 근사식으로 일본 채권 투자로 벌어들인 금액이 미국 채권 투자로 벌어들인 $10,100와 정확히 같지 않다. 이 사례에서(그리고 일반적으로) 두 투자자산의 기대환율변동이 두 이자율의 차이보다 약간 작은 경우에만 수익률이 동일할 것이다. 따라서 본문의 논의는 근사적으로만 옳은 결과를 제시한다. 결과를 정확하게 말하는 것은 더 많은 대수학을 요구하기 때문에 요점을 이해하기 어렵게 만든다. 본문에 명시된 결과는 충분히 근접한 근사치라고 봐도 무방하다.

발생할 수 있다. 이러한 선호는 외국 채권에 비해 미국 재무부채권의 이자율을 낮출 것이다.

2. **거래비용.** 일반적으로 해외금융자산을 구매하는 비용(거래비용)은 국내자산보다 높다. 예를 들어, 국내 중개 회사 또는 증권 딜러가 국내 회사의 채권을 구매하는 데 부과하는 수수료보다 외국 중개 회사와 증권 딜러가 외국 회사의 채권을 구매하는 데 더 높은 수수료를 부과할 수 있다.

3. **환율위험.** 언급한 바와 같이 이자율평형조건은 외국 자산에 대한 투자로 인한 환율위험을 고려하지 않는다. 미국에서 1년 만기 국채로 4%를 받거나 독일 1년 만기 국채로 4%를 받을 수 있다고 가정해보자. 독일 국채에 대한 투자는 달러 가치가 유로화에 대해 예상보다 더 높게 평가될 수 있기 때문에 더 많은 위험을 수반한다. 경제학자는 때때로 이자율평형식에 **통화 프리미엄**(currency premium)을 포함시켜 외국 자산에 투자하는 추가적인 위험을 설명한다.

> **환율위험**
> 환율 변동으로 인해 투자자 또는 기업이 손실을 입을 위험

국내채권금리 = 해외채권금리 − 예상된 국내 통화 절상 − 통화 프리미엄

예를 들어, 미 재무부 1년 만기 채권의 이자율이 1%이고 독일 국채 1년 만기의 이자율이 3%이며 유로화에 대한 달러가 1%로 절상될 것으로 예상한다고 가정하자. 미국 투자자는 두 투자를 동등하게 만들기 위해 1년 미국 달러 표시 투자에 비해 1년 유로화 표시 투자에 대해 1% 더 높은 기대수익률을 요구한다. 이때 1%(= 3% − 1% − 1%)의 이자율평형을 갖게 된다.

예제 8.3

멕시코 채권에 투자하면 돈을 벌 수 있을까?

다음과 같은 투자 조언을 읽었다고 가정해보자. "평균 이상의 수익을 얻기 위한 한 가지 전략은 미국에서 2%로 돈을 빌려 멕시코에 4%로 유사한 투자처(동일한 수준의 디폴트 위험, 유동성 및 정보 비용)에 투자하는 것이다." 이 전략을 따를 것인가?

문제풀이

1 단계 **이 장의 내용을 복습한다.** 이 문제는 국가 간 금리 차이를 설명하는 것이므로 "이자율평형조건" 절을 검토하는 것이 좋다.

2 단계 **예상 환율 변화와 국가 간 금리 차이 사이의 관계를 설명함으로써 질문에 답하기 위해 이자율평형조건을 사용한다.** 이자율평형조건이 지속된다면 미국 국채 금리와 비슷한 멕시코 국채 금리의 2%p 차이는 투자자가 페소화 대비 달러 가치가 2%(=4% − 2%) 절상될 것으로 예상해야 한다는 뜻이다. 따라서 미국 투자와 멕시코 투자에 대한 기대수익률이 같아야 한다. 미국 투자자로서 미국에서 2%로 돈을 빌려 멕시코 채권에 4%를 투자하면 멕시코 투자 수익률이 4%가 아니라 2%가

되기 때문에 달러가 2% 절상되면 얻는 것이 없다. 또한 달러가 2% 이상 절상될 수 있기 때문에 환율위험을 감수해야 할 것이다.

이 장의 끝에 있는 관련문제 3.8을 참조하시오.

우리는 앞 절에서 한 국가의 금리가 오르거나 내릴 때 환율에 어떤 일이 발생하는지 분석하기 위해 외환에 대한 수요와 공급 모형을 사용할 수 있음을 보았다. 많은 경제학자는 금융투자자의 행동에 직접 초점을 맞추는 이자율평형 방식을 선호한다. 그러나 두 접근법은 이자율의 변동이 환율에 어떻게 영향을 미치는가에 대한 질문에 대해 비슷한 답에 도달한다. 예를 들어, 미국 재무부 1년 만기 채권의 이자율이 현재 2%이고, 이에 상응하는 프랑스 1년 만기 국채의 이자율이 4%이며, 유로화에 대해 달러가 2% 절상될 것으로 예상된다고 가정하자. 연준이 미 재무부채권 금리를 2%에서 3%로 인상하는 조치를 취하면 유럽의 투자자들이 미국 재무부채권에 투자하기 위해 유로화를 달러로 교환하려고 하므로 달러 수요가 증가할 것으로 예상된다. 달러 수요가 늘어나면 환율이 오를 것이다. 따라서 새로운 균형에서는 미국 달러를 사기 위해 더 많은 유로화가 요구될 것이다.

미국의 금리 인상이 환율 상승으로 이어지는 것은 이자율평형조건과 일치한다. 1년 뒤 유로화와 달러 사이의 예상 환율이 그대로 유지된다면 지금 환율이 오른다는 것은 그만큼 절상률이 낮아진다는 뜻이다. 이 예에서 프랑스 금리는 변동이 없는 상태에서 미국 금리가 1% 인상되면 기대되는 달러화 절상률은 2%에서 1%로 낮아지는 것을 의미한다(3% = 4% − 1%).

개념 적용

달러 환율의 움직임을 설명하는 것은 무엇인가?

다음은 월스트리트 저널에 실린 2020년 중반 몇 주간의 헤드라인 중 일부이다.

"투자자들이 안전자산을 선호함에 따라 달러 상승",
"인플레이션 보고서 이후 달러 하락",
"연준 보고서에 달러 상승",
"팬데믹 비용에 대한 새로운 두려움에 달러 상승",
"투자자들이 세계 경제에 대한 신뢰를 회복함에 따라 달러 하락"

이러한 헤드라인은 대부분의 기업, 소비자 및 정부 정책입안자가 알고 있는 내용이다. 달러와 다른 통화 사이의 환율은 변동성이 있을 수 있으며 모니터링할 가치가 있다.

다른 통화 대비 한 통화의 일반적인 가치를 측정하는 한 가지 방법은 소비자물가지수와 유사한 지수인 **무역규모가중환율**(trade-weighted exchange rate)을 계산하는 것이다. 소비자 물가지수가 가계 예산에서 상품이 차지하는 비중으로 개별 물가에 가중치를 부여하듯, 미

달러화에 대한 무역규모가중환율은 각 개별 환율에 해당 국가의 대미 무역 비중으로 가중치를 부여한다. 이 지수는 2006년 1월의 값이 100이 되도록 계산된다. 다음 수치는 1996년 1월부터 2020년 7월까지의 무역규모가중달러환율의 움직임을 보여준다.

그림에서 볼 수 있듯이 1990년대 후반 달러 가치의 상승은 미국 주식과 채권, 특히 미국 재무부 증권에 대한 외국인 투자자의 강력한 수요에 의해 주도되었다. 한국, 태국, 말레이시아, 인도네시아를 포함한 여러 동아시아 국가의 **통화 위기**(currency crises)로 인해 이들 통화의 가치가 급격히 하락했다. 그 결과 많은 외국 투자자가 안전한 투자처로서 미국 달러로 표시된 자산, 특히 미국 재무부 증권을 구매하는 "안전자산선호"에 참여했다. 또한 일부 외국인 투자자는 인터넷("닷컴") 주식의 붐에 가담했다. 외국인 투자자의 수요 증가로 달러 가치가 상승했다.

연준이 금융위기에 대응해 금리를 공격적으로 인하하면서, 투자자들이 그리스와 다른 유럽 국가 정부들이 채권을 디폴트(채무불이행)할 위험이 있다고 우려했던 2010년의 짧은 기간을 제외하고 이후 몇 년간 달러 가치가 하락했다. 2012년 말, 유럽중앙은행이 금리를 낮추기 위한 공격적인 조치를 취하기 시작함과 동시에 투자자는 연준이 연방기금금리 목표치를 올리기 시작할 것으로 예상했다. 그 결과는 2016년 11월 대선에서 도널드 트럼프 당선으로 연장된 달러 가치의 급격한 절상으로, 투자자가 미국의 높은 경제성장률과 높은 금리를 기대하는 결과를 낳았다.

2020년 초 달러 가치의 상승은 코로나19 팬데믹의 영향을 반영한다. 전 세계 중앙은행은 금리를 인하함으로써 팬데믹에 대응했다. 12장 12.3절에서 보겠지만 연준은 연방기금금리 목표치를 사실상 0으로 낮췄고, 심지어 몇몇 다른 중앙은행은 금리를 0 이하로 인하했다. 예를 들어, 지난 6월에 유럽중앙은행이 익일 예금으로 지불한 금리는 −0.50%였으며, 일본중앙은행이 지불한 금리는 −0.10%였다. 심지어 영국, 프랑스, 독일, 일본, 이탈리아, 스웨덴에서는 2년 만기 국채가 마이너스 금리를 기록했다. 미 재무부 2년 만기 금리는 0.189%로 낮았지만 여전히 0보다 컸다. 이러한 미국의 높은 금리는 외국인 투자자를 끌어들였다. 전

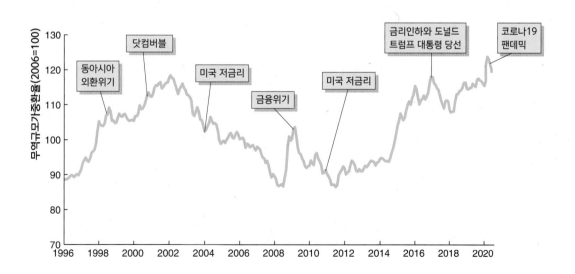

세계적인 경기침체 정도를 감안해 일부 외국인 투자자도 다른 정부가 발행한 채권보다 미국 국채를 매입하는 등 질적선호에 나섰다. 투자자의 이러한 결정의 결과는 달러에 대한 수요를 증가시켜 다른 통화와의 교환에서 달러의 가치를 증가시키는 것이었다. 2020년 7월, 미국이 많은 무역 상대국보다 코로나19 확산을 억제하는 데 더 큰 어려움을 겪을 수 있다는 것이 밝혀지면서 달러 가치는 4월 최고점에서 하락하였다.

앞으로도 국제 금융시장의 수요와 공급의 변화에 달러 환율이 반응하면서 서두에 열거된 것과 유사한 헤드라인이 계속 등장할 것으로 보인다.

외환 선도 및 선물계약

앞서 7장에서 파생상품이 미국 금융시스템에서 중요한 역할을 한다는 것을 보았다. 우리는 외환시장에서 파생상품의 역할을 간략히 살펴볼 수 있다. 외환시장에서 **현물시장 거래**(spot market transaction)는 통화나 은행 예금을 즉시(2일 결제 기간 적용) 현재의 환율로 교환하는 것이다. **선도거래**(forward transaction)에서 거래자는 오늘 미래의 특정일에 **선도환율**(forward rate)이라고 알려진 환율로 통화나 은행 예금을 교환하는 **선도계약**(forward contract)에 동의한다.

선물계약은 선도계약과 여러 가지 면에서 차이가 있다. 선도계약은 거래자 간 미래 어느 날짜에든 금액에 관계없이 통화를 교환하기로 한 사적인 계약이지만 선물계약은 시카고상품거래소(CME) 등 거래소에서 거래되며 교환되는 화폐 양과 교환이 이루어지는 **결제일**이 표준화된다. 선도계약의 경우 선도환율이 계약 체결 시점에 고정되는 반면 선물계약의 경우 거래소에서 계약을 사고팔면서 선물환율이 지속적으로 변동한다.

거래상대방 위험(counterparty risk)은 계약 당사자 중 한쪽이 채무불이행으로 기초자산을 매입하거나 매각하지 못할 위험을 말한다. 거래상대방 위험은 선물계약이 선도계약보다 낮다. 이는 매수자와 매도자가 아닌 거래소가 각 거래의 거래상대방이 되기 때문이다. 예를 들어, 시카고거래소(CBOT)에서 선물계약을 매수하는 사람은 CBOT가 거래상대방이 되기 때문에 채무불이행 위험이 줄어든다. 많은 금융자산의 경우 거래상대방 위험이 감소한다는 것은 선도계약보다 선물계약에서 더 많은 거래가 발생한다는 것을 의미한다. 그러나 거래의 대부분이 대형은행들 사이에서 이루어지기 때문에 이러한 결과는 외환에 적용되지 않는다. 대형은행들은 통상 거래 파트너가 선물계약에 대해 채무불이행을 하지 않을 것이라고 확신하고 있다. 은행들은 선도계약의 유연성을 좋아하기 때문에 외환의 선도계약 거래액이 선물계약 거래량의 최소 10배 이상 많다. 표 8.3은 외환시장에서 선도계약과 선물계약의 주요 차이점을 요약한 것이다.

콜옵션과 풋옵션은 외환에서 사용 가능하다. 7장에서 살펴본 것처럼 콜옵션은 옵션 만기일까지 언제든 구매자에게 **행사가격**(strike price)이라고 불리는 정해진 가격으로 기초자산을 매입할 수 있는 권리를 부여한다. 풋옵션은 구매자에게 기초자산을 행사가격에 매도할 수 있는 권리를 준다.

표 8.3 외환 선도계약과 선물계약의 주요 차이점

	선도계약	선물계약
계약 거래 방법	장외에서(종종 은행 사이에서)	시카고상품거래소(CME)와 같은 선물 거래소에서
선도환율	계약이 합의될 때 고정됨	계약이 거래됨에 따라 지속적으로 변경됨
계약조건	유연함(매수자와 매도자 간의 협상을 통해 결정됨)	거래소에서 고정
결제일	유연함(매수자와 매도자 간의 협상을 통해 결정됨)	거래소에서 고정
거래상대방 위험	잠재적으로 중요하지만 일반적으로 대규모 금융기관 간의 거래로 인해 감소됨	없음(거래소가 맡음)

환율위험, 위험회피 및 투기

미국 기업이 외국에서 상품과 서비스를 판매할 때 환율위험이 따른다. 당신이 오하이오주 오빌에 본사를 둔 잼, 젤리 및 기타 식품 제조업체인 스머커스(Smucker's)에서 근무하고 있다고 가정해보자. 환율이 $1.50 = 1파운드인 상황에서 스머커스가 영국의 한 슈퍼마켓 체인점에 $300,000 상당의 잼과 젤리를 판매한다. 스머커스는 잼과 젤리를 오늘 배송하기로 합의하고, 영국 회사는 스머커스의 자금을 90일 이내에 지불해야 한다. 스머커스는 영국 회사가 파운드로 지불할 수 있다는 것에 동의하므로 스머커스는 90일 안에 200,000파운드(= $300,000/$1.50/파운드)를 지불받게 된다. 영국 슈퍼마켓 체인점이 스머커스에게 대금을 지불하기 전에 달러 대비 파운드의 가치가 떨어지면 스머커스는 $300,000 미만으로 받을 수 있기 때문에 환율위험에 노출되어 있다. 예를 들어 90일 이내에 환율이 $1.25 = 1파운드일 경우 스머커스가 수령한 200,000파운드는 $250,000(= 200,000파운드 × $1.25/파운드)로 환전된다.

스머커스에서 일하는 동안, 당신은 회사의 환율위험에 대한 노출을 줄일 책임이 있다. 이때 선도계약을 체결하거나, 은행이 수수료를 받고 선도거래를 수행하도록 함으로써 환율위험을 헤지하거나 줄일 수 있다. 스머커스는 선도계약으로 90일 안에 받게 될 200,000파운드를 현재의 선도환율로 달러와 교환하기로 오늘 합의할 수 있다. 현재의 선도환율이 현물환율($1.50 = 1파운드)과 동일하다면 스머커스는 은행이 부과하는 수수료로 위험을 완전히 헤지한 것이다. 선도환율은 선도시장의 거래자들이 90일 이내에 예상하는 달러와 파운드화의 현물환율을 반영하므로 선도환율은 현재 현물환율과 다를 수 있다. 그러나 일반적으로 현재의 현물환율과 90일 선도환율은 서로 유사하기 때문에 스머커스가 직면한 대부분의 환율위험을 헤지할 수 있다.

스머커스는 달러 대비 파운드화 가치가 하락할 위험에 대해 위험을 헤지하고 있다. 이번에는 당신이 영국의 의류 제조업체인 버버리(Burberry)에서 일한다고 가정해보자. 업무상 당신은 다음과 같은 거래에서 환율위험을 헤지해야 한다. 버버리는 미국 백화점 체인인 메이시스에 2백만 파운드의 남성 코트를 판매한다. 현재 환율은 $1.50 = 1파운드이며, 버버리는 90일 이내에 $3.5백만(=2파운드 × $1.50/파운드)를 지불받기로 동의했다. 앞으로 90일 동안 달러 대비 파운드화 가치가 상승하여 버버리는 90일 안에 메이시스로부터 $3.5백만를 환전해서 받게 될 파운드화가 줄어들 위험에 노출돼 있다. 이러한 위험을 헤지하기 위해, 당신은 현재 선도환율로 파운드를 매수할 수 있다. 이는 스머커스가 사용한 전략과 반대되는 것이다. 파운드화의 가치 하락에 대비하기 위해 스머커스는 파운드화를 선물시장에서 매도하고, 파운드화의 가치 상승에 대비하기 위해 버버리는 선물시장에서 파운드를 매수한다.

위험을 헤지하는 사람은 위험을 줄이기 위해 파생상품시장을 이용하는 반면, 투기자는 통화의 미래 가치에 베팅하기 위해 파생상품시장을 이용한다. 가령 투자자가 유로화의 미래가치가 현재 외환시장의 다른 사람의 예상보다 낮을 것이라는 확신을 갖게 되면 선물시장에서 유로화를 매도할 수 있다. 유로화 가치가 하락하면 향후 유로화 현물가격이 낮아져 투자자가 이익을 보고 선도계약을 이행할 수 있게 된다. 마찬가지로 유로화의 미래가치가 현재 외환시장의 다른 사람의 예상보다 높을 것이라고 판단하면 선물시장에서 유로화를 매수해서 수익을 낼 수 있다. 물론 어느 경우든 유로화 가치가 투자자가 기대하는 방향과 반대로 움직이면 투자자는 선도계약 포지션에서 손실을 보게 된다.

기업과 투자자는 위험헤지나 투기를 위해 옵션계약을 이용할 수도 있다. 예를 들면, 통화의 가치가 예상보다 더 하락할 것을 우려하는 기업(예: 이전의 사례에서 스머커스(Smucker's))는 해당 통화의 풋옵션을 매수함으로써 이러한 위험을 회피할 수 있다. 그렇게 함으로써 통화가치가 행사가격 아래로 떨어지면 기업은 옵션을 행사하여 (시장보다 높은) 행사가격으로 매도할 수 있다. 이와 비슷하게, 버버리와 같이 통화가치가 예상보다 더 상승할 것을 우려하는 기업은 통화의 콜옵션을 매수함으로써 이러한 위험을 헤지할 수 있다. 만약 통화가치가 행사가격 이상으로 상승한다면, 그 회사는 옵션을 행사하여 (시장보다 낮은) 행사가격에 매수할 수 있다.

옵션계약에서 가격이 위험헤지 가격과 반대 방향으로 움직인다면 위험을 헤지하기 원하는 사람은 옵션을 행사하기를 거부하고 대신 유리한 가격변동으로부터 이익을 얻을 수 있다는 장점이 있다. 예를 들어, 스머커스가 선물시장에서 파운드화를 매도하기보다는 파운드화에 풋옵션을 매입하기로 결정한다고 가정하자. 스머커스는 풋옵션을 행사하여 파운드화를 시장 가격 이상으로 매도할 수 있기 때문에 파운드 가치 하락으로부터 여전히 보호받을 수 있다. 그러나 파운드화 가치가 상승하면 스머커스는 풋옵션을 행사하지 않고 소멸시킬 수 있으며 90일 후 영국 슈퍼마켓 체인점으로부터 200,000파운드를 환전할 때 추가로 받는 달러에서 이익을 얻을 수 있다. 이런 점에서 옵션이 선도계약보다 유리해 보이지만 옵션가격(프리미엄)은 선도계약에서 발생하는 수수료보다 높다.

통화 가치가 예상보다 상승할 가능성이 높다고 믿는 투기자는 콜옵션을 매수하고, 통화 가치가 예상보다 하락할 가능성이 높다고 믿는 투기자는 풋옵션을 매수한다. 통화 가치가 투기자가 희망하는 방향과 반대로 움직인다면 옵션계약을 맺은 투기자는 옵션을 행사할 필요가 없다. 따라서 옵션계약의 장점은 투기자의 손실이 옵션에 대해 지불한 금액에 한정된다는 것이다. 다만 옵션계약으로 투기를 할 경우 가격이 선도계약보다 높다는 단점이 있다.

개념 적용

투기자가 통화 가치를 떨어뜨릴 수 있을까?

외환시장 참여자는 (1) 위의 예에서 스머커스와 버버리처럼 환율위험을 줄이기 위해 위험을 헤지하기 원하는 사람과 (2) 환율변동으로 이익을 얻기를 원하는 투기자 두 그룹으로 나눌 수 있다. 주식, 채권, 기타 금융자산의 거래자와 같은 통화 투기자는 일반적으로 한 나라의 통화를 사고팔며 단기간에 수익을 올린다. 앞서 보았듯이, 투기자는 금융시장에서 유동성을 공급함으로써 유용한 역할을 한다. 환율위험을 헤지하기 위해 기업은 위험을 헤지하고자 하는 사람의 매수 또는 매도 반대편에 기꺼이 서는 충분한 거래상대방이 필요하다. 투기세력이 없다면 외환시장을 포함한 많은 금융시장은 유동성이 현저히 떨어질 것이다.

그러나 일부 정책입안자는 투기세력이 환율을 인위적으로 낮은 수준으로 떨어뜨려 외환시장의 불안을 야기시킬 것이라고 믿고 있다. 예컨대 2010년에는 헤지펀드 운용사들이 유로화 가격을 끌어내려서 수십억 달러를 벌려는 음모를 꾸민 것이 아니냐는 논란이 일었다. 헤지펀드는 투자자로부터 돈을 받아 자산 포트폴리오에 투자한다는 점에서 뮤추얼펀드와 유사하다. 헤지펀드는 일반적으로 뮤추얼펀드와 달리 상대적으로 위험 부담이 큰 투자를 하고 투자자가 100명 미만인데, 이들 모두 연기금과 같은 기관이나 부유한 개인이다. 월스트리트 저널에 실린 기사에 따르면 4개의 헤지펀드 관리자들이 뉴욕에서 만나 유로화 가치 하락에 베팅하기 위해 파생상품을 사용하는 것이 수익성이 있는지 논의했다. 회의에는 1990년대 초 영국 파운드화 가치에 베팅하여 \$1십억를 벌어들인 것으로 유명했던 조지 소로스(George Soros)가 운영하는 펀드의 대표자들이 참석했다.

회의 당시 유로와 달러의 환율은 \$1.35 = 1유로였는데, 이는 전년도의 \$1.51 = 1유로에서 이미 하락한 것이다. 헤지펀드 관리자들은 내년 유로화 가치가 달러와 동등한 수준, 즉 \$1 = 1유로로 떨어질 것이라고 확신했다. 헤지펀드는 이번 가을부터 선도시장에서 유로화를 매도하거나 유로 선물계약을 매도하거나 유로화 풋옵션 계약을 매수하는 방식으로 수익을 낼 수 있다. 헤지펀드는 투자 가치의 5% 정도만 현금으로 내놓고 나머지 95%를 차입함으로써 이러한 투자를 할 수 있었다. 이러한 높은 수준의 **레버리지**(또는 차입금 사용)는 실제 현금 투자의 일부로서 수익의 크기를 확대할 것이다. 유로화 가치의 큰 하락에 대한 보상이 잠재적으로 엄청났기 때문에, 어떤 사람들은 이것을 "커리어 트레이드(career trade)"이라고 불렀는데, 이는 이 한 번의 투자만으로도 헤지펀드 매니저가 매우 부유하고 매우 유명해질 수 있음을 의미한다.

미국과 유럽의 일부 정부 공무원은 헤지펀드를 비판했지만 많은 경제학자는 운용사의 조치가 유로화 가치에 많은 영향을 미칠 수 있다는 데 회의적이었다. 글로벌 외환시장에서 사고팔 수 있는 유로화의 총 가치는 하루 $1.2조 이상이다. 뉴욕 회의에 참석한 4명의 헤지펀드 관리자들은 겨우 수십억 달러에 달하는 유로화에 대해 장기적인 내기를 하고 있었다. 어쨌든 다음 2년 동안 유로-달러 환율은 $1.19 = 1유로 아래로 떨어지지 않았으므로 유로화 가치가 떨어질 것으로 추측한 사람은 모두 손실 보는 베팅을 했다.

유로화와 달러 같은 주요 통화 간의 환율은 상당한 재원을 보유하더라도 일부 투기자가 영향을 미칠 수 없는 요인에 의해 결정된다.

이 장의 끝에 있는 관련문제 3.10을 참조하시오.

핵심 질문에 대한 해답

이번 장 서두로부터 연결됨

이 장을 시작할 때 다음과 같이 질문했다.

"다른 통화 대비 달러 가치는 왜 안정적이지 않은가?"

우리는 달러와 다른 통화 사이의 환율이 단기적으로 미국의 금리 수준과 미국 재무부 증권의 "안전한 피난처"에 좌우된다는 것을 봐 왔다. 수년간 중앙은행이 금리 인상과 인하 조치를 취했고, 동아시아 외환위기, 2007~2009년 금융위기, 유럽 부채위기, 브렉시트, 코로나19 팬데믹 등으로 국제 금융시장에 동요가 일어났다. 이러한 전개는 달러의 수요와 공급에 변동을 야기했고, 달러와 다른 통화 사이의 환율에 변동을 야기했다.

8.1 환율과 외환시장
외환시장의 작동 방식을 설명한다.

복습문제

1.1 명목환율과 실질환율의 차이는 무엇인가? 신문 기사에서 "환율"이라는 문구를 사용할 때, 그 기사는 일반적으로 명목환율 또는 실질환율을 언급하는가?

1.2 환율의 직접 시세와 간접 시세의 차이점은 무엇인가? 엔과 달러의 환율이 80엔=1달러에서 90엔=1달러로 변경되면 엔은 달러에 대해 평가절상되었는가? 달러가 엔화에 대해 평가절상되었거나 평가절하되었는가? 간략하게 설명하시오.

1.3 유로화가 달러 대비 가치가 떨어진다고 가정하자. 유럽인들의 대미 수출에 어떤 영향을 미칠 것인가? 미국의 유럽 수출에 어떤 영향을 미칠 것인가?

1.4 외환시장을 "장외 시장"이라고 묘사하는 것은 무엇을 의미하는가?

응용문제

1.5 학생은 다음과 같이 의견을 냈다. "현재 미국 달러 1개를 매수하려면 100엔이 듭니다. 이는 미국이 일본보다 훨씬 부유한 나라임에 틀림없다는 것을 보여줍니다. 반면에 영국 파운드 1개를 사려면 $1 이상이 필요한데, 이는 영국이 미국보다 부유한 나라임에 틀림없다는 것을 보여줍니다." 이 추론에 동의하는지 간단히 설명하시오.

1.6 **[개념적용: "브렉시트, 코로나19, 환율 및 영국 기업의 수익성" 관련]** 만약 파운드화와 달러의 환율이 1.45 파운드 = 1달러에서 1.30달러 = 1달러로 바뀐다면, 이는 브롬튼 자전거와 같은 영국 기업에게 희소식인가? 미국 소비자에게 희소식인가? 영국으로 수출하는 미국 기업에게는 희소식인가? 영국 소비자에게 희소식인가?

1.7 파생상품 계약을 거래하는 시장인 CME 그룹의 홈페이지에는 "유로달러와 유로화는 같은 것이 아니다"라는 의견이 있다. 유로달러와 유로화의 차이점을 간단히 설명하시오.

8.2 장기적 환율
구매력평가이론을 이용하여 장기적으로 환율이 어떻게 결정되는지 설명한다.

복습문제

2.1 일물일가의 법칙이 구매력평가이론(PPP)과 어떻게 관련이 있는가?

2.2 PPP는 장기적인 환율결정이론인가 단기적인 환율결정이론인가? 간단하게 설명하시오.

2.3 일본의 물가상승률이 캐나다의 물가상승률보다 낮다면 구매력평가이론에 따라, 장기적으로 일본 엔화와 캐나다 달러의 환율은 어떻게 되는가?

응용문제

2.4 2020년 7월 이코노미스트지에 실린 기사는 "지난해 말 인플레이션이 상승하기 전까지 레바논의 통화가 저평가돼 현지 물가를 끌어올렸다"고 지적했다. 레바논 파운드와 미국 달러 사이의 명목환율은 여전히 고정되어 있다.

a. 여기서 저평가의 의미는 무엇인가?

b. 레바논의 인플레이션으로 인해 레바논 통화가 미국 달러 대비 저평가된 이유는 무엇인가?

2.5 월스트리트 저널의 한 기사는 미국 경제에 대한 중국 경제의 규모에 대해 논의했다. 기사는 중국 국내총생산(GDP)의 가치를 미국 달러로 환산하기 위해 현재의 명목환율을 사용하는 대신, "동일한 재화가 다른 국가에서 얼마의 비용이 드는지에 따라 조정되는 구매력평가를 기준으로"한 환율을 사용하여

계산한 GDP 데이터를 사용했다. 각국의 생산량을 현재의 환율을 달러로 환산하여 다른 나라의 GDP 수준을 비교하는 것은 무엇이 문제인가? 왜 각국의 구매력에 맞게 조정된 환율을 사용하는 것이 더 나은 접근법인가?

2.6 만약 다음과 같은 상황이 발생한다면 구매력평가이론에 따라 멕시코 페소화에 대한 미국 달러의 가치는 어떻게 되어야 하는가?

a. 향후 10년간 미국은 연평균 3%의 인플레이션이 일어나고, 멕시코는 연평균 8%의 인플레이션이 일어난다.

b. 미국은 많은 수입품에 대해 쿼터와 관세를 부과한다.

c. 멕시코는 인플레이션을 경험하는 반면 미국은 디플레이션 시기에 접어든다.

8.3 환율 단기 변동에 대한 수요 공급 모형
수요 및 공급 모형을 이용하여 단기적으로 환율이 어떻게 결정되는지 설명한다.

복습문제

3.1 그림 8.2를 다시 보고 다음 질문에 답하시오.

a. 외환 수요곡선이 우하향 기울기를 이루는 이유는 무엇인가?

b. 외환 공급곡선이 우상향 기울기를 이루는 이유는 무엇인가?

c. 달러를 엔화로 환전하기를 원하는 세 그룹의 명칭은 무엇인가?

d. 엔화를 달러로 바꾸고자 하는 세 그룹의 명칭은 무엇인가?

3.2 이자율평형조건은 국가별로 유사한 채권의 이자율 차이를 어떻게 설명하는가? 이자율평형이 정확히 유지되지 않을 수 있는 주요 이유는 무엇인가?

3.3 국제자본이동이란 무엇인가? 높아진 국제자본이동이 외환시장에 어떤 영향을 미쳤는가?

3.4 외환시장에서 현물거래와 선도거래의 차이점은 무엇인가? 외환 선도계약과 외환 선물계약의 주요 차이점은 무엇인가? 선물계약보다 선도계약이 외환시장에서 더 널리 사용되는 이유는 무엇인가?

3.5 선도계약, 선물계약, 옵션계약을 사용하여 환율위험을 어떻게 회피할 수 있는가? 투자자는 통화의 미래가치를 추측하기 위해 선도, 선물, 옵션계약을 어떻게 사용할 수 있는가?

응용문제

3.6 2020년 7월 월스트리트 저널의 기사는 다른 통화에 대해 미국 달러 가치가 하락하는 것에 대해 다뤘다. 기사는 달러 가치 하락이 "연준의 금리 인하 결정에 따라 가속화돼 미국과 다른 선진국 간 금리 격차가 상당 부분 제거됐다"고 지적했다. 연준이 금리를 인하한 이유가 무엇인가? 기자가 미국 금리와 다른 선진국 금리의 차이가 감소했다는 점을 언급하는 것이 중요하다고 판단한 이유는 무엇인가?

3.7 [이 장 도입부 관련] 코로나19 팬데믹이 세계 경제에 상당한 영향을 미치기 전인 2019년 말, 월스트리트 저널은 "코카콜라는… 달러 강세에 시달리며…이는 경쟁사인 펩시보다 더 세계적인 사업을 하는 코카콜라가 최근 실적이 저조한 이유를 설명하는 데 도움이 된다"는 기사를 냈다.

a. 이 기사가 의미하는 "달러 강세"는 무엇인가?

b. 코카콜라가 펩시콜라보다 "더 세계적인 사업"을 하고 있다는 기사는 무엇을 의미하는가?

c. 왜 더 세계적인 사업을 하는 것이 미국 달러가 강세를 보였던 시기에 코카콜라에 피해를 주었는가?

3.8 [예제 8.3 관련] 하나의 통화로 낮은 금리로 차입하여 다른 통화에서 더 높은 이자로 빌려주는 것을 때때로 "캐리 트레이드"라고 부른다. 2020년 초

bloomberg.com의 한 기사는 "페소화의 안정성과 멕시코의 높은 금리에 힘입어 투자자는 계속해서 캐리 트레이드에 관심을 갖고 있다"고 밝혔다.

a. 투자자가 캐리 트레이드에서 어떻게 이익을 냈는지 간단히 설명하시오.

b. 이 글에서 "페소의 안정성"은 무엇을 의미하는가?

c. 왜 페소의 안정성이 캐리 트레이드에 투자자들을 끌어들이는가?

d. 본 기사가 발표된 후 7개월 동안, 코로나19 팬데믹의 경제적 영향으로 페소와 달러 사이의 환율이 18.7페소에서 22.4페소로 변경되었다. 페소화 가치의 이러한 움직임이 어떻게 투자자들의 캐리 트레이드에서 얻는 이익에 영향을 미쳤는지 간단히 설명하시오.

3.9 미국 회사인 알코아(Alcoa)가 영국 회사에 $2백만 상당의 알루미늄을 판매한다고 가정하자. 현재 환율이 $1.50 = 1파운드이고 영국 회사는 90일 후에 알코아에 1,333,333.33파운드를 지불한다.

a. 이 거래에서 알코아는 어떤 환율위험에 직면하는가?

b. 알코아는 어떤 대안으로 이 환율위험을 헤지할 수 있는가? 구체적인 예를 들어 답하시오.

3.10 **[개념적용: "투기자가 통화의 가치를 하락시킬 수 있는가?" 관련]** 캐나다 달러의 가치가 미국 달러에 비해 상승할 것이라고 확신한다고 가정하자. 이러한 확신에 따라 수익을 내기 위해 어떤 행동을 취할 수 있는가?

거래비용, 비대칭정보 및 금융시스템 구조

학습목표

이번 장을 통해 다음을 이해할 수 있다.

9.1 경제학자가 경제성과는 금융시스템에 따라 결정된다고 믿는 이유를 평가한다.

9.2 거래비용, 역선택, 그리고 도덕적 해이가 금융시

스템에 미치는 문제를 분석한다.

9.3 경제분석을 통해 미국의 금융시스템 구조를 설명한다.

핀테크나 크라우드소싱이 여러분의 스타트업에 자금을 지원할 수 있나?

새로운 사업을 위한 훌륭한 아이디어는 매우 흔하다. 유기농 식품을 공급하는 회사를 설립하거나, 새로운 스마트폰 앱을 개발하거나, 화폐와 금융 강좌를 수강하는 학생들에게 튜토리얼 도움말을 제공하는 획기적인 웹사이트를 만드는 것 등을 예로 들 수 있다. 하지만 실제로 새로운 사업을 시작하기 위한 자금을 마련하는 것은 훨씬 더 어렵다. 일반적으로 소규모 사업을 시작할 때, 많은 기업가는 자금 마련을 위해 자신의 저축을 이용하거나 또는 가족이나 친구로부터 돈을 빌린다. 은행에서는 대출에 대한 채무 불이행 시 은행이 압류할 수 있는 주택과 같은 좋은 담보가 없으면 돈을 빌리기 어렵다.

지난 10년 동안, 일부 기업가는 사업을 시작하는 데 필요한 자금을 빌리기 위해 **핀테크(Fintech)** 회사로 눈을 돌렸다. 핀테크는 **금융기술(financial technology)**의 약자로 기술을 활용해 혁신적인 방식으로 금융서비스를 제공하는 기업을 의미한다. 이 외에도 사업을 시작하는 데 필요한 자금을 마련하기 위해, 렌딩클럽(LendingClub), 어펌(Affirm) 또는 소파이(Social Finance; SoFi)와 같은 핀테크 회사가 있다. **마켓플레이스 대부자(marketplace lender)**라고도 하는 이러한 회사는 은행에서 대출을 받기 어려운 개인 및 소기업에 대한 대출을 전문으로 한다. 은행과 달리 이들 핀테크 기업은 주로 개인투자자나 다른 금융회사가 제공한 자금으로 대출 자금을 조달한다.

일반적으로 은행은 대출 여부를 결정할 때 현재 직장에서 얼마나 근무했는지, 현재 아파트나 주택에서 얼마나 살았는지, 부채가 어느 정도 되는지, 신용카드를 얼마

핵심 이슈와 질문

이슈: 사업 확장을 위한 자금 조달은 많은 기업에게 중요한 과제이다.

질문: 왜 기업은 외부 자금조달원으로 주식보다 대출과 채권에 더 많이 의존하는가?

해답은 이 장의 끝에서…

나 많이 보유하는지, 제때 돈을 갚는지 등의 요인에 의해 결정되는 FICO 신용점수 등과 같은 특정한 표준 데이터를 사용한다. 반면에, 핀테크 회사는 (1) 클라우드 컴퓨팅 (cloud computing), (2) 방대한 양의 데이터를 수집하여 분석하는 빅데이터(big data), (3) 기계학습(machine learning)을 포함하여 소비자 행동을 설명하는 패턴을 발견하기 위해 소프트웨어 프로그램을 이용해서 데이터를 분석하는 인공지능(artificial intelligence)과 같은 발전된 기술을 이용한다. 이 기술을 통해 핀테크 기업은 신용도를 평가할 때 과거와는 다른 데이터를 이용하여 분석할 수 있게 되었다. 예를 들어, 제스트 파이낸스(ZestFinance)는 차입자가 어떻게 서류 양식을 작성하는지를 포함하여 각 차입자의 최대 2,700개의 서로 다른 개별 특성을 살펴본다. 제스트 파이낸스의 분석에 따르면 대문자를 사용해 양식을 작성하는 사람은 대출금 상환을 못 할 가능성이 더 큰 것으로 나타났다. SoFi는 신용도를 측정하는 데 차입자의 학력에 더 큰 비중을 두어야 한다고 생각한다. 이 회사의 데이터 분석 결과에 따르면, 대부분의 젊은 대학 졸업자의 신용 기록이 길지 않지만, 대졸자는 대출금을 제때 상환할 가능성이 매우 큰 것으로 나타났다. 핀테크 기업은 은행과 달리 일반적으로 대출심사를 하기 위해 필요한 대출 담당 직원과 물리적 공간인 지점을 가지고 있지 않기 때문에, 이들은 은행보다 운영비용이 저렴하며 더 낮은 금리로 대출을 제공할 수 있다.

그러나 최근 일부 업계 사람들은 은행이 전통적인 방법을 사용하여 차입자의 신용도를 평가하는 것보다 핀테크 기업이 신용도를 더 잘 평가할 수 있다는 생각에 회의적이다. barrons.com의 한 칼럼니스트는 "전통적인 대출기관보다 저렴한 비용으로 막대한 양의 데이터를 소비하고 적절한 가격의 대출을 제공할 수 있는 비밀 알고리즘 소스는 없음이 분명해졌다"고 주장했다. 연방준비제도를 비롯한 금융 규제당국도 은행이 따라야 하는 평등신용기회법(Equal Opportunity Credit Act)과 같은 공정대출 법과 규정을 핀테크 기업이 준수하고 있는지 우려하고 있다. 이 법률은 대출 기관이 인종, 성별, 종교, 연령 및 기타 특정 개별 특징을 바탕으로 차별하지 않도록 요구한다. 그러나 핀테크 회사가 은행과 동일한 기준을 충족해야 하는지 여부는 불분명하다.

이 밖에 또한 많은 사람으로부터 작은 규모의 돈을 모을 수 있는 **크라우드펀딩**(crowdfunding) 사이트를 통해 자금을 조달받을 수도 있다. 2016년까지만 해도 연방규제에 따라 정식 상장(IPO)을 거치지 않은 기업에는 부유한 투자자만 지분 투자를 할 수 있었다. 2016년 5월부터 시행된 개정규정으로 인해 소득 또는 순자산이 $100,000 미만인 투자자는 온라인 크라우드펀딩 사이트를 통해 스타트업 지분을 최대 $2,000까지 매입할 수 있고, $100,000 이상인 투자자는 더 많은 투자를 할 수 있다. 다만 이러한 방식으로 사업 자금을 조달할 때의 한 가지 문제는 회사에 투자한 투자자가 회사의 일부 소유주가 되어 회사에 대한 자세한 정보를 받을 자격이 있다는 것이다.

종합해보면, 핀테크와 크라우드소싱은 기업가에게 희소식이다. 그러나 소액 투자자인 경우에도 그것이 꼭 좋은 소식인가? 보통 소액 투자자는 금융시장의 **비대칭정보** 문제를 피하기 위해 은행이나 뮤추얼펀드에 저축하는 것을 선호한다. 비대칭정보란 경제적 거래에서 한쪽 당사자가 다른 상대방보다 더 많은 정보를 가지고 있는 상황을 말한다. 크라우드펀딩의 경우, 자금을 모으는 스타트업은 소액 투자자보다 자신의 성공 가능성에 대해 훨씬 더 많은 정보를 알 것이다. 한 정부 규제 기관이 크라우드펀딩에 대해 투자자들에게 "이러한 기업은 신규 기업에 가깝고 투기적이다. 여러분은 이러한 기업에 대해 감당할 수 없을 만큼 투자를 하고 싶지는 않을 것이다"라고 경고했다.

만약 소액 투자자라면, 은행 CD보다 더 높은 수익을 얻는 방법을 찾고 있을 것이다. 크라우드펀딩 사이트는 높은 수익을 주거나 상당한 손실을 입힐 수 있다.

이전까지 채권, 주식, 파생상품, 외환시장을 포함한 금융시장을 살펴보았다. 우리는 이제 금융시스템의 다른 부분인 금융중개인을 분석할 것이다. 이 장에서는 금융시장과 금융중개자의 세부 사항을 살펴보는 것에서 한발 물러서서 무엇이 금융시스템 구조를 결정하는지 큰 그림을 그려본다. 또한 가계, 비금융회사, 금융회사 등이 현재의 재무구조를 초래한 선택을 하게 만든 경제적 요인을 살펴본다.

9.1 금융시스템과 경제성과

학습목표: 경제학자가 경제성과는 금융시스템에 따라 결정된다고 믿는 이유를 평가한다.

다양한 요인에 따라 한 나라의 경제가 국민에게 높은 생활수준을 제공할 수 있는지, 한 나라의 생활수준이 시간이 지남에 따라 높아질 것인지가 결정된다. 이러한 요인에는 (1) 기계, 컴퓨터, 로봇 및 기타 물리적 자본을 축적할 수 있는 국가의 사업체 역량, (2) 최신 기술을 사용할 수 있는 사업체 능력, (3) 재산권을 보호하고 계약을 집행하는 법적 체계를 제공하는 국가 정부의 능력이 포함된다.

이러한 요인들 외에도, 많은 경제학자는 생활수준 향상에 필요한 견실한 경제성장을 뒷받침 할 수 있는 기반을 제공하는 데 있어서 강력한 금융시스템을 발전시키는 것이 필수적이라고 생각한다. 이에 대해 미국은 좋은 사례를 보여준다. 리처드 실라(Richard Sylla) 뉴욕대 경제학자는 알렉산더 해밀턴(Alexander Hamilton) 재무장관이 1790년대 조지 워싱턴 행정부 초기에 내린 일련의 결정이 미국의 현대 금융시스템 발전에 도움이 됐다고 주장한다. 미국의 독립전쟁 동안 대륙 의회와 주 정부 모두 채권을 발행했지만 최종적으로 상환을 중단했다. (일부는 유럽인들이 보유하고 있던) 새로운 연방정부는 채권을 상환하여 미국의 신용을 확립하는 책임을 떠맡았다. 그 결과, 미국과 유럽의 투자자는 미래의 채무불이행위험이 축소된 채권을 살 수 있다는 확신을 갖게 되었다. 채권시장이 확대되면서 주 정부와 연방정부, 민간기업이 채권을 매각하여 자금을 조달하는 것이 더 쉬워졌다.

의회는 또한 1791년에 뱅크오브유나이티드스테이츠(Bank of the United States)을 설립함으로써 중앙은행을 설립하였다(13장 13.3절에서 보겠지만, 결국 은행은 정치적 어려움에 봉착했다). 은행은 주식을 공모하여 민간 주식회사로 설립되었다. 은행은 여러 주에 지점을 두어 기업이 대출을 더 폭넓게 이용할 수 있게 해주었고 다른 민간은행이 설립될 수 있도록 주 정부에 동기를 주었다.

주식과 채권시장은 뉴욕, 보스턴, 필라델피아에서 설립되었다. 처음에 이러한 금융시장에서 거래되는 유가증권은 주로 미합중국은행에 의해 발행된 주식과 국채였다. 그러나 금융시장이 체계화되면서, 주식과 채권시장은 기업에게 자금을 조달할 수 있는 방법을 제공하고 투자자가 기업의 지분 일부를 매수함으로써 경제성장에 참여할 수 있는 방법을 제공하였다.

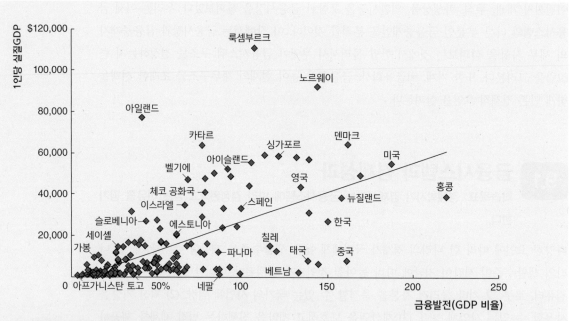

그림 9.1 금융발전과 1인당 실질GDP 간의 관계

세계은행은 은행과 금융시장이 가계와 기업에 제공하는 GDP 대비 총 신용으로 금융발전을 측정한다. 관계가 정확하지는 않지만 금융발전 수준이 높은 국가는 1인당 실질GDP 수준이 더 높은 경향이 있으며 이는 국민에게 더 높은 수준의 생활을 제공할 수 있음을 나타낸다. 참고: 데이터는 2018년 기준이다.

출처: World Bank, World Development Indicators.

실라는 현대 금융시스템의 초기 발전이 1800년대 미국 경제의 급속한 성장을 설명하는 데 도움이 된다고 주장한다. 왜냐하면, 금융시스템은 자금이 대부자로부터 회사를 설립하고 확장하는 기업가로 흐를 수 있는 길을 제공했기 때문이다. 1800년대 동안 미국과 마찬가지로 상당한 유럽 이민을 경험한 호주, 뉴질랜드, 캐나다 및 라틴 아메리카 국가보다 미국은 훨씬 더 높은 성장률을 경험했다.[1]

한 나라의 금융시스템 발전 정도와 한 나라의 경제적 성과 사이의 연관성은 오늘날에도 여전히 강하다. 세계은행(World Bank)은 경제발전을 촉진하는 것이 목표를 가진 국제기구이다. 세계은행이 국가의 **금융발전(financial development)**을 평가하기 위해 사용하는 한 가지 척도는 은행과 금융시장이 가계와 기업에 제공하는 GDP 대비 총 신용의 양이다. 한 나라가 국민에게 높은 생활 수준을 제공하는 데 얼마나 성공적인지와 관련하여 1인당 실질GDP는 경제학자들이 사용하는 최고의 척도이다. 그림 9.1은 162개국의 금융발전(가로축)과 1인당 실질GDP(세로축)의 관계를 보여준다. 금융발전과 경제성장의 관계가 명확하지는 않지만, 이 그림은 아프가니스탄이나 토고처럼 금융발전이 약한 나라의 1인당 실질GDP 수준

---

[1] Richard Sylla, "Financial Foundations: Public Credit, the National Bank, and Securities Markets," in Douglas A. Irwin and Richard Sylla, eds., Founding Choices: American Economic Policy in the 1790s, Chicago: University of Chicago Press, 2011.

은 낮은 반면, 미국과 같이 높은 수준의 금융발전을 가진 국가는 높은 수준의 1인당 실질 GDP 수준 역시 높다는 것을 보여준다. 금융발전 수준에 비해 1인당 실질GDP 수준이 예상 보다 낮은 중국 및 베트남과 같은 국가는 비교적 최근에 경제가 현대화되기 시작했다. 높은 수준의 금융발전은 이들 국가의 기업이 사업확장에 필요한 자금을 확보하는 데 도움이 되 기 때문에 1인당 실질GDP 수준이 상승할 가능성이 높다.

일부 국가가 다른 나라보다 경제적으로 더 성공하는 이유로 선진 금융시스템을 가지고 있는 것이 전부는 아니지만, 많은 경제학자는 성숙한 금융시스템의 부재는 한 나라가 높은 생활 수준을 갖는 것을 어렵게 만든다고 믿는다. 이 장에서는 금융시스템이 어떻게 경제적 번영을 가능하게 할 수 있는지 살펴보고 금융시스템 구조에서 비대칭정보와 거래비용의 역 할을 고찰한다. 이 장의 끝부분에서, 우리는 미국 금융시스템에 대한 몇 가지 중요한 사실 을 강조할 것이다.

9.2 거래비용, 역선택 및 도덕적 해이

학습목표: 거래비용, 역선택, 그리고 도덕적 해이가 금융시스템에 미치는 문제를 분석 한다.

어떤 사람들은 빌려줄 자금이 있고, 어떤 사람들은 돈을 빌리고 싶어 한다. 이들을 하나로 묶는 것이 금융시스템의 핵심 역할이다. 예금자와 차입자를 한데 모아 쌍방 모두에게 이익 이 될 수 있는 거래(대출)를 성사시키는 것이 간단해 보일 수 있다. 하지만 이전 장에서 이미 살펴본 것처럼, 금융시스템은 복잡하다. 그렇다면 왜 그렇게 복잡할까? 예금자가 자신의 돈 을 빌려줄 수 있는 차입자를 찾고 차입자가 자신들에게 대출해 줄 수 예금자를 찾는 것을 어렵게 만드는 장애요인을 고려함으로써 이 질문에 대한 답을 시작할 수 있다.

소액 투자자가 직면한 문제

여러분이 $500를 저축했고, 그 돈을 투자하려 한다고 가정해보자. 당신은 주식에 투자해야 할까? 피델리티(Fidelity)나 이트레이드(E-Trade)와 같은 온라인 브로커를 이용해 주식을 사 면 풀서비스 브로커(종합금융·증권 서비스 회사)가 부과하는 수수료를 피할 수는 있다. 그 러나 4장 4.1절에서 보았듯이, 주가 변동성이 크기 때문에 주식 투자는 위험하다. 특히 코로 나19 팬데믹 기간인 2020년 2월 말부터 3월 말까지 S&P500 주가지수가 30% 이상 하락했 을 때는 더욱 위험하다. 다양한 여러 회사의 주식을 매입하는 방식으로 투자를 다변화하면, 주식 매입에 따른 위험을 어느 정도 줄일 수 있다. 하지만, 투자할 돈이 $500 밖에 없다면, 다양한 회사의 주식을 매수할 자금이 부족하다. 그렇다면 채권시장으로 눈을 돌려 마이크 로소프트가 발행한 채권을 사야 할까? 안타깝지만 채권의 액면가가 $1,000인 상황에서, 당 신은 채권 하나를 매수할 돈도 부족하다. 4장 4.3절에서 보았듯이 금리가 낮을 때는 2020년 때와 마찬가지로 장기채권도 상당한 이자율 위험이 따른다.

금융시장에 운이 없었기 때문에, 당신은 돈을 투자할 다른 방법을 찾을 것이다. 마침 룸메이트 사촌이 새로운 스마트폰 앱을 개발하기 위해 $500가 필요하다고 하자. 그리고 사촌은 자신에게 $500를 1년 동안 빌려주면, 10%의 이자를 주겠다고 했다. 하지만 당신은 사촌이 실제로 앱을 잘 만드는지는 알지 못한다. 만약 개발된 앱이 실패한다면, 그녀가 돈을 못갚지 않을까 의심할 것이다. 아마도 다른 차입자를 찾아 당신의 돈을 무엇에 사용할지 확인해야 할 것이다. 그러다 또 다른 문제를 발견하게 된다. 로스쿨에 다니는 여러분의 친구가 대출 조건을 명시하는 계약서(즉, 차입자가 빚을 갚지 않을 경우 여러분은 어떤 권리를 가질 수 있는지)를 작성하는데 $300가 들 것이라고 말하는데, 이는 당신이 투자해야 하는 돈의 절반 이상이다. 이 소식을 들은 후, $500를 투자하는 것을 포기하기로 한다. 이러한 결과는 당신뿐만 아니라 다른 개인투자자로부터 자금을 조달하는 데 어려움을 겪을 앱 개발자에게도 나쁜 소식이다.

투자하는 데 어려움이 있다는 것은 금융자산을 구입하거나 대출을 하는 것과 같이 직접적인 금융 거래를 하는 데 드는 비용인 **거래비용**(transactions costs)의 개념을 실제로 보여준다. 이 예에서 거래비용에는 차입자와의 계약서를 작성하기 위해 지불해야 하는 법무 관련 수수료와 수익성 있는 투자를 식별하기 위해 소비하는 시간이 포함될 것이다. 또한 이 예는 예금자가 차입자의 신용도를 평가하고 차입자에게 대출해준 자금을 어떻게 사용하는지를 감시하는데 발생하는 비용인 **정보비용**(information costs)의 개념을 설명한다. 거래비용과 정보비용 때문에 예금자의 투자수익률이 낮아지고 대출자는 빌린 자금에 대해 더 많은 비용을 지불해야 한다. 이러한 비용은 자금이 전혀 융통되지 않을 수 있다는 것을 의미할 수 있다. 거래비용과 정보비용은 금융시스템의 효율성을 떨어뜨리지만, 그 비용을 줄이는 방법을 발견할 수 있는 개인과 기업에는 수익 창출 기회를 제공한다.

거래비용
무역 또는 금융거래의 비용; 예를 들어, 금융자산을 매매하는 데 부과되는 중개 수수료

정보비용
저축자가 차입자의 신용도를 결정하고 취득한 자금을 어떻게 사용하는지 모니터링하기 위해 발생하는 비용

금융중개기관이 거래비용을 절감하는 방법

거래비용이 너무 높기 때문에, 보통 개인 예금자는 차입자에게 직접 자금을 빌려주지 않는다. 같은 이유로 돈을 빌려야 하거나 자금을 조달하기 위해 기업의 일부 소유권을 매각해야 하는 중소기업도 투자 의향이 있는 개인을 찾기 어렵다. 따라서 소액 투자자와 중소기업 모두 자신의 금융 수요를 충족시키기 위해 상업은행이나 뮤추얼펀드와 같은 금융중개기관으로 눈을 돌린다. 예를 들어, 소액투자자는 3,000개 이상의 미국 기업이 발행하는 주식 포트폴리오에 투자하는 슈왑토탈주식시장지수펀드(Schwab Total Stock Market Index Fund) 등 뮤추얼펀드의 주식을 많이 매수한다. $500를 가지고 높은 거래비용을 지불하지 않고 투자할 수 있는 분산된 포트폴리오를 매수하기는 어렵겠지만 뮤추얼펀드와 상장지수펀드(ETFs)는 낮은 거래비용으로 다양성를 제공한다. 이와 유사하게, 투자자는 상업은행으로부터 양도예금증서(certificate of deposit)를 구입할 수 있다. 상업은행은 그 자금을 가계 및 사업체 차입자에게 대출하는 데 사용할 수 있다.

은행, 뮤추얼펀드, ETFs 및 기타 금융중개기관은 수익을 내면서 예금자와 차입자의 요구를 충분히 충족시키기 위해 거래비용을 어떻게 절감할 수 있을까? 가장 중요한 것은 금

융중개기관이 재화나 용역의 생산량 증가에 따른 평균 비용 감소를 가리키는 **규모의 경제** (economies of scale)를 이용한다는 점이다. 예를 들어, 재무부채권 딜러가 투자자들에게 $1 백만 가치의 채권을 매입하기 위해 부과하는 수수료는 $10,000 가치의 채권을 매입할 때 부 과하는 수수료보다 그리 높지 않다. $수백만 가치의 채권을 구매하는 채권 뮤추얼펀드나 ETF에서 $500 가치의 주식을 구매함으로써 개인투자자는 펀드의 규모의 경제로부터 혜택 을 얻는다.

규모의 경제를 이용할 수 있다. 예를 들어, 은행은 많
은 대출을 하기 때문에 이와 관련해서 표준화된 법적 계약에 의존한다. 따라서 계약서를 작 성하는 비용은 많은 대출에 걸쳐 분산된다. 마찬가지로, 은행 대출 담당자는 대출을 평가하 고 처리하는 데 시간을 할애하며, 이러한 전문성을 바탕으로 대출을 효율적으로 처리할 수 있기 때문에 대출 과정에서 요구되는 시간, 즉 대출당 비용을 절감할 수 있다. 금융중개기 관은 기술을 활용하여 현금 자동 입출금기(ATM) 네트워크가 제공하는 것과 같은 금융서 비스를 제공한다. 또한 금융중개기관은 대출 신청자의 신용도를 평가하기 위해 정교한 소프 트웨어를 사용한다.

금융중개기관이 정보비용 절감에 어떤 도움을 줄 수 있는지 이해하기 위해서는 정보비 용의 성격을 좀 더 면밀히 고려할 필요가 있다. 이후 세 절을 통해 살펴보자.

금융시장의 정보문제

예금자의 핵심 고려사항은 차입자의 재정 건전성이다. 예금자는 채무를 상환할 가능성이 적 은 차입자에게 돈을 빌려주지 않는다. 차입자는 열악한 재정 건전성을 가지고 있다는 사실 을 예금자에게 숨기려 한다. 예를 들어, 투자자에게 채권을 발행해 자금을 조달하는 기업은 매출이 급격히 감소하고 있고 파산 직전이라는 사실을 알고 있지만, 채권 구매자들은 이 정 보가 없을 수도 있다. **비대칭정보**(asymmetric information)는 경제적 거래의 한 당사자가 다 른 사람에 비해 더 나은 정보를 가지고 있는 상황을 설명한다. 금융거래에서 일반적으로 차 입자는 대여자보다 더 많은 정보를 보유한다.

경제학자는 비대칭정보에서 발생하는 두 가지 문제를 구분한다.

1. **역선택**(adverse selection)은 투자자가 투자를 하기 전 저위험 차주와 고위험 차주를 구 분하는 과정에서 경험하는 문제이다.
2. **도덕적 해이**(moral hazard)는 투자자가 차입자가 조달한 자금을 계획했던 대로 사용하 고 있는지 확인하는 과정에서 경험하는 문제이다.

투자자는 비대칭정보에서 발생하는 비용이 너무 커서 연방정부와 같이 위험이 낮은 것 이 확실한 차입자에게만 돈을 빌려주려 할 수 있다. 그러나 일반적으로 금융시장이나 금융 중개기관은 투자 결정을 내리는 데 필요한 정보의 비용을 낮출 수 있는 방법이 있다.

규모의 경제
생산되는 재화나 용역의 양적 증가 로 인한 평균 비용 감소

비대칭정보
경제 거래의 한 당사자가 다른 당 사자보다 더 나은 정보를 가지고 있는 상황

역선택
투자자가 투자를 하기 전에 저위험 차입자와 고위험 차입자를 구별할 때 겪는 문제

도덕적 해이
사람들이 거래를 시작한 후 상대 방을 악화시키는 조치를 취할 위 험; 금융시장에서 투자자가 차용인 이 자금을 의도한 대로 사용하고 있는지 확인할 때 겪는 문제

역선택

캘리포니아 버클리 대학교와 조지타운 대학교의 조지 애커로프(George Akerlof)는 정보 경제학에 대한 연구로 2001년에 노벨 경제학상을 받았다. 그는 경제학자로서는 처음으로 역선택의 문제점을 체계적으로 분석했는데, 특히 중고차 시장을 바탕으로 이를 분석했다. 애컬로프는 중고차 판매자가 잠재적 구매자보다 자동차의 실제 상태에 대한 정보를 항상 더 많이 가지고 있을 것이라고 언급했다. 구매자는 구입을 고려하고 있는 자동차가 정기적으로 오일을 교환하지 않는 등 관리가 제대로 되지 않은 "레몬"이라는 사실을 모를 수 있다. 잠재적 구매자가 중고차에 지불하려는 가격은 중고차의 실제 상태에 대한 구매자의 불완전한 정보를 반영한다.

간단한 예로, 중고차 시장이 개별 구매자와 판매자만으로 구성된다고, 즉 중고차 딜러가 없다고 가정하자. 당신은 2017년식 혼다 시빅 중고차를 구입하기를 원한다. 다른 구매자는 잘 정비된 좋은 차를 구입하기 위해 $20,000를 기꺼이 지불할 것이지만 레몬 한 대에는 $12,000를 지불할 것이라고 가정한다. 하지만 우리는 레몬과 좋은 차를 구분할 수 없다. 다만, 2017년형 혼다 시빅 중고차 중 약 75%가 잘 유지된 좋은 차이지만, 나머지 25%는 레몬이라는 온라인 보고서를 읽었다. 4장 4.1절에서 투자에 대한 **기대수익률**은 각 사건의 발생 확률에 각 사건의 가치를 곱한 값을 모두 더해서 계산한다는 것을 배웠다. 따라서 판매 가능한 차량 중 무작위로 선택한 2017년식 시빅의 **기대 가격(expected value)**을 계산할 수 있다.

기대 가격 = (좋은 차일 확률)×(좋은 자동차 가격)+(레몬일 확률)×(레몬 자동차 가격)

즉, 기대 가격 = (0.75 × $20,000) + (0.25 × $12,000) = $18,000

따라서 시빅의 기대 가격인 $18,000에 해당하는 가격을 지불하는 것은 타당해 보인다. 하지만 다음과 같은 큰 문제에 부딪힐 수 있다. 시장에 나온 어떤 특정한 자동차가 좋은 차인지 레몬 차인지 알 수 없다는 것을 고려하면 $18,000 가격은 타당해 보인다. 하지만 판매자는 그들이 좋은 차를 팔고 있는지 레몬을 팔고 있는지 알고 있다. 좋은 차를 파는 사람에게 $18,000는 차의 가치보다 $2,000 저렴하므로 판매자는 자동차 판매를 꺼릴 것이다. 그러나 레몬 차 판매자에게 $18,000의 제안은 차의 가치보다 $6,000 높은 것이며, 판매자는 자동차를 판매할 것이다. 레몬 판매자는 구매자보다 자신이 팔고 있는 차에 대해 더 잘 알고 있다는 이점이 있기 때문에 중고차 시장은 역선택에 처하고, 매물로 나오는 대부분의 중고차는 레몬이 될 것이다. 즉, 비대칭정보 때문에 중고차 시장은 매물로 나올 차량을 불리하게 선택한 셈이다. 역선택 문제로 중고차 시장에서 좋은 차가 거의 팔리지 않기 때문에 역선택 문제는 매매되는 중고차의 총량을 감소시킨다. 중고차 시장의 역선택에 대한 애커로프 분석으로부터, 정보문제가 시장의 경제적 효율성을 떨어뜨린다는 결론을 내릴 수 있다.

실제 중고차 시장은 개인 구매자와 판매자로만 구성된 시장과 비교했을 때 역선택 정도를 줄이되 제거하지는 않는다. 역선택 비용을 줄이기 위해 자동차 딜러는 구매자와 판매자 사이의 중개자 역할을 한다. 구매자와의 평판을 유지하기 위해 딜러는 개인 판매자보다 자신이 판매하는 중고차의 품질에 대한 개인 정보를 이용하는 것을 꺼린다. 여기서 개인 판매자는 평생 동안 기껏해야 소수의 중고차를 판매할 것이다. 그 결과, 딜러는 레몬과 좋은 차 모두를 그들의 실제 가격에 가까운 가격으로 판매한다. 또한 정부 규제는 자동차 딜러가 그 차에 대한 정보를 소비자에게 공개하도록 요구한다.

금융시장에서 "레몬 문제" 예금자로부터 투자자로 자금을 연결해주는 주식과 채권시장에서 역선택 문제는 어떠한 영향을 미치는가? 먼저 주식시장을 고려해보자. 앞선 자동차 시장과 비슷한 간단한 예를 들어보자. 수익성이 좋은 회사와 수익성이 좋지 않은 레몬 회사가 있다고 가정하자. 기업은 자신이 좋은 회사인지 레몬인지 잘 알고 있지만, 잠재적 투자자들은 이용 가능한 정보를 가지고는 그 차이를 구별할 수 없다. 6장 6.2절에서 보았듯이, 주식의 기본 가치는 투자자가 미래에 받을 것으로 예상하는 모든 배당금의 현재 가치와 같아야 한다. 미래에 배당금이 지급될 것이라는 기대를 고려할 때, 좋은 회사가 발행하는 주식의 가치는 주당 \$50이지만 레몬 회사가 발행하는 주식의 가치는 주당 \$5(결국 회사가 이익을 낼 것이라는 기대감을 바탕으로 했을 때)에 불과하다. 월스트리트 저널과 금융사이트를 통해 당신은 주식을 공모하는 기업의 90%가 좋은 기업이고 10%가 레몬 기업이라고 확신하지만, 어떤 특정 기업이 좋은 기업인지 레몬 기업인지 판단할 수 있는 정보가 부족하다.

이러한 가정하에 주식을 공모한 모든 기업 중에서 무작위로 선택된 기업이 발행한 주식의 기대 가격을 다음과 같이 계산할 수 있다.

$$기대\ 가격 = (0.90 \times \$50) + (0.10 \times \$5) = \$45.50$$

당신은 주식 한 주에 \$45.50를 지불할 의향이 있지만, 좋은 회사에게 이 가격은 주식의 기초 가치보다 낮다. 낮은 가격에 주식을 파는 것은 회사의 일부 소유권(주식)을 실제 가치보다 낮은 가격에 파는 것이다. 따라서 좋은 회사는 이 가격에 주식을 파는 것을 꺼릴 것이다. 그러나 레몬 회사는 이 가격에 주식을 팔려고 할 것이다. 왜냐하면 이 가격은 주식의 실제 가치를 훨씬 상회하기 때문이다. 레몬 기업이 투자자보다 기업의 실제 가치를 더 잘 알고 있다는 점을 이용하기 때문에, 주식시장도 중고차 시장과 마찬가지로 역선택의 대상이 된다.

주식시장에서 역선택이 초래한 결과 중 하나는 많은 중소기업이 주식을 발행할 수 없거나 발행하려 하지 않을 것이라는 점이다. 투자자는 레몬 회사라고 밝혀질 수도 있는 주식을 사는 것을 두려워할 것이기 때문에 중소기업은 그들의 주식을 매입할 의향이 있는 투자자를 찾을 수 없을 것이다(또는 기업은 기초 가치보다 훨씬 낮은 가격에 주식을 팔지 않을 것이다). 이에 따라 미국에서는 약 3,600개 기업만이 **상장**돼 주식을 시장에서 팔 수 있다. 이들 기업은 투자자가 월스트리트 분석가의 보고서나 금융 저널리스트의 기사에서 재무 건전성에 대한 정보를 쉽게 찾을 수 있을 정도로 규모가 크다. 이 정보는 투자자가 역선택 문제를 극복하는 데 도움을 준다.

채권시장에서도 역선택이 나타난다. 투자자가 기업이 좋은 기업인지 레몬인지 확신이 서지 않을 때 기업의 주식을 매수하는 것을 꺼리는 것과 같이, 기업 채권을 사들여 기업에 돈을 빌려주는 것도 주저한다. 투자자가 모든 기업의 재무 건전성에 대한 완전한 정보를 가지고 있다면 좋은 기업에 대한 대출 위험보다 레몬 기업에 대한 대출 위험이 더 크기 때문에, 좋은 회사에 낮은 금리로 돈을 빌려주고 레몬 회사에 높은 금리로 돈을 빌려줄 것이다. 그러나 비대칭정보 때문에 투자자는 높은 금리로 대부하는 것을 꺼려한다. 투자자는 채권 금리가 오르면서 고금리를 지불하려는 기업 중 상당수가 레몬 기업이라고 보고 있다. 결국, 파산 위기에 처한 회사의 경영자는 위험한 투자를 위한 자금을 조달하는 데 사용될 수 있는 자금을 빌리기 위해 매우 높은 이자율을 지불할지도 모른다. 투자가 성공하지 못하더라도, 회사는 여전히 파산위기에 처해 있지만 경영자는 예전보다 더 나빠지지 않는다. 그러나 채권을 사들인 투자자는 덜 위험한 투자에 자금을 투입했을 때보다 훨씬 더 악화될 것이다. 즉, 금리가 오를수록 잠재적 차주의 신용도가 악화되기 때문에 역선택 문제가 더 심해질 가능성이 크다. 이때 투자자는 이 문제를 알기 때문에 자금의 수요와 공급량이 같아지는 수준까지 금리를 올리기보다는 대출 의향이 있는 대출 건수를 줄일 가능성이 크다. 이러한 대출 제한은 **신용제한**(credit rationing)으로 알려져 있다. 대출자가 신용을 제한할 때, 기업은 그들이 좋은 회사든 레몬 회사든 자금을 빌리는 데 어려움을 겪을 수 있다.

신용제한
차입자가 주어진 이자율로 원하는 자금을 얻을 수 없도록 대부자에 의한 신용제한

요약해보면 중고차 시장에서 역선택은 나쁜 차가 좋은 차를 시장에서 밀어내는 원인이 된다. 주식시장에서 역선택은 대기업을 제외한 어떤 기업도 주식을 매도하기 어렵게 만든다. 채권시장에서 역선택은 신용제한으로 이어진다.

역선택은 경제에 많은 비용을 들게 한다. 투자자가 좋은 기업에 대한 정보를 얻는 데 어려움을 겪을 때, 좋은 기업이 자금을 조달하는 데 드는 비용은 증가한다. 이러한 상황은 많은 기업이 주로 내부자금을 투자함으로써 성장하도록 강요하는데, 이는 기업이 벌어들인 이익 또는 기업의 소유주들로부터 모은 자금이다. 오늘날 미국 기업은 필요한 자금의 2/3 이상을 내부적으로 조달하고 있다. 역선택 문제는 소프트웨어나 생명공학과 같이 역동적으로 부상하는 경제 분야에서 신생 기업의 성장 기회를 제한할 가능성이 가장 크다. 왜냐하면 투자자가 좋은 기업과 이 분야의 레몬을 구별하는 데 특히 어려움을 겪기 때문이다.

역선택을 줄이려는 시도 금융시장 참여자와 정부는 금융시장의 역선택 문제를 줄이기 위한 조치를 취하고 있다. 1929년 10월의 주식시장 붕괴 이후, 뉴욕 증권거래소에서 주식을 파는 많은 회사가 투자자에게 회사의 재무 건전성에 대한 중요한 정보를 공개하지 않고, 투자자를 적극적으로 호도했다는 것이 명백해졌다. 이에 대응하여 1934년, 의회는 주식과 채권시장을 규제하기 위해 증권거래위원회(SEC)를 설립하였다. SEC는 상장기업이 기업의 자산, 부채, 주주자본의 가치(기업의 자산가치와 부채의 가치의 차이)를 나타내는 재무상태표와 기업의 매출, 비용, 그리고 이윤을 나타내는 손익계산서와 같은 같은 재무제표에 그들의 성과를 보고하도록 요구한다. 기업은 비영리 회계기준위원회(FASB)가 제정한 **일반적으로 인정되는 회계원칙**(Generally Accepted Accounting Principles, GAAP)이라는 표준 회계방법을 사용하여 재무제표를 작성해야 한다. 또한 기업은 정보가 알려지면 기업의 주가에 영향을

미칠 수 있는 중요한 정보를 공시해야 한다.

SEC가 요구하는 정보의 공개는 역선택에 따른 정보비용을 감소시키지만, 다음과 같은 중요한 이유 네 가지 때문에 정보비용을 없애지는 않는다.

1. 일부 좋은 기업은 신생 기업이어서 잠재적 투자자가 평가할 수 있는 정보가 많지 않을 수 있다.

2. 레몬 회사는 투자자가 회사의 증권을 과대평가할 수 있도록 가능한 한 좋은 관점에서 정보를 제공하려고 노력할 것이다.

3. 손익계산서와 재무상태표에 대한 일부 항목을 보고하는 방법에 대한 정당한 의견 차이가 있을 수 있다. 예를 들어, 2007~2009년의 금융위기 동안 많은 은행과 그 밖의 금융회사는 재무상태표에 대출과 모기지담보부증권과 같은 유동성이 결여된 자산을 가지고 있었다. 이러한 자산에 대해 시장은 작동하지 않았고, 매매가 거의 또는 전혀 일어나지 않았다. 이러한 상황에서 투자자들은 재무상태표를 바탕으로 자산의 실제 가격을 발견하는 데 어려움을 겪었다.

4. 정보가 중요한지 여부에 대한 해석은 까다로울 수 있다. 예를 들어, 일부 투자자는 스티브 잡스 CEO가 사망하기 전 수년간 건강상 문제를 충분히 밝히지 않은 애플을 비판했다. 애플의 대표는 잡스의 건강 문제가 사적인 문제라고 주장했지만, 일부 투자자는 잡스가 회사의 미래 수익성과 주가에 영향을 미칠 수 있었기 때문에 그 문제를 완전히 공개했어야 했다고 주장한다.

민간기업은 기업에 대한 정보를 수집하고 그 정보를 투자자에게 판매함으로써 역선택의 비용을 줄이려고 노력해 왔다. 기업이 일을 잘하는 한, 정보를 구매하는 예금자는 대출의 효율성을 개선하면서 차입자의 상태를 더 잘 판단할 수 있을 것이다. 투자자가 정보에 대한 대가를 지불하지만, 구입한 정보로 인해 투자자가 더 높은 수익률을 얻을 수 있게 된다면 여전히 이익을 얻을 수 있다. 무디스(Moody's Investors Service), 스탠더드앤드푸어스(Standard & Poor's), 밸류 라인(Value Line), 던앤드브래드스트리트(Dun & Bradstreet)와 같은 회사는 기업의 손익계산서, 재무상태표, 기업의 경영자 인터뷰, 기업의 사무실 및 공장에 대한 조사 등 다양한 출처로부터 정보를 수집하는 것을 전문으로 한다. 이 회사들은 개인 투자자, 도서관, 금융중개기관을 포함한 가입자에게 이 정보를 판매한다. 이렇게 수집된 정보 중 일부는 온라인에서 이용할 수 있다.

민간 정보 수집 회사는 역선택의 비용을 줄이는데 도움을 줄 수 있지만, 그것을 없앨 수는 없다. 수집된 정보에 대해 가입자는 비용을 지불하지만, 그 외 가입하지 않은 사람은 비용을 지불하지 않고 혜택을 누릴 수 있다. 돈을 지불하지 않고 정보에 접근할 수 있는 개인은 무임승차자이다. 즉, 그들은 비용을 지불하지 않고 정보에 대한 비용을 지불한 사람과 동일한 혜택을 얻는다. 개인 정보 수집 회사가 준비하는 보고서는 복사하여 배포하거나 스캔하여 인터넷에 게시하기 쉽다. 따라서 각각의 유료 가입자에게 무임승차자가 많을 수 있다. 사실상 민간 정보 수집 회사는 결국 많은 투자자에게 무료로 서비스를 제공하기 때문에, 무임승차 문제에 직면할 필요가 없는 경우보다 투자자들은 많은 정보를 수집할 수 없다. 5장 5.1절 채권 등급에 대한 논의에서 살펴 보았듯이 무임승차 문제로 무디스와 스탠더드앤 드푸어스(S&P)는 채권 발행 기업의 신용도에 대한 정보를 투자자에게 청구하는 것을 포함 하는 사업 모델에서 채권 발행 기업에 청구하는 것으로 전환해야 했다.

담보 및 순자산이 역선택 문제를 줄이는 방법   정부 규제의 직접적인 결과이거나 민간 정보 수집 업체의 노력의 간접적인 결과인 정보 공개는 역선택을 줄이지만 완전히 없애지는 않는 다. 이에 대부자는 역선택 문제를 줄이도록 설계된 금융계약에 의존하는 경우가 많다. 기업 소유주가 자기 돈을 회사에 거의 투자하지 않았다면, 채권을 연체하거나 대출금을 갚지 못 해도 크게 손실 볼 것이 없다. 경영자가 회사의 실제 상태에 대한 사적 정보를 활용하는 데 더 많은 비용이 들도록 하기 위해, 대부자는 회사가 채무불이행 시 압류할 수 있는 자산의 일부를 **담보**(collateral)로 약속하도록 요구한다. 예를 들어, 창고를 소유한 회사는 채권을 발 행할 때 창고를 담보로 약정해야 할 수도 있다. 기업이 채권에 대한 쿠폰 지급을 이행하지 못하면 투자자는 창고를 점유해 채권에 대한 손실을 메우기 위해 매각할 수 있다. 애플이나 월마트와 같이 매우 크고 잘 알려진 회사들만 **무담보 사채**(debenture)를 팔 수 있는데, 이것 은 특정한 담보 없이 발행된 채권이다.

    기업의 자산가치와 부채가치의 차이인 **순자산**(net worth)은 담보와 마찬가지로 대부자에 게도 동일한 보증을 제공한다. 기업의 순자산이 높을 때, 그 기업의 경영자는 고위험 투자 에 차입한 돈을 사용함으로써 더 많은 손실을 보게 되는 반면, 순자산이 낮은 기업의 경영 자들은 손실이 적다. 그러므로 투자자는 순자산이 높은 기업에 대한 대출을 제한함으로써 역선택을 줄인다.

    그러나 결국 역선택의 비용은 많은 기업이 금융시장에서 자금을 조달하는 것을 어렵게 만든다. 이런 비용은 높은 거래비용 외에도 많은 기업이 외부 금융이 필요할 때 은행과 금 융중개기관에 눈을 돌리는 또 다른 이유다.

금융중개기관이 역선택 문제를 줄이는 방법   금융중개기관, 특히 은행은 차입자의 채무불 이행 위험에 대한 정보를 수집하는 것을 전문으로 한다. 은행은 오랜 경험을 통해 가계와 기 업 등 차주의 어떠한 특징이 채무불이행 위험성을 높이는지 알고 있다. 은행이 의존하는 정 보 중 일부는 어느 금융기관에서나 폭넓게 이용할 수 있다. 이 정보는 신용 보고서와 FICO 신용점수를 포함하는데, 이는 현재 FICO라고 하며, 이전에 Fair, Isaac and Company로 불렸 던 회사 이름을 합쳐 만든 것이다. 그러나 개별 은행은 일반적으로 이용할 수 없는 특정 차 입자에 대한 정보에도 접근할 수 있다. 차입자에 대한 개인 정보를 바탕으로 신용위험을 평 가하는 은행의 능력을 **관계금융**(relationship banking)이라고 한다. 예를 들어, 흔히 **지방은행** (community bank)이라고 불리는 지역 은행은 지역 자동차 대리점에 수년간 대출을 해 왔을 수 있으므로, 이 은행은 다른 잠재적 대부자가 얻기 어려운 대리점의 신용도에 대한 정보를 수집했을 것이다.

    은행은 예금자로부터 자금을 조달하고, 차입자의 신용도에 대한 우월한 정보를 이용

담보
차입자가 채무를 불이행 할 경우 대부자가 압류할 수 있도록 차입자 가 대부자에게 약속한 자산

순자산
기업의 자산 가치와 부채 가치의 차이

관계금융
은행이 차입자에 대한 개인 정보를 기반으로 신용위험을 평가할 수 있는 능력

하여 위험이 낮은 차용인에게 예금을 빌려준다. 개인 예금자보다 은행은 좋은 차입자와 레몬 차입자를 구분하는 능력이 뛰어나기 때문에 예금자에게 지급하는 금리보다 대출에 더 높은 금리를 부과하여 수익을 얻을 수 있다. 거래비용과 정보문제 때문에 차입자에게 직접 자금을 빌려주기 어렵다는 것을 알기 때문에 예금자는 기꺼이 낮은 금리를 수용할 용의가 있다.

은행은 그들이 하는 대출의 많은 부분을 관계금융이 차지하고 있기 때문에 차입자에 대한 개인 정보로부터 이익을 얻을 수 있다. 따라서 투자자는 유사한 대출상품을 이용하여 수익을 내는 데 어려움을 겪는다. 은행이 지역 사업체와 가계 정보를 수집해 수익을 낼 수 있는 것은 이 대출 사업을 두고 다른 투자자가 은행과 경쟁하기 어렵기 때문이다. 관계금융으로부터 은행이 얻는 정보의 이점은 역선택의 비용을 줄일 수 있게 하고, 기업에 외부 금융을 제공하는 데 있어서 은행이 수행하는 핵심 역할을 설명하는 데 도움이 된다.

개념 적용

증권화가 역선택 문제를 증가시켰는가?

2007~2009년의 금융위기는 증권화가 경제에 중요한 역할을 했다는 것을 강조하였다. **증권화**는 모기지와 같은 대출을 금융시장에서 거래할 수 있는 증권으로 묶는 것을 포함한다. 일부 경제학자들은 지난 25년간 증권화의 증가가 역선택의 증가로 이어졌을 것으로 보고 있다. 지금까지 살펴본 바와 같이, 관계금융 업무와 관련하여 은행은 잠재적 차입자에 대한 정보를 얻고 그 정보를 가계와 기업에 대출하는 데 이용하려는 유인이 있다. 관계금융 업무를 하는 은행은 대부분 만기까지 보유하고 있는 예금자에게 지급하는 금리와 대출로 받는 금리의 차액을 기반으로 이윤을 얻을 수 있다.

증권화는 은행의 핵심 사업모델을 관계금융 업무에서 **OTD**(originate-to-distribute) 사업모델로 바꾼다. 이 모델에서 은행은 여전히 대출 업무를 하지만 대출 채권을 만기까지 보유하기보다는 대출을 증권화하거나 다른 금융회사나 정부기관에 매각해 증권화한다. 은행은 대출 채권을 만기까지 보유하기보다는 단기간 보유한다. OTD 모델을 통해 은행은 대출에서 받는 수수료와 차입자로부터 받은 대출금을 증권 소유자에게 지급하는 과정에서 부과하는 수수료에서 이익을 얻는다.

일부 경제학자와 정책입안자는 OTD 모델이 좋은 차입자와 레몬 차입자를 구별하려는 유인을 감소시켰다고 주장한다. 즉, 이 모델은 역선택을 줄이기 위한 은행의 인센티브를 줄여왔다. 일단 대출이 증권화되면 차입자가 채무불이행을 할 경우 대출을 해준 은행이 아닌 증권의 소유자가 대부분의 손실을 입게 된다. 또한 일부 경제학자는 은행이 자신의 포트폴리오에 대해 덜 위험한 대출은 유지하면서 더 위험한 대출은 매각하기 위해 정보상의 이점을 이용할 수 있다고 주장했다. 증권화된 대출 채권을 매입하는 투자자는 증권에 포함된 대출 채권의 위험성을 평가하는 것이 어려울 수 있다. 무디스나 스탠더드앤드푸어스(S&P) 등 신용평가사가 유가증권에 대한 등급을 제공하지만, 증권에 포함된 대출 채권의 위험성에 대해 평가사가 보유한 정보가 대출을 해준 은행이 가지고 있는 정보보다 적다. 증권화는 금융시스템에 특별한 이점을 제공한다. 예를 들어, 증권화는 위험 분담 확대, 대출시장 유동성 확대, 차입자지불 대출금리 감소, 투자 포트폴리오 다양화 등을 가능하게 한다. 다만 역선택 문제를 키울 수 있다는 점이 증권화의 단점이다.

증권화가 대출 시장에서 역선택 문제를 키웠는지에 대한 증거는 엇갈린다. 호주 국립대학의 안제 베른트(Antje Berndt)와 케이스 웨스턴 리저브 대학의 아누라그 굽타(Anurag Gupta)는 OTD 모델이 역선택에 미치는 영향을 연구했다. 그들은 2000년 초부터 2004년 말까지 은행이 기업에 대출한 것을 조사했다. 그들 연구에 의하면, 은행 대출이 증권화된 기업은 은행 대출 채권이 팔리지 않은 기업 또는 은행에서 자금을 빌리지 않은 기업에 비해 대출 채권 매각 후 3년간 수익성이 현저히 떨어진 것으로 나타났다. 이 결과는 은행이 자신들이 증권화하려는 대출에 덜 신중했거나 수익성이 낮은 기업에 대한 대출 채권을 더 많이 팔았음을 보여준다.

노스웨스턴 대학의 에프레임 벤멜렉(Efraim Benmelech), 세인트루이스 워싱턴 대학의 제니퍼 들루고즈(Jennifer Dlugosz), 하버드 경영대학의 빅토리아 아이바쉬나(Victoria Ivashina)는 더 위험한 기업대출을 증권화하는 금융 상품인 대출채권 담보부 증권(CLOs)에 대한 연구에서 다른 결론을 내렸다. 그들은 "증권화된 대출 채권이 비슷한 신용수준의 비증권화된 대출보다 더 나쁠 것이 없고 어떤 기준에서는 더 나을 것"이라는 것을 발견했다.

W. 스콧 프레임(W. Scott Frame)은 증권화가 주택 모기지 대출에 미치는 영향에 대한 학술 문헌을 조사한 결과 "최근 미국 주택 모기지 시장에 대한 실증연구는 증권화 자체가 큰 문제가 되지 않았을 가능성이 있다"고 분석했다. 2007~2009년 금융위기 당시 채무불이행 위험이 가장 컸던 모기지 대출은 이른바 **낮은 수준의 서류 대출**(low-documentation loans)로 차입자에게 소득, 기타부채, 순자산을 완전히 기록하도록 요구하지 않고 부여한 대출이다. 프레임은 이러한 대출도 증권화했을 때 더 이상 저조한 성과를 거두지 않았다는 것을 발견했다.

2010년 월스트리트 개혁 및 소비자 보호법(Wall Street Reform and Consumer Protection Act) 또는 도드-프랭크법안(Dodd-Frank Act)을 통과시키면서, 의회는 증권화가 금융시스템의 역선택을 증가시켰을 가능성을 해소했다. 법안에는 당초 위험도가 높은 모기지가 포함된 모기지 담보부 증권 등을 판매하는 은행과 금융회사는 발행된 전체 증권의 5% 이상을 보유하도록 하는 **위험보유규제**(risk retention regulation)가 담겼다. 그러나 연방규제 당국은 이 규제가 모기지 대출을 상당히 줄일 가능성이 있다고 판단하여, 그 요건은 철회되었다. 2016년 12월, 규제 당국은 CLOs 판매자에게 최소 5%의 유가증권을 보유할 것을 요구하기 시작했다. 경제학자와 정책입안자는 위험보유규제가 증권화 대출 채권에 대한 역선택 문제를 다루는 효과적인 수단인지 여부에 대해 논쟁을 계속하고 있다.

이 장의 끝에 있는 관련문제 2.10을 참조하시오.

예제 9.2

왜 은행이 소비자에게 신용을 제한하는가?

2019년 말, 월스트리트 저널의 한 기사는 은행이 가계 대출을 허가할 것인지, 신용카드를 발급할 것인지를 결정할 때 소비자의 "과거 대출 및 상환 이력" 이외의 요소를 사용할 수 있도록 허용하자는 연방정부 규제 당국의 제안에 반박했다. 이 기사는 "소비자는 연방 은행 감독당국이 전통적인 신용 평가 방법에 대한 대안을 승인한 후 대출을 받는 것이 더 쉽다는 것을 알게 될 것이다."

a. 어떤 소비자가 이러한 규제 변화로 가장 많은 혜택을 받을 수 있는가? 은행도 혜택을 받을 수 있는가? 간략하게 설명하시오.

b. 왜 은행은 이러한 소비자에게 대출과 신용카드를 제공하지 않는가? 은행은 소비자가 대출금을 상환하지 않거나 신용카드 결제를 중단할 가능성을 상쇄하기 위해 그들에게 더 높은 이율을 부과할 수 있지 않았을까? 간단하게 설명하시오.

문제풀이

1 단계 **이 장의 내용을 복습한다.** 이 문제는 역선택과 신용제한에 관한 것이므로, "역선택" 절을 검토해 보는 것이 좋다.

2 단계 **(a)에서는 어떤 소비자가 이러한 규제 변화로 인해 이익을 얻을 수 있는지 그리고 은행도 이익을 얻을 수 있는지를 설명함으로써 답한다.** 이러한 변화로 인해 혜택을 받을 가능성이 가장 높은 소비자는 이전에 대출을 상환한 이력이 부족하거나 정기적으로 신용카드로 결제한 이력이 부족한 사람들이다. 예컨대, 정기적인 급여를 받아 대출금 지급과 신용카드 상환 능력을 갖췄지만, 고등학교나 대학을 졸업하고 새로 노동시장에 진입해 신용 이력이 부족한 이들이 혜택을 받을 것으로 보인다. 만약 이들이 전통적인 신용도 평가 방법을 사용하여 신용을 받을 자격이 있는 소비자와 동일한 수준의 신용도를 가지고 있다면, 은행은 그들에게 대출을 허용하거나 신용카드를 발급하는 것을 허용함으로써 이익을 얻을 것이다.

3 단계 **(b)에서는 은행이 이미 이러한 소비자에게 대출을 하면서 더 높은 금리를 부과하고 있지 않는 이유에 대해 논의하는 것으로 답한다.** 우리는 높은 금리가 신용도가 낮은 차입자를 끌어들일 수 있기 때문에 대부자가 차입자에게 부과하는 이자율을 올리는 것을 꺼릴 수 있다는 것을 보았다. 즉, 높은 금리는 역선택을 증가시킬 수 있다.

도덕적 해이

대부자가 괜찮은 차입자인지 레몬 차입자인지 정보를 수집한 후에도 차입자의 정보 문제는 끝나지 않는다. 대부자가 좋은 차입자로 보이는 사람에게 대출을 한 후에는 차입자가 자금을 의도대로 사용하지 않을 가능성이 여전히 존재한다. **도덕적 해이**로 알려진 이러한 상황은 차입자가 정보를 감출 유인이 있거나 대부자의 관심과 일치하지 않는 방식으로 행동할 때 발생할 가능성이 더 크다. 도덕적 해이는 다음과 같은 비대칭정보로 인해 발생한다. 대출받은 자금이 실제로 어떻게 사용될지에 대해서는 대부자보다 차입자가 더 많이 알고 있다.

주식시장에서의 도덕적 해이 기업의 주식을 매수하면, 회사 경영진이 이윤을 극대화해서 투자 가치가 증가하기를 희망할 것이다. 하지만 회사 경영진이 실제로 이익을 극대화하고 있는지를 감시하는 것은 개인투자자에게 매우 어려운 일이며, 이는 중대한 도덕적 해이 문제를 야기한다. 마이크로소프트가 새로 발행한 주식을 살 때, 회사가 당신의 돈을 새로운 버전의 윈도우 연구개발에 쓸 것인지 아니면 새로운 경영진 화장실에 있는 금색 수도꼭지에 쓸 것인지 알 수 없다. 연구개발에 대한 투자는 마이크로소프트사의 이익과 당신의 수익을 증가시킬 가능성이 높은 반면, 금 수도꼭지를 설치하는 것은 그렇지 않다.

상장된 대기업 조직은 **소유권과 경영권을 분리**한다. 즉, 법적으로 주주들이 회사를 소유하고 있지만, 이 회사는 사실상 최고경영자(CEO), 최고운영책임자(COO), 최고재무책임자(CFO) 등 최고 경영진이 경영한다. 대부분의 대기업에서 최고경영자는 회사 주식의 극히 일부만을 소유하고 있는데, 보통 5% 미만이다. 주주는 경영자가 주주의 투자 가치를 극대화하기 위해 회사를 운영하기를 원하지만, 경영자는 다른 목적을 가질 수 있다. 회사가 더 작았다면 수익성이 높은데도 일부 최고경영자는 내부 성장과 다른 회사 인수를 통해 회사를 최대한 크게 만드는 데 관심이 있는 "제국 건설자"라는 비난을 받는다. 예를 들어, 2020년 렌터카 회사 헤르츠(Hertz)가 파산을 선언했을 때, 코로나19 팬데믹의 경제적 효과로 인한 문제를 언급하는 것 외에도, 일부 업계 분석가는 경쟁 렌터카 회사인 달러 스리프티(Dollar Thrifty)를 매입하기로 한 이전 CEO의 결정을 비난했다.[2] 일부 고위 경영자는 회사의 이익보다는 회사 전용기를 사용하고 값비싼 휴양지에서 회의를 여는 것에 더 신경을 쓴다. 경제학자는 경영자가 주주와 다른 목적을 추구할 가능성을 **주인-대리인 문제**(principal-agent problem)로 언급한다. 여기서 회사의 소유주로서 주주가 주인이 되고, 소유주의 뜻을 관철하기 위해 고용된 최고경영자가 대리인이 된다.

경영자는 주주에게 지급해야 하는 배당금을 줄이고 자금을 유보할 수 있도록 회사의 이익을 축소보고할 유인을 가지고 있다. SEC는 경영자가 GAAP에 따라 작성된 재무제표를 공표하도록 요구하기 때문에 축소보고 문제는 어느 정도 감소한다. 연방법은 주주에게 속하는 이익을 잘못 보고하거나 훔치는 행위를 연방 범죄로 규정하고 있으며, 거액의 벌금이나 징역 또는 둘 다에 처할 수 있다. SEC가 기업의 실제 재무 상태를 허위로 표시한 최고경영자를 상대로 법정 소송을 제기하는 일련의 사례는 벌금과 징역형이 완전한 통제수단이 아님을 보여준다.

투자자는 기업을 통제할 때 그들을 대표할 이사회를 선출한다. 그러나 이사회는 주식 투자에 대한 도덕적 해이 문제의 완전한 해결책은 아니다. 첫째, 이사회는 일반적으로 1년에 4차례 회의를 개최하며, 주로 최고 경영진이 제공하는 정보에 의존한다. 의욕이 넘치고 의심 많은 이사회조차 최고경영자만큼 회사에 대해 많이 알 수 없다. 따라서 경영자가 주주의 이

주인-대리인 문제
주주(본인)보다 자신의 이익을 추구하는 경영자(대리인)의 도덕적 해이 문제

---

[2] Nora Naughton, Matt Wirz, Cara Lombardo, "Hertz Was Already in Terrible Shape. The Pandemic Finished It Off," Wall Street Journal, May 25, 2020.

익을 위해 행동하고 있는지를 이사회 구성원이 판단하기 어려운 경우가 많다. 경영자의 노력 이외의 요소가 기업의 수익성을 좌우하기 때문에 이사회는 최고경영자의 성과를 측정하는 유일한 척도로 수익성을 사용할 수 없다. 예를 들어, 코로나19 팬데믹의 영향으로 인한 2020년의 경기침체는 일부 기업에게 경영자가 피할 수 없는 손실을 입혔다. 둘째, 이사회가 항상 최고경영자로부터 독립적이지는 않다. 실제로 일부 회사에서는 이 회사의 CEO가 이사회 의장을 겸하고 있다. 또한 주주가 이사회 구성원을 선출하더라도 많은 주주가 이사회 선출에 거의 관심을 두지 않고, CEO는 자신에게 유리한 후보를 투표용지에 올린다. 일부 이사회에는 기업에 물건을 공급하는 다른 회사의 CEO가 포함된다. 이들 이사진은 CEO가 계약을 해지해 보복할 것을 우려해 반대 의견을 꺼릴 수 있다. 최근 들어 연기금 등 기관 투자자의 이사회 선출 역할이 커지면서 도덕적 해이 문제를 줄이는 데 도움이 되어 왔다. 예를 들어 캘리포니아 공무원 퇴직 제도(CalPERS)에는 연기금이 주주의 이익을 존중하는 기업에 투자하도록 보장하는 기업지배구조 책임자가 있다. 그럼에도 불구하고 대부분의 경제학자는 기업 이사회가 도덕적 해이 문제를 줄일 수는 있지만 없앨 수는 없다고 생각한다.

일부 이사회는 최고경영자의 목표와 주주의 목표를 더 잘 일치시키기 위해 **인센티브 계약**(incentive contract)을 이용하여 도덕적 해이를 줄이려고 시도한다. 인센티브 계약으로, 경영자에 대한 보상 일부는 회사의 성과와 연계되어 있다. 예를 들어, CEO는 회사가 특정한 수익 목표를 충족하는 경우에만 완전한 보상을 받을 수 있다. 다른 인센티브 계약은 최고경영자에게 옵션 계약을 제공한다. 옵션을 통해 경영자는 옵션이 부여된 당일 시장 가격보다 높은 가격으로 회사의 주식을 구입할 수 있다. 옵션은 경영자에게 회사의 수익성을 높일 인센티브를 제공하여 회사 주식의 가격을 높이고 옵션을 더 가치 있게 만든다. 인센티브 계약은 도덕적 해이를 줄일 수 있지만, 때로는 경영진이 주주에게 최선이 아닌 결정을 내리게 함으로써 도덕적 해이를 증가시킬 수도 있다. 예를 들어, 최고경영자가 회사의 이익과 연계된 보상을 받는 경우 회사의 단기 이익은 증가하지만, 회사의 장기적 전망을 위태롭게 하는 위험한 투자를 할 수 있다.

일부 경제학자는 일부 금융회사의 최고경영자들이 2007~2009년 금융위기에 이르기까지 몇 년 동안보다 더 위험한 투자를 했다고 주장한다. 왜냐하면 최고경영자의 보상 중 일부가 회사의 단기 이익에 달려 있었기 때문이다. 이사회가 최고경영자에게 스톡옵션을 제공할 때도 비슷한 문제가 발생한다. 2000년대에 여러 회사의 최고경영자가 스톡옵션 계약을 소급하여 적발되었다. 옵션이 부여된 날의 회사 주식 가격을 계약서에 반영하는 대신, 관리자들은 회사의 주가가 낮았던 더 이른 날짜에 계약이 부여된 것처럼 보이도록 계약을 조작했다. 이를 통해 경영자는 실제로 옵션이 부여된 날부터 회사의 주가가 오르지 않았더라도 옵션을 통해 상당한 액수를 벌 수 있었다. SEC는 소급적용을 사기로 여겨, 이러한 관행에 관여한 여러 임원은 유죄 판결을 받고 감옥에 수감되었다.

채권시장에서의 도덕적 해이　채권시장의 도덕적 해이는 주식시장보다는 적다. 주식을 매입할 때는 이윤을 극대화하고자 하는 회사의 최고 경영진에 의존하고 있다. 실제로 그렇게 하는지 아닌지는 당신과 이사회 모두 검증하기 어렵다. 그러나 채권을 매수할 때에는 쿠폰 지급과 채권 만기 시 최종 원금 지급을 하는 회사의 최고 경영진만 있으면 된다. 경영진이 이윤을 극대화하는지 아닌지는 여러분에게 중요하지 않다. 채권 보유자인 투자자가 주주인 투자자보다 회사 경영을 감시하는 비용이 훨씬 적다는 얘기다.

투자자가 주식을 살 때보다 채권을 살 때 도덕적 해이가 덜 일어나긴 하지만, 이 문제에서 완전히 자유롭지는 않다. 채권은 기업이 채권에 지급해야 할 확정 지급액을 초과하는 이윤을 유보할 수 있도록 해주기 때문에, 기업의 경영자는 채권 투자자의 최선의 이익보다 유보되는 이윤을 얻기 위해 더 많은 위험을 감수할 유인이 있다. 예를 들어, 애플 아이폰용 앱 개발에 성공한 소프트웨어 회사에서 발행한 채권을 산다고 가정하자. 당신은 회사가 그 자금을 새로운 앱을 개발하는 데 사용할 것으로 예상한다. 그러나 기업의 경영진은 자금을 아이폰과 경쟁할 수 있는 새로운 스마트폰을 개발하기 위해서 훨씬 더 위험한 벤처에 사용하기로 한다. 새로운 스마트폰이 아이폰과 성공적으로 경쟁하지 못할 경우, 회사는 파산할 수밖에 없고, 따라서 약속했던 지급액을 지불할 수 없을 것이다.

투자자가 채권시장에서 도덕적 해이를 줄이기 위해 노력하는 주요 방법은 채권 계약에 제한적인 규약을 작성하는 것이다. **제한적 규약**(restrictive covenants)은 (1) 차입자가 받는 자금의 사용을 제한하거나, (2) 차입자의 순자산이 일정 수준 이하로 떨어지면 차입자가 채권을 상환하도록 규정하고 있다. 제한적인 규약의 첫 번째 유형의 예로서, 기업은 창고나 공장 건물을 사기 위해 채권으로 조달한 자금을 사용하는 것이 제한될 수 있다. 두 번째 유형의 제한적 규약의 목적은 기업의 경영자가 너무 많은 위험을 감수하지 않도록 하기 위함이다. 경영자는 위험한 투자로 손실을 입게 되면 기업의 순자산이 제한적 규약을 촉발하는 수준 이하로 떨어질 수 있다는 것을 알고 있다. 만기가 되기 몇 년 전에 채권을 상환해야 하는 것은 회사에게 어려울 수 있으며 이사회가 경영자의 능력에 의문을 제기할 수 있다.

제한적 규약은 위험을 줄일 수 있지만 채권을 더 복잡하게 만들고 투자자가 유통시장에서 매도할 수 있는 편의성을 감소시킬 수 있다는 단점이 있다. 기업이 실제로 제한적 규약을 준수하고 있는지 여부를 모니터링하는 비용은 채권의 시장성과 유동성을 더욱 저해한다. 또한 제한적인 규약은 차입자가 관여할 수 있는 모든 가능한 위험 활동으로부터 대부자를 보호하기에 세부적이지 못하다.

금융중개기관이 도덕적 해이 문제를 줄이는 방법 금융시스템에서 금융중개기관이 역선택의 정도를 줄이는 데 중요한 역할을 하듯 도덕적 해이를 줄이는 데도 중요한 역할을 한다. 상업은행은 차입자 모니터링을 전문으로 하며 그들이 대출한 자금이 실제로 의도한 목적에 사용되는지 확인하기 위한 효과적인 기술을 개발해 왔다. 예를 들어, 차를 사기 위해 대출을 받을 때, 은행은 당신에게 지급된 수표를 당신이 아닌 자동차 딜러에게 주어서 자금을 지급할 것이다. 마찬가지로 식당 주인이 건물 증축을 위해 대출을 받으면 은행은 단계적으로 자금을 풀어주면서 각 단계별로 공사가 완료됐다는 증빙을 요구할 가능성이 높다. 은행

제한적 규약
차입자가 받는 자금의 사용을 제한하는 채권 계약의 조항

대출은 제한적인 규약을 포함한다. 예를 들어, 신차 구입을 위해 대출을 받으면 은행은 여러분에게 도난·충돌 피해에 대비해 최소 금액의 보험을 들도록 하고, 보통 사고 후 보험사로부터 받는 수표에 은행 이름과 본인 이름이 모두 나타나도록 보험 약관을 작성한다. 마찬가지로 집을 사기 위해 모기지 대출을 받으면 보험에 가입해야 하고, 모기지 대출을 먼저 갚지 않으면 집을 팔 수 없다.

일부 국가에서는 은행이 기업에 자금을 제공할 때, 도덕적 해이를 극복하기 위한 부차적인 수단을 가지고 있다. 예를 들어, 독일에서는 도이치뱅크와 같은 은행이 회사의 주식을 매입하고 직원을 회사의 이사회에 배치할 수 있다. 이 과정을 통해 은행은 정보에 대한 접근성을 높이고 경영자의 행동을 보다 쉽게 모니터링할 수 있다. 그러나 미국에서는 연방규제가 은행이 비금융회사의 주식을 사는 것을 금지하고 있다.

다른 금융중개기관은 은행의 비금융회사에 대한 지분 투자 금지가 남긴 금융시스템의 공백을 메워 나갔다. 엑셀(accel) 또는 앤드리슨 호로위츠(Andreessen Horowitz)와 같은 **벤처캐피탈 회사**(venture capital firms)는 투자자로부터 자금을 조달하고 첨단 기술 산업의 소규모 신생 기업에 투자한다. 최근 몇 년 동안, 벤처캐피탈 회사는 연기금과 대학 기금과 같은 기관 투자가로부터 많은 자금을 조달했다. 벤처캐피탈 회사는 스타트업 회사의 많은 지분을 소유하고 직원을 이사회에 배치하거나 심지어 관리자로 일하게 한다. 이러한 조치는 벤처캐피탈 회사가 자신이 투자하고 있는 회사의 경영자를 면밀히 감시할 수 있어 주인−대리인 문제를 줄일 수 있다. 대규모 투자자가 기업 지분을 매각하게 되면 신규 투자자의 자금 조달이 어려워질 수 있기 때문에 기업 경영자는 거액의 투자자의 뜻에 귀를 기울일 가능성이 크다. 또한 벤처캐피탈 기업은 다른 투자자가 벤처캐피탈 기업의 투자전략을 모방할 수 없기 때문에 상장되지 않은 기업에 투자할 때 무임승차하는 문제를 피할 수 있다.

벤처캐피탈은 신생 기업(young firms)을 목표로 한다. 반면 블랙스톤(blackstone), 칼라일(carlyle) 또는 콜버그크래비스로버츠앤코(Kohlberg Kravis Roberts & Co., KKR)와 같은 **사모펀드 회사**(private equity firm; **기업 구조 조정 회사**(corporate restructuring firm))는 일반적으로 성숙한 회사(mature firms)에 투자한다. 다르게 말하면, 경영자가 회사의 이익을 극대화하고 있지 않은 것으로 보이는 회사를 목표로 한다. 이사회에서 직위를 맡음으로써 최고 관리자를 모니터링하고 새로운 정책을 따르도록 할 수 있다. 어떤 경우에는 그들이 회사의 지배 지분을 획득하고 최고 경영진을 교체할 것이다. 시카고 대학의 스티븐 데이비스(Steven Davis)와 그의 동료들에 의한 연구에 따르면, 사모펀드가 기업의 경영권을 장악할 때, 대개 기업의 생산성이 낮은 사업장(공장이나 상점)을 폐쇄하고 직원을 기업의 생산성이 높은 사업장으로 재배치하고 새로운 사업장을 개설함으로써 기업의 생산성을 크게 높일 수 있다.[3] 사모펀드 회사는 인수한 회사의 성과를 개선한 후 회사를 매각하여 인수한 회사의 주식 가치 상승으로 이윤을 남긴다. 사모펀드는 주주의 뜻을 관철시키지 못하고 있는 최고 경영진을 퇴출할 수 있는 수단을 제공해 금융시스템의 도덕적 해이 문제를 줄일 수 있는 기

벤처캐피탈 회사
스타트업에 투자하기 위해 투자자로부터 자기자본을 조달하는 회사

사모펀드 회사
무임승차 및 도덕적 해이 문제를 줄이기 위해 다른 회사의 주식을 인수하기 위해 자기 자본을 조달하는 회사

---

[3] Steven J. Davis et al., "Private Equity, Jobs, and Productivity," American Economic Review, Vol. 104, No. 12, December 2014, pp. 3956–3990.

업 통제 시장을 구축하는 데 도움을 주고 있다.

모기지 시장의 도덕적 해이, 역선택 및 코로나19

1960년대 이후, 2개의 정부 후원 기업(GSE)인 페니메(Fannie Mae)와 프레디 맥(Freddie Mac)은 주택 모기지 대출 시장의 필수적인 부분이 되었다(1장 1.2절 참고). 의회는 주택 소유를 증가시키려는 정치적 목표를 달성하기 위해 GSE를 설립했다. GSE는 모기지담보증권(MBS)을 투자자에게 판매하고 그 자금을 은행과 다른 대부업체로부터 모기지를 매입하는 데 사용함으로써 모기지 대출에 유통시장을 만들었다. 대부자는 차입자로부터 모기지 지불금을 모아 MBS의 투자자에게 지불금을 전달함으로써 대출 서비스를 제공한다. GSE가 설립되기 전에, 지방은행은 자신이 이용할 수 있는 자금 규모(주로 수표 및 저축 예금)에 따라 모기지 대출을 할 수 있는 양이 제한되어 있었다. 그러나 GSE는 MBS 증권을 구입한 다른 주 또는 외국의 투자자로부터 조달받은 자금을 현지 차입자가 사용할 수 있도록 했다. GSE는 매입한 대출도 보증하여 차입자가 지급을 중단하면 MBS의 투자자에게 지급해야 할 대금을 은행이나 다른 대부자에게 상환한다.

모기지 자금조달 체계에서, 역선택과 도덕적 해이 문제의 대부분은 은행과 다른 대출기관에서 GSE로 옮겨진다. 은행은 GSE에 대출 채권을 판매하기 때문에, 역선택 문제를 증가시킴으로써 신용문제에 대해 차입자를 심사할 유인이 감소하며, 차입자가 지급을 중단하면 대출을 해준 은행이 아닌 GSE가 손실을 입게 된다. GSE는 2007~2009년의 금융위기 동안 심각한 문제에 직면했다. 집값이 하락하면서 투자자는 페니메와 프레디 맥이 자신들이 발행한 MBS에 대한 보증을 지키지 못할 것을 우려했다. 또한 두 회사 모두 상당한 양의 MBS를 보유하고 있었다. 법적으로 페니메와 프레디 맥은 민간회사였고, 주주는 그들이 수익을 낼 것으로 기대했다. 2008년 9월, 모기지 시장의 붕괴를 피하기 위해, 의회는 미 재무부가 자금을 투입하는 것을 승인했고, 페니메와 프레디 맥에는 $189억의 새로운 자금이 투입되어 그들은 새로 설립된 연방정부 기관인 연방주택금융청(FHFA)의 관리하에 놓였다.

연방정부가 페니메와 프레디 맥을 장악했을 당시, 많은 경제학자와 정책입안자는 두 회사가 어느 시점에 다시 민영화될 것이라고 예상했다. 그러나 2020년 코로나19 팬데믹이 미국에서 시작되었을 때, 이들 기업은 여전히 FHFA 통제하에 있었다. GSE와 다른 정부 기관은 주택 모기지 $10조 중 약 $7조를 보증했다. 이는 FHFA가 금융위기가 끝난 지 10년이 지난 지금도 모기지 시장에서 중요한 역할을 하고 있다는 것을 의미한다. 팬데믹 기간 동안 모기지 금리는 낮은 수준으로 떨어졌지만, 모기지 시장의 구조적 여건과 팬데믹 기간 동안 모기지를 갚기 위해 고군분투하는 사람들을 돕기 위한 의회의 조치 때문에 많은 사람들이 모기지를 받는 데 어려움을 겪었다. CARES법에 따라 의회는 연방 보험 대출이 있는 차입자가 최대 1년 동안 대출금을 지불하지 않아도 되는 유예 기간을 신청할 수 있도록 허용했다. 2020년 5월 말까지 거의 500만 명이 $1조 이상의 모기지 대출에 대한 지급유예를 신청했다.

그러나 대부자가 위약금을 지불하지 않는 한 차입자는 지급유예를 요구할지 모르는 채권을 페니메나 프레디 맥에 팔 수 없어 은행과 다른 모기지 대부자의 대출 의지가 감소했다. 한 모기지 대부자는 "투자자에게 대출 채권을 팔기 전에 누군가가 유예를 요청할까 봐 걱정된다"고 말했다. 또한 유예를 신청한 차입자는 더 낮은 금리로 새로운 모기지를 받아서 재융자를 받을 수 없게 된다.

일부 대부자는 차입자가 유예를 받더라도 MBS의 투자자로 인해 대부자는 여전히 지급 책임이 있다고 우려했다. 페니메와 프레디 맥이 이 지급금을 대부자에게 상환하기로 합의했지만, 그 과정은 수개월이 걸릴 것으로 보였다. 은행은 페니메와 프레디 맥으로부터 상환받기 전까지는 예금을 자금원으로 의존할 수 있었지만, 2020년 모기지 대부자 대다수는 은행이 아니어서 MBS 투자자에게 자금을 지급하려면 대출을 받아야 했다. 차입의 필요성은 대출을 통해 얻는 이익을 줄이거나 어떤 경우에는 없앨 수 있다. 대부자는 또한 대출 신청자가 팬데믹의 결과로 일시적인 소득 감소를 겪고 있는지 또는 그 사람이 장기간 실직 상태인지 여부를 판단해야 했다. 대부자가 잘못된 결정을 내리면 대출 채권은 GSE의 요구사항을 충족하지 못할 수 있으며, 대부자는 모기지를 바이백 해야 할 수도 있다.

이러한 새로운 사건은 역선택과 도덕적 해이 가능성을 GSE에서 모기지 대부자로 이동시켰다. 이에 대부자는 필요한 최소 신용점수를 높이고, 소득요건을 늘리며 계약금 규모를 늘리는 등 차입자가 대출을 받을 수 있는 요건을 강화했다. 도시연구소가 진행한 한 연구는 2019년에 이루어진 모기지의 2/3는 새로운 기준하에서 대출이 허용되지 않았을 것이라고 했다. 일반적으로 경기침체기에 연방준비제도 이사회는 금리를 인하하는 조치를 취한다. 이 자율을 조금만 낮추어도 차입자가 주택담보대출로 내는 월 지급액이 현저히 낮아질 수 있기 때문에 경제에서 첫 번째 혜택을 보는 분야는 보통 주택이다. 2020년 중반, 증가하는 역선택과 도덕적 해이 문제와 모기지 대부자가 씨름하면서 주택시장이 초기에는 연준의 경기부양 시도에 느리게 반응했다.

이 장의 끝에 있는 관련문제 2.11을 참조하시오.

9.3 미국 금융시스템의 구조에 대한 결론

학습목표: 경제분석을 통해 미국의 금융시스템 구조를 설명한다.

지금까지 거래비용과 정보비용이 예금자에서 차입자로의 자금 흐름에 상당한 장애물이 되는 것을 보았다. 또한 금융시스템이 거래비용과 정보비용의 영향을 줄이기 위해 어떻게 적응해 왔는지도 살펴봤다. 하지만 거래비용과 비대칭정보 문제가 존재하지 않는다면 금융시스템은 어떻게 보일까? 그것이 얼마나 다를지 이해하기 위해, 우리는 미국의 재무구조에 대한 몇 가지 주요 사실들을 검토할 것이다.

그림 9.2는 2017~2019년 비금융, 비법인(일반적으로 중소기업인 개인소유 및 공동소유)의 가장 중요한 외부자금 출처를 보여주고 있다. 이 회사는 다양한 유형의 대출과 기업 간

신용에 의존한다. **기업 간 신용**(trade credit)은 기업이 다른 회사에서 주문한 상품을 배송하고 이후(일반적으로 30~90일 후)에 대금을 지불 받기로 하는 일반적인 상황을 말한다. 예를 들어, 한 주택 개량 상점은 잔디 깎는 기계를 배송 받고 제조 업체에 60일 이내에 돈을 지불할 수 있다. 그림 9.2는 모기지 대출이 이들 기업에 가장 중요한 외부자금의 공급원이며, 은행의 비모기지 대출이 그 다음으로 중요하다는 것을 보여준다.

그림 9.3은 주식회사의 외부자금 출처를 보여준다. 미국은 전체 사업체 매출에서 주식회사가 차지하는 비중이 80%가 넘기 때문에 자금 출처가 특히 중요하다. (a)는 2017~2019년 동안 연평균 가치로 기업에 대한 자금 출처를 표시한다. (a)에는 **주식 가치**(stock value), 즉 특정 시점에 이 변수의 총 가치가 표시된다. 주식 가치이기 때문에 기업이 현재의 자금조달 요구를 어떻게 충족시키고 있는지, 또한 과거에 그러한 요구를 어떻게 충족시켜 왔는지를 반영한다. 예를 들어, 기업이 보유하고 있는 채권의 총액에는 20년 이상 전에 발행되었을 가능성이 있는 채권이 포함되어 있다. (b)는 이러한 종류의 자금에 있어서 순변동을 보여준다. 예를 들어, 순신규채 발행은 법인이 한 해 동안 발행한 채권가액에서 한 해 동안 만기가 도래해 갚은 채권가액을 뺀 금액이다. 순신주 발행은 발행된 신주 가격에서 기업이 투자자로부터 재매입한 주식의 가치를 뺀 금액이다. (b)의 값 역시 2017~2019년 기간의 연평균 값이다. 그림 9.3의 (a)는 기업이 발행한 주식 가치가 채권 가치나 대출 가치보다 훨씬 크다는 것을 보여주고, (b)는 이 기간 동안 채권과 대출이 주식보다 기업에 훨씬 더 중요한 외부자금 조달원이었음을 보여준다. 최근 몇 년 동안, 기업은 실제로 그들이 발행한 주식보다 훨씬 더 많은 주식을 투자자들로부터 재매입했다.

우리는 9.2절의 거래비용과 정보비용에 대한 논의와 그림 9.2와 9.3의 통계를 이용하여 금융시스템의 세 가지 중요한 특징을 논의할 수 있다.

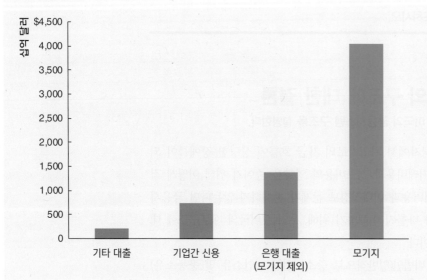

그림 9.2

비금융, 비법인 회사에 대한 외부자금 출처

중소기업은 대출(특히 모기지)과 기업 간 신용을 주요 외부 자금원으로 사용한다.

참고: 데이터는 2017~2019년의 평균 연간 합계이며 비금융, 비법인 사업체에 대한 것이다.

출처: Board of Governors of the Federal Reserve System, *Flow of Funds Accounts of the United States*, March 20, 2020.

1. **금융중개기관의 대출은 중소기업에 가장 중요한 외부 자금원이다.** 이미 언급한 바와 같이, 소규모 사업자는 일반적으로 소유주의 개인 자금 또는 기업이 벌어들이는 수익에서 대부분의 자금 수요를 내부적으로 충족시켜야 한다. 그림 9.2는 대출이 소규모 기업에 대한 가장 중요한 외부자금 출처임을 보여준다. 소기업은 예금자가 기업에 직접 대출을 시도할 때 너무 높은 거래비용에 직면하기 때문에 예금자로부터 직접 대출을 받을 수 없다. 소기업은 비대칭정보에서 발생하는 역선택과 도덕적 해이 문제 때문에 채권이나 주식을 발행해서 매각할 수 없다. 금융중개기관(특히 상업은행)은 거래비용과 정보비용을 모두 절감할 수 있기 때문에 예금자에서 소규모 기업으로 자금이 유입될 수 있는 채널을 제공할 수 있다.

2. **주식시장은 회사에게 채권시장보다 덜 중요한 외부자금 공급원이다.** 주식시장에서 매일 일어나는 일이 금융뉴스의 헤드스토리가 되는 경우가 많다. 월스트리트 저널의 웹사이트는 미국 주요 주식시장 지수 각각에 대해 분 단위로 일어나는 일을 보여주는 상자를 눈에 띄게 보여준다. 그러나 주식시장에서 대부분의 거래는 새롭게 발행된 주식의 판매가 아닌 기존 주식을 사고파는 것이다. 신주 거래는 기존 주식 거래에 비해 매우 적다. 앞서 언급한 바와 같이, 그림 9.3의 (b)는 기업이 최근 몇 년 동안 발행한 주식보다 실제로 더 많은 주식을 투자자로부터 재매입하였다는 놀라운 사실을 보여준다. 또한 (b)는 대출과 채권이 기업에 대한 외부신용의 가장 중요한 부문임을 보여준다. 기업이 주식을

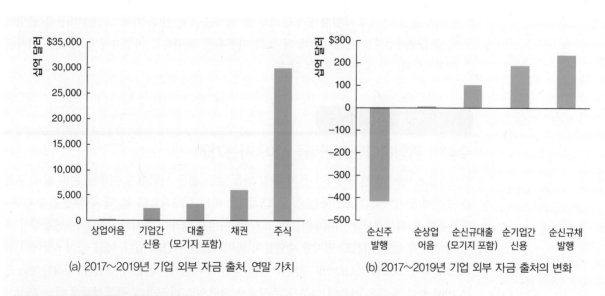

(a) 2017~2019년 기업 외부 자금 출처, 연말 가치

(b) 2017~2019년 기업 외부 자금 출처의 변화

그림 9.3 기업에 대한 외부자금 출처

(a)는 2017~2019년 동안 연평균 가치로 기업에 대한 자금 출처를 보여준다. (b)는 이러한 범주의 순변화를 보여준다. (a)는 기업이 발행한 주식의 가치가 채권의 가치나 대출의 가치보다 훨씬 더 크다는 것을 보여주고, (b)는 채권과 대출이 주식보다 이 기간 동안 기업의 외부자금 조달에 훨씬 더 중요한 원천임을 보여준다.

참고: 데이터는 비농업, 비금융 법인 사업체에 대한 것이다.

출처: Board of Governors of the Federal Reserve System, *Flow of Funds Accounts of the United States*, March 12, 2020.

매도하는 것보다 채권을 매도해서 대출을 받는 방식으로 자금을 조달할 가능성이 높은 이유는 무엇일까? 앞에서 논의했듯이 채무계약은 주식계약보다 도덕적 해이가 덜하다. 기업의 최고경영자가 실제로 이윤을 극대화할 것이라고 의심할 수 있는 투자자도 경영자가 채권이나 대출에 대한 채권이나 대출에 대한 고정 상환액을 지불할 수 있을 것이라고 확신할 수 있다.

3. **채무계약은 일반적으로 담보계약이나 제한적 규약이 필요하다.** 가계는 담보를 제공하지 못하면 은행에서 돈을 빌리기 어렵다. 가계가 은행에서 받는 거액의 대출은 대부분 해당 상품을 담보로 한다. 예를 들어, 주택모기지대출은 매입 중인 주택을 담보로, 자동차대출은 자동차를 담보로 한다. 앞서 논의한 바와 같이 기업도 비슷한 상황에 놓인 경우가 많다. 그림 9.2는 중소기업이 모기지 대출로 다른 사업 대출보다 훨씬 더 많은 자금을 조달하는 것을 보여준다. 회사가 채권에 대해 필요한 지급액을 지불하지 못할 경우에 따라 많은 회사채는 또한 채권 보유자들이 소유할 수 있는 담보를 명시한다. 대출과 채권 모두 일반적으로 기업이 빌린 자금을 어떻게 사용할 것인지를 명시하는 제한적인 규약을 포함한다. 채무계약은 주식계약보다 도덕적 해이의 영향을 덜 받지만, 여전히 일부 잠재적 영향에 노출되어 있다. 담보와 제한적 규약의 목적은 채무계약과 관련된 도덕적 해이 정도를 줄이는 것이다.

예금자는 그들의 투자에 대해 가장 높은 금리를 받기를 원하고, 차입자는 가장 낮은 금리를 지불하기를 원한다. 거래비용과 정보비용은 예금자와 차입자를 갈라놓고 예금자가 받는 이자율을 낮추고 차입자가 부담해야 할 이자율을 높인다. 거래 및 정보비용을 줄임으로써, 금융중개기관은 예금자에게 더 높은 이자율을 제공하고 차입자에게 더 낮은 이자율을 제공하면서도 이윤을 얻을 수 있다.

> **개념 적용**

주식이 위험하다면, 채권을 사야 하는가?

앞서 6장 6.3절에서 경제학자가 은퇴 수십 년을 앞둔 젊은 사람에게 저축한 돈의 상당 부분을 주식에 투자하라고 조언하는 것을 보았는데, 이는 장기적으로 볼 때 주식이 은행 CD나 재무부채권, 회사채보다 기대수익률이 높기 때문이다. 그러나 주식의 수익률은 변동성이 크며, 수익률이 높은 기간도 있지만 수익률이 마이너스인 기간도 있다. 예를 들어 6장에서 살펴 보았듯이, 2020년 코로나19 팬데믹 기간 동안 주가는 큰 변동이 있었다. 이러한 변동으로 인해 일부 사람은 저축의 일부를 주식에서 채권으로 바꾸었다. 통화정책에 대해 15장에서 더 논의하겠지만, 팬데믹 기간 동안 연준은 재무부채권 매입을 증가시켜, 이 채권의 금리를 사상 최저 수준으로 내렸다. 결과적으로, 더 높은 수익률을 원하는 일부 투자자는 회사채를 샀다. 기업은 팬데믹 기간 동안 자금을 조달하기 위한 방법으로 그들이 발행한 채권의 양을 증가시킴으로써 대응했다.

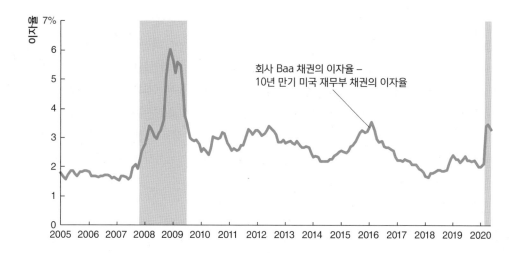

채권평가기관이 낮은 등급을 부여한 채권은 더 큰 채무불이행 위험을 보상하기 위해 높은 등급의 채권보다 더 높은 금리를 적용한다는 것을 5장 5.1절에서 살펴봤다. Baa는 무디스가 투자등급 채권에 부여하는 최저 등급이다. 위 수치는 Baa 채권의 금리와 10년 만기 미국 재무부채권 금리의 차이를 보여준다. 이 격차는 투자자가 10년 만기 미국 국채에 비해 Baa 회사채로부터 더 큰 채무불이행 위험을 떠안았을 때 받는 보상의 크기이다.

2007~2009년 경기침체 기간 동안 두 이자율 사이의 격차는 무려 6%p까지 증가했다. 그러나 2020년 팬데믹 기간에는 그 격차가 3.5%p 미만으로 증가했다. 즉, 투자자는 2007~2009년 불황기에 받았던 것보다 2020년 회사채 투자 위험에 대한 보상을 훨씬 적게 받고 있었다. 연준이 개별 채권과 채권을 매입하는 상장지수펀드(ETF)를 동시에 사들이는 방식으로 상당한 양의 회사채를 사들이고 있었다는 설명도 있다. 그 결과 채권에 대한 수요가 증가하여 채권가격은 상승하고 수익률은 낮아졌다.

2020년에 투자자는 회사채의 채무불이행 위험에 대해 충분히 보상받고 있는걸까? 2007~2009년의 경기침체는 1930년대 대공황 이후 미국이 경험한 가장 심각한 불황기였다. 2020년의 경기침체는 몇몇 기준에 의하면 훨씬 더 심각했다. 그러나 실질GDP와 고용의 감소는 부분적으로 3월 중순부터 몇 달 동안 시행된 사회적 거리두기 조치에 기인했기 때문에, 일부 경제학자는 경기침체로부터의 회복이 2007~2009년 경기침체 이후 회복보다 더 빠를 것이라고 믿었다. 그럼에도 불구하고 5월 말 월스트리트 저널 기사에 따르면 무디스는 2020년 회사채 연체율이 2008년 연체율과 동일할 것으로 예상했다.

장기채권은 채무불이행 위험뿐만 아니라 이자율 위험도 상당하다. 2020년 5월, Baa 등급 회사채의 평균 수익률은 4% 미만이었다. 이들 회사채 금리가 2007년 이전에 보여주었던 6~7%대로 복귀할 경우 2020년 채권을 매입한 투자자는 상당한 손실을 보게 된다. 따라서 2020년은 기업 입장에서는 장기채권을 발행하여 자금을 저렴하게 조달하기에 놀랄 만큼 좋은 해였지만 투자자는 투자하기 전에 신중하게 진행하는 것이 현명했을 것이다.

이 장의 끝에 있는 관련문제 3.5를 참조하시오.

은행과 금융회사는 예금자에서 차입자로 자금 흐름을 빠르게 해 수익을 올릴 수 있는 방안을 지속적으로 모색하고 있다. 이 장을 시작할 때 보았듯이, 최근 몇 년 동안 일부 핀테크 기업은 정교한 소프트웨어를 사용하여 소규모 예금자와 소기업을 매칭할 수 있는 웹사이트를 만들었다. 예금자는 은행 예금에서 받는 것보다 더 높은 금리를 받고, 기업은 은행 대출에 지불하는 것보다 더 낮은 금리를 지불한다. 이러한 새로운 핀테크 웹사이트가 은행을 통한 자금 흐름의 상당 부분을 대체할 수 있는 잠재력을 갖고 있을지는 두고 봐야 한다. 특히 이 장에서 살펴본 바와 같이, 한 가지 중요한 문제는 예금자가 이러한 웹사이트에 자금을 안전하게 투자할 수 있는지 여부이다.

핵심 질문에 대한 해답

이번 장 서두로부터 연결됨

이 장을 시작할 때 다음과 같이 질문했다.

"왜 기업은 외부 자금조달원으로 주식보다 대출과 채권에 더 많이 의존하는가?"

우리는 채권시장과 주식시장 모두 도덕적 해이 문제가 있음을 보았다. 두 경우 모두 투자자는 일단 기업이 투자 자금을 지원받으면 목적대로 사용하지 않을 것을 우려해야 한다. 도덕적 해이 문제는 투자자가 기업 주식을 매입 할 때보다 기업 채권을 매입 할 때 덜 심각하다. 그 결과, 투자자는 주식보다 채권을 더 사려고 하며, 이는 채권이 기업의 외부자금 조달에 더 중요한 원천이 되는 이유를 설명한다. 중소기업은 채권이나 주식을 발행할 수 없어 은행 대출에 의존해야 한다.

9.1 금융시스템과 경제성과
경제학자가 경제성과는 금융시스템에 따라 결정된다고 믿는 이유를 평가한다.

복습문제

1.1 강력한 금융시스템이 없는 나라가 왜 높은 경제성장률을 달성하기 위해 고군분투 하는지에 대한 이유를 간단히 설명하시오.

1.2 세계은행의 자료는 한 나라의 금융발전 수준과 1인당 실질GDP 수준 사이의 관계에 대해 무엇을 말해주고 있는가?

응용문제

1.3 코로나19 팬데믹이 중국 경제에 상당한 영향을 미치기 직전에 월스트리트 저널의 두 기사는 중국의 은행시스템의 문제점을 지적했다. 한 기사는 "중국의 대형은행들도 정말 필요한 소규모의 민간기업을 돕는 대신 큰 국영기업에게 안전한 대출을 하는 것을 선호한다"고 언급했다. 또 다른 기사는 소규모 중국 은행이 예금을 유치하는 데 어려움을 겪고 있으며, 채무불이행도 증가하고 있다고 지적했다. 이러한 문제가 향후 중국 경제의 성장에 중요한가? 간단하게 설명하시오.

1.4 그림 9.1의 직선보다 위쪽에 있는 국가들은 금융발전 수준에 비해 1인당 실질GDP 수준이 상대적으로 높고, 직선 아래쪽에 있는 국가들은 금융발전 수준에 비해 1인당 실질GDP 수준이 상대적으로 낮다. 한 나라의 경제성장률에 영향을 미칠 수 있는 다른 모든 요인들은 일정하게 유지된다면, 미래 성장률은 직선 위쪽 국가들이 더 높을 것인가 아니면 직선 아래쪽 국가들이 더 높을 것인가? 간단하게 설명하시오.

9.2 거래비용, 역선택 및 도덕적 해이
거래비용, 역선택, 그리고 도덕적 해이가 금융시스템에 미치는 문제를 분석한다.

복습문제

2.1 예금자는 왜 개인이나 회사에 직접 대출을 거의 하지 않는가? 왜 은행은 직접 대출을 하는가?

2.2 이코노미스트지의 한 기사는 "예를 들어 화재 보험 정책은 주택 소유자들이 연기 감지기의 배터리를 바꾸지 않음으로써 더 무모한 행동을 하도록 이끌 수 있다"라고 말한다. 이 기사는 어떤 정보 문제를 언급하고 있는가? 간단하게 설명하시오.

2.3 도덕적 해이와 역선택의 차이점은 무엇인가? "레몬 문제"에 대해 설명하시오. 레몬 문제가 어떻게 많은 회사로 하여금 개인이 아닌 은행으로부터 대출을 받게 하는가?

2.4 신용제한이란 무엇인가? 왜 대부자는 때때로 신용도가 낮은 차입자에게 부과하는 이자율을 올리기보다는 신용제한에 참여하는가?

2.5 주인-대리인 문제는 도덕적 해이의 개념과 어떻게

2.6 벤처캐피탈 회사와 사모펀드 회사의 차이점은 무엇인가? 그들은 금융시스템에서 어떤 역할을 하는가? 이 회사들의 활동은 크라우드 펀딩과 어떤 면에서 다른가?

응용문제

2.7 금융중개기관은 어떻게 대출과 관련된 거래비용을 줄일 수 있는가? 모두가 완벽하고 정직하게 사는 세상에 살았다면 금융중개기관이 대출을 할 때 겪는 거래비용과 소액 예금자가 대출을 할 때 겪는 거래비용의 차이가 없어질까? 간단하게 설명하시오.

2.8 뉴욕 타임즈 기자는 임차인에게 조언을 하면서 "임대인은 항상 당신보다 더 많은 것을 알고 있을 것"이라고 말한다.

a. 당신은 이 말에 동의하는가? 그렇다면 임대인은 알고, 잠재적 임차인이 모를 수 있다는 것은 무엇인가?

b. 만약 이 말이 사실이라면 임대아파트 시장에 미치는 영향은 무엇인가?

c. 중고차 시장과 같은 임대아파트 시장은 어떤 방식으로 존재하는가? 또한 어떤 면에서 다른가?

2.9 월스트리트 저널의 한 기사는 중국 정부가 부실대출을 많이 하는 은행이 파산하지 않도록 관여한다는 사실을 다뤘다. 그 결과 "도덕적 해이, 즉 일이 잘못되면 다른 누군가가 책임질 것이라는 믿음으로 인한 위험을 감수하는 것"이었다.

a. 당신은 이런 맥락에서 도덕적 해이에 대한 기사의 정의에 동의하는가? 간단하게 설명하시오.

b. 만약 중국 은행시스템에서 일어나고 있다는 것에 대한 기사가 사실이라면, 그 결과로 어떤 문제가 발생할 수 있는가?

2.10 [개념적용: "증권화가 역선택 문제를 증가시켰는가?" 관련] 상업용 모기지는 아파트, 사무실, 호텔 또는 기타 상업용 부동산을 담보로 한다. 코로나19 팬데믹 기간인 2020년, 월스트리트 저널의 한 기사는 상업용 모기지를 이용해 자금을 빌린 기업이 이러한 상업용 부동산에서 받는 수입이 감소했기 때문에 모기지 상환에 어려움을 겪고 있다고 지적했다. 오스틴에 있는 텍사스 대학의 존 그리핀(John Griffin)과 알렉스 프리스트(Alex Priest)의 연구에 따르면, 그 기사는 팬데믹 이전 몇 년 동안 상업용 모기지담보부증권(CMBS)을 발행한 금융회사가 유가증권에 포함된 모기지 대출이 있는 부동산이 벌어들일 가능성이 있는 소득을 과대평가했다고 했다.

a. 증권화란 무엇인가?

b. 왜 대부자는 모기지 대출을 상환하는데 충분한 수입이 없을지도 모르는 부동산을 소유한 회사에게 상업용 부동산 대출을 하는가? 이 대출이 채무불이행 되면 대부자는 돈을 잃지 않나?

c. 왜 투자자는 차입자가 상환하는 데 어려움을 겪을 수 있는 상업용 부동산 대출이 포함된 CMBS를 매수하는가? CMBS의 이자율이 이러한 증권과 관련한 추가 위험을 투자자에게 보상할 수 있을 만큼 충분히 높았을 가능성이 있는가? 간단하게 설명하시오.

2.11 [개념적용: "모기지 시장의 도덕적 해이, 역선택 및 코로나19" 관련] 월스트리트 저널의 기사는 2007~2009년 금융위기 당시 페니메와 프레디 맥(GSE)이 "위험이 증가함에 따라 곤경에 처하게 되었다"고 지적했다.

a. 주택 모기지 시장에서 GSE는 어떤 역할을 하는가?

b. 왜 2007~2009년 금융위기 이전에 GSE가 많은 위험을 감수했는가? 은행이나 다른 모기지 대부자는 차입자가 모기지 대출을 상환하지 못할 경우 그 위험을 떠맡지 않았는가? 간단하게 설명하시오.

c. 개념적용에서 2020년 코로나19 팬데믹 기간 동안 발생한 특정 사건은 "역선택과 도덕적 해이 문제를 GSE에서 모기지 대출 회사로 다시 이동시켰다"고 언급하고 있다. 이러한 변화가 어떻게 일어났는지 간단하게 설명하시오.

9.3 미국 금융시스템의 구조에 대한 결론
경제분석을 통해 미국의 금융시스템 구조를 설명한다.

복습문제

3.1 중소기업에게 가장 중요한 자금원은 무엇인가? 이 회사의 가장 중요한 외부자금 공급원은 무엇인가? 왜 이 회사는 대기업과 같은 정도로 외부자금에 의존하지 않는가?

3.2 기업을 위한 가장 중요한 부채 자금 조달 방법은 무엇인가?

3.3 금융시스템의 세 가지 주요 특성을 나열하고 각각

에 대해 간단하게 설명하시오.

응용문제

3.4 이코노미스트지 기사는 다음과 같이 언급한다. "보험의 관점에서, 환자가 치료를 받을 때 지불해야 하는 공동 부담금은 낭비이다. 사람들이 완전히 보장받을 수 있다면 더 좋을 것이다." 이러한 의미에서 대출계약에서의 제한적 규약은 낭비인가? 그렇다면 왜 보험회사는 공동 부담금을 이용하고, 왜 대부자는 제한적 규약을 이용하는가?

3.5 [**개념적용: "주식이 위험할 때, 채권을 사야 하는가?"** **관련**] 2020년 8월, bloomberg.com의 기사는 Ball Corporation에 주목했다. 이 회사는 알루미늄 포장을 만들고, $1.3십억 상당의 채권을 발행했으며 수익률은 2.875%였다. 기사에 따르면 "이는 만기가 5년 이상인 미국 정크본드 중 가장 낮은 수익률"이라고 한다.

a. 정크본드란 무엇인가?

b. 왜 투자자는 낮은 수익률에도 불구하고 이러한 채권을 사려 했을까?

c. 투자자는 이러한 채권을 매수함으로써 어떤 위험을 감수했는가? 채권을 매수하는 것이 위험한 투자가 되려면 Ball이 이 채권에 대해 채무불이행하는 것이 필수적인가? 간단하게 설명하시오.

학습목표

이번 장을 통해 다음을 이해할 수 있다.

10.1 은행의 재무상태표를 평가한다.

10.2 상업은행의 기본운영에 대해 설명한다.

10.3 은행이 위험을 관리하는 방법을 설명한다.

10.4 미국 상업은행 산업의 동향을 설명한다.

은행의 중요성을 보여준 팬데믹

2020년 봄 많은 개인과 소상공인이 연방정부 지원을 받을 수 있었지만 이러한 개인과 기업 중 일부는 지원을 받기가 어려웠다. 이 지원은 CARES법에 따라 제공되었다. 미 의회와 도널드 트럼프 대통령은 2020년 3월에 코로나19 팬데믹의 대응책으로 이 법을 통과시켰다. 법에 따르면 수입이 $75,000 미만이면 연방정부로부터 $1,200를 지원받게 된다. 2019년 여러분의 세금 신고 정보를 바탕으로, 지원 신청을 하지 않아도 미국 재무부가 개인 은행 계좌에 입금해 준다. 만약 여러분이 예금 계좌를 가지고 있지 않다면 어떻게 될까? 지원이 필요한 사람은 수표 또는 우편으로 보내진 직불카드 형태로 지원금을 받을 수 있지만, 지원금을 신청하고 지원금을 받는데 오랜 시간 기다려야 한다. 일부 경제학자와 정책입안자들은 이 사건이 은행 계좌가 없는 사람들이 직면하는 어려움을 강조한다고 믿었

다. 10.4절에서 보겠지만, 은행에 접근성을 높이기 위해 연방준비제도이사회가 처음으로 가계와 기업에 은행 서비스를 제공하도록 하는 제안이 나왔다. 의회의 몇몇 의원은 1911~1967년 사이에 지역 우체국이 특정 은행 서비스를 가계에 제공하는 우편저축시스템(Postal Savings System)을 부활시키기 위한 법안을 제출하기도 했다.

또한, CARES법은 급여 보호 프로그램(Paycheck Protection Program, PPP)을 통해 중소기업과 중소기업 직원에게 도움을 제공했다. PPP에 따라, 소기업은 연방 중소기업협회를 통해 관리되는 대출을 받을 수 있는 자격이 주어졌다. 기업이 대출 금액의 60%를 급여 비용으로 지출한 경우 대출은 기업이 상환할 필요가 없는 보조금으로 전환된다. 많은 기업이 자신의 사업 당좌예금 계좌를 대형은행에 개설했지만 은행에 기존 대출이 없다면, PPP 대출

핵심 이슈와 질문

이슈: 지난 40년 동안, 미국 금융시스템은 은행 파산 건수가 급격히 증가한 두 기간을 경험했다.

질문: 은행업은 위험한 사업인가? 은행은 어떤 종류의 위험에 직면하는가?

해답은 이 장의 끝에서…

신청에서 은행은 낮은 우선순위를 부여했다. 전국경제인연합회의 한 관계자는 "대형 은행과 관계를 맺지 못한 소상공인에게는 많은 장애물이 있다. 그들은 고립되었다"고 말했다.

일부 소규모 사업자는 흔히 **지역은행**(community bank)이라고 불리는 소형은행에 사업 당좌예금 계좌를 가지고 있는 경우 PPP를 통해 대출을 확보하는 데 더 성공적이었다. 대부분의 소형은행은 보안 거래, 중개 업무 또는 정교한 디지털 뱅킹 앱이 부족하며, 일반적으로 소기업에 대한 대출에 의존한다. 9장에서 살펴본 것과 같이 지역은행은 신용 위험을 평가하기 위해 차입자에 대한 개인정보를 수집하는 **관계금융**을 시행한다. 많은 대형은행은 중소기업 대출의 위험을 평가하는 데 수반되는 거래비용이 중소기업 대출의 수익성을 없앤다고 생각한다. 그 결과 소규모 은행이 PPP 1차 대출에서 차지하는 비중은 60%에 육박했다. 투자은행 키피, 브루예티 앤드 우즈(Keefe, Bruyette & Woods)의 보고서는 "지역은행이 관심을 독차지했다"고 묘사했다. 금융서비스업계에 데이터 분석을 제공하는 그리니치 협의회 연구에 따르면 600만 개에 달하는 중소기업이 은행 전환을 고려하고 있는 것으로 나타났다. 그리니치 CEO의 말처럼 "기업주가 대출고객이 되거나 은행에 충성한다는 것이 무엇을 의미하는지 몰랐다면, 이제는 알고 있습니다."

10.4절에서 논의하겠지만, 은행업의 일부 측면에서 상당한 규모의 경제가 존재함에 따라 업계에서는 합병이 이루어졌으며, 현재 10대 은행이 전체 예금 중 거의 절반을 보유하고 있다. 그러나 소규모 기업에 대한 대출과 같은 은행 서비스의 일부 영역에서는 규모의 경제가 훨씬 더 제한적인 것으로 보이며, 이는 일부 소규모 은행이 성장하도록 허용했다. 팬데믹 기간에 은행 계좌가 없는 사람에게 정부 지원금을 분배하는데 어려움을 겪은 이후, 정책입안자는 작은 은행이 시골과 저소득 도시 지역으로 은행 서비스를 확장하는 열쇠가 될 수 있는지 아니면 다른 접근법이 필요할지를 고려하고 있다.

우리는 9장에서 은행이 금융시스템의 효율적 기능을 위해 중요하다는 것을 살펴보았다. 이번 장에서는 은행이 어떻게 사업을 하고 어떻게 수익을 올리는지 좀 더 자세히 살펴보고, 은행이 위험을 관리할 때 직면하는 문제를 고려해 보기로 한다. 최근 몇 년 동안, 은행은 잠재적으로 더 낮은 비용으로 예금자와 차입자에게 유사한 서비스를 제공할 수 있는 다른 금융기관 및 핀테크 회사와 경쟁에 직면해 있다. 은행이 경쟁 심화에 대응하여 취한 몇 가지 조치를 설명하는 것으로 이 장을 마무리한다.

10.1 상업은행업의 기본: 은행 재무상태표

학습목표: 은행의 재무상태표를 평가한다.

상업은행업은 하나의 사업이다. 은행은 서비스를 제공함으로써 시장의 요구를 충족시키고, 그 서비스에 대해 고객에게 요금을 부과함으로써 이윤을 낸다. 예금자로부터 예금을 받아 가계와 기업에 대출을 해주는 것이 상업은행의 핵심 활동이다. 이윤을 내기 위해서, 은행은 대출과 다른 투자로 버는 금액보다 적은 금액을 예금자로부터 받는 예금에 대한 대가로 지불해야 한다. 은행의 **자금 출처**(주로 예금)와 **자금 용도**(주로 대출)를 살펴봄으로써 은행 업무에 대해 알아보자. 은행의 자금 출처와 용도는 **재무상태표**(balance sheet)에 요약되어 있는데, 재무상태표에는 개인이나 기업의 자산과 부채를 나열하여 특정 날에 개인 또는 기업의 재무 상태를 나타내는 명세서를 의미한다. **자산**(asset)은 개인이나 회사가 소유한 주식이나 주택과 같이 가치가 있는 것을 말한다. **부채**(liability)는 대출과 같이 개인이나 회사가 빚을 진 것을 의미한다. 표 10.1은 2020년 5월 미국 전체 상업은행 시스템의 통합 재무상태표에 국가 내 모든 은행의 데이터를 결합한 것이다. 일반적으로 재무상태표는 각 항목의 달러 가치를 보여준다. 해석의 편의를 위해서 금액을 백분율로 변환하였다. 표 10.1은 다음 회계 방정식에 기초한 재무상태표의 전형적인 레이아웃을 보여준다.

자산 = 부채 + 주주자본(자기자본)

주주자본(shareholders' equity)은 기업의 자산가치와 부채가치의 차이이다. 주주자본은 회사가 문을 닫고, 자산을 매각하고, 부채를 상환할 경우 회사의 소유주에게 남은 금액을 나타낸다. 상장회사의 경우 소유주는 주주이다. 주주자본은 회사의 순자산이라고도 불린다.

재무상태표
특정 날짜에 개인 또는 회사의 재무 상태를 나타내기 위해 개인 또는 회사의 자산과 부채를 나열하는 명세서

자산
개인이나 회사가 소유하고 있는 가치 있는 것

부채
개인이나 회사가 빚진 것

표 10.1 2020년 5월 미국 상업은행의 통합 재무상태표

자산(자금 사용)			부채 + 은행자본(자금 출처)		
		총자산비율			총부채에 자본금을 더한 비율
준비금 및 기타 현금성자산		16.5%	예금		75.2%
증권		19.7	당좌예금		15.9
미국 정부	4.7		비거래성예금		59.3
모기지담보부증권(MBS)	10.8		소액 정기예금($100,000 미만 CD)과 저축예금	50.6	
주 및 지방정부 그리고 기타 유가증권	4.2				
대출		53.1			
상업 및 산업	14.9		고액권 정기예금($100,000 이상의 CD)	8.7	
부동산(모기지 포함)	22.9				
소비자	7.4		차입금		10.1
기타대출	7.8				
			기타부채		4.8
기타자산(물리적자본 포함)		10.7	은행자본(또는 주주자본)		9.9

참고: 이 데이터는 2020년 5월 20일 미국의 모든 국내 상업은행에 대한 것이다. 반올림으로 인해 하위 합계가 총합계와 다를 수 있다.

출처: Federal Reserve Statistical Release H.8, May 29, 2020.

은행자본
은행의 자산가치와 부채가치의 차이; 자기자본이라고도 함

은행업에서 주주자본은 보통 **은행자본**(bank capital)이라고 불린다. 은행자본은 주주가 은행 주식을 매입하여 출자한 자금에 은행의 누적 이익잉여금을 더한 금액이다. 앞에서 제시한 회계 방정식은 기업의 재무상태표 왼쪽이 항상 오른쪽과 같은 값을 가져야 한다는 것을 말해준다. 우리는 은행의 부채와 자본을 **자금의 원천**으로 생각할 수 있고, 은행의 자산을 **자금의 사용처**로 생각할 수 있다.

은행부채

가장 중요한 은행부채는 은행이 예금자로부터 받은 예금이다. 은행은 예금을 채권 매입과 같은 투자나 가계 및 기업에 대한 대출에 사용한다. 은행예금은 가계와 회사가 자금을 보관하는 데 있어서 다른 방법보다 확실한 이점이 있다. 예를 들어, 예금은 현금과 비교하여 도난으로부터 큰 안전성을 제공하며 이자도 지급할 수 있다. 국고채 등 금융자산과 비교하면 예금은 유동적이다. 수표를 발행할 수 있는 예금은 지불하기에 편리한 방법을 제공한다. 은행은 예금자마다 요구가 다르기 때문에 다양한 예금 계좌를 제공한다. 예금 계좌의 주요 유형을 살펴보자.

당좌예금
예금자가 수표를 쓸 수 있는 계정

당좌예금 은행은 예금자가 수표를 발행할 수 있는 계좌인 **당좌예금**(checkable deposit)을 제공한다. 당좌예금은 **거래성 예금**(transaction deposit)이라고도 한다. 당좌예금은 여러 가지 종류가 있는데, 일부는 은행 규정에 의해 결정되고 일부는 가계와 기업의 요구에 맞게 은행 관리자가 제공하는 당좌예금을 조정하려는 요구에 의해 결정된다. 요구불예금과 NOW(인출 양도지시) 계좌는 당좌예금 중 가장 중요한 범주이다. **요구불예금**(demand deposit)은 은행이 이자를 지급하지 않는 당좌예금이다. NOW 계좌는 이자를 지불하는 당좌예금이다. 요구불예금은 매우 낮은 거래비용으로 빠르게 접근할 수 있는 유동자산을 의미하기 때문에 기업은 요구불예금에 상당한 잔액을 보유하고 있다. 현재 미국의 은행 규정은 기업이 NOW 계좌를 보유하는 것을 허용하지 않는다.

은행은 고객이 요구하면 당좌예금을 지급해야 한다. 다시 말하자면, 은행은 예금자가 최소한 예금 수표의 금액을 가지고 있다면 예금자 수표를 현금으로 즉시 교환해 주어야 한다. 은행은 예금자가 요구하면 자금을 지급할 의무가 있기 때문에 당좌예금은 **은행에 부채**이지만, 은행이 자금을 물리적으로 소유하고 있더라도 가계와 기업이 실질적으로 자금을 보유하고 있기 때문에 **가계와 기업의 자산**이라는 점을 명심해야 한다. (**회계 참고**: 동일한 당좌예금 계좌가 가계나 기업의 자산이 될 수 있고 은행의 부채가 될 수 있다는 생각을 파악하는 것이 중요하다. 이 점을 이해하면 이 장의 뒷부분에서 설명하는 내용을 보다 쉽게 이해할 수 있다.)

비거래성 예금 비거래성 예금 예금자는 예금의 일부만을 일상적인 거래에 사용한다. 은행은 자금에 대한 즉각적인 접근을 포기한 예금자를 위해 더 높은 이자를 지급하고 **비거래성 예금**(nontransaction deposit)을 제공한다. 비거래성 예금의 가장 중요한 유형은 저축성 예금, MMDA(머니마켓 예금 계좌), **정기 예금**(time deposit), 즉 양도성예금증서(CD) 등이 있다.

통장 계좌(passbook account)라고 불리는 저축성 예금을 가지고 있는 예금자는 은행에 30일 전에 인출 통보를 해야 한다. 그러나 실제로 은행은 이 요건을 면제하기 때문에 예금자 대부분은 저축 계좌에 있는 자금에 즉시 접근할 수 있기를 기대한다. MMDA는 이자를 지급한다는 점에서 저축성 예금과 당좌예금의 혼합형이지만 예금자는 한 달에 3개의 수표만 발행할 수 있다.

저축성 예금과 달리 CD는 몇 개월에서 몇 년 사이의 만기가 명시되어 있다. 은행은 만기 전에 자금을 인출한 예금자에게 누적 이자의 일부를 몰수하도록 요구함으로써 불이익을 준다. CD는 저축성 예금계좌보다 유동성은 낮지만 예금자에게 더 높은 이율을 지불한다. **소액 정기예금**(small-denomination time deposit)이라고 불리는 $100,000 이하의 CD와 **고액 정기예금**(large-denomination time deposit)이라고 불리는 $100,000 이상의 CD에는 중요한 차이가 있다. $100,000 이상의 CD는 양도할 수 있기 때문에 투자자는 만기 이전에 유통시장에서 매매할 수 있다.

저축할 수 있는 자금이 제한된 가구는 당좌예금과 소액 정기예금을 선호하는데, 이러한 예금은 보험에 가입된 은행의 경우 예금자 1인당 최대 $25만 한도까지 **연방예금보험**(federal deposit insurance)의 적용을 받기 때문이다. 이 보험 때문에 은행이 망해도 예금에 손실이 없으며, ATM, 직불카드 또는 직접 인출을 통해 지속적으로 예금에 접근할 수 있다. 예금 보험은 은행이 소액 예금자로부터 예금을 받는 데 있어 다른 금융중개기관보다 우위를 점하게 하는데, 머니마켓 뮤추얼펀드 주식과 같은 다른 유사한 자산에는 이러한 정부 보험이 없기 때문이다.

연방예금보험
예금계좌 잔액에 대한 최대 $250,000까지의 정부 보증

차입 은행은 예금자로부터 유치한 자금으로 자금을 조달할 수 있는 기회보다 대출 기회가 더 많은 경우가 많다. 이러한 기회를 이용하기 위해 은행은 차입으로 자금을 조달한다. 은행은 자금을 빌리기 위해 지불하는 이자가 가계와 기업에 자금을 빌려줌으로써 얻는 이자보다 낮으면 이러한 차입으로 이익을 얻을 수 있다. 차입에는 **연방기금시장**(federal funds market)의 단기대출, 은행의 외국 지점이나 자회사 또는 계열사로부터의 대출, 환매 계약, 연방준비제도로부터의 할인대출 등이 있다. 연방기금시장은 은행이 다른 은행에 단기대출을 하는 시장이다. 비록 그 명칭에 정부 자금이 관여되어 있음을 나타내지만, 사실 연방기금시장의 대출은 은행 자금이 관여되어 있다. 이러한 은행 간 대출의 이자율은 **연방기금금리**라고 불린다.

"**레포**(Repos)" 또는 RP라고도 하는 **환매 계약**(repurchase agreement)을 통해 은행은 재무부 어음과 같은 증권을 판매하고 익일에 환매하기로 동의한다. 은행은 레포를 사용하여 기초 증권을 담보로 회사 또는 은행에서 자금을 차입한다. 유가증권을 구매하는 회사 또는 은행은 유동성을 잃지 않고 이자를 얻는다. 레포는 일반적으로 대형은행이나 기업 사이에 이루어지기 때문에 거래 상대방이 채무불이행할 위험이 낮은 수준으로 간주되었다. 그러나 2007~2009년의 금융위기 동안 대기업도 빠르게 파산하여 레포의 거래상대방이 상당한 손실을 입거나 자금 접근이 지연되거나 두 가지 모두를 겪게 될 수 있다는 것이 분명해졌다.

예를 들어, 리먼 브라더스(Lehman Brothers) 투자은행의 레포에 대한 거래상대방의 우려는 회사를 파산으로 몰아넣어 금융위기를 악화시키는 데 기여했다.

개념 적용

당좌예금의 상승과 하락과 (부분적) 상승

1960년에는 이자를 내지 않는 단순한 요구불 예금이 상업은행 부채의 절반 이상을 차지했다. 다음 그래프는 1973년 1월부터 2020년 5월까지 은행 부채인 당좌예금을 모두 보여준다. 2007~2009년 금융위기가 시작되기 전까지는 대체로 몇 년 동안 약간의 변동이 있긴 했지만, 은행 부채의 감소분 중 당좌예금이 차지하는 비중은 미미했다. 2008년에는 당좌예금이 모든 은행 부채의 6%라는 최저점에 도달했다. 그 후 금융위기가 발생하며, 가계와 기업은 더 많은 자금을 당좌예금에 넣기 시작했고, 2017년에는 은행 부채의 약 14%까지 증가했다. 이 비율은 2020년 봄인 코로나19 팬데믹까지 안정적으로 유지되었다. 이 기간 동안 고용주는 수백만 명의 사람들을 해고했지만 계속해서 급여를 지급해 나갔다. 고용주는 급여 보호 프로그램(PPP)이라고 불리는 CARES법의 조항에 따라 연방정부가 사용할 수 있도록 만든 기금을 사용했다. 또 다른 고용주는 해고된 직원에게 급여를 지급하기 위해 자신의 자금을 사용했다. 해고된 사람들은 CARES법의 다른 조항에 따라 연방정부가 지원하는 추가 실업 보험 수당도 받았다. 많은 사람은 이 법의 또 다른 조항에 따라 연방정부로부터 $1,200 수표를 받았다. 사회적 거리두기로 인해 많은 기업이 일시적으로 문을 닫았기 때문에 사람들은 평소보다 돈을 쓸 곳이 적었다. 어떤 사람들은 심각한 경제적 어려움을 겪었고 기본적인 생활비를 지불하는 데 어려움을 겪었다. 그러나 전반적으로 가계 저축은 증가했고, 증가의 상당 부분은 당좌예금 잔고에 저축하는 형태였다. 그 결과 당좌예금 잔액이 은행 부채의 거의

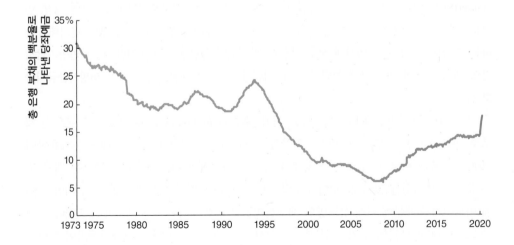

출처: Federal Reserve Bank of St. Louis; and Board of Governors of the Federal Reserve System.

18%로 뛰어올랐는데, 이는 1990년대 중반 이후 가장 높은 비율이다.

당좌예금이 계좌가 시간이 지남에 따라 더욱 매력적으로 변했기 때문에 2007~2009년 금융위기까지 당좌예금의 인기가 장기간 하락했던 것이 의아할 수 있다. 1960년대와 1970년대의 당좌성 예금은 이자도 내지 않는 요구불예금뿐이었다. 이자를 지급하는 NOW 계좌는 1980년에 발효된 은행 규제의 변화로 인해 승인되었다. 게다가 그 당시에는 ATM기가 없었기 때문에, 당좌예금 계좌에서 돈을 인출하려면 은행에 가서 줄을 서서 출금 전표를 작성해야 했다. 은행은 일반적으로 "은행 근무 시간"인 월요일부터 금요일 오전 10시부터 오후 3시까지에만 문을 열었다. 만약 가게 또는 레스토랑이 수표를 받지 않는다면 (많은 사람들이 그랬듯이) 소비자는 그들의 계좌에 있는 돈을 쓸 수 없었다. 오늘날에는 수표를 받지 않는 상점에서 물품을 구매할 때 직불카드로 당좌예금 계좌에 있는 자금에 접근할 수 있다. 은행은 벤모(Venmo) P2P 결제 앱의 대항마로 젤러(Zelle)를 시작했다. 일부 사람들은 벤모보다 젤러를 선호하는데, 결제가 비은행 벤모 계좌가 아닌 한 사람의 당좌예금 계좌에서 다른 사람의 당좌예금 계좌로 바로 이동하기 때문이다.

2007~2009년 금융위기 이전까지 많은 가계와 기업에게 당좌예금이 제공하는 개선된 서비스는 더 높은 이자율을 제공하는 대체 자산으로 상쇄되었다. 다음 그래프는 2020년 5월 가계와 기업의 다양한 단기금융자산 보유를 보여준다. 최근 몇 년 사이 당좌예금의 인기가 높아졌는데도 저축성 예금이나 소액 정기예금(CD $100,000 이하)의 가액이 당좌예금의 가액보다 4배 이상 큰 것으로 나타났다.

다른 금융자산에 비해 가계가 보유한 당좌예금이 과거보다 적은 것은 시간이 지나면서 가계가 부유해졌기 때문이다. 더 큰 부를 가지고, 가계는 돈이 잠시 묶여 있지만 더 높은 이자율을 주는 CD와 같은 자산을 보유할 수 있게 되었다. 1971년 처음 도입된 머니마켓 뮤추얼펀드도 인기를 끌었다. 뱅가드의 현금준비금 연방 단기금융펀드가 그 예이다. 다른 뮤추

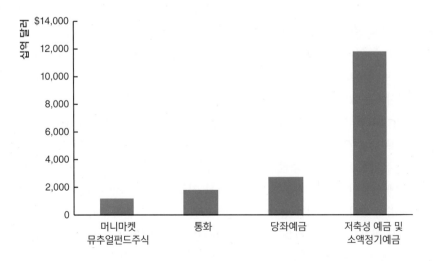

출처: Federal Reserve Bank of St. Louis; and Board of Governors of the Federal Reserve System.

얼펀드처럼 머니마켓 뮤추얼펀드는 투자자에게 주식을 팔고 그 자금을 금융자산 매입에 사용한다. 이 펀드는 재무성 채권과 기업이 발행한 상업어음 등 자금시장 또는 단기 자산만 구입한다. 머니마켓 뮤추얼펀드는 은행 예금계좌보다 높은 이자를 지급하고, 수표발행도 제한적으로 허용해 은행 당좌예금 계좌 경쟁이 치열했다.

그러나 2007~2009년 금융위기와 2020년 코로나19 팬데믹은 당좌예금이 여전히 가계와 기업에 유용하다는 것을 보여주었다. 당좌예금 계좌는 가계와 소기업의 자금이 연방 예금보험 상한선인 $250,000까지 보호되기 때문에 안전한 피난처가 된다. 2007~2009년의 경기침체가 끝난 후에도 매우 낮은 금리가 수년간 지속되었다. 2007년 말 약 5%였던 3개월 만기 CD 금리는 2020년 0.15%에 불과했다. 마찬가지로, 2007년 약 5%였던 머니마켓 뮤추얼펀드의 수익률은 2020년 약 0.30%에 불과했다. 그 결과 팬데믹 기간 동안, 일부 가계는 많은 이자를 포기하지 않으면서 더 큰 유동성을 이용하기 위해 그들의 자금을 CD와 머니마켓 뮤추얼펀드에서 당좌예금 계좌로 옮겼다.

은행자산

은행은 (1) 예금주로부터 받은 자금, (2) 차입한 자금, (3) 은행이 새롭게 발행한 주식을 매입하는 주주로부터 조달한 자금, (4) 영업에서 유보된 이윤으로 **은행자산**(bank asset)을 취득한다. 은행의 경영자는 은행 고객의 대출 수요와 위험, 유동성 및 정보 비용에 대한 수익률의 균형을 유지해야 하는 은행의 필요를 모두 반영하는 자산 포트폴리오를 구축한다. 다음은 가장 중요한 은행자산들이다.

적립금 및 기타 현금자산 은행이 보유하고 있는 가장 유동적인 자산은 **지준**(reserves)이며, **시재금**(vault cash; 은행이 보유하고 있는 현금(ATM 포함) 또는 다른 은행에 예금)과 은행이 연방준비제도에 보유하고 있는 예금으로 구성된다. 의회가 승인한 대로 연준은 은행이 **필요지준**(required reserves)으로 요구불예금 및 NOW 계좌(MMDA 제외)의 일정 비율을 보유하도록 명령할 수 있다. 참고로 2020년 3월, 이사회는 지준 요건을 은행 요구불예금 및 NOW 계좌의 0%로 설정하여 지준 요건을 없앴다. 이사회는 적립금 요건을 다시 부과할 권한이 있지만, 당시에는 그렇게 할 계획이 없다고 밝혔다.

은행이 필요한 지준보다 더 많이 보유하는 지준을 **초과지준**(excess reserves)이라고 한다. 2020년 3월부터 이사회가 지준 요건을 폐지했기 때문에 모든 은행 지준이 사실상 초과지준이 되었다. 은행은 대출이나 증권 매입에 사용할 수 있는 필요지준에 대한 이자를 받지 못했기 때문에 연준이 은행의 지준에 대한 이자를 지급하지 않는 것이 세금에 해당한다고 오랫동안 불평해 왔다. 금융위기 당시인 2008년 10월 의회는 연준이 은행에 필요지준과 초과지준에 대한 이자를 지급할 것을 승인했다. 이자율은 2020년 9월 기준으로 0.10%로 낮았으며, 물론 은행은 시재금에 대해 이자를 받지 않았다. 2007~2009년 금융위기 이전에는 초과지준이 매우 낮은 수준으로 떨어졌지만 이러한 지준이 은행에 중요한 유동성을 제공할 수

지준
시재금과 연방 준비 은행 예금으로 구성된 은행 자산

시재금
은행에 있는 현금; ATM의 통화와 다른 은행의 예금을 포함

필요지준
연준이 은행에 요구불예금 및 NOW 계정 잔고에 대해 보유하도록 요구하는 지준; 2020년 3월부터 은행은 더 이상 지준을 보유할 필요가 없다.

초과지준
은행이 지준 요건을 충족하는 데 필요한 것 이상으로 보유하고 있는 모든 지준; 2020년 3월 현재, 연준이 지준 요건을 제거했기 때문에 모든 은행 지준은 초과지준 이다.

있기 때문에 금융위기 동안 은행의 초과지준 보유량이 급증했다. 금융위기가 끝난지 몇 년이 지나도록 은행은 가장 신용도가 높은 차입자에게 대출을 해 줄 때를 제외하고는 상당한 지준을 계속 보유하고 있다. 이는 많은 은행이 소비자 및 기업 대출에 대해 받는 낮은 이자율이 대출에 대한 채무불이행 위험에 충분한 보상이 아니라고 믿고 대출에 신중을 기하기 때문이다. 또한 은행 규제에 대한 변화는 대형은행이 더 많은 유동자산을 보유하도록 했다.

또 다른 중요한 현금성 자산은 미수금에 대해 은행이 다른 은행에 가지고 있는 청구권이며, 이를 **수금 과정에서 현금 항목**이라고 한다. 시애틀에 사는 틸리(Tilly) 고모가 생일 선물로 $100 수표를 보낸다고 가정해보자. 틸리 고모가 보낸 수표는 시애틀 은행에 있는 당좌예금 계좌에 대해 발행된다. 당신이 내쉬빌에 있는 은행에 수표를 입금하면 수금 과정에서 수표가 현금이 된다. 결국 내쉬빌 은행이 시애틀 은행에서 자금을 수금하게 되고, 수금 진행 중인 현금은 은행의 재무상태표에 지준으로 전환된다. 은행시스템이 수표를 전자 정산했기 때문에, 정산을 위해 수표가 은행 간에 물리적으로 이동해야 했던 20년 전보다 이 자산은 훨씬 덜 중요해졌다.

소규모 은행은 외환거래를 성사시키고 수표 수금이나 기타 서비스를 진행하기 위해 다른 은행에 예금을 보관하는 경우가 많다. 금융시스템이 소규모 은행에게 이러한 서비스를 진행할 수 있는 다른 방법을 제공하면서 **코레스뱅킹**(correspondent banking)이라고 불리는 이 활동은 지난 50년 동안 중요성이 줄어들었다.

유가증권 **시장성 증권**(marketable security)은 은행이 금융시장에서 거래하는 유동자산이다. 은행은 미국 재무부 등 정부기관이 발행한 유가증권과 최초 발행 당시 투자등급을 받은 회사채, 주정부 및 지방정부가 발행한 채권인 일부 지방채를 보유할 수 있다. 유동성 때문에 은행이 보유하고 있는 미국 국채는 **2차 지준**(secondary reserve)이라고 불린다. 미국에서 상업은행은 당좌예금을 회사채(다른 자금을 사용하여 구매할 수는 있음) 또는 비금융 회사의 보통주에 투자할 수 없다. 지난 15년 동안 은행은 모기지담보부증권 보유를 늘렸다. 2020년에 모기지담보부증권은 은행이 보유한 증권의 약 55%를 차지했다. 2007~2009년 금융위기 동안, 대부분의 모기지담보부증권 가치가 급격히 하락해 많은 은행이 큰 손실을 보고 일부 은행은 도산했다.

대출 은행자산의 가장 큰 부문은 단연코 대출이다. 대출은 시장성 증권에 비해 유동성이 낮으며 채무불이행위험과 정보비용이 더 높다. 따라서 은행이 대출로 받는 금리는 시장성 증권에서 받는 금리보다 높다. 10.1절의 시작 부분에 있는 표 10.1은 대부분의 은행 대출이 세 가지 범주로 분류된다는 것을 보여준다.

1. 기업 대출(상업 및 산업 대출 또는 C&I 대출)
2. 자동차, 가구 및 기타 상품을 구매하기 위해 가계에 제공되는 소비자 대출
3. 모기지 대출 및 부동산을 담보로 한 기타 대출을 포함하는 부동산 대출. 주택을 구입하기 위한 모기지 대출을 **주거용 모기지**라고 하며 상점, 사무실, 공장 및 기타 상업용

건물을 구매하기 위한 모기지 대출을 **상업용 모기지**라고 한다.

그림 10.1은 1970년대 이후 은행에서 받을 수 있는 대출의 종류가 현저하게 변화했음을 보여준다. 부동산 대출은 증가하여 1973년 은행 대출의 약 31%에서 2020년 초 은행 대출의 56%로 증가하다가 코로나19 팬데믹 초기에 54%로 감소했다. 1973년 대출의 가장 큰 범주였던 C&I 대출은 은행 대출의 40% 이상에서 2020년 초 24%로 떨어졌다가 CARES법 조항에 따라 은행이 기업에 대한 대출을 늘리면서 28%로 증가했다.

기업은 기계 및 장비 구매와 같은 장기 투자 자금을 조달하거나 재고 자금 조달과 같은 단기 요구를 충족시키기 위해 C&I 대출을 받는다. 1970년대 후반부터, 이전에 C&I 대출을 이용했던 일부 회사는 채권 평가 기관으로부터 투자등급 이하의 등급을 받은 채권인 정크본드를 발행함으로써 장기 자금 수요를 충족시키기 시작했다. 1970년대 말에 새로 발행된 정크본드 시장이 발달하면서 많은 회사는 이 채권의 이자율이 은행의 C&I 대출에 지불하는 것보다 낮다는 것을 알게 되었다. 1980년대 상업어음 시장이 발달하자 은행으로부터 단기 C&I 대출을 받아오던 일부 기업이 상업어음을 발행하기 시작했다.

C&I 대출 비중이 줄면서 상업은행의 성격이 근본적으로 달라졌다. 전통적으로 상업은행은 자금을 당좌예금으로 받아 기업에 대출하는 것으로 구성되어 있다고 해도 과언이 아

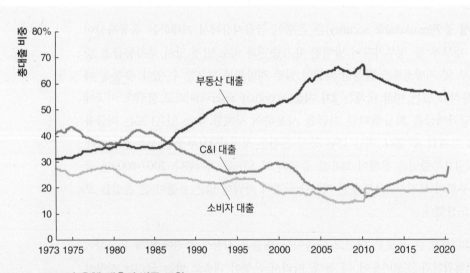

그림 10.1   1973~2020년 은행 대출의 변동 조합

1970년대 초반부터 은행들이 지급한 대출의 종류가 크게 바뀌었다. 부동산 대출은 1973년 은행 대출의 약 31%에서 2007~2009년 금융위기 직전 66%로 증가했다. 코로나19 팬데믹 직전인 2020년 부동산 대출은 56%였다. CARES법의 규정에 따라 펜데믹 기간 동안 은행이 기업에 대한 대출을 늘리면서 54%로 감소했다. 상업 및 산업(C&I) 대출은 은행 대출의 40% 이상에서 2020년 초 24%로 떨어졌다. 소비자 대출은 전체 대출의 27% 이상에서 팬데믹 직전 약 20%로 감소했으며, 팬데믹 초기 몇 달 동안 약 18%로 감소했다.
참고: 이 값은 국내에서 인가 받은 미국 은행의 C&I, 소비자, 부동산 대출 총액의 비중이다. 총대출은 은행 간 대출이나 기타 대출은 포함하지 않는다.
출처: Federal Reserve Statistical Release H.8, May 29, 2020.

니다. C&I 대출은 은행이 수익의 기준으로 삼을 수 있는 저위험 대출이었다. 은행은 주로 장기적 관계를 통해 개인 정보가 수집된 기업에 C&I 대출을 해주었다. 또한 대출은 잘 담보되었다. 이 두 가지 요인 모두 기업이 대출금을 상환하지 못할 가능성을 줄였다. 은행은 대출에 있어서 큰 경쟁에 직면하지 않았고, 이로 인해 은행의 이자율은 상대적으로 높게 유지되었다. C&I 대출에 대한 수요가 감소함에 따라 은행은 특히 주거 및 상업용 부동산 대출과 같은 위험부담이 높은 자금 사용으로 눈을 돌릴 수밖에 없었다. 2006년부터 시작된 부동산 거품 붕괴는 C&I 대출을 부동산 대출로 대체하는 것이 일반적인 은행의 대출 포트폴리오에 대한 위험의 정도를 증가시켰다는 것을 보여주었다.

기타자산 기타자산에는 은행의 물리적 자산(예: 컴퓨터 장비 및 건물)이 포함된다. 대출채무를 체납한 차주로부터 받은 담보도 이 부문에 속한다. 2006년 부동산 거품이 붕괴된 이후, 차입자와 개발업자가 모기지를 연체함에 따라 많은 은행은 상당수의 주택과 주거용지를 일시적으로 소유하게 되었다.

은행자본

은행자본은 은행의 자산가치와 부채가치의 차이이다. 2020년 미국 은행시스템 전체의 은행자본은 은행자산의 약 9.9%였다. 은행자본은 은행의 주주가 은행의 주식을 매입하여 기여하는 자금과 누적된 이익잉여금을 합한 것이다. 은행의 자산이나 부채의 가치가 변함에 따라 은행의 자본 가치도 변한다. 예를 들어, 2007~2009년의 금융위기 동안, 많은 은행이 소유했던 대출과 유가증권의 가치가 하락했다. 이러한 은행의 자산가치 하락은 자본 가치 하락으로 이어졌다.

> **예제 10.1**

은행 재무상태표 구성

다음은 미국 은행의 실제 재무상태표이다.

현금(수금 진행 중인 현금 항목을 포함)	$121
무이자예금	275
연방 준비 은행 예금	190
상업대출	253
장기채권(은행발행)	439
부동산대출	460
상업어음 및 기타 단기차입금	70
소비자대출	187
유가증권	311

이자부예금	717
건물 및 장비	16
기타자산	685
기타부채	491

참고: 단위는 십억이다.

a. 재무상태표 왼쪽에 자산이 있고 부채와 은행자본이 오른쪽에 있는 표 10.1과 유사한 재무상태표를 작성하기 위해 항목을 사용하시오.

b. 은행자본은 자산의 몇 퍼센트인가?

문제풀이

1 단계 **이 장의 내용을 복습한다.** 이 문제는 은행 재무상태표에 관한 것이므로 "상업은행의 기초: 은행 재무상태표" 절을 검토할 수 있다.

2 단계 **은행자본은 자산가치에서 부채가치를 뺀 것과 같다는 것을 기억하면서 항목을 사용하여 은행의 재무상태표를 구성하여 (a)에 답한다.**

자산		부채와 은행자본의 합	
현금(수금 진행 중인 현금항목 포함)	$121	무이자 예금	$275
연방 준비 은행 예금	190	이자부 예금	717
상업대출	253	상업어음 및 기타 단기차입금	70
부동산대출	460	장기채권	439
소비자대출	187	기타부채	491
유가증권	311	총부채	1,992
건물 및 장비	16	은행 자본금	231
기타자산	685		
총 자산	**$2,223**	**총 부채 + 은행 자본**	**$2,223**

3 단계 **은행의 자본을 자산의 백분율로 계산하여 (b)에 답한다.**

총 자산 = $2,223십억

은행자본 = $231십억

$$\text{자산 대비 은행자본 비율} = \frac{\$231십억}{\$2,223십억} = 0.104 \text{ 또는 } 10.4\%$$

10.2 상업은행의 기본운영

학습목표: 상업은행의 기본운영에 대해 설명한다.

이 절에서는 은행이 예금자와 차입자를 이어주며 이윤을 내는 방법에 대해 살펴본다. 예금자가 당좌예금에 돈을 넣고 은행이 그 돈으로 대출금을 조달하면 은행은 예금자에 대한 금융자산(예금)을 차주에 대한 부채(대출)로 전환한다. 다른 사업과 마찬가지로 은행은 투입물에 가치를 더해서 산출물을 제공한다.

은행 업무의 기본 사항을 더 분석하기 위해, 우리는 특정 거래로 인한 재무상태표 항목의 **변화**를 보여주는 **T-계정**(T-account)이라고 알려진 회계 도구를 사용할 것이다. 간단한 예로, 웰스파고(Wells Fargo)에서 당좌예금 계좌를 개설하기 위해 현금 $100를 사용한다고 가정해보자. 웰스파고는 시재금 $100를 취득해 자산으로 등록하고 은행 규정에 따라 지준으로 계산한다. 또한 웰스파고 지점이나 현금자동입출금기(ATM)에서 언제든지 예금을 인출할 수 있기 때문에 웰스파고는 당좌예금 형태로 $100를 부채로 기록한다. 우리는 T-계정을 사용하여 웰스파고의 재무상태표의 변화를 설명할 수 있다.

T-계정
재무상태표 항목의 변경 사항을 표시하는 데 사용되는 회계 도구

웰스파고(WELLS FARGO)

자산		부채	
시재금	+$100	당좌예금	+$100

웰스파고의 재무상태표에는 여기에 표시된 $100보다 훨씬 더 많은 양의 시재금과 당좌예금이 있을 것이다. T-계정은 이 항목의 총계가 아닌 변경사항만 보여준다.

웰스파고에 맡긴 $100는 어떻게 될까? 이 질문에 답함으로써, 우리는 은행이 어떻게 이익을 얻는지 알 수 있다. 웰스파고가 당신의 $100 예금을 받기 전에는 초과지준을 보유하지 않았고 연준이 은행에 당좌예금의 10%를 지준으로 보유하도록 요구한다고 가정하자 (앞서 언급했듯이 연준은 2020년 3월에 당좌예금에 대한 지준 요건을 일시적으로 없앴다). 따라서 $100 중 $10는 필요지준이고 나머지 $90는 초과지준이다. 필요지준과 초과지준의 차이를 보여주기 위해 웰스파고가 지준으로 보유하고 있는 금액을 다음과 같이 다시 작성한다.

웰스파고(WELLS FARGO)

자산		부채	
필요지준	+ $10	당좌예금	+$100
초과지준	+ $90		

은행이 현금으로 보유하는 지준은 이자를 지급하지 않으며 은행이 연준에 예치한 예금은 2020년 9월에 0.10%에 불과한 낮은 이율을 지불한다. 또한 당좌예금은 은행에 다음과 같은 비용을 발생시킨다. 은행은 예금자에게 이자를 지급할 수 있으며, 기록 보관, 웹 사

이트 및 디지털 앱 운영, ATM 서비스 등 당좌예금 유지 비용을 지불해야 한다. 따라서 은행은 일반적으로 초과지준을 이용하여 대출을 하거나 증권을 구매하여 소득을 창출하려고 한다. 웰스파고가 초과지준을 이용하여 $30 상당의 국채를 구매하고 $60 상당의 대출을 했다고 가정하자. 문제를 간단하게 하기 위해, 이 예제의 단위는 매우 작다(수천 달러로 생각하면 더 현실적일 것이다). 이러한 거래를 다음 T-계정으로 설명할 수 있다.

웰스파고(WELLS FARGO)

자산		부채	
지준	+ $10	당좌예금	+$100
유가증권	+ $30		
대출	+ $60		

웰스파고는 당신의 예금 $100를 사용하여 미국 재무부와 대출을 승인한 개인 또는 기업에 자금을 제공한다. 당신의 예금을 사용하여 은행은 이자수익 자산을 취득했다. 웰스파고가 이러한 자산으로 벌어들인 이자가 예금에 대한 이자와 예금 서비스 비용을 더한 것보다 크다면 이 거래에서 이윤을 얻을 것이다. 은행이 자산으로 버는 평균 금리와 부채로 내는 평균 금리의 차이를 은행 **스프레드(spread)**라고 한다.

은행은 성공하기 위해서 비용을 충당하고 수익을 낼 수 있을 만큼 높은 금리를 받을 수 있도록 신중한 대출과 투자를 해야 한다. 이는 간단해 보일 수 있지만, 지난 15년 동안 많은 은행은 (2007~2009년 경기침체에서 느린 회복 기간 동안 경제성장을 지원하기 위한 연준 정책의 일환으로 발생한) 저금리로 인해 은행이 받는 이자율과 예금으로 지불하는 이자율 간의 스프레드가 축소되어 기본 대출로 이윤을 올리기 위해 고군분투했다. 연준에 예치된 지준이 낮은 이자를 지급함에도 불구하고 저금리로 인해 은행은 연방준비제도이사회(Fed·연준)에 예치된 상당한 지준을 유지해 왔다. 대형은행은 11장 11.1절에서 논의될 투자은행 활동과 기업 및 부유한 가계에 금융 증권 및 파생상품 계약 거래를 포함한 수수료 기반 서비스를 제공하는 이익에 의존해 왔다. 소규모 은행은 대출을 받기 어려운 소규모 기업에 더 높은 이자율로 대출을 제공하기 위해 관계은행업에 의존해 왔다.

은행자본 및 은행이윤

여느 사업과 마찬가지로 은행의 이윤은 수입과 비용의 차이다. 은행의 수입은 주로 증권과 대출의 이자와 신용카드, 직불카드, 예금계좌 서비스, 재무 조언 및 자산 관리 서비스 제공, 증권화된 대출 채권에 대한 지불과 수금, 외환 거래 수행에 대해 부과되는 수수료에서 얻는다. 은행의 비용은 예금자에게 지급하는 이자, 대출이나 기타 부채에 대한 이자, 서비스를 제공하는 데 드는 비용이다. 은행의 **순이자마진(net interest margin)**은 증권과 대출에 대해 받는 이자와 예금과 부채에 대한 이자의 차이를 수익성 자산의 총액으로 나눈 값이다.[1]

순이자마진
은행이 증권과 대출에 대해 받는 이자와 예금과 부채에 지불하는 이자의 차이를 수익 자산의 총가치로 나눈 값

---

[1] 수익성 자산에는 은행이 수익을 얻지 못하는 시재금과 같은 자산은 포함되지 않는다.

은행이 받는 수수료에서 서비스 제공 비용을 빼고 그 결과를 총자산으로 나눈 뒤 순이자마진을 더하면 자산 $1당 벌어들인 총이익을 나타내는 식이 나오는데, 이를 **총자산수익률**(return on assets, ROA)이라고 한다. ROA는 일반적으로 **세후 이익**(after-tax profit) 또는 은행이 세금을 납부한 후에 남는 이익으로 측정된다.

$$\text{ROA} = \frac{\text{세후 이익}}{\text{은행 자산}}$$

은행 주주는 회사에 대한 투자의 가치 또는 자기자본의 가치를 나타내는 은행자본을 소유한다. 당연히 주주는 은행의 총자산에 대한 수익률보다 주주의 투자(은행 자본)에 대해 은행의 경영자가 얻을 수 있는 이윤에 더 관심이 있다. 따라서 주주는 ROA를 기준으로 은행 경영자를 판단하지 않고 자본 $1 또는 은행 자본당 세후 이익인 **자기자본수익률**(return on equity, ROE)을 기준으로 은행 경영자를 판단한다.

$$\text{ROE} = \frac{\text{세후 이익}}{\text{은행 자본}}$$

ROA와 ROE는 자본에 대한 은행의 자산 비율과 관련이 있다.

$$\text{ROE} = \text{ROA} \times \frac{\text{은행 자산}}{\text{은행 자본}}$$

2020년 5월, 미국 상업은행의 총자산은 $20.4조, 은행자본은 $2조로 은행시스템 전체의 자본 대비 자산 비율이 10.2였다. 은행이 2%의 ROA를 벌고, 자본 대비 자산 비율이 10.2인 경우 ROE는 20.4%(= 2% × 10.2)가 된다. 그러나 은행의 자본 대비 자산 비율이 15라면 ROE는 30%가 된다. 2000년대 중반 일부 금융회사는 자본 대비 자산 비율이 35에 달했다. 이러한 기업에게 2%의 낮은 ROA는 70%의 ROE로 해석된다. 즉, **은행과 기타 금융회사의 경영자는 높은 자본 대비 자산 비율을 유지할 유인을 가질 수 있다.**

자본 대비 자산 비율은 **은행 레버리지**의 한 척도이고 자산 대비 자본 비율의 역수로 은행의 **레버리지 비율**이라고 한다. **레버리지**(leverage)는 투자자가 투자하면서 부담하는 부채의 양을 나타내는 척도이다. 자본 대비 자산 비율은 **은행 레버리지**(bank leverage)의 척도인데, 은행이 자산을 축적하기 위해 예금을 받는 방식으로 부채를 지기 때문이다. 높은 자본 대비 자산 비율(높은 레버리지)은 양날의 검이다. 레버리지는 상대적으로 작은 ROA를 큰 ROE로 확대할 수 있지만 손실을 확대할 수도 있다. 예를 들어, 은행이 자산 비율로 3%의 손실을 입었다고 가정해보자. 자본 대비 자산 비율이 10.2인 경우 결과는 크지만 처참하지는 않은 −30.6% ROE이다. 하지만 은행의 자본 대비 자산 비율이 35라면 결과는 −105% ROE가 된다. 즉, 은행자산에 상대적으로 작은 손실이 발생해도 은행자본이 모두 소진된다는 얘기다. 레버리지가 높으면 ROE로 측정되는 이익의 변동을 확대함으로써 금융회사가 노출되는 위험의 정도가 증가한다고 결론지을 수 있다.

도덕적 해이는 두 가지 측면에서 높은 은행 레버리지에 기여할 수 있다. 첫째, 은행 경영자는 주주에게 높은 ROE를 제공할 수 있는 능력에 따라 일부 보상을 받는다. 앞서 살펴본 것처럼, 위험부담이 큰 투자는 일반적으로 기대수익률이 높다. 그러므로 ROE를 증가시키기 위해 은행 경영자는 위험한 상업용 부동산 개발에 대출을 제공하거나 2007~2009년의 금융위기 직전에 발생한 것처럼 위험한 증권을 매수함으로써 더 위험한 투자를 할 수 있음을 예로 들 수 있다. 특히 경영자 자신이 은행에 상당한 양의 주식을 보유하고 있지 않다면, 주주보다 더 많은 위험을 감수하려 할 수 있다. 둘째, 연방예금보험은 예금자가 은행 경영자의 행동을 감시해야 하는 유인을 줄임으로써 도덕적 해이를 증가시켰다. 예금보험 한도 이하의 계좌가 있는 예금자는 은행 경영자들이 과도한 위험을 떠안아 은행이 파산하더라도 손실을 입지 않는다. 그러므로 은행 경영자는 레버리지가 높아지면 많은 예금자가 자금을 회수하게 될 것을 두려워할 필요가 없다.

은행이 지나치게 높은 레버리지를 갖게 될 위험에 대처하기 위해 **자본 요건**(capital requirement)이라고 하는 정부 규제는 상업은행이 자본 대비 취득할 수 있는 자산의 가치를 제한했다. 미국 및 전 세계적으로 확대된 자본 요건은 2007~2009년 금융위기에 대한 정부의 중요한 규제 대응이었다. 12장, 12.4절에서 이러한 요건을 더 자세히 논의할 것이다.

10.3 은행 위험 관리

학습목표: 은행이 위험을 관리하는 방법을 설명한다.

은행은 자산에 비해 자본이 불충분하여 발생할 수 있는 위험 외에도 몇 가지 다른 위험에 직면해 있다. 이 절에서는 유동성 위험, 신용 위험, 이자율 위험 등 세 가지 유형의 위험을 은행이 어떻게 처리하는지를 살펴보고자 한다.

유동성 위험 관리

유동성 위험
은행이 자산을 매각하거나 합리적인 비용으로 자금을 조달하여 현금 수요를 충족하지 못할 가능성

유동성 위험(liquidity risk)은 은행이 자산을 매각하거나 합리적인 비용으로 자금을 조달함으로써 현금 수요를 충족시키지 못할 수 있는 가능성이다. 예를 들어, 대규모 예금 인출은 은행이 상대적으로 유동성이 낮은 유가증권을 팔도록 강요할 수 있고 판매에서 손실을 입을 수 있다. 유동성 위험을 관리함에 있어 은행이 당면한 과제는 지나치게 많은 수익성을 희생하지 않으면서 위험에 대한 노출을 줄이는 것이다. 예를 들어, 은행은 대출과 유가증권을 적게 보유하고 더 많은 지준을 보유함으로써 유동성 위험을 최소화할 수 있다. 그러나 이 같은 전략은 은행의 수익성을 떨어뜨리는데, 은행이 시재금에 대해서는 이자를 받지 못하고 연준의 지준에 대한 낮은 이자율만 벌기 때문이다. 따라서 2007~2009년 금융위기 이후 몇 년 동안 저금리로 인해 많은 은행이 상당한 지준을 보유하게 되었지만, 고금리가 우세했던 2007년 이전에는 은행이 **자산 관리 및 유동성 관리 전략**을 통해 유동성 위험을 줄인다.

은행은 하룻밤 사이에 연방기금시장에서 자금을 빌려줌으로써 자산 운용을 할 수 있

다. 2007년 이전 은행은 연방기금시장에서 다른 은행에 대출함으로써 연준에 자금을 예치하는 것보다 더 높은 이자율을 얻을 수 있었다. 2007년 이후 은행이 연방기금시장에서 대출할 때 받는 이자와 연준의 예치된 지준으로 받는 이자의 격차가 매우 좁혀졌다. 두 번째 옵션은 **역환매약정**(reverse repurchase agreement)을 이용하는 것인데, 이 약정은 은행이 기업이나 다른 은행이 소유한 재무부 증권을 매입하고 이후(다음 날 아침)에 증권을 되팔기로 합의하는 것으로 한다. (환매약정은 은행이 재무부 증권을 다른 회사에 매각하고 나중에 다시 사들이기로 합의할 수도 있다.) 지준 역환매약정은 재무부 증권이 담보 역할을 하면서 은행에서 기업이나 다른 은행에 단기대출하는 역할을 한다. 대부분의 은행은 연방기금시장에서 대출과 역환매약정을 결합해 사용한다. 이 거래는 기간이 매우 짧기 때문에, 자금을 예금 인출에 대응하여 사용할 수 있다.

은행은 또한 지준을 늘리는 대신 부채(차입금)를 늘려 예금인출 급증에 대처할 수 있다. 부채관리는 예금인출에 대응하기 위한 자금을 조달하는 데 필요한 차입금의 최선의 조합을 결정한다. 은행은 연방기금시장에서 다른 은행으로부터 차입하거나, 환매계약을 이용해 기업이나 다른 은행으로부터 차입하거나, 연준에서 **할인대출**을 받아 차입할 수 있다.

신용위험 관리

신용위험(credit risk)은 차입자가 대출금을 상환하지 못할 수 있는 위험이다. 신용위험의 한 원천은 비대칭정보이며, 이는 9장 9.2절에서 논의한 **역선택**과 **도덕적 해이**의 문제를 초래한다. 차입자는 은행보다 자신의 재정 상태와 차용 자금 사용에 대한 실제 계획에 대해 더 많이 알고 있기 때문에, 은행은 좋지 못한 신용위험에 처하거나 차용 자금을 의도한 목적 이외의 다른 용도로 사용하려는 차입자에게 무심코 대출을 하게 될 수 있다. 은행이 신용위험을 관리하기 위해 할 수 있는 여러 가지 방법에 대해 간단히 살펴보기로 하자.

신용위험
차입자가 채무를 불이행할 수 있는 위험

분산투자 4장 4.1절에서 논의한 것처럼 개인이든 금융회사든 투자자는 보유자산을 분산투자함으로써 위험에 대한 노출을 줄일 수 있다. 은행이 한 명의 차입자, 한 지역의 차입자, 한 산업의 차입자에게 너무 많이 빌려주면, 은행은 대출로 인하여 더 큰 위험에 노출된다. 예를 들어, 텍사스의 석유 탐사 및 시추 회사에 대출의 대부분을 주었던 은행은 코로나19 팬데믹으로 인해 2020년 1월에 시작된 유가 하락에 따라 이러한 대출로 심각한 손실을 입었을 가능성이 있다. 대출자, 지역, 산업에 걸쳐 대출을 다각화함으로써 은행은 신용위험을 줄일 수 있다.

신용위험 분석 **신용위험 분석**(credit-risk analysis)을 수행할 때, 은행 대출 담당자는 잠재적으로 나쁜 위험을 제거하고 신뢰할 수 있는 대출자군을 얻기 위해 대출 신청자를 심사한다. 개인 차입자는 직업, 소득, 순자산에 대한 정보를 대출 담당자에게 제공해야 한다. 사업하는 차입자는 현재 및 미래 예상 이윤과 순자산에 대한 정보를 제공한다. 은행은 차입자의 채무 불이행 가능성을 통계적으로 판단하기 위해 **신용평가 시스템**(credit-scoring system)을 이용

신용위험 분석
은행 대출 담당자가 대출 신청자를 선별하는 데 사용하는 프로세스

한다. 예를 들어, 이직을 자주 하는 사람은 안정적인 이력을 가진 사람보다 채무불이행 가능성이 높다. 대출 담당자는 대출에 앞서 정보를 수집하고 대출 기간 동안 차입자를 모니터하기도 한다. 2007~2009년 금융위기 이후, 많은 은행은 대출, 특히 모기지 대출에 대한 신용위험을 줄이기 위해 대출 절차를 강화했다. 이러한 대출 절차 강화는 은행이 직면했던 위험을 줄이는 데 도움이 되었을지 모르지만, 이러한 조치로 일부 가계와 소기업은 대출을 받기 어려워졌다. 2020년, 은행 대출 담당자는 코로나19 팬데믹 기간 동안 이례적인 상황이 만연한 상황에서 신용평가 시스템을 적용하기 위해 노력했다. 많은 근로자가 실직 상태였기 때문에 기존의 신용평가 시스템으로는 대출을 받기가 어려웠을 것이다. 그러나 실업에는 일시적인 해고가 포함되어 있었는데, 이는 이 근로자들이 곧 일자리로 돌아와 이전처럼 소득을 받게 되어, 그들이 당면한 상황보다 더 좋은 신용위험을 갖게 될 것이라는 것을 의미했다.

개념 적용

FICO: 하나의 숫자가 당신의 금융 생활과 낭만적인 생활을 예측할 수 있는가?

자동차나 집을 사기 위해 대출할 때 여러분이 지불하는 이자율(또는 대출을 받을 수 있는지 여부)은 거의 전적으로 FICO 점수라는 세 자리 숫자에 달려 있다. FICO는 1956년 엔지니어 윌리엄 페어(William Fair)와 수학자 얼 아이작(Earl Isaac)에 의해 설립된 페어, 아이작 앤 컴퍼니(Fair, Isaac and Company)에서 이름을 따왔다. 창업 당시에는 상업은행도 없었고, 신용카드도 널리 보급되지 않았다. 따라서 대부분의 가계와 소상공인은 대출금을 은행 대출에 의존했다. 은행 대출 담당자는 대출을 제공할 때 주관적인 판단에 상당 부분 의존했다. 정보의 비대칭성으로 인해 신용위험이 낮은 사람은 대출을 받기도 하고 신용위험이 좋은 사람은 대출을 거부당하는 경우도 있었다.

페어와 아이작은 컴퓨터 기술의 발전으로 차입자의 신용이력에 대한 정보를 이용하여 차입자가 제때 돈을 갚을 것인지를 더 정확하게 예측할 수 있게 되었다. 오늘날 이 회사는 여러 신용점수를 만들어내지만, 가장 널리 사용되는 FICO 점수는 300~850 사이의 세 자리 숫자로, 점수가 높을수록 더 좋은 신용 기록을 나타낸다. FICO 점수는 에퀴팩스(Equifax), 익스피리언(Experian) 및 트랜스유니온(TransUnion)의 세 가지 주요 **신용 보고 기관**(credit reporting agency)에서 수집한 정보를 기반으로 한다. 각 기관은 신용카드를 사용하거나 대출을 신청하거나 은행 계좌를 개설한 사람에 대한 신용 보고서를 작성한다. 몇몇 대학생을 제외한 거의 모든 성인이 신용 보고서를 가지고 있다. 신용 보고서에는 대출금에 대한 빚이 얼마나 되는지, 얼마나 많은 신용카드를 가지고 있는지, 그리고 그 잔액이 얼마인지, 청구서를 얼마나 안정적으로 지불하는지, 어디에서 살고 있는지, 누구를 위해 일하는지 등이 포함되어 있다(미국 연방거래위원회 홈페이지에서 신용 보고서 사본을 무료로 받을 수 있다. consumer.ftc.gov/articles/0155-free-credit-reports).

수년 동안 소비자들은 자신의 FICO 점수를 알지 못했는데, 대중에게 공개된 신용 보고서 버전에 점수가 포함되어 있지 않았기 때문이다. 2002년부터는 신용 보고서 사본을 발급받으면 FICO 점수를 알 수 있었다. 오늘날 많은 대부자는 FICO 점수를 무료로 제공할 것이다. 페어 아이작은 점수 계산에 사용하는 정확한 계산 방법을 공개하지 않지만 신용 보고서에서 얻은 광범위한 정보 범주에 가중치를 부여하는 방법을 설명한다. 다음 그래프는 이러한 가중치를 보여준다. FICO 점수를 결정하는 가장 중요한 요소는 청구서를 제때 납부한 이력이 있는지 여부(35%)이다. 다음으로 중요한 요소는 현재 대출금과 신용카드에 얼마나 많은 빚을 지고 있느냐(30%)이다.

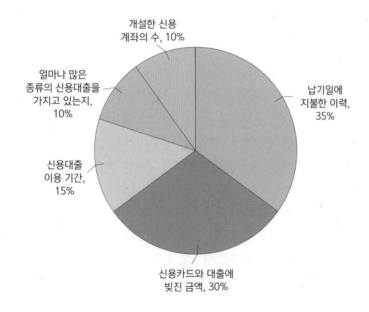

대부분의 사람은 600~750 사이의 FICO 점수를 가지고 있다. 일반적으로 은행으로부터 자동차 대출이나 모기지 대출에서 최고로 좋은 이자율을 받기 위해서는 740점 이상의 점수가 필요하다. 다음 수치는 1999~2020년 사이에 성공적으로 자동차 대출을 받은 사람들의 신용점수 범위를 보여준다. 점수는 에퀴팩스가 사용하는 점수로, FICO 점수와 비슷하다. 맨 윗줄은 중위점수를 나타내는데, 자동차대출을 받은 사람의 절반이 이보다 신용점수가 높고, 절반은 신용점수가 낮았다는 뜻이다. 맨 아랫줄은 10분위 점수를 나타내는데, 이는 자동차 대출을 받은 사람들 중 10%만이 점수가 낮았다는 것을 의미한다. 2020년 1분기 자동차 대출자의 중위신용점수는 718점, 10분위 점수는 574점이었다. 따라서 신용점수가 574점 미만이면 자동차 대출 자격을 얻는 데 어려움을 겪게 된다.

점수가 620점 미만이면 모기지 대출(2020년에는 620점 이하가 모기지 대출의 3%에 불과)을 받는 데 어려움을 겪게 되는데, 이는 정부 후원기업인 페니메와 프레디 맥이 낮은 점수를 가진 차입자에게 은행이 제공한 모기지를 사지 않기 때문이다. 2007~2009년 금융위기 이후 페니메와 프레디 맥은 증권화된 모기지 대출의 대부분을 구입하여 자신들의 요구 사

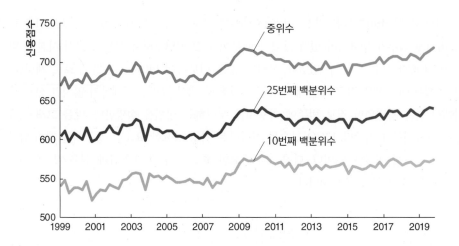

항을 은행이 따르게끔 만들었다.

신용점수 활용은 은행과 카드사를 넘어 확산됐다. 보험회사는 일부 신청자에게 보험을 제공할 의향이 있는지 여부와 보험료를 책정할 때 점수를 사용한다. 고용주는 신용점수를 이용해 일자리 제안 여부를 결정하고, 집주인은 신용점수를 활용해 누구에게 아파트를 임대할지를 결정한다. 연방준비제도이사회(FRB)의 연구원은 연애 초기에 신용점수가 비슷한 커플들이 점수가 다른 커플들보다 함께 지낼 가능성이 높다는 것을 발견했다. 이에 "신용점수는 개인의 인간관계 스킬과 헌신 수준을 드러낸다"고 결론지었다. 시간이 지나면 이 연구가 첫 데이트에서 새로운 화제로 이어질지 알 수 있을 것이다!

소셜파이낸스(SoFi) 등 최근 10년간 창업한 핀테크 기업 중 온라인 차입자와 대부자를 이어주는 웹사이트를 개발한 곳은 신용점수의 유용성에 회의적이다. 이들 기업은 신용점수는 사람들이 미래에 할 것 같은 일보다 과거에 한 일에 초점을 맞춰져 있어 뒤쳐진다고 주장한다. 예를 들어, 학자금대출을 재융자하는 것에서 모기지 대출까지 확대된 SoFi는 대출 결정에 (1) 대출금 상환 후 남는 소득, (2) 고용 이력, (3) 교육 수준, (4) 미래 직업 전망에 초점을 맞춘다.

신용도를 대체하는 수단을 개발하려는 이러한 시도에도 불구하고, 지금까지 대출 신청의 90%를 평가하는 데 FICO 점수가 계속해서 사용되고 있다. 따라서 좋든 나쁘든 간에, 당신의 점수는 당신이 차나 집을 살 계획을 세울 때 중요할 것이다.

이 장의 끝에 있는 관련문제 3.5를 참조하시오.

우대금리

이전에는 은행이 우량 차입자에게 6개월 대출에 부과하는 이자율; 현재는 은행이 주로 소규모 차입자에게 부과하는 이자율

역사적으로 기업에 대한 대출 금리는 **우대금리**(prime rate)에 기초했는데, 이것은 은행이 기대 채무 불이행 위험이 가장 낮은 대출자, 소위 **질 높은 대출자**(high-quality borrower)에게 6개월 동안 부과하는 이자율이었다. 기타대출은 신용위험에 따라 우대금리보다 높은 금리를 적용했다. 고위험 대출일수록 이율이 높았다. 그러나 몇 안되는 차입자에게만 부과되는 우대금리 대신 오늘날 은행은 대부분의 대기업과 중견기업에게 변동 시장 금리를 반영해서

금리를 부과한다.

담보 역선택 문제를 줄이기 위해 은행은 일반적으로 차입자가 채무불이행 시 은행에 담보 또는 서약된 자산을 내놓도록 요구한다. 예를 들어, 창업을 위해 은행 대출이 필요한 기업인이라면 은행은 주택 등 자산 일부를 담보로 서약해 달라고 요구할 가능성이 크다. 또한 은행은 대출을 받는 기업이 대출 은행의 당좌예금 계좌에 유지해야 하는 최소 요구 금액인 보상 잔액을 유지할 것을 요구할 수 있다.

신용제한 어떤 상황에서 은행은 **신용제한**(credit rationing)을 통해 역선택과 도덕적 해이의 비용을 최소화한다. 신용제한에서 은행은 차입자에게 대출 신청을 허가하지만 대출 규모를 제한하거나 차입자에게 현재 이자율 수준에서 대출하는 것을 거절한다. 첫 번째 유형의 신용제한은 발생할 수 있는 도덕적 해이에 대응하여 발생한다. 은행이 대출 규모를 제한하면 차입자가 대출금을 상환해 안전한 신용등급을 유지할 가능성이 높아져 도덕적 해이 비용이 줄어든다. 은행은 같은 이유로 발급하는 마스터카드와 비자카드에도 신용한도를 두고 있다. 신용 한도가 $2,500인 경우 나중에 다시 대출받을 수 있도록 은행에 상환할 가능성이 높다. 만약 은행이 $250만의 신용 한도로 높여주면 상환할 수 있는 것보다 더 많은 돈을 쓰고 싶은 유혹을 느낄지도 모른다. 따라서 현재 이자율 수준에서 차입자의 대출 규모를 차입자가 요구하는 금액보다 적은 금액으로 제한하는 것은 은행에 합리적이며 이익을 극대화하는 것이다.

두 번째 유형의 신용제한은 차입자가 은행에 제공할 담보가 거의 없거나 없을 때 발생하는 역선택 문제에 대응하여 발생한다. 만약 은행이 더 높은 채무불이행 위험을 보상하기 위해 차입자에게 부과하는 금리를 올리려고 한다면 어떻게 될까? 은행이 이 집단의 저위험 차입자와 고위험 차입자를 확실하게 구분하지 못하면 금리가 높다는 이유로 저위험 차입자를 대출군에서 탈락시켜 고위험 차입자만 남게 될 위험이 있다. 따라서 금리를 낮은 수준으로 유지하고 일부 차입자에 대한 대출을 아예 거절하는 것이 은행의 이익을 증가시킬 수 있다.

모니터링 및 제한적 규약 도덕적 해이로 인한 비용을 줄이기 위해, 은행은 차입자가 빌린 자금을 승인되지 않은 위험한 활동에 사용하지 않도록 감시한다. 은행은 차입자가 **제한적 규약**(restrictive covenant)이나 특정 활동을 할 수 없도록 하는 명시적 조항을 준수하고 있는지 여부를 추적한다. 새로운 장비를 구입하기 위해 자금을 빌린 기업은 급여채무를 지급하거나 재고를 조달하기 위해 자금을 사용하는 것이 금지된다.

장기적인 사업 관계 본 장의 서두에서 언급했듯이 은행이 차입자에 대한 개인 정보를 바탕으로 신용위험을 평가할 수 있는 능력을 관계은행업이라고 한다. 은행은 장기적인 사업관계를 통해 차입자의 전망에 대한 정보를 수집하거나 차입자의 활동을 감시한다. 은행은 차입자의 당좌예금활동과 대출상환을 통해 여러 기간에 걸쳐 차입자를 관찰함으로써 정보수집과 모니터링 비용 감소로 비대칭정보의 문제를 크게 줄일 수 있다. 차입자는 또한 은행과

신용제한
차입자가 주어진 이자율로 원하는 자금을 얻을 수 없도록 대부자에 의한 신용제한

의 장기적인 관계로부터 이익을 얻는다. 은행은 비용이 많이 드는 정보수집 업무를 피하기 때문에 고객은 더 낮은 이자율이나 더 적은 제약으로 신용을 얻을 수 있다. 서두에서 살펴본 것처럼 2020년에는 많은 중소기업이 오랜 거래관계를 유지하고 있는 소형은행이나 지역은행이 아니라 대형은행을 통해 신청할 경우 PPP를 통한 대출을 확보하는 데 어려움을 겪는 경우가 많았다.

이자율 위험 관리

이자율 위험
시장 이자율의 변화가 은행의 이익이나 자본에 미치는 영향

시장금리 변동으로 인해 은행의 이윤이나 자본이 변동하는 경우 은행은 **이자율 위험**(interest-rate risk)을 경험한다. 시장금리 변동이 은행의 자산과 부채의 가치에 미치는 영향은 이자율 변동이 채권가격에 미치는 영향과 유사하다. 즉, 시장금리가 오르면 은행의 자산과 부채의 현재 가치가 낮아지고, 시장금리가 떨어지면 은행의 자산과 부채의 현재 가치가 높아진다. 금리변동이 은행의 이윤에 미치는 영향은 은행의 자산과 부채가 변동금리인지, 고정금리인지에 따라 달라진다. 변동금리 자산이나 부채의 이자율은 적어도 연 1회 이상 변동하는 반면, 고정금리 자산이나 부채의 이자율은 연 1회 이상 변동하는 경우가 적다.

표 10.2는 폴크타운(Polktown) 내셔널 은행의 가상 재무상태표를 보여준다. 이 표는 고정금리 및 변동금리 자산과 부채의 예를 보여주고 있다. 금리가 오르면 포크타운은 단기 CD 등 변동금리 부채 $210백만에 대해 더 많은 이자를 부담하는 반면, 변동금리 주택담보대출 등 변동금리 자산 $150백만에 대해서만 이자를 더 받게 된다. 결과적으로 은행의 이윤은 감소할 것이고, 이는 곧 폴크타운이 이자율 위험에 직면한다는 것을 의미한다.

1980년대 시장금리 변동성이 크게 증가하면서 단기 변동금리 예금의 자금을 이용해 고정금리 대출을 해 온 은행은 저축과 대출에서 큰 손실이 발생했다. 다음 절에서 설명할 이

표 10.2 폴크타운(Polktown) 내셔널 은행의 가상 재무상태표

폴크타운(Polktown) 내셔널 은행			
자산		**부채 + 은행 자본**	
고정금리 자산	$350백만	고정금리부채	$250백만
지준		당좌예금	
장기유가증권		저축성 예금	
장기대출		장기 CD	
변동금리 자산	$150백만	변동금리부채	$210백만
변동금리 대출		단기 CD	
단기유가증권		연방 기금	
		은행 자본	$40백만
총 자산	$500백만	**총 부채 + 은행 자본**	$500백만

유들로, 시장금리의 증가는 또한 은행의 부채 대비 자산의 가치를 감소시켜, 자본이 감소되고 1980년대 후반 은행의 저축 및 대출 실패가 증가하는 데 기여한다.

이자율 위험 측정: 갭 분석 및 기간 분석   은행 경영자는 갭 분석과 기간 분석을 사용하여 은행이 이자율 위험에 얼마나 취약한지를 측정한다. **갭 분석**(gap analysis)은 은행의 변동금리 자산의 달러 가치와 변동금리 부채의 달러 가치 사이의 차이 또는 격차를 살펴본다. 대부분의 은행은 부채(주로 예금)가 자산(주로 대출과 유가증권)보다 변동금리가 높을 가능성이 크기 때문에 마이너스 격차를 가지고 있다. 예를 들어, 표 10.2에서 볼 수 있듯이 폴크타운(Polktown) 내셔널 은행의 격차는 $150백만 − $210백만 = −$60백만이다. 단순화하기 위해 폴크타운의 모든 변동금리 자산과 변동금리 부채의 금리가 1년 동안 2%p 증가한다고 가정하자. 포크타운은 자산으로 0.02 × $150백만 = $3백만를 더 벌게 되지만, 부채로 0.02 × $210백만 = $4.2백만를 더 지불하기 때문에 수익이 $1.2백만 감소하게 된다. 또한 시장금리 변동에 폴크타운의 갭을 곱해 폴크타운의 이윤 하락폭을 직접 계산할 수도 있다. 즉, 0.02 × −$60백만 = −$1.2백만이다. 이 간단한 갭 분석은 시중금리 변동에 따른 은행 이윤의 취약성을 어떻게 계산해야 하는지에 대한 기본 원리를 나타낸다. 실제로 은행경영자는 자산과 부채가 다를 경우 금리가 다르게 변동될 가능성이 높다는 점을 감안한 보다 정교한 분석을 실시할 것이다.

이자율 변동은 은행의 이윤에 영향을 미칠 뿐만 아니라 은행의 자산과 부채의 가치를 변화시킴으로써 은행의 자본에 영향을 줄 수 있다. 우리는 금융자산의 만기가 길어질수록 주어진 이자율의 변화에 따른 자산가격의 변화가 크다는 것을 알고 있다. 1930년대 동안, 전미경제연구소의 경제학자 프레드릭 맥컬리(Frederick Macaulay)는 이자율 변화에 대한 금융자산 가격 민감도와 관련한 만기보다 더 정확한 척도로 듀레이션 개념을 개발했다.[2] 특정 은행자산이나 은행부채의 듀레이션이 길수록 시장금리 변동에 따라 자산이나 부채의 가치가 더 크게 변하게 된다. **기간 분석**(듀레이션 분석; duration analysis)은 은행의 자본이 시장금리 변동에 얼마나 민감한지를 측정한다. 은행의 **듀레이션 갭**(duration gap)은 은행 자산의 평균적인 듀레이션과 은행 부채의 평균적인 듀레이션 간의 차이다. 은행의 듀레이션 갭이 양수인 경우, 은행의 자산 듀레이션은 은행의 부채 듀레이션보다 크다. 이 경우 시장금리가 인상되면 은행 부채 가치보다 은행 자산 가치가 더 떨어져 은행자본이 줄어들게 된다. 은행은 일반적으로 자산(주로 대출과 유가증권)이 부채(주로 예금)보다 긴 듀레이션을 갖기 때문에 듀레이션 갭이 양수이다.

표 10.3은 갭 및 듀레이션 분석을 요약하고 시장 금리 하락은 은행이윤과 은행자본 가치를 **증가**시키기 때문에 은행에 좋은 소식이 되는 반면, 시장 금리 상승은 은행이윤과 은행

갭 분석
은행의 변동금리 자산의 달러 가치와 변동금리 부채의 달러 가치 간의 차이 또는 격차에 대한 분석

기간 분석
은행 자본이 시장 이자율의 변화에 얼마나 민감한지를 분석

---

[2] 수학적으로 이해하기 위해 다음과 같이 듀레이션에 대한 보다 정확한 정의를 살펴보자. 듀레이션은 금융자산에서 지급되는 만기의 가중 합계이다. 여기서 가중치는 지급액의 현재가치를 자산의 현재가치로 나눈 값과 같다. 시간 t에 지불한 금액의 현재가치를 PV_t로 표시하면 T 기간에 만기가 되는 자산의 시장가치 MV는 $MV = \sum_{t=1}^{T} PV_t$, 그리고 자산의 듀레이션은 $d = \sum_{t=1}^{T} t\left(\frac{PV_t}{MV}\right)$이다.

표 10.3 갭 분석 및 듀레이션 분석

대부분의 은행은 …	따라서 시장 이자율 증가는 …	그리고 시장 이자율 하락은 …
1. 음수 갭	은행이윤 감소	은행이윤 증가
2. 양수 듀레이션 갭	은행자본 감소	은행자본 증가

자본의 가치를 **감소**시키기 때문에 은행에 나쁜 소식임을 보여준다. 2007~2009년 금융위기 이후 일부 은행의 경우, 금리 하락이 처음에는 은행이 예금에 내해 지불하는 이자율을 줄여 은행이윤에 도움이 되었지만 지속적으로 낮은 금리는 결국 은행이 대출에 대해 받는 금액을 감소시켜 어려움을 겪었다. 그 결과 은행의 예금과 대출 간의 이자율 스프레드가 낮아져 이익이 감소했다.

이자율 위험 감소 은행 경영자는 이자율 위험에 대한 노출을 줄이기 위해 다양한 전략을 사용할 수 있다. 음수 갭이 있는 은행은 조정가능 금리 또는 **변동금리**(floating-rate) 대출을 더 많이 할 수 있다. 그렇게 하면 시장 금리가 상승하고 은행이 예금에 대해 더 높은 이율을 지불해야 하는 경우, 대출에 대해서도 더 높은 이율을 받는다. 변동금리 대출은 은행이 직면한 이자율 위험을 줄이는 반면 차입자가 직면하는 이자율 위험은 증가시키기 때문에 많은 대출 고객은 변동금리 대출을 꺼린다. 예를 들어, 조정가능 금리 모기지(ARM)를 사용하여 집을 구입하는 경우 시장 금리가 하락하면 월 지불액이 감소하지만 시장 금리가 상승하면 월 지불액이 증가한다. 많은 차입자는 이러한 이자율 위험을 감수하기를 원하지 않으므로 대부분의 주택 모기지 대출은 고정금리로 제공된다. 마찬가지로 변동금리 자동차 대출도 드물다. 은행은 다행스럽게도 이미 논의한 증권화 과정의 일환으로 장기대출 채권의 상당수를 팔 수 있게 됐다. 또한 기업에 부여된 많은 은행 대출은 이자율 위험이 적은 단기 변동금리 대출이다.

7장 7.5절에서 보았듯이, 은행은 기업이나 다른 금융회사가 소유한 조정 가능 금리 대출에 대한 지불액을 고정금리 대출에 대한 지불액과 교환하거나 교환하는 데 동의하는 **이자율 스왑**(interest-rate swap)을 사용할 수 있다. 스왑은 은행이 고정금리 대출에 대한 대출 고객의 요구를 충족시키면서 이자율 위험에 대한 노출을 줄일 수 있도록 한다. 은행은 이자율 위험을 피하기 위해 선물계약과 옵션계약을 사용할 수도 있다. 폴크타운 내셔널 은행이 변동금리형 양도성예금증서(CD)의 자금을 사용하여 지역 자동차 부품 공장에 장기 고정금리 대출을 한다고 가정하자. 금리가 오르면 폴크타운은 CD에 더 높은 금리를 매기거나 다른 은행에 자금을 빼앗기지만 고정금리 대출에 대한 이자 수입은 늘지 않는다. 이러한 이자율 위험을 줄이기 위해 폴크타운은 재무부 어음 선물계약을 매도할 수 있다. 시장 이자율이 상승하면 국채 선물계약의 가치가 하락하여 폴크타운이 포지션을 해결하기 위해 선물계약을 매입할 때 이익을 얻을 수 있다. 이 이익은 CD에 대해 지불해야 하는 추가 이자를 상쇄할 것이다. 폴크타운은 재무부채권에 풋옵션 계약을 사용하여 유사한 헤지를 수행할 수 있다(선물 및 옵션계약에 대한 보다 완전한 논의는 7장 참조).

10.4 미국 상업은행 산업의 동향
학습목표: 미국 상업은행 산업의 동향을 설명한다.

미국 상업은행 산업은 지난 수년간 엄청난 변화를 겪어왔다. 이 절에서는 2007~2009년 금융위기의 영향을 포함하여 지난 20년 동안의 발전 과정을 간략하게 소개하고자 한다.

미국 금융의 초기 역사
대부분 미국 역사에서, 대다수 은행은 소형은행이었고 제한된 지역에서 운영되었다. 미합중국 초기 의회는 초대 재무장관 알렉산더 해밀턴(Alexander Hamilton)의 요청으로 뱅크오브유나이티드스테이츠(Bank of the United States)를 설립하였다. 이 은행은 오늘날의 중앙은행과 같은 업무를 수행하였고, 전국에 영업점을 가지고 있었다. 1811년 은행의 첫 20년 동안의 인가 효력이 끝났을 때, 정치적인 반대로 새로운 인가가 나지 않아 은행은 사라지게 되었다. 은행을 반대하는 사람은 은행이 농민과 소기업 소유주에 대한 대출을 줄였고 의회가 은행 설립에 있어 헌법상의 권한을 초과했다고 주장했다. 1812년 전쟁 중 재정적인 문제로 의회는 1816년 제2 미합중국은행을 인가했다. 그러나 이번에도 앤드류 잭슨(Andrew Jackson) 대통령이 이끄는 정치적 반대로 1836년에 은행 인가를 갱신하지 못했다.

전국적인 지점을 가진 중앙은행을 설립하려는 이 두 번의 초기 시도가 실패한 후 수십 년 동안 국영은행이 유일한 유형의 은행이었다. 은행을 시작하려는 기업가는 주 정부로부터 은행을 운영할 수 있는 법적 문서인 인가를 받아야 했다. 1863년의 전국 은행법(National Banking Act)은 기업가가 미국 재무부의 일부인 통화 감사관(Office of the Comptroller of the Currency)으로부터 연방 은행 인가를 받을 수 있도록 했다. 연방정부가 승인한 은행은 **국립은행**(national banks)으로 알려져 있다. 미국은 현재 주 정부나 연방정부가 은행을 설립할 수 있는 **이중 은행시스템**(dual banking system)을 가지고 있다. 1863년과 1864년의 전국 은행법은 은행이 비금융회사의 소유권을 갖기 위해 예금을 사용하는 것을 금지했다. 현재까지 계속되고 있는 이 금지 조치는 독일과 일본을 비롯한 일부 다른 국가에서는 존재하지 않는다.

국립은행
연방정부가 허가한 은행

이중 은행시스템
주 정부나 연방정부에 의해 은행이 인가되는 미국의 시스템

은행 패닉, 연방준비제도이사회, 연방예금보험공사
앞서 은행이 현재 가지고 있는 자금보다 더 많은 자금을 예금자들이 동시에 출금할 수 있기 때문에 은행이 유동성 위험에 처할 수 있다는 것을 봤다. 현재의 은행 시스템에서, 이러한 위험은 상대적으로 낮은데, 기업 소유의 예금을 포함한 은행 예금은 은행당 $250,000 한도까지 보험에 가입되어 있기 때문이다. 여기에 연방준비제도이사회(FRB)는 일시적인 유동성 문제로 어려움을 겪고 있는 은행에 할인대출을 하는 등 **최종 대부자** 역할을 톡톡히 하고 있

다. 그러나 19세기와 20세기 초반에는 연방예금보험도 연방준비제도도 존재하지 않았다. 그 결과, 은행은 정기적 **뱅크런**(bank run, 예금 인출 소동)의 대상이었고, 많은 예금자는 은행이 파산할 위험이 있다고 판단하고 동시에 그들의 예금을 돌려줄 것을 요구했다. 만약 몇몇 은행이 자금난을 겪게 된다면, 다른 은행으로부터 돈을 빌려서 예금자의 자금 반환 수요를 충족시킬 수 있다. 그러나 많은 은행이 동시에 예금 인출을 경험하게 되면, 그 결과는 **은행 패닉**이 될 것이고, 은행은 예금자의 돈을 돌려줄 수 없고 일시적으로 문을 닫아야만 한다. 가계와 기업이 예금과 신용에 대한 접근이 차단되면서, 은행 패닉은 불황을 초래했다. 1907년의 특히 심각한 패닉은 최후의 수단으로 대출을 제공할 수 있는 중앙은행이 국가에 필요하다는 것을 의회에 납득시켰다. 의회는 1913년 12월 연방준비제도법을 통과시켰고, 연방준비제도는 1914년부터 운영되기 시작했다.

연방준비제도의 설립으로 은행 패닉이 일시적으로 중단되었지만, 대공황 시기인 1930년대 초에 패닉이 재발했다. 의회는 1934년 설립된 연방예금보험공사(FDIC)가 운영하는 연방예금보험 제도로 대응했다. 모든 국책은행은 이 시스템에 가입해야 했으며 주립은행에는 가입 옵션이 주어졌다. 오늘날 모든 예금자의 약 99%가 완전 보험에 가입되어 있으므로 대부분의 예금자는 은행의 재정 상태에 대한 의문이 있을 경우 돈을 인출하고 은행을 파산시킬 유인이 없다. FDIC는 두 가지 방법 중 하나를 사용하여 은행의 파산을 처리한다. (1) 은행을 폐쇄하고 예금자에게 돈을 지급하거나, (2) 파산한 은행을 매입하고 통제권을 인수하는 동시에 파산한 은행을 인수할 의사가 있는 다른 은행을 찾는다. FDIC가 은행을 폐쇄하면 은행의 자산으로 즉시 피보험자에게 돈을 갚는다. 이러한 자금이 충분하지 않은 경우 FDIC는 보험에 가입된 은행이 FDIC에 납입하는 금액, 즉 적립된 보험 지준에서 차액을 보충한다. FDIC가 보험에 가입한 예금자에게 보상한 후 나머지 자금은 무보험 예금자에게 지급된다.

FDIC는 파산한 은행을 폐쇄하기보다는 계속해서 운영하기를 원한다. 은행을 계속 운영하기 위해서, FDIC는 FDIC가 파산 은행을 관리하기 전에 파산 은행을 기꺼이 인수할 다른 은행을 빠르게 찾을 것이다. 다른 은행은 새로운 지역으로 진입하거나 파산한 은행의 예금 및 대출 고객에게 접근하기 위해 파산 은행을 인수할 의사가 있을 수 있다. 만약 FDIC가 파산한 은행을 매입하여 지배력을 가져와야 한다면, FDIC는 이행 과정에서 비용을 발생시킨다. 일반적으로 부실 은행의 모든 예금을 인수할 인수 은행을 찾는다. 이 경우 FDIC는 낮은 금리로 대출을 제공하거나 파산한 은행의 포트폴리오에서 부실대출을 매입하는 방식으로 인수자금을 지원한다. 그림 10.2에서 볼 수 있듯이, 2007~2009년 금융위기 때, 1980년대 후반 저축 및 대출 위기 때 볼 수 있는 높은 수준에 이르지는 못했지만 일시적으로 은행 부실 건수가 급증했다(저축 및 대출 위기는 12장에서 논의한다). 금융위기 이후, 많은 대형 기관들이 파산하며 FDIC의 상당한 지출이 필요했다. 2020년 중반 현재, 코로나19 팬데믹으로 인한 금융시스템의 문제는 은행 부실을 크게 증가시키지 않았다.

법률적 변화, 규모의 경제 그리고 전국적인 은행업의 성장

역사적으로, 일련의 연방법은 하나 이상의 주에서 은행이 영업할 수 있는 자격을 제한했다. 가장 최근의 법안은 의회가 1927년에 통과시킨 맥파든(McFadden)법이었다. 또한 대부분의 주는 **단일 은행 주**(unit banking states)였으며, 이는 은행이 하나 이상의 지점을 갖는 것을 금지하는 규정이 있음을 의미한다. 세인트루이스 연방준비은행 데이비드 휠록(David Wheelock)의 연구는 1900년도 미국의 12,427개의 상업은행 중 87개만이 지점을 가지고 있다는 것을 보여주었다. 반면에 대부분의 다른 나라들은 수년 동안 상대적으로 적은 수의 은행을 가지고 있었고, 각 은행은 전국적으로 지점을 운영하고 있었다.

지리적으로 제한된 많은 소형은행으로 이루어진 미국 시스템은 은행을 작게 유지하고 은행이 받는 예금을 지역의 대출 자금 조달에만 사용함으로써 은행의 힘을 제한하는 것을 옹호하는 정치적 견해의 결과였다. 그러나 대부분의 경제학자는 미국이 은행 업무에서 규모의 경제를 충분히 활용하지 못했기 때문에 비효율적이라고 생각한다. **규모의 경제**는 제공되는 재화나 서비스의 양이 증가함에 따라 발생하는 평균 비용의 감소를 의미한다. 대형은행은 대출 담당자의 급여, 컴퓨터 시스템, 소프트웨어 및 디지털 앱 비용, 은행 건물 운영 비용과 같은 고정 비용을 더 많은 거래에 분산할 수 있다. 은행을 좁은 지역에 국한시키는 것도 대출금을 한 지역에 집중시켜 더 큰 신용위험에 노출시켰기 때문에 비효율적이었다. 은행이 대부분의 지역 기업이 농업에 의존하는 다운스테이트 일리노이의 한 마을에 위치하고 있다면, 가뭄으로 농부들이 받은 대출을 상환하지 못했을 때 은행은 큰 손실을 입고 파산할 수도 있다.

시간이 지남에 따라, 은행업의 규모와 지역적 범위에 대한 제약은 점차 없어졌다. 1970년대 중반 이후, 대부분의 주에서는 주 내의 지점에 대한 제한을 없앴다. 1994년 의회는 리글-닐 주간 은행업 및 지점 효율화법(Riegle-Neal Interstate Banking and Branching Efficiency Act)을 통과시켰고, 이는 주와 주 사이의 은행 업무에 대한 제한을 단계적으로

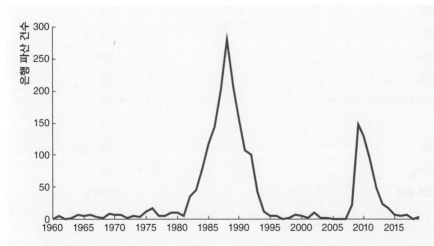

그림 10.2

1960~2019년 미국 내 상업은행 파산

미국의 은행 파산율은 1960년대 중반부터 1980년대 중반의 저축과 대출 위기까지 낮았다. 1990년대 중반, 은행 파산은 2007~2009년 금융위기가 시작될 때까지 낮은 수준으로 되돌아갔다. 금융위기는 은행 파산의 급격한 증가로 이어졌다.

출처: Federal Reserve Bank of St. Louis.

폐지시켰다. 1998년 노스캐롤라이나에 본사를 둔 네이션스 은행(NationsBank)과 캘리포니아에 본사를 둔 뱅크오브아메리카(Bank of America)가 합병하면서 양 해안에 지점을 둔 최초의 은행이 탄생했다.

미국 은행업계의 급속한 통합은 이러한 규제 변화에서 비롯되었다. 1984년 미국에는 약 14,200개의 상업은행이 있었지만 2020년에는 약 4,500개에 불과했다. 2개 이상의 주에서의 은행 지점과 영업에 대한 제한이 철폐된 이후처럼, 이러한 통합은 기업들이 서로 자유롭게 경쟁할 수 있을 때 상당한 규모의 경제를 가진 산업에서 기대할 수 있는 것이다. 경제학 원리에서 배웠듯이, 산업이 규모의 경제를 가지고 있을 때, 성장하는 기업은 상품이나 서비스를 생산하는 데 드는 평균 비용이 더 낮다. 이 낮은 비용은 성장하는 기업이 더 작은 경쟁사들보다 낮은 가격에 그들의 상품이나 서비스를 팔 수 있게 하여, 작은 경쟁자들을 사업에서 퇴출시키거나 다른 회사와 합병하도록 강요한다. 대형은행은 소형은행에 비해 비용이 저렴하기 때문에 예금주에게 높은 금리를 제공하고 차입자에게 더 낮은 금리를 주며 저렴한 가격에 투자자문 같은 금융서비스를 제공할 수 있다.

지난 25년 동안 엄청난 통합이 있었음에도 불구하고, 미국 은행 산업은 4,500개로 여전히 다른 나라들에 비해 훨씬 많다. 따라서 추가적으로 통합이 일어날 것이고, 은행 수는 계속 줄어들 것으로 보인다. 은행 수 감소는 미국 은행업의 통합 정도를 과소평가한다. 표 10.4에서 볼 수 있듯이, 미국에서 영업 중인 가장 큰 10개 은행은 전체 예금의 절반을 보유하고 있으며, 상위 3개 은행은 약 1/3을 보유하고 있다.

2010년 의회가 금융규제를 개정하면서 상하원 의원들 사이에서는 은행 규모를 제한하자

표 10.4 2019년 미국 10대 은행

은행	총 예금 비중
뱅크오브아메리카	11.10%
JP모건체이스	10.7
웰스파고	10.6
시티그룹	4.5
US 뱅코프	2.8
캐피탈 원	2.7
토론토-도미니언은행	2.2
PNC	2.2
찰스스왑	1.7
모건스탠리	1.5
10대 은행 총합	**50.00%**

출처: Federal Deposit Insurance Corporation, "Top 50 Bank Holding Companies by Total Domestic Deposits," June 30, 2019.

는 의견이 나왔다. 이들은 은행이 지나치게 커지면 예금주에게 낮은 금리를 지급하고 대출에 더 높은 금리를 부과할 수 있는 시장지배력을 갖는다고 주장했다. 일부 경제학자와 정책입안 자는 대형은행이 "너무 커서 파산할 수 없다"고 걱정했는데, 이것은 대형은행이 아무리 부실 하게 관리되어도 연방준비제도이사회, FDIC, 그리고 미국 재무부가 대형은행이 파산하지 않 도록 하기 위한 조치를 취할 수밖에 없을 정도로 대형은행 파산은 금융 혼란을 야기할 수 있다는 것을 의미한다. 12장 12.4절에서 논의하겠지만, 2010년 도드-프랭크법(Dodd-Frank Act)은 FDIC 및 기타 연방 규제 기관이 파산 위험이 있는 대형은행을 구제하기 위해 사용할 수 있는 방법에 대해 어느 정도 제한을 두긴 했지만, 은행 규모를 구체적으로 제한하지는 않 았다. 은행 규모에 대한 규제 제한이 있어야 하는지에 대한 논쟁은 계속되고 있다.

개념 적용

연방준비제도(Fed)와 우체국 중 어떤 은행 계좌를 원하는가?

서두에서 우리는 미국 재무부가 CARES법에서 승인한 대로 개인에게 지급금을 나누어 주 기 시작했을 때, 일부 사람들은 은행 계좌가 없어 지급을 받는 데 어려움을 겪었다는 것 을 보았다. 재무부는 이들에게 선불 혹은 직불카드를 발송했지만, 그 카드는 개인 계약 자인 Money Network Cardholder Services의 반송 주소와 함께 민간 계약업체인 Money Network/MetaBank에서 발급했다. 카드를 받는 대부분의 사람들은 이 회사에 대해 낯설어 서 카드를 광고나 사기로 생각하고 카드를 파쇄해 버렸기 때문에, 이후 카드를 재발급 받기 위해 그 회사에 연락해야 했다. 최근 몇 년 동안 많은 대형은행이 특히 시골과 저소득 도시 지역에 지점을 폐쇄하면서 일부 사람들은 은행 서비스에 대한 접근성이 부족하다. 정책입안 자와 경제학자들은 현재 은행 서비스가 부족한 1,000만 가구에 은행 서비스를 확대하기 위 한 조치에 새로운 관심을 보이고 있다.

2020년 민주당 대선 후보 경선에 낙선한 뉴욕 상원의원 커스틴 질리브랜드(Kirsten Gillibrand)는 USPS(US Postal Service)가 지역 우체국을 사용하여 당좌예금 및 저축계좌 를 포함한 기본적인 금융 서비스를 제공할 수 있는 권한을 부여하는 우체국은행법(Postal Banking Act)를 도입했다. 서두에서 보았듯이 1911~1967년 사이에 우체국은 당좌예금 없이 예금만 제공하는 우편저축시스템을 운영했다. 영국, 프랑스, 일본, 중국을 포함한 다른 나라 의 우편 서비스의 약 75%가 개인에게 금융 서비스를 제공한다. 질리브랜드 상원의원은 "우 체국은 다른 은행에서 발견되는 것과 유사한 저비용 당좌예금 계좌, ATM이나 모바일 뱅킹 같은 서비스에 대한 접근, 음식이나 난방비를 충당하기 위한 금융 다리를 찾는 가족들을 위한 저금리 대출을 제공할 것"이라고 주장한다. 은행업계는 일부 정책입안자 및 경제학자 와 함께 의회가 보조금을 지원할 의사가 없다면 USPS가 현재 민간은행과 경쟁할 만한 은 행 서비스를 제공할 수 있을지에 대해 회의적이다. USPS의 연구는 "우체국 은행을 설립하 는 것은 금융 통합에 가장 큰 영향을 미치며, 상당수의 소외 계층을 금융 주류로 끌어들일 수 있다"고 결론짓는 한편, 다음과 같이 지적했다.

하지만 만약 우체국이 은행이 되는 데 성공한다면, 그것과 함께 오는 위험, 비용, 그리고 규제 부담은 엄청난 도전이 될 것이다. 우선 우정사업본부는 사무실을 개조하고, 상당한 금융 전문지식인을 고용하고, 거대한 지점 네트워크에 내부 시스템을 구축하고, 수십억 달러의 자본을 조달하고, 규정 준수 관리자들을 고용해야 할 것이다.

2020년 중반 현재, 의회에서는 USPS가 은행 서비스를 제공하는 것을 승인할 기미가 보이지 않는다.

일부 경제학자나 정책입안자들이 지지하는 은행 서비스 확대에 대한 대안은 연방준비제도이사회(FRB)가 개인의 계좌개설을 허용하는 것이다. 최근 연방준비제도의 한 웹사이트는 다음과 같은 문답을 내놓았다.

질문: "연방준비제도이사회에서 어떻게 계좌를 개설하나요?"
답변: "예금 기관과 특정 금융기관만이 연방 준비 은행에 계좌를 개설할 수 있습니다."

npr.org의 특집 제목에서 말했듯이 "모두를 위한 Fed 계좌!(Fed Accounts for All!)"으로 답변이 바뀌어야 할까? 밴더빌트 대학교 로스쿨(Vanderbilt University Law School)의 법학 교수인 모건 릭스(Morgan Ricks)와 동료들은 의회가 연준이 계좌 개설을 원하는 사람이라면 누구든지 허용할 수 있도록 승인해야 한다고 주장한다. 이러한 Fed 계좌는 실제로 은행이 Fed에 보유하고 있는 지준 계좌와 동일하게 작동한다는 점에서 사실상 일종의 디지털 통화가 될 것이다. 이러한 은행 지준 계좌는 전자 부기 항목으로 존재하며 종이 수표나 종이화폐를 포함하지 않는다. 릭스와 동료들은 Fed 계좌가 "놀라운 범위의 혜택을 제공할 것 … 훨씬 더 포괄적인 금융시스템, 더 나은 소비자 보호, 더 빠르고 효율적인 지불, 그리고 더 큰 재정 및 거시 경제 안정성을 포함한다"고 주장했다.

2장의 개념적용에서 보았듯이, 은행 계좌를 가지고 있는 저소득자들 조차도 연간 $340억의 당좌대월 수수료, 현금화 서비스나 페이데이 차입자를 확인하기 위한 수수료를 지불한다. 왜냐하면 미국의 은행시스템이 대부분의 다른 나라에 비해 훨씬 더 느리게 지급 처리를 하기 때문이다. 한 Fed 계좌의 지불은 다른 Fed 계좌에 대해 즉시 정산되어 저소득층이 상당한 금액을 절약할 수 있다. Fed 계좌를 보유한 사람과 기업이 많을수록 결제 시스템의 운영 속도가 빨라진다.

이 제안의 지지자들은 개인당 $250,000까지만 보험에 가입되어 있는 은행 예금과는 달리 지불 처리 속도가 빠르고 예금이 얼마이든지 간에 안전하기 때문에 부유한 개인과 기업은 연준의 계좌에 매력을 느낄 것이라고 생각한다. 결과적으로 Fed 계좌로부터 받은 자금을 재무부 어음 및 기타 자산에 투자함에 따라 연준의 자산 규모가 크게 증가할 것이다. 연준은 지준 계좌에 대한 이자로 지불하는 것보다 자산에서 더 많이 벌기 때문에 Fed 계좌는 프로그램 비용을 충당하기에 충분한 수익을 창출할 것이다.

CARES법의 초기 초안은 연준이 Fed 계좌를 제공할 수 있는 권한을 부여했지만 통과될 당시에는 이 조항이 법안에 포함되지 않았다. Fed 계좌의 비평가들은 세 가지 주요 반대

의견을 제기한다.

1. 연준은 수백만 개의 신규 가계 및 기업 계좌를 처리할 수 있는 인프라가 부족하고, 앱 설계, 질문 및 불만 처리, 기술 지원 제공 등 소매 고객의 요구 사항을 만족시킨 경험도 부족하다.

2. Fed 계좌는 연준이 최종 대부자 역할을 한다는 의회의 원래 의도로부터 벗어난다. Fed 계좌 시스템을 운영하면서 Fed 계좌의 수백만 가계 및 기업 계좌 소유자들 중 일부가 반대하는 결정을 내린다면 연준의 독립성은 위협받을 수 있다.

3. 처음 두 가지 반대 의견과 관련하여 Fed 계좌가 소매 고객을 상대하는 데 필요한 인프라와 경험을 갖춘 많은 경쟁 민간 기업이 있는 상업은행 영역에 침입할 것이라는 주장이 있다. Fed 계좌 시스템을 운영하는 과정에서 연준은 상업은행의 반대에 부딪힐 가능성이 있으며, 이는 연준의 독립성을 훼손할 수 있는 정치적 문제로 이어질 수 있다.

2020년 중반 현재, 의회가 USPS나 연준이 소매금융 서비스를 제공하도록 승인할 것 같지는 않다. 현재 은행 서비스가 부족한 사람에게 은행 서비스를 확장하는 데에는 기존 상업은행에서 제공하는 디지털 앱의 형태를 취할 가능성이 더 높아 보인다.

이 장의 끝에 있는 관련문제 4.8을 참조하시오.

은행업의 경계 확장

은행의 활동은 지난 60년 동안 극적으로 변화했다. 1960~2020년 사이에 은행은 (1) 정기예금과 양도성예금증서로 조달하는 자금을 늘렸고, (2) 환매조건부채권으로 차입금을 늘렸다. 또한 (3) 상업 및 산업(C&I) 대출과 소비자 대출에 대한 의존도를 줄이고, (4) 부동산 대출에 대한 의존도를 높였으며, (5) 비전통적인 대출 활동과 이자보다는 수수료로 수익을 창출하는 활동으로 확대되었다. 다음은 마지막 범주에 초점을 맞춘다.

부외거래　은행은 점점 더 **부외거래**에서 **수수료 수입**(fee income)을 창출하는 쪽으로 나아가고 있다. 예금은 재무상태표에 부채로 표시되고 대출은 자산으로 나타나기 때문에 예금을 받는 것과 대출과 같은 전통적인 은행 활동은 대차대조표에 영향을 미친다. 하지만 **부외거래**(off-balance-sheet activities)는 은행의 자산이나 부채를 증가시키지 않기 때문에 재무상태표에 영향을 미치지 않는다. 예를 들어, 은행이 고객을 위해 외환을 사고팔 때 고객에게 서비스 수수료를 부과하지만 환전은 은행의 재무상태표에 나타나지 않는다. 은행은 또한 순자산이 $1백만 이상인 고소득 가구에게 **프라이빗 뱅킹**(private banking) 서비스에 대한 수수료를 부과한다. 은행은 수수료 수입을 얻기 위해 특히 다음의 네 가지 부외거래에 의존 한다.

1. **보증 신용장**. 우리는 1970년대와 1980년대에 은행들이 상업어음 시장에 상업대출 사업의 일부를 빼앗긴 것을 보았다. 상업어음 시장이 발전하면서 구매자는 판매자가 보증 신용장을 제공해야 한다고 주장했다. **보증 신용장**(standby letter of credit)으로 은행은

부외거래
은행의 자산이나 부채를 증가시키지 않기 때문에 은행의 재무상태표에 영향을 미치지 않는 활동

보증 신용장
은행이 필요에 따라 상업어음 판매자에게 상업어음 만기가 도래할 때 자금을 빌려주겠다는 약속

필요하다면 만기가 돌아오는 상업어음을 갚기 위해 차입자(상업어음 판매자)에게 자금을 빌려주기로 약속한다. 은행은 일반적으로 상업어음 가치의 0.5%에 해당하는 수수료를 부과한다. 오늘날 기업뿐만 아니라 주정부 및 지방정부도 상업어음을 판매하기 위해 일반적으로 보증 신용장이 필요하다. 보증 신용장을 사용하는 것은 기본적으로 신용공여를 두 부분, 즉 (1) 정보수집을 통한 신용위험 분석과 (2) 실제 대출로 나눈다. 은행은 신용위험 분석 효율성을 제공할 수 있고, 금융시장은 실제 대출을 보다 저렴하게 제공할 수 있다. 기존 대출과 달리 은행 재무상태표에는 보증 신용장이 나타나지 않는다.

대출약정
은행이 대출자에게 지정된 기간 동안 명시된 양의 자금을 제공하는 것에 대한 합의

2. **대출약정.** 대출약정(loan commitment)에서 은행은 특정 기간 동안 차입자에게 명시된 금액의 자금을 제공하기로 약정한다. 차입자는 대출 여부와 시기를 결정할 수 있다. 은행은 대출약정에 대한 수수료를 받는다. 수수료는 (1) 약정을 작성할 때의 **선불수수료**(upfront fee)와 (2) 대출금의 미사용 부분에 대한 **미사용수수료**(nonusage fee)로 나뉜다. 실제 지급된 대출의 경우, 부과되는 이자율은 기준 대출 이자율보다 가산된다. 대출약정은 기준금리 이상의 이자를 미리 고정하지만, 기준금리에 따라 금리가 달라지기 때문에 대출을 받을 경우 부과되는 금리는 아니다. 또한 차입자의 재정 상태가 특정 수준 이하로 악화되면 은행의 대출약정이 중단된다.

3. **대출 채권 판매.** 앞서 **대출 채권 증권화**(loan securitization)가 미국 금융시스템에서 중요한 발전이라는 것을 보았다. 증권화를 통해 은행은 대출금을 자체를 포트폴리오에 보유하지 않고, 금융시장을 통해 대출 채권 묶음을 투자자에게 직접 판매되는 증권으로 전환한다. 1980년대 이후 증권화 추세의 일환으로, 미국 은행의 대출 채권 판매 시장은 무에서 상당한 규모로 성장했다. **대출 채권 판매**(loan sale)는 은행이 기초 은행 대출의 미래 예상 수익을 제3자에게 판매하기로 합의하는 금융 계약이다. 대출 채권 판매는 **2차 대출 참여**(secondary loan participations)라고도 불린다. 형식적으로 대출계약은 **상환청구**(recourse) 없이 판매되는데, 이는 은행이 판매된 대출 채권의 가치에 대한 보증을 하지 않고 보험도 제공하지 않는다는 것을 의미한다. 대형은행은 주로 국내외 은행 및 기타 금융기관에 대출 채권을 판매한다. 원래 은행은 정보수집과 모니터링 비용이 낮은 우량 단기대출만 판매했지만 점점 질 낮은 장기대출을 팔고 있다. 대출 채권을 판매해서 은행은 자본보다는 은행 평판을 걸고 있다. 대출 실적이 저조한 은행은 그 시장에서 성공적인 참여자로 남을 수 없다.

대출 채권 판매
은행이 기초 은행 대출의 예상 미래 수익을 제3자에게 판매하기로 동의하는 금융계약

4. **무역 활동.** 은행은 선물, 옵션, 이자율 스왑에 대해 수십억 달러 규모의 시장에서 거래함으로써 수수료를 벌어들인다. 이러한 시장에서의 은행 거래는 주로 은행의 자체 대출 및 증권 포트폴리오를 헤지하거나 은행 고객에게 제공되는 위험 헤지 서비스와 관련이 있다. 그러나 은행은 이러한 시장에서 가격 변동에 따라 이익을 얻을 수 있다는 기대와 함께 매수 또는 매도를 통한 투기를 한다. 물론 투기는 돈을 잃을 위험을 수반한다. 거래를 담당하는 은행 직원은 자신이 번 이익을 기준으로 보상을 받는다. 따라서 은행의 최고 경영자나 주주가 선호하는 것보다 더 높은 이익과 더 높은 보상을 얻기 위해 더 많은 위험을 감수하게 되면 주인-대리인 문제가 발생할 수 있다. 2007~2009년 금융

위기 당시 의회 의원들은 유가증권 거래로 인한 손실이 일부 은행의 재정 상황을 악화시켰다고 우려했다. 의회가 2010년 도드–프랭크법을 통과시킬 때, 도드–프랭크법은 오바마 대통령의 경제회복 자문위원장을 맡고 있던 폴 볼커(Paul Volcker) 전 연준 의장의 제안에 기반한 조항을 담았다. "볼커 규칙(Volcker Rule)"에 따르면, 은행은 자체 자금으로 거래하거나 독점 거래를 포기해야 한다. 은행과 규제 당국은 거래 은행이 고객을 대신하여 하는 일(법에 따라 여전히 허용됨)과 더 이상 허용되지 않는 독점 거래를 구별하려고 시도하면서 불확실성에 직면했다.

은행은 부외거래에서 수수료 수익을 창출하지만, 추가적인 위험을 감수해야 한다. 부외거래로 인한 위험에 노출되는 정도를 평가하기 위해 은행은 정교한 컴퓨터 모델을 개발했다. 대중적으로 알려진 **VaR(value-at-risk) 접근법**은 통계 모델을 사용하여 특정 기간 동안 포트폴리오의 가치가 유지될 가능성이 있을 때 최대 손실을 추정한다. 이러한 모델은 은행이 위험을 평가하는 데 도움이 되었지만, 주로 거래 자산의 신용위험을 완전히 설명하지 않았기 때문에 2007~2009년 금융위기 동안 큰 손실로부터 은행을 보호하는 데 있어 완벽하지 않음이 입증되었다.

전자금융과 모바일뱅킹 저비용 컴퓨터 처리의 발달과 인터넷의 발달은 많은 은행거래를 처리하는 방법에 혁명을 일으켰다. 전자금융의 첫 중요한 발전은 ATM의 확산이었는데, 이는 처음으로 예금자가 정규 은행 업무 시간 외에 정기적으로 자금에 접근할 수 있게 해주었다. 오전 10시에서 오후 3시 사이에 은행에 도착해야 하는 대신, 예금자가 원한다면 새벽 2시에도 돈을 인출할 수 있다. ATM은 한 번 설치하면 은행 창구 직원에게 지급하는 비용보다 운영비와 유지비가 매우 적게 들기 때문에 은행에도 매력적이었다. 또한 지점은행을 제한한 주에서 ATM은 법적으로 지점으로 간주되지 않기 때문에 특히 매력적이었다.

1990년대 중반, **가상 은행**(virtual bank)이 등장하기 시작했다. 이 은행은 실제 은행 건물이 없고 모든 은행업을 온라인으로 수행한다. 고객은 종이 없이 계좌를 개설하고, 전자 청구서를 납부하고, 급여를 직접 입금할 수 있다. 캐피탈 원(Capital One)이 소유한 온라인 은행인 ING 다이렉트는 미국에 750만 명 이상의 예금자를 보유하고 있다(앞서 개념적용에서 Fed 계좌의 지지자는 Fed 계좌가 가계와 기업에 가상 은행 서비스를 제공할 것을 권고했다). 2000년대 중반까지 대부분의 은행은 예금자가 종이 수표 대신 수수료 없이 스마트폰을 사용하여 청구서의 일부 또는 전체를 쉽게 지불할 수 있도록 하는 모바일뱅킹 서비스를 제공했다. 차입자도 은행 모바일 앱을 이용해 대출을 신청할 수 있으며, 승인 과정의 상당 부분이 전자 처리된다. 은행은 대부분의 수표를 전자적으로 결제했다. 몇 년 전까지만 해도, 당신이 다른 은행에 계좌로 발행된 수표를 입금했다면, 은행(또는 은행에 수표 처리 서비스를 제공한 연방준비제도이사회)은 대금을 받기 위해 직접 수표를 다른 은행에 보내야 했다. 오늘날에는 수표의 전자 이미지를 다른 은행으로 전송하여 수표를 정산할 가능성이 높다.

전자 뱅킹은 은행 산업에서 점점 더 많은 역할을 하고 있다. 오프라인 은행 지점이 계속 건설되고 있고, 당좌 계좌를 사용하여 이루어지는 대부분의 지불은 여전히 종이 수표를 사용하지만, 은행 서비스의 전자적 제공에 대한 추세는 분명해 보인다.

2007~2009년 금융위기, TARP 및 일부 정부 소유 은행

2007~2009년 금융위기 당시 은행이 내준 고위험 모기지 대출 중 상당수가 증권화되어 투자자에게 되팔렸다. 은행은 이러한 유가증권의 일부를 투자로 보유하고 있었으며, 표 10.1에서 볼 수 있듯이 은행은 부동산 대출에 의존하게 되었다. 금융위기가 전개되자 먼저 주거용 부동산 모기지 대출과 이후 상업용 부동산 모기지 대출의 채무불이행률이 높아지면서 두 가지 유형의 모기지에 기반한 유가증권의 가치가 모두 하락했다. 2008년 중반까지 20개 대도시 지역의 주택 가격은 15% 이상 하락했으며, 모든 모기지의 6% 이상(서브프라임 모기지의 25% 이상)이 적어도 30일 이상 연체되었다. 모기지담보부증권 시장은 얼어붙었는데, 이는 이들 증권의 매매가 크게 중단돼 시세를 판단하기가 매우 어려워졌다는 것을 의미한다. 이 증권은 "불량 자산(toxic assets)"이라고 불리기 시작했다.

투자자나 은행 스스로도 이러한 불량 자산의 실제 시장 가치를 확신하지 못했기 때문에 은행의 재무상태표를 평가하는 것이 어려워졌다. 따라서 은행자본의 실제 가치(또는 은행이 여전히 양(+)의 순자산을 보유하고 있는지 여부)를 판단하기가 어려웠다. 2007년 8월, 은행은 소비자와 상업용 대출에 대한 신용 기준을 강화함으로써 그들의 악화된 재무상태표에 대응했다. 이로 인한 **신용 경색**(credit crunch)으로 가계와 기업들은 지출에 어려움을 겪으면서 2007년 12월 경기침체가 시작되었다.

부실 자산 구제 프로그램
미 재무부가 은행의 자본을 늘리기 위해 수백 개 은행 주식을 매입하는 정부 프로그램으로 2008년 의회가 제정

2008년 10월, 은행이 직면한 문제들을 다루기 위해 의회는 **부실 자산 구제 프로그램**(Troubled Asset Relief Program, TARP)을 통과시켰다. 재무상태표에 수조 달러 규모의 자산을 보유한 금융회사를 구제하면서 모기지담보부증권 및 기타 부실자산 시장을 회복하는 것을 돕기 위해 TARP는 재무부와 연방준비제도이사회(Fed·연준)에 $700십억의 자금을 지원했다. 불행히도, 이러한 자산 시장을 회복할 수 있는 좋은 방안이 개발되지 않았기 때문에, 자금의 일부는 은행에 대한 "자본 주입"에 사용되었다. 자본매입프로그램(CPP)이라 불리는 이 프로그램 하에서 재무부는 수백 개의 은행의 주식을 매입하여 새로운 주식을 발행할 때와 마찬가지로 은행의 자본을 늘렸다. 참여 은행은 재무부에 주식 가치의 5%에 해당하는 연간 배당금을 지급하고 원래 투자 가치의 15%에 해당하는 추가 주식을 재무부가 구매할 수 있는 신주인수권을 발행해야 했다. 재무부 주식 매입은 수백 개의 은행에 대한 부분적인 정부 소유에 해당했지만 재무부는 은행의 경영 결정에 관여하지 않았다. 표 10.5는 CPP 하에서 10개의 가장 큰 재무부 투자를 보여준다.

일부 경제학자와 정책입안자는 TARP/CPP 프로그램을 은행이나 월스트리트의 "구제금융"이라고 비판했다. 일부 경제전문가는 부실대출을 하고 위험자산에 투자한 은행에 자금을 지원하는 재무부의 잘못된 사업 결정으로 금융시스템의 도덕적 해이 정도를 증가시킨다고 주장했다. 재무부 투자를 받은 은행 경영자가 사업적 요인보다는 정치적 요인에 따라 대출 및 투자 결정을 내려야 한다는 압박감을 느낄 수 있다는 우려도 제기되었다. 그러나 재무부와 연방준비제도 관계자들은 은행 파산 사태가 미국 경제를 또 다른 대공황에 빠뜨릴

표 10.5 TARP/CPP 프로그램에 따라 가장 큰 재무부 투자를 받은 10개 은행

은행	재무부 투자금액
JP모건체이스	25십억 달러
시티그룹	25십억
웰스파고	25십억
뱅크오브아메리카	10십억
골드만삭스	10십억
모건스탠리	10십억
PNC	8십억
US 뱅코프	7십억
선트러스트 뱅크	5십억
캐피탈 원	4십억

출처: U.S. Department of the Treasury.

것을 우려하며 금융시장 침체의 심각성을 감안할 때 이 프로그램이 정당하다고 주장했다. 경제와 은행시스템이 회복되기 시작하고 많은 은행이 재무부의 주식 투자를 되사들이면서 이 프로그램에 대한 비판은 줄어들었다. 2008년 10월 1일부터 2009년 9월 30일까지 재무부는 CPP에 $245십억를 투자했다. 따라서 $275십억가 상환되거나 이자나 배당금으로 받아 프로그램에 $30십억의 이익이 남게 되었다.

핵심 질문에 대한 해답

이번 장 서두로부터 연결됨

이 장을 시작할 때 다음과 같이 질문했다.

"은행업은 위험한 사업인가? 은행은 어떤 유형의 위험에 직면해 있는가?"

시장 시스템에서는 어떤 사업이든 위험에 직면하게 되고, 많은 사업이 실패하게 된다. 경제학자와 정책입안자들은 특별히 은행이 금융시스템에서 중요한 역할을 하기 때문에 직면하게 될 위험과 실패 가능성에 대해 우려하고 있다. 이 장에서는 상업은행의 기본 사업(예금자로부터 단기대출을 받아 가계와 기업에 장기대출)이 유동성 위험, 신용위험 및 이자율 위험과 같은 여러 유형의 위험에 포함된다는 것을 살펴보았다.

10.1 상업은행업의 기본: 은행 재무상태표
은행의 재무상태표를 평가한다.

복습문제

1.1 재무상태표의 기초가 되는 주요 회계 방정식을 작성한다. 가장 중요한 은행자산은 무엇인가? 가장 중요한 은행부채는 무엇인가?

1.2 이 장에 따르면, "우리는 은행의 부채와 자본을 자금의 원천으로 생각할 수 있고, 은행의 자산을 자금의 용도로 생각할 수 있다." 이 진술의 의미를 간략하게 설명하시오.

1.3 당신의 당좌예금 계좌에 있는 자금이 당신의 자산인가 아니면 부채인가? 은행에는 이것이 자산인가 아니면 부채인가? 간략하게 설명하시오.

1.4 시간이 지남에 따라 은행의 대출 유형이 어떻게 변했는가?

응용문제

1.5 만약 상업은행이 자신이 대출해주는 회사의 상당한 양의 주식을 매입하는 것이 허용된다면, 이러한 변화는 금융시스템의 도덕적 해이 정도를 증가시킬 것인가 아니면 감소시킬 것인가? 간략하게 설명하시오.

1.6 코로나19 팬데믹 기간 동안 forbes.com에 실린 기사는 "팬데믹이 강타한 며칠과 몇 주 동안 미국 기업은 미국의 4대 은행으로부터 신용으로 $500십억 이상을 끌어 모았다"고 언급했다. 이 기사는 또한 "팬데믹으로 상승한 은행의 강력한 자본과 유동성"에 주목했다.

a. 은행이 기업에 제공한 대출은 은행의 자산인가, 아니면 부채인가? 대출은 자금을 빌리는 회사의 자산인가 아니면 부채인가? 간략하게 설명하시오.

b. 은행의 자본이 개선될 때, 부채의 가치와 비교하여 은행의 자산가치는 어떻게 될까?

c. 은행의 재무상태표에서 매우 유동성이 높은 자산의 예를 들어보시오.

1.7 한때 의회는 연방정부가 소규모 은행을 위해 "대출기금"을 설립하는 것을 고려하고 있었다. 미 재무부는 은행에 자금을 빌려준다. 은행은 중소기업이 더 많은 자금을 대출할수록, 재무부는 은행의 대출에 대해 더 낮은 금리를 부과할 것이다. 한 의원은 그 법안이 소기업에 도움이 될 것인지에 대한 의견을 제시해 달라는 요청을 받았다. 다음은 구성원의 답변 내용이다.

상업용 부동산 자산을 기록하는 데 어려움을 겪고 있는 은행은 자본에 타격이 생기며 이는 매우 유리한 조건으로 대체 자본을 제공한다. 따라서 재무상태표의 왼쪽을 다룬다.

a. 재무부로부터의 대출은 은행 자본의 일부로 계산될 것인가?

b. 은행의 자본이 은행 재무상태표 왼쪽에 나타나는가?

10.2 상업은행의 기본운영
상업은행의 기본운영을 설명한다.

복습문제

2.1 T-계정을 사용하여 당좌예금 계좌에 $50가 입금된 것이 뱅크오브아메리카의 재무상태표에 미치는 영향을 보이시오.

2.2 은행의 자산 수익률(ROA)과 자기 자본 수익률 (ROE)의 차이점은 무엇인가? ROA와 ROE는 어떤 관계인가?

2.3 은행을 "높은 레버리지"로 묘사한다는 것은 무엇을 의미할까? 은행의 관리자가 은행이 높은 레버리지를 갖기를 원하는 이유는 무엇일까? 은행의 주주들

이 은행이 레버리지를 덜 활용하기를 원하는 이유는 무엇일까?

응용문제

2.4 선트러스트 은행에 계좌를 가지고 있는 레나가 내셔널 시티 은행에 계좌를 가지고 있는 호세에게 $100 수표를 쓴다고 가정하자. T-계정을 사용하여 수표가 청산된 후 각 은행의 재무상태표가 어떻게 영향을 받을지 보이시오.

2.5 은행자산의 가치는 $40십억이고 부채의 가치는 $36십억라고 가정하자. 은행이 2%의 ROA를 가지고 있다면 ROE는 얼마인가?

2.6 월스트리트 저널의 한 기사는 뱅크오브아메리카의 주가가 일부 다른 은행의 주가보다 낮았으며 뱅크오브아메리카의 자기자본이익률은 "아주 좋지는 않지만 만족스러운 10.5%였다"고 말했다.

a. 왜 은행의 주가는 자기자본이익률과 관련이 있는가?

b. 시티그룹과 같은 대형은행은 2007~2009년 금융위기 이전보다 더 많은 자본을 보유하고 있다. 은행의 자기자본이익률에 영향을 미칠 수 있는 다른 요소는 일정할 때, 이러한 변화가 은행의 자기자본이익률에 미치는 영향에 대해 간략하게 설명하시오.

c. 정부 규제 당국은 은행이 규제 없이 보유하고자 하는 것보다 더 많은 자본을 보유하도록 요구할 수 있는가?

2.7 당신은 대부분의 다른 은행보다 ROE가 높은 은행에 투자하는 것을 고려하고 있다. 이때 은행이 $300백만의 자본과 $5십억의 자산을 가지고 있다는 것을 알게 됐다. 당신은 이 은행의 투자자가 되겠는가? 간략하게 설명하시오.

10.3 **은행 위험 관리**
은행이 위험을 관리하는 방법을 설명한다.

복습문제

3.1 은행이 유동성 위험, 신용위험 및 이자율 위험을 관리하기 위해 취하는 조치에 대해 논하시오.

3.2 신용 보고서란 무엇인가? 신용점수란 무엇인가?

3.3 갭 분석과 듀레이션 분석의 차이점은 무엇인가? 또한 각각의 목적은 무엇인가?

응용문제

3.4 지준 요건이 존재함에 따라 은행이 뱅크런을 더 쉽게 처리할 수 있었는가? 간단하게 설명하시오.

3.5 **[개념적용: "FICO: 하나의 숫자가 당신의 금융 생활과 낭만적인 생활을 예측할 수 있는가?" 관련]** 코로나19 팬데믹 초기에 bloomberg.com의 한 기사는 "Social Finance Inc.와 같은 온라인 개인 대출 회사는… 대안 대부자의 채무불이행률이 알려지지 않았기 때문에 경기침체의 또 다른 물음표다"라고 관찰했다.

a. 소셜 파이낸스(SoFi)와 같은 핀테크 대출업체를 대안 대부자로 언급하는 글의 의미는 무엇인가?

b. 왜 기사는 SoFi와 같은 핀테크 대부자가 은행이나 다른 기존 대부자보다 더 높은 채무불이행률을 받을지 아니면 더 낮은 채무불이행률을 받을지 알 수 없다고 하는가? 채무불이행률이 더 높을 것으로 예상되는 이유가 있는가? 간략하게 설명하시오.

3.6 다음 항목은 Rivendell National Bank(RNB)의 재무상태표이다.

미국 재무부	20(백만 달러)
요구불예금	40
담보부증권	30
타은행대출	5
C&I 대출	50
할인대출	5
NOW 계좌	40

저축 계좌	10
연방준비제도이사회지준	8
수금 진행 중인 현금 항목	5
국채	5
은행 건물	4

RNB의 자산의 평균 듀레이션이 5년이고 부채의 평균 듀레이션이 3년이라면, RNB의 듀레이션 갭은 어느 정도인가?

10.4 미국 상업은행 산업의 동향
미국 상업은행 산업의 동향을 설명한다.

복습문제

4.1 미국은 왜 듀얼 뱅킹 시스템을 가지고 있는가?

4.2 FDIC가 설립된 이유는 무엇인가?

4.3 왜 다른 나라에 비해 미국에 전국적인 은행이 상대적으로 늦게 들어왔는가?

4.4 4가지 부외거래를 나열하고 그것이 무엇인지 간략하게 설명하시오.

4.5 전자 뱅킹의 주요 발전사항은 무엇인가?

4.6 TARP는 언제 그리고 왜 만들어졌는가? 연방정부는 TARP로부터 돈을 잃었는가? 간단하게 설명하시오.

응용문제

4.7 다음 문장을 검토하시오.

미국은 4,000개 이상의 은행이 있는 반면, 캐나다는 몇 개만 가지고 있다. 따라서 미국 은행업계가 캐나다은행업보다 경쟁력이 있어야 한다.

4.8 [개념적용: "연준과 우체국 중 어떤 은행 계좌를 원하십니까?" 관련] 개념적용에서 알 수 있듯이, 미국 USPS 한 연구는 "우체국 은행을 설립하는 것이 금융 수용성에 가장 큰 영향을 미칠 수 있으며, 상당한 수의 빈곤 가계를 금융 주류로 끌어들일 수 있다"는 것을 발견했다.

a. "금융 수용성"이라는 연구의 의미는 무엇인가? 누가 금융시스템에 포함되지 않을 것 같은가?

b. 연구의 결론에도 불구하고, 의회는 우체국 은행의 시스템을 승인하는 것을 꺼려왔다. USPS가 그러한 시스템을 구축함에 있어 발생할 수 있는 잠재적인 비용은 무엇인가?

4.9 한 은행 임원은 "TARP는 은행 산업뿐만 아니라 다른 여러 산업도 성공적으로 안정시켰다"고 주장했다. 왜 은행 산업을 안정시키는 것이 다른 산업을 안정시켰을까?

상업은행을 넘어서: 그림자 금융과 비은행 금융기관

학습목표

이번 장을 통해 다음을 이해할 수 있다.

11.1 투자은행의 운영 방식을 설명한다.

11.2 뮤추얼펀드와 헤지펀드를 구분하고 금융시스템에서 그들의 역할을 묘사한다.

11.3 연기금과 보험회사가 금융시스템에서 수행하는 역할을 설명한다.

11.4 그림자 금융시스템과 시스템 위험 간의 연관성을 설명한다.

은행은 언제 은행이 아닐까? 바로 그림자 금융일 때!

1장 1.2절에서 보았듯이, 의회는 연방준비은행을 상업은행의 최종 대부자(lender of the last resort)로 설정했다. 2008년과 2020년에 연준은 머니마켓 펀드(money market fund)의 운용을 지원하기 위해 강력한 조치를 취했다. 단기금융시장 펀드는 상업은행이 아닌데 왜 연준은 이들을 지원하는 데 관여했을까? 답은 금융시스템이 지난 수십 년간 진화하면서 머니마켓 뮤추얼펀드, 헤지펀드, 연기금, 투자은행 등 '비은행(nonbank)' 금융기관이 기존에 기업과 가계가 은행에 예치했던 자금을 인수했기 때문이다. 이들 비은행들은 은행이 이전에 제공한 기업과 가계에 신용을 제공하기 위해 자금을 사용한다. 특히 머니마켓펀드는 연기금, 보험사 등 가계와 기관 투자자에게 주식을 팔고 이 자금을 활용해 대기업의 기업어음을 매입하는 등 금융시스템에서 중요한 역할을 한다. 대기업은 기업어음을 팔아서 받은 자금으로 급여를 지불하고 대여자에게 지불한다. 2008년과 2020년 경기침체기에 기업어음시장이 심각한 문제를 겪었을 때 연준은 개입할 수밖에 없었다.

경제학자들이 말하는 비은행기관이란 무엇인가? 헤지펀드란 무엇인가? 상업은행과 투자은행의 차이점은 무엇인가? 2007~2009년 금융위기가 시작되었을 때, 대부분의 미국 국민과 의회 의원들은 이러한 질문에 대답할 수 없었다. 또한 금융시스템의 중요한 부분인 모기지담보증권(mortgage-backed securities, MBS), 부채담보부유동화증권(collateralized debt obligations, CDO), 신용부도스와프

이슈: 2000년대와 2010년대 동안, 대출자에서 은행 시스템 외부 대출자로의 자금 흐름이 증가했다.

질문: 그림자 금융시스템은 미국 금융시스템의 안정성에 위협이 되는가?

해답은 이 장의 끝에서…

(credit default swap, CDS), 그리고 새로운 금융 증권의 용어들을 알지 못했다. 2007~2009년 금융위기 동안, 경제학자, 정책입안자, 일반 대중은 상업은행들이 더 이상 저축자에서 대출자로 자금을 이동시키는 데 지배적인 역할을 하지 않는다는 것을 깨닫게 되면서, 이러한 용어들이 친숙해졌다. 비은행 금융회사들은 상업은행들이 이전에 지배했던 활동들 중 일부를 인수했다.

2007~2009년 금융위기가 시작되던 때인 2007년 캔자스시티 연방준비은행이 주최한 콘퍼런스에서 퍼시픽 인베스트먼트 매니지먼트 컴퍼니(Pacific Investment Management Company, PIMCO)의 폴 맥컬리(Paul McCulley) 경영임원은 비은행 금융회사의 새로운 역할을 설명하기 위해 **그림자 금융시스템**(shadow banking system)이라는 용어를 만들었다. 1년 후, 이 용어는 티모시 가이트너(Timothy Geithner)가 뉴욕 이코노믹 클럽에서의 연설에서 가이트너는 당시 뉴욕 연방준비은행의 총재였으며, 후에 오바마 행정부에서 재무장관이 되었다. 가이트너는 연방준비제도의 연구를 인용하여 2008년에 그림자 금융시스템이 상업은행 시스템보다 50% 더 커졌다고 밝혔다.

2007~2009년 금융위기 동안, 2개의 대형 투자은행인 베어스턴스(Bear Stearns)와 리먼 브라더스(Lehman Brothers) 그리고 보험회사인 아메리칸 인터내셔널 그룹(American International Group, AIG)이 폭풍의 중심에 있었다. 많은 상업은행들이 이 위기에 빠졌지만, 2007~2009년에는 미국 역사상 처음으로 상업은행 시스템 밖에서 심각한 금융위기가 발생했다. 미국의 정책 결정과 규제 구조는 상업은행들이 가장 중요한 금융회사라는 가정에 바탕을 두고 있었기 때문에 비은행과의 문제들은 위기 대처를 더욱 어렵게 했다. 특히 1914년 상업은행 제도를 규제하고 할인대출을 활용해 단기 유동성 문제로 어려움을 겪는 은행을 돕기 위해 연방준비제도(Federal Reserve System)가 창설됐다. 마찬가지로, 연방예금보험공사는 1934년에 상업은행의 예금을 보증하기 위해 설립되었다. 이번 장에서 보게 되겠지만 FDIC는 그림자 금융의 단기 차입을 보장하지 않으며, 그림자 금융은 금융위기 때를 제외하고는 유동성 문제가 발생했을 때 연준으로부터 대출을 받을 자격이 없다. 따라서 그림자 금융시스템은 연준과 FDIC가 설립되기 전에 상업은행 시스템을 괴롭혔던 것과 같은 불안정한 영향을 받을 수 있다.

2007~2009년 금융위기 이후 2010년 미 의회는 월가 개혁 및 소비자보호법(도드-프랭크법안(Dodd-Frank Act))을 통과시켜 연방안정감시위원회(the Federal Stability Oversight Council, FSOC)를 만들어 그림자 금융시스템에 대한 연방규제를 어느 정도 강화했다. 그러나 2020년 연준이 다시 그림자 금융에 자금을 지원해야 했을 때 그림자 금융은 상업은행보다 금융시스템에 더 큰 불안요소였다. 의회와 연준의 경제학자들과 정책입안자들이 금융시스템을 안정시키기 위해서는 그림자 금융의 안정화가 필요하다.

이 장에서는 그림자 금융시스템을 구성하는 여러 유형의 기업에 대해 설명하고, 이 시스템이 만들어진 이유를 탐색하며, 그림자 금융시스템이 금융 안정성에 위협이 되는지에 대해 논의한다.

11.1 투자은행업

학습목표: 투자은행의 운영 방식을 설명한다.

사람들은 "월스트리트(Wall Street)"나 "월스트리트 회사(Wall Street firms)"를 떠올리면, 투자은행을 생각한다. 골드만삭스(Goldman Sachs), 메릴린치(Merril Lynch), JP모건(JPMorgan)과 같은 회사들은 비즈니스 뉴스에서 친숙한 이름들이다. 일부 직원들이 버는 엄청난 급여와 보너스는 많은 대학생들이 월스트리트에서 직업을 갖고 싶게 했다. 이 장에서는 투자은행업의 기본과 시간이 지남에 따라 어떻게 변했는지에 대해 논의한다.

투자은행이란 무엇인가?

상업은행의 기본은 예금과 대출이다. 반면에, **투자은행업**(investment banking)은 주로 다음과 같은 활동에 관여한다.

1. 신주 발행에 대한 조언 제공
2. 새로운 증권 인수
3. 인수합병을 위한 조언 및 자금조달방법 제공
4. 위험 관리를 포함한 금융공학
5. 연구
6. 자기자본거래 및 시장조성

처음 세 가지 활동은 투자은행의 핵심이며, 나머지 세 가지는 비교적 최근에 나타났다. 다음에서는 이러한 각 활동을 간략히 살펴본다.

신주 발행에 대한 조언 제공 마이크로소프트(Microsoft)는 소프트웨어를, 애플(Apple)은 스마트폰을, 코카콜라(Coca-Cola)는 청량음료를 주력으로 생산한다. 그러나 이들 기업 중 금융시장의 구석구석을 잘 아는 기업은 없다. 기업들은 보통 주식이나 채권을 발행하거나 대출을 받아 자금을 조달하는 방법에 대해 투자은행에 조언을 구한다. 투자은행들은 현재 투자자들이 다른 종류의 증권을 구매하려는 의지와 투자자들이 요구할 수 있는 가격에 대한 정보를 가지고 있다. 기업 스스로 이 정보를 수집하기 어렵겠지만, 낮은 비용으로 자금을 조달하려면 필수적이다.

신주 발행 인수 투자 은행가들이 수익을 얻는 한 가지 방법은 대중에게 회사의 신주 또는 채권을 인수하는 것이다. **인수**(underwriting) 과정에서, 투자은행들은 발행 회사에 가격을 보장하고, 금융시장에서 또는 투자자에게 직접 발행된 채권을 더 높은 가격에 팔고, **스프레드**(spread)라고 알려진 차액을 유지한다. 투자은행들은 평균적으로 **기업공개**(initial public offering, IPO)를 위해 모금된 총 달러 금액의 6~8%를 벌어들인다. 투자은행은 이전에 증권을 판매한 회사의 증권 판매를 나타내는 **2차 공모**(secondary offering) 또는 **유상증자**(seasoned offering))에서 조달한 달러 금액의 2~4%를 벌어들인다. 투자 등급 채권의 경우 0.375%, 투기등급 혹은 정크본드 경우 1~2%로 채권 공모 수수료가 상당히 낮다.

스프레드의 대가로, 투자은행은 인수 중인 증권들을 되팔기 위해 "최선의 노력"을 약속한다. 경우에 따라서 투자은행이 증권들을 완전히 매입했는데 시장 상태를 잘못 판단했을 수도 있고, 발행 회사에 보증했던 것보다 더 낮은 가격에 증권을 팔아야 할 수도 있다는 **원**

투자은행업
특히 인수 합병과 관련하여 신주 발행을 이해하고 고객에게 조언과 금융서비스를 제공하는 것을 포함하는 금융 활동

인수
투자은행이 발행법인에 새로운 유가증권의 가격을 보증한 후 이익을 위해 그 유가증권을 되파는 활동

기업공개(IPO)
회사가 주식을 대중에게 처음 파는 것

금 **위험**(principal risk)을 감수한다. 투자은행은 또한 증권에서 2차 시장을 만드는 것에 동의한다. 그렇게 함으로써 IPO 가격에 대한 "지원"을 제공한다. 그러나 지원은 일시적일 뿐이다. 투자은행이 IPO에서 주식 매수를 중단하면 투자자들이 2차 시장에서 주식을 사고팔면서 주가가 떨어질 수 있다. 실제로 2015년부터 2019년까지 그 기간 상장된 기업들의 주가가 주요 시장주가지수를 따라붙었다.

신디케이트
발행된 증권을 공동으로 인수하는 투자은행 그룹

단일 투자은행은 상대적으로 적은 주식이나 채권을 인수할 수 있지만, **신디케이트**(syndicates)라고 불리는 투자은행 그룹은 큰 발행액을 인수한다. 29개의 은행이 2019년 우버(Uber)의 IPO 인수에 참여했고, 이 회사는 $81억를 모금했다. 신디케이트 매각에서는 선도 투자은행이 관리자 역할을 하며 스프레드의 일부를 보관하고, 나머지 스프레드는 일반인에게 발행된 증권을 판매하는 신디케이트 회원사와 증권사가 나눠 갖는다. 일단 기업이 증권 인수 대상 투자은행을 선택하면, 은행은 회사의 가치를 조사하는 **실사 과정**(diligence process)을 수행한다. 그런 다음 투자은행은 증권 거래 위원회(Securities and Exchange Commission, SEC)가 일반 대중들에게 증권을 팔도록 허용하기 전에 모든 기업에 요구하는 **규정서**(prospectus)를 작성한다. 사업설명서에는 기업의 수익성과 순자산을 포함하여 잠재적 투자자가 회사의 주식이나 채권을 매입하는 결정과 관련된 것으로 볼 수 있는 기업에 대한 모든 정보 및 계류 중인 소송과 같은 회사가 직면하는 위험이 포함되어야 한다. 이어 투자은행은 대표들이 증권발행 매입에 관심이 있을 만한 뮤추얼펀드, 연기금, 대학기부펀드 등 기관 투자자들을 찾아가는 "로드쇼"를 진행한다. 마지막으로, 투자은행은 주식의 가격을 설정하는데, 매도되는 증권 수량과 투자자들이 요구할 수 있는 수량을 동일시할 것으로 추정한다.

인수는 투자은행들이 자신들의 명성을 그들이 인수하는 회사들 뒤에 두기 때문에 대여자와 차입자들 사이의 정보 비용을 줄일 수 있다. 투자자들은 인수 투자은행이 실사 과정에서 발행사에 대한 정보를 충분히 수집했기 때문에 과도한 위험을 감수하지 않고 회사 주식을 매입할 수 있다는 확신을 갖고 있다. 그러나 2007~2009년의 금융위기 동안, 투자은행들이 매우 형편없는 투자로 판명된 모기지담보증권(MBS)을 발행했을 때 투자자의 신뢰가 흔들렸다.

인수합병을 위한 조언 및 자금조달방법 제공 대기업들은 다른 기업들을 인수하거나 합병함으로써 확장한다. 작은 회사는 다른 회사에 인수되는 것이 가장 빠른 확장 방법이라고 결정할 수 있다. 예를 들어, 2020년에 애플은 가상 현실 스타트업 기업 넥스트VR(NextVR)을 $1억에 인수했다. 애플 경영진은 이번 인수가 애플이 2022년까지 증강현실 안경을 판매한다는 목표에 도달하는 데 도움이 될 것이라고 믿었다.[1]

투자은행들은 인수합병(M&A)에 매우 적극적이다. 그들은 구매자에게 "구매자 권한"을, 판매자에게 "판매자 권한"을 조언한다. 일반적으로, 투자은행은 잠재적인 구매, 판매 또는 합병에 대해 기업들과 접촉할 때 주도권을 잡는다. 인수를 원하는 기업에 조언을 할 때,

---

[1] Mike Murphy, "Apple Reportedly Buys Virtual-Reality Startup NextVR," barrons.com, May 14,2020.

투자은행들은 회사의 시장 가치보다 더 많은 금액을 지불할 의향이 있는 인수 회사를 찾으려 한다. 일반적인 인수에서, 인수기업은 피인수기업에 대해 시장 가치보다 25~30%의 프리미엄을 지불할 것이다. 투자은행은 기업의 가치를 평가하고 협상을 주도하며 인수 입찰을 준비한다. 어떤 투자은행은 피인수기업의 이사회에 제안된 제안이 공정하다는 의견을 제공한다. 인수기업은 인수를 하기 위해 주식이나 채권을 발행하거나 대출을 받아 자금을 조달해야 할 수도 있다. 조언 과정의 일부로서, 투자은행은 자금조달 준비를 돕는다. 인수 및 다른 투자은행 활동과 달리 투자은행은 자신의 자본을 투자할 필요가 없기 때문에 인수합병(M&A)에 대한 조언은 투자은행에게 특히 유익하다. 인수합병(M&A)에 대한 조언에 드는 주요 비용은 거래에 관련된 은행원들의 급여와 투자은행이 거래 당사자들 중 한 명으로부터 발행될 경우를 대비해 적립금으로 적립해둔 자금뿐이다.

투자은행들은 인수합병에 대한 조언 외에도 회사가 자금을 조달하기 위해 사용하는 주식과 채권의 혼합인 자본구조에 대해 조언한다. 2007~2009년 금융위기 이후 지속된 회사채 금리가 매우 낮기 때문에, 일부 투자은행들은 고객사들에게 채권을 발행하고 그 자금을 회사의 주식을 다시 사는데 사용할 것을 권고했다. 투자은행들은 또한 회사가 주식에서 지불해야 하는 배당금의 규모에 대한 조언을 제공할 수 있다.

위험관리를 포함한 금융공학   투자은행들은 **금융공학**(financial engineering)이라고 불리는 새로운 증권들을 설계하는 데 중요한 역할을 해 왔다. 금융공학은 경제학, 금융학, 수학에서 고급 학위를 가진 사람들이 개발한 정교한 수학 모형을 사용하여 새로운 금융 증권이나 투자 전략을 개발하는 것을 포함한다. 이 사람들은 "로켓 과학자(rocket scientists)" 또는 "퀀트(quants)"로 알려져 있다. 우리가 7장에서 논의한 많은 파생 증권들은 금융공학에서 비롯되었다. 앞서 살펴본 바와 같이, 기업들은 위험을 회피하거나 줄이기 위해 파생상품을 사용할 수 있다. 예를 들어, 항공사는 유가 급등으로 항공사의 이익이 감소될 위험을 줄이기 위해 석유의 선물계약을 사용할 수 있다. 대부분의 기업이 주식과 채권을 팔아 자금을 조달하는 최선의 방법을 결정하기 위한 금융시장에 대한 전문지식이 부족한 것처럼, 파생상품 계약을 이용해 위험을 가장 잘 헤지할 수 있는 방법에 대한 조언도 필요하다. 투자은행들은 수수료를 받는 대가로 기업들을 위한 위험관리 전략을 수립하여 조언을 제공한다.

2007~2009년 금융위기 동안, 일부 정책입안자들과 경제학자들은 투자은행들이 지나치게 복잡하고 위험수준을 가늠하기 어려운 담보대출을 기반으로 한 증권들을 금융공학적으로 설계했다며 투자은행들을 비난했다. 이들 신규 증권의 대부분은 위험을 헤징하는데 적합하지 않았다. 상업은행과 투자은행 고위관리자 상당수가 부채담보부유동화증권(CDO)과 신용부도스와프(CDS) 계약 등 새롭게 창출된 파생상품을 왜 고객에게 사고팔고 추천하는지 완전히 이해하지 못하고 있었다. 관리자들은 주택 가격이 하락하고 주택 소유자들이 주택 담보 대출금을 연체하기 시작할 경우 이러한 파생상품의 가격이 하락할 수 있는 위험을 과소평가했다. 투자은행 관리자들은 무디스(Moody's), 스탠더드앤드푸어스(Standard & Poor's) 및 피치(Fitch) 등 신용평가사들이 증권에 부여한 높은 등급에 의존하는 경우가 많

았다. 밝혀진 바와 같이, 신용평가기관의 분석가들 역시 이러한 증권들 중 일부를 이해하지 못해 위험을 정확하게 추정하는 데 실패했다.

연구 투자 은행들은 몇 가지 유형의 연구를 수행한다. 은행들은 애플이나 월마트(Walmart)와 같은 대기업과 자동차나 석유 산업과 같은 산업에 연구 애널리스트(analysts)를 배정한다. 애널리스트는 기업에 대해 공개적으로 이용 가능한 정보를 수집하고 기업의 시설을 방문하여 관리자들을 인터뷰한다. 투자은행들은 이 연구 중 일부를 고객의 인수합병(M&A) 대상을 파악하는 데 활용하고, 금융매체를 통해 일부 연구자료를 "연구노트"로 공개한다. 연구 애널리스트들은 투자자들에게 특정 주식을 "매수"하거나 "매도"하거나 "보유"하도록 조언하는 경우가 많다. 최근 몇 년 동안, 애널리스트들은 추천하는 주식에는 **과중량**(overweight), 추천하지 않는 주식에는 **저중량**(underweight)이라는 용어를 사용했다. 대형 투자은행 고위 애널리스트들의 의견은 시장에 상당한 영향을 미칠 수 있다. 예를 들어, 특정 기업에 대해 예상외로 부정적인 선임 애널리스트의 연구노트가 해당 기업의 주가를 하락시킬 수 있다.

일부 애널리스트들은 금융시장의 현재 상태에 대해 의견을 제공하는 데 전문적이며, 시장이 개방된 시간 동안 분 단위로 의견을 제공하기도 한다. 이러한 의견은 거래자들이 증권을 사고파는 투자은행의 **거래 데스크**(trading desk)에 유용한 정보가 된다. 애널리스트들은 또한 경제 연구에 종사하며, 경제 동향에 대한 보고서를 작성하고 국내총생산, 인플레이션율, 고용, 그리고 다양한 이자율과 같은 거시경제 변수들을 예측한다.

자기자본거래 및 시장조성 세 가지 핵심 투자은행 활동은 (1) 신주 발행에 대한 조언 제공, (2) 신주 인수, (3) 인수 합병에 대한 조언과 자금 조달이다. 이제까지 증권, 상업용 부동산 또는 다른 자산에 투자하는 것은 투자은행 운영의 작은 부분이었다. 그러나 1990년대 초, 고객보다는 은행 자신의 계좌를 위해 증권과 기타 자산을 사고파는 것을 수반하는 **자기자본거래**(proprietary trading; **프롭 트레이딩**(prop trading))가 운영의 주요 부분이 되었고 많은 투자은행들의 중요한 수익원이 되었다. 다음에 논의된 바와 같이, 의회가 자기자본거래에 부과한 제한은 투자은행에 대한 중요성을 감소시켰다.

자기자본거래는 은행을 **이자율 위험**(interest-rate risk), **신용위험**(credit risk) 및 **자금조달 위험**(funding risk)에 노출시켰다. 투자은행들이 미국 국채나 많은 모기지유동화증권과 같은 장기증권을 보유하면, 은행들은 장기증권 가격이 하락하는 시장금리 상승 위험에 노출되었다. 2007~2009년 금융위기 동안, 투자은행들도 자기자본거래로 인한 상당한 신용위험에 직면했다. **신용위험**은 대출자들이 대출금을 연체할 수 있는 위험이다. 모기지유동화증권(특히 서브프라임 혹은 Alt-A)의 신용위험은 투자은행이나 신용평가기관이 예상했던 것보다 훨씬 높았다. 2000년대 중반 동안, 투자은행들은 수천억 달러의 모기지유동화증권들을 만들어 냈다. 투자은행들은 인수 과정에서 이러한 유가증권의 일부를 보유했고, 좋은 투자가 될 것이라고 믿었기 때문에 일부 유가증권을 보유하기도 했다. 2007년부터 이들 증권의 시장가격이 하락하기 시작했고, 2008년까지 이들 증권의 시장이 움츠러들거나 얼어붙어 매각이 어려워졌다. 이에 따라 일부 투자은행들은 상당한 손실을 입었다.

2007~2009년 금융위기 동안 투자은행들이 직면했던 문제들은 장기증권 매입 자금을 조달하기 위해 단기(하룻밤 정도) 자금을 빌리면서 더욱 악화되었다. **자금조달위험**(funding risk)은 단기차입을 이용하여 장기투자를 하는 투자자가 단기차입을 갱신할 수 없을 때의 위험이다. 대부업체(다른 금융회사)가 투자은행에 단기대출을 할 때 대출금을 갱신하거나 대출금을 이월하는 대신 상환하도록 요구한다면, 투자은행은 대출을 상환하기 위해 장기증권을 팔아야 한다. 금융위기 당시 상당수 장기증권 투자은행들이 투자 가치가 하락하면서 대부업체로부터 받은 단기대출을 갚지 못했다. 빌린 자금을 이용하는 것도 레버리지를 높인다. 우리는 다음 절에서 자금조달위험과 레버리지에 대해 더 논의할 것이다.

2010년 의회가 도드-프랭크법안을 통과시켰을 때, 자기자본거래의 위험을 줄이기 위한 시도로, 자기자본거래에 엄격한 제한을 두는 볼커 룰(Volcker Rule)을 포함시켰다. 이에 대부분의 은행들이 자기자본거래를 중단했지만, 시장조성자로서의 역할에 따라 증권을 사고 팔았다. **시장조성자**(market maker)는 거래소에서 거래되지 않는 유가증권을 사고파는 기업이며, 매수자와 매도자 사이의 중개자 역할을 하기 위해 유가증권의 재고를 유지한다. 투자은행들은 유가증권에 대해 지불하는 가격과 유가증권을 파는 가격 사이의 차이에서 시장조성으로 이익을 얻는다. 이러한 스프레드는 작거나 마이너스일 수 있는데, 이 경우 은행이 손실을 볼 수 있다. 예를 들어, 골드만삭스는 은행이 채권을 매입한 시점부터 매각한 시점까지 채권 가격이 크게 상승했을 때 정크채권 한 장으로 $1억의 수익을 올렸다. 이러한 이익은 규제당국이 더 이상 허용하지 않는 자기자본거래와 규제당국이 계속 허용하는 시장조성 사이에 유의적인 차이가 있는지에 대한 의문을 제기하였다. 하버드 로스쿨의 할 스캇(Hal Scott) 교수는 "아무도 시장조성과 자기자본거래를 구별할 수 없다"고 말했다.[2] 은행을 자기자본거래에서 제외하는 것은 또한 일부 유가증권의 시장에서 매수자와 매도자의 수를 감소시켜 시장에서 거래되는 유가증권의 유동성을 감소시킨다.

시장조성자
유가증권의 재고를 보유하고 있으며 유가증권의 매수자와 매도자 사이의 중개자 역할을 하는 회사

투자은행업의 레포금융, 레버리지 및 자금조달위험

투자은행들이 직면하는 자금 위험을 좀 더 살펴보자. 상업은행은 주로 예금으로 투자 자금을 조달한다. 투자 자금을 조달하기 위해 예금을 사용하는 것을 **소매 자금조달**(retail funding)이라고 한다. 투자은행은 예금에 의존하지 않기 때문에 다른 방법으로 투자 자금을 조달해야 한다. (골드만삭스 투자은행은 저축예금은 받지만 당좌예금은 받지 않는 온라인 상업은행인 마커스(Marcus)를 창업해 소매금융으로 영역을 넓혔다. 2020년 기준, 마커스는 아직 수익이 없다.) 자금원은 투자은행의 자본으로, 주주의 자금과 은행이 수년간 유지해 온 이익으로 구성되어 있다. 또 다른 자금원은 다른 금융회사들로부터의 단기 차입으로, 이런 종류의 금융을 **도매 자금조달**(wholesale funding)이라고 한다. 1990년대 이전에는 대부

---

[2] Justin Baer, "How One Goldman Sachs Trader Made More Than $100 Million," *Wall Street Journal*, October 19, 2016.

분의 투자은행들이 파트너십으로 조직되었고, 자기자본거래와 시장 조성은 거의 하지 않고 인수와 합병에 대한 자문을 제공하는 전통적인 투자은행 활동에 집중했다. 은행은 주로 파트너 자본 또는 자기자본으로 이러한 활동에 자금을 조달했다. 그러나 1990년대와 2000년대 동안, 대부분의 대형 투자은행들이 파트너십에서 공기업으로 전환하면서 자기자본거래는 더 중요한 수익원이 되었다.

투자은행들은 증권 투자와 상업용 부동산 개발업자에 대한 주택담보대출을 포함하여 기업에 대한 직접 대출에 자금을 조달하기 위해 사용했다. 자기자본이 아닌 차입으로 투자 자금을 조달하는 것은 은행의 레버리지를 증가시킨다. 투자에 레버리지를 사용하는 것은 양날의 검이다. 투자로 인한 이익이 증가할 수 있지만 손실도 증가할 수 있다. 은행의 자본 대비 자산의 비율은 은행의 레버리지의 척도이다. 은행의 자기자본이익률(ROE)은 자산수익률(ROA)에 레버리지 척도를 곱한 것과 같기 때문에, 은행의 레버리지가 클수록 특정 ROA에 대한 ROE는 커진다. 그러나 이 관계는 ROA가 양(+)인지 음(−)인지를 결정하는데, 이는 레버리지가 작은 음(-)의 ROA를 큰 음(-) ROE로 바꿀 수 있다는 것을 의미한다.

예제 11.1

레버리지의 위험성

한 투자은행이 장기 주택담보대출 증권으로 $1,000만를 매입한다고 가정한다. 은행이 투자 자금을 조달할 수 있는 다음 세 가지 방법을 생각해 보시오.

1. 은행은 전적으로 자기자본에서 투자 자금을 조달한다.
2. 은행은 $750만를 빌리고 자본금 중 $250만를 사용하여 투자 자금을 조달한다.
3. 은행은 $950만를 빌리고 자본금 중 $50만를 사용하여 투자 자금을 조달한다.
   a. 이 세 가지 투자자금조달방법 각각에 대한 은행의 레버리지를 계산하시오.

b. 이러한 투자자금조달방법 각각에 대하여 은행이 받는 지분투자수익은 다음과 같이 가정하여 계산한다.
   i. 모기지유동화증권의 가치는 매입 후 1년 동안 5% 증가한다.
   ii. 담보부 증권의 가치는 구입 후 1년 동안 5% 감소한다.

문제를 간단히 하기 위해, 은행이 증권으로부터 받는 이자, 증권의 구입 자금을 조달하기 위해 빌리는 자금에 대한 이자, 은행이 지불해야 하는 모든 세금은 무시한다.

문제풀이

1 단계 **이 장의 내용을 복습한다.** 이 문제는 레버리지와 위험의 상호작용에 관한 것이므로 "레포 금융, 레버리지 및 자금조달위험" 절을 검토하는 것이 좋다.

2 단계 **각 투자 자금 조달 방법에 대한 레버리지를 계산하여 (a)에 답한다.** 이 절에서 정의한 레버리지는 자산의 가치를 자본의 가치로 나눈 값과 같다. 이 경우, 자산의 가치는 지속적으로 $1,000만이지만, 은행은 세 가지 다른 자금조달방법으로 서로 다른 금액(자본)의 자체 자금을 투자하고 있다. 은행이 방법 1을 사용하면 $1,000만의 자체 자금을 사용하고, 방법 2를 사용하면 $250만의 자체 자금을 사용하며, 방법 3

을 사용하면 $50만의 자체 자금을 사용한다. 각 방법에 대한 레버리지는 다음과 같다.

1. $\dfrac{\$10,000,000}{\$10,000,000} = 1$

2. $\dfrac{\$10,000,000}{\$2,500,000} = 4$

3. $\dfrac{\$10,000,000}{\$500,000} = 20$

3 단계 **투자자금조달의 세 가지 방법 각각에 대한 은행의 지분투자수익을 계산하여 (b)의 첫 번째 부분에 답한다.** 각각의 경우에, 은행은 모기지 증권 가격의 상승으로 $50만의 이익을 경험한다. 은행이 투자하는 자본의 금액은 세 가지 자금 조달 방법에 따라 다르기 때문에 은행의 수익도 다르다.

1. $\dfrac{\$500,000}{\$10,000,000} = 0.05$ 또는 5%

2. $\dfrac{\$500,000}{\$2,500,000} = 0.20$ 또는 20%

3. $\dfrac{\$500,000}{\$500,000} = 1.00$ 또는 100%

4 단계 **투자자금을 조달하는 세 가지 방법 각각에 대한 수익률을 계산하여 (b)의 두 번째 부분에 답한다.** 이 경우 투자은행은 모기지유동화증권 가격 하락으로 $50만의 손실을 보게 된다. 따라서 은행의 수익은 다음과 같다.

1. $\dfrac{-\$500,000}{\$10,000,000} = -0.05$ 또는 −5%

2. $\dfrac{-\$500,000}{\$2,500,000} = -0.20$ 또는 −20%

3. $\dfrac{-\$500,000}{-\$500,000} = -1.00$ 또는 −100%

이러한 결과는 은행의 투자 레버리지가 높을수록, 즉 은행이 자체 자본이나 자기자본에 투자하는 것보다 차입에 더 많이 의존할수록 잠재적 이익도 더 크지만 잠재적 손실도 크다는 것을 보여준다. 앞으로 보게 되겠지만, 이 문제에서 가장 높은 레버리지(20)도 2007~2009년 금융위기 이전의 대규모 투자은행 레버리지보다 훨씬 낮다!

10장에서 보았듯이, 연방은행 규정은 상업은행의 레버리지 크기에 제한을 둔다. 그러나 이 규정은 투자은행에는 적용되지 않았다. 2000년대 들어 투자은행들이 차입자금으로 자

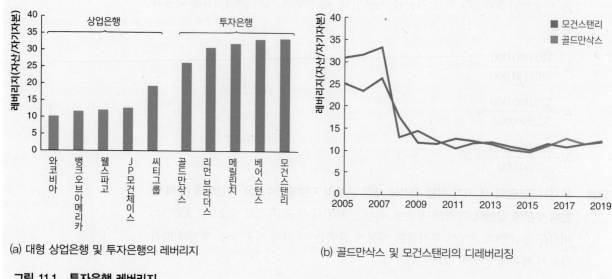

(a) 대형 상업은행 및 투자은행의 레버리지

(b) 골드만삭스 및 모건스탠리의 디레버리징

그림 11.1 투자은행 레버리지

(a)는 2007년 금융위기 당시 대형 투자은행이 대형 상업은행보다 레버리지가 높았음을 보여준다.

(b)는 금융위기 기간과 그 이후 골드만삭스와 모건스탠리가 레버리지를 줄였거나 디레버리징을 했다는 것을 보여준다.

출처: Company annual reports and annual balance sheets.

금을 조달한 투자를 늘리면서 레버리지가 대형 상업은행보다 훨씬 높아졌다. 그림 11.1의 (a)는 금융위기가 시작된 2007년 5개의 대형 상업은행과 5개의 대형 투자은행에 대한 레버리지를 보여준다. 그룹별로 보면 투자은행들이 상업은행보다 레버리지가 현저히 높았다. 다음 장에서 논의하겠지만, 2008년 말까지 골드만삭스와 모건스탠리가 유일하게 독립한 대형 투자은행이었다. 그림 11.1의 (b)에서 알 수 있듯이, 금융위기 기간과 이후 골드만삭스와 모건스탠리는 레버리지를 상업은행과 일치하는 수준으로 줄였다. 이러한 레버리지 감소 과정을 **디레버리징**(deleveraging)이라고 한다.

높은 레버리지 외에도, 투자은행들은 투자 자금을 조달하는 방법 때문에 자금 조달 위험에 취약했다. 투자은행들은 주로 기업어음을 발행하거나 **환매조건부매매**(repurchase agreement)을 통해 빌린 전매 자금에 의존했다. 환매조건부매매 또는 **레포**(repo)는 담보로 뒷받침되는 단기대출이다. 예를 들어, 투자은행은 다른 은행이나 연기금에 재무부 증권을 팔아서 돈을 빌릴 수 있고, 동시에 투자은행은 다음 날이나 며칠 안에 재무부 증권을 약간 더 높은 가격에 되사기로 합의할 수 있다. 재무부 증권 판매 시점과 환매 시점의 가격 차이는 대출 이자를 나타낸다. 2000년대 중반까지, 투자은행들은 이 "레포 금융"에 크게 의존했다.[3]

---

[3] 리먼 브라더스 투자은행은 2008년에 파산했다. 2010년 법원이 임명한 파산 심사관이 발표한 보고서에 따르면, 투자은행은 재무상태표에 보고된 자산과 부채를 모두 줄이기 위해 대출이 아닌 매출로 보고함으로써 투자자에게 보이는 레버리지를 줄였다.

기업어음과 레포 금융은 모두 단기대출을 나타낸다. 투자은행이 조달한 자금을 모기지유동화증권에 투자하거나 장기대출에 사용하는 경우 부채의 만기(기업어음 또는 레포는 모기지유동화증권이나 대출 자산의 만기보다 짧기 때문에)로 인해 만기 불일치에 직면하게 된다. 10장에서 보았듯이 상업은행은 단기예금을 사용하여 장기대출을 할 때 만기 불일치에 직면한다. 만기 불일치로 인해 상업은행은 많은 예금자들이 동시에 돈을 인출하기를 원하지만 은행이 대부분의 돈을 비유동성 대출에 투자했기 때문에 인출해줄 수 없는 뱅크런에 취약하다. 뱅크런은 1934년 미 의회가 연방예금보험을 설립한 이후 드물어졌다.

그러나 상업은행이 이용할 수 있는 소매자금과 투자은행이 의존하는 도매자금 사이에는 핵심적인 차이가 있다. 투자은행에서 발행한 기업어음을 매입하거나 레포 금융에 종사하는 대출자들은 연방정부의 보증이 없다. 투자은행이 망하면 가치가 떨어지지 않는 자산으로 대출을 담보하지 않으면 대부업체들은 큰 손실을 볼 수 있다. 이러한 **거래상대방 위험**(counterparty risk) 또는 금융거래의 상대방이 의무를 이행하지 않을 위험은 2007~2009년의 금융위기에 중요한 역할을 했다. 투자은행들이 모기지유동화증권에서 손실을 입고, 대부업체들이 은행의 기업어음 매입을 거부하거나 환매조건부 계약을 체결하면서 투자은행이 떠안았던 자금조달 위험이 명확해졌다. 몇몇 대형 투자은행들, 특히 베어스턴스와 리먼 브라더스는 단기 차입으로 유동성이 적은 장기 자산을 조달했기 때문에 심각한 재정적 어려움을 겪었다. JP모건체이스 회장 겸 최고경영자(CEO)인 제이미 다이먼(Jamie Dimon)은 "위반할 수 없는 금융규범은, 위반할 수 없다. 장기 투자, 특히 유동성이 낮은 장기 자산에 대해 투자하기 위해 단기대출을 받지 말라"고 말했다.[4] 하지만 금융위기 이전 몇 년 동안 많은 투자은행이 이 규칙을 위반했다.

연준은 레포금융이 금융시스템 불안요인이 될 수 있다고 우려한다. 15장 15.3절에서 더 자세히 논의하겠지만, 익일물 레포(overnight repo) 금리는 일반적으로 은행들이 연방기금시장에서 단기대출에 대해 서로 부과하는 이자율인 연방기금금리에 가깝다. 다만 2019년 9월 연준의 연방기금금리 목표치가 2~2.25%일 때 익일물 레포 금리는 9%까지 치솟아 금융회사들이 매우 높은 금리를 지급하는 것 외에는 충족할 수 있는 것보다 단기자금에 대한 필요성이 더 큰 것으로 나타났다. 이 같은 금리가 지속되면 다른 금리가 상승해 기업과 가계에 대한 대출 비용을 높이고 경제성장을 둔화시킬 수 있다. 이런 결과를 피하기 위해 연준은 2007~2009년 금융위기 이후 처음으로 재무부 증권을 주로 담보로 한 금융회사에 밤새 대출해 시스템에 유동성을 투입하는 등 익일물 레포 시장에 직접 개입해야 했다.

연준은 당초 금융회사들이 연준이 아닌 다른 금융회사들의 차입으로 복귀할 것으로 예상하면서 짧게 개입하려 했다. 그러나 금융회사들의 현금 수요는 여전히 높았고, 연준은 2020년 초까지 환매 시장에서 대출을 계속했다. 2020년 3월 코로나19 팬데믹의 영향이 미국 경제에 영향을 미치기 시작하자 연준은 레포 시장에서의 대출을 크게 늘렸다. 장기적으

---

[4] Jamie Dimon, "Letter to Shareholders,0 March 10,2008, in JPMorgan Chase's Annual Report, 2007, p. 12.

로는 일부 경제학자들과 정책입안자들은 시장이 발생하기 쉬운 단기 유동성 위기를 피하기 위해 환매 시장 운영상의 변화를 제안했다. 그중 하나는 연준이 금융회사들이 다른 회사들로부터 단기대출을 받을 수 없을 때 언제든지 환매에 참여할 수 있는 **스탠딩 레포 제도**(standing repo facility)를 확립함으로써 시장 개입을 공식화하는 것이다. 이 계획의 일부는 새로운 제도를 상업은행에만 사용할 수 있게 할 것이다. 다른 제안들은 2010년에 통과된 도드-프랭크법이 일부 스와프 계약을 요구함에 따라 중앙집중식으로 더 많은 환매 계약을 청산함으로써 시장의 투명성과 유동성을 증가시킬 것이다. 대부분의 레포 계약을 중앙집중식으로 청산하려면 레포 시장의 대대적인 재편이 필요할 것으로 생각된다. 2020년 중반, 연준이나 의회가 보고서 시장의 운영을 바꾸기 위해 어떤 조치를 취할지는 불분명하다.

개념 적용

도덕적 해이가 투자은행을 탈선시켰는가?

1980년대 초까지만 해도 대형 투자은행은 모두 파트너십이었다. 은행들이 영업 자금을 조달하기 위해 사용한 자금은 주로 회사의 자기자본인 파트너들로부터 나왔다. 은행이 이익을 내면 협력업체들이 나눠 가졌고, 은행이 손실을 입어도 함께 나눴다. 금융 작가 로저 로웬스타인(Roger Lowenstein)은 1970년대 후반의 살로몬 브라더스(Salomon Brothers) 투자은행의 상황을 다음과 같이 묘사했다.

> 회사의 자본금 계좌는 앨런 파인(Allan Fine)이라는 파트너 사무실 밖에 남겨진 작은 책에 휘갈겨져 있었고, 매일 오후 파트너들은 자신이 얼마나 많은 돈을 잃었는지 보기 위해 신경질적으로 파인의 사무실로 살금살금 걸어가곤 했다.

1981년, 살로몬 브라더스는 대형 투자은행 중 처음으로 파트너십에서 법인으로 전환하여 상장하였다. 2007~2009년 금융위기 당시 대형 투자은행들은 모두 상장기업이 됐다. 9장에서 보았듯이, 주주가 회사를 소유하지만 최고 경영진이 실제로 그것을 통제하기 때문에 기업은 소유권과 지배력이 분리되어 있다. 관련된 도덕적 해이는 최고 경영자들이 주주들에게 가장 이익이 되는 행동을 하지 않을 수 있기 때문에 주인-대리인 문제를 야기할 수 있다.

도덕적 해이를 줄이는 한 가지 방법은 주주들이 최고 경영자들의 행동을 감시하는 것이다. 2000년대 초, 투자은행들은 인수와 인수합병 자문과 같은 전통적인 활동에서 벗어나, 부채담보부증권(CDO)과 신용부도스와프(CDS) 계약과 같은 복잡한 금융증권을 거래하기 시작했다. 주주들과 이사회는 이러한 활동이나 위험을 이해하지 못했기 때문에 회사의 경영자들을 효과적으로 감시할 수 없었다. 일부 논평가들과 정책입안자들은 결과적으로 투자은행들이 주택경기 동안 레버리지를 늘리고 위험한 모기지유동화증권을 매입함으로써 너무 많은 위험을 떠안았다고 주장했다. 투자은행들이 그렇게 한 이유는 최고 경영자들이 그 회사들을 동업으로 남도록 했을 정도로 큰 손실의 결과를 부담하지 않을 것이기 때문이다. 살로몬 브라더스에서 채권 판매원으로 몇 년간 일하다가 금융 작가가 된 마이클 루이스 (Michael Lewis)는 다음과 같이 주장해 왔다.

> 직원들이 소유한 어떤 투자은행도 자신을 35대 1로 활용하거나 $500억의 메자닌 부채담보 부증권(CDO)을 사서 보유하지 않을 것이다. 어떤 제휴관계도 신용평가사들과 게임을 하려고 하지 않을 것이다. 또는 메자닌 부채담보부증권(CDO)을 고객에게 판매할 수도 있다. 단기적인 이익에 대한 희망이 장기적인 타격을 정당화하지는 못할 것이다.

다른 논평가들은 이 주장에 회의적이다. 금융위기 당시 투자은행 최고 경영자들이 적지 않은 손실을 봤다는 점에서 도덕적 해이 문제가 심하지 않았을 수 있다는 분석이 나온다. 가장 레버리지가 높은 투자은행 중 하나인 베어스턴스와 리먼 브라더스에서는 대부분의 관리자들이 상당한 양의 회사 주식을 소유하고 있었다. 회사 주식이 금융위기 동안 거의 모든 가치를 잃었기 때문에 많은 회사 관리자들의 개인 재산은 줄어들었다. 파산 당시 리먼 브라더스의 회장이자 CEO였던 리처드 풀드(Richard Fuld)는 리먼 브라더스의 주식 가치 하락으로 약 9억 $3,000만의 손실을 입었다.

2007~2009년 금융위기 이전 몇 년 동안 투자은행들이 레버리지를 더 많이 사용하고 더 많은 위험을 떠안게 된 이유에 대한 논쟁은 계속될 것 같다.

이 장의 끝에 있는 관련문제 1.4를 참조하시오.

투자은행산업

1930년대 대공황 이전에 연방정부는 금융회사들이 상업은행과 투자은행에 모두 종사하는 것을 허용했다. 대공황 기간 동안, 주가의 폭락과 9,000개 이상의 은행들의 도산을 포함하는 금융 공황이 발생했다. 금융시스템을 재구성하기 위한 일련의 법들의 일부로서, 의회는 1933년에 투자은행과 상업은행들을 법적으로 분리하는 글래스-스티걸(Glass-Steagall) 법을 통과시켰다. 의회는 투자은행업이 본질적으로 상업은행업보다 더 위험하다고 보았다. 그 결과, 상업은행과 투자은행 모두를 운영하던 은행들은 별도의 회사로 나뉘었다. 상업은행들은 또한 생명 보험, 투자 자문, 또는 중개 서비스와 같은 다른 금융 서비스를 제공하는 것이 금지되었다. 의회는 왜 이런 조치를 취했을까? 1929년 10월 주식 시장의 대규모 붕괴는 투자은행들에게 발행 회사에 보증했던 것보다 더 낮은 가격에 증권을 팔도록 강요하여 인수로 인한 큰 손실을 초래했다. 글래스-스티걸 법에는 연방예금보험제도(후에 연방 예금보험공사의 설립과 함께 영구화됨)에 대한 조항도 포함되어 있었다. 의회의 대다수는 연방정부가 예금을 보장하려 한다면, 은행이 그 예금을 위험한 투자은행에 종사하는 것을 허용해서는 안 된다고 주장했다.

글래스-스티걸 법이 통과된 후, 많은 대형은행들은 상업은행 활동이 그들의 투자은행 활동보다 더 수익성이 있다고 보고, 투자은행 활동을 별개의 회사로 분리했다. 예를 들어, 당시 상업은행이었던 JP모건은 투자은행인 모건스탠리를 분사했고, 퍼스트 내셔널 뱅크 오브 보스턴(First National Bank of Boston)은 독립 투자은행이 된 퍼스트 보스턴 코퍼레이션(First Boston Corporation)을 분사했다.

수십 년이 지나고 1930년대 초 은행산업의 무질서한 상황이 기억에서 잊혀지면서, 경제학자들과 정책입안자들은 글래스-스티걸 법의 근거를 다시 생각하기 시작했다. 원칙적으로, 이 법은 상업은행에 예금을 가지고 있는 사람들을 은행의 위험한 투자 활동으로부터 보호하기 위해 만들어졌다. 그러나 실제로 일부 경제학자들은 상업은행이 더 이상 투자은행 서비스를 제공할 수 없기 때문에 이 법이 투자 은행산업을 경쟁으로부터 보호했다고 주장했다. 경제학자들은 줄어든 경쟁으로 투자은행들이 상업은행보다 더 큰 수익을 올릴 수 있게 됐다고 주장했다. 그 결과, 기업들은 상업은행과의 경쟁이 허용되었을 때보다 인수 및 기타 투자은행 서비스에 더 많은 비용을 지불해야만 했다.

1990년대까지 의회의 정서는 점차 글래스-스티걸 법의 폐지로 기울었다. 결국 1999년, 그램-리치-블라일리 금융서비스 현대화법(Gramm-Leach-Bliley Act)은 글래스-스티걸 법을 폐지했다. 그램-리치-블라일리 금융서비스 현대화법은 증권사와 보험사가 상업은행을 소유할 수 있도록 허용하는 새로운 금융 지주 회사를 승인했다. 또한 상업은행들이 증권, 보험, 부동산 활동에 참여할 수 있게 되었다. 2007~2009년의 금융위기 동안, 일부 경제학자들과 정책입안자들은 글래스-스티걸 법의 폐지가 실수였다고 주장했다. 그들은 1930년대 동안 위험한 투자은행 활동이 상업은행에 피해를 입혔고 정부 보험 예금을 위험에 빠뜨렸다고 주장했다.

1999년 글래스-스티걸 법이 폐지된 후, 투자은행산업은 상당한 변화를 겪었다. "벌지 브라켓(bulge bracket)" 회사로 알려진 가장 큰 투자은행들은 두 가지 유형으로 나뉘었다. JP 모건, 씨티그룹(Citigroup), 크레디트 스위스(Credit Suisse)와 같은 일부는 광범위한 상업은행 활동을 하는 대형 금융회사의 일부였다. 골드만삭스, 모건스탠리, 리먼 브라더스, 베어스턴스, 메릴린치와 같은 다른 기업들은 이렇다 할 상업적인 은행 활동을 하지 않는 독립적인 투자은행이었다. 뱅크오브아메리카(Bank of America), UBS, 와코비아(Wachovia), 도이치뱅크(Deutsche Bank) 등 대형 상업은행에도 투자은행 계열사가 있었다. 마지막으로, 블랙스톤 그룹, 라자드, 레이먼드 제임스, 페렐라 와인버그와 같은 "부티크"로 알려진 소규모 또는 지역 투자은행들 또한 그 산업에서 중요한 역할을 했다.

개념 적용

의회가 글래스-스티걸을 부활시켜야 할까?

방금 논의한 바와 같이, 1990년대까지 대부분의 경제학자들은 상업은행과 투자은행의 분리가 투자은행 서비스 시장의 경쟁을 감소시키고 은행업의 **범위의 경제**(economics of scope)에 대한 기회를 감소시켰다고 주장하며 글래스-스티걸 법의 폐지를 지지했다. 범위의 경제는 기업이 여러 재화나 용역을 개별적으로 생산하는 경우보다 더 낮은 비용으로 제공할 수 있을 때 존재한다. 예를 들어, 서버 시간, 소프트웨어 및 종업원에 대한 은행의 비용 중 일부는 상업은행 서비스와 투자은행 서비스 모두에 분산되어 두 유형의 서비스가 더 낮은 가격에 제공될 수 있다.

그램-리치-블라일리 금융서비스 현대화법이 많은 지지로 의회를 통과했지만, 최근 몇 년 동안 일부 정책입안자들은 상업은행과 투자은행의 분리가 복원되어야 한다고 촉구해 왔다. 예를 들어 2020년 대통령 선거운동 기간 동안 엘리자베스 워런(Elizabeth Warrren) 매사추세츠 상원의원은 의회에 "상업은행과 투자은행 사이의 벽을 다시 세울 것"을 요구했고, 버몬트주 상원의원인 버니 샌더스(Bernie Sanders)는 JP모건체이스와 같은 대형은행을 별도의 투자은행과 상업은행으로 분할하는 법안을 요구했다.

여러 공동 스폰서와 함께 워렌 상원의원은 "21세기 글래스-스티걸 법"을 소개했다. 2020년 중반, 현재 법으로 제정되지 않은 이 법은 상업은행이 투자은행 활동에 참여하고 보험, 스왑 및 대부분의 파생상품과 같은 다른 서비스를 제공하는 것을 금지한다. 이 법의 목적은 상업은행을 예금과 가계 및 기업에 대한 대출이라는 전통적인 은행 활동에 최대한 가깝게 제한하는 것이다.

글래스-스티걸 버전 복원을 지지하는 정책입안자들은 (1) 금융시스템의 위험을 줄이는 것과 (2) 은행규모를 줄이는 두 가지 주요 목표를 가지고 있다. 첫 번째 목표는 1930년대 글래스-스티걸 지지자들의 목표와 유사하다. 저비용의 정부 보험 예금이 위험한 금융 투자에 사용되는 것을 방지함으로써 금융시스템의 위험을 줄이는 것이다. 이러한 관점에서 은행예금의 FDIC 보험은 도덕적 해이 문제를 야기한다. 예금자들은 $25만의 예금보험 한도까지 펀드 손실을 입지 않을 것이기 때문에 자신이 제공하는 펀드로 하는 투자의 위험성에 대해 무관심하다. 따라서 예금자들은 그들의 자금으로 이루어지는 투자의 위험을 보상할 수 있을 만큼 높은 예금에 대한 수익률을 요구하지 않는다. 투자은행 활동은 저비용 정부 보험 예금으로 자금을 조달하고 있기 때문에, 은행은 연방정부로부터 암묵적인 보조금을 받는다.

두 번째 목표는 매우 큰 은행들이 금융시스템의 안정성에 대한 위협이고, 그들의 시장권력을 금융시스템의 경쟁을 줄이기 위해 사용하고, 국회의원들에 대한 선거 기부와 정치적 로비를 통해 정부 정책에 상당한 영향력을 가지고 있다는 주장에서 비롯되었다. 회복된 글래스-스티걸 법은 상업은행, 증권 인수, 보험 판매, 딜러 또는 중개 서비스와 같은 다양한 금융 활동을 분리된 회사로 제한함으로써 은행의 규모를 줄일 것이다.

벤 버냉키 전 연준 의장과 같이 글래스-스티걸 법의 복구의 필요성에 회의적인 정책입안자들과 경제학자들은 이 두 가지 목표 모두 은행이 할 수 있는 투자 유형을 직접 규제하거나 은행에 더 많은 자본을 보유하도록 요구하는 등 투자로 인한 손실이 금융시스템에 미치는 영향을 줄이는 조치를 취함으로써 더 잘 달성될 수 있다고 믿는다. 2007~2009년 금융위기 이후, 이러한 목적을 가진 규제가 제정되었다. 글래스-스티걸의 복구 필요성에 회의적인 경제학자들과 정책입안자들은 금융위기 동안 심각한 문제를 겪은 기업들이 베어스턴스나 리먼 브라더스 같은 투자은행으로만 운영되거나 워싱턴 뮤추얼(Washington Mutual)과 같은 투자은행 활동에 참여하지 않았다고 지적한다. 상업은행과 투자은행 활동을 병행하는 대형은행들은 2007~2009년 금융위기의 큰 위기를 겪지 않았다. 또한 당시 JP모건체이스가 베어스턴스를 매입하고 뱅크오브아메리카가 메릴린치를 매입한 것이 제도 안정에 도움이 됐을 수도 있다. 글래스-스티걸 법 제한이 있었다면 두 매각 모두 허용되지 않았을 것이다.

대부분의 정책입안자들과 경제학자들이 동의하는 결론은 매우 큰 금융회사의 실패가 금융위기로 이어지거나 이미 진행 중인 위기를 악화시킬 수 있다는 것이다. 이 점에 대해서는 12장 12.1절에서 자세히 논의한다. 대형 금융회사의 실패가 야기할 수 있는 문제들을 알고 있기 때문에, 감독자들은 그러한 금융회사들이 실패하지 않도록 개입할 동기를 가지고 있다. 이 **대마불사 정책**의 결과는, 대기업의 경영자들이 연방정부가 실패에서 구해 줄 것이라고 기대한다면 매우 위험한 투자를 할 수 있기 때문에 금융시스템의 도덕적 해이가 증가한다는 것이다. 상업은행과 투자은행을 분리하는 것은 은행을 작게 만드는 한 가지 방법이며, 따라서 대마불사 문제를 잠재적으로 줄일 수 있다. 금융위기 이후, 연방 규제 당국은 이 문제에 대해 다른 접근법을 취했다. 대형은행들이 규모와 범위의 경제에서 경험하는 더 낮은 비용을 줄일 수 있는 대형은행들을 해체하는 대신, 감독자들에게 파산한 은행을 인수하고 금융시스템을 교란하지 않는 방식으로 점진적으로 자산을 처분할 수 있는 권한을 부여했다. 이 접근법에 대해서는 12장에서 더 논의할 것이다.

글래스-스티걸에 대한 논쟁은 대형은행들이 금융시스템의 효율성과 안정성에 미치는 영향이 경제학자들과 정책입안자들에게 중요한 이슈로 남아있다는 것을 보여준다.

이 장의 끝에 있는 관련문제 1.5를 참조하시오.

모든 투자은행들은 어디로 갔을까?

2007~2009년의 금융위기는 투자은행산업에 깊은 영향을 미쳤다. 모기지 증권 가격이 폭락하면서 상당한 양의 모기지 증권을 보유하고 있던 기업들은 큰 손실을 입었다. 독립 투자은행들은 장기 투자 자금을 조달하기 위해 기관 투자자들과 다른 금융회사들로부터의 단기 차입에 의존했기 때문에 위기를 극복하는 데 어려움을 겪었다. 위기가 심화되면서 단기적으로 돈을 빌리는 것이 어려워졌고, 이러한 회사들은 종종 낮은 가격에 자산을 팔아야 했다. 또한 상업은행이 아니었기 때문에 일시적인 유동성 문제를 해결하기 위해 연준에서 할인대출을 받아 대출을 받을 수 없었다. 2008년 3월, 베어스턴스는 파산 위기에 처했고 매우 낮은 가격에 JP모건체이스에 매각됐다. 2008년 9월, 리먼 브라더스는 파산 신청을 했다. 바로 다음 메릴린치는 뱅크오브아메리카에 매각되었다. 지난 10월 유일하게 남아있는 대형 독립 투자은행 골드만삭스와 모건스탠리는 연준이 규제하고 은행 자회사를 통해 할인대출을 받을 수 있는 금융지주회사가 될 수 있도록 해달라고 연준에 청원했다. 금융지주회사로서 골드만삭스와 모건스탠리는 모두 연준으로부터 차입할 수 있었다.

일부 논평가들은 대형 독립 투자은행들이 오랫동안 주식과 채권시장에서 가장 중요한 금융회사로 여겨져 왔기 때문에 투자은행에 미치는 금융위기의 영향을 "월가의 종말(the end of Wall Street)"이라고 불렀다. 표 11.1은 11개 대형 투자은행의 운명을 보여준다. 산업 구조는 바뀌었지만 금융지주회사 자회사, 상업은행 계열사, 부티크 투자은행에서 인수·합병

표 11.1   대형 투자은행의 운명

년도	투자은행	은행의 운명
1988	퍼스트 보스턴	크레디트 스위스에 매각
1997	살로몬 브라더스	트래블러에 매각
2000	도널드슨, 러프킨, 젠렛	크레디트 스위스에 매각
	JP모건	체이스에 매각
	페인 웨버	UBS에 매각
2007	A.G. 에드워즈	와코비아에 매각
2008	베어스턴스	JP모건체이스에 매각
	골드만삭스	금융지주회사가 됨
	리먼 브라더스	파산
	메릴린치	뱅크오브아메리카에 매각
	모건스탠리	금융지주회사가 됨

참고: 크레디트 스위스는 스위스 취리히에 본사를 두고 있다. 트래블러는 코네티컷주 하트포드에 본사를 두고 있다. UBS는 스위스 취리히에 본사를 두고 있다. 체이스는 체이스 맨해튼 은행이며, 뉴욕시에 본사를 두고 있으며, 현재 이름은 JP모건 체이스이다. 와코비아는 노스캐롤라이나주 샬럿에 본사를 둔 은행과 합병되었다.

출처: Tabular adaptation of p. 80 ("The End of the Line") from Dave Kansas, *The Wall Street Guide to the End of the Wall Street as We Know It*, New York: Collins Business, 2009.

자문 등의 투자은행 활동이 이어지고 있다.

개념 적용

그래서 투자은행가가 되고 싶은가?

지난 25년 동안, 투자은행업은 세계에서 가장 보상을 많이 받는 직업 중 하나였다. 논란이 있긴 했지만, 골드만삭스, 모건스탠리, JP모건 등 투자은행 최고 경영진이 수천만 달러의 연봉과 보너스를 챙겼다. 일부 정치평론가들은 인수합병(M&A)에 대한 인수와 자문 제공으로 인한 경제적 기여는 임원들이 받는 보상금 가치가 없다고 주장한다. 일부 비평가들은 높은 보수가 너무 많은 국가의 "최고의 그리고 가장 똑똑한" 사람들을 투자은행으로 유인하여 산업, 과학, 그리고 법률, 의학, 그리고 교수와 같이 생산적인 직업을 멀리하게 한다고 탄식한다. 금융위기 당시 투자은행 고위 경영진에 대한 비판이 높아졌고, 일부 정책입안자들과 경제학자들은 투자은행이 위험한 모기지유동화증권을 홍보함으로써 위기를 자초했다고 주장했다. 앞서 본 것처럼, 금융위기 이후 어떤 대형 투자은행도 투자은행업에만 종사하는 독립 기업으로서 살아남지 못했다.

그러나 투자은행 활동은 계속되고 있다. 상업은행들의 투자은행 부문은 인수합병(M&A)에 대한 인수와 자문 제공에 매우 적극적이다. 많은 부티크 및 지역 투자은행들이 계속해서 번창하고 있으며, 골드만삭스와 모건스탠리는 저축예금과 (당좌예금을 받지 않은) 개인대출을 제공하는 온라인 상업은행인 마커스를 개설하여 전통적인 상업은행에 제한적으로 발을 들여놓았지만, 골드만삭스와 모건스탠리는 위기 이전과 같이 크게 운영되고 있다. 2007년 $176억의 이익을 냈던 골드만삭스는 최악의 시기였던 2008년 $13억의 적자로 돌아섰지만, 2009년 $198억의 수익으로 다시 돌아섰고 2019년까지 수익을 유지했다. 골드만 최고경영자(CEO) 데이비드 솔로몬(David Solomon)은 2019년 $2,750만(금융위기 이전의 2007년 당시 골드만 CEO였던 로이드 블랭크페인(Lloyd Blankfein)이 벌어들인 $6,860만에 비해 훨씬 낮은 수준)의 급여와 보너스를 벌어들였고, 2009년 $498,000보다는 떨어졌지만, 2019년 회사 직원 3만 8,300명의 평균 급여와 보너스는 $322,533였다. 골드만의 보수는 투자은행 직원 평균에 근접했다.

투자은행 경력을 쌓기 위해 사람들은 어디에서 시작할까? 투자은행에서 고용한 새로운 대학 졸업생은 회사 운영에 사무 또는 기술 지원을 제공하는 "백-오피스(back-office)" 직업을 갖는다. 적절한 투자은행의 초급 고용은 일반적으로 **애널리스트**(analyst)라고 한다. 이러한 직책은 주 80시간 이상의 근무 시간을 요구하는 것으로 유명하다. 애널리스트의 일상적인 책임에는 산업 및 회사 조사, 은행 고객에게 프레젠테이션, 데이터 수집 및 분석, IPO에 대한 실사 프로세스 지원, 재무 문서 초안 작성, 인수 및 합병을 위한 "거래 팀(deal team)" 참여가 포함된다. 투자은행은 애널리스트에 대해 "업 또는 아웃(up or out)" 접근 방식을 취한다. 2~3년 후 은행은 애널리스트를 동료로 승진시키거나 회사를 떠나라고 한다. **MBA** 학위를 취득한 신입 사원은 학부 학위뿐만 아니라 동료로 직접 고용되기도 한다. 투자은행 직무도의 높은 단계에는 부사장, 이사 및 전무이사라는 직함이 있다.

2010년 도드-프랭크법에서 의회가 제정한 새로운 금융 규정은 투자은행의 고용 구성을 변화시키고 있다. 특히 은행이 자체 자금으로 유가증권을 거래할 수 있는 범위를 제한하는 볼커 룰(Volcker Rule)로 인해 은행 거래 데스크의 고용이 감소했다. 골드만삭스는 2021년 금융 자문을 제공하는 소프트웨어 프로그램인 "로보-어드바이저(robo-advisors)"를 도입할 예정이다. 이 프로그램이 성공할 경우 로보-어드바이저는 골드만 및 기타 투자은행에서 재무 고문의 고용을 줄일 수 있다. 골드만을 포함한 일부 투자은행은 사모 펀드 활동을 증가시켜 실적이 저조한 회사를 매수하고 회사 관리를 개선한 다음 회사를 매각하기 위해 자금을 조달한다(은행이 바라는 것은 상당한 이익이다). 그러나 투자은행은 여기에서 진화하므로 금융 세계에서 경력을 원하는 대학 졸업생을 여전히 끌어당긴다.

이 장의 끝에 있는 관련문제 1.6을 참조하시오.

11.2 투자기관: 뮤추얼펀드, 헤지펀드, 금융회사

학습목표: 뮤추얼펀드와 헤지펀드를 구분하고 금융시스템에서 그들의 역할을 설명한다.

중요한 비은행 금융회사로 투자은행만 있는 것이 아니다. **투자기관**(investment institute)은 대출과 증권에 투자하기 위해 자금을 모으는 금융회사이다. 가장 중요한 투자기관은 뮤추얼펀드, 헤지펀드, 금융회사이다. 특히, 뮤추얼펀드와 헤지펀드는 금융시스템에서 점점 더 중요한 역할을 하고 있다.

> **투자기관**
> 뮤추얼펀드나 헤지펀드와 같이 대출과 증권에 투자하기 위해 자금을 조달하는 금융기관

뮤추얼펀드 및 상장지수펀드

뮤추얼펀드(mutual funds)와 상장지수펀드(exchange-trade funds)는 예금자들이 주식, 채권, 주택담보대출, 머니마켓증권 등 금융자산 포트폴리오의 주식을 매입할 수 있도록 하는 금융중개사다. 뮤추얼펀드와 ETF는 거래비용을 절감할 수 있는 이점을 제공한다. 저축자는 많은 주식, 채권 또는 기타 금융자산을 개별적으로 매입하는 대신, 한 번의 구입으로 펀드를 매입함으로써 자산의 비례적인 몫을 매입할 수 있다. 뮤추얼펀드와 ETF는 저축자들이 주식을 쉽게 팔 수 있기 때문에 다양한 자산 포트폴리오와 유동성 혜택과 위험 분산의 혜택이 있다. 또한 피델리티(Fidelity) 또는 뱅가드(Vanguard)와 같은 펀드를 관리하는 회사는 다양한 투자에 대한 정보를 수집하는 것을 전문으로 한다.

> **뮤추얼펀드**
> 개인 예금자에게 주식을 팔아 자금을 조달하고 주식, 채권, 주택담보대출, 단기사장증권 등 금융자산 포트폴리오에 투자하는 금융중개사

미국의 뮤추얼펀드 산업은 1924년 3월 매사추세츠 투자 신탁(Massachusetts Investors Trust, Inc.)의 조직으로 거슬러 올라간다. 마케팅은 은퇴 저축을 위한 다양한 포트폴리오를 달성하기 위한 뮤추얼펀드의 유용성을 강조했다. 1924년 후반에 스테이트 스트리트 투자회사(State Street Investment Corporation)가 조직되었다. 1925년 푸트남 매니지먼트 컴퍼니(Putnam Management Company)는 주식회사 투자 펀드를 도입했다. 이 3개의 투자 관리자는 여전히 뮤추얼펀드 업계의 주요 플레이어이다.

뮤추얼펀드 및 상장지수펀드의 유형 뮤추얼펀드는 폐쇄형 또는 개방형 펀드로 운용된다. **폐쇄형 뮤추얼펀드**(closed-end mutual fund)에서, 뮤추얼펀드 회사는 고정된 수의 상환 불가능한 주식을 발행하는데, 투자자들은 주식을 거래하는 것처럼 장외 시장에서 거래할 수 있다. 주식 가격은 펀드 내 자산의 시장 가치(순자산 가치(NAV)라고도 함)에 따라 변동한다. 펀드 운용의 질이나 주식의 유동성의 차이로 인해 펀드 주식은 펀드 내 기초자산의 시장가치에 비례하여 할인 또는 프리미엄으로 매각될 수 있다. **개방형 뮤추얼펀드**(open-end mutual fund)는 시장이 마감된 후 NAV에 묶인 가격으로 투자자들이 매일 상환할 수 있는 주식을 발행한다.

지난 20년 동안 많은 투자자들이 뮤추얼펀드보다는 **상장지수펀드**(exchange-traded fund, ETF)를 사기 시작했다. ETF는 주식과 마찬가지로 투자자들이 하루 종일 지속적으로 거래할 수 있는 금융자산의 포트폴리오를 보유하고 있다. ETF는 1987년 10월 19일 주가 급락하며 대중화되었다. 많은 투자자들은 주식 시장이 오후 4시에 마감될 때까지 개방형 뮤

추얼펀드를 팔 수 없다고 분개했다. 폐쇄형 펀드는 종일 거래가 가능하지만 ETF의 시장가격이 펀드 내 자산가격을 매우 근접하게 추적한다는 점에서 ETF가 폐쇄형 펀드보다 유리하다. ETF는 폐쇄형 펀드와 달리 적극적으로 운용하지 않는데, 이는 운용사가 변경하지 않는 고정 자산 포트폴리오를 보유하고 있다는 것을 의미한다(그러나 일부 적극적으로 관리되는 ETF가 등장하기 시작했다). 특정 수 이상의 ETF 주식을 매입하는 대형 기관 투자자들은 펀드 내 자산에 대해 해당 주식을 상환할 권리가 있다. 예를 들어, 2020년에 뱅가드 대형 ETF는 583개 종목에 투자된다. 만약 기초주식의 가격이 ETF의 가격보다 높다면, 기관 투자자들은 기초주식의 ETF를 상환함으로써 차익거래 수익을 낼 수 있다. 또한 ETF의 가격이 기초자산의 가격보다 높다면 어떤 기관 투자자도 ETF를 매입하지 않을 것이다. 차익거래는 ETF의 가격을 기초자산의 가격에 매우 가깝게 유지하기 때문에 소규모 투자자는 다양한 자산 포트폴리오를 저렴하게 구입할 수 있다.

많은 뮤추얼펀드는 구매자에게 수수료, 즉 "로드(load)"를 부과하지 않기 때문에 **노 로드 펀드**(no-load fund)라고 불린다. 뮤추얼펀드 회사는 노 로드 펀드로 수익을 얻는데, 일반적으로 펀드 운용 자산 가치의 약 0.5%인 관리 수수료를 부과한다. **로드 펀드**(load fund)라고 불리는 그 대안은 주식을 사고팔기 위해 구매자에게 수수료를 부과한다.

주식이나 채권에 투자하는 펀드는 뮤추얼펀드와 ETF의 가장 큰 범주다. 피델리티, 뱅가드, 그리고 티 로우 프라이스(T. Lowe Price)와 같은 선도적인 뮤추얼펀드 회사들은 많은 주식과 채권 펀드를 제공한다. 어떤 펀드는 다양한 종류의 주식이나 채권을 보유하고 있고, 어떤 펀드는 특정 산업이나 부문에서 발행되는 증권을 전문으로 하며, 또 다른 펀드는 S&P500 지수의 주식과 같은 증권으로 구성된 고정 시장 바스켓에 **인덱스펀드**(index fund)로 투자한다. 2019년 인덱스펀드가 처음으로 적극적으로 주식을 사고파는 펀드보다 더 많은 자산을 보유했다. 뮤추얼펀드 회사들도 외국 기업의 주식과 채권을 전문으로 하는 펀드를 제공하고 있으며, 이는 소액 투자자들이 해외 금융시장에 참여할 수 있는 편리한 방법을 제공 한다.

머니마켓 뮤추얼펀드   최근 몇 년간 재무부 증권, 양도성예금증서, 기업어음 등 양질의 단기자산을 보유한 **머니마켓 뮤추얼펀드**(money market mutual funds)가 급성장하고 있다. **프라임 머니 마켓 펀드**(prime money market fund)라고 불리는 일부 펀드는 주로 기업어음에 투자한다. 그 밖의 펀드들은 주로 재무부채권과 같은 정부 증권에 투자한다. 대부분의 머니마켓 뮤추얼펀드는 예금자들이 계좌에 대해 $500와 같은 지정된 금액 이상의 수표를 쓸 수 있도록 한다. 머니마켓 뮤추얼펀드는 낮은 이율을 지불하는 상업은행 당좌예금과 저축 계좌의 대안으로 소액 예금자들에게 매우 인기가 있다.

1980년대부터 프라임 머니마켓 뮤추얼펀드는 대기업에 단기 신용을 제공하는 사업에서 상업은행과 성공적으로 경쟁하기 시작했다. 기업들은 은행에서 대출을 받는 대신 펀드에 기업어음을 팔았다. 기업들이 지불한 이자율은 대출에 부과되는 은행보다는 낮았지만 뮤추얼펀드가 재무부 어음에 투자함으로써 받게 되는 이자율보다는 높았다. 펀드들은 재무부 어

머니마켓 뮤추얼펀드
재무부 증권, 양도성예금증서, 기업어음 등 단기자산에만 투자하는 뮤추얼펀드

음보다는 기업어음을 매입해 신용위험을 더 떠안고 있었지만, 만기가 90일 미만으로 짧고 기업어음이 신용평가기관으로부터 높은 평가를 받았기 때문에 위험이 최소화됐다. 2000년대까지 투자은행을 포함한 많은 금융회사들은 단기 신용에 대한 자금 조달을 위해 기업어음 판매에 의존하기 시작했다. 앞서 보았듯이, 일부 투자은행들은 장기 투자 자금을 조달하기 위해 기업어음에 의존하는 위험을 감수했다.

2007~2009년의 금융위기는 시장 참여자들이 기업어음 사용의 증가로 발생하는 두 가지 위험원을 과소평가했다는 것을 보여주었다. 첫째, 영업 자금을 조달하기 위해 기업어음을 사용하는 기업들은 기존 기업어음이 성숙할 때 새로운 기업어음을 판매하는데 어려움을 겪을 수 있는 자금조달위험에 직면했다. 자금조달위험은 기업들이 더 높은 이자율을 지불해야 하는 대체 신용원을 서둘러 찾게 했다. 둘째, 머니마켓 뮤추얼펀드 및 기타 기업어음 구매자들은 재무부 증권에 비해 높은 이자율로 인해 떠안고 있는 신용위험을 충분히 보상받지 못할 가능성에 직면했다.

머니마켓 뮤추얼펀드의 기초자산은 단기적이고, 품질이 우수하기 때문에 펀드는 NAV를 주당 $1로 안정적으로 유지한다. 펀드 주식의 NAV를 $1 이하로 끌어내릴 수 있는 작은 일일 가격 하락은 펀드에 흡수된다. 왜냐하면 펀드의 관리자들은 투자가 만기가 되면 짧은 기간 내에 투자의 액면가치를 받게 될 것이라는 것을 알기 때문이다. 따라서 다른 유형의 뮤추얼펀드와 달리, 구매자들은 원금 손실에 대해 걱정할 필요가 없다(그래서 대부분의 투자자들은 금융위기까지 생각했다).

2008년 9월 리먼 브라더스(Lehman Brothers)가 파산 선언을 하고 기업어음을 채무불이행했을 때, 리저브 매니지먼트(Reserve Managment)는 리저브 펀드가 너무 많은 돈을 잃었다고 발표했기 때문에 리저브는 "빚을 갚아야" 할 것이라고 말해 투자자들을 놀라게 했다. 리저브는 펀드의 NAV를 $0.97까지 하락시켰고, 이는 펀드 투자자들에게 3%의 원금 손실을 안겨줄 것이라는 의미였다. 또한 리저브는 투자자들이 주식을 상환하거나 그에 대한 수표를 발행하는 것을 연기한다고 발표했다. 유명 펀드 투자자들이 원금손실을 보고 주식을 상환하지 못해 다른 머니마켓 뮤추얼펀드에서 대규모 자금이 빠져나갔다. 이러한 인출로 인해 미 재무부는 일시적으로 손실에 대비하여 머니마켓 뮤추얼펀드의 보유를 보증하겠다고 발표함으로써 다른 펀드가 빚을 갚도록 강요받지 않도록 보장했다.

재무부의 보증으로 머니마켓 뮤추얼펀드에서 인출이 늦춰졌지만, 기업어음 매입을 크게 줄였다. 자금이 기업어음 시장의 큰 부분을 차지했기 때문에, 그리고 많은 회사들이 운영 자금을 조달하기 위해 기업어음 판매에 크게 의존하게 되었기 때문에, 금융시스템에 대한 악영향은 심각했다. 2008년 10월 연방준비제도는 1930년대 대공황 이후 처음으로 기업어음을 직접 구매하기 위해 기업어음 자금조달제도를 이용하여 시장을 안정시키기 위해 개입했다. 연준의 조치는 기업어음에 의존하던 기업들의 자금 흐름을 회복하는 데 도움을 주었다.

11.4절에서 더 논의하겠지만, 2008년 금융시장 뮤추얼펀드 산업의 문제에 대응하여, 미국 증권거래위원회(SEC)는 새로운 규제를 발표함으로써 금융시장을 안정시키기 위한 조치를 취했다. 주요 변화는 기관 프라임 머니마켓펀드(개인투자자가 아닌 기관 투자자와 금융

회사에 판매되는 펀드)에게 보유하고 있는 자산의 시장가격 변동을 반영하기 위해 펀드의 주가를 변동시키도록 요구했다는 것이다. 예를 들어, 기업어음의 가격이 하락한다면, 기관 프라임 머니마켓펀드는 주식을 상환하는 가격을 낮추어야 한다. 소매 프라임 머니마켓펀드는 주당 가격을 계속 $1로 유지하는 것이 허용되었지만, 주식을 팔 때 투자자들에게 상환 수수료를 부과하고 주어진 기간 동안 상환량을 제한할 수 있는 권한을 부여받았다.

이러한 규제 변경은 코로나19 팬데믹 기간인 2020년 3월에 머니마켓펀드가 문제를 겪는 것을 막지 못했다. 투자자들은 머니마켓 뮤추얼펀드 주식을 상환하기 시작했고, 이로 인해 펀드는 기업어음을 팔아야 했다.

위험을 줄이기 위해 은행 규정이 바뀌었다는 것은 JP모건체이스(JPMorgan Chase), 골드만삭스(Goldman Sachs) 등 대형은행들이 펀드가 판매하려는 기업어음을 제한된 양만 살 수 있다는 것을 의미했다. 그 결과 2008년과 마찬가지로 기업어음 시장이 얼어붙었다. 한 펀드매니저는 "잠깐만요, 입찰이 없어요?"라고 말했는데, 이는 그가 팔려고 하는 기업어음에 대해 어떤 금융회사도 매수 제안을 하지 않았다는 것이다.[5] 많은 회사들이 기업어음 시장에서 단절되어 급여를 지불하고 대부업체에게 돈을 지불하는 데 필요한 자금을 경쟁해야 했다. 이러한 문제에 대응하여 연준은 기업어음 자금조달제도를 부활시키고 다시 기업어음을 직접 매입에 나서 대기업들이 단기 지출 수요를 충족시키기 위해 의존하는 자금의 흐름을 회복시켰다.

헤지펀드

헤지펀드
비교적 고위험의 투기적 투자를 하는 부유한 투자자들의 파트너십으로 조직된 금융회사

헤지펀드(hedge funds)는 저축은행에서 모은 돈을 투자에 활용한다는 점에서 뮤추얼펀드와 비슷하다. 그러나 뮤추얼펀드와 헤지펀드는 몇 가지 차이점이 있다. 헤지펀드는 보통 99명 이하의 투자자들의 파트너십으로 구성되며, 이들은 모두 연기금이나 대학 기부금과 같은 부유한 개인 또는 기관 투자자이다. 헤지펀드는 상대적으로 소수의 부유층과 기관 투자자들로 구성되기 때문에 대부분 규제를 받지 않는다. 규제를 받지 않는 것은 헤지펀드가 뮤추얼펀드가 할 수 없는 위험한 투자를 할 수 있게 한다.

헤지펀드는 가격이 하락할 수 있다고 생각되는 유가증권을 **공매도**(short)하는데, 이는 곧 딜러로부터 증권을 빌려 시장에 내다 팔면서 가격이 하락하면 되사겠다는 계획이다. 초기 헤지펀드의 전형적인 전략은 증권에서 숏포지션을 롱포지션과 결합하는 것이었다. 이러한 유형의 전략은 7장 7.1절에서 논의한 기존의 위험회피 전략과 유사하기 때문에 이러한 초기 펀드는 "헤지펀드"라는 이름을 얻었다. 그러나 현대의 헤지펀드는 헤지보다는 투기를 수반하는 투자를 하기 때문에 더 이상 그들의 전략을 정확하게 설명하지 못한다. 헤지펀드에 대한 신뢰할 수 있는 통계를 얻기는 어렵지만, 2020년에는 약 1만 개의 헤지펀드가 미국에서 운영되고 있으며, $3조 이상의 자산을 관리하고 있다.

---

[5] Paul J. Davies, Anna Isaac, and Caitlin Ostroffi, "Stress Endures in Market Where Big Companies Turn for Cash," Wall Street Journal, April 20, 2020

헤지펀드는 다음과 같은 네 가지 이유로 논란이 있었다.

1. 뮤추얼펀드 관리자들이 펀드를 관리하는 데 수수료를 부과하는 반면, 헤지펀드 관리자들은 수수료와 펀드가 버는 이익의 몫을 모두 받는다. 일반적인 헤지펀드는 투자자들에게 펀드 자산의 가치의 2%에 펀드가 벌어들인 이익의 20%를 더한 수수료를 부과한다 (이러한 수수료는 "이월이자(carried interest)"라고 불리며, 2020년에는 민주당의 대통령 후보인 조 바이든(Joe Biden)이 이월이자를 보통 소득으로 과세할 수 있도록 법을 변경하는 것을 지지하였다).

2. 헤지펀드에 대한 투자는 유동성이 낮으며, 투자자들은 1년에서 3년 동안 자금을 회수할 수 없다. 그럼에도 불구하고, 투자자들이 투자금을 상환할 수 있는 시간이 제한되어 있다.

3. 대형 헤지펀드가 금융시스템에 잠재적 위험을 초래하는 상당한 손실을 경험한 사례도 있다. 가장 눈에 띄는 것은 1998년 노벨경제학상 수상자인 마이런 스콜스(Myron Scholes)와 로버트 머튼(Robert Merton)이 창업자로 있는 헤지펀드 LTCM(Long-Term Capital Management)가 저위험 채무 금리에 비해 금리가 하락하면 이익을 돌려주는 투기적 투자를 했다는 점이다. LTCM의 고위험과 저위험 채무의 격차가 좁혀지기는커녕 더 벌어졌고 LTCM은 파산 직전까지 몰렸다. 그동안 LTCM은 $40억의 지분만 투자했지만 차입과 파생상품 계약 활용을 통해 보유한 자산 총액이 1조 $1000억가 넘었다. 연방준비제도는 LTCM이 파산을 선언하고 대출과 파생상품 계약을 불이행할 경우 헤지펀드 거래상대방의 상당수가 손실을 볼 것이며, 이러한 손실은 금융시스템의 안정성을 해칠 것이라고 우려했다. 1998년 9월, 뉴욕연방준비은행은 16개의 금융회사가 LTCM에 투자하여 금융시장을 불안정하게 하지 않는 방식으로 LTCM의 투자를 매각할 수 있도록 하였다. 일부 경제학자들은 LTCM을 지원하기 위한 연준의 행동이 다른 투자 관리자들로 하여금 더 많은 위험을 떠안게 했다고 생각한다. 그럼에도 다른 경제학자들은 LTCM 구제금융에 대한 연준의 조치가 투자운용사들의 행동에 상당한 영향을 미쳤다는 회의적인 입장을 표했다.

4. 헤지펀드는 공매도(short selling) 사용이 많다는 지적을 받아왔다. 공매도는 유가증권의 매도 물량을 늘려 주가 하락을 초래할 수 있다. 2007~2009년 금융위기 당시 대형 투자은행 총수들은 헤지펀드의 공매도가 자사주 가격을 인위적으로 낮은 수준으로 끌어내려 자금난의 원인이 됐다고 주장했다. 2010년 독일 정부는 일부 유럽 정부가 발행한 채권과 일부 독일 금융회사의 주식에 대한 투기가 유럽의 금융시장을 불안정하게 만들고 있다고 우려했다. 지난 5월, 독일 정부는 담보물을 먼저 빌리지 않고 공매도를 하는 것과 관련된 "벌거벗은(naked)" 공매도를 금지했다.

이러한 비판에도 불구하고, 많은 경제학자들은 헤지펀드가 금융시스템에서 중요한 역할을 한다고 생각한다. 헤지펀드는 유가증권을 살 때 거액을 동원해 레버리지를 할 수 있기 때문에 가격 변동을 일으켜 빠르게 시장 비효율을 바로잡을 수 있다.

할 수 있다면 헤지펀드에 투자하시겠습니까?

일부 사람들은 뮤추얼펀드에 대해 투자한 뒤, 수익이 적어 실망하고 있다. 이러한 사람들에게, 헤지펀드는 투자의 약속된 땅을 나타내는가? 잠재적인 헤지펀드 투자자들은 두 가지 문제에 직면한다. 우선 일반 투자자는 헤지펀드를 이용할 수 없다. 헤지펀드를 매수하려면 증권거래위원회(SEC)에서 정의한 "공인투자자(accreded investor)"여야 한다. 공인투자자가 되려면 투자 전 2년 동안 각각 최소 $100만(집값 제외)의 순자산 또는 최소 $20만의 수입이 필요하며, 투자 연도에 동일한 수입이 있을 것이라는 합리적인 기대도 필요하다. SEC는 2020년부터 주식중개사 자격증 등 특정 자격증을 보유한 사람이 소득과 재산 요건을 충족하지 못하더라도 공인투자자가 될 수 있도록 허용했다. 그러한 요구사항들은 대부분의 투자자들을 배제하지만, 만약 당신이 공인투자자라면, 헤지펀드를 사는 것이 뮤추얼펀드의 주식을 사는 것보다 더 높은 수익을 얻을 수 있는가? 예를 들어, S&P500에 포함된 주식에 투자하는 뱅가드 500 인덱스펀드는 최소 투자액이 $3,000에 불과하고 투자자의 소득요건이 없기 때문에 대부분의 투자자가 접근할 수 있는 범위 내에 있다.

헤지펀드는 뱅가드 500 인덱스펀드와 유사한 뮤추얼펀드보다 높은 수익률을 제공할까? 대부분의 헤지펀드는 뮤추얼펀드와 달리 SEC에 투자자가 벌어들인 수익에 대해 상세한 보고서를 제공할 필요가 없기 때문에 이 질문에 대해 완벽히 답할 수는 없다. 매년 매우 높은 수익률을 올리는 펀드들이 금융 언론을 통해 널리 알려지고 있지만, 헤지펀드 수익률 추정치는 최근 몇 년 동안 평균적으로 실적이 저조하다는 것을 보여준다. 월스트리트 저널을 대상으로 실시한 분석에 따르면, 2009년 1분기부터 2019년 3분기까지 평균 헤지펀드의 연간 수익률은 S&P500의 연간 수익률보다 9%p 가까이 낮았다. 심지어 몇 년 동안 큰 수익을 내는 펀드도 다른 해에는 큰 손실을 보는 경우가 많다. 예를 들어, 존 폴슨(John Paulson)이 운용하는 헤지펀드는 집값이 하락하면 가치가 상승하는 증권에 대거 투자했다. 2007년과 2008년에 주택 가격이 하락했을 때, 그 펀드는 $150억의 이익을 얻었다. 폴슨의 수수료는 2007년 미국 금융시장에서 개인이 한 해 동안 벌어들인 수익 중 가장 큰 금액인 $40억가 넘었다. 만약 당신이 공인투자자였다면, 당연히 폴슨의 펀드에 투자할 수 있는 기회에 달려들지 않겠는가? 실제로 2011년 폴슨은 미국 경기 회복이 예상보다 더딘 것으로 드러나면서 가치가 떨어진 증권에 투자했다. 그 결과 가장 큰 펀드가 35%의 손실을 입었고, 또 다른 펀드는 50% 이상의 손실을 입었고, 많은 투자자들이 주식을 환매했다. 헤지펀드가 큰 이익뿐만 아니라 큰 손실을 초래하는 한 가지 이유는 헤지펀드가 뮤추얼펀드보다 훨씬 더 많은 레버리지를 받는 경향이 있기 때문이다. 헤지펀드는 손실을 보긴 했지만 S&P500에 비해 손실이 작았던 2008년과 2020년 초 비교적 좋은 성과를 냈다. 이 기간 동안 헤지펀드의 성과는 심각한 경기침체 기간 동안 투자자 손실을 어느 정도 보호할 수 있음을 나타낸다(2020년 S&P500 지수는 불과 몇 달 만에 초기 손실을 회복했다).

불규칙한 수익을 얻는 것 외에도, 헤지펀드는 몇 가지 단점이 있다. 앞서 이미 언급했듯이, 헤지펀드 관리자들이 부과하는 수수료는 뮤추얼펀드 관리자들이 부과하는 수수료보다 훨씬 더 높다. 예를 들어, 뱅가드는 500 인덱스펀드의 자산 가치의 0.14%를 관리 수수료로 부과하고 펀드 수익의 전부를 투자자에게 반환하는 반면, 존 폴슨과 같은 헤지펀드 관리자는 일반적으로 펀드 자산 가치의 2%에 펀드가 얻는 이익의 20%를 더한 수수료를 부과한다. 그리고 일부 펀드 관리자는 더 높은 수수료를 부과한다! 이렇게 높은 관리 수수료로, 헤지펀드는 투자자들이 평균 이상의 수익을 얻기 위해 매우 수익성 있는 투자를 해야 한다. 뮤추얼펀드에 대한 투자와는 달리, 헤지펀드에 대한 투자는 유동성이 낮다. 헤지펀드도 뮤추얼펀드가 투자하는 자산보다 유동성이 떨어지는 자산에 투자하는 경우가 많다. 이러한 유동성 없는 자산은 자주 매매되지 않을 수 있기 때문에, 투자자들은 헤지펀드의 시장가격과 펀드 투자의 진정한 가치를 결정하는 데 어려움을 겪을 수 있다.

2010년 도드-프랭크법은 처음으로 대형 헤지펀드를 SEC에 등록하도록 했지만, 헤지펀드는 뮤추얼펀드와 마찬가지로 보유 자산을 구체적으로 공시할 필요가 없다. 헤지펀드 관리자들은 완전 공시는 다른 관리자들이 자신의 투자전략을 모방할 수 있게 할 것이라고 주장한다. 완전 공시가 부족하면 투자자들은 헤지펀드를 뮤추얼펀드처럼 쉽게 평가하기가 어렵다. 극단적인 경우, 공시가 부족하면 사기를 은폐할 수도 있다. 2008년 버나드 매도프 (Bernard Madoff)가 수십 년간 운용해 온 펀드는 신규 투자자들의 돈을 증권을 사들이는 데 쓰기보다는 이전 투자자들의 돈을 갚아온 것으로 드러났다. 투자자들은 이 사건으로 수십억 달러를 잃었고, 매도프는 150년 이상의 징역형을 선고받았다.

다음 표는 뮤추얼펀드와 관련된 헤지펀드의 장점과 단점을 요약한 것이다.

뮤추얼펀드		**헤지펀드**	
장점	단점	장점	단점
1. 낮은 관리비	1. 일부 투자전략을 따를 수 없음	1. 정교한 투자전략 사용 허용	1. 높은 관리비
2. 완전 공시	2. 수익률 하락 가능성	2. 더 높은 수익률 가능	2. 보유 자산의 제한 공시
3. 주식이 유동적임		3. 심각한 경기침체기에는 손실이 적을 수 있음	3. 펀드 투자가 유동적일 수 있음
4. 더 낮은 위험			4. 더 높은 위험

이 표는 정교한 투자전략을 활용해 높은 수익률을 올릴 수 있다는 헤지펀드의 장점을 보여준다. 그러나 금융시장에서 중요한 것은 위험과 수익의 절충이다. 헤지펀드 투자자들이 평균 이상의 투자 수익을 얻는 한편, 다양한 뮤추얼펀드 투자자들보다 훨씬 더 많은 위험을 떠안는다. 따라서 당신이 헤지펀드에 투자할 자격이 있다고 하더라도, 당신은 그 전에 해당 펀드의 실적, 수수료, 그리고 투자 전략을 면밀히 고려하고 싶을 것이다.

이 장의 끝에 있는 관련문제 2.6을 참조하시오.

금융회사

금융회사
기업어음 및 기타 유가증권의 판매를 통해 자금을 조달하고 그 자금을 가계 및 기업에 소액 대출을 하는 데 사용하는 비은행 금융중개기관

금융회사(finance company)는 기업어음과 기타 유가증권의 판매를 통해 자금을 조달하고 그 자금을 가계와 기업에 소액 대출하는 데 사용하는 비은행 금융중개기관이다. 일부 투자은행은 단기대출이나 회전 신용 한도(revolving line of credit)를 통해 금융회사에 자금을 제공한다. 금융회사들은 대출을 하기 전에 차입자의 채무불이행 위험에 대한 정보를 수집한다. 금융회사들은 상업은행처럼 예금을 받지 않기 때문에, 연방정부와 주정부는 잠재적 대출자에게 정보공개를 요구하고 사기방지를 요구하는 것 외에는 규제가 거의 필요하지 않다고 봤다. 규제 정도가 낮으면 금융회사들은 다른 규제 기관들이 제공할 수 있는 표준 대출보다 대출자들의 요구에 더 가깝게 맞춤형 대출을 제공할 수 있다.

금융회사의 세 가지 주요 유형은 소비자 금융, 사업 금융, 판매 금융회사이다.

소비자 금융회사(consumer finance company)는 소비자들이 자동차, 가구, 가전제품을 살 수 있도록 하기 위해 대출을 한다. 금융회사 고객들은 양질의 은행 고객들보다 채무불이행 위험이 높기 때문에 더 높은 이자율을 부과받는다.

기업 금융회사(business finance company)는 소기업의 외상매출금을 할인된 가격에 구매하는 **팩터링**(factoring)에 관여한다. 외상매출금은 신용으로 판매된 상품이나 서비스에 대해 회사가 빚진 돈을 나타낸다. 예를 들어, 뉴욕에 본사를 둔 사업금융회사인 CIT그룹은 악셀타이어컴퍼니(Axle Tire Company)로부터 $10만의 단기 외상매출금을 $9만 5000에 매입할 수 있다. 악셀타이어는 재고와 인건비를 지불하기 위해 현금이 필요하고, 모든 고객이 청구서를 지불하기를 기다리면 현금흐름에 문제가 생길 수 있기 때문에 CIT에 매출채권을 팔 용의가 있다. 비즈니스 금융회사의 또 다른 활동은 비행기나 대형 불도저와 같은 고가의 장비를 구입한 후 일정 기간 동안 회사에 임대하는 것이다.

판매 금융회사(sales finance company)는 백화점이나 고액권 상품을 제조하거나 판매하는 회사와 제휴하고 있다. 예를 들어, 타겟(Target)과 베스트바이(Best Buy)는 소비자가 해당 상점에서 구매 자금을 조달하는 데 사용할 수 있는 신용카드를 발급한다. 신용에 대한 이러한 편리한 접근은 해당 가계의 마케팅의 일부이다.

많은 경제학자들은 담보물의 가치를 감시하는 데 있어 금융회사들이 상업은행보다 유리하기 때문에 금융시스템의 중요한 틈새를 메운다고 생각한다. 그러나 일부 경제학자들은 금융회사들이 상업은행보다 더 많은 위험을 떠안고 대출기관이 운용하지 않을지도 모르는 단기금융에 의존한다는 점에 주목한다. 이러한 특성은 금융회사를 심각한 불황이나 금융위기 동안 실패에 취약하게 만들 수 있다.

11.3 계약상 저축기관: 연기금 및 보험사

학습목표: 연기금과 보험회사가 금융시스템에서 수행하는 역할을 설명한다.

연기금이나 보험사는 상업은행과 크게 닮지 않을 수 있지만, 개인들의 결제를 받아들

이고 그 결제를 투자에 활용하는 금융중개사이다. 연기금과 보험사는 **계약상 저축기관** (contractual saving institutions)이라고 불리는데, 그 이유는 개인이 지불하는 대금은 보험 계약이나 연기금 계약의 결과이기 때문이다.

계약상 저축기관
계약 결과로 개인으로부터 자금을 지급 받고 그 자금을 투자하는 데 사용하는 연기금이나 보험회사 같은 금융중개업자

연기금

많은 사람들은 고용주가 후원하는 **연기금**(pension fund)이나 개인저축계좌를 통한 노후를 위해 저축한다. 사람들은 두 가지 방법으로 퇴직 저축을 축적할 수 있다. 퇴직은 예측될 수 있기 때문에, 연기금은 근로자와 기업의 기여금을 주식, 채권, 주택담보대출과 같은 장기 자산에 투자하여 근로자의 은퇴 동안 퇴직연금을 지급할 수 있다. 2020년 미국에서 $19조 이상의 자산을 대표하는 민간, 주 및 지방 정부 연기금은 자본 시장의 가장 큰 기관 참여자이다. 그림 11.2는 2020년 1분기 민간 및 공적 연기금의 자산을 보여준다. 연금기금 총자산은 미국 전체 가구의 21%에 해당한다. 상장 주식의 연기금 보유량은 미국 전체 가구의 40%에 해당한다.

　연기금이 있는 회사에서 일할 때는 연금수령권이 있는 경우에만 연금 혜택을 받는다. **연금수령권**(vesting)은 퇴직 후 복리후생비를 받기 위해 반드시 일해야 하는 연수이다. 수급

연기금
근로자와 기업의 출연금을 주식, 채권, 주택담보대출 등에 투자하여 근로자의 은퇴 동안 퇴직연금을 지급하는 금융중개기관

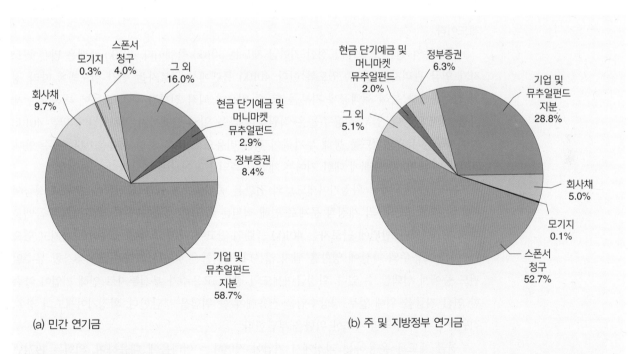

(a) 민간 연기금　　　　　　　　　　(b) 주 및 지방정부 연기금

그림 11.2　2020년 연기금 자산

민간과 주 및 지방정부 연기금 모두 주식, 채권 및 기타 자본시장 증권에 투자를 집중한다.
참고: "스폰서 청구" 범주는 확정되지 않은 연금 수급 자격을 나타낸다.

출처: Board of Governors of the Federal Reserve System, *Financial Accounts of the United States: Flow of Funds, Balance Sheets, and Integrated Macroeconomic Accounts, First Quarter 2020*, June 11, 2020.

필요기간은 연금제도마다 다르다. 근로자가 저축계좌가 아닌 고용주가 제공하는 연금제도를 통해 저축하는 데에는 세 가지 이유가 있다. 첫째, 연기금은 근로자보다 낮은 거래비용으로 금융 포트폴리오를 더 효율적으로 관리할 수 있다. 둘째, 연기금은 개인 저축자가 스스로 얻기에는 비용이 많이 드는 종신연금과 같은 혜택을 제공할 수 있다. 셋째, 연금에 대한 과세특례는 현금 임금보다 더 가치 있는 연금 혜택이다.[6]

연금제도의 주요 차이점은 기여금을 확정했는지 또는 급여를 확정했는지 여부이다. **확정급여제도(defined benefit plan)**에서 고용주는 각 근로자의 소득과 근속연수에 기초하여 근로자에게 특정 달러 급여 지급을 약속한다. 급여 지급액은 인플레이션과 함께 증가하도록 지수화될 수도 있고 그렇지 않을 수도 있다. 연금에 포함된 자금이 약속된 금액을 초과하면 초과분은 고용주가 연금계획을 운영하는 데 남는다. 연금제도의 재원이 약속된 복리후생비를 지급하기에 부족하면, 즉 연금제도가 자금난을 겪으면, 그 차액은 사업주가 부담한다.

확정기여제도(defined contribution plan)에서 고용주는 근로자가 선택한 뮤추얼펀드와 같은 투자에 근로자의 기여금을 투입한다. 직원들은 그 제도에 포함된 자금의 가치를 소유하고 있다. 근로자의 투자가 수익성이 있는 경우, 근로자의 퇴직기간 중 소득은 높을 것이고, 근로자의 투자가 수익성이 없는 경우 근로자의 퇴직기간 중 소득은 낮을 것이다. 한때는 확정급여제도가 흔했지만, 오늘날 대부분의 퇴직급여제도는 확정기여제도이다. 주목할 만한 예외는 교사, 소방관, 경찰관 등 공무원을 위한 제도와 노동조합의 민간부문 근로자를 위한 제도이다.

대부분의 민간 고용주가 정한 기여금 제도는 401(k) 플랜이다. 401(k) 플랜은 많은 근로자가 연금 관리자가 될 수 있도록 한다. 401(k) 플랜에서 근로자는 연간 한도액에 따라 정기 급여공제를 통해 세액공제 기부를 할 수 있으며 퇴직 전까지 누적 소득에 대해서는 세금을 내지 않는다. 일부 고용주들은 직원 기부금을 일정 금액까지 일치시킨다. 많은 401(k) 참여자들은 뮤추얼펀드를 통해 투자하여 적은 비용으로 많은 자산 모음을 보유할 수 있다. 2020년까지 401(k) 플랜에 대한 기여는 개인 저축의 1/3 이상에 해당한다.

확정급여제도에서 확정기여제도로의 전환은 종업원에게 장점과 단점이 있다. 확정급여제도의 경우, 고용주의 재정적 문제로 인해 직원은 약속한 것보다 훨씬 적은 연금수급액을 받게 될 수 있다. 반면에 근로자는 401(k) 플랜의 잔고에 대한 명확한 소유권을 가지고 있으며, 이는 고용주의 파산에 영향을 받지 않는다. 직원들은 401(k)의 기여금을 투자할 뮤추얼펀드 중에서 선택할 수 있다. 확정급여제도의 경우, 고용주가 부실투자로 인해 기업이 약속한 연금 지급을 위해 일부 경상수입을 전용해야 할 위험을 부담한다. 확정기여제도의 경우, 직원들이 투자 수익의 저조한 위험을 부담한다.

연금 제도를 운용하는 과정에서 기업이 직면하는 어려움에 대응하여, 의회는 1974년

---

[6] 연기금에 대한 기여금은 세금 목적으로 현재 소득에서 제외될 수 있으며, 고용주의 매칭 기여금은 고용주에 대해 세금 공제가 된다. 또한 연기금의 투자 수익에 대해 세금을 부과하지 않는다. 퇴직금을 받을 때까지 연금에 대한 세금이 유예된다. 연금 급여 지급액을 개인 퇴직 계좌(IRA)나 다른 유리한 분배 계획으로 이체하는 옵션도 있으며, 연금 계획에서 일시불로 지불해야 하는 세금을 줄일 수 있다.

직원 퇴직 소득 보장법(Employee Retirement Income Security Act, ERISA)을 통과시켰다. 이 획기적인 법률은 연기금 투자와 자금 조달에 대한 국가 기준을 정하고, 특정 유형의 위험 투자에 대한 계획의 소유권을 제한하고, 정보 보고와 공개에 대한 기준을 제정했다. 이 법은 회사가 파산이나 다른 이유로 확정급여제도에 따른 미지급채무를 이행할 수 없을 경우 연금급여보증공사(Pension Benefit Guaranty Corporation, PBGC; "페니 베니(Penny Benny)")를 설립할 수 있도록 허용했다. 2020년, 65세 수혜자의 한도는 연간 $69,750였다. PBGC는 연금 부채에 대해 기업들에게 프리미엄을 부과하고 미국 재무부의 암묵적인 신용 한도를 가지고 있다. 현재 확정급여형 사적연금 펀드의 자금 부족은 PBGC의 적립금을 크게 웃돈다. 이러한 사실은 일부 경제학자들이 연금보험 위기가 눈앞에 닥칠지도 모른다는 두려움을 갖게 했다.

주정부 및 지방정부 연금에 대한 자금 부족은 훨씬 더 큰 문제가 되었다. 2020년 연방준비제도는 이러한 연금 계획의 총 과소 자금 규모가 $4조 이상이라고 추정했다. 이러한 제도에 따른 지급은 PBGC의 보험에 가입되어 있지 않으며, 이 제도는 주로 확정급여제도이다. 디트로이트와 몇몇 다른 도시들은 인구 감소를 겪으며 소득 감소와 세금 징수를 초래했고, 번영했던 시기에 직원들에게 한 연금 약속을 이행하는 데 어려움을 겪었다. 또한 저금리는 많은 주 및 지방 연금 제도의 투자 수익을 감소시켰다. 이에 따라, 많은 학군들뿐만 아니라 많은 도시와 주 정부들은 연금 의무를 이행하기 위해 세금을 크게 올리거나 다른 지출을 줄여야 했다. 공무원노조와의 교섭으로 미래 퇴직연금이 줄어들거나 직원 기여금이 늘어나는 경우도 있지만, 현 퇴직자에 대한 복지는 2013년 디트로이트처럼 주 헌법에 의해 보호되는 경우가 있고 지방정부가 파산을 선언하지 않는 한 좀처럼 줄어들지 않는다. 지자체들은 앞으로 공적연금 미지급 문제와 씨름할 것으로 보인다.

보험회사

보험회사(insurance company)는 자동차 사고나 주택 화재와 같은 특정한 사건과 관련된 재정적 손실의 위험으로부터 보험 계약자를 보호하기 위해 계약서를 전문적으로 작성하는 금융 중개인이다. 보험사는 보험 가입자에게 보험료를 부과하여 자금을 얻고, 이러한 자금을 투자하는 데 사용한다. 예를 들어, 연간 $1,000의 보험료를 지불하여 보험 가입자에게 $100만를 지급할 수 있다. 회사는 당신의 보험료와 보험을 구매한 다른 사람들의 보험료를 리모델링 또는 확장 중인 호텔 체인에 대출하는 데 사용할 수 있다. 보험 가입자는 보험 사건이 발생하면 보험사가 보험가입자에게 지급하는 위험을 가정해 보험사와 맞바꾸어 보험료를 낸다. 보험회사는 보험 계약자의 보험료를 주식, 채권, 주택담보대출 및 **사모채권**(private placements)으로 회사에 대한 직접 대출에 투자한다.

보험업계는 두 부문으로 나뉘는데, **생명보험사**(life insurance company)는 피보험자의 장애, 퇴직 또는 사망으로 인한 소득 손실로부터 가계를 보호하기 위한 보험을 판매한다. **손해보험사**(property and casualty company)는 질병, 도난, 화재, 사고 또는 자연 재해의 위험으로부터 가계와 회사를 보호하기 위한 보험을 판매한다. 보험사는 보험료로 받는 것보다 보험

보험회사
특정 사건과 관련된 재정적 손실 위험으로부터 보험 계약자를 보호하기 위해 계약서를 전문으로 작성하는 금융중개자

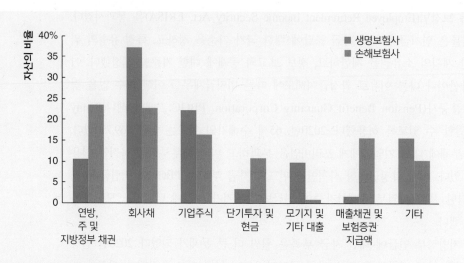

그림 11.3   미국 보험회사의 금융자산

생명보험사는 손해보험사보다 자산 포트폴리오가 크다. 손해보험사는 비과세이기 때문에 지방채를 더 많이 보유하고 있고, 생명보험사는 더 높은 금리를 부담하기 때문에 회사채를 더 많이 보유하고 있다.

참고: "매출채권 및 보험증권 지급액"은 다른 보험회사 또는 보험 계약자로부터 아직 받지 못한 지급액을 나타낸다.

출처: Board of Governors of the Federal Reserve System, *Financial Accounts of the United States: Flow of Funds, Balance Sheets, and Integrated Macroeconomic Accounts, First Quarter 2020*, June 11, 2020.

금으로 내는 것이 더 많기 때문에 보험금 자체로는 이익을 내지 않는다. 대신, 보험료를 투자함으로써 이익을 창출한다. 2020년 1분기 생명보험사는 약 \$8조 3,000억의 자산을 보유하고 있고, 손해보험사는 약 \$2조 6,000억의 자산을 보유하고 있다. 그림 11.3은 손해보험사의 자산 포트폴리오가 생명보험사와 다르다는 것을 보여준다. 생명보험사가 투자한 자금은 비과세 대상이지만 손해보험사는 비과세 혜택을 받지 못한다. 이러한 세금 차이는 자산 포트폴리오에 반영된다. 손해보험사들은 받은 이자가 과세 대상이 아니기 때문에 지방채에 더 많이 투자하는 반면, 생명보험사들은 더 높은 금리를 지급하는 회사채에 더 많이 투자한다.

보험사의 수익성은 보험 제공에 수반되는 위험을 줄일 수 있는 능력에 크게 좌우된다. 보험사의 수익성에 대한 주요 위험은 역선택과 도덕적 해이에서 발생한다. 다음 절에서는 보험회사들이 보험 제공에 있어 위험을 줄일 수 있는 몇 가지 방법에 대해 논의한다.

리스크 풀링   보험사들은 **대수의 법칙**(law of large numbers)을 이용해 보험가입자에게 언제, 얼마를 지급할지 안정적으로 예측할 수 있다. 이 통계적 개념은 개인의 사망, 질병 또는 부상 위험을 예측하기는 어렵지만, 그러한 사건의 평균적인 발생은 예측할 수 있다고 말한다. 보험사들은 충분한 수의 보험을 발행함으로써 위험 풀링(risk pooling)과 다양화를 이용하여 잠재적 보험금 지급에 필요한 적립금, 즉 적립금의 규모를 추정한다. **보험계리사**

(actuary)로 알려진 통계학자들은 모집단에서 발생하는 사건의 위험을 추정하는 데 도움이 되는 확률표를 수집한다. 보험사들은 이러한 추정치를 이용하여 보험료를 설정한다. 그러나 코로나19 팬데믹에서 알 수 있듯이, 매우 특이한 사건들은 보험회사들이 위험 풀링으로 극복할 수 없는 손실을 입힌다.

선별 및 위험 기반 보험료를 통한 역선택 감소 보험사들은 역선택 문제로 어려움을 겪고 있다. 보험 가입을 가장 열망하는 사람들은 보험금을 요구할 확률이 가장 높은 사람들이다. 중환자는 거액의 생명보험에 가입하고 싶어할 수 있으며, 방화로 고통받는 동네 사람들은 거액의 화재보험을 원할 것이다. 역선택 문제를 줄이기 위해, 보험회사 경영자들은 나쁜 보험 위험을 걸러내기 위해 정보를 수집한다. 자동차 보험을 신청하면 과속 딱지와 사고 등 운전기록 정보를 제공해야 한다.

또한 보험사들은 개인이 청구할 확률에 따른 보험료인 **위험 기반 보험료**(risk-based premium)를 부과해 역선택을 줄인다. 예를 들어, 보험사는 여러 번 사고를 낸 운전자와 과속 딱지를 떼인 운전자에게 운전 기록이 깨끗한 운전자에 비해 더 높은 자동차 보험료를 부과한다. 마찬가지로, 생명보험의 보험료는 젊은 사람들보다 나이든 사람들이 더 높다.

공제액, 공동 보험 및 제한 약정으로 도덕적 해이 감소 보험 가입자가 보험에 가입하면 행동이 달라질 수 있기 때문에 도덕적 해이는 보험사에 문제가 된다. 예를 들어, 회사가 창고에 대한 화재 보험에 가입하면, 회사는 창고의 고장 난 스프링클러 시스템을 수리하는 데 돈을 덜 쓸 수 있다. 보험사는 보험 사건이 일어날 가능성을 줄이기 위해 보험 계약자의 돈의 일부가 위험에 처해 있는지 확인한다. 보험사는 보험사가 지급하지 않는 특정 금액인 **공제액**(deductible)을 요구한다. 예를 들어, 자동차 보험에서 공제받을 수 있는 금액이 $500라는 것은 만약 당신이 차에 $2,000의 손실을 입히는 사고를 냈을 때, 보험회사는 단지 $1,500만 지급한다는 것을 의미한다. 보험 가입자들에게 비용을 억제하는 추가적인 동기를 부여하기 위해, 보험사들은 더 낮은 보험료를 부과하는 대신 **공동보험**(coinsurance)을 옵션으로 제공할 수 있다. 이 옵션은 보험계약자가 공제받을 수 있는 금액이 충족된 후에 청구 비용의 일정 비율을 지불하도록 요구한다. 예를 들어, $200 공제 가능 금액과 20% 공동보험 요건이 있는 건강보험이 있는 경우 $1,000 청구 시 $360(= $200 + (0.20 × $800))를 지불하고 보험회사는 $640를 대신 지불한다.

도덕적 해이를 막기 위해, 보험자들은 **제한 약정**(restrictive covenant)을 사용하기도 하는데, 이것은 후속 청구가 지급될 경우 피보험자의 위험한 활동을 제한한다. 예를 들어 화재보험사는 화재경보기, 소화기, 스프링클러 시스템 등을 계약에 따라 설치·유지하지 않은 경우 보험금 지급을 거부할 수 있다.

보험사가 역선택과 도덕적 해이 문제를 줄이기 위해 사용하는 도구는 보험계약자의 이익과 보험사의 이익을 일치시키기 위한 것이다. 기업이 성공하는 범위 내에서 보험 제공 비용이 줄어든다. 보험회사들 간의 경쟁은 이러한 비용 절감 효과를 보험 계약자들에게 낮은 보험료의 형태로 전가시키는 결과를 낳는다.

2020년, 손해보험사는 그들의 **업무 중단 보험**(business interruption insurance) 조건을 놓고 일부 보험 가입자들과 갈등을 빚었다. 이러한 유형의 보험정책으로, 보험회사는 화재나 폭풍으로 인한 피해로 인해 일시적으로 문을 닫아야 했던 사업에 보험금을 지불하게 될 것이다. 2020년 봄, 시장이나 주지사들은 미국 전역의 많은 기업들에게 코로나19 팬데믹의 영향을 완화하기 위해 폐쇄 명령을 내렸다. 또한 미니애폴리스 경찰관에 의해 조지 플로이드(George Floyd)가 살해된 후 항의의 결과로 일부 사업체들이 문을 닫았다. 그러나 많은 보험계약서에는 폭동이나 다른 시민 불안과 같은 특별한 사건이 발생했을 때 보험사가 보험금을 지급해야 하는 것을 덜어주는 **불가항력적인 조항**(force majeure), 즉 "신의 행위(act of God)"가 있다. 불가항력 조항은 거의 발동되지 않기 때문에, 2020년 봄에 시위 또는 팬데믹으로 인한 폐업에 적용되는지 명확하지 않았다. 그러한 많은 논쟁들은 법원이나 중재자의 판단에 달려있다.

11.4 위험, 규제, 그림자 금융시스템

학습목표: 그림자 금융시스템과 시스템 위험 간의 연관성을 설명한다.

우리는 2007~2009년 금융위기 이전 몇 년 동안 투자은행, 헤지펀드, 머니마켓 뮤추얼펀드와 같은 비은행 금융기관들이 대출자에서 차입자로 돈을 돌리는 데 있어 점점 더 중요한 수단이 되고 있음을 보았다. 이러한 비은행 금융기관들은 저축자와 차입자를 일치시키지만 상업은행 체계 밖에서 그렇게 하기 때문에 **그림자 금융시스템**(shadow banking system)이라고 불린다. 원칙적으로 그림자 금융기업들은 대출자들에게 비용을 낮추고 저축자들에게 수익을 올려서 상업은행들로부터 사업을 얻었다. 금융위기 전날, 그림자 금융시스템의 규모가 상업은행 시스템의 규모보다 컸다.[7] 자금 조달 경로의 이러한 변화가 금융시스템과 경제에 어떤 중요성을 지녔을까? 그림자 금융시스템의 성장이 금융위기에 영향을 미쳤을까?

시스템 위험과 그림자 금융시스템

시장 시스템에서, 회사들은 사기, 인종 및 기타 차별 등과 관련된 법에 따라 그들이 원하는 대로 운영하는데 자유롭다. 그러나 10장 10.4절에서 우리는 초기국가 때부터 은행의 자금력에 대한 두려움으로 인해 정부가 은행 지점 수를 제한하고 주간 은행 업무를 금지하는 등 여러 가지 방법으로 은행을 규제했음을 보았다. 이러한 규제들 중 일부는 1990년대에 제거되었지만, 은행들은 여전히 비은행 금융회사를 포함한 대부분의 다른 회사들보다 더 엄격한 규제를 유지했다.

1930년대 동안, 주가의 급격한 하락과 광범위한 은행 도산으로 연방정부는 새로운 금융

---

[7] 티모시 가이트너(Timothy Geithner)는 장 서두에서 인용한 연설에서 2007년 투자은행과 헤지펀드가 보유한 자산가치에 자산담보부 기업어음가치를 더한 환매계약가치가 상업은행이 보유한 모든 자산의 가치보다 더 크다고 지적했다.

규제를 제정했다. 은행 시스템을 안정시키기 위해, 의회는 상업은행에 예금을 보증하는 연방예금보험회사(Federal Deposit Insurance Corporation, FDIC)를 설립했다. 금융시장의 정보 문제를 줄이기 위해, 의회는 주식과 채권 시장을 규제하는 책임을 부여받은 SEC를 설립했다.

예금보험이 없는 상황에서, 은행 경영자들은 예금자들을 놀라게 하고 은행의 지불 능력을 위태롭게 할 위험한 투자를 피하려 했다. 예금자들은 은행이 파산했을 때 손실을 피하기 위해 은행이 어떻게 예금을 투자했는지 감시하려 했다. 은행 부도가 은행주나 예금주에게 손실을 입혔지만, 손실 가능성은 항상 시장 시스템에 존재한다. 또한 의회가 깨달았듯이, 예금보험의 제정으로 은행 관리자들이 위험한 투자를 피할 동기가 줄어들고, 예금자들이 은행 관리자들의 행동을 감시할 동기도 줄어들어 도덕적 해이가 증가했다. 그렇다면 왜 의회는 FDIC를 설립했을까? 목표는 은행이 파산할 경우 예금자들을 손실의 위험으로부터 보호하는 것이 아니었다. 의회는 은행의 공황(panic)을 막으려고 애쓰고 있었다. 의회는 개별 은행이 파산할 경우 예금자들이 다른 은행에서 돈을 인출하게 될 가능성을 줄이려 했는데, 이 과정을 **확산**이라고 한다. 예금보험은 은행이 파산할 경우 예금자들이 더 이상 당좌예금과 저축예금의 자금 손실을 두려워할 필요가 없었기 때문에 뱅크런(bank run, 대량인출)을 대부분 제거했다. 그 후 예금보험을 제정할 때, 의회는 전체 금융시스템에 대한 **시스템 위험**(systemic risk)보다는 개인 예금자에 대한 위험성에 더 관심을 기울였다.

시스템 위험
개별 기업이나 투자자가 아닌 전체 금융시스템에 대한 위험

예금보험은 예금자에서 은행을 통한 대출자, 특히 은행 대출에 의존하는 사업체로의 자금 흐름을 유지하며 은행 시스템을 안정화시켰다. 그러나 그림자 금융시스템에는 예금보험에 해당하는 것이 없다. 그림자 금융시스템에서 단기대출은 은행 예금 형태가 아닌 환매약정, 기업어음 매입, 머니마켓 뮤추얼펀드 주식 매입 등의 형태를 취한다. 또는 앞에서 소개한 용어를 사용하여 그림자 금융은 상업은행이 의존하는 소매 자금조달과 반대로 투자자금의 도매 자금조달에 의존한다. 2007~2009년 금융위기 동안 재무부는 머니마켓 뮤추얼펀드 주식 소유자들에게 이미 보유하고 있는 주식의 원금 손실에 대해 일시적으로 보증했지만 2009년 9월에 종료되었다. 그 예외를 제외하고, 정부는 손실을 입은 투자자와 그림자 금융에 대출을 한 기업에게 상환하지 않는다. 따라서 상업은행의 도산은 대부분 과거의 일이지만, 그림자 금융의 도산은 그렇지 않다. 2007~2009년과 2020년의 금융위기 동안, 그림자 금융시스템은 1934년 의회가 FDIC를 설립하기 전 몇 년 동안 상업은행 시스템이 경험했던 것과 같은 유형의 시스템 위험에 노출되었다.

규제와 그림자 금융시스템

역사적으로 상업은행 시스템은 대부분의 기업들에게 신용의 주요 원천이었고 불안정한 기간의 영향을 받았다. 이에 연방정부는 수년간 상업은행이 보유할 수 있는 자산의 유형과 레버리지의 범위를 규제해 왔다. 투자은행과 헤지펀드 같은 그림자 금융회사들은 이러한 규제를 받지 않았다. 많은 비은행들이 보유할 수 있는 자산과 가질 수 있는 레버리지의 정도에 대한 제한에서 면제되는 두 가지 주요한 이유가 있다. 첫째, 정책입안자들은 이 회사들이 상

업은행만큼 금융시스템에 중요하다고 생각하지 않았고, 감독자들은 이러한 기업들의 실패가 금융시스템을 손상시킬 것이라고 믿지 않았다. 둘째, 이러한 회사들은 주로 정교하지 않은 개인투자자들보다는 다른 금융회사, 기관 투자자들 또는 부유한 개인투자자들과 거래한다. 정책입안자들은 투자은행과 헤지펀드가 정교한 투자자들을 상대하고 있기 때문에 이러한 투자자들은 연방정부의 규제 없이도 자신들의 이익을 챙길 수 있다고 생각했다.

1934년, 의회는 SEC에 주식과 채권 시장을 규제할 수 있는 광범위한 권한을 부여했다. 선물 거래의 성장과 함께 1974년 의회는 선물 시장을 규제하기 위해 상품선물거래위원회(Commodity Futures Trading Commission, CFTC)를 설립했다. 그러나 시간이 지남에 따라 금융 혁신은 거래소에서 거래되지 않는 복잡한 금융 증권의 개발로 이어졌고, 따라서 SEC와 CFTC의 규제를 받지 않았다. 2007~2009년 금융위기 당시만 해도 SEC나 CFTC의 감독 없이 그림자 금융시스템에서 신용부도스와프 등 수조 달러 규모의 증권이 거래되고 있었다. 금융위기는 이 거래가 특히 모기지유동화증권과 관련하여 상당한 거래상대방 위험을 수반한다는 것을 보여주었다. 7장에서 보았듯이 거래소에서 파생상품이 거래될 때 거래소는 거래상대방의 역할을 하므로 매수자와 매도자의 채무불이행 위험이 줄어든다. 2010년 도드-프랭크법이 통과되면서, 의회는 파생상품 거래를 거래소로 더 많이 밀어넣는 규제 변경을 제정했다.

그림자 금융시스템의 거래상대방 위험도 시간이 지남에 따라 증가했는데, 이들 기업 중 일부가 높은 레버리지를 획득했기 때문이다. 레버리지가 높으면 작은 손실이 확대되어 채무불이행 가능성이 높아진다.

그림자 금융시스템의 취약점

그림자 금융시스템의 취약점을 다음과 같이 요약할 수 있다. 그림자 금융시스템의 많은 회사들은 기업어음을 발행하거나 환매 계약을 체결하여 단기로 빌리고 장기로 대출을 한다는 점에서 상업은행과 유사한 방식으로 운영된다. 그러나 이들 기업이 2007~2009년 금융위기 당시 상업은행보다 상당한 손실과 도산 가능성에 더 취약했던 세 가지 이유가 있다.

1. 은행 예금자와 달리 투자은행과 헤지펀드에 단기대출을 제공하는 투자자들은 원금 손실에 대한 연방 보험이 없다. 이러한 연방 보험의 부족은 잠재적으로 1930년대 초반의 상업은행들처럼 투자은행과 헤지펀드를 위험에 취약하게 만들었다.
2. 그림자 금융은 규제가 덜하기 때문에 상업은행보다 위험자산에 더 많이 투자하고 레버리지가 더 많아질 수 있다.
3. 그림자 금융은 2000년대 초중반 동안 많은 사람들이 미국 집값이 하락할 경우 급격히 가치를 잃게 될 투자를 했기 때문에 금융위기에 취약하다는 것이 입증되었다. 집값이 하락하기 시작했을 때, 많은 그림자 금융들은 큰 손실을 입었고, 일부는 파산할 수밖에 없었다. 금융시스템에서 이들 기업의 중요성이 증대된 것을 고려할 때, 결과는 대공황 이후 최악의 금융위기였다.

그림자 금융은 오늘날에도 여전히 도산에 취약할까?

금융위기 직후 일부 경제학자들과 정책입안자들은 그림자 금융에 대한 광범위한 새로운 규제를 요구했다. 결국 도드-프랭크법은 그림자 금융에 대한 제한적인 추가 규제를 포함했다. 거래소에서 일부 파생상품 거래가 이뤄지도록 했고, 처음 SEC에 등록하려면 거액의 헤지펀드가 필요했다. 또한 연방 규제 기관들은 파산할 가능성이 있는 대형 상업은행이 아닌 대형 금융회사를 인수할 수 있는 권한을 부여받았으며, **시스템적으로 중요한 금융기관**(systemically important financial firm, SIFI)에게 추가 자본을 보유할 것을 요구하였다. 투자은행인 골드만삭스와 모건스탠리처럼 은행 지주회사가 된 그림자 금융에 종사하는 기업들도 결의안, 즉 **정리의향서**(living will)를 제출하도록 했는데, 연방준비제도는 "회사의 물질적 재무적 곤경 혹은 파산 시 신속하고 질서 있는 해결을 위한 회사의 전략을 설명해야 한다"라고 말했다. 정리의향서는 기업이 파산할 때 경영자들이 취할 행동을 투자자들에게 더 잘 알려주고 그러한 실패로부터 확산되는 것을 제한하는 데 도움이 될 것이다.

또한, 새로운 SEC 규정은 2016년부터 기관 투자자에게 판매되는 프라임 머니마켓펀드를 기존 가격인 주당 $1에서 펀드가 보유한 자산의 실제 시장 가격에 따라 결정되는 변동 가격으로 전환할 것을 요구했다. 주가를 기초로 하여 NAV는 이러한 머니마켓 펀드의 가격을 주식 및 채권 뮤추얼펀드에 사용하던 가격 결정과 일치하도록 한다. 이들 펀드는 또한 가장 유동성이 높은 자산의 가치가 일정 수준 이하로 떨어지면 자금을 상환하는 소매투자자와 기관 투자자 모두에게 수수료를 부과하고 출금을 제한할 수 있게 된다. 이에 일부 기관 투자자들은 기업어음 등 단기 기업부채에 주로 투자하는 프라임펀드에서 재무부채권 등 연방정부증권에 주로 투자하는 머니마켓펀드로 전환해 새로운 규제대상에서 피했다. 11.2절에서 보았듯이, 이러한 새로운 금융시장 자금 규제는 2020년 코로나19 팬데믹 기간 동안 겪은 심각한 문제를 막지 못했다. 2008년과 마찬가지로 연준은 기업어음을 직접 구매하기 위해 기업어음 매입기금(Commercial Paper Funding Facility)을 개설해야 한다는 의무감을 느꼈고, 일부 대기업이 단기 지출 수요를 충족시키는 자금의 흐름을 회복했다.

근본적으로 도드-프랭크와 다른 규제들은 2007~2009년 금융위기가 그림자 금융에 대해 드러낸 일부 그림자 금융이 장기 투자를 하기 위해 단기대출을 한다는 기본적인 문제를 바꾸지 않았다. 그림자 금융에 단기대출을 제공하는 대출 기관들이 상업은행 예금과 동일한 연방 보험을 받지 않기 때문에 그림자 금융은 2007~2009년 금융위기 당시와 마찬가지로 현재 도산에 취약해 보인다. 일부 경제학자들과 정책입안자들은 연방 보험을 광범위한 단기대출로 확장하여 FDIC의 설립이 상업은행 시스템의 운영을 종료한 것과 같은 방식으로 그림자 금융시스템의 실행을 종료하는 것을 지지한다. 또 다른 경제학자들은 대출자들이 차입자들을 감시할 동기가 줄어들기 때문에 다른 유형의 단기대출에 대한 보험이 도덕적 해이 문제를 크게 증가시킬 것이라고 생각하여 이 제안에 회의적이다. 금융위기 동안 그림자 금융이 단기 차입금을 연체할 경우 연방정부는 잠재적으로 막대한 지급에 대한 책임을 질 것이다.

일부 경제학자들과 정책입안자들이 가지고 있는 낙관적인 견해는 상업은행에서의 도산과 그림자 금융에서의 도산 사이에 중요한 차이가 있다는 것이다. FDIC가 설립되기 전에, 상업은행 예금을 가지고 있는 많은 사람들은 은행 관리자들이 그들의 예금으로 하는 투자를 감시하는 제한된 능력만을 가지고 있었다. 그들의 예금 또한 어떤 특정한 담보로 확보되지 않았다. 그러한 상황에서, 은행에 대한 어떤 나쁜 소식도 뱅크런을 일으킬 수 있고, 확산의 메커니즘을 통해 은행 공황을 일으킬 수 있다. 반면에, 그림자 금융을 드리우는 대출자들은 많은 경우에 다른 금융회사들, 기관 투자자들, 그리고 부유한 개인들이다. 이들 대부업체는 그림자 금융의 관리자들이 하고 있는 투자의 질을 감시할 수 있는 훨씬 더 큰 능력을 가지고 있으며, 재무부 증권에 의해 환매 계약이 확보될 때처럼 대출에 대한 특정 담보를 요구한다. 이러한 관점에서, 리먼 브라더스의 파산과 베어스턴스와 AIG의 거의 도산으로 이어진 금융위기 동안 그림자 금융이 도산되는 것은 역사적으로 이례적인 사건, 즉 주택 담보 대출이라는 단일 유형의 금융자산을 기반으로 한 금융 증권의 광범위한 사용이었다. 이러한 관점에서, 코로나19 팬데믹은 규제를 통해 피하기 어려울 수 있는 방식으로 그림자 금융 시스템에 대한 부담을 증가시킨 또 다른 예측할 수 없는 사건이었다. 이 주장이 맞다면, 그림자 금융이 주로 정교한 투자자를 다루는 상세한 규제에서 그림자 금융을 면제하는 원래 이유는 여전히 어느 정도 가치가 있을 수 있다.

핵심 질문에 대한 해답

이번 장 서두로부터 연결됨

이 장을 시작할 때 다음과 같이 질문했다.

"그림자 금융시스템이 미국 금융시스템의 안정성에 위협이 되는가?"

그림자 금융시스템은 2007~2009년의 금융위기에서 분명히 중요한 역할을 했다. 많은 그림자 금융, 특히 투자은행과 헤지펀드는 단기차입으로 장기투자에 과도하게 의존했고 레버리지가 높았으며 집값이 하락하면 가치가 떨어지는 증권을 보유했다. 2006년부터 집값이 떨어지자 이들 기업은 큰 손실을 입었고 일부는 파산할 수밖에 없었다. 금융시스템에 대한 그림자 금융의 중요성을 고려할 때, 그 결과는 금융위기였다.

그림자 금융은 금융시스템의 안정성에 위협이 되는가? 그림자 금융은 상업은행보다 금융시스템에서 역할을 더 효율적으로 수행할 수 있기 때문에 그림자 금융은 2007~2009년 금융위기 이전과 같은 운영을 계속하고 있다. 특히 그림자 금융은 상업은행 예금과 달리 연방보험에 가입돼 있지 않은 단기자금을 계속 빌려 장기투자에 활용하고 있다. 2020년 코로나19 팬데믹 기간 동안 발생한 사건들이 보여주듯이 그림자 금융은 2007~2009년 금융위기 동안 발생한 것과 유사한 상황에 취약하다.

11.1 투자은행업
투자은행의 운영 방식을 설명한다.

복습문제

1.1 다음을 간략하게 정의하시오.

1. 인수
2. 금융공학
3. 자기자본거래
4. 시장조성자

1.2 소매 자금조달과 도매 자금조달의 차이점은 무엇인가? 상업은행들은 주로 어떤 종류의 자금조달에 의존하는가? 투자은행들은 주로 어떤 종류의 자금조달에 의존하는가?

1.3 레버리지란 무엇인가? 2007~2009년 금융위기 이전에 레버리지가 더 높았던 것은 상업은행과 투자은행 중 어느 것인가? 그 이유를 간단히 설명하시오. 금융위기 동안 대형 독립 투자은행들은 어떻게 되었는가?

응용문제

1.4 Bloomberg.com의 기사는 우버(Uber)의 2019년 기업공개(IPO)에 대해 "IPO 인수자로서 모건스탠리의 일은 [Uber]와 [주식 시장] 투자자들의 욕구를 중재하는 것이었는가?"라며 질문했다.

a. IPO란 무엇인가?

b. 모건스탠리와 같은 투자은행은 IPO에서 어떤 역할을 하는가?

c. 모건스탠리의 일이 우버와 우버의 주식을 살지도 모르는 투자자들 사이에서 '중재'하는 것이었다는 기사는 무엇을 의미하는 것인가?

1.5 [개념적용: "도덕적 해이가 투자은행을 탈선시켰는가?" 관련] 투자은행에 속한 파트너들은 회사를 공기업으로 전환하기 위해 어떤 인센티브를 제공하는가? 공기업이 투자은행업에 대한 위험을 키운다면 왜 투자자들은 상장된 투자은행에서 주식을 사들이려 하는가?

1.6 [개념적용: "의회가 글래스-스티걸을 부활시켜야 할까?" 관련] 뉴욕 타임즈의 한 기사는 "글래스-스티걸 법은 투자은행과 상업은행의 분리를 강요했다" 그리고 "글래스-스티걸은 안전한 보관을 위해 은행에 돈을 맡긴 서민들을 보호하는 것을 목표로 했다"는 것을 관찰했다. 상업은행과 투자은행을 분리하는 데 있어서, 의회의 주요 목표는 보통 사람들의 은행 예금을 보호하는 것이었는가? 간략하게 설명하시오.

1.7 [개념적용: "그래서 투자은행가가 되고 싶은가?" 관련] 많은 투자은행들이 "업 또는 아웃" 정책을 시행하고 있으며, 신입 사원은 몇 년 안에 해고되거나 승진된다. 많은 대형 로펌과 회계법인은 대학과 마찬가지로 종신 재직에 관한 유사한 정책을 사용한다. 그러나 대부분의 기업들은 이 정책을 사용하지 않는다. 일반적인 회사에서는 짧은 수습 기간이 지난 후, 대부분의 직원들은 승진되기 전에 정해진 시간 없이 그 회사에서 계속 일한다.

"업 또는 아웃" 고용 정책을 사용하는 투자은행과 다른 회사들의 장점과 단점은 무엇인가? 직원들에게 좋은 점이 있는가? 직원들에게 이점이 없다면, 투자은행은 어떻게 그들을 위해 기꺼이 일할 사람들을 찾을 수 있을까?

11.2 투자기관: 뮤추얼펀드, 헤지펀드 및 금융회사
뮤추얼펀드와 헤지펀드를 구분하고 금융시스템에서의 그들의 역할을 설명한다.

복습문제

2.1 투자기관은 어떤 면에서 상업은행과 유사하고, 어떤 면에서 다른가?

2.2 뮤추얼펀드, ETF, 헤지펀드는 어떻게 다른가?

2.3 금융회사는 어떻게 상업은행과 경쟁할 수 있는가?

응용문제

2.4 브루킹스 연구소의 데이비드 웨셀(David Wessel)은 2008년 9월 16일 머니마켓 뮤추얼펀드인 리저브 프라이머리 펀드에 대해 다음과 같이 설명했다.

> 오후 4시 15분에, 그 펀드는 보도 자료를 발표했다. 포트폴리오에 있는 리먼 어음은 가치가 없었고 펀드의 주식은 $1가 아니라 단지 97센트의 가치가 있었다: $1를 깼다(breaking the buck). 그 뉴스는 $3조 4천억 규모의 머니마켓 뮤추얼펀드에 퍼져 대량인출(run)을 유발했다.

a. "리먼 어음"란 무엇인가? 펀드의 포트폴리오에 있는 리먼 어음이 왜 가치가 없었는가?

b. "$1를 깼다"는 무슨 뜻인가? 왜 그것이 금융시스템에 중요했는가?

c. 대량인출(run)이란 무엇인가? 왜 한 머니마켓 뮤추얼펀드가 $1 밑으로 떨어지면 다른 머니마켓 뮤추얼펀드에 대한 대량인출을 야기하는가?

2.5 월스트리트 저널의 한 기사는 "헤지펀드는 일반적으로 다른 머니 관리자들보다 더 높은 수수료를 부과한다"고 언급했다.

a. 헤지펀드란 무엇인가?

b. 헤지펀드는 일반적으로 얼마의 수수료를 부과하는가? 이러한 수수료와 뮤추얼펀드가 일반적으로 부과하는 수수료는 어떻게 비교되는가?

c. 특정 상황에서 헤지펀드가 높은 수익을 얻을 수 있도록 하기 위해 뮤추얼펀드가 사용하지 않는 전략은 무엇인가? 헤지펀드가 더 전통적인 전략을 사용하는 뮤추얼펀드보다 지속적으로 더 높은 수익률을 낸다는 증거가 있는가? 간략하게 설명하시오.

2.6 **[개념적용: "할 수 있다면 헤지펀드에 투자하시겠습니까?" 관련]** 증권거래위원회(SEC)는 헤지펀드에 투자하려면 "일반적으로 공인 투자자여야 한다"고 언급하고 있다.

a. 공인 투자자는 무엇인가?

b. 이 출판물은 또한 헤지펀드가 레버리지를 사용하는 경우가 많고 "레버리지의 사용은 보수적인 투자를 극도로 위험한 투자로 바꿀 수 있다"고 언급하고 있다. 이 관찰이 의미하는 바를 간략하게 설명하시오.

11.3 계약상 저축기관: 연기금 및 보험사

연기금과 보험회사가 금융시스템에서 수행하는 역할을 설명한다.

복습문제

3.1 계약상 저축기관은 어떤 면에서 상업은행과 유사하고, 어떤 면에서 다른가?

3.2 확정기여제도와 확정급여제도의 차이점은 무엇인가? 401(k) 플랜을 사용하여 퇴직금을 저축하면 어떤 혜택을 받을 수 있는가?

3.3 보험회사는 어떤 방식의 금융중개자인가? 생명보험회사와 손해보험회사의 차이점은 무엇인가?

응용문제

3.4 월스트리트 저널의 칼럼은 "확정급여제도의 가장 매력적인 특징인 안정적인 월별 평생소득의 약속"을 언급하고 있다.

a. 확정급여형 퇴직제도의 이러한 특징은 고용주, 근로자, 또는 둘 다에게 유혹적인가? 간략하게 설명하시오.

b. 401(k) 플랜은 또한 "안정적이고, 매월, 평생 소득"을 제공하는가? 간략하게 설명하시오.

c. 401(k) 플랜이 전통적인 연금 제도보다 고용주와 근로자에게 더 바람직할 수 있는 이유를 간략하게 설명하시오. 401(k) 플랜이 두 그룹 중 하나에 덜 바람직할 수 있는 이유가 있는가?

3.5 2020년 뉴욕 타임스의 한 기사는 다음과 같이 말했다. "몇 년 동안, 국가의 공적 연금 계획은 그들이 빚진 것과 그들이 지불할 수 있는 것 사이의 엄청난 괴리에 직면했다. 공적 연금은 정부 재정의 시한폭탄이다. 이제 코로나19 팬데믹은 더 악화되고 있다."

   a. 어떤 의미에서 공적 연금 계획이 정부 재정에 대한 "시한폭탄(time bomb)"인가?

   b. 왜 코로나19 팬데믹으로 인해 공적 연금 제도가 직면한 문제들이 더 악화되었는가?

   c. 주정부와 지방정부는 이 금융 시한폭탄을 흐트러뜨리기 위해 어떤 선택을 해야 하는가?

3.6 2019년 말, 월스트리트 저널 기사에 따르면 캘리포니아 일부 지역에서 몇 년간 극심한 야생동물이 발생한 후 "보험사들이 산불 위험이 높은 지역에 거주하는 35만 캘리포니아 주택 소유자들의 보험 갱신을 거부했다"고 밝혔다.

   a. 무엇이 보험사들이 캘리포니아의 이러한 지역에서 보험이 더 이상 갱신할 수 없게 만들었는가? 간략하게 설명하시오.

   b. 보험회사들이 보험을 갱신하는 것을 거절하는 대신, 왜 화재 보험에 대해 보험회사들이 이 지역 사람들에게 부과하는 보험료를 올리지 않았는가?

11.4 위험, 규제 및 그림자 금융시스템
그림자 금융시스템과 시스템 위험 간의 연관성을 설명한다.

복습문제

4.1 그림자 금융시스템은 어떤 면에서 상업은행 시스템과 다른가?

4.2 몇몇 그림자 금융들이 2008년과 2020년 두 해 동안 대량인출을 경험하는 반면 왜 상업은행에 드물게 대량인출이 생기게 되었는가?

4.3 시스템 위험이란 무엇인가?

응용문제

4.4 코로나19 팬데믹 기간 동안 발행된 월스트리트 저널의 한 기사는 "미국의 단기 자금시장이 다른 나라보다 머니마켓 뮤추얼펀드에 더 많이 의존하고 있다"고 언급했다.

   a. 이 기사의 "단기 자금 시장"이 무엇을 의미하는가? 누가 머니마켓 뮤추얼펀드와 관련된 단기 자금에 의존하는 경향이 있는가?

   b. 2020년 동안 연방준비제도는 머니마켓 뮤추얼펀드와 관련된 문제에 어떻게 반응했는가?

4.5 그림자 금융시스템에 대한 국제통화기금(IMF) 이코노미스트의 기사에 따르면 다음과 같다.

투자자들이 무슨 일이 일어나고 있는지 이해하고 그러한 활동이 금융시스템에 과도한 위험을 초래하지 않는 한, 그들의 돈을 단기간 내에 돌려받기를 원하는 다양한 투자자들로부터 자금을 얻고 그러한 자금을 더 장기적인 만기가 있는 자산에 투자하는 것에는 본질적으로 그늘진 것이 없다.

   a. 저자가 언급하는 "단기간 내에 돈을 돌려받기를 원하는 다양한 투자자들"에게서 얻는 자금의 종류는 무엇인가? 어떤 종류의 투자자들이 관련되어 있는가?

   b. 이 자금조달은 금융위기 동안 어떤 종류의 문제를 일으켰는가? 투자자들은 그 기간 동안 "무슨 일이 일어나고 있는지" 이해했는가? 간략하게 설명하시오.

4.6 **[이 장 도입부 관련]** 벤 버냉키는 2007~2009년 금융위기 동안 연방준비제도 의장을 지냈다. 그는 당시를 다음과 같이 보았다.

2007년 초의 관점에서 볼 때, 서브프라임 모기지 시장의 상대적으로 작은 규모와 함께, 좋은 경제성과는 다음과 같다. 건전한 은행 시스템은 나와 다른 사람들로 하여금 서브프라임 문제가 큰 피해를 일으킬 것 같지 않다는 결론을 내리게 했다. 그러나 2007년 8월에 시작된 단기 자금 시장의 공황은 궁극적으로 서브프라임 모기지 시장의 "정정"을 세계 금융시스템과 세계 경제의 훨씬 더 큰 위기로 변화시킬 것이다.

a. 버냉키가 말하는 "단기 자금 조달 시장"은 무엇인가?

b. 단기 자금 조달 시장에는 패닉이 있었지만 상업은행 예금자들 사이에는 패닉이 일어나지 않은 이유는 무엇인가?

c. 금융시스템의 고위직에서 일하는 사람들조차 금융위기를 예측하기 어려웠던 이유는 무엇인가? 적어도 2007년까지 금융위기가 발생할 가능성이 더 높아졌음을 나타내는 금융시스템의 변화가 있었는가? 간략하게 설명하시오.

12

금융위기와 금융규제

학습목표

이번 장을 통해 다음을 이해할 수 있다.

12.1 금융위기가 무엇이며, 그 원인이 무엇인지를 설명한다.

12.2 대공황 기간 동안 발생한 금융위기의 핵심 요소를 설명한다.

12.3 2007~2009 및 2020년의 금융위기 사건을 설명한다.

12.4 금융위기와 금융규제의 연관성에 대해 논의한다.

그림자 금융과 금융위기

2007~2009년 동안 미국과 세계 경제는 일생에 한 번 있을 법한 금융위기를 겪었다. 그러나 2020년, 코로나19 팬데믹 동안 미국과 세계 경제는 그러한 금융위기를 한 번 더 겪었다. 한 번도 많은 듯한, 일생에 한 번 있을 법한 위기가 15년이 채 되지 않아 두 번이나 일어났다. 어떻게 설명하면 될까? 두 가지 가능성이 있다. (1) 2006년에 시작된 주택시장의 붕괴와 2020년의 코로나19 팬데믹이라는 일어날 거라고 예상하지 못했던 두 가지 사건 또는 (2) 금융시스템이 취약해지면서 위기를 경험할 가능성이 더 높아졌다.

두 번째 설명이 맞는다면, 왜 금융시스템이 취약해졌을까? 11장 11.4절에서 보았듯이, 머니마켓 뮤추얼펀드, 투자은행, 헤지펀드, 보험회사를 포함한 그림자 금융은 지난 수십 년 동안 금융시스템의 더 중요한 부분이 되었다. 그림자 금융은 상업은행처럼 연방예금보험에 상응하는 자격이 없고, 그림자 금융이 유동성 문제를 겪는 평상시에는 연방준비제도로부터 대출을 받을 자격이 없기 때문에 운영에 더 취약할 수 있다.

2007~2009년 금융위기 이후 느린 경제 회복으로 인해 전 세계 대부분의 중앙은행들이 수년간 낮은 금리를 유지하게 되었다. 금융위기 전 연방준비제도의 핵심 목표 금리인 연방기금금리는 1958년 이후 매우 짧은 기간을 제외하고는 1% 아래에 있지 않았다. 그러나 2008년 10월 연

핵심 이슈와 질문

이슈: 미국은 15년이 채 되지 않아 주택가격 거품 붕괴에 따른 2007~2009년의 위기와 코로나19 팬데믹 동안의 2020년의 위기, 두 번의 금융위기를 결정했으며 두 위기 모두 심각한 불황을 동반했다.

질문: 금융위기의 원인은 무엇인가?

해답은 이 장의 끝에서…

준은 연방기금금리 목표를 1% 미만으로 낮추고 2017년 6월까지 목표치를 1% 이상으로 높이지 않았다. 잉글랜드 중앙은행의 목표 금리는 2008년 4월에 5%였는데, 2009년 3월 목표치를 1% 이하로 낮췄고, 2020년에도 그대로 유지했다.

15장에서 더 논의하겠지만, 불황과 낮은 경제성장 시기에 중앙은행들은 가계와 기업의 대출을 촉진하기 위해 금리를 낮춘다. 가계와 기업들이 새 집, 가전제품, 컴퓨터, 공장, 사무실 건물, 기계를 사기 위해 돈을 빌리면 총수요, GDP, 고용이 증가해야 한다. 그러나 불황이 끝나면, 중앙은행들은 금리를 정상적인 수준으로 올리기 전에 일정 기간 금리를 낮게 유지한다. 금리를 그렇게 오랫동안 낮게 유지해서 금융시스템이 왜곡되었을까?

일부 경제학자와 정책입안자들은 투자자들이 주식, 채권, 기타 금융자산, 부동산 및 상품을 구매하기 위해 매우 낮은 이자율로 차입할 수 있다는 이점을 이용하여 가격을 지속 불가능한 수준으로 끌어 올렸다고 생각한다. 투자 등급 회사채와 같은 기존 자산에 대한 저금리는 일부 금융회사를 포함한 일부 투자자로 하여금 투자 등급이 아닌 정크, 채권 또는 신용등급이 상대적으로 낮은 대기업이 발행하는 대출을 패키지로 묶은 증권인 자산담보부증권(CLO)과 같은 더 위험한 투자를 구매하도록 고무했다. 이러한 경제학자들과 정책입안자들은 실제로 이러한 증권 시장이 거품을 경험하고 있다고 걱정했는데, 이는 6장 6.5절에서 보았듯이 자산 가격이 본질 가치보다 훨씬 높을 때 발생한다. 어느 시점에서 상당수의 투자자가 가격 하락이 가능하다고 확신하고 과대평가된 자산을 매각하기 시작할 때 거품이 터진다. 거품이 터지면 2006년 집값 거품이 터졌을 때와 같이 금융시스템에 큰 문제가 발생할 수 있다.

그렇다면 2020년 초에 금융 및 기타 자산의 가격에 거품이 실제로 있었을까? 거품은 터지기 전보다 터진 후에 식별하기가 훨씬 쉽다. 우리는 이제 일부 시장의 주택 가격이 2006년까지 지속 불가능한 수준에 도달했다는 것을 알고 있지만, 당시 일부 업계 관찰자들은 새 주택 건설 비용을 증가시킨 건축 자재 가격 상승과 구역설정 제한으로 인해 가격이 높을 수밖에 없다고 주장했다. 유사하게, 2020년과 코로나19가 미국에 발생하기 전에 일부 경제학자와 정책입안자들은 주식 시장, 상업 모기지로 뒷받침되는 증권 시장 또는 기타 금융 증권 시장의 거품에 대해 걱정했지만, 다른 경제학자들은 특히 금리가 수년간 낮게 유지될 가능성을 감안하여 이러한 시장의 높은 가격을 정당화시켰다.

이러한 상반된 견해에 대해 주목할 점은 금융시스템을 이해하는 것이 불가능하다는 것이 아니라 금융위기가 자주 발생하지 않기 때문에 예측하기 어렵다는 것이다. 1930년대를 살아온 사람들만이 서브프라임 모기지 시장의 붕괴 이후 2007년과 같은 심각한 금융위기를 경험했다. 1918년 인플루엔자 대유행을 겪은 극소수의 사람들만이 대유행이 경제와 금융시스템에 미치는 영향을 경험했다. 물론 1918년 미국과 세계 경제는 2020년과는 매우 다르다. 이 장에서 금융위기에 대해 논의할 때, 위기들이 발생할 때, 정책입안자, 금융회사의 관리자, 투자자, 그리고 가계는 매우 특이한 사건들을 다룰 수밖에 없다는 것을 명심하자.

이전 장에서 지난 25년간 그림자 금융시스템의 성장은 자금이 대출자로부터 차입자로 흘러 가는 방식을 크게 변화시켰다는 것을 봤다. 이 장에서는 금융위기의 기원과 결과를 살펴보고 그림자 금융시스템의 문제가 2007~2009년과 2020년의 금융위기에 어떻게 기여했는지 구체적으로 살펴본다.

12.1 금융위기의 기원

학습목표: 금융위기가 무엇이며, 그 원인이 무엇인지를 설명한다.

금융시스템의 핵심 기능은 대출자로부터 차입자로의 자금 흐름을 원활하게 하는 것이다. **금융위기**(financial crisis)는 이러한 흐름의 상당한 혼란이다. 경제 활동은 구매 자금을 조달하기 위한 가계의 대출 능력과 기업들이 일상 활동을 위해 자금을 조달할 수 있는 능력과 새로운 공장, 장비, 그리고 연구 개발에 대한 기업들의 장기적 투자에 달려 있다. 따라서 금융위기는 전형적으로 가계와 기업들이 돈을 빌리는 데 어려움을 겪기 때문에 소비를 줄임으로써 경제 불황을 초래한다. 1800년대 초부터 1930년대까지 미국 대부분의 금융위기는 상업은행 시스템과 관련이 있었다. 이에 금융위기에 대한 은행 패닉에 대해서부터 논의하기로 한다.

금융위기
금융시스템의 심각한 문제로 인해 대출자에서 차입자로의 자금 흐름이 크게 흐트러지는 상황

상업은행의 근본적인 취약성

상업은행의 기본 활동은 당좌예금 등 단기 예금을 받아 이 자금을 자동차 대출, 주택담보대출, 사업자금 대출을 포함한 대출과 지방채 같은 장기 유가증권 매입에 활용하는 것이다. 다시 말해서, 은행들은 예금자들로부터 단기대출을 받고 가계, 기업 및 정부에 장기대출을 해준다. 결과적으로 은행은 부채(주로 예금)의 만기가 자산(주로 대출과 증권)의 만기에 비해 훨씬 짧기 때문에 **만기 불일치**(maturity mismatch)가 발생한다. 은행들은 예금자들이 언제든지 돈을 돌려달라고 요구할 수 있기 때문에 상대적으로 유동성이 낮은 반면, 은행들은 예금자의 돈을 투자한 대출금을 팔기 어려울 수 있다. 따라서 은행들은 예금자의 돈으로 인출하려는 요구를 충족시키는 데 어려움을 겪을 수 있기 때문에 **유동성 위험**에 직면한다. 만약 은행이 수중에 있는 돈보다 더 많은 예금자들이 돈을 인출하려고 요구한다면, 은행은 다른 은행에서 돈을 빌려야 한다. 만약 은행들이 예금 인출을 맞추기 위해 대출을 받을 수 없다면, 은행은 자금을 조달하기 위해 자산을 팔아야 한다. 은행이 대출을 해주고 가치가 떨어진 증권을 샀다면 자산가치가 부채가치보다 낮아 순자산 또는 자본금이 음(−)인 **파산상태**(insolvent)가 된다. 파산한 은행은 예금주에게 갚아야 할 의무를 다하지 못할 수도 있다.

파산상태
기업의 자산이 부채보다 가치가 적기 때문에 은행이나 다른 기업이 음(−)의 순자산을 보유하는 상황

뱅크런, 확산 및 은행 패닉

정부가 예금보험을 제공하지 않고 중앙은행이 없다면, 유동성 위험은 은행에 특히 큰 문제다. 1836~1914년 미국에는 중앙은행이 없었다. 1933년 이전에 연방정부는 예금보험제도가 없었다. 그 해에, 만약 예금자들이 은행이 부실 대출이나 다른 투자를 했다고 의심한다면, 예금자들은 돈을 인출하기 위해 그 은행에 달려갈 강한 동기가 있었다. 예금자들은 은행이 은행 예금의 극히 일부만 갚을 수 있는 현금과 다른 유동 자산만을 보유할 것이라는 것을 알고 있었다. 은행의 유동 자산이 소진되면, 은행은 추가 자금을 조달할 수 있을 때까지 적어도 일시적으로 문을 닫아야 할 것이다. 유동성 없는 자산을 대폭 할인된 가격에 팔아서

뱅크런
은행에 대한 신뢰를 잃은 예금자들
이 은행을 강제로 폐쇄할 수 있을
만큼 충분한 자금을 동시에 인출
하는 과정

현금을 조달할 수밖에 없었던 은행은 파산하게 되고 영구적으로 문을 닫을 수도 있다. 파산한 은행의 예금주들은 돈을 일부만 돌려받을 가능성이 높았고, 오랜 시간 후에야 돌려받을 수 있었다. 은행 예금자들이 동시에 인출하여 은행이 문을 닫는 과정을 **뱅크런**(bank run, 대량인출)이라고 한다.

이 기간 동안 은행의 예금주로서, 만약 당신이 은행에 문제가 있다고 의심할 만한 어떤 이유가 있다면, 당신은 돈을 인출하기 위해 가장 먼저 줄에 서는 사람 중 한 명이 될 것이다. 은행이 잘 관리되고 있고 대출과 투자가 건전하다고 확신하더라도, 만약 은행의 다른 예금자들이 그 은행에 문제가 있다고 생각한다면, 당신은 다른 예금자들이 도착해서 은행을 강제로 폐쇄하기 전에 당신의 돈을 인출하려 할 것이다. 즉, **예금보험이 없는 상황에서 은행의 안정성은 예금자들의 신뢰에 달려 있다.** 그러한 상황에서 나쁜 소식이나 심지어 소문에 그러한 신뢰가 흔들리면 은행은 뱅크런을 경험할 것이다.

확산
은행 패닉이 발생되는 원인으로 한
은행의 뱅크런이 다른 은행으로 퍼
지는 과정

게다가, 정부의 예금보험 시스템이 없다면, 한 은행에 대한 나쁜 소식은 눈덩이처럼 불어나 **확산**(contagion)이라고 불리는 과정에서 다른 은행에 영향을 미칠 수 있다. 한 은행이 경영난을 겪으면, 다른 은행의 예금자들은 자신의 은행에도 문제가 있을 수 있지 않을까 우려하게 될 것이다. 이러한 예금자들은 은행이 문을 닫아야 할 때 돈을 잃는 것을 피하기 위해 은행에서 돈을 인출하려 할 것이다. 이들 다른 은행들은 예금자의 돈을 상환하기 위한 돈을 마련하기 위해 대출과 증권을 팔아야 한다. 핵심은 여러 은행이 동일한 자산(예: 현대 은행 시스템의 모기지유동화증권)을 판매해야 할 경우 이러한 자산의 가격이 하락할 가능성이 높다는 것이다. 자산가격이 하락하면서 은행의 순자산이 훼손되고, 일부 은행들은 부실로 내몰릴 수도 있다. 여러 은행에서 뱅크런이 일어나면 그 결과는 **은행 패닉**(bank panic)이며 이는 시스템의 많은, 어쩌면 모든 은행을 폐쇄시킬 수 있다. 은행 패닉은 자기 충족적 인식에 바탕을 둔다. 예금자들이 자신들의 은행이 곤경에 처해 있다고 믿는다면, 은행들은 곤경에 처할 것이다.

은행 패닉
많은 은행이 동시에 뱅크런을 경험
하는 상황

확산과 은행 패닉의 근본적인 문제는 은행이 차입자에 대한 개인 정보를 기반으로 대출 포트폴리오를 구축하고 정보 은행이 어떤 대출을 할지 결정하기 위해 수집한다는 것이다. 이 정보는 비공개이기 때문에 예금자는 어떤 은행이 강하고 어떤 은행이 약한지 판단하기 위해 이를 검토할 수 없다. 이 상황은 대출 기관이 좋은 대출 신청자와 나쁜 대출 신청자를 구별하는 데 어려움을 겪을 수 있는 금융시장의 역선택과 유사하다. 은행이 자산을 축적할 때 획득하는 개인 정보 때문에 예금자는 은행 포트폴리오의 품질을 평가하고 부실 은행으로부터 건전성을 구별할 근거가 거의 없다. 따라서 한 은행에 대한 나쁜 소식은 다른 은행의 재정 건전성에 대한 두려움을 불러일으켜 은행 패닉을 초래할 수 있다.

은행 패닉을 막기 위한 정부의 개입

정책입안자들은 은행이 금융시스템의 정보비용과 거래비용을 줄이기 때문에 은행 산업의 건전성을 유지하기를 원한다. 유동성 문제로 재정이 건전한 은행이 파산하면 가계와 중소기업이 대출을 받을 수 있는 능력이 손상돼 저축자와 차입자가 매칭되는 금융시스템의 효율성이 떨어진다.

정부는 은행 패닉을 피하기 위해 두 가지 접근법을 사용했다. (1) 중앙은행은 최종 대부자 역할을 할 수 있고, (2) 정부는 예금에 보험을 들 수 있다. 의회는 1913년 연방준비제도를 설립함으로써 은행 패닉에 대응했다. 정책입안자들과 경제학자들은 은행업계가 최후의 수단인 "은행가의 은행", 즉 최종 대부자가 필요하다고 주장했다. **최종 대부자**(lender of last resort) 역할을 함으로써, 연준은 은행들이 패닉 중에 대출을 받을 수 있는 궁극적인 신용원이 될 것이다. 연준은 은행의 비유동 자산을 이용한 대출을 담보로 하여 상환 능력이 있는 은행에게 대출을 한다. 정책입안자들은 연준이 융자를 할 수 있는 은행에만 대출을 해 주고 파산한 은행들이 파산하도록 허용할 것으로 예상했다.

이 장에서 볼 수 있듯이, 연준은 1934년 **연방예금보험공사**(Federal Deposit Insurance Corporation, FDIC)를 창설하도록 이끈 1930년대 초의 은행 패닉을 막지 못했다. 예금자들이 은행이 망해도 돈을 돌려받을 것이라고 안심시킴으로써 예금보험이 미국의 상업은행 패닉시대를 사실상 종식시켰다.

최종 대부자
은행 시스템에 대한 궁극적인 신용의 원천 역할을 하는 중앙은행으로, 좋지만 유동적이지 않은 대출에 대해 상환 능력이 있는 은행에 대출을 한다.

연방예금보험공사
1934년 의회가 상업은행의 예금을 보증하기 위해 설립한 연방정부기관

예제 12.1

은행에 100% 지준을 보유하도록 요구하면 뱅크런이 없어질까?

2020년 3월 이후, 연방준비제도는 더 이상 은행이 그들의 당좌예금에 대해 지준을 보유할 것을 요구하지 않는다. 1950년대에 시카고 대학의 노벨상 수상자 밀턴 프리드먼(Milton Friedman)은 은행이 100%의 지준을 보유하도록 요구해야 한다고 제안했다.

더 최근에, 보스턴 대학의 로렌스 J. 코틀리코프(Laurence J. Kotilkoff)도 비슷한 계획을 지지했다. 만약 100%의 지준을 보유해야 한다면, 은행들은 대출을 하고 예금이 아닌 본인의 자본으로 증권을 살 것이다. 이 제안이 뱅크런 가능성에 어떤 영향을 미칠지 간략히 논의하시오.

문제풀이

1 단계 **이 장의 내용을 복습한다.** 이 문제는 뱅크런의 원인이 무엇인지에 대한 것이므로 "뱅크런, 확산 및 은행 패닉" 절을 검토하는 것이 좋다.

2 단계 **뱅크런의 원인과 은행이 100% 지준을 보유하도록 요구하는 것이 뱅크런 가능성에 영향을 미치는지 여부를 논의하여 문제를 해결한다.** 앞서 은행이 예금의 일부만 지준으로 보관하고 나머지는 대출하거나 투자한다는 점을 예금자들이 알고 있기 때문에 뱅크런이 발생하는 것을 보았다. 최종 대부자나 정부예금보험이 없는 시스템에서 은행은 순식간에 지준을 소진시켜, 줄을 선 첫 번째 예금자만이 모든 돈을 돌려받을 수 있다. 예를 들어, 은행이 10%가 아닌 100% 지준을 보유하고 있다면 예금자들은 인출을 선택하더라도 돈을 사용할 수 없을 것이라고 더 이상 두려워할 필요가 없다. 은행의 대출 및 증권의 가치가 더 이상 예금자의 돈을 환불할 수 있는 은행의 능력과 관련이 없기 때문에 예금자는 은행이 부실한 투자를 해도 돈을 잃을

위험이 없다.

우리는 100% 지준 은행 시스템의 다른 장점이나 단점이 무엇이든 간에 그러한 시스템은 실행되지 않을 것이라고 결론을 내릴 수 있다.

이 장의 끝에 있는 관련문제 1.7을 참조하시오.

은행 패닉과 불황

표 12.1에서 알 수 있듯이, 미국은 19세기 중반부터 의회가 FDIC를 설립했던 1934년까지 은행 패닉에 시달렸다. 미국 전미경제연구소(National Bureau of Economic Research, NBER)는 일반적으로 받아들여지는 미국의 경제침체기간을 제공한다. 1857~1933년의 모든 은행패닉은 1860년대 남북 전쟁 동안 발생한 두 가지 공황과는 별도로 불황과 관련이 있었다.

은행 패닉과 불황이 함께 일어난 것은 우연이 아니다. 은행 패닉은 생산과 고용의 감소를 초래하여 불황을 야기하거나 기존의 불황을 더 악화시킬 수 있다. 은행 파산은 가계와

표 12.1 미국 은행 패닉

은행 패닉 날짜	경기침체 중에 은행 패닉이 일어났나요?
1857년 8월	예
1861년 12월	아니오
1864년 4월	아니오
1873년 9월	예
1884년 6월	예
1890년 11월	예
1893년 5월	예
1896년 10월	예
1907년 10월	예
1930년 10월	예
1931년 4월	예
1931년 9월~10월	예
1933년 1월~2월	예

참고: 경기불황은 1854년에 시작된 전미경제연구소(NBER)의 경기순환 참조 날짜에 따라 날짜가 지정된다. 1873년 9월의 은행 패닉은 불황이 시작되기 전 달에 일어났다.

출처: Carmen M. Reinhart and Kenneth S. Rogoff, This Time Is Different: *Eight Centuries of Financial Folly*, Princeton, NJ: Princeton University Press, 2009, Table A.4.1; Michael Bordo, Barry Eichengreen, Daniela Klingebiel, and Maria Soledad Martinez-Peria, "Is the Crisis Problem Growing More Severe?" *Economic Policy*, Vol. 32, Spring 2001, pp. 52-82, web appendix; Michael Bordo and Joseph G. Haubrich, "Credit Crises, Money and Contractions: An Historical Review," *Journal of Monetary Economics*, Vol. 57, January 2010, pp. 1-18; and National Bureau of Economic Research.

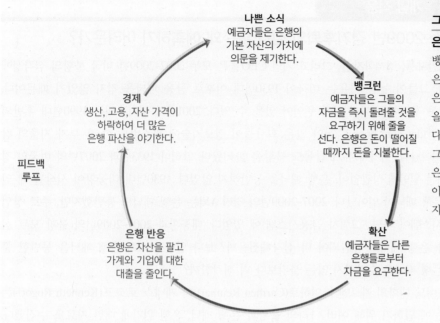

나쁜 소식
예금자들은 은행의 기본 자산의 가치에 의문을 제기한다.

뱅크런
예금자들은 그들의 자금을 즉시 돌려줄 것을 요구하기 위해 줄을 선다. 은행은 돈이 떨어질 때까지 돈을 지불한다.

경제
생산, 고용, 자산 가격이 하락하여 더 많은 은행 파산을 야기한다.

피드백 루프

은행 반응
은행은 자산을 팔고 가계와 기업에 대한 대출을 줄인다.

확산
예금자들은 다른 은행들로부터 자금을 요구한다.

그림 12.1

은행 패닉 기간의 피드백 루프
뱅크런은 나쁜 은행뿐만 아니라 좋은 은행도 망하게 할 수 있다. 은행 도산은 가계와 기업에 대한 신용의 가용성을 감소시키기 때문에 비용이 많이 든다. 일단 패닉이 시작되면, 소득, 고용, 그리고 자산 가격의 하락은 더 많은 은행 파산을 야기시킬 수 있다. 이러한 피드백 루프는 정부가 개입하지 않는 한 패닉이 계속될 수 있다.

기업들이 예금으로 보유하고 있는 부의 일부를 소진함으로써 소비하는 능력에 직접적인 영향을 미칠 수 있다. 은행 주주들도 은행이 파산하면 재산에 손실을 본다. 또한 신용을 위해 파산한 은행에 의존했던 가계와 기업들은 더 이상 지출의 일부를 조달하는 데 필요한 대출에 접근할 수 없게 될 것이다. 공황상태에서, 상환 능력이 있는 은행들조차 예금 인출에 맞추기 위해 지준을 축적하려고 하므로 대출을 줄일 것이다. 그 결과는 이전에 은행 대출을 받을 자격이 있었던 가계와 기업들이 더 이상 대출받지 못하는 **신용 경색**(credit crunch)이 될 수 있다. 마지막으로, 은행파산은 예금을 무너뜨려 화폐공급의 감소를 초래할 수 있다.

　또한 은행 패닉과 경기후퇴 사이에 부정적인 피드백이 있을 수 있다. 만약 패닉이 경기후퇴를 촉발한다면, 경기후퇴는 패닉을 더 악화시킬 수 있다. 경기후퇴로 기업의 수익성이 떨어지고 가계의 소득이 줄어들면서 대출자들이 더 많아질수록, 대출에 대한 채무불이행 가능성이 높아지고 은행이 보유한 유가증권 가격이 하락할 가능성이 높아지면서, 예금자들의 신뢰가 더욱 떨어지고 예금인출이 늘어난다. 인출 증가의 위협과 신용도가 높은 대출자의 감소는 은행이 대출을 더 줄이게 할 수 있고, 이는 가계와 기업의 소비 능력을 감소시켜 경기후퇴를 심화시킬 수 있다. 그림 12.1은 은행 패닉 기간의 부정적인 피드백 루프를 보여준다.

2007~2009년 경기후퇴의 심각성은 왜 예측하기 어려운가?

정책입안자들, 경제학자들, 그리고 기업 CEO들은 모두 2007~2009년 미국 불황의 심각성에 놀랐다. 그들이 놀란 이유는 미국이 1930년대 이후로 금융 패닉을 겪지 않았기 때문이다. 경기변동 후퇴에는 여러 가지 원인이 있을 수 있다. 2001년의 경기후퇴는 1990년대 후반의 "닷컴 붐(dot-com boom)" 동안 많은 회사들이 정보기술에 과소비를 한 후 투자 지출의 감소로 일어났다. 여기에 유가 급등도 불황을 불러왔다. 그러나 1933년과 2007년의 미국의 경기후퇴는 원인에 상관없이, 은행 패닉을 동반하지 않았다. 1930년대 대공황이 시작될 때 일련의 은행 패닉이 일어났다. 2007~2009년의 경기후퇴는 은행 패닉도 동반했지만, 주로 상업은행 시스템이 아닌 "그림자 금융시스템"에 있었다. 대공황과 2007~2009년의 불황 모두 심각했다. 은행 패닉이 동반되어 더 심각해졌을까? 보다 일반적으로, 은행 패닉을 동반한 불황은 은행 패닉을 수반하지 않는 불황보다 더 심각할까?

하버드 대학의 카르멘 라인하트(Carmen Reinhart)와 케네스 로고프(Kenneth Rogoff)는 이 질문에 답하기 위해 여러 나라의 불황과 은행 패닉, 은행 위기에 대한 자료를 수집했다. 아래 표는 대공황 기간 동안 미국과 일본, 노르웨이, 한국, 스웨덴을 포함한 제2차 세계대전 이후의 다양한 국가들의 주요 경제 변수들의 평균 변화를 보여준다.

경제 변수	평균 변화량	변화의 평균기간	국가 수
실업률	+7%p	4.8년	14
1인당 실질GDP	−9.3%	1.9년	14
실질 주가	−55.9%	3.4년	22
실질 집값	−35.5%	6년	21
실질 정부부채	+86%	3년	13

이 표는 평균적으로 이러한 국가들에게 은행 패닉에 따른 경기후퇴가 상당히 심각했음을 보여준다. 예를 들어, 실업률은 5%에서 12%로 7%p 증가했고, 위기가 시작된 후 거의 5년 동안 계속 증가했다. 1인당 실질GDP도 급격히 감소했다. 은행 패닉으로 인한 불황의 평균 기간은 거의 2년이다. 물가상승률 조정으로 주가가 절반 이상 떨어졌고, 집값은 1/3 이상 떨어졌고, 정부 부채는 86%나 급증했다. 공공부채의 증가는 파산한 금융기관을 구제하기 위한 지출을 포함한 정부 지출의 증가의 결과였다. 그러나 부채 증가의 대부분은 불황의 결과로 소득과 이익이 감소함에 따라 세수가 급감하면서 생긴 정부 예산 적자의 결과였다.

아래 표는 제2차 세계대전 이후 미국의 다른 불황과 비교하여 2007~2009년 미국 불황에 대한 몇 가지 주요 지표들을 보여준다.

표는 은행 패닉에 따른 불황이 비정상적으로 심각한 경향이 있다는 라인하트와 로고프의 연구 결과와 일치하며, 2007~2009년 불황은 1930년대 대공황 이후 미국에서 가장 심각

	지속기간	실질GDP의 감소	최고 실업률
전후 불황의 평균	10.4개월	−1.7%	7.6%
2007~2009년의 불황	18개월	−4.1%	10.0%

참고: 표에서 불황 기간은 NBER 경기변동 날짜를 기준으로 하며, 실질GDP의 감소는 경기 정점의 1/4에서 경기 정점의 1/4까지의 단순한 백분율 변화로 측정되며, 최고 실업률은 경기 정점의 다음 달에 가장 높은 실업률이다.

했다. 불황은 전후 평균의 두 배 가까이 지속되었고, GDP는 평균의 두 배 이상 감소했으며, 최고 실업률은 평균보다 약 1/3 더 높았다.

대부분의 사람들이 금융위기가 올 것이라고 생각하지 않았기 때문에, 그들은 또한 2007~2009년 불황의 심각성을 예측하는 데 실패했다.

이 장의 끝에 있는 관련문제 1.8을 참조하시오.

미국은 주로 은행 패닉으로 금융위기를 경험했지만, 다른 나라들은 **통화 위기**(currency crisis)라고도 하는 환율 위기와 **국가 부채 위기**(sovereign debt crisis)를 경험했다.

환율 위기

8장 8.3절에서 보았듯이, 통화 간의 환율(예를 들어, 미국 달러와 유로 사이의 환율 또는 일본 엔화와 호주 달러 사이의 환율)은 다른 가격과 마찬가지로 수요와 공급의 상호작용에 의해 결정된다. 그러나 국가들이 그들의 통화의 가치를 다른 통화와 **페깅**함으로써 고정적으로 유지하려고 하기도 한다. 예를 들어 1990년대 동안, 많은 개발도상국들은 그들의 통화 가치를 미국 달러에 대해 고정시켰다. 페그(peg)에 관련된 두 나라가 그것에 동의할 필요는 없다. 개발 도상국이 자국 통화의 가치를 달러에 고정시킬 때, 국가 중앙은행은 고정환율로 그 나라의 통화를 사고 팔아야 한다. 고정환율을 갖는 것은 다른 나라와 광범위한 무역을 하는 국가에 중요한 이점을 제공할 수 있다. 환율이 고정되면 사업 계획이 훨씬 쉬워진다. 예를 들어, 한국의 원화 가치가 미국 달러에 비해 상승하면, 한국의 텔레비전 제조사들은 미국에 수출하는 텔레비전의 달러 가격을 올려야만 하고, 이것은 판매를 감소시킬 것이다. 원화와 달러화의 환율이 고정된다면 이들 제조업체는 계획을 세우는 일이 쉬워진다.

또한 한 국가의 기업들이 외국인 투자자들로부터 직접 또는 외국 은행에서 간접적으로 대출을 받기를 원할 경우, 환율 변동은 부채 상환에 변동을 일으킬 것이다. 예를 들어, 태국 회사는 일본은행으로부터 미국 달러를 빌릴 수 있다. 만약 태국 회사가 빌린 달러로 태국에 새로운 공장을 지으려면, 회사는 달러를 같은 금액의 바트(태국 통화)로 교환해야 한다. 공장이 문을 열고 생산이 시작되면 태국 회사는 대출 이자를 지불하기 위해 달러로 환전해야 하는 추가 바트를 벌게 될 것이다. 만약 바트화의 가치가 달러 대비 하락한다면, 태국 회사는 이제 필요한 달러를 사기 위해 더 많은 바트를 지불해야 하기 때문에 문제가 발생한다.

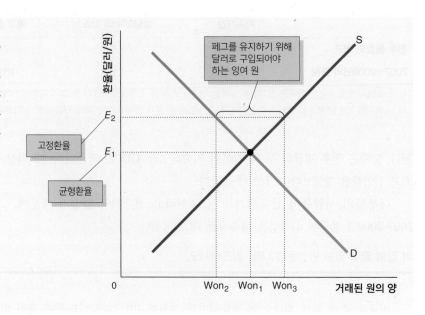

그림 12.2

원–달러 환율 페그화

한국 정부는 원화의 가치를 달러에 연동시켰다. 고정환율인 E_2는 균형환율인 E_1을 웃돌았다. 한국은행은 고정환율을 유지하기 위해 Won_3-Won_2의 잉여 원화를 사는 데 달러를 사용해야 했다.

태국 정부는 달러에 대한 바트화의 가치를 고정시킴으로써 태국 기업들의 외화 대출 위험을 줄인다.

페깅은 특히 고정환율이 페깅이 없을 때 우세할 균형환율보다 상당히 높게 끝나는 경우 문제를 일으킬 수 있다. 그림 12.2는 1990년대 후반 몇몇 동아시아 국가들이 달러 대비 환율을 고정시키려 할 때 직면했던 문제를 보여준다. 페깅이 없을 경우, 원-달러 균형환율은 E_1이고, 하루 거래되는 원-달러 균형량은 Won_1이다. 한국 정부가 E_2를 균형 수준 이상으로 고정시켰기 때문에 Won_3-Won_2에 해당하는 원화 공급이 초과되었다. 달러와 원화를 맞바꾸려는 사람보다 원화와 원화를 맞바꾸려는 사람이 많아지면서 페그 유지를 책임졌던 한국은행은 페그 유지를 위해 기존에 쌓아뒀던 달러 보유고를 이용해 잉여 원화를 사들여야 했다.

결국, 중앙은행은 달러 보유량을 소진했다. 페그를 가능한 오래 유지하기 위해 한국과 비슷한 상황에 처한 다른 동아시아 국가들은 국내 금리를 인상하기 위한 조치를 취했다. 더 높은 금리는 외국인 투자자들이 국내 채권을 사들이기 위해 국내 통화의 수요를 증가시키고 잠재적으로 페그를 보존하기 위함이다. 그러나 국내 금리 상승은 국내 기업들이 주택과 소비자 내구재에 대한 지출을 조달하기 위해 차입에서 실제 자본 투자와 국내 가계에 참여하는 것을 단념시켰다. 결국, 1990년대 후반의 동아시아 통화 위기는 이들 국가에 불황을 초래했고, 국가들은 통화 페그를 포기하기로 했다.

국가부채 위기

국가부채(sovereign debt)는 정부가 발행하는 채권을 말한다. 국가부채 위기는 국가가 채권에 대한 이자나 원금 상환에 어려움을 겪거나 투자자들이 미래에 국가가 이런 어려움을 겪을 것으로 예상할 때 발생한다. 국가부채 위기가 실제 채무불이행으로 이어질 경우 일정 기간 정부가 채권을 발행하지 못할 수 있어 정부 지출을 세수에만 의존해야 한다는 의미다. 정부가 채무불이행을 피한다고 해도, 채권을 발행할 때 훨씬 더 높은 금리를 지불해야 할 것이다. 결과적으로 다른 정부 지출의 감소나 세금 증가는 경제를 불황으로 몰아넣을 수 있다.

국가부채 위기는 자주 발생하며 일반적으로 다음 두 가지 상황에서 발생한다.

1. 만성적인 정부 예산 적자로 인해 결국 정부지출의 지속 불가능한 큰 부분을 차지하는 국채에 필요한 이자 지급이 발생할 때
2. 정부 지출을 늘리고 세수를 줄여서 예산 적자가 급증하는 심각한 불황일 때

2007~2009년 불황 이후 몇몇 유럽 정부들, 특히 그리스 정부는 투자자들이 채권에 대한 이자를 지불할 능력을 의심하기 시작하면서 부채 위기의 가장자리로 내몰렸다. 이들 국가는 정부 예산 적자를 줄이기 위해 대폭적인 지출 삭감과 높은 세금을 부과했다.

12.2 대공황의 금융위기

학습목표: 대공황 기간 동안 발생한 금융위기의 핵심 요소를 설명한다.

2007년 이전에, 미국 역사상 가장 심각한 금융위기는 1930년대의 대공황을 동반한 금융위기였다. 이 절에서는 1930년대의 금융위기에 대해 좀 더 자세히 살펴본다.

대공황의 시작

그림 12.3의 (a)는 1929~1939년의 실질GDP, 공장, 사무실 건물 및 기타 물리적 자본에 대한 기업 및 주택 건설에 대한 가계의 실질 투자 지출, 상품과 서비스에 대한 가계의 실질 소비 지출을 보여준다. 이 자료는 1929년의 값과 관련된 지수값으로 표현된다. 1929년과 1933년 사이에 실질GDP는 27% 감소한 반면, 실질 소비는 18% 감소했고, 실질 투자는 놀랍게도 81% 감소했다. 이는 단연코 20세기 중 가장 큰 감소율이다. (b)는 같은 해의 실업률을 나타낸다. 실업률은 1929년에서 1930년까지 3배로 증가했고, 1932년과 1933년에는 20%를 넘었으며, 대공황이 시작된 지 10년이 지난 1939년에도 여전히 10%를 넘었다.

많은 사람들이 대공황이 1929년 10월의 유명한 주식 시장의 붕괴로 시작되었다고 생각하지만, NBER은 대공황이 일어나기 두 달 전인 1929년 8월에 시작되었다고 날짜를 매긴다. 그림 12.4는 1920~1939년 S&P500 주가지수의 움직임을 보여준다. 1928년까지 연방준비제도는 이 수치에 나타난 급격한 주가 상승에 대해 우려했다. 연방준비제도가 주가의 투기 거품으로 본 것을 줄이기 위해 금리를 인상하자 1929년 초 미국 경제의 성장세가 둔화됐고 결국 경기가 침체 국면으로 접어들었다.

1929년 가을부터 1930년 가을까지, 몇 가지 요인들이 불황의 심각성을 증가시켰다. 1929년 9월과 1930년 9월 사이에 주가는 40% 이상 폭락했고, 가계 재산은 감소했고, 기업

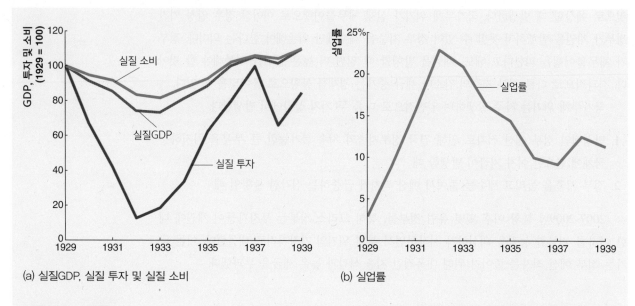

(a) 실질GDP, 실질 투자 및 실질 소비

(b) 실업률

그림 12.3 대공황

(a)에서 수치는 1929년의 값에 대한 지수값으로 표현된다. 실질 GDP, 실질 소비, 실질 투자의 감소는 단연코 20세기 중 가장 컸다. (b)는 1929년에서 1930년까지 실업률이 3배 증가했음을 보여준다. 1932년과 1933년에는 20%를 넘었고, 대공황이 시작된 지 10년이 지난 1939년에도 10%를 넘었다.

출처: Panel (a): U.S. Bureau of Economic Analysis; panel (b): Economic historians have compiled varying estimates of unemployment in the 1930s, years during which the federal government did not collect data on unemployment. The estimates used in the panel are from David R. Weir, "A Century of U.S. Unemployment, 1890–1990," in Roger L. Ransom, Richard Sutch, and Susan B. Carter (eds.), *Research in Economic History*, Vol. 14, Westport, CT: JAI Press, 1992, Table D3, pp. 341-343.

은 주식을 발행하여 자금을 조달하는 것이 더 어려워졌으며, 가계와 기업의 미래 수입에 대한 불확실성을 증가시켰다. 이러한 불확실성의 증가는 자동차와 같은 소비자 내구재에 대한 가계 지출과 공장, 사무실 건물 및 기타 물리적 자본에 대한 기업 지출의 급격한 감소를 설명할 수 있다. (앞서 6장 6.1절에 나오는 개념적용에서 1929년의 주식 시장 붕괴에 대해 더 자세히 논의했다.) 또한, 의회는 1930년 6월 스무트-할리(Smoot-Hawley) 관세법을 통과시켜 외국 정부가 이에 맞서 관세를 인상시키게 했고, 이는 미국의 수출을 감소시켰다. 일부 경제학자들은 새로운 주택에 대한 지출의 감소로 인해 불황이 더 악화되었다고 생각한다. 이러한 감소는 1920년대 초 의회가 이민을 제한하는 법안을 통과시킨 데 따른 인구 증가의 둔화에서 비롯되었다.

1930년대 초반의 은행 패닉

1929년 8월에 시작된 불황이 1930년 가을에 끝났어도 기록상 가장 심각한 불황 중 하나였을 것이다. 그러나 불황은 1933년 3월까지 계속되었다. 그 후 천천히 회복되다가, 1937년 5월

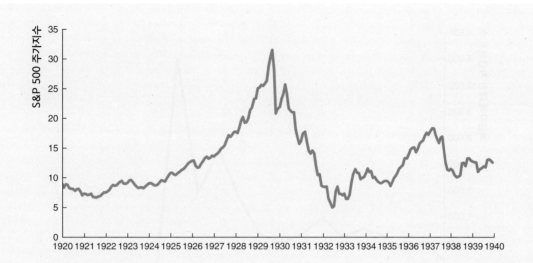

그림 12.4 1920~1939년 S&P500

연방준비제도는 1928년과 1929년 동안 주가의 급속한 상승에 대
해 우려하여 금리를 인상했다. 1929년부터 1932년까지의 주가
하락은 미국 역사상 가장 컸다.

출처: Robert J. Shiller, Irrational Exuberance, Princeton, NJ: Princeton
University Press, 2005, as updated at www.econ.yale.edu/~shiller/
data.htm.

에 또 다른 경기후퇴가 시작되어 1938년 6월까지 지속되었다. 대공황이 시작된 지 10년 후
인 1939년, 많은 기업들이 여전히 생산 능력보다 훨씬 낮은 수준으로 생산하고 있었고 실업
률은 여전히 높았다. 미국 경제는 1945년 제2차 세계대전이 끝날 때까지 정상으로 돌아오지
않았다.

많은 경제학자들은 1930년 가을에 시작된 일련의 은행 패닉이 대공황의 기간과 심각성
에 크게 기여했다고 생각한다. 은행 패닉은 1930년 가을, 1931년 봄, 1931년 가을, 1933년 봄
과 같이 여러 번 일어났다. 많은 수의 소규모 은행, 특히 상품 가격이 하락할 때 농업 대출
을 보유하고 있던 다변화되지 않은 은행은 공황을 가속화시켰다. 은행 영업정지는 은행이
일시적으로 또는 영구적으로 대중에게 폐쇄될 때 발생한다. 그림 12.5는 1920~1939년의 은
행 영업정지 횟수를 보여준다. 1933년의 은행 패닉은 가장 심각했으며 여러 주에서 해당 주
의 모든 은행이 문을 닫는 "은행 공휴일(bank holidays)"을 선언했다. 마침내 1933년 3월에 취
임한 직후 프랭클린 루스벨트(Franklin Roosevelt) 대통령은 국가 공휴일을 선언했고 거의 모
든 은행이 문을 닫았다. 1929년 6월에 미국에서 운영되는 24,500개의 상업은행 중 15,400개
만이 1934년 6월에 운영되고 있었다. 그림 12.5는 1934년 FDIC가 설립되면서 은행 영업정지
가 낮은 수준으로 떨어졌음을 보여준다.

앞서 은행 패닉이 어떻게 불황을 심화시킬 수 있는지 논의했다. 대공황 동안 은행 패
닉은 당시 예일 대학교의 어빙 피셔(Irving Fisher)가 처음 설명한 **부채-디플레이션 프로세스**
(debt-deflation process)를 촉발했다. 피셔는 은행이 자산을 매각해야 하는 상황에서 해당

부채-디플레이션 프로세스
자산 가격의 하락과 상품과 서비스
의 가격 하락의 주기가 불황의 심
각성을 증가시킬 수 있는 어빙 피
셔가 처음으로 확인한 과정

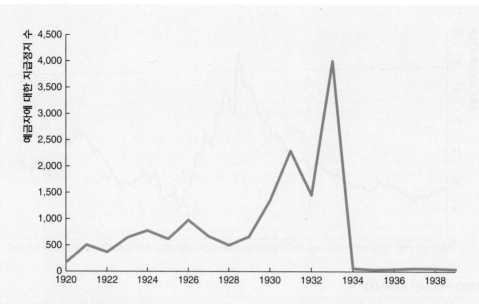

그림 12.5 1920~1939년 은행 영업정지

은행 영업정지는 1930년대 초 은행 패닉기에 급증했다가 1934년 FDIC 설립 이후 낮은 수준으로 떨어졌다.

출처: Board of Governors of the Federal Reserve System, *Banking and Monetary Statistics of the United States*, 1914-1941, Washington, DC: U.S. Government Printing Office, November 1943.

자산의 가격이 하락하면서 자산을 보유하고 있는 다른 은행과 투자자의 순자산 가치가 하락하여 추가적인 은행 파산과 투자자 파산을 초래할 것이라고 주장했다. 이러한 실패와 파산은 추가적인 자산 매각과 자산 가격의 추가 하락으로 이어질 것이다. 또한 불황이 심화됨에 따라 1930년대 초반과 마찬가지로 물가수준이 하락하여 실질이자율이 상승하고 부채의 실질 가치가 상승하는 두 가지 역효과가 발생했다. 소비자물가지수는 1929년과 1933년 사이에 약 25% 하락했다. 이는 대출과 채권에 대한 고정 지불이 더 큰 구매력을 지닌 달러로 이루어져야 한다는 것을 의미하여 차입자의 부담을 증가시키고 채무불이행 가능성을 높였다. 자산 가격 하락, 상품 및 서비스 가격 하락, 파산 및 채무 불이행 증가와 같은 부채-디플레이션 프로세스은 불황의 심각성을 증가시킬 수 있다.

대공황 중 연준의 정책 실패

1930년대 초의 일부 은행 파산은 대공황의 심각성으로 일어나, 은행은 대출과 증권 투자로 손실을 입고 지급불능이 되어 파산했다. 그러나 일부 은행들의 파산은 시스템 불안정으로 부실하지만 파산하지 않은 은행들이 뱅크런을 겪고 문을 닫아야 했다. 아이러니하게도 1913년 의회가 은행 패닉을 종식시키기 위해 설립한 연방준비제도는 미국 역사상 최악의 공황을 주도했다.

왜 연준은 은행 시스템을 안정시키기 위해 개입하지 않았을까? 경제학자들은 네 가지 가능한 이유로 설명하였다.

1. **아무도 책임자가 없었다.** 오늘날, 연방준비제도이사회 의장을 맡고 있는 사람은 분명히 책임을 맡고 있다. 그 사람은 연준의 가장 중요한 정책을 결정하는 이사회와 연방공개시장위원회의 의장이다. 모든 통화정책 조치가 공식적인 투표를 통해 채택되어야 하지만, 의장은 새로운 정책을 창출하고 위기에 대한 대응을 공식화할 책임이 있다. 그러나 현재의 연방준비제도 구조는 1935년까지 도입되지 않았고, 1930년대 초에는 연방준비제도 내의 권력이 분열되어 있었다. 재무장관과 통화관리자는 모두 미국 대통령에게 직접 보고하며, 연방준비제도이사회에서 근무했는데, 이는 정부위원회의 전신이다. 재무장관이 이사회의 의장직을 맡았기 때문에 연준은 오늘날보다 정부 집행부로부터 덜 독립적이었다. 한편 12개 연방은행의 수장들은 오늘날보다 훨씬 독립적으로 운영되었고, 뉴욕 연방 준비 은행의 수장은 연방 준비 위원회의 수장만큼이나 제도 내에서 많은 영향력을 가지고 있었다. 은행 패닉 당시 뉴욕 연방준비은행장인 조지 해리슨(George Harrison)은 현 연방공개시장위원회의 전신인 공개시장정책회(Open Market Policy Conference)의 의장을 지냈다. 해리슨은 그 당시 연방준비제도 이사장으로 일했던 로이 영(Roy Young)과 유진 마이어(Eugene Meyer)로부터 자주 독립하여 행동하였다. 중요한 결정은 이러한 서로 다른 그룹의 합의가 있어야만 내릴 수 있었다. 1930년대 초에는, 합의는 얻기 어려워 결정적인 정책 조치를 취할 수 없었다.

2. **연준은 파산한 은행들을 구제하는 것을 꺼렸다.** 연방준비제도는 뱅크런으로 인해 일시적인 유동성 문제를 겪고 있는 은행들에게 최종 대부자의 역할을 하기 위해 설립되었다. 1930년대 초의 은행 패닉 동안 파산한 많은 은행들은 자산이 시장 가격으로 평가되며 파산했다. 일부 연준 관계자들은 연방준비제도 법이 파산한 은행에 대한 대출을 금지했다고 생각했다. (나중에 개념적용에서 보게 되겠지만, 이 문제는 연준이 2008년에 파산 직전인 리먼 브라더스에 돈을 빌려주지 않은 것에 대한 논쟁 중에 다시 제기되었다.) 법적 문제는 제쳐두고, 많은 연준 이사들은 파산한 은행을 구하기 위해 행동하는 것은 은행 관리자들의 위험한 행동을 조장할 수 있기 때문에 보완이 필요한 정책이라고 믿었다. 다시 말해서, 연준은 경제학자들이 오늘날 도덕적 해이라고 부르는 문제를 걱정했다.

3. **연준은 명목 금리와 실질 금리의 차이를 이해하지 못했다.** 연준은 명목 금리, 특히 1930년대 초 동안 매우 낮은 수준으로 떨어진 단기대출 금리를 면밀히 감시했다. 많은 연준 관계자들은 이러한 저금리가 대출 수요가 낮다는 것을 나타내므로 대출자에 대한 대출 공급이 크게 감소하지 않았다고 믿었다. 그러나 경제학자들은 대출시장에서 실질 금리가 명목금리보다 더 나은 지표라고 믿는다. 1930년대 초반 미국 경제는 **디플레이션**을 겪었고, 1930년과 1933년 사이에 물가수준은 연평균 6.6% 하락했다. 그러므로 실질금리로 볼 때, 1930년대 초 금리는 연준 정책입안자들이 생각했던 것보다 훨씬 더 높았다.

일부 경제학자들은 이러한 높은 실질 금리가 대출자들의 공급이 감소했음을 나타낸다고 주장했으며, 이것은 대출자들이 신용을 찾기 위해 앞다퉈 금리를 올릴 수밖에 없게 만들었다.

4. **연준은 "투기 과잉을 제거"하기를 원했다.** 연준의 많은 구성원들은 1920년대 후반의 금융 투기의 결과, 특히 1928년과 1929년에 일어난 주가 상승이 거품이었다고 생각했다. 그들은 초과분들이 "제거(purged)"된 후에야 지속적인 회복이 가능할 것이라고 주장했다. 일부 경제학자들은 연준이 앤드류 멜론(Andrew Mellon) 재무장관이 추진한 "청산주의(liquidationist)" 정책을 따른 것으로 보고 있다. 이 정책에 따르면, 회복이 시작되기 전에 가격 수준이 떨어지고 약한 은행과 약한 기업들이 실패하도록 하는 것이 필요했다.

개념 적용

미국 은행의 실패가 대공황을 일으켰는가?

1960년대 초, 시카고 대학의 밀턴 프리드먼과 NBER의 안나 슈워츠(Anna Schwartz)는 그들의 책 『미국의 화폐역사(A Monetary History of the United States), 1867~1960』에서 1930년대 은행 패닉의 중요성에 대한 영향력 있는 논의를 발표했다. 책에서 프리드먼과 슈워츠는 특히 중요한 일로 1930년 12월 뉴욕에 위치한 큰 민간은행(이름에도 정부와 관련되지 않은)인 뱅크오브유나이티드스테이츠(Bank of United States)의 파산을 꼽았다.

> 1930년 12월 11일 [은행]의 파산은 1929년 8월에 시작된 금융위기 징후가 전혀 없는 심각한 불황에서 1933년 3월 모든 은행이 일주일 동안 문을 닫았던 은행 휴일에 절정에 달했던 대참사로 축소의 기본적인 변화를 나타냈다.

뱅크오브유나이티드스테이츠는 대출이 비정상적으로 높은 비율로 부동산에 있었기 때문에 곤경에 처했고, 1930년 가을까지 부동산 시장은 하락하는 가격과 담보 대출 불이행으로 어려움을 겪고 있었다. 또한 은행의 소유주들은 주가의 하락을 막기 위해 은행 주식을 사는 데 자금을 사용하고 있었다. 이 관행은 불법이고, 그 결과 은행 소유주 2명은 감옥에 갔다. 은행이 문을 닫기까지 몇 주 동안, 뉴욕 연방준비은행은 그 은행이 다른 2개의 뉴욕시 은행과 합병하는 것을 주선하려고 시도했다. 합병 계획이 실패했을 때, 은행은 문을 닫았고, 그 당시에 미국에서 파산한 가장 큰 은행이 되었다.

뱅크오브유나이티드스테이츠의 파산은 그 당시 많은 논란을 일으켰고, 경제학자들은 오늘날 이 사건에 대해 계속 논쟁하고 있다. 폐업 당시 은행이 부실해 보였던 보이는 것도 다른 은행과 합병해 구제하려던 계획이 무산된 이유일 수 있다. 그러나 뉴욕 연방준비은행 총재 조지 해리슨(George Harrison)이 합병 계획을 지지하지 않았다는 일부 증거가 있는데, 이것은 다른 은행들이 합병 거부하는 데 한 역할을 했을 수도 있다. 연방준비제도가 은행이 문을 닫지 못하도록 더 강력하게 움직였어야 하는지에 대한 의견이 계속 엇갈리고 있다.

많은 경제학자들은 프리드먼과 슈워츠가 은행의 파산의 중요성을 강조하는 것에 회의적이다. 뱅크오브유나이티드스테이츠가 파산한 직후 다른 뉴욕시 은행들은 심각한 유동성 문제를 겪지 않았고, 어느 은행도 파산하지 않았다. 다음 은행 패닉까지는 몇 달이 걸렸고, 패닉에 연루된 많은 은행들은 뉴욕시 외곽의 소규모 은행이었다. 심지어, 그 후의 패닉이 미국 은행의 실패와 관련이 있는지는 불분명하다. 뱅크오브유나이티드스테이츠의 실패 이후 저금리 회사채 금리가 고금리 회사채 금리에 비해 오르기 시작했는데, 이는 투자자들이 은행의 실패를 미래의 경제 상황에 대한 악재로 해석했다는 것을 나타낼 수 있다. 그러나 금리의 이러한 움직임 역시 은행 파산의 결과인지는 불확실하다.

뱅크오브유나이티드스테이츠의 파산에 대한 자세한 내용보다 이 사건이 정책입안자들에게 미치는 이후의 영향이 중요하다. 특히 프리드먼과 슈워츠의 책이 출판된 후, 연준 안팎의 많은 경제학자들은 은행이 파산하도록 한 것이 중요한 정책 실수였다고 확신했다. 일부 경제학자들은 이 사건이 연준이 "대마불사(too-big-to-fail)"라는 원칙을 개발하도록 이끄는 데 중요하다고 주장하기도 하는데, 이 원칙은 실패가 금융시스템을 불안정하게 할 수 있기 때문에 어떤 대형 금융기관도 실패하면 안 된다는 것이다. 이 원칙은 2007~2009년 금융위기와 그 이후 집중적인 논쟁의 대상이 되었다.

뱅크오브유나이티드스테이츠가 90년 이상 전에 파산했지만, 이러한 파산의 결과는 현재 정책에 계속해서 영향을 미치고 있다.

이 장의 끝에 있는 관련문제 2.7을 참조하시오.

12.3 2007~2009년 및 2020년 금융위기

학습목표: 2007~2009 및 2020년의 금융위기 사건을 설명한다.

약 15년 동안 두 번, 연준은 자금이 대출자에서 차입자로 계속 흘러가도록 하는 대규모 프로그램으로 금융시장에 개입했다. 2007~2009년의 첫 번째 위기는 연준과 다른 많은 정책입안자들과 경제학자들을 놀라게 하며 연준의 대응이 느렸다. 이에 비해 2020년 코로나19 팬데믹으로 인한 금융시스템의 문제에는 훨씬 더 빠르게 대응했다. 연준의 대응이 심각한 금융시스템 문제들을 막을 만큼 효과적이었기 때문에, 일부 경제학자들은 2020년의 사건들이 "금융위기(financial crisis)"로 분류되어야 한다고 생각하지 않는다.

우리는 2007~2009년 금융위기를 시작으로 이러한 사건들을 순차적으로 살펴본다.

2007~2009년 주택거품 및 금융위기

유가가 2004년 배럴당 $34에서 2008년 $147로 상승하는 등 2007~2009년 불황의 심각성에 몇 가지 요인이 기여했지만, 가장 중요한 원인은 주택 시장의 거품 붕괴였다.

새로운 주택 판매는 2000년 1월과 2005년 7월 사이에 60% 증가했는데, 당시 많은 경제학자들은 주택 시장에 거품이 형성되었다고 주장했다. 버블에서 자산의 가격은 본질 가치보다 크다. 앞서 주식의 본질 가치가 투자자들이 주식을 소유함으로써 받을 것으로 기대하는 배당금의 현재가치와 같다는 것을 보았다. 마찬가지로, 주택의 본질 가치는 주택 소유자가 받을 것으로 예상되는 주택 서비스의 현재 가치와 같다. 따라서 우리는 집값과 임대료가 대략 같은 비율[1]로 증가할 것으로 예상한다. 이에 따라 단독주택의 임대료 대비 단독주택 가격이 크게 오르면 주택시장이 버블을 겪고 있을 가능성이 커졌다. 그림 12.6에서 알 수 있듯이, 2000년 1월과 2006년 5월 사이에 집값은 임대료보다 훨씬 더 빠르게 증가했다. 많은 경제학자들은 집값과 임대료 사이의 이러한 차이를 거품의 증거로 보았다.

2006년 새 주택과 기존 주택의 가격이 하락하기 시작하면서 일부 주택 구입자들은 주택 담보 대출금을 상환하는 데 어려움을 겪었다. 대출자들이 채무불이행 주택담보대출에 대해 압류했을 때, 대출자들은 집을 팔아서 집값이 더 떨어지게 했다. 서브프라임 모기지론에 매달렸던 모기지론 대출자들이 큰 손실을 봤고 일부는 폐업했다. 대부분의 은행과 기타 대부업체들은 차입자에 대한 요건을 강화했다. 이러한 **신용 경색**(credit crunch)으로 인해 잠재적 주택 구입자들이 주택 담보 대출을 받는 것이 더욱 어려워졌고, 이는 주택 시장을 더

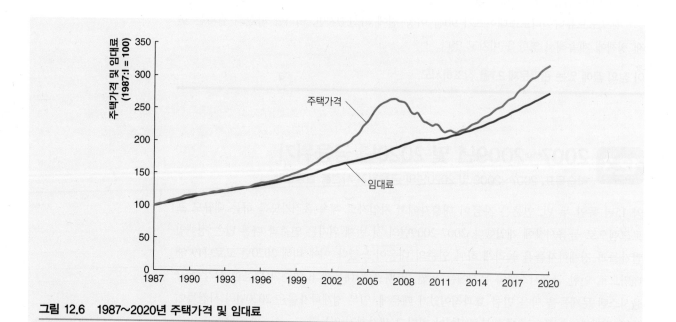

그림 12.6   1987~2020년 주택가격 및 임대료

2000~2006년의 주택 거품 동안, 집값은 임대료보다 훨씬 더 많이 올랐다.

출처: Federal Reserve Bank of St. Louis; and S&P/Case-Shiller. standardandpoors.com.

---

[1] 주택 구입자들이 향후 임대료 인상을 예상한다면 현재 임대료는 변동이 없는 상태에서 집값은 상승할 가능성이 있다. 그러나 2000~2005년 동안 주택 구입자나 경제학자들이 미래에 임대료가 급격히 오를 것으로 예상한다는 징후는 별로 없었다.

욱 침체시켰다. 주택 시장의 하락은 주택 소유자들이 주택의 가치 하락에 따라 대출을 받는 것이 더 어렵다는 것을 발견했기 때문에 주택 건설에 대한 지출을 감소시켰을 뿐만 아니라, 가구, 가전, 주택개량 시장에도 영향을 미쳤다.

베어스턴스와 리먼 브라더스의 은행 경영

2007년 초까지 서브프라임 모기지로 구성된 모기지 증권을 소유한 은행과 다른 금융회사를 포함한 투자자들이 상당한 손실을 볼 것이라는 것이 분명해졌다. 그러나 많은 경제학자들과 정책입안자들은 여전히 서브프라임 모기지 채무불이행의 증가가 경제 전반에 문제를 일으키지 않을 것이라고 믿었다. 예를 들어, 벤 버냉키(Ben Bernanke) 연준 의장은 "우리는 서브프라임 부문의 문제가 넓은 주택 시장에 미치는 영향이 제한적일 것으로 믿고 있으며, 서브프라임 시장에서 나머지 경제나 금융시스템으로의 상당한 파급 효과를 기대하지 않는다"[2]고 주장했다. 금융위기가 다가오고 있다는 첫 번째 강한 징후는 2007년 8월 프랑스 은행 BNP 파리바(BNP Paribas)가 투자 펀드 중 세 곳의 투자자들이 그들의 주식을 상환하는 것을 허용하지 않을 것이라고 발표했을 때였다. 해당 펀드는 모기지 증권들을 많이 보유하고 있었는데, 이 증권들에 대한 거래가 줄어들어 증권 시장 가격 및 펀드의 주식 가치를 결정하는 것이 어려워졌다.

2007년 가을과 2008년 봄에는 신용 상태가 악화되었다. 많은 대출업체들은 금융회사에 단기 이상의 대출을 꺼렸고 담보로 국채를 고집했다. 11장 11.1절에서 보았듯이, 일부 투자은행들은 은행과 다른 금융회사들로부터의 단기 차입으로 장기 투자를 지원했다. 이들 투자은행은 연방예금보험이 설립되기 전 상업은행과 비슷한 상황이었다. 특히 2008년 3월 베어스턴스에게 일어난 일처럼, 대출업체들이 은행 단기대출 갱신을 거부하면 투자은행들은 인출 대상이 되었다. 대출자들은 모기지유동화증권들에 대한 베어스의 투자가 너무 많이 가치가 떨어져 투자은행이 파산했다고 우려했다. 연방준비제도의 도움으로 베어스는 JP 모건체이스 은행에 주당 $10의 가격으로 인수됨으로써 파산에서 구제되었다.

2008년 8월, 서브프라임 모기지 중 거의 25%가 만기 30일을 넘겼기 때문에, 위기가 심화되고 있었다. 9월 15일, 재무부와 연방준비제도가 은행을 인수하기 위해 다른 금융회사를 유치하는 데 필요한 자금을 약속하기를 거부하자, 리먼 브라더스 투자은행은 파산 보호를 신청했다. 동시에 메릴린치 투자은행은 뱅크오브아메리카에 매각되기로 합의했다. 리먼 브라더스의 파산은 위기의 전환점이 되었다. 9월 16일, 대형 머니마켓 뮤추얼펀드인 리저브 프라이머리 펀드는 리먼 브라더스의 기업어음 보유로 큰 손실을 입었기 때문에 펀드의 주가가 $1.00에서 $0.97로 떨어지도록 함으로써 "$1를 깼다(break the buck)"고 발표했다. 이 발표는 투자자들이 주식을 현금으로 바꾸면서 머니마켓 뮤추얼펀드를 인출을 이끌었다. 증권화 대출 거래가 크게 중단되면서 금융시스템 곳곳이 얼어붙었고, 대기업은 물론 중소기업도 단기

---

2   Ben S. Bernanke, "The Subprime Mortgage Market," speech at the Federal Reserve Bank of Chicago's 43rd Annual Conference on Bank Structure and Competition, Chicago, May 17, 2007.

대출조차 마련하는 데 어려움을 겪었다.

2007~2009년 금융위기에 대한 연방정부의 비상 대응

금융위기 이전에 연방정부의 정책 결정과 규제 구조는 상업은행 시스템과 주식 시장에 집중되어 있었다. 이로 인해 정부는 투자은행, 머니마켓 뮤추얼펀드, 보험회사, 헤지펀드 등 그림자 금융시스템을 중심으로 한 위기에 대처할 준비가 제대로 되지 않았다. 또한 앞서 보았듯이, 대부분의 정책입안자들은 2007년까지 서브프라임 위기가 전면적인 금융위기로 발전할 수도 있다는 것을 알지 못했다.

그럼에도 불구하고, 연방준비제도, 재무부, 의회, 그리고 조지 W. 부시(George W. Bush) 대통령은 위기가 시작되자 힘차게 대응했다. 2007년 9월 18일, 연준은 상업은행들이 단기대출에 대해 서로에게 부과하는 금리인 연방기금금리에 대한 목표를 낮추면서 공격적으로 단기 금리를 낮추기 시작했다. 2008년 12월까지 연방기금금리는 사상 최저인 0에 가까웠다. 2008년 9월, 연방정부는 재무부가 각 기업에 80%의 소유권을 대가로 최대 $1,000억를 제공하기로 약속함으로써 주택담보대출의 대부분을 증권화하는 데 책임이 있는 정부 후원 기업인 패니메(Fannie Mac)와 프레디 맥(Freddie Mac)을 효과적으로 국유화했다. 재무부는 그 회사들에 대한 경영권을 연방 주택 금융청(Federal Housing Finance Agency)에 넘겼다. 같은 달 재무부는 금융시장 뮤추얼펀드의 운용을 중단하기 위해 $500억의 보험에 들 계획인 금융시장 뮤추얼펀드를 발표했다. 지난 10월 연준은 대공황 이후 처음으로 비금융법인이 발행하는 3개월짜리 기업어음을 매입해 **기업어음자금기금**(Commercial Paper Funding Facility)을 통해 기업에 직접 대출하겠다고 밝힌 바 있다.

2008년 9월, 연방준비제도와 재무부는 의회가 금융회사들과 다른 투자자들로부터 담보 대출과 담보 대출 증권을 구입하는 데 $7,000억를 사용할 수 있도록 승인하는 계획을 발표했다. 2008년 10월 초 의회가 통과시킨 **부실 자산 구제 프로그램**의 목표는 이러한 증권 시장을 회복하여 재무상태표에 이러한 자산 중 수조 달러를 보유하고 있는 금융기관에 구제금을 제공하는 것이었다. 그러나 주택담보대출과 모기지유동화증권을 매입하는 프로그램을 고안하는 것은 어려운 것으로 판명되었고, 대부분의 TARP 자금은 자본을 늘리고 파산 위기에 처한 자동차 기업들에게 자금을 제공하기 위해 은행에서 우선주를 직접 매입하는 데 사용되었다.

이러한 정책 계획은 미국 역사상 금융시스템에 대한 가장 광범위한 정부 개입 중 하나였다. 대부분의 경제학자들과 정책입안자들은 이러한 정책들이 2008년 가을과 2009년 봄 동안 금융시스템을 안정시켰다고 믿는다. 또한 2009년 초 재무부가 19개 대형 금융회사를 대상으로 실시한 스트레스 테스트도 시스템 안정에 도움이 되었다. 스트레스 테스트는 불황이 심화될 경우 기업들이 얼마나 잘 버틸 수 있는지를 가늠하기 위한 것이었다. 기업들이 심각한 불황에 대처하기 위해 약 $1,000억의 신규 자본만 조달하면 될 것이라는 실험 결과가 나왔을 때 많은 투자자들은 안심했다.

위기가 지나간 후, 의회는 금융시스템을 지배하는 규제가 재검토될 필요가 있는지 검토하기 시작했다. 2010년 7월, 의회는 통과되었고, 버락 오바마(Barack Obama) 대통령은 12.4
절에서 논의할 월스트리트 개혁 및 소비자 보호법 또는 도드-프랭크법에 서명했다.

코로나19 팬데믹과 2020년 금융위기

2007~2009년 대공황은 1930년대 대공황 이후 미국에서 가장 심각한 경제 침체이다. 앞서
보았듯이, 연방 정책입안자들은 이에 강력히 대응했다. 2020년 중반 현재, 코로나19 팬데믹
으로 인한 경기위축은 2007~2009년보다 더 심했지만, 얼마나 지속될지는 불확실하다. 정책
입안자들은 2020년 3월 팬데믹이 중국, 이탈리아, 그리고 다른 나라들에서 미국으로 퍼졌다
는 것이 명백해지자마자 주요 정책 계획들로 대응하기 시작했다.

2019년 동안 연준은 경제성장률 둔화에 대응하여 연방기금금리 목표치를 두 번 인하
했다. 코로나19 확산과 함께 연방준비제도는 2020년 3월에만 목표를 다시 두 번 떨어트려
목표를 사실상 0%로 되돌렸다. 코로나19 팬데믹은 미국 인구의 약 0.5%인 55만 명이 사망
한(이는 오늘날 165만 명이 사망하는 것과 맞먹는다) 1918년 인플루엔자 대유행 이후 미국
경제에 큰 영향을 미친 질병이다. 연방, 주 및 지방 정부는 학교를 문 닫고 대부분의 필수적
이지 않은 사업을 포함하는 **사회적 거리두기**(social distancing) 조치로 코로나19 대유행에 대
응했다. 그러한 상황을 감안할 때, 정책입안자들이 직면하고 있는 과제는 2007~2009년 금
융위기 동안 직면했던 과제보다 더 복잡했다. 정책입안자들은 주로 경제의 수요 수준을 유
지하는 데 초점을 맞추기 보다는 많은 근로자들이 해고되고 많은 기업들의 수입이 급격히
감소하는 기간 동안 가계와 기업을 건전하게 유지시켜야 했다.

의회와 도널드 트럼프(Donald Trump) 대통령은 2020년 3월 27일 CARES법을 통과시
킴으로써 대응했다. 이 법안은 $2조 이상의 지원금이며 이는 미국 역사상 가장 큰 재정정책
조치였다. 법안은 다음을 제공한다.

- 가계 직불금
- 추가 실업 보험금
- 전염병과 싸우는 데 드는 비용의 일부를 상쇄하기 위해 주 정부에 대한 자금
- 기업에 대한 대출 및 보조금

많은 사업체들이 문을 닫고 많은 소비자들이 주로 집에만 갇혀 있기 때문에, 연준
은 낮은 대출 비용이 경제 활동을 유지하는 열쇠가 되지 않을 것이라는 것을 알았다. 3월
까지 기업어음, 회사채, 지방채, 재무부채권 시장에서 문제가 발생했다. 이에 따라 연준은
2007~2009년 금융위기 당시 사용하던 대출자금 일부를 부활시키고 금융시스템을 통한 자
금흐름을 유지하고 수익이 급감한 기업과 지방정부의 신용접근 능력을 지속하는 것을 목표
로 일부 신규 대출기금을 설치했다.

연준의 조치는 자금이 대출자에서 차입자로 흘러가는(또는 위기 상황에서 흘러가지 못
하는) 채널 수를 나타내는 광범위하고 다소 복잡한 것이었다. 연준의 조치에 대한 더 완전
한 논의는 15장 15.3절에서 하겠지만, 여기서는 프로그램의 목표를 간략하게 요약한다. 컬럼

비아 대학교 법대의 레브 멘난드(Lev Menand)는 연준이 2020년에 운영한 대출 자금을 두 가지 범주로 유용하게 나누었다.[3]

1. **유동성 기금.** 이러한 기금들은 기업어음, 머니 마켓 펀드 주식과 그림자 금융시스템과 연결된 다른 자산 발행자들에게 신용을 확대하고 레포 시장에서 공격적으로 대출을 함으로써 상업은행 시스템에 대한 최종 대부자인 연준의 원래 역할에 바탕을 두고 있다 (그림자 금융시스템에 대한 논의는 11.4절, 재구매 계약과 현대 금융시스템에서 재금융의 중요성에 대한 논의는 11.1절 참조).

2. **신용 기금.** 이러한 기금들은 연준이 비금융회사와 주 및 지방 정부에게 대출을 해주거나 채권을 사들이는 방식으로 직접 자금을 제공할 수 있게 해준다.

이러한 조치를 취함에 있어서, (비록 법학자들은 연준의 행동이 그 법에 대한 엄격한 해석과 완전히 일치했는지를 논쟁하더라도) 연준은 2007~2009년 금융위기 때와 같이 주로 연방준비제도법 제13조 (3)에 따른 권한에 의존했다. 2007~2009년 금융위기 이후, 의회는 연준이 재무장관으로부터 그러한 조치에 대한 사전 승인을 받도록 연방 준비법을 개정했다. 제롬 파월(Jerome Powell) 연준 의장과 협의를 거쳐 스티븐 므누신(Steve Mnuchin) 재무장관이 필요한 승인을 내줬다. 2007~2009년 금융위기 때처럼, 연준은 금융정책과 함께 다시 통화정책을 시행하고 있었다. 미 재무부는 2007년 이전까지 50년 이상 독자적으로 운영하기보다는 오히려 협력적으로 통화정책을 운영했다. 일부 경제학자들과 정책입안자들은 연준이 재무부와 긴밀히 협력함으로써 독립성의 일부를 잃고 있는 것을 우려했다.

2020년 중반 현재, 연준의 조치는 금융시스템을 통해 자금이 계속 흘러가게 하는 데 성공한 것으로 보인다. 그러나 사회적 거리두기 정책 때문에 수익이 급감한 기업들이 상환능력을 유지할 만큼 충분한 신용을 받고 있는지는 덜 분명했다. 경제는 1930년대 대공황 이후 최악의 불황으로 접어들었다. 불황으로부터의 빠른 회복은 연준의 조치뿐만 아니라 의회와 대통령이 추구하는 재정정책과 일부 사회적 거리두기 정책이 제자리인 채로 기능하는 데 적응하는 근로자와 기업의 능력에 달려 있다.

12.4 금융위기와 금융규제

학습목표: 금융위기와 금융규제의 연관성에 대해 논의한다.

새로운 정부 금융규제는 금융위기에 대응하여 발생한다. 지난 몇 년간 정부가 제정해 온 여러 종류의 규제들을 살펴보면, 규칙적인 패턴이 있음을 알 수 있다.

---

[3] Lev Menand, "Unappropriated Dollars: The Fed's Ad Hoc Lending Facilities and the Rules That Govern Them," *ECGI Working Paper Law Series*, Working Paper No. 518/220, May 2020.

1. 금융시스템의 위기가 발생한다.
2. 정부는 새로운 규제들을 채택함으로써 위기에 대응한다.
3. 금융회사들은 새로운 규제에 대응한다.
4. 금융회사들이 규제를 피하려고 할 때 정부 규제 당국은 정책을 채택한다.

규제 패턴의 첫 단계는 금융시스템의 **위기**(crisis)이다. 예를 들어, 저축자들이 은행에 대한 신뢰를 잃으면, 저축자들은 자금을 회수할 것이고, 은행 패닉은 초래될 것이다. 패닉 상태에서, 은행들은 금융중개인으로서의 역할을 수행할 수 없고, 많은 가계와 기업들은 대출에 접근할 수 없게 된다.

두 번째 단계는 정부가 **규제**(regulation)를 통해 위기를 끝내기 위해 개입할 때 발생한다. 정부는 금융기관의 불안정을 감지하고 정치적 압력이 개입을 권장할 때 개입한다. 예를 들어, 미국과 다른 나라는 예금 보험을 제정함으로써 은행 패닉에 대응했다.

세 번째 단계는 **금융시스템에 의한 대응**(response by the financial system)이다. 예금 보험과 같은 주요 새로운 규제는 금융기관의 활동에 변화와 혁신을 가져온다. 예를 들어, 예금 보험이 예금자들이 은행 투자를 감시하는 정도를 감소시킬 때 은행은 더 많은 위험을 감수할 수 있다. 제조 회사나 다른 비금융 사업과 마찬가지로, 혁신(소비자에게 서비스를 제공하기 위한 새로운 제품이나 사업부의 개발)은 한 회사가 경쟁사보다 우위를 점하게 한다. 금융 혁신의 동기는 다른 사업과 마찬가지로 이윤이다.

네 번째 단계는 **규제 대응**(regulatory response)이다. 규제당국은 금융기관이 사업을 하는 방식에 대한 규제의 효과를 감시한다. 특히 금융혁신이 규제적 제약을 회피할 때 규제당국은 정책을 조정하거나 규제 대응책으로 새로운 권한을 모색해야 한다. 예를 들어, 의회가 은행이 당좌예금 계좌에 이자를 지불하지 못하도록 하는 규정을 채택했을때, 은행들은 이자를 지불하는 NOW 계좌라고 불리는 당좌예금 계좌와 유사한 계좌를 개발함으로써 금지를 회피했다. 그 후 의회는 NOW 계좌을 금지하거나 허용하기 위해 규정을 적용해야 했는데, 이 경우 계좌를 허용하기로 결정했다.

최종 대부자

앞서 의회가 1913년에 은행 패닉 기간 동안 은행에 유동성을 제공하기 위한 최종 대부자로 연방준비제도를 만들었다는 것을 보았다. 그러나 우리는 또한 연준이 1930년대 초에 은행 시스템이 붕괴되는 동안 가만히 있을 때 첫 번째 중요한 시험에 실패했다는 것을 보았다. 의회는 1934년 FDIC를 설립하고 연방공개시장위원회를 연방정부의 주요 정책기구로 개편함으로써 이 실패에 대응했다. 뉴욕 연방준비은행장이 아닌 연준 이사회 의장이 FOMC 의장이 되었다. 이 마지막 변화는 12명의 연방준비제도이사회 은행 총재 대신 워싱턴 DC에 기반을 둔 이사회가 시스템의 지배적인 힘이 될 것을 보장함으로써 연방준비제도 이사회에서 의사결정을 중앙 집중화하는 데 도움이 되었다.

전후 몇 년 동안의 성공과 "대마불사" 정책 대공황 동안 최종 대부자로서 불안정 했지만, 연준은 2차 세계대전 이후 대체로 이 역할을 잘 수행했다. 예를 들어, 한때 미국에서 가장 큰 회사 중 하나였던 펜 센트럴 철도(Penn Central Railroad)가 1970년에 파산 신청을 했을 때, $2억의 기업어음을 채무불이행했다. 투자자들은 다른 대기업들이 발행하는 기업어음의 품질을 의심하기 시작했고 시장에 투자하는 것에 신중해졌다. 연준은 상업은행들에게 보통 기업어음 시장에서 대출을 받을 수 있는 대출을 제공함으로써 위기를 피하는 데 도움을 주었다.

1974년 비슷한 사례에서 프랭클린 내셔널 뱅크(Franklin National Bank)는 양도성예금 증서(certificates of deposit, CD)를 소지한 예금자들에 의해 운영되기 시작했다. 이 CD들은 적어도 $10만의 가치가 있었기 때문에, 당시 연방 예금 보험의 한도인 $4만를 초과했고, 투자자들은 은행이 파산하면 큰 손실을 입을 것이라고 걱정했다. 다른 은행들도 양도성예금 증서(CD)를 소지한 예금자들에 의해 운영될 것을 우려했다. CD가 은행에 중요한 자금원이 었기 때문에, 은행들은 가계와 기업이 이용할 수 있는 신용을 줄이면서 자신의 대출을 줄일 수밖에 없었다. 연준은 프랭클린 내셔널과 합병할 의사가 있는 다른 은행을 찾을 수 있을 때까지 프랭클린 내셔널에 $15억 이상의 단기대출을 함으로써 이러한 결과를 피했다. 연준의 신속한 조치는 금융시스템에 심각한 결과를 막았다.

1987년 10월 19일, 주식 시장의 폭락은 1929년 폭락 이후 일어난 사건들의 반복에 대한 두려움을 불러일으켰다. 특히 주가 하락으로 인해 많은 증권사들이 큰 손실을 입었다. 증권사들은 뉴욕 증권거래소에서 거래되는 증권들의 재고를 사고팔고 보유함으로써 시장을 만든다. (대부분의 거래가 현재 거래소가 아닌 전자적으로 이루어지기 때문에 최근 몇 년 동안 이들의 역할은 줄어 들었다.) 따라서 증권사의 파산은 뉴욕 증권거래소의 거래에 차질을 빚었을 것이다. 앨런 그린스펀(Alan Greenspan) 연방준비제도이사회(FRB) 의장은 다음날 주식시장이 개장하기 전에, 경제 및 금융시스템을 지원하기 위해 연준이 유동성을 제공할 준비가 되어 있다고 언론에 발표했다. 동시에, 최종 대부자 역할을 하는 연준은 은행들이 증권회사에 대출을 하도록 장려하고 은행에 대출을 해주었다. 이러한 조치는 은행과 투자자 모두를 안심시키고 금융시장의 원활한 기능을 보존했다.

다른 유사한 행동에서, 연준은 금융시스템을 안정시키기 위해 최종 대부자로서의 역할을 성공적으로 수행하여 1930년대의 실수를 피했다. 당시 연준은 파산할지도 모르는 은행을 구제하지 않으려 했기 때문에 금융시스템이 붕괴되는 동안 연준의 위치를 유지했다. 그러나 연준이 반대 방향으로 실수하기 시작했다는 것이 가능했을까? 원칙적으로 중앙은행은 유동적이지만 부실하지 않은 은행에 단기대출을 제공해야 한다. 은행은 투자가 실패하고 파산하게 되면, 중앙은행이 파산한 은행에 대출을 함으로써 구해줄 것을 알고 있기 때문에, 은행 경영자들이 너무 많은 위험을 떠안게 될 지도 모르는 위험에 직면한다. 다시 말해서, 연준은 파산한 은행을 구하기 위한 조치를 취함으로써, 시스템의 도덕적 해이의 수준을 높인다. 1980년대 초까지 연준과 FDIC는 가장 큰 은행은 "대마불사"라고 생각한다는 것이 분명해졌다. 1984년, 국가 은행을 규제하는 통화관리청(comptroller of the currency)은 의회에 파산할 수 없다고 여겨지는 규모가 큰 은행들의 목록을 제공했다. 이러한 은행들 중 어느 한 곳에 의한 파산은 금융시스템에 **시스템 위험**을 초래하는 것으로 생각되었으며, 이는 11장에서 보았듯이, 개별 기업이나 투자자가 아닌 전체 금융시스템에 대한 위험이다.

연준과 FDIC가 이러한 대형은행들이 파산하도록 두지 않을 것이기 때문에, 예금자들은 사실상 무제한 예금 보험을 가지고 있었다. 예금이 당시 연방 예금 한도인 $10만를 초과했음에도 불구하고, CD 보유자들을 포함한 큰 예금자들은 이러한 은행들이 파산하더라도 돈을 잃지 않을 것이다. 따라서, 이러한 예금자들은 은행 경영자들의 행동을 감시하고, 만약 경영자들이 무모한 투자를 했을 때 예금을 인출하거나 더 높은 금리를 요구할 동기가 훨씬 더 적었다.

대마불사 정책(too-big-to-fail policy)은 소형 은행과 대형은행을 다르게 대했기 때문에 불공평하다는 비판을 받았다. 1990년 FDIC가 아프리카계 미국인 소유의 할렘스 프리덤 내셔널 뱅크(Harlem's Freedom National Bank)를 폐쇄했을 때, 유나이티드 네그로 칼리지 펀드(United Negro College Fund)와 어반 리그(Urban League)와 같은 자선 단체들을 포함한 큰 예금자들은 보험에 들지 않은 예금을 달러당 50센트만 받았다. 불과 몇 달 후인 1991년 1월, 훨씬 더 큰 뱅크오브뉴잉글랜드(Bank of New England)는 부동산 포트폴리오의 붕괴로 인해 파산했다. 그 은행의 대규모 예금자들은 FDIC에 의해 완전히 보호되었고, 납세자들은 약 $23억의 손실을 입었다.

의회가 1991년 연방예금보험공사개선법(Federal Deposit Insurance Corporation Improvement Act, FDICA)을 통과시킨 이유 중 하나는 대마불사 정책으로 인한 불공정성과 도덕적 해이의 증가에 대한 우려였다. 이 법안은 FDIC가 납세자에게 가장 비용이 적게 드는 방법을 사용하여 파산한 은행을 처리하도록 요구했는데, 이는 일반적으로 은행을 폐쇄하고, 은행의 피보험 예금주를 보상하며, 은행의 자산을 팔아 조달할 수 있는 모든 자금을 보험에 가입하지 않은 예금주를 보상하는 것을 의미한다. 파산한 은행의 자산 가치는 거의 항상 부채의 가치보다 작기 때문에, 보험에 가입하지 않은 예금자들은 손실을 입는다. 그러나 이 법은 은행의 파산으로 "경제 상황이나 금융 안정에 심각한 악영향을 미칠 것"에 대한 예외를 포함했다. 이 예외를 발동하기 위해서는 FDIC 이사들의 2/3와 연방준비제도 이사회의 2/3 그리고 재무장관이 승인해야 한다. 2007~2009년의 금융위기 동안, 이 예외는 중요한 것으로 판명되었다.

2007~2009년 및 2020년 금융위기와 최종 대부자로서의 광범위한 연준의 역할 상업은행이 아닌 투자은행들이 2007~2009년 금융위기 초기에 가장 직접적으로 영향을 받았기 때문에 정책입안자들은 예상치 못한 도전에 직면했다. 상업은행과 달리 투자은행은 연준에서 직접 대출받을 수 있는 자격이 없었다. 상업은행의 예금은 FDIC를 통해 보험으로 충당되는 반면, 투자은행에 대한 대출은 그렇지 않다. 앞서 연준이 대기업 투자은행에 대출을 해주고 기업들이 그들의 단기 신용 수요를 충족시킬 수 있도록 기업어음을 구입함으로써 이러한 문

제들을 처리했다는 것을 보았다. 또한 재무부는 머니마켓 뮤추얼펀드 주식을 소유한 투자자들에게 임시 보험을 제공했다.

아마도 연준의 조치들 중 가장 논란이 많은 것은 2008년 3월 베어스턴스가 JP모건체이스에 의해 인수될 투자은행을 준비함으로써 파산하는 것을 막기 위해 재무부와 함께 참여하기로 한 결정일 것이다. 이 합의의 일환으로, 연준은 JP모건체이스가 베어스의 담보부 증권 보유로 인해 끼칠 수 있는 손실 $290억를 충당하기로 합의했다. 일부 경제학자들과 정책입안자들은 이 조치가 금융시스템의 도덕적 해이를 증가시켰다며 이 조치를 비판했다. 이러한 비판은 2008년 9월 리먼 브라더스를 파산으로부터 구하려는 시도를 하지 않기로 한 연준의 결정에 영향을 미쳤을 수도 있다. 그러나 며칠 후 연준은 80% 소유권을 대가로 아메리칸 인터내셔널 그룹(American International Group, AIG) 보험회사에 거액의 대출을 해주었다. 연준, FDIC, 그리고 재무부는 리먼 브라더스를 제외한 모든 대형 금융회사를 파산시키지 않는 조치를 취했다. 대마불사 정책이 다시 살아난 것 같다.

개념 적용

연준이 리먼 브라더스를 구제할 수 있었을까?

2008년 9월 13일과 14일 주말 동안, 연방준비제도와 미국 재무부 관리들은 리먼과 인수하거나 합병할 다른 금융회사를 찾거나 은행이 단기 자금을 찾을 수 없게 하는 대출을 함으로써 리먼 브라더스를 파산으로부터 구할 수 없을 것이라고 결정했다. 9월 15일 월요일 아침 일찍, 리먼 브라더스는 파산을 신청했다. 다음 날 연준과 재무부는 앞서 논의한 조건에 따라 아메리칸 인터내셔널 그룹(AIG)을 파산에서 구했다. AIG를 살리는 동안 리먼이 파산하도록 하는 겉보기에 일관성이 없어 보이는 결정은, 그 당시 많은 관측통들을 놀라게 했고 경제학자들과 정책입안자들 사이에서 격렬한 논쟁의 대상으로 남아 있다. 당시 매사추세츠 주 하원의원 바니 프랭크(Barney Frank)는 "자유 시장에 대한 국가적 약속은 월요일 하루뿐이었다."

대부분의 경제학자들은 리먼의 파산이 금융위기와 불황을 크게 악화시켰다고 믿기 때문에 리먼에 대한 연준의 조치는 여전히 논란의 여지가 있다. 리먼의 파산으로 인한 영향은 세인트루이스 연방준비은행이 집계한 금융 스트레스 지수의 움직임에서 볼 수 있다. 이 지수는 회사채 금리와 재무부채권 금리 간 격차를 포함해 평균 18개 금융변수로 투자자들이 안전지대로 도피하고 가계와 기업들이 신용확보에 어려움을 겪는 기간에 증가하는 경향이 있다. 다음 그림은 2007~2009년 경기후퇴 직전부터 직후까지의 지수의 움직임을 보여준다. 이 지수의 평균값은 0으로, 정상보다 금융 스트레스가 큰 기간은 양(+)의 값, 정상보다 낮은 기간은 음(−)의 값이다.

이 수치는 리먼의 파산 이후 금융 스트레스가 극적으로 급증했음을 보여준다. 가계와 기업들이 신용을 얻는 데 어려움을 겪고 경제에 대한 불확실성이 현저히 증가함에 따라, 소비는 급격히 감소했다. 지출 감소는 생산과 고용의 위축을 초래했다. 2007년 12월 불황의 시

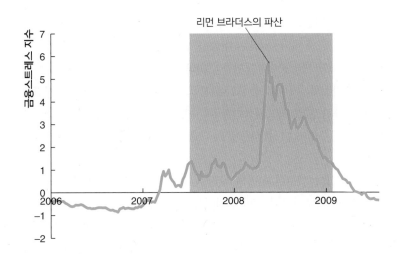

작부터 리먼의 파산까지, 미국의 총 고용은 약 120만 명 감소했다. 리먼의 파산 이후 2009년 말까지 고용은 700만 명 더 감소했다. 이러한 고용 감소는 그 당시에 미국 역사상 짧은 기간 동안 단연 최대였다(2020년 불황이 시작될 때 고용 감소는 2,200만 명 이상이었다).

정책입안자들과 경제학자들은 왜 연준이 리먼이 파산하지 않도록 조치를 취하지 않았는지 두 가지 주요 설명을 내놓았다.

1. 연준이 베어스턴스를 구하기 위해 취한 행동에 대한 의회 의원들의 비판과 금융시스템의 도덕적 해이에 대한 두려움이 리먼의 파산 선언을 허용하도록 했다.
2. 연방준비제도의 법 조항은 연준이 리먼을 법적으로 구제하는 것을 불가능하게 만들었다.

만약 맞다면, 설명 1은 연준이 리먼을 구할 수 있었지만 그러지 않기로 선택했다는 것을 의미하고, 설명 2는 법적으로, 연준이 그렇게 하고 싶어도 리먼을 구할 수 없었다는 것을 의미한다.

벤 버냉키(Ben Bernanke)는 금융위기 동안 연방준비제도이사회 의장을 지냈다. 2015년에 출판된 회고록에서 버냉키는 리먼이 지급불능상태였기 때문에 연방준비제도법이 리먼을 구제하는 것을 금지했다고 주장했다.

리먼이 심각한 부채를 지고 있다는 것이 명백해졌다…. 리먼의 부실은 연준의 대출만으로는 구제할 수 없었다…. 우리는 연방 준비법에 의해 충분한 담보로 대출을 해야만 했다. 연준은 자본을 투입하거나 완전히 상환될 수 있다고 합리적으로 확신할 수 없는 대출을 할 권한이 없었다.

하지만 리먼 브라더스는 실제로 파산했는가? 리먼의 파산 이후, 채권자들 중 일부는 회사가 리먼에 진 빚보다 덜 갚았는데, 이것은 회사의 자산 가치가 부채의 가치보다 작았다는 것을 보여준다. 그러나 2018년 존스 홉킨스 대학의 경제학자 로렌스 볼(Laurence Ball)은 버냉키의 설명에 이의를 제기하는 책을 출판했다. 볼은 연준 정책입안자들이 은행에 대출을 할지 고민하던 당시 리먼의 지급능력을 우려했다는 증거가 없다고 주장했다. 볼은 리먼이 단기 유동성 수요를 충족시킬 수 있는 대출을 받을 수 있는 충분한 담보를 가지고 있었다고 생각한다. 그는 또한 연방준비제도법은 (2010년 도드-프랭크법에 의해 이후 개정되기 이전) 2008년과 마찬가지로, 대출이 충분한 담보로 확보된다면, 연준이 부실기업에 대한 대출을 하지 못하도록 하지 않았다고 지적한다. 다시 말해서, 리먼이 파산을 선언했을 때 파산했다는 사실이 연준이 은행이 파산하는 것을 막을 만큼 충분히 큰 대출을 하는 것을 막지는 않았다.

볼은 위의 설명 1이 연준이 리만의 파산을 허용한 이유라고 주장한다. 특히 그는 헨리 폴슨(Henry Paulson) 재무장관이 이번 결정에 크게 관여했고 재무부와 연준이 지난 봄 베어스턴스를 구하기 위해 취한 행동에 이어 받은 정치적 비판에 민감하게 반응했다고 생각한다.

금융 저널리스트인 제임스 스튜어트(James Stewart)와 피터 이비스(Peter Eavis)가 뉴욕 연방준비은행의 경제학자들과 한 인터뷰는 볼의 주장을 뒷받침한다. 경제학자들은 리먼의 지불 능력을 평가하는 두 팀의 멤버였다. 리먼이 파산하기 전 주말, 그 팀들은 리먼의 재무상태표를 분석했고, 리먼이 거의 상환 능력이 없다는 결론을 내렸다. 그러나 그러한 보고서들이 리먼이 파산을 선언하도록 허용하는 결정을 내리기 전에 벤 버냉키, 헨리 폴슨, 또는 뉴욕 연준 의장인 티모시 가이트너에게 도달하지 못했다. 일부 경제학자들은 볼이 (스튜어트와 이비스가 인터뷰한 뉴욕 연준 경제학자들과 함께) 리먼의 재정 문제를 과소평가하고 연준으로부터 대출이 리먼을 구했을 가능성이 낮다고 생각하기 때문에 볼의 결론에 이의를 제기한다.

90년이 지난 지금도 경제학자들은 1930년 미국 은행의 파산에 대한 연준의 조치에 대해 논쟁을 벌이고 있다. 2008년 리먼 브라더스의 파산에 대한 논쟁도 앞으로 몇 년 동안 계속될 것이다.

2010년 재무 점검: 대마불사 정책의 끝?　일부 경제학자들과 정책입안자들이 금융시스템의 안정을 회복하는 데 도움을 준 연준, FDIC, 그리고 재무부의 조치를 칭찬했지만, 많은 의회 구성원들과 일반 대중들은 그들이 TARP에서 비롯되었다고 믿는 "월가 구제금융(Wall Street bailout)"이라고 불리는 것과 큰 금융회사들을 막기 위한 조치들을 비판했다. 이러한 비판에 부분적으로 대응하여, 의회는 2010년 7월 대마불사 정책을 끝내기 위한 조항을 포함한 월스트리트 개혁 및 소비자 보호법 또는 도드-프랭크법을 통과시켰다. 이 법은 연준, FDIC, 그리고 재무부가 대형 금융회사들을 붙잡고 "서서히 멈추게(wind down)"할 수 있도록 허용하는데, 이것은 그 회사들의 자산이 금융시장을 불안정하게 하지 않는 방식으로 매각될 것이라는 것을 의미한다. 이전에는 FDIC만이 이 힘을 가지고 있었고, 폐업하는 상업은행에서만 사용할 수 있었다. 도드-프랭크법의 해당 조항의 목적은 정책입안자들에게 대기업을 파산시키는 것을 허용하거나 대기업을 구하기 위한 조치를 취하는 것 외에 세 번째 선택권을 주는 것이었다.

도드-프랭크법은 또 연준과 FDIC, 증권거래위원회(SEC) 등 주요 연방 금융규제기관의 장들로 구성된 금융안정감독위원회(FSOC)를 만들었다. FSOC는 재무장관이 의장을 맡고 있으며, 그중에서도 **시스템적으로 중요한 금융기관(SIFI)**인 금융회사를 식별하는 임무를 맡고 있다. 기업이 파산했을 때 금융위기가 발생할 수 있는 경우 SIFI로 간주된다. 이들 기업은 보다 긴밀한 규제 감독을 받아야 하고, 추가 자본을 보유해야 하며, 심각한 불황이나 금융위기를 견딜 수 있는 능력을 측정하기 위해 매년 스트레스 테스트를 받아야 한다. 또한 기업들은 납세자들에게 아무런 비용 없이 어떻게 파산을 겪을 수 있는지를 보여주는 정리의향서를 작성해야 한다. 마지막으로 도드-프랭크법은 재무장관이 미국 대통령과 연방준비제도 이사회 및 이사회 다수로부터 승인을 받은 후 FDIC에 인수될 파산 금융회사를 지정할 수 있는 질서 있는 청산 권한을 지정했다. FDIC는 회사의 파산이 금융시스템을 위태롭게 하지 않도록 하기 위해 필요한 기간 동안 그 기업을 운영할 것이다.

이러한 규제가 실제로 대마불사 정책의 단점을 줄이는 데 도움이 될지는 두고 봐야 한다. 2020년 현재, 미국의 가장 큰 은행들은 금융시스템에서 그들의 중요성을 유지하고 있다. 5대 은행지주회사는 20년 전 전체 자산의 약 1/4에 비해 전체 은행 자산의 절반 이상을 소유하고 있었다. 일부 경제학자들과 정책입안자들은 규제당국이 현재 은행들이 더 큰 자본을 보유하고 있고 정리의향서를 준비했음에도 불구하고 금융시스템에 큰 손상 없이 이 은행들 중 어느 한 곳의 파산이나 다른 다소 작은 은행의 파산까지도 허용할 수 있는지에 대해 의문을 제기했다.

그림 12.7은 금융위기, 규제, 금융시스템 대응 및 규제 대응의 맥락에서 최종 대부자로서의 연준의 역할을 요약한다.

2020년 금융위기: 대마불사 정책에 대한 논쟁이 여전히 관련이 있는가? 앞서 보았듯이, 의회는 단기 유동성 문제를 겪고 있는 상업은행에 대출을 하기 위해 1913년에 연방준비제도를 설립했다. 1932년, 의회는 금융위기 동안 연방준비제도에 더 넓은 권한을 부여한 13(3)

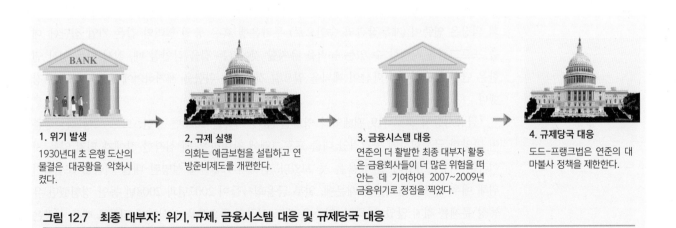

1. 위기 발생
1930년대 초 은행 도산의 물결은 대공황을 악화시켰다.

2. 규제 실행
의회는 예금보험을 설립하고 연방준비제도를 개편한다.

3. 금융시스템 대응
연준의 더 활발한 최종 대부자 활동은 금융회사들이 더 많은 위험을 떠안는 데 기여하여 2007~2009년 금융위기로 정점을 찍었다.

4. 규제당국 대응
도드-프랭크법은 연준의 대마불사 정책을 제한한다.

그림 12.7 최종 대부자: 위기, 규제, 금융시스템 대응 및 규제당국 대응

조를 추가함으로써 연방준비제도법을 개정했다. 이 조는 "어떠한 긴급한 상황"에 따라 이사회가 "모든 개인, 파트너십 또는 기업"에 대출할 수 있도록 권한을 부여했다. 1991년 연방준비제도법의 추가 개정에서 의회는 비상시 연준이 비은행 기업에 직접 대출할 수 있다는 점을 분명히 했다.

1930년대 이후, 연준은 이 권한을 발동하지 않다가, 2007~2009년 금융위기 동안 연준은 베어스턴스 인수를 용이하게 하기 위해 JP모건체이스에 $290억를 대출할 때, 보험회사인 아메리칸 인터네셔널 그룹(AIG)에 대출할 때, 대형 증권 딜러(투자은행 포함)에게 대출할 때, 기업어음을 매수할 때 등 여러 차례 권한을 발동했다.

의회의 일부 의원들은 특정 기업에 대출을 하기 위해 13(3)조를 발동하는 연준의 정책에 동의하지 않았다. 그 결과, 2010년 도드-프랭크법의 일부로서, 의회는 "모든 개인, 파트너십 또는 기업"을 지칭하는 문구를 제거하고 이를 "광범위한 자격을 갖춘 프로그램 또는 기금 참여자"에게만 대출이 가능함을 명시한 언어로 대체하기 위해 연방준비제도의 해당 조을 다시 작성했다. 다시 말해서, 대출은 모든 상업은행이나 모든 증권 거래상과 같은 큰 범주의 회사들이 적격인 프로그램의 일부로서만 이루어질 수 있었고, 개별 기업에 대한 대출은 더 이상 허용되지 않을 것이다. 특히, 연준은 "단일적이고 특정한 회사가 파산을 피할 수 있도록 돕기 위한 목적"으로 대출을 하는 것이 금지되었다. 연준이 금융위기 동안 JP모건체이스와 AIG에 했던 대출은 더 이상 허용되지 않았다. 또한 상업은행에 대한 대출을 넘어서는 새로운 프로그램들은 재무장관의 승인을 필요로 할 것이다. 2007~2009년 금융위기 동안, 연준은 새로운 프로그램을 시작하기 위해 과반수의 승인만 필요로 했다.

도드-프랭크법이 통과되었을 때, 연준의 최종 대부자 역할을 할 수 있는 권한에 대한 이러한 변화에 대해 비판자들은 또 다른 금융위기에 직면했을 때, 연준이 개별 기업에 대출을 할 수 없다면 공황을 초래하는 데 어려움을 겪을 수 있다고 우려했다. 도드-프랭크가 금융시스템을 파괴하지 않고 대형 금융회사들이 파산하도록 허용하는 메커니즘을 제공하지만, 이러한 비평가들은 그 메커니즘이 위기 상황에서 빠르게 실행될 수 있을지 의심했다. 그러나 일부 경제학자들과 정책입안자들은 연준이 최종 대부자로서 효과적으로 활동할 수 있는 충분한 권한을 보유하고 있다고 낙관했다. 예를 들어, 벤 버냉키 전 연방준비제도이사회 의장은 연준이 (재무장관의 승인으로) 투자은행 혹은 증권 딜러와 같은 기업 집단에 대출 프로그램을 시행할 수 있는 능력을 유지할 것이라는 점을 감안할 때, 질서 있는 청산 권한은 단일 금융회사의 파산이 패닉을 일으킬 것이라는 위협을 제거하기에 충분하다고 주장했다.

금융시장이 코로나19 팬데믹의 영향을 겪기 시작한 2020년 동안, 도드-프랭크는 연준이 다양한 금융회사에 공격적인 대출 프로그램에 참여하는 데 심각한 장애가 되지 않을 것이라는 낙관론자들의 말이 옳은 듯 보였다. 연준이 12.3절에 설명된 대출 기금을 도입하기 위해 매우 빠르게 움직였기 때문에, 일부 금융회사들이 2007년과 2008년 동안 경험했던 유동성 문제를 겪지 않았다. 특히, 연준은 레포 시장의 중요성을 인식하게 되었고 레포 시장은 팬데믹이 시작되기 전부터 그 시장에서 공격적인 대출을 해오고 있었다. 결과적으로, 2008

년 베어스턴스와 리먼 브라더스가 겪은 유동성 문제에 큰 역할을 했던 레포 자금조달로 어려움을 겪은 금융회사는 없었다.

그러나 일부 정책입안자들과 경제학자들은 급여 보호 프로그램(Paycheck Protection Program, PPP)과 메인 스트리트 대출 기금(Main Street Loan Facilities)에 따라 중소기업에 대출을 실행하거나 촉진하고 1차 및 2차 기업 신용 제도 아래에 회사 채권을 직접 구입하는 것을 포함한 2020년 연준의 조치가 미 의회가 연방준비제도법에 따라 승인한 것을 훨씬 초과하여 이동하는 것을 우려했다. 의회는 CARES법에서 이러한 프로그램에 암묵적으로 동의했고, 연준은 도드-프랭크법에 따라 이 프로그램에 대한 승인을 재무장관 스티븐 므누신(Steven Mnuchin)으로부터 받았으나, 의회는 이를 명시적으로 포함시키기 위해 연방준비제도법을 개정하지 않았다. 많은 경제학자들과 정책입안자들은 대마불사 정책이 기업들에게 위험한 투자를 할 동기를 부여함으로써 도덕적 해이 문제를 증가시켰다고 생각한다. 일부 경제학자들은 2020년 연준의 공격적인 행동으로 도덕적 해이 문제가 증가했다고 우려했다. 연준이 15년도 안 돼 비상 대출 제도를 두 번 이용했기 때문에, 일부 경제학자들은 기업이 위험한 투자를 하여 파산할 위험이 있어도, 연준이 자신들을 구제할 것이라고 기대할 수 있다고 주장했다.

다른 경제학자들과 정책입안자들은 100년 이상 만에 처음으로 미국에 영향을 미치는 심각한 팬데믹의 경제적 효과에 대한 신속하고 강력한 정책 대응의 필요성 때문에 연준의 조치가 금융시스템의 도덕적 해이 문제를 증가시킬 가능성에 대해 덜 우려했다. 그러한 대응이 없었다면, 팬데믹은 경제를 2020년에 실제로 경험했던 것보다 가계와 기업에 더 큰 손실을 입혔을 더 깊고 더 장기화된 불황으로 몰아넣었을지도 모른다.

은행 불안정성 감소

대공황의 은행 위기는 연방준비제도의 재편과 FDIC의 설립뿐만 아니라 상업은행 시스템의 안정성을 직접적으로 높이기 위한 의회의 새로운 규정 제정으로 이어졌다. 의회가 이 목표에 도달하기 위해 시도한 한 가지 방법은 은행들 간의 경쟁을 줄이는 것이었다. 의회의 의도는 뱅크런의 가능성과 은행의 행위에서 도덕적 해이의 정도를 모두 줄이는 것이었다. 경쟁을 제한하는 한 가지 주장은 그것이 은행의 가치를 증가시켜 은행가들, 즉 과도하게 위험한 투자를 하려는 의지를 감소시킨다는 것이다.

그러나 장기적으로 반경쟁적 규제는 은행 예금과 대출에 가까운 대체품을 제공함으로써 비은행 금융회사가 은행과 경쟁할 수 있는 인센티브를 창출하기 때문에 은행 안정을 촉진하지 못한다. 은행이 예금에 지급할 수 있는 금리 한도를 둘러싼 싸움에서 반경쟁적 규제가 실제로 어떻게 경쟁으로 이어졌는지를 보여주는 극적인 사례가 발생했다. 이 전투는 **레귤레이션 Q(Regulation Q)**로 권한을 받은 1933년 은행법에 의해 시작되었다. 연준이 관리하는 이 규제는 은행이 제때 지급할 수 있는 금리와 저축예금에 상한선을 두고 당시 유일한 수표 발행 가능한 예금 형태였던 요구불예금에 대한 은행들의 이자 지급을 금지했다. 레귤레이션 Q는 은행 간 자금 경쟁을 제한하고 은행이 대출로 받는 금리와 예금에 지불하는 금리 사이의 합리적인 스프레드를 보장함으로써 은행의 수익성을 유지하려는 의도였다. 이 규제는 은행들이 살아남기 위해 혁신을 하도록 강요했다.

은행이 예금자에게 지급할 수 있는 금리의 상한선을 정함에 있어, 의회는 은행들이 대출 시장에서 경쟁적으로 우위를 점하도록 할 의도였다. 예금에 대한 지불이 상대적으로 적었기 때문에, 은행들은 대출에 더 낮은 금리를 부과할 수 있었고 가계와 기업에 대한 선도적인 대부업체였다. 그러나 시장 금리가 레귤레이션 Q 금리 상한선을 초과할 때마다, 저축자들은 은행 예금에서 돈을 인출할 동기를 부여받았고, 따라서 은행들이 대출을 하는 데 필요한 자금을 고갈시켰다. 예를 들어, 1960년대 후반, 인플레이션율이 상승하여 금리가 레귤레이션 Q 상한선을 넘어서자, 특히 대기업과 부유한 가계는 은행의 단기 예금을 위해 재무부채권, 기업어음 및 환매 계약에 대한 단기 투자로 대체했다. 1971년 머니마켓 뮤추얼펀드의 도입은 저축자들에게 은행 예금에 대한 추가적인 대안을 제공했다.

앞서 보았듯이, 머니마켓 뮤추얼펀드의 개발은 또한 대출자들에게 새로운 자금원을 제공했다. 잘 설립된 대형 기업들은 기업어음 시장에서 단기 자금을 조달할 수 있다. 기업들은 기업어음의 상당 부분을 머니마켓 뮤추얼펀드에 매각했다. 은행들은 기업어음 시장에 기업어음 사업을 빼앗기는 고통을 겪었다. 역선택 분석에서 예측했듯이, 양질의 대출자들만이 기업어음을 성공적으로 팔 수 있고, 은행들은 더 낮은 품질의 대출자들을 남겨둘 수 있기 때문이다. 저축자와 차입자들이 은행에서 금융시장으로 빠져나가는 것을 **중재 해제**(disintermediation)라고 하며, 이는 은행이 저축자의 자금을 대출할 수 없다는 것을 의미하기 때문에 수입을 잃게 한다.

레귤레이션 Q를 피하기 위해 은행들은 저축자를 위한 네 가지 새로운 금융상품을 개발하였다.

중재 해제
저축자와 차입자가 은행에서 금융시장으로 빠져나가는 것

1. 양도성예금증서(CD)
2. 인출양도지시(NOW) 계좌
3. 자동이체시스템(ATS) 계좌
4. 머니마켓예금계좌(MMDAs)

시티은행은 1961년 정기예금으로 6개월 만기 정기예금으로서 **양도성예금증서**(negotiable certificates of deposit) 또는 **양도성 CD**는 도입했다. 이 CD들은 두 가지 중요한 특징을 가지고 있다. (1) 최소 $10만 이상의 가치가 있었기 때문에, 레귤레이션 Q 금리 상한선의 적용을 받지 않았다. (2) 사고팔 수 있었기 때문에, 양도성 CD는 기업어음에 경쟁을 제공했다.

은행들은 이자를 지불한 **인출양도지시**(negotiable order of withdrawal, NOW) **계좌**를 개발함으로써 요구불 예금에 대한 이자 지급 금지를 회피하려고 시도했다. NOW 계좌를 가진 예금자는 다른 사람에게 자금을 송금할 때 서명할 수 있는 "인출양도지시"를 받았다. 이러한 인출양도지시들을 수표라고 부르지는 않았지만, 수표처럼 보였고 수표처럼 취급되었기 때문에 NOW 계좌는 사실상 이자를 지불하는 수표 계좌였다.

은행들은 또한 대형 예금자들이 금리 상한선을 피할 수 있도록 돕는 수단으로 **자동이**

체시스템(automatic transfer system, ATS) 계좌를 개발했다. ATS 계좌는 고객의 당좌예금 잔액을 이자 지급 하룻밤 환매 약정으로 "청산(sweeping)"함으로써 당좌예금 계좌에 대한 이자를 효과적으로 지불한다.

마지막으로, 은행에서의 금리 규제의 붕괴에 대응하여, 의회는 두 가지 법률, 즉 1980년 예금제도 규제 완화와 통화 통제법(depository institutions deregulation and monetary control act of 1980, DIDMCA)과 1982년 간-세인트 저메인법(Garn-St. Germain Act)을 제정했다. DIDMCA의 통과로 의회는 1986년에 완전히 사라진 레귤레이션 Q를 단계적으로 폐지하고 NOW와 ATS 계좌을 공식적으로 허용함으로써 은행의 반경쟁적 부담을 완화했다. 또한 DIDMCA는 주택담보대출과 상업대출의 이자율 상한선을 없앴다. 의회는 은행에 금융시장 뮤추얼펀드에 대항하는 더 강력한 무기를 제공함으로써 역중립을 돕는 간-세인트 저메인법을 통과시켰다. 이 법은 은행이 FDIC 보험의 적용을 받지만, 은행이 지준을 보유할 필요가 없는 **머니마켓예금계좌**(Money Market Deposit Account, MMDA)를 제공할 수 있도록 허용했다. 예금자들은 매달 제한된 수의 수표만 쓸 수 있다. 은행이 MMDA에 대한 지준을 보유하거나 많은 수표를 처리할 필요가 없기 때문에 은행에 대한 MMDA의 비용은 낮다. 이에 은행들은 NOW 계좌보다 그들에게 더 높은 금리를 지불할 여유가 있었다. 시장 금리와 은행의 안전성과 친숙함의 결합은 예금자들에게 새로운 계좌를 즉시 성공하게 만들었다.

그림 12.8에는 금융위기, 규제, 금융시스템 대응 및 금리 상한에 적용되는 규제 대응의 과정이 요약되어 있다.

자본 요건

연방정부가 은행 시스템의 안정성을 증진시키기 위해 시도하는 한 가지 방법은 FDIC, 연방준비제도, 통화관리청의 심사관을 은행에 보내 그들이 규정을 준수하고 있는지 확인하는

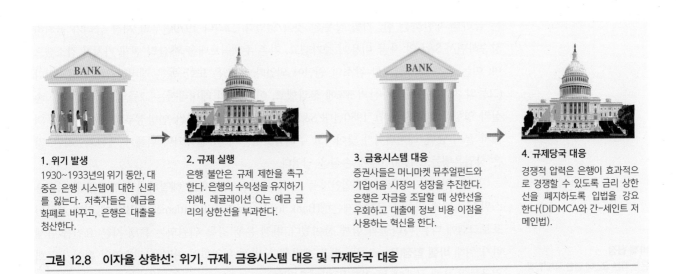

1. 위기 발생
1930~1933년의 위기 동안, 대중은 은행 시스템에 대한 신뢰를 잃는다. 저축자들은 예금을 화폐로 바꾸고, 은행은 대출을 청산한다.

2. 규제 실행
은행 불안은 규제 제한을 촉구한다. 은행의 수익성을 유지하기 위해, 레귤레이션 Q는 예금 금리의 상한선을 부과한다.

3. 금융시스템 대응
증권사들은 머니마켓 뮤추얼펀드와 기업어음 시장의 성장을 추진한다. 은행은 자금을 조달할 때 상한선을 우회하고 대출에 정보 비용 이점을 사용하는 혁신을 한다.

4. 규제당국 대응
경쟁적 압력은 은행이 효과적으로 경쟁할 수 있도록 금리 상한선을 폐지하도록 입법을 강요한다(DIDMCA와 간-세인트 저메인법).

그림 12.8   이자율 상한선: 위기, 규제, 금융시스템 대응 및 규제당국 대응

것이다(통화관리청은 주로 대형 국립은행에 국한된다). 심사 후, 은행은 다음을 기준으로 CAMELS 등급 형태의 등급을 받는다.

자본 적정성(Capital adequacy)
자산 품질(Asset quality)
경영(Management)
수입(Earnings)
유동성(Liquidity)
시장 위험에 대한 민감도(Sensitivity to market risk)

CAMELS의 등급이 낮으면 은행에 행동을 바꾸기 위해 중지 및 단념 명령이 내려질 수 있다. 그러한 시스템은 금융 계약에 제한적인 계약을 삽입함으로써 민간 시장이 도덕적 해이에 접근하는 방식을 모방한다.

CAMELS 범주 중에서 자산 품질과 자본 적정성이 일반적으로 가장 많은 관심을 받는다. 자본규제는 금융회사 소유주가 기업의 손실 비용을 흡수할 가능성을 높여 금융시스템에 대한 위험을 줄이려는 **거시적 신중성 규제**(macroprudential regulation)의 한 예이다. 도덕적 해이는 은행들이 자본 수익률을 높이기 위해 위험한 투자를 할 때 발생한다. 은행이 보유해야 하는 최소 자본액을 규제하는 것은 (1) 손실을 입은 후에도 은행이 상환 능력을 유지할 수 있는 능력을 증가시킴으로써, (2) 은행 파산 시 은행 소유주들이 잃을 금액을 증가시킴으로써, 도덕적 해이의 잠재력과 은행 파산의 FDIC에 대한 비용을 감소시켜 위험한 투자를 피할 수 있는 더 큰 동기를 부여함으로써 작동한다. 규제 당국은 1980년대의 **저축 대출 위기**(saving-and-loan(S&L) crisis) 이후 자본 요건에 대한 초점을 증가시켰다. 주택담보대출을 촉진하기 위해 1930년대에 연방규제가 S&L을 만들었다. S&L은 장기 고정금리 모기지론을 보유하고 단기 정기예금으로 자금을 조달했다. 이 구조는 S&L이 심각한 만기 불일치를 겪을 것을 보장했지만, 금리가 안정적이고 규제가 S&L과 은행이 예금에 지불할 수 있는 금리를 제한하는 한, 거의 잘못된 것이 없었다. 그러나 1979년부터 시장 금리가 급격히 상승하면서 S&L의 자금 비용이 증가했고, 기존 주택담보대출 자산의 현재 가치가 감소했으며, 이는 순자산의 급격한 감소의 원인이 되었다. S&L은 또한 높은 레버리지로 활용되었다(그들의 자본은 종종 자산의 3%에 불과했고, 이 정도의 레버리지는 그들의 자본에 대한 손실의 영향을 확대시켰다). 1980년대 S&L 실패의 물결은 값비싼 연방정부의 구제금융에 의해서 끝이 났다. 레버리지가 낮아지고 주택담보대출에 덜 집중되어 피해가 제한되었지만, 많은 상업은행들도 1980년대에 손실을 입었다.

S&L 위기의 여파로 정책입안자들은 자본 적정성 문제를 해결하기로 결심했다. 미국은 스위스 바젤에 위치한 국제결제은행(Bank for International Settlements, BIS)에 의해 시작된 프로그램에 다른 나라들과 함께 참여했다. 바젤 은행 감독 위원회는 은행 자본 요건을 규제하기 위해 **바젤 협정**(Basel accord)을 개발했다. 바젤 위원회의 판결은 권고안일 뿐이지만 회원국들의 은행 규제에 큰 영향을 미치고 있다.

바젤 협정
은행 자본 요건에 관한 국제 협정

바젤 협정에 따르면 은행 자산은 위험 정도에 따라 네 가지 범주로 분류된다. 이러한 범주는 각 자산의 달러 가치에 위험 조정 계수를 곱하여 은행의 **위험 조정 자산**(risk-adjusted asset)의 척도를 계산하는 데 사용된다. 은행의 자본 적정성은 위험조정자산에 대한 은행 자본의 두 가지 척도를 사용하여 계산된다. **기본자본**(Tier 1 capital)은 우리가 은행 자본이라고 부르는 것, 즉 주주의 자본으로 구성되어 있다. **보완자본**(Tier 2 capital)은 은행의 대손충당금, 후순위채 및 기타 여러 은행 재무상태표 항목과 동일하다. 은행들은 향후 대출손실을 예상하기 위해 자본금의 일부를 **대손충당금**(loan loss reserve)으로 적립했다. 대손충당금을 사용하면 은행은 신고된 이익의 큰 변동을 피할 수 있다. 은행이 채권을 팔 때, 채권 중 일부는 **선순위 채권**(senior debt)이고, 다른 일부는 **하위변제**(subordinated) **채권**, 즉 **후순위**(junior) **채권**이다. 만약 은행이 파산한다면, 선순위 부채를 소유한 투자자들에게 후순위 부채를 소유한 투자자들보다 먼저 지불될 것이다. 후순위 부채를 소유한 투자자들이 은행 경영자들의 행동을 감시할 더 큰 동기를 가지기 때문에, 후순위 부채는 바젤 협정에 따라 보완자본에 포함되었다.

은행 규제 당국은 두 가지 비율, 즉 위험 조정 자산과 관련된 은행의 기본자본과 위험 조정 자산과 관련된 은행의 총 자본(기본 + 보완)을 계산하여 은행의 자본 적합성을 결정한다. 이 두 가지 자본비율에 기초하여, 은행은 표 12.2에 나타난 바와 같이 다섯 가지 위험 범주로 분류된다. 이때 은행의 **자본 비율**(capital ratio)이 높을수록 레버리지가 낮아지고 단기 손실을 견딜 수 있는 능력이 향상된다.

범주 1의 은행은 일반 은행 규정에 명시된 것 이상의 활동에 제한이 없다. 범주 2의 은행은 활동에 대한 특정 제한을 준수해야 하지만 어떠한 조치도 취할 필요가 없다. 범주 3, 4, 5의 은행들은 자본 비율을 높이기 위한 조치를 취해야 한다. 일반적으로 FDIC는 범주 3, 4, 5의 은행과 공식적인 계약을 체결하며, 조치를 완료하기 위해 취해야 할 조치와 마감일을 명시한다. 범주 5의 은행은 FDIC에게 즉시 자본을 늘릴 계획이 있다고 설득해야 한다. 그렇지 않으면 FDIC는 문을 닫게 할 것이다. 범주 5의 은행은 자본이 양수이기 때문에 자산의 가치가 부채의 가치보다 클 수 있지만, FDIC가 즉시 추가 자본을 조달할 수 없다면 FDIC에 의해 폐쇄될 것이다.

표 12.2 은행자본적정성 측정

범주	설명	1단계 자본 비율	총자본비율
1	완전 자본화	8% 이상	10% 이상
2	적절한 자본화	6% 이상	8% 이상
3	자본 부족	6% 미만	8% 미만
4	현저한 자본 부족	4% 미만	6% 미만
5	심각한 자본 부족	2% 미만	—

출처: Federal Deposit Insurance Corporation.

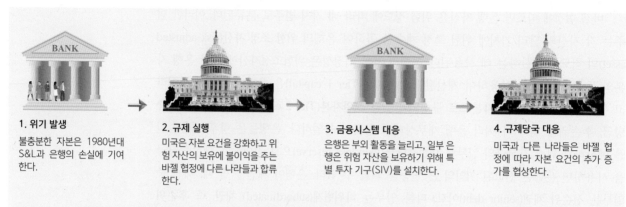

1. 위기 발생	2. 규제 실행	3. 금융시스템 대응	4. 규제당국 대응
불충분한 자본은 1980년대 S&L과 은행의 손실에 기여한다.	미국은 자본 요건을 강화하고 위험 자산의 보유에 불이익을 주는 바젤 협정에 다른 나라들과 합류한다.	은행은 부외 활동을 늘리고, 일부 은행은 위험 자산을 보유하기 위해 특별 투자 기구(SIV)를 설치한다.	미국과 다른 나라들은 바젤 협정에 따라 자본 요건의 추가 증가를 협상한다.

그림 12.9   자본 요건: 위기, 규제, 금융시스템 대응 및 규제 당국 대응

이러한 자본 요건의 이행은 자본 비율이 낮은 은행이 문을 닫거나 추가 자본을 조달할 수밖에 없게 되어 상업은행 시스템의 안정성을 증가시키는 것을 의미한다. 그러나 이러한 요구사항은 또한 금융 혁신을 수반하는 대형 상업은행들의 대응으로 이어져 이들 은행들이 재무상태표에서 일부 자산을 밀어낼 수 있게 되었다. 모기지유동화증권 등 상대적으로 위험한 자산을 보유한 은행들은 추가 자본을 보유해야 했기 때문에 씨티그룹 등 일부 대형은행들은 이들 자산을 보유하기 위해 **특별투자기구**(special investment vehicles, SIV)를 구성했다. SIV는 그들을 후원하는 은행들과 별도의 경영과 자본을 가지고 있었다. 그러나 증권을 사고팔 때 SIV는 후원 은행과의 제휴로 이득을 보았다. 2007~2009년 금융위기 당시, 약 30개의 SIV가 있었으며 약 $3,200억의 자산을 보유하고 있었다. SIV가 보유한 자산이 가치를 잃으면서, 한 후원 은행은 SIV를 실패하도록 허용하거나 그것을 은행 재무상태표에 다시 올려야 하는 어려운 선택에 직면했다. 대부분의 은행들이 금융위기 당시 재무상태표 훼손은 증가했지만, SIV가 발행한 기업어음 등 채무에 투자한 고객과의 관계는 유지한 채 두 번째 코스를 택했다.

바젤 협정에 따른 규제는 특히 자본 은행이 특정 자산에 대해 얼마나 보유해야 하는지를 측정하는 데 사용되는 위험 조정 요인과 관련하여 계속 발전해 왔다.

그림 12.9는 자본 요건에 적용되는 금융위기, 규제, 금융시스템 대응 및 규제 대응의 과정을 요약한 것이다.

2007~2009년 금융위기와 위기 및 대응 패턴

2007~2009년 금융위기 동안과 그 이후의 사건들은 우리가 이 장에서 여러 번 본 위기와 대응의 패턴에 부합한다. 분명히, 주택 붕괴는 1930년대 대공황 이후 미국 금융시스템이 경험했던 어떤 것보다도 더 큰 위기를 초래했다. 집값 폭락으로 가계의 순자산이 줄어 빚을 갚기 위해 소비를 줄였다. 주택담보대출 재융자를 위한 대출을 포함한 대출을 시도한 가구는 순자산이 감소했고 대출기관이 대출기준을 강화했기 때문에 신용을 얻기가 어려웠다. 상업용

부동산 가격이 급격히 하락하여 많은 기업들이 대출할 때 담보로 의존하는 건물의 가치가 떨어지면서, 많은 중소기업들도 비슷한 상황에 있었다.

모기지유동화증권 및 기타 주택 관련 자산의 가격 하락은 은행 및 기타 중개업자의 손실을 초래했다. 재무부와 연준의 초기 규제 대응은 AIG 등 기업의 구제금융, TARP를 통한 상업은행에 대한 자본 투입, 연방준비제도의 공격적인 대출 등을 통해 금융시스템을 안정시키겠다는 것이었다.

은행들은 위기와 자본을 재건하고 레버리지를 줄이기 위해 대출을 줄이고 지준을 축적함으로써 재무상태표에 있는 부실대출을 줄이라는 규제 압력에 대응했다. 또한 은행들은 대출 규정을 재평가하면서 더 많은 위험을 회피했다. 많은 중소기업들은 오랜 기간 동안 관계를 맺고 있던 은행에서도 신용이 단절된 것을 발견했다.

위기가 지나가자, 의회는 2010년 7월 도드-프랭크법 통과와 함께 금융시스템의 규제를 재검토하려고 시도했다. 다음은 이 법안의 주요 조항들이다.

- 연방준비제도 아래, 연방 소비자 금융 보호국(Federal Financial Protection Bureau)을 설립하여, 소비자의 대출 및 투자 활동을 보호하기 위한 규칙을 작성하였다.
- SEC, FDIC, FRB를 포함한 모든 주요 연방 금융 규제 기관의 대표자를 포함하는 금융안정감독위원회(Financial Stability Oversight Council)를 설립했다. 위원회는 금융시스템에 대한 체계적인 위험을 식별하고 이에 대처하기 위한 것이다.
- 이 장의 앞부분에서 논의한 바와 같이, 대형 금융회사들을 위한 대마불사 정책을 끝내려고 시도했다.
- 연준의 운영에 대한 몇 가지를 변경했다.
- 특정 파생상품은 장외거래가 아닌 거래소에서 거래되어야 한다.
- 상업은행에서 대부분의 자기자본거래를 금지하는 볼커 규칙을 시행했다.
- 헤지펀드와 사모펀드가 SEC에 등록하도록 했다.

1. 위기 발생
2006년부터 시작된 주택 거품의 붕괴는 가계 순자산 감소와 금융중개 방해로 이어진다.

2. 규제 실행
재무부와 연방준비제도는 AIG와 같은 기업의 구제금융, TARP를 통한 상업은행에 대한 자본 투입, 연방준비제도의 공격적인 대출 등을 통해 대응한다.

3. 금융시스템 대응
은행과 다른 금융회사는 자본금을 늘리고 레버리지를 제거하며 대출과 투자에서 더 많은 위험을 회피하게 된다.

4. 규제당국 대응
의회는 금융회사에 대한 규제를 증가시키기 위해 도드-프랭크법을 통과시킨다.

그림 12.10 2007~2009 금융위기: 위기, 규제, 금융시스템 대응 및 규제 당국 대응

2007~2009년의 금융위기에 적용되는 금융위기, 규제, 금융시스템 대응 및 규제대응 과정을 그림 12.10에 요약했다.

2020년의 금융위기와 위기에 대한 연준과 미 재무부의 대응은 추가적인 금융규제로 귀결될 것이며, 새로운 규제가 제정되면 금융시스템이 어떻게 대응할지는 알 수 없다.

핵심 질문에 대한 해답

이번 장 서두로부터 연결됨

이 장을 시작할 때 다음과 같이 질문했다.

"금융위기의 원인은 무엇인가?"

장의 서두에서 언급했듯이, 미국은 15년 사이에 집값 거품 붕괴에 따른 2007~2009년의 위기와 코로나19 팬데믹 기간 동안의 2020년의 위기, 두 번의 금융위기를 경험했다. 미국은 1930년대 대공황 초기에도 심각한 재정위기를 겪었다. 이 모든 위기는 심각한 불황을 동반했다. 각 위기에는 다른 원인이 있었다. 1930년대의 금융위기는 상업은행의 대량인출을 포함했고, 2007~2009년의 금융위기는 주택시장 붕괴가 모기지담보증권과 관련 금융자산의 가격에 미치는 영향에 의해 야기되었으며, 2020년의 금융위기는 특히 주정부와 지방정부의 사회적 거리두기 조치의 제정에 의한 코로나19 팬데믹의 영향으로 야기되었다. 비록 초기 원인은 달랐지만, 각각의 금융위기에는 신용도가 하락했다고 믿는 대출자들에게 계속해서 대출을 해 주려는 대출자들의 의지의 감소가 수반되었다. 그 결과 금융시스템을 통한 정상적인 자금 흐름이 중단되어 생산, 고용, 가계 소득이 감소하였다.

12.1 금융위기의 기원
금융위기가 무엇이며, 그 원인이 무엇인지를 설명한다.

복습문제

1.1 왜 금융위기는 일반적으로 불황을 초래하는가?

1.2 상업은행의 "취약성"은 무엇을 의미하는가? 은행이 대량인출을 경험해야만 파산할 수 있는가?

1.3 "확산"이 무엇인가? 그것은 은행 패닉에서 어떤 역할을 하는가?

1.4 통화 "페깅"이란 무엇인가? 통화 위기에서 그것은 어떤 역할을 할 수 있는가?

1.5 국가 채무 위기란 무엇인가?

응용문제

1.6 벤 버냉키 전 연방준비제도이사회(FRB) 의장은 "정상적인 조건에서 지급 능력이 충분한 은행도 지속적인 대량인출(sustained run)에서 살아남기 힘들다"고 관측했다.

  a. 버냉키가 "정상적인 조건하에서 해결"한다는 것은 무엇을 의미하는가?

  b. "지속적인 대량인출(sustained run)"이란 무슨 뜻인가? 왜 은행은 지속적인 대량인출에서 살아남을 수 있는가?

1.7 [예제 12.1 관련] 보스턴 대학의 경제학자 로렌스 코틀리코프(Laurance Kotlikoff)는 모든 은행이 "한정 목적 은행(limited purpose bank)"이 되도록 은행 시스템을 개혁해야 한다고 제안했다.

  [은행]은 단순히 중개인 역할을 함으로써, 결코 금융자산을 소유하거나 어떤 것에 투자하기 위해 돈을 빌리지 않을 것이다. [한정 목적 은행]은 당좌예금계좌에 대해 100% 지준 요건을 효과적으로 제공한다. 이를 통해 FDIC 보험의 필요성과 기존의 뱅크런의 가능성을 모두 없앨 수 있다.

당좌예금 계좌에 대한 100% 지준 요건이 FDIC 보험의 필요성을 없애주는 이유는 무엇인가? 만약 그들의 은행이 파산한다면 예금자들은 돈을 잃는 것을 두려워할 필요가 있을까?

1.8 [개념적용: "2007~2009년 불황의 심각성이 왜 그렇게 예측하기 어려웠는가?" 관련] 카르멘 라인하트와 케네스 로고프는 2007~2009년 금융위기가 동반되는 불황의 심각성뿐만 아니라 그 후 경기 회복도 설명한다고 주장했다. 럿거스 대학의 마이클 보르도(Michael Bordo) 교수는 라인하트와 로고프의 주장이 틀렸다고 주장했다. 대신에, 그는 느린 회복이 "전례 없는 주택시장 붕괴"와 "재정과 규제 정책의 변화에 대한 불확실성" 때문이라고 주장한다. 만약 라인하트, 로고프와 보르도의 주장의 상대적인 장점을 평가하려고 한다면, 어떤 종류의 증거를 볼 것인가? 회복이 더딘 원인을 확실히 파악할 수 있을 것 같은가? 간단히 설명하시오.

1.9 1790년대에 재무장관인 알렉산더 해밀턴(Alexander Hamilton)은 의회가 미국 독립 전쟁 기간 동안 주 정부가 지출 자금을 조달하기 위해 발행한 채권을 갚는 데 동의하도록 촉구했다. 월스트리트 저널의 한 오피니언 칼럼니스트는 의회가 채택한 해밀턴의 제안이 "신흥국가의 국제적 신용을 단숨에 얻었다"고 언급했다.

  a. 칼럼니스트는 어떤 종류의 신용을 언급했을 것 같은가?

  b. 왜 이러한 유형의 세계 신용이 당시 미국이 그랬던 것처럼 상대적으로 저개발 국가에게 특히 중요한가?

12.2 대공황의 금융위기
대공황 기간 동안 발생한 금융위기의 핵심 요소를 설명한다.

복습문제

2.1 1930년대 초의 은행 패닉은 대공황의 심각성을 설명하는 데 어떤 역할을 했는가?

2.2 채무-디플레이션 과정이 대공황의 심각성에 어떻게 기여했는가?

2.3 연방준비제도이사회가 1930년대 초에 은행 시스템을 안정시키기 위해 개입하지 못한 이유에 대한 네 가지 설명을 간략하게 요약하시오.

응용문제

2.4 벤 버냉키 전 연준 의장은 취임 전 발표한 학술연구에서 다음과 같이 썼다.

> 예금 보험이 없는 시스템에서, 예금주 대량인출 및 인출은 은행으로부터 대출을 위한 자금을 빼앗는다. 은행 대출이 전문적이거나 정보에 민감한 범위 내에서, 이러한 대출은 비은행 신용 형태로 쉽게 대체되지 않는다.

  a. 은행 대출이 "정보에 민감한"이라는 것은 무엇을 의미하는가?

  b. "비은행 형태의 신용"이란 무엇인가? 왜 은행 대출이 "정보에 민감한" 것이 비은행 형태의 신용으로 대체하기 어렵게 만드는가?

  c. 버냉키의 관찰이 대공황의 심각성에서 은행 패닉이 수행한 역할을 설명하는 데 도움이 될까?

2.5 월스트리트 저널에서 칼럼니스트는 "프랭클린 D. 루스벨트의 1933년 3월 취임식 네 번째 줄에서 '우리가 두려워해야 할 것은 두려움 그 자체'는 고무적이었지만, 틀렸다. 당시 우리나라를 사로잡았던 디플레이션뿐만 아니라 우려할 것이 많았다"고 기고했다.

  a. 디플레이션을 겪으면 물가가 떨어지는데 디플레이션은 소비자들에게 좋지 않은가? 간단히 설명하시오.

  b. 디플레이션 기간 동안 실질금리는 어떻게 되는가?

  c. 1930년대 초반의 디플레이션은 기업들에게 좋은가 나쁜가? 간단히 설명하시오.

2.6 대공황 기간 동안 연방준비제도의 성과를 설명하면서 벤 버냉키 전 연방준비제도 의장은 다음과 같이 썼다. "연준은 대공황 동안 매우 수동적이었음이 판명되었다. 연준은 수천 개의 작은 은행들을 강제로 닫게 한 대량인출을 막지 못하면서 최종 대부자 역할에는 효과적이지 못했다."

  a. 버냉키 의장이 말하는 연준의 "최종 대부자 역할"은 무엇을 의미하는가?

  b. 연준이 1930년대 초 동안 어떻게 뱅크런을 중단시켰는가?

  c. 연준은 왜 (b)에 대한 답변에서 설명한 조치를 취하지 않았는가?

2.7 **[개념적용: "미국 은행의 실패가 대공황을 일으켰는가?" 관련]** 미니애폴리스 연방준비은행의 아서 롤닉(Arthur Rolnick)은 뱅크오브유나이티드스테이츠 실패에 대해 다음과 같이 주장했다.

> 프리드먼과 슈워츠는 오늘날 "대마불사"라고 알려진 정책의 근거를 제시하는데, 이는 우리가 경제의 나머지 부분에 대한 체계적인 영향 때문에 그들을 파산시킬 수 없는 일부 기관들이 있기 때문이다. 그들은 연준이 이 은행을 구출했다면 대공황은 심각하지만 짧은 불황이었을 것이라고 제안한다.

  a. 뱅크오브유나이티드스테이츠는 무엇이었나? 언제 파산했는가? 왜 파산했는가?

  b. 왜 연준이 뱅크오브유나이티드스테이츠를 구제하지 못한 것이 대마불사 정책의 근거를 제공할 수 있는가?

  c. 롤닉의 견해에 대한 반론이 있는가?

12.3 **2007~2009년 및 2020년 금융위기**
2007~2009년과 2020년의 금융위기 사건을 설명한다.

복습문제

3.1 주택 시장에 거품이 있다고 말하는 것은 무엇을 의미하는가? 2006년 주택 거품 붕괴가 미국 경제에 끼친 영향에 대해 간단히 설명하시오.

3.2 투자 은행은 어떻게 "대량인출"을 경험할 수 있는가? 베어스턴스와 리먼 브라더스에 대한 경영이 미국 경제에 끼친 영향에 대해 간략하게 설명하시오.

3.3 경제학자가 2007~2009년 동안 발생한 일을 2020년의 사건이 아닌 금융위기로 간주하는 이유는 무엇인가?

3.4 2007~2009 및 2020년 금융위기 동안 연방준비제도와 의회가 취한 정책 조치를 간략히 논의하시오.

응용문제

3.5 뉴욕타임즈의 한 기사는 앨런 그린스펀 전 연준 의장의 주장을 인용했다.

> 세계 주택가격 버블은 낮은 금리의 결과였지만, 주택 자산 가격을 활성화시킨 것은 겉으로 보기에 통념이 된 것처럼 중앙은행의 콜금리가 아니라 장기 금리였다.

a. "집값 거품"이란 무엇인가?

b. 왜 장기 금리는 콜금리보다 집값에 더 밀접한 관련이 있는가?

c. 그린스펀에게 낮은 장기 금리가 주택버블에 대한 낮은 단기 금리보다 더 큰 책임이 있는지 아닌지가 왜 중요한가?

3.6 벤 버냉키 전 연방준비제도이사회 의장은 블로그에 올린 글에서 "은행에 대한 광범위한 신뢰 상실, 단기 자금 조달 제공자에 의한 대량인출, 은행 대출과 기타 자산의 대량 할인판매, 신용 흐름의 붕괴"라는 금융위기의 네 가지 "기본 요소"를 설명했다.

a. 왜 이 네 가지 요소들이 금융위기 동안 일어날 수 있는가?

b. 네 가지 요소가 2007~2009년 금융위기 동안 발생했는지 여부를 간략히 설명하시오.

3.7 2007~2009년 금융위기를 논의하면서 스탠리 피셔 전 연방준비제도이사회 부의장은 "상대적으로 모기지 시장의 작은 부분이었던 손실이 금융시스템의 나머지 부분을 통해 빠르게 확산된다는 사실은 은행과 비은행 간의 복잡한 상호 연결이 어떻게 중요하고 예상치 못한 방식으로 충격을 증폭시킬 수 있는지를 보여준다"라고 말한다.

a. 피셔가 언급한 "비은행"은 무엇인가?

b. 그가 언급한 은행과 비은행 간의 상호 관계는 무엇인가?

c. 그가 이러한 상호 연결이 "충격을 증폭시킬 수 있다"고 쓴 것은 무엇을 의미하는가? 이러한 상호 연결은 어떤 충격을 증폭시켰는가?

3.8 "유동성 기금"과 "신용 기금"의 차이점은 무엇인가? 왜 연방준비제도이사회는 2020년 동안 이 두 가지를 모두 사용하기로 결정했는가?

12.4 **금융위기와 금융규제**
금융위기와 금융규제의 연관성에 대해 논의한다.

복습문제

4.1 최종 대부자가 되는 것이 대마불사 정책과 어떻게 연결되어 있는가?

4.2 은행은 예금 금리의 상한선을 피하기 위해 어떤 혁신을 발전시켰는가?

4.3 왜 예금보험이 은행들로 하여금 많은 위험을 떠안게 하는가? 따라서 예금보험은 나쁜 생각인가? 간단히 설명하시오.

4.4 왜 일부 경제학자들과 정책입안자들은 2020년 불황 동안 연준의 정책 조치가 금융시스템의 도덕적 해이 문제를 증가시켰다고 생각했을까? 만약 연준이 도덕적 해이를 증가시켰다면, 그것은 반드시 연준이 조치를 취하지 않았어야 했다는 것을 의미하는가? 간단히 설명하시오.

4.5 "자본 요건"이란 무엇인가? 어떤 목적으로 사용되는가?

응용문제

4.6 금융 작가 세바스찬 말라비(Sebastian Mallaby)는 헤지펀드에 대해 다음과 같은 관찰을 하였다.

> 레버리지는 또한 헤지펀드를 충격에 취약하게 만들었다. 만약 헤지펀드 거래가 그들에게 불리하게 움직인다면, 그들은 번개 같은 속도로 자본의 얇은 쿠션들을 태워버려서 빠르게 포지션을 던져야 할 것이고, 이것은 가격을 불안정하게 할 것이다.

   a. 헤지펀드의 거래 "반대 움직임"은 무엇을 의미하는가?

   b. 왜 펀드의 거래가 반대 방향으로 움직이면 펀드가 자본을 태워버리게 되는가?

   c. 펀드가 고도로 활용되고 있는 것과 "자본의 얇은 쿠션"을 가지고 있는 것 사이의 관계는 무엇인가?

   d. 펀드의 "포지션 덤핑"은 무엇을 의미하는가?

   e. 왜 펀드의 포지션 덤핑은 가격을 불안정하게 하는가? 어떤 가격인가?

4.7 **[이 장 도입부 관련]** 앨런 그린스펀 전 연준 의장은 금융위기를 되돌아보는 논문에서 다음과 같이 썼다.

> 예를 들어, 닷컴 붐과 1987년 봄의 급격한 주가 상승과 같이 심각한 경제적 영향 없이 일부 거품이 꺼졌다. 다른 것들은 심각한 디플레이션 결과를 초래했다. 그 거품들... 특히 부채 만기가 자금조달 자산의 만기보다 짧을 때 금융 부문의 부채 레버리지 정도 함수로 보인다.

   a. 그린스펀이 말하는 "부채 레버리지"란 무엇인가?

   b. "부채의 만기가 자금조달하는 자산의 만기보다 짧다"는 것이 왜 중요한가?

   c. 그린스펀의 분석은 왜 연준이 그의 재임 기간 동안 자산 거품에 대한 조치를 취하는 것을 꺼려했는지에 대한 통찰력을 제공하는가?

4.8 2016년 금융감독당국은 5개 대형은행이 마련한 "정리의향서"에 유의적인 변화를 지시했다. 월스트리트저널의 기사에 따르면, 정리의향서는 "기업들이 납세자들에게 비용을 들이지 않고 파산할 수 있는 믿을 만한 계획을 가지고 있어야 하는 2010년 도드-프랭크법에 명시된 법적 기준을 충족하지 못했다"고 말했다.

   a. 의회는 왜 대형 금융회사들에게 정리의향서를 요구하기로 결정했는가?

   b. 도드-프랭크법의 이 요건이 연방준비제도법 제13조 (3)의 법 변경과 관련이 있는가? 간단히 설명하시오.

4.9 뉴욕 연방준비은행의 마이클 헬드(Michael Held) 부총재는 2020년 6월에 다음과 같이 언급했다.

> 의회의 지시는 때때로 해석과 재량의 여지를 남긴다. 예를 들어, 연방준비제도법 제13조 (3)은 이사회가 "비정상적이고 긴급한 상황"에 신용을 제공할 수 있도록 허용하고 있다. 이들은 무엇인가? 그리고 상황이 이상하고 긴급하지 않을 때를 어떻게 알 수 있을까?

   a. 연준이 2020년 불황기에 연방준비제도법 제13조 (3)에 따른 권한에 의존한 조치는 무엇인가?

   b. 의회는 왜 연준이 "비정상적이고 긴급한 상황"에서만 이러한 조치를 취할 수 있다고 제13조 (3)에 기록했는가?

   c. 연준이 금융시장과 경제의 현재 상황이 실제로 "비정상적이고 긴급"한지 여부를 결정하는 데 어려움을 겪을 때 어떤 문제에 직면할 수 있는가? 상황이 더 이상 "비정상적이고 긴급"하지 않은지 여부를 판단하는 데 어려움을 겪을 수 있는 문제는 무엇인가?

미국 연방준비제도와 중앙은행

학습목표

이번 장을 통해 다음을 이해할 수 있다.

13.1 연방준비제도의 구조를 설명한다.

13.2 정부와 연준의 관계 및 연준의 독립성에 대한 찬반 주장을 설명한다.

13.3 다른 나라의 중앙은행 독립성을 비교한다.

웰스파고(Wells Fargo)가 연준의 일부를 소유하고 있다. 그게 중요한가?

누가 FBI, 국방부, 환경보호국을 소유하고 있는가? 이 기관들은 연방정부의 일부이기 때문에, 기관들, 그들이 수용된 건물들, 그리고 그들의 컴퓨터 시스템이 연방정부에 의해 소유되는 것은 명백하다. 연방준비제도를 구성하는 12개 지역 연방준비은행을 누가 소유하고 있는지에 대한 문제는 훨씬 더 복잡하다.

이 장에서 보겠지만, 의회는 100년 이상 동안 고군분투한 끝에 그 나라의 중앙은행을 위해 정치적으로 수용 가능한 구조를 정했다. 1913년 연방 준비법에 구체화된 타협안에 따라, 이후 여러 차례 개정되었으며, 시스템을 통제하는 이사회는 FBI나 국방부와 유사한 연방정부 기관이다. 그러나 연방준비제도의 대부분의 업무를 수행하는 12개 지역 연방준비은행은 법적으로 민간 법인과 동등하며,

그들의 지역에 있는 은행들이 그들의 주식을 소유하고 있다. 예를 들어, 샌프란시스코에는 연방준비은행이 있다. 웰스파고는 전국에 지점을 두고 있지만 샌프란시스코에 본부를 두고 있어 샌프란시스코 연방준비은행의 일부 소유자이다. 그러나 웰스파고와 다른 회원 은행들은 주주들이 보통 민간 법인에 가지고 있는 소유권을 거의 가지고 있지 않다. 은행들은 그들의 주식을 팔거나 거래할 수 없고, 회원 은행들이 매년 배당금을 받지만, 연방준비은행은 상업 은행들처럼 이익을 극대화하기 위해 운영되지 않는다. 은행들은 또한 9명의 준비은행 이사들 중 6명을 선출하기 때문에 각 준비은행이 어떻게 운영되는지에도 어느 정도 영향을 미친다. 그 이사회들은 차례로 연방준비은행의 총재들을 임명한다.

핵심 이슈와 질문

이슈: 도널드 트럼프 대통령의 연방준비제도의 정책 비판으로 연방준비제도의 독립성 축소 여부를 둘러싼 논쟁이 벌어졌다.

질문: 의회와 대통령이 연방준비제도에 대해 더 큰 권한을 가져야 하는가?

해답은 이 장의 끝에서…

연방준비은행들이 그들 지역의 회원은행들을 감독하고 규제할 책임이 있다는 것을 감안할 때, 회원은행들이 은행을 운영하는 데 중요한 역할을 하는 것은 이해충돌인가? 일부 정책입안자들은 그렇게 생각했고, 2010년 도드-프랭크법의 일부로서, 의회는 연방준비은행의 이사회에서 일하는 은행가들을 연방준비은행의 총재 임명에 참여하는 것을 배제하기 위해 연방준비법을 개정했다. 버니 샌더스(Bernie Sanders) 버몬트주 상원의원은 2020년 민주당 대통령 후보 경선을 위해 선거운동을 한 뒤 "은행업계 간부들이 더 이상 연준 이사회에서 근무할 수 없도록 해야 한다"고 제안했다. 샌더스는 연준이 은행을 규제하기 때문에 연준은행의 이사회 재직 시 이해충돌에 시달렸다고 주장하면서 "이해충돌을 없애기 위해 연준의 지배구조를 근본적으로 개편해야 한다"고 주장했다.

연방준비제도에서 은행의 역할에 대한 논쟁은 최근 몇 년 동안 많은 정책입안자들이 연방준비제도 구조를 바꾸는 데 찬성했다는 몇 가지 징후 중 하나에 불과했다. 앞서 연방준비제도이사회가 다른 연방정부로부터 재정적으로 독립하고, 어느 정도까지는 정치적으로도 독립하도록 만들려는 의도를 보였다. 그러나 2007~2009년의 금융위기 동안 연준이 추구한 특이한 정책과 2020년의 코로나19 팬데믹으로 인한 불황에 이어, 일부 비평가들은 연준이 경제에서 너무 중요한 역할을 맡았다고 주장했다. 많은 사람들은 연방준비제도이사회 의장이 경제와 금융시스템에 영향을 미치는 능력에서 미국 대통령 다음으로 두 번째라고 생각한다.

선출되지 않은 중앙은행 총재가 그렇게 많은 권력을 가져야 하는가? 아니면 의회와 대통령이 국방, 환경, 세금, 연방정부 지출과 같은 분야에서처럼 연방준비제도이사회를 운영하고 정책을 수립하는 데 더 직접적인 역할을 해야 하는가? 이 장에서는 이러한 토론의 맥락을 제공하기 위한 연준의 현재 구조에 대해 논의한다.

이 장에서는 연준의 조직 및 구조와 경제 정책 결정 기관으로서의 역할에 대해 논의한다. 또한 연준이 운영되는 정치 영역과 최근 몇 년 동안 의회에서 더욱 치열해진 중앙은행의 독립성에 대한 논쟁을 묘사한다. 그런 다음 유럽중앙은행을 포함한 미국 밖의 중앙은행들의 조직과 독립성을 살펴본다.

13.1 연방준비제도의 구조
학습목표: 연방준비제도의 구조를 설명한다.

다른 중앙은행들 중 연방준비제도처럼 복잡한 구조를 가진 곳은 거의 없다. 연준의 조직은 미국에 분열된 은행 시스템을 준 것과 같은 정치적 투쟁으로 형성되었다. 그것은 바로 그러한 강력한 기관이 경제력을 남용할 것을 두려워하는 사람들과 경쟁하는 강력한 금융기관의 옹호자들이다. 연준의 독립성을 낮추기 위한 최근 의회 제안을 둘러싼 싸움에서 이전의 정치적 투쟁의 메아리를 듣는다. 연준이 왜 지금처럼 조직되어 있는지 이해하기 위해서는, 역사를 되돌아볼 필요가 있다.

연방준비제도의 창설
미국이 독립을 쟁취한 지 얼마 되지 않아, 알렉산더 해밀턴(Alexander Hamilton) 재무장관은 중앙은행으로서 기능할 예정이었지만 정부와 민간 주주가 모두 있는 뱅크오브유나이티드스테이츠(Bank of the United States)를 조직했다. 그 은행은 국내 은행들이 자본에 비해 너무 많은 대출을 하지 않도록 조치를 취함으로써 금융시스템을 안정시키려 했다. 뱅크오브유나이티드스테이츠에 빠르게 적들이 생겨났다. 국내 은행들은 은행의 영업 감독에 분개했다. 제한된 연방정부의 많은 지지자들은 헌법이 의회에 중앙은행을 설립할 권한을 명시적으로 제공하지 않았기 때문에 은행의 힘을 불신했다. 농부들과 특히 서부와 남부의 소기업 소유주들은 은행이 그들의 지역 은행으로부터 대출을 받을 수 있는 능력에 간섭하는 것에 분개했다.

1791년 의회는 뱅크오브유나이티드스테이츠에 20년 헌장을 승인하여 연방정부에서 유일하게 권한을 부여받은 은행이 되었다. 그 당시 다른 모든 은행들은 주 정부로부터 그들의 헌장을 받았다. 정치적 반대에도 불구하고, 헌장을 갱신할 충분한 의회의 지지가 없었고, 은행은 1811년에 운영을 중단했다. 1812년 전쟁의 자금 조달에 관한 연방정부의 문제 때문에 의회의 정치적 의견은 중앙은행의 필요성으로 되돌아갔다. 1816년, 의회는 20년 헌장에 따라 세컨뱅크오브유나이티드스테이츠(Second Bank of the United States)를 설립했다. 세컨뱅크는 퍼스트뱅크와 같은 많은 논쟁에 직면했다. 세컨뱅크의 헌장 갱신 시점이 다가오자 포퓰리즘 성향의 앤드류 잭슨(Andrew Jackson) 대통령과 세컨뱅크 총재 니콜라스 비들(Nicholas Biddle) 사이에 격렬한 정치공방이 벌어졌다. 1832년 의회가 세컨뱅크를 재계약하는 법안을 통과시켰지만, 잭슨은 그 법안에 거부권을 행사했고, 세컨뱅크의 헌장은 1836년에 만료되었다(세컨뱅크는 펜실베니아주에 있는 주 정부 전세 은행으로서 한동안 살아 남았다).

세컨뱅크오브유나이티드스테이츠가 사라지면서 미국은 중앙은행이 없어졌고, 따라서 은행을 위한 공식적인 최종 대부자가 없게 되었다. 뉴욕 클리어링 하우스(New York Clearing House)와 같은 민간 기관들은 그 공백을 메우려고 시도했지만, 1873년, 1884년, 1893년, 1907년 심각한 전국적인 금융 공황과 그에 따른 경제 침체는 미국 금융시스템이 불안정하다는 우려를 의회에서 불러일으켰다. 1907년 금융공황과 경제불황 이후, 많은 정책입안자들은 뉴욕의 금융가인 J.P.와 같은 은행가들을 걱정했다. 과거에 일시적인 유동성 문제를 겪고 있는 은행에 대한 대출을 조직하는 것을 도왔던 모건은 미래의 위기를 관리할 수는 없을 것이다. 의회는 1908년 중앙은행의 설립 가능성을 연구하기 위해 국가통화위원회(National Monetary Commission)를 임명했다. 의회는 위원회의 권고를 수정했고, 우드로 윌슨(Woodrow Wilson) 대통령의 지지와 함께 1913년에 연방준비법이 제정되었다.

연방준비제도법은 **연방준비제도**(Federal Reserve System)를 미국의 중앙은행으로 설립했다. 의회의 많은 사람들은 워싱턴 DC에 기반을 둔 통일된 중앙은행이 그 은행을 운영하는 관리들의 손에 과도한 경제력을 집중시킬 것이라고 생각했다. 이에 이 법은 연방준비제도 내에서 은행가와 기업 이익, 주와 지역, 그리고 정부와 민간 부문 세 가지 방법으로 경제력을 나누었다. 이 법 및 후속 법률은 시스템 내에 4개의 그룹을 만들었고, 각각 이론적으로 연방 준비 은행, 민간 상업 회원 은행, 이사회, 연방공개시장위원회(FOMC)와 같은 별도

연방준비제도
미국의 중앙은행

의 직무를 수행할 권한을 부여했다. 모든 **국립은행들**(national banks), 즉 연방정부로부터 헌장을 받은 상업은행들은 이 제도에 가입하도록 요구되었다. 주 정부로부터 헌장을 받은 **주은행들**(state banks)의 상업은행들도 가입할 수 있는 선택권이 주어졌다. 연방준비제도법의 원래 목적은 최종 대부자 기능에 따라 회원국 은행에 할인대출로 알려진 미상환 통화량과 대출량을 중앙은행이 통제하도록 하는 것이었다. 1913년 대통령과 의회는 연준을 대부분의 통화와 은행 시스템에 대한 광범위한 통제를 가진 중앙집권적 권위자로 여기지 않았다. 이 장의 나머지 부분에서 볼 수 있듯이, 시간이 지남에 따라, 연준은 금융시스템에서 그 역할을 확장했다.

연방준비은행

연방준비은행
연방 준비 제도에서 할인대출을 실시하는 12개 지역 은행 중 하나

연방준비제도 내에서 권한을 분할하려는 계획의 일환으로, 의회는 미국 퍼스트뱅크와 세컨뱅크오브유나이티드스테이츠의 2개 구조의 지점을 가진 단일 중앙은행을 설립하지 않기로 결정했다. 대신 연방준비제도법은 미국을 12개의 연방준비지역으로 나누었고, 각 지역마다 한 도시에는 **연방준비은행**(Federal Reserve Bank)이 있다. 의회는 각 연방준비은행의 주요

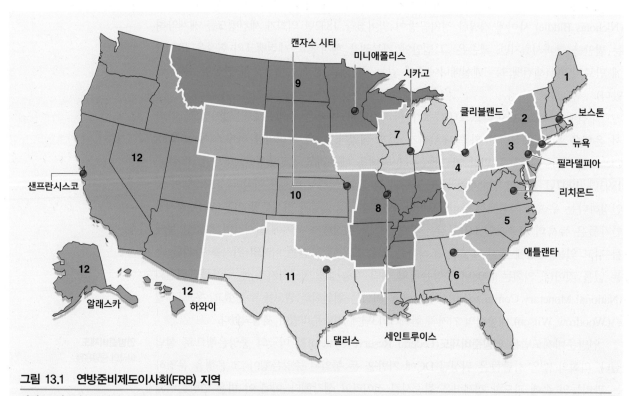

그림 13.1   연방준비제도이사회(FRB) 지역

의회는 미국을 12개의 연방준비 지역으로 나누었는데, 각각은 도시와 농촌의 혼합, 그리고 제조업, 농업, 서비스 산업을 포함한다. 참고로 하와이와 알래스카는 12번째 연방준비 지역에 포함되어 있다.

출처: Federal Reserve Bulletin.

기능을 해당 지역의 회원 은행에 할인대출을 하도록 의도하였다. 이러한 대출은 은행에 유동성을 공급함으로써 최종 대부자로서의 시스템 역할을 분산된 방식으로 완수하고 의회가 바라던 대로 은행 패닉을 종식시키는 것이었다.그림 13.1은 연방준비제도 지역과 연방준비은행의 위치를 보여준다. 이 지도는 일부 주들이 지역 경계로 나뉘고, 경제적으로 서로 다른 주들이 같은 지역에 모여 있기 때문에 언뜻 보기에 이상하게 보일 수 있다. 지리적으로 가장 큰 지역(샌프란시스코)은 가장 작은 지역(뉴욕)보다 10배 이상 크다. 대부분의 연방 준비 지역은 제조업, 농업, 서비스 산업뿐만 아니라 도시와 농촌의 혼합 지역을 포함한다. 이 협정은 어떤 이익 단체나 어떤 한 주가 지역 연방준비은행으로부터 특혜를 받는 것을 막기 위한 것이었다. 이 지역은 1914년 미국 경제의 구조와 산업과 인구의 지리적 분포를 반영한다. 그러나 이후 상당한 변화가 있었다. 예를 들어, 샌프란시스코 연방준비은행이 서비스하는 지역은 1914년 미국 인구의 약 6%를 포함했지만, 오늘날 약 20%를 차지한다. 의회는 지역 경계를 다시 그리기를 제안했지만, 지금까지 아무것도 성공하지 못했다.

개념 적용

세인트루이스와 캔자스시티? 지역 은행의 위치를 설명하는 것은?

현재의 연준은 의회가 연방준비제도법을 통과시킬 때 염두에 두었던 것과 완전히 다르다. 특히, 준비은행은 오늘날보다 훨씬 더 많은 독립성을 가지도록 의도되었다. 이에 따라 은행이 어디에 위치할 것인가는 그 법에 대한 의회 논쟁에서 중요한 쟁점이 되었다. 이 법은 8~12개 지역을 허용했지만, 연방준비은행이 어느 도시에 위치할지는 명시하지 않았다. 그 결정은 재무부 장관, 농림부 장관, 그리고 통화청 관리자(controller of the currency)로 구성된 준비은행 조직위원회(Reserve Bank Organizing Committee)에 주어졌다. 1914년 4월 위원회가 발표한 지역 경계와 연방준비은행 도시들은 현재까지 변함이 없다. 위원회의 선택은 3명의 위원이 모두 민주당 우드로 윌슨(Woodrow Wilson) 대통령의 지명자였기 때문에 논란이 되었다. 일부 비평가들은 민주당 정치가 위원회가 도시를 선택했다고 주장했다. 예를 들어, 2개의 은행이 있는 유일한 주는 미주리주이며, 캔자스시티는 10번째 지역, 세인트루이스는 8번째 지역의 연방준비은행 역할을 한다. 여기에 민주당 하원의장이 미주리주 출신이라는 지적이 나왔다. 마찬가지로 연방준비제도법의 후원자 중 한 명인 민주당 상원의원 카터 글래스(Carter Glass)의 고향 버지니아주 리치먼드에도 은행이 수여됐다. 연방준비제도 관리들에게 위원회의 결정을 뒤집도록 설득하려는 시도가 있었지만, 1916년, 미국 법무장관은 의회가 연방준비은행법을 개정해야만 연방준비은행의 지역 경계와 위치를 변경할 수 있다고 판결했다.

일부 경제학자들은 연방준비은행의 위치가 20세기 초반의 정치를 나타낸다고 주장하지만, 이 문제에 대한 연구는 이 주장을 반박한다. 원온타 뉴욕주립 대학교의 마이클 맥어보이(Michael McAvoy)는 정치적 요인이 더 중요한지 경제적 요인이 더 중요한지를 알아보기 위해 준비은행 조직위원회의 선택을 다시 검토했다. 그는 당시 대부분의 단체들이 6개 도시

(보스턴, 시카고, 뉴욕, 필라델피아, 세인트루이스, 샌프란시스코)에 연방준비은행을 설립하는 것에 동의했다는 것을 발견했다. 맥어보이는 의회에서 도시가 민주당으로 대표되는지 여부와 같은 정치적 변수, 즉 도시의 인구, 은행 자본의 증가, 위원회에 의해 조사된 은행가들의 선호도와 같은 경제적 변수들이 선택된 도시를 예측할 수 있는지를 알아보기 위해 통계모형을 만들었다. 맥어보이의 결론은 경제적 변수는 선택된 도시를 정확하게 예측할 수 있지만 정치적 요인은 그렇지 않다는 것이었다.

미국 세인트루이스 연방준비은행의 경제학자인 데이비드 휠록(David Wheelock)은 왜 준비은행 조직위원회가 미주리주에 2개의 준비은행을 설립하기로 선택했는지 연구했다. 그는 **코레스 뱅킹**(correspondent banking)이 1900년대 초에 특히 중요하다고 언급했다. 코레스 뱅킹은 일반적으로 대도시에 위치하였으며, 주변 지역의 소규모 은행에 수표 결제 및 대출과 같은 서비스를 제공하였다. 코레스 뱅킹은 소규모 은행의 비즈니스 고객들의 요구를 촉진하는 데 도움을 주었다. 예를 들어, 캔자스 시티에 위치한 은행은 캔자스, 네브래스카 또는 콜로라도에 위치한 소규모 은행에 서비스를 제공할 수 있다. 휠록은 준비은행 조직위원회가 조사한 소규모 은행들이 덴버나 오마하와 같은 다른 도시에 있는 은행들보다 캔자스시티와 세인트루이스의 은행들과 통신 관계를 가질 가능성이 더 높고, 그곳이 준비 은행의 위치가 되기를 원했다는 것을 발견했다. 이 소규모 은행들은 다른 도시보다 캔자스시티와 세인트루이스에 있는 준비은행이 위치하는 것을 지원했다.

그러므로 오늘날 미주리주에 2개의 연방준비은행이 있는 것이 이상하게 보일 수 있지만, 1914년에 경제적으로 의미가 있는 것으로 보인다.

이 장의 끝에 있는 관련문제 1.7을 참조하시오.

장의 서두에서, 우리는 연방준비은행의 소유 구조가 처음 설립된 지 1세기가 넘도록 논란이 되고 있다는 점에 주목했다. 은행들이 연방준비제도에 가입할 때, 그들은 회원 은행들에게 이 주식에 대한 배당을 지급하는 연방준비은행에서 주식을 사야 한다. 그래서 원칙적으로 연방준비제도 회원인 각 지역의 민간 상업은행이 지역은행을 소유하고 있다. 각 연방준비은행은 주주들이 보통 행사하는 권리와 특권을 회원은행들이 거의 누리지 않기 때문에 민간-정부 합작기업이다. 예를 들어, 회원은행은 민간 기업의 주주들처럼 지역은행의 이익에 대한 법적 권리를 가지고 있지 않다.

1913년 연방준비제도법의 지도 원칙은 한 선거구(예: 금융, 제조업, 상업, 농업)가 다른 선거구를 희생시키면서 중앙은행의 경제력을 이용하는 것이 금지된다는 것이었다. 따라서 의회는 연방준비은행의 이사회 구성을 제한했다. 이사들은 은행, 기업, 그리고 일반 대중의 세 그룹의 이익을 대표한다. 회원은행은 3명의 은행가(클래스 A 이사)와 3명의 산업, 상업, 농업의 지도자(클래스 B 이사)를 선출하고, 연준은 3명의 공익 이사(클래스 C 이사)를 임명한다. 연방준비제도 역사의 대부분 동안, 연방준비은행의 9명의 이사들은 이사회 승인을 조건으로 은행의 총재를 선출했다. 2010년 도드-프랭크법에 따르면, 클래스 A 이사는 더 이상

은행장 선거에 참여하지 않는다. 장의 서두에서 보았듯이, 버몬트주 상원의원 버니 샌더스는 은행들이 더 이상 클래스 A와 클래스 B 이사를 선출하는 것을 허용하지 않고 은행가들이 더 이상 이사로 활동하지 않을 것을 제안했다. 이 제안에 대해서는 이 장의 후반부에서 논의한다.

12개 연방준비은행은 지급 시스템, 화폐공급 통제 및 금융 규제에서 연준의 역할과 관련하여 다음과 같은 의무를 수행한다.

- 지급 시스템에서 수표 결제 관리(은행 시스템이 실제로 은행에서 종이 수표를 보내는 대신 전자수표결제로 이동했기 때문에 이 활동은 덜 중요해졌다.)
- 새 연방준비 지폐를 발행하고 손상된 지폐를 회수하여 유통되는 화폐 관리
- 지역 내 은행에 대한 할인대출 실시
- 주 구성원 은행 검토 및 합병 신청 평가와 같은 감독 및 규제 기능 수행
- 지역 기업 활동에 대한 자료를 수집 및 제공하고, 은행에 고용된 전문 경제학자들이 작성한 화폐 및 뱅킹 주제에 대한 보고서를 발행하여 기업 및 일반 대중에게 서비스 제공
- 연방준비제도의 주요 통화정책기구인 연방공개시장위원회(FOMC)에서 활동

연방준비은행은 직접(할인대출을 통해) 그리고 간접적으로(연방준비위원회의 멤버십을 통해) 통화정책에 관여한다. 이론적으로, 연방준비은행은 은행이 할인대출에 지불하는 할인율을 정하고, 개인(회원 및 비회원) 은행이 빌릴 수 있는 금액을 결정한다. 그러나 실제로는 1920년대부터 워싱턴 DC의 주지사 이사회에서 할인율을 사실상 정했고, 12개 지역 모두에서 할인율이 동일하다. 연방준비은행은 연방공개시장위원회와 지역 은행가들로 구성된 협의체인 연방자문위원회(Federal Advisory Council)의 대표를 통해 정책에 영향을 미친다.

회원 은행

연방준비제도법은 모든 국가은행들이 연방준비제도에 가입할 것을 요구했지만, 주 은행(state bank)들은 가입할 수 있는 선택권이 주어졌고, 많은 은행들은 가입하지 않기로 결정했다. 현재 주 은행의 약 20%만이 회원이다. 미국 내 모든 상업은행의 약 38%가 현재 연방준비제도에 속해 있지만, 이 회원국 은행들이 모든 은행 예금의 상당 부분을 보유하고 있다.

그동안 주 은행은 연방준비제도 가입이 비용이 많이 든다고 생각했기 때문에 연방준비제도에 가입하지 않는 것을 선택했다. 특히, 이 제도에 가입하지 않은 주 은행들은 연준의 지준 요건을 피할 수 있었다. 연준이 필요한 지준에 대한 이자를 지급하지 않았기 때문에 은행들은 지준 요건을 사실상 세금으로 보았다. 다시 말해서, 연준의 회원이 되는 것은 손실된 이자 수익의 형태로 은행에 상당한 기회비용을 부과했다. 1960년대와 1970년대에 명목 금리가 상승함에 따라, 연준 멤버십의 기회 비용이 증가하며 회원이 되거나 남아 있는 주 은행이 줄어들었다.

1970년대 동안, 연준은 소위 회원 은행에 대한 지준세(reserve tax)가 비회원 은행들에 비해 경쟁적으로 불리한 위치에 놓았다고 주장했다. 연준은 은행 멤버십의 감소가 화폐공

급을 통제하는 능력을 약화시켰다고 주장하며 의회가 모든 상업은행을 연방준비제도에 가입하도록 강요할 것을 촉구했다. 비록 의회가 그러한 요건을 법제화하지는 않았지만, 1980년의 예금기관 규제완화 및 통화통제법(Depository Institutions Deregulation and Monetary Control Act, DIDMCA)은 모든 은행이 동일한 조건으로 연준에 예치금을 유지할 것을 요구했다. 이 법안은 회원 은행과 비회원 은행이 할인대출과 결제 시스템(수표 정리) 서비스에 동등하게 접근할 수 있는 권한을 부여했다. DIDMCA는 회원 은행과 비회원 은행 간의 구분을 사실상 흐리게 하고 연준의 회원 수 감소를 막았다. 2008년 10월, 연준은 은행에 지준에 대한 이자를 지급하기 시작했고, 이는 보유 지준의 은행에 대한 기회비용을 낮췄다. 2020년 3월 연준은 지준 요건을 없앴고, 2020년 9월 연준은 은행지준에 대해 0.10%의 금리를 지불하고 있다.

예제 13.1

은행에 대한 지준 요구사항은 얼마나 비용이 드는가?

웰스파고(Wells Fargo)가 계좌 잔액 확인에 대해 연 1%의 금리를 지불하고 10%의 지준 요건을 충족해야 한다고 가정해보자(2020년 3월, 연준은 지준 요건을 삭제했지만, 언제든지 이를 복원할 수 있다). 또한 연준이 웰스파고 보유 지준에 대해 0.50%의 금리를 지급하고 웰스파고가 대출과 기타 투자로 5%를 벌 수 있다고 가정한다.

a. 지준 요구조건이 웰스파고가 계좌예금 당좌예금 $1,000로 벌 수 있는 금액에 어떤 영향을 미치는가? 웰스파고가 예금자에게 지불하는 이자 이외의 예금에 발생하는 모든 비용은 무시한다.

b. 은행의 지준 요건("지준세")에 대한 기회비용은 경기 침체 또는 경기 확장 중 언제 더 높을 것 같은가? 간단히 설명하시오.

문제풀이

1 단계 **이 장의 내용을 복습한다.** 이 문제는 은행에 대한 지준 요건의 영향에 관한 것이므로 "회원 은행" 절을 검토하는 것이 좋다.

2 단계 **웰스파고에 대한 자금의 유효 비용을 계산하여 (a)에 답한다.** 10%의 지준 요건을 갖춘 웰스파고는 $1,000짜리 당좌예금 중 $100를 연준에 지준으로 보유해야 하며, 연준은 0.50%의 금리를 받는다. 은행은 나머지 $900를 투자할 수 있다. 따라서 다음과 같이 얻을 수 있다.

$$(\$900 \times 0.05) + (\$100 \times 0.0050) = \$45.00 + \$0.50 = \$45.50$$

만약 은행이 예금에 대해 지준을 보유할 필요가 없다면, 다음과 같은 이익을 얻을 것이다.

$$\$1,000 \times 0.05 = \$50$$

따라서 지준 요건은 웰스파고의 수익률을 $4.50, 즉 ($4.50/$1,000) × 100 = 0.45%

까지 줄이는 것이다.

3 단계 **(b)의 답변은 경기순환에 따라 지준세가 어떻게 달라지는지를 설명함으로써 이루어진다.** 은행들이 대출 등 투자로 벌 수 있는 금리가 높을수록 낮은 금리를 받고 있는 연준에 지준을 보유해야 하는 기회비용이 높아진다. 4장에서 보았듯이, 금리는 불황기에는 하락하고 경기 확장기에는 상승하는 경향이 있다. 그러므로 지준 요건의 은행들에 대한 기회비용은 불황 기간보다 경제 확장 기간 동안 더 높을 가능성이 있다.

이사회

워싱턴 DC에 본부를 둔 연방준비제도 **이사회**(Board of Governors)는 연방준비제도에 대한 궁극적인 권한을 가지고 있다. 7명의 구성원은 미국 대통령이 임명하고 미국 상원이 인준한다. 연방준비제도의 독립성을 높이기 위해 이사회 임기가 14년 단임으로 정해져 있는데, 이 기간 동안 주지사는 매년 1월 31일에 임기가 만료되도록 시차를 두고 있다. 결과적으로, 미국 대통령이 한 번에 전체 이사회를 임명할 수 없다. 평균적으로 대통령은 2년마다 새로운 회원을 임명한다. 한 사람이 14년 이상 봉사할 수 있다. 즉, 퇴임한 지사의 임기가 만료되지 않은 나머지 임기를 채우는 것으로 시작할 경우, 임기를 연장할 수 있다. 이 방법으로 앨런 그린스펀(Alan Greenspan)은 1987년부터 2006년까지 재임했다. 연방준비제도 이사회에서 한 명 이상의 구성원으로 대표될 수 있는 지역은 없다.

대통령은 이사회 중 한 명을 의장으로 선출한다. 의장은 4년의 임기를 가지며 연임할 수 있다. 예를 들어, 벤 버냉키(Ben Bernanke)는 2006년 1월 조지 W. 부시(George W. Bush) 대통령에 의해 의장으로 임명되었고, 2010년 1월 버락 오바마(Barack Obama) 대통령에 의해 재선되었다. 2020년에는 제롬 파월(Jerome Powell)이 의장을 맡았다. 2014년부터 2018년까지 재닛 옐런(Janet Yellen) 의장의 임기가 끝나면서 도널드 트럼프(Donald Trump) 대통령에 의해 임명되었다.

현재, 많은 이사들이 기업, 정부, 학계의 전문 경제학자들이다. 제2차 세계대전 이후 이사회 의장은 월스트리트(윌리엄 맥체스니 마틴(William McChesney Martin)과 제롬 파월), 학계(아더 번스(Arthur Burns), 벤 버냉키, 재닛 옐런), 기업(G. 윌리엄 밀러(G. William Miller)), 공공서비스(폴 볼커(Paul Volcker)), 경제예측(앨런 그린스펀) 등 다양한 출신배경을 가지고 있다.

이사회는 공개시장운영, 지준 요건, 할인대출을 통해 국가의 화폐공급과 금리에 영향을 미치는 통화정책을 시행한다. 1935년부터 이사회는 의회가 정한 한도 내에서 지준 요건을 결정할 권한을 가지고 있다. 이사회는 은행에 대한 대출에 부과되는 할인율도 효과적으로 설정한다. 또한 연방공개시장위원회의 12개 의석 중 7개 의석을 차지하고 있어 공개시장 운영지침 설정에 영향을 미친다. 이사회는 공식적인 책임 외에도 비공식적으로 국가 및 국제 경제 정책 결정에 영향을 미친다. 이사회 의장은 경제성장, 인플레이션, 실업과 같은 경제 문제에 대해 대통령에게 조언하고 의회 앞에서 증언한다.

이사회
미국 대통령이 임명한 7명의 위원으로 구성되는 연방준비제도를 지배하는 이사회

이사회는 일부 금융 규제에 대한 책임이 있다. 이사회는 투자자가 신용으로 사는 것이 아니라 현금으로 지불해야 하는 유가증권의 매입가격 비율인 마진요건을 설정한다. 또한 이사회는 은행 지주 회사의 허용 가능한 활동을 결정하고 은행 합병을 승인한다. 이사회 의장은 2010년 도드-프랭크법이 금융시스템을 규제하기 위해 설립한 금융안정감독위원회(FSOC)에서도 활동한다. 마지막으로, 이사회는 개별 연방준비은행에 대한 행정 통제를 행사하고, 예산을 검토하고, 대통령과 임원의 급여를 책정한다.

연방공개시장위원회

연방공개시장위원회
공개시장운영을 지휘하는 12명의
연방준비위원회

12명으로 구성된 **연방공개시장위원회**(Federal Open Market Committee, FOMC)는 연방준비제도이사회의 공개시장운영을 지휘한다. FOMC의 구성원은 이사회 의장, 다른 연방준비은행 총재들, 그리고 12명의 연방준비은행 총재들 중 5명이다. 뉴욕 연방준비은행의 총재는 **당연직** 회원이고, 나머지 11명의 연방준비은행 총재는 1년 임기를 번갈아 보낸다. 12명의 연방준비은행 총재 모두가 회의에 참석하고 토론에 참여한다. 이사회 의장은 FOMC의 의장 역할을 한다. 위원회는 매년 워싱턴 DC에서 8번 회의를 열지만 예정된 회의 사이에 중요한 경제 사건이 있을 경우 예정에 없던 회의가 추가로 열릴 수도 있다. 예를 들어 2020년 3월, FOMC는 코로나19 팬데믹이 미국 경제에 미치는 영향에 대응하기 위해 두 번의 예정에 없던 회의를 가졌다.

최근 수십 년 동안 FOMC는 연준의 정책 결정의 중심에 있었다. 15장에서 논의하겠지만, 2007~2009년 금융위기 때까지 연준의 가장 중요한 정책 도구는 은행들이 단기대출에 대해 서로에게 부과하는 금리인 연방기금금리의 목표를 설정하는 것이었다. 금융위기 동안, 벤 버냉키 연방준비제도이사회 의장은 결정을 신속히 내리고 새로운 정책 도구를 사용해야 했다. 2010년 이래로 FOMC는 2020년 코로나19 팬데믹에 대한 연준의 정책 심의과정에서 유지했던 전통적인 중요성을 되찾았다.

각 회의 전에 FOMC 회원들은 세 권의 책에 있는 자료를 살펴본다.

- 연방준비제도이사회의 참모 경제학자들이 마련한 "그린북(Green Book)"에는 향후 2년간의 국가 경제 전망치가 담겨 있다.
- 연방준비제도이사회 참모진이 준비한 "블루북(Blue Book)"에는 통화총량 예측과 대체 통화정책의 맥락을 제공하는 데 유용한 기타 정보가 포함되어 있다.
- 연방준비은행이 마련한 "베이지북(Beige Book)"에는 각 지역의 경제 상황을 요약한 내용이 담겨 있다.

각 회의가 끝날 때, 모든 이사회 회원들과 모든 준비은행 총재들이 발언한 후, 의장은 토론을 검토한다. 이후 FOMC는 연방기금금리 목표치를 정하기 위해 정식 투표를 한다. 위원회는 높은 인플레이션과 약한 경제 사이의 위험의 균형에 대한 관점을 공개 성명에서 요약한다. 이사회의 직원들은 회원들이 선택할 수 있도록 다소 다른 3개의 언어로 된 성명서를 준비한다. 연준의 향후 정책이 불확실할 때 성명서의 정확한 문구가 매우 중요할 수 있다. 연준은 연방기금금리를 행정적으로 결정하지 않고 뉴욕 연방준비은행 공개시장데스크에 보내는 **국내 정책 지침**(domestic policy directive)에서 목표를 설정한다. 그곳에서 국내 공개시장운영 관리자는 연준과 이러한 증권을 사고팔 수 있도록 권한을 부여받은 민간 금융회사인 **국채전문딜러**(primary dealer)와 함께 재무부 증권을 사고 파는 방식으로 지시를 수행한다. 15장에서 논의하겠지만, 최근 몇 년 동안 공개시장 데스크는 주로 국채전문딜러들과 역환매 계약을 실행함으로써 FOMC의 정책 지침을 수행해 왔다.

개념 적용

이사회에서 4명은 군중이 될 수 있다.

통화정책의 초점이 연방기금금리의 목표치를 정하는 데 있었기 때문에, 1980년대까지 연방준비제도이사회(FOMC) 내에서 주요 통화정책에 대한 논쟁이 벌어졌다. 경제학자들과 월스트리트 분석가들은 연준 정책의 방향에 대한 단서를 찾기 위해 각 회의의 결과를 예의주시했다. 그러나 2007~2009년 금융위기 당시 연준이 연방기금금리 목표 변경으로 조치를 제한할 수 없다는 것이 분명해졌다. 다른 경기침체와 마찬가지로 FOMC는 2007년 9월부터 목표치를 낮추기 위해 빠르게 움직였다. 그러나 2008년 12월까지, 그 목표가 사실상 0이 되었지만, 경제는 계속 위축되었고 금융시스템은 위기에 처했다.

앞서 12장에서 보았듯이, 벤 버냉키 연방준비제도이사회 의장은 일련의 정책 조치를 취했고, 그중 일부는 전례가 없는 것이었다. 사건들이 빠르게 진행되고 있었기 때문에, 잠재적인 정책 움직임을 논의하기 위한 다음 FOMC 회의를 기다리는 것은 불가능했다. 또한 FOMC 회의에는 모든 이사회 구성원과 12명의 준비은행 총재가 참석하기 때문에, 그들의 규모는 빠른 의사결정에 장벽이 되었다. 이사회에 의존하는 대안도 문제가 있었다. 1976년, 의회는 대부분의 연방정부기관들이 회의 전에 공지를 하도록 요구하는 선샤인법(Sunshine Act)의 정부법을 통과시켰다. 4명 이상의 이사회 위원이 만나 정책적 조치를 고려할 경우 법에 따른 공식 회의로 간주되며, 이는 사전 공지를 해야만 한다.

버냉키가 사건이 시시각각 전개될 때 신속하게 결정을 내려야 한다는 점을 감안할 때, 사전 공지의 요건은 그가 2명 이상의 다른 이사회 구성원들과 만나는 것을 불가능하게 만들었다. 결국, 버냉키는 도널드 콘(Donald Kohn)과 케빈 워쉬(Kevin Warsh), 그리고 뉴욕 지역은행 총재 티모시 가이트너(Timothy Geithner)로 구성된 비공식 고문 그룹에 의존했다. 가이트너는 FOMC의 일원이었지만 이사회 위원이 아니었기 때문에 그의 회의 참석은 선샤인법 요건을 촉발하지 않았다. 그들을 지칭하는 "4총사(four musketeer)"는 위기 기간 동안 연준의 주요 정책 결정 기관이었다. 선샤인법 요건의 의도하지 않은 결과는 FOMC의 다른 회원국들의 통화정책 수립에 대한 입력을 대폭 제한하는 것이었다.

이 장의 끝에 있는 관련문제 1.8을 참조하시오.

연방정부 내의 권력 및 권한

의회는 어떤 단체도 연방정부제도를 통제할 수 없도록 하기 위해 연방준비제도를 견제하고 균형 있게 설계했다. 따라서 처음 몇 년 동안은 중앙(또는 국가)의 통제력이 거의 없었다. 12개 연방준비은행의 수장으로 구성된 총재 회의는 시스템의 통제를 위해 워싱턴에서 연방준비이사회(Federal Reserve Board)와 경쟁했다.[1] 1930년대 초 심각한 은행 파산 이후, 많은 정책입안자들과 경제학자들은 분산된 준비은행 시스템이 국가 경제에 적절하게 대응할 수 없다고 결론지었다. 1933년과 1935년의 은행법은 이사회가 지준 요건을 설정할 수 있는 권한을, FOMC가 공개시장운영을 지시할 수 있는 권한을 부여했다. 1935년 은행법은 또한 FOMC에 대한 과반수(12표 중 7표)를 부여하면서 이사회 시스템의 통제를 중앙집중화시켰다.

입법적으로 의회는 이사회와 FOMC에 통화정책에 대한 **공식적인**(formal) 권한을 부여했다. 그러나 많은 연준 관측통들은 의장의 **비공식적인**(informal) 권한이 지배적이라고 주장한다. 미국 대통령이 대법원장으로 한 명을 지명하는 미국 대법원과 비교해보자. 대법원장이 법원의 행동에 영향을 미칠 수 있는 일정한 행정적 의무를 가지고 있긴 하지만, 대법원장은 단 한 표밖에 되지 않고 중요한 결정에서 다른 대법관들에 의해 밀려났다. 연방준비제도이사회 의장은 이사회에서 7표 중 한 표, FOMC에서 12표 중 한 표이지만, 의장은 변함없이 자신이 선호하는 정책을 채택할 수 있다. FOMC의 일부 이사진과 지역은행 총재들은 의장의 의제에 이의를 제기할 수 있지만, 일반적으로 의장의 영향력이 여전히 우세하다. 이사회의 경제학자들은 또한 각 FOMC 회의의 경제 상황과 잠재적 정책 옵션의 요약에 대한 발표를 책임지기 때문에 정책 결정에 영향을 미칠 수 있다. 뉴욕 연방준비은행은 항상 FOMC의 한 자리를 차지하고 공개시장 데스크의 본거지이기 때문에 뉴욕 연준의 총재는 상당히 영향력이 있다. 이로써 연준 내의 비공식적인 권력 구조가 공식적인 권력 구조보다 더 집중되어 있다고 결론지을 수 있다. 그림 13.2는 연준 내 조직 및 권력 공유 협정을 보여준다. 궁극적으로, 연준 의장은 이 시스템에서 가장 큰 권력을 행사한다.

연방준비은행의 명목 소유자인 회원 은행은 제도 내에서 실질적인 힘이 거의 없다. 연방준비제도 내의 **소유권**(ownership)과 **통제권**(control) 사이의 구별은 명확하다. 회원 은행들은 연방 준비 은행의 주식을 소유하고 있지만, 이 소유권은 민간 기업의 주주들에게 일반적으로 부여되는 권리가 거의 없으며, 주식을 팔 수 없다. 연방준비제도이사회 역사의 대부분 동안, 회원국 은행들은 고정된 연간 6%를 배당 받았다. 연준이 회원은행에 지급하는 배당금 등 모든 비용을 충당하고 남은 수익이 얼마이든지 미 재무부에 지급하여 연방정부 지출에 자금을 대도록 돕는다. 2015년, 미국 의회는 미국 고속도로의 수리 비용을 지불할 자금을 마련하기 위해 연준이 대형 회원 은행(자산 $100억 이상 보유 은행)에 지급하는 배당금을 6% 이하 또는 10년 만기 재무부채권의 이자율과 동일하게 변경했다. 2020년 10년 만기

---

[1] 당시 준비은행 총재들은 주지사라고 불렸다. 주지사 회의는 연준의 초기 몇 년 동안 공개시장운영을 통제했다. 1920년대에 공개시장운영은 공개시장 투자위원회의 통제를 받았는데, 이는 1933년 연방공개시장위원회로 대체되었다.

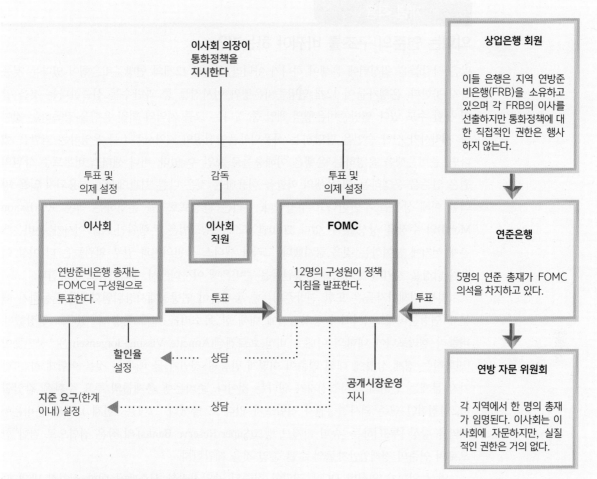

그림 13.2 연방준비제도 조직 및 권한

1913년 연방준비제도법은 연방준비제도를 설립하고 일련의 견제 와 균형을 시스템에 통합했다. 그러나 연준 내 비공식 권한은 공식 구조가 제시하는 것보다 이사회 의장의 손에 더 집중되어 있다.

국고채 금리는 1%를 밑돌았기 때문에 현재 대형 회원은행은 당초 제도보다 배당금 지급액 이 현저히 적다. 이러한 변화는 연준이 회원은행에 지급하는 배당이 연준의 수익에 좌우되 지 않으며, 회원은행은 민간기업의 주주들이 누리는 기업의 이익에 대한 잔여청구권을 갖고 있지 않다는 기본적인 사실에 영향을 미치지 않는다. 또한 회원 은행들은 워싱턴 DC의 이 사회가 정책을 제정하기 때문에 시스템에 대한 그들의 투자가 어떻게 사용되는지에 대해 사 실상 통제권을 가지고 있지 않다. 회원 은행이 6명의 클래스 A와 클래스 B 이사를 선출하지 만, 이는 경합 선거가 아니다. 연방준비은행이나 이사회 관계자들이 각 직책에 대해 하나의 후보를 제안한다.

의회는 연준의 구조를 바꿔야 하는가?

많은 사람들은 워싱턴에 은행이 하나가 아니라 실제로 12개의 연방준비은행이 있다는 것을 알지 못한다. 은행가들이 12개 연방준비은행의 이사진들 중 과반수를 선출한다는 것을 알지 못할 수도 있다. 연방준비은행의 책임 중 하나는 그들 지역의 회원 은행을 감독하는 것이다. 제약사가 신약 승인을 담당하는 식품의약품안전청의 지역사무소를 운영하는 역할을 했다면, 준비은행을 운영하는 은행은 이해충돌로 보일 수 있다. 버니 샌더스 버몬트주 상원의원은 연준을 운영하는 데 은행의 역할을 허용하는 것은 다른 기관에서는 허용되지 않을 명백한 이해 상충을 수반한다고 주장한다. 우리는 환경보호청을 운영하는 엑손 모빌(Exxon Mobil)의 수장을 상상할 수 없다. 2010년 도드-프랭크법은 은행원인 A급 이사가 준비은행 총재 선거에 참여하는 것을 금지했다. 그러나 샌더스 상원의원과 일부 의원들은 더 이상 여우가 닭장을 지키지 못하도록 은행원들을 준비은행 이사회에서 제외하자고 주장한다.

일부 경제학자들은 또한 연방준비은행 총재들이 연방공개시장위원회에서 활동하기 때문에 연방준비제도이사회가 통화정책에 대해 한 목소리를 내지 못할 수 있다고 주장했다. 버클리 캘리포니아 대학의 아네트 비싱-요르겐센(Annette Vissing-Jorgensen)은 "국민들이 [변화하는 경제 상황에 대해 연준이 어떻게 반응할 것인가]를 배우는 것을 어렵게 하는 한 가지 문제는 연준의 의사결정자가 없다는 것이다. 준비은행 총재들의 투표 순환을 감안할 때, 안정적인 연준 의사결정권자 집합조차 없다"고 말했다. 그녀는 "현재 12개의 준비은행 지역을 항상 [투표]하는 '슈퍼 리저브 뱅크(Super Reserve Banks)'의 작은 집합으로 결합"함으로써 연준의 정책입안자들의 수를 줄일 것을 제안한다.

앞서 의회가 워싱턴 DC에 권력이 집중된 중앙집권적 시스템에 대한 정치적 반대 때문에 12개의 연방준비은행과 함께 연방준비제도를 설립하는 것을 보았다. 그러나 왜 의회는 은행가들에게 지역 준비은행을 운영하는 데 역할을 부여했는가? 주요 이유는 연준 설립 전 은행, 특히 대도시의 은행들이 국내 은행들이 자발적으로 가입할 수 있는 어음교환소(clearinghouses)에 의존했기 때문이다. 처음에는 어음교환소의 주된 역할은 회원 은행 간의 수표 및 기타 지불을 청산하는 것이었지만, 1800년대 후반에는 어음교환소가 일시적인 유동성 문제로 어려움을 겪고 있는 회원 은행들에 대한 단기대출의 원천이 되기도 했다. 어음교환소는 몇몇 은행의 단기 유동성 문제를 다룰 수 있었지만, 1907년의 공황을 보면 알 수 있듯이, 심각한 은행공황에 압도될 수 있었다. 의회가 이 문제에 대응했을 때, 그것은 수표 결제 서비스와 단기대출을 제공함으로써 연방준비제도를 어음교환소와 비슷하게 운영하도록 설정했다. 예일 대학의 경제학자 게리 고튼(Gary Gorton)은 어떤 면에서, 연방준비제도가 "민간 어음교환소 시스템의 국유화에 해당한다"고 언급했다.

연준 총재의 영향력을 줄이거나, 준비은행의 독립성을 없애고, 연방준비제도이사회를 통치하는 모든 역할에서 은행가를 제거함으로써 연방준비제도이사회 운영을 더욱 중앙집중화하려는 제안에 부정적인 면이 있을까? 로레타 메스터(Loretta Mester) 클리블랜드 연방준비은행 총재는 현재 연준의 구조를 옹호했다.

12개 지역 준비은행에 걸친 권력의 분산은 전국의 선거구들과 친분을 쌓는데 도움이 된다. 전국 활동의 분산이 고르지 않기 때문에 지역 구조는 또한 각 지역과 관련된 특정 산업에 대한 전문성, 필요할 때 부를 수 있는 전문성에 대해 어느 정도 전문화시킨다.

럿거스 대학의 마이클 보르도(Michael Bordo)와 클리블랜드 연방준비은행의 노벨상 수상자 에드워드 프레스콧(Edward Prescott)은 연방은행의 분산된 구조가 제도 내에서 논의되는 다양한 정책 관점을 증가시키는 데 도움이 되었다고 주장한다.

연방준비제도에서 독특한 점은 적어도 연방정부가 만든 다른 기관들과 비교했을 때, 준비은행의 반독립적인 기업 구조가 시스템에 아이디어를 전달할 수 있도록 허용한다는 점이다. 또한 정부기관일 가능성이 높은 조직 전체를 훼손하는 불성실의 표현으로 간주되지 않고 시스템 내에서 새롭고 때로는 반대되는 견해를 개발하고 암시할 수 있게 한다.

제프리 래커(Jeffrey Lacker) 리치먼드 전 연방준비은행 총재는 현재 준비은행의 민관 하이브리드 성격이 잘 작동한다고 본다. 그는 회원은행이 더 이상 준비은행을 소유하지 않도록 법이 바뀌면 누가 이를 소유할지에 대한 의문이 생겨난다고 주장하며, "만약 그것이 재무부라면, 이는 본질적으로 준비은행을 국유화하는 것이다"라고 말했다. 그는 그러한 조치가 제도 창설 이후 만연해 온 민관 소유 혼합을 방해할 것이며 연준위가 정치적 간섭 없이 통화정책을 취할 수 있을지에 대한 의문을 제기할 것이라고 믿는다. 다른 경제학자들과 정책입안자들은 연방준비제도이사회가 회원 은행에 대한 감독에 실제로 문제가 있는지 확신하지 못하고 있다. 회원 은행들은 현재 준비 은행의 감독 책임에 직접적인 역할을 하는 것이 금지되어 있다. 12장 12.3절에서 보았듯이, 2007~2009년 금융위기는 상업은행 시스템이 아닌 그림자 금융시스템에서 비롯되었다. 뮤추얼펀드, 헤지펀드, 은행 지주 회사의 일부가 아닌 투자은행, 그리고 다른 그림자 금융회사들은 연방준비제도에 가입하지 않고 있다. 재닛 옐런 전 연준 의장은 의회 증언에서 "연준의 구조는 100년 전에 망치질된 선택을 반영하고 있고, 현재의 구조가 잘 작동한다고 생각하기 때문에 변화를 권하지 않겠다"고 많은 연준 관계자들의 생각을 요약했다.

궁극적으로 연방준비제도의 구조를 결정하는 것은 의회에 달려 있다. 의회가 내리는 선택은 경제 문제를 반영할 수 있지만 정치적 관심사의 영향을 받기도 한다.

이 장의 끝에 있는 관련문제 1.9를 참조하시오.

도드-프랭크(Dodd-Frank) 법에 따른 연준의 변화

2007~2009년 금융위기의 심각성과 그 기간 동안 연준이 취한 전례 없는 정책 조치들 중 일부는 많은 경제학자들과 정책입안자들이 금융시스템에서 연준의 역할을 재고하도록 이끌었다. 금융 개혁에 대한 긴 논쟁 동안, 의회 의원들은 연준의 구조나 책임을 변경하기 위한 많

월스트리트 개혁 및 소비자 보호법(도드–프랭크법)
2010년 금융시스템 규제를 개혁하기 위한 2010년 통과된 법

은 제안을 했다. 그러나 도드-프랭크법으로도 알려진 **월스트리트 개혁 및 소비자 보호법**(Wall Street Reform and Consumer Protection Act)이 2010년 7월에 통과되었을 때, 법안은 제안된 연준에 대한 더 광범위한 변화를 포함하지 않았다. 다음은 연준에 영향을 미치는 법안의 주요 조항이다.

- **연준에 대한 새로운 규제 책임.** 연준은 SEC와 FDIC를 포함한 8개의 다른 규제 기관과 함께 새로운 금융안정감독위원회(FSOC)의 회원이 되었다. 의회는 시스템적으로 중요한 금융기관(SIFI)의 자본 요건을 늘리고 기업들이 금융 불안정을 초래하지 않는 방식으로 파산 후 어떻게 해산될 수 있는지를 상세히 기술하는 정리의향서를 개발할 수 있도록 FSOC에 권한을 부여했다. 2008년 리먼 브라더스 파산과 같은 대형 금융회사 한 곳의 부실이 제도 안정성을 위협하는 상황을 피하는 것이 목적이다.

- **최종 대부자로서의 연준의 역할에 대한 제한.** 11장에서 논의한 바와 같이, 연방준비제도법 13조 3항은 광범위한 대출 프로그램 외에 개별 금융회사에 대한 연방준비제도이사회의 대출 권한을 제거하기 위해 개정되었다. 이러한 변화는 베어스턴스(Bear Stearns)와 AIG가 파산하지 않도록 하기 위해 연준이 금융위기에 취한 조치에 대한 의회의 불만을 반영했다. 그러나 코로나19 팬데믹 기간 동안 이러한 변화는 연방준비제도이사회의 조치에 거의 영향을 미치지 않았다. 일부 경제학자들과 법학자들은 연준이 기업들로부터 기업어음과 채권을 직접 구입하는 것을 특히 연방준비제도이사회법의 이 개정의 위반으로 보았다. 그러나 의회는 2020년 3월 CARES법을 통과시키면서 이러한 연준의 조치를 암묵적으로 지지했다.

- **이사회 구성원 1명에 대한 새로운 책임.** 한 이사회 위원은 연준의 규제 조치를 조정하는 특별한 책임을 지고 감독 부위원장을 지명했다.

- **긴급 대출에 대한 GAO 감사.** 정부 회계 책임국(Government Accountability Office, GAO)은 연준의 긴급 대출 프로그램에 대한 감사를 실시하라는 명령을 받았다.

- **연방준비은행 총재 선출의 새로운 절차.** 앞서 언급했듯이, 연방준비은행의 클래스 A 이사는 더 이상 은행 총재 선거에 참여하지 않는다.

- **연준 차입자와 거래상대방의 새로운 공시에 대한 요구사항.** 연준은 운영의 투명성을 높이기 위해 대출을 하고 증권을 사고 파는 금융기관의 이름을 공개하라는 명령을 받았다.

- **연준 내 새로운 규제국.** 새로운 소비자 금융보호국이 연준에 설치되었다. 소비자 금융보호국은 물리적으로 연준의 워싱턴 DC에 위치하고 있고, 건물과 예산이 연준의 수입에서 나오지만, 연준 관리자들은 소비자 금융보호국에 대한 관리 감독을 하지 않는다. 국장은 대통령이 임명하고 상원의 인준을 받아야 하며, 다른 연방준비제도이사회 관리들과 독립적으로 기능한다. 이 국의 목적은 모든 금융회사에 적용되는 소비자 보호에 관한 규정을 작성하는 것이다. 소비자 대출을 규제하는 데 연준이 지녔던 책임 중 일부가 사무국으로 이관됐다.

13.2 연준의 정부와의 관계

학습목표: 정부와 연준의 관계 및 연준의 독립성에 대한 찬반 주장을 설명한다.

정부는 은행에 단기 유동성을 제공하고, 은행 시스템의 양상을 감독하며, 화폐공급을 관리하기 위해 연준을 만들었다. 미국 헌법은 중앙은행 설립을 명시적으로 규정하지 않는다. 13.1절에서 보았듯이, 19세기에 두 번, 의회는 기존의 중앙은행을 폐지했다. 이 절에서는 정치적 환경이 연준의 운영 방식에 어떤 영향을 미칠 수 있는지 설명하고 연준의 독립성에 대한 논쟁을 논의한다.

외부 압력 처리

의회는 연방준비제도이사회가 대통령, 의회, 은행 산업, 기업 그룹들의 외부 압력으로부터 독립하여 운영되도록 의도하였다. 이사회 구성원들은 이사회의 구성에 대한 대통령의 영향력을 줄이고 주지사들이 대통령과 의회의 환심을 사기 위해 조치를 취하려는 유혹을 줄이기 위해 장기적이지만 단임으로 임명된다.

연준의 재정적 독립성은 외부 압력에 저항할 수 있게 한다. 일반적으로 연방 기관은 운영에 필요한 자금을 의회에 요청해야 한다. 의회는 이러한 예산 요청을 면밀히 조사하며, 하원이나 상원의 주요 구성원들에게 인기가 떨어진 기관들이 요청하는 금액을 줄일 수 있다. 연준은 이 과정으로부터 면제되며, 연준위는 이익을 얻기 때문에, 연준위에서 자금을 받기보다는 재무부에 자금을 기부한다. 연준 수익의 대부분은 자신이 보유한 유가증권에 대한 이자에서 나오며, 나머지는 할인대출에 대한 이자 및 수표 결제 및 기타 서비스를 위해 금융기관으로부터 받는 수수료에서 나온다. 2019년 기준 연준의 이익은 $555억이며, 이 중 약 $549억를 재무부에 기부했다. 연준의 이익은 미국 대기업의 이익과 비교해도 상당하다. 예를 들어, 2019년에 애플은 $600억의 이익을 얻었고, 엑손모빌은 $140억, 마이크로소프트는 $390억, 구글은 $340억를 벌어들였다. 그러나 이들 기업들과는 달리 연준은 지출보다 더 많이 버는 것은 보유하지 않고 미 재무부에 넘긴다.

연준에 독립성을 부여하려는 시도에도 불구하고, 외부 압력으로부터 완전히 격리된 것은 아니다. 첫째, 대통령이 이사회 멤버십을 통제할 수 있다. 일부 주지사들은 개인 사업에서 더 높은 수입을 올릴 수 있거나 학업이나 다른 직업으로 돌아가기를 원하기 때문에 14년 임기를 채우지 않는다. 따라서 두 번의 임기를 가진 대통령은 여러 명의 주지사를 임명할 수 있다. 또한 대통령은 4년마다 새로운 의장을 임명할 수 있다. 재선임되지 않은 의장은 주지사 임기의 나머지를 수행할 수 있지만, 대부분 사임하여 대통령에게 또 다른 공석이 주어졌다. 또한 2장의 서두에서 보았듯이, 대통령들은 2019년과 2020년 동안 도널드 트럼프 대통령이 그랬던 것처럼 연준에게 대통령이 선호하는 정책을 따르도록 정치적 압력을 가하려고 시도할 수 있다. 대부분의 법학자들은 연준 의장이 임명되고 미국 상원에 의해 확정되면 대통령이 연준 의장을 교체하는 것을 허용하지 않는다고 생각하고 있지만, 연준 의장은 대통령과의 공개적인 충돌을 피하고 싶을 수도 있다.

둘째, 연준의 상당한 이익으로 의회에 돈을 요청할 일이 없지만, 연준은 의회로부터 만들어졌다. 의회는 연준의 성격과 권한을 수정하거나 심지어 연준을 완전히 폐지할 수 있다. 국회의원들은 이 사실을 연준에게 상기시킨다. 예를 들어, 험프리-호킨스법(Humphrey-Hawkins Act, 1978년 완전고용 및 균형성장법)이 통과되면서 의회는 연준에 절차가 대통령의 경제 목표와 어떻게 일치하는지 설명하도록 했다. 앞서 보았듯이, 도드-프랭크법은 연준의 조직과 절차의 일부 측면을 변경했다. 최근 의회 의원들은 GAO가 연준의 통화정책 조치를 감사할 것을 제안했다. 대부분의 연준 관리들은 이 정도의 연준 정책에 대한 정밀 조사가 연준의 독립성을 현저히 감소시킬 것이라고 믿고 있으며, 이 시점까지 의회의 대다수는 동의하는 것으로 보인다. 따라서 의회는 연준의 독립성을 일부 줄였지만, 통화정책을 독립적으로 수행할 능력을 제한하지는 않았다.

마지막으로 12.3절에서 논의한 바와 같이 2007~2009년 금융위기와 2020년 코로나19 팬데믹 동안 연준은 미국 재무부와 공동 이니셔티브에 참여했고, 2020년 도드-프랭크법의 조항에 따라, 연준은 정책 구상의 일부를 이행하기 전에 스티븐 므누신(Steven Mnuchin) 재무장관의 동의가 필요했다.

연방준비제도이사회와 재무부의 갈등 사례

2019년과 2020년 트럼프 대통령이 제롬 파월 연준 의장을 비판한 것 외에도 미국 역사상 연준과 재무장관을 흔히 대표하는 대통령 간의 갈등 사례가 또 있었다. 제2차 세계대전 동안 프랭클린 D. 루스벨트(Franklin D. Roosevelt) 대통령의 행정부는 연준에 대한 통제권을 늘렸다. 전시 예산 적자의 재원을 마련하기 위해 연준은 단기국채 0.375%, 장기국채 2.5%의 낮은 수준으로 재무부 증권 금리를 유지하기로 합의했다. 연준은 민간 투자자들이 매입하지 않은 채권을 사들여 금리를 고정시킴으로써 금리를 낮은 수준으로 유지할 수 있었다. 1945년 전쟁이 끝나고, 재무부는 이 정책을 계속하기를 원했지만, 연준은 인플레이션을 우려하며 동의하지 않았다. 연준에 의한 국채의 대량 매입은 화폐공급의 증가율과 인플레이션율을 증가시킬 수 있다. 전쟁이 끝나자 정부는 인플레이션을 억제했던 가격 통제를 해제했다.

메리너 에클스(Marriner Eccles) 연준 의장은 금리 고정 정책에 강하게 반발했다. 에클스는 주지사로 남은 기간 동안 연준의 독립을 위해 계속 싸웠으나, 1948년 해리 트루먼(Harry Truman) 대통령은 그를 의장으로 다시 임명하지 않았다. 1951년 3월 4일, 연방정부는 공식적으로 **재무-연방 준비 협정**(Treasury-Federal Reserve Accord)에 따라 재무부 증권의 이자율을 고정하는 전시 정책을 포기했다. 이 합의는 연준이 재무부와 독립적으로 운영할 수 있는 능력을 재정립하는 데 중요했다.

그러나 재무부와 연준 사이의 갈등은 끝나지 않았다. 예를 들어, 로널드 레이건(Ronald Reagan) 대통령과 폴 볼커 연방준비제도이사회 의장은 1980년대 초의 심각한 경제 불황의 책임이 누구에게 있는지에 대해 논쟁을 벌였다. 레이건은 치솟는 금리에 대해 연준을 비난했다. 볼커는 대통령과 의회의 정책 조치에서 비롯된 예산 적자가 줄어들 때까지 연준이 금리를 내리는 조치를 취할 수 없다고 주장했다. 조지 H.W. 부시(George H.W. Bush)와 빌 클린턴(Bill Clinton) 행정부 때도 비슷한 갈등이 발생했는데, 재무부는 연준이 권장하는 것보다 더 낮은 단기 금리를 밀어붙였다.

앞서 언급했듯이, 2007~2009년 금융위기와 2020년 코로나19 팬데믹 기간 동안, 연준은 재무부와 긴밀히 협력했다. 그 관계가 너무 가까워서, 일부 경제학자들과 정책입안자들은 연준이 독립성을 잃고 있지 않을까 걱정했다. 위기가 최고조에 달했던 2008년 가을 벤 버냉키 연준 의장과 헨리 패드슨(Henry Padson) 재무장관 사이의 잦은 협의는 대통령 행정부와 독립적으로 정책을 수립하는 연준 의장의 전통을 깨트렸다. 2020년 코로나19 팬데믹 기간 동안 제롬 파월 연준 의장과 스티븐 므누신 재무장관도 정책에 대해 자주 상의했다. 금융시스템이 위기에 처하지 않은 시기에 연준과 재무장관의 긴밀한 협업이 지속된다면 연준이 백악관과 독립적으로 정책을 추진할 수 있을지에 대한 의문이 제기될 것이다.

연방준비제도이사회를 자극하는 요인들

앞서 연준이 통화정책에 대한 법적 권한을 가지고 있다는 것을 보았다. 지금부터는 연준이 권한을 사용하는 데 동기를 부여하는 것에 대한 두 가지 관점, 즉 공익적 관점과 주인-대리인 관점을 검토한다.

공익적 관점   기업 경영자들의 동기를 설명하는 출발점은 그들이 봉사하는 지역구, 즉 주주들을 위해 행동한다는 것이다. 연준 동기에 대한 **공익적 관점**(public interest view)은 연준 역시 주요 선거구인 일반 대중의 이익을 위해 행동하고 공익적인 경제적 목표를 달성하려고 한다고 주장한다. 그러한 목표의 예로는 물가 안정, 높은 고용, 그리고 경제성장이 있다.

정말로 그 증거가 연준의 공익적 관점을 뒷받침할까? 일부 경제학자들은 그것이 물가 안정과 관련이 없다고 주장한다. 특히 1970년대 후반과 1980년대 초반의 높은 인플레이션율은 연준이 물가 안정을 강조했다는 주장을 약화시켰다. 다른 경제학자들은 물가 안정에 대한 연준의 기록이 비교적 양호하며 1970년대의 높은 인플레이션율은 주로 연준을 놀라게 한 치솟은 유가 때문이라고 주장한다. 1990년대 초부터 인플레이션율은 2007~2009년 금융위기 이후 대체로 그 비율을 밑돌았지만 연준의 목표치인 연 2%에 가까웠다. 연준의 조치가 고용과 높은 경제성장률이라는 목표와 일치하는지 여부에 대해서도 비슷한 논쟁이 있다.

주인-대리인 관점   많은 경제학자들은 조직이 상충되는 목표를 가지고 있다고 본다. 연준이 대중을 위해 봉사하고 공공 서비스를 수행하기 위해 만들어졌지만, 정부 기관들은 또한 명시된 임무와 일치하지 않을 수도 있는 내부 목표를 가지고 있다. 사실상 공기업도 민간기업처럼 주인-대리인 문제에 직면해 있다.

경영자(대리인)가 자신의 사업에 대한 지분이 거의 없을 때, 주주(주인)들의 가치를 극대화하기 위한 동기가 약할 수 있다. 그런 상황에서, 대리인들은 항상 주인들의 이익을 위해 행동하지는 않는다. 조지 메이슨 대학교의 고(故) 고든 툴록(Gordon Tullock)과 고(故) 제임

공익적 관점
관료들이 대중의 이익을 위해 행동한다고 주장하는 중앙은행 의사결정 이론

주인-대리인 관점
관료들이 일반 대중의 행복보다는 개인의 행복을 최대화한다고 주장하는 중앙은행 의사결정 이론

스 뷰캐넌(James Buchanan) 교수는 연준과 같은 관료 조직에서 동기 부여에 대한 **주인-대리인 관점**(principal-agent view)을 모방했다. 이 관점은 관료들의 목표가 일반 대중의 행복보다는 권력, 영향력, 명성 등 개인의 행복을 극대화하는 것이라고 주장한다. 그러므로 연준 동기에 대한 주인-대리인 관점은 연준이 대통령과 의회에 의해 부과된 제약에 따라 조직으로서의 힘, 영향력, 명성을 높이기 위해 행동한다고 예측한다.

만약 주인-대리인 관점이 연준의 동기를 정확하게 설명한다면, 연준이 자율성을 유지하기 위해 싸울 것으로 예상된다. 연준은 예산을 통제하려는 의회의 시도에 자주 저항해 왔다. 연준은 자체 방어 차원에서 유권자들(예: 은행가와 기업 임원들)을 동원하는 데 매우 성공했다. 도드-프랭크법안의 초기 초안에는 연준의 독립성과 규제력을 감소시킬 수 있는 조항이 포함되었지만, 연준은 의회에 이 조항들의 대부분을 법률의 최종본에서 삭제하도록 로비하는 데 성공했다. 그러나 공익적 관점의 지지자들은 연준이 공익에 더 잘 봉사하기 위해 자율성을 지킨다고 주장한다.

주인-대리인 관점의 지지자들은 또한 연준이 권력, 영향력, 위신을 제한할 수 있는 그룹과의 충돌을 피할 것이라고 예측한다. 예를 들어, 연준은 권력을 제한할 것 같지 않은 현직 대통령들의 재선을 돕기 위해 통화정책을 관리할 수 있다. 그 결과는 **정치적 경기 순환**(political business cycle)이 될 것이고, 연준은 재선에 도전하는 현 정당의 환심을 사기 위해 선거 전에 경제 활동을 자극시키려 금리를 낮추려고 할 것이다. 선거가 끝나면, 경제는 연준이 통화 확장으로 야기된 인플레이션 압력을 줄이기 위해 선택한 경제 활동의 결과를 직면한다. 그러나 연준에 동조했던 대통령은 재선되었을 것이다. 미국에 대한 사실은 일반적으로 정치적 경기 순환 이론을 지지하지 않는다. 예를 들어, 1972년 리처드 닉슨(Richard Nixon) 대통령의 재선에 확대되었지만 1980년과 1992년 지미 카터(Jimmy Carter) 대통령과 조지 H. W. 부시 대통령이 재선에 실패하기에 앞서 화폐공급 증가가 축소되었다.

정치적 경기 순환
정책입안자들이 선거에 앞서 경기 부양을 위해 연준에 금리인하를 촉구할 것이라는 이론

그럼에도 불구하고, 대통령의 욕망은 미묘하게 연준 정책에 영향을 미칠 수 있다. 1979~1984년의 통화정책 변화에 대한 정치 영향에 대한 한 연구는 월스트리트 저널에 실린 기사에서 통화정책의 바람직한 변화에 대해 행정부 구성원들이 인용된 횟수를 측정했다. 연구에서는 통화정책의 변화와 정책변화를 원하는 정부의 신호 수 사이에 밀접한 상관관계가 있음이 발견됐다.[2]

주인-대리인 관점에 대한 한 가지 비판은 연준의 의도와 외부 압력을 분리해야 할 필요성을 다룬다. 의회와 대통령은 연준이 다른 목표를 추구하도록 하는 반면 연준은 한 가지 방법으로 행동하기를 원할 수 있다. 주인-대리인의 견해는 의회가 왜 연준이 자체 자금조달을 통해 상대적으로 독립할 수 있도록 허용하는지 설명하지 못한다. 일부 경제학자들은 연준이 자체 자금조달을 통해 의회에 장기적 이익을 제공할 수 있다고 주장한다. 만약 자체 자금 조달이 연준에게 더 많은 공개시장 구매를 할 동기를 부여하여 연준이 보유하고 있는 자산을 확대한다면, 재무부는 의회가 지출할 수 있는 더 많은 수익을 거둘 것이다. 실제로,

---

[2] Thomas Havrilesky, "Monetary Policy Signaling from the Administration to the Federal Reserve," *Journal of Money, Credit and Banking*, Vol.20, No.1, February 1988, pp. 83−101.

2007~2009년 금융위기 기간과 이후 연준의 증권 보유가 크게 확대되면서 연준은 이자 수입을 증가시켰고, 그중 대부분은 재무부에 제공했다.

연준 독립

연준 독립이라는 정치적 문제는 통화정책에 대한 의견 차이나 통화정책을 관리하는 연준의 역할에 대한 의견 차이 때문이 아니라 연준 정책에 대한 대중의 부정적인 반응 때문에 발생한다. 의회가 GAO 법안을 통과시켜 연준의 통화정책 조치를 감사하도록 지시한 것이 한 예다. 이 법안은 2007~2009년 불황에서 경기 회복 속도를 높이지 못하는 연준의 무능에 대한 대중의 반응에서 비롯되었다. 연준의 독립에 대한 찬반 주장을 분석해보자.

연준의 독립에 대한 찬성 주요 주장은 인플레이션, 금리, 환율, 경제성장에 영향을 미치는 통화정책이 너무 중요하고 기술적이어서 정치인들이 결정할 수 없다는 것이다. 선거의 빈도 때문에, 정치인들은 잠재적인 장기 비용을 고려하지 않고 단기적인 이익에 관심을 가질 수 있다. 특히 정치인들의 단기적인 재선 욕구는 저인플레이션이라는 국가의 장기적 목표와 충돌할 수 있다. 따라서 연준은 정치인들의 목표가 민심을 반영한다고 가정할 수 없다. 국민들은 정치인들보다는 연준 전문가들이 통화정책 결정을 내리는 것을 선호할 수도 있다.

연준의 독립성에 대한 또 다른 주장은 선출된 관리들에 의한 연준의 완전한 통제가 화폐공급과 금리의 정치적 경기 순환 변동의 가능성을 증가시킨다는 것이다. 선출된 관리들은 화폐공급량을 늘리고 금리를 낮추며 인플레이션을 부채질하는 국채 매입을 통해 연방준비제도이사회에 대출 노력을 지원하도록 압력을 가할 수 있다. 정부 관리들이 중앙은행들에게 채권을 사도록 압력을 가하는 것이 다른 많은 국가들에서 인플레이션의 주요 원인이 되어 왔다. 예를 들어, 베네수엘라 정부가 개인투자자들에게 채권을 팔 수 없다는 것은 베네수엘라 중앙은행이 채권을 사도록 강요하게 만들었다. 그 결과로 화폐 공급이 크게 늘어나 2019년 연간 인플레이션율은 상상도 할 수 없는 2백만 퍼센트였다.

연준의 독립에 대한 반대 중앙은행의 독립에 반대하는 주요 주장은 경제에 대한 통화정책의 중요성이다. 이 주장을 지지하는 사람들은 민주주의에서는 선출된 관리들이 공공정책을 만들어야 한다고 생각한다. 국민들은 선출직 관료에게 비효율적인 통화정책에 대한 책임을 물을 수 있기 때문에, 일부 경제학자들과 정책입안자들은 대통령과 의회에 통화정책에 대한 더 많은 통제권을 주는 것을 지지한다. 선출직 관료에게 통화정책은 너무 기술적이라는 관점에 대해 국가안보와 외교정책 역시 정교한 분석과 긴 시간 지평을 필요로 하며, 이러한 기능은 선출직 관료에게 맡긴다며 반론한다. 또한 연준의 독립성을 비판하는 사람들은 중앙은행을 선출직 관료들의 통제하에 두는 것이 통화정책을 정부의 세금 및 지출 정책과 조정하고 통합함으로써 이익을 줄 수 있다고 주장한다.

의회 통제를 강화해야 한다고 주장하는 사람들은 연준이 독립성을 잘 발휘하지 않았다고 주장한다. 예를 들어, 일부 비평가들은 연준이 1930년대 초의 경제 위축 동안 은행 시스템을 돕는 데 실패했다고 지적한다. 비평가들은 또한 연준 정책으로 1960년대와 1970년대에 상당히 인플레이션이 심했다고 지적한다. 마지막으로, 일부 분석가들은 연준이 2000년대 초에 주택 시장 거품을 무시한 채 2006년에 거품이 꺼졌을 때에야 금융시스템에 미치는 영향을 억제하기 위해 너무 느리게 움직였다고 주장한다.

연준 독립에 대한 결론 경제학자들과 정책입안자들은 연준 독립의 장점에 대해 보편적으로 동의하지 않는다. 그러나 현재의 제도 하에서 연준의 독립성은 절대적이지 않아 한쪽의 비평가들을 만족시킨다. 토론은 연준의 공식적인 독립성을 제거하기 위한 것이 아니라, 연준의 독립을 제한하는 제안에 초점을 맞추고 있다. 도드-프랭크법에 대한 연장된 논쟁은 연준의 독립성을 비판하는 사람들에게 많은 제안들을 고려할 기회를 주었다. 그러나 의회 과반수에서는 연방준비제도법에 비교적 사소한 변경에만 지지가 있었다.

개념 적용

연준을 끝낸다고요?

최근 여러 건의 제안이 연방준비은행 이사회에서 은행원을 제거하고, 연방준비은행 지역 경계를 다시 그으며, 연방준비은행의 수를 줄이고, 미국 대통령이 연방준비은행 총재를 임명하는 등 연준의 구조에 변화를 줄 것을 요구했으며, 정부회계관리국(GAO)이 연준의 통화정책 조치를 감사하도록 했다. 일부 경제학자들과 정책입안자들은 이러한 제한된 개혁에서 훨씬 더 나아가 연준의 폐지를 촉구할 것이다.

연준에 대한 일부 비판자들은 연준의 합법성을 의심한다. 미국 헌법은 연방정부에 중앙은행 설립 권한을 명시적으로 부여하지 않는다. 이 사실은 1800년대 초 퍼스트 및 세컨뱅크오브유나이티드스테이츠에 대한 논쟁의 일부였다. 그 은행들의 반대자들 중 일부는 해당 은행들을 헌법에 허가되지 않은 방식으로 주들에게 연방 권력을 행사하는 수단으로 보았다. 남부의 많은 노예주들은 연방정부가 중앙은행을 설립할 힘을 가지고 있다고 주장한다면, 노예제도를 폐지할 힘을 가지고 있다고 주장할 수도 있다는 두려움 때문에 세컨뱅크오브유나이티드스테이츠를 반대했다.

1913년 연방 준비법에 대한 논쟁 중에 중앙은행이 합헌인가에 대한 문제가 다시 제기되었다. 연방준비제도이사회의 합헌성을 찬성하는 표준 주장은 미국 헌법 제1조 8항이 의회가 "화폐를 주조하고 그 가치를 규제할 수 있는 힘을 가지고 있다"고 명시하고 있다는 것이다. 의회는 이 권한을 연방준비제도법에서 연방준비제도에게 위임했다. 연방 법원은 특히 1929년 라이클 대 뉴욕연방준비은행의 사건에서 연방 준비법의 합헌성을 지지했다.

연준에 대한 오늘날의 주장은 대개 위헌성이 아니라 독립적인 중앙은행을 갖는 것이 통화정책을 수행하는 가장 좋은 수단인지에 대한 문제에 바탕을 두고 있다. 2012년 론 폴(Ron Paul) 전 텍사스주 하원의원은 공화당 대통령 후보 지명에 출마해 연방준비제도를 폐지해야 한다고 강력하게 주장했다. 그의 책 "End the Fed"는 베스트셀러였다. 그가 연방준비제도를 폐지함으로써 본 이익들 중 하나는 "경기 순환을 멈추고, 인플레이션을 종식시키고,

모든 미국인들을 위한 번영을 구축하며, 정부와 은행들 사이의 부패한 협력에 종지부를 찍는 것"이었다. 폴 의원은 연준 폐지와 더불어 은행들이 자본을 이용해야만 대출 등 투자를 할 수 있기 때문에 예금보험의 필요성을 없애주는 금본위제 복귀와 100% 적립식 은행으로의 전환을 주장했다.

보다 최근에, "누가 연준을 필요로 하는가?(Who Needs the Fed?)"의 저자인 금융 저널리스트 존 태니(John Tamny)는 연준의 역할이 민간 금융회사들에 의해 쉽게 채워지거나 의회와 재무부에 의해 직접 채워질 수 있다고 주장했다. 예를 들어, 재무부는 금융위기 동안 연준의 역할을 이어받을 수 있다. "2008년에 연준이 은행을 구하기 위해 필요했다는 개념의 암묵적인 의미는 중앙은행, 재무부 또는 의회나 둘 다 없었다면 같은 일을 하지 않았을 것이라는 건데, 그럴 리가 없다." 그는 "의회가 연준을 폐지한다고 해도, 역할은 결코 변하지 않을 것이다"라고 결론지었다.

도드-프랭크법에 대한 의회에서의 논쟁에서, 연준을 폐지해야 한다는 요구는 많은 지지를 얻지 못했다. 그러나 연방준비제도이사회를 대폭 구조조정하거나 독립성을 낮추려는 여러 제안들이 법안의 초기 버전에 포함되었다. 예를 들어, 법안의 초안에는 연방준비제도이사회가 은행에 대한 감독 권한을 대부분 박탈하고, 연방준비제도이사회가 금융시스템의 안정성을 감시하기 위한 새로운 기관을 설립할 수 있는 조항이 포함되어 있었다. 이 조항들은 2010년 도드-프랭크법안의 최종 버전에서 살아남지 못했다.

도드-프랭크법안이 통과된 후에도 일부 경제학자들과 의회 의원들은 금융위기 동안과 이후 연준이 채택한 특이한 정책 조치들과 연준의 조치가 불황으로부터의 느린 회복에 기여했을 가능성에 대해 모두 불만족스러워했다. 아버지 론 폴(Ron Paul) 전 하원의원의 제안에 이어 켄터키주 상원의원 랜드 폴(Rand Paul)은 GAO에 연방준비제도이사회의 통화정책 조치를 감사하도록 제안했다. 폴 상원의원은 이 같은 법안을 여러 차례(2019년 가장 최근) 의회에 상정했으나 2020년 중반 현재 통과되지 않았다. 연준의 옹호자들은 2007~2009년 불황으로부터의 느린 회복에 기여하기는커녕, 연방준비제도이사회의 정책 행동이 경제가 침체로 빠져드는 것을 막고 그렇지 않았다면 훨씬 더 느린 회복이 되었을 것을 도왔다고 주장한다. 또한, 연준의 옹호자들은 코로나19 팬데믹의 시작에 대한 연준의 신속한 대응이 전면적인 금융위기가 발전하는 것을 막았다고 주장한다. 연준의 옹호자들은 장기적으로 연준의 독립성을 감소시키는 것이 통화정책의 효과를 감소시킬 것이라고 주장한다.

연준의 힘과 관료들이 선출되지 않았다는 사실을 감안할 때, 연준의 역할은 경제학자들과 정책입안자들 사이에서 논쟁의 대상으로 남을 가능성이 높다.

이 장의 끝에 있는 관련문제 2.8을 참조하시오.

13.3 미국 외 중앙은행 독립

학습목표: 다른 나라의 중앙은행 독립 정도를 비교한다.

중앙은행의 독립성은 나라마다 차이가 크지만 연준의 구조를 캐나다·유럽·일본의 중앙은행 구조와 비교하면 몇 가지 패턴이 나타난다. 첫째, 중앙은행 이사들이 고정된 임기를 맡고 있는 국가들에서는, 명목상으로는 미국 중앙은행의 독립성이 더 크다는 것을 암시하는, 연방준비제도이사회 총재들의 14년 임기만큼 긴 임기가 없다. 둘째, 다른 나라에서는 중앙은행 총재의 임기가 미국의 4년 총재 임기보다 길어 미국의 정치적 통제력이 다소 커졌음을 의미한다. 그러므로 연준의 구조가 다른 중앙은행들보다 정치적 통제로부터 중립적인지는 불분명하다.

독립적인 중앙은행은 다른 정부 관리들과 입법자들의 직접적인 간섭 없이 자유롭게 목표를 추구할 수 있다. 대부분의 경제학자들은 독립적인 중앙은행이 인플레이션을 낮게 유지하는 데 더 자유롭게 집중할 수 있다고 믿는다. 유럽중앙은행은 원칙적으로 상당히 독립적인 반면, 일본은행과 영국은행은 전통적으로 덜 독립적이었다.

영국은행

1694년에 설립되어 세계에서 가장 오래된 중앙은행 중 하나인 영국은행은 1997년에 정부로부터 독립적으로 금리를 정할 수 있는 권한을 얻었다. 정부는 "극단적인 상황에서 영국은행을 지배할 수 있지만, 현재까지 그렇게 하지 않고 있다"고 말했다. 그러나 재무총재(미국의 재무장관과 비슷한 직책)는 영국은행의 인플레이션 목표를 설정한다. 금리 결정은 9명의 영국은행 총재(연준 의장에 해당), 3명의 부총재, 3명의 중앙은행칩이코노미스트(chief economist), 그리고 재무장관이 지명하는 4명의 외부 경제 전문가들로 이루어진 금융통화위원회에게 달려 있다. 재무부의 한 위원이 금융통화위원회 회의에 참석하지만 투표는 하지 않는다. 통화정책은 은행 금리, 즉 영국은행이 그들의 지준에 대해 지불하는 비율에 초점을 맞춘다.

일본은행

일본은행 정책위원회 위원에는 총재와 부총재 2명, 내각이 지명하고 일본의 국가 입법기관인 국회에서 인준한 외부 위원 6명이 포함된다. 정부가 정책위원회 회의에 대표를 보낼 수는 있지만 표결은 부족하다. 그러나 재무성은 통화정책과 무관한 일본은행 예산의 일부에 대한 통제를 유지하고 있다. 1998년 4월부터 시행된 일본은행법은 물가안정을 추구하기 위해 정책위원회에 더 많은 자율권을 부여하고 있다. 2010년, 일본은행은 주요 중앙은행 중 처음으로 ETF를 매입하기 시작했다. 구매는 처음에는 "물리적 및 인적 자본에 적극적으로 투자"하는 기업들로 구성된 펀드로 제한되었다. 이 조치는 일본 경제가 장기간의 저성장에 머물러 있었기 때문에 기업들이 소비를 늘리도록 유도하기 위한 것이었다. 일본의 일부 경제학자들과 정책입안자들은 이 정책이 전형적인 통화정책 조치를 훨씬 뛰어넘어 보통 일본 총리와 국회의 영역인 재정정책의 영역으로 넘어갔다고 우려했다. 이 관측통들은 이러한 행동이 일본은행의 독립성을 해칠 수 있다고 우려했는데, 특히 2019년까지는 일본은행이 매입을 확대하고 당시 일본 주식 ETF의 거의 3/4을 소유하고 있었다. 그럼에도 불구하고 일본은행은 ETF에 계속 투자했다. 2020년 3월, 코로나19 팬데믹의 영향에 대응하여, 은행은 ETF 구매율을 두 배로 늘리겠다고 발표했다.

캐나다은행

캐나다은행은 통화정책의 목표로서 인플레이션 목표를 가지고 있지만, 그 목표는 캐나다은행과 정부가 공동으로 정한다. 1967년 이래로 정부는 통화정책에 대한 최종적인 책임을 지고 있지만, 캐나다은행은 일반적으로 통화정책을 통제해 왔다. 재무장관은 은행의 조치를 지시할 수 있지만, 그러한 지시사항은 서면으로 작성되고 공개되어야 한다(2020년 중반을 기준으로, 그러한 지시사항은 발표되지 않았다). 2020년 3월, 캐나다은행 총재 스티븐 폴로즈(Stephen Poloz)는 재무장관 빌 모르노(Bill Morneau)가 참석한 기자회견에서 목표금리를 긴급 인하한다고 발표했다. 폴로즈는 코로나19 팬데믹이 캐나다 경제에 미치는 영향에 대응하기 위해 정부의 통화 및 재정정책을 조정할 필요가 있지만, 그러한 조정은 캐나다은행의 독립성을 훼손하지 않고 달성될 수 있다고 주장했다.

유럽중앙은행

유럽 경제 통합을 향한 움직임의 일환으로, 유럽중앙은행은 유럽통화동맹 또는 유로존에 참여하고 유로화를 공통 통화로 사용하는 19개국을 위한 통화정책을 수행하는 책임을 지고 있다. 많은 유럽 국가들의 대표들은 1991년 12월 네덜란드 마스트리히트(Maastricht)에서 중요한 협정에 서명했다. 이 협정은 1999년 1월 1일 공식적으로 시작된 통화 동맹에 대한 점진적인 접근 방식을 상세히 기술했다.

ECB의 조직은 어떤 면에서 미국 연방준비제도이사회와 유사하다. 2020년 크리스틴 라가르드(Christine Lagarde) ECB 총재가 의장을 맡고 있는 ECB 집행이사회는 6명으로 구성돼 있다. 이사국(대통령, 부통령 및 기타 4개국)은 유럽 의회와 ECB의 이사회와 협의한 후 경제재정장관회의의 권고에 따라 회원국, 정부가 임명한다. 이사회 임원은 8년 동안 재임한다. 또한 ECB의 통치에는 각 회원국의 중앙은행 총재들이 참여하며, 국가 중앙은행 총재들은 최소 5년의 임기를 수행한다. 장기 임기는 ECB의 정치적 독립성을 높이기 위해 고안되었다.

원칙적으로, ECB는 가격 안정을 강조해야 하는 명확한 권한을 가지고 있고, 정책 수행에 있어 유럽연합이나 국가 정부의 간섭으로부터 자유롭다. 또한 ECB의 헌장은 원래 조약에 서명한 모든 국가들의 합의를 필요로 하는 마스트리히트 조약을 변경해야만 변경할 수 있다. 그러나 법적 독립성이 실질적인 독립을 보장하기에 충분한지는 별개의 문제다. 연방준비제도의 역사적 경험은 ECB가 겪은 몇 가지 문제를 보여준다. 1913년 연방준비제도에서 구상된 분권형 중앙은행 시스템은 제도 내에서 권력 투쟁을 일으켰고 1930년대 초의 금융위기 동안 합의를 이룰 수 있는 메커니즘을 제공하지 않았다. 국가 중앙은행은 ECB에서 상당한 힘을 가지고 있다. 유럽중앙은행 시스템(European System of Central Banks, ESCB)의 총재들은 ECB의 이사회에서 과반수의 표를 보유하고 있다. 그리고 국가 중앙은행들은 전체적으로 ECB보다 더 많은 직원을 보유하고 있다.

유럽중앙은행은 복잡한 임무를 가지고 있다. 연준이나 영국은행, 일본은행이 각각 단일 국가를 위해 통화정책을 펴는 것과 달리, ECB는 유로화를 통화로 사용하는 19개 주권국의 통화정책을 책임진다. 2007~2009년 금융위기와 그에 따른 불황은 이 19개국에 다양한 영향을 미쳤다. 2002년 유로 동전과 지폐가 도입되기 전에도 일부 경제학자들은 참가국들의 경제 차이를 감안할 때 한 중앙은행이 통제하는 단일 통화가 작동할 수 있는지에 대해 의구심을 표명했다. 일반적으로 불황기에 한 나라의 중앙은행은 필요한 만큼 공격적인 확장 정책을 추구할 수 있다. 그러나 2007~2009년 불황 동안 유럽통화동맹의 일부인 19개국은 ECB에 의존해야 했고 독립적인 정책을 추구할 수 없었다.

유럽은 2007~2009년 불황 이후 장기간의 느린 성장을 경험했다. 2016년, ECB는 공격적인 통화정책 행동으로 대응하여 일부 국채의 금리를 마이너스로 만들었다. 이 결과는 유로존 국가들의 일부 정책입안자들의 비판을 초래했다. 예를 들어, 독일의 경우 경제성장과 고용 모두 유로존 전체보다 훨씬 높았고, 일부 독일 정책입안자들은 ECB의 정책에 대해 비판적이었다. 2020년 7월, 코로나19 팬데믹으로 인한 경제적 문제에 직면하여, 유럽연합은 처음으로 개별 국가가 발행한 채권이 아닌 일반 채권을 판매하기 시작했다. 7,500억 유로의 채권 발행은 바이러스의 영향으로 가장 큰 피해를 입은 유럽연합 국가들, 특히 스페인과 이탈리아에서의 회복을 돕기 위한 기금을 모으기 위한 것이었다. 과거 공동채권 발행으로 지출을 조달하는 데 회의적이었던 앙겔라 메르켈(Angela Merkel) 독일 총리는 전염병의 심각성을 감안하여 공동조치의 필요성을 받아들였다.

ECB는 2007~2009년 불황 이후 정부가 발행한 채권인 **국가 부채**(sovereign debt)와 관련된 문제와 씨름하고 있다. 포르투갈·아일랜드·그리스·스페인 등 일부 유로존 국가들은 세수가 줄고 정부 지출이 늘면서 큰 정부 예산 적자에 시달렸다. 적자를 메우기 위해 이들 정부는 채권을 발행해야 했다. 2010년 봄까지 그리스는 너무 많은 채권을 발행했기 때문에 민간 투자자들은 그리스가 이 부채에 대한 이자 지급을 계속할 수 있을지 의심했다. 이 외에도 아일랜드, 스페인, 포르투갈이 발행한 부채에 대해 의구심이 생겼다. 이로 인한 **국가 부채 위기**(sovereign debt crisis)는 ECB에 딜레마를 초래했다. 부채 일부를 사들이기 위해 개입할 수도 있지만, 개입할 경우 유럽 금융시스템의 유동성을 더욱 증가시켜 미래의 기대 인플레이션이 높아질 수 있다. 또한 부채를 사는 것은 이러한 정부 중 일부 형편없는 예산 정책을 승인하는 것으로 보여서 도덕적 해이를 증가시킬 수 있다.

2010년 5월, 반대에도 불구하고, 장 클로드 트리셰(Jean-Claude Trichet) 당시 ECB 총재는 국가 부채를 매입하기 시작했다. 트리셰 총재는 영향을 받은 정부가 여전히 채권을 팔아 자금을 조달할 수 있도록 하고 이들 국채를 대량 매입한 유럽 은행의 지급 능력을 보호하기 위해 기업이 필요하다고 주장했다. 그러나 이 조치는 상당한 논란을 불러일으켰다. 그럼에도 불구하고, 트리셰의 후임자인 마리오 드라기(Mario Dragchi)는 국가 부채 위기를 억제하고 유럽 은행 시스템의 안정성을 보장하기 위한 시도로 구매 프로그램을 확대했다.

2020년, 국가 채무 위기가 억제된 것처럼 보였지만, 크리스틴 라가르드는 유럽중앙은행의 목표인 2% 인플레이션율을 달성하려고 시도하면서 코로나19 팬데믹의 경제적 효과에 대응해야 하는 도전에 직면했다. 라가르드 총재는 국채와 회사채를 모두 매입하는 확대 프로그램을 시행했지만, 그녀는 전염병 동안 생산과 고용을 유지하는 데 통화정책이 성취할 수 있는 것에 한계가 있다고 주장했고 회원국들에게 더 확장적인 재정정책을 채택할 것을 촉구했다.

중앙은행 독립성에 관한 결론

대부분의 고소득 국가에서 중앙은행은 정치적 과정으로부터 어느 정도 격리되어 있지만, 통화정책을 수행하는 데 있어서 독립성의 정도는 국가에 따라 다르다. 중앙은행 구조의 차이에서 우리는 어떤 결론을 도출해야 할까? 많은 분석가들은 독립 중앙은행이 생산량이나 고용 변동을 증가시키지 않고 인플레이션을 낮춤으로써 경제 성과를 향상시킨다고 믿는다. 2장 2.5절에서 보았듯이, 알베르토 알레시나(Alberto Alesina)와 로렌스 서머스(Lawrence Summers)의 연구는 독립적인 중앙은행을 가진 국가들이 1970년대와 1980년대에 낮은 평균 인플레이션율을 가지고 있다는 것을 발견했다. 독립성이 훨씬 낮은 중앙은행을 가진 국가들은 인플레이션율이 훨씬 더 높았다.

무엇이 의미 있는 중앙은행의 독립성을 구성하는가? 경제학자들은 중앙은행이 독립적이라는 정부의 선언이 불충분하다고 강조한다. 중앙은행은 정부의 직접적인 간섭 없이 정책을 수행할 수 있어야 한다. 중앙은행은 또한 책임질 수 있는 목표를 세울 수 있어야 한다. 대표적인 예가 인플레이션 목표이다. 캐나다, 핀란드, 뉴질랜드, 스웨덴, 영국의 중앙은행들은 유럽중앙은행과 마찬가지로 공식적인 인플레이션 목표를 가지고 있다. 수년간의 논쟁 끝에, 연준위는 이러한 다른 중앙은행들을 따라갔고 2012년에 2%의 인플레이션 목표를 채택했다.

핵심 질문에 대한 해답

이번 장 서두로부터 연결됨

이 장을 시작할 때 다음과 같이 질문했다.

"의회와 대통령이 연방준비제도에 대해 더 큰 권한을 가져야 하는가?"

이 장에서 보았듯이, 연준의 창립 이래로, 경제학자들과 정책입안자들은 연준이 정부의 나머지 부분으로부터 얼마나 독립적이어야 하는지에 대해 토론해 왔다. 1913년 미국 연방준비제도이사회는 미국 연방준비제도이사회(FRB)에 재무장관과 통화감독관을 임명하였다. 1935년 의회는 연준의 독립성을 높이기 위해 이 관료들을 이사회에서 해임했다. 2010년 금융개혁 논의에서 의회는 연준의 독립성을 현저히 떨어뜨릴 수 있는 제안들을 심각하게 고려했지만, 이러한 제안들은 도드–프랭크법의 최종판에 포함되지 않았다. 2020년 대선 기간 동안 연준의 구조를 바꾸자는 제안이 다시 나왔다. 금융시스템에서 연방준비제도의 중요성을 감안할 때, 경제학자들과 정책입안자들은 연준이 어느 정도까지 독립해야 하는지에 대해 계속 논의할 것이다.

13.1 연방준비제도의 구조
연방준비제도의 구조를 설명한다.

복습문제

1.1 왜 미국은 1836년과 1913년 사이에 중앙은행이 없었는가? 왜 의회는 1913년에 연방준비제도를 설립하기로 결정했는가?

1.2 왜 연방준비제도는 12개의 지역으로 나뉘었는가?

1.3 어바인 캘리포니아 대학의 게리 리처드슨(Gary Richardson)은 연방준비제도 출판물에서 "대공황 초기 몇 년 동안 연방준비제도 구조의 결함이 명백해졌다"고 관측했다. 그가 말하는 것이 무엇인지 간단히 설명하시오.

1.4 연방준비제도 이사회와 연방공개시장위원회 중 어느 위원회가 통화정책을 결정하는데 더 중요한가? 간단히 설명하시오.

1.5 도드-프랭크법은 연준에 어떤 변화를 주었는가?

응용문제

1.6 연방준비제도의 역사를 쓴 카네기멜론 대학의 고(故) 앨런 멜처(Allan Meltzer)에 따르면, [연방준비은행] 이사회와 준비 은행 간의 긴장은 시스템이 비즈니스를 위해 개방되기 전에 시작되었다. [폴(Paul)] 와버그(Warburg)가 문제를 설명했다. 이사회가 우세하면 이자율에 대한 결정을 정치적 고려가 지배하게 된다. 준비 은행의 지배는 "..... 이사회를 무력한 위치로 떨어뜨릴 것입니다."
   a. 의회는 왜 연방준비은행과 연방준비위원회 사이에 이런 긴장감을 가진 시스템을 세웠는가?

   b. 현대 연준에서 긴장이 해소되었는가? 만약 그렇다면, 어떻게 해소되는가?

1.7 [개념적용: "세인트 루이스와 캔자스시티? 지방은행의 위치를 설명하는 것은 무엇인가?" 관련] 의회가 연방준비제도법을 개정하고 연방준비제도 지역 경계를 재검토하기 위해 새로운 위원회를 설치한다고 가정하자. 위원회는 경계선을 그릴 때 어떤 고려사항을 사용해야 하는가? 경계가 원래 경계와 매우 다를 것 같은가? 지역 경계선이 있는 1914년만큼 오늘날에도 중요한가? 간단히 설명하시오.

1.8 [개념적용: "이사회에서 4명은 군중이 될 수 있다" 관련] 선샤인법에서 정부의 목적은 무엇인가? 당신 생각에, 버냉키 연준 의장이 2007~2009년 금융위기 동안 이 법의 요구 사항을 회피한 것이 정당했는가? 간단히 설명시오.

1.9 [개념적용: "의회는 연준의 구조를 변경해야 하는가?" 관련] 연방준비제도 문서에는 다음과 같이 기술되어 있다. "클래스 A급 이사는 연방은행총재 및 제1부행장의 임명 과정의 대부분에 참여할 수 없다."
   a. 클래스 A급 이사는 누구인가?
   b. 이 문서는 어떤 잠재적 이해 충돌에 대해 언급하고 있는가?
   c. 연준은행의 지배구조에 이해충돌이 있다면 1913년 연준법을 통과시키면서 의회가 왜 이런 구조를 만들었는가?

13.2 정부와 연준의 관계
정부와 연준의 관계와 연준의 독립성에 대한 찬반 주장을 설명한다.

복습문제

2.1 의회가 연준을 처음 설립했을 때 연준의 주된 책임은 무엇이었는가? 그것들이 여전히 연준의 가장 중요한 책임인가? 간단히 설명하시오.

2.2 어떤 방식으로 연준은 외부 압력에 영향을 받는가?

2.3 연준의 동기에 대한 공익적 관점과 주인-대리인 관점의 주요 차이점은 무엇인가? 이러한 관점들이 정치 경기 순환의 이론과 어떻게 연결되어 있는가? 연

준의 독립성에 대한 찬성과 반대 의견을 간략하게 논의하시오.

2.4 연준의 독립에 대한 찬반 논쟁에 대해 간략하게 논의하시오.

응용문제

2.5 앨런 멜처(Allan Meltzer)는 연준의 역사 제1권의 장 중 하나에 "재무부의 통제하에서, 1942~1951" 제목을 붙였다. 왜 멜처는 그 몇 년 동안 연준이 재무부의 통제 하에 있었다고 생각했는가?

2.6 하원 위원회 청문회에서 당시 연준 의장이었던 벤 버냉키는 GAO가 연방준비제도이사회(FRB)의 통화정책 행동을 감사하도록 지시하는 법안에 대한 질문에 다음과 같이 대답했다.

"연준 감사"라는 용어는 기만적이다. 회계감사는 장부를 확인하고 재무제표를 보고 특가거래를 하지 않는지 등을 확인하는 것이라고 국민은 생각한다. 그 모든 것들은 (이미) 완전히 열려 있다. 내가 가지고 있는 악몽 같은 시나리오는 미래의 연방준비제도이사회 의장이 연방기금금리를 25 베이시스 포인트 인상하기로 결정하는 것이다. 그리고 여기 있는 누군가는 이렇게 말할 것이다. "저는 그 결정이 마음에 들지 않습니다. GAO

가 들어가서 모든 기록을 입수하고, 모든 녹취록을 입수하고, 모든 준비 자료를 입수하고, 그것이 옳은 결정인지 아닌지에 대해 독립적인 의견을 주기를 바랍니다."

왜 버냉키가 묘사하고 있는 상황이 "악몽 시나리오"가 될 것인가? GAO가 특정한 통화정책 조치가 옳은 결정이었는지에 대해 독립적인 의견을 내도록 하는 것이 좋지 않은가?

2.7 13.1절 개념적용에 "세인트루이스와 캔자스시티? 무엇이 지역 은행의 위치를 설명하는가?"를 다시 보자. 마이클 맥어보이와 데이비드 휠록의 연방준비은행 도시 선정 방법에 대한 설명은 결정이 어떻게 이루어졌는지에 대한 공익적 관점과 주인-대리인 관점 중 어느 것에 더 일치하는가? 간단히 설명하시오.

2.8 **[개념적용: "연준을 끝낸다고요?" 관련]** 켄터키주 상원의원 랜드 폴이 2016년 공화당 대통령 후보 지명에 출마했을 때 뉴욕타임스의 기사는 "폴 씨는 연준이 화폐공급과 금리를 통제하는 것에 반대하며 그러한 권한을 의회가 행사해야 한다고 제안한다"고 언급했다. 왜 의회는 재정정책, 즉 지출과 세금에 관한 연방정부의 결정을 직접 통제하고 통화정책에 대한 권한을 연방준비제도에 위임하는가? ·

13.3 미국 외 중앙은행 독립
다른 나라의 중앙은행 독립 정도를 비교한다.

복습문제

3.1 미국 연방준비제도이사회와 외국 중앙은행 간의 중앙은행 총재 및 중앙은행 이사회 구성원의 임기 기간을 비교하시오.

3.2 정부의 나머지 부분으로부터 독립적이지 않은 중앙은행을 갖는 것의 주된 문제는 무엇인가?

3.3 유럽중앙은행은 어떻게 조직되어 있는가? 그것은 어떤 특별한 문제에 직면하는가? 2007~2009년의 금융위기, 후속 국가 부채 위기, 2020년 코로나19

팬데믹 동안 어떤 어려움을 겪었는가?

응용문제

3.4 유럽중앙은행(ECB)는 웹사이트에 다음과 같이 명시한다.

유럽중앙은행과 국가 중앙은행은 함께 유로 지역의 중앙은행 시스템인 유로 시스템을 구성한다. 유로 시스템의 주요 목표는 물가 안정을 유지하는 것이다. 즉, 유로화의 가치를 보호하는 것이다.

이와는 대조적으로 연방준비제도는 물가 안정과 높은 고용 모두에 대한 이중 권한을 가지고 있다. ECB의 상황을 감안할 때 어째서 가격 안정성의 단일 목표가 더 쉬울 수 있는가?

3.5 당시 영국은행 금융통화위원회 위원이었던 아담 포젠(Adam Posen)은 연설에서 다음과 같이 주장하였다.

> 중앙은행의 정부채무 매입…독립성을 훼손하기는커녕…신뢰성을 높여야 한다…우리의 독립을 위해 중요한 것은 아니라고 말하고, 우리가 그렇다고 대답하기로 결정할 때 책임지는 우리의 능력이다.

a. 왜 정부 부채를 구입하는 것이 중앙은행의 독립성을 저해하는 것으로 보일 수 있는가?

b. 왜 중앙은행은 때때로 정부 부채를 매입하는 제안에 대해 "아니오"라고 말하고 싶은까? 왜 가끔 "네"라고 말하고 싶은가?

3.6 2020년, 코로나19 팬데믹의 경제적 영향에 대응하여, 영국은행 총재인 앤드류 베일리(Andrew Bailey)는 은행이 "방법과 수단" 기금을 통한 "통화 금융"에 참여할 것이라고 발표했다. 이 프로그램에 따라 영국 정부는 영국은행으로부터 직접 자금을 받게 된다. 그리고 나서 정부는 채권을 발행하고 모금된 돈을 은행에 갚는 데 사용할 것이다. 이코노미스트지의 한 기사는 "통화금융은 짐바브웨와 바이마르 독일의 메아리로 투자자들이 재무부의 손아귀에 있는 것으로 보이는 중앙은행에 대한 신뢰를 잃을 것이라는 우려를 불러 일으킨다"고 관찰했다.

a. 짐바브웨와 바이마르 독일에 대한 기사의 언급에 대해 간략하게 설명하시오. (2장 2.5절 참조)

b. 중앙은행이 재무부의 "손아귀에 있다(under the thumb)"는 것은 무엇을 의미하는가?

c. 투자자들이 한 나라의 중앙은행에 대한 신뢰를 잃으면, 우리는 그 정부의 채권에 대한 시장에서 무엇을 관찰할 수 있는가?

CHAPTER 14

연준의 재무상태표와 화폐공급과정

학습목표

이번 장을 통해 다음을 이해할 수 있다.

14.1 연준의 재무상태표와 본원통화 사이의 관계를 설명한다.

14.2 단순예금승수에 대한 방정식을 도출하고 T-계정을 사용하여 승수적 예금창출을 설명한다.

14.3 은행과 비은행 기관의 행동이 통화승수에 어떤 영향을 미치는지 설명한다.

14.A 부록: M2의 화폐공급과정을 설명한다.

금: 경제 혼란에 대한 완벽한 헤지인가?

재난 영화나 텔레비전 쇼에서, 문명이 무너질 때, 금화나 금괴를 숨겨둘 만큼 똑똑했던 사람들이 대개 살아 남는다. 결국 역사를 통틀어 사람들은 금을 소중하게 여겨왔고, 경제가 붕괴될 때, 누가 지폐를 위해 무엇을 팔겠는가? 그러나 2007~2009년 금융위기나 2020년 코로나19 팬데믹과 같은 덜 치명적인 사건은 어떨까? 이와 같은 불확실한 금융위기 동안, 많은 사람들은 금을 안전한 피난처로 여긴다.

한때 미국과 고소득 국가들에서 금은 화폐의 공급의 기초였지만, 더 이상 그렇지 않다. 미국은 1933년에 금본위제를 탈퇴하고 화폐로 금화를 주조하는 것을 중단했

다. 미국 조폐국은 여전히 유명한 사람들과 역사적인 사건들을 기념하는 금화를 생산하지만, 수집가들은 이 동전들의 대부분을 구입한다. 어떤 사람들은 투자로서 금화에 관심이 있어서, 조폐국은 아메리칸 이글 금화를 생산한다. 2008년부터 금융위기가 최악으로 치달으면서, 그 동전들은 매우 뜨거운 관심을 받았다. 1온스짜리 아메리칸 이글 금화의 판매량은 위기 이전 수준의 10배 이상으로 치솟았다. 뉴욕, 런던, 취리히의 지하 금고에 보관된 금괴에 대한 투자자들의 권리를 판매하는 웹 기반 회사인 불리온볼트(BullionVault)는 매우 높은 매출을 보고했다. 월스트리트 저널의 "코로나바이러스가 글로벌 골드 러시를 촉발시

핵심 이슈와 질문

이슈: 2007~2009년 금융위기가 끝난 후 몇 년 동안 은행들은 기록적인 수준의 지준을 계속 보유했다.

질문: 왜 2007~2009년의 금융위기 동안과 그 이후에 은행지준이 빠르게 증가했고, 정책입안자들은 그 증가에 대해 걱정해야 하는가?

해답은 이 장의 끝에서…

킨다"는 헤드라인에 따라 코로나19 펜데믹 기간인 2020년에도 유사한 금 구매가 급증했다. 금값은 2020년 6월까지 15% 이상 오르며 2012년 이후 최고치를 기록했다. 2020년 1월에서 3월 사이 미국 조폐국의 금화 판매량은 2배 이상 증가했다. 일부 투자자들은 금을 직접 소유하는 것을 좋아하지만, 다른 투자자들은 금 상장지수펀드(ETF)를 사들여 간접적으로 금에 베팅하는 것을 선호한다. 금융시장에서 사고팔 수 있는 금 ETF는 금의 가격을 추적하기 위해 설계되었으며, 금 EFT의 소유자들은 금괴 소유와 관련된 보관 및 보험 비용을 피한다.

"골드버그(gold bugs)"로 알려진 일부 개인투자자들이 항상 금을 보유하기를 원하지만, 금의 가격을 올리는 것은 개인투자자들만이 아니다. 억만장자 헤지펀드 관리자인 조지 소로스(George Soros)와 존 폴슨(John Paulson)은 2007~2009년 금융위기 이후 금괴와 금광회사 주식 등에 투자했다. 소로스는 1992년 영국 파운드화 가치에 베팅해 $10억 이상을 벌어들인 것으로 유명하다. 이미 예상했겠지만, 그의 금 구매는 많은 투자자들의 관심을 끌었다. 2007년과 2008년 집값 하락에 베팅해 수십억 달러를 벌었던 폴슨은 2010년 금값 상승으로 $50억의 추가 수익을 올렸다. 그러나 금값은 2008년 말부터 2012년 말까지 대부분의 기간 동안 상승했지만 2013년 동안 급격히 하락하여 금에 베팅하고 있던 폴슨과 다른 헤지펀드 관리자들에게

상당한 손실을 입혔다. 그럼에도 불구하고, 일부 헤지펀드 관리자들과 많은 개인투자자들이 다시 금을 사들이기 시작하면서, 금값은 팬데믹 기간인 2020년에 다시 상승했다. 금 ETF의 가치는 2019년 7월 $1,180억에서 2020년 7월 $2,150억로 상승했다.

왜 투자로서 금에 큰 관심을 가지는가? 투자자들의 동기는 다르지만, 많은 사람들은 특히 인플레이션이 상승할 수 있다는 것을 두려워할 때, 경제적 불확실성의 시기에 금을 안전한 피난처로 본다. 한 헤지펀드 관리자가 말했듯이, "당신의 지식의 한계를 인식하는 것은 금을 소유하는 중요한 이유이다." 미국을 포함한 많은 국가에서, 화폐공급은 팬데믹 기간 동안 빠르게 증가했다. M2로 측정한 2020년 6월 미국의 화폐공급량은 연간 20% 이상 증가해 수십 년 만에 가장 높은 증가율을 기록했고, 은행들은 기록적인 양의 외환보유액을 보유하고 있었다. 인플레이션이 2020년 가을까지 낮은 수준을 유지했음에도 불구하고, 일부 투자자들은 향후 몇 년 동안 치솟는 인플레이션을 예측했고 금을 보유하는 것이 그러한 위험을 회피하는 가장 좋은 방법이라고 보았다.

이 장에서는 미국의 화폐공급량이 왜 그렇게 빠르게 증가했는지, 인플레이션 상승 위험이 얼마나 큰지, 그리고 금이 수년간 인플레이션에 대한 헤지 역할을 얼마나 잘 해왔는지 살펴본다.

경제학자, 정책입안자, 투자자들이 화폐공급에 관심을 갖는 이유는 화폐공급이 금리, 환율, 인플레이션율, 재화와 서비스의 경제/생산량에 영향을 미칠 수 있기 때문이다. 유럽중앙은행, 미국 연준, 일본은행, 영국은행 등 중앙은행의 책임 중 하나는 화폐공급을 관리하는 것이다. 중앙은행이 화폐공급을 어떻게 관리하는지 이해하기 위해서는 화폐공급을 결정하는 요소들과 어떻게 중앙은행이 유통되는 통화량을 늘리거나 줄일 수 있는지를 분석할 필요가 있다. 이 장에서는 화폐공급의 크기를 설명하고 화폐공급의 변동 이유를 설명하는 모형을 구축한다. 한 나라의 화폐공급이 어떻게 만들어지는지를 **화폐공급과정**(money supply process)이라고 한다. 이 장에서 미국의 화폐공급과정을 이해한다. 또한 미국의 은행지준이 2007~2009년 금융위기 동안 치솟았고 2020년 코로나19 팬데믹을 통해 매우 높은 수준을 유지한 이유를 살펴본다.

14.1 연준의 재무상태표와 본원통화

학습목표: 연준의 재무상태표와 본원통화 사이의 관계를 설명한다.

우선 본원통화를 설명한 다음 본원통화가 화폐공급과 어떻게 연결되는지 결정하는 것으로 화폐공급과정에 대한 분석을 시작한다. 화폐공급의 결정 방식에 대한 모형은 세 그룹의 행위를 포함한다.

1. 화폐공급을 통제하고 은행 시스템을 규제하는 책임을 지고 있는 **연방준비제도**
2. 화폐공급의 M1 측정에서 가장 중요한 구성요소인 당좌예금 계좌를 만드는 **은행 시스템**
3. 은행 이외의 모든 가계와 기업을 지칭하는 **비은행기관**. 비은행기관은 현금통화 또는 당좌 계좌 잔고와 같이 화폐를 보유하고자 하는 형태를 결정한다.

그림 14.1은 화폐공급과정을 나타내며, 경제에서 어떤 집단이 각 변수에 영향을 미치는지 보여준다. 이 그림은 이 장에서 분석의 중추이다. 화폐공급과정은 **고성능화폐**(high-powered money)라고도 불리는 **본원통화**(monetary base)로 시작된다. 본원통화는 현금통화량에 은행 시스템의 지준을 더한 것과 같다.[1]

> **본원통화(또는 고성능화폐)**
> 유통되고 있는 은행 지준 및 현금 통화의 합계

$$본원통화 = 현금통화 + 은행지준$$

앞으로 살펴보겠지만, 연준은 본원통화를 잘 통제하고 있다. 통화승수는 본원통화와 화폐공급을 연결한다. 통화승수 가치가 안정되어 있는 한, 연준은 본원통화를 조절해 화폐공급을 통제할 수 있다.

화폐공급과정모형은 연준의 좁은 통화 척도인 총통화인 M1에 적용된다. 이 장 부록은 화폐공급과정의 모형을 화폐공급의 더 넓은 척도인 M2로 확장한다.

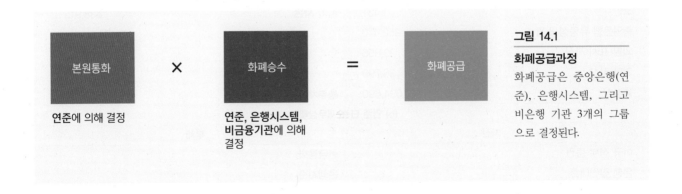

그림 14.1

화폐공급과정

화폐공급은 중앙은행(연준), 은행시스템, 그리고 비은행 기관 3개의 그룹으로 결정된다.

---

[1] 본원통화의 "지준" 요소는 기술적으로 "지준잔고"라고 불리며, 저축과 대출과 같은 일부 비은행 예금기관의 연준의 예금을 포함한다.

연준의 재무상태표

본원통화와 연준의 자산과 부채를 나열하는 연준의 재무상태표 사이에는 밀접한 관계가 있다. 표 14.1은 전체 연준 재무상태표 (a)와 본원통화 증감에 있어 연준의 조치와 가장 관련이 있는 네 가지 항목만 포함하는 단순화된 버전 (b)를 보여준다. 대부분의 해에 연준의

표 14.1 연준의 재무상태표

(a) 연준 재무상태표, 2020년 6월			
자산		**부채 및 자기자본**	
증권		현금통화	$1,910,886
미국 재무부 증권	$4,169,340	레포채권	225,462
연방청 부채 증권	2,347	은행지준 잔고(정기예금 포함)	3,069,439
모기지 유동화증권 및 기타 증권	2,224,401	재무부 예금, 일반계좌	1,565,306
환매조건부 채권	79,053		
은행 할인대출	7,492	외국정부, 국제기구 예금 및 기타 예금	160,884
프라이머리 딜러 신용 기금	5,306		
머니마켓 뮤추얼펀드 유동성 기금	24,680		
급여보장 프로그램 유동성 기금	57,552		
기업어음 자금조달 기금	12,797		
기업 신용 기금	38,916		
메인 스트리트 대출 프로그램	31,876		
지방 유동성 기금	16,079		
금	11,041	이연 현금 항목	268
		신용 기금의 재무부 기여금	114,000
		기타 부채	9,531
추심중인 항목	51	총부채	$7,055,776
건물	2,202		
코인	1,431	자기 자본	$38,915
중앙은행 유동성 스왑	352,470		
외환 표시 자산	20,856		
기타 자산	36,790		
총자산	$7,094,690	총부채 및 자기자본	$7,094,690
(b) 연준 단순 재무상태표			
자산		**부채**	
미국 정부 증권		현금통화	
은행 할인대출		은행지준	

참고: (a) 단위는 백만 달러. 반올림 오차로 구성요소의 합은 총합과 일치하지 않을 수 있음.

(a) 출처: Federal Reserve Statistical Release H.4.1, Factors Affecting Reserve Balances of Depository Institutions and Condition Statement of Federal Reserve Banks, June 18, 2020.

가장 중요한 자산은 미국 재무부 증권(단기, 중기, 장기채권)과 은행에 대한 할인대출이다. 2007~2009년의 금융위기, 뒤이어 일어난 느린 경제 회복, 2020년 코로나19 팬데믹은 연준이 금리를 낮추고 가계와 기업의 지출을 늘리려고 노력하면서 재무부 증권 구매를 크게 확대시켰다. 또한 연준은 주택 시장을 지원하기 위한 시도로 패니메(Fannie Mac)과 프레디 맥(Frddie Mac)이 보증하는 모기지 증권을 구입했다. (a)는 2020년 코로나19 팬데믹 기간 동안의 활동의 결과로 연준이 획득한 채권, 대출 및 기타 자산을 나타내는 재무상태표의 자산 측면의 여러 항목을 보여준다. 이러한 활동은 12.3절에서 간략히 논의했으며, 15.3절에서 추가로 논의한다. 2020년 동안 연준은 외국 중앙은행들과 유동성 스왑에 참여했고 그 스왑과 관련된 상당한 자산을 축적했다.

경제학자, 정책입안자 또는 언론인들이 "연준의 재무상태표의 크기"를 언급할 때, 일반적으로 연준의 자산의 가치를 언급한다. 2020년 6월, 연준의 재무상태표 규모는 약 \$7조 1천억원이었는데, 이는 2007년 12월 2007~2009년 경기후퇴와 금융위기가 시작될 때의 8배 규모였다.

표 14.1의 (a)는 또한 연준의 주요 부채가 현금 통화 및 은행의 지준 잔액 또는 단순히 **지준**(reserve)임을 보여준다. 연준은 정부의 은행으로서의 역할에서 미국 재무부와 외국 정부 및 국제 기관을 위한 예금도 보유하고 있다. 연준은 공개시장운영의 일환으로 역환매 계약 형태의 부채를 발생시킨다. "추심중인 항목" 자산과 "이연 현금 항목" 부채는 수표 결제에서 연준의 역할과 관련이 있다. 신용기금의 재무부 기여금은 코로나19 팬데믹에 대응한 연준의 활동과 관련이 있다.

표 14.1의 (b)는 본원통화를 증가 또는 감소시키기 위한 연준의 조치와 가장 직접적으로 관련된 두 자산과 두 부채에 초점을 맞추기 위해 연준의 재무상태표에서 세부 사항을 삭제한다.

본원통화

표 14.1의 (b)에 표시된 연준의 두 부채인 현금통화와 은행지준의 합계가 본원통화와 동일하다는 점에 주목한다. 여기서는 현금통화를 연준에 의해 경제에 유통되는 종이화폐의 양으로 취급하고 있다.[2] **현금통화**(currency in circulation)는 은행이 보유한 화폐를 포함하며, 이를 **시재금**(vault cash)이라고 한다. 비은행 기관(가계 및 기업)이 보유한 통화를 **M1 통화**(currency in M1)라고 하며, 현금통화에서 시재금을 뺀 것과 같다.

$$M1\ 통화 = 현금통화 - 시재금$$

연준의 재무상태표에 있는 은행의 지준 잔액은 연준 상업은행의 예금과 같은 액수이다.

현금통화
연준 밖에서 유통되는 지폐

시재금
은행이 보유한 통화

M1 통화
비은행 기관이 보유한 통화

---

2 엄밀히 말하면, 본원통화에는 주로 동전인 미 재무부 화폐가 포함되어 있다. 유통되고 있는 동전의 가치는 연준의 통화 잔액이나 은행지준에 비해 작기 때문에 여기서는 그것을 무시할 것이다. 연준의 재무상태표에 표시된 지준에는 상업은행이든 아니든 모든 예금기관이 연준에 예치한 예금이 포함된다. 편의상, 우리는 이러한 모든 예금기관을 상업은행이라 가정한다.

은행지준
연준에 예치된 은행 예금과 시재금

하지만 법에 따라 시재금도 **은행지준**(bank reserves)에 포함된다. 현금통화에서 시재금을 빼서 연준의 은행 예금에 더하면 본원통화에 대한 더 정확한 정의가 나온다.

$$본원통화 = M1\ 통화 + 은행의\ 총지준$$

여기서 마지막 '은행의 총지준'은 연준에 대한 은행예금과 시재금의 합이다. 간단히 말해서, 우리는 본원통화를 통화+지준과 같다고 말할 것이다.

지준 예금은 은행들의 자산이지만 은행들이 연준에 예금 상환을 요청할 수 있기 때문에 연준에게는 부채다. 당좌예금 계좌가 당신에게는 자산이지만 당신이 계좌를 가지고 있는 은행에는 부채가 되는 것과 유사하다.

총지준은 연준이 은행에 보유하도록 요구하는 금액(**필요지준**(required reserves))과 은행이 보유하기로 선택한 추가 금액(**초과지준**(excess reserves))으로 구성된다.

필요지준
연준이 은행에 요구불 예금과 NOW 계좌 잔액에 대해 보유할 것을 요구하는 지준. 2020년 3월 현재 은행은 더 이상 보유할 지준이 필요 없음

$$지준 = 필요지준 + 초과지준$$

2020년 3월까지 연준은 은행이 보유해야 하는 당좌예금의 비율을 **필요지준율**(required reserve ratio)이라고 명시했다. 예를 들어, 필요지준율이 10%인 경우, 은행은 당좌예금(요구불 예금 + NOW 계좌)의 10%를 연준의 지준 예금 또는 시재금으로 적립해야 했다. 2020년 3월, 코로나19 팬데믹 기간 동안, 연준은 지준 요건을 은행의 요구불 예금과 NOW 계좌의 0%로 설정함으로써 삭제했다. 이사회는 지준 요건을 다시 부과할 권한을 가지고 있지만, 그렇게 할 계획이 없다고 말했다. 연준은 2008년 10월 이후 금리가 상당히 낮지만(2020년 9월 0.10%) 은행에 지준 계좌의 이자를 지급했다. 역사적으로 은행들은 2007~2009년 금융위기 이래로 초과지준을 거의 보유하지 않았지만, 은행들은 훨씬 더 많은 초과지준을 보유하고 있다. 은행들이 2007년 이전보다 훨씬 더 많은 지준을 보유하고 있는 세 가지 주요 이유가 있다. (1) 연준이 지준에 지불하는 금리는 낮지만, 이 투자는 위험이 없으며, 이 금리는 은행이 할 수 있는 다른 안전한 단기 투자에 대한 수익과 경쟁적이다. (2) 금융위기 때와 그 이후, 2020년 코로나19 팬데믹 기간 동안, 역사적으로 높은 수준의 금융시스템의 불확실성으로 인해 많은 은행들의 유동성이 높아졌다. (3) 바젤 협정(12장 12.4절에서 논의)에 따라 **글로벌 시스템적으로 중요한 은행**(G-SIB)으로 불리는 대형은행들은 2007년 이전보다 유동성이 높아야 한다. 결과적으로, 이러한 은행들은 연방기금시장에서 하룻밤 사이에 다른 은행들로부터 지준을 빌리는 것에 의존할 수 없으므로 연준의 지준 계좌에 상당한 잔고를 유지해야 한다. 따라서 기술적으로 초과된 지준 잔액은 연준의 지준 요건(2020년 3월 이후 어떠한 경우에도 0)을 충족하기 위해 필요하지 않지만, 사실상 대형은행들이 유동성 요건을 충족하기 위해서는 초과지준이 여전히 필요하다. 예를 들어, 2007년 이전에 연방기금시장에서 가장 큰 지준 대출자였던 JP모건 체이스는 현재 연준에서 가장 큰 지준 잔액을 보유하고 있다.[3]

초과지준
은행이 필요지준 이상을 초과한 은행지준. 2020년 3월 기준, 연준이 지준 요구사항을 삭제했기 때문에 모든 은행지준은 초과지준임

필요지준율
연준이 은행이 지준으로 보유해야 한다고 지정하는 당좌예금의 백분율. 2020년 3월 현재 필요지준율은 0과 같음

---

[3] Zoltan Pozsar, "Global Money Notes #26: Countdown to QF4," Credit Suisse, December 9, 2019.

연준이 본원통화를 바꾸는 방법

연준은 자산의 수준을 변경함으로써, 즉 연준은 재무부 증권을 사고 팔거나 은행에 할인대출을 함으로써 본원통화를 증가시키거나 감소시킨다.

공개시장운영   연준이 본원통화를 바꾸기 위해 사용하는 가장 직접적인 방법은 **공개시장운영**(open market operations)으로, 일반적으로 미국 재무부채권을 사고파는 것이다. 공개시장운영은 뉴욕 연방준비은행에 위치한 연준의 거래 데스크에 의해 수행된다. 거래 데스크에 있는 연준 직원들은 **국채전문딜러**(primary dealers)들과 전자적으로 증권을 사고 판다. 2020년 기준으로 투자은행, 증권사 딜러, 상업은행 증권부 등 24개 주요 딜러가 있다. 상업은행이 아닌 딜러는 상업은행에 계좌를 보관하기 때문에 공개시장운영은 연준과 은행 시스템 사이에서 이뤄지는 것으로 볼 수 있다. **공개시장매입**(open market purchases)에서 연준은 재무부 증권을 사들여 본원통화를 높인다. 연준이 웰스파고로부터 $100만 상당의 재무부채권을 산다고 가정하자. 웰스파고는 전자적으로 지폐의 소유권을 연준에 이전하고, 연준은 연준에 있는 웰스파고의 지준계좌에 $100만를 예금함으로써 그 비용을 지불한다.

우리는 재무상태표의 축소판인 T-계정을 사용하여 연준의 공개시장매입의 효과를 설명할 수 있다. 여기서는 거래가 재무상태표를 어떻게 변경하는지 보여주는 데만 T-계정을 사용할 것이다. 이 예에서 연준은 오직 한 은행으로부터만 증권을 구입했지만, 실제로 연준은 여러 은행에서 동시에 증권을 구입한다. 따라서 우리는 전체 은행 시스템에 대한 T-계정을 사용하여 연준의 공개시장매입 결과를 보여준다. 은행 시스템의 재무상태표는 $100만의 증권 보유가 감소하고 동일한 금액의 지준이 증가했음을 보여준다(은행시스템의 재무상태표는 미국의 모든 상업은행의 자산과 부채를 단순히 합친 것이다).

은행 시스템

자산		부채
증권	−$100만	
지준	+$100만	

우리는 연준의 재무상태표의 변화를 보여주기 위해 다른 T-계정을 사용할 수 있다. 연준의 증권 보유(자산)는 $100만 증가하고 은행지준(부채)도 $100만 증가한다.

연방 지준

자산		부채	
증권	+$100만	지준	+$100만

연준이 웰스파고로부터 공개시장매입을 하면 지준이 $100만 증가하므로 본원통화가 $100만 증가한다. 핵심은 **공개시장매입 시 달러화 기준액이 증가한다**는 점이다.

마찬가지로, 연준은 재무부 증권의 **공개시장매각**(open market sale)을 통해 본원통화를 줄일 수 있다. 예를 들어, 연준이 $100만의 재무부 증권을 뱅크오브아메리카(Bank of

공개시장운영
일반적으로 금융시장에서 연방준비제도의 미국 재무부 증권의 매입과 매각

공개시장매입
보통 미국 재무부 증권인 연방준비제도의 증권 매입

공개시장매각
연준의 증권 매각으로 보통 재무부 증권 매각

America)에 판매한다고 가정한다. 연준은 증권을 뱅크오브아메리카로 이체하고 뱅크오브아메리카는 지준계좌에 있는 자금으로 지불한다. 결과적으로, 은행 시스템의 증권 보유는 $100만 증가하고 지준은 $100만 감소한다.

은행 시스템

자산		부채
증권	+$100만	
지준	−$100만	

연준의 증권 보유액은 $100만 감소하며, 은행지준도 동일하게 감소한다.

연방 지준

자산		부채	
증권	−$100만	지준	−$100만

지준이 $100만 감소했기 때문에 미국의 본원통화도 감소했다. 따라서 **공개시장매각의 달러 금액만큼 본원통화가 감소한다**고 결론 내릴 수 있다.

보다시피, 비은행 기관이 화폐공급과정에서 수행하는 중요한 역할은 당좌예금에 대해 얼마나 많은 통화를 보유하기를 원하는지를 결정하는 것이다. 그러나 당좌예금에 대한 통화 선호도는 본원통화에 영향을 미치지 않는다. 그 이유를 알기 위해, 가계와 기업들이 당좌예금 계좌에서 $100만를 인출하기로 결정하면 어떻게 되는지 생각해보자. 다음 T-계정은 비은행 기관의 재무상태표 변경을 보여준다(비은행 기관의 재무상태표는 미국의 모든 가계와 기업의 자산과 부채를 단순히 합친 것에 불과하다).

비은행 기관

자산		부채
당좌예금	−$100만	
현금	+$100만	

은행 시스템이 가계와 기업에 통화를 제공하기 위해 연준의 지준에서 $100만를 인출함에 따라 은행 시스템의 재무상태표는 다음과 같이 바뀐다.

은행 시스템

자산		부채	
지준	−$100만	당좌예금	−$100만

연준의 재무상태표도 현금통화가 증가하고 은행지준이 감소함에 따라 변한다.

연방 지준

자산		부채	
		현금통화	+$100만
		지준	−$100만

본원통화(지준)의 한 구성 요소가 $100만 감소했지만, 다른 구성 요소(현금통화)는 $100만 증가했다. 그러므로 본원통화는 영향을 받지 않는다. 이 결과는 연준이 비은행 기관이 당좌예금에 대해 얼마나 많은 통화를 보유하기를 원하는지에 영향을 받지 않고 공개시장운영을 통해 본원통화를 증가시키고 감소시킬 수 있다는 것을 의미하기 때문에 중요하다.

할인대출   연준은 본원통화를 관리하는 데 일반적으로 공개시장운영을 사용하지만, 상업은행에 **할인대출**(discount loan)을 함으로써 지준을 늘리거나 줄일 수도 있다. 은행지준의 이러한 변화는 본원통화를 변화시킨다.

연준이 은행에 대한 할인대출을 $100만 증가시킨다고 가정하자. 연준은 은행들의 지준계좌를 늘려 자금을 제공한다. 연준의 경우 자산은 추가 할인대출로 $100만 증가하고 부채는 추가 은행지준으로 $100만 증가한다. 따라서 할인대출의 증가는 연준의 재무상태표의 양측 모두에 영향을 미친다.

할인대출
일반적으로 상업은행에 대한 연방준비제도 대출

연방 지준

자산		부채	
할인대출	+$100만	지준	+$100만

은행 시스템의 재무상태표 양쪽도 영향을 받는다. 은행들은 지준 형태로 자산을 $100만 늘리고 연준에 지불해야 할 할인대출 형태로 부채를 $100만 늘린다.

은행 시스템

자산		부채	
지준	+$100만	할인대출	+$100만

연준이 $100만의 할인대출을 한 결과, 은행지준과 본원통화는 $100만 증가했다.

은행들이 $100만의 할인대출을 연준에 상환해 전체 할인대출을 줄이면, 이전 거래는 역전된다. 할인대출은 지준 및 본원통화와 마찬가지로 $100만 감소한다.

연방 지준

자산		부채	
할인대출	−$100만	지준	−$100만

은행 시스템

자산		부채	
지준	−$100만	할인대출	−$100만

공개시장운영과 할인대출 비교

공개시장운영과 할인대출 모두 본원통화를 변화시키지만, 연준은 할인대출보다 공개시장운영에 대한 더 큰 통제권을 가지고 있다. 연준은 뉴욕 연준의 거래 데스크가 국채전문딜러들에게 주문을 내도록 함으로써 유가증권의 매입이나 판매를 개시하기 때문에 공개시장운영 물량을 완전히 통제한다. 연준은 공개시장운영을 성공적으로 수행하기 위해 필요한 모든 가격으로 증권을 사고팔 용의가 있다.

은행들이 연준에서 대출 여부를 결정하기 때문에 연준의 할인대출에 대한 통제는 공개시장운영에 대한 통제보다 덜 완벽하다. 연준이 할인대출에 부과하는 금리인 **할인율** (discount rate)을 정하기 때문에 연준은 할인대출을 어느 정도 통제할 수 있다. 다른 대부분의 금리는 금융시장의 수요와 공급에 의해 결정되는 반면, 할인율은 연준에 의해 결정되기 때문에 대부분의 다른 금리와 다르다.

연준은 초과 할인대출보다 공개시장운영에 대한 통제력을 가지고 있기 때문에, 경제학자는 비차입 본원통화 (B_{non}), 그리고 할인매출의 다른 이름인 차입지준 (BR), 두 구성요소로 본원통화를 생각한다. 이때 본원통화(B)를 다음과 같이 표현할 수 있다.

$$B = B_{non} + BR$$

연준과 은행 모두의 결정이 할인대출량을 결정하지만, 연준은 그 자체로 비차입 본원통화를 통제할 수 있다.

할인율
연방준비제도가 할인대출에 부과하는 이자율

개념 적용

본원통화의 폭발적 증가 설명

다음 그래프에서 알 수 있듯이, 2008년 가을까지, 은행이 매우 낮은 수준의 지준을 가지고 있었기 때문에 본원통화 중 약 98%가 현금으로 구성되었다. 2008년 가을, 본원통화는 급격히 증가하여 9월 초와 12월 말 사이에 2배가 되었다. 현금통화가 증가했지만, 지준은 훨씬 더 증가하여 2008년 8월 기준치의 2%에서 12월 47%로 증가했다. 이 수치는 본원통화, 특히 지준이 2008년과 2020년 사이에 등락을 거듭했지만, 지속적으로 2007년 수준을 크게 상회하고 있음을 보여준다.

앞서 연준이 은행지준을 증가시키고 그에 따라 본원통화를 증가시키기 위한 공개시장매입 능력을 가지고 있다는 것을 보았다. 일반적으로 본원통화가 크게 증가한다는 것은 연준이 재무부채권과 다른 재무부 증권을 대량 구매했다는 것을 의미한다. 그러나 이 경우 연준의 재무부 증권 보유는 본원통화가 폭발적으로 증가한 첫 몇 달 동안 곤두박질쳤

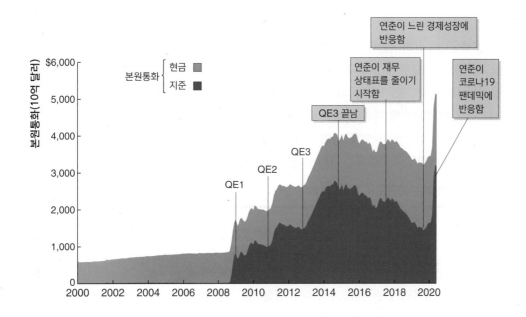

다. 연준은 2007년 1월 모든 유형의 재무부 증권으로 $7,790억를 보유했지만 2009년 1월에 는 $4,750억에 불과했다. 연준의 재무부채권 보유액은 2007년 1월 $2,770억에서 2009년 1월 $180억로 급감했다.

따라서 2008년 가을 동안의 본원통화 증가는 전형적인 공개시장매입의 결과가 아니었 다. 그 증가는 연준의 혁신적인 정책 조치들을 반영했다. 연준이 투자은행 베어스턴스와 보 험사 AIG와 연계한 모기지담보증권, 기업어음, 자산 매입을 시작하면서 재무상태표의 자산 측면도 확대됐고 본원통화도 확대됐다. 이 에피소드는 본원통화의 증가 메커니즘에 대한 중 요한 교훈을 제공한다. **연준이 어떤 종류의 자산을 구입할 때마다, 본원통화는 증가한다.** 자산 이 재무부채권이든, 모기지 증권이든, 컴퓨터 시스템이든 상관없다. 예를 들어, 댈러스 연방 준비은행이 지역 정보기술 회사로부터 컴퓨터 시스템을 $1,000만에 구입하면, 은행은 수표 로 컴퓨터 비용을 지불한다. 회사가 수표를 회사의 은행에 예치하면 은행은 연준에 수표를 보내 은행의 지준이 $1,000만 증가하게 된다. 이는 $1,000만의 본원통화가 증가한 것이다. 만약 컴퓨터 회사가 수표를 현금으로 바꾸기로 결정한다면, 결과는 같을 것이다. 현금통화 는 $1,000만 증가할 것이고 컴퓨터 회사 은행의 지준은 변하지 않을 것이기 때문에 본원통 화는 여전히 $1,000만 증가할 것이다.

우리는 그래프에 나타난 본원통화의 다른 변화에 대한 이유를 간단히 검토할 수 있다. 15장 15.3절에서 논의하겠지만, 2009년부터 연준은 여러 차례 **양적완화**를 단행했다. QE는 연준의 장기 재무부 증권, 특히 10년 만기 재무부채권을 매입하는 것을 포함한다. 이 수치 는 QE의 라운드마다 본원통화가 증가했음을 보여준다. 비록 QE가 2014년 10월에 종료되 지만, 본원통화는 2017년 6월까지 크게 감소하지 않았고, 당시 재닛 옐런(Janet Yellen) 연준 의장은 연준이 만기가 돌아오는 것을 대체하기 위해 더 이상 새로운 재무부채권과 모기지 담보증권을 사지 않음으로써 재무상태표를 축소할 것이라고 발표했다. 연준의 증권 보유량이 감소함에 따라 은행지준도 감소하여 본원통화가 축소되었다. 이 과정은 2019년 중반 미국 경제성장이 둔화되면서 끝났다. 제롬 파월(Jerome Powell) 연준 의장은 연준의 증권 매입을 확대하며 화답했다. 코로나19 팬데믹 기간 동안 연준은 2007~2009년 금융위기 동안 사용하던 대출 제도 중 일부를 되살리고 새로운 프로그램도 시작했다. 우리는 15장 15.3절에서 코로나19 팬데믹에 대한 연준의 대응에 대해 더 자세히 논의할 것이지만, 그 대응은 다른 자산들 중 회사채, 지방채, 기업어음을 구입하는 것과 관련이 있다. 이러한 구매는 은행지준을 증가시켰고 본원통화는 2020년 6월까지 60% 이상 치솟았다.

이 장의 끝에 있는 관련문제 1.5를 참조하시오.

14.2 단순예금승수

학습목표: 단순예금승수에 대한 방정식을 도출하고 T–계정을 사용하여 승수적 예금창출을 설명한다.

화폐공급을 결정하는 요소들을 더 이해하기 위해 통화승수(money multiplier)를 살펴보자. 통화승수의 크기는 경제, 즉 연준, 비은행 기관 및 은행의 세 그룹에 의해 결정되기 때문에 분석도 세 가지 단계로 이루어진다.

- 이 절에서 설명하는 첫 번째 단계는 **승수적 예금창출**(multiple deposit creation)이라고 불리는 과정을 통해 화폐공급량을 증가시키거나 감소시키는 방법을 보여준다. 이 분석 단계에서 **단순예금승수**(simple deposit multiplier)를 결정한다.
- 두 번째 단계는 비은행 기관의 행동이 통화승수에 어떤 영향을 미치는지 보여준다.
- 세 번째 단계는 은행의 조치를 통합한다.
- 14.3절에서는 두 번째 및 세 번째 단계를 다룬다.

승수적 예금창출

연준이 공개시장매수를 통해 은행 보유고를 늘리면 화폐공급은 어떻게 되는가? 이 질문에 답하기 위해, 먼저 단일 은행에서 일어나는 변화를 분석하고 나서 전체 은행 시스템의 변화를 살펴보자. 앞서 언급했듯이, 2020년 3월에 연준은 일시적으로 지준 요건을 없앴다. **이 절에서 이어지는 논의는 지준 요건이 마련되어 있다고 가정한다.** 14.3절에서는 0%의 필수 지준비율의 통화승수에 대한 영향을 보여준다. 단순화하기 위해 이 장의 나머지 부분에서는 저축계좌가 포함되지 않은 2021년 이전의 M1 정의를 사용할 것이다.

단일 은행이 준비금의 증가에 어떻게 반응하는가? 연준이 웰스파고로부터 재무부 단기채권(또는 T-bills)을 $10만 구입하여 웰스파고의 지준을 $10만 증가시킨다고 가정한다. T-계정을 사용하여 웰스파고의 재무상태표가 이러한 거래를 반영하여 어떻게 변경되는지 확인할 수 있다.

웰스파고

자산		부채
증권	−$100,000	
지준	+$100,000	

　연준이 웰스파고로부터 단기재무부증권(T-bill)을 구입하면 은행의 초과지준은 증가하지만 필요지준은 증가하지 않는다. 필요지준은 은행의 당좌예금 비율로 결정되기 때문에 증가하지 않으며, 이 거래는 웰스파고의 당좌예금에 즉각적인 영향을 미치지 않기 때문에 은행이 보유해야 하는 지준 액수는 변경되지 않는다. 웰스파고는 단기채권 매각으로 얻은 추가 지준에 대해 연준으로부터 낮은 이자율만 벌어들이므로 이러한 자금을 대출하거나 투자할 동기가 부여된다.

　웰스파고가 2개의 새로운 오븐을 살 수 있도록 로지스 베이커리(Rosie's Bakery)에 $10만를 대출한다고 가정해보자. 우리는 웰스파고가 로지스 베이커리의 당좌예금 계좌를 만들어 해당 계좌에 대출 원금 $10만를 입금함으로써 대출을 한다고 가정할 것이다. 웰스파고의 재무상태표 자산 및 부채 부문 모두 $10만 증가한다.

웰스파고

자산		부채	
증권	−$100,000	당좌예금	+$100,000
지준	+$100,000		
대출	+$100,000		

　M1 정의를 이용하면 화폐공급은 현금과 당좌예금의 합과 같다. 로지스에게 돈을 빌려줌으로써, 웰스파고는 당좌예금을 만들고, 따라서 화폐공급이 증가한다. 그리고 나서 로지스 베이커리가 밥스 베이커리 이큅먼트(Bob's Bakery Equipment)에서 오븐을 사기 위해 $10만의 수표를 써서 대출금을 쓴다고 가정한다. 밥스 베이커리 이큅먼트는 수표를 PNC은행 계좌에 입금한다. 수표가 결제되고 PNC 은행이 웰스파고로부터 자금을 회수하면, 웰스파고는 $10만의 지준과 당좌예금을 잃게 된다.

웰스파고

자산		부채	
증권	−$100,000	당좌예금	$0
지준	+$100,000		
대출	$0		

웰스파고는 현재 저금리 국채 보유량의 일부를 고금리 대출로 교환했기 때문에 만족하고 있다. 그러나 공개시장매입이 은행 시스템에 미치는 영향은 아직 끝나지 않았다.

은행 시스템이 지준의 증가에 어떻게 반응하는가 밥스 베이커리 이큅먼트로부터 $10만 수표를 받은 PNC 은행의 상황을 고려함으로써 공개시장운영의 추가적인 효과를 추적할 수 있다. PNC가 수표를 결제하고 웰스파고로부터 자금을 회수하면 PNC의 재무상태표는 다음과 같이 변경된다.

PNC 은행

자산		부채	
지준	+$100,000	당좌예금	+$100,000

PNC 예금과 지준이 모두 $10만 증가했다. 간단히 말해서, 밥의 예금을 받았을 때, PNC는 초과지준이 없었다고 가정해보자. 연준이 10%의 필요지준율을 적용했다면 PNC는 $10만의 당좌예금 증가 대비 $10,000(= 0.10 × $10만)를 보유해야 한다. (다시 한번, 연준은 2020년 3월에 지준 요건을 제거했다는 것을 명심하자. 14.3절에서 필요지준 비율이 0%인 상황을 고려할 것이다.) 이 회사가 얻은 나머지 $9만는 초과지준이다. PNC는 대출금액이 지출되고 자금이 다른 은행에 예치될 수 있기 때문에 자신이 부여하는 대출금액과 동일한 지준을 손실한다고 가정해야 한다는 것을 알고 있다. 그러므로 **PNC는 초과지준에 해당하는 금액만 안전하게 대여할 수 있다.**

PNC가 새 사무용 장비를 구입하기 위해 산티아고 인쇄소에 $9만를 대출한다고 가정해보자. 초기에는 PNC의 자산(대출)과 부채(당좌예금)가 $9만 증가했다. 그러나 이는 산티아고가 선트러스트(SunTrust) 은행에 계좌를 가지고 있는 컴퓨터 유니버스에서 장비를 구입하기 위해 $9만 수표를 써서 대출금을 쓰기 때문에 일시적인 것이다. 선트러스트가 PNC에 대한 $90,000 수표를 삭제하면 PNC 재무상태표는 다음과 같이 변경된다.

PNC 은행

자산		부채	
지준	+$10,000	당좌예금	+$100,000
대출	+$90,000		

선트러스트 은행

자산		부채	
지준	−$90,000	당좌예금	+$90,000

지금까지 연준이 $10만를 공개시장매입한 결과 은행 시스템의 당좌예금이 $19만 증가했다.

선트러스트는 웰스파고와 PNC가 직면했던 것과 동일한 결정에 직면해 있다. 선트러스트는 지준 증가를 대출 확대에 활용하길 원하지만 초과지준 증가액만 안전하게 빌려줄 수 있다. 선트러스트는 10%의 필요지준율로 $90,000 × 0.10 = $9,000를 필요지준에 추가해야 하며 $81,000를 대출할 수 있다. 선트러스트가 $81,000를 멜릭 이발소(Malik's Barber Shop)에 빌려주어 리모델링에 사용한다고 가정해보자. 당초 선트러스트의 자산(대출)과 부채(당좌예금)는 $81,000 증가했다. 그러나 멜릭이 대출금을 쓰고 $81,000의 수표를 발행했을 때 선트러스트의 재무상태표의 변화는 다음과 같다.

선트러스트 은행

자산		부채	
지준	+$9,000	당좌예금	+$90,000
대출	+$81,000		

멜릭 이발소에 대한 대출의 수익금이 다른 은행에 입금되면, 은행 시스템의 당좌예금은 다시 $81,000 증가한다. 이 시점까지 연준이 공급한 지준 $10만 증가로 $10만 + $9만 + $8만 1천 = $27만 1천까지 당좌예금 수준이 높아졌다. 이 과정을 **승수적 예금창출**(multiple deposit creation)이라고 한다. 대출할 때마다 화폐공급량이 증가하고 있다. 은행지준과 본원통화의 초기 증가는 화폐공급이 초기 지준 증가의 배만큼 증가시킨다.

승수적 예금창출
은행지준이 증가하면 은행 대출 및 당좌예금이 생성되고 초기 지준 증가의 배수인 화폐 공급의 일부

이 과정은 아직 끝나지 않았다. 멜릭의 이발소에서 받은 $81,000짜리 수표의 수취인은 그것을 예금하고, 다른 은행의 당좌예금은 팽창한다. 이 과정은 은행 시스템과 경제에 계속 파급되고 있다. 표 14.2는 결과를 설명한다. 표에서 수표가 입금되고 은행이 신규 대출을 할 때마다 새로운 당좌예금이 계속 생성되지만, 은행은 각 단계에서 필요지준으로 돈의 일부를 보유해야 하기 때문에 증가 규모는 매번 작아진다.

표 14.2 $100,000의 공개시장매입과 10% 필요지준율을 가정하여 승수적 예금창출

은행	예금 증가	대출 증가	지준 증가
PNC은행	$100,000	$90,000	$10,000
선트러스트 은행	90,000	81,000	9,000
세 번째 은행	81,000	72,900	8,100
네 번째 은행	72,900	65,610	7,290
다섯 번째 은행	65,610	59,049	6,561
·	·	·	·
·	·	·	·
·	·	·	·
총 증가	$1,000,000	$900,000	$100,000

단순예금승수 계산

단순예금승수
은행이 신규 지준에 대해 창출한
예금액의 비율

표 14.2는 연준의 공개시장매입으로 은행 시스템의 지준이 $10만 증가하고 궁극적으로 당좌예금이 $100만 증가한다는 것을 보여준다. 신규 지준 대비 은행이 만든 예금액의 비율을 **단순예금승수**(simple deposit multiplier)라고 한다. 이 경우 단순예금승수는 $1,000,000/$100,000 = 10과 같다. 왜 10인가? 은행지준 $10만의 초기 증가가 $100만의 예금 증가로 이어진다는 것을 어떻게 알 수 있는가?

이 질문에 대답하는 데 두 가지 방법이 있다. 첫 번째 방법은, 이 과정에서 각 은행은 예금의 10%와 동일한 지준을 유지하고 있는데, 이는 우리가 초과지준을 보유하고 있는 은행이 없다고 가정하기 때문이다. 은행 시스템 전체의 경우, 지준의 증가액은 $10만이며, 이는 연준의 공개시장매입 금액이다. 따라서 $10만가 $100만의 10%이기 때문에 시스템 전체가 $100만의 예금으로 끝난다.

이 질문에 답하는 두 번째 방법은 단순예금승수에 대한 식을 도출하는 것이다. 표 14.2에서 우리는 예금 총 증가량에 대한 식을 작성할 수 있다.

$$\Delta D = \$100,000 + [0.9 \times \$100,000] + [(0.9 \times 0.9) \times \$100,000]$$
$$+ [(0.9 \times 0.9 \times 0.9) \times \$100,000] + \cdots$$

간단히 하면,

$$\Delta D = \$100,000 \times [1 + 0.9^2 + 0.9^3 + \cdots]$$

대수의 법칙를 통해 식에 있는 것과 같은 무한급수가 다음과 같이 합해진다는 것을 알 수 있다.

$$\frac{1}{1 - 0.9} = \frac{1}{0.10} = 10$$

따라서 $\Delta D = \$100,000 \times 10 = \$1,000,000$이다. 10은 1을 필요지준율 ($rr_D$)로 나눈 값이며, 이 경우 10% 또는 0.10이다. 이 접근법은 간단한 예금승수를 표현하는 또 다른 방법을 제공한다.

$$\text{간단한 예금승수} = \frac{1}{rr_D}$$

은행이 초과지준의 전부 또는 일부를 대출보다는 지방채나 기타 유가증권에 투자하기로 결정하면 예금창출 과정은 은행이 대출을 한 것과 같아진다. PNC가 산티아고에 $9만의 대출을 연장하는 대신 채권 딜러로부터 $9만 상당의 지방채를 구입하기로 결정했다고 가정해보자. PNC는 채권 딜러에게 $9만의 수표를 발행하여 채권 딜러는 은행에 예치할 것이다. 딜러의 은행은 빌려주거나 투자할 수 있는 초과지준을 보유하게 된다. 은행들이 초과지준을 대출에 쓰든 유가증권을 사든 승수적 예금창출 효과는 동일하다.

처음에 당신은 개별 은행이 돈을 벌고 있다고 생각할지도 모른다. 그러나 개별 은행은 초과지준에 해당하는 금액만 대출할 수 있다. 새로운 예금은 차입자들이 은행에서 빌린 자금을 쓰고 그 자금이 다시 은행 시스템에 입금될 때 만들어진다. 승수적 예금창출은 개별 은행의 행위가 아닌 은행 시스템 전체의 행위를 말한다.

마지막으로, 연준이 지준을 늘림으로써 은행 시스템의 당좌예금량을 확장할 수 있는 것처럼, 지준을 줄임으로써 예금량을 축소할 수 있다. 연준은 **공개시장매각**으로 정부 증권을 매각함으로써 지준을 줄인다. 이런 조치는 은행 시스템에서의 예금창출과 유사하지만 그 반대 방향의 파급 효과를 가져온다. 공개시장매각의 결과는 **다중예금 수축**(multiple deposit contraction)이다. 연준이 재무부 증권을 웰스파고에 $10만를 판매하여 은행의 지준을 $10만 줄인다고 가정하자. 단순예금승수가 10일 때 지준이 $10만 감소하면 결국 $100만의 당좌예금 감소로 이어진다.

14.3 은행, 비은행 기관 및 통화승수

학습목표: 은행과 비은행 기관의 행동이 통화승수에 어떤 영향을 미치는지 설명한다.

단순예금승수를 이해하는 것은 화폐공급 과정을 이해하는 데 중요한 단계이지만, 이것만으로는 충분하지 않다. 단순예금승수를 도출할 때 우리는 두 가지 주요 가정을 했다.

1. 은행에는 초과지준이 없다.
2. 비은행 기관은 통화 보유량을 늘리지 않는다.

다시 말해서, 이전 절에서는 은행이 초과지준을 보유할 때마다 초과지준을 모두 대출해 준다고 가정했다. 가계나 기업이 수표를 받으면 전액을 당좌예금계좌에 예치하고 자금을 현금화하지 않는 것으로도 가정했다. 이 가정들 중 어느 것도 정확하지 않다. 2020년 3월 이래로, 연준이 일시적으로 필요지준을 0%로 설정했기 때문에 은행들이 보유하고 있는 모든 지준은 초과지준이다. 또한 비은행 기관은 일반적으로 당좌계좌 잔고가 상승할 때 통화 보유량을 증가시킨다. 이 절에서는 나열된 두 가지 가정을 완화하면 화폐 공급 과정에 대한 계좌에 어떤 일이 일어나는지 알아본다.

통화보유액 증가와 초과지준 증가에 따른 영향

14.2절의 화폐공급 과정에서는, 웰스파고가 연준에 재무부채권을 판매한 결과 초과지준 $10만를 획득하자, 은행은 전액을 로지스 베이커리에 대출했다. 그리고 나서 로지스 베이커리는 밥스 베이커리 이큅먼트에 $10만짜리 수표를 써서 대출금을 썼고 밥스 베이커리 이큅먼트는 $10만짜리 수표 전부를 PNC 은행 계좌에 입금했다. 수표가 결제되자 PNC 은행은 $10만의 지준을 얻었다. 하지만 밥스 베이커리 이큅먼트가 $10만를 전부 예치하는 대신 $9만를 예치하고 $1만를 현금으로 가져갔다고 가정해보자. 이 경우, PNC는 $10만가 아닌 $9만의 지준을 얻게 되며, 따라서 PNC가 대출할 수 있는 금액을 줄일 수 있다.

은행들이 대출을 하고 새로운 당좌예금을 만드는 과정 내내, 가계와 기업들은 늘어난 자금 중 일부를 예금이 아닌 통화로 보유하게 된다. 은행에 예치된 펀드는 승수적 예금창출 과정을 거치는 반면 통화로 보유된 펀드는 그렇지 않다. 따라서 **비은행 기관이 당좌예금에 비해 더 많은 통화를 보유할수록, 승수적 예금창출 과정은 더 작아질 것**이라고 결론을 내릴 수 있다.

이제 밥스 베이커리 이큅먼트가 PNC 은행의 계좌에 $10만를 예금할 때, 은행은 $1만를 필요지준으로 보유하고 나머지 $9만를 대출하는 대신, $10만 전체를 초과지준으로 보유하기로 결정한다고 가정해보자. PNC가 이런 조치를 취하면 더 이상 대출이 안 되고, 더 이상 예금이 만들어지지 않기 때문에 승수적 예금창출 과정이 즉각 중단된다. 연준의 $10만 공개시장매입은 예금 $100만 증가에 그칠 것이다. 예금승수는 10에서 1로 줄어들 것이다. 따라서 **은행이 당좌예금에 비해 더 많은 초과지준을 보유할수록, 승수적 예금창출 과정은 더 작아질 것**이라는 결론을 내릴 수 있다.

그림 14.1은 화폐공급 과정을 이해하는 우리의 궁극적인 목표를 보여준다. 즉, 본원통화와 화폐공급을 연결할 안정적인 통화승수를 찾는 것이다. 앞서 연준이 공개시장운영을 통해 본원통화의 크기를 통제할 수 있다는 것을 보았다. 통화승수가 안정적이면 연준이 본원통화를 통제하면 화폐공급도 통제할 수 있다. 단순예금승수는 지준 창출이 어떻게 화폐공급 과정의 핵심인 대출과 예금의 증가로 이어지는지를 이해하는 데 유용하다. 하지만 여기서는 세 가지 방법으로 간단한 예금승수를 자세히 설명할 필요가 있다.

1. 지준과 예금의 연결고리보다는 본원통화와 화폐공급의 연결고리가 필요하다.
2. 우리는 당좌예금에 비해 통화를 보유하려는 비은행 기관의 욕구의 변화가 화폐공급 과정에 미치는 영향을 포함시킬 필요가 있다.
3. 우리는 은행의 변화, 예금에 대한 초과지준 보유 욕구의 영향을 포함할 필요가 있다.

다음 절에서는 화폐 공급 과정의 완전한 계좌을 구축하기 위해 간단한 예금승수에 이러한 변경을 적용한다.

현실적 통화승수 도출

우리는 본원통화(B)와 화폐공급(M)을 연결하는 통화승수(m)를 도출해야 한다.

$$M = m \times B$$

이 방정식은 통화승수가 본원통화에 대한 화폐공급의 비율과 같다는 것을 말해준다.

$$m = \frac{M}{B}$$

화폐공급은 통화(C), 그리고 당좌예금(D)의 합인 반면 본원통화는 통화와 은행지준(R)의 합이다. 우리는 초과지준을 보유하는 것에 대한 은행의 결정을 고려하기를 원하기 때문에, 지준을 필요지준(RR), 그리고 초과지준(ER)의 구성 요소로 분리할 수 있다. 따라서 통화승수에 대한 식을 다음과 같이 확장할 수 있다.

$$m = \frac{C + D}{C + RR + ER}$$

이때 당좌예금과 관련하여 통화를 보유하려는 비은행 기관의 욕구와 당좌예금과 관련하여 초과지준을 보유하려는 은행에 관심이 있다는 것을 명심한다. 통화승수에 대한 표현에 이러한 행동을 포착하기 위해, 당좌예금 보유에 대한 비은행 기관의 통화 보유량을 측정하는 **통화 대 예금 비율**(currency-to-deposit ratio, C/D)과 은행 초과지준에 대한 은행 초과지준을 측정하는 초과지준 비율(ER/D)을 포함시키고자 한다. 이러한 비율을 통화의 승수에 대한 식에 포함시키기 위해, 분수의 분모와 분수의 값을 같은 변수로 곱하는 산술의 기본 규칙을 사용한다. 따라서 다음과 같은 방법으로 통화승수에 대한 예금 비율을 식에 도입할 수 있다.

통화 대 예금 비율
수표발행 예금 보유 D에 대한 비은행 기관의 통화 보유량 C의 비율

$$m = \left(\frac{C + D}{C + RR + ER}\right) \times \frac{(1/D)}{(1/D)} = \frac{(C/D) + 1}{(C/D) + (RR/D) + (ER/D)}$$

당좌예금에 대한 필요지준율이 필요지준율(rr_D)이라는 것을 기억한다. 이 사실을 이용하여 통화승수에 대한 마지막 식에 도달할 수 있다.

$$m = \frac{(C/D) + 1}{(C/D) + rr_D + (ER/D)}$$

따라서 다음과 같이 말할 수 있다.

화폐공급 = 통화승수 × 본원통화

$$M = \left(\frac{(C/D) + 1}{(C/D) + rr_D + (ER/D)}\right) \times B$$

예를 들어, 다음과 같은 값을 가정해보자.

$$C = \$5,000억$$
$$D = \$10,000억$$
$$rr_D = 0.1$$
$$ER = \$1,500억$$

통화 대 예금 비율 = \$5,000억/\$10,000억 = 0.50, 초과지준 대 예금 비율 = \$1,500억/\$10,000억 = 0.15이다. 따라서 통화승수의 가치는 다음과 같다.

$$m = \frac{0.5 + 1}{0.5 + 0.1 + 0.15} = \frac{1.5}{0.75} = 2$$

통화승수가 2인 상황에서 본원통화가 $10억 증가할 때마다 화폐공급은 $20억 증가할 것이다.

화폐공급과 본원통화를 연결하는 우리의 표현에는 몇 가지 유의할 점이 있다.

1. 화폐공급은 본원통화나 통화승수 중 하나가 가치가 증가하면 증가하며, 본원통화나 통화승수 중 하나의 가치가 감소하면 감소한다.

2. 통화 대 예금 비율(C/D)의 증가는 통화승수의 가치를 떨어뜨리고 본원통화가 변하지 않으면 화폐공급의 가치를 떨어뜨린다. 예를 들어, 이전 예제에서 C/D가 0.5에서 0.6으로 증가하면 승수의 값은 1.5/0.75 = 2에서 1.6/0.85 = 1.88로 떨어진다. 이 결과는 경제적으로 타당하다. 가계와 기업이 당좌예금 보유에 비해 통화 보유량을 늘리면 은행은 대출할 수 있는 자금 규모가 상대적으로 적어져 예금의 다중 생성이 감소한다.

3. 필요지준율(rr_D)의 증가는 통화승수의 가치를 감소시키고 본원통화가 변하지 않는다면 화폐공급의 가치를 감소시킨다. 이 결과의 산술은 간단하다. rr_D는 통화승수식의 분모에 있기 때문에 rr_D의 값이 증가할수록 m의 값은 감소한다. 경제적으로 rr_D의 증가는 은행이 받는 지준의 증가에 대해 더 큰 부분을 필요지준으로 보유해야 한다는 것을 의미하며, 따라서 승수적 예금창출 과정의 일부로 대출할 수 없다.

4. 초과지준예금비율(ER/D)의 증가는 통화승수의 가치를 떨어뜨리고 본원통화가 변하지 않으면 화폐공급의 가치를 떨어뜨린다. ER/D는 통화승수식의 분모에 있기 때문에 이 결과의 산술은 간단하다. 경제적으로 ER/D가 증가한다는 것은 은행들이 상대적으로 초과지준을 많이 보유하고 있다는 의미이므로 승수적 예금창출 과정의 일환으로 이들 자금을 대출에 사용하지 않고 있다.

마지막으로, 2020년 3월에 연준이 지준 요건을 제거했을 때의 효과를 생각해보자. 앞에서 설명한 방정식을 사용하여 필요지준율(rr_D)에 대한 항을 0으로 설정할 수 있다.

$$M = \left(\frac{(C/D) + 1}{(C/D) + (ER/D)} \right) \times B$$

필요지준율이 0과 같으면 모든 지준이 초과지준이 되기 때문에 우리는 더 이상 필요지준과 초과지준을 구별할 필요가 없다. 따라서, 우리는 통화승수에 대해 다음과 같은 식을 가지고 있다.

$$M = \left(\frac{(C/D) + 1}{(C/D) + (R/D)} \right) \times B$$

| 예제 14.3 |

통화승수에 대한 표현을 이용하기

은행지준 = $5,000억

통화 = $4,000억

$(R/D) = 0.625$

$rr_D = 0$

주어진 정보를 이용하여

  a. 본원통화의 가치는 얼마인가?

  b. 화폐공급(MI)의 가치는 얼마인가?

  c. 통화승수의 가치는 얼마인가?

문제풀이

1 단계 **이 장의 내용을 복습한다.** 이 문제는 통화승수에 관한 것이므로 "실제적인 통화승수 도출"절을 검토하는 것이 좋다.

2 단계 **본원통화의 가치를 계산하여 (a)에 답한다.** 본원통화는 현금과 은행지준의 합과 같다.

$$B = C + R$$
$$= \$4,000억 + \$5,000억$$
$$= \$9,000억$$

3 단계 **(b)에서는 화폐공급의 가치를 계산하기 위해 당좌예금의 가치를 계산한다.**

$(R/D) = 0.625$라는 정보가 있으므로

$$\$5,000억/D = 0.625$$
$$\$5,000억 = 0.625 \times D$$
$$D = \$5,000억/0.625 = \$8,000억$$

화폐공급의 MI 척도는 현금의 값에 당좌예금의 값을 더한 값과 같다.

$$M = C + D$$
$$= \$4,000억 + \$8,000억$$
$$= \$1조 2000억$$

그리고,

$$B = C + R$$
$$= \$4,000억 + \$5,000억$$
$$= \$9,000억$$

4 단계 **통화승수의 값을 계산하여 (c)에 답한다.** 우리는 두 가지 방법으로 통화승수를 계산할 수 있다. 첫 번째, 통화승수는 본원통화에 대한 화폐공급의 비율과 동일하다.

$$m = \frac{M}{B} = \frac{1조\ 2,000억\ 달러}{9,000억\ 달러} = 1.33$$

두 번째, 이 절의 앞부분에서 파생된 식을 사용하여 통화승수의 값을 계산할 수 있다.

$$m = \frac{(C/D) + 1}{(C/D) + rr_D + (ER/D)}$$

이 식에서, $rr_D = 0$이기 때문에, 모든 지준이 초과지준이라는 것을 알 수 있다. 통화승수에 대한 식에 값을 삽입하면 다음과 같은 결과를 얻을 수 있다.

$$m = \frac{(\$4{,}000억/\$8{,}000억) + 1}{(\$4{,}000억 / \$8{,}000억) + 0 + (\$5{,}000억+\$8{,}000억)} = 1.33$$

$$= \frac{1.5}{1.125} = 1.33$$

따라서 통화승수의 가치를 계산하는 두 가지 방법으로 동일한 결과를 얻을 수 있다.

이 장의 끝에 있는 관련문제 3.6을 참조하시오.

앞서 14.1절에서 경제학자들이 본원통화를 두 가지 구성요소, 즉 비차입 본원통화(B_{non})와 할인대출의 다른 이름인 차입 지준(BR), $B = B_{non} + BR$로 생각하는 것을 보았다. 연준과 은행 모두의 조치가 할인대출 규모를 결정하기 때문에 연준은 차입되지 않은 본원통화에 대해 더 큰 통제력을 갖는다. 우리는 화폐공급과 본원통화 사이의 관계를 다시 작성하여 이 사실을 확인할 수 있다.

$$M = \left(\frac{(C/D) + 1}{C/D + rr_D + (ER/D)} \right) \times (B_{non} + BR)$$

이제 화폐공급 과정에 대한 완전한 설명을 얻었다.

1. 화폐공급은 본원통화에 통화승수를 곱한 것과 같다.
2. 본원통화는 무차입 기반(FRB가 공개시장운영을 통해 결정함)과 할인대출(은행과 연준이 공동으로 결정함)과 같다.
3. 통화승수는 필요지준율(연준에 의해 결정되며 2020년 3월 이후 0과 동일), 초과지준대예금 비율(은행에 의해 결정됨) 및 현금 대 예금 비율(비은행 기관인 가계 및 기업에 의해 결정됨)에 따라 달라진다.

표 14.3에는 화폐공급을 결정하는 변수가 요약되어 있다. 첫 번째 열에 나열된 변수의 감소는 세 번째 열에 주어진 것과 반대되는 화폐공급에 영향을 미칠 수 있다.

우리는 앞서 연준이 화폐공급을 통제한다고 했다. 이제 이 진술이 매우 정확하지 않다는 것을 알 수 있다. 연준은 자신이 선택한 수준에서 무차입 기준의 가치를 설정할 수 있다. 그러나 비은행 기관의 행동은 예금 대비 현금 비율을 통한 화폐공급에 영향을 미치고, 은행의 행동은 할인대출의 양과 초과지준-예금 비율을 통한 화폐공급에 영향을 미친다. 다음

표 14.3 화폐공급 과정의 변수

…의 증가는	…의 행동을 바탕으로	화폐공급의 … 원인이 된다	왜냐하면 …
비차입 본원통화, B_{non}	공개시장운영을 통한 연준	증가	본원통화가 증가하고 예금창출을 위해 더 많은 지준을 사용할 수 있다.
필요지준율, rr_D	필요지준 변경을 통한 연준	감소	대출할 수 있는 지준이 줄어들고 통화승수의 가치가 떨어진다.
현금 대 예금 비율(C/D)	비은행 기관	감소	통화승수 가치가 하락하여 예금창출이 감소한다.
초과지준 대 예금 비율(ER/D)	은행	감소	통화승수 가치가 하락하여 예금창출이 감소한다.

절에서는 2007~2009년 금융위기 이후 본원통화와 화폐공급의 변화를 이해하기 위해 이 분석을 사용할 것이다.

2007~2009년 금융위기 이후 화폐공급, 통화승수, 본원통화

앞서 2008년 가을부터 금융위기에 대응하여 연준이 모기지 증권을 포함한 엄청난 양의 금융자산을 매입한 것을 보았다. 그림 14.2의 (a)는 결과적으로 본원통화 규모가 급증했음을 보여준다. M1도 증가했지만, 본원통화 만큼 증가하지는 않았다. (b)에서 알 수 있듯이, 통화승수의 가치는 같은 기간 동안 급격히 감소했다. 통화승수의 가치는 2000년 초 약 1.9에서 2007년 초 약 1.7로 하락하는 추세였다. 그 후, 그 가치는 금융위기 동안 50% 이상 감소했고, 2008년 말에는 1 이하로 떨어졌다. 사실, 본원통화의 가치가 화폐공급의 가치보다 높아지면서, 통화승수는 통화**피승수**(divider)로 바뀌었다! 2018년 5월 통화승수는 결국 1을 넘어섰고, 이는 2020년 코로나19 팬데믹 기간 동안 다시 1 아래로 떨어질 때까지 유지되었다.

　　2007~2009년 금융위기 동안과 이후 본원통화가 M1보다 크게 증가한 이유는 무엇인가? 그림 14.3은 이러한 수수께끼를 푸는 데 도움이 된다. 이 그림은 현금 대 예금 비율(C/D)과 초과지준 대 예금 비율(ER/D)의 움직임을 보여준다. 현금 대 예금 비율은 2000년 이후 점차 상승 추세를 보였지만, 2007~2009년 금융위기 동안 그리고 2020년 코로나19 팬데믹 기간 동안 다시 하락했다. 가계와 기업이 위험이 증가했다고 판단한 머니마켓 뮤추얼펀드 및 기타 자산에서 수표발행 예금으로 자금을 옮기고 2020년에 CARE법에 따라 연방정부 지급을 받는 가구가 감소했기 때문이다. 예금이 통화보다 빠르게 증가하면서 C/D는 하락했다. C/D의 변화가 통화승수에 미치는 영향에 대한 논의에서 다른 모든 것을 일정하게 유지하는 C/D의 감소는 통화승수의 가치를 증가시키고 본원통화의 주어진 가치에 대해서도 M1의 가치를 증가시킨다. 그림 14.2의 (b)를 통해 실제로 통화승수의 가치가 감소했음을 알 수

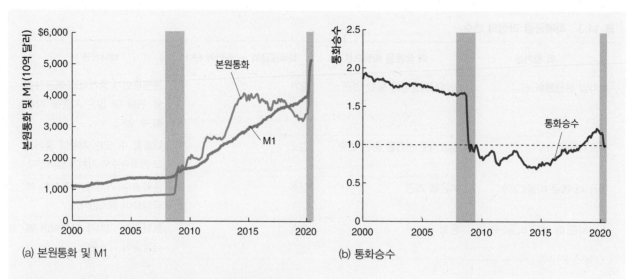

(a) 본원통화 및 M1 (b) 통화승수

그림 14.2 2000~2020년 본원통화, M1 및 통화승수 추이

(a)는 2008년 가을부터 본원통화 규모가 급증했음을 보여준다. M1 또한 증가했지만, 본원통화만큼은 아니었다. 2020년 코로나 19 팬데믹 기간 동안 본원통화와 M1은 급격히 증가했다.

(b)에서 알 수 있듯이 통화승수의 가치는 2008년 가을과 2020년 초에 급격히 감소했다.

출처: Federal Reserve Bank of St. Louis.

그림 14.3

C/D 및 ER/D의 추이

현금 대 예금비율(C/D)은 2000년 이후 점차 상승 추세를 보였으나 2007~2009년 금융위기 때 하락했다. 동시에, 초과지준 비율(ER/D)은 2008년 9월 거의 0에서 2009년 가을에는 은행들이 초과지준을 거의 보유하지 않았기 때문에 급증했다. 은행들은 당좌예금보다 더 많은 초과지준을 보유하기 시작하여 2018년 초까지 계속되었다. 코로나19 팬데믹 기간 동안 ER/D의 증가는 2019년 12월 0.65에서 2020년 5월 0.99로 비교적 덜 극적이다.

출처: Federal Reserve Bank of St. Louis.

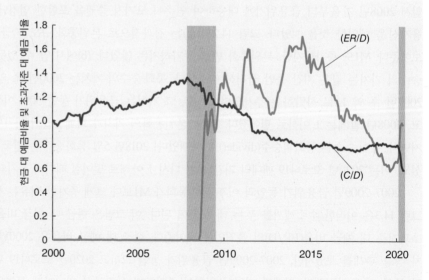

있다. 그 이유는 ER/D의 가치가 치솟아 2008년 8월의 거의 0에서 2009년 가을에는 은행들이 초과지준을 거의 보유하지 않았기 때문이다. 다시 말해서, 은행들은 당좌예금보다 더 많은 초과지준을 보유하기 시작했고, ER/D는 2018년 초까지 머물렀던 1을 초과했다. 은행들

이 이미 상당한 초과지준을 보유하고 있기 때문에, ER/D의 증가는 2019년 12월 0.65에서 2020년 5월 0.99로 코로나19 팬데믹 기간 동안 비교적 덜 극적이다.

2008년 가을과 2020년 봄 모두 ER/D의 증가는 C/D의 감소보다 상당히 컸고, 통화승수의 가치는 감소했으며, 본원통화의 증가는 통화승수의 가치가 감소하지 않았다면 발생했던 것보다 더 작은 M1의 증가를 초래했다.

앞서 은행들이 2007~2009년 금융위기가 끝난 후 10년이 넘도록 계속해서 많은 양의 지준을 보유하고 있는 이유에 대해 논의했다. 간단히 요약하면, (1) 연준이 지준에 지불하는 금리가 낮지만, 투자는 위험하지 않다. (2) 역사적으로 높은 수준의 금융시스템의 불확실성은 많은 은행들의 유동성을 증가시켰다. 그리고 (3) 큰 은행들은 연준의 지준 계좌에서 상당한 균형을 유지함으로써 2007년 이전보다 더 유동적일 필요가 있다.

개념 적용

연준의 초과지준에 대한 우려가 1937~1938년의 불황을 야기시켰는가?

만약 연준이 은행 시스템의 초과지준 수준에 대해 걱정하게 된다면, 한 가지 해결책은 필요 지준율을 증가시켜 초과지준을 필요지준으로 바꾸는 것이다. (2020년 3월 연준의 지준 요건을 없애기로 한 결정으로 이 접근법이 영구히 폐쇄되었음을 의미하는지 또는 앞으로 연준이 지준을 관리하기 위한 하나의 도구로 다시 부과할 수 있는지 여부는 불확실하다.) 연준은 대공황 기간인 1930년대 중반에 이 접근법을 취했다. 다음 그래프에서 알 수 있듯이, 1933년 초 은행 패닉이 끝난 후 은행 시스템의 초과지준은 급격히 증가했다.

1930년대 중반에 은행들은 2008년에 초과지준을 축적한 이유와 유사한 이유로 초과지준을 축적했다. FDIC의 설립으로 은행 패닉은 끝났지만, 많은 은행들은 큰 손실을 입었고 유동성을 유지하고자 하는 강한 열망을 가지고 있었다. 명목 금리도 매우 낮은 수준으로 떨어졌고, 이것은 연준에서 보유할 수 있는 기회 비용을 감소시켰다. 마지막으로, 공황의 심각

성을 감안하여 대부분의 대출자들의 신용도는 악화되었다. 1935년 후반까지 실업률은 14% 이상으로 매우 높았고, 인플레이션율은 2% 미만으로 낮게 유지되었다. 그럼에도 불구하고, 연준 이사회 일부 위원들은 주가가 빠르게 상승하고 있다고 우려했다. 그들은 침체된 경제에도 불구하고, 그 증가는 1929년 10월의 큰 주식 시장 붕괴 이전의 것과 유사한 투기적 거품을 야기할 수 있다고 생각했다. 일부 회원국들은 인플레이션율 상승을 두려워하기도 했다. 연준 직원의 한 비망록은 "많은 사람들이 현재 규모의 초과지준이 조만간 인플레이션을 유발할 것이라는 두려움이 있는데, 이것이 일어나기 전에 대처하지 않으면 통제하지 못할 수 있다"고 언급했다.

이사회는 1936년 8월부터 은행 시스템의 초과지준율을 10%에서 20%로 4단계로 상향 조정하기로 결정했다. 이사회는 정기예금에 대한 필요지준율을 3%에서 6%로 올렸다(연준은 1990년에 정기예금에 대한 지준 요건을 없앴다). 이 그래프는 처음에 연준의 조치가 초과지준을 줄이는 데 성공했음을 보여준다. 그러나 연준의 정책은 이 기간 동안 은행들이 초과지준을 보유하고 있는 이유를 무시했다. 필요지준율 인상에 따라, 은행들이 이전의 초과지준 보유를 회복할 수 있는 유일한 방법은 대출을 줄이고, 요구불예금을 더 적게 보유하는 것이었다. 은행 대출이 줄어들면서 화폐공급도 줄어들었다. 신용을 얻을 수 없었던 가계와 기업들은 지출을 줄였고, 경제는 1937년에 불황에 빠졌다. 1929년의 완전한 고용 수준과는 여전히 거리가 멀었던 실업률이 다시 상승하기 시작했다.[4]

연준은 1938년 4월 당좌예금의 필요지준율을 20%에서 17.5%로, 정기예금의 필요지준율을 6%에서 5%로 낮추면서 방향을 약간 바꾸었지만 피해를 입었다. 많은 경제학자들은 연준의 필요지준율 인상 조치가 1937~1938년의 경기후퇴에 크게 기여했다고 주장한다. 연준은 은행들이 초과지준을 보유하려는 욕구를 잘못 판단했기 때문에, 은행들이 급격히 더 높은 지준을 회복하기 위한 조치를 취할 것이라고 예상하지 못했다. 한 연준 경제학자는 "[1930년대의] 경험은 지준 요건을 높이는 것이 초과지준을 제거하는 가장 좋은 방법이 아니라는 것을 보여준다"라고 관찰했다.

참고: 1930년대에 연준은 은행의 규모와 위치에 따라 다른 지준 요건을 설정했다. 여기서 논의된 지준 요건은 지준 도시 은행을 위한 것이다.

---

[4] 다른 요인들도 1937년 경제를 불황으로 몰아넣는 데 도움이 되었을 것이다. 1936년 의회와 프랭클린 루스벨트 대통령은 개인 소득세율과 법인 소득세율의 상당한 인상을 제정했다. 또한 1936년 말, 미국 재무부는 금의 유입을 "불태화(sterilize)"하기로 결정했다. 미국이 공식적으로 금본위제를 폐지했지만, 재무부는 온스당 $35의 고정 가격으로 미국에 들어오는 대부분의 금을 구입했다. 재무부는 연준에 예치된 자금을 사용하여 금을 구입했다. 만약 재무부가 그 자금들을 실제 금에 대한 주장을 대표하는 연준 금 증서로 예금함으로써 대체한다면, 금의 유입은 본원통화 증가를 초래할 것이다. 만약 그렇게 하지 않는다면, 금의 유입은 불태화되었고, 본원통화는 변하지 않을 것이다. 재무부는 인플레이션이 증가할 수 있다는 연준의 두려움을 공유했기 때문에 1936년 12월에 금 유입을 불태화하기 시작하기로 결정했다. 재무부는 1938년 2월까지 대부분의 기간 동안 계속해서 금 유입을 불태화했다. 금 유입을 불태화하기로 한 재무부의 결정은 이전 몇 년 동안 본원통화와 화폐공급의 중요한 원천이었던 것을 제거했다.

코로나19 팬데믹의 경제적 영향에 대응한 연준의 조치는 2019년 9월과 2020년 6월 사이에 이미 2배 이상의 대규모 지준을 초래했다. 일부 투자자, 정책입안자, 경제학자들은 미래의 인플레이션에 대한 영향에 대해 우려했다. 만약 은행들이 2020년 7월에 그들이 보유하고 있는 지준의 상당한 부분을 갑자기 대출하기 시작한다면, 그 결과로 화폐공급의 폭발과 잠재적으로 인플레이션이 급격히 증가할 것이다. "인플레이션의 귀환을 준비하라"는 영국의 경제학자 팀 콩던(Tim Congdon)이 2020년 봄 월스트리트 저널에 발표한 칼럼의 헤드라인이다. 인플레이션에 대한 두려움은 일부 투자자들이 금을 사도록 이끌었다.

개념 적용

인플레이션이 걱정된다면, 금에 투자해야 하는가?

장의 서두에서 보았듯이, 많은 사람들은 금을 안전한 피난처 투자, 즉 금융시장이 혼란스러워 보일 때 살 수 있는 것으로 본다. 이에 따라 개인투자자들에게 금괴와 동전 그리고 금의 가격을 추적하는 ETF의 주식에 대한 판매는 2007~2009년의 금융위기 동안 그리고 코로나19 팬데믹 기간인 2020년에 다시 급증했다. 은행지준 증가와 화폐공급의 증가가 미래에 훨씬 더 높은 인플레이션율로 이어질 가능성에 대해 특히 우려해 온 많은 투자자들은 금을 인플레이션에 대한 헤지로 보고 있다.

역사적으로 금은 좋은 투자였을까? 금은 투자로서 분명히 몇 가지 단점이 있다. 채권과 달리 금은 이자를 내지 않고, 주식과 달리 금은 배당을 하지 않는다. 대부분의 주식과 채권을 포함한 많은 투자가 전자적 형태로만 존재하는 상황에서 금은 저장되고 보호되어야 하는 실질적인 유형 자산이다. 예를 들어, 미국 조폐국이 발행하는 아메리칸 이글(American Eagle) 동전을 소유하고 있는 개인투자자는 동전을 보관할 장소를 찾아야 하고, 아마도 은행 안전 보관함에 대한 수수료를 지불해야 하며, 심지어 보험료를 지불해야 할 수도 있다. 미래

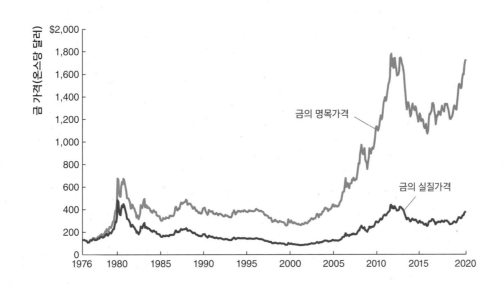

의 금융시스템의 붕괴를 두려워하여 금을 사는 사람들은 물리적인 금을 보유하는 것을 선호하지만, 투자자들은 금 ETF를 구입함으로써 이러한 비용을 피할 수 있다.

금은 이자를 내지 않기 때문에 투자로서의 기본 가치를 결정하기 어렵다. 궁극적으로 금의 최소 가격은 보석이나 특히 전자제품에서 사용될 수 있는 금속으로서의 가치에 의해 정해진다. 금의 투자로서의 가치는 수익률이 전적으로 자본 이득의 형태이기 때문에 금의 가격은 미래에 얼마나 상승할지에 달려 있다. 많은 개인투자자들은 금값이 일반적인 물가수준이 상승할 경우 금값이 상승하는 데 의존할 수 있기 때문에 금이 인플레이션에 대한 좋은 헤지라고 생각한다. 하지만 이 견해가 옳을까? 다음 그림의 파란색 선은 1976년 1월부터 2020년 6월까지의 월별 금 가격을 나타낸다.

이 그림은 1970년대 후반의 높은 인플레이션 기간 동안 금값이 치솟았다는 것을 보여준다. 금은 1976년 1월 트로이 온스당 약 $132였고, 1980년 9월에는 $670로 증가했다. 금 투자자들에게는 안타깝지만, 1980년 이후 몇 년 동안 전반적인 물가가 계속 상승하는 동안, 금의 가격은 떨어졌다. 1999년 8월, 금은 트로이 온스당 약 $255에 팔렸는데, 이는 거의 20년 전 최고치보다 약 60% 낮은 가격이었다. 한편, 소비자물가지수로 측정되는 가격 수준은 2배가 되었다. 그래프의 짙은 남색 선은 금의 명목 가격을 소비자물가지수로 나누어 계산한 금의 실질가격을 보여준다. 짙은 남색 선은 2018년 말부터 시작된 금값의 강력한 명목상 상승 이후에도 2020년 6월 금 실질가격이 1980년 9월 수준을 15% 이상 밑돌았음을 보여준다. 1980년, 많은 신문 기사와 투자 가이드는 1970년대 후반 동안 금이 얼마나 훌륭한 투자였는지를 강조했다. 이 충고를 받아들여 금괴나 동전을 산 사람은 심각한 실망감에 휩싸였다. 거의 40년 동안 금괴와 동전을 보관하고 보험에 들려고 돈을 지불하고 얻은 것은 −15%의 실제 손실이었다. 만약 S&P500에 투자하는 뮤추얼펀드를 샀다면, 800% 이상의 실질 수익을 받았을 것이다.

일부 투자자들 사이의 평판과는 달리, 장기적으로 금은 인플레이션에 대한 형편없는 헤지임이 입증되었다. 2020년 금을 사들이던 투자자들이 기민한 투자를 하고 있다고 생각했을지 모르지만, 지난 40년 동안의 기록은 고무적이지 않았다.

참고: 금의 명목가격은 런던 금 시장의 "금 고정가격"이다. 금의 실질가격은 1976년 1월 = 100을 기준으로 명목가격을 소비자물가지수로 나누어 산출한다.

핵심 질문에 대한 해답

이번 장 서두로부터 연결됨

이 장을 시작할 때 다음과 같이 질문했다.

"왜 2007~2009년의 금융위기 동안과 그 이후에 은행지준이 급격히 증가했고, 정책입안자들은 그 증가에 대해 걱정해야 하는가?"

앞서 보았듯이, 2008년 가을에 시작된 은행지준의 빠른 증가는 연준이 자산을 매입한 결과였다. 연준이 자산을 구매할 때마다 본원통화는 증가한다. 본원통화의 현금과 은행지준의 구성 요소는 2008년에 증가했지만, 지준 증가는 특히 컸다. 은행들은 2008년 이래로 세 가지 주요 이유로 큰 지준 잔액을 계속 보유하고 있다. (1) 연준이 지준에 지불하는 금리가 낮지만, 투자는 위험이 없으며, 이 금리는 은행이 할 수 있는 다른 안전한 단기 투자에 대한 수익과 경쟁적이다. (2) 금융위기 직후와 2020년 코로나19 팬데믹 기간 동안, 금융시스템의 역사적으로 높은 수준의 불확실성으로 인해 많은 은행들이 유동성을 증가시켰다. (3) 대형은행들은 2007년 이전보다 더 많은 유동 자산을 보유해야 하는데, 지준 계좌에 상당한 잔액을 보유함으로써 이러한 유동성 요구 사항을 충족시켰다. 인플레이션은 2020년까지 매우 낮은 수준을 유지했지만, 일부 정책입안자들은 궁극적으로 은행들이 보유 지준의 상당 부분을 대출하기 시작하면, 미래에 인플레이션율이 증가할 수 있다고 우려했다.

14.1 연준의 재무상태표와 본원통화
연준의 재무상태표와 본원통화 사이의 관계를 설명한다.

복습문제

1.1 a. 본원통화와 화폐공급은 어떻게 다른가?

b. 2020년 3월, 연준은 더 이상 은행에 필요한 지준을 보유할 것을 요구하지 않았다. 그 변화는 2020년 3월 이후 본원통화가 M1의 통화로만 구성되었다는 것을 의미하는가? 간단히 설명하시오.

c. 화폐공급 과정에 포함된 세 그룹의 행동은 무엇인가?

d. 연준이 본원통화를 통제함으로써 화폐공급을 통제할 수 있으려면 무엇이 사실이어야 하는가?

1.2 연준의 재무상태표에서 가장 중요한 자산 2개와 가장 중요한 부채 2개는 무엇인가? 통화는 가치가 있는데, 왜 그것이 자산이라기보다는 연준에 대한 부채인가?

1.3 웰스파고의 T-계정과 연준의 T-계정을 사용하여 연준이 웰스파고의 재무부채권을 $100만 매입한 결과를 표시하시오.

응용문제

1.4 월스트리트 저널의 칼럼은 "중앙은행과 정부는 강력한 '기본' 화폐의 주식을 만든다"고 얘기한다. T-계정을 사용하여 중앙은행이 어떻게 한 나라의 본원통화를 창출하는지 설명하시오.

1.5 [개념적용: "본원통화의 폭발적 확대 설명" 관련] 2020년 7월, reuters.com의 기사는 다음과 같이 언급했다. "연준의 재무상태표가 늘어났다. 이는 금융시장 여건을 쉽게 유지하기 위해 국채와 모기지 증권을 계속 매입했기 때문이다."

a. 연준의 재무부 증권과 모기지 증권 매입은 왜 "금융시장 상황"을 쉽게 유지하는가?

b. 왜 이러한 자산 매입이 연준의 재무상태표를 늘리는가?

c. 연준의 자산 매입도 본원통화를 상승시켰는가? 간단히 설명하시오.

14.2 단순예금승수
단순예금승수에 대한 방정식을 도출하고 T-계정을 사용하여 승수적 예금창출을 설명한다.

복습문제

2.1 PNC 은행이 미 연준에 $100만의 재무부채권을 판매한 후 데이비드 도넛 엠포리엄(David's Donut Emporium)과 보트 수리에 $100만를 대출한다고 가정한다. T-계정을 사용하여 이러한 거래 결과를 PNC의 재무상태표에 표시하시오.

2.2 연준의 재무부채권 매입이 "승수적 예금창출"로 이어지는 이유는 무엇인가? 만약 연준이 은행 시스템의 당좌예금의 총 가치를 계약하기를 원한다면, 그것은 어떤 조치를 취할 수 있는가?

2.3 연준이 필요지준율을 10%에서 8%로 인하할 경우 단순예금승수값의 변화를 계산하시오.

응용문제

2.4 초과지준이 없는 은행이 $10,000의 당좌예금계좌로 예치금을 받는다고 가정한다. 만약 필요지준율이 0.10이라면, 은행이 대출할 수 있는 최대 금액은 얼마인가?

2.5 다음 은행 재무상태표에서 단위는 백만 달러이다. 필요지준율은 최초 $3천만의 수표성 예금에 대해 3%이고, $3천만 이상의 수표성 예금에 대해서는 12%이다.

자산		부채	
지준	$18.9	당좌예금	$180.0
대출	150.0	순 자산	20.0
증권	31.1		
	$200.0		$200.0

a. 은행의 초과지준을 계산하시오.

b. 은행이 투자자에게 $500만의 증권을 판매한다고 가정한다. 이 거래 후에 은행 재무상태표를 작성하시오. 이때 은행의 초과지준은 얼마나 되는가?

c. 은행이 (b)에서 초과지준을 지역 사업자에게 대출한다고 가정한다. 대출이 이루어진 후 사업자가 대출의 수익을 지출하기 전에 은행의 재무상태표를 보이시오. 이때 은행의 초과지준은 얼마나 되는가?

d. 사업자가 수표를 써서 대출금을 쓴다고 가정한다. 은행 재무상태표를 수정하고 수표가 결제된 후 초과지준을 계산하시오.

2.6 1800년대 초, 많은 은행들은 당좌예금 계좌가 아닌 "은행권"을 발행했는데, 이것은 사실상 사적으로 발행된 통화였다. 은행권은 발행한 은행에서 금으로 교환될 수 있었다. 이 제도에서, 은행의 금 보유량은 은행의 지준을 나타낸다. 지폐가 액면가로 받아들여질지, 액면가보다 작은 액면가로 받아들여질지는($10 은행권이 $9 동전으로만 교환이 가능), 발행 은행이 재정적으로 얼마나 건전한지, 부채나 재화 또는 용역에 대한 지불로 은행권을 받는 사람들로부터 얼마나 멀리 떨어져 있는가에 따라 달라졌다. 컬럼비아 대학의 찰스 칼로미리스와 일리노이 대학의 찰스 칸은 1819년부터 서로의 지폐를 액면 그대로 받아들이기로 동의한 뉴영국은행들의 모임인 "서퍽(Suffolk) 시스템"을 연구했다. 칼노미리스와 칸은 "대중들이 서퍽 시스템 이외의 주들보다 종족[금]의 지원 비율이 낮은 은행권을 가지고 있다"고 발견했다. 우리는 은행 시스템에서 금의 양의 증가가 (현대 은행 시스템에서 일어나는 은행지준의 증가에 따른 다중 예금생성보다는) 은행권 발행을 야기하는 것으로 생각할 수 있다.

a. 1800년대 초 미국의 은행 시스템은 현대의 "예금승수"와 유사한 "은행권승수"를 가지고 있었는가? 그렇다면, 은행권승수의 크기는 무엇에 따라 달라졌는가? 간단히 설명하시오.

b. 서퍽 시스템 은행과 서퍽 시스템 밖의 은행이 모두 같은 양의 금 보유량을 증가시킨다고 가정한다. 서퍽 시스템 은행이나 시스템 외부의 은행이 은행권의 증가를 경험하게 되는가? 이유를 설명하시오.

14.3 은행, 비은행 기관 및 통화승수
은행과 비은행 기관의 행동이 통화승수에 어떤 영향을 미치는지 설명한다.

복습문제

3.1 단순예금승수를 도출하는 데 있어 두 가지 주요 가정은 무엇인가? 단순예금승수는 무엇을 곱하는가? 통화승수는 얼마를 곱하는가?

3.2 정상적인 상황에서 통화승수가 다음 각 항목의 증가에 따라 증가할지 감소할지, 그 밖의 요인을 일정하게 유지할지 간략하게 설명하시오.

a. 통화 대 예금 비율(C/D)

b. 초과지준 대 예금 비율(ER/D)

c. 필요지준율(rr_D)

3.3 2007~2009년 금융위기 이후 몇 년 동안 현금 대 예금 비율(C/D)과 초과지준 대 예금 비율(ER/D)에 무슨 일이 일어났는지 간략하게 설명하시오. 이러한 변화들은 통화승수 크기에 어떤 영향을 미쳤는가?

응용문제

3.4 "2020년 3월 이후 필요지준율이 0으로, 본원통화가 높아지면 화폐공급이 무한히 늘어날 수 있다"는 관

측에 동의하는지 설명하시오.

3.5 2020년 이코노미스트지의 한 기사는 "중앙은행들은 지준의 형태로 은행 시스템에 있는 새로운 돈을 만들어 국채를 구입한다"고 언급했다. 연준이 재무부채권을 사기 위해 사용하는 자금은 "새로운 돈"을 의미하는가? 그렇지 않다면, 연준이 재무부채권을 사들인 결과로 화폐공급은 어떻게 증가하는가?

3.6 **[예제 14.3 관련]** 다음 자료를 고려하시오.

현금	$1,000억
은행지준	$2,000억
당좌예금	$8,000억
정기예금	$12,000억
초과지준	$400억

현금 대 예금 비율, 총지준 대 예금 비율, 본원통화, 통화승수 및 M1 화폐공급에 대한 값을 계산한다.

3.7 다음 자료(단위는 십억 달러)를 고려하시오.

	1930년 6월	1931년 6월	1932년 6월
현금	$3,681	$3,995	$4,959
당좌예금	21,612	19,888	15,490
은행지준	3,227	3,307	2,829

기간별 통화 대 예금 비율, 총지준 대 예금 비율, 본원통화, 통화승수 및 M1 화폐공급에 대한 값을 계산한다. 당신은 왜 1930년과 1932년 사이에 현금 대 예금 비율과 총지준 대 예금비율이 것처럼 움직였는지 설명할 수 있는가?

3.8 **[이 장 도입부 관련]** 미국 조폐국은 금, 은, 플래티넘 동전에 대한 수요를 상품으로서의 금속 가격에 의존하는 것으로 설명한다. 또한 조폐국은 "이러한 원자재 가격은 차례로, [1] 안전자산으로 인식되는 힘 … [2] 다른 상품이나 투자로부터 수익과 같은 변수에 의존한다"고 말한다. 이 두 가지 요인이 2020년 금화에 대한 수요 급증을 설명하는 데 도움이 되는지 간략하게 설명하시오.

M2에 대한 화폐공급과정

학습목표

14.A M2에 대한 화폐공급 과정을 설명한다.

1980년대와 1990년대 금융 혁신의 여파로, 많은 분석가들과 정책입안자들은 M1이 더이상 교환 매체로 기능하는 자산을 대표하지 않는다고 우려했다. 2장에서 보았듯이 M2는 통화 (C)와 당좌예금(D)뿐만 아니라 비거래 계좌까지 포함하여 M1보다 더 광범위한 통화 총량이다. 이러한 비거래 계좌을 두 가지 요소로 나눌 수 있다.

1. N은 저축계좌(머니마켓 예금계좌 및 소액 정기예금 포함)로 구성된다.
2. MM은 소매 금융시장 뮤추얼펀드로 구성되어 있다.

M2를 다음과 같이 나타낼 수 있다.

$$M2 = C + D + N + MM$$

화폐공급의 M2 척도는 가계와 기업(비은행 기관)이 한 유형의 계좌에 자금을 보유하는 것에서 다른 유형의 계좌에 보유하는 것으로 이동하는 데 M1보다 덜 민감하다. 예를 들어, 비은행 기관이 당좌예금에서 저축 계좌로 자금을 전환하기를 원한다고 가정한다. 이 경우 D는 떨어지지만 N은 같은 양만큼 상승하여 M2는 변하지 않는다. 그러나 통화와 당좌예금의 합인 M1은 하락할 것이다.

여기서 M2를 M2 승수와 본원통화의 곱으로 표현할 수 있다.

$$M2 = (M2\ 승수) \times 본원통화$$

M1 승수에 대해 도출한 식과 유사하게 M2 승수에 대한 식을 도출할 수 있다.

$$M2\ 승수 = \frac{1 + (C/D) + (N/D) + (MM/D)}{(C/D) + rr_D + (ER/D)}$$

N 및 MM 계좌에는 필요지준이 없다. 또한 연준이 2020년 3월에 필요지준을 없앴다는 점을 고려한다면, M2 승수는 다음과 같다.

$$M2 \text{ 승수} = \frac{1 + (C/D) + (N/D) + (MM/D)}{(C/D) + (R/D)}$$

M2 승수는 N/D 및 MM/D항이 분자에 추가되기 때문에 M1 승수보다 상당히 크다. M2 승수는 1980년 이후로 M1 승수보다 더 안정적이다.

M2 승수의 구성 요소는 M1과 유사한 방식으로 승수의 크기에 영향을 미친다. 당좌예금에 대한 필요지준율과 현금 대 예금 비율의 증가는 예금창출의 범위를 감소시켜 결과적으로 승수를 감소시킨다. 비은행 기관이 당좌예금에 비해 비거래 또는 머니마켓형 계좌에 대한 선호도가 높아지면 승수가 증가한다.

최근 몇 년 동안 많은 경제학자들과 정책입안자들은 실질GDP와 같은 다른 경제 변수의 미래 변화를 예측하는 데 있어 화폐공급의 변화의 중요성을 강조했지만, 일부 "연준 관찰자(Fed Watchers)"들은 계속해서 화폐공급의 움직임을 연구하고 있다. 이 연준 관측통들은 M1과 거의 같은 방식으로 M2의 성장을 예측한다. 또한 본원통화(특히 차입되지 않은 본원)의 변화와 M2승수의 구성 요소의 변화를 예측한다.

통화정책

학습목표

이번 장을 통해 다음을 이해할 수 있다.

15.1 통화정책의 목표를 설명한다.

15.2 연준이 연방기금금리에 영향을 미치기 위해 통화정책 수단들을 어떻게 사용하는지 알아본다.

15.3 연준이 통화정책 수단들을 어떻게 변화시켜 왔는지 살펴본다.

15.4 통화정책에서 통화 타겟팅의 역할을 설명한다.

통화정책의 용감한 신세계

연방준비제도가 얼마나 변했는가! 수십 년 동안 경제학자들과 정책입안자들은 연준의 운영 방식에 대해 논쟁해 왔지만, 통화정책의 기본 메커니즘은 오랫동안 대체로 일정했다. 경제의 변화에 대응하여, 연준은 연방기금금리(은행들이 단기대출에 대해 서로에게 부과하는 이자율)의 목표를 조정할 것이다. 경제가 침체 국면으로 접어들 때, 연준은 연방기금금리 목표를 내릴 것이다. 만약 인플레이션이 상승하고 있다면, 연준은 연방기금금리 목표를 올릴 것이다. 연방기금금리를 낮추어야 할 때, 연준은 공개시장매수를 통해 은행 시스템의 지준(reserves, 또는 '지급준비금'이라 칭함)을 증가시킬 것이다. 지급준비금의 공급이 늘어나면 은행들이 지급준비금을 하룻밤 동안 빌리기 위해 지불하는 가격인 연방기금금리가 낮아질 것이다. 반면에 지급준비금 공급을 줄이면, 연방기금금리는 오를 것이다.

연준이 이 메커니즘을 성공적으로 사용하기 위해서는 2007~2009년 금융위기 이전의 기간처럼 은행이 적은 양의 초과 지급준비금만 보유하고 있어야 한다. 초과 지급준비금이 부족하면 은행들은 연준의 지급준비금 요건을 충족시키기 위해 연방기금시장(federal funds market)에 참여하여 필요한 지준을 차입한다. 14장 14.1절에서 보았듯이, 연준이 10년 만기 미국 국채(Treasury notes), 모기지담보증권(mortgage-backed securities), 기업어음(commercial paper)을 구매하는 혁신적인 정책으로 2008년 금융위기에 대응하면서 이러한 상황이 바뀌었다. 연준의 재무상태표

이슈: 2007~2009년과 2020년 금융위기 기간에 연준은 금융시스템을 안정시키고 경제침체에서 벗어나기 위해 이례적인 통화정책 조치들을 시행했다.

질문: 연준이 2007년 이전의 통화정책 조치들로 다시 복귀할 수 있을 것인가?

해답은 이 장의 끝에서…

와 은행 시스템의 지급준비금이 급격히 증가했다. 게다가 연준은 처음으로 지급준비금에 대한 이자를 은행에 지불하기 시작했다.

당초 연준과 대부분의 경제학자들은 위기가 끝나면 연준이 재무상태표를 축소하고, 은행들은 연준이 지급준비금에 지급하는 금리가 시장금리를 훨씬 밑돌기 때문에 초과 지급준비금을 거의 보유하지 않을 것으로 생각했다. 예를 들어 벤 버냉키(Ben Bernanke) 당시 연준 의장은 2010년 초 의회에 증언하면서 "연준의 재무상태표가 역사적으로 더욱 정상적인 수준으로 줄어들 것으로 예상한다"고 말했다. 버냉키를 비롯한 연준 관계자들은 연준이 지급준비금을 2008년 이전 수준으로 되돌리기 위해 취할 조치를 언급하기 위해 **출구전략**(exit strategy)이라는 용어를 사용했다.

하지만 2007~2009년 경기회복이 더뎌지자 연준은 세 차례에 걸쳐 양적완화에 나서면서 재무상태표를 더욱 확대했다. 2015년 12월 연준은 금융위기 이후 처음으로 연방기금금리 목표를 상향 조정했다. 지급준비금이 더이상 부족하지 않았기 때문에 연준은 연방기금금리에 영향을 미치기 위해 공개시장운영(open market operation) 이상의 새로운 조치들이 필요했다(이러한 새로운 조치들에 대한 세부 사항은 15.3절에서 논의한다). 연방기금금리 인상에도 불구하고 연준의 재무상태표는 여전히 매우 큰 규모를 유지했고, 은행들의 지급준비금도 매우 높은 수준을 유지했다. 2016년 8월 재닛 옐런(Janet Yellen) 당시 연준 의장은 "6~7년 전만 해도 우리가 지금과 같은 정책을 쓸 것이라고는 상상도 못했다"고 말했다. 2017년 6월 옐런은 연준이 더이상 만기가 돌아오는 미국 국채와 주택저당증권을 대체하기 위한 새로운 매입을 하지 않음으로써 재무상태표를 축소할 것이라고 발표했다. 연준의 유가증권 보유가 줄면서 은행의 지급준비금도 줄어들고 본원통화(monetary base)도 축소되었다. 그러나 이 과정은 2019년 중반 제롬 파월(Jerome Powell) 연준 의장이 미국 경제성장률 둔화에 대응해 연준의 증권 매입을 확대하면서 종료되었다. 2020년 코로나19 팬데믹 기간에, 연준은 2007~2009년 금융위기 당시 사용하던 대출 프로그램 일부를 되살리고 새

로운 프로그램도 시작하였으며, 은행의 지급준비금은 급증했다. 코로나19 팬데믹에 대한 연준의 대응에 대해서는 15.3절에서 더 자세히 논의할 것이다. 연준은 또한 연방기금금리 목표를 사실상 제로(0)로 낮추었다.

연준이 코로나19 팬데믹에 대응하여 시행한 정책은 연준이 공개시장운영을 통해 연방기금금리를 관리하던 2007년 이전 통화정책 절차로 돌아가는 것을 연기한 것에 불과한가? 아니면 전염병에 대한 연준의 대응은 연방기금금리를 관리하기 위한 새로운 조치들이 영구화되었음을 나타내나? 많은 경제학자들과 정책입안자들은 다음의 두 가지 이유로 새로운 조치들이 영구화되었다고 생각했다.

1. 낮은 인플레이션과 낮은 실질금리는 단기 명목금리가 미래에 충분히 낮을 가능성이 있다는 것을 의미한다. 이런 상황에서 연준은 연방기금금리 목표를 **제로금리하한**(a lower bound of zero)까지 비교적 소폭만 낮출 수 있을 것이다. 유럽중앙은행과 일본은행 등 다른 중앙은행들이 목표금리를 제로 이하로 인하하겠다는 의지를 보였지만 연준은 이를 꺼렸다. 2020년 초, 코로나19 팬데믹 발생 이전, 전 연준 의장 버냉키는 "오래된 방법들은 유용하지 않을 것이다... [2007~2009년 금융위기] 이전에 개발된 정책 규칙들을 사용하는 것은... 경제 성과에 심각한 결과를 초래할 거라고 확신할 수 있다"라고 썼다. 연방기금금리를 타겟팅하는 데 의존하지 않고 QE와 같은 새로운 정책 방식을 사용하면 연준의 재무상태표와 은행의 지급준비금이 2008년 이전보다 훨씬 높게 유지될 것이다.

2. 2007~2009년 위기 이후 은행 규제의 변경으로 대형은행들은 2008년 이전보다 유동성을 높여야 했다. 2007년 이전에는 연방기금시장에서 만기 하루짜리 지급준비금을 빌려야 했던 대형은행들은 유동성 요건을 충족시키기 위해 현재 많은 지급준비금 잔고를 유지하고 있다.

2007년 이전까지는 지급준비금 부족 상황으로 인해

연준이 연방기금금리 조정을 위해 공개시장운영에 의존했으나, 위의 변화들 때문에 연준이 지준 부족 상황을 다시 직면할 가능성은 낮아 보인다.

일부 경제학자나 정책입안자들은 비전통적 정책들이 지속되면 경제와 금융시스템을 왜곡해 향후 경제 불안을 초래할 수 있다며, 특히 다음과 같은 상황을 우려한다.

- 매우 낮은 명목금리가 장기화하면서 주식, 회사채 및 국채, 기업대출, 기타 자산의 가격이 지속할 수 없을 정도로 높아지는 결과를 초래한다.
- 저금리로 인해 저축으로의 복귀가 줄어들고, 위험 회피형 투자자들이 양도성예금증서(CD) 등 저위험 자산을 이용해 노후 대비 자금을 적절히 모으기가 더욱 어려워진다.
- 연준이 수조 달러의 금융자산을 재무상태표에 계속 보유하는 것은 개인투자자들이 주로 보유하던 유가증권들을 시장에서 제거함으로써 금융시장, 특히 주택시장의 가격과 수익률을 왜곡하고 있다.

2020년에는 통화정책의 미래에 대한 논쟁이 격렬하게 지속될 것으로 보인다.

우리가 통화정책의 목표를 확인할 수는 있지만 2007~2009년 경기침체에서 더딘 회복세가 보여주었듯 연준이 그러한 목표를 달성하는 것이 쉽지만은 않다. 연준은 목표 달성에 사용할 통화정책 도구가 제한적이다. 연준은 화폐공급과 단기금리를 조정하기 위해 주로 이러한 정책수단들을 사용한다. 그러나 2007~2009년 금융위기 기간과 그 이후, 그리고 2020년 코로나19 팬데믹 기간 동안 연준은 화폐공급과 단기금리에 초점을 맞추던 것에서 벗어나야 했다. 이 장에서 우리는 연준이 통화정책을 수행하는 방법을 설명하고 효과적인 통화정책을 설계할 때 겪는 어려움을 파악한다.

15.1 통화정책의 목표

학습목표: 통화정책의 목표를 설명한다.

대부분의 경제학자들과 정책입안자들은 통화정책의 궁극적인 목적이 전체인구의 경제적 후생(economic well-being)을 증진시키는 것이라는 데 동의한다. 경제적 후생을 평가하는 방법은 여러 가지가 있지만, 일반적으로 개인이 누릴 수 있는 상품과 서비스의 양과 질에 따라 결정된다. 경제적 후생은 노동과 자본의 효율적 사용과 산출량의 지속적 증가에 의해 이루어진다. 또한 생산과 고용의 변동 최소화, 이자율 안정, 금융시장의 안정적 작동 등 안정적인 경제적 환경들도 경제적 후생을 향상시킨다. 연준은 경제적 후생 증진을 위한 여섯 가지 **통화정책 목표(monetary policy goals)**를 설정하고 있다.

1. 물가 안정
2. 고용 확대
3. 경제성장
4. 금융시장과 금융기관의 안정

5. 이자율 안정
6. 외환시장 안정

연준을 비롯한 중앙은행들은 이와 같은 목표를 달성하기 위해 통화정책을 사용한다.

물가 안정

인플레이션, 즉 지속적인 물가 상승은 교환의 매개수단이자 회계단위로서 화폐의 가치를 하락시킨다. 특히 1970년대에 예상치 못한 인플레이션을 겪은 이래로 미국, 유럽, 캐나다, 일본의 정책입안자들은 물가 안정을 핵심 정책목표로 삼고 있다. 시장경제는 재화와 서비스의 생산비용과 수요에 대한 정보를 가계와 기업에 전달하기 위해 가격에 의존한다. 인플레이션은 가계와 기업이 의사결정을 하는데 중요한 **상대 가격**(relative prices)의 변화와 일반적인 가격수준의 변화의 구별을 어렵게 만듦으로써 자원배분을 위한 가격의 신호 기능을 저하시킨다. 예를 들어, 옥수수의 상대 가격이 5% 오르면 옥수수를 파는 것이 더 이득이 되고, 농부들은 옥수수를 더 많이 심게 된다. 그러나 옥수수의 상대 가격이 오르지 않은 상태에서 5% 인플레이션이 발생하면 옥수수 가격과 옥수수 재배 투입물(inputs)의 가격이 함께 상승하기 때문에 옥수수를 파는 것의 수익성이 높아지지 않는다. 이 경우 농부들은 옥수수 생산량을 늘리면 안 되지만, 옥수수 가격의 상대적 상승과 인플레이션을 구분하는 데 어려움이 있다면 생산을 늘릴 수도 있다.

인플레이션이 발생하면 현재 저축한 금액으로 미래에 얼마나 구매할 수 있을지 불확실해지기 때문에, 가계는 자녀 교육이나 퇴직에 대비해 얼마를 저축해야 할지 결정하기 어려워진다. 불확실한 물가 전망에 직면한 기업은 공급자나 소비자와 장기계약 맺기를 주저하게 된다. 인플레이션이 예상보다 높으면 자금을 빌려준 사람이 손실을 보거나 정해진 금액의 연금을 받는 퇴직자가 구매력 감소를 겪는 것처럼, 인플레이션의 변동은 임의적인 소득재분배를 초래한다.

심각한 인플레이션은 훨씬 더 큰 경제적 비용을 초래한다. 1년에 100% 또는 1,000% 이상의 인플레이션이 발생하는 **초인플레이션**은 경제의 생산능력에 심각한 타격을 준다. 극단적인 경우, 화폐는 더이상 교환의 매개수단이나 가치 저장 수단의 역할을 할 수 없을 정도로 가치를 급격히 잃는다. 식료품을 사기 위해 현금이 가득 찬 손수레가 필요할 수도 있다. 독일에서는 1920년대 초인플레이션으로 생산은 급감하고 실업이 급증했다. 이로 인한 경제적 불안은 10년 후 히틀러와 나치당이 집권할 수 있는 기반을 제공했다. 불확실성에서 경제 파탄에 이르기까지 인플레이션으로 인한 다양한 문제들은 물가 안정을 통화정책의 가장 중요한 목표로 만들었다.

높은 고용

높은 고용(high employment), 즉 낮은 실업률도 통화정책의 핵심목표이다. 실업자와 충분히 사용되지 않는(underused) 공장과 기계는 경제의 생산량을 감소시킨다. 실업은 일자리를 잃은 노동자들에게 경제적 고통을 주고 자존감을 떨어뜨린다.

연준은 높은 고용률을 추구하지만, 0%의 실업률을 추구하지는 않는다. 최상의 경제 조건에서도 일부 근로자는 고용시장에 진입하거나 이탈하고, 또는 일자리 변경의 과정에 있다. 근로자들은 직장을 옮기는 과정에서 일시적으로 실업 상태에 놓인다. 또한 교육 및 직업 훈련을 받거나 가족을 돌보기 위해 경제활동인구(labor force)에서 빠져나가서, 다시 들어오기까지 시간이 걸리기도 한다. 이런 종류의 **마찰적 실업**(frictional unemployment)은 근로자들이 후생을 극대화하는 직업을 찾을 수 있게 해준다. **구조적 실업**(structural unemployment)은 경제구조가 변화해 발생하는 실업을 뜻한다. 예를 들면 제조업 기법의 자동화, 사무용 컴퓨터 하드웨어·소프트웨어의 사용 증가, 상품 대비 서비스 생산 증가 등을 말한다. 이러한 유형의 실업은 기술의 장기적인 추세, 노동력의 나이와 성별 구성, 산업의 장소 변화 및 노동자들의 지리적 이동 같은 요인에 의존하지, 통화정책에서 중요한 화폐공급이나 이자율의 변동에 의존하지 않기 때문에 통화정책 도구들은 마찰적 실업과 구조적 실업을 낮추는 데 효과적이지 않다. 대신 연준은 경기침체와 관련된 실업률인 **경기적 실업**(cyclical unemployment)을 낮추려고 노력한다. 가끔 경제학자들은 구조적 실업과 경기적 실업을 구분하는 데 어려움을 겪는다.

일자리를 원하는 모든 근로자가 일자리를 가지고 있고(마찰적 실업과 구조적 실업을 제외하고), 노동의 수요와 공급이 균형을 이루고 있을 때의 실업률을 **자연실업률**(natural rate of unemployment) 또는 **완전고용 실업률**(full-employment rate of unemployment)이라 한다. 경제학자들은 자연실업률의 정확한 수준에 대해 의견이 엇갈리는데, 이는 노동인구의 연령과 성별의 구성 변화, 세금·최저임금·실업보험과 같은 정책요인들에 의해 자연실업률이 시간에 따라 변하기 때문이다. 현재 대부분의 경제학자들은 자연실업률을 약 4%로 추정한다. 그러나 2020년 8월 연준은 통화정책 시행을 자연실업률의 특정한 추정치와 연계하지 않겠다고 발표했다.

경제성장

정책입안자들은 꾸준한 **경제성장**(economic growth), 즉 재화와 서비스 생산의 지속적 증가를 추구한다. 경제성장은 가계 소득의 지속적인 실질 증가의 유일한 원천이다. 경제성장은 높은 고용에 달려 있다. 높은 고용 수준에서, 기업들은 이윤과 생산성, 근로자 소득을 높이는 새로운 공장과 장비에 투자를 실시하고 성장해 나갈 가능성이 높다. 이에 비해, 실업률이 높을 때 기업은 사용되지 않는 생산능력을 갖게 되고, 자본개선(capital improvements)을 위한 투자를 실시할 가능성도 훨씬 적다. 안정적인 경제환경에서 가계와 기업 모두 계획을 정확히 세울 수 있고, 지속적인 성장에 필요한 장기투자가 가능해지기 때문에 정책입안자들은 **안정적인**(stable) 경제성장을 촉진하고자 한다.

경제성장
재화와 서비스 생산의 지속적 증가; 통화정책의 목표

금융시장 및 기관의 안정

금융시장과 기관이 저축자와 차입자를 매칭하는 데 효율적이지 않을 때, 경제는 자원의 손실을 보게 된다. 일부 기업은 상품과 서비스를 고안·개발 및 마케팅하는 데 필요한 자금을 확보할 수 없을 것이다. 저축자들은 만족스러운 투자 대상을 찾는 데 자원을 낭비하게 된다. 금융시장과 기관의 안정은 저축자와 차입자의 효율적인 매칭을 가능하게 한다.

미 의회와 대통령은 1800년대 후반과 1900년대 초반의 금융공황에 대응하여 연준을 창설하였다. 그러나 12장에서 보았듯이, 연준은 대공황(Great Depression)의 심각성을 높인 1930년대 초반의 은행 패닉을 막지 못했다. 그러나 제2차 세계대전 이후, 연준은 기업어음 (commercial paper), 주식, 상품 시장에서 잠재적인 공황을 방지하는 데는 성공적이었다.

연준은 2007년부터 시작된 금융위기에도 적극적으로 대응했지만, 처음에는 위기의 심각성을 과소평가했고 2007~2009년의 깊은 불황을 막을 수 없었다. 금융위기는 1990년대 말 미국 증시의 닷컴 호황(dot-com boom) 및 2000년대 중반 미국 주택시장에서 발생했던 것과 같은 자산가격의 거품을 막기 위해 연준이 미리 조치를 취해야 하는지에 대한 논쟁을 불러일으켰다. 연준의 정책입안자들과 많은 경제학자들은 일반적으로 자산 거품을 사전에 감지하기가 쉽지 않고, 이를 완화하기 위한 조치가 역효과를 낳을 수 있다고 주장해 왔다. 그러나 2007~2009년 불경기의 심각성으로 인해 일부 경제학자들과 정책입안자들은 이러한 관점을 재고하게 되었다. 2020년, 코로나19 팬데믹에 대응하여 연준은 금융시스템을 통한 자금의 흐름을 유지하는 데 초점을 맞춘 일련의 조치들을 시행했다. 금융안정이 연준의 더 중요한 정책 목표가 된 것은 분명하다.

이자율 안정

물가수준의 변동과 마찬가지로 이자율의 변동은 가계와 기업의 계획 및 투자 결정을 어렵게 만든다. 이자율이 크게 오르내리면 기업이 설비투자를 계획하기 어려워지고, 가계도 주택에 대한 장기투자를 더 망설이게 된다. 사람들은 이자율이 지나치게 높거나 낮다고 판단하면 연준을 탓하기 때문에, 연준의 이자율 안정 목표는 안정적인 저축과 투자환경에 대한 열망뿐만 아니라 정치적 압력에 의해서도 영향을 받는다. 또한 앞서 보았듯이 급격한 이자율 변동은 은행과 다른 금융기관들에 문제를 초래한다. 따라서 이자율을 안정시키는 것은 금융시스템을 안정시키는 것을 도울 수 있다.

외환시장 안정

세계 경제에서 외환시장의 안정과 환율의 안정은 중요한 통화정책 목표이다. 통화의 가치가 안정되면 상업 및 금융 계약을 위한 계획을 세우기가 수월해진다. 또한 통화 가치의 변동은 산업의 국제 경쟁력을 변화시킨다. 달러가 절상되면 미국의 재화가 해외시장에서 더 비싸지므로 수출이 감소하고, 달러가 절하되면 외국의 재화가 미국 내에서 더 비싸지므로 수입이 줄어든다. 현실에서 외환정책 변화는 미 재무성이 주도하고 연준은 정책을 수행하는 역할을 한다.

연준의 이중책무

연준은 어떻게 여섯 가지 정책 목표를 동시에 추구할 수 있는가? 사실, 물가 안정과 높은 고용이라는 두 가지 목표가 가장 중요하다. 연준이 이 두 가지 목표를 달성할 수 있다면 다른 목표들도 달성할 수 있다. 미국 경제가 물가 안정과 높은 고용의 시기에 있을 때, 경제성장과 금융시장, 금리, 환율의 안정도 함께 이루어진다.

의회와 대통령은 높은 고용 목표에 대해 연준과 책임을 공유하고 있다. 의회는 1946년 고용법(Employment Act)과 1978년 완전고용 및 균형성장법(Full Employmnet and Balanced Growth Act; 험프리-호킨스법(Humphrey-Hawkins Act))을 제정하여 높은 고용과 물가 안정을 달성하기 위한 연방정부의 책무를 명시하였다. 물가 안정과 높은 고용이 고용법과 험프리-호킨스법 모두에서 명시적으로 언급되고 있고, 의회가 연방준비제도법(Federal Reserve Act)에서 유사하게 규정하였기 때문에 연준은 이 두 목표를 달성할 이중책무(dual mandate)를 가지고 있다.

개념 적용

연준은 흑인 실업률을 충분히 감소시켜 왔나?

높은 고용을 달성하는 것이 연준의 이중책무의 일부이지만, 미국 인구의 모든 집단이 비슷한 수준의 고용을 경험하는 것은 아니다. 다음 그림은 흑인, 히스패닉, 백인의 주요 노동시장 데이터를 보여준다. (a)는 1973년부터 2020년까지의 월별 실업률을 보여준다. (b)는 취업자 수를 생산가능인구(16세 이상)로 나눈 고용-인구 비율을 보여준다.

(a)는 흑인들의 실업률이 백인이나 히스패닉의 실업률보다 지속적으로 더 높았다는 것을 보여준다. 특히 불황기에는 흑인 실업률이 치솟을 가능성이 높다. 2007~2009년 불황기에 흑인 실업률은 8.5%(이미 백인 실업율의 두 배 수준)에서 16.8%로 증가했다. 2019년 흑인 실업률은 5.4%로 1972년 노동통계국(Bureau of Labor Statistics)이 인종별 실업 통계를 보고하기 시작한 이래 최저치를 기록했다. 그러나 코로나19 팬데믹의 경제적 영향으로 2020년 5월 흑인 실업률이 16.8%로 치솟았다.

(b)는 흑인의 고용-인구 비율이 히스패닉과 백인의 비율보다 낮은 것을 보여준다. 이 기간 동안 흑인의 평균 고용-인구 비율은 55.3%, 백인의 비율은 61.4%였다. 이 차이는 평균한 달 동안 백인 취업자가 흑인 취업자보다 약 6%p 더 많다는 것을 의미한다.

흑인과 백인의 소득과 부의 차이도 상당하다. 2018년, 정규직으로 고용된 흑인 노동자의 중위 연소득은 $35,079이고, 백인 노동자의 중위 소득은 $48,819였다. 시카고 연방준비은행의 연구 결과, 흑인은 다음 세대가 소득분포의 상층부로 옮길 가능성이 백인보다 적고, 하층부로 내려갈 가능성은 백인보다 높았다. 연준의 가장 최근 소비자금융조사(Survey of Consumer Finances)에 따르면, 2016년 흑인의 중위 가족소득은 $17,600인 반면 백인의 중위 가족소득은 $171,000로 10배 가까이 높았다.

연준은 통화정책 조치가 통상적으로 실질GDP와 물가수준 등 국가 경제지표에 영향을

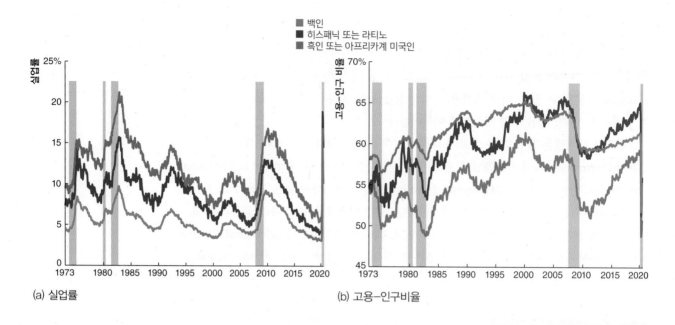

■ 백인
■ 히스패닉 또는 라티노
■ 흑인 또는 아프리카계 미국인

(a) 실업률

(b) 고용-인구비율

미치기 때문에 전통적으로 연준의 목표를 특정 부문이나 집단이 아닌 경제 전반에 적용하는 것으로 해석해 왔다. 그렇다면, 연준이 흑인의 경제적 결과를 개선하려는 목표를 고려해야 하는가? 조 바이든(Joe Biden) 부통령의 경제보좌관이었던 예산정책우선순위센터(Center on Budget and Policy Priorities)의 제러드 번스타인(Jared Bernstein)과 지상근무협동조합(Groundwork Collaborative)의 자넬 존스(Janelle Jones)는 "연준이 전체 실업률이 아닌 흑인 실업률을 목표로 하는 방안을 검토해야 한다"고 제안했다. 그들은 흑인 실업률이 일반적으로 전체 실업률에 비해 상당히 높기 때문에, 전체 실업률이 완전고용실업률일 때 연준이 확장정책을 축소한다면, 흑인 실업률은 여전히 너무 높을 것이라고 주장한다. 예컨대 2015년 12월 연준이 2007~2009년 대불황(Great Recession) 이후 처음으로 연방기금금리 목표를 올리기 시작했을 때 전체 실업률은 5.0%였지만 흑인 실업률은 여전히 8.5%로 백인 실업률 (4.4%)의 두 배 가까이 됐다.

2020년 5월 미니애폴리스(Minneapolis)에서 조지 플로이드(George Floyd) 사망에 따른 항의 시위 이후 몇몇 연준 관리들은 연준의 불평등 완화 책무에 대한 성명을 발표했다. 2020년 6월 의회 증언 시 파월 연준 의장은 "연준에 인종차별을 위한 자리는 없으며 우리 사회에서도 인종차별은 없어야 한다. 모든 사람은 우리 사회와 경제에 온전히 참여할 수 있는 기회를 가질 자격이 있다"고 말했다. 그는 또한 연준이 통화정책 옵션을 검토할 때 잠재적인 인종 간 불균형을 늘 고려하고 있다고 언급했다.

최초의 흑인 지역 연준 총재인 라파엘 보스틱(Raphael Bostic) 애틀랜타(Atlanta) 연방준비은행 총재는, 통화정책 선택의 인종적 영향이 연준 내에서 중요한 논의 대상이 된 것을 목격하고 "우리는 여러모로 다른 연준이 됐다"고 말했다. 닐 카슈카리(Neel Kashkari) 미니애폴리스 연방준비은행 총재는 노동경제학자 아비가일 워즈니악(Abigail Wozniak)과 '기회와 포용적 성장 연구소(Opportunity & Inclusive Growth Institute)'를 만들었다. 카슈카리는 연구소의 목표를 언급하며 "우리의 경제 연구역량으로 가능한 최고의 데이터와 증거를 이용해 이슈들을 분석하고, 다른 정책입안자들이 실행할 수 있는 정책 권고안을 제시할 수 있다면, 그것은 [인종 불평등을 줄이는] 데 중요한 공헌"이라고 언급했다.

연방준비제도법에서 의회가 연준에 위임한 책무의 성격은 연준이 경제의 전반적인 성과에 초점을 맞추도록 의무화하고 있다. 다만 파월 연준 의장은 의회에서 고용과 소득의 인종 불평등을 줄이기 위해 "고용 활성화(a tight job market)는 아마도 연준이 할 수 있는 최선의 단일 행동"일 것이라고 언급했다. 앞서 언급했듯이, 2020년 8월 연준은 더이상 통화정책의 실행을 특정 실업률 달성과 결부시키지 않겠다고 발표했다. 일부 경제전문가들은 이 발표를 연준이 실업률을 예전 목표치보다 더 낮은 수준으로 끌어내리려 할 가능성을 시사한 것으로 해석했다. 만약 그렇다면, 그 결과는 흑인 실업률을 낮추는 것이 될 것이다.

이 장의 끝에 있는 관련문제 1.7을 참조하시오.

다음 절에서는 연준이 목표들을 달성하기 위해 사용 가능한 통화정책 수단들에 대해 살펴본다.

15.2 통화정책 수단과 연방기금금리

학습목표: 연준이 연방기금금리에 영향을 미치기 위해 통화정책 수단들을 어떻게 사용하는지 알아본다.

2007~2009년 금융위기 전까지 연준은 주로 세 가지 통화정책 수단에 의존했다. 2008년부터, 연준은 몇 가지 새로운 정책수단들을 사용해 왔다. 먼저 연준의 세 가지 전통적인 통화정책 수단부터 살펴보자.

1. **공개시장운영**(open market operations)은 연준이 금융시장에서 증권을 매입하고 매각하는 것을 말한다. 전통적으로 연준은 은행의 지급준비금과 단기 이자율에 영향을 미치기 위해 재무부 단기증권(Treasury bills) 매입과 매각에 집중했다.
2. **재할인정책**(discount policy)은 재할인율을 정하고 재할인대출 조건을 설정하는 것을 말한다. 미 의회가 1913년 연방준비제도법을 통과시킬 때, 재할인정책이 연준의 주요 통화정책 수단이 될 것으로 예상했다. **재할인창구**(discount window)는 연준이 은행에게 재할인대출을 하는 수단으로, 이는 은행의 단기 유동성을 충족시키는 경로로 사용되고 있다.
3. **지급준비제도**(reserve requirements)는 은행이 당좌예금의 일부를 현금과 연준 예치금으로 보유해야 한다는 연준의 규제이다. 14장 14.3절에서, 우리는 법정 지급준비율이 화폐공급 과정에서 통화승수의 결정 요인임을 보았다. 2008년 이후 은행들이 연준의 법정 지준율 이상으로 훨씬 더 많은 지준을 보유하면서 지준 요건은 더이상 중요한 통화정책 도구가 아니다. 2020년 3월 연준은 한시적으로 지급준비금 요건을 없애기로 결정했다.

공개시장운영
연준이 금융시장에서 증권(주로 미국 재무부 증권)을 매입하고 매각하는 것

재할인정책
재할인율과 재할인대출조건을 설정하는 정책수단

재할인창구
연준이 은행의 단기 유동성을 충족시켜 주기 위해 재할인대출을 제공하는 통로

지급준비제도
은행이 당좌예금의 일부를 현금이나 연준 예치금으로 보유해야 한다는 연준의 규제. 2020년 3월 연준은 지급준비금 요건을 없앰

2007~2009년 금융위기 동안, 연준은 다섯 가지 새로운 정책 수단들을 도입했다. 2020년 코로나19 팬데믹 기간 동안에도 이러한 도구들을 계속 사용했다. 그중 세 가지 도구는 은행지준 계좌 및 연방기금금리 조정과 관계된다. 나머지 두 가지 도구는 앞서 언급된 **제로금리하한 문제**(zero lower bound problem)를 다루기 위해 도입되었다. 연준이 연방기금금리 목표를 제로에 근접하게 설정하면, 불황기에 생산과 고용 확대를 도울 다른 수단이 필요하다.

연방기금금리를 관리하기 위한 새로운 수단들

연방기금금리를 관리하기 위한 연준의 새로운 수단들 중 처음 두 가지는 위에서 논의된 연준의 세 가지 전통적인 수단들보다 더 중요하다.

1. **은행지준예치금(reserve balances)에 대한 이자.** 2008년 10월 연준은 은행의 필요지준(required reserve)과 초과지준(excess reserve) 예치금에 대한 이자를 지급하기 시작하면서 새로운 수단을 도입했다. 이 금리는 "초과지준에 대한 금리(interest rate on excess reserves)"의 각 단어 첫 글자를 조합하여 IOER로 불린다. 지준예치금에 이자를 지급함으로써 연준은 은행의 지준예치금에 더 큰 영향을 미칠 수 있게 된다. 연준은 금리 인상을 통해 은행의 지준 보유를 증가시키는데, 이는 은행의 대출 확대와 그에 따른 화폐공급 증가를 억제하는 효과가 있다. 금리를 인하하면 정반대의 효과를 볼 수 있다. 마지막으로, 은행이 일반적으로 연준에 예치한 지준으로 벌 수 있는 이자율보다 낮은 금리로는 자금을 다른 곳에 대출하지 않으므로 연준이 지급하는 금리는 단기금리의 바닥을 형성한다.

2. **익일물 역환매조건부매매 제도(overnight reverse repurchase agreement facility).** 다음 절에서 논의하겠지만 연준의 전통적인 단기 이자율 인상 수단은, 은행시스템의 지급준비금 수준을 줄이는 공개시장매각을 통해 연방기금금리(은행들이 서로 익일물 대출에 부과하는 금리) 목표를 높이는 것이었다. 그러나 금융위기 이후 은행들이 수조 달러의 초과지준을 보유하고 있는 상황에서, 연준은 연방기금금리 목표를 높이기 위해 공개시장매각을 이용할 수 없었다. 대신 연준은 2015년 12월에 2006년 6월 이후 처음으로 연방기금금리 목표를 상향 조정할 때, 은행지준에 대한 금리와 역환매조건부채권 금리를 인상하는 방식을 사용했다. 이에 대한 세부 사항은 15.3절에서 논의한다. 일단 지금은, **환매조건부매매**(repurchase agreement) 또는 **레포**(repo)는 담보로 뒷받침되는 단기대출이라는 점을 기억하자. 환매조건부채권으로 연준이 금융기관으로부터 유가증권을 매입하면, 이 기관은 다음날 연준으로부터 이 유가증권을 다시 매입할 것을 약속한다. **역환매조건부채권**(reverse repurchase agreement; matched sale-purchase agreement 또는 **역레포**(reverse repo)로도 불림)을 통해 연준은 금융기관에 유가증권을 팔고 다음날 이 증권을 다시 사겠다고 약속하는, 반대 방식의 조치를 취할 수 있다. 역레포는, 유가증권을 매입하는 회사로부터 연준이 익일물로 자금을 빌리는 것이다. 연준은 이러한 대출에 대해

지불하는 금리를 높임으로써 **거래 상대방**(counterparty) 금융기관들이 더 낮은 금리로 자금을 빌려주지 않도록 유도한다. 연준은 익일물 역환매조건부채권을 'ON RRP'로, 이들 유가증권의 금리를 'ON RRP rate'라고 부른다. 이 절차는 연방기금금리 목표를 올리는 전통적인 수단보다 복잡하지만, 은행들이 매우 많은 수준의 초과지준을 보유하고 있는 상황에서 연준이 목표를 달성하기 위한 효과적인 방법이다.

3. **기한부예금 제도**(term deposit facility). 2010년 4월 연준은 은행들이 가계와 기업에 제공하는 예금증서(certificates of deposit)와 유사한 기한부예금 매입 기회를 은행에 제공하겠다고 발표했다. 연준은 주기적인 경매로 은행에 기한부예금을 제공한다. 금리는 경매에 의해 결정되며, 연준이 지준예치금에 지불하는 이자율을 약간 웃돌았다. 예를 들어, 2019년 8월 연준이 7일치 기한부예금 $17억를 경매에 부칠 때의 금리는 2.11%로 연준이 지급하고 있던 지준예치금 금리(2.10%)보다 높았다. 기한부예금 제도는 연준에 은행의 지준 보유량을 관리할 수 있는 추가적 수단을 제공한다. 은행들이 연준의 기한부예금에 더 많은 돈을 예치할수록 대출과 화폐공급이 억제될 것이다. 연준은 기한부예금을 자주 사용하지 않기 때문에 연방기금금리를 관리하기 위한 연준의 세 가지 새로운 통화정책 수단 중 중요도는 가장 낮다.

연방기금금리의 제로금리하한에서 새로운 수단들

2007~2009년 금융위기 동안, 연준은 앞에서 언급된 **제로금리하한 문제**를 다루기 위해 다음의 두 가지 수단을 도입했다.

1. **양적완화**. 2007년 이전 연준의 공개시장운영은 은행지준 시장과 균형 연방기금금리에 영향을 미칠 목적으로 단기국채 매매에 집중됐다. 그러나 2008년 12월까지 연준은 금융위기와 경기침체가 심화됨에 따라 연방기금금리 목표를 거의 0으로 끌어내렸다. 침체가 지속되자 연준은 2009년과 2010년 초에 $1조 7천억 이상의 주택저당증권과 장기 재무부채권을 사들이는 이례적인 조치를 취했다. 중앙은행이 장기 증권을 사들여 경기부양을 시도하는 이 정책을 **양적완화**(quantitative easing, QE)라고 한다. 연준의 목표는 모기지(mortgages)와 10년 만기 재무부채권의 이자율을 낮추는 것이었다.

   양적완화(QE)
경기를 부양하기 위해 장기 증권을
사들이는 중앙은행 정책

   10년 만기 재무부채권 금리는 기준 무위험 금리(benchmark default-free interest rate)이기 때문에 금융시스템에서 중요한 역할을 한다. 10년 만기 재무부채권 금리를 낮추면 회사채 이자율이 낮아지고 투자지출이 증가한다. 또한 많은 변동금리 모기지(adjustable-rate mortgages, ARM) 이자율은 10년 만기 재무부채권의 이자율에 따라 결정된다. 10년 만기 재무부채권 금리가 하락하면 ARM 금리도 자동으로 하락한다. 2010년 11월 연준은 2차 양적완화(QE2)를 발표했다. 연준은 2011년 6월까지 $6천억 장기 재무부채권을 추가로 사들였다. 2012년 9월 연준은 주택저당증권 매입에 초점을 맞춘 3차 양적완화(QE3)를 발표했다. 2014년 10월에 연준은 QE3를 종료했다.

   2020년 3월 연방기금금리 목표를 다시 0에 가깝게 인하한 후 연준은 $7천억의 10

년 만기 재무부채권과 주택저당증권을 매입하는 양적완화 정책을 재개한다고 발표했다. 양적완화가 미국 경제의 고용과 생산을 증가시키는 데 효과적인지에 대해서는 경제학자들의 의견이 엇갈리고 있다.

2. **사전적 정책방향 제시.** 통화정책이 실효성을 가지려면 회사채나 모기지 금리와 같은 장기금리에 영향을 미쳐야 한다. 가계와 기업은 주택이나 공장 등 장기 구매자금 조달을 위해 대출할 때 장기금리를 지급하기 때문에, 장기금리의 변동은 단기금리의 변동보다 가계와 기업의 지출에 더 큰 영향을 미친다. 연준이 양적완화를 통해 직접 장기금리 인하를 시도할 수 있지만 사전적 정책방향 제시를 활용할 수도 있다. **사전적 정책방향 제시**(forward guidance)는 연방공개시장위원회의 향후 통화정책 방향에 대한 진술을 의미한다.

사전적 정책방향 제시
연방공개시장위원회의 향후 통화 정책 방향에 대한 진술

예를 들어, 2020년 8월, FOMC는 장기 목표와 통화정책 전략에 관한 성명을 발표했다. 이 진술에는 다음과 같은 관찰이 포함되어 있다.

위원회는 최대 고용 및 물가 안정과 일치하는 연방기금금리 수준이 역사적 평균치에 비해 장기간에 걸쳐 감소했다고 판단한다. 따라서 연방기금금리는 과거보다 더 자주 제로금리하한의 제약을 받을 가능성이 높다.[1]

이 성명은 FOMC가 상당 기간 연방기금금리 목표를 0에 가깝게 유지할 것임을 기업, 가계 및 투자자들에게 알렸기 때문에 사전적 정책방향 제시에 해당한다. 5장 5.2절에서 10년 만기 재무부채권 금리와 같은 장기금리는 부분적으로 미래의 단기금리에 대한 투자자들의 기대에 의존한다고 보았다. FOMC가 몇 년 동안 단기금리를 매우 낮게 유지할 것이라는 점을 투자자들에게 납득시키면, 장기금리는 안내가 없었을 때보다 낮아질 것이다. 사전적 정책방향 제시는 FOMC의 진술이 투자자에게 신뢰를 주는 경우에만, 즉 투자자가 FOMC가 미래에 실제로 이러한 조치를 취할 것으로 믿는 경우에만 작동한다.

2007~2009년 금융위기와 2020년 코로나19 팬데믹 기간 동안 연준은 방금 열거한 다섯 개 정책 말고도 연준의 통상적인 통화정책 수단에 속하지 않는 임시적 정책들도 추구했다. 이 정책들은 15.3절에서 논의한다.

연방기금시장과 연방기금금리 목표

연방기금금리
은행이 초단기대출에 대해 서로 부과하는 이자율; 연방기금시장에서 지급준비금에 대한 수요와 공급에 의해 결정된다.

수십 년 동안 연준 정책의 초점은 은행들이 서로 초단기대출에 부과하는 금리인 **연방기금금리**(federal funds rate)의 목표치를 정하는 것이었다. 연방기금금리 목표는 워싱턴 DC에서 매년 8번 열리는 FOMC 회의에서 정해진다(2020년 3월에 두 차례 그랬듯, 위기 시에는 계획에 없던 추가 회의가 열리기도 한다). 연준이 연방기금금리 목표를 정하지만 실제 금리는

---

1   Board of Governors of the Federal Reserve System, "Statement on Longer-Run Goals and Monetary Policy Strategy," August 27, 2020.

연방기금시장(federal funds market)에서 은행 지급준비금에 대한 수요와 공급의 상호작용에 의해 결정된다.

연방기금금리 결정 요인을 분석하려면 지준에 대한 은행권의 수요와 연준의 공급을 살펴볼 필요가 있다. 우리는 지준의 수요와 공급에 대한 그래프(그림 15.1)를 사용하여 연방기금금리 및 화폐공급에 영향을 미치는 정책 수단을 연준이 어떻게 사용하는지 살펴볼 것이다.

전통적인 지급준비금 부족의 가정 지준이 **부족하다고 가정할 때**, 균형 연방기금금리가 지준에 대한 수요와 공급의 상호작용에 의해 어떻게 결정되는지 살펴보자. 지준이 "부족"하다는 것은, 많은 은행들이 지준 수요를 충족시키기 위해 연방기금시장의 다른 은행들로부터 돈을 빌리는 것을 의미한다. 2007~2009년 금융위기 이전에는 이 가정이 정확했다. 예를 들어, 2007년 6월, 은행들은 $6천억의 당좌예금에 약 $100억의 지준만 보유하고 있었다. 그러나 2007~2009년 금융위기 이후 은행들이 다른 은행들로부터 돈을 빌릴 필요가 거의 없을 정도로 많은 수준의 지준을 보유하고 있기 때문에 이러한 가정은 더이상 정확하지 않다. 예를 들어, 2020년 6월 은행들은 $3조 4천억의 당좌예금과 $3조 1천억의 지준을 보유하고 있었다. 14장에서 살펴본 바와 같이, 은행지준 증가는 2007~2009년 금융위기와 2020년 코로나19 팬데믹 기간 동안 연준의 재무상태표 규모가 크게 증가한 결과이다.

2007~2009년 금융위기 이전 지급준비금 시장이 어떻게 기능했는지를 분석하는 것은 연준의 최근 접근법을 이해하기 위한 토대를 제공한다.

지급준비금 수요 전통적으로 은행은 연준의 지급준비제도와 단기 유동성 필요를 충족시키기 위해 지준을 보유한다. 그림 15.1에서 지준에 대한 수요곡선(D)은 은행의 필요지준

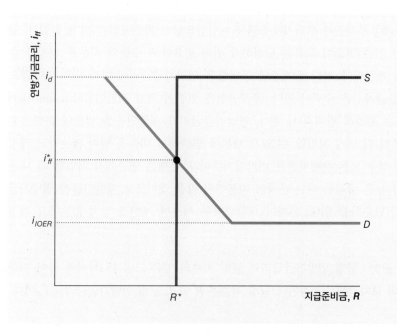

그림 15.1

연방기금시장의 균형

연방기금시장에서의 균형은 지준에 대한 수요곡선(D)과 공급곡선(S)이 교차하는 점에서 결정된다. 연준은 지준(R), 재할인율(i_d) 은행의 지준예치에 지불하는 이자율(i_{IOER})를 정한다. 이때 균형 지준은 R^*, 균형 연방기금금리는 i_{ff}^*이다.

(required reserves, *RR*)과 초과지준(excess reserves, *ER*)에 대한 수요를 모두 포함한다(2020년 3월 이후 연준이 일시적으로 지준 요건을 없앤 이후 모든 지준은 초과지준이다). 이 수요곡선은 연방기금금리 이외에 여타 시장금리 또는 필요지준율 등 은행의 지준 수요에 영향을 미칠 수 있는 요소들이 일정하다는 가정하에 그려진 것이다. 다른 유형의 자금과 마찬가지로 금리가 높을수록 자금의 수요량은 감소한다. 연방기금금리 i_{ff}가 인상되면 은행이 초과지준을 대출해 줄 때 얻는 수익이 높아지기 때문에 초과지준 보유의 기회 비용이 증가한다. 따라서 연방기금금리가 인상될수록 지준 수요량은 감소한다. 결국 은행의 지준 수요곡선은 우하향하는 기울기를 갖는다.

연준은 2008년 10월 지준에 이자를 처음 지급하기 시작했을 때 은행의 지준예치금에 대한 이자율(i_{IOER})이 연방기금금리의 하한을 형성할 것으로 믿었다. 따라서 그림 15.1에서 지준 수요곡선은 i_{IOER}에서 수평(또는 완전히 탄력적)으로 나타난다. 연준은 다음과 같은 이유로 i_{IOER}를 연방기금금리 하한으로 믿었다. 연준이 은행지준예치금에 0.75%를 지급하지만 연방기금금리는 0.30%에 불과하다고 가정하자. 은행이 연방기금시장에서 0.30%로 자금을 차입하여 연준에 예치하면 0.45%의 무위험 수익을 얻을 수 있다. 이러한 무위험 차익거래(risk-free arbitrage)를 위한 자금을 확보하려는 은행들의 경쟁은 연방기금금리를 더이상 차익거래가 불가능한 0.75% 수준으로 끌어올릴 것이다. 다만 이 분석은 패니메(Fannie Mae)나 프레디 맥(Freddie Mac)처럼 연방기금시장 참여 자격이 있지만 연준에서 이자를 받을 자격이 없는 비은행 금융기관도 존재한다는 점을 고려하지 않은 제약이 있다. 우리는 이 장의 뒷부분에서 이 제약의 결과를 논의한다.

지급준비금 공급 그림 15.1에서 *S*는 지준에 대한 공급곡선이다. 연준은 차입지준(borrowed reserve)은 재할인대출(discount loans) 형태로, 비차입지준(nonborrowed reserve)은 공개시장운영을 통해 공급한다. 2007~2009년의 금융위기 이후, 그리고 2020년 코로나19 팬데믹 기간 동안 연준은 재무부채권과 주택저당증권을 매입함으로써 지준공급을 크게 늘렸다. 공급곡선이 수직인 것은 연준이 목표를 달성하기 위해 필요한 *R* 수준의 지준을 설정할 수 있다고 가정하기 때문이다. 따라서 지준의 공급량은 연방기금금리에 따라 달라지지 않으며, 이 부분의 공급곡선은 수직이 된다. 공급곡선은 연준이 정한 재할인율(discount rate)(i_d)에서 수평(또는 완전히 탄력적)이 된다. 연방기금금리가 재할인율을 밑돌면 은행들은 다른 은행으로부터 더 싸게 차입할 수 있기 때문에 연준에서 대출을 받지 않는다고 가정한다. 따라서 이 경우 모든 은행지준은 비차입지준이다. 은행은 연준에서 차입할 때 내는 재할인율보다 더 높은 금리를 다른 은행에 지불하지 않을 것이므로 재할인율은 연방기금금리의 상한이다(단순화를 위해, 은행이 재할인창구 사용에 제한을 받지 않는다고 가정한다).

연방기금시장의 균형 균형 연방기금금리와 균형 지준의 양은 그림 15.1에서와 같이 지준의 수요와 공급의 교차점에서 결정된다. 균형 지준은 R^*이고, 균형 연방기금금리는 i_{ff}^*이다.

공개시장운영과 연방기금금리 목표

연준 정책 결정의 중심은 FOMC 회의로, FOMC는 연방기금금리 목표를 발표한다. 연방기금 시장에서는 상업은행과 일부 금융기관만 대차거래가 가능하지만, 연방기금금리 변동은 경제에 광범위한 영향을 미칠 수 있다. 예를 들어, FOMC가 연방기금금리 목표를 낮추면, 은행의 자금 조달 비용이 낮아져 가계와 기업에 대한 대출금리가 낮아진다. 이자율이 낮아지면 기업들은 기계, 설비, 기타 투자재에 대한 지출을 늘리고, 가계는 자동차, 가구, 기타 내구재에 대한 지출을 늘린다.

연준은 시장 연방기금금리를 연준의 **목표연방기금금리**(target federal funds rate)와 구별하기 위해 **실효연방기금금리**(effective federal funds rate)라고 부르며, 이 두 이자율은 유사하다. 그림 15.2와 같이 실효연방기금금리, 모기지 금리, 회사채 금리는 일반적으로 함께 움직인다. 그러나 연방기금금리는 이러한 장기금리들보다 더 크게 증감하는 경우가 많다. 예를 들어, 2000년 이후 몇 년 동안은 모든 금리가 하락했지만 모기지와 회사채 금리는 연방기금금리만큼 빠르고 크게 하락하지는 않았다. 이 경우 투자자들은 이러한 낮은 단기금리가 아주 오랫동안 지속될 것이라고 생각하지 않는다. 즉, 투자자들은 향후 단기금리가 인상될 것으로 기대했다는 것이다. 그러나 일반적으로 연준이 연방기금금리의 목표를 높이거나 낮추면 장기 명목금리(예: 30년 만기 모기지 금리)도 오르내린다.

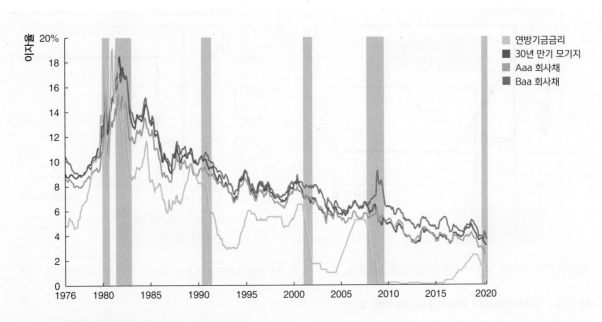

그림 15.2 연방기금금리와 회사채 및 모기지 금리

연준은 연방기금금리를 조정한다. 가계가 주택을 구입하거나 기업이 투자할 때 지불하는 장기금리는 일반적으로 연방기금금리와 함께 오르내린다.

참고: 모기지 금리는 30년 만기 고정금리 모기지에 대한 것이다.
출처: Federal Reserve Bank of St. Louis.

연준은 전통적으로 연방기금금리 목표를 달성하기 위해 공개시장운영을 사용했다. 예를 들어, 2008년 10월 29일 심화하는 금융위기와 경기침체를 극복하기 위해 FOMC는 연방기금금리 목표를 1.5%에서 1%로 낮췄다. 이 목표를 달성하기 위해 연준은 재무부채권에 대한 공개시장매입을 실시했다. 이와 동시에 연준은 재할인율도 1.75%에서 1.25%로 낮추었다. 그림 15.3의 (a)는 연준이 시행한 정책의 결과를 보여주고 있다. 연방기금시장의 다른 조건들이 일정할 때, 공개시장매입(open market purchase)으로 지준의 공급곡선이 S_1에서 S_2로 우측 이동하면 은행의 지준이 증가하고 연방기금금리는 하락한다. 재할인율도 하락하였기 때문에 지준 공급곡선의 수평 부분은 아래로 이동한다. 은행의 균형 지준은 R_1^*에서 R_2^*로 증가하며, 균형 연방기금금리는 1.5%에서 1%로 하락한다.

2007년 이전, 연방기금금리의 목표를 인상할 때 연준은 재무부채권에 대한 공개시장매각(open market sale)을 실시했다. 예를 들어, 2006년 6월 29일, FOMC는 연방기금금리 목표를 5%에서 5.25%로 높였다. 동시에 재할인율도 6%에서 6.25%로 인상했다. 당시 연준은 생산과 고용의 성장을 둔화시켜 인플레이션을 낮추기 위해 금리를 올리기를 원했다. 그림 15.3

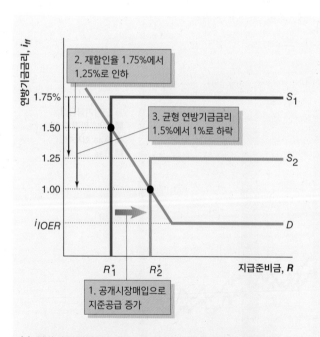

(a) 연방기금금리 목표를 낮추기 위해 공개시장매입을 사용

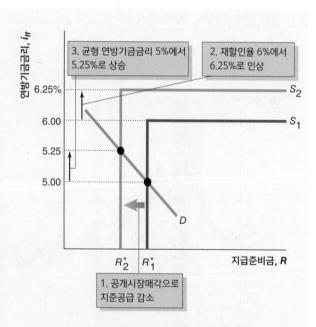

(b) 연방기금금리 목표를 높이기 위해 공개시장매각을 사용

그림 15.3 공개시장운영의 연방기금시장에 대한 효과

(a)에서 연준의 공개시장매입으로 은행시스템의 지준이 증가하며, 공급곡선이 S_1에서 S_2로 우측이동한다. 균형 지준은 R_1^*에서 R_2^*로 증가하고, 균형 연방기금금리는 1.5%에서 1.0%로 하락한다. 재할인율은 1.75%에서 1.25%로 인하되었다.

(b)에서 연준의 공개시장매각으로 은행시스템의 지준이 감소하며, 공급곡선이 S_1에서 S_2로 좌측이동한다. 균형 지준은 R_1^*에서 R_2^*로 감소하며, 균형 연방기금금리는 5%에서 5.25%로 상승한다. 재할인율은 6%에서 6.25%로 인상되었다.

의 (b)는 공개시장매각의 결과를 나타낸다. 지준 공급곡선이 S_1에서 S_2로 좌측이동하면서 은행의 균형 지준은 R_1^*에서 R_2^*로 감소하고, 균형 연방기금금리는 5%에서 5.25%로 상승한다. 재할인율이 높아졌기 때문에 지준 공급곡선의 수평 부분은 위로 이동한다(연준이 은행의 지준예치금에 이자를 지급하기 전에 일어난 일이기 때문에 지준 수요곡선의 수평부분은 제외되어 있다).

요약하면, 지준이 부족하다고 가정할 때 연준의 공개시장매입은 연방기금금리를 하락시키는 반면 공개시장매각은 연방기금금리를 상승시킨다.

재할인율과 필요지준 변화의 효과

2007년 이전 연준은 거의 전적으로 공개시장운영을 통해서만 연방기금금리를 조절했지만, 재할인율(discount rate)과 필요지준율의 변동이 지준시장에 미치는 효과도 간단히 살펴보자.

재할인율의 변화   연준은 2003년부터 연방기금금리 목표치보다 재할인율을 높게 유지해왔다. 이는 재할인율이 **벌칙금리**(penalty rate)가 되는 것으로, 은행이 연방기금시장의 다른 은행에서 차입할 때보다 연준에서 차입할 때 더 높은 이자를 지불하는 것이다. 일반적으로 연준은 연방기금금리 목표를 올리거나 내리는 동시에 재할인율도 올리거나 내렸다.[2] 결과적으로, 재할인율이 독립적으로 연방기금금리에 영향을 미치는 것은 아니며, 지준시장 그래프에서 공급곡선의 수평 부분은 항상 균형 연방기금금리보다 위에 위치하게 된다.

필요지준율의 변화   연준이 필요지준율을 변화시키는 일은 극히 드물다. 2020년 3월 필요지준율을 0%로 낮추어 실질적으로 지급준비제도를 없애기 전에 연준이 마지막으로 필요지준율을 변경했던 것은 1992년 4월 12%에서 10%로 낮춘 것이었다. 2007년 이전 지급준비금이 부족한 상황에서 연준이 필요지준율을 변경하면, 공개시장운영으로 이를 상쇄하지 않는 한 균형 연방기금금리도 변경되었을 것이다. 지준 수요와 공급에 영향을 미치는 다른 요소들이 일정한 경우, 필요지준율이 상승하면 은행은 더 많은 지준을 보유해야 하기 때문에 수요곡선이 우측이동한다. 그 결과 균형 연방기금금리가 상승하고, 균형 지급준비금 수준에는 변동이 없다.

---

[2] 이 규칙에 대한 예외는 2010년 2월 연준이 연방기금금리 목표를 동결하고 재할인율을 0.50%에서 0.75%로 인상한 것이다.

예제 15.2

연방기금시장 분석

연방기금시장의 수요 및 공급 그래프를 사용하여 다음 두 상황을 분석하시오. 그래프에서 균형 연방기금금리와 균형 지준의 변화, 그리고 수요곡선과 공급곡선의 이동에 대해 명확히 나타내시오. 두 문제의 모두 지준이 부족하다고 가정한다.

a. 은행이 지준에 대한 수요를 줄인다고 가정하자. 균형 연방기금금리를 그대로 유지하기 위해 연준이 공개시

장조작을 통해 이 같은 변화를 어떻게 상쇄할 수 있는지 설명하시오.

b. 균형 연방기금금리와 연준이 지준에 지급하는 이자율이 동일하다고 가정하자. 만약 연준이 공개시장매입을 단행하면, 균형 연방기금금리에 어떠한 영향을 미칠지 설명하시오.

문제풀이

1 단계 **이 장의 내용을 복습한다.** 이 문제는 연방기금시장에 관한 것이므로 "공개시장운영과 연방기금금리 목표"와 "재할인율과 필요지준 변화의 효과"를 복습한다.

2 단계 **그래프로 (a)에 답한다.** 만약 은행들이 지준 수요를 줄이면 수요곡선은 좌측으로 이동할 것이다. 지준이 부족하다는 가정하에 연준이 수요곡선 이동의 효과를 상쇄시키지 않는다면, 균형 연방기금금리는 하락할 것이다. 지준 수요의 감소를 상쇄시키기 위해 연준은 공개시장매각을 통해 지준 공급곡선을 좌측으로 이동시켜야 한다. 그래프에서 두 곡선이 이동한 후에도 균형 연방기금금리는 변하지 않아야 한다.

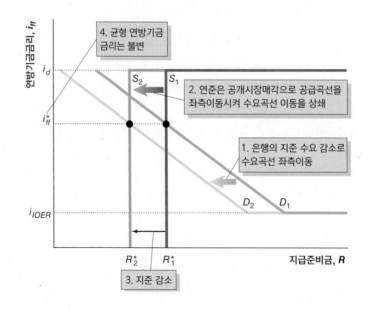

3 단계 **그래프로 (b)에 답한다.** 만약 균형 연방기금금리가 연준이 은행의 지준예치금에 지급하는 금리와 같다면 수요곡선의 수평 구간에서 공급곡선과 수요곡선이 교차해

야 한다. 공개시장매입으로 공급곡선이 우측으로 이동하면, 균형 지준은 증가하지만 공급곡선은 이미 수요곡선의 수평 부분에 있기 때문에 균형 연방기금금리는 변하지 않는다.

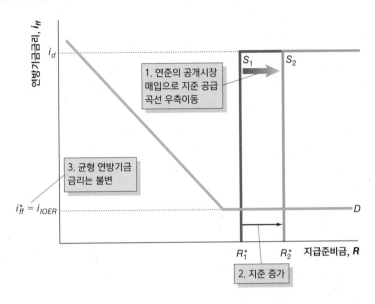

추가 점수: 앞으로 살펴보겠지만, (b) 부분에 대한 답은 연방기금금리의 **제로하한**(zero lower bound)을 다룰 때 연준이 직면하는 상황을 보여준다. 일단 연방기금시장의 균형이 지준 수요곡선의 수평 구간에서 발생하게 되면 연준은 연방기금금리를 더이상 낮출 수 없으며, 경기침체기에 생산과 고용을 증가시키기 위해 양적완화, 사전적 정책방향 제시와 같은 다른 정책들을 사용해야 한다.

이 장의 끝에 있는 관련문제 2.9를 참조하시오.

15.3 연준의 통화정책 도구와 연방기금금리 관리에 대한 새로운 접근법

학습목표: 연준이 통화정책 수단들을 어떻게 변화시켜 왔는지 살펴본다.

이 절에서는 연준의 두 가지 통화정책 도구인 공개시장운영과 재할인대출에 대해 더 자세히 알아본다. 또한 지준이 더이상 부족하지 않은 2008년 이후 연준이 연방기금금리를 어떻게 관리해 왔는지 분석한다.

공개시장운영

1913년 최초 연방준비제도법은, 당시 정책입안자나 금융시장 참여자 모두 공개시장운영을 잘 이해하지 못했기 때문에 구체적으로 공개시장운영을 명시하지 않았다. 연준은 1920년대 은행들이 기업대출 자금을 더 많이 조달할 수 있도록, 제1차 세계대전 당시 연방정부가 발행한 자유공채(Liberty Bonds)를 은행들로부터 인수하면서 공개시장매입을 정책수단으로 활용하기 시작했다. 1935년 이전까지 지역 연준은행이 증권시장에서 제한적으로 공개시장운영을 수행했지만, 이는 중앙에서 조정되지 않았고 항상 통화정책 목표를 달성하기 위해 사용된 것도 아니었다. 1930년대 초 심각한 은행위기를 겪으면서도 연준의 적극적 조정이 없었고, 미 의회는 1935년 공개시장운영을 지도할 수 있도록 FOMC를 설립했다.

연준이 재무부채권을 공개시장매입하면, 이 채권의 가격은 상승하고 수익률은 하락한다. 공개시장매입은 본원통화(monetary base)를 증가시키고, 그에 따라 화폐공급이 증가한다. 공개시장매각은 재무부채권의 가격을 떨어뜨리고, 수익률은 상승시킨다. 공개시장매각은 본원통화를 감소시키고, 그에 따라 화폐공급이 감소한다. 공개시장매입은 금리를 낮추므로 **확장정책**(expansionary policy), 공개시장매각은 금리를 올리므로 **긴축정책**(contractionary policy)으로 여겨진다(확장정책은 **느슨한 정책**(loose policy), 긴축정책은 **조이는 정책**(tight policy)이라고도 한다).

공개시장운영의 수행 연준은 공개시장운영을 어떻게 수행하는가? 각 회의가 끝날 때마다 FOMC는 물가안정과 경제성장이라는 정책목표와 관련하여 연방기금금리 목표와 경제에 대한 평가 보고서를 발표한다. 또한 FOMC는 연방준비제도의 회계담당 임원(뉴욕 연준은행의 부행장이자 공개시장운영을 담당)에게 정책지시(policy directive)를 내린다. 2007~2009년 금융위기와 은행지준의 큰 확대 전까지 이 회계담당 임원은 FOMC의 연방기금금리 목표치를 달성하는 역할을 했다. 이 절의 뒷부분에서 보게 되겠지만, 지준이 더이상 부족하지 않기 때문에 공개시장운영만으로는 FOMC의 목표 연방기금금리를 변화시킬 수 없다. 공개시장운영은 매일 아침 뉴욕 연준은행의 공개시장 거래부서(Open Market Trading Desk)에서 수행된다. 이 거래부서는 연준이 공개시장운영에 참여하도록 선택한 골드만삭스(Goldman Sachs), 캔터피츠제럴드(Cantor Fitzgerald) 등 민간 증권사들인 **국채전문딜러**(primary dealers)들과 TRAPS(Trading Room Automated Processing System)라는 시스템을 통해 전산으로 연결된다(2020년 9월 기준 24개의 국채전문딜러가 있다). 매일 아침 뉴욕 연준의 거래부서는 국채전문딜러들에게 공개시장매입 또는 매각의 규모를 알리고, 재무부증권 매입 또는 매각 제안서(offer)를 제출하도록 요청한다. 딜러들은 바로 몇 분 내에 응답해야 하고, 연준의 담당 임원이 이 제안들 중 가장 유리한 조건들을 선택하면 거래부서는 지준이 연준 목표량에 도달할 때까지 채권을 거래한다. 이 채권들은 총자산의 비율에 따라 여러 연준은행의 포트폴리오에 추가되거나 제외된다.

공개시장운영 담당 임원은 무엇을 해야 할지 어떻게 아는가? 담당 임원은 FOMC의 가장 최근 정책지시를 해석하고, FOMC 위원 2명과 매일 회의를 하며 금융시장 상황을 직접 분석한다. 만약 지준을 현재 수준 이상으로 증가시켜야 하면 담당 임원은 거래부서에 채권 매입을 지시한다. 반면에 지준을 감소시켜야 하면 채권 매각을 지시한다.

지준이 부족했던 2007년 이전, 연준의 공개시장운영을 수행하면서 거래부서는 동태적 또는 영구적 공개시장운영과 방어적 또는 일시적 공개시장운영을 모두 수행했다. **동태적 공개시장운영**(dynamic open market operation)은 FOMC의 지시에 따라 통화정책을 변화시키는 것이다. **방어적 공개시장운영**(defensive open market operation)은 통화정책을 변화시키려는 것이 아니라, 지준에 대한 수요와 공급의 일시적 변동을 상쇄시키는 것이다. 예를 들어, 미 재무부는 연방정부를 위해 재화와 서비스를 구매할 때 연준 계좌에 있는 자금을 이용한다. 이러한 재화와 용역의 판매자가 자금을 은행에 예치하면, 은행 시스템의 지준 공급이 증가한다.

동태적 공개시장운영은 재무부채권의 단순매입과 단순매각(outright purchases and sales), 즉 국채전문딜러로부터 매입하거나 매도하는 방식으로 수행될 가능성이 높다. 방어적 공개시장매입은 환매조건부채권을 통해 이루어진다. 즉, 연준이 국채전문딜러로부터 채권을 매입하면서, 이 딜러가 이 채권을 미래 특정일(보통 일주일 이내)에 일정한 가격으로 되사기로 계약을 하는 것이다. 사실상 정부 채권이 단기대출의 담보 역할을 하는 것이다. 방어적 공개시장매각의 경우 거래부서는 역환매조건부채권(reverse repo 또는 matched sale-purchase transaction)을 이용해 채권을 국채전문딜러에게 매각하고, 이 딜러들은 가까운 시일 내에 연준에 이 채권을 되팔기로 합의한다. 자연재해와 같은 경제교란도 통화와 은행지준에 대한 수요의 예상치 못한 변동을 초래한다. 연준의 담당 임원은 이에 대응하여 FOMC의 가이드라인이 제시한 통화정책을 유지하기 위해 채권을 매도하거나 매수해야 한다.

공개시장운영 대 기타 정책수단 공개시장운영은 연준이 은행지준과 본원통화를 조절하는 데 있어 재할인정책과 지급준비제도 같은 다른 전통적인 정책수단보다 몇 가지 이점이 있다. 특히 공개시장운영은 통제, 신축성, 실행속도 측면에서 유리하다. 연준이 공개시장매입과 매각을 주도하기 때문에 그 규모를 완벽히 통제할 수 있다. 그러나 재할인대출의 양은 대출을 요청하는 은행들의 의사에도 부분적으로 의존하므로 연준이 완벽히 통제할 수 없다.

공개시장운영은 연준이 대규모나 소규모로 시행 가능하므로 신축적이다. 보통 동태적 운용은 대규모로, 방어적 운용은 소규모로 이루어진다. 기타 정책수단들에는 이러한 신축성이 부족하다. 공개시장운영은 연준이 되돌리기도 수월하다. 예를 들어, 공개시장매각으로 지준이 너무 느리게 증가했다면, 재빨리 공개시장매입으로 전환할 수 있다. 재할인대출과 필요지준율은 역방향으로 빨리 전환시키기 어렵다. 이것이 연준이 필요지준율을 1992년부터 바꾸지 않고 그대로 두었다가 2020년 3월 폐지한 핵심 이유다.

또한 연준은 행정상의 지연 없이 신속하게 공개시장운영을 시행할 수 있다. 연준의 거래부서가 국채전문딜러에게 매수 또는 매도 주문을 내기만 하면 된다. 그러나 재할인율이나 필요지준율 변경은 더 오랫동안 신중한 검토가 필요하다.

재할인정책

1966년을 제외한 1980년 이전에는 연준은 연방준비제도(Federal Reserve System) 회원인 은행에 대해서만 재할인대출을 했다. 은행들은 재할인창구를 통해 연준으로부터 차입할 수 있는 능력을 지급준비제도로 인한 비용을 일부 상쇄하는 특권으로 여겼다. 1980년 이후에는 저축대부조합(savings and loans), 신용협동조합(credit unions) 등 모든 예금기관이 재할인창구를 이용할 수 있게 됐다. 각 연방준비은행들은 자체 재할인창구를 유지하지만, 모두 동일한 재할인율을 부과한다.

재할인대출의 구분 연준의 은행에 대한 재할인대출은 (1) 제1차신용(primary credit), (2) 제2차신용(secondary credit), (3) 계절신용(seasonal credit)의 세 가지 범주로 나뉜다.

제1차신용
일시적 유동성 문제를 겪는 건전한 은행들이 이용할 수 있는 재할인대출

    제1차신용은 연방 규제당국의 적절한 자본 및 감독 등급을 보유한 건강한 은행에 제공된다. 은행은 제1차신용을 어떤 목적으로든 사용할 수 있으며, **제1차신용창구**(primary credit facility 또는 standing lending facility)에 재할인대출을 요청하기 전에 다른 출처에서 자금을 구할 필요가 없다. 대출은 보통 1일물처럼 매우 짧은 기간이지만, 몇 주만큼 길 수도 있다. 제1차신용 금리는 연방기금금리보다 높고, 건전한 은행들은 연방기금시장이나 다른 출처에서 더 낮은 금리로 대출받는 방식을 선택하기 때문에 예비 자금원에 불과하다. 제1차신용의 주목적은 은행이 일시적인 유동성 문제를 해결할 수 있는 자금을 제공하는 것이다. 그런 의미에서 제1차신용은 최종 대부자로서 연준의 역할을 나타낸다. 경제학자와 정책입안자들이 재할인율을 언급할 때는 제1차신용 금리를 말하는 것이다.

제2차신용
제1차신용 이용이 불가능한 은행들이 이용할 수 있는 재할인대출

    제2차신용은 자본이 부족하거나 감독 등급이 낮아 제1차신용을 받을 수 없는 은행을 대상으로 한다. 이러한 유형의 신용은 대체로 곧 문을 닫을 수도 있는 은행들을 포함하여 심각한 유동성 문제를 겪고 있는 은행에 사용된다. 연준은 이러한 대출로 얻은 자금을 은행들이 어떻게 사용하고 있는지 주의 깊게 감시한다. 제2차신용 금리는 제1차신용 금리보다 보통 0.50% 정도 높게 설정된다. 예를 들어 2020년 9월, 제1차신용 금리는 0.25%였고 제2차신용 금리는 0.75%였다.

계절신용
농업이나 관광이 중요한 지역의 소규모 은행이 이용할 수 있는 재할인대출

    계절신용은 농업이나 관광이 중요한 지역에 있는 소규모 은행의 계절적 요건을 충족시키기 위한 일시적이고 단기적인 재할인대출이다. 예를 들어, 버몬트주의 스키 리조트 지역에 있는 은행들은 이러한 대출을 이용함으로써 겨울 동안 지역 기업들의 차입 수요를 충족시키기 위해 과도한 현금을 유지하거나, 대출과 투자를 매각할 필요가 없다. 계절신용금리는 예금증서와 연방기금금리의 평균에 묶여 있다. 2020년 9월, 계절신용금리는 0.10%였다. 신용시장의 개선으로 소규모 은행이라도 시장대출에 접근할 수 있기 때문에, 많은 경제학자들은 계절신용창구의 필요성 대해 의문을 제기하고 있다.

2007~2009년 금융위기 중 재할인대출 1980년 이후 의회는 연준이 모든 예금기관에 대출을 할 수 있도록 승인했다. 그러나 11장에서 보았듯이, 2007년 금융위기가 시작될 무렵, 투자은행, MMF(money market mutual funds), 헤지펀드 및 기타 비은행 금융회사의 그림자금융(shadow banking, 또는 비은행 금융중개) 시스템은 상업은행 시스템만큼 커졌다. 2007~2009년 금융위기 초기 단계는 상업은행보다는 그림자 금융들이 관련되었다. 위기가 시작됐을 때, 연준은 상업은행과 저축대부조합과 같은 예금기관을 제외한 어떤 기업에도 대출해 준 전통이 없었기 때문에 최종 대부자로서 역할에 어려움이 있었다.

그러나 연준은 더 폭넓게 대출할 수 있는 권한을 가지고 있다. 연방준비제도법 제13조 제3항은 "비정상적이고 긴급한 상황"에서 연준이 적절한 담보를 제공할 수 있고 상업은행으로부터 차입할 능력이 없다는 것을 증명할 수 있는 어떠한 "개인, 조합 또는 기업"에 대출할 수 있는 권한을 부여하고 있다. 연준은 이 권한을 이용하여 몇 가지 임시 **대출창구**(lending facilities)를 설치했다.

- **국채전문딜러 신용 제도(Primary Dealer Credit Facility)**. 국채전문딜러들에게 주택저당증권을 담보로 하루 동안 대출해주는 제도이다. 이 제도는 국채전문딜러인 투자은행과 대형 증권사가 긴급대출을 받을 수 있도록 하기 위한 것이다. 이 제도는 2008년 3월에 설립되어 2010년 2월에 종료되었다.

- **기간물증권 대여 제도(Term Securities Lending Facility)**. 연준이 모기지담보증권과 교환을 조건으로 최대 $2,000억의 재무부 유가증권을 빌려주는 제도이다. 2008년 초, 주택저당증권을 판매하는 것이 어려워졌다. 이 제도는 금융회사가 유동성이 떨어진 자산을 이용해 차입할 수 있도록 하기 위한 것이다. 2008년 3월에 설립되어 2010년 2월에 종료되었다.

- **기업어음 매입 제도(Commercial Paper Funding Facility)**. 연준이 비금융기업이 발행하는 3개월짜리 기업어음(commercial paper)을 매입하는 제도이다. 2008년 10월 리먼 브라더스가 기업어음에 채무불이행했을 때, 많은 MMF가 상당한 손실을 입었다. 투자자들이 이들 펀드에 대한 지분을 현금화하기 시작하면서 이 펀드들은 기업어음 매입을 중단했다. 많은 기업들이 재고관리와 급여지급 등을 위한 단기자금 수요를 기업어음 판매로 충족시키고 있었다. 연준은 이들 기업으로부터 직접 기업어음을 매입함으로써 이들이 정상적인 영업을 계속할 수 있도록 했다. 이 제도는 2008년 10월에 설립되어 2010년 2월에 종료되었다.

- **자산담보부증권 대여 제도(Term Asset-Backed Securities Loan Facility, TALF)**. 뉴욕 연방준비은행이 투자자들의 자산담보부증권(ABS) 매입자금 조달을 돕기 위해 3년 또는 5년간 대출을 해주는 제도이다. 이 증권들은 모기지와는 별개로 소비자대출과 기업대출이 증권화된 것이다. 예를 들어, 일부 ABS는 여러 소비자 자동차 대출을 묶어 증권화하여 투자자에게 재판매하기 위한 것이다. 금융위기 이후 ABS 시장은 많이 위축되었다. 이 제도는 2007년 11월에 설립되고, 2010년 6월에 마지막 대출이 이루어졌다.

2010년 중반에 금융시스템이 최악의 위기에서 회복되면서, 연준은 이러한 혁신적인 프로그램들을 끝냈다.

그림 15.4는 금융위기 동안 연준의 모든 유형의 대출이 폭발적으로 증가했음을 보여준다. 연준으로부터 차입금은 2007년 12월 5일까지 $21억에 불과했다. 그러나 2008년 첫 달 동안 금융위기가 악화되자 금융기관들은 연준으로부터 차입을 점점 더 늘렸다. 2008년 3월 19일 베어스턴스 붕괴 이후 연준으로부터 차입금은 $1,089억로 증가했다. 2008년 9월 17일, 리먼 브라더스가 파산 신청을 한지 며칠 만에, 총 차입금은 $2,713억에 달했고, 금융위기의

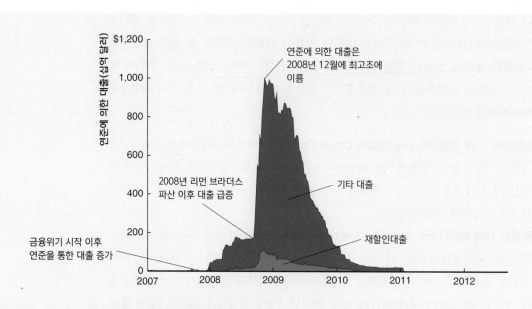

그림 15.4 2007~2009년 금융위기 동안 연준의 대출

금융위기 동안, 연준에 의한 대출은 금융위기 이전에 단지 몇 억 달러에서 2008년 12월 $9,935억까지 증가했다. 이후 몇 년 동안

연준의 대출은 꾸준히 감소했다.

출처: Board of Governors of the Federal Reserve System.

정점이었던 2008년 12월 10일에는 $9,935억로 치솟았다. 이후 연준으로부터의 차입은 꾸준히 감소해 2011년 말에는 $10억 미만으로 떨어졌다.

2020년 코로나19 팬데믹 기간 중 재할인대출 2020년 초 미국에서 코로나19가 확산되기 시작한 후, 이는 1918년 인플루엔자 대유행 이후 발생한 최악의 질병이 되었다. 정부가 코로나19 팬데믹에 대해 학교와 필수적이지 않은 사업체들을 포함한 사회적 거리두기 조치 (social distancing measures)로 대응했기 때문에, 연준의 정책입안자들은 2007~2009년 금융위기 때보다 더 복잡한 문제에 직면하게 되었다. 연준은 3월 2일 1.50~1.75%였던 연방기금금리 목표 범위를 3월 18일 0~0.25%로 낮췄다. 그러나 연준은 많은 기업이 문을 닫고 소비자들이 집에 갇혀 있는 상황에서는 낮은 차입비용이 경제활동을 유지하는 열쇠가 아니라는 것을 알았다. 3월까지 기업어음, 회사채, 지방채, 재무부채권 시장에서 문제가 발생했다. 이에 따라 연준은 금융시스템을 통한 자금 흐름을 지속하고, 수익이 급락한 기업과 지방정부의 차입 능력을 유지하기 위해 2007~2009년 금융위기 당시 사용하던 일부 대출제도를 부활시키고 신규 제도도 마련했다.

12장 12.3절에서 언급했듯이 컬럼비아 법대의 레브 메난드(Lev Menand)는 연준이 2020년에 운영한 대출제도를 두 가지 범주로 분류했다.[3]

---

[3] Lev Menand, "Unappropriated Dollars: The Fed's ad hoc Lending Facilities and the Rules That Govern Them," *ECGI Working Paper Series in Law*, Working Paper 518/220, May 2020.

1. **유동성 제도(liquidity facilities)**는 상업은행 시스템에 대한 최종 대부자라는 연준의 본래 역할을 확장하여, 상업어음이나 MMF 주식, 또는 그림자 금융시스템에 연결된 기타 자산들의 발행자들에게도 신용을 제공하고, 환매조건부채권 시장에서도 공격적으로 대출을 해주는 것이다. (그림자 금융시스템에 대해서는 11장 11.4절 참조. 환매조건부채권과 현대 금융시스템에서 이를 통한 **레포 자금조달**(repo financing)의 중요성에 대한 논의는 11.1절 참조.)

2. **신용 제도(credit facilities)**는 연준이 비금융회사와 주정부 및 지방정부에 대해서 대출을 하거나 채권을 매수하는 방법으로 직접 자금을 제공할 수 있게 해주는 것이다.

다음은 연준이 2020년 3월부터 신설한 새 제도를 요약한 것이다.

- **국채전문딜러 신용 제도(Primary Dealer Credit Facility)**. 연준과 유가증권시장에서 상호 작용하는 대형 금융사인 24개 국채전문딜러의 유동성을 보장하기 위해 이들에게 대출을 제공하는 제도이다. 딜러들은 상업어음과 지방채를 포함한 광범위한 유가증권을 대출을 위한 담보로 사용할 수 있다.

- **기업어음 매입 제도(Commercial Paper Funding Facility)**. 11장 11.2절에서 보았듯이, 많은 대기업들은 급여와 원자재 공급자들에게 지불할 자금을 기업어음 판매에 의존한다. MMF는 기업어음의 주요 구매자이다. 투자자들이 MMF 주식을 상환하기 시작했을 때, 이들 펀드는 매입한 것보다 더 많은 기업어음을 팔기 시작했다. 기업들의 단기자금 조달 수요를 충족할 수 있도록, 연준은 기업들로부터 직접 기업어음을 구입하는 이 제도를 설립했다.

- **MMF 신용 제도(Money Market Mutual Fund Credit Facility)**. MMF가 기업어음의 주요 매입자이기 때문에 2020년 3월 일부 펀드가 상당한 유동성 문제를 겪기 시작하자 연준은 이를 우려했다. 유행병으로 인한 불확실성 때문에, MMF는 투자자들(가계 및 금융회사 포함)에게 펀드 주식을 상환해주기 위한 자산매각에 어려움을 겪었다. 연준은 이 제도를 통해, MMF로부터 매입한 자산을 담보로 이용하는 은행과 다른 예금기관들에 대출을 해주었다.

- **중앙은행 유동성 스왑 라인(Central Bank Liquidity Swap Lines)**. 연준은 외국 기업과 정부의 달러 수요 급증에 대응하기 위해 외국 중앙은행들이 그들의 통화를 달러로 바꿀 수 있도록 스왑 라인을 확대했다.

- **외국 및 국제 통화당국을 위한 제도(Facility for Foreign and International Monetary Authorities)**. 연준은 외국 중앙은행들이 기업과 정부의 달러 수요를 충족시킬 수 있도록 돕기 위해 외국 및 국제 통화당국 재매입협정(repurchase agreement facility)을 설립하고 그들이 연준에 보관하고 있는 미국 국채를 일시적으로 달러와 교환하여 해당 국가에서 사용할 수 있도록 했다. 이 새 제도는 외국 중앙은행들이 달러를 확보하기 위해 미국 국채를 매각할 필요성을 감소시켰다. 이러한 매각은 미국 국채 시장의 변동성을 증가시켰다.

- **자산담보부증권 대여 제도(Term Asset-Backed Securities Loan Facility, TALF)**. 소비자와 기업에 대한 대출을 지원하기 위해, 연준은 학자금대출, 자동차 대출, 신용카드 대출, 중소기업청(Small Business Administration, SBA)이 보증하는 대출로 만들어진 자산담보부증권(ABS)을 사들이기 시작했다.

- **발행시장 기업신용제도(Primary Market Corporate Credit Facility)**. 연준은 기업이 장기 자금에 접근할 수 있도록 이 제도를 신설해 민간신용평가기관인 무디스, S&P, 피치에 의해 투자등급으로 평가된 채권을 발행하는 기업들에게 신규발행채권 매입 또는 신디케이트론의 형태로 대출을 해주었다.

- **유통시장 기업신용제도(Secondary Market Corporate Credit Facility)**. 연준은 회사채 시장의 원활한 기능을 보장하기 위해 이 제도를 설립하고, 기업이 발행한 투자등급 채권을 유통시장에서 매입하거나, 또는 이러한 채권에 주로 투자하는 거래소 상장형 펀드의 주식을 매입했다. 2020년 3월 처음 설립된 이 제도는 4월에 일부 비투자등급 회사채 매입과 이러한 채권에 투자하는 거래소 상장형 펀드의 주식 매입이 가능하도록 확대됐다. 연준은 6월에 이 제도를 더 확대하여 5년 이하 **듀레이션(duration)**의 모든 투자등급 회사채 지수를 토대로 하는 포트폴리오를 구성하기 위해 채권을 매입할 것이라고 발표했다. 미 의회는 연준이 발행 및 유통시장 기업신용제도에 따른 채권 매입으로 입을 수 있는 손실을 감수할 수 있도록 CARES법에 따라 $750억를 배정했다.

- **지방정부 유동성 제도(Municipal Liquidity Facility)**. 지방정부의 차입 능력을 지원하기 위해 연준은 단기 지방채를 매입하기 시작했다.

- **메인스트리트 신규대출 제도(Main Street New Loan Facility, MSNLF)와 메인스트리트 확장대출 제도(Main Street Expanded Loan Facility, MSELF)**. 중소기업이 위기를 극복할 수 있는 자금력을 갖추도록 하기 위해 연준은 10,000명 이하의 근로자 또는 $25억 이하의 수익을 가진 기업에게 4년 만기 대출을 제공했다. 원리금 상환은 1년 동안 연기되었다. 이 제도는 '급여 보호 프로그램'(Paycheck Protection Program, PPP)을 보강하기 위한 것인데, CARES법의 일부인 이 프로그램은 연방정부의 중소기업청이 관리하는 500명 이하 기업에 대한 대출을 포함한다. 이 제도 운영 초기에 연준은 기업들이 이 대출을 받도록 장려하는 가이드라인을 제정하기 위해 노력했다.

메난드는 이들 중 앞의 다섯 가지를 유동성 제도로, 뒤의 네 가지를 신용 제도로 분류하고, TALF는 관련 유가증권 시장에서 유동성을 증가를 위한 것이지만 동시에 이들 시장에서 차입자들이 이용할 수 있는 신용을 확장하기 위한 것이므로 두 가지 유형의 요소를 모두 가지고 있다고 보았다.

12장 12.3절에서 언급한 바와 같이, 연준은 2007~2009년 금융위기 당시와 마찬가지로 "비정상적이고 긴급한 상황"에서 연준의 광범위한 대출을 허용하는 연방준비제도법 제13조 제3항에 기반해 이러한 조치들을 취했다. 2007~2009년 금융위기 이후 미 의회는 연방준비제도법을 개정해 연준이 이러한 조치들에 대해 재무장관의 사전 승인을 받도록 했다. 파월 연준 의장과 협의 뒤 스티븐 므누신 재무장관은 필요한 승인을 했다.

연준은 현재 연방기금금리를 어떻게 관리하는가

앞에서 살펴본 것처럼, 2007년 이래로 은행들은 연준에 매우 많은 지준예치금을 보유하고 있다. 결과적으로 공개시장운영을 통해 지준을 늘리거나 줄여 연방기금금리를 조절하던 기존 연준의 방식은 더이상 실효성이 없다. 이에 15.2절에서 언급한 바와 같이, 연준은 두 가지 다른 정책 도구를 사용한다. (1) 은행지준예치금에 지급하는 이자율(i_{IOER}), 및 (2) 익일물 역환매조건부채권 제도에 지급하는 이자율(i_{ON_RRP})이다.

15.2절에서 논의했듯이, 처음에 연준은 i_{IOER}가 연방기금금리의 하한이 될 것으로 믿었다. 즉, 연방기금시장의 균형금리인 **실효연방기금금리**(effective federal funds rate)가 i_{IOER} 아래로 내려가는 것을 막을 수 있다는 것이다. 예를 들어, 금융위기가 끝나갈 무렵 당시 연준 의장인 버냉키는 월스트리트 저널 칼럼에 다음과 같이 썼다.

> 은행들은 일반적으로 연준에서 무위험으로 벌어들일 수 있는 금리보다 낮은 금리로 자금시장에서 대출을 해주지 않을 것이다. … 따라서 연준이 지불하는 금리는 … 우리의 정책 목표인 연방기금금리의 … 하한을 형성해야 할 것이다.[4]

그러나 이러한 예상은 빗나갔는데, 이는 패니메, 프레디 맥, 연방농업모기지회사(Federal Agricultural Mortgage Corporation, 또는 Farmer Mac), 연방주택대출은행(Federal Home Loan Banks, FHLB) 등 **정부보증기관**(government-sponsored enterprise, GSE)과 같은 금융기관들은 연방기금시장에서 차입과 대출이 가능하지만, 그들이 연준에 가지고 있는 예치금에는 이자가 지급되지 않기 때문이다. (의회는 1932년 연준이 상업은행에 하듯이 저축대부조합에 대출해주기 위한 연방주택대출은행 제도를 설립했다. 12개 구역의 FHLB는 금융시장에서 부채를 판매하고, 이 자금을 회원 금융기관에 대출(advances라고 불림)해주는데 사용한다. FHLB는 연방기금시장에서 상당한 익일물 대출을 한다.) 이러한 금융기관들은 연방기금시장에서 i_{IOER} 보다 낮은 금리로 대출할 용의가 있다. 그림 15.5에서 보듯이 실제로 2007~2009년 금융위기가 끝난 이후 연방기금금리는 i_{IOER}를 지속적으로 밑돌았다.[5] 연준은 연방기금금리를 0에 가깝게 유지하길 원했기 때문에 위기 이후 첫 6년의 기간 동안 이 사실에 특별히 우려하지 않았다.

2015년 12월, i_{IOER}가 실제로 연방기금금리의 하한을 제공하지 않았다는 것이 중요해졌다. 그 달에 연준은 2008년 12월 이후 시행되어 온 0~0.25% 범위 이상으로 연방기금금리

---

[4] Ben Bernanke, "The Fed's Exit Strategy," *Wall Street Journal*, July 19, 2009.

[5] 실제 연방기금금리는 또 다른 이유로 i_{IOER} 보다 낮았을 수 있다. 상업은행이 얻은 자금과 연준에 예치한 자금에 대해서는 비용이 발생한다. (1) 은행은 FDIC에 보험료를 지불해야 할 수 있다. (2) 계좌 제공을 위한 서비스 비용(예: 수표 청산 및 계좌보고서 작성 비용)이 발생할 수 있다. (3) 연준이나 다른 기관의 대차대조표 확장에 따라 추가적인 규제 비용이 발생할 수 있다. 이 비용들은 i_{IOER}와 은행이 연준에 자금을 예치함으로써 받는 순이익률 사이에 차이를 만든다.

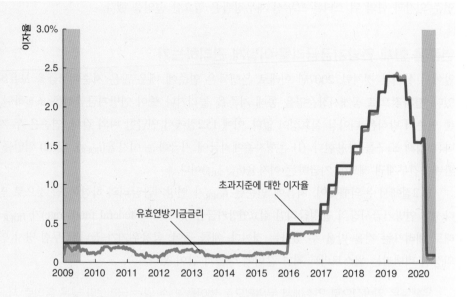

그림 15.5

유효연방기금금리 및 초과지준에 대한 이자율

유효연방기금금리는 일반적으로 연준이 초과지준에 대해 은행에 지급하는 금리보다 낮다. 결국 초과지준 금리가 유효연방기금금리의 하한 역할을 하지 못했다는 결론을 내릴 수 있다.

초과지준에 대한 이자율

유효연방기금금리

목표를 높이기로 결정했다. 이제 연준은 실제로 하한을 제공할 금리가 필요했다. 즉, 연준은 연방기금시장에서 대출을 하면서 i_{IOER}는 받을 자격이 없는 GSE와 다른 기업들에 의해 유효연방기금금리가 i_{IOER}보다 너무 낮아지지 않도록 할 방법이 필요했다. 연준이 익일물 역환매조건부채권 제도를 통해 지불하는 이자율인 $i_{ON\ RRP}$가 이 역할을 했는데, i_{IOER}을 받을 자격이 없는 (그래서 이 금리 이하로 연방기금시장에서 자금을 대출할 의향이 있는) 금융회사들은 $i_{ON\ RRP}$을 받을 자격이 있었기 (그래서 이 금리 이하로 연방기금시장에서 자금을 대출할 의향이 없기) 때문이다.

2020년 7월 현재 연준의 역환매조건부채권 제도에 참여할 수 있는 24개의 국채전문딜러 외에도, 58개의 다른 금융기관들은 이러한 약정의 거래상대방이 될 수 있다. 이 기관들은 GSE(Fannie Mae, Freddie Mac, Farmer Mac)와 FHLB, 그리고 피델리티(Fidelity), 뱅가드(Vanguard), 찰스슈왑(Charles Schwab), 블랙록(Black Rock)과 같은 투자회사들을 포함한다. 뱅가드, 피델리티 등 일부 투자회사는 연방기금시장에서 차입 및 대출 자격이 없다. 그러나 연준은 이들을 익일물 역환매조건부채권 거래상대방으로 받아들임으로써 이들 유가증권에 책정하는 금리가 다른 단기금리들에 더 광범위한 영향을 미치도록 한다. 예컨대 이들 투자회사 중 상당수가 MMF를 운용한다. 연준과 익일물 역환매조건부채권 거래로 더 높은 금리를 받을 수 있게 되면서 이 회사들은 그들의 MMF에 더 높은 금리를 제시할 수 있게 된다.

그림 15.6은 현재 연준이 연방기금금리 목표를 높이기 위한 절차를 요약한 것이다. (연방기금금리를 낮추기 위해 연준은 i_{IOER}와 $i_{ON\ RRP}$를 낮추는 반대 조치를 취한다.) (a)는 FOMC가 실제 연방기금금리를 목표 범위로 상승시키는 단계를 나타낸다. (b)는 지준의 수요 및 공급 그래프를 사용하여 연준의 새로운 절차를 설명한다. (b)에서는 2007~2009년 금

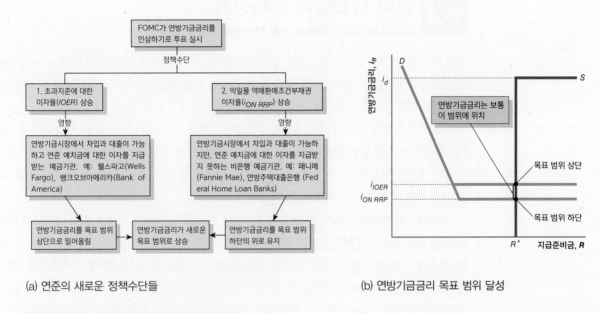

(a) 연준의 새로운 정책수단들 (b) 연방기금금리 목표 범위 달성

그림 15.6 연준의 현행 연방기금금리 관리 절차

(a)는 연준이 초과지준에 지급하는 이자율(IOER)과 익일물 역환매조건부 약정에 제공하는 이자율(ON RRP)이라는 두 가지 새로운 통화정책 수단을 사용하여 지준이 더이상 부족하지 않은 시기에 연방기금금리를 관리하는 방법을 보여준다. (b)는 수요곡선의 수평구간에서 지준 공급곡선이 수요곡선과 교차하는 상황에서의 지준 시장을 나타낸다. 상위 수평구간은 연방기금금리 목표 범위의 상단에 해당하며, 연준이 은행의 예치금에 지불하는 이자율 i_{IOER}에 의해 결정된다. 하위 수평구간은 연방기금금리 목표 범위의 하단에 해당하며, 연준이 익일물 역환매조건부 채권에 제시하는 이자율 $i_{ON\ RRP}$에 따라 결정된다.

융위기 이후 연준이 재무부채권과 주택저당증권을 몇 년 동안 대량 매입한 결과, 지준 공급곡선이 수요곡선의 수평 부문에서 교차한다. 2008년 이후 연준의 연방기금금리 목표는 단일 수치가 아닌 범위였다. 예를 들어, 2020년 7월 목표 범위는 0~0.25%였다. 연준은 i_{ON_RRP}와 i_{IOER}를 활용해 유효연방기금금리를 이 목표 범위 내에서 유지한다. 우리는 (b)에서 수요곡선에 2개의 수평 부분을 포함하여 이 과정을 설명한다. 상위 수평구간은 연방기금금리 목표 범위의 상단에 해당하며, 연준이 은행의 예치금에 지불하는 이자율 i_{IOER}에 의해 결정된다. 하위 수평구간은 연방기금금리 목표 범위의 하단에 해당하며, 연준이 익일물 역환매조건부채권에 제시하는 이자율 $i_{ON\ RRP}$에 따라 결정된다.

마지막으로, 15.2절 "연방기금금리의 제로금리하한에서 새로운 수단들"에서 논의했듯이, 2007~2009년 금융위기 이후 연준은 대부분을 0에 가까운 연방기금금리에 직면했다. 따라서 연준은 경기침체기에 경제를 확대하기 위해 현재의 단기 이자율을 더이상 낮출 수 없을 때, 장기 이자율을 낮추기 위해 양적완화 및 사전적 정책방향 제시라는 두 가지 새로운 수단에 의존해 왔다.

15.4 통화 타겟팅과 통화정책
학습목표: 통화정책에서 통화 타겟팅의 역할을 설명한다.

연준은 높은 경제성장과 고용, 낮은 인플레이션이라는 통화정책 목표를 추구하는 과정에서 상충관계에 직면한다. 경제성장과 고용을 촉진하기 위해 연준이 다른 시장금리도 하락할 것이라는 기대를 가지고 연방기금금리 목표를 낮춘다고 가정하자. 일반적으로 낮은 금리는 단기적으로 소비자와 기업의 지출을 증가시킨다. 그러나 지출 증가는 물가를 상승시킬 수 있다. 따라서 하나의 통화정책 목표(높은 고용)를 달성하기 위한 정책은 다른 목표(낮은 인플레이션)에 악영향을 미칠 수 있다. 인플레이션 상승과 동시에 고용이 하락하던 1970년대 유가 급상승기 이후 연준은 바로 이런 딜레마에 직면했다.

연준은 통화정책 목표에 도달하는 데 있어 또 다른 문제에 직면해 있다. 높은 고용과 물가 안정을 달성하려 해도, 실질GDP(단기적으로 고용의 주요 결정 요인)나 물가수준을 직접 통제할 수는 없다는 것이다. 가계와 기업 간의 상호작용이 실질GDP와 물가수준을 결정한다. 연준은 통화정책 수단들을 통해서만 물가수준이나 실질GDP에 영향을 미칠 수 있다. 그러나 이러한 도구들은 연준이 통화정책 목표를 직접적으로 달성하도록 해주는 것은 아니다.

연준은 통화정책 수단을 사용하는 데 있어 타이밍 문제도 직면한다. 연준의 빠른 행동을 가로막는 첫 번째 장애물은 **정보시차**(information lag)이다. 이러한 시차는 정부 기관들이 GDP, 인플레이션, 또는 다른 경제 변수들의 변화에 대한 데이터를 수집하는 데 시간이 걸리기 때문에 발생한다. 연준이 시기적절한 정보를 갖지 못하면, 실제 경제상황에 맞지 않는 정책을 펼칠 수도 있고, 이로 인해 시정하려는 문제들을 악화시킬 수 있다. 예를 들어, 일부 경제학자들은 정보시차로 인해 연준이 2006년과 2007년 주택거품 붕괴 이후 연방기금금리 목표를 너무 느리게 낮췄다고 주장한다. 두 번째 타이밍 문제는 **충격시차**(impact lag)이다. 이 시차는 통화정책 변화가 생산, 고용, 인플레이션에 영향을 미치는 데 필요한 시간이다. 금리와 화폐공급 변동은 즉각적으로 효과를 갖는 것이 아니라, 시간이 지남에 따라 경제에 영향을 미친다. 이런 시차 때문에 연준의 조치는 잘못된 시기에 경제에 영향을 미칠 수 있고, 연준은 실수를 바로잡을 만큼 빠르게 이 실수를 인식하지 못할 수도 있다.

정보시차와 충격시차 문제에 대한 가능한 해결책 중 하나는 연준이 목표를 달성하기 위해 타겟을 사용하는 것이다. 타겟은 연준이 경제 성과를 좌우하는 변수들을 직접 통제할 수 없는 상황을 일부 해소하고, 경기변동을 관찰하고 대응하는 과정의 시차를 줄인다. 그러나 안타깝게도 타겟들도 문제가 있으며, 지난 30년 동안 일부 전통적인 타겟팅 접근법은 연준의 선호에서 제외되었다. 이 절의 나머지 부분에서는 타겟들과 타겟의 장단점, 통화정책 수립에 타겟을 사용하는 방법을 설명한다.

목표 달성을 위한 타겟의 사용

타겟은 연준이 직접 영향을 미칠 수 있고 통화정책 목표 달성에 도움이 되는 변수다. 전통적으로 연준은 두 가지 유형의 타겟에 의존해 왔다. **운용목표**(operating targets)로 불리기도 하는 **정책도구**(policy instruments)와 **중간목표**(intermediate targets)이다. 정책도구와 중간목표를 사용하는 것이 더이상 연준이 선호하는 접근법은 아니지만, 이들이 작동하는 방식을 검토하는 것은 연준이 통화정책을 실행하면서 직면하는 어려움을 이해하도록 돕는다.

중간목표 중간목표는 일반적으로 M1이나 M2와 같은 통화량(monetary aggregates) 또는 모기지론 금리와 같은 이자율이다. 연준은 중간목표로 재무부 단기증권(Treasury bill) 금리와 같은 단기금리나, 회사채 금리 및 모기지 금리와 같은 장기금리 중 하나를 사용할 수 있다. 연준은 대개 목표 달성에 직접적으로 도움이 될 것으로 믿는 중간목표를 선택했다. 그 이유는 연준이 직접 조절할 수 없는 물가안정이나 완전고용과 같은 최종목표에 바로 집중하는 것보다 M2와 같은 중간목표를 사용할 때 최종목표 달성 가능성이 더 높기 때문이다. 또한 중간목표를 사용함으로써 연준의 조치가 정책목표 달성에 부합하는지 여부에 대한 피드백을 얻을 수 있다. 예를 들어, 연준이 통계적 연구를 통해 M2를 매년 3%씩 꾸준히 증가시키는 것이 물가안정이라는 목표에 부합한다고 추정했다고 하자. 만약 M2가 실제로 6%씩 증가했다면 연준은 물가안정이라는 장기목표 달성에 실패할 위기에 처한 것을 즉시 알 수 있다. 이제 연준은 통화정책 수단(아마도 공개시장운영)을 사용하여 M2 증가율을 타겟 수준인 3%로 낮출 것이다. M2 중간목표를 달성하는 것은 연준이 명시한 최종목표를 달성하는 데 도움이 되는 것 외에 다른 유용성이 따로 있지는 않다.

정책도구 또는 운용목표 연준은 모기지 금리나 M2와 같은 중간목표 변수를 간접적으로만 통제하는데, 이는 가계, 기업, 투자자의 결정도 이러한 변수들에 영향을 미치기 때문이다. 따라서 연준은 정책수단과 중간목표를 더 잘 연결해줄 타겟이 필요하다. 정책도구 또는 운용목표는 중간목표와 밀접한 관련이 있고, 연준이 통화정책 수단들로 이러한 변수들을 직접 조절할 수 있다. 정책도구의 예로는 연방기금금리, 비차입지준 등이 있다. 우리가 보았던 것처럼 최근 수십 년간 연방기금금리는 가장 보편적으로 사용되는 연준의 정책도구였다. 대부분 고소득국가의 중앙은행은 단기금리를 정책도구로 삼고 있다.

그림 15.7은 정책도구와 중간목표를 사용하여 목표를 달성하는 연준의 전통적인 접근 방식을 보여준다. 또한 이 그림은 타겟팅에 대한 논의의 많은 부분에서 과거형 시제가 사용된 이유를 설명한다. 연준은 목표를 선택하기는 하지만, 결국 정책수단들만 통제한다. 타겟팅 접근법이 효과적이기 위해서는 정책수단들과 정책도구, 정책도구와 중간목표, 그리고 중간목표와 정책목표 사이의 연계가 신뢰할 수 있어야 한다. 그러나 이러한 연결고리 중 일부는 시간이 지남에 따라 무너졌다. 예를 들어, 1980년 이전에는 M1과 M2의 성장률 상승과 약 2년 후 인플레이션율 상승 사이에 상당히 일관된 연관성이 있었다. 이러한 연계는 연준이 중간목표로서 통화량에 집중해야 한다는 일부 경제학자들의 주장을 낳았다. 하지만 화폐공급 변화와 인플레이션 변화 사이의 연관성은 1980년 이래로 불규칙했다. 화폐공급 증가율은 크게 변화한 반면 인플레이션율은 훨씬 적게 변화했다. 일반적으로 많은 경제학자들과 정책입안자들은 대안적인 중간목표와 연준의 정책목표 사이에 더이상 안정적인 관계

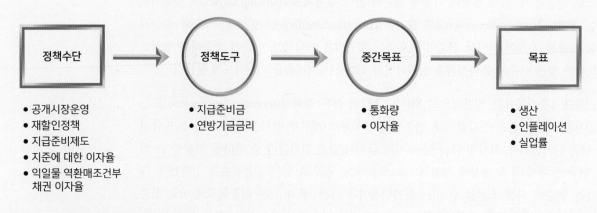

그림 15.7 통화정책 목표 달성

연준은 인플레이션율과 실업률 같은 경제 변수에 대한 목표를 설정한다. 연준은 정책수단들만 직접 통제한다. 연준은 통화정책 목표를 달성하기 위해 연준이 영향을 미칠 수 있는 변수인 중간 목표와 정책도구를 사용할 수 있다. 최근 연준은 이러한 유형의 타겟팅 절차의 사용을 덜 강조하고 있다.

가 존재하지 않는다고 믿는다.

다만 연준이 정책도구로 지급준비금 총액이나 연방기금금리를 선택해야 할지에 대한 일부 논의는 지속되고 있다. 다음 절에서는 이러한 논의를 분석한다.

개념 적용

통화와 가격의 연관성에 무슨 일이 일어났는가?

2장 2.5절에서 보았듯이, 미국의 경우 화폐공급이 비교적 빠르게 증가했던 수십 년은 물가 상승률이 상대적으로 높았다. 그러나 수십 년 이상 지속되는 경제 관계가 단기적으로 경제를 조정하려는 정책입안자들에게 항상 유용한 것은 아니다. 1980년 이전에는 통화와 물가의 연관성이 1~2년의 단기에도 유지된다는 유의한 증거가 있었다. 실제로 많은 경제학자들은 1960년대 후반과 1970년대 인플레이션이 가속화된 것은 연준이 화폐공급 증가율을 급격히 증가시켰기 때문이라고 확신했다.

이 점을 가장 강력하게 주장한 경제학자들은 **통화주의자**(monetarist)로 알려져 있다. 가장 많이 알려진 통화주의자는 시카고 대학의 노벨상 수상자 밀턴 프리드먼(Milton Friedman)이다. 통화주의자들은 1979년 7월 지미 카터(Jimmy Carter) 대통령이 폴 볼커(Paul Volcker)를 연방준비제도이사회 의장으로 임명하면서 인기를 얻었다. 볼커는 인플레이션을 낮추는 데 전념했고, 통화량을 중간목표로 선택했다. 볼커 시절 연준은 정책도구 또는 운용목표로 비차입지준을 강조하는 쪽으로 정책을 전환했다. 이 에피소드는 "위대한 통화주의자 실험"이라고 불리기도 한다. 연준이 화폐공급 증가율을 낮추자 시차를 두고 인플레이션율이 하락하면서 연준의 정책은 처음엔 성공적인 것처럼 보였다. 그러나 1981년 7월 심각한 불황이 시작되었고, 연말에는 화폐공급 증가율이 높아졌다. 1981년 3분기부터 1983년 3분기까지 Ml은 연간 9% 이상의 증가율로 성장하였다. 프리드먼은 이처럼 높은 통화 증가율의 결과 시차를 두고 인플레이션율이 훨씬 높아질 것으로 예측했다.

프리드먼은 그의 주장을 뒷받침하기 위해, American Economic Review에 발표된 논문에서, 아래의 표에 있는 자료의 일부를 제시했다. 먼저 표에서 음영 처리되지 않은 항목에 주목하자. 프리드먼은 Ml의 2년 동안의 증가율과 2년 후의 인플레이션 사이에는 밀접한 연관성이 있다고 주장했다. 표의 음영 처리되지 않은 항목은 이 관계가 1973년부터 1981년까지 지속됨을 보여준다. 특히 볼커의 정책에 따라 화폐공급 증가율이 1977~1979년 8.6%에서 1979~1981년 6.1%로 하락한 것과 인플레이션율이 9.4%에서 4.8%로 하락한 것이 서로 관련된다. 따라서 연준이 1981~1983년 기간 동안 화폐공급 증가율을 9.2%로 증가시켰기 때문에 인플레이션율이 상당히 증가할 것이라고 예측한 것은 정당해 보였다. 하지만 이 표의 음영 영역을 보면 실제로는 화폐공급 증가율이 증가했음에도 물가상승률은 **증가하기보단 오히려 감소했다.** 게다가 통화 증가율은 그 다음 2년 동안 높은 수준을 유지했지만, 인플레이션율은 더 떨어졌다. 이후 몇 년 동안, Ml이나 M2의 증가와 인플레이션 사이의 연관성은 더 강해지지 않았다.

화폐공급의 증가와 인플레이션 사이의 단기적 연계가 1980년 이후에 왜 무너졌는가? 대부분의 경제학자들은 1980년 이후 Ml과 M2의 성질이 바뀌었기 때문이라고 생각한다. 1980년 이전에는 은행이 당좌예금(checkable deposits)에 대한 이자를 지불하는 것이 허용되지 않았다. 1980년, 의회는 은행이 이자를 지불할 수 있는 나우계정(negotiable order of withdrawal, NOW)을 승인하면서, M1은 단지 교환의 매개 수단뿐만 아니라 가치 저장 수단까지 나타내게 되었다. 또한 은행의 금융혁신으로 가계와 기업이 (당장 지출에 사용하

통화 증가 기간	M1 증가율	2년 후 인플레이션율	인플레이션 기간
1973년 3분기부터 1975년 3분기까지	5.2%	6.3%	1975년 3분기부터 1977년 3분기까지
1975년 3분기부터 1977년 3분기까지	6.4	8.3	1977년 3분기부터 1979년 3분기까지
1977년 3분기부터 1979년 3분기까지	8.6	9.4	1979년 3분기부터 1981년 3분기까지
1979년 3분기부터 1981년 3분기까지	6.1	4.8	1981년 3분기부터 1983년 3분기까지
1981년 3분기부터 1983년 3분기까지	9.2	3.3	1983년 3분기부터 1985년 3분기까지
1983년 3분기부터 1985년 3분기까지	8.1	2.8	1985년 3분기부터 1987년 3분기까지

지 않으면서) 보유하고자 하는 당좌예금 규모가 늘어났다. **저축성예금의 자동이체**(automatic transfer from savings accounts) 기능을 사용하면 매일 밤 당좌예금 잔액이 고금리 CD로 이동한 뒤 오전에 다시 당좌예금으로 이동한다. 기업을 대상으로 한 **스윕계좌**(sweep account)는 매주 말에 당좌예금 잔액을 단기금융시장예금계좌(money market deposit accounts)로 옮긴 뒤 다음 주 초에는 다시 당좌예금 계좌로 자금을 옮긴다. (미국의 규제는 기업이 이자를 지급하는 당좌예금[NOW]을 보유하는 것을 금지한다.) 이러한 변화의 결과로, M1의 급격한 증가는 인플레이션을 일으키는 지출의 증가로 직접 이어지지 않았다.

화폐공급 증가와 인플레이션 사이의 관계가 무너졌기 때문에, 1993년 이후 연준은 더이상 M1과 M2에 대한 목표를 발표하지 않는다. 한때 투자자들이 미래의 인플레이션율에 대한 단서를 찾기 위해 M1과 M2에 대한 연준의 주간 데이터 발표를 면밀히 추적했었지만, 오늘날 이러한 데이터 발표는 금융시장에 거의 영향을 미치지 않는다.

이 장의 끝에 있는 관련문제 4.8을 참조하시오.

지급준비금 타겟팅과 연방기금금리 타겟팅 사이의 선택

전통적으로 연준은 정책도구로 사용될 수 있는 변수를 평가할 때 세 가지 기준을 사용했다. 연준의 주요 정책도구들은 총지준이나 비차입지준과 같은 **지준 총량**(reserve aggregates)과 연방기금금리였다. 이러한 도구들이 연준의 세 가지 기준을 얼마나 잘 충족하는지 간략히 평가해보자.

1. **측정 가능성**. 변수는 정보 시차를 극복하기 위해 짧은 시간 내에 측정 가능해야 한다. 연준은 지급준비금 총량과 연방기금금리를 모두 상당히 통제하며 필요할 경우 시간별로 정확하게 측정할 수 있다.
2. **통제 가능성**. 지급준비금 총량 수준과 연방기금금리는 은행의 지준 수요에 의존하기 때문에 연준이 이 변수들을 완전히 통제할 수는 없더라도, 연준은 두 변수를 목표치에 근접하게 유지할 수 있는 도구를 갖고 있다. (2008년 12월부터 연준은 연방기금금리 목표로 단일 숫자 대신 범위를 이용하고 있다.)
3. **예측 가능성**. 연준은 정책 목표에 예측 가능한 효과가 있는 정책도구가 필요하다. 지준이나 연방기금금리가 경제성장이나 물가 안정과 같은 목표에 미치는 영향은 복잡하다. 이런 복잡성은 연준이 한때 중간목표에 의존했던 이유 중 하나였다. 최근 몇 년간 통화정책에 대한 논의의 중심이 되지는 않았지만, 지준이나 연방기금금리가 이 마지막 기준을 가장 잘 충족하는지 명확하지 않기 때문에 경제학자들은 어떤 정책도구가 가장 좋은지에 대해 계속 논의 중이다.

연준이 정책도구로 지급준비금 총량을 선택할 수도 있고, 연방기금금리를 선택할 수도 있지만 둘 다 선택할 수는 없다는 점을 이해하는 것이 중요하다. 그 이유를 알기 위해, 연방기금시장에서 지준에 대한 수요와 공급을 보여주는 그림 15.8을 보자. 이해를 쉽게 하기 위해, 2007년 이전 연방기금시장이 처했던 조건처럼 지급준비금이 부족하고, 따라서 지준에 대한 수요곡선이 하락하는 구간에서 수요곡선과 공급곡선이 교차한다고 가정한다. (a)에서 연준이 지준을 R^*로 일정하게 유지함으로써, 지준 수준을 정책도구로 사용하기로 결정했다고 가정한다. 지준 수요가 D_1인 상황에서 균형 연방기금금리는 i^*_{ff1}이다. 가계와 기업이 수표발행예금을 더 많이 보유하기로 결정하거나 은행이 초과지준을 더 보유하기로 결정하면, 지준 수요는 D_1에서 D_2로 우측이동한다. 그 결과 균형 연방기금금리가 i^*_{ff1}에서 i^*_{ff2}로 상승할 것이다. 마찬가지로, 가계와 기업이 당좌예금을 줄이기로 결정하거나 은행이 초과지준을 줄이기로 결정하면, 지준 수요는 D_1에서 D_3으로 좌측이동할 것이다. 그 결과 균형 연방기금금리는 i^*_{ff1}에서 i^*_{ff3}으로 하락할 것이다. 따라서 **지준을 정책도구로 사용하면 지준 수요의 변화에 따라 연방기금금리가 변동할 것**이라고 결론 내릴 수 있다.

그림 15.8의 (b)에서, 연준은 정책도구로 연방기금금리를 선택하고 금리를 i^*_{ff} 수준으로 일정하게 유지한다고 가정하자. 지준 수요가 D_1인 상황에서 균형 지급준비금은 R^* 수준이다. 만약 지준 수요가 D_1에서 D_2로 증가하면, 연준은 연방기금금리의 목표를 i^*_{ff}로 유지하

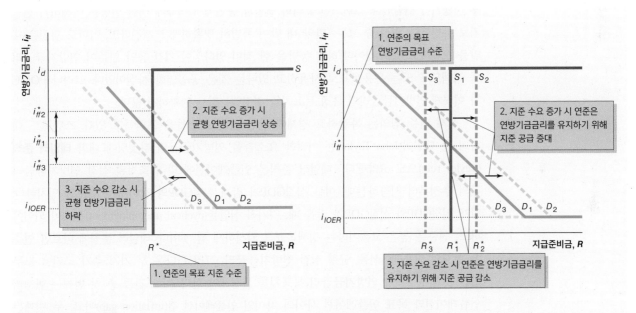

(a) 지급준비금 타겟팅   (b) 연방기금금리 타겟팅

그림 15.8 정책도구 선택

(a)에서 연준이 지준을 R^*로 일정하게 유지함으로써, 지준 수준을 정책도구로 사용한다. 지준 수요가 D_1인 상황에서 균형 연방기금금리는 i^*_{ff1}이다. 지준 수요가 D_1에서 D_2로 우측이동하면, 균형 연방기금금리가 i^*_{ff1}에서 i^*_{ff2}로 상승한다. 마찬가지로, 지준 수요가 D_1에서 D_3으로 좌측이동하면, 균형 연방기금금리는 i^*_{ff1}에서 i^*_{ff3}으로 하락한다.

(b)에서 연준은 정책도구로 연방기금금리를 선택하고 금리를 i^*_{ff} 수준으로 일정하게 유지한다. 만약 지준 수요가 D_1에서 D_2로 증가하면, 연준은 연방기금금리의 목표를 i^*_{ff}로 유지하기 위해 S_1에서 S_2로 지준 공급을 증가시켜야 한다. 지준 수요가 D_1에서 D_3로 감소하면 연준은 연방기금금리 목표를 유지하기 위해 지준 공급을 S_1에서 S_3로 감소시켜야 한다.

기 위해 S_1에서 S_2로 지준 공급을 증가시켜야 할 것이다. 이러한 지준 공급 증가는 균형 지준 수준을 R_1^*에서 R_2^*로 증가시킨다. 마찬가지로 지준 수요가 D_1에서 D_3로 감소하면 연준은 연방기금금리 목표를 유지하기 위해 지준 공급을 S_1에서 S_3로 감소시켜야 할 것이다. 그 결과 균형 지준은 R_1^*에서 R_3^*로 감소할 것이다. 따라서 **연방기금금리를 연준의 정책도구로 삼으면 지준 수요 변화에 따라 지준 수준이 변동할 것**이라고 결론 내릴 수 있다.

따라서 연준은 상충관계에 직면한다. 정책도구로 지준을 선택하고 연방기금금리의 변동을 받아들이거나, 정책도구로 연방기금금리를 선택하고 지준 수준의 변동을 수용해야 한다. 1980년대까지 연준은 연방기금금리와 정책목표 사이의 연관성이 지준 수준과 정책목표 사이의 연관성보다 더 가깝다고 결론 내렸다. 이에 지난 35년간 연준은 연방기금금리를 정책도구로 사용해왔다.

테일러 준칙: 연준 정책의 요약 척도

연준이 전통적인 타겟팅 사용을 줄인 것은 앨런 그린스펀(Alan Greenspan) 연준 의장 재임 기간과 거의 일치한다. 그린스펀은 1987년 8월 임명되어 2006년 1월까지 재직했으며, 이후 버냉키가 취임했다. 그린스펀의 의회 연설과 증언에서 정책에 대한 설명은 이해하기 힘들기로 유명했다. 연설 중 그는 "만약 내 말이 특별히 명확하게 느껴진다면, 아마도 당신은 내 말을 오해하고 있는 것이다"라고 농담을 한 적이 있다.[6] 이 기간 동안 연준이 연방기금금리를 정책도구 또는 운용목표로 사용하고 있다는 것은 공공연한 사실이었다. 그러나 FOMC가 어떻게 연방기금금리의 특정 목표치를 결정했는지는 명확하지 않다.

실제 연준 심의는 복잡하고 경제에 관한 많은 요소들을 포함하고 있다. 스탠포드 대학의 존 테일러(John Taylor)는 이러한 요소들을 연방기금금리 타겟팅에 대한 **테일러 준칙**(Taylor rule)으로 요약했다.[7] 테일러 준칙은 인플레이션에 맞춰 조정된 실질 연방기금금리 값의 추정부터 시작하는데, 이는 실질GDP가 잠재 실질GDP와 같아지는 수준과 일치한다. 잠재 실질GDP와 실질GDP가 같을 때, 경기적 실업률(cyclical unemployment)은 0이 되어야 하고, 연준은 높은 고용이라는 정책목표를 달성하게 될 것이다. 테일러 준칙에 따르면 연준은 현재의 인플레이션율, 균형 실질 연방기금금리, 그리고 다음 두 가지 추가 조건을 모두 합친 것과 동일하게 연방기금금리 목표치를 설정해야 한다. 이 조건들 중 첫 번째는 현재의 인플레이션과 목표 인플레이션 사이의 차이인 **인플레이션 갭**(inflation gap)이고, 두 번째는 실질GDP와 잠재 실질GDP의 백분율(percentage) 차이인 **산출량 갭**(output gap)이다. 인플레이션 갭과 산출량 갭에는 각각 연방기금금리 목표에 미치는 영향력을 반영하는 "가중치"가 주어진다. 가중치가 각각 1/2인 경우 테일러 준칙은 다음과 같다.

---

[6] Floyd Norris, "What if the Fed Chief Speaks Plainly?" New York Times, October 28, 2005.

[7] 준칙에 관한 테일러의 원래 논의는 이 논문을 참조: John B. Taylor, "Discretion Versus Policy Rules in Practice," Carnegie-Rochester Conference Series on Public Policy, Vol. 39, 1993, pp. 195.214.

연방기금금리 목표 = 현재 인플레이션율 + 균형 실질 연방기금금리
+ (1/2 × 인플레이션 갭) + (1/2 × 산출량 갭).

따라서 인플레이션율이 연준의 목표보다 높을 때, FOMC는 연방기금금리 목표를 높일
것이다. 마찬가지로, 산출량 갭이 음수일 때, 즉 실질GDP가 잠재GDP보다 작을 때, FOMC
는 연방기금금리 목표를 낮출 것이다. 이 준칙의 값들을 교정하면서 테일러는 균형 실질 연
방기금금리는 2%이고 인플레이션 목표는 2%라고 가정했다. 그림 15.9는 연준이 테일러 준
칙을 엄격하게 따랐다면 나타났을 연방기금금리 수준과 실제 연방기금금리 수준을 보여준
다. 이 그림의 두 선이 대부분 기간 서로 가까이 있는 것은 테일러 준칙이 연준의 정책을 설
명하는 데 유용한 역할을 한다는 것을 나타낸다. 물론 두 선이 크게 벌어지는 일부 시기도
존재한다. 1960년대 후반과 1970년대 초·중반에 테일러 준칙에서 예측된 연방기금금리는
지속적으로 연방기금금리 목표보다 높다. 이 격차는 이 기간 동안 인플레이션이 악화되는
상황에서 FOMC가 연방기금금리 목표를 더 높였어야 했다는 대부분의 경제학자들의 시각
과 일치한다.

그림 15.9는 또한 FOMC가 1981~1982년의 심각한 경기침체 이후 연방기금금리를 테일

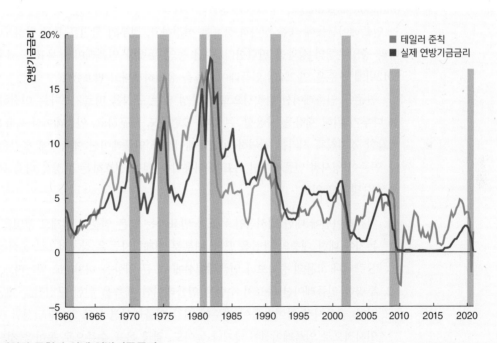

그림 15.9 테일러 준칙과 실제 연방기금금리

파란색 선은 연준이 테일러 준칙을 엄격히 따르더라면 나타났을
연방기금금리 수준을, 짙은 남색 선은 실제 연방기금금리를 나
타낸다. 이 그림은 테일러 준칙이 연준의 정책을 잘 설명하는 기
간도 있지만, 목표 연방기금금리가 테일러 준칙에 의해 예측된
수준과 벌어지는 기간도 있음을 보여준다. 음영 부분은 경기침체

기를 나타낸다.

출처: Federal Reserve Bank of St. Louis; and Congressional Budget
Office. We thank our late colleague Matthew Rafferty of Quinnipiac
University for providing the data on the rate predicted by the Taylor
rule.

러 준칙과 일치하는 수준보다 더 느리게 낮췄음을 나타낸다. 2001년 경기침체로부터의 회복 기간 동안, FOMC는 연방기금금리를 테일러 준칙 수준보다 훨씬 낮게 유지했다. 일부 경제학자들과 정책입안자들은 연방기금금리를 장기간 매우 낮은 수준으로 유지함으로써 연준이 주택경기 호황에 도움을 주었다고 주장했다. 낮은 연방기금금리가 모기지 금리를 낮추는 데 기여해 주택 수요를 늘렸다는 주장이다. 당시 그린스펀 연준 의장은 경제가 디플레이션 시기로 빠져들 가능성을 막기 위해 저금리가 필요하다고 주장했다. 당시 이사회에 속했던 버냉키 전 연준 의장은 2000년대 초반 미국에서 장기금리가 낮았던 주요 원인은 연준 정책보다는 세계적 저축 과잉(global saving glut)이라고 주장해 왔다. 마지막으로, 테일러 준칙은 연방기금금리가 2009년에 그리고 2020년에 음수였어야 함을 나타내는데, 이는 2007~2009년과 2020년 경기침체의 심각성을 나타내는 또 다른 지표이다.

테일러 준칙이 실제 연방기금금리를 밀접히 따라간다는 것은 연방기금금리를 타겟팅하는 것이 최근 수십 년간 연준 정책 결정의 중심이었다는 견해를 확인시켜 준다.

인플레이션 타겟팅과 연준의 새로운 통화정책 전략

많은 경제학자들과 중앙은행들은 통화정책을 수행하기 위한 틀로서 **인플레이션 타겟팅**(inflation targeting)을 지지한다. 인플레이션 타겟팅을 사용하는 중앙은행은 일정 기간 동안 인플레이션율에 대한 명시적 목표를 설정하고, 정부와 국민은 목표 달성에 성공했는지에 따라 중앙은행의 성과를 판단한다. 수년 동안 뚜렷한 인플레이션 목표를 세우지 못하다가, 2012년에 연준은 연 2%의 인플레이션율을 유지하겠다고 발표했다.

연준은 인플레이션 타겟팅으로 융통성 없는 규칙을 따르기보다는 여전히 특수한 상황을 다루기 위해 재량을 사용할 수 있다. 그럼에도 불구하고, 인플레이션 목표는 통화정책이 심각한 경기침체 시기를 제외하고 인플레이션과 인플레이션 예측치에 초점을 맞추도록 한다. 연준이 명시적 인플레이션 목표를 이용하는 것을 선호하는 주장은 다음 네 가지 논점에 초점을 맞추고 있다.

1. 인플레이션에 대한 명시적인 목표를 발표하는 것은 연준이 실제로 무엇을 달성할 수 있는지에 대한 대중의 관심을 끈다. 대부분 경제학자들은 장기적으로 통화정책이 실질 생산량이나 고용의 증가보다 인플레이션에 더 큰 영향을 미친다고 믿는다.
2. 투명한 인플레이션 목표치 수립은 인플레이션 예측을 위한 구심점을 제공한다. 가계와 기업, 금융시장 참여자들이 연준이 연간 인플레이션 목표 2%를 달성할 것으로 믿으면, 일시적으로 인플레이션이 낮거나 높아도, 결국 목표 수준으로 돌아올 것으로 예상한다.
3. 인플레이션 목표는 연준의 성과를 측정할 수 있는 척도를 제공함으로써 연준의 책임성을 강화한다.
4. 인플레이션 타겟팅은 잠재적으로 연준에 또 다른 통화정책 도구를 제공한다. 만약 연준이 인플레이션 목표를 높이고, 금융시장 참가자들이 연준이 더 높은 새로운 목표를 달성하고 인플레이션 기대를 높일 수 있다고 믿는다면, 주어진 어떠한 명목금리 수준에

서도 실질금리는 더 낮아질 것이다. 2020년 코로나19 팬데믹 기간에 일부 경제학자 및 정책입안자들은 연준이 인플레이션 목표를 2%에서 4%로 높일 것을 제안했다. 이 경제학자들은 명목금리가 역사적으로 낮은 상황에서 기대인플레이션율 인상이 실질금리를 더 낮출 수 있는 최선의 방법이라고 봤다.

일부 경제학자들과 정책입안자들은 연준이 명백한 인플레이션 목표를 채택하는 것에 비판적이다. 인플레이션 목표를 반대하는 사람들은 다섯 가지 논점을 제시한다.

1. 인플레이션에 대한 엄격한 수치 목표는 다른 정책목표를 다루기 위한 통화정책의 유연성을 감소시킨다.
2. 통화정책은 인플레이션에 시차를 두고 영향을 미치기 때문에, 인플레이션 타겟팅은 연준이 미래 인플레이션에 대한 예측에 의존하게 만들고, 이 불확실성은 정책 수행상 문제를 일으킬 수 있다.
3. 낮은 인플레이션이라는 목표에 대해서만 연준의 책임을 묻는 것은, 연준이 전반적으로 좋은 경제정책을 추구하도록 선출직 공직자들이 감시(monitor)하는 것을 더 어렵게 만들 수 있다.
4. 미래의 생산 및 고용수준에 대한 불확실성은 인플레이션 목표 하에서 이루어지는 경제적 의사결정을 방해할 수 있다. 즉, 인플레이션 목표로 인해 연준이 경기침체 후 경제를 완전고용 상태로 되돌리기 위해 즉각적인 조치를 취할 것인지 여부에 대한 불확실성이 높아질 수 있다.
5. 인플레이션 목표를 통화정책 수단으로 사용하는 것은 잠재적으로 경제를 불안정하게 만들 수 있다. 1970년대의 경험에서 알 수 있듯이, 일단 더 높은 물가상승률이 가계와 기업의 기대치에 반영되면, 다시 기대치를 낮추기 어려울 수 있다.

2018년 11월 연준은 통화정책 전략을 재검토하겠다고 발표했다. 2020년 8월 연준은 '장기적 목표와 통화정책 전략에 관한 성명'을 발표하며 검토 결과를 발표했다. 파월 연준 의장은 성명에 동반된 연설에서 연준 전략의 주요 변화를 언급했다.

> 연준은 시간이 지남에 따라 평균 2%의 인플레이션을 달성하기 위해 노력할 것이다. 따라서 인플레이션이 한동안 2% 밑을 기록한 시기 이후, 적절한 통화정책은 한동안 2%를 약간 넘는 인플레이션 달성을 목표로 할 것이다. 이러한 접근법은 느슨한 형태의 평균 인플레이션 타겟팅으로 볼 수 있다.

평균 인플레이션 타겟팅(average-inflation targeting) 정책은 자동적으로 경기침체기에는 통화정책을 확장적으로 만들고, 예상외로 높은 인플레이션 기간에는 긴축적으로 만든다. 가계와 기업이 연준이 이 정책을 따른다는 사실을 받아들이면, 인플레이션이 목표치를 밑도는 불황기에는 연준이 물가 상승을 위한 조치를 취할 것으로 예상할 것이다. 인플레이션이 높아지면 실질금리가 낮아져 경기확장 효과가 발생한다. 마찬가지로 인플레이션이 목표치를 상회하면, 가계와 기업은 향후 인플레이션이 낮아져 실질금리가 상승하고 경제에 긴축적 효과가 있을 것으로 예상한다.

일부 경제학자들은 연준이 통화정책 전략을 검토한 후 **명목GDP 타겟팅**(nominal GDP targeting)이 아닌 평균 인플레이션 타겟팅을 채택한 것에 실망했다. 명목GDP는 GDP 가격 디플레이터에 실질GDP를 곱한 것과 같다. 명목GDP 성장률은 대략적으로 물가상승률(또는 인플레이션율)과 실질GDP 성장률을 더한 것과 같다. 만약 연준이 연간 3%의 실질GDP 성장률을 예상하고 2%의 인플레이션율을 원한다면, 명목GDP 성장률 목표를 연간 5%로 설정할 것이다. 경기침체 때처럼 실질GDP 성장률이 둔화될 경우, 연준은 명목GDP 목표치를 달성하기 위해 자동적으로 확장적 통화정책을 추진할 것이다. 만약 인플레이션율이 2% 위로 상승하면, 연준은 명목GDP가 목표치를 웃도는 것을 막기 위해 자동적으로 긴축정책을 추진할 것이다.

명목GDP 타겟팅에 대한 비판론자들은 GDP에 대한 데이터가 수정될 수 있기 때문에 연준이 부정확한 데이터에 기초하여 결정을 내릴 수 있다는 점을 지적한다(테일러 준칙을 따르는 것에 대해서도 이러한 비판이 제기되었다). 명목GDP 타겟팅은 많은 사람들에게 생소하기 때문에 인플레이션 타겟팅만큼 연준의 의도를 가계와 기업에 알리는 데 유용하지 않을 수 있다.

2020년, 인플레이션 타겟팅은 전 세계 중앙은행에서 널리 채택되었지만, 아직 명목GDP 타겟팅을 채택한 중앙은행은 없다. 연준은 2018~2020년 정책검토의 마지막에 평균 인플레이션 타겟팅을 채택함으로써 명목GDP 타겟팅 전략의 문을 닫은 것으로 보인다.

통화정책의 국제 비교

중앙은행들이 통화정책을 수행하는 방식에는 제도적 차이가 있지만, 최근 관행에는 두 가지 중요한 유사점이 있다. 첫째, 대부분 고소득 국가의 중앙은행은 미국의 연방기금금리와 유사한 단기금리를 정책도구 또는 운용목표로 사용한다. 둘째, 많은 중앙은행들은 2007~2009년 금융위기와 코로나19 팬데믹의 경제적 영향으로 인한 느린 경제성장에 대처하기 위해 양적완화 및 마이너스 금리 등 비전형적인 정책수단들을 사용했다. 아래에서는 캐나다, 일본, 영국 및 유럽연합을 예로 들어 이러한 관행들과 통화정책 수행의 제도적 측면에 대해 논의한다.

캐나다은행 캐나다은행은 미국 연준과 마찬가지로 1970년대 인플레이션에 대해 우려하였다. 1975년 캐나다은행은 M1 증가율을 점진적으로 낮추는 정책을 발표했다(1982년 후반에는 M1 목표치를 더이상 사용하지 않았다). 1988년, 당시 총재였던 존 크로우(John Crow)는 일련의 인플레이션 감소 목표를 발표함으로써 물가 안정에 대한 은행의 책무를 공표했다. 인플레이션 목표를 달성하기 위해, 은행은 익일물 금리(overnight rate, 연방기금금리와 유사)에 대한 명시적인 운용목표 범위(bands)를 설정한다. 연준 정책은 인플레이션 갭과 산출량 갭에 주로 관심을 가져왔지만, 캐나다은행은 캐나다 달러의 환율도 정책의 초점으로 삼았다. 특히 캐나다 달러와 미국 달러 사이의 환율에 초점을 맞춘 것은 수출이 전통적으로 캐나다 경제에서 큰 역할을 해온 것을 반영한다.

　2007년부터 2009년까지 캐나다은행은 미국보다 훨씬 안정적인 상태로 캐나다 금융시스템이 금융위기를 헤쳐나갈 수 있도록 도왔다는 점에서 찬사를 받았다. 특히 캐나다은행 시스템은 미국의 많은 은행들이 겪은 주택저당증권과 상업용 부동산 투자로부터의 큰 손실을 피했다. 2010년 캐나다은행은 산업화 국가에서 처음으로 익일물 은행대출금리 목표치를 상향 조정했다. 이는 세계적인 침체기 동안 캐나다 경제가 상대적으로 강세를 보였음을 보여주는 또 다른 증거였다.

　2020년 스티븐 폴로즈(Stephen Poloz) 총재와 그의 후임자인 티프 마클렘(Tiff Macklem)은 코로나19 팬데믹 사태에 대한 강력한 대응을 단행하여 캐나다은행의 익일물 은행대출금리를 1.75%에서 거의 0%로 인하하고, 재무상태표 크기를 두 배 이상 늘린 양적완화를 단행했다.

일본은행　1973년 제1차 오일쇼크 여파로 일본은 20%가 넘는 인플레이션율을 경험했다. 이러한 높은 인플레이션율은 일본은행이 명시적인 통화 증가율 목표를 채택하도록 이끌었다. 특히 1978년부터 일본은행은 M2에 상응하는 통화량 목표를 발표하였고, 1979년 제2차 오일쇼크 이후 통화 증가율을 감소시켰다. 1978년부터 1987년까지 점진적인 통화 증가율 감소는 미국보다 빠르게 인플레이션 감소를 가져왔다.

　미국에서도 그랬듯이, 일본의 은행과 금융시장은 1980년대에 규제 완화와 금융혁신의 물결을 경험했다. 그 결과, 일본은행은 통화정책 수행에서 M2에 덜 의존하기 시작했다. 1987년부터 1989년까지는 미국 달러 대비 크게 상승했던 엔화 환율에 대한 일본은행의 우려가 통화정책을 지배했다. 이 기간 동안 급격한 통화 증가율은 특히 토지와 주식에서 일본의 자산 가격 붐을 이끌었다. 호황기에 자산 시장의 투기를 줄이기 위한 시도로 일본은행은 긴축적인 통화정책을 채택했고, 이는 자산가격의 하락과 일본 경제의 성장률 하락으로 이어졌다.

　많은 경제학자들은 보다 확장적인 통화정책을 추구하지 못한 것이 1990년대 후반과 2000년대 일본 경제가 경험했던 디플레이션과 약한 경제성장에 기여했다고 주장했다. 2000년대 중반부터 경제성장과 인플레이션 모두를 촉진하기 위한 보다 확장적인 통화정책이 시작됐다. 2006년 일본은행은 확장적 정책을 축소하기 시작했지만, 2007년 시작된 금융위기로 인해 다시 확장적 정책으로 돌아왔다. 2010년 이후 일본은행은 미국 달러에 대한 엔화가치 상승을 되돌리기 위해 여러 차례 개입했다. 높은 엔화 가치는 일본의 수출을 저해하고 경제 회복에 걸림돌이 됐다. 2007~2009년 금융위기 이후, 일본은행은 통화정책 결정에서 독립성을 유지하기 위해, 엔화 가치를 떨어뜨리는데 더 적극적으로 나서도록 압력을 가하는 일본 정부와 지속적인 투쟁을 벌였다.

　2012년 12월 신조 아베(Shinzo Abe)가 총리로 선출되고, 경제성장을 증가시키고 디플레이션의 위협을 끝내기 위한 경제 프로그램을 발표했다. 아베노믹스로 알려진 이 프로그램은 일본은행이 2%의 명시적인 인플레이션 목표를 채택하고, 정부지출 증가와 함께 기업 지배구조 개선, 여성의 노동시장 진입 촉진, 국제무역의 장애물 축소와 같은 구조 개혁을 포함했다.

비록 이러한 조치들이 디플레이션을 끝내고 고용을 늘리는 데는 어느 정도 성공했지만, 일본은행은 인플레이션 목표를 달성하는데 근접하지 못했고, 경제성장은 실망스러울 정도로 느렸다. 이에 일본은행은 거래소 상장 펀드를 매입해 일본 기업의 주식을 간접적으로 매입하는 등 양적완화를 증가시켰다(대조적으로 연준의 양적완화 프로그램에 따른 매입은 장기 재무부채권과 주택저당증권에 국한되어 있었다). 또한 2016년 2월 은행들이 일본은행에 보유하고 있는 예치금에 대해 마이너스 금리를 부과하는 이례적인 조치를 취했다. 사실상, 은행들은 예치금을 보관하기 위해 일본은행에 돈을 지불하게 되었다. 이러한 움직임은 은행들이 지준을 일본은행에 예치금으로 맡기기보다는 대출해주도록 압박하기 위한 의도였다. 금리가 낮아지면 다른 통화에 비해 엔화 가치가 하락하여 일본의 수출을 증진시킬 수도 있다. 2016년 9월, 일본은행은 10년 만기 일본 국채에 대해 0% 금리를 목표로 삼을 것이라고 발표했다.

2020년 코로나19 팬데믹 기간 동안 일본은행은 기업에 대한 은행의 대출을 증대시키기 위해 재무부와 공동 노력을 시작했는데, 이는 연준이 미국 재무부와 협력하여 시행한 대출 프로그램(Main Street Lending Program)과 유사한 프로그램이었다. 일본은행 총재와 재무상은 은행이 중소기업에 담보요건 없이 0% 이자율로 대출을 할 수 있도록 자금을 지원하겠다고 밝혔다. 일본은행은 또한 회사채를 직접 매입함으로써 대기업들에게 도움을 주었다. 일본은행은 이미 2016년 -0.10%로 내린 익일물 대출금리를 대유행 기간 동안 이 수준으로 계속 유지했다.

영란은행 영국에서는 1970년대 초 영란은행이 인플레이션 상승에 대응하여 화폐공급 증가율 목표를 채택하겠다고 발표하였다. 1970년대 후반 인플레이션 가속화에 대응하여 대처(Margaret Thatcher) 정부는 1980년 공식적으로 화폐공급 증가율의 점진적인 저감 전략을 도입했다. 1983년부터 영란은행은 본원통화(monetary base) 증가율 타겟팅으로 (여전히 화폐공급 증가율의 점진적 저감을 목표로) 초점을 전환했다. 1992년 영국은 영란은행이 아닌 재무장관이 정하는 인플레이션 목표를 도입했다.

영란은행은 1997년 정부로부터 독립적으로 이자율을 정할 수 있는 권한을 얻었다. 정부는 "이례적 상황"에서 영란은행 결정을 뒤집을 수 있지만, 지금까지 결정을 뒤집은 적은 없다. 금리 결정은 영란은행 총재와 3명의 부총재, 영란은행 수석 이코노미스트, 재무장관이 지명한 외부 경제전문가 4명으로 구성된 통화정책위원회의 책임이다. 재무부 대표는 통화정책위원회 회의에 참석하지만 표결은 하지 않는다. 통화정책은 영란은행이 상업은행의 지준 예치금에 지급하는 **은행금리**(bank rate)에 초점을 맞추고 있다.

2007~2009년 금융위기 동안, 영란은행은 몇 가지 극적인 정책을 취했다. 2007년 7월 5.75%에서 2009년 3월 0.5%로 일련의 단계를 거쳐 은행금리를 인하했다. 2009년에는 영국 장기 국채를 사들이는 양적완화 프로그램도 시작했다. 영란은행은 2012년에 양적완화를 종료했지만, 은행금리는 0.5%로 유지했다. 영란은행은 영국의 유럽연합 탈퇴(Brexit) 투표 이

후 영국 경제에 미칠 영향을 완화하기 위해 네 가지 조치를 취했다. (1) 은행금리 0.25%로 인하, (2) 장기 국채 매입 재개, (3) 영국 회사채 매입 시작, (4) 은행들에 4년 만기 대출을 제공하고 이 자금이 가계와 기업 대출에 사용하도록 하는 프로그램을 시작했다. 이러한 조치들은 2016년 영국 경제가 침체로 빠져드는 것을 막는 데 도움이 되었다.

2020년 코로나19 팬데믹이 영국 경제에 영향을 미치기 시작했다. 영란은행은 은행금리를 0.25%에서 326년 역사상 최저 수준인 0.10%로 인하하고, 이미 여러 다른 중앙은행들이 채택한 정책인 마이너스 금리도 고려했다. 2020년 6월 영국 국채의 약 20%가 마이너스 수익률을 기록했는데, 이는 경기침체의 심각성과 무위험 자산에 대한 투자자들의 강한 수요를 보여주는 것이었다. 영란은행은 또한 새로운 양적완화를 단행했다. 영국 정부는 기업들이 노동자들을 해고하지 않기로 합의하면, 임금 비용의 최대 80%를 기업에 지급하는 프로그램을 시작했는데 이는 영국 역사상 전례가 없는 것이었다.[8]

유럽중앙은행제도　유럽중앙은행(European Central Bank, ECB)과 유럽연합 회원국의 중앙은행들로 구성된 유럽중앙은행제도(European System of Central Banks, ESCB)는 마스트리히트 조약(Maastricht Treaty) 서명 후 1999년 1월 운영을 시작했다. 독일 중앙은행 관련 법을 따라 ESCB의 주요 목적은 물가안정을 유지하는 것이다. 이차적 목표로 ESCB는 유럽연합의 일반적인 경제정책을 지원한다. ECB는 0~2% 범위의 인플레이션율로 정의되는 물가안정 목표를 강조해 왔다.

2007~2009년의 금융위기와 그 이후, ECB는 회원국들의 매우 다른 요구에 적합한 통화정책을 수립하기 위해 고군분투했다. 독일 등 일부 국가들은 경기침체로부터 강한 회복세를 보였지만, 그리스, 아일랜드, 포르투갈, 스페인과 같은 다른 나라들은 높은 실업율로 어려움을 겪었다. 또한 ECB는 그리스와 스페인이 채무불이행에 빠질 가능성이 있을 때 이들의 국채를 매입할 수밖에 없었다. 이 **국가 부채 위기**(sovereign debt crisis)는 ECB에 큰 부담을 주었다. 이 부채위기에 대응해 유로존 정부는 처음으로 ECB에 회원국 은행 시스템을 규제할 수 있는 추가적인 권한을 부여했다.

2014년 6월 대부분의 유로존에서 느린 성장과 매우 낮은 인플레이션에 대한 우려로 ECB는 국채를 구매하는 양적완화 프로그램을 확대하고, 은행들에 4년간 저금리 대출을 해주는 새로운 프로그램을 도입하여 은행들이 가계와 기업들에 대한 신용을 확장하도록 장려했다. 가장 극적으로 ECB는 은행 예치금에 대한 이자율을 −0.10%로 인하했다. ECB는 2014년과 2016년 사이에 세 번의 추가적인 인하를 단행하여 2019년 9월 -0.50%까지 금리를 인하했다. 이는 유로존이 2020년 중반까지 마이너스 금리를 6년간 경험했다는 것을 의미한다.

2020년 코로나19 팬데믹 기간 동안 ECB는 1조 3,500억 유로 규모의 국채와 민간 채권, 그리고 기업어음(commercial paper)을 매입하는 팬데믹 긴급 구매 프로그램(Pandemic Emergency Purchase Program)을 도입했다. 또한 ECB는 −1%의 금리로 총 1조 3,500억 유

---

[8]　Jason Douglas, "U.K. Escalates Measures to Fight Coronavirus," *Wall Street Journal*, March 20, 2020.

로의 3년 만기 대출을 은행에 제공했다. 이 프로그램은 은행들이 가계와 기업에 지속적으로 신용을 제공하도록 만들기 위한 것이었다. 지난 7월 유럽연합(EU) 27개 회원국은 팬데믹으로 가장 큰 피해를 입은 회원국들을 돕기 위한 기금 마련을 위해 7,500억 유로 규모의 국채를 공동으로 발행하는 조치를 취했다.

개념 적용

마이너스 금리는 효과적인 통화정책 수단인가?

2007~2009년 금융위기와 경기침체는 1930년대 대공황 이후 가장 심각했다. 중앙은행들은 일련의 비전통적인 통화정책 조치로 대응했다. 이번 장과 이전 장에서 논의했듯이, 그중 많은 조치들은 논란의 여지가 있었다. 아마도 가장 치열한 논쟁은 일본, 유럽, 스위스, 덴마크를 포함한 몇몇 중앙은행들이 경제를 활성화하기 위해 취한 마이너스 금리 조치에 대한 것이었다.

금융위기 동안 그리고 그 이후, 이들 중앙은행들은 은행들로부터 받은 예치금에 대한 이자율을 점차 낮췄다. 2014년부터 그들은 마이너스 금리를 지불하기 시작했는데, 이것은 은행이 예치금을 유지하기 위해 중앙은행에 돈을 지불해야 한다는 것을 의미한다. 이들 국가에서 다른 이자율들도 마이너스였다. 일부 상업은행은 고객의 당좌예금 잔액에 수수료를 부과하기 시작해 사실상 마이너스 금리가 적용됐다. 은행을 비롯한 투자자들이 입찰 가격을 올리면서 상당수 단기국채도 마이너스 금리를 내기 시작했다. 2016년 7월 독일정부는 10년 만기 채권을 -0.05%의 수익률로 판매했다. 이는 투자자들이 10년 동안 독일에 돈을 빌려주는 특권을 위해 돈을 지불하고 있다는 것을 의미한다. 모기지 등 일부 은행 대출은 국채 금리 변동에 따라 금리가 조정되기 때문에 이들 대출도 마이너스 금리가 적용되기 시작했다. 일부 주택 소유자들은 은행들이 모기지에 대한 이자를 그들에게 지불하고 있다는 것을 발견했다.

코로나19 팬데믹 기간인 2020년, 앞서 열거한 중앙은행들은 예치금에 마이너스 금리를 계속 지불했다. 2020년 9월 프랑스 10년 만기 국채 수익률은 -0.173%, 독일 10년 만기 국채 수익률은 -0.467%였다. 일본의 10년 만기 국채는 양의 수익률을 보였지만 0.040%에 불과했다. 연준은 이러한 다른 중앙은행들의 선례를 따라 연방기금금리를 0 아래로 내릴까? 그럴 것 같진 않다. 파월 연준 의장은 2020년 5월 "연방공개시장위원회의 동료들과 나에게 이 조치는 미국에 적용하기에 적합한 것인지 명확하지 않다"고 말했다. 그러나 연준의 일부 경제 전문가들은 마이너스 금리도 고려해야 한다고 생각했다. 예를 들어, 세인트루이스 연준은행의 이 웬(Yi Wen)은 코로나19 팬데믹으로 미국 경제에 미치는 부정적 충격의 규모를 감안할 때 (마이너스 금리를 의미하는) 공격적인 통화정책이 필요할 것이라고 주장했다.

중앙은행 마이너스 금리 정책에 대한 논쟁은 두 가지 질문에 집중되었다. (1) 마이너스 금리 정책이 단기에 생산과 고용의 증가를 초래할 것인가? (2) 금융시스템의 왜곡을 초래하진 않을 것인가? 경제학자들은 아직 마이너스 금리의 영향에 대한 철저한 연구를 진행하지 못했다. 그러나 파월 연준 의장이 말했듯이 "마이너스 금리의 효과에 대한 증거는 매우 혼합되어 있다." 어떤 경우에는 은행들이 중앙은행 예치금에 지불해야 하는 이자를 상쇄하기 위해 의도된 효과와는 반대로 대출에 부과하는 금리를 올리는 것처럼 보였다. 다만 일본은행 총재는 일본은행의 조치로 회사채와 모기지 금리가 하락하면서 소비와 생산, 고용이 활성화됐다고 주장했다.

그러나 마이너스 금리가 소비지출 증가라는 바람직한 효과를 내지 못하고 있다는 일부 증거도 있다. 2016년부터 일본, 독일, 덴마크, 스웨덴, 스위스의 저축률은 1995년 이후 최고 수준으로 상승했다. 저축 증가는 두 가지 요인의 결과로 나타났다. (1) 낮은 금리는 가계가 대량구매나 은퇴를 위한 충분한 자금을 축적하기 위해 더 많은 저축이 필요하다는 것을 의미했다. (2) 일부 사람들은 마이너스 금리를 미래 경제불안을 예상하는 중앙은행의 신호로 보고 이에 대한 대응으로 저축률을 높였다. 또한 일부 경제학자들과 정책입안자들은 저금리가 차입비용을 낮추면서 주택과 다른 자산의 거품을 부추길 수 있다고 우려했다. 또한 저축목표 달성을 위해 더 높은 금리를 찾는 많은 가구들이 은행예금증서(CD)와 국채에서 원자재, 저신용 회사채, 또는 개발도상국 국채에 투자하는 주식이나 뮤추얼펀드, 상장지수펀드(ETF)와 같은 더 위험한 자산에 투자하기 시작했다. 많은 연기금은 퇴직자들에게 고정된 금액을 지불하는데, 연기금이 주로 투자하는 장기채권의 금리가 역사적으로 낮은 수준으로 떨어지면서 점점 더 자금조달이 어려워졌다.

파월 연준 의장도 마이너스 금리로 은행의 수익성이 훼손될 것을 우려했다. 이로 인해 저축을 가계와 기업의 신용 수요와 연결하는 은행의 중개 과정이 손상될 가능성도 있었기 때문이다. 일부 경제학자들과 정책입안자들은 마이너스 금리 추진이 일부 국가에서 거시 경제 정책이 불균형해졌다는 징후라고 생각했다. 정부들이 통화정책과 재정정책을 적절히 혼합하기보다는 통화정책에 거의 전적으로 의존하고 있었기 때문이다. 기업과 개인에 대한 한계세율 인하, 공장·사무실·건물·장비 등 투자 증대를 위한 기업 인센티브, 고속도로·다리 같은 기반 시설에 대한 정부지출 증가 등 재정정책은 경제성장을 촉진할 수 있는 잠재력이 있었지만 최근 몇 년 동안 일본을 제외한 대부분의 국가에서 정책조합에 포함되지 않았다.

2020년 중반, 연준 정책입안자들은 양적완화, 사전적 정책방향 제시, 앞에서 논의한 일련의 유동성 및 신용 프로그램들이 마이너스 금리보다 코로나19 팬데믹의 경제적 영향을 다루는 데 더 효과적인 수단이라고 생각하는 것으로 나타났다.

이 장의 끝에 있는 관련문제 4.11을 참조하시오.

이번 장에서 우리는 통화정책이 어떻게 수행되는지에 대한 메커니즘과 중앙은행들이 2007~2009년 금융위기 이후 추구해 온 비전통적 통화정책에 대한 활발한 논쟁에 대해 살펴보았다. 17장과 18장에서는 통화정책이 생산, 고용, 인플레이션에 어떤 영향을 미치는지 더 자세히 알아볼 것이다. 그 전에 16장에서는 국제금융시스템과 그 안에서 중앙은행이 하는 역할에 대해 더 자세히 살펴볼 것이다.

핵심 질문에 대한 해답

이번 장 서두로부터 연결됨

이 장을 시작할 때 다음과 같이 질문했다.

"연준이 2007년 이전의 통화정책 조치들로 다시 복귀할 수 있을 것인가?"

이 장에서 살펴본 바와 같이, 2007~2009년 금융위기 이전 통화정책은 공개시장운영을 사용하여 연방기금금리를 올리거나 내리는 데 초점이 맞춰져 있었다. 하지만 이러한 접근법은 지준이 부족한 경우에만 작동하는데, 이 경우 연준이 지준 수준을 조정함으로써 균형 연방기금금리에 영향을 미칠 수 있다. 2015년 12월 연준이 2008년 이후 처음으로 연방기금금리 목표를 올리기 시작했을 때, 연준은 은행의 지준예치금과 익일물 역환매조건부채권에 제공하는 금리를 인상하는 방식을 취했다. 연준이 2007년 이전의 정책 조치들을 다시 사용하기 위해서는 지준이 다시 부족해져야 하지만, 이는 가능성이 낮아 보인다. 다른 대체 투자자산에 대한 금리가 낮은 상황에서 연준이 지준에 지급하는 금리는 은행들에게 매력적으로 보이며, 은행규제 변화로 인해 대형은행들이 유동성 요건을 충족시키기 위해 훨씬 더 많은 지준 잔고를 보유하게 되었기 때문이다.

따라서 핵심 질문에 대한 답은 연준이 결국에는 2007년 이전의 통화정책 조치들로 되돌아갈 수도 있지만, 가까운 미래에 그렇게 할 가능성은 낮다는 것이다.

15.1 **통화정책의 목표**
통화정책의 목표를 설명한다.

복습문제

1.1 통화정책의 목적은 무엇인가? 경제적 후생(well-being)는 무엇을 의미하는가? 왜 연준이 "이중책무"를 가지고 있다고 하는가?

1.2 연준은 마찰적(frictional), 구조적(structural), 경기적(cyclical) 실업 중 어떤 유형의 실업률을 줄이는 데 초점을 맞추고 있는가? 왜 연준은 실업률을 0%로 낮추려고 하지 않는가?

1.3 왜 금리 변동이 가계와 기업의 투자 결정을 더 어렵게 만드는가?

1.4 만약 당신이 국제적으로 사업을 하는 회사를 소유하고 있다면, 왜 환율의 변동이 크면 당신의 사업과 금융 거래에 대한 계획이 어려워지는가?

응용문제

1.5 인플레이션이 돈의 가치를 떨어뜨린다는 점을 감안할 때, 연준이 디플레이션을 추구해야 하는가? 디플레이션은 가격 변화와 (임의적) 소득 재분배 측면에서 인플레이션과 같은 문제들을 일으킬 것인가? 어떤 그룹이 디플레이션으로부터 이익을 얻을 것인가? 어떤 그룹이 손실을 볼 것인가? 간단히 설명하시오.

1.6 2020년 7월 코로나19 팬데믹 당시 댈러스 연방준비은행 총재는 다음과 같이 말했다. "나는 … 다른 고려사항들과 이중책무의 두 번째 부분을 고려하지 않은 채 … 인플레이션을 없애는 … 하나의 목표만 추구하고 싶지는 않다."
  a. "이중책무의 두 번째 부분"은 무엇을 의미하는가?
  b. 의회가 연준에 이중책무를 부여했을 때, 연준은 왜 이 두 가지 통화정책 목표를 선택했을까?

1.7 **[개념적용: "연준은 흑인 실업률을 충분히 감소시켜 왔나?" 관련]** 코로나19 팬데믹 기간 동안 일부 학자들은 "연준은 전체 실업률이 아니라 흑인 실업률을 타겟팅하는 것을 고려해야 한다"고 주장한다.
  a. 왜 흑인 실업률이 팬데믹 기간 동안 특별한 관심사가 되었나?
  b. 왜 연준은 전통적으로 정책을 한 부분이나 그룹에 집중하지 않는가?

15.2 **통화정책 수단과 연방기금금리**
연준이 연방기금금리에 영향을 미치기 위해 통화정책 수단들을 어떻게 사용하는지 알아본다.

복습문제

2.1 2007~2009년 금융위기 전에 연준이 의존했던 통화정책 수단들은 무엇이었는가? 각 수단을 간략하게 설명하고, 가장 중요한 세 가지 수단을 명시하시오.

2.2 최근 몇 년 동안 연준이 연방기금금리를 관리하기 위해 의존해 온 세 가지 새로운 수단에 대해 간략히 설명하시오. 가장 중요한 두 가지 수단을 무엇인가?

2.3 연준이 때때로 직면하는 "제로금리하한 문제"란 무엇인가? 연준이 제로금리하한 문제에 직면하여 최근 몇 년 동안 사용한 새로운 수단들에 대해 설명하시오.

2.4 연방기금금리와 30년 만기 모기지, 그리고 Aaa 및 Baa 등급 회사채 금리 사이의 관계를 간략히 설명하시오.

2.5 왜 연방기금금리 인상은 지준 수요를 감소시키는가? 지급준비금에 대한 수요곡선은 어떤 금리 수준에서 완벽히 탄력적인가?

2.6 지급준비금의 공급곡선을 결정하는 것들을 간략히 설명하시오. 공급곡선에 수평인 부분이 있는 이유는 무엇인가?

응용문제

2.7 월스트리트 저널의 한 칼럼니스트는 "금리가 영(0)에 도달했을 때 중앙은행들이 행동할 힘이 없다는 두려움"을 언급한다.

a. 연방준비제도와 관련하여, 어떤 이자율이 영에 도달할 것 같은가?

b. 2020년 코로나19 팬데믹으로 인한 경기침체 동안, 연준은 (a)에서 당신이 답한 금리가 0에 이르렀을 때 행동할 힘이 없었는가? 그렇지 않다면, 연준은 어떤 통화정책 수단들에 의존했는가?

2.8 연방기금시장 그래프를 사용하여 다음과 같은 연준 정책 조치가 지급준비금 수요 또는 공급에 미치는 영향을 설명하시오. 그래프가 나타내는 기간 동안 지급준비금이 부족하다고 가정한다. 그래프에서 무슨 일이 일어나고 있는지 분명히 설명하시오.

a. 법정 지준율의 감소

b. 재할인율의 감소

c. 지준에 지급되는 이자율의 감소

d. 국채의 공개시장매각

2.9 [예제 15.2 관련] 연방기금시장 그래프를 사용하여 다음 세 가지 상황을 각각 분석하시오. 균형 연방기금금리의 변화, 균형 지준 수준의 변화, 그리고 수요곡선 및 공급곡선의 변화를 그래프에 명확하게 표시한다. 지준은 부족하다고 가정한다.

a. 연준이 연방기금금리 목표를 2%에서 2.25%로 높이는 동시에 재할인율도 2.5%에서 2.75%로 올리기로 결정했다고 가정하자. 어떻게 연준이 공개시장운영을 통해 균형 연방기금금리를 높일 수 있는지 설명하시오.

b. 은행이 지준에 대한 수요를 증가시킨다고 가정하자. 연준이 공개시장운영을 통해 어떻게 이러한 변화를 상쇄하여 균형 연방기금금리 수준을 유지할 수 있는지 설명하시오.

c. 연준이 필요 지준율을 낮추기로 결정하지만, 그 감소가 연방기금금리의 목표에 영향을 미치지는 않기를 원한다고 가정하자. 연준이 이 정책을 달성하기 위해 공개시장운영을 어떻게 사용할 수 있는지 설명하시오.

2.10 2008년 1월 22일 연방공개시장위원회(FOMC)의 보도자료에서 "연방기금금리 목표를 3.5%로 75 베이시스 포인트(0.75%) 낮추기로 결정했다"고 밝혔다. 이어서 "관련 조치로 이사회는 재할인율을 4%로 75 베이시스 포인트 낮추는 것을 승인했다"고 밝혔다.

a. 연방기금시장에 관한 그래프를 이용하여 2008년 1월 22일 정책 조치 이전 연방기금금리가 4.25%이고 재할인율이 4.75%일 때, 균형 연방기금금리와 재할인율을 표시하시오.

b. 위의 그래프를 이용하여 연준이 어떻게 연방기금금리를 75 베이시스 포인트 낮추는지 설명하시오. 재할인율의 75 베이시스 포인트 감소를 그래프에 나타내시오. 연준은 연방기금금리를 75 베이시스 포인트 낮추기 위해 어떤 정책 조치를 사용할 것인가?

c. 오늘날 연준은 (b)에서 설명한 것과 동일한 정책 조치를 사용하여 연방기금금리를 낮출 것인가? 간단히 설명하시오.

15.3 연준의 통화정책 도구와 연방기금금리 관리에 대한 새로운 접근법
연준이 통화정책 수단들을 어떻게 변화시켜 왔는지 살펴본다.

복습문제

3.1 공개시장운영이란 무엇인가? 연준은 왜 공개시장운영에 관여하는가? 연준이 이를 이행할 때 따르는 절차를 간략히 설명하시오.

3.2 재할인대출의 세 가지 범주는 무엇인가? 왜 연준은 재할인율을 연방기금금리보다 높게 책정하는가? 왜

연준은 재할인대출의 세 가지 범주에 대해 다른 이자율을 부과하는가?

3.3 2007~2009년 금융위기 동안 연준은 왜 재할인대출을 확대하기로 결정했는가? 연준은 이 기간 동안 2007년 이전에는 관여하지 않았던 어떤 유형의 대출을 실시했는가? 2007년 이전에는 연준에서 차입할 수 없었던 어떤 그룹들이 이 기간 동안 연준에서 차입할 수 있었나?

3.4 2020년 코로나19 팬데믹 기간 동안 연준이 사용한 두 가지 유동성제도(liquidity facility)와 두 가지 신용제도(credit facility)의 예를 들어보시오.

3.5 연준이 연방기금금리 목표 변경을 위해 현재 의존하는 두 가지 통화정책 수단은 무엇인가? 연준이 연방기금금리 목표를 높이기 위해 이러한 수단들을 어떻게 사용하는지 간략히 설명하시오.

응용문제

3.6 **[이 장의 도입부 관련]** 2020년 6월 10일 연방공개시장 회의 이후 위원회는 다음을 포함하는 성명을 발표했다.

> 가계와 기업에 대한 신용 흐름을 지원하기 위해 연준은 앞으로 몇 달간 최소한 현재 속도로 재무부채권과 주택관련기관 및 상업 주택저당증권(agency residential and commercial mortgage-backed securities) 매입을 늘림으로써 원활한 시장 기능을 유지하고, 이를 통해 통화정책이 보다 다양한 금융조건으로 효과적으로 전달되도록 할 것이다. 또한 대규모의 1일물 및 기간물 환매

조건부채권 운영을 지속적으로 제공할 것이다.

a. 주택관련기관 및 상업 주택저당증권이란 무엇인가? 2007년 이전 연준은 주로 T-bill과 같은 단기 재무부채권을 매입했다. 왜 연준은 주택저당증권을 구입했는가?

b. 연준의 재무부채권과 주택저당증권 매입은 어떤 방식으로 "원활한 시장 기능"으로 이어지는가? 왜 통화정책이 효과적으로 되기 위해 원활한 시장 기능이 필요한가?

c. 환매조건부채권이란 무엇인가? 왜 연준은 환매조건부채권 운영을 시행했는가?

3.7 연준의 간행물에 따르면 "ON RRP 거래에 지급되는 금리는 유효 연방기금금리의 바닥 역할"을 한다.

a. IOER와 ON RRP 금리의 차이점은 무엇인가?

b. 연준과 ON RRP 거래에 참여할 수 있는 모든 금융회사가 IOER도 받을 자격이 있는가? 간단히 설명하시오.

c. IOER은 왜 효과적인 연방기금금리의 바닥 역할을 하지 않는가? ON RRP 거래의 금리는 어떻게 연방기금금리의 바닥 역할을 하는가?

3.8 월스트리트 저널에 따르면 당시 하원 금융위원회 위원장을 맡았던 의원은 연준이 은행의 지급준비금에 연방기금금리보다 높은 금리를 지급하고 있다고 비판했다. 연방기금금리가 일반적으로 연준이 은행의 지급준비금에 대해 지불하는 금리보다 낮은 이유를 간단히 설명하시오. 연준이 은행 지급준비금에 대한 금리를 실제 연방기금금리와 동일하게 설정할 수 있을 것인가? 간단히 설명하시오.

15.4 **통화 타겟팅과 통화정책**
통화정책에서 통화 타겟팅의 역할을 설명한다.

복습문제

4.1 연준이 목표를 달성하기 위해 시도하는 과정에서, 특히 단기적으로 어떤 상충관계에 직면하는가?

4.2 연준이 통화정책 수단들을 사용하는 데 있어 직면하는 두 가지 타이밍 어려움은 무엇인가?

4.3 다음 항목을 연준이 가장 큰 영향을 미치는 항목부터 가장 적게 영향을 미치는 항목까지 순서대로 나열하시오: 정책목표, 정책수단, 정책도구, 중간목표.

4.4 테일러 준칙은 어떻게 통화정책을 평가하는 지침으로 사용될 수 있는가? 2007년부터 2020년까지 기간 동안 테일러 준칙에 의해 예측된 연방기금금리와 실제 연방기금금리의 관계를 서술하고, 차이가 나는 이유를 간단히 설명하시오.

4.5 왜 연준은 인플레이션율 목표에서 명목GDP 성장률 목표로 바꾸기를 원할 것 같은가? 이러한 전환의 잠재적인 단점을 간략히 논하시오.

4.6 일부 국가의 중앙은행들이 어떤 이자율들을 마이너스 수준으로 설정했는가? 이러한 조치를 취한 이유를 간략히 설명하시오.

응용문제

4.7 다음 각 변수가 최종목표, 중간목표, 운용목표, 정책수단 중 어느 것에 가장 적합한지 설명하시오.
 a. M2
 b. 본원통화
 c. 실업률
 d. 공개시장매수
 e. 연방기금금리
 f. 비차입지준
 g. M1
 h. 실질GDP
 i. 재할인율
 j. 인플레이션율

4.8 **[개념적용: "통화와 가격의 연관성에 무슨 일이 일어났는가?" 관련]** 1979년 이후 M1에 영향을 준 어떤 입법 변화와 금융혁신이 일어났는가? 이러한 변화와 혁신은 통화와 인플레이션 사이의 단기적 연관성에 어떤 영향을 미쳤는가?

4.9 2020년 코로나19 팬데믹 기간 동안 댈러스 연방준비은행 총재는 인터뷰에서 "나는 만약 몇 년간 우리가 목표치를 밑돌았다면, 오버슈팅(적당한 정도의 인플레이션 오버슈팅)의 개념에 대해 수용적이라고 일관되게 말해 왔다"고 말했다.
 a. "인플레이션의 오버슈팅"은 무엇을 의미하는가? 왜 연준은 경기침체기에 인플레이션 오버슈팅 용의가 있을 것인가?
 b. 연준이 2020년 8월 평균 인플레이션 타겟팅 정책으로 전환하기로 결정한 이유를 간단히 설명하시오. 연준의 이전 접근법과 비교하여 평균 인플레이션 타겟팅에는 어떤 이점이 있는가?

4.10 존 테일러(John Taylor)는 "상당한 실증적 연구가 2003~2005년 금리가 너무 오랫동안 낮았고, 이것이 이후 주택시장의 호황과 불황의 주요 요인이 되었다는 견해를 뒷받침한다"고 주장했다.
 a. 2003~2005년에 금리가 너무 낮았다는 어떤 증거가 있는가?
 b. 2003~2005년에 너무 낮았던 금리가 어떻게 주택시장의 호황과 불황에 기여했나?

4.11 **[개념적용: "마이너스 금리는 효과적인 통화정책 수단인가?" 관련]** 2020년 5월, 이코노미스트지의 한 기사는 마이너스 금리의 결과로 "채산성이 낮은 은행들이 대출을 줄이기로 결정함으로써 투자와 성장을 억제할 수 있다"고 주장했다. 만약 중앙은행이 은행의 지준예치금에 마이너스 금리를 지불하기 시작한다면, 왜 은행의 수익성이 낮아지는가? 은행들은 가계와 기업의 예금에 마이너스 금리를 지불함으로써 수익성을 유지할 수는 없는가? 간단히 설명하시오.

CHAPTER 16

국제금융시스템과 통화정책

학습목표

이번 장을 통해 다음을 이해할 수 있다.

16.1 연준의 외환시장 개입이 본원통화에 어떤 영향을 미치는지 분석한다.

16.2 연준의 외환시장 개입이 환율에 어떤 영향을 미치는지 분석한다.

16.3 국제수지가 계산되는 방법을 설명한다.

16.4 환율제도의 발전에 대해 논의한다.

모든 나라를 위한 단일통화?

모든 나라가 같은 통화를 사용하는 것이 경제적으로 효율적일까? 세계은행(World Bank)은 가난을 줄이고 경제성장을 증진하는 것이 임무인 국제기구이다. 한 기자가 세계은행 회의장 밖에서 시위하는 시위대가 왜 그 기구에 반대하는지 인터뷰했다. 한 시위자는 세계은행이 모든 국가가 단일통화를 사용하도록 하는 것에 반대한다고 말했다. 사실, 시위자는 잘못 알고 있었고, 세계은행은 이를 지지하지 않았다. 하지만 단일통화를 사용하는 것은 좋은 생각인지도 모른다. 8장에서 보았듯이, 환율의 변동은 상품이나 서비스를 수출하거나 여러 나라에서 영업하는 기업에 문제를 일으킬 수 있다. 만약 모든 나라가 같은 통화를 사용한다면, 환율은 없을 것이고 이러한 국제무역의 불확실

성이 제거될 것이다. 또한 기업, 가계, 투자자들은 외국판매자로부터 상품, 서비스를 구매하고 투자를 하기 위한 외화를 획득하는 데 수반되는 거래비용을 피할 수 있을 것이다.

공동통화를 사용하려는 가장 중요한 시도는 유럽 12개국이 2002년에 같은 통화를 사용하기로 결정한 것이었다. 물론 작은 나라들이 더 큰 나라의 통화를 사용하기 위해 자국 통화를 포기한 사례가 있었지만, 독일, 프랑스, 이탈리아처럼 큰 경제들은 공동통화를 사용하기로 동의한 적이 없었다. 유럽의 4대 경제대국 중 영국만이 유로존 가입을 거부하고 자국 통화를 계속 사용했다. 2020년까지 19개국이 유로를 채택했다. 앞서 살펴본 바와 같이, 국

핵심 이슈와 질문

이슈: 유럽의 2007~2009년 금융위기로부터 저조한 회복은 유럽중앙은행의 통화정책에 대한 논란으로 이어졌다.

질문: 유럽 국가들은 공동통화 사용을 포기해야 하는가?

해답은 이 장의 끝에서…

가들은 그들의 중앙은행이 물가안정 및 완전고용과 같은 주요 정책목표를 달성하기 위해 통화정책을 수행할 것으로 기대한다. 그러나 통화정책을 수행하기 위해서는 화폐 공급을 통제할 필요가 있다. 프랑스의 프랑, 독일의 마르크, 이탈리아의 리라, 그리고 다른 화폐들이 더이상 존재하지 않게 되면서 이들 국가는 통화정책의 통제권을 유럽 중앙은행(European Central Bank, ECB)에 넘겨주었다. 개별 회원국의 중앙은행이 아닌 ECB가 익일물 은행대출금리(overnight bank lending rate), 본원통화(monetary base) 규모 등 핵심 통화정책 변수들을 결정한다.

처음 5년 동안 유로 도박은 성과를 거두는 것처럼 보였다. 기업과 가계는 화폐를 교환하거나 환율 변동을 걱정할 필요 없이 국경을 넘어 상품을 사고팔고 투자하면서 낮아진 거래비용의 혜택을 보고 있었다. 생산과 고용의 꾸준한 성장으로, 유로 국가들에서 ECB의 통화정책에 대해 불평하는 사람은 거의 없었다. 그러나 2007~2009년 금융위기가 강타했다. 금융위기가 유로존의 모든 국가들에서 생산과 고용의 감소를 초래했지만, 그리스, 스페인, 포르투갈, 아일랜드는 특히 큰 타격을 받았다. 유로화 이전이라면 이들 국가의 중앙은행들은 자국의 통화가치 하락을 용인해 수출을 활성화하고 수입을 줄임으로써 경기침체에 대응했을 것이다. 또한 각국은 본원통화를 확대할 수 있었다. 그러나 경기침체와 싸우기 위한 그러한 옵션들은 더 이상 사용할 수 없다. 문제를 더 어렵게 하는 것은 정부의 세입 감소와 지출 증가로 대규모의 정부예산 적자가 발생해 이를 메꾸기 위한 채권을 발행해야 한다는 점이다(정부가 발행한 채권을 **국가부채**(sovereign debt)라고 한다).

투자자들은 특히 그리스, 스페인, 이탈리아에서 정부가 이자나 원금을 상환하기 불가능할 정도로 많은 부채가 누적되고 있다고 우려했다. 2012년 ECB는 스페인과 이탈리아의 부채를 사들이는 이례적인 조치를 취했다. 또한 유로존 국가들은 ECB에 회원국의 은행을 감독할 수 있는 확대된 권한을 부여하기로 합의했다. 15장 15.4절에서 논의했듯이, 2014년부터 ECB는 은행 지급준비금에 대한 금리를 마이너스(-)로 만드는 놀라운 조치를 취했다. 2016년

까지 ECB는 국채 매입을 늘리고, 회사채를 매입하기 시작했으며, 은행들이 가계와 기업에 자금을 제공할 수 있도록 은행에 대한 4년 만기 대출 프로그램을 시작했다. 이러한 조치들은 가장 약한 유로존 회원국들의 경제를 안정시키는 데 도움을 주었고, 적어도 단기적으로는 유로화가 살아남을 가능성을 높였다.

2020년 코로나19 팬데믹 기간 동안 유로화는 또 다른 잠재적 위기에 직면했다. 코로나는 독일과 네덜란드를 포함한 북유럽 국가들보다 그리스, 스페인, 이탈리아를 포함한 남유럽 국가들에 더 큰 경제적 영향을 미쳤다. 일부 정책입안자들과 경제학자들은 유럽연합(EU)의 모든 회원국이 상환 책임을 지는 국채를 처음으로 발행하여 경기부양을 위한 자금을 지원할 것을 제안했다. 독일과 네덜란드는 처음에는 반대했지만, 2020년 7월 7,500억 유로의 채권을 발행하기로 합의했다. ECB는 여전히 도전에 직면하고 있었는데, 이는 월스트리트 저널의 기사가 지적하듯 전염병이 "유로에 대한 남유럽의 지지를 잠식하고, ECB가 모든 회원국에 적합한 수준으로 금리를 책정하는 것을 더 어렵게 만들기 때문"이다. 한 사설은 "ECB 총재가 유로화를 구할 수 있을까?"라고 물었다.

라가르드(Lagarde) 총재는 ECB 회원국들의 반대를 극복하고 ECB가 1조 3,500억 유로의 국채와 민간채권, 기업어음(CP)를 매입하는 팬데믹 긴급 구매 프로그램(Pandemic Emergency Purchase Program, PEPP)을 시작했다. 이는 유럽 금융시스템으로 자금이 계속 흐르게 하고, 이탈리아와 같이 어려움에 처한 정부에서 발행한 채권도 안전하다는 것을 투자자들에게 확신시키기 위한 것이었다. 2020년 가을, ECB의 이러한 적극적 대응이 유로화의 생존에 도움이 된 것으로 보였다.

결과가 무엇이든, 유로의 무용담은 국가들이 환율의 안정을 달성하기 위해 얼마나 오랫동안 노력해야 하는지, 그리고 얼마나 큰 어려움을 겪을 수 있는지를 보여준다. 유로존이 직면한 문제들은 단일 세계 통화가 채택되는 것이 왜 어려운지를 보여준다.

8장에서 우리는 외환시장이 어떻게 작동하는지 보았다. 이 장에서는 연준과 다른 중앙은행들이 외환시장에 어떻게 개입하는지에 초점을 맞춘다. 또한 유로와 같은 다양한 환율 시스템과 이러한 시스템이 국내 통화정책에 미치는 영향에 대해 설명한다. 우선 연준이 외환시장에서 취하는 조치가 미국의 본원통화에 어떤 영향을 미치는지 살펴보자.

16.1 외환시장 개입과 본원통화

학습목표: 연준의 외환시장 개입이 본원통화에 어떤 영향을 미치는지 분석한다.

14장에서 화폐공급과정을 분석하면서 중앙은행, 은행 시스템, 그리고 비은행 기관이라는 세 참여자의 행동을 설명했다. 국제금융시장이 연계돼 있기 때문에 외국 중앙은행, 외국계 은행, 외국 저축자와 차입자도 미국 내 화폐공급에 영향을 미칠 수 있다. 특히 중앙은행이나 정부가 자국 통화의 가치에 영향을 미치려 할 때, 국제금융거래는 화폐공급에 영향을 미친다. 결과적으로 이러한 개입은 외환시장 안정이라는 통화정책 목표를 국내 물가안정과 경제성장이라는 정책목표와 상충되도록 만들 수 있다.

연준과 다른 중앙은행들은 자국 통화의 가치에 영향을 미치기 위해 종종 국제시장에 참여한다. **외환시장 개입**(foreign exchange market intervention)은 환율에 영향을 미치기 위한 중앙은행의 의도적인 조치이다. 외환시장 개입은 중앙은행의 **국제준비금**(international reserves, 또는 **외환보유고**(foreign reserves))을 변경하는데, 이는 외화로 표시되고 국제거래에 사용되는 자산이다.

연준이 달러화 가치 상승을 원하면 국제통화시장에서 외화자산을 팔고 달러를 사들이는 방식으로 달러 수요를 늘릴 수 있다. 연준이 달러화 가치 하락을 원하면 달러를 팔고 외화자산을 사들이는 방식으로 달러 공급을 늘릴 수 있다.[1] 이러한 거래는 달러의 가치뿐 아니라 국내 본원통화에도 영향을 미친다. 이때 T-계정(T-account)을 활용해 외환시장 개입이 연준 재무상태표에 미치는 영향을 추적함으로써 본원통화가 어떤 영향을 받는지 알 수 있다.

연준이 달러의 가치를 낮추기 위해 외국정부가 발행한 단기국채 등 $10억 가치의 외화자산을 매입한다고 가정해보자. 통상 연준은 외국 국채를 매입하는 데 필요한 외환을 상업은행으로부터 사들인다. 이 거래는 연준의 국제준비금을 $10억 증가시키고, 연준의 재무상태표상 외화자산 항목이 $10억 증가한다. 연준이 은행에 지급한 자금은 은행이 연준에 가지고 있는 지준예치금을 $10억 증가시키고, 이는 연준의 부채에 해당한다. 이 거래가 연준의 재무상태표에 미치는 영향은 다음과 같이 요약할 수 있다.

외환시장 개입
환율에 영향을 미치기 위한 중앙은행의 의도적인 조치

국제준비금(또는 외환보유고)
외화로 표시되고 국제거래에 사용되는 중앙은행 자산

---

[1] 미국에서는 중앙은행이 외환시장 개입에 대한 책임이 있는 일부 다른 국가와 달리 연준이 아닌 미국 재무부가 그러한 개입에 대한 책임이 있다. 실제로 이러한 조치는 재무부와 연준이 협조하여 시행하므로 논의를 단순화하기 위해 연준이 외환시장 개입을 독립적으로 수행한다고 가정한다.

연준			
자산		**부채**	
외화자산 (국제준비금)	+$10억	은행지준예치금	+$10억

만약 연준이 $10억의 외화자산을 현금으로 결제했다면, 현금통화도 연준의 부채이기 때문에 부채는 여전히 $10억 증가한다.

연준			
자산		**부채**	
외화자산 (국제준비금)	+$10억	현금통화	+$10억

본원통화는 현금통화와 은행 지급준비금의 합과 같기 때문에, 두 거래 모두 매입한 외화자산(국제준비금)만큼 본원통화를 상승하게 만든다. 즉, **중앙은행이 외화자산을 매입하는 것은 국채를 매입하는 공개시장운영과 같은 효과를 본원통화에 발생시킨다.** 중앙은행이 외화자산을 매입하면 국제준비금와 본원통화가 외화자산 매입액만큼 증가한다.

마찬가지로 연준이 달러화 가치를 높이기 위해 외화자산을 매각하면 본원통화는 줄어드는 반면 달러화 가치는 상승한다. 예를 들어, 연준이 $10억 가치의 외국정부 발행 단기국채를 팔면 연준의 외화자산 보유액은 $10억 감소한다. 동시에 연준이 매각한 외화자산 매입자들이, 미국 은행에서 발행된 수표로 이를 결제하면 은행지준예치금이 $10억 감소한다. 이 거래는 연준의 재무상태표에 다음과 같은 영향을 미친다.

연준			
자산		**부채**	
외화자산 (국제준비금)	−$10억	은행지준예치금	−$10억

연준이 외화자산 매각 대금으로 달러를 매입했다면, 현금통화(연준의 부채)는 매각된 외화자산 가치만큼 감소할 것이다. 본원통화는 현금통화와 지준의 합이기 때문에, 매각된 외화자산(국제준비금)만큼 감소한다. 결국 국내 은행의 지준예치금 또는 현금통화가 하락한다. 즉, **중앙은행이 외국자산을 매각하는 것은 국채를 매각하는 공개시장운영과 같은 영향을 본원통화에 발생시킨다.** 중앙은행이 외화자산 매각 자금으로 국내 통화를 구매하면 매각된 외화자산의 크기만큼 국제준비금과 본원통화가 감소한다.

중앙은행이 외환시장에서 자국 통화의 매도나 매입에 따라 본원통화가 변동하도록 할 때 이 거래를 **태화 외환시장 개입**(unsterilized foreign exchange intervention)이라고 한다. 그 대신에 중앙은행은 국내 공개시장운영을 이용해 외환시장 개입에 의한 본원통화 변동을 상쇄할 수 있다. 예를 들어, 연준이 외화자산 $10억를 매각한다고 가정하자. 이를 상쇄하는 개입이 없다면 본원통화가 $10억 하락한다. 그러나 동시에 연준은 외환시장 개입에 따른 본원통화 감소를 상쇄하기 위해 $10억치 국채의 공개시장매입을 단행할 수 있다. 다음 T-계정은

태화 외환시장 개입
중앙은행이 본원통화에 대한 효과를 상쇄하지 않는 외환시장 개입

이러한 거래를 보여준다.

연준			
자산		**부채**	
외화자산	−$10억	본원통화	+$0억
(국제준비금)		(현금통화와 지급준비금의 합)	
국채	+$10억		

본원통화가 변동하지 않도록, 국내 공개시장운영이 함께 수반되는 외환시장 개입을 **불태화 외환시장 개입**(sterilized foreign exchange intervention)이라고 한다.

불태화 외환시장 개입
중앙은행이 본원통화에 대한 효과를 상쇄하는 외환시장 개입

16.2 외환시장 개입과 환율

학습목표: 연준의 외환시장 개입이 환율에 어떤 영향을 미치는지 분석한다.

외환시장 개입은 국내 화폐공급에 영향을 미칠 수 있으며, 이는 국내 경제에 의도하지 않은 영향을 미칠 수 있다. 이러한 단점에도 불구하고, 중앙은행들은 여전히 환율 변동을 최소화하기 위해 때때로 외환시장에 개입한다. 자국 통화가치가 하락하면 외국 상품의 가격이 상승하고 인플레이션으로 이어질 수 있다. 16.1절에서 본 것처럼, 중앙은행은 자국통화로 표시된 자산을 매입하고 외화자산을 매각함으로써 평가절하를 제한하려고 시도할 수 있다. 국내 통화가 절상되면 세계 시장에서 그 나라 상품의 경쟁력이 떨어질 수 있다. 중앙은행들은 자국 통화로 표시된 자산을 매각함으로써 평가절상을 제한하려 할 수 있다. 이 절에서는 태화 또는 불태화 외환시장 개입이 환율에 미치는 영향을 살펴본다.

태화 개입

8장 8.3절에서 보았듯이 환율은 외환시장에서 수요와 공급에 의해 결정된다. 우리는 수요와 공급 분석을 통해 중앙은행의 외환시장 개입이 환율에 미치는 영향을 확인할 수 있다.

연준이 태화 개입을 통해 일본 엔화 대비 달러의 가치를 높이려 한다고 가정하자. 연준이 일본 단기국채를 매각하고 달러를 수취하면, 유통되는 달러의 양이 줄면서 미국 내 본원통화를 감소시킨다. 연준은 외환시장에서 달러 공급을 줄였지만, 15장 15.2절에서 보았듯이 본원통화가 감소하면 금리가 상승할 수 있다(은행 지급준비금이 부족할 경우 더 가능성이 높다). 일본 금리에 비해 미국 금리가 오르면 외국인 투자자들의 미국 금융자산 매입을 위한 달러 수요가 증가하고, 미국 투자자들의 일본 금융자산 매입은 줄어들면서 엔화 구입 과정에서 발생하는 달러 공급도 감소하게 될 것이다. 그림 16.1의 (a)는 엔과 교환을 위한 달러 수요곡선이 D_1에서 D_2로 우측이동하고, 공급곡선은 S_1에서 S_2로 좌측이동하는 결과를 보여주고 있다. 균형환율이 E_1에서 E_2로 상승하는 것은 연준이 달러의 가치를 성공적으로 상승시켰음을 보여준다. 즉, 다른 변화가 없다면 중앙은행이 외국자산을 매각하고 국내통화를

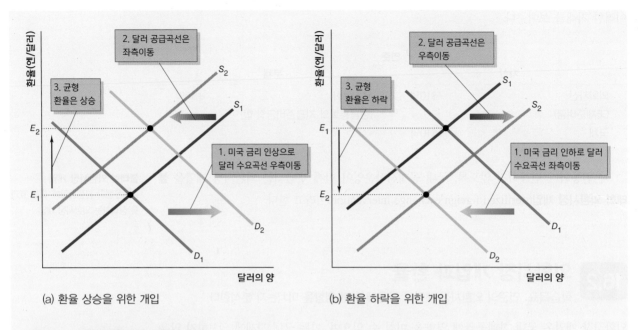

그림 16.1 태화 외환시장 개입의 효과

(a)에서 연준은 단기 일본 국채를 매각하면서 개입한다. 이 조치는 미국의 본원통화를 줄이고 금리를 인상시킨다. 결과적으로, 달러 수요는 D_1에서 D_2로 우측이동하고, 달러 공급은 S_1에서 S_2로 좌측이동한다. 균형환율은 E_1에서 E_2로 상승한다.

(b)에서 연준은 단기 일본 국채를 매수하면서 개입한다. 이 조치는 미국의 본원통화를 증가시키고 금리를 낮춘다. 결과적으로, 달러 수요는 D_1에서 D_2로 좌측이동하고, 달러 공급은 S_1에서 S_2로 우측이동한다. 균형환율은 E_1에서 E_2로 하락한다. 이 두 가지 예는 모두 태화 개입이다.

수취하는 태화 개입은 국제준비금과 본원통화를 감소시키고, 국내통화를 절상시킨다.

태화 외환시장 개입으로 환율을 낮추기 위해서 연준은 일본 단기국채를 매입하고, 이는 미국 본원통화를 증가시킨다. 본원통화가 증가하면 미국 금리는 하락하고, 달러 수요곡선은 D_1에서 D_2로 좌측 이동하고, 공급곡선은 S_1에서 S_2로 우측 이동한다. 그 결과 그림 16.1의 (b)에서 보듯 균형환율은 하락한다. 즉, 다른 변화가 없다면 중앙은행이 국내통화로 외국자산을 사들이는 태화 개입은 국제준비금과 본원통화를 증가시키고, 국내통화를 절하(depreciation)시킨다.

불태화 개입

불태화 외환시장 개입을 할 때, 중앙은행은 공개시장운영을 통해 본원통화에 대한 개입의 효과를 상쇄한다. 본원통화가 영향을 받지 않기 때문에 국내 금리도 변하지 않을 것이다. 연준이 일본 단기국채를 매도하면서 동시에 미국 국채를 사들여 개입의 효과를 상쇄하면, 미국 금리는 영향을 받지 않을 것이다. 따라서 달러 수요곡선과 공급곡선도 영향을 받지 않고, 환율도 변하지 않을 것이다. 즉, 불태화 개입은 환율에 영향을 미치지 않는다고 결론 내릴 수 있다. 중앙은행이 환율을 변동시키기 위해서는 태화 개입을 사용할 필요가 있다.

예제 16.2

스위스 중앙은행은 상승하는 프랑에 맞서고 있다

2020년 월스트리트 저널의 한 기사는 스위스국립은행(Swiss National Bank, SNB)이 유로 대비 스위스 프랑(franc)의 가치가 더 높은 것이 "잠재적으로 경제에 피해"를 주기 때문에 프랑의 가치가 상승하는 것을 막기 위한 개입을 하고 있을지 모른다고 언급했다. 그 기사는 또한 금융 분석가들이 스위스 은행들의 SNB 예치금을 모니터링한다고 언급했다. 이러한 예치금이 증가하는 것은 SNB가 "올해 이미 프랑의 절상을 막기 위해 행동하고 있다"는 것을 암시한다.

a. 스위스 프랑의 가치가 상승하고 있다면, 1유로를 사는

데 더 많은 프랑이 필요한가 아니면 더 적은 프랑이 필요한가? 왜 SNB는 이러한 변화가 잠재적으로 스위스 경제에 피해를 줄 것이라고 믿는가?

b. 왜 분석가들은 SNB가 외환시장에 개입했는지 여부를 확인하기 위한 방법으로 스위스 은행들의 SNB 예치금 양을 감시하는가? SNB의 외환 개입은 태화 개입인가 불태화 개입인가? 간략히 설명하시오.

c. 유로와 스위스 프랑의 교환시장을 나타내는 그래프를 사용하여 SNB가 프랑의 가치를 낮추기 위해 취한 조치의 효과를 설명하시오.

문제풀이

1 단계 **이 장의 내용을 복습한다.** 이 문제는 중앙은행들이 환율에 영향을 미치기 위해 어떻게 개입하는지에 관한 것이므로 "외환시장 개입과 환율" 부분을 복습한다.

2 단계 **스위스 프랑의 가치가 상승하고 있다면 1유로를 사는데 더 많은 프랑이 필요한지 아니면 더 적은 프랑이 필요한지, 그리고 왜 프랑의 가치 상승이 스위스 경제에 피해를 줄 수 있는지 설명함으로써 질문 (a)에 답한다.** 만약 스위스 프랑의 가치가 유로 대비 상승한다면, 1유로와 교환을 위해 더 적은 프랑이 필요하다(또는 1프랑과 교환을 위해 더 많은 유로가 필요하다). 유로화 대비 프랑의 가치가 오르면 식품회사 네슬레나 제약회사 노바티스·로슈 등 스위스 수출업체들은 유로화 표시 가격이 상승해 유럽 내 매출 감소를 겪을 수 있다. 예를 들어, 취리히에서 네슬레가 캔디를 1프랑에 판매한다고 가정하자. 만약 프랑과 유로 사이의 환율이 1프랑 = 1유로라면, 파리에서 캔디의 가격은 1유로이다. 유로 대비 스위스 프랑의 가치가 상승해 환율이 1프랑 = 1.1유로로 바뀌면 파리에서 캔디 가격이 1.1유로로 오르고 매출이 감소한다. 수출이 스위스 GDP의 66%(미국은 GDP의 12%에 불과)이기 때문에, 수출의 현저한 감소는 스위스 경제에 타격을 줄 것이다.

3 단계 **왜 SNB에 예치된 스위스 은행의 예치금이 SNB가 외환시장에 개입했는지 여부를 나타낼 수 있는지, 외환 개입은 태화 개입인지 불태화 개입인지 설명함으로써 질문 (b)에 답한다.** 우리는 중앙은행이 외화자산을 매입함으로써 자국 통화의 가치를 낮추려고 시도할 수 있음을 보았다. 외화자산을 구매하면 중앙은행의 외화자산 보유가 증가(중앙은행 재무상태표의 자산 측면)하고 은행들의 지급준비금이 동일한 금액만큼 증가(중앙은행 재무상태표의 부채 측면)한다. 스위스 본원통화도 이 금액만큼 증가한다. 따라서 스위스 은행들의 SNB 예치금 규모를 모니터링하여 SNB가

외환시장에 개입하고 있는지 여부를 알 수 있다. "프랑의 절상을 막는 행동"은 은행들의 SNB 예치금 증가와 태화 개입을 의미한다. SNB가 불태화 개입을 했다면, SNB가 본원통화에 변동이 없도록 하는 상쇄 조치를 취했을 것이기 때문에 예치금의 양이 증가하지 않았을 것이다.

4 단계 **SNB가 프랑의 가치를 낮추기 위해 취한 조치들의 효과를 나타내는 그래프를 그려 질문 (c)에 답한다.** 다음 그래프는 SNB의 태화 외환 개입의 효과를 보여준다. SNB의 조치는 유로와 교환을 위한 프랑의 공급을 S_1에서 S_2로 증가시킨다. 또한 이러한 조치는 스위스 본원통화를 증가시키고 아마도 다른 유럽 국가에 비해 스위스 금리를 낮출 것이다. 결과적으로 외국인 투자자들의 스위스 금융자산에 대한 수요와 프랑에 대한 수요가 감소한다. 프랑의 수요곡선은 D_1에서 D_2로 좌측이동하고, 균형환율은 E_1에서 E_2로 하락한다. SNB의 관점에서 그래프를 그리기 때문에 세로축을 "유로/프랑"으로 표시함을 유의한다.

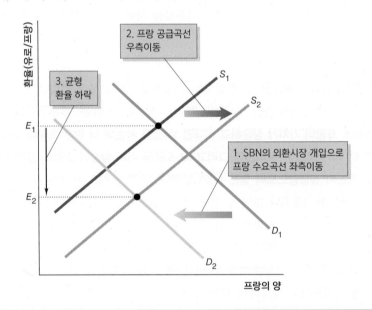

자본통제

멕시코는 1994~1995년 **외환위기**(currency crisis)를 겪었고, 몇몇 동아시아 국가는 1997~1998년에 외환위기를 겪었다. 이러한 위기 동안 관련 국가들은 급격한 통화가치의 하락을 겪으며 경제가 혼란에 빠졌다. 이러한 위기는 부분적으로 금융 투자의 급격한 유입과 유출, 또는 **자본유입**(capital inflows)과 **자본유출**(capital outflows)에 의해 촉발되었으며, 이로 인해 일부 경제학자와 정책입안자들은 신흥 국가에서 자본의 이동에 제한을 두는 것을 옹호했다. 이러한 제한은 **자본통제**(capital controls)라고 하며, 외국 투자자가 국내 자산을 구매하거나 국내 투자자가 해외 자산을 구매하는 것에 대해 정부가 부과하는 제한이다. 정부는 자본통

자본통제
외국 투자자가 국내 자산을 구매하거나 국내 투자자가 해외 자산을 구매하는 것에 대해 정부가 부과하는 제한

제를 통해 자국 통화와 외국 통화 간의 환율 변동성을 줄이려고 한다.

외환위기 발생에 있어 자본유출이 역할을 하는 경우가 자주 있기 때문에, 1998년 말레이시아에서 그랬던 것처럼 일부 정치 지도자들은 자본유출에 제한을 둔다. 하지만 대부분의 경제학자들은 그러한 통제가 국내 경제에 미치는 영향에 대해 우려한다. 자본통제는 세가지 중요한 문제를 가지고 있다. 첫째, 자본통제로 국내 기업과 투자자들은 국내 화폐를 외화로 교환하기 위해 정부로부터 허가를 받아야 한다. 허가 권한을 가진 공무원들은 허가의 대가로 뇌물을 요구할 가능성이 있다. 자본통제를 시행한 대부분 개발도상국가들은 상당한 정도의 정부 부패를 발견했다. 둘째, 국내 화폐를 외화로 바꿀 수 없다면 다국적 기업들이 벌어들인 이익을 본국에 가져가는 데 어려움을 겪기 때문에 자본통제를 가진 국가에 투자하는 것을 꺼릴 수 있다. 이 문제는 많은 개발도상국들이 높은 성장률을 달성하기 위해 공장 건설 등 다국적 기업들의 투자에 의존하기 때문에 중요하다. 마지막으로, 실제에 있어 많은 나라들은 개인과 회사들이 암시장을 이용해 불법적으로 국내 화폐를 외화로 교환함으로써 자본통제를 회피한다는 것을 발견했다.

자본통제의 이러한 단점들에도 불구하고, 2007~2009년 금융위기와 그 여파들로 일부 경제학자들과 정책입안자들 사이에 자본통제에 대한 관심이 되살아났다. 위기 이전 몇 년 동안 스페인, 그리스, 아이슬란드를 포함한 몇몇 유럽 국가들은 세계적인 부동산 가격 호황 등에 힘입어 많은 양의 자본유입을 경험했다. 위기가 시작되자 이 국가들은 급격한 자본유출을 경험했고, 이는 경제불황을 심화시켰다. 16.4절에서 논의할 국제기구인 국제통화기금 (International Monetary Fund, IMF)은 수년 동안 자본통제에 반대했다. 그러나 최근 IMF는 입장을 완화하였고, 나아가 정부와 중앙은행들이 특별히 많은 양의 자본유입을 경험하는 경우 자본통제를 사용할 것을 고려하도록 권고했다. 2019년 아르헨티나 정부는 IMF로부터 $570억의 차관을 받았으며, 페소화 가치를 유지하기 위한 자본통제를 실시했다.

자본유입에 대한 제한은 자본유출에 대한 제한보다 일부 경제학자들로부터 더 많은 지지를 받고 있는데, 이는 이러한 유입이 종종 국내의 대출 증가와 은행의 위험부담 증가로 이어지기 때문이다. 다른 경제전문가들은 이 문제의 심각성은 신흥시장 국가의 은행규제와 감독을 개선하여 줄일 수 있다고 지적한다. 이러한 방식은 자본유입이 유망한 투자기회를 가진 국가로 외국인 투자를 연결해주는 중요한 금융 메커니즘으로 작동할 수 있도록 해준다.

16.3 국제수지

학습목표: 국제수지가 계산되는 방법을 설명한다.

연준의 외환시장 개입을 설명할 때, 개입으로 연준의 재무상태표에서 국제준비금이 증가하거나 감소한다는 점만 언급하고, 연준이 국제준비금을 보유하고 있는 이유나 국제준비금 규모에 영향을 미치는 요인에 대해서는 논의하지 않았다. 국제준비금 거래는 미국과 다른 국가 간의 여러 자본 흐름 중 하나이다. 연준이 국제준비금을 축적하는 방법과 외환시장 개입에 사용할 수 있는 양을 이해하려면, 미국과 외국 사이의 광범위한 자금 흐름을 살펴볼 필요가 있다. 우리는 국제 자본 흐름을 이해하기 위해 국제수지 계정을 사용할 수 있다. **국제수지 계정**(balance-of-payments account)은 국내 경제와 외국 사이의 모든 민간 및 정부의 자금 흐름을 측정한다.

국제수지 계좌
국내 경제와 외국 사이의 모든 민간 및 정부의 자금 흐름을 측정

국제수지는 가계나 기업이 수취와 지급을 기록하기 위해 사용하는 것과 유사한 장부 기재 절차이다. 국제수지에서 외국으로부터 자금 유입은 수취이고, 양(+)의 값으로 기록된다. 수취는 다음을 포함한다.

1. 국내생산 상품 및 서비스 구매(수출)
2. 외국 가계 및 기업의 국내자산 매입에 사용되는 자금(자본유입)
3. 외국인이 내국인에게 주는 선물(일방적 송금)

국내에서 외국인에게 자금이 유출되는 것은 지급이며, 음(-)의 값으로 기록된다. 지급은 다음과 같다.

1. 해외 상품 및 서비스 구매(수입)
2. 국내 가계 및 기업의 외화자산 매입에 지출된 자금(자본유출)
3. 국제원조를 포함한 외국인에 대한 선물(일방적 송금)

국제수지 계정의 주요 구성요소는 재화와 용역의 구입과 판매를 위한 거래(**무역수지**(trade balance)를 포함한 **경상수지**(current account balance)) 및 국제 대출 또는 차입을 위한 자금의 흐름(**공적결제**(official settlements)를 포함한 **금융계정수지**(financial account balance))을 요약한다.

각 국제거래는 가계, 기업 또는 정부 사이의 상품, 서비스 및 자산의 교환을 나타낸다. 따라서 거래의 양측은 항상 균형이 맞아야 한다. 즉, 국제수지표의 지급과 수취는 0이 되어야 한다.

$$경상수지 + 금융계정수지 = 0$$

경상수지

경상수지(current account)는 한 국가와 외국의 무역 파트너 사이에 현재 생산된 상품과 용역의 구매와 판매를 수반하는 거래들을 요약한다. 미국이 경상수지 흑자(양수)를 기록하고 있다면 미국 거주자들이 외국인들로부터 수입품을 구입한 것보다 더 많은 상품과 서비스를 외국인들에게 판매한 것이다. 이에 따라 미국 거주자들은 외국인들에게 대여할 자금이 생긴다. 대체로 미국 경상수지는 적자를 기록하고 있다. 2019년 미국의 경상수지는 $4,800억였다. 경상수지가 적자이면 그 차액을 빌려 해외에서 구입한 상품과 용역에 대한 대금을 지급해야 한다. 일반적으로 경상수지 흑자나 적자는 국제 대출이나 차입, 또는 공적대외준비자산(official reserve) 거래의 변화를 통해 균형을 이루어야 한다. 일부 경제학자들과 정책입안자들은 1980년대 이후 미국의 대규모 경상수지 적자가 국내 소비, 투자 및 정부 재정적자

의 재원을 조달하기 위해 미국을 외국의 저축(해외로부터 차입)에 크게 의존하도록 만들었다고 우려해 왔다.

지난 20년간 미국의 경상수지 적자가 발생한 이유 중 한 가지는 아마도 세계적인 "저축 과잉(saving glut)"일 것이다. 일부 저축 과잉은 노후를 준비해야 하는 고령인구를 가진 일본과 같은 나라들에서의 높은 저축률의 결과이다. 여기에 중국, 한국 등 아시아 국가들과 일부 동유럽 국가 등 개발도상국들의 소득이 증가하면서 저축을 늘렸기 때문에 글로벌 저축 수준이 높아졌다. 높은 저축률과 상대적으로 제한된 투자기회로 인해 이들 국가의 자금이 미국으로 유입됐다. 또한 유럽의 느린 성장과 금융 및 정치 불안으로 인해 일부 투자자들은 안전한 피난처로 미국 증권을 선호해 왔다. 때때로 이러한 요소들은 달러 가치를 높이도록 이끌었다. 높은 달러 가치는 미국의 수출을 감소시키고 수입을 증가시켜 경상수지 적자에 기여한다.

금융계정

금융계정(financial account)은 국가들 사이의 기존 금융자산이나 실물자산의 거래를 측정한다. 한 나라의 국민이 자산(예: 고층빌딩, 채권, 주식)을 외국인 투자자에게 매각할 때, 구입자금이 그 나라로 유입되기 때문에 이 거래는 **자본유입**(capital inflow)으로 국제수지에 기록된다. 한 나라의 국민이 해외로부터 자산을 구입할 때, 자금이 유출되기 때문에 이 거래는 국제수지에 **자본유출**(capital outflow)로 기록된다. 예를 들어, 부유한 중국인 기업가가 뉴욕시 고층빌딩에 있는 펜트하우스 아파트를 살 경우, 이 거래는 중국에서는 자본유출로 미국에서는 자본유입으로 기록된다.

금융계정수지는 자본유입액에서 자본유출액을 뺀 금액으로, 여기에 부채탕감 및 이민자에 의한 금융자산 이전의 순가치를 더한 금액이다.[2] 금융계정수지는 자국 거주자가 외국인에게 사들이는 것보다 더 많은 자산을 외국인에게 팔면 흑자가 된다. 금융계정수지는 자국 거주자가 외국인에게 파는 것보다 더 많은 자산을 외국인에게 사들이면 적자가 된다. 2019년 미국은 $8,360억의 자본유입과 $4,410억의 자본유출을 기록했고 순금융계정수지는 $3,950억였다. 이는 외국인이 보유한 미국 자산이 증가한 것을 의미한다.

공적결제

국가 사이의 모든 자본 흐름이 가계와 기업에 의한 거래를 나타내는 것은 아니다. 정부와

---

[2] 자본수지는 국제수지의 세 번째 부분이자 덜 중요한 부분이다. 자본수지는 부채탕감, 이주민의 송금(출국하거나 입국할 때 가지고 가는 상품과 금융자산), 비생산·비금융자산의 판매 및 구입 등 상대적으로 경미한 거래을 기록한다. 비생산·비금융자산은 저작권, 특허, 상표 또는 천연자원에 대한 권리이다. 1999년 이전에는 자본수지가 현재 금융계정과 자본수지에 포함된 모든 거래를 기록했기 때문에 금융계정과 자본수지의 정의는 오해를 불러일으킨다. 다시 말해, 자본수지 거래는 국제수지에서 매우 중요한 부분에서 상대적으로 중요하지 않은 부분으로 바뀌었다. 현재 자본수지로 불리는 것의 잔액이 매우 작기 때문에, 여기서는 단순함을 위해 금융계정으로 통합하여 사용하도록 한다.

중앙은행이 보유한 자산의 변동은 민간의 자본 흐름을 보완한다. **공적대외준비자산(official reserve asset)**은 중앙은행이 보유하고 있는 자산이다. 중앙은행은 국제수지를 청산하고 국제통화정책을 수행하기 위해 이 자산을 사용한다. 역사적으로 금은 주요 공적준비자산이었다. 현재 공적준비금은 주로 미국과 다른 고소득 국가의 국채, 외국은행 예금, 그리고 IMF의 특별인출권(Special Drawing Rights)이라 불리는 자산이다. 공적결제(official settlement)는 한 국가의 공적준비자산의 순증가액(국내 보유액에서 외국 보유액을 뺀 값)과 같다.

공적결제수지(official settlements balance)는 **국제수지 흑자 또는 적자(balance-of-payments surplus or deficit)**라고도 불린다. 이 용어는 다소 혼란스러울 수 있다. 앞에서 우리는 국제수지가 경상수지와 금융계정의 합계와 같으므로 항상 0이라는 것을 보았다. 국제수지를 생각하는 또 다른 방법은 공적결제수지를 금융계정에서 제외하는 것이다. 이러한 제외는 한 나라가 국제수지 흑자나 적자를 갖는 것을 가능하게 한다. 이러한 관점에서, 2019년 미국은 국제수지 적자를 기록했다. 국제수지 흑자가 있을 때, 그 나라의 수취액은 지급액을 초과하기 때문에 국제준비금이 증가한다. 즉, 외국 중앙은행은 그 나라의 중앙은행에 국제준비금을 제공한다. 국제수지 적자가 나면, 국제준비금을 잃게 된다. 달러와 달러표시 자산이 국제준비금의 가장 큰 요소로 사용되기 때문에, 미국은 국제준비금 감소 및 외국 중앙은행들이 보유한 달러자산 증가로 국제수지 적자를 메울 수 있다. 마찬가지로 미국의 국제준비금 증가 및 외국 중앙은행들이 보유한 달러자산 감소는 미국의 국제수지 흑자를 상쇄할 수 있다.

계정들 사이의 관계

원칙적으로 경상수지와 금융계정의 합계가 0이라는 점을 기억하자. 실제로는 측정 문제로 인해 이 관계가 정확히 성립되지 않는다. 측정오류에 대한 조정, 또는 **통계불일치(statistical discrepancy)**는 국제수지의 금융계정 부분에서 보고된다. 2019년 미국의 국제수지는 $910억 (자본유입)의 통계불일치를 보였다. 많은 연구자들은 다른 나라들의 국제수지에도 비슷하게 존재하는 큰 통계불일치는 불법활동, 탈세, 정치적 위험으로 인한 자본도피 등과 관련된 숨겨진 자본 흐름을 반영한다고 믿는다.

요약하자면, 국제 무역과 금융 거래는 국제수지의 경상수지와 금융계정에 모두 영향을 미친다. 국제수지에서 한 나라의 국제거래를 마무리하기 위해, 그 나라 중앙은행과 외국 중앙은행은 공적준비금 거래를 하는데, 공적준비금 거래는 그 나라의 본원통화에 영향을 미칠 수 있다.

16.4 환율제도와 국제금융시스템

학습목표: 환율제도의 발전에 대해 논의한다.

연준과 다른 중앙은행들은 자국 통화가치의 안정을 위해 외환시장에 개입한다. 정치적 협정은 각 중앙은행의 국제준비금 매매 규모와 시기에 영향을 미친다. 구체적으로, 국가들은 특정 **환율제도**(exchange rate regime), 또는 국가 간 환율과 상품 및 자본의 흐름을 조정하는 시스템에 참여하기로 동의할 수 있다. 때때로, 국가들은 상호간에 환율을 고정하기로 합의하였고, 중앙은행들은 이러한 합의에 따라 환율을 유지하는 조치를 취한다. 현재 대부분 국가는 중앙은행이 환율변동을 제한하는 조치를 취할 때도 있지만, 통화별 수요와 공급의 움직임에 따라 환율이 변동하도록 허용하고 있다.

이 절에서는 환율제도에 관해 (1) 국가 간 합의로 어떻게 시스템을 함께 유지하는지, (2) 합의를 유지하기 위해 환율이 어떻게 조정되는지, (3) 국제 통화 및 금융시스템의 균형을 유지하기 위해 중앙은행이 어떻게 행동하는지를 분석한다. 또한 각 시스템의 성공과 실패, 그리고 정부와 중앙은행이 직면하고 있는 **정책 트릴레마**도 평가한다.

> **환율제도**
> 국가 간 환율과 상품 및 자본의 흐름을 조정하는 시스템

고정환율제 및 금본위제

과거에 환율체제는 대부분 정부가 결정하고 유지하는 수준으로 환율이 정해지는 **고정환율제**(fixed exchange rate system)였다. **금본위제**(gold standard)하에서 참가국들의 통화는 합의된 양의 금으로 전환될 수 있다. 두 나라 통화 사이의 환율은 상대적인 금 교환비율에 의해 고정된다. 19세기 후반부터 1914년 제1차 세계대전이 발발할 때까지 만연했던 고전적 금본위제는 고정환율제의 성공과 실패를 잘 보여준다. 그림 16.2는 1870~1913년의 금본위제 확산을 보여준다.

금본위제가 어떻게 작동하는지 예를 들어 보겠다. 만약 $1가 1/20온스의 금과 교환되고, 1프랑스 프랑(FF1)은 1/80온스의 금으로 교환될 수 있다면, $1 = FF4, 즉 $0.25 = FF1이 될 것이다. 이제 프랑스와 미국 사이의 무역과 자본 흐름의 예를 들어 이 고정환율제도가 어떻게 작동했는지 알아보자. 금본위제하에서, 미국 수입업자는 프랑스 수출업자에게서 상품을 구입하기 위해 (1) 프랑스에서 달러를 프랑스 프랑으로 교환하고 상품을 구입하거나, (2) 미국에서 달러를 금으로 교환하고 프랑스로 금을 운송한 후 프랑과 프랑스 상품을 구입하는 방법을 사용할 수 있었다.

프랑스 상품에 대한 수요가 미국 상품에 대한 수요에 비해 증가하여 프랑에 대한 수요는 증가하고 달러에 대한 수요는 감소한다고 가정하자. 그 결과 환율이 $1 = FF4의 공식환율에서 벗어나 $1 = FF3으로 움직이도록 하는 압력이 생긴다. 이러한 상황에서 미국과 프랑스 정부가 합의된 비율로 통화를 계속 금과 교환한다면, 미국 수입업체는 금을 프랑스로 이동하여 프랑을 매입함으로써 이익을 얻을 수 있다.

만약 미국의 옷 수입업자 A가 파리의 B로부터 FF5,000 상당의 옷을 구입하고 싶다면, 위에서 설명된 두 가지 전략 중 하나를 사용할 수 있다. 첫째, A가 외환시장에서 달러를 팔

> **고정환율제**
> 정부가 결정하고 유지하는 수준으로 환율이 정해지는 시스템
>
> **금본위제**
> 참가국들의 통화를 합의된 양의 금으로 교환할 수 있는 고정환율제

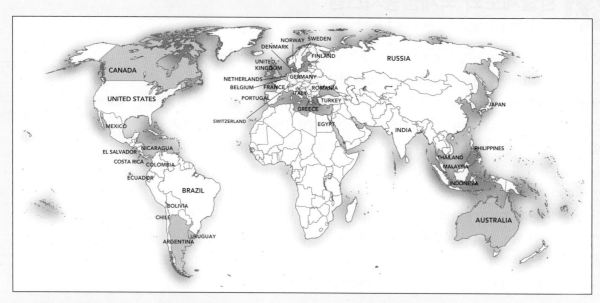

(a) 1870년 금본위제 국가

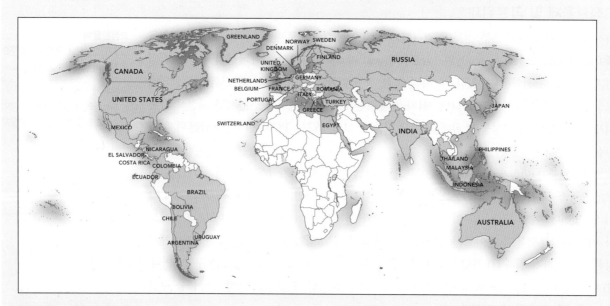

(b) 1913년 금본위제 국가

그림 16.2 금본위제의 확산

1870년 금본위제를 사용한 국가는 음영으로 처리된 영국, 캐나다, 호주, 포르투갈, 아르헨티나, 우루과이였다. 1913년까지 유럽과 서반구에 있는 대부분 나라들은 금본위제를 시행했다. 1930년대 후반 금본위제는 사라졌다. 이 그림에서 국가는 현재 국경으로 표시되어 있다.

출처: Maps prepared by authors from information in Christopher M. Meissner, "A New World Order: Explaining the International Diffusion of the Classical Gold Standard, 1870.1913," Journal of International Economics, Vol. 66, No. 2, July 2005, Table 1, p. 391.

고 프랑을 사려고 하면 FF5,000 ÷ (3FF/$) = $1,666.67를 지불해야 할 것이다. 둘째, A는 $1,250를 금으로 교환한 후 프랑스로 운송하고 프랑스 은행에서 고정환율로 금을 프랑으로 교환할 수 있다. $1 = FF4의 공식 환율에서 A는 옷을 사기에 충분한 FF5,000를 받는다. 미국에서 프랑스로 금을 운송하는 비용이 $416.67를 초과하지 않는 한, 두 번째 전략이 더 저렴한 방법이다.

A와 같은 미국 수입업자들이 금을 파리로 보내면 프랑스에서는 무슨 일이 일어날까? 프랑스로 흘러 들어간 금은 최종적으로 프랑으로 교환되기 때문에 프랑스의 국제준비금을 증가시킨다. 미국은 정부가 달러를 받고 금을 지불하기 때문에 국제준비금이 동일한 양만큼 감소한다. **한 나라의 국제준비금이 증가하면 본원통화가 증가하는 반면, 국제준비금이 감소하면 본원통화도 감소한다.** 본원통화가 프랑스에서 증가하고 미국에서는 감소하므로, 프랑스는 물가상승 압력을 받고 미국은 물가하락 압력을 받는다. 프랑스 상품이 미국 상품에 비해 비싸지게 되면, 프랑스 상품에 대한 상대적인 수요가 감소하고 무역수지가 회복되면서 환율이 $1 = FF4의 공식 환율로 이동하게 된다.

만약 미국 상품에 대한 상대적 수요가 증가하면 프랑스에서 미국으로 금이 흘러들어 프랑스 본원통화가 줄어들고 미국 본원통화가 증가한다. 이 경우 프랑스 가격 수준에 비해 미국의 가격 수준이 상승함에 따라 프랑스 상품의 매력이 높아져 무역수지가 회복된다. 환율은 고정환율인 $1 = FF4로 되돌아간다. 따라서 금본위제는 환율이 각국 통화의 잠재적 금 함량을 반영하도록 하는 자동 메커니즘을 가지고 있다고 결론 내릴 수 있다. 이 자동 메커니즘은 **가격-정화-플로우 매커니즘**(price-specie flow mechanism)이라고 불린다.

금본위제하에서 경제 조정과정의 한 가지 문제점은 무역적자와 금 유출이 있는 국가들이 물가하락, 즉 디플레이션을 경험한다는 것이다. 예상치 못한 심각한 디플레이션은 경기침체를 초래하거나 경기침체를 더 심화할 수 있다. 1870년대, 1880년대, 1890년대 기간에 미국에서 있었던 경기침체들은 디플레이션으로 인해 더욱 심화되었다. 물가수준이 하락하면서 가계와 기업의 명목부채의 실질가치가 상승했고, 이는 경제의 많은 부문에 재정적 고통을 가져왔다.

금본위제하에서 고정환율의 또 다른 결과는 각국이 자국 통화정책을 거의 통제하지 못한다는 것이다. 왜냐하면 금 흐름이 본원통화를 변동시키기 때문이다. 결과적으로, 국제 무역은 국가들이 예상치 못한 인플레이션이나 디플레이션을 경험하게 할 수 있다. 또한 금의 발견과 생산은 세계 화폐공급 변화에 큰 영향을 미쳤고, 불안정성을 증가시켰다. 예를 들어, 1870년대와 1880년대에 금의 발견이 거의 없이 급속한 경제성장이 이루어지며 많은 나라에서 가격이 하락했다. 이러한 디플레이션은 미국 중서부와 대평원 지역의 농부들에게 상당한 정치적 불안을 야기했는데, 그들의 주택담보대출 상환금이 명목금액으로 고정되어 있는 반면 그들이 판매하는 농산물의 가격은 계속 하락했기 때문이다. 반면에 1890년대에 알래스카, 캐나다 유콘, 그리고 현재 남아프리카에서 발견된 금은 전 세계의 가격수준을 높였다.

이론적으로 금본위제는 모든 국가가 고정환율로 통화를 자유롭게 금으로 전환하겠다는 약속을 지킬 것을 요구했다. 실제로 영국은 환율체제의 약속을 신뢰할 수 있게 만들었다. 영국의 강한 경제, 빈번한 무역 흑자, 그리고 상당한 금 보유고는 영국을 국제 통화 및 금융시스템의 중추로 만들었다. 제1차 세계대전 동안, 국제 무역시스템의 붕괴는 국가들이 화폐를 금으로 바꾸겠다는 약속을 포기하도록 만들었다. 금본위제는 두 차례의 세계대전 사이에 잠시 부활했으나 1930년대 대공황 때 마침내 붕괴되었다. 미국의 프랭클린 루즈벨트 (Franklin D. Roosevelt) 대통령과 의회는 1933년 금본위제를 중단하였다. 그 후 연방정부는 더이상 화폐를 금으로 교환해주지 않았고, 미국 시민들은 보석가공, 산업생산, 동전수집과 같은 일부 제한된 목적을 제외하고는 금을 소유하는 것이 금지되었다. 미국에서 금 소유 금지조치는 1974년까지 유지되었다.

개념 적용

금본위제가 대공황을 더 악화시켰을까?

1929년 대공황이 시작되었을 때, 각국 정부는 중앙은행들이 보다 쉽게 통화정책을 펼칠 수 있도록 금본위제를 탈퇴해야 한다는 압력을 받았다. 1931년 영국은 금본위제를 포기한 첫 번째 주요 국가가 되었다. 많은 다른 나라들도 그 해에 금본위제를 폐지했다. 미국은 1933년 까지 금본위제를 유지했고, 프랑스, 이탈리아, 벨기에를 포함한 몇몇 나라들은 훨씬 더 오래 유지했다. 1930년대 후반, 금본위제는 더이상 존재하지 않았다.

금본위제에서 일찍 벗어난 국가일수록 확장적 통화정책으로 대공황을 더 잘 극복할 수 있었다. 아래 그림에서 알 수 있듯이 1933년 이전에 금본위제를 포기한 국가들은 1929~1934년 사이에 산업생산이 평균 3% 감소하는 데 그쳤다. 1933년 혹은 그 후까지 금본위제를 유지했던 국가들은 평균 30% 이상의 하락을 겪었다.

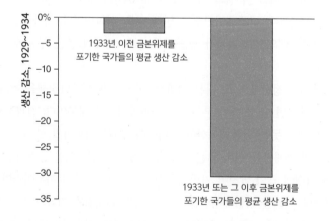

왜 금본위제를 유지하던 나라들이 대공황에 더 큰 영향을 받았을까? 핵심 이유는 금본위제를 유지하기 위해 중앙은행들이 생산과 고용을 확대하기보다는 위축시키는 조치를 취해야 하는 경우가 많았다는 것이다. 예를 들어, 미국은 1930~1931년 금 유출을 경험했다. 금 유출로 미국이 금본위제에서 이탈하게 될 것을 우려한 연준은 재할인율을 높여 이를 막

으려 했다. 높은 금리는 외국인 투자자들에게 미국에 대한 금융투자를 더욱 매력적으로 만들 것이고, 이는 달러에 대한 수요를 증가시킬 것이다. 그러나 높은 금리가 금 유출을 막고 금본위제를 유지하는 데는 효과적이었지만, 경제는 국내지출을 촉진하기 위해 더 낮은 금리가 필요했다. 미국은 1933년 3월 금본위제를 탈퇴할 때까지 대공황으로부터 회복을 시작하지 못했다.

1930년대에 금본위제를 가장 오래 유지했던 국가들의 파괴적인 경제 성과는 정책입안자들이 그 후에도 고전적인 금본위제로 돌아가려고 시도하지 않았던 중요한 이유이다.

고정환율제의 조정: 브레튼우즈 시스템

금본위제의 폐지에도 불구하고, 많은 나라들은 고정환율에 관심을 가지고 있었다. 제2차 세계대전이 막바지에 이르자 1944년 미국, 영국, 프랑스 및 다른 연합국 정부 대표들은 새로운 국제 통화 및 금융시스템을 설계하기 위해 브레튼우즈에 모였다. **브레튼우즈 시스템**(Bretton Woods system)라고 알려진 이 협정은 1945년부터 1971년까지 지속되었다. 영국의 경제학자 존 메이너드 케인스(John Maynard Keynes)를 포함한 협정의 고안자들은 고정환율제를 부활시키되 금본위제하에서 가능했던 것보다 더 유연한 단기 경제조정을 허용하고자 했다. 미국은 $35를 1온스의 금으로 교환해주는 것에 동의했지만, 외국 중앙은행들과만 거래했다. 미국 시민들은 달러를 금으로 환매하는 것이 계속 금지되었다. 이 제도의 다른 모든 회원국 중앙은행들은 달러 대비 고정환율로 자국 통화를 매매하기로 약속했다. 달러 대비 환율을 고정함으로써 이들 국가는 상호 간 환율도 고정하였다. 미국은 그 당시 세계경제에서 지배적인 위치를 차지하고 전 세계 화폐용 금의 상당량을 보유하고 있었기 때문에 이 제도에서 특별한 역할을 부여받았다. 중앙은행들이 달러 자산과 금을 국제준비금으로 사용했기 때문에 달러는 **국제준비통화**(international reserve currency)로 알려졌다.

브레튼우즈 시스템하에서 환율은 한 국가가 근본적인 불균형, 즉 고정환율 수준에서 지속적인 국제수지 적자 또는 흑자를 겪을 때(즉, 지속적으로 국제준비금을 잃거나 얻을 때)만 조정하기로 되어 있었다. 각국이 고정환율을 유지하면서 국제수지 적자 또는 흑자에 대해 단기적인 경제적 조정을 할 수 있도록 돕기 위해 브레튼우즈 협정은 **국제통화기금**(International Monetary Fund, IMF)을 설립했다. 미국 워싱턴 DC에 본사를 둔 이 다국적 기관은 1945년 29개 회원국에서 2020년 189개 회원국으로 성장했다. 원칙적으로 IMF는 브레튼우즈 시스템을 관리하고, 단기적인 경제 문제가 고정환율제의 안정성을 해치지 않도록 하는 최종 대부자 역할을 맡았다. 실질적으로 (브레튼우즈 체제 이후에도 살아남은) IMF는 환율안정에 부합하는 국내 경제정책을 장려하고 회원국을 모니터링하는 데 사용할 국제 경제 및 금융 데이터를 수집하고 표준화한다.

IMF가 더이상 고정환율(브레튼우즈 시스템에서의 핵심 기능)을 육성하려고 시도하지 않지만, 국제 최종 대부자로서의 활동은 더 성장했다. 1980년대 개발도상국 부채위기 기간에 IMF는 이들 국가가 차관을 상환하도록 돕기 위해 신용을 제공했다. 1994~1995년 멕시

브레튼우즈 시스템
1945년부터 1971년까지 지속된 환율제도로 각국은 달러 대비 고정환율로 통화를 매매하기로 약속하고 미국은 외국 중앙은행이 요청하면 달러를 금으로 교환해주기로 약속함

국제통화기금(IMF)
브레튼우즈협정에 의해 1944년 설립된 다국적 기구로 고정환율제를 관리하고 국제수지 문제를 겪고 있는 국가들에 최종대부기관 역할을 하기 위해 설립됨

코 금융위기와 1997~1998년 동아시아 금융위기 기간 IMF의 대출은 국제금융체제에서 IMF의 역할에 대한 큰 논쟁을 불러일으켰다.

IMF 개입 지지자들은 신흥시장 금융위기에 있어 최종 대부자의 필요성을 지적한다. IMF에 대한 비판론자들은 두 가지 반론을 제기한다. 첫 번째는 IMF가 외국 대출기관들을 구제함으로써 과도한 위험을 감수하는 형태로 도덕적 해이를 조장한다는 것이다. 이 견해에 따르면 멕시코 사태 당시 IMF가 외국 대출기관들을 구제금융(bailout)함으로써 이들이 동아시아 국가들에 위험한 대출을 하도록 부추겨 위기를 촉발했다고 한다. 두 번째 주장은 IMF가 외국 대부자들을 대우하는 것과 다르게 개발도상국들에는 정부지출 축소와 금리 인상에 초점을 맞춘 **긴축정책**(austerity programs)을 실시하도록 함으로써 실업 증가와 정치적 격변을 초래할 수 있다는 것이다.

브레튼우즈 시스템에서의 고정환율　달러 자산을 사고파는 중앙은행의 외환시장 개입으로 브레튼우즈 시스템의 고정환율이 유지됐다. 환율이 고정환율보다 1% 이상 높아지거나 낮아지면 각국은 환율 안정화를 위해 개입해야 했다. 만약 어떤 통화가 달러 대비 절상된다면, 그 나라의 중앙은행은 달러를 매입하고 자국 통화를 매각함으로써 환율을 고정환율로 되돌려 놓는다. 달러 대비 어떤 통화의 가치가 떨어지면, 해당 중앙은행은 국제준비금에서 달러 자산을 매각하고 자국 통화를 매입함으로써 환율을 고정환율로 되돌린다.

일반적으로 중앙은행은 환율 안정에 필요한 만큼 자국 통화를 사고팔 의지만 있다면 고정환율을 유지할 수 있다. 외국 중앙은행이 자국 통화를 살 때는 달러(국제준비금)를 판다. 외국 중앙은행이 자국 통화를 팔 때는 달러를 산다. 그 결과, 환율에 대한 시장의 압력에 대응하는 중앙은행의 조정에는 중요한 비대칭이 발생한다. 국제수지 흑자국은 환율을 유지하기 위해 자국 통화를 팔고 달러를 사들이는 능력에 제약이 없다. 그러나 국제수지 적자국은 (달러 대비 가치를 높이기 위해) 자국 통화를 살 수 있는 능력이 국제준비금으로 제한된다. 결과적으로, 국제수지 적자로 인한 준비금의 유출은 브레튼우즈 시스템에 묶여 있던 중앙은행들에게 문제를 일으켰다. 한 나라의 국제준비금이 고갈되면, 중앙은행과 정부는 수입과 무역적자를 줄이기 위해 금리 인상 등 제한적인 경제정책을 펼치거나, 달러 대비 환율의 안정을 위한 정책을 포기해야 했다.

브레튼우즈 시스템하에서 평가절하와 평가절상　브레튼우즈 시스템하에서, 한 국가는 국제준비금을 매매하거나 국내 경제정책을 변경함으로써 고정환율을 방어할 수 있고, IMF에 환율변경을 허용해 달라고 요청할 수도 있다. 자국 통화가 달러 대비 고평가된 국가는 IMF와 합의 하에 **평가절하**(devaluaton), 즉 달러 대비 자국 통화의 공식가치를 낮출 수 있었다. 달러 대비 통화가 저평가된 국가는 **평가절상**(revaluation), 즉 달러 대비 자국 통화의 공식가치를 높일 수 있었다.[3]

평가절하
한 국가 통화의 공식가치를 다른 통화 대비 낮추는 것

평가절상
한 국가 통화의 공식가치를 다른 통화 대비 높이는 것

---

[3] 변동환율제도에서 환율의 하락은 절하(depreciation), 환율의 상승은 절상(appreciation)이라고 한다. (역주: 이 책에서 환율은 '외국통화/자국통화' 형식(간접표시환율)으로 표시되어 환율의 하락이 절하를 나타내고, 환율의 상승이 절상을 나타낸다. 반대로 '자국통화/외국통화' 형식(직접표시환율)으로 환율을

실제로, 국가들은 평가절하나 평가절상을 자주 추진하지 않았다. 브레튼우즈 시스템에서 각국 정부는 통화정책에 결함이 있다는 정치적 비난보다는 평가절하를 연기하는 것을 선호했다. 평가절상은 훨씬 드문 선택이었다. 달러 대비 통화가치가 상승할 경우, 국내 생산자와 노동자들은 세계시장에서 자국 수출품의 가격이 올라 이윤과 고용이 줄어들었기 때문에 격렬하게 불만을 표출했다. 평가절하와 평가절상에 반대하는 정치적 압력은 외환시장에 심각한 불균형이 있을 때만 정부가 환율을 변경하도록 만들었다.

브레튼우즈 시스템하에서 투기적 공격 투자자들은 정부가 환율을 유지할 의사가 없거나 능력이 없다고 믿게 되면, 약세 통화를 매도하거나 강세 통화를 매수하여 이익을 얻으려 했다. **투기적 공격**(speculative attack)이라고 알려진 이러한 행동들은 통화의 평가절하나 평가절상을 초래하거나, 국제 금융위기를 초래할 수 있다. 이런 공격은 1967년 영국 파운드화가 달러 대비 고평가됐을 때 발생했다. 그림 16.3은 파운드화에 대한 투기적 공격을 보여준다. 달러와 교환을 위한 영국 파운드의 수요와 공급곡선의 교차점은 E_1으로 고정환율인 1파운드= \$2.80보다 낮았다. 그 결과 달러와 교환을 위한 파운드의 초과공급이 초래되었다. 고평가된 환율을 방어하기 위해, 영란은행은 국제준비금에서 달러를 사용하여 $Q_2 - Q_1$에 해당하는 초과 파운드를 사들여야 했다.

영란은행의 국제준비금이 줄어들자 외환 거래인들은 결국 언젠가 영란은행의 달러가

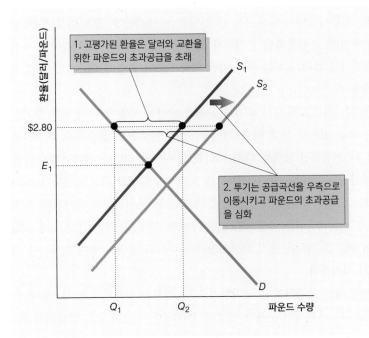

그림 16.3

1967년 영국 파운드에 대한 투기적 공격

달러와 교환을 위한 영국 파운드의 수요와 공급곡선의 교차점은 E_1으로 고정환율인 1파운드 = 2.80 달러보다 낮았다. 그 결과 달러와 교환을 위한 파운드의 초과공급이 초래되었다. 고평가된 환율을 방어하기 위해, 영란은행은 국제준비금에서 달러를 사용하여 $Q_2 - Q_1$에 해당하는 초과 파운드를 사들여야 했다. 투기꾼들은 영국이 파운드를 평가절하할 것이라고 확신했고, 이것은 파운드의 공급을 S_1에서 S_2로 이동시키고, 고평가를 심화시켰다.

표시할 경우, 환율의 상승이 절하를 나타내고 환율의 하락은 절상을 나타낸다. 환율의 표시형식에 주의한다.)

바닥나고 안정화를 위한 노력을 포기해야만 할 것을 알았다. 달러 대비 파운드의 가치가 떨어질 것을 예상한 투기꾼들은 은행들로부터 차입하면서까지 확보한 파운드를 고정환율인 $2.80/파운드에 영란은행에 매각하는 방식으로 대응했다. 파운드화의 가치가 결국 하락하자, 투기꾼들은 달러로 더 저렴해진 파운드를 다시 매입했고, 상당한 이익을 얻었다. 그래프에서, 투기꾼들은 파운드의 공급이 S_1에서 S_2로 이동하도록 만들었고, 이것은 파운드의 고평가를 심화시켰다. 고정환율과 시장환율의 차이는 달러가 바닥날 때까지 영란은행이 더 많은 파운드를 매입하도록 만들었다. 1967년 11월 17일 영란은행은 $10억 이상의 국제준비금을 잃었고, 11월 18일에는 파운드를 14% 평가절하했다.

영국의 1967년 위기 때처럼 중앙은행이 환율을 방어할 능력이 없을 경우 투기적 공격은 평가절하를 초래한다. 반면 중앙은행이 환율을 방어하려는 의지가 없을 경우 투기적 공격은 평가절상을 초래할 수도 있다. 1971년 저평가된 독일 마르크에 대한 투기적 공격은 달러 대비 마르크화의 평가절상으로 이어졌고 브레튼우즈 시스템의 종말을 앞당겼다.

독일 마르크에 대한 투기적 공격과 브레튼우즈 시스템의 붕괴 1970년까지 미국의 국제수지 적자는 크게 증가했고, 다른 몇몇 국가들은 큰 국제수지 흑자를 기록하고 있었다. 달러 대비 많은 통화가 저평가돼 있었기 때문에, 환율이 유지될 수 있을지에 대한 국제금융시장의 우려가 커졌다. 특히 분데스방크(Bundesbank, 서독 중앙은행)가 낮은 인플레이션율을 유지하기 위한 정책을 추진하고 있던 서독에서 우려가 가장 컸다. 분데스방크는 딜레마에 직면하고 있었다. 마르크(deutsche mark)가 달러 대비 저평가돼 있었기 때문에 분데스방크가 고정환율을 방어하려면 외환시장에서 마르크를 팔고 달러를 사들여야 했다. 이를 통해 국제준비금을 확보할 수 있지만, 본원통화를 증가시켜 물가에 상승 압력을 가할 것이다. 독일이 평가절상하면, 인플레이션 압력은 피할 수 있지만 미국으로의 수출에 의존하던 독일 기업들이 피해를 볼 것이다.

분데스방크의 딜레마는 마르크에 대한 투기적 공격의 발판을 마련했다. 이 경우 투기꾼들은 달러 대비 가치가 오를 것으로 보고 마르크를 매입했다. 마르크가 상승하자, 투기꾼들은 마르크를 이용하여 더 저렴해진 달러를 다시 매입했고, 이익을 얻었다. 1971년까지 많은 투자자들은 분데스방크가 곧 고정환율 $0.27=DM1을 포기해야 할 것이라고 확신했다. 1971년 5월 5일 분데스방크는 $10억 이상을 사들였고, 같은 양만큼 본원통화가 증가했다. 본원통화의 지속적인 확대가 인플레이션을 촉발시킬 것을 우려한 분데스방크는 그날 늦게 개입을 중단했다. 달러 대비 마르크 가치는 오직 외환시장에서 수요와 공급의 힘에 의해서만 결정되면서 **변동**(float)하기 시작했다.

분데스방크가 달러에 대한 고정환율을 포기하기로 한 결정은 브레튼우즈 시스템에 타격이 됐지만, 이 시스템은 더 근본적인 문제가 있었다. 1960년대 후반 미국의 인플레이션이 심화하고 국제수지 적자가 증가하자, 외국 중앙은행들은 달러 표시 자산을 대량으로 취득했다. 브레튼우즈 시스템은 외국 중앙은행의 달러를 미국이 온스당 $35에 금으로 교환하겠다고 약속한 데 따른 것이다. 그러나 1971년까지 외국 중앙은행들이 보유한 달러 자산은 온스당 $35의 비율로 평가 시 미국의 공식 금 보유량의 3배가 넘었다. 1971년 8월 15일, 닉슨 (Nixon) 행정부는 달러 대비 다른 통화들의 평가절상을 추진했다. 미국은 달러의 금 교환을 중단하고 수입품에 관세를 부과하였는데, 이 관세는 어떤 국가가 환율을 평가절상할 경우에만 인하될 수 있었다. 달러에 대한 이러한 평가절상 과정은 1971년 12월 스미소니언 회의 (Smithsonian Conference)에서 완료되었다.

그러나 스미소니언에서 합의된 환율 조건들은 세계정세 속에서 안정적이지 못했다. 중앙은행들이 환율의 큰 변동을 막기 위해 개입했지만, 실제로는 많은 통화들이 변동(float)하기 시작했다. 1976년 1월 자메이카에서 열린 회의에서 IMF는 공식적으로 통화변동을 허용하는 것에 동의했다. 또한 그 회의에서 IMF 회원국들은 국제통화체제에서 금의 공식적인 역할을 없애기로 합의했다. 이 회의는 실제로는 5년 전에 작동을 멈춘 브레튼우즈 시스템의 공식적인 종말을 의미했다.

1970년, 국가들이 브레튼우즈 시스템을 공식적으로 포기하기도 전에, IMF는 금을 대체하는 종이를 발행하기 시작했다. IMF는 최종 대부자로서 역할에 따라 **특별인출권**(Special Drawing Rights, SDR)으로 알려진 이러한 국제준비금을 만들었다. 이제 금의 가격은 다른 상품들처럼 시장의 수요와 공급의 힘에 의해 결정된다.

요약하자면 브레튼우즈 시스템은 국제수지 적자에 따른 단기적 경제 조정을 완화하기 위한 최종 대부자가 있는 고정환율제였다. 이 시스템은 미국이 물가 안정에 전념하지 않고 다른 나라들은 달러 대비 자국 통화의 평가절상을 꺼리면서 고정환율에 대한 강한 시장 압력으로 이어졌고 결국 붕괴되었다.

브레튼우즈 이후 중앙은행의 개입

브레튼우즈 시스템이 붕괴된 이후, 미국은 공식적으로 환율이 외환시장에서 결정되는 **변동환율제도**(flexible exchange rate system)를 따르고 있다. 많은 다른 나라들이 이를 따라 환율이 변동하도록 허용하거나, 수요와 공급에 의해 결정되게 하였다. 그러나 연준을 비롯한 중앙은행들은 자국 통화가치가 현저히 저평가되거나 고평가됐다고 판단될 때 외환시장에 개입할 권리를 포기한 것은 아니다. 예를 들어, 2020년 스위스 중앙은행은 유로에 대한 스위스 프랑의 가치를 낮추기 위해 프랑을 매도하고 유로를 매입하는 개입을 실시했다. 스위스 중앙은행 총재는 "외화를 사고 스위스 프랑을 파는… 외환시장 개입은 우리의 정책조합에서 중심적 역할을 한다"고 말했다.[4] 현재의 국제금융시스템은 중앙은행이 환율에 영향을 미치기 위해 때때로 개입하는 **관리변동환율제도**(managed float regime, dirty float regime이라고도 불림)이다. 그 결과, 환율을 유지하기 위한 국제적인 노력이 국내 통화정책에 계속 영향을 미치고 있다.

변동환율제도
환율이 외환시장에서 결정되는 제도

관리변동환율제도
중앙은행이 때때로 환율에 영향을 미치기 위해 개입하는 환율제도

---

[4] Catherine Bosley, "Swiss Central Bank Defends Currency Intervention as Essential," bloomberg.com, July 14, 2020.

개념 적용

미국 달러화의 과도한 특권?

19세기와 20세기 초 금본위제가 최고조에 달했을 때, 영국 파운드가 기축통화였다. 국제 차입금의 대부분이 파운드였고, 영국 회사가 판매하는지와 관계없이 국제적으로 거래되는 많은 상품들의 가격이 파운드로 매겨졌다. 1914~1918년 제1차 세계대전을 치르기 위해 영국 정부는 주로 미국으로부터 많은 돈을 차입했다. 영국의 큰 외채 규모와 20세기 동안 미국 대비 정체된 영국 경제의 성장은 1944년 브레튼우즈 회의 참석자들에게 새로운 국제금융시스템에서 미국 달러가 국제준비통화(international reserve currency)로 사용될 필요가 있다는 것을 분명하게 했다.

1960년대까지 대부분의 경제학자들과 정책입안자들은 미국 달러가 다른 주요 통화, 특히 독일 마르크와 일본 엔화에 비해 고평가되었다고 생각했다. 그 결과는 미국의 만성적인 경상수지 적자였다. 외국 중앙은행들은 점점 더 많은 달러를 축적하기 시작했다. 사실상, 달러의 국제준비통화로서의 역할은 미국의 가계와 기업들이 생산한 것보다 더 많은 (수입품 포함) 상품과 서비스를 소비할 수 있다는 것을 의미했다. 이로 인해, 미국의 생활수준은 생산하는 것보다 적은 재화와 서비스를 소비하고 있는 다른 나라들에 비해 상대적으로 높아졌다. 프랑스 재무장관은 1965년 달러화가 국제준비통화가 되면서 "과도한 특권"을 누리고 있다고 말했다.

브레튼우즈 시스템이 붕괴된 뒤, 달러는 국제통화금융시스템에서 준비통화의 역할을 유지하며 2020년 기준 국제준비금의 약 62%를 차지하고 있다. 국제준비금의 약 20%는 유로, 약 6%는 일본 엔화이고 다른 통화들은 더 작은 부분을 차지하고 있다. 국제금융 거래의 대부분은 여전히 달러로 이루어진다. 사실, 석유를 포함한 대부분의 상품들도 달러로 가격이 매겨지며, (특히 일부 개발도상국의) 많은 외국 가계와 기업들은 자국 통화보다 달러를 사용하는 것을 선호한다.

만약 달러가 기축통화로서의 자리를 잃게 된다면, 미국은 다음의 네 가지 이점을 잃게 될 것이다.

1. 미국 가계와 기업들은 전 세계에서 달러로 거래하고 빌릴 수 있는 이점을 잃을 것이다. 이는 거래비용이 높아지고 환위험에 대한 노출이 증가한다는 것을 의미한다.
2. 외국인들은 미국 달러를 덜 보유할 것이다. 이들의 달러 보유는 본질적으로 외국인들이 미국에 무이자 대출을 제공함으로써 미국 시민들에게 큰 혜택을 안겨주고 있는 것이다.
3. 미국 정부와 기업이 외국 정부나 기업보다 낮은 금리로 차입할 수 있는 능력이 저하될 것이다. 이러한 능력은 국제금융시스템에서 달러의 역할 때문이기도 하고, 외국 투자자들이 금융 또는 정치적 혼란기에 미국 증권을 안전한 피난처(safe haven)로 보기 때문이기도 하다. 결과적으로, 외국 투자자들이 미국에 대한 투자로 얻는 수익보다 대부분 미

국 투자자들은 해외투자에서 더 높은 수익을 얻는다.

4. 뉴욕은 선도적인 국제금융 중심지로서의 역할을 잃을지도 모른다.

　　그러나 일부 경제학자들과 정책입안자들은 미국이 달러가 준비통화가 됨으로써 실제로 경제적 이익을 얻는다고 확신하지 못하고 있다. 기축통화로서 달러의 역할 때문에 달러 수요가 증가하면서 다른 통화 대비 달러의 가치가 높아진다. 그 결과, 미국 기업들은 해외 시장에 상품과 서비스를 판매하는 것에 더 큰 어려움을 겪는다. 달러화가 기축통화 지위를 잃게 되면 다른 통화 대비 달러화 가치가 최대 30% 하락할 수 있고 미국의 수출이 활성화될 수 있다. 캘리포니아 버클리대학의 경제학자 배리 아이켄그린(Barry Eichengreen)은 "미국이 수출하는 물품의 구성이 외국 중앙은행과 개인투자자들이 구입하던 재무부, 공공기관, 파생금융상품으로부터 농기계, 비행기, 혹은 자동차와 부품으로 변화"하는 결과가 나타날 수 있다고 언급했다.

　　결국 유로화, 엔화, 중국 위안화 등 다른 통화들의 준비통화로서 중요성이 달러 대비 점차 높아질 가능성이 높다. 전 영란은행 총재는 달러화를 그가 SHC(synthetic hegemonic currency)로 이름 붙인 디지털 준비통화로 대체할 것을 제안했다. 그는 "SHC는 세계 무역에 대한 미국 달러의 지배적인 영향력을 약화시킬 수 있다. SHC로 이루어지는 무역의 비중이 증가하면, 미국 경제에 대한 충격이 환율을 통해 다른 나라에 미치는 영향이 줄어들 것이다"라고 주장했다. 지배적인 국제준비통화가 달러에서 벗어나는 추세는 미국 경제에 어느 정도 영향을 미치겠지만, 장기적으로 미국 경제의 생활수준 향상 능력은 준비통화로서 달러의 지위보다는 생산성 증가율과 기술변화 속도 등의 요인에 더 크게 좌우될 것이다.

이 장의 끝에 있는 관련문제 4.10을 참조하시오.

유럽의 고정환율

고정환율의 한 가지 이점은 국제 상업 및 금융 거래에서 **환율위험**(exchange rate risk)을 감소시킨다는 것이다. 유럽 내 많은 상업 및 금융 거래량 때문에, 이들 국가의 정부들은 역사적으로 환율 변동으로 인한 비용을 줄이려고 노력해 왔다. 고정환율은 인플레이션을 유발하는 통화정책을 억제하는 데에도 사용되어 왔다. 구매력평가 이론은 한 나라의 물가상승률이 무역 상대국보다 높으면 환율이 절하된다는 것을 나타낸다. 따라서 정부가 고정환율을 약속하는 것은 암묵적으로 인플레이션을 억제하기로 약속하는 것이다. 높은 인플레이션을 겪어 보았던 유럽 국가들은 이러한 이유로 고정환율을 선호해　왔다.

환율메커니즘과 유럽통화동맹　유럽경제공동체(European Economic Community) 회원국들은 1979년 유럽통화제도(European Monetary System)를 설립했다. 당시 유럽 8개국은 상호 간 통화 가치의 변동을 제한하기 위해 **환율메커니즘**(exchange rate mechanism, ERM)에 참여하기로 합의했다. 특히 회원국들은 자국 통화의 가치를 ECU(European currency unit) 단위로 정해진 일정한 범위 내에서 유지하기로 약속했다. 회원국들은 이 한도 내에서 환율을 유지하면서, 달러와 다른 통화들에 대해서는 공동으로 변동하도록 하기로 합의했다. ERM 의 중심통화는 독일 마르크였다. 프랑스와 영국은 자국 통화를 독일 마르크에 묶어 물가상 승률을 낮췄다.

영국은 1992년 외환시장 역사상 가장 유명한 투기적 공격의 결과로 ERM에서 탈퇴했다. 파운드를 독일 마르크와 연동시킨 것은 영국 정부가 인플레이션율을 낮추기 위한 조치를 취하도록 만들었지만, 인플레이션율은 여전히 독일보다 높았다. 이처럼 서로 다른 인플레이션율 때문에 구매력평가 관점에서 파운드가 마르크와 고정환율을 유지하기는 어려웠다. 또한 서독과 동독이 통일하면서 독일 정부는 동독 재건을 위한 재원 마련을 위해 금리를 높여 외국인 투자를 유치하고자 했다. 이러한 높은 금리는 외국인 투자자들을 독일 증권으로 끌어들였고, 파운드 대비 마르크의 가치를 높였다.

외환거래인들은 영란은행이 파운드와 마르크 사이의 환율을 합의된 수준에서 유지할 수 없을 것이라고 확신했다. 영국 정부가 금리를 인상하고 파운드화 가치를 방어하겠다고 공표했지만, 외환거래인들은 영국 정부가 ERM을 포기하고 파운드 가치를 변동하도록 허용한 1992년 9월 16일 '검은 수요일(Black Wednesday)'까지 파운드를 계속 매도했다. 이 외환거래인들 중에는 헤지펀드 관리자 조지 소로스(George Soros)도 있었다. 언론은 소로스가 파운드화 가치 하락에 투자해 $10억 이상을 벌어들인 것으로 추정했다. 일부 평론가들은 소로스를 "영란은행을 부순 사람"이라고 불렀다. 소로스는 자신의 행위가 영국 정부의 ERM을 포기 결정과는 별 관계가 없다고 주장하며, "시장이 외환을 좌우하므로 영국 파운드에 일어난 일은 내가 태어나지 않았어도 일어났을 것이고, 따라서 나는 책임이 없다"고 말했다.[5]

1992년 단일 유럽시장 이니셔티브의 일환으로, 유럽공동체(European Community, EC) 국가들은 **유로**(euro)라는 공동통화를 사용함으로써 환율을 고정시키는 **유럽통화동맹**(European Monetary Union) 계획안을 마련했다. 공동통화는 통화 변환에 따른 거래비용을 제거하고 환율위험을 감소시킬 것이다. 또한 국경 간 무역의 높은 거래비용을 제거하는 것은 규모의 경제의 이점을 제공함으로써 생산의 효율성을 높일 것이다.

유럽통화동맹의 실제

1989년 발간된 EC의 보고서는 통화정책을 시행하고 궁극적으로 단일통화를 제어하기 위해 공동 중앙은행인 **유럽중앙은행**(European Central Bank, ECB)을 설립할 것을 권고했다. 1999년 1월에 공식적으로 운영을 시작한 ECB는 미국 연방준비제도 이사회(Board of Governors)와 유사한 유럽 이사회(European Council)에 의해 임명된 집행위원회(Executive Board)와 연방준비은행 총재(FRB president)와 비슷한 개별 국가의 총재(governor)들로 구성되어 있다. 연준과 마찬가지로 ECB는 회원국 정부와는 독립적이다. 집행위원회 위원들은 정치적 독립성을 높이기 위해 갱신 불가능한 8년 임기로 임명된다. ECB 헌장은 ECB의 주요 목표를 물가 안정으로 명시하고 있다.

유로
유럽 19개국의 공동통화

유럽통화동맹
1992년 단일 유럽시장 이니셔티브에 포함된 계획으로, 이에 따라 환율이 고정되고 궁극적으로 공동통화가 도입됨

유럽중앙은행
유로를 채택한 유럽 국가들의 중앙은행

---

[5] Louise Story, "The Face of a Prophet," New York Times, April 11, 2008.

그림 16.4

유로 사용 국가

2020년 12월 기준으로 유로화를 공동통화로 채택한 19개 EU 회원국들은 빗금이 있는 음영으로 표시되어 있다. 유로를 채택하지 않은 EU 회원국은 음영으로 표시되어 있다. EU 비회원국은 흰색으로 표시되어 있다. 영국은 2020년 유럽 연합에서 탈퇴했다.

회원국들은 1991년 12월 네덜란드 마스트리히트에서 만나 통화동맹에 대한 점진적 접근에 합의했다. 그들의 목표는 1990년대 중반까지 통화정책을 조화시키고 1999년 1월 1일까지 유럽에서 통화동맹을 완료하는 것이었다. 단일의 통화와 통화정책을 갖기 위해서는 인플레이션율과 예산적자가 1990년대 중반보다는 더 수렴해야 했다. 1999년 통화동맹이 시작될 무렵, 11개국은 인플레이션율, 이자율, 예산적자와 관련한 참여 조건을 충족시켰다. 영국은 참가를 거부했다. (2020년 1월, 영국은 유럽 연합에서 탈퇴했다.) 그림 16.4는 2020년 현재 유로존(eurozone)에 가입한 19개국을 보여준다.

이 장의 서두에서 언급했듯이, 초창기에는 유로화가 꽤 성공적인 것 같았다. 2002년 1월 유로화가 도입되고 2007년 금융위기가 시작될 때까지 유럽 전역은 상대적으로 경제적 안정기를 경험했다. 낮은 이자율, 낮은 인플레이션율, 생산과 고용 확대로 유로화의 장점은 분명해 보였다. 일부 저소득 유럽 국가들은 특히 유로 체제에서 번영하는 것으로 보였다. 스페인 경제는 1999~2007년 연평균 3.9%의 성장률을 보였고, 1990년대 중반 20%에 육박하던 실업률이 2007년에는 8% 미만으로 떨어졌다. 아일랜드와 그리스도 이 기간에 급속한 성장을 경험했다.

2007~2009년 금융위기가 유럽을 경기침체로 몰아넣었을 때 가장 큰 타격을 입은 국가들은 ECB가 유로존 전체를 위해 시행하려는 것보다 더 확장적인 통화정책을 추진할 수 없었다. 이들 국가는 수출의 대부분을 다른 유로존 국가들에 하는 상황이었고, 유로를 받아들였기 때문에 자국통화 평가절하를 통해 수출을 확대함으로써 경제를 살릴 능력이 없었다. 금본위제 기간 동안, 국가들은 비슷하게 확장적 통화정책을 실행하거나 평가절하를 시행할 수 없었다. 앞서 보았듯이, 이러한 단점들은 여러 나라가 차례로 금본위제에서 탈퇴하게 만들었고, 결국 1930년대 금본위제는 폐지되었다.

금본위제에 일어났던 것과 같은 일이 유로에도 일어날까? 애초에 유로화를 도입하는 것이 좋은 생각인지 의심했던 경제학자들은 그럴 수도 있다고 생각한다. 이상적으로는 단일통화를 사용하는 국가들의 경제는 미국 각 주의 경제와 같이 서로 동조화되어 있어야 한다. 미국은 주마다 경제상황이 다르고 일부는 2007~2009년 불황(그리고 코로나19 팬데믹으로 인한2020년 불황)으로 다른 주들보다 더 큰 타격을 받았지만, 노동자와 기업들이 주 경계를 넘어 자유로이 이동하고, 노동, 세금 및 환경에 대한 (전부는 아니어도) 많은 연방법 규정들은 주 전체에 걸쳐 일관되게 적용되며, 공동의 언어를 공유하고 공동의 국가 정부를 선출한다. 유로화를 사용하는 국가들은 이 모든 면에서 미국보다 훨씬 덜 동조화되어 있고, 경제, 정치, 문화적으로 훨씬 더 다양하다. 노동자와 기업의 국경 간 자유로운 흐름을 돕고, 노동과 세금 관련 법안의 조화를 위한 몇 가지 조치가 취해졌다. 유로에 찬성하는 주장 중 하나는 유로가 유럽 경제의 조화를 도울 것이라는 점이었다. 그러나 2016년, 특히 중동의 불안을 피해 100만 명 이상의 난민이 유럽에 도착한 후, 국가 간 노동자의 자유로운 이동은 논란의 대상이 되었다. 유럽 연합에 비판적이고 탈퇴를 주장했던 정당들이 많은 국가에서 지지를 얻었다.

그러나 공동통화를 사용하는 것이 상당한 경기침체와 같은 경제적 충격을 다루는 것을 심각하게 방해할 정도로 유럽 국가들이 너무 다양한 것일까? 그리스, 스페인, 포르투갈, 이탈리아, 아일랜드처럼 유로를 포기할 가능성이 가장 높은 나라들은 공통통화를 사용함으로써 많은 이득을 보지 못한 것처럼 보인다. 만약 유로를 포기하면 이들 국가는 통화를 평가절하하여 수출을 증가시키고, 팽창적인 통화정책을 통해 경제회복을 촉진할 수 있을지도 모른다. 그러나 이러한 조치들은 경기침체 시 유럽중앙은행의 지원과 같이 유로로부터 얻는 장기적인 이익을 희생시킬 것이다. 예를 들어, 2020년 ECB는 코로나19 팬데믹의 경제적 영향을 다루기 위해 팬데믹긴급구매프로그램(Pandemic Emergency Purchase Program, PEPP)을 시작했다. PEPP는 ECB가 이탈리아, 스페인, 그리스를 포함하여 민간과 정부의 부채를 사들이는 것을 포함했는데, 그렇지 않았다면 이들은 높은 이자율을 지급하지 않는 한 채권을 팔기 어려웠을 것이다. 따라서 2007년 이후 유로에 대해 반복적인 논란이 있었음에도 2020년 현재 유로는 살아남을 것으로 보인다.

만약 당신이 그리스인이라면, 유로와 드라크마 중 어떤 것을 선호하는가?

만약 당신이 그리스에 산다면, 당신은 정부가 유로를 계속 사용하기를 원하는가, 아니면 이전의 통화인 드라크마(drachma)를 다시 사용하기를 원하는가? 남유럽의 다른 나라들과 마찬가지로, 그리스는 유로화 사용 초기에 명백히 강력한 경제를 경험했다. 유로가 도입된 2002년부터 2007년까지 그리스의 실질GDP는 연평균 4.2% 성장했다. 실업률은 2001년 10.7%에서 2008년 7.4%로 감소했다.

그러나 2008년부터 그리스의 실질GDP는 감소하고 실업률은 증가하기 시작했다. 코로나19 팬데믹의 경제적 영향을 경험하기 전인 2020년 그리스의 실질GDP는 여전히 2008년 수준보다 7% 낮았다. 실업률은 2008년 7.4%에서 2013년 불황 수준인 약 27%로 상승하고, 2020년 초 여전히 15%를 웃돌았다. 세금 수입의 붕괴는 큰 재정적자와 GDP의 200%에 달하는 국가부채로 이어졌다. 그리스는 유럽위원회, ECB, IMF 세 기관의 도움으로 채무불이행을 면했다. 2016년 ECB가 그리스 국채를 매입하기로 한 결정은 논란이 되었는데, 일부 경제전문가는 이러한 결정이 민간 투자자들이 사려는 것보다 더 많은 부채를 유럽 국가들이 발행하게 만드는 도덕적 해이를 증가시킬 수 있다고 우려했기 때문이다.

2020년 중반 그리스의 청년실업률은 30%를 넘었다. 당신이 그리스에 살았다면 졸업 후 취업에 어려움을 겪었을 것이다. 그러나 만약 그리스가 유로를 계속 사용하거나 드라크마를 위해 유로를 포기한다면 당신이 직업을 구할 수 있는 기회와 경제성장이 돌아올 가능성이 더 높아질까? 앞서 보았듯이, 유로를 사용하는 국가들은 자국통화를 평가절하함으로써 수출을 촉진할 수 없다. 2008년 그리스의 경상수지 적자는 (그 후 줄어들긴 하지만) 거의 GDP의 15%까지 치솟았다.

8장 8.1절에서 배운 실질환율을 상기해보자.

$$e = E \times \left(\frac{P^{\text{Domestic}}}{P^{\text{Foreign}}} \right)$$

E = 명목환율

e = 실질환율

P^{Domestic} = 국내 가격 수준

P^{Foreign} = 외국 가격 수준

명목환율이 고정된 국가도 물가수준이 다른 나라에 비해 떨어지면 실질환율을 낮출 수 있고, 이에 따라 상품과 서비스의 경쟁력을 높일 수 있다. 프랑스, 독일 등 유로권 국가들의 물가상승률이 낮았기 때문에 그리스가 상대적 물가수준을 낮추기 위해서는 **디플레이션**을 겪어야 했다. 실제로 그리스는 2013년부터 2016년까지, 그리고 2020년에도 디플레이션을 겪었다. 그러나 이러한 **내부적 평가절하**(internal devaluation)는 노동자들과 회사들의 저항으

로 이어졌다.

유로화를 포기하면 그리스는 수출 경쟁력을 높일 수 있지만 상당한 단점도 있다. 예를 들어, 그리스의 많은 사람들은 정부가 유로를 탈퇴하면, 유로화 예금을 1:1로 드라크마로 교환할 것이라고 믿는다. 만약 많은 경제학자들이 예상하듯 드라크마가 평가절하된다면, 그리스에 사는 당신은 은행 예금에 상당한 손실을 입게 될 것이다. 또한 그리스 정부가 국채의 채무불이행에 빠질 가능성이 있는데, 이렇게 되면 세금수입만으로 정부지출을 지불해야 할 것이다. 그 결과 정부지출이 상당히 감소하게 되면, 그리스 경제를 더욱 침체시킬 수 있다.

게다가 그리스의 은행과 기업에 대한 외국 채권자들은 부채가 원래 표시되었던 유로가 아닌 드라크마로 지불되는 것을 반대할 가능성이 높으며, 이는 법적 분쟁을 야기하고 그리스 기업들이 외국에서 차입할 수 있는 능력을 약화시킬 것이다.

만약 그리스가 유로를 떠난다면 그리스 사람들의 형편은 단기적으로 더 나빠질 것이다. 장기적으로는 유로를 포기하면 그리스 기업이 외국 기업과 경쟁하는 것이 쉬워져 경제에 도움이 될지도 모른다. 유로 탈퇴의 장단기적 결과에 대한 불확실성은 2020년 현재 그리스 국민과 정부가 드라크마를 다시 사용하지 않는 주요 이유이다.

이 장의 끝에 있는 관련문제 4.11을 참조하시오.

통화 페깅

페깅
한 나라가 자국통화와 외국통화 사이의 환율을 고정시키는 것

고정환율을 유지하는 한 가지 방법은 **페깅**(pegging)이다. 페깅을 통해, 한 나라는 환율을 다른 나라의 통화 대비 고정시킨다. 통화 페그는 두 나라가 모두 동의할 필요는 없다. 예를 들어, 1990년대에 한국, 대만, 태국, 인도네시아, 그리고 다른 개발도상국들이 미국 달러화에 그들의 통화를 페그했을 때, 페그를 유지하는 책임은 전적으로 개발도상국들에게 있었다. 국가들은 고정환율의 세 가지 이점을 얻기 위해 통화를 페그한다. (1) 환율위험 감소, (2) 인플레이션 방지, (3) 외화로 대출을 받은 기업에 대한 보호. 마지막 이점은 1990년대에 많은 아시아 국가들에게 중요했는데, 그들의 회사들 중 일부가 미국과 외국 은행들로부터 달러 표시 대출을 받기 시작했기 때문이다. 예를 들어, 통화 페그가 없는 상황에서 달러 대비 원화 가치가 하락하면, 달러로 대출을 받은 한국 기업의 이자 및 원금 상환액은 원화 기준으로 상승하게 될 것이다.

그러나 페그는 브레튼우즈 시스템하의 국가들이 직면했던 문제에 봉착할 수 있다. 수요와 공급에 의해 결정되는 균형환율이 페그된 환율과 상당히 다를 수 있다는 것이다. 그 결과, 페그된 통화가 달러 대비 고평가되거나 저평가될 수 있다. 1990년대에 고평가된 통화를 가진 많은 아시아 국가들이 투기적 공격의 대상이 되었다. **동아시아외환위기**(East Asian currency crisis) 당시 이들 국가는 달러로 자국 통화를 사들여 페그를 방어하려 했고, 이는 본원통화를 감소시키고 금리를 상승시켰다. 높은 금리는 그들의 경제를 침체에 빠트렸고, 이들 국가는 결국 페그를 포기하였다.

페깅의 단점에도 불구하고, 많은 개발도상국들은 달러나 유로에 대해 그들의 통화를 페

그친다. 변동환율제를 채택한 개발도상국은 상대적으로 적다.

중국은 환율을 조작하는가?

정치인들은 선거운동 기간에 환율을 논의하는 데 많은 시간을 쓰지 않는다. 2016년 미국 대선에서는 예외적으로 민주당 후보 힐러리 클린턴(Hillary Clinton)과 공화당 후보 도널드 트럼프(Donald Trump) 모두 중국 정부에 대해 미국 달러 대비 위안화 환율을 조작했다며 비난했다. 이들은 중국 정부가 수출을 도우려 달러 대비 위안화 가치를 인위적으로 낮게 유지하는 외환시장 개입을 하고 있다고 주장했다. 트럼프 대통령은 지속적으로 중국의 환율 정책을 비판하며, 양국 간 무역협상에 합의하기 전에 중국이 통화 가치 조작을 자제하는 데 동의해야 한다고 주장했다. 그러나 중국이 실제로 환율을 조작했을까?

중국 정부가 중앙계획에서 벗어나 시장체제를 향해 이동하는 과정에서 1994년 위안화 가치를 달러 대비 8.28위안으로 고정시킨 결정은 중국 경제정책의 중요한 부분이었다. 달러에 대한 페깅은 중국 수출업자들이 미국에서 판매하는 상품에 대해 안정적인 달러 가격을 보장해 주었다. 2000년대 초반까지 많은 경제학자들은 위안화가 달러 대비 저평가되어 있다고 주장했다. 저평가된 환율을 뒷받침하기 위해, 중국의 중앙은행인 인민은행(People's Bank of China, PBOC)은 위안화로 많은 양의 달러를 사들여야 했다. PBOC는 2005년까지 $7,000억를 축적했으며 이 중 상당 부분은 미 재무부채권을 사들이는 데 사용되었다.

2005년 7월, 중국 정부는 무역 상대국들로부터 압력을 받아 위안화를 달러에 고정하는 방식에서 벗어나 달러, 엔, 유로, 한국 원 및 기타 여러 통화 바스켓의 평균 가치에 연동하는 방식으로 전환하겠다고 발표했다. PBOC는 위안화와 다른 통화 간 연동이 어떻게 작동하는지 자세한 내용은 공개하지 않았지만 페그에서 관리변동환율제로 전환했다고 선언했다. 그림 16.5에서 보듯이, 2005년부터 2014년 말까지 대부분 기간에 달러 대비 위안화 가치는 점진적으로 상승하였다. (참고로 그림은 달러당 위안화 수를 나타내므로, 상승은 달러 대비 위안화 **절하**(depreciation)를 의미하며, 하락은 위안화 **절상**(appreciation)을 의미한다.) 2008년 7월부터 2010년 5월까지의 기간은 예외로, 달러 대비 환율이 약 6.83위안으로 안정되면서 중국이 "하드페그(hard peg)"로 돌아온 것으로 보인다. 이러한 정책 변화는 미국의 정책입안자들로부터 새로운 비판을 불러일으켰다. 2010년 중반, 버락 오바마(Barack Obama) 대통령은 "시장이 결정하는 환율은 세계경제 활동에 필수적이다"라고 주장했다. 이런 비판에 직면하여 PBOC는 달러 대비 위안화의 느린 가치 상승을 다시 허용했다.

2015년 중국 정부는 실질GDP 성장률이 6년여 만에 최저치인 약 7%로 둔화된 것을 우려했다. 8월 11일, PBOC가 위안화 가치를 약 3% 하락시키기 위해 위안화로 달러를 매입하겠다고 깜짝 발표하면서 위안화는 다시 한번 뉴스에 올랐다. 그림 16.5는 2016년 말까지 위안화 가치가 달러 대비 하락세를 지속했음을 보여준다. 그러나 PBOC는 이러한 추세가 시장의 힘의 결과이며, 위안화 가치를 떨어뜨리기 위한 조치를 취하지 않았다고 주장했다. 일부 경제학자들은 PBOC의 미국 국채 보유액이 $2,500억 이상 감소했다는 사실에 근거해서, PBOC가 실제로는 위안화 가치의 하락을 막기 위해 달러로 위안화를 사들였다고 생각했다.

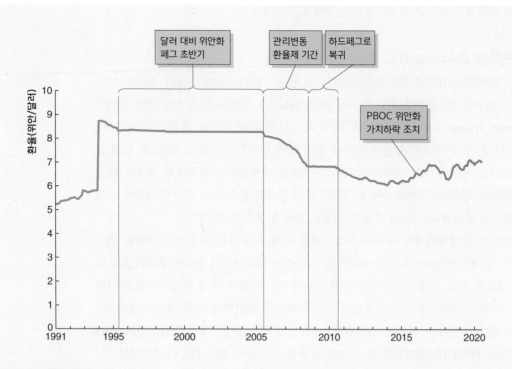

그림 16.5 위안-달러 환율

중국은 1994년부터 위안화 가치를 달러에 명시적으로 고정시키기 시작했다. 2005년 7월과 2008년 7월 사이에 중국은 달러 대비 위안화 가치 상승을 허용했고, 이후 하드페그로 복귀하여 2010년 5월까지 달러 대비 위안화 가치를 약 6.83위안으로 고정했다. 2010년 6월, 중국 중앙은행은 달러 대비 위안화 가치 상승을 허용할 것이라고 발표했고, 실제 2014년까지 천천히 상승했다.

2015년 중국 중앙은행이 위안화 가치를 떨어뜨리는 조치를 취하면서, 미국 정치권의 비판이 일었다. 최근 몇 년간 위안화 가치는 중국의 실질GDP 성장률 변동과 중국 및 미국의 금리 변동에 반응하는 것으로 보인다.

출처: Federal Reserve Bank of St. Louis

이에 더해 중국 투자자들이 처음으로 해외투자를 허용하는 새로운 규정을 이용하면서 위안화 하락 압력이 가중되었다. 해외투자를 위해 투자자들은 위안화를 달러나 다른 외화로 교환할 필요가 있었기 때문이다.

2017년 이후 위안화와 달러 간 환율은 상당히 좁은 범위 내에서 움직였고, 이는 주로 중국의 성장률 변동과 중국 및 미국의 금리 변동에 따른 것이었다. 예를 들어, 코로나19 팬데믹 초기에 중국의 실질GDP 성장이 현저히 둔화되었고 위안화 가치는 하락했다. 그러나 2020년 7월까지 중국이 팬데믹으로 인한 최악의 경제상황을 지난 것으로 보이고 경제가 성장하면서 위안화 가치는 상승했다.

최근 몇 년 동안 위안화 가치의 움직임은 많은 경제학자들을 PBOC가 위안화 가치를 인위적으로 낮게 유지하기 위해 행동하고 있다는 의견에 회의적이게 만들었다.

정책 트릴레마

통화정책과 환율에 대한 분석과 많은 국가들의 실제 사례는 한 국가가 다음의 세 가지 목표를 모두 달성할 수 없음을 보여준다.

1. 환율 안정성
2. 통화정책 독립성
3. 자유로운 자본 흐름

15장에서 논의했듯이 환율 안정은 사업 및 금융 거래를 위한 계획을 단순하게 만들고, 국내 산업의 국제경쟁력이 급변하는 것을 막기 때문에 연준을 비롯한 대부분 중앙은행들의 통화정책 목표 중 하나이다. 예를 들어, 달러화 가치가 갑자기 상승하면 미국 기업의 수출이 더 어려워질 수 있다. **통화정책 독립성**(monetary policy independence)은 중앙은행이 환율의 움직임을 고려하지 않고 통화정책을 활용해 목표를 달성할 수 있는 능력을 말한다. 변동환율제를 시행하는 미국은 달러 가치를 유지하기 위해 금리를 조정할 필요가 없기 때문에, 연준은 높은 고용과 물가 안정이라는 목표를 달성하기 위해 통화정책을 자유롭게 구사할 수 있다. 반대로 고정환율제 국가의 중앙은행은 고정환율을 유지하기 위해 금리를 조정해야 하는데, 이로 인해 고용과 인플레이션 목표를 달성하기 위해 금리를 사용하지 못하게 된다.

16.1절에서 보았듯이, 대부분 경제학자들은 국경을 넘는 자본의 자유로운 흐름을 바람직하다고 본다. 한 나라가 공장, 기계, 연구개발 투자를 위한 자금을 조달하는 방법 중 하나는 해외로부터의 자본유입이다. 자본유입은 또한 정부의 예산적자를 위한 자금을 제공하여 예산적자가 국내 투자를 감소시키지 않도록 할 수 있다. 그러나 앞서 특히 짧은 기간 동안 대규모 자본의 유입과 유출은 경제를 불안정하게 만들 수 있음을 보았다. 그 결과, 일부 국가들은 국경을 넘는 자본의 자유로운 흐름을 제한하기 위해 **자본통제**(capital control)를 사용해 왔다. 그러나 자본통제는 개발도상국들의 성장률을 높이기 위해 필수적인 외국인 투자를 위축시킬 수 있다는 중요한 단점을 가지고 있다.

한 나라가 환율 안정, 통화정책 독립, 자유로운 자본 흐름을 동시에 가질 수 없다는 가설을 **정책 트릴레마**(policy trilemma)라고 한다. 이 가설은 노벨상 수상자인 로버트 먼델(Robert Mundell)과 마커스 플레밍(Marcus Fleming)의 연구에 기초하고 있다. 가설이 맞다면 정책목표 중 최대 2개를 동시에 달성할 수 있다. 따라서 정책입안자들은 세 가지 목표 중 어떤 것을 추구하지 않는지를 선택해야 한다. 그림 16.6은 정책 트릴레마를 보여준다. 삼각형의 각 변은 3개의 목표 중 하나를 나타내며, 삼각형의 꼭짓점은 2개의 목표가 선택되었을 때 달성할 수 없게 되는 목표를 나타낸다.

삼각형의 왼쪽 하단 꼭짓점은 정책입안자들이 자유로운 자본흐름을 허용하고 독자적인 통화정책을 갖는다면 환율이 변동하도록 해야 함을 나타낸다. 미국은 자본의 자유로운 흐름을 허용하고, 연준은 자유롭게 통화정책을 통해 낮은 인플레이션과 높은 고용 등 거시경제 목표를 추구할 수 있다. 이에 따라, 미국은 외환시장에서 달러 가치가 변동하도록 해야 한다. 명목환율의 변화는 국내 통화정책뿐만 아니라 다른 나라의 통화정책에도 달려 있

정책 트릴레마
한 나라가 환율 안정, 통화정책 독립, 자유로운 자본 흐름을 동시에 가질 수 없다는 가설

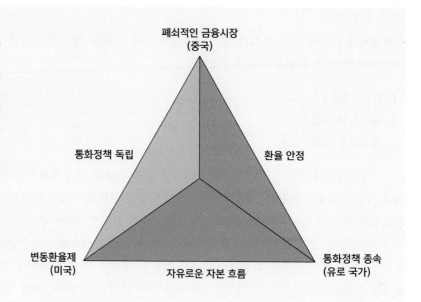

그림 16.6

정책 트릴레마

한 나라가 환율 안정, 통화정책 독립, 자유로운 자본 흐름이라는 세 가지 목표를 동시에 달성하는 것은 불가능하다. 기껏해야 한 나라가 세 가지 목표 중 두 가지를 달성할 수 있고, 어떤 두 목표를 추구하는 것이 최선인지에 대해서는 경제학자들 사이에 명확한 공감대가 형성되어 있지 않다.

기 때문이다. 2020년 연준이 코로나19 팬데믹의 경제적 결과에 대응하려 할 때 달러 가치가 크게 변동했는데, 이는 부분적으로 미국과 외국 금리 간의 관계 변화로 인한 것이다. 일반적으로 미국은 자유로운 자본흐름을 보장하고 연준은 (특히 경기침체 및 금융위기 기간에) 국내 정책목표에 집중하는데, 이는 미국 기업과 가계가 직면하는 환율위험을 증가시킨다.

삼각형의 오른쪽 하단 꼭짓점은 정책입안자들이 환율 안정을 추구하면서 자유로운 자본흐름을 허용한다면, 통화정책의 독립성을 포기해야 함을 의미한다. 이 딜레마는 유로존 국가들이 직면하고 있다. 예를 들어, 이탈리아는 유로존의 회원국이고 자유로운 자본흐름을 허용한다. 이러한 상황에서는 통화정책에 대한 통제권을 유럽중앙은행에 이양하지 않았더라도 독자적인 통화정책을 추진할 수 없을 것이다. 스위스, 덴마크, 스웨덴과 같이 유로를 사용하지 않는 작은 유럽 국가들도 비슷한 상황에 처해 있다. 수출의 대부분이 유로존 국가들에 대한 것이기 때문에, 이 나라들의 중앙은행은 자국 통화와 유로 사이에 환율을 안정시켜야 한다는 의무감을 느낀다. 이들 국가는 자본흐름도 자유로워 국내 정책목표보다는 환율 안정에 통화정책이 집중돼야 한다. 예를 들어, 스위스국립은행은 때때로 스위스 프랑의 가치가 유로에 비해 너무 많이 상승하는 것을 막기 위해 은행 지급준비금에 지불하는 이자율을 -0.75%까지 낮췄다.

삼각형의 위쪽 꼭짓점은 정책입안자들이 통화정책의 독립성과 환율의 안정을 선택할 경우 자본의 흐름을 제한해야 함을 의미한다. 수년 동안, 중국은 위안화의 가치를 기본적으로 외환 바스켓에 고정시키면서 독립적인 통화정책을 유지해 왔기 때문에 자본흐름을 제한해야만 했다. 중국이 자유로운 자본흐름을 허용했다면 중국 자산에 대한 수요가 크게 감소하면서 자국 통화에 대한 수요가 줄어들었을 것이기 때문이다. 위안화 수요 감소는 잠재적으로 위안화의 큰 절하를 야기할 것이다. 중국은 자본의 유출입을 제한함으로써 외국인이 보유한 중국 내 자산 가치를 상대적으로 안정적으로 유지했기 때문에, 외환시장에서 위안화 수요도 상대적으로 안정적이었다. 그러나 최근 몇 년 동안 중국은 국제 금융시스템에 대한 경제통합을 증대하려 시도하면서 자본흐름을 방해하던 규제를 완화했다. 2020년에는 중국 정부가 자유로운 자본흐름과 확장적 통화정책을 유지하기로 결정하면서, 환율의 더 큰 불안정성을 받아들이는 것으로 보인다. 이는 삼각형의 왼쪽 하단 지점의 미국과 같은 위치로 이동함을 의미한다.

핵심 질문에 대한 해답

이번 장 서두로부터 연결됨

이 장을 시작할 때 다음과 같이 질문했다.

"유럽 국가들은 공동통화 사용을 포기해야 하는가?"

이 장에서 살펴본 바와 같이, 대부분의 유럽에 공동통화를 도입한 것은 가계와 기업이 국경을 넘어 거래하고 투자하는 것을 쉽게 만들었다. 2002년 유로가 도입된 이후 2007년 금융위기가 시작될 때까지 유럽은 경제성장과 낮은 인플레이션을 경험했다. 그러나 금융위기 기간에 유럽중앙은행의 정책을 놓고 갈등이 빚어졌다. 그리스, 아일랜드, 스페인과 같이 위기로 인해 가장 큰 타격을 입은 국가들은 이전의 불경기 때 그랬던 것처럼 수출을 촉진하기 위해 통화 가치를 절하할 수 없었다. 2020년 유로 체제가 붕괴될 가능성이 남아 있고, 이에 대한 정치적 반대도 거세지는 것 같았다. 그러나 많은 유럽 경제학자들과 정책입안자들 사이에 공동통화의 장점이 단점보다 크다는 확신이 있기 때문에 이 체제는 유지될 것으로 보인다.

16.1 외환시장 개입과 본원통화
연준의 외환시장 개입이 본원통화에 어떤 영향을 미치는지 분석한다.

복습문제

1.1 "외환시장 개입"이란 무엇인가? 중앙은행의 "국제준비금"은 무엇인가?

1.2 T-계정을 사용하여 연준의 $20억 외화자산 매도 효과를 설명하시오. 매도의 결과, 연준의 국제준비금과 본원통화는 어떻게 되는가?

1.3 연준의 외화자산 매입은 국채를 공개시장매입할 때보다 효과가 더 큰가, 같은가, 작은가? 간략히 설명하시오.

1.4 한 기사의 칼럼은 "연준이 어떤 통화 운용도 불태화시킨다면 개입의 영향은 제한적일 것"이라고 주장한다. 이 칼럼니스트의 추론을 간략하게 설명하시오. 답변에 불태화 외환개입과 태화 외환개입의 차이점을 반드시 포함하시오.

응용문제

1.5 2019년 월스트리트 저널의 한 기사는 "트럼프 대통령과 그의 경제참모들은 달러 약세를 위해 외환시장에 개입하는 제안을 논의했지만 결국 그러한 행동을 하지 않기로 결정했다"고 보도했다.

a. 미국이 달러 약세를 위해 어떻게 외환시장에 개입할 수 있었을까?

b. 만약 개입이 성공한다면, 달러를 사는데 더 많은 외화가 필요할까 아니면 더 적은 외화가 필요할까? 간략히 설명하시오.

c. 왜 정부는 통화 약세를 원하는가? 국가들은 통화 가치가 높은 것을 선호하지 않나?

1.6 T-계정을 이용하여 연준의 엔화 표시 일본 국채 50억 달러 매도가 연준의 재무상태표에 미치는 영향을 보이시오. 연준의 국제준비금과 본원통화는 어떻게 되는가? 이것이 불태화 외환개입인지 태화 외환개입인지 간략히 설명하시오.

1.7 다음 각 항목은 미국 본원통화에 어떤 영향을 미치나?

a. 연준은 $100억의 해외자산을 매입한다.

b. 연준은 $100억의 해외자산을 매도하고 $100억의 국채를 매입한다.

c. 연준은 불태화 외환개입을 시행한다.

d. 연준은 $100억의 해외자산을 매도하고 $100억의 국채를 매도한다.

16.2 외환시장 개입과 환율
연준의 외환시장 개입이 환율에 어떤 영향을 미치는지 분석한다.

복습문제

2.1 자국 통화의 가치를 높이기 위해, 중앙은행은 외화자산을 매입할 것인가, 매도할 것인가? 이 조치가 본원통화에 미치는 영향은 무엇인가? 국내 금리에는 어떤 영향을 미치나?

2.2 중앙은행의 불태화 개입은 그 나라 통화의 수요곡선과 공급곡선에 어떤 영향을 미치나?

2.3 자본통제는 무엇이며, 왜 자본통제를 시행하는가? 자본통제를 시행하는 것의 단점은 무엇인가?

응용문제

2.4 일본은행이 미국 국채 $50억를 매도한다고 가정하자. (달러의 교환을 위한) 엔화에 대한 수요와 공급을 나타내는 그래프를 사용하여 엔-달러 환율에 미치는 영향을 보이시오. 그래프에 어떤 일이 일어나는지 간략하게 설명하시오. (환율 단위는 달러/엔)

2.5 2020년 월스트리트 저널의 두 기사는 유로와 달러 대비 터키 리라(lira)의 가치 하락을 다뤘다. 한 기사는 "통화가치의 급격한 하락으로 터키 은행과 기업들의 외화부채 비용이 가중될 것이기 때문에 대통

령은 통화 부양 압력을 받아왔다"고 지적했다. 다른 기사는 다음과 같이 보도했다. "중앙은행은 … 통화 가치 부양을 위해 외환준비금의 상당 부분을 사용했다." 그리고 "경제분석가들과 투자자들은 이제 터키가 시장안정을 위해 부분적인 자본통제를 할 것으로 우려하고 있다."

a. 왜 리라화의 하락으로 "터키 은행과 기업들의 외화부채 비용이 가중"되는가?

b. 터키 중앙은행이 "리라를 부양"하는 것은 무엇을 의미하나? 왜 중앙은행이 리라를 부양하기 위해 취한 조치들이 외환준비금을 소진시키나?

c. 자본통제란 무엇인가? 자본통제를 시행하는 것이 리라화 가치의 하락을 멈추는데 어떻게 도움이 되나? 정부가 자본통제를 부과하는 것에 부정적인 면이 있는가? 간략히 설명하시오.

16.3 국제수지
국제수지가 계산되는 방법을 설명한다.

복습문제

3.1 경상계정에 기록된 거래와 금융계정에 기록된 거래의 유형을 구분하여 설명하시오. 한 나라가 경상수지 적자를 낸다면, 상품과 서비스의 수출 가치는 상품과 서비스의 수입 가치보다 더 큰가, 작은가? 간략히 설명하시오.

3.2 왜 경상수지와 금융수지의 합은 0이 되어야 하는가? 왜 국제수지 계정에 "통계적 불일치"가 포함되는가? 많은 국가의 국제수지 계정에서 발견되는 큰 통계적 불일치에 대해 많은 경제학자들은 원인이 무엇이라고 생각하는가? 한 나라가 어떤 의미에서 국제수지 흑자나 적자를 낼 수 있는지 간략히 설명하시오.

3.3 중앙은행들은 공적준비자산을 어떻게 사용하는가?

응용문제

3.4 미국 기업이 폭스바겐 자동차 10대를 각 $3만에 구매하고, 독일 기업은 이 돈으로 재무부 경매에서 미국 국채 $30만치를 구매한다고 가정하자. 이 두 가지 거래가 미국의 국제수지 계정에 어떻게 기록되는가?

3.5 코로나19 팬데믹 당시인 2020년 월스트리트 저널의 한 기사는 "미국은 보통 상품 부문 적자와 의료, 고등교육, 로열티, 결제처리 등 서비스 부문 흑자를 내고 있다"고 지적했다. 이 기사는 팬데믹이 미국의 서비스 수출에는 큰 부정적인 영향을 미치지만 미국의 공산품 수입에는 훨씬 적은 영향을 미치고 있다고 언급했다. 이 기사는 한 경제학자의 말을 인용하여 "우리는 주로 서비스를 수출하고 상품을 수입하기 때문에, 이 결과는 미국의 국제수지에 좋지 않은 징조"라고 했다.

a. 미국의 서비스 수출과 공산품 수입은 국제수지 계정 중 어떤 구성요소에 나타나는가?

b. 미국이 국제수지 적자를 낼 가능성이 있는가? 경제학자가 "미국의 국제수지에 좋지 않은 징조"라는 말은 무엇을 언급한 것인가?

16.4 환율제도와 국제금융시스템
환율제도의 발전에 대해 논의한다.

복습문제

4.1 경제학자들이 말하는 "환율제도(exchange rate regime)"는 무엇을 의미하는가?

4.2 금본위제가 어떻게 작용했는지 간략히 설명하시오. 금본위제와 브레튼우즈 시스템의 주요 차이점은 무엇인가?

4.3 금본위제에 대한 다음 질문에 간략하게 답하시오.
   a. 고정환율제였나, 아니면 변동환율제였나?
   b. 국가들은 적극적인 통화정책을 추구할 수 있었나?
   c. 무역적자를 낸 나라들은 금이 유입되었나, 유출되었나?
   d. 금의 유입은 한 나라의 본원통화와 인플레이션율에 어떤 영향을 미쳤나?
   e. 대공황(Great Depression) 동안 금본위제는 어떻게 경제회복을 방해했는가?

4.4 브레튼우즈 시스템하에서 평가절하와 평가절상이란 무엇인가? 평가절하(devaluation)와 평가절하(depreciation) 사이의 차이점은 무엇인가? 왜 국가들은 평가절하를 추구하는 것을 망설였나? 왜 그들은 평가절상을 추구하는 것을 더 망설였나?

4.5 유로존이란 무엇인가? 유로존의 국가들은 단일통화를 사용함으로써 어떻게 이득을 얻는가? 단일통화를 사용할 때의 단점은 무엇인가?

4.6 페깅이란 무엇인가? 페깅의 장점은 무엇인가? 단점은 무엇인가? 중국의 위안-달러 환율 관리에 대한 논란에 대해 간략히 논의하시오.

4.7 정책 트릴레마란 무엇인가? 미국 정책입안자들은 정책 트릴레마를 어떻게 다루는가?

응용문제

4.8 한 기사는 "금본위제를 옹호하는 데 자주 사용되는 주장 중 하나는 정부가 부채를 갚기 위해 많은 통화를 발행하는 것을 막는다는 것이다"고 했다.

   a. 이 주장의 이면에 있는 논리를 간략히 설명하시오.
   b. 미국은 1933년 이후 금본위제를 시행하지 않았다. 미국이 그 이후 몇 년 동안 부채를 갚기 위해 많은 통화를 찍어내는 것을 막은 것은 무엇인가?

4.9 다음 주장을 평가하시오.
미국은 1933년에 금본위제를 실제로 탈퇴하지 않았다. 브레튼우즈 시스템하에서 미국은 정해진 가격으로 미국 화폐를 금으로 상환할 준비가 되어 있었고, 그것은 금본위제의 기본 요건이다.

4.10 [개념적용: "미국 달러화의 과도한 특권?" 관련] 한 기사는 "달러가 다른 어떤 자산과도 다른 이유는 하나다. 그것은 세계의 준비통화로서의 위치이다"라고 했다. 기사는 세계 금융시스템에서 달러의 위치가 "달러 표시 부채를 현지의 시장에서 서비스하는 것을 더 비싸게 만들고, 상품을 수입하는 외국에 피해를 주고 인플레이션을 유발"함으로써 다른 나라에 문제를 일으킬 수 있다고 언급했다.

   a. 달러는 어떤 의미에서 세계의 준비통화인가? 달러는 유일한 준비통화인가? 간략히 설명하시오.
   b. 달러 표시 부채란 무엇인가? 달러가 "세계의 준비통화" 역할을 하는 것은 왜 달러 표시 부채를 가지고 있는 다른 나라의 정부와 기업들을 어렵게 만드는가?
   c. 왜 세계 준비통화로 사용되는 달러가 상품을 수입하는 국가들을 어렵게 만들고, 그 결과 왜 그 나라들이 더 높은 인플레이션을 경험할 수 있는가?

4.11 [개념적용: "만약 당신이 그리스인이라면, 유로와 드라크마 중 어떤 것을 선호하는가?" 관련] 그리스가 유로존을 떠날 가능성을 논의하는 월스트리트 저널의 한 기사는 "전통적으로 평가절하는 성장에 단기적인 자극을 제공하는 것으로 보인다"고 했다.

   a. 그리스 경제가 유로존 탈퇴 후 더 높은 성장 경험할 수 있는 이유를 설명하시오.

b. (a)에 대한 대답에도 불구하고 그리스는 왜 유로존에 남기로 선택했을까?

4.12 버냉키 전 연준 의장은 블로그에 다음과 같이 적었다. "여기 트릴레마가 작동 중이다. 중국이 내수를 관리하기 위해 통화정책을 이용하길 원하면서 동시에 국제 자본흐름을 자유롭게 하고자 한다면, 현재 수준으로 환율을 고정하지 못할 것이다."

a. 버냉키가 말한 "트릴레마"는 무엇을 의미하는가?

b. 중국이 확장적 통화정책을 사용하고 자본의 자유로운 흐름을 허용하고 있다면, 왜 환율을 고정할 수 없을까?

화폐이론 I: 총수요와 총공급 모형

학습목표

이번 장을 통해 다음을 이해할 수 있다.

17.1 총수요곡선이 어떻게 도출되는지 설명한다.

17.2 총공급곡선이 어떻게 도출되는지 설명한다.

17.3 총수요-총공급 모형을 사용하여 거시경제 균형

을 설명한다.

17.4 총수요-총공급 모형을 이용해 통화정책이 경제에 미치는 영향을 보여준다.

왜 최근 대학 졸업자들은 노동시장에서 어려움을 겪고 있는가?

경기침체가 끝나고 나면 실질GDP와 고용이 증가하고 사람들은 일자리 찾기가 쉬워진다. 전미경제연구소(National Bureau of Economic Research)에 따르면, 경제학자들이 말하는 "대침체(Great Recession)"는 2007년 12월에 시작해 2009년 6월에 끝났다. 이는 1930년대 대공황 이후 가장 길고, 깊은 불황이었다. 경기침체가 끝날 무렵의 실업률은 이미 2009년 6월에 9.5%로 매우 높았고, 2009년 10월에는 10.0%로 상승했다. 일반적으로 불황이 깊을수록 회복세는 강해진다. 몇 달 후 실업률이 감소하기 시작했지만, 속도는 더뎠다. 실업률이 대부분 경제학자가 완전고용 수준으로 여겼던 2007년 이전 수준인 5.0%로 떨어진 것은 경기침체가 끝난 지 6년이 더 지난 2015년 후반이 되어서였다.

실업률이 노동시장의 상태에 대해 항상 완전한 그림을 보여주는 것은 아니다. 누군가가 실업자로 포함되려면 적극적으로 구직활동을 해야 한다. 다음 그림은 노동시장의 상태에 대한 또 다른 중요한 척도인 **고용-인구 비율**(employment-population ratio)을 보여준다. 미국 전체인구에 대해, 2020년 초 코로나19 팬데믹이 미국 경제에 영향을 미치기 전에도 이 비율은 2007~2009년 침체가 지난 후 10년 이상이 지났음에도 그 전 수준으로 여전히 돌아가지 못했다. 고용-인구 비율의 감소 중 일부는, 1946~1964년에 태어난 베이비붐 세대가 은퇴한 영향이었다. 그러나 파란 선이 보여주듯이 한창 일할 25~54세 나이대의 사람들에게 초점을 맞추어도 이 비율은 2019년 말에야 2007년 수준으로 돌아왔다. 회색 선은 핵심 근로기간(prime

핵심 이슈와 질문

이슈: 2007~2009년 금융위기 이후 십여 년이 지나도 고용-인구 비율은 여전히 낮은 수준을 유지했다.

질문: 2009년에 시작된 경제 확장기 동안 고용의 성장이 비교적 느린 것은 무엇으로 설명할 수 있나?

해답은 이 장의 끝에서…

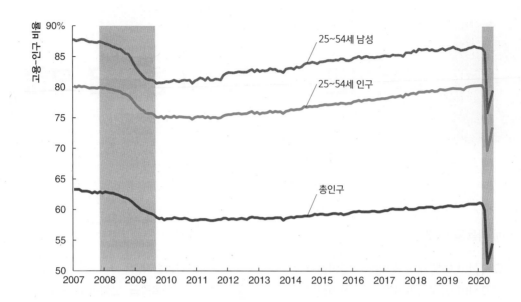

working years)의 남성에 대해 이 비율이 2007년 수준을 결코 회복하지 못했으며 2020년 초까지 그보다 1%p 정도 낮았음을 보여준다. 1%p가 작아 보일 수 있지만, 만약 고용-인구 비율이 2007년 수준이었다면 625,000명의 남성들이 추가로 일자리를 가졌을 것이다.

또한, 이 그림에서 알 수 있듯이 2020년 2월 코로나19 팬데믹의 경제적 영향으로 시작된 경기침체기 동안, 이들 그룹의 고용-인구 비율은 역사상 가장 큰 감소를 경험했다. 팬데믹으로 많은 주지사와 시장들이 학교와 대부분의 필수적이지 않은 사업체들을 폐쇄하도록 명령했고, 그 결과 생산과 고용이 급격히 감소했다. 침체가 시작된 2020년 2월 실업률은 3.5%로 1969년 이후 최저치였다. 이 낮은 실업률은 역사적으로 실업률이 계속 높았던 아프리카계 미국인과 히스패닉 근로자들을 포함해, 여러 그룹의 사람들에게 가능한 일자리를 늘렸던 강한 경제를 보여준다. 2020년 4월, 팬데믹은 강했던 노동시장에 피해를 줬고 실업률은 14.7%로 치솟았다. 정부의 휴업 의무화 규정이 완화되면서 생산과 고용이 늘었지만, 실업률은 여전히 매우 높은 수준을 유지했다.

많은 경제학자와 정책입안자들은 2007~2009년 불황으로부터 회복하는 동안 어렵게 증가한 고용이 다시 회복되는 데 몇 년이 걸릴지도 모른다고 우려했다. 의회예산처 (Congressional Budget Office, CBO)는 연방정부기관으로, 국회의 예산편성을 지원하기 위한 자료수집과 연구를 담당한다. CBO는 실질GDP와 실업률을 포함한 주요 경제변수의 예측치를 준비할 책임이 있다. 2020년 7월 CBO는 실업률이 2024년 가을까지 6% 아래로 떨어지지 않고, 2034년까지도 4% 이상을 유지할 것으로 전망했다. 즉, 2018년 중반부터 2020년 초까지 미국 경제가 겪었던 4% 미만의 실업률은 가까운 미래에 다시 돌아오지 않을 수 있다는 것이다.

2020년 불황으로 특히 최근 대졸자 등 청년층 취업 전망이 크게 나빠질 것이라는 우려가 있었다. 연령별 대학 졸업자들의 취업시장 경험을 분석한 한 연구에 따르면, 대학을 졸업한 시기에 노동시장 상황이 나쁠 경우, **낙인효과**(labor scarring)가 생길 수 있다고 한다. 즉, 졸업 후 바로 직장생활을 시작하지 못하면 수년 후에도 취업하지 못할 가능성이 크다는 것이다. "노동시장 진입 시 실업률이 높았던 연령대는 단지 초반뿐만 아니라 경력 전기간에 걸쳐 고용률이 상당히 낮았다." 이 연구에 따르면 연령별 대학졸업자 집단의 낮은 취업-인구 비율 추세는 대침체가 시작되기 전인 2005년에 시작되었다. "가장 최근 집단은 2005년 이전 추세와 비교했을 때 상대적으로 고용률이 3~4%p 낮다." 3~4%p가 그렇게 크게 들리지는 않지만, 이는 장기적으로도 각 대졸자 연령 집단에서 150,000명 이상이 취업하지 못할 것이라는 의미이다. 대부분 사람들이 대학교육으로 취업에 이점이 있을 것으로 기대하는 점을 감안하면, 이는 괴로운 일이다.

방금 논의한 두 가지 핵심 사실을 어떻게 설명할 수 있을까? (1) 고용–인구 비율은 대침체 이후 몇 년 동안 단지 천천히 회복되었고, (2) 노동시장에 진입한 각 연령대의 대졸자들은 2005년 이후 더 적은 사람들만이 일자리를 찾을 수 있었다. 이 장에서 보게 될 것처럼, 일부 경제학자들과 정책입안자들은 연준이 더 공격적인 확장 정책을 추구했다면 대침체 이후 몇 년 동안 근로자들이 더 나은 노동시장 결과를 경험했을 것이라고 주장한다. 다른 경제학자들과 정책입안자들은 노동시장의 문제들 중 일부는 미국 경제의 구조적 변화 때문이라고 주장한다. 통화정책은 경제학의 총지출 수준에 영향을 미치도록 의도된 것으로, 구조적 문제를 다루는 데는 적합하지 않다. 구조적 문제는 연준이 통화정책을 조정하는 것보다 의회와 대통령이 세금, 지출, 규제를 조정하는 것이 더 나을 수 있다.

경제가 2020년 코로나19 경기침체로부터 회복되었지만, 거시경제적 문제들을 다루는 통화정책의 범위와 효과에 대한 질문들은 여전히 중요하게 남아있다. 이 장과 18장에서는 이러한 정책 토론을 더 잘 이해하기 위한 틀을 제공한다.

2007~2009년 및 2020년 경기침체와 같은 경기순환의 원인과 결과, 그리고 그 후 경기확장이 항상 경제학 연구의 중요한 부분은 아니었다. 현대 거시경제학은 1930년대에 경제학자들과 정책입안자들이 대공황이 왜 그렇게 심각했는지를 이해하기 위해 고군분투하면서 시작되었다.

미국 경제가 겪은 경기변동 경험은 적어도 19세기 초까지 거슬러 간다. 경기변동은 일정하지 않다. 호황 기간은 물론 불황 기간도 모두 같지 않다. 그러나 미국 경제의 모든 호황기는 경기침체가 뒤따랐고, 모든 불황기는 호황기가 뒤따랐다. 경제학자들은 경기변동을 분석하기 위해 거시경제 모형을 개발했다. 영국의 경제학자 존 메이너드 케인스(John Maynard Keynes)는 1936년 대공황에 대응하여 특히 영향력 있는 모형을 개발했다.

이 장과 다음 장에서, 우리는 화폐공급 및 이자율의 변화와 실질GDP 및 물가수준의 변화에 관한 관계를 탐구하기 위한 거시경제 모형과 관련하여 **화폐이론**(monetary theory)을 살펴본다. 이 장에서는 **총수요–총공급(AD–AS) 모형**(aggregate demand and aggregate supply model)으로 시작한다. 이 모형은 1930년대에 케인스가 처음 개발한 기본적인 아이디어의 일부를 포착한 것이다.

17.1 총수요곡선

학습목표: 총수요곡선이 어떻게 도출되는지 설명한다.

이 절에서는 상품과 서비스에 대한 수요와 물가수준 사이의 관계를 살펴본다. 경제학자들은 가계, 기업, 정부의 재화와 서비스에 대한 수요를 **총지출**(aggregate expenditure)의 관점에서 분석한다. 한 경제의 재화와 용역의 생산에 대한 총지출은 다음 항목들의 합과 같다.

그림 17.1

총수요곡선

총수요(*AD*)곡선은 물가수준과 총지출 사이의 관계를 보여준다.

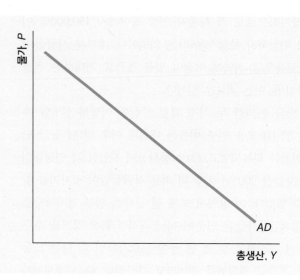

1. 가계의 소비를 위한 상품 및 서비스에 대한 지출(*C*)
2. 공장, 사무용 건물, 기계설비 등 자본재에 대한 기업의 계획적 지출과 가계의 신규주택에 대한 지출(*I*)
3. 지방정부, 주정부, 연방정부의 재화 및 서비스 구매(사회보장 지급 같은 개인에 대한 이전지출은 불포함)(*G*)
4. 순수출, 즉 외국의 기업과 가계에 의한 국내생산 상품과 서비스에 대한 지출에서 국내의 기업과 가계에 의한 외국생산 상품과 서비스에 대한 지출을 뺀 것(*NX*)

따라서 총지출(*AE*)을 나타내는 식은 다음과 같다.

$$AE = C + I + G + NX$$

총수요(*AD*)곡선
물가수준과 상품 및 서비스에 대한 총지출의 관계를 보여주는 곡선

우리는 총지출의 개념을 사용하여 **총수요곡선**(aggregate demand(*AD*) curve)을 도출할 수 있다. 이 곡선은 물가수준과 가계, 기업, 정부의 재화와 서비스에 대한 총지출 간의 관계를 보여준다. 그림 17.1은 물가수준(*P*)을 세로축에, 총생산(*Y*)을 가로축에 나타내는 그래프를 사용하여 총수요곡선을 보여준다. 다음 절에서는 물가수준의 변화가 총지출의 구성요소에 미치는 영향을 분석하여 총수요곡선을 도출한다.

단기금융시장과 총수요곡선

AD 곡선의 모양과 위치는 균형 실질GDP와 물가수준의 값을 결정하는 데 중요하다.

다른 변화가 없다면, 물가수준 상승이 재화와 서비스에 대한 총지출을 감소시키기 때문에 AD 곡선은 우하향한다. 물가수준 상승이 왜 이러한 효과를 갖는지는 4장 4.4절의 단기금융시장에 대한 논의를 확장하여 이해할 수 있다.[1] MI이 유통 중인 화폐와 당좌예금, 저

---

[1] 참고: 4장 4.4절의 주의를 상기하라. 경제학자들이 "단기금융시장"을 언급할 때, 보통 단기국채와 같이

축성예금의 합이라는 점을 상기하자. 단기금융시장에서는 가계와 기업의 M1에 대한 수요와 연준이 결정한 M1 공급 사이에 상호작용이 일어난다. 단기금융시장 분석은 케인스가 사용했던 용어인 **유동성선호이론**(liquidity preference theory)으로 불리기도 한다.

가계와 기업의 M1 수요량은 물가수준에 따라 달라진다. 물가수준이 훨씬 낮았던 100년 전에 가계와 기업은 매매를 수행하기 위해 더 적은 화폐가 필요했다. 물가수준이 높아질수록 가계와 기업은 더 많은 양의 화폐를 필요로 한다. 4장 4.4절에서는 물가수준의 변화에 대해 조정되지 않은 화폐의 양인 **명목화폐잔고**(nominal money balances)의 수요와 공급에 대한 단기금융시장 모형에 초점을 맞췄다. 이 장에서 가계와 기업의 수요와 연준의 공급은 **실질화폐잔고**(real money balances) 또는 M/P에 대한 것으로 가정한다. M은 M1과 같은 통화량, P는 소비자물가지수 또는 GDP디플레이터(GDP price deflator)와 같은 물가수준을 의미한다.

실질화폐잔고
물가수준으로 조정된 가계와 기업이 보유하고 있는 화폐의 가치; M/P

그림 17.2 (a)는 세로축에 단기국채 이자율과 같은 명목단기금리를, 가로축에 실질화폐잔고를 표시한 그래프를 사용하여 단기금융시장을 설명한다. 그림에서 가계와 기업의 실질화폐잔고 수요는 우하향한다. 가계와 기업이 화폐를 수요하는 주된 이유를 **거래동기**(transactions motive)라고 가정한다. 이는 화폐를 교환의 매개수단으로 보유함을 의미한다. 가계와 기업은 돈을 보유할 때 얻는 편리함과 낮은 금리(또는 제로금리) 사이의 상충관계에 직면한다. 단기국채 등 단기자산에 대한 이자율이 높을수록, 가계와 기업이 화폐잔고를 많이 보유할 때 포기해야 하는 수익이 늘어난다. 따라서 단기 명목금리는 **화폐를 보유하는 기회비용**(opportunity cost of holding money)이다. 금리가 높을수록 가계와 기업이 보유하려는 실질화폐량이 줄어든다. 금리가 낮을수록 가계와 기업이 보유하려는 실질화폐량이 늘어난다. 따라서 실질화폐에 대한 수요는 우하향한다. 연준이 M1의 수준을 완벽하게 조절할 수 있다고 가정하기 때문에 실질화폐의 공급은 수직선으로 나타난다. 은행과 민간의 행동 또한 M1 수준에 영향을 미치지만, 이 책의 단순화된 가정은 분석에 큰 영향을 미치지 않는다.

그림 17.2 (b)는 연준이 명목화폐공급(현금과 당좌예금의 합)을 일정하게 유지한다고 가정했을 때, 물가수준 상승이 단기금융시장에 미치는 효과를 보여준다. 물가수준의 상승은 실질화폐의 공급을 감소시켜 공급곡선을 $(M/P)^S_1$에서 $(M/P)^S_2$로 좌측이동시킨다. 공급곡선이 이동한 후 원래의 균형이자율 i_1에서 실질화폐 수요량은 공급량보다 크다. 가계와 기업들은 단기국채와 같은 단기자산을 매각함으로써 그들이 원하는 실질화폐잔고를 회복하려고 시도할 것이다. 단기국채 공급이 증가하면서 가격은 낮아지고 이자율은 상승한다. 단기금리 상승에 따라 가계와 기업은 i_2의 금리 수준에서 균형이 회복될 때까지 실질화폐수요를 줄인다. 따라서 명목화폐공급에 변화가 없을 때, 물가수준이 상승하면 이자율이 상승한다.

금리 인상은 기업의 공장과 설비에 대한 투자를 감소시키고, 소비자가 지출보다는 저축을 하도록 만든다(특히 지출이 차입으로 조달되는 경우). 이를 AE에 대한 표현으로 나타내면, i가 상승할수록 C와 I가 감소하여 AE가 감소하는 것으로 나타난다. 금리 상승이 환율에 미치는 영향 때문에 순수출에도 변화가 생긴다. 국내의 금리 상승은 해외 금융자산

만기가 1년 또는 그 이하인 채권시장을 의미한다. 그러나 여기서는 화폐수요와 화폐공급 분석을 위해 "단기금융시장"이라는 용어를 사용하고 있다.

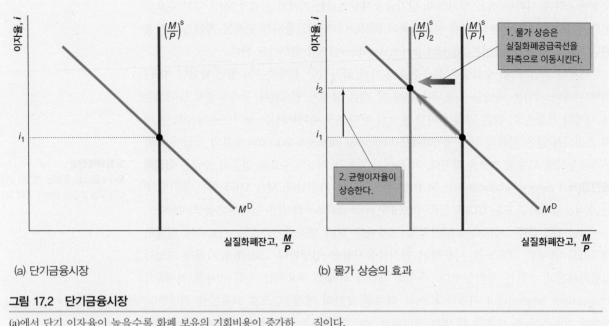

그림 17.2 단기금융시장

(a)에서 단기 이자율이 높을수록 화폐 보유의 기회비용이 증가하기 때문에 실질화폐수요곡선은 우하향한다. 연준이 M1을 완전히 통제할 수 있다는 단순 가정에 따라 실질화폐공급곡선은 수직이다.

(b)에서 물가 상승은 실질화폐공급곡선을 $(M/P)^S_1$에서 $(M/P)^S_2$로 이동시키고, 균형이자율을 i_1에서 i_2로 상승시킨다.

에 비해 국내 금융자산의 수익률을 더 매력적으로 만들어 국내 통화에 대한 수요가 증가한다. 국내 통화화에 대한 수요 증가로 통화 가치가 상승하면, 수입이 증가하고 수출이 감소해 *NX*와 *AE*가 감소한다.

반대로 물가수준이 하락하면 실질화폐잔고가 증가해 단기금융시장에서 이자율 하락으로 이어진다. 금리가 하락하면 저축이 감소(따라서 소비는 증가)하고 투자와 순수출이 증가하기 때문에 총지출 수준이 증가한다.

그림 17.1에서 *AD* 곡선은 개별 상품에 대한 수요곡선처럼 우하향한다. 그러나 위에서 물가수준의 변화가 단기금융시장의 균형과 총지출에 미치는 영향을 분석한 결과는 *AD* 곡선이 우하향하는 이유가 개별 상품에 대한 수요곡선과는 상당히 다르다는 것을 보여준다. 총수요곡선 위의 점들은 물가수준과 총생산량의 균형 조합을 나타낸다. 어느 균형점이 경제에서 실제로 나타날지는 17.3절에서 배울 총공급에 달려 있다.

총수요곡선의 이동

AD 곡선의 위치는 정책 효과를 이해하는 데 중요하다. 총수요곡선의 이동은 주어진 물가수준에서 경제의 총생산에 대한 총지출 수준이 증가하거나 감소할 때 발생한다. 총수요곡선의 우측이동은 각 물가수준에서 더 높은 수준의 총지출을 나타내므로 경기확장을 의미한다. 총수요곡선의 좌측이동은 각 물가수준에서 더 낮은 수준의 총지출을 나타내므로 경기

수축을 의미한다.

다음 변수들은 총수요곡선을 이동하게 만든다.

1. **화폐공급의 증감**. 연준이 명목화폐공급을 늘리고 적어도 초기에 물가수준이 비례적으로 증가하지 않으면 실질화폐잔고가 증가한다. 이어 단기금융시장에서 금리가 하락하면, 소비(C), 투자(I), 순수출(NX)이 모두 증가한다. 결과적으로 총지출이 증가하여 총수요곡선이 우측이동한다. 반대로 연준이 명목화폐공급을 줄이면 단기적으로 실질화폐잔고가 감소한다. 이로 인해 균형금리가 상승하면, 소비, 투자, 순수출이 모두 감소한다. 총지출이 하락하면 총수요곡선이 좌측이동한다.

2. **가계저축률의 변화**. 소비자가 저축률(소득에서 저축하는 비율)을 줄이면 총수요는 우측이동한다. 가계가 저축을 줄이면 소비지출(C)은 증가한다. 따라서 총수요곡선은 우측이동한다. 가계의 저축률이 상승하면 소비지출이 감소하고 총수요곡선이 좌측이동한다.

3. **가계의 미래 예상소득 변화**. 많은 경우 소비지출은 현재의 소득보다 **항상소득**(permanent income)에 의존하기 때문에, 가계가 미래에 소득이 증가할 것으로 예상하면 현재의 소비지출이 증가할 것이다. 가계의 영구소득은 시간이 지남에 따라 받을 것으로 예상되는 소득수준이다. 따라서 가계가 미래소득이 증가할 것으로 예상하면 총수요곡선은 우측이동한다. 가계가 미래소득을 비관적으로 봄에 따라 영구소득이 감소하면 현재의 소비지출이 감소할 것이고, 이에 따라 총수요곡선은 좌측이동할 것이다.

4. **자본의 미래 예상수익성**. 기업은 자본의 미래 수익성이 증가할 것으로 예상하면 계획된 투자를 늘린다. 미래의 수익성은 경제 상태에 달려 있다. 기업들은 불경기가 곧 끝나고 경제회복이 시작될 것으로 예상하면 계획된 투자를 늘릴 것이다. 이 경우 총수요곡선은 우측이동한다. 기업들이 가까운 시일 내에 경기침체가 시작될 가능성이 높다고 판단하면 계획된 투자를 줄일 가능성이 높아지고, 총수요곡선이 좌측이동한다.

5. **가계와 기업에 대한 세금 변화**. 개인소득세가 증가하면 가계의 **가처분소득**(disposable income)을 감소시킨다. 이에 대응하여 가계는 소비지출을 줄일 것이고, 이는 총수요곡선을 좌측이동시킬 것이다. 개인소득세의 감소는 일반적으로 소비지출의 증가를 유발하고, 총수요곡선을 우측이동시킨다. 마찬가지로 법인소득세처럼 기업에 대한 세금이 인상되면 신규 공장, 사무용 건물, 설비의 세후 수익성이 떨어지고, 따라서 계획된 투자지출이 감소하게 된다. 따라서 총수요곡선은 좌측이동할 것이다. 기업에 대한 세금이 감소하면 계획된 투자지출이 증가하고 총수요곡선이 우측이동한다.

6. **정부지출의 변화**. 정부지출(G)의 증가는 직접적으로 총지출에 추가되고 총수요곡선이 우측이동한다. 정부지출의 감소는 총지출을 감소시키고 총수요곡선이 좌측이동한다.

7. **국내생산 상품 및 서비스에 대한 해외수요의 변화**. 국내생산 상품에 대한 해외수요 증가는 순수출(NX)을 증가시키고, 총수요곡선을 우측이동하게 한다. 국내생산 상품과 서비스에 대한 해외수요가 감소하면 순수출이 감소하고 총수요곡선이 좌측이동한다. 국내생산 상품과 서비스의 수요를 결정하는 핵심 요인은 자국통화와 외국통화 사이의 환율

표 17.1 총수요곡선을 이동시키는 변수들

아래 변수의 증가는…	AD 곡선을 이동시킨다…	왜냐하면…
명목화폐공급	P ↗ AD_1 AD_2 Y	실질화폐잔고 증가 및 이자율 하락
가계저축률	P ↖ AD_2 AD_1 Y	소비 감소
가계의 미래 예상소득	P → AD_1 AD_2 Y	소비 증가
자본의 미래 예상수익성	P → AD_1 AD_2 Y	투자 증가
가계와 기업에 대한 세금	P ← AD_2 AD_1 Y	소비 및 계획된 투자 감소
정부지출	P → AD_1 AD_2 Y	총지출의 직접적 증가
국내생산 제품 및 서비스에 대한 해외수요	P → AD_1 AD_2 Y	순수출 증가

이다. 자국통화 가치가 높아지면 자국통화와 교환하기 위해 필요한 외화의 양이 늘어나게 되므로, 국내상품의 외화표시 가격이 높아져 수출이 감소한다. 여기에 더해 외국상품의 국내통화표시 가격이 하락해 외국상품의 수입은 증가하고, 그 결과 순수출이 감소한다. 국내통화 가치의 하락은 그 반대의 효과를 가져온다.

표 17.1은 총수요곡선을 이동시키는 가장 중요한 변수들을 요약한 것이다.

17.2 총공급곡선

학습목표: 총공급곡선이 어떻게 도출되는지 설명한다.

AD-AS 모형의 두 번째 구성요소는 **총공급**(aggregate supply)이다. 이는 기업이 주어진 물가수준에서 공급하고자 하는 총생산량, 또는 실질GDP이다. 기업은 물가수준 변화에 장기와 단기에 다르게 반응한다. 따라서 우리는 총공급에 대한 분석을 기업이 직면한 시간범위에 따라 구분한다. 우선, 물가수준과 기업이 공급하려는 총생산량 (또는 실질GDP) 사이의 단기적 관계를 보여주는 **단기 총공급곡선**(short-run aggregate supply(SRAS) curve)을 분석한다. 그 후에는 장기 총공급곡선에 대해 논의한다.

경제학자들은 기업들이 물가수준의 변화에 단기적으로 어떻게 반응하는지에 대해 완전히 합의하지 못하고 있다. 대부분 경제학자들은 가격수준이 올라갈수록 기업들이 공급하는 생산량이 단기적으로 증가하기 때문에 단기 총공급곡선이 우상향한다고 본다. 그리고 대부분 경제학자들은 장기적으로는 가격수준의 변화가 기업이 공급하는 총생산량에 영향을 미치지 않는다고 믿는다. 그러나 경제학자들은 단기 총공급곡선이 우상향하는 이유에 대해서는 다른 설명을 내놓고 있다.

단기 총공급곡선이 개별 기업의 공급곡선처럼 보일 수 있지만, 서로 다른 행태를 나타낸다. 개별 기업이 공급하고자 하는 생산량은 **다른 재화 및 용역의 가격과 비교한 자신의 생산물의 상대적 가격**에 따라 달라진다. 이와 달리, 단기 총공급곡선은 공급된 총생산량과 **물가수준**(price level)의 관계에 대한 것이다.

단기 총공급곡선

단기 총공급곡선(SRAS curve)이 우상향하는 이유에 대한 설명 중 하나인 **신고전학파의 관점**(new classical view)은 노벨상 수상자 루카스(Robert E. Lucas, Jr.)가 처음 제안했다. 이 접근법은 **착오이론**(misperception theory)이라고도 불리는데, 이는 기업들이 자신이 생산한 제품 가격의 상대적 상승과 물가수준의 일반적인 상승을 구별하기 어렵기 때문이다. 예를 들어, 당신의 장난감 제조회사가 생산하는 장난감 가격이 5% 증가했다고 가정하자. 장난감 가격이 다른 가격 대비 **상대적으로** 더 오른 것이라면 장난감에 대한 수요가 증가한 것으로 볼 수 있고, 생산량을 늘려야 한다. 하지만 경제의 모든 가격이 5% 상승한 것이어서 장난감의 상대가격에 변동이 없다면, 장난감을 더 많이 생산해도 이익을 높일 수 없을 것이다.

총공급
기업들이 주어진 물가수준에서 공급하고자 하는 총생산량 또는 GDP

단기 총공급곡선
물가수준과 기업이 공급하려는 총생산량 (또는 실질GDP) 사이의 단기적 관계를 보여주는 곡선물론 당신은 많은 생산자 중 하나일 뿐이다. 경제의 모든 생산자를 포함해 일반화하면, 우리는 왜 착오이론이 기업이 공급하는 총생산량과 물가수준 사이의 관계를 시사하는지 알 수 있다. 경제의 모든 물가가 5% 상승하지만 상대물가는 변하지 않는다고 가정하자. 개별 생산자가 상대가격이 변하지 않았다는 것을 인식하지 못하면 총생산량이 증가한다. 이러한 생산량 변화는 생산자가 가격 상승의 일부가 상품의 상대가격 상승을 나타낸다고 생각하고 공급량을 증가시키기 때문에 발생한다. 새고전학파의 관점에 따르면 가격변동에 대한 완벽한 정보를 보유한 업체들은 장난감 가격이 인상될 때, 경제의 일반물가 상승에 대한 예측치와 차이가 있을 경우에만 공급량을 증가시킨다. 모든 생산자가 물가수준이 5% 인상될 것으로 예상하는데, 장난감 가격은 2% 상승하는 데 그친다면 장난감 생산자는 장난감의 상대가격이 하락한 것으로 믿고 생산량을 감소시킬 것이다. 경제 전반에 걸쳐 기업들이 5% 물가 상승을 예상했는데, 실제로는 2%만 오른다면 많은 기업들이 생산을 축소할 것이다.

새고전학파의 관점은 실제 물가수준과 예상 물가수준의 차이와 상품의 총공급 사이에 양(+)의 관계를 시사한다. P가 실제 물가수준, P^e가 예상 물가수준일 경우, 새고전학파에 따르면 총생산과 물가수준 사이의 관계는 다음과 같다.

$$Y = Y^P + a(P - P^e)$$

$Y = $ 실질 총생산량 또는 실질GDP

$Y^P = $ 잠재GDP(potential GDP) 또는 경제가 완전고용 상태일 때 생산되는 실질생산량 수준 (Y^P는 **완전고용**GDP(full-employment GDP)라고도 한다.)

$a = $ 실제 물가수준이 예상 물가수준과 다를 때 생산량이 얼마나 반응하는지 나타내는 양(+)의 계수

이 수식은 실제 물가수준과 예상 물가수준이 같을 때, 공급된 생산량(Y)은 잠재적 GDP(Y^P)와 같음을 나타낸다. 실제 물가수준이 예상 물가수준보다 높으면 기업은 생산량을 증가시킨다. 실제 물가수준이 예상 물가수준보다 낮으면 기업은 생산량을 감소시킨다. 결과적으로, 생산량은 단기적으로 (상대가격 변화와 일반 물가수준 변화를 구별할 수 있을 때까지) 완전고용 수준보다 높거나 낮을 수 있다. 따라서 단기적으로 어떤 예상 물가수준에 대해, 실제 물가수준의 상승은 총생산량 공급을 증가시킨다. 따라서 SRAS 곡선은 우상향한다.

SRAS 곡선이 왜 우상향하는지에 대한 또 다른 설명은, 단기적으로 총수요의 변화에 대해 가격이 천천히 조정된다는 케인스와 그의 추종자들의 주장에 기반한다. 즉, 단기적으로는 물가가 **경직적**(sticky)이다. 가격 경직성이 극단적으로 높아지면, 총수요의 증감에도 가격이 전혀 조정되지 않기 때문에 SRAS 곡선이 수평이 될 것이다. 기업들은 새로운 수요 수준에 맞추기 위해 가격을 변경하지 않고 생산 수준을 조정할 것이다. 케인스의 가격 경직성 관점을 따르는 현대 경제학자들은 단기적으로 가격이 조정되지 못하는 이유를 찾았다. **신케인즈학파의 관점**(new Keynesian view)을 수용하는 경제학자들은 장기계약과 불완전경쟁의 존재 등 실제 시장의 특성을 이용해 가격의 움직임을 설명한다.

경직성의 한 형태는 (기업과 근로자 사이의) 임금에 대한 장기명목계약이나 (기업과 공급자들 사이의) 중간재 가격에서 발생한다. 장기명목계약 하에서는 임금이나 가격이 미리 수개월 또는 수년 동안 명목금액으로 정해진다. 예를 들어, 자동차 제조업체는 철강 공급업체와 장기 철강 공급계약을 체결한다. 자동차 제조업체와 철강업체 모두 인플레이션율을 3%로 예상할 경우 계약서에 명시된 철강 가격에 이런 기대가 반영될 것이다. 실제 인플레이션율이 5%라면 철강의 원가가 장기계약으로 고정된 상태에서 자동차 제조업체는 예상보다 가격을 더 올릴 수 있어 이익이 늘어날 수 있다. 따라서 물가수준이 예상외로 크게 상승하면, 모든 중간재 가격이 자유롭게 조정된다면 일어나지 않았을 생산량의 증가가 발생할 수 있다. 반대로, 만약 인플레이션율이 실제로 1%라면, 기업들은 비용 중 일부를 자유롭게 조정할 수 없기 때문에 이익이 감소할 것이다. 이 경우 생산량은 감소할 것이다.

경제에는 이런 장기계약이 많이 존재하고, 계약들이 중첩되거나 시차가 있기 때문에 주어진 기간에 모든 계약이 갱신되지 않는다. 따라서 현재 기간에는 일부의 임금과 가격만 조정될 수 있다. 장기적으로는 수요 변화에 따라 기업과 근로자가 재협상을 하지만, 당장 즉각적으로 모든 계약을 갱신할 수는 없다.

새케인즈학파는 또한 가격경직성을 시장구조의 차이 및 다른 유형의 시장에서 일어나는 가격 결정으로 설명한다. 밀이나 국채 시장에서는 제품이 표준화되어 있고, 많은 거래자들이 상호작용하며, 가격은 수요와 공급의 변화에 따라 자유롭고 빠르게 조정된다. 이렇게 **완전경쟁시장**(perfectly competitive markets)에서 개별 거래자들의 매매는 전체 시장 물량에 비해 미미하다. 예를 들어, 몇몇 밀 농부들이 다른 밀 농부들보다 가격을 올린다면 아무도 사려 하지 않기 때문에 가격을 다른 농부들보다 올릴 수 없다.

그러나 고급의류, 자동차, 의료서비스 시장 같은 경제의 많은 시장들은 생산품이 정형화되어 있지 않기 때문에 밀이나 국채처럼 시장에서 가격이 계속해서 조정되는 시장과 다르다. 독점적 경쟁은 제품이 개별특성을 가질 때 발생한다. 판매자가 가격을 올리면 수요량이 감소하겠지만, 영(0)으로 떨어지지는 않는다. **독점적 경쟁시장**(monopolistically competitive markets)에서는 판매자들이 **가격책정자**(price setter)이기 때문에 완전경쟁시장의 **가격수용자**(price taker)처럼 가격을 주어진 것으로 받아들이지 않는다. 새케인즈학파는 독점적경쟁시장에서 가격을 변동시키는데 비용이 발생하면 가격이 점진적으로 조정될 것이라고 주장한다. 가격변동에 드는 비용은 **메뉴비용**(menu costs)이라고 불리기도 하는데, 여기에는 온라인 및 인쇄 카탈로그와 상점 진열대에서 고객에게 가격변동을 알리는 비용이 포함된다.

왜 메뉴비용이 생산량과 가격의 움직임을 설명하는 데 잠재적으로 중요한가? 완전경쟁시장을 다시 생각해보자. 밀 판매자가 다른 판매자들의 가격보다 약간 높은 가격을 책정하면, 아무것도 팔지 못할 것이다. 그러나 독점적으로 경쟁하는 기업(예: 의류 부티크)은 가격이 시장가격보다 조금 높아도 고객을 많이 잃지 않을 것이다. 그러나 **만약 가격변동에 따른 잠재적 이윤이 가격변동에 따른 비용보다 작다면 기업은 가격을 변경하지 않을 것이다.**

독점적경쟁 기업은 단기에 계속 가격을 조정하기보다는 정해진 가격에서 판매량을 변동시킴으로써 수요 변화에 대응할 가능성이 높다. 이는 독점적경쟁 기업에게 합리적인 전략인

데, 왜냐하면 그들은 한계비용(생산을 한 단위 증가시키는 데 드는 비용)보다 높은 가격을 부과하기 때문이다. 따라서 이 기업은 수요가 증가할 때 기꺼이 추가로 판매할 것이다. 가격을 조정하지 않고 수요에 대응한 결과, 총수요에 따라 기업의 생산량이 증감하게 된다.

가격이 경직적일 때, 물가수준의 상승은 단기에 이들 기업의 이윤을 증가시키는 경향이 있고, 이는 생산량을 증가시킬 것이다. 새케인즈학파 관점에 따르면 단기 총공급곡선은 우상향한다. 경제에서 경직적 가격을 가진 기업의 비율이 증가할수록 SRAS 곡선은 더 평평해진다. 만약 단기에 모든 기업이 경직적 가격을 갖는다면, SRAS 곡선은 수평이 된다. 반대로, 단기에 모든 기업이 완전히 유연한 가격을 갖는다면, SRAS 곡선은 수직이 될 것이다.

장기 총공급곡선

장기 총공급곡선
장기에서 가격수준과 기업이 공급하는 총생산량(또는 실질GDP) 사이의 관계를 보여주는 곡선

SRAS 곡선은 새고전학파와 새케인즈학파의 설명에서 모두 우상향하지만, 장기에는 기업이 공급할 의사가 있는 총생산량과 물가수준 간의 관계가 우상향하지 않는다. 새고전학파 관점에서 기업은 제품의 상대가격 변화와 물가수준 변화를 구별할 수 있다. 이 경우, 실제 물가수준은 예상 물가수준과 동일하다($P=P^e$). 즉, 이전 절에서 새고전학파의 수식은 실제 물가수준이 예상 물가수준과 같을 때 현재 생산량(Y)은 잠재GDP(Y^P)와 동일하다는 것을 의미한다. 따라서 **장기 총공급곡선**(long-run aggregate supply(LRAS) curve)은 Y^P에서 수직이다.

새케인즈학파 관점에서는 단기에 많은 중간재 비용이 고정되어 있으므로 기업은 제품 가격의 상승에 비례하는 투입비용의 증가를 겪지 않고 생산량을 확대할 수 있다. 그러나 시간이 지남에 따라 투입비용은 물가수준에 따라 증가하므로, 장기에는 유연한 가격을 가진 기업과 경직적 가격을 가진 기업 모두 수요 변화에 따라 가격을 조정한다. 따라서 새고전학파의 관점과 마찬가지로 LRAS 곡선은 잠재GDP에서 수직이 된다($Y=Y^P$).

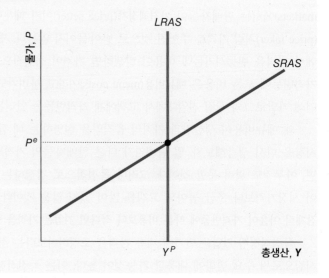

그림 17.3

단기 및 장기 총공급곡선
SRAS 곡선은 가격수준(P)이 예상 가격수준(P_e)을 초과하면 공급되는 생산량이 증가하기 때문에 우상향한다. 장기적으로는 실제 가격수준과 예상 가격수준이 같다. 따라서 LRAS 곡선은 잠재GDP(Y^P)에서 수직이다.

그림 17.3은 단기 및 장기 총공급곡선을 동일한 그래프에 나타낸다. 두 곡선은 물가수준이 P^e에서 교차한다.

단기 총공급곡선의 이동

총공급의 변화는 단기에서 생산량의 변화를 설명할 수 있다. 단기 총공급곡선이 이동하는 세 가지 주요 이유는 다음과 같다.

1. **인건비의 변동**. 인건비는 생산비용의 대부분을 차지한다. 생산량(Y)이 잠재GDP(Y^P)를 초과하면 높은 수준의 생산량은 노동수요를 증가시킨다. 더 높은 노동수요는 임금을 상승시켜 기업의 노동비용을 증가시킨다. 주어진 물가수준에서 기업은 비용이 높을수록 더 적은 생산량을 공급할 것이기 때문에 결과적으로 단기 총공급곡선은 좌측이동할 것이다. 생산량이 잠재GDP 아래로 감소하면 기업은 근로자를 해고하기 시작하고 근로자의 임금은 하락한다. 결과적으로 생산비용이 감소하면 단기 총공급곡선은 우측이동한다.

2. **기타 투입비용의 변동**. 석유와 같은 원자재의 가격과 공급량 또는 상품과 서비스 생산기술의 예상치 못한 변화는 생산비용과 단기 총량공급곡선에 영향을 미친다. 이러한 변화를 **공급 충격**(supply shocks)이라고 한다. 인건비 절감 기술 개발이나 식물생장기 우호적 기후로 인한 낮은 식량가격 등 긍정적인 공급 충격은 단기 총공급곡선을 우측이동시킨다. 유가 상승과 같은 부정적인 공급 충격은 단기 총공급곡선을 좌측이동시킨다.

3. **예상 물가수준의 변동**. 근로자들은 임금협상을 할 때, 임금과 자신이 사는 상품 및 서비스의 비용을 비교한다. 노동자들이 물가수준이 오를 것으로 예상하면, 실질임금을 보전하기 위해 명목임금 인상을 요구할 것이다. 마찬가지로 기업들은 생산물 가격을 다른 상품 및 서비스에 대한 예상 가격과 비교하여 얼마나 많은 생산물을 공급할지 결정한다. 예상 물가수준이 상승하면, 기업들은 인건비와 다른 비용의 상승을 충당하기 위해 가격을 올린다. 예상 물가수준이 높아지면 단기 총공급곡선이 좌측이동한다. 예상 물가수준이 하락하면 단기 총수급곡선이 우측이동한다. 이는 기업들이 명목임금과 기타 비용이 하락함에 따라 가격을 낮추고, 주어진 모든 물가수준에서 더 많은 생산물을 공급하기 때문이다.

공급 충격
단기 총공급곡선을 이동시키는 예상치 못한 생산비용이나 기술의 변동

개념 적용

코로나19 팬데믹은 미국 석유생산의 프래킹(fracking) 혁명을 종식시켰는가?

1850년대 후반, 철도 차장이었던 에드윈 드레이크(Edwin Drake)는 석유를 시추하는 방법을 발명하여 펜실베니아주 티투스빌(Titusville)의 한 들판에서 처음으로 상당한 양의 원유를 퍼올렸다. 1960년대까지 미국은 다른 어떤 나라보다 더 많은 석유를 생산했다. 1960년대

후반, 미국의 석유 수요가 계속 증가하는 동안, 미국의 생산량이 감소하기 시작하면서 석유 수입이 급증했다. 아래 그림은 특히 1980년대 중반 이후 미국의 석유 생산량이 장기간 감소세로 접어들고, 1990년대 중반에는 처음으로 미국이 생산량보다 더 많은 석유를 수입했음을 보여준다.

2008년부터, 높은 원유 가격으로 많은 미국 에너지 회사들은 수압파쇄, 즉 **프래킹**(fracking)이라고 불리는 기술을 채택했다. 프래킹은 물과 모래, 화학물질의 혼합물을 셰일암석대에 고압으로 주입하여, 이전의 방식으로는 채취가 불가능했던 석유와 천연가스를 채취할 수 있게 해준다. 아래 그림은 프래킹으로 미국의 원유 생산량이 2008년에서 2019년까지 두 배 이상 증가했음을 보여준다. 미국의 산유량 증가는 2008년 배럴당 $133였던 세계 유가가 2015년 초부터 2019년 말까지 평균 $53로 급락하는 데 일조했다.

유정은 또한 일반적으로 석유를 시추하는 과정에서 부산물로 천연가스가 발생한다. 그 결과 천연가스 공급도 증가했으며, 천연가스 가격은 2008년 7월 백만 BTU(연료의 열함량을 측정하는 단위)당 $13의 최고점에서, 2015년 초부터 2019년 말까지 평균 백만 BTU당 $3 미만으로 하락했다. 천연가스는 오랫동안 화학물질과 비료 같은 제품을 제조하는 에너지원이었다. 천연가스 가격 하락은 미국의 알루미늄, 유리 등을 제조하는 업체들이 에너지원을 석탄과 다른 연료로부터 천연가스로 전환하도록 이끌었다. 많은 시설들도 석탄에서 가격이 저렴해진 천연가스로 전환했다. 천연가스는 석유보다 가격이 낮을 뿐만 아니라, 지구온난화의 원인이 되는 온실가스를 더 적게 생성한다. 천연가스를 이용한 미국의 전력생산 비율은 2006년 20%에서 2020년 38%로 증가했다. 그 결과, 많은 업체들이 낮은 전기요금을 누렸다. 저렴한 천연가스는 운송시장에 큰 영향을 미쳤다. 미국 화물의 약 4분의 3을 운송하는 장거리 트럭운송 업체들은 디젤 연료 트럭에서 훨씬 저렴하고 깨끗한 천연가스 사용 트럭으로

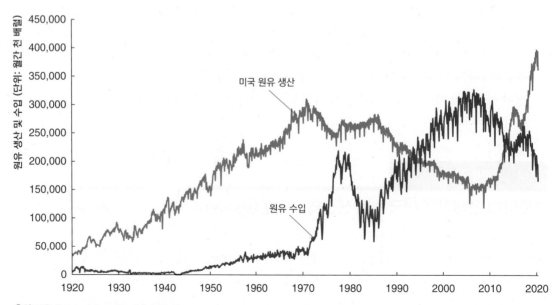

출처: U.S. Energy Information Administration.

전환하고 있다.

에너지 시장의 이러한 발전으로, 미국의 SRAS 곡선은 우측이동했다. 어떤 경제학자는 미국이 선진국 중 가장 낮은 에너지 비용을 갖게 될 것이라고 예측하기도 했다. 일부 기업가들은 낮은 천연가스의 가격이 수십 년간 계속될 것이라고 주장한다. 쉐브론필립스(Chevron Phillips)의 CEO는 "우리는 이것이 일시적인 것이 아니라고 확신합니다. 이것은 실질적이고 지속적인 현상이며, 미국에 잠재적인 경쟁우위 요소입니다"라고 말한다. 지질학자들은 미국의 천연가스 공급이 한 세기 이상 현재의 생산량을 유지하기에 충분하다고 추정한다.

하지만 코로나19 팬데믹으로 인한 경기침체에도 미국의 석유와 천연가스 생산이 유지될 수 있을까? 7장 7.3절에서 보았듯이 2020년 4월부터 석유 및 천연가스에 대한 세계 수요는 급격히 감소했다. 생산되는 석유의 양이 저장용량을 압도하면서 유가는 잠시 마이너스가 됐고, 천연가스 가격도 급락했다. 페르미안바신(Permian Basin) 유전은 텍사스주 오데사를 중심으로 뉴멕시코주 남동부에 이르는 75,000 평방 마일에 걸쳐 있다. 페르미안바신에서 운영하는 석유회사들은 프래킹 혁명의 선두주자였다. 경기침체로 인해 이 지역에서 운영 중인 시추시설은 2020년 3월 418개에서 7월 초 126개로 줄었다. 프래킹 기술을 선도하던 업체가 지난 6월 파산을 선언했고, 산업분석가들은 200개에 달하는 다른 석유업체들도 파산위기에 처했다고 말했다. 석유 탐사와 시추에 대한 지출은 2020년 동안 거의 절반으로 감소했다. 이로 인한 생산량 감소는 잠재적으로 몇 년 동안 계속될 것으로 예상되었다. 월스트리트 저널은 "새로운 유정에 대한 투자가 없다면 많은 기업의 생산량이 1년 안에 30~50% 감소할 것"이라는 연구결과를 보도했다. 미국 에너지정보청은 2021년 초 미국의 원유 생산량 전망치를 하루 1,350만 배럴에서 1,080만 배럴로 축소했다.

프래킹 혁명이 미국 내 총공급에 끼친 긍정적 영향들을 뒤집을 만큼 미국의 원유 생산 위축이 오래 지속될지는 두고 봐야 한다.

이 장의 끝에 있는 관련문제 2.8을 참조하시오.

장기 총공급곡선의 이동

장기 총공급(LRAS)곡선은 경제의 특정 시점에서 잠재적 수준의 실질 생산량 또는 GDP를 나타낸다. LRAS 곡선은 시간이 지남에 따라 잠재GDP의 성장을 반영하여 이동한다. 이러한 경제성장의 원천은 (1) 자본과 노동의 투입 증가와 (2) 생산성(한 단위 투입당 생산량)을 증가시키는 기술 변화를 포함한다.

투입의 증가는 경제의 생산능력을 향상시킨다. 기업들이 단순히 낡은 공장과 장비를 대체하는 것을 넘어 새로운 공장과 장비에 투자할 때, 생산에 사용 가능한 자본량이 증가한다. 인구가 늘거나 노동시장에 참여하는 사람이 많아지면 노동투입이 증가한다. 미국과 다른 나라들의 경제성장에 대한 연구에 따르면, 생산성 증가가 장기 경제성장의 주요 결정요인이다. 생산성 증가는 주로 기업들이 투입 한 단위당 더 많이 생산할 수 있도록 하는 기술 변화에 의해 주도된다. 경제학자들은 기술변화를 신규 또는 개선된 기계 및 장비뿐만 아니라, 새로운 방법의 생산조직화 및 근로자 교육훈련 개선 등 주어진 투입량으로 더 많은 산출물을 생산하게 만드는 다른 방법들을 포함하여 광범위하게 정의한다.

표 17.2는 단기 및 장기 총공급곡선을 이동시키는 가장 중요한 변수들을 요약한 것이다.

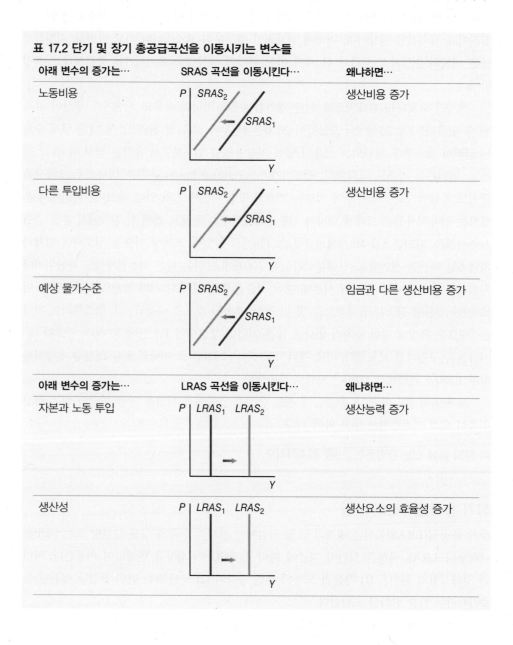

표 17.2 단기 및 장기 총공급곡선을 이동시키는 변수들

아래 변수의 증가는…	SRAS 곡선을 이동시킨다…	왜냐하면…
노동비용		생산비용 증가
다른 투입비용		생산비용 증가
예상 물가수준		임금과 다른 생산비용 증가

아래 변수의 증가는…	LRAS 곡선을 이동시킨다…	왜냐하면…
자본과 노동 투입		생산능력 증가
생산성		생산요소의 효율성 증가

17.3 총수요와 총공급 모형의 균형

학습목표: 총수요-총공급 모형을 사용하여 거시경제 균형을 설명한다.

총수요와 단기 및 장기 총공급은 **총수요-총공급($AD-AS$) 모형**의 구성요소이며, 균형 실질 GDP와 균형 물가수준을 결정하기 위해 사용될 수 있다. 생산물을 공급하는 기업의 행태가 단기와 장기에 따라 다르기 때문에, 단기 균형과 장기 균형의 두 가지 다른 균형이 생긴다.

단기 균형

그림 17.4는 단기에서 생산량과 물가수준을 결정하기 위해 총수요(AD)곡선과 단기 총공급($SRAS$)곡선을 함께 보여준다. 단기 균형은 AD곡선과 $SRAS$곡선의 교차점 E_1에서 발생하며, 균형을 나타내는 다른 점은 없다. 예를 들어, 물가수준이 P_2일 때 A지점은 AD곡선 위에 있지만 기업들은 가계와 기업의 수요보다 더 많은 생산물을 공급한다. 이에 따라 물가수준은 E_1에서 균형을 회복할 때까지 하락할 것이다. 물가수준이 P_3일 때 B지점은 $SRAS$곡선 위에 있지만, 기업이 공급하고자 하는 생산량보다 가계와 기업의 수요가 더 클 것이다. 따라서 수요량과 공급량을 일치시키기 위해 물가수준은 P_1까지 상승할 것이다.

장기 균형

경제의 단기 균형에 대한 분석은 총수요곡선과 단기 총공급곡선이 교차하는 지점이 어딘지에 따라 다양한 생산량과 물가수준의 조합이 가능함을 나타낸다. 그러나 장기에는 경제를 잠재GDP(Y^P)에서의 균형으로 이끌기 위해 물가수준이 조정된다. 따라서 경제의 장기

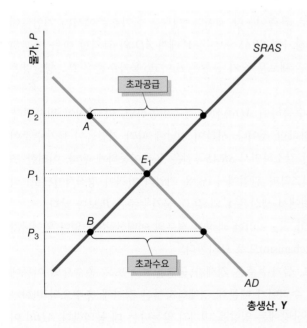

그림 17.4

단기 균형

경제의 단기 균형은 AD곡선과 $SRAS$곡선이 교차하는 E_1에서 나타난다. 균형 가격수준은 P_1이다. 더 높은 가격수준은 생산물 초과공급(예: A지점)과 관련이 있고, 더 낮은 가격수준은 생산물 초과수요(예: B지점)와 관련이 있다.

그림 17.5

장기 균형으로의 조정

E_1의 초기 균형에서 총수요 증가는 AD곡선을 AD_1에서 AD_2로 이동시키고, 생산량을 Y^P에서 Y_2로 증가시킨다. Y_2가 Y^P보다 크기 때문에 물가가 상승하여 $SRAS$ 곡선을 $SRAS_1$에서 $SRAS_2$로 이동시킨다. 경제의 새로운 균형은 E_3가 된다. 생산량은 Y^P로 돌아갔지만 물가수준은 P_1에서 P_2로 상승한다. $LRAS$ 곡선은 Y^P(잠재GDP)에서 수직이다. AD곡선의 이동은 단기에만 생산량에 영향을 미친다. 이러한 결과는 새고전학파와 새케인즈학파 관점에서 모두 성립하지만, 새고전학파 관점에서 가격 조정이 더 빠르다.

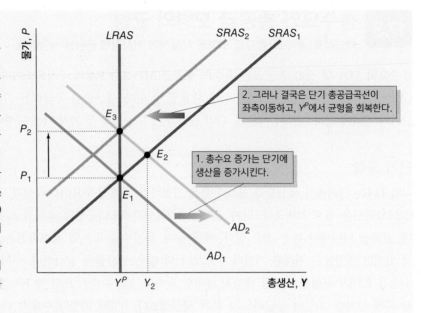

2. 그러나 결국은 단기 총공급곡선이 좌측이동하고, Y^P에서 균형을 회복한다.

1. 총수요 증가는 단기에 생산을 증가시킨다.

균형은 AD, $SRAS$, 그리고 $LRAS$곡선이 교차하는 곳에서 발생한다. 그림 17.5에서, 총수요곡선(AD_1)과 단기 총공급곡선($SRAS_1$)은 Y^P에서 교차하고, 물가수준은 P_1이다.

이번에는 (예를 들어, 주택수요의 증가로 인해) 총수요가 예기치 않게 증가한다고 가정하자. 총수요곡선은 AD_1에서 AD_2로 우측이동하며, 단기에서 생산량과 물가수준이 모두 상승할 것이다. 새로운 단기 균형 E_2는 AD_2와 $SRAS_1$의 교차점에 있다. 그러나 시간이 지남에 따라, 일반적인 물가수준이 상승했음을 기업들이 알게 되고 투입비용이 상승하면서 $SRAS$ 곡선은 $SRAS_1$에서 $SRAS_2$로 좌측이동할 것이다. 새로운 물가수준에서는 기업들이 생산량을 줄이려 하기 때문이다. 장기에 $SRAS$ 곡선은 Y^P에서 AD_2와 교차할 만큼 충분히 이동해야 한다. 총수요의 증가 이후 새로운 장기 균형은 E_3이고, 물가수준은 P_2, 생산량은 Y^P이다.

만약 총수요가 예기치 않게 수축하여 AD곡선이 좌측이동하면, 이 과정이 뒤바뀐다. 처음에는 생산량과 물가수준이 하락할 것이다. 시간이 지남에 따라 기업들이 물가수준이 하락했음을 알게 되고 투입비용이 감소하면서 $SRAS$곡선은 우측이동하게 된다. 이러한 조정 과정은 새고전학파보다 새케인즈학파 관점에서 (많은 기업의 가격이 경직적이므로) 더 천천히 일어난다. 새로운 장기 균형에서 생산은 Y^P와 같고, 물가수준은 P_1보다 낮다.

경제학자들은 잠재GDP로 돌아가는 이러한 과정이 정부의 어떠한 조치 없이 일어나기 때문에 **자동메커니즘**(automatic mechanism)으로 묘사한다.

장기에 경제는 Y^P를 생산하고, 물가수준은 경제가 균형을 이루도록 총수요의 이동에 맞춰 조정될 것이다. $LRAS$곡선이 수직이기 때문에 경제학자들은 장기에 총수요의 변화가 물가수준에는 영향을 미치지만 생산량에는 영향을 미치지 않는다는 데 동의한다. AD의 이동과 물가수준 사이의 장기적인 관계는 **화폐의 중립성**(monetary neutrality)을 나타낸다. 예를 들어, 연준이 화폐공급을 늘려서 경기를 부양하려고 하면, 단기에 생산량과 물가수준이 모두 상승할 것이다. 그러나 장기에는 생산량이 Y^P로 돌아오기 때문에 오직 물가수준만 상승한다. 반대로, 명목화폐공급 하락은 장기에 물가수준을 낮추지만, 생산량에는 영향을 미치지 않는다. 따라서 **화폐공급 변화는 장기에 생산량에 영향을 미치지 않는다**는 결론을 내릴 수 있다.

> **화폐의 중립성**
> 화폐공급 증가(감소)가 장기에 물가수준을 상승(하락)시키기지만 균형 생산량은 변화하지 않기 때문에, 화폐공급 변화는 장기에 생산량에 영향을 미치지 않는다는 명제

미국의 경기변동

우리는 $AD-AS$ 모형을 사용하여 과거의 사건을 설명하고 미래의 경제 발전을 예측할 수 있다. 생산량의 변동은 총수요곡선 또는 총공급곡선의 이동으로 설명될 수 있다. 아래에서는 $AD-AS$ 분석을 사용하여 (1) 1964~1969년 총수요에 대한 충격, (2) 공급 충격, 1973~1975년 부(−)의 충격과 1995년 이후 정(+)의 충격, (3) 2007~2009년 침체기와 그 이후 총수요에 대한 신용경색 충격, (4) 코로나19 팬데믹과 2020년 경기침체, 네 가지 미국 경제의 변동 사례를 설명한다.

1964~1969년 총수요에 대한 충격 베트남 전쟁 참여로 미국의 실질 정부구매(주로 군사비)는 1960~1964년에 9% 증가했다. 이러한 지출은 1964~1969년에 21% 더 증가했다. 연준은 이러한 정부구매 증가로 인한 총수요 증가가 화폐수요와 이자율을 높일 것으로 우려했다. 이자율 상승을 피하기 위해 연준은 확장적 통화정책을 추진했다. M1의 연간 성장률은 1963년 3.7%에서 1964년 7.7%로 증가했다.

확장적 재정정책과 통화정책이 결합되면서 총수요곡선이 우측이동하는 일련의 결과를 가져왔다. 총수요 증가는 1960년대 중반 생산량이 잠재GDP를 초과하게 만들었고, 생산비용과 물가수준에 상승 압력을 가했다. $AD-AS$ 모형을 이용한 단기 및 장기 균형 분석에서 보았듯이, 생산량이 잠재GDP 이상으로 상승하면 결국 SRAS 곡선이 좌측이동해 더 높은 물가수준에서 경제의 완전고용 균형을 회복한다. 확장적 재정정책과 통화정책이 수년간 지속됐기 때문에 $AD-AS$ 분석에 따르면 1964~1969년에 생산이 증가하고 인플레이션(물가수준의 변화율)이 상승해야 했으며, 실제로 그렇게 되었다.

1973~1975년과 1995년 이후 공급 충격 1970년대 초, 많은 경제학자들과 정책입안자들은 인플레이션이 주로 총수요의 증가로 일어난다고 생각했다. 이에 따르면 인플레이션은 생산량이 함께 증가할 때만 발생할 것이다. 1973년과 1974년 부(−)의 공급 충격으로 인플레이션이 증가하고 생산량이 **감소**한 시기는 이들을 놀라게 했다. 1973년 석유수출국기구(OPEC)는 미국과 다른 나라들이 1973년 아랍-이스라엘 전쟁에서 이스라엘 지원을 중단하도록 압력을 가하기 위해 원유공급을 급격히 줄였다. 유가가 4배 상승하는 와중에 전 세계의 농작물 수확량이 감소하며 식량가격도 크게 상승했다. 미국에서는 이 두 가지 부정적인 공급 충격이, 1971년부터 시행되었던 정부의 임금 및 가격 통제 정책이 폐지되면서 더욱 강화되었다. 이러한 통제가 끝나자 기업들은 가격을 올렸고, 근로자들은 물가 상승을 따라잡고 통제

기간 동안 받지 못했던 임금 인상을 만회하기 위해 임금 인상을 추진했다.

$AD-AS$ 분석에서 이 일련의 부정적 공급 충격은 단기 총공급곡선을 좌측이동시켜 물가수준을 높이고 생산을 감소시킨다. 실제로 1974년과 1975년 생산량은 감소하고 인플레이션은 상승했다. 상승하는 인플레이션과 하락(또는 침체)하는 생산량이 결합된 것을 **스태그플레이션**(stagflation)이라고 한다. 생산량 감소와 물가 상승은 총수요 충격뿐만 아니라 총공급 충격도 경제의 단기 균형에 변화를 줄 수 있음을 보였다. 1978~1980년 유가 상승으로 인한 공급 충격도 비슷한 패턴을 보였다.

또한 1996~2005년에 미국 경제가 경험한 생산성 성장 가속화와 같은 우호적인 공급 충격도 살펴볼 수 있다. 많은 경제학자들은 정보기술, 특히 인터넷의 "새로운 경제"와 연관된 기술에 대한 투자가 생산성 증가율의 상승을 설명한다고 주장한다. 우리는 $AD-AS$ 분석을 통해 이러한 긍정적인 공급 충격을 설명할 수 있다. $SRAS$와 $LRAS$ 곡선이 모두 우측이동하면서 생산량을 증가시키고, 물가수준은 더 느리게 상승하도록 만들었다. 2006년부터 생산성 증가가 둔화되면서 $LRAS$ 곡선이 느린 속도로 우측이동하게 되었다. 이러한 생산성 증가의 둔화는 2007~2009년 금융위기 이후 실질GDP 성장의 둔화에 기여했다.

2007~2009년 침체기 및 그 이후의 신용경색과 총수요 이전 장에서 논의했듯이 **신용경색**(credit crunch), 즉 은행 및 기타 금융기관의 대출 능력 또는 의향이 감소하면 생산량이 감소할 수 있다. 많은 분석가들은 신용경색이 2007~2009년 경기침체를 심화시켰고, 이후 회복 속도를 늦추는 데 기여했다고 주장한다. 12장 12.3절에서 보았듯이 리먼 브라더스 투자은행의 파산 이후 금융공황이 발생했다. 증권화 과정은 (정부가 보증하는 주택 모기지를 제외하고) 중단되었다. 저축자들이 MMF(money market mutual funds)에서 자금을 인출하면서 기업들은 기업어음(commercial paper) 매각에 어려움을 겪었다. 은행 및 기타 금융기관이 재정 상태를 보완하기 위해 자산을 매각하고 대출을 축소함에 따라, 저축자에서 차입자에게로 자금의 흐름이 악화되었다. 가계와 중소기업은 은행대출을 다른 출처의 자금으로 대체할 수 없었기 때문에 내구재 소비와 공장 및 장비에 대한 투자가 감소했다.

지출의 감소는 $AD-AS$ 분석에서 총지출의 감소를 의미하며, AD곡선은 좌측이동한다. 시간이 지남에 따라 총수요의 감소는 $SRAS$ 곡선을 우측이동시키면서 물가에 하방압력을 가한다. 실제로 2007~2009년 경기침체 기간 실질GDP는 4.2% 감소했고, 소비자물가지수(CPI)로 측정한 물가상승률은 2007년 2.9%에서 2009년 −0.3%로 감소했다. 12장에서 논의했듯이 신용경색 외에 다른 요인들도 2007~2009년 경기침체에 기여했지만, 대부분의 경제학자들은 신용경색이 심각한 경기침체를 초래한 주요 요인이라고 믿는다.

코로나19 팬데믹과 2020년 경기침체 2020년 2월부터 시작된 경기침체는 지난 100년 동안 발생한 경기침체와는 달랐다. 1918년 인플루엔자 팬데믹 이후 미국 경제에 질병의 경제적 영향으로 인한 불황은 없었다. 앞서 살펴본 것처럼, 경제학자들은 예상치 못한 유가 상승과 같은 총공급 충격으로 인한 경기침체와 신규 주택에 대한 지출 감소와 같은 총수요 충격으로 인한 경기침체를 구분한다. 그러나 코로나바이러스의 영향에는 총공급 충격과 총수요 충격이 결합되어 있다.

지금까지 우리는 단기 총공급곡선만 왼쪽으로 이동시키고 총수요곡선은 영향을 받지 않는 부정적인 총공급 충격에 대해 논의했다. 일반적으로 공급 충격의 영향을 분석할 때 총수요곡선이 이동하지 않는다고 가정하는 것이 합리적이다. 예를 들어, 유가가 상승하면 $SRAS$곡선이 좌측이동하며 **총수요곡선 위의 이동**(movement along the aggregate demand curve)이 나타나고, 총수요곡선 자체는 이동하지 않는다.

코로나19 팬데믹은 미국 경제에 전례 없는 공급 충격을 가져왔다. 이 바이러스는 미국 회사들에 상품을 공급하는 공장이 많은 지역인 중국의 우한시에서 유래되었다. 2020년 1월 중국 정부가 바이러스 확산을 통제하기 위해 해당 지역의 공장을 폐쇄하자 애플(Apple), 나이키(Nike) 등 일부 미국 기업들은 협력업체가 문을 닫았기 때문에 생산 목표를 달성할 수 없을 것이라고 발표했다. 3월에 바이러스가 미국에 퍼지기 시작하자, 많은 주의 주지사와 시장들은 학교와 필수적이지 않은 모든 회사들에 휴업을 명령했다.

그림 17.6은 바이러스가 미국의 실질GDP와 물가수준에 미치는 영향을 보여준다. 그림에서 2020년 초 경제는 장기 거시경제균형 상태에 있었고, 단기 총공급곡선($SRAS_1$)은 장기 총공급곡선($LRAS$) 위의 A지점에서 총수요곡선(AD_1)과 교차하고 있다. 균형에서 실질GDP는 $19.2조, 물가수준은 113이다. 바이러스로 인해 미국 기업들의 글로벌 공급망이 교란되고, 정부가 많은 사업체를 폐쇄하며 단기 총공급곡선이 $SRAS_1$에서 $SRAS_2$로 좌측이동했다.

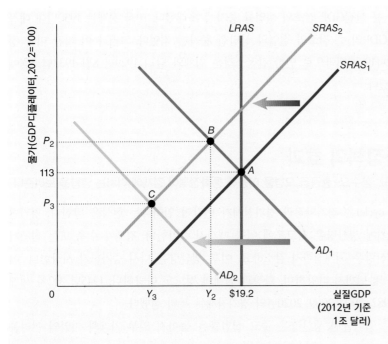

그림 17.6

코로나19 팬데믹의 영향

실질GDP가 $19.2조이고 물가수준이 113인 초기 균형 A지점에서, 코로나19 팬데믹의 영향은 단기 총공급곡선을 $SRAS_1$에서 $SRAS_2$로 이동시키고 총수요곡선을 AD_1에서 AD_2로 이동시켰다. 팬데믹이 단기 총공급에만 영향을 미쳤다면, 단기 균형은 B지점이었을 것이다. 팬데믹으로 인해 AD곡선과 $SRAS$곡선이 모두 이동했기 때문에 단기 균형은 C지점이 되었고, 실질GDP는 Y_3로, 물가수준은 P_3로 떨어졌다. (가로축에서는 총생산량(Y)을 명시적으로 실질GDP로 측정한다.)

바이러스가 예상치 못한 유가 상승과 비슷한 공급 충격을 주었다면, 새로운 단기 균형은 B지점이 될 것이다. 실질GDP는 $19.2조에서 Y_2로 감소하고, 물가수준은 113에서 P_2로 상승했을 것이다(2020년 가을 현재, 바이러스의 경제에 대한 영향이 완전히 명확하지 않기 때문에, 새로운 단기 균형에서 실질GDP와 물가수준에 값을 부여하지 않는다).

다음과 같은 몇 가지 이유로 B지점은 새로운 단기 균형이 아니다.

1. **소비 지출 감소**. 정부는 많은 사업체를 폐쇄했는데, 이는 직접적으로 생산량을 감소시키고 수백만 명의 근로자들이 일자리를 잃는 결과를 낳았다. 근로자들은 소득 감소를 겪으면서 소비 지출을 줄였다.
2. **투자 지출 감소**. 많은 주거 및 업무용 건설이 중단되면서 투자 지출이 감소했다.
3. **수출 감소**. 팬데믹으로 유럽, 캐나다, 일본, 그리고 다른 미국의 무역 상대국들도 사업체를 폐쇄하면서 미국 수출이 감소했다.

이러한 요인들로 인해 미국 경제의 총지출이 급격히 감소했고, 총수요곡선은 AD_1에서 AD_2로 좌측이동했다. 코로나19 팬데믹으로 인한 공급 충격을 분석할 때, 고유가 또는 지진 등 자연재해로 인한 공급 충격을 분석할 때는 고려하지 않던 총수요에 대한 영향을 포함시켜야 한다.

코로나19 팬데믹으로 인해 $SRAS$곡선과 AD곡선이 모두 좌측이동했기 때문에 C지점에서 새로운 단기 균형이 발생하며, 실질GDP는 Y_3로 떨어지고 물가수준은 P_3로 떨어진다. 만약 $SRAS$곡선의 이동이 AD곡선의 이동보다 크다면, 실질GDP는 더 하락하고 물가수준은 하락이 아니라 상승했을 것이다.

코로나19 팬데믹은 단기 총공급과 총수요에 매우 큰 변화를 초래했고, 짧은 기간 동안 미국 역사상 가장 큰 실질GDP 감소와 실업률 증가를 초래했다. 미국 경제는 1930년대 대공황 기간에도 실질GDP의 큰 감소와 실업의 상당한 증가를 겪었다. 그러나 이 기간 미국 경제의 하락은 코로나19 팬데믹으로 인한 갑작스러운 침체와 달리 1929년 8월~1933년 3월에 걸쳐 서서히 진행됐다.

17.4 통화정책의 효과

학습목표: 총수요–총공급 모형을 이용해 통화정책이 경제에 미치는 영향을 보여준다.

경기변동
경기확장과 경기침체가 번갈아 일어나는 현상

경기변동(business cycle)은 경기확장과 경기침체가 번갈아 일어나는 현상을 말한다. 경기변동 과정에서 확장기에 생산량은 최고조에 이를 때까지 증가한다. 경제가 수축 또는 침체기로 접어들면서 생산량은 최저점까지 감소하고, 이후 생산량은 다시 증가하기 시작한다. 이 패턴은 몇 달에서 몇 년까지 다양하며, 확장과 침체의 정도도 다양하다. 1945년 제2차 세계대전 이후 1981~1982, 2007~2009, 2020년의 경기침체는 특히 심했다.

경제가 침체로 접어들면 생산량은 줄고 실업률은 높아져 일부 가계와 기업의 어려움을 초래한다. 대부분의 경제학자들은 화폐공급 증가와 이자율 하락이 단기생산을 증가시킬 수 있다고 생각한다. 그렇다면 연준이 경기침체의 심각성을 줄이고 생산량의 단기변동을 완화함으로써 경제를 안정시키는 통화정책을 구사하는 것이 가능할 수 있다. 이러한 **안정화 정책**(stabilization policy)은 화폐공급과 이자율을 바꿈으로써 AD곡선을 이동시킨다. 의회와 대통령도 경제 안정을 위해 정부구매나 세금 수준을 바꾸는 등 **재정정책**을 추진할 수 있다. 통화정책과 마찬가지로 재정정책도 AD곡선을 이동시킨다. 그러나 근로, 저축, 투자에 대한 유인을 바꾸는 조세정책의 변화는 단기와 장기에 모두 총공급량을 증가시킬 수도 있다.

> **안정화 정책**
> 경기변동의 심각성을 줄이고 경제를 안정화시키기 위해 사용하는 통화정책이나 재정정책

적극적 통화정책

경제가 2007년처럼 신규 주택에 대한 지출이 붕괴되면서 부(−)의 **총수요 충격**(aggregate demand shock)을 받았다고 가정해보자. 그림 17.7은 그 결과를 보여준다. (a)에는 AD_1, $SRAS_1$, 그리고 $LRAS$의 교차점에 초기 균형 E_1이 위치한다. 생산량은 잠재GDP(Y^P) 수준이고, 물가수준은 P_1이다. 총수요 충격의 결과로 총수요곡선은 AD_1에서 AD_2로 이동한다. 경제는 E_2로 이동하여 생산량이 Y^P에서 Y_2로, 물가수준이 P_1에서 P_2로 하락하면서 불황에 빠진다.

이때 연준은 확장적 통화정책 시행 여부를 결정해야 한다. 연준이 아무 조치도 취하지 않으면, 경제가 결국 스스로 바로잡을 것이라는 점은 앞의 분석에서 배웠다. E_2에서 완전고용보다 생산량이 적으므로, 시간이 지남에 따라 투입비용과 물가가 하락하여 단기 총공급곡선은 $SRAS_1$에서 $SRAS_2$로 우측이동하고, 경제는 잠재GDP 수준인 E_3로 돌아온다. 경제가 결국 잠재GDP 수준으로 돌아오지만, 필요한 비용 및 물가 조정은 수년이 걸릴 수 있고, 이 기간 동안 일부 근로자와 기업은 실업과 손실을 겪는다.

다른 대안은, 그림 17.7의 (b)에서 보듯이 연준이 확장적 통화정책을 시행함으로써 회복속도를 높이려 시도하는 것이다. 15장에서 보았듯이 연준은 연방기금금리 목표를 낮춰 확장적 통화정책을 펼칠 수 있다. 확장 정책은 총수요곡선을 AD_2에서 AD_1로 다시 우측이동시킬 것이다. 경제는 E_2의 불황에서 E_1의 초기 완전고용균형으로 다시 이동한다. 경제는 연준이 적극적인 정책을 자제했을 때보다 더 빠르게 잠재GDP로 돌아간다. 그러나 안정화 정책은 물가수준이 아무런 조치가 취해지지 않았을 때보다 더 높아진다는 부작용이 있다.

또한 경제는 긍정적인 총수요 충격을 경험할 수 있다. 이는 총수요곡선을 우측이동시켜 생산량을 일시적으로 잠재GDP 이상으로 올리고 물가수준을 높인다. 이 경우, 그림 17.5의 분석에서 보았듯이 연준이 아무런 조치를 취하지 않으면 결국 $SRAS$가 좌측이동하여 잠재GDP에서 균형을 회복한다. 다른 대안으로 연준은 연방기금금리 목표를 높여 **긴축적 통화정책**(contractionary monetary policy)을 시행함으로써 물가상승을 피할 수 있다. 긴축 정책은 총수요를 충격이 있기 전의 위치로 좌측이동시켜 잠재GDP에서 균형을 회복하고 물가수준을 원래로 되돌릴 것이다.

1960년대까지 많은 경제학자들은 경제의 변동을 완화하기 위해 통화 및 재정정책을 사

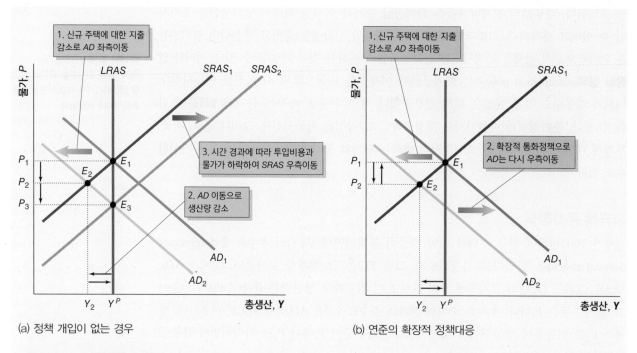

(a) 정책 개입이 없는 경우   (b) 연준의 확장적 정책대응

그림 17.7   통화정책의 효과

(a)는 초기 완전고용균형(E_1)에서 총수요 충격으로 AD 곡선이 AD_1에서 AD_2로 이동하고, 생산량이 Y^P에서 Y_2로 감소하는 것을 보여준다. E_2에서 경제는 불황을 겪는다. 시간이 지남에 따라 물가수준은 하향 조정되고, E_3에서 경제의 완전고용균형을 회복한다.

(b)는 초기 완전고용균형(E_1)에서 총수요 충격으로 AD 곡선이 AD_1에서 AD_2로 이동함을 보여준다. E_2에서 경제는 불황을 겪는다. 연준은 확장적 통화정책을 통해 AD 곡선을 AD_2에서 AD_1으로 이동시켜 경제회복 속도를 높인다. 개입이 없는 경우에 비해 경제는 완전고용으로 더 빠르게 회복되지만, 장기적인 물가수준은 더 높다.

용할 것을 권장했다. 그러나 일부 경제학자들은 안정화 정책을 수립하고 실행하는 데 존재하는 잠재적인 긴 시차를 고려하여, 경제를 **미세조정**(fine-tune)하려는 시도가 효과적인지에 대해 의심했다. 오늘날 대부분의 경제학자들은 이러한 시차 때문에 정책입안자들이 모든 경제 변동에 대해 성공적으로 균형을 회복하기를 바랄 수 없다고 생각한다. 따라서 경제학자들은 일반적으로 정책입안자들이 낮은 인플레이션이나 꾸준한 경제성장과 같은 장기적인 목표에 초점을 맞추어야 한다고 주장한다. 또한 정책입안자들이 미국 경제가 2007년과 2020년 초에 경험한 것과 같은 경제 침체와 싸우기 위해 적극적 정책을 사용하는 것을 자제해야 한다고 주장한다.

예제 17.4

총수요 및 총공급에 대한 충격 다루기

처음 경제는 처음에는 완전고용균형 상태에 있다고 가정한다. 이후 2020년 코로나19 팬데믹처럼 경제가 부(−)의 총수요 및 총공급 충격을 동시에 받았다.

a. 초기 균형과 충격 후의 단기균형을 보여주기 위해 총수요와 총공급 그래프를 그리시오. 새로운 균형에서 물가수준이 더 높을지, 낮을지 확실히 알 수 있는가?

b. 연준이 확장적 통화정책으로 개입하지 않기로 결정했다고 가정하자. 경제가 장기균형으로 어떻게 다시 돌아가는지 조정과정을 보이시오.

c. 연준이 확장적 통화정책으로 개입하기로 결정했다고 가정하자. 연준의 정책이 성공적이라면 경제가 장기균형으로 어떻게 다시 돌아가는지 조정과정을 보이시오.

문제풀이

1 단계 **이 장의 내용을 복습한다.** 이 문제는 연준의 확장적 통화정책 대응에 관한 것이므로 "적극적 통화정책" 부분을 복습한다.

2 단계 **적절한 그래프를 그려 (a)에 답하고, 물가수준이 오를지 내릴지 알 수 있는지를 설명한다.** 부(−)의 공급 충격으로 총공급곡선이 $SRAS_1$에서 $SRAS_2$로 좌측이동하고, 부(−)의 수요 충격으로 총수요곡선이 AD_1에서 AD_2로 좌측이동한다. 그래프는 다음과 같다.

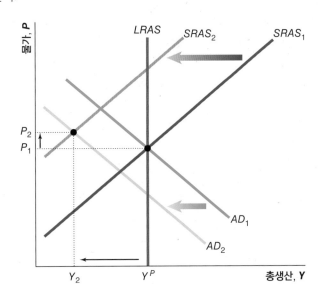

그래프에서 물가수준은 P_1에서 P_2로 증가하지만, AD선은 $SRAS$곡선보다 더 크게 좌측이동할 수 있다. 이 경우, 물가수준은 하락할 것이다. 따라서 경제가 총공급과 총수요 충격으로 동시에 타격을 받으면 물가수준이 오를지 내릴지 확실하게 말할 수 없다.

3 단계 **적절한 그래프를 그려서 (b)에 답한다.** (a)에서 설명한 단기균형(생산량 Y_2, 물가수준 P_2)에서 시작한다. Y_2의 생산량이 완전고용 수준보다 낮으므로, 시간이 지남에 따

라 가격과 투입비용이 하락하여 단기 총공급곡선이 $SRAS_2$에서 $SRAS_3$으로 우측 이동하며, 결국 경제는 더 낮은 물가수준(P_3)에서 잠재GDP(Y^P)로 돌아오게 될 것이다.

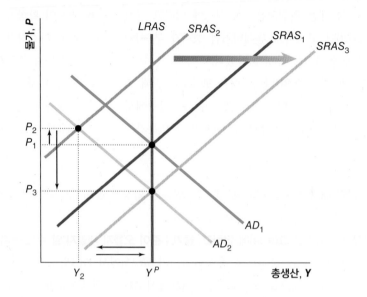

4 단계 **적절한 그래프를 그려서 (c)에 답한다.** (a)의 단기균형에서 다시 시작하자. 확장적 통화정책은 총수요곡선을 AD_2에서 AD_3으로 이동시켜 경제를 더 높은 물가수준(P_3)에서 잠재GDP(Y^P)로 회복시킬 것이다.

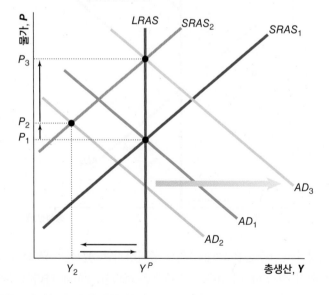

이 장의 끝에 있는 관련문제 4.6을 참조하시오.

통화정책은 2007~2009년 경기침체 기간과 그 이후에 효과가 없었는가?

이 장의 시작에서 보았듯이, (1) 2007~2009년 대침체 기간에 실질GDP와 고용은 1930년 대 대공황 이후 가장 큰 폭으로 감소했다(2020년 실질GDP와 고용의 감소는 더 컸다). (2) 2007~2009년 침체로부터의 회복 기간에 고용과 실질GDP의 성장은 대부분의 경제학자들 과 정책입안자들이 예상했던 것보다 더 느렸다. (3) 매년 신규 대졸자가 고용시장에 진입함 에 따라 신규 대졸자 고용율은 지속적으로 낮았다. 이러한 사실들은 통화정책이 대침체 기 간과 이후에 실패했음을 나타내는가? 꼭 그렇지는 않다. 물론 연준이 그림 17.7의 (b)에 설명 된 것처럼 완전고용으로 신속하고 원활히 복귀시키지는 못했다. 그러나 12장 12.3절에서 보 았듯이, 연준은 대침체가 대공황만큼 깊고 장기화되는 것을 막는 데는 성공했다. 또한 연구 에 따르면 금융위기를 동반한 경기침체는 대부분 매우 심각하다.

그럼에도 불구하고, 일부 경제학자들과 정책입안자들은 고용-인구 비율이 2007년 수 준으로 돌아가지 못한 것은 연준이 충분히 확장적인 통화정책을 추구하지 못했음을 의미 한다고 얘기한다. 특히 일부 경제학자들은 연준이 통화정책을 수립할 때 실업률에 지나치 게 치중했다고 주장한다. 연준은 실업률이 **자연실업률**(natural rate of unemployment 또는 nonaccelerating inflation rate of unemployment (NAIRU)) 이하로 낮아지는 것을 피하려고 한다. 실업률을 자연실업률 이하로 낮추면 1960년대 후반과 1970년대 초반에 경험했던 것처 럼 인플레이션이 가속화될 수 있다. 대침체가 끝난 후, 연방공개시장위원회의 일부 위원들 은 NAIRU가 5%라고 믿었다. 2015년 가을에 실업률은 이 수준에 있었다. 그러나 당시 주요 연령대 인구의 고용-인구 비율은 여전히 2007년 초 수준을 훨씬 밑돌았고, 이는 연준이 인 플레이션 가속화 위험 없이 더 강력한 확장 정책을 추구할 여지가 있었음을 의미한다. 그리 고 실제로 연준이 2% 물가상승률을 목표로 하고 있음에도 실제 물가상승률은 2012년 5월 부터 2018년 3월까지 계속 이 수준 이하로 유지됐다. 나중에 밝혀진 것처럼, 실업률은 2018 년 중반부터 2020년 초까지 인플레이션율을 2% 이상으로 올리지 않으면서 4% 아래로 유 지될 수 있었다.

더 강력한 확장적 통화정책이 대침체 후 실질GDP와 고용의 더 빠른 성장을 이끌었을 가능성이 있지만, 연준은 딜레마에 직면해 있다. 생산량 증가율을 높이기 위해 전통적인 확 장적 통화정책을 사용하는 것은 경제가 직면한 주요 문제가 총수요의 부족일 때만 효과적 이다. 일부 경제학자들과 정책입안자들은 2009년 이후 몇 년간 실제로 그랬다고 생각했다. 그러나 총공급이 문제라면 전통적 정책은 효과가 없다. 예를 들어, 2006년부터 시작된 주 택 거품이 꺼지면서 건설업은 쇠퇴하기 시작했다. 인구 증가세가 둔화되고 주택을 구입하는 35세 미만 성인의 수가 감소하면서 2019년 주택건설이 GDP에서 차지하는 비중은 여전히 2006년 대비 40% 이상 낮다. 이에 따라 건설업 고용은 2020년 경기침체가 시작되던 당시 2006년 수준을 회복하지 못하고 있었다. 확장적 통화정책을 통해 총수요를 증가시키는 것 은, 이러한 유형의 **구조적 변화**(structural change)의 영향을 다루는 데는 효과적이지 않다.

연준 안팎의 일부 경제학자들은 높은 실업률이 장기간 지속되고 있는 것이 낮은 고용- 인구 비율을 설명할 수 있다고 믿는다. 만약 그렇다면, 총공급은 높은 실업률이 지속되지 않았을 때에 비해 더 오랫동안 감소할 것이다. 이러한 경제학자들은 총수요의 큰 감소가 실제로 완전고용 생산량 수준을 (적어도 몇 년간) 감소시킨다고 주장하는데, 이를 **이력현상**(hysteresis)이라고 한다. 이력현상이 있으면, 그림 17.7의 (a)에서와 같은 경제의 자동 균형회복 과정이 상당 기간 지연될 수 있다. 이는 높은 실업률이 지속될수록 더 많은 근로자들이 기술을 잃게 되거나, 고용주들에 의해 최신기술이 부족하다고 간주되어 재취업하는 데 어려움을 겪기 때문에 발생한다. 장기간 실직한 노동자가 낙담해 영구적으로 노동시장에서 이탈할 수도 있다. 경제학자들은 이러한 효과를 **낙인효과**(labor scarring)라고 부른다. 낙인효과의 결과는 만성적으로 낮은 수준의 고용과 생산일 수 있다. 한 연구에 따르면, 대침체 기간에 실업률이 특히 높았던 지역은 2015년까지도 여전히 평균보다 낮은 고용률을 기록했다.[2]

이 장의 서두에서 언급했던 연구결과에 따르면, 보통 대졸자들이 취업시장에서 이점을 가질 것으로 예상됨에도 불구하고 2005년 이후 새로운 대졸자들의 고용률이 감소하고 있다는 불안한 결론에 도달했다. 이러한 결과는 2015년 대학을 졸업하고, 실업률이 5%대를 기록하며 상대적으로 강한 노동시장에 진입했던 사람들에게도 나타난다. 이러한 결과가 대침체 이전에 졸업한 연령집단과 대침체가 이미 오래전 끝난 후 졸업한 연령집단에 모두 적용된다는 점은 고용률의 하락이 전적으로 낙인효과로 인한 것은 아닐 수도 있음을 나타낸다. 경제의 근본적인 구조적 변화나 젊은 대학 졸업생들의 행태 변화가 원인일 수 있다. 일부 경제학자들은 1970년대 후반 이후 새로운 기업들이 생겨나는 비율이 절반 이상 감소했다는 사실이 보여주듯, 미국의 **비즈니스 역동성**(business dynamism)이 천천히 감소하고 있다고 주장한다. 특히 35세 이하 연령층에서 창업 감소가 두드러졌다. 새로운 회사들은 매년 수백만 명의 근로자들을 고용한다. 따라서 창업 비율의 감소는 새로운 대학 졸업생들이 택할 수 있는 가능한 일자리가 줄고 있음을 나타낼 수 있다.

이러한 사항들을 고려할 때, 보다 확장적인 통화정책으로 총수요를 빠르게 증가시키는 것으로 대졸 청년들의 고용률을 2005년 이전 수준으로 되돌리기는 어려울 것으로 보인다. 의회와 대통령은 이러한 문제들을 성공적으로 해결하기 위해 세금과 규제체계 개혁을 포함한 다른 정책조치들을 취해야 할지도 모른다.

> **개념 적용**

대공황으로부터의 회복은 통화정책의 한계를 보여주는가?

2007~2009년의 불황 기간과 이후에, 경제학자들과 정책입안자들은 1930년대의 대공황으로부터 현재 무슨 일이 일어나고 있는지에 대한 통찰력을 얻기 위해 연구했다. 대공황도 금융위기를 수반했고, 10년 이상 지속되었다. 2007~2009년 금융위기와 경기침체로 인한 낮은 고용률과 실질GDP 성장률은 대공황만큼 심각하지는 않았지만 유사한 면들도 있었다.

---

[2] Danny Yagan, "Employment Hysteresis from the Great Recession," *Journal of Political Economy*, Vol. 127, No. 5, October 2019, pp. 2505–2558.

대공황의 놀라운 사실 중 하나는 1930년대 후반의 높은 실업률이었다. 이 높은 실업률은 1937~1938년의 경기침체 때문이었지만, 14장 14.3절에서 보았듯이 연준이 필요지준율을 연이어 상승시킴으로써 의도치 않게 도운 측면도 있었다. 1939년 미국의 상황을 분석한 경제학자 로버트 고든(Robert Gordon)은 (추정치마다 차이가 있지만) 그해 실업률이 17% 이상이었고 실업자의 1/3 이상이 1년 이상 무직 상태였다고 주장한다. 높은 실업률에도 불구하고, 그림 17.7의 (a)에서 보여준 과정처럼 경제를 완전고용으로 이동시켜줄 임금과 물가의 하락에 대한 징후는 거의 없었다. 일부 경제학자들은 1939년의 높은 실업률을 총수요의 문제로 보고 일부 경제학자들은 총공급의 문제로 본다. 총공급 관점을 지지하는 경제학자들은 다음과 같은 세 가지 핵심 요소들을 지적한다. (1) 1930년대에 입법화된 세율의 상당한 인상, (2) 노조 조직화, 파업, 노동 소요의 급격한 증가, (3) 이들 경제학자들이 사유재산권의 침해로 보는 프랭클린 루즈벨트(Franklin Roosevelt) 대통령의 뉴딜(New Deal) 정책 하에서 추진된 정책들이다.

고든은 총공급 주장에 동의하지 않고, 미국이 불충분한 총수요에 의해 야기된 이력현상을 겪고 있었다고 주장한다. 그는 의회가 1940년 미국의 제2차 세계대전 참전을 준비하기 위해 군수품에 대한 지출을 크게 늘리기 시작하자, 총생산이 빠르게 증가했고 실업률이 감소했다고 주장한다. 실제로 연방정부는 군수품에 대한 지출을 크게 늘림으로써 매우 큰 재정정책을 펼쳤다. 고든은 총수요가 크게 증가하면서 생산과 고용 확대에 대한 구조적 장벽들이 사라졌다고 보았다.

1930년대 후반과 1940년대 초반의 사건들에 대한 고든의 분석은 도전받아 왔다. 로버트 힉스(Robert Higgs)는 1930년대 높은 실업률이 뉴딜정책으로 인한 "정권 불확실성"에 의해 발생했다고 주장한다. 그는 1940~1945년의 생산량 증가는 주로 전쟁에 필요한 군수품 산업에서 일어났고, 실업률의 감소는 징집과 군수 산업에서의 고용 증가에 기인했던 것이므로, 1945년 전쟁이 끝날 때까지 진정한 번영은 돌아오지 않았었다고 주장한다. 힉스는 제2차 세계대전 이후의 번영은 다음과 같은 이유 때문이라고 믿는다.

> 루즈벨트의 죽음 이후 그 뒤를 이은 해리 트루먼(Harry S Truman) 행정부는 투자자들이 불확실성으로 가득찬 것으로 느꼈던 정권을 끝내고, 투자자들이 확실히 사유재산권을 보장한다고 느끼는 정권으로 전환했다···. 전쟁 기간에 극단적으로 증가했던 연방정부 지출이 극적으로 감소했음에도 불구하고 투자자들은 전후 투자 붐을 일으키기 시작했고, 이는 경제가 지속적인 번영으로 다시 돌아오게 했다.

그러나 힉스의 주장은, 루즈벨트에서 트루먼 정부로의 정책 전환이 그가 주장한 것보다는 덜 극적이었다고 것이었다고 생각하는 경제학자들에게 비판받아 왔다.

대침체 이후 이어진 정책 논의는 1930년대의 논의와 유사하다. 일부 경제학자들은 충분히 확장적인 통화정책이 고용과 실질GDP 성장률을 증가시켜 금융위기 이전으로 경제를 더 빠르게 되돌릴 수 있었다고 주장한다. 다른 경제학자들은 연준이 가능한 한 가장 확장적인 통화정책을 취했으며, 다른 접근이 필요했다고 생각했다. 예를 들어, 일부 경제학자들은 재정정책, 특히 도로 및 교량 개선을 위한 지출 프로그램이나 실물자본에 대한 투자 인센티브를 증가시키는 세제 개혁과 같은 재정정책의 사용을 지지한다. 높은 수준의 총수요가 보장되면 기업들이 생산과 고용을 확대했을지도 모른다. 또한 새로운 인센티브들은 기업이 고용을 늘리도록 자극하여, 노동시장에서 탈락했던 노동자들이 복귀하도록 이끌 수도 있었을 것이다.

다른 경제학자들은 1930~1940년대에 대한 힉스의 주장을 지지하며, 특히 규제와 세금에 관한 정책적 확실성 증가는 기업들이 실물자본에 대한 지출을 늘리고 고용을 확대하도록 이끌었을 것이라고 주장한다. 의심의 여지 없이, 경제학자들은 1930년대 미국경제와 2007~2009년 금융위기 이후 미국경제 사이의 흥미로운 유사점들을 계속해서 탐구할 것이다.

이 장의 끝에 있는 관련문제 4.8을 참조하시오.

핵심 질문에 대한 해답

이번 장 서두로부터 연결됨

이 장을 시작할 때 다음과 같이 질문했다.

"2009년에 시작된 경제 확장기 동안 고용의 성장이 비교적 느린 것은 무엇으로 설명할 수 있나?"

우리는 대침체가 끝나고 나서 주요 연령 노동자의 고용-인구 비율이 침체 이전 수준에 도달하기까지 거의 10년이 걸렸다는 것을 보았다. 2009년 경기침체로부터의 회복이 시작되었을 때, 대부분의 경제학자들과 정책입안자들은 많은 사람들이 잠시 동안 실직 상태일 것으로 생각했지만, 경제학자들이 예측한 것보다 더 오랫동안 수백만 명의 근로자들이 실직 상태로 있었다. 일부 경제학자들은 고용 증가세가 둔화된 것은 총수요가 부족했기 때문이라고 보고 확장적 통화정책을 통해 생산과 고용을 더 빠르게 늘릴 수 있었을 것이라고 주장한다. 그러나 다른 경제학자들은 구조적 문제가 고용 성장율의 둔화를 초래했을 수 있으며, 그러한 문제들은 연준보다는 의회와 대통령의 책임이라고 주장한다. 일부 경제학자들은 총수요의 추가 확대가 필요했다고 생각하지만, 추가적인 통화정책보다는 인프라에 대한 지출과 세제 변경을 포함하는 재정정책 조치들을 선호한다.

17.1	총수요곡선

총수요곡선이 어떻게 도출되는지 설명한다.

복습문제

1.1 총지출의 네 가지 요소를 간략히 설명하시오.

1.2 가계와 기업이 화폐를 수요하는 주된 이유는 무엇인가? 왜 실질화폐잔고에 대한 수요의 기울기가 우하향하는가?

1.3 AD곡선이 우하향하는 이유는 무엇인가?

1.4 이자율 상승은 다음의 각 총지출 항목에 어떤 영향을 미치는가?

    a. 기업의 공장과 장비에 대한 투자지출

    b. 가계의 소비지출

    c. 순수출

1.5 3개의 변수를 선택하고 각각의 변수가 총수요곡선을 이동시키는 이유를 설명하시오.

응용문제

1.6 단기금융시장 그래프를 사용하여 물가수준의 하락이 균형 이자율에 미치는 영향을 설명하시오. 이자율의 변화는 계획된 투자지출, 소비지출, 그리고 순수출에 어떤 영향을 미치는가?

1.7 2020년 첫 3개월 동안 코로나19 팬데믹이 미국 경제에 영향을 미치기 시작하면서 미국 가계의 자산이 1950년대 이후 가장 큰 비율로 감소했다. 월스트리트 저널의 기사에 따르면 가계자산 감소의 대부분은 "직·간접적으로 보유한 기업 주식의 가치가 7조 $8,000억 하락"한 결과라고 한다.

    a. 기업 주식이란 무엇인가? 가계가 어떻게 회사 주식을 간접적으로 보유할 수 있는가? [11장 11.3절 참조]

    b. 다른 요인들이 일정하다면, 가계의 자산 감소가 저축률과 소비지출에 어떤 영향을 미칠 것인가?

    c. 다른 요인들이 일정하다면, 가계의 자산 감소가 총수요에 어떤 영향을 미칠 것인가?

17.2	총공급곡선

총공급곡선이 어떻게 도출되는지 설명한다.

복습문제

2.1 단기 총공급곡선과 장기 총공급곡선의 기울기는 어떻게 다른가?

2.2 새고전학파 관점에서 총생산과 물가수준 간의 관계를 보여주는 수식을 쓰시오. 새고전학파 관점에서, 기업은 왜 일반 물가수준의 상승과 제품의 상대가격 상승을 구별하는 데 어려움을 겪을 수 있는가?

2.3 새케인스학파 관점에서 가격경직성(price stickiness)이란 무엇을 의미하는가? 무엇이 가격경직성을 설명하는가?

2.4 단기 총공급곡선을 이동시키는 요인들은 무엇인가? 장기 총공급곡선을 이동시키는 요인들은 무엇인가?

응용문제

2.5 수식 $Y = Y^P + a(P - P^e)$를 사용하여 새고전학파 관점에서 단기 총공급곡선은 양(+)의 기울기를 갖고, 장기 총공급곡선은 수직인 이유를 설명하시오.

2.6 연준의 한 간행물은 임금의 경직성이 "불황으로부터의 경제 회복을 늦출 수 있다"고 지적했다. 이에 대해 동의하는지 여부를 간략히 설명하시오.

2.7 코로나19 팬데믹이 미국 경제에 영향을 미치기 전인 2019년, 뉴욕대의 누리엘 루비니(Nouriel Roubini)는 "2020년까지 세계 경기침체를 촉발할 수 있는 3가지 부정적인 공급 충격"을 알아보았다. 부정적인 공급 충격이란 무엇인가? 부정적인 공급 충격이 어떻게 경기침체를 일으킬 수 있는가?

2.8 **[개념적용: "코로나19 팬데믹은 미국 석유생산의 프래킹(fracking) 혁명을 종식시켰는가?" 관련]** 코로나19 팬데믹이 미국 석유와 천연가스 생산을 장기간 감소시키고 그 결과 이러한 자원들의 가격이 상승한다고 가정하자.

a. 이러한 비용 증가로 어떤 산업들이 가장 직접적으로 영향을 받을지 간략히 설명하시오.

b. 이러한 비용 증가의 결과로 이러한 산업들에서 일어나는 일에 의해 총공급은 어떤 영향을 받을 것인가? 그 영향은 단기와 장기 중에 언제 더 클 것인가? 간략히 설명하시오.

17.3 **총수요와 총공급 모형의 균형**
총수요-총공급 모형을 사용하여 거시경제 균형을 설명한다.

복습문제

3.1 AD-AS 모형을 나타내는 그래프에서 단기 균형과 장기 균형은 어디에서 발생하는가? 어느 수준의 산출량에서 장기 균형이 발생하는가?

3.2 경제가 잠재GDP보다 큰 생산량을 가진 단기 균형 상태에 있을 때, 단기 총공급곡선은 어떻게 될 것인가? 간략히 설명하시오.

3.3 경제가 처음에 잠재GDP에서 균형에 있다고 가정하자. 총수요가 감소하면, 단기와 장기에 물가수준과 생산량에 어떤 영향을 미치는지 AD-AS 그래프를 사용하여 나타내시오.

3.4 화폐의 중립성(monetary neutrality)은 화폐공급의 변화가 실질GDP에 절대 영향을 미칠 수 없다는 것을 의미하는가? 간단히 설명하시오.

응용문제

3.5 경제가 장기 거시경제 균형에 있지 않으면서 단기 거시경제 균형에 있을 수 있는가? 경제가 단기 거시경제 균형에 있지 않으면서 장기 거시경제 균형에 있을 수 있는가? AD-AS 그래프를 이용해 답하시오.

3.6 경제가 초기에 잠재GDP에서 균형 상태에 있다고 가정하자. AD-AS 그래프를 사용하여 정부구매 증가가 단기와 장기에 물가수준과 생산량에 미치는 영향을 보이시오. 또한 그래프에 무슨 일이 일어나는지 설명하시오.

3.7 연준의 한 간행물은 다음의 내용을 담고 있다.

경기침체기에는 [저축 증가로 인한] 소비 감소가 경제 회복을 저해할 수 있다. 그러나 기업이 자본(예: 기계와 기술)을 구매하기 위해 차입을 하는 상황에서, 개인들의 저축으로 축적된 자금은 장기적으로 자본투자에 사용될 수 있다.

a. 소비의 감소가 왜 경제 회복을 저해할 수 있는지 AD-AS 그래프를 이용해 간략히 설명하시오.

b. 인용문의 두 번째 문장에서 설명된, 저축 증가가 장기적으로 경제에 미치는 영향을 AD-AS 그래프를 이용하여 설명하시오.

17.4 **통화정책의 효과**
총수요-총공급 모형을 이용해 통화정책이 경제에 미치는 영향을 보여준다.

복습문제

4.1 모든 경기변동의 강도와 길이는 동일한가?

4.2 안정화 정책이란 무엇인가? 경제를 미세조정하려는 시도는 왜 효과가 없을 수 있는가? 경제학자들은 미세조정 대신에 정책입안자들이 무엇을 하기를 권고하는가?

4.3 연준은 총수요 충격에 대응하기 위해 어떤 정책을 사용할 수 있는가? 확장적 통화정책과 긴축적 통화

정책을 명확히 구분하여 답하시오.

4.4 이력현상(hysteresis)이란 무엇이며, 이는 경제에 어떤 문제를 일으킬 수 있는가?

응용문제

4.5 연준은 총수요곡선을 이동시키기 위하여 확장정책 또는 긴축정책을 사용할 수 있다. *AD−AS* 그래프를 사용하여 다음과 같은 경우에 잠재GDP로 생산량을 되돌리기 위해 통화정책을 어떻게 사용해야 하는지 보이시오.

　a. 총수요곡선이 단기 총공급곡선과 교차하는 지점은 잠재GDP의 왼쪽이다.

　b. 총수요곡선이 단기 총공급곡선과 교차하는 지점은 잠재GDP의 오른쪽이다.

4.6 [예제 17.4 관련] 경제가 초기에 잠재GDP에서 균형상태에 있다고 가정한다. 이후 경제가 양(+)의 총수요 충격과 음(−)의 총공급 충격을 동시에 받았다(예: 미국의 유럽 수출이 크게 증가하고, 유가가 크게 상승한다).

　a. *AD−AS* 그래프를 사용하여 초기 균형과 충격 후 단기 균형을 나타내시오. 새로운 균형에서 생산량이 잠재GDP보다 높을지 낮을지 확실히 알 수 있는가?

　b. 연준이 통화정책으로 개입하지 않기로 결정했다고 가정하자. 경제가 장기 균형으로 어떻게 조정되는지 보이시오.

　c. 이번에는 연준이 통화정책으로 개입하기로 결정했다고 가정하자. 연준의 정책이 성공적일 때, 경제가 장기 균형으로 어떻게 조정되는지 보이시오.

4.7 [이 장 도입부 관련] 2020년 6월 쓰여진 논문에서 연구자들(Jonathan Heathcote and Fabrizio Perri of the Federal Reserve Bank of Minneapolis and Giovanni L. Violante of Princeton University)은 경기침체가 주요 연령대의 저숙련 남성의 고용과 소득에 미치는 영향을 분석하고, 다음과 같이 결론 지었다.

경기침체는 저숙련 남성들에게 잠재적으로 이중고를 의미한다. 이 집단은 불균형적으로 실업률을 경험할 가능성이 높으며, 이는 낙인효과를 통해 기술과 잠재적 수입을 더욱 감소시킨다. 실직한 저숙련 남성들이 구직활동을 포기하면서, 불경기는 (노동시장에 대한) 비참여(non-participation)를 급증시킨다. 비참여는 매우 지속적이기 때문에, 소득 불평등은 경기침체가 끝난 뒤에도 오랫동안 높아진 상태로 남는다.

　a. 실업자들이 "낙인효과"를 경험할 가능성이 있다는 것은 무엇을 의미하는가? "비참여"라는 말은 무엇을 의미하고, 비참여가 "매우 지속적"이라는 것은 무엇을 의미하는가?

　b. 경제 회복이 지속됨에 따라, 얼마나 많은 사람들이 노동시장으로 복귀할 수 있는지를 연준이 정확하게 추정하는 것은 왜 중요한가? 연준이 이러한 추정을 하는 것은 왜 어려울까? 연준의 예상이 부정확할 경우 잠재적으로 어떤 정책 오류를 범할 수 있는가?

4.8 [개념적용: "대공황으로부터의 회복은 통화정책의 한계를 보여주는가?" 관련] 한 역사학자는 리처드 닉슨(Richard Nixon) 대통령이 대공황에 대해 언급한 것을 인용하였다. "뉴딜 정책이 시행되고 8년 후인 1940년에는 900만 명의 실업자가 있었다." 그 역사학자는 "닉슨은 대공황 경험에서 때로는 거대한 자극(gigantic stimuli)이 유일한 답이라는 교훈을 얻었다"라고 적었다.

　a. 닉슨이 말한 "거대한 자극"은 무엇을 뜻하는가?

　b. 닉슨의 입장은 로버트 고든(Robert Gordon)과 로버트 힉스(Robert Higgs) 중 누구의 입장에 더 일치하는가? 간략히 설명하시오.

화폐이론 II: *IS–MP* 모형

학습목표

이번 장을 통해 다음을 이해할 수 있다.

18.1 IS곡선이 무엇이고 어떻게 도출되는지 설명한다.

18.2 MP곡선과 필립스곡선의 중요성을 설명한다.

18.3 IS–MP 모형을 사용하여 거시경제의 균형을 설명한다.

18.4 통화정책의 여러 경로들에 대해 논의한다.

18.A 부록: IS–LM 모형을 사용하여 거시경제균형을 설명한다.

연준에게 정확한 경제 전망은 얼마나 중요한가?

이상적으로 연준의 연방공개시장위원회(FOMC)는 개최 시점의 경제 상황이 아니라, 가까운 장래에 경제 상황이 어떻게 발전할 것으로 예상되는지에 따라 통화정책을 설정한다. 통화정책 변경이 경제에 완전히 영향을 미치는 데는 최장 2년이 걸릴 수 있다. 따라서 FOMC가 실질GDP, 실업률, 또는 인플레이션의 작은 상승과 하락에 모두 대응한다면 경제를 안정시키기보다는 불안정하게 만들 가능성이 더 크다. FOMC 위원들은 미래 경제 상황을 얼마나 잘 예측하는가?

2007~2009년의 대침체(Great Recession)가 끝난 직후, FOMC 위원들은 경제가 금융위기의 영향으로부터 천천히 회복될 것이라고 정확하게 예측했다. 위원회에는 상당

한 기간 동안 연방기금금리 목표치가 0~0.25%를 유지해야 한다는 공감대가 있었다. 다음 표는 2010년 말 FOMC 회의에 참석한 18명의 위원(그 해에 투표에 참여하지 않은 지방은행 총재 포함)들의 평균 전망치를 나타낸 것이다. 2010년 열(column)은 2년 후인 2012년 말에 세 가지 주요 경제변수의 값에 대한 전망치를 보여준다. 2012년 열은 해당 연도의 실제값을 보여준다. 예를 들어, 2010년 말 FOMC 위원들은 2012년 말 실업률이 8.0%로 높은 수준을 유지할 것으로 전망했고, 2012년 말 실제 실업률은 7.9%로 전망보다 약간 낮았다. 2012년 말 인플레이션율은 1.7%로 FOMC가 2년 전에 예상했던 것보다 약간 높은 수준이었다. 이 표는 FOMC가 사실상 연방기금금리 목표를

핵심 이슈와 질문

이슈: 2007~2009년과 2020년 경기침체에서 연준은 연방기금금리 목표를 0에 가깝게 낮추었다.

질문: 어떤 상황에서 연방기금금리 목표를 낮추는 것이 경기침체에 맞서는 데 효과적이지 않게 될 것인가?

해답은 이 장의 끝에서…

매우 낮게 유지했음을 보여준다.

	FOMC 전망이 나온 연도	전망의 대상이 된 연도의 실제 값
	2010	2012
실업률	8.0%	7.9%
인플레이션율	1.3	1.7
연방기금금리	0.1	0.2

해가 지나면서, 일부 FOMC 위원들은 오랫동안 금리를 낮게 유지하는 것의 결과에 대해 걱정했다. 보스턴 연방준비은행 총재는 금리를 더 빨리 올리지 않음으로써 연준은 미국 경제가 과열될 위험을 무릅쓰고 있다고 경고했다. "지속가능한 생산과 고용 수준을 훨씬 넘어서는 과열된 경제는 완전고용을 지속하는 데 위험을 끼친다는 점을 주의하는 것이 중요하다." 비슷한 시기에 샌프란시스코 연방준비은행 총재도 "역사는 우리에게 너무 오랫동안 과열된 경제는 불균형을 일으켜 과도한 인플레이션과 자산시장 거품, 궁극적으로는 경기 조정과 침체로 이어질 수 있다는 것을 가르쳐준다"라며 비슷한 주장을 했다.

다음 표는 2015년 말과 2017년 말 FOMC의 전망치와 2년 후 실제 값을 보여준다. 2015년과 2017년 모두 FOMC 위원들은 실업률과 인플레이션율이 2년 후 실제 값보다 더 높을 것이라고 예측했다. 또한 그들은 연방기금금리 목표를 실제보다 더 높은 수준으로 올리는 것으로 투표할 것을 예상했다. 17장 17.4절에서 보았듯이, 이 기간에 연준 정책에 대한 일부 비판자들은 연준이 2% 인플레이션 목표를 일관되게 놓치고 있다고 주장했는데, 이는 연준의 정책이 충분히 확장적이지 못했음을 의미한다. (표는 연준이 인플레이션 목표를 충족시킬 것으로 예측했음을 보여준다.)

	FOMC 전망이 나온 연도: 2015	전망의 대상이 된 연도의 실제 값: 2017	FOMC 전망이 나온 연도: 2017	전망의 대상 이 된 연도 의 실제 값: 2019
실업률	4.7%	4.1%	3.9%	3.5%
인플레이션율	1.9	1.7	2.0	1.6
연방기금금리	2.4	1.3	2.7	1.6

참고: 표에 있는 전망치들은 FOMC 회의에 참여한 개별 위원들의 전망치의 평균이다.

일반적으로 연방기금금리 인상은 다른 단기 금리에 반영된다. 따라서 연방기금금리가 (FOMC가 예상한 대로) 더 높았더라면, 국채, 은행 CD, 그리고 MMF 금리도 더 높았을 것이다. 이는 안전한 단기투자를 선호하는 사람들에게는 좋은 소식이겠지만, 연방기금금리의 상승은 (관계는 덜 확실하지만) 장기금리의 상승으로도 이어진다. 따라서 FOMC가 의도한 만큼 연방기금금리가 인상됐다면, 10년 만기 국채, 회사채, 주택담보대출 금리도 함께 상승했을 것이다. 장기금리가 높아지면, 기업과 가계가 신규 공장 및 장비, 신규 주택을 위한 자금을 대출하는 비용이 높아진다.

2015년부터 FOMC는 딜레마에 직면했다. 보스턴 연준 총재와 같은 일부 위원들은 연준이 이처럼 오랫동안 금리를 낮게 유지하면 금융시장과 부동산 등 실물자산시장에 거품이 생길 수 있다고 우려했다. 그러나 FOMC 위원들은 인플레이션율이 목표치인 2%를 계속해서 밑돌고 있다고 우려했다. 예를 들어, 2015년 초부터 2017년 말까지 인플레이션율은 평균 1.5%에 불과했다. 목표 이하의 인플레이션율은 연준이 더 확장적인 정책을 추구해야 함을 나타냈다. 다만 실업률은 FOMC 전망치를 꾸준히 밑돌고 있어 연준이 연방기금금리 목표를 보다 정상적인 수준으로 끌어올려 덜 확장적인 정책을 추진할 수 있음을 시사하는 것 같았다. 연준은 2015년 12월부터 연방기금금리를 서서히 인상하기 시작했다. 2018년 12월까지 연준은 목표치 상한선을 2.5%로 높였다. 그러나 성장 둔화로 인해 연준은 2019년 7월부터 목표를 다시 낮추고, 코로나19 팬데믹의 경제적 영향에 대응하여 2020년 3월에 다시 목표를 0~0.25%로 낮췄다. 연준은 적어도 2022년 말까지 이 목표를 유지할 것이라고 발표했다.

통화정책을 결정할 때, 향후 실업률과 인플레이션에 대한 연준의 전망은 매우 중요하다. 연준, 외국 중앙은행, 민간예측기관들은 전망치를 준비할 때 보통 거시경제모형에 의존한다. 이 장에서는 연준 정책이 주요 거시경제 변수에 어떤 영향을 미치는지 분석하는 데 도움이 되는 모형을 살펴본다.

이전 장에서 우리는 기본적인 총수요-총공급(*AD-AS*) 모형에 대해 논의했다. 이 모형은 물가수준과 실질GDP가 단기적으로 어떻게 결정되는지에 대한 통찰을 제공하지만 몇 가지 중요한 단점이 있다. 첫째, *AD-AS* 모형은 완전고용 수준의 실질GDP가 일정하게 유지된다고 암묵적으로 가정하지만, 실제로는 매년 증가한다. 둘째, 물가수준에 대한 설명은 제공하지만 물가수준의 **변화**, 즉 인플레이션율에 대한 설명은 제공하지 않는다. 그러나 우리는 물가수준보다 인플레이션율에 더 관심이 있다. 마지막으로, 이 모형은 연준이 변화하는 경제상황에 어떻게 반응하는지 명시적으로 고려하지 않는다. 이 장에서는 실질GDP, 인플레이션율, 이자율의 변화를 더 명확히 설명하는 모형을 공부한다.

IS-MP 모형은 *AD-AS* 모형보다 더 완전한 거시경제 모형이다.[1] 우리는 *IS-MP* 모형을 사용해 연준의 정책효과를 보다 자세히 분석할 수 있다. 모형이 유용해지려면, 현실을 단순화해야 한다. *IS-MP* 모형은 *AD-AS* 모형보다 더 완전하며, *AD-AS* 모형이 답할 수 없는 질문에 답할 수 있다. 그러나 *IS-MP* 모형은 연준이 전망치를 준비하는 데 사용하는 일부 모형을 포함하여, 다른 많은 거시경제 모형들보다 덜 완전하다. 모형이 너무 단순화되었는지, 또는 충분히 단순화되지 않았는지는 모형이 사용되는 맥락에 따라 다르다. *IS-MP* 모형은 연준 정책의 주요 측면을 우리가 원하는 수준으로 설명하기에 충분히 완전하다.

IS-MP **모형**은 다음의 세 부분으로 구성된다.

1. **IS곡선**: 상품 및 서비스 시장의 균형을 나타낸다.
2. **MP곡선**: 연준의 통화정책을 나타낸다.
3. **필립스(Phillips)곡선**: 산출량 갭(실제 실질GDP와 잠재 실질GDP의 백분율 차이)과 인플레이션율 사이의 단기 관계를 나타낸다.

이제 *IS*곡선부터 살펴보자.

18.1 *IS*곡선

학습목표: IS곡선이 무엇이고 어떻게 도출되는지 설명한다.

상품시장의 균형

상품시장(goods market)은 경제가 특정 시점에 생산하는 모든 최종 재화와 서비스 거래를 포함한다. 국내총생산(GDP, 기호 Y로 표기)은 1년이라는 기간 동안 한 국가에서 생산된 모든 최종 재화와 서비스의 시장가치이다. 명목GDP는 그해의 물가를 사용하여 계산되고, 실질GDP는 기준연도의 물가를 사용하여 계산된다. 실질GDP는 물가수준의 변화를 반영하여 조정된, 한 나라의 생산량을 표준화한 지표이기 때문에 이 장에서 총생산량의 지표로 사용한다.

IS-MP 모형
상품시장의 균형을 나타내는 IS곡선, 통화정책을 나타내는 MP곡선, 그리고 산출량 갭(실제 실질GDP와 잠재 실질GDP의 백분율 차이)과 인플레이션율 사이의 단기 관계를 나타내는 필립스곡선으로 구성된 거시경제모형

IS곡선
IS-MP 모형에서 상품 및 서비스 시장의 균형을 나타내는 실질이자율과 총생산량의 조합을 보여주는 곡선

MP곡선
IS-MP 모형에서 연준의 통화정책을 나타내는 곡선

필립스곡선
산출량 갭(또는 실업률)과 인플레이션율 사이의 단기 관계를 보여주는 곡선

---

[1] *IS*는 투자(investment)와 저축(saving)을, *MP*는 통화정책(monetary policy)을 의미한다. 이 모형의 기원에 대한 자세한 내용은 18.3절의 '개념적용'을 참조한다.

상품시장의 균형은 수요된 재화와 서비스의 가치가 생산된 재화와 서비스의 가치(즉 실질GDP)와 같을 때 발생한다. 경제학자들은 상품과 서비스에 대한 전체 지출을 **총지출** (aggregate expenditure, AE)이라고 부른다. *AE*는 다음의 합과 같다.

- 가계의 소비 수요(*C*)
- 사업용 공장 및 장비, 사업 재고, 그리고 주택에 대한 투자 수요(*I*)
- 정부의 상품 및 서비스 구매(*G*)
- 순수출(또는 상품 및 서비스의 수출에서 상품 및 서비스의 수입을 뺀 값)(*NX*)

따라서 총지출(*AE*)은 다음과 같다.

$$AE = C + I + G + NX$$

상품시장의 균형에서 *AE*는 실질GDP(Y)와 같다.

$$AE = Y$$

*IS*곡선은 상품시장의 균형을 나타낸다.

총지출이 실질GDP에 못 미치면 어떻게 될 것인가? 이 경우 생산된 상품의 일부는 팔리지 않고, 재고가 늘어나게 된다. 예를 들어 제너럴모터스(GM)가 특정 달에 25만 대의 자동차를 생산해 딜러에게 출하하지만, 22만 5,000대만 판매한다면 GM의 딜러 부지에 있는 자동차 재고는 2만 5,000대가 증가할 것이다(정부의 통계에서 재고는 투자의 일부로 포함되기 때문에 이 상황에서 **실제 투자지출**(actual investment spending)은 **계획된 투자지출**(planned investment spending)보다 크게 된다). 만약 수요 감소가 자동차뿐만 아니라 다른 상품에도 영향을 미친다면, 기업들은 생산을 줄이고 근로자들을 해고할 것이다. 즉, 실질GDP와 고용은 감소하고, 경제는 침체에 빠질 것이다.

그러나 총지출이 GDP보다 크면, 생산보다 지출이 더 클 것이고, 기업들은 예상했던 것보다 더 많은 상품과 서비스를 판매할 것이다. GM이 25만 대를 생산했지만 30만 대를 팔면, 딜러 주차장의 자동차 재고는 5만 대 감소할 것이다(이 경우 기업들이 예상외로 재고를 줄이기 때문에, 실제 투자지출은 계획된 투자지출보다 작다). 딜러들은 GM의 공장들로부터 주문을 늘릴 것이다. 자동차뿐만 아니라 다른 상품들도 판매가 생산을 초과한다면, 기업들은 생산을 늘리고 더 많은 노동자들을 고용할 것이다. 즉, 실질GDP와 고용은 증가하고, 경제는 확장될 것이다.

총지출이 GDP와 같아야지만 기업이 팔 것으로 예상했던 것을 팔 수 있다. 이 경우 기업의 재고에 예상치 못한 변화가 일어나지 않고, 기업이 생산을 늘리거나 줄일 유인도 없다. 상품시장은 균형에 있을 것이다. 표 18.1은 총지출과 GDP의 관계를 요약한 것이다.

경제학원론 과목에서 45°선 그래프를 사용한 상품시장의 균형을 배웠을 것이다. 이러한 분석 방법은 총지출의 네 가지 요소(*C*, *I*, *G*, *NX*) 중 실질GDP의 변화가 소비지출인 *C*에만 영향을 미친다는 단순화된 가정에 기초한다. 소비가 GDP에 의존하는 이유를 알려면, 총생

표 18.1 총지출과 GDP의 관계

총지출의 크기	재고 변화	결과
GDP와 일치하는 경우	예상치 못한 재고 변화 없음	상품시장은 균형을 이룸
GDP보다 작은 경우	재고 증가	GDP와 고용 감소
GDP보다 큰 경우	재고 감소	GDP와 고용 증가

산의 가치를 측정할 때 동시에 총소득의 가치를 측정한다는 점을 기억해야 한다. 예를 들어, 피자를 $10에 사면 이는 다른 사람의 수입이 된다(판매세는 무시). $10 중 일부는 피자를 요리하는 사람의 임금이 되고, 일부는 판매점의 이윤 등이 된다. 판매된 모든 상품과 서비스의 가치를 합하면, 이는 경제에서 그 기간 동안의 경상소득(current income)을 모두 합한 것과 같다. (판매세와 다른 일부 상대적으로 경미한 항목들 때문에, 정부통계에서 GDP와 **국민소득**(national income) 사이에 차이가 발생한다. 그러나 이 차이는 우리의 목적상 중요하지 않다.)

연구에 따르면 가계는 경상소득이 증가할 때 더 많이 소비하고 경상소득이 감소할 때 더 적게 소비한다.[2] 경상소비지출(current consumption spending)과 경상소득(즉 GDP)의 관계를 **소비함수**(consumption function)라고 하고, 다음과 같이 쓸 수 있다.

$$C = MPC \times Y$$

여기서 *MPC*는 한계소비성향(marginal propensity to consume)을 나타내며 0과 1 사이의 숫자이다. GDP의 변화가 소비에 미치는 영향은, $MPC = \Delta C/\Delta Y$, 즉 소비의 변화를 GDP(또는 소득)의 변화로 나눈 값이다. 예를 들어, 만약 *MPC*가 0.90라면, 가계는 추가로 벌어들인 $1 중 $0.90를 지출한다.

여기서는 GDP의 변화가 총지출에 미치는 영향에 초점을 맞추고 있기 때문에, *I*, *G*, *NX*가 GDP에 의존하지 않는다고 가정하는 것은 그들의 가치가 고정되어 있다고 가정하는 것과 같다. 값이 고정된 변수는 위에 막대로 표시하고, *C*에 관한 위의 식을 대입하면 총지출을 다음의 식으로 나타낼 수 있다.

$$AE = (MPC \times Y) + \bar{I} + \bar{G} + \overline{NX}$$

그림 18.1은 45°선을 사용하여 상품시장의 균형을 보여준다. 세로축은 경제의 총지출(*AE*)을 나타낸다. 가로축은 실질GDP 또는 실질총소득(*Y*)을 나타낸다. 45°선은 두 축으로

---

[2] 많은 경제학자들은 소비가 경상소득보다 가구의 **항상소득**(permanent income)에 의해 더 잘 설명된다고 믿는다. 항상소득은 시간이 지남에 따라 받을 것으로 예상되는 소득 수준이다. 가구의 경상소득은 일시적 실직, 질병, 복권 당첨, 그해의 특별히 높거나 낮은 투자소득 등으로 인해 영구소득과 다를 수 있다. 여기서는 이러한 복잡함을 무시한다.

부터 동일한 거리에 있는 모든 점, 즉 $AE = Y$인 모든 점을 나타낸다. 따라서 45°선 위의 어떤 지점도 잠재적으로 상품시장의 균형인 지점이다. 다만, 어떤 주어진 시간에는 단지 하나의 균형이 발생하는데, 이것은 총지출곡선이 45°선과 교차하는 지점이다. 총지출곡선은 우상향하는데, 이는 GDP가 증가함에 따라 소비지출이 증가하기 때문이다. 여기서 총지출의 다른 구성요소는 일정하게 유지된다고 가정한다.

그림 18.1의 (a)는 상품시장의 균형이 AE곡선과 45°선이 교차하는 생산량 수준인 Y_1에서 발생함을 보여준다. (b)는 다른 수준의 생산량에서는 왜 상품시장이 균형 상태에 있지 않은지를 보여준다. 예를 들어, 초기 생산량이 Y_2인 경우 총지출은 AE_2에 불과하다. 생산보다 지출이 작으므로, 예상치 못하게 재고가 증가한다. 재고 증가로 인해 기업들은 생산을 줄이고, 생산량은 Y_1에서 균형에 도달할 때까지 감소할 것이다. 초기 생산량이 Y_3이면 총지출은 AE_3이다. 생산보다 지출이 크므로, 예상치 못한 재고 감소가 나타난다. 재고 감소로 인해 기업들은 생산을 증가시키고, 생산량은 Y_1에서 균형에 도달할 때까지 증가할 것이다.

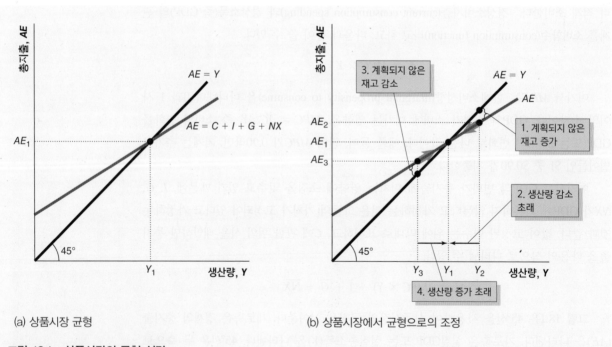

(a) 상품시장 균형

(b) 상품시장에서 균형으로의 조정

그림 18.1 상품시장의 균형 설명

(a)는 AE곡선이 45°선과 교차하는 생산량 Y_1 수준에서 상품시장의 균형이 발생한다는 것을 보여준다. (b)에서 초기 생산량이 Y_2인 경우 총지출은 AE_2에 불과하다. 재고 증가로 인해 기업들은 생산을 줄이고, 생산량은 Y_1에서 균형에 도달할 때까지 감소할 것이다. 초기 생산량이 Y_3이면 총지출은 AE_3이다. 재고 감소로 인해 기업들은 생산을 증가시키고, 생산량은 Y_1에서 균형에 도달할 때까지 증가할 것이다.

잠재GDP와 승수효과

그림 18.1에서 Y_1은 균형 수준의 GDP이지만, 이 값이 꼭 정책입안자들이 원하는 수준은 아니다. 연준의 목표는 균형GDP를 **잠재GDP**(potential GDP)에 근접하게 하는 것인데, 이는 모든 기업이 정상적인 생산능력(normal capacity)으로 생산할 때 달성되는 실질GDP 수준이다. 기업의 정상적인 생산능력은 그 기업이 생산할 수 있는 최대 생산량이 아니다. 그것은 정상적인 규모의 인력을 사용하여 정상적인 시간 동안 운영할 때 회사의 생산량이다. 잠재GDP에서 경제는 완전고용을 달성하고, 경기적 실업(cyclical unemployment)은 0이 된다. 따라서 잠재GDP는 **완전고용-GDP**(full-employment GDP)라고 불린다. 잠재GDP 수준은 노동인구가 증가하고, 새로운 공장과 사무용 건물이 건설되고, 새로운 기계와 장비가 설치되고, 기술 변화가 일어나면서 시간이 지날수록 증가한다.

그림 18.2는 경제가 처음에 잠재GDP(Y^P)에서 균형 상태에 있다가 총지출이 하락하면 어떤 일이 일어나는지 보여준다. 주택건설에 대한 지출이 감소하여, 총지출 중 투자(I)가 하락한다고 가정하자. 결과적으로, 총지출곡선은 AE_1에서 AE_2로 하향이동한다. 지출이 생산량보다 작으므로 계획하지 않은 재고의 증가가 발생한다. 기업은 생산량을 줄여 재고 증가에 대응하고, Y_2에서 새로운 균형에 도달할 때까지 생산량은 감소한다. 생산량 감소의 크기는 그 원인이 된 투자지출 감소보다 더 크다. 이러한 기본적인 거시경제 모형의 맥락에서, **자율적 지출**(autonomous expenditure)은 GDP수준에 의존하지 않는 지출이다. 따라서 투자지출, 정부구매, 순수출은 모두 자율적이고, 소비지출은 자율적이지 않다. 자율적 지출 감소는 처음에는 동등한 소득 감소를 초래하며, 이후 (소득 감소로 인해) 유발된 소비 감소로 이어진다. 예를 들어, 주택건설에 대한 지출이 줄면서 건설회사들은 생산을 줄이고 노동자를 해고하며 건설자재 수요를 줄인다. 건설업에서 소득의 감소는 그 산업에 종사하는 개인들로

잠재GDP

모든 기업이 정상적인 생산능력으로 생산할 때 달성되는 실질GDP 수준

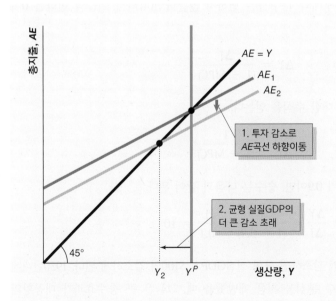

그림 18.2

승수효과

경제가 처음에 잠재GDP(Y^P)에서 균형 상태에 있다가, 총지출 중 투자(I)가 하락한다. 결과적으로, 총지출곡선은 AE_1에서 AE_2로 하향이동한다. Y_2에서 새로운 균형에 도달할 때까지 생산량은 감소한다. 생산량 감소의 크기는 그 원인이 된 투자지출 감소보다 더 크다.

하여금 자동차, 가구, 가전제품, 그리고 다른 상품과 서비스에 대한 지출을 줄이도록 이끈다. 한 산업의 생산이 감소하면, 소득이 감소하고, 이로 인해 소비가 더 감소하는 일련의 결과를 가져온다.

승수효과
자율적 지출의 변화가 더 큰 균형 GDP 변화를 만드는 과정

승수
균형 GDP 변화를 자율적 지출의 변화로 나눈 값

자율적 지출의 초기 변화에 의해 유발된 일련의 소비지출 변화를 **승수효과**(multiplier effect)라고 한다. **승수**(multiplier)는 균형 GDP의 변화를 자율적 지출의 변화로 나눈 것으로, 다음과 같이 기호로 나타낼 수 있다.

$$\text{승수} = \frac{\Delta Y}{\Delta I}$$

승수는 얼마나 큰가? 이 책의 간단한 모형에서는 꽤 크다. 이를 확인하기 위해 총지출에 대한 표현을 상기하자.

$$AE = (MPC \times Y) + \bar{I} + \bar{G} + \overline{NX}$$

균형에서는 다음 조건을 충족한다.

$$Y = AE$$

위의 식을 대입하면 다음과 같다.

$$Y = (MPC \times Y) + \bar{I} + \bar{G} + \overline{NX}$$

이를 재정렬하면,

$$Y = \frac{\bar{I} + \bar{G} + \overline{NX}}{(1 - MPC)}$$

이 수식을 사용하여 투자의 변화가 균형 실질GDP를 얼마나 변화시키는지 분석할 수 있다. 투자가 변하지만 정부구매와 순수출은 변하지 않는다면(따라서 이들의 변화는 0이 됨) 다음 식을 얻는다.

$$\Delta Y = \frac{\Delta I}{(1 - MPC)}$$

이를 다시 정리하면, 승수에 대한 수식을 얻는다.

$$\frac{\Delta Y}{\Delta I} = \frac{1}{(1 - MPC)}$$

앞에서 가정한 것처럼 *MPC*가 0.9이면, 승수는 다음과 같이 된다.

$$\frac{\Delta Y}{\Delta I} = \frac{1}{(1 - 0.9)} = \frac{1}{0.1} = 10$$

따라서 투자지출이 $10억 감소하면 균형 실질GDP가 $100억 감소하게 된다. 1930년대에 케인스와 그의 동료들이 승수 분석을 처음 개발했을 때, 그들은 큰 승수효과가 대공황의

심각성을 설명하는 데 도움이 된다고 주장했다. 미국과 유럽에서 승수의 값이 컸다면 투자
지출의 비교적 작은 감소가 GDP의 큰 감소로 이어질 수 있었을 것이다.[3]

예제 18.1

균형 실질GDP 계산

다음 데이터를 사용하여 균형 수준의 실질GDP와 투자지출 승수의 값을 계산하시오.

$$C = MPC \times Y = 0.8 \times Y$$
$$\bar{I} = \$1.6조$$
$$\bar{G} = \$1.3조$$
$$\overline{NX} = -\$0.4조$$

문제풀이

1 단계 이 장의 내용을 복습한다. 이 문제는 균형 실질GDP와 승수의 값을 계산하는 문제
이므로 "상품시장의 균형" 부분과 "잠재GDP와 승수효과" 부분을 복습한다.

2 단계 데이터를 사용하여 균형 실질GDP를 계산한다. 균형에서 총지출은 실질GDP와 같다.
총지출은 다음과 같이 표현된다.

$$AE = (MPC \times Y) + \bar{I} + \bar{G} + \overline{NX}$$

따라서 균형에서는 다음과 같다.

$$Y = AE = (MPC \times Y) + \bar{I} + \bar{G} + \overline{NX}$$

위의 값들을 대입하면 다음과 같다.

$$Y = 0.8Y + \$1.6조 + \$1.3조 + (-\$0.4조)$$
$$Y = 0.8Y + \$2.5조$$
$$0.2Y = \$2.5조$$
$$Y = \frac{\$2.5조}{0.2} = \$12.5조$$

3 단계 주어진 데이터로부터 승수를 계산한다. 투자지출 승수를 위한 수식은 다음과 같다.

---

[3] 케인스는 승수의 값이 10만큼 클 수 있다고 생각했다. (John Maynard Keynes, The General Theory of
Employment, Interest, and Money, London: Macmillan, 1936, p. 51.) 1930년대에는 거시경제 통계를 아
직 이용할 수 없었기 때문에 케인스는 승수의 대략적인 추정치만 제공할 수 있었다. 그는 사이먼 쿠즈네
츠(Simon Kuznets)의 미국 투자 및 국민소득 추정치는 약 2.5의 승수를 의미한다고 언급했다(p.56). 그러
나 케인스는 1930년대 미국의 경제 상황을 고려할 때 계산에서 사용된 *MPC*의 값이 "믿을 수 없을 정도
로 작다"고 생각했다.

$$\frac{\Delta Y}{\Delta I} = \frac{1}{(1 - MPC)}$$

$MPC = 0.8$일 때 승수의 값은 다음과 같다.

$$\frac{1}{(1 - 0.8)} = \frac{1}{0.2} = 5$$

이 장의 끝에 있는 관련문제 1.7을 참조하시오.

재정정책
거시경제 정책목표를 달성하기 위해 정부지출과 세금을 변화시키는 것

케인스와 그의 추종자들은 승수의 값이 크다고 믿었고, 이를 토대로 재정정책의 효과를 낙관하였다. **재정정책**(fiscal policy)은 거시경제 정책목표를 달성하기 위해 정부지출과 세금을 변화시키는 것을 말한다. 투자지출 승수가 있는 것처럼, 정부지출 승수도 있다.

$$\frac{\Delta Y}{\Delta G} = \frac{1}{(1 - MPC)}$$

따라서 MPC가 0.9이면, 정부지출 승수는 10이 된다. 이 경우, 실질GDP가 잠재 수준보다 $2천억 낮으면 의회와 대통령은 정부지출을 $2백억(=$2천억/10) 늘리는 재정정책을 이용해 실질GDP를 잠재GDP로 되돌릴 수 있다.

그러나 승수의 크기에 대한 초기의 추정은 너무 큰 것으로 드러났다. 1930년대에 케인스와 그의 추종자들이 사용한 것과 유사한 위의 단순 모형은 승수를 작게 만드는 몇 가지 요소들을 무시한다. 이러한 현실 세계의 요소들에는 GDP의 증가가 수입, 물가수준, 이자율, 개인소득세 등 몇 가지 변수에 미치는 영향이 포함된다.

2009년 초 오바마(Obama) 행정부는 미국 역사상 가장 큰 규모의 재정정책인 $8,400억 규모의 정부지출 증액 및 감세안을 담은 미국 경기회복 및 재투자법(American Recovery and Reinvestment Act)을 발의했고, 의회는 이를 통과시켰다. 백악관 경제전문가들은 이 같은 정책을 제안하면서 정부지출 승수의 값을 1.57로 추정했는데, 이는 정부지출이 $10억 증가할 때마다 균형 실질GDP가 $15억 7,000만 증가한다는 의미이다. 이 추정치는 앞에서 간단히 계산한 승수 값 10보다 훨씬 작다. 그러나 일부 경제학자들은 1.57 전망치도 너무 높다고 주장했다. 소수의 경제전문가들은 정부지출 승수값이 1 미만이라고 주장했다. 의회와 대통령이 재정정책을 변화시킨 뒤, 통화정책 변화를 비롯해 경제에서 실질GDP에 영향을 미치는 다른 일들이 많이 일어나기 때문에 정확한 승수를 추정하기는 어렵다. 따라서 정부지출 변경의 효과를 구분하는 것은 쉬운 일이 아니며, 승수의 크기에 대한 논쟁은 계속될 것으로 보인다.

*IS*곡선의 구성

15장 15.2절에서 보았듯이, 연준은 연방기금금리 변화가 다른 시장금리에도 변화를 일으킬 것이라는 예상을 가지고, 연방기금금리 목표를 설정하는 데 정책의 초점을 둔다. 따라서 우

리는 금리 변동의 효과를 상품시장 모형에 반영할 필요가 있다.

이자율 변동은 총지출의 세 가지 구성요소, 즉 소비(*C*), 투자(*I*), 순수출(*NX*)에 영향을 미친다. 이러한 측면에서, 우리는 가계와 기업의 의사결정에 가장 관련이 있는 이자율인 실질금리에 초점을 맞춘다. 실질금리는 명목금리에서 예상 인플레이션율을 뺀 값이다. 실질금리가 오르면 기업들이 설비투자를 줄이고, 가계의 신규주택 구매가 감소하기 때문에 *I*가 하락한다. 마찬가지로 실질금리가 인상되면 소비자들에게 소비보다는 저축할 유인이 커지기 때문에 *C*가 하락한다. 그리고 높은 국내 실질금리로 해외자산 수익률에 비해 국내 금융자산의 수익률이 높아지면, 국내통화에 대한 수요가 증가해 통화가치가 상승한다. 통화가치가 오르면 수입이 늘고 수출이 줄어들기 때문에 *NX*가 하락한다. 실질이자율의 감소는 반대로 *I*, *C*, *NX*를 증가시키는 효과를 갖는다.

그림 18.3의 (a)는 45°선을 이용해 실질이자율 변화가 상품시장의 균형에 미치는 영향을 보여준다. 실질이자율이 처음에 r_1일 때, 총지출곡선은 $AE(r_1)$이고, 균형 생산량 수준은 Y_1(A지점)이다. 이자율이 r_1에서 r_2로 하락하면, 총지출곡선은 $AE(r_1)$에서 $AE(r_2)$로 상향이

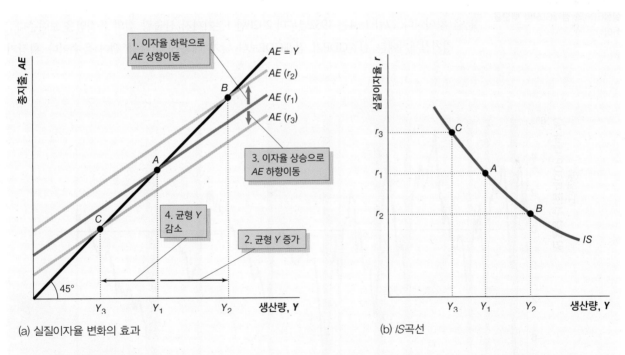

그림 18.3 *IS*곡선의 도출

(a)는 45°선을 이용해 실질이자율 변화가 상품시장의 균형에 미치는 영향을 보여준다. 실질이자율이 처음에 r_1일 때, 총지출곡선은 $AE(r_1)$이고, 균형 생산량 수준은 Y_1(A지점)이다. 이자율이 r_1에서 r_2로 하락하면, 총지출곡선은 $AE(r_1)$에서 $AE(r_2)$로 상향이동하고, 균형 생산량 수준은 Y_1에서 Y_2(B지점)로 증가한

다. 이자율이 r_1에서 r_3으로 상승하면, 총지출곡선은 $AE(r_1)$에서 $AE(r_3)$로 하향이동하고, 균형 생산량 수준은 Y_1에서 Y_3(C지점)로 감소한다. (b)에서는 (a)의 지점들을 이용해 *IS*곡선을 그린다. (b)의 A, B, C지점은 (a)의 A, B, C지점과 상응한다.

동하고, 균형 생산량 수준은 Y_1에서 Y_2(B지점)로 증가한다. 이자율이 r_1에서 r_3으로 상승하면, 총지출곡선은 $AE(r_1)$에서 $AE(r_3)$로 하향이동하고, 균형 생산량 수준은 Y_1에서 Y_3(C지점)로 감소한다.

(b)에서는 (a)의 결과를 사용하여, 상품시장이 균형 상태에 있는 실질이자율과 총생산량의 조합을 보여주는 *IS*곡선을 구성한다. (a)의 45°선 위의 모든 균형점에서 총지출은 총생산(또는 GDP)과 동일하다. (b)에서는 이러한 점들을 세로축에 실질이자율, 가로축에 총생산(또는 실질GDP)을 나타내는 그래프로 표시한다. (b)의 A, B, C지점은 (a)의 A, B, C지점과 상응한다. 이자율이 상승하면 총지출과 균형 생산량 수준이 감소하기 때문에 *IS*곡선은 우하향한다.

산출량 갭

15장 15.4절에서 **테일러 준칙**(Taylor rule)이 연준의 연방기금금리 목표 선정에 대한 하나의 설명을 제공함을 보았다. 테일러 준칙에 따르면, 연준은 연방기금금리 목표를 설정하고, 인플레이션 갭과 산출량 갭의 변화에 기초하여 이를 조정한다. **인플레이션 갭**(inflation gap)은 현재 인플레이션과 목표치의 차이이며, **산출량 갭**(output gap)은 실질GDP와 잠재GDP의 백분율 차이이다. 그림 18.4는 1952년부터 2020년 1분기까지 산출량 갭의 움직임을 보여준다.

경기침체기에는 실질GDP가 잠재GDP보다 낮기 때문에 산출량 갭이 음수이다. 확장기

산출량 갭
실질GDP와 잠재GDP의 백분율 차이

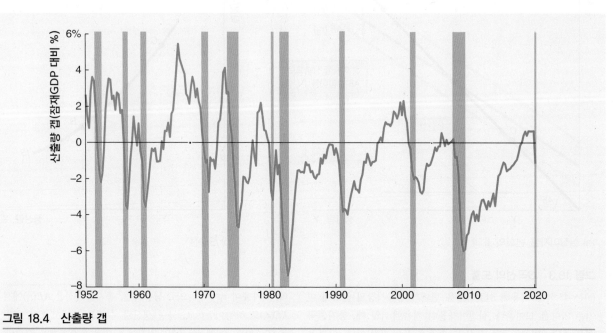

그림 18.4 산출량 갭

산출량 갭은 실질GDP와 잠재GDP의 백분율 차이이다. 산출량 갭은 경기침체기에 실질GDP가 잠재GDP보다 낮기 때문에 음수이고, 음영으로 표시되어 있다.

출처: Congressional Budget Office; and U.S. Bureau of Economic Analysis.

에는 실질GDP가 잠재GDP보다 높아져 산출량 갭이 양수이다. 그림 18.4는 산출량 갭의 크기로 측정했을 때, 1981~1982년과 2007~2009년의 경기침체가 제2차 세계대전 이후 가장 심각했음을 보여준다(이 책이 출판된 2020년 말에는 2020년 경기침체가 얼마나 심각할지 가늠하기 어려웠다). 특히, 2007~2009년 경기침체가 끝난 후, 2018년 1분기까지 실질GDP가 계속해서 잠재GDP를 밑돌면서 산출량 갭은 음수였다.

연준은 실질GDP 수준보다는 산출량 갭에 초점을 맞추고 있기 때문에, 거시경제 모형에 산출량 갭을 포함하는 것이 유용할 것이다. 그림 18.3의 (b)에 표시된 *IS*곡선 그래프의 가로축은 산출량 갭이 아닌 실질GDP 수준이다. *IS*곡선 그래프에서 실질GDP를 산출량 갭으로 대체할 수 있을까? 실질이자율의 변화가 투자, 소비, 순수출의 **잠재GDP 대비 상대적 수준**에 영향을 미치는 것으로 본다면 가능하다. 예를 들어 실질이자율이 하락하고 C, I, NX가 증가하면 잠재GDP(Y^P) 대비 GDP(Y)가 증가하게 된다. 이 경우 *IS*곡선을 세로축에 실질이자율, 가로축에 산출량 갭의 그래프로 표시하면 *IS*곡선은 여전히 우하향한다.

그림 18.5는 가로축에 산출량 갭을 표시한 *IS*곡선 그래프를 보여준다. 여기서는 산출량 갭을 실질GDP와 구별하기 위해 $\tilde{Y}$ 기호를 사용한다. 참고를 위해 $Y = Y^P$에 해당하는 수직선을 포함하였으며, 이때 산출량 갭은 0이다. 일반적으로 그래프에서는 가로축의 값이 0이 되는 곳에 세로축을 그린다. 이 경우에는 세로축을 왼쪽으로 이동시켜 가로축 중간에 0을 두는 것이 더 이해하기 쉽다. 가로축에서 0의 왼쪽 부분은 산출량 갭이 음수(침체기)이고, 0의 오른쪽 부분은 산출량 갭이 양수(확장기)이다.

*IS*곡선의 이동

앞서 가계, 기업, 정부의 지출에 영향을 미칠 수 있는 다른 모든 요소들을 일정하게 유지하면서, 실질이자율 변화가 총지출에 미치는 영향을 살펴봄으로써 *IS*곡선을 도출했다. 따라서 실질이자율의 증감은 ***IS*곡선 위의 이동**(movement along the IS curve)을 일으킨다. 총지출에

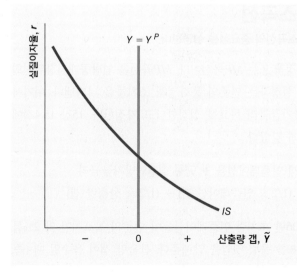

그림 18.5

산출량 갭을 사용한 *IS*곡선

이 그래프는 가로축에 실질GDP 수준이 아닌 산출량 갭을 사용한 *IS*곡선을 보여준다. 가로축에서 0의 왼쪽 부분은 산출량 갭이 음수(침체기)이고, 0의 오른쪽 부분은 산출량 갭이 양수(확장기)이다. $Y = Y^P$에 해당하는 수직선은 산출량 갭이 0인 지점들이다.

그림 18.6

IS곡선의 이동

주어진 실질이자율 수준에 대해 양(+)의 수요충격은 *IS*곡선을 우측이동시키고, 음(−)의 수요충격은 *IS*곡선을 좌측이동시킨다.

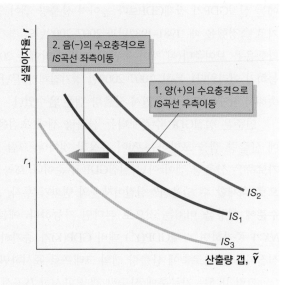

영향을 미치는 다른 요인들이 변화하면 ***IS*곡선이 이동**(shift of the IS curve)하게 된다. 실질이자율의 변동과는 별개로 총지출의 변동을 일으키는 다른 요인들을 **총수요 충격**(aggregate demand shocks)이라고 한다. 예를 들어, 2006년부터 미국에서 주택건설에 대한 지출이 급격히 감소했다. 이같은 *I* 구성요소의 감소는 *IS*곡선을 좌측이동시킨 **음(−)의 수요충격**(negative demand shock)이었다. 2014년 중반부터 2019년까지 미국 내 주정부와 지방정부의 지출이 크게 증가했다. 이러한 *G*의 증가는 *IS*곡선을 우측이동시킨 긍정적인 수요충격이었다. 그림 18.6은 주어진 수준의 실질이자율에 대해 **양(+)의 수요충격**(positive demand shock)은 *IS*곡선을 우측이동시키고, 부정적인 수요충격은 *IS*곡선을 좌측이동시키는 것을 보여준다.

총수요 충격
IS곡선의 이동을 일으키는 총지출 구성요소 중 하나의 변화

18.2 *MP*곡선과 필립스곡선

학습목표: MP곡선과 필립스곡선의 중요성을 설명한다.

IS–MP 모형의 두 번째 부분은 통화정책 또는 *MP*곡선이다. *MP*곡선은 연방공개시장위원회의 회의 이후 연방기금금리 목표를 설정하는 연준의 통화정책 조치들을 나타낸다. 여기서는 연준이 테일러 준칙에 따라 연방기금금리 목표를 설정한다고 가정한다. 15장 15.4절에서 테일러 준칙에 대한 표현은 다음과 같았다.

연방기금금리 목표 = 현재 인플레이션율 + 균형 실질연방기금금리
+ (1/2 × 인플레이션 갭) + (1/2 × 산출량 갭)

테일러 준칙은 2005년 말과 2006년 초처럼 인플레이션율이 연준의 목표치인 약 2%를 웃돌 때 FOMC가 연방기금금리 목표를 올릴 것임을 말해준다. 산출량 갭이 음수일 때 (즉,

2008년과 2020년처럼 실질GDP가 잠재GDP보다 작을 때) FOMC는 연방기금금리 목표치를 낮출 것이다.

FOMC가 단기 명목금리인 연방기금금리 목표를 조절할 수 있지만, 총지출 수준을 결정하는 데는 장기 실질금리가 더 관련이 있다. 예를 들어, 사람들이 집을 새로 구입할지 결정할 때는 30년 만기 주택담보대출의 실질금리를 고려하고, 기업이 신규 투자를 위해 대출을 받을 때는 장기 회사채의 실질금리를 살펴본다. 단기 금리와 장기 금리는 함께 오르내리는 경향이 있기 때문에 FOMC가 연방기금금리 목표를 올리거나 내리면 장기 금리도 오르내린다. 마찬가지로 연방기금금리가 명목금리이긴 하지만, 향후 인플레이션에 대한 예측이 안정적일 경우, FOMC는 일반적으로 명목 연방기금금리 목표를 높이거나 낮춤으로써 실질금리를 올리거나 내릴 수 있다.

MP곡선

앞에서 설명한 이유로, 우리는 *IS-MP* 모형에서 연준이 연방기금금리 목표를 변경함으로써 실질금리를 조절할 수 있다고 가정한다. 그림 18.7에서 *MP*곡선은 연준이 결정한 실질금리 수준에서 수평선으로 나타나는데, 이는 연준이 산출량 갭의 증가나 감소에도 불구하고 금리를 일정하게 유지할 수 있다고 가정하기 때문이다. 연준이 실질금리를 r_1에서 r_2로 올리면, *MP*곡선은 MP_1에서 MP_2로 상향이동한다. 경제는 소비지출, 투자지출, 순수출이 모두 감소해 *IS*곡선을 따라 위로 올라가고, 실질GDP가 잠재GDP 대비 감소하면서 산출량 갭이 $\tilde{Y}_1$에서 $\tilde{Y}_2$로 바뀐다. 연준이 실질금리를 r_1에서 r_3로 내리면, *MP*곡선은 MP_1에서 MP_3으로 하향이동한다. 경제는 소비지출, 투자지출, 순수출이 모두 증가해 *IS*곡선을 따라 아래로 내려가고, 실질GDP가 잠재GDP 대비 증가하면서 산출량 갭은 $\tilde{Y}_1$에서 $\tilde{Y}_3$으로 바뀐다.

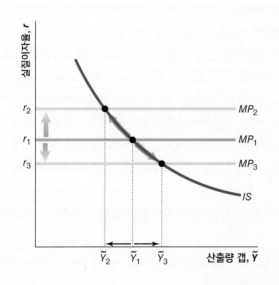

그림 18.7

MP곡선

MP곡선은 연준이 결정한 실질금리 수준에서 수평선이다. 연준이 실질금리를 r_1에서 r_2로 올리면, MP곡선은 MP_1에서 MP_2로 상향이동한다. 경제는 IS곡선을 따라 위로 올라가고, 산출량 갭은 $\tilde{Y}_1$에서 $\tilde{Y}_2$로 바뀐다. 연준이 실질금리를 r_1에서 r_3로 내리면, MP곡선은 MP_1에서 MP_3으로 하향이동한다. 경제는 IS곡선을 따라 아래로 내려가고, 산출량 갭은 $\tilde{Y}_1$에서 $\tilde{Y}_3$으로 바뀐다.

필립스곡선

테일러 준칙은 인플레이션 갭이 양수일 때, 즉 현재 인플레이션율이 연준의 목표 인플레이션율인 2%를 초과할 때 실질금리를 상승시킨다는 것을 나타낸다. 실질금리를 올리면 잠재GDP 대비 실질GDP가 하락한다. 실질GDP가 잠재GDP를 밑돌면, 기업이 생산능력 이하로 운영되고 실업률은 상승해 비용과 물가에 하방 압력을 가하게 되고, 결국 인플레이션율이 낮아진다. 연준은 **인플레이션율과 경제 상황 사이의 역관계**에 의존한다. 이는 생산과 고용이 증가하면 인플레이션율이 높아지는 경향이 있고, 생산과 고용이 감소하면 인플레이션율이 감소하는 경향이 있는 것을 의미한다.

이러한 역관계를 체계적으로 분석한 최초의 경제학자는 뉴질랜드의 경제학자 필립스 (A. W. Phillips)였다. 1958년 필립스는 영국의 인플레이션율과 실업률에 대한 데이터를 이용해 그들의 평균 관계를 보여주는 곡선을 그렸다. 그 이후로 실업률과 인플레이션 사이의 단기 관계를 보여주는 그래프를 **필립스곡선**(Phillips curve)이라고 부른다.[4] 그림 18.8의 그래프는 필립스가 그린 것과 유사하다. 필립스곡선의 각 지점은 특정 연도에 관찰될 수 있는 인플레이션율과 실업률의 조합을 나타낸다. 예를 들어, A지점은 어떤 해의 실업률 4%와 인플레이션율 4%의 조합을 나타내고, B지점은 다른 해의 실업률 7%와 인플레이션율 1%의 조합을 나타낸다.

필립스곡선 관계를 연구한 경제학자들은 인플레이션과 실업 사이에 안정적인 상충관계가 하나만 존재하는 것은 아니라고 결론 내렸다. 그들은 필립스곡선의 위치가 공급 충격 및 예상 인플레이션율의 변화에 대응하여 시간이 지남에 따라 이동할 수 있다고 믿는다. 17장 17.3절에서 논의했듯이, 예상치 못한 유가 상승과 같은 부정적인 공급 충격은 생산량 감소 (따라서 실업률 상승)를 초래하고 물가상승 압력을 유발하여 인플레이션율을 높일 수 있다. 실업률과 인플레이션이 모두 높다는 것은 필립스곡선이 상승했다는 것을 의미한다. 가계와 기업의 인플레이션 예측치가 바뀌면 필립스곡선의 위치도 바뀔 것이다. 예를 들어, 노동자와 기업이 인플레이션율을 연 2%로 예상하지만, 실제로는 4%의 인플레이션율이 지속되면 미래 인플레이션율에 대한 예측치를 2%에서 4%로 조정할 가능성이 높다.

인플레이션에 대한 예측은 경제에 반영되어 있다. 노동자들이 미래 인플레이션율이 2%가 아니라 4%가 될 것이라고 믿기 시작하면, 명목임금이 적어도 4% 이상 오르지 않는 한 실질임금(명목임금을 물가수준으로 나눈 값)이 감소할 것으로 예상한다. 마찬가지로 4장 4.3절에서 논의한 피셔 효과에 따르면, 예상 인플레이션율의 증가는 명목이자율의 상승을 초래한다. 노동자와 기업, 투자자가 어떤 주어진 실업률에서든 인플레이션율에 대한 예상을 2%에서 4%로 조정하면, 인플레이션율은 2% 더 높아질 것이다. 즉, 필립스곡선은 2% 상향 이동한다.

실업률 변화가 인플레이션율에 미치는 영향을 알아내는 좋은 방법은 현재의 실업률과

---

[4] 필립스는 실제로 물가변동률보다는 임금변동률로 인플레이션을 측정했다. 임금과 물가는 대체로 함께 움직이기 때문에, 이 차이는 우리의 논의에 중요하지 않다.

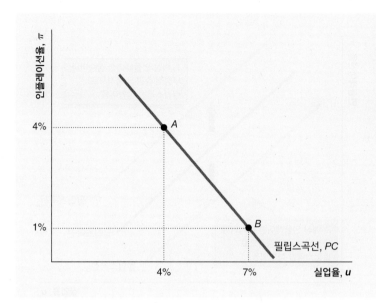

그림 18.8

필립스곡선

필립스곡선은 실업률과 인플레이션율 사이의 단기 관계를 보여준다. A지점은 어떤 해의 실업률 4%와 인플레이션율 4%의 조합을 나타내고, B지점은 다른 해의 실업률 7%와 인플레이션율 1%의 조합을 나타낸다.

경제가 완전고용 상태일 때 실업률(**자연실업률**(natural rate of unemployment))의 차이를 살펴보는 것이다. 현재 실업률과 자연실업률의 차이는 경기순환적인 불황으로 인해 실업률이 완전고용 수준을 웃돌면서 생기는 것이기 때문에 **경기적 실업**(cyclical unemployment)을 나타낸다. 인플레이션에 대한 예측과 공급 충격의 영향이 일정하게 유지된다는 가정하에, 현재의 실업률이 자연실업률과 같다면 인플레이션율은 변하지 않는다. 현재 실업률이 자연실업률보다 높으면, 노동시장이 침체되면서 임금과 기업의 생산비용 상승은 제한될 것이다. 따라서 인플레이션율은 낮아질 것이다. 현재 실업률이 자연실업률보다 낮으면, 노동시장이 활성화되면서 임금과 기업의 생산비용이 높아질 가능성이 높다. 인플레이션율이 증가할 것이다.

이 모든 요소들을 고려하면 필립스곡선에 대한 다음 식을 얻을 수 있다.

$$\pi = \pi^e - a(U - U^*) - s$$

여기서 π = 현재 인플레이션율

π^e = 예상 인플레이션율

U = 현재 실업률

U^* = 자연실업률

s = 공급 충격의 영향을 나타내는 변수(부정적 공급 충격의 경우 음수, 긍정적 공급 충격의 경우 양수)

a = 현재 실업률과 자연실업률의 차이가 인플레이션율에 미치는 영향의 크기를 나타내는 상수

이 수식은 예상 인플레이션 상승이나 부정적 총공급 충격은 필립스곡선을 위로 이동시키고, 예상 인플레이션 하락이나 긍정적 공급 충격은 필립스곡선을 아래로 이동시킨다는

그림 18.9

필립스곡선의 이동

예상 인플레이션 상승이나 부정적 총공급 충격은 필립스곡선을 상향이동시킬 것이다. 예상 인플레이션 하락이나 긍정적 총공급 충격은 필립스곡선을 하향이동시킬 것이다.

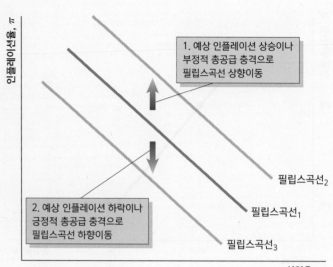

1. 예상 인플레이션 상승이나 부정적 총공급 충격으로 필립스곡선 상향이동

2. 예상 인플레이션 하락이나 긍정적 총공급 충격으로 필립스곡선 하향이동

필립스곡선$_2$

필립스곡선$_1$

필립스곡선$_3$

인플레이션율, π

실업률, u

것을 보여준다.

무엇이 예상 인플레이션율을 변화시키는가? 많은 경제학자들은 가계와 기업이 예상했던 것보다 높은 실제 인플레이션율을 지속적으로 경험하면 인플레이션 예상치를 조정한다고 믿는다. 예를 들어, 1960년대 인플레이션은 연평균 2%였으나, 1970년부터 1973년까지 매년 5%, 1974년부터 1979년까지는 매년 8.5%로 증가하였다. 이처럼 지속적으로 높은 인플레이션율은 가계와 기업이 미래의 인플레이션에 대한 예상치를 상향 조정하도록 이끌었고, 필립스곡선은 상향조정되었다. 필립스곡선이 위로 이동하면, 인플레이션과 실업 사이의 단기 상충관계는 더 악화된다. 즉, 모든 실업률 수준에서 더 높은 인플레이션율을 갖게 된다. 앞서 15장 15.4절에서 폴 볼커(Paul Volcker)가 1979년 8월 지미 카터(Jimmy Carter) 대통령으로부터 인플레이션율을 낮추라는 임무를 받아 연준 의장이 되었음을 보았다. 1981년부터 1982년까지 경제가 심각한 불황을 겪었을 때, 실업률이 치솟고 기업들이 과잉 생산능력을 보유하면서 인플레이션율은 급격히 감소했다. 1983년부터 1986년까지 인플레이션율은 연평균 3.3%였다. 이에 따라 가계와 기업들은 미래 인플레이션에 대한 예상치를 낮추었고, 필립스곡선은 하향이동했다.

그림 18.9는 필립스곡선의 이동을 보여준다.

오쿤의 법칙과 산출량 갭 필립스곡선

필립스곡선은 인플레이션율과 실업률 사이의 단기 관계를 보여준다. 우리는 그림 18.7에서 *IS*곡선과 *MP*곡선을 사용하여 연준이 통화정책으로 산출량 갭에 영향을 미치는 것을 보았다. 산출량 갭과 인플레이션율 사이의 관계를 보여줄 수 있다면, 필립스곡선을 *IS–MP* 모형에 통합할 수 있을 것이다. 이를 통해 인플레이션율 변화가 연준 정책에 미치는 영향과, 연준의 정책 변화가 인플레이션율에 미치는 영향을 보여줄 수 있을 것이다. 다행히 필립스곡선을 인플레이션율과 실업률의 관계에서 인플레이션율과 산출량 갭의 관계로 바꾸는 간단한 방법이 있다.

1960년대 미국 대통령 경제자문회의 의장을 지낸 아서 오쿤(Arthur Okun)의 이름을 딴 **오쿤의 법칙**(Okun's law)은 산출량 갭($\widetilde{Y}$)과 현재의 실업률(U)과 자연실업률(U^*)의 갭 사이의 관계를 다음과 같이 간단하게 정리한다.

오쿤의 법칙
오쿤에 의해 밝혀진 산출량 갭과 경기적 실업률 사이의 통계적 관계

$$\widetilde{Y} = -2 \times (U - U^*)$$

현재의 실업률과 자연실업률의 차이는 경기적 실업률과 같다. 그림 18.10은 1950년 이후 실제 경기적 실업률과 오쿤의 법칙을 사용하여 계산된 경기적 실업률을 보여준다. 두 값이 대부분 기간에 매우 밀접하게 움직이기 때문에, 필립스곡선 수식에서 경기적 실업($U - U^*$)을 산출량 갭($\widetilde{Y}$)으로 치환하여 산출량 갭의 변화가 인플레이션율에 미치는 영향을 나타낼 수 있다.

$$\pi = \pi^e + b\widetilde{Y} - s$$

수식의 계수 b는 산출량 갭의 변화가 인플레이션율에 미치는 영향을 나타낸다.

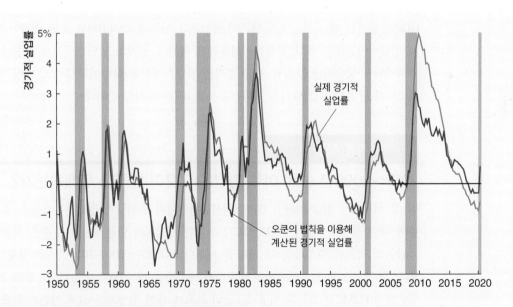

그림 18.10 오쿤의 법칙을 이용한 경기적 실업률 예측

오쿤의 법칙에 따르면 산출량 갭은 현재 실업률과 자연실업률의 차이에 -2를 곱한 값이다. 그래프는 대부분의 기간 동안 오쿤의 법칙이 경기적 실업률을 잘 설명함을 보여준다. 경기침체기는 음영으로 표시되어 있다.

출처: Congressional Budget Office; and U.S. Bureau of Economic Analysis.

그림 18.11

산출량 갭을 사용한 필립스곡선

이 필립스곡선은 가로축에 실업률이 아닌 산출량 갭이 있다는 점에서 그림 18.8과 다르다. 그 결과 필립스곡선은 우하향하지 않고 우상향한다. 산출량 갭이 0이고 공급 충격이 없을 때 실제 인플레이션율은 예상 인플레이션율과 같아진다. 예상 인플레이션 상승이나 부정적 공급 충격은 필립스곡선을 상향이동시키고, 예상 인플레이션 하락이나 긍정적 공급 충격은 필립스곡선을 하향이동시킬 것이다.

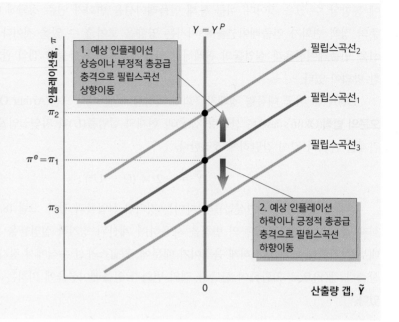

그림 18.11은 가로축에 산출량 갭이 있고 세로축에 인플레이션율이 있는 수정된 필립스곡선(*PC*)을 보여준다. 필립스곡선의 산출량 갭 버전은 그림 18.8과 같이 우하향하지 않고 우상향한다. 이러한 기울기의 변화는 인플레이션은 실업률이 증가할 때 하락하지만, 실질 GDP가 증가할 때는 상승하기 때문에 발생한다. 산출량 갭이 0이고 공급 충격이 없을 때 실제 인플레이션율은 예상 인플레이션율과 같아진다. 원래의 필립스곡선과 마찬가지로 예상 인플레이션 상승이나 부정적 공급 충격은 필립스곡선을 상향이동시키고, 예상 인플레이션 하락이나 긍정적 공급 충격은 필립스곡선을 하향이동시킬 것이다.

개념 적용

2007~2009년 침체 이후 기간은 오쿤의 법칙을 위배하는가?

이 장 서두에서 언급했듯이, 연방공개시장위원회의 위원들과 경제전문가들은 주요 경제변수에 대한 전망에 의존한다. FOMC가 전망한 실업률과 인플레이션 수준은 위원회가 연방기금금리 목표를 결정하는 데 영향을 미친다. FOMC는 2007~2009년 경기침체가 끝난 후 몇 년 동안 실업과 인플레이션을 정확하게 예측하는 데 문제가 있었다. 그 결과, 2011년부터 일관되게 FOMC는 2년 후 연방기금금리 목표에 대한 전망치를 실제 실현된 목표치보다 높게 내놓았다. 또한 2009~2010년 기간에 백악관 경제학자들은 실업률에 대한 부정확한 예측으로 비판을 받았다. 2009년 초 버락 오바마(Barack Obama) 대통령의 경제자문위원회 의장을 맡았던 크리스티나 로머(Christina Romer)와 조 바이든(Joe Biden) 부통령의 경제보좌관 제러드 번스타인(Jared Bernstein)은 의회가 더 높은 수준의 연방정부 지출과 세금 감면을 포함한 오바마 대통령의 경기부양책을 통과시킨다면 3분기에 실업률이 약 8%로 최고조에 도달했다가 이후 하락할 것으로 예측했다. 의회가 경기부양책을 통과시켰지만 2009년 3분기 실업률은 9.6%였다. 실업률은 2009년 4분기에 9.9%로 상승했고, 2011년 3분기까지 9% 아래로 떨어지지 않았다.

실업률에 대한 잘못된 전망은 2007~2009년 침체기의 실질GDP 감소가 예상보다 컸고, 이후 실질GDP 증가율이 예상보다 더뎠기 때문이다. 따라서 오쿤의 법칙이 나타내듯 실업률 또한 예상보다 더 높았다. 그러나 실질GDP 감소가 실업률의 증가를 모두 설명하는 것은 아니다. 그림 18.10은 1950년 이후 기간 동안 오쿤의 법칙이 실업률의 움직임을 잘 설명한다는 것을 보여준다. 그러나 2007년 1분기부터 2020년 1분기까지 기간을 보여주는 다음 그래프는 오쿤의 법칙이 2007~2009년 경기침체 직후의 실업률 움직임을 잘 설명하지 못했음을 보여준다.

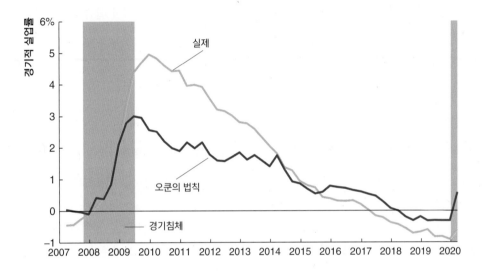

2009년 중반부터 2014년 초까지 오쿤의 법칙은 경기적 실업률이 실제 경기적 실업률보다 최소 1%p, 일부 분기에는 2%p 더 낮게 예측했다. 즉, 오쿤의 법칙에 의존하는 경제학자들은 주어진 실질GDP 변화에 대해 실업률이 실제보다 더 낮을 것으로 예상했다는 것이다. 벤 버냉키(Ben Bernanke) 당시 연준 의장이 2012년 의회 증언을 통해 밝혔듯이, 실업률 감소는 "좌절스러울 정도로 느렸다".

이 기간에 오쿤의 법칙이 상대적으로 잘 맞지 않았던 것은 무엇으로 설명할 수 있을까? 일부 경제학자들은 노동생산성(노동자 1인당 생산량)의 움직임을 하나의 설명으로 지적한다. 2009년과 2010년에 노동생산성의 일시적인 급격한 증가가 있었다. 노동생산성이 높아지면 기업은 주어진 인원으로 더 많은 생산량을 생산하거나, 더 적은 인력으로 같은 양을 생산할 수 있다. 많은 기업들이 더 적은 인력으로 생산 수준을 유지하는 두 번째 방법을 택했던 것으로 보이며, 이는 많은 경제학자들이 예측한 것보다 더 높은 실업률로 이어졌다. 그러나 이 설명의 문제점은 2011년에 노동생산성 증가율이 낮은 수준으로 하락한 채로 남아있는 반면, 오쿤의 법칙은 이후 추가적인 2년 동안 계속해서 실업률을 과소예측했다는 것이다. 일부 경제학자들이 제시한 또 다른 설명은 2007~2009년 경기침체가 너무 심각했기 때문에 많은 기업들이 파산할 것을 우려했다는 것이다. 이에 주어진 매출 감소 폭에 대해서 평소보다 더 많은 인력을 해고해 비용을 절감하는 조치를 취했다는 것이다.

일부 경제학자들은 노동시장의 변화가 오쿤의 법칙의 문제점을 설명할 수 있다고 주장한다. 예를 들어 로버트 고든(Robert Gordon) 교수는 노조조직 감소와 임시고용 증가가 매출 감소 시 기업의 해고 의지를 높였을 수 있다고 본다. 이것이 사실이라면 이후 미래의 경기침체기(예를 들어, 2020년 2월 시작된 경기침체기)에 경기적 실업의 변화를 정확히 예측하려면 오쿤의 법칙 수식을 수정해야 할 것이다.

2014년 이후 경제가 보다 정상적인 상태로 돌아오면서 오쿤의 법칙은 경기적 실업률의 변화를 정확하게 예측하는 쪽으로 돌아왔다(2017년부터는 경기적 실업률의 실제값과 오쿤의 법칙이 예측한 값이 모두 음수였다. 음수 값은 해당 달의 실업률이 추정된 자연실업률보다 더 낮았음을 나타낸다). 오쿤의 법칙이 코로나19 팬데믹 이후 경기적 실업률의 변화에 대해 정확한 예측을 제공할지는 더 두고 봐야 한다.

18.3 *IS-MP* 모형의 균형

학습목표: *IS-MP* 모형을 사용하여 거시경제의 균형을 설명한다.

우리는 지금까지 *IS-MP* 모형의 세 가지 부분, 즉 *IS*곡선, *MP*곡선, 필립스곡선을 배웠다. 그림 18.12는 이 모형을 사용한 장기 거시경제 균형을 보여준다. (a)에서는 산출량 갭이 0이고 실질이자율은 연준의 목표 수준에서 *IS*곡선과 *MP*곡선이 교차한다. (b)에서 필립스곡선은 산출량 갭이 0일 때, 실제와 예상 인플레이션율이 같다는 것을 보여준다.

개념 적용

IS-MP 모형은 어디에서 왔을까?

이 장에서 논의해 온 거시경제모형은 역사적 뿌리가 깊다. 영국 경제학자 케인스는 그의 1936년 저서 '고용, 이자, 화폐의 일반이론(The General Theory of Employment, Interest, and Money)'에서 *IS*곡선의 기본 개념을 만들었다. 케인스는 총생산이 총지출의 변동에 따라 증감할 것이라는 생각을 구체적으로 논의한 최초의 경제학자였다. 그는 1929년에 시작된 총지출의 감소가 대공황을 일으켰다고 믿었다.

케인스는 일반이론에서 *IS*곡선을 명시적으로 그리지 않았다. *IS*곡선은 1937년 영국 경제학자 존 힉스(John Hicks)가 쓴 논문에서 처음 등장했다. 앞서 *IS*곡선에 대한 논의는 왜 이 곡선이 *IS*곡선으로 불리는지 설명하지 않고 미스터리로 남겼다. 이 미스터리는 상품시장 균형을 분석하는 힉스의 다른 접근법을 보면 풀린다. 수입이나 수출이 없는 폐쇄경제를

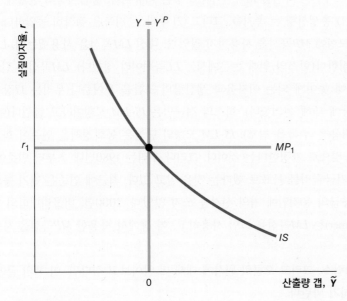

(a) *IS–MP* 그래프

그림 18.12

IS–MP 모형의 균형

(a)에서 *IS*곡선과 *MP*곡선은 산출량 갭이 0이고 실질이자율이 연준의 목표 수준인 곳에서 교차한다. (b)에서 필립스곡선은 산출량 갭이 0일 때, 실제와 예상 인플레이션율이 같다는 것을 보여준다.

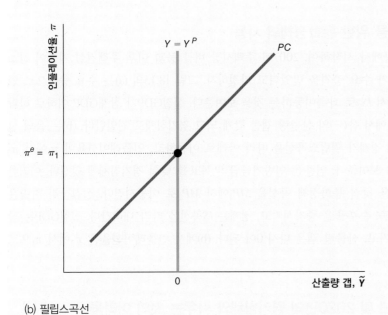

(b) 필립스곡선

살펴보면, 총지출은 $C + I + G$이다. 그리고 균형상태에서 $Y = C + I + G$이다. 이 표현을 $Y - C - G = I$로 바꿀 수 있다. $Y - C - G$는 생산물 중 가계나 국가가 해당 기간에 소비하지 않은 부분을 나타내기 때문에 **국민저축**(national saving)으로 생각할 수 있다. 따라서 투자와 국민저축이 동일($I = S$)할 때 상품시장은 균형에 있다고 말할 수 있고, 이것이 힉스가 상품시장의 균형을 보여주는 곡선을 *IS*곡선이라고 부른 이유이다. 상품시장의 균형에 대한 두 가지 접근법, 즉 (1) 총생산량 = 총지출, 그리고 (2) 투자 = 저축은 정확히 동일하다.

힉스는 자신의 모형에 *MP*곡선을 사용하지 않았다. 대신 *LM*곡선을 사용했는데, *LM*은 **유동성**과 **화폐**를 상징한다(힉스의 원래 논문에서는 *LL*곡선이라 칭했다). *LM*곡선은 단기금융시장이 균형 상태에 놓이게 되는 이자율과 생산량의 조합을 보여준다(우리는 17장 17.1절에서 단기금융시장에 대해 논의했다). 힉스의 접근법은 *IS–LM* 모형이라고 불린다(이 모형에 대한 자세한 내용은 부록을 참조). *IS–LM* 모형의 단점은 통화정책을 연준이 화폐공급 목표를 선택하는 것으로 가정한다는 것이다. 그러나 우리는 1980년대 초부터 연준이 화폐공급이 아닌 연방기금금리를 목표로 했다는 것을 알고 있다. 최근에 연준은 단기 통화정책을 펼칠 때 화폐공급의 움직임에 거의 신경을 쓰지 않았다. 2000년, 버클리대학의 데이비드 로머(David Romer)는 *LM*곡선을 그만 사용하고, 이 장에서 사용한 *MP*곡선을 사용할 것을 제안했다.

케인스, 힉스, 필립스, 그리고 오쿤의 원작에 대해 더 알아보고 싶다면, 이 책의 끝에 있는 참고문헌을 참조하기 바란다.

경기침체 극복을 위한 통화정책의 사용

그림 18.12의 상황에서 시작하여, 2007년 주택시장 버블 붕괴 이후 주택건설 지출이 감소했던 것처럼 경제가 수요 충격을 받았다고 가정하자. 그림 18.13의 (a)는 수요 충격으로 인해 *IS*곡선이 IS_1에서 IS_2로 좌측이동하는 것을 보여준다. 실질GDP가 잠재GDP 이하로 하락하면서, 경제는 $\tilde{Y}_1$에서 음(−)의 산출량 갭를 갖게 되고 경기침체로 진입한다. (b)는 음의 산출량 갭으로 인해 경제가 필립스곡선을 따라 아래로 이동하고, 인플레이션율이 π_1에서 π_2로 하락하는 것을 보여준다. 연준은 연방기금금리 목표를 낮춰 경기침체에 맞선다. 이러한 조치는 실질금리를 낮춰 통화정책 곡선을 MP_1에서 MP_2로 이동시킨다. 실질금리 하락은 소비지출, 투자지출, 순수출을 증가시키고, 경제는 *IS*곡선을 따라 내려간다. 실질GDP는 잠재수준으로 돌아가고, 산출량 갭은 다시 0이 된다. (b)에서 인플레이션율은 π_2에서 π_1으로 다시 상승한다.

2007∼2009년 및 2020년의 경기침체와 싸우는 것의 어려움

2007~2009년 경기침체 당시 연준 정책에 대한 논의에서 이미 보았듯이, 그림 18.13에서와 같은 잠재GDP로의 순조로운 전환은 일어나지 않았다. 한 가지 이유는, *IS–MP* 모형에서 연준이 실질금리를 통제한다고 가정해 왔지만, 실제로 연준은 연방기금금리를 목표로 하고 다른 시장금리에는 직접적인 영향을 미치지 않는 것이 일반적이기 때문이다. 통상적으로 연준은 연방기금금리가 하락할 때는 장기 실질금리가 같이 하락하고, 연방기금금리가 상승할 때는 같이 상승하는 관계에 의존할 수 있다. 그러나 2007~2009년의 경기침체는 정상적인 시

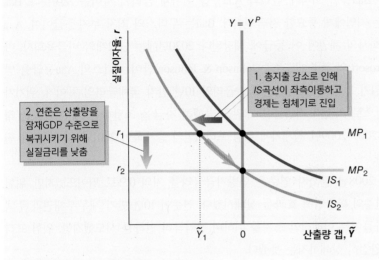

(a) 연준의 *IS*곡선 이동 상쇄

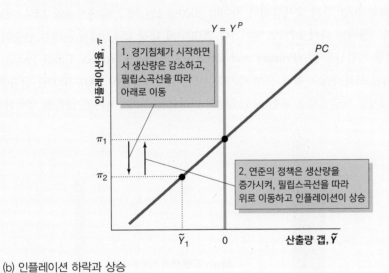

(b) 인플레이션 하락과 상승

그림 18.13

확장적 통화정책

(a)에서 수요 충격은 *IS*곡선이 IS_1에서 IS_2로 좌측이동하도록 만든다. 실질GDP가 잠재GDP 이하로 하락하면서, 경제는 $\tilde{Y}_1$에서 음(-)의 산출량 갭를 갖게 되고 경기침체로 진입한다. (b)는 음의 산출량 갭으로 인해 경제가 필립스곡선을 따라 아래로 이동하고, 인플레이션율이 π_1에서 π_2로 하락하는 것을 보여준다. 연준은 연방기금금리 목표를 낮춰 통화정책 곡선을 MP_1에서 MP_2로 이동시키고, 경제는 *IS*곡선을 따라 내려간다. 실질GDP는 잠재수준으로 돌아가고, 산출량 갭은 다시 0이 된다. (b)에서 인플레이션율은 π_2에서 π_1으로 다시 상승한다.

기와는 달랐다.

5장 5.1절에서 채무불이행위험 프리미엄(default risk premium)은 투자자가 채무불이행 위험이 있는 채권을 보유할 때 요구하는 추가 수익률이었다. 2007~2009년 금융위기 당시에, 특히 2008년 9월 리먼 브라더스의 파산 이후, 투자자들은 기업들이 대출금을 상환하거나 채권에 대한 이자와 원금을 상환하는 데 어려움을 겪을 것이라고 우려했고, 채무불이행위험 프리미엄이 치솟았다. 그림 18.14는 무디스가 Baa등급으로 평가한 회사채를 매입하기 위해 투자자들이 요구하는 채무불이행위험 프리미엄을 얼마나 올렸는지를 두 가지 척도로 보여준다. 파란색 선은 Baa등급 회사채 금리와 10년 만기 재무부채권 금리의 차이를 보여준다. 진한 남색 선은 Baa등급 회사채 금리와 Aaa등급 회사채 금리의 차이를 보여준다. Baa 등급 채권의 판매는 기업에게 중요한 자금원이다. Baa는 무디스의 최저 투자등급이며, Aaa 등급보다 더 많은 회사의 채권이 이 등급에 해당된다. 2020년에는 단 2개의 비금융회사, 마이크로소프트(Microsoft)와 존슨앤드존슨(Johnson & Johnson)만이 무디스의 Aaa등급을 받았다. 따라서 금융위기 전에 약 1.5%였던 Baa 금리와 10년 만기 국채금리의 차이가, 위기가 한창일 때 6% 이상으로 치솟자 기업들은 채권을 발행해 자금을 조달하는 데 어려움을 겪었다. 그림 18.14는 2007~2009년 침체기에 위험 프리미엄의 증가폭이 2001년 침체기보다 훨씬 컸음을 보여준다.

앞서 보았듯이 2008년 말까지 연준은 연방기금금리를 거의 0으로 떨어뜨렸지만 위험 프리미엄 상승은 연준의 확장정책 효과를 상쇄시켰다. 연준이 10년 만기 재무부채권과 주택저당증권을 직접 사들이는 이례적인 조치를 취하며 장기금리 인하를 시도했지만, 위험 프리미엄 인상 효과를 완전히 상쇄하지는 못했다.

그림 18.14는 2007~2009년과 2020년 경기침체기 동안 위험 프리미엄의 움직임을 보여준다. Baa 금리와 10년 만기 국채금리의 차이가 2020년 2월 약 2.1%에서 4월 3.5% 이상으로 상승했지만, 7월에는 다시 2.7%로 떨어졌다. 2020년에 15장 15.3절에서 논의한 연준의 발행 및 유통시장 기업신용제도(Primary and secondary Market Corporate Credit Facility)가 시행되면서 위험 프리미엄도 훨씬 작게 증가했는데, 이는 기업들이 2007~2009년 금융위기 동안 겪었던 것처럼 채권발행을 통한 자금조달의 어려움을 경험하지는 않았음을 의미한다.

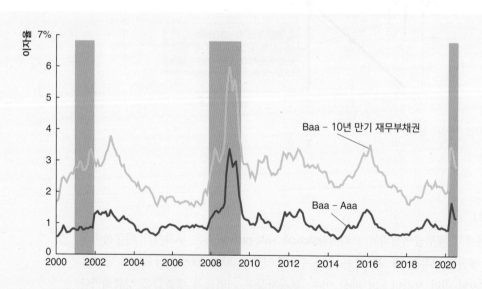

그림 18.14 2007~2009년 및 2020년 경기침체와 위험 프리미엄의 움직임

2007~2009년 금융위기 동안 채무불이행위험 프리미엄이 치솟아 Aaa등급 채권 대비 Baa등급 채권의 이자율(진한 남색 선)과 10년 만기 미국 재무부채권 대비 Baa등급 채권의 이자율(파란색 선)이 상승했다. 2020년 침체기에는 위험 프리미엄 상승이 훨씬 작았다.

출처: Federal Reserve Bank of St. Louis.

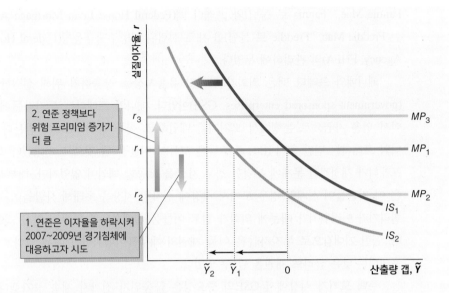

그림 18.15 위험 프리미엄 상승과 확장적 통화정책

2007~2009년 경기침체기에 주택건설 지출이 감소하면서 *IS*곡선이 *IS*₁에서 *IS*₂로 이동했고, 실질GDP는 $\tilde{Y}_1$으로 잠재GDP를 밑돌았다. 연준은 실질금리를 r_1에서 r_2로 낮추는 것으로 대응했지만, 실제로는 위험 프리미엄 증가로 실질금리가 r_3까지 오르면서 경제는 $\tilde{Y}_2$ 수준의 더 깊은 침체에 빠졌다.

그림 18.15는 2008년 연준이 확장적 통화정책을 시행하면서 겪었던 문제들을 보여준다. 주택건설 지출이 감소하면서 *IS*곡선이 *IS*₁에서 *IS*₂로 이동했고, 실질GDP는 $\tilde{Y}_1$으로 잠재GDP를 밑돌았다. 연준은 실질금리를 r_1에서 r_2로 낮추는 것으로 대응했고, 이는 정상적인 상황에서라면 경제를 잠재GDP로 되돌리기에 충분한 것이었다. 그러나 실제로는 위험 프리미엄 증가로 실질금리가 r_3까지 오르면서 경제는 $\tilde{Y}_2$ 수준의 더 깊은 침체에 빠졌다. 경제는 위험 프리미엄이 정상 수준으로 하락하기 시작한 2009년 중반부터 회복되기 시작했다. 연준은 패니메와 프레디 맥이 발행한 주택저당증권을 사들이는 등 비전통적인 정책을 펼쳐 위험 프리미엄을 줄이는 데 일조했다.

개념 적용

공짜 패니(Fannie)와 프레디(Freddie)?

미국 금융시스템 중 주택 모기지(residential mortgages) 시장이 2007~2009년 금융위기의 영향을 가장 많이 받았다. 앞서 살펴본 것처럼 금융위기는 주택가격 하락으로 주택저당증권(MBS) 가격이 하락하면서 발생했다. 금융기관들이 보유한 MBS가 손실을 입으면서 신용이 고갈되기 시작했고, 경제는 1930년대 대공황 이후 가장 심각한 불황에 빠졌다. 2008년 9월, 위기에 대응하여 연방정부는 패니메(Federal National Mortgage Association, 또는

Fannie Mae, "Fannie"로 불림)와 프레디 맥(Federal Home Loan Mortgage Association, 또는 Freddie Mac, "Freddie"로 불림)을 새로 설립된 연방주택금융청(Federal Housing Finance Agency, FHFA)의 관리하에 두었다.

패니메와 프레디 맥은 의회가 모기지 유통시장을 창출하기 위해 설립한 **정부보증기관**(government-sponsored enterprises, GSE)이었다. 패니와 프레디는 투자자들에게 채권을 팔아서 얻은 자금으로 은행에서 모기지를 매입하고, 이를 묶어 MBS를 만든다. 법적으로 패니와 프레디는 민간 회사였고, 주주들은 그들이 이윤을 낼 것으로 기대했다. 의회는 패니와 프레디가 재정적인 문제에 부딪힐 경우 자금을 제공할 책임이 없었지만, 대부분의 투자자들은 이 기관들이 실패할 경우 모기지 시장에 심각한 지장을 초래해 사람들이 주택구매 자금 빌리기가 어려워지기 때문에 의회가 결코 이들을 실패하도록 놔두지 않을 것이라고 확신했다. 이런 기대감으로 투자자들은 이들 채권의 채무불이행위험이 매우 낮다고 봤고, 패니와 프레디는 낮은 금리로 채권을 팔 수 있었다.

주택 모기지 시장에서 GSE의 중요성은 금융위기 전까지 계속 증가했다. 1950년대와 1960년대에 은행과 저축대부조합(savings and loans)은 대부분의 모기지를 제공하고, 이들이 만기가 되거나 차입자가 상환할 때까지 계속 보유하는 전통적 방식이 지배적이었다. 따라서 이 시기에는 은행, 저축대부조합, 보험회사가 전체 주택 모기지의 85% 이상을 보유했다. 이후 1990년대 초까지 지니메(Government National Mortgage Association, 또는 Ginnie Mae), 연방주택관리국(Federal Housing Administration, FHA)과 같은 연방기관들은 패니메, 프레디 맥과 함께 모기지의 대부분을 보유하게 되었다. 여기에 더해, 투자은행들과 일부 다른 금융회사들은 대출을 증권화하고, 자체적으로 민간의 MBS를 발행하기 시작했다. 금융위기 직전까지 패니와 프레디의 MBS(agency MBS로 불림)는 줄어들고, 민간의 MBS의 시장점유율은 높아지고 있었다.

집값이 하락하자, 투자자들은 패니와 프레디가 기존에 발행한 MBS에 대한 보증을 지키지 못할 것을 우려하였다. 또한 두 회사 모두 스스로 발행한 상당한 양의 MBS를 보유하고 있었다. 의회가 패니와 프레디가 아주 적은 자본만 유지하는 것을 허용했기 때문에, 그들이 손실로 인해 지급불능에 빠질 것은 명백해 보였다. 2008년 9월, 의회는 모기지 시장의 붕괴를 피하기 위해 미국 재무부가 패니와 프레디에게 $1,890억의 새 자본을 투입하도록 승인하고, 그들을 FHFA의 관리하에 두도록 했다.

연방정부가 패니와 프레디에 대한 통제를 확보했을 때, 많은 경제학자들과 정책입안자들은 언젠가 이들이 민영화되어 다시 민간기업이 될 것으로 기대했다. 그러나 민영화 계획이 초기 단계에 있긴 하지만, 2020년 중반까지 이 기업들은 여전히 FHFA의 통제 하에 있었다. 또한 연준은 패니와 프레디가 발행한 MBS의 주요 구매자이다. 연준은 양적완화와 모기지 금리 인하 시도의 일환으로, 2020년 7월 기준 패니와 프레디가 발행한 MBS를 $1조 9200억 이상 보유했다. 이 총액은 모든 모기지의 약 17%에 달했다.

일부 경제학자들과 정책입안자들은 다음과 같은 이유로 패니와 프레디를 FHFA가 통제하는 현 상황을 무기한 지속하기보다는, 민영화를 추진해야 한다고 생각한다.

- 연방정부는 사실상 패니와 프레디의 MBS를 보증하고 있다. 이러한 보증은 민간의 주택 모기지 증권화를 어렵게 만드는데, 투자은행과 같은 민간 기관은 패니와 프레디보다 높은 모기지 보험료로 부과해야 하기 때문이다. 또한 법적으로 패니와 프레디는 지방 법인세가 면제되어 잠재적인 민간 경쟁자들에 비해 유리한 위치에 있다. 2020년 민간의 모기지 증권화는 모기지 시장의 2%만을 차지했다. 민간 증권화가 많지 않은 상황에서 연방정부는 사실상 모기지 시장을 통제하고 있는데, 의회가 2008년 패니와 프레디에 대한 후견제도(conservatorship)를 승인했을 때는 이러한 상황이 무한정 지속될 것이라고 예상하진 못했다.

- 2010년 FHFA와 재무부 사이의 합의는 패니와 프레디의 거의 모든 이익을 재무부로 보내는 결과를 낳았고, 이들 회사에는 잠재적인 손실을 메울 자본이 남아있지 않다. 이 조건은 나중에 패니와 프레디가 연간 최대 $450억의 이윤을 유보할 수 있도록 수정되었다. 2020년 5월 연방주택금융청장은 패니와 프레디가 재무부에 지원을 요청할 필요 없이 다시 민간기업이 되기 위해서는 모기지 보유 손실을 흡수할 수 있도록 자본금 $2,400억가 필요함을 지적했다. GSE가 이 목표치를 달성하기에 충분한 자금을 금융시장에 조달할 수 있을지는 불확실하다.

- 패니와 프레디가 사실상 정부기관이기 때문에 그들이 매입하는 모기지에 대한 증권인수 기준을 약화하도록 의회의 정치적 압력을 받을 수 있다. 실제로 패니와 프레디는 2020년 침체기에 증권인수 기준을 약화시켰다. 2020년 4월 FHFA는 지불유예(forbearance) 상태의 모기지를 계속 매입할 것이라고 발표했는데, 이는 차입자들이 자금난을 겪을 경우 최대 1년간 대출금 상환을 중단할 수 있도록 한 '코로나바이러스 지원, 구제 및 경제 보장법(CARES Act)' 조항을 사용했음을 의미한다. 또한 FHFA는 4개월간 지불이 체납된 MBS의 보유자들에게 패니와 프레디가 대신 지불해 줄 것이라고 발표하여, 은행과 다른 대출 기관들의 책임을 덜어주었다. 이러한 조치들은 경기침체로 인한 모기지 시장의 문제를 완화하는 데 도움이 되었지만, 패니와 프레디를 더 큰 재무적 위험에 노출시켰다.

- 연준의 MBS 대량 매입은 가격을 높이고 모기지 금리를 낮춤으로써 주택시장을 지탱하는 데 도움이 되었을지 모르지만, 이는 이들 유가증권의 가격이 근본적인 위험을 제대로 반영하지 않을 수 있음을 의미한다.

2020년 중반, FHFA는 앞서 언급한 바와 같이 패니와 프레디가 주로 주식매각을 통해 $2,400억의 자본을 조달한다는 조건하에 다시 민간기업으로 전환할 것을 제안했다. 이 과정은 2021년 또는 2022년에 시작될 예정이었으나, 패니와 프레디가 증권화한 모기지의 차입자들이 지불유예 기간이 끝난 뒤 다시 지불을 지속할 수 있을 만큼 충분한 경기회복이 있어야 한다는 조건이 있었다.

패니와 프레디를 민영화할 때 발생할 수 있는 잠재적인 문제는, 투자자들이 더이상 패니와 프레디가 떠안지 않는 위험에 대해 완전히 보상받기를 원할 가능성이 높기 때문에, 모기지 금리가 인상될 수 있다는 것이다. 특히, 경제가 2020년 경기침체에서 회복됨에 따라 연준이 MBS 보유를 점차 줄여 나간다면, 이자율이 상승할 가능성이 높다. 이자율 상승은 일부 사람들의 주택 구입을 저해할 것이므로, 집을 소유한 미국 인구의 비율이 2005년 69.1%에서 2020년 초 65.3%로 하락한 점을 고려할 때 의회가 이를 반대할 수도 있다.

끝으로, 일부 경제학자들과 정책입안자들은 패니와 프레디가 민영화되면, 2020년 FHFA가 앞서 논의된 조치들을 발표했던 것처럼 연방정부가 금융위기 때 모기지 시장에 신속하게 개입할 수 있는 도구를 잃게 될 것이라고 주장했다. 2020년 중반 현재, FHFA의 계획이 관철되고 패니와 프레디가 결국 민영화될지는 불분명하다.

이 장의 끝에 있는 관련문제 3.6을 참조하시오.

예제 18.3

통화정책을 사용한 인플레이션 대응

15장 15.4절에서 보았듯이, 폴 볼커(Paul Volcker) 연준 의장은 1979년 8월 인플레이션율을 낮추는 임무를 가지고 취임했다. 연준이 인플레이션에 대한 예측을 어떻게 변화시켜서 인플레이션을 영구적으로 감소시킬 수 있는지 *IS-MP* 모형을 사용하여 분석하시오. 그래프에 *IS*곡선, *MP*곡선 및 필립스곡선을 포함해야 하며, 산출량 갭과 인플레이션율에 대한 연준 정책의 초기 효과를 보여야 한다. 마지막으로, 경제가 더 낮은 인플레이션율의 장기균형으로 어떻게 돌아가는지 설명하시오.

문제풀이

1 단계 **이 장의 내용을 복습한다.** 이 문제는 *IS-MP* 모형의 사용 및 필립스곡선의 이동 이유에 관한 것이므로, "필립스곡선" 부분과 "*IS-MP* 모형의 균형" 부분을 복습한다..

2 단계 **연준이 인플레이션율을 낮추기 위해 사용할 정책을 설명하고, 이를 그래프로 나타낸다.** 인플레이션율을 영구적으로 낮추려면 연준은 예상 인플레이션율을 낮출 필요가 있다. 가계와 기업이 예측했던 인플레이션율보다 지속적으로 낮은 인플레이션율을 경험하면, 예상 인플레이션율은 낮아진다. 필립스곡선은 실질GDP가 잠재GDP 이하로 떨어지면 인플레이션율이 낮아짐을 말해준다. 연준은 실질금리를 올려 실질GDP 감소를 초래할 수 있다. 그래프로 다음을 보여준다. (1) MP곡선은 MP_1에서 MP_2로 상향이동, (2) 새로운 균형 산출량 갭 $\tilde{Y}_1$, (3) 필립스곡선을 따라 π_1에서 π_2로 인플레이션율 하락.

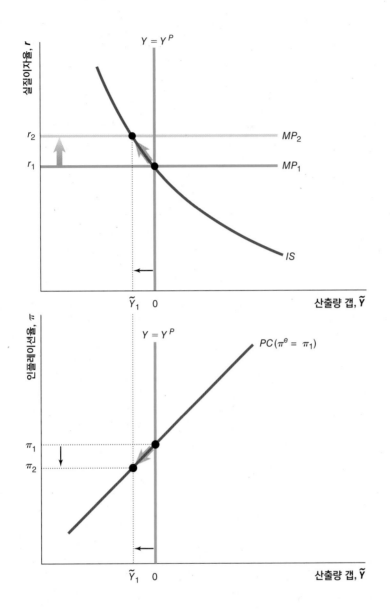

3 단계 **필립스곡선이 하락한 후 연준이 어떻게 경제를 더 낮은 인플레이션율에서 잠재 생산량
으로 되돌릴 수 있는지 보여준다.** 인플레이션율이 π_2로 지속되면 가계는 결국 인플
레이션율에 대한 예측치를 π_1에서 π_2로 낮출 것이다. 따라서 필립스곡선은 하방이
동할 것이고 연준은 실질금리를 r_2에서 r_1로 다시 낮춰 생산량을 잠재GDP로 되돌
릴 수 있다.

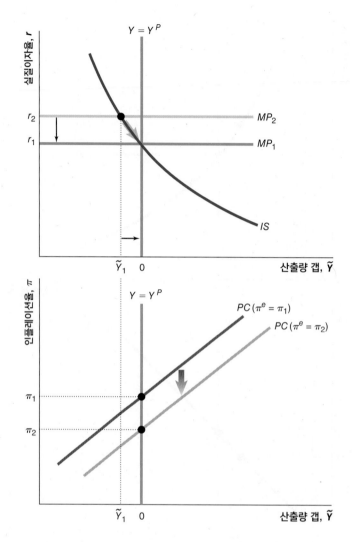

이 장의 끝에 있는 관련문제 3.7을 참조하시오.

연준의 새로운 통화정책 전략

15장 15.4절에서 언급했듯이, 2020년 8월 연준은 통화정책 전략의 변화를 발표했다. 연준의 통화정책 전략에서 한 가지 중요한 변화는 실업률이 연준의 자연실업률 추정치 이하로 떨어지더라도 연방기금금리 목표의 인상을 시작하지 않을 것이라는 점이다. 1970년대 높은 인플레이션율에 대한 경험을 바탕으로, 연준은 인플레이션 상승으로 기업들이 미래 물가상승에 대한 기대를 높이기 전에 연방기금금리 목표를 올릴 필요가 있다고 믿어왔다. 그림 18.9에서 보듯이 예상 인플레이션율이 높아지면 실업률과 인플레이션 사이의 단기 상충관계가 악화된다.

2015년 12월, 연준은 2008년 이후 처음으로 연방기금금리 목표 인상을 결정할 때 "미래 경제성과에 영향을 미치기 위해 정책 행동을 취하는 시점"에 주목했다. 이 문장이 시사하는 바는, 인플레이션이 목표치인 2%를 넘어서기 전에 연준이 연방기금금리를 인상하려고 움직이지 않는다면, 인플레이션이 가속화하는 것을 막기 어려울 수 있다는 점이다. 제롬 파월(Jerome Powell) 연준 의장은 "필립스곡선이 더 가팔랐던 수십년 전에는 노동시장이 강화됨에 따라 인플레이션이 눈에 띄게 상승하는 경향이 있었다. 반갑지 않은 인플레이션 상승을 예방하기 위해, 고용이 최대 추정치 수준을 향해 상승하면 연준이 통화정책을 긴축하는 것이 적절했다"고 말했다.

그러나 2019년의 경험은 파월이 지적했듯 "역사적으로 강한 노동시장이 인플레이션의 큰 상승을 촉발하지 않았다"는 점을 보여주었다. 연준은 자연실업률의 실제 값이 얼마인지 확실히 알지 못했다. 2015~2019년 기간에 연준의 경제학자들은 추정치를 자주 하향조정했다. 그 결과, 연준은 2020년 통화정책 성명에서 높은 고용이라는 목표에 도달하기 위해 더 이상 통화정책 수립 시 특정 자연실업률 추정치에 의존하지 않을 것이라고 발표했다. 파월이 말했듯이, "앞으로 원치 않는 인플레이션 상승의 징후가 수반되지 않는 한, 고용은 걱정 없이 최대 추정치 수준 또는 그 이상으로 높아질 수 있다."

연준의 정책성명이 실제 통화정책 수행에 미칠 실제 효과는 아직 지켜보아야 한다.

18.4 통화정책에서 이자율이 전부인가?

학습목표: 통화정책의 여러 경로들에 대해 논의한다.

경제학자들은 통화정책이 생산과 물가에 영향을 미칠 수 있는 방법들을 **통화정책의 경로**(channels of monetary policy)라고 부른다. *IS-MP* 모형에서 통화정책은 이자율을 통해 작용한다. 즉, 연준은 실질금리를 변경하고, 이는 총지출의 구성요소에 영향을 미쳐 산출량 갭과 인플레이션율을 변화시킨다. 경제학자들은 이 경로를 **이자율 경로**(interest-rate channel)라고 부른다. 이 접근법의 기본적인 가정은 차입자가 어떻게 또는 누구에게 자금을 조달하는지에 대해 무관심하고, 여러 다른 자금원들을 가까운 대체재로 간주한다는 것이다. 이 경로에서 은행대출은 특별한 역할을 하지 않는다.

은행대출 경로와 그림자 금융대출 경로

가계와 많은 기업들은 대체 자금원이 거의 또는 아예 없기 때문에 은행대출에 의존한다. 일부 경제학자들은 상업은행의 대출에 의존하는 차입자들의 행태를 강조하는 전통적인 형태의 **은행대출 경로**(bank lending channel)를 고려해 이자율 경로를 보완해야 한다고 본다. 이러한 은행대출 경로에서, 은행의 대출 능력 및 의지의 변화는 은행에 의존하는 차입자들의 지출계획을 위한 자금조달 능력에 영향을 미친다. 이 경로의 은행대출에 대한 초점은 통화정책이 경제에 어떤 영향을 미치는지에 대한 변형된 시각을 제시한다. 통화팽창은 은행의 대출 능력을 증가시키고, 은행에 의존하는 차입자에 대한 대출은 차입자의 지출을 증가시킨다. 통화위축은 은행의 대출 능력을 감소시키고, 은행에 의존하는 차입자에 대한 대출 감소

은행대출 경로
통화정책이 상업은행의 대출이나 그림자 금융에 증권을 판매하는 것에 의존하는 차입자의 지출 결정에 어떤 영향을 미치는지에 대한 설명

는 차입자의 지출을 감소시킨다.

이자율 경로는 2007~2009년 경기침체 이전처럼 지급준비금이 부족한 시기에 연준이 어떻게 공개시장매입을 통해 은행의 지준을 늘림으로써 단기적으로 실질금리를 낮추고 생산량을 높이는지에 초점을 맞춘다. 이러한 생산량 증가는 연방기금금리 하락이 가계와 기업의 지출 결정에 중요한 다른 이자율들의 하락으로 이어지기 때문에 발생한다. 은행대출 경로의 예측은 이자율 경로의 예측과 유사한 부분이 있다. 즉, 지준이 부족한 시기에 연준이 공개시장매입을 통해 은행지준을 확대할 때 은행지준 증가는 대출금리 인하로 이어진다.

그러나 은행대출 경로는 통화정책이 은행에 의존하는 차입자들에 대한 은행대출 규모를 변화시킴으로써 차입자의 지출에 영향을 미치고, 이를 통해 경제에 영향을 미친다는 점을 나타낸다. 은행대출 경로에서 확장적 통화정책은 다음 두 가지 이유로 총지출을 증가시킨다. (1) 이자율 하락으로 가계 및 기업의 지출이 증가하고, (2) 은행대출의 가용성이 증가하기 때문이다. 즉, 은행이 대출 가능성을 확대하면, 모든 실질금리 수준에서 은행에 의존하는 차입자들이 차입하고 지출할 수 있는 금액이 증가한다. 따라서 **은행대출 경로에서 확장적 통화정책은 이자율 인하에 대한 효과성에 의존하지 않는다.** 마찬가지로, 긴축적 통화정책은 이자율 상승에 대한 효과성에 의존하지 않는다.

전통적으로 은행대출 경로 논의는 상업은행 위주로 이뤄지지만, 11장에서 논의한 것처럼 지난 수십 년간 비은행 금융회사, 즉 **그림자 은행**(shadow banks)이 금융시스템에서 차지하는 중요성이 커졌다. 특히 MMF(money market mutual funds)는 기업들이 판매하는 기업어음(commercial paper)을 사들이기 때문에 많은 기업들에게 중요한 자금원이다. 그러나 2008년 이후 연준의 저금리 정책 때문에 투자자들이 MMF로부터 얻는 연간 수익률은 종종 0.25%를 밑돌 정도로 매우 낮았다. 이에 따라, MMF가 보유한 자산 규모는 2007~2009년 금융위기가 끝난 이후 몇 년간 증감을 반복하였다. 예를 들어, MMF의 총자산 가치는 2008~2017년 약 $1조 1000억 정도 감소했다가, 펀드가 제시하는 금리가 인상되면서 2017~2019년 사이에 $1조 증가했다. 2020년 경기침체 초기에는 MMF가 보유한 자산이 더욱 늘어났는데, 이는 자금압박 시기에 이들이 투자자들에게 유동성을 제공했기 때문이다. 그러나 수익률이 매우 낮은 수준으로 떨어지면서, MMF에 대한 투자는 다시 감소했다.

투자자들이 MMF를 사고팔면서, 시중의 상업어음 물량에 영향을 미쳤다. 2020년 초에 유통 중인 상업어음은 2007년 중반보다 약 $1조 감소했다. 상업어음을 발행하는 데 어려움을 겪은 일부 기업들은 다른 (아마도 더 높은 비용의) 자금원으로 눈을 돌려야 했다.

확장정책이 초저금리의 형태를 취했을 때, 그림자 금융대출 경로의 효과는 확장적 통화정책을 다소 덜 효과적이게 만든다고 결론지을 수 있다. 매우 낮은 금리는 MMF에 의한 상업어음 구매를 위축시키는 결과를 초래하기 때문에, 단기 영업에 필요한 자금을 구하기 위해 상업어음 발행에 의존하는 기업들에게 부정적인 영향을 미칠 수 있다.

대차대조표 경로: 통화정책 및 순자산

통화정책은 기업의 재무상태표에 미치는 영향을 통해 경제에 영향을 줄 수도 있다. 경제학자들은 통화정책이 기업의 자산과 부채의 가치 및 재무상태표의 유동성(가계와 기업의 부채 대비 유동자산의 양)에 미치는 영향을 모형화하였다. 경제학자들에 따르면 재무상태표의 유동성은 기업 투자, 주택 및 소비내구재에 대한 지출의 결정 요인이다. **대차대조표 경로**(balance sheet channel)는 통화정책이 이자율을 변경함으로써 차입자의 순자산과 지출 결정에 어떻게 영향을 미치는지 설명한다. 대출과 관련해 정보비용이 높을 때, 순자산과 유동성 수준이 높은 차입자는 계획한 지출을 수행하기 위해 필요한 자금을 확보할 가능성이 더 높다.

통화정책이 차입자들의 재무상태표에 어떤 영향을 미칠까? 긴축적 통화정책에 따라 이자율이 상승하면 변동금리 대출을 받은 차입자가 갚아야 할 금액은 늘어나고, 자산의 현재 가치를 떨어뜨려 차입자의 순자산 가치는 감소시킨다. 정보 문제는 차입자의 순자산이 하락할 때, 외부자금과 내부자금 사이의 비용 차이를 크게 만든다. 즉, 차입자의 순자산 감소는 자본투자를 위한 자금조달 비용을 증가시키는데, 이는 대부자가 낮은 순자산을 가진 차입자에게 더 높은 이자율을 요구하고, 차입금 사용에도 추가적인 제한을 가할 수 있기 때문이다. 이런 순자산 하락은 금리상승에 의한 비용증가보다 더 크게 외부자금의 비용을 증가시키고, 기업의 공장 및 장비에 대한 투자 여력을 감소시킨다. 대차대조표 경로는 이러한 효과를 강조한다. **통화정책이 은행의 대출능력에 영향을 미치지 않더라도, 통화긴축에 따른 차입자의 순자산 감소는 총수요와 생산량을 감소시킨다.** 또한 대차대조표 경로는 통화긴축 후에 특히 낮은 순자산 가치를 가진 기업의 지출이 감소할 가능성이 높음을 의미한다.

대차대조표 경로에 따르면 이자율 경로 및 (상업은행에 관한) 은행대출 경로와 마찬가지로 확장적 정책이 처음에 금리를 낮추고 생산량을 증가시키는 반면, 긴축적 정책은 처음에 금리를 증가시키고 생산량을 감소시킨다. 대차대조표 경로는 가계와 기업의 순자산 및 유동성과 그들의 지출 사이의 관계를 강조한다. 정보비용이 존재하는 경우, 순자산과 유동성의 변동은 대출의 양과 경제활동에 상당한 영향을 미칠 수 있다.

대부분의 경제학자들은 은행대출 경로나 대차대조표 경로의 중요성을 받아들인다고 해서, 통화정책이 이자율을 통해 작동한다는 이자율 경로를 부정할 필요는 없다고 본다. 대신, 은행대출 경로와 대차대조표 경로는 금융시스템과 통화정책이 경제에 영향을 미치는 추가적인 방법들을 제시한다.

표 18.2는 네 가지 통화정책 경로의 핵심 사항을 요약한 것이다.

대차대조표 경로
통화정책으로 인한 금리변동이 차입자의 순자산과 지출 결정에 어떤 영향을 미치는지에 대한 설명

표 18.2 통화정책 경로

경로	초점	확장적 통화정책	긴축적 통화정책
이자율 경로	이자율	이자율 하락으로 총지출 증가	이자율 상승으로 총지출 감소
은행대출 경로 (상업은행)	은행대출	은행에 의존하는 차입자에 대한 은행의 대출능력을 증가시켜 총지출 증가	은행에 의존하는 차입자에 대한 은행의 대출능력을 감소시켜 총지출 감소
은행대출 경로 (그림자 금융)	MMF가 기업에 의해 발행된 상업어음을 구매할 수 있는 능력	이자율 하락으로 투자자들이 MMF 지분을 매각하게 만듦으로써 펀드의 상업어음 매입능력을 축소	이자율 상승으로 투자자들이 MMF 지분을 매입하게 만듦으로써 펀드의 상업어음 매입능력을 증대
대차대조표 경로	가계와 기업의 순자산 및 유동성과 지출 사이의 연관성	순자산과 유동성을 증가시켜 총지출 증가	순자산과 유동성을 감소시켜 총지출 감소

개념 적용

현대통화이론: 논쟁의 여지가 있는 새로운 접근법

이 책에서 우리는 연준과 통화정책에 초점을 맞추고 재정정책은 통화정책과 관련이 있는 곳에서만 언급해 왔다. **재정정책**은 의회와 대통령이 거시경제 정책 목표를 달성하기 위해 세금과 정부지출을 변경하는 것을 말한다. 2020년 대통령 선거 기간과 코로나19 팬데믹의 경제적 영향에 대응한 정부 조치들 관련 논의 중에 일부 경제학자들은 통화정책과 재정정책에 대한 새로운 방식의 생각인 **현대통화이론**(modern monetary theory, MMT)을 제안했다. 스토니브룩대학(Stony Brook University)의 스테파니 켈튼(Stephanie Kelton)과 다른 지지자들에 의해 제안된 MMT는 필요한 만큼 얼마든지 화폐를 발행할 수 있는 연준을 통해 현금으로 채무를 상환할 수 있는 정부의 능력에 초점을 맞춘다. MMT 지지자들은 민간의 지출은 금리 변화에 크게 영향을 받지 않는다고 주장한다. 이들에 따르면 연준이 연방기금금리를 타겟으로 통화정책을 펴기 때문에 통화정책은 실질GDP와 고용을 늘리기 위한 총수요 증대에 효과적이지 않고, 따라서 정책입안자들은 재정정책에 의존해야 한다.

이 이론은 1943년 아바 러너(Abba Lerner) 교수가 논의한 **기능적 재정**(functional finance)의 개념과 유사하다. 러너는 1930년대의 대공황은 통화정책이 총수요를 증가시키는 데 효과적이지 않음을 보여준다고 믿었다. 그는 "정부가 스스로 지출을 늘리거나 세금을 줄여 납세자들이 지출을 위해 필요한 돈을 더 가지도록 할 수 있다. … 정부는 실업과 인플레이션을 모두 막을 수 있도록, 지출을 너무 작거나 크지 않게 유지하는 데만 집중해야 한다"

고 주장했다. 또한 그는 정부가 세금을 올리기보다는 화폐를 발행하여 지출을 해야 한다고
주장했다. "따라서 세금을 부과하는 것은 납세자들이 더 적은 돈을 쓰는 것이 바람직할 때,
예를 들어 인플레이션을 일으키기에 충분할 만큼 지출이 큰 경우 같을 때에만 부과되어야
한다."

　　MMT의 지지자들은 정부지출, 예산적자, 정부부채와 관련하여 유일하게 중요한 제약은
인플레이션으로 이어질 것인지 여부라는 러너의 의견에 동의한다. 정부지출 증가가 민간소
비를 줄일 때 발생하는 구축효과(crowding out)는 민간소비가 금리 인상에 반응하지 않는다
고 전제하는 MMT에서는 문제가 되지 않는다. 일부 주류 경제학자들은 2007~2009년 대침
체가 끝난 후 10년간 이자율이 역사적으로 낮았지만 경제성장이 침체기 전보다 둔화되고,
2020년 경기침체 동안 실질GDP와 고용이 급격히 감소했기 때문에, 대규모 적자와 정부부
채 누적의 영향에 대해 덜 걱정했다. 그들은 저성장기에는 2020년 침체 시작 직전처럼 경제
가 잠재GDP와 완전고용에 근접한 것처럼 보일 때에도 정부가 안전하게 확장적 재정정책을
구사할 수 있다고 생각한다.

　　예를 들어, 하버드대학(Harvard University)의 제이슨 퍼먼(Jason Furman)과 로렌스 서머
스(Lawrence Summers)는 "침체된 노동시장 참여율, 느린 경제성장, 지속적인 빈곤, 의료보
험에 대한 접근의 부족, 그리고 기후변화와 같은 문제들에 대한 정치인들의 대응이 큰 적자
수준 때문에 저해되어서는 안 된다"고 주장한다. 그들은 또한 "수입과 지출 사이의 큰 불일
치는 어느 시점에는 수정되어야 한다"고 지적한다. 피터슨국제경제연구소(Peterson Institute
for International Economics)의 올리비에 블랜차드(Olivier Blanchard)는 정부가 부채에 대해
지불하는 이자율보다 경제성장률이 높다면, 큰 정부부채로 인한 경제적 비용은 매우 낮을
수 있다고 주장해 왔다. 이 경우, 경제성장은 정부가 세금을 올리지 않고도 부채에 대한 이
자를 갚을 수 있도록 충분한 재원을 만들어 준다.

　　몇몇 주류 경제학자들은 큰 예산적자와 증가하는 공공부채가 경제에 거의 비용을 발
생시키지 않는다는 MMT 지지자들의 견해에 동의하지만, 다른 경제학자들은 정부부채가
GDP 대비 역사적 수준으로 커짐에 따라, 민간지출이 밀려나 줄어들(crowding out) 수 있다
고 우려하고 있다. 이들은 금리 상승이 가계와 기업의 차입능력을 떨어뜨리고 금융시스템의
왜곡을 초래할 것이라고 믿기 때문이다.

　　대부분의 주류 경제학자들은 MMT에 비판적이다. 워싱턴포스트의 칼럼에서 서머스는
"현대통화이론은 여러 측면에서 잘못된 것"이라고 주장했다. 비판가들은 연준이 높은 인플
레이션을 초래하지 않으면서 장기간에 걸쳐 정부지출의 상당 부분을 지불하는데 필요한 화
폐를 찍어낼 수 있는지 의구심을 갖는다. 스탠포드 후버연구소(Stanford's Hoover Institution)
의 존 코크레인(John Cochrane)은 "정부는 항상 달러를 찍어내 국채를 상환할 수 있기 때문
에 채무불이행은 결코 일어나지 않는다. 그러나 정부가 예를 들어 $10조를 찍어내서 쓴다면
인플레이션으로 이어지지 않을까?"라고 말했다. 비판가들은 현행법상 연준이 재무부에서
직접 채권을 매입할 수 없기 때문에, 화폐를 찍어내서 정부지출 재원을 마련하는 것은 어렵
다는 점을 지적한다. 의회와 대통령이 법을 바꿀 수는 있지만, 그것은 연준의 독립성을 떨어

뜨릴 것이다. 중앙은행이 국채를 직접 매입하도록 허용한 많은 나라들은 높은 인플레이션을 경험해 왔다.

　　MMT는 경제학자들과 정책입안자들 사이에 활발한 논쟁을 일으켰지만, 2020년에 통화정책과 재정정책을 수행하는 데 큰 영향을 미칠 것 같지는 않다.

이 장의 끝에 있는 관련문제 4.5를 참조하시오.

핵심 질문에 대한 해답

이번 장 서두로부터 연결됨

이 장을 시작할 때 다음과 같이 질문했다.

"어떤 상황에서 연방기금금리 목표를 낮추는 것이 경기침체에 맞서는 데 효과적이지 않게 될 것인가?"

우리가 이 책에서 보았듯이, 2007~2009년과 2020년의 불경기는 그러한 불경기를 유난히 심각하게 만든 금융위기를 동반했다. 2008년 가을, 연준은 연방기금금리 목표를 낮추는 것으로 경기침체에 맞서는 일반적인 정책이 효과적이지 않다는 것을 깨달았다. 2007~2009년 금융위기를 겪은 파월 연준 의장은 2020년 3월에 연방기금금리 목표를 사실상 0으로 되돌리는 것은 위기 대응의 첫걸음에 불과함을 알았다. 이 장에서 배운 IS–MP 모형은 이러한 상황에서 왜 일반적인 통화정책이 효과적이지 않을 수 있는지 설명한다. 연준의 연방기금금리 목표를 0에 가깝게 낮추는 조치에도 불구하고, 투자자들이 요구하는 위험 프리미엄이 높아지면 (많은 기업이 부담하는 Baa채권 금리 등) 금리가 상승할 수 있다.

18.1 IS곡선
IS곡선이 무엇이고 어떻게 도출되는지 설명한다.

복습문제

1.1 IS-MP 모형의 세 부분을 각각 간략히 설명하시오.

1.2 경제학자들이 말하는 "상품시장"이란 무엇을 의미하는가? 상품시장의 균형을 나타내는 45°선 도표를 그리고, 실질GDP의 균형 수준 Y_1을 표시하시오. 이제 그래프에 다음의 상황을 각각 나타내시오.

1. 실질GDP는 Y_2와 같고, Y_2는 Y_1보다 크다.
2. 실질GDP는 Y_3와 같고, Y_3은 Y_1보다 작다.

그래프에 Y_1, Y_2, Y_3에서 총지출 수준과 계획하지 않은 재고 변동 수준을 나타내시오. 실질GDP가 처음에 Y_2 또는 Y_3였다면, 균형으로 어떻게 조정되어 가는지 간략히 설명하시오.

1.3 MPC와 승수는 어떤 관계인가?

1.4 재정정책이란 무엇인가? 의회와 대통령이 정부구매를 $500억 늘리면 실질GDP도 $500억 늘어나는가? 간략히 설명하시오.

1.5 IS곡선이 어떻게 상품시장의 균형을 나타내는지 설명하시오. IS곡선이 우하향하는 이유는 무엇인가? IS곡선을 좌측이동시킬 수 있는 충격의 예를 들어 보시오. IS곡선을 우측이동시킬 수 있는 충격의 예를 들어 보시오.

1.6 "산출량 갭"이란 무엇인가? 불황기에는 산출량 갭이 어떻게 되는가?

응용문제

1.7 [예제 18.1 관련] 다음 데이터를 사용하여 균형 생산량과 투자지출 승수를 계산하시오.

$$C = MPC \times Y = 0.75 \times Y$$
$$\bar{I} = \$2.3조$$
$$\bar{G} = \$1.7조$$
$$\overline{NX} = -\$0.5조$$

1.8 케인스는 안정적인 경제를 갖기 위한 한 가지 조건은 "승수 …는 1보다는 크지만, 너무 크지는 않아야 한다"고 썼다. 왜 큰 승수값이 경제를 덜 불안정하게 만들 수 있는가?

1.9 승수의 크기가 IS곡선의 기울기에 어떤 영향을 미치는가? (힌트: 45°선 그래프에서, 주어진 실질이자율 변화에 대해 승수는 균형 실질GDP 변화에 어떤 영향을 미치는가?)

1.10 미국 경제에 코로나19 팬데믹이 영향을 미치기 전인 2020년 초 월스트리트 저널 칼럼은 "지난해 시작된 기업의 투자 부진이 2020년 초까지 이어질 것 같다"고 지적했다. 연준이 2019년 연방기금금리 목표를 세 차례나 인하하고 회사채 금리가 역사적으로 낮은 수준이었다는 점을 감안할 때, 이 기간 IS곡선의 모양에 대해 어떤 결론을 내릴 수 있는가?

18.2 MP곡선 및 필립스곡선
MP곡선과 필립스곡선의 중요성을 설명한다.

복습문제

2.1 연방기금금리의 변화가 어떻게 장기 실질금리의 변화를 일으킬 수 있는가?

2.2 "테일러 준칙"이란 무엇인가? 테일러 준칙과 MP곡선의 위치 사이에는 어떤 관계가 있는가? 왜 MP곡선은 수평선인가? 연준은 어떻게 MP곡선의 위치를 바꿀 수 있는가?

2.3 연준이 실질금리를 인상할 때, IS곡선은 상향이동하는가, 하향이동하는가? 산출량 갭의 크기는 증가하는가, 감소하는가?

2.4 필립스곡선을 이동시키는 요인들은 무엇인가?

2.5 오쿤의 법칙은 무엇이며, 산출량 갭 필립스곡선을

도출하기 위해 어떻게 사용될 수 있는가?

응용문제

2.6 **[이 장 도입부 관련]** 우리는 연준이 2012년 처음으로 2%의 인플레이션 목표를 공식적으로 채택한 이후 인플레이션이 지속적으로 목표치를 밑돌고 있음을 보았다. 또한 코로나19에 이르기까지의 5년 동안 FOMC가 인플레이션율을 실제 실현된 값보다 더 높을 것으로 예측했음을 보았다. 만약 FOMC가 인플레이션이 대부분 기간 목표치 2%를 훨씬 밑돌 것이라는 점을 미리 알았다면, 실제 정책과 비교해 통화정책을 어떻게 바꾸었을까?

2.7 다음의 각 상황에서 가로축에 실업률이 있는 단기 필립스곡선이 이동할 것인지, 만약 이동할 경우 어느 방향으로 이동할 것인지 간략히 설명하시오.
  a. 예상 인플레이션율 감소
  b. 실제 인플레이션율 증가
  c. 유가의 상당한 하락
  d. 경기적 실업 증가

e. 좋은 날씨로 인한 농작물 풍작

2.8 코로나19 팬데믹 기간이었던 2020년 8월, 월스트리트 저널의 한 기사는 연준이 "높은 인플레이션을 막기 위해 선제적으로 금리를 올리는 전략을 실질적으로 포기"할 것을 준비하고 있다고 보도했다. 기사는 이 정책 변화는 "근본적으로 금리가 오랫동안 낮게 유지될 것이라는 점을 시장에 말하는 한 방법이다. 장기 금리의 지속적인 하락을 고려할 때, 시장은 이미 이러한 변화를 받아들인 것 같다"고 언급했다.
  a. 이전에 연준은 왜 인플레이션이 실제로 오를 때까지 기다리기보다는 앞으로 인플레이션이 오를 것으로 예상될 때 연방기금금리 목표를 올리는 정책을 따라왔는가? 간략히 설명하시오.
  b. 시장은 왜 이 변화를 이자율이 매우 오랫동안 낮게 유지될 가능성이 있다는 것으로 해석하는가? 왜 시장은 장기 이자율을 하락시키는 방식으로 반응했는가?

18.3 *IS–MP* 모형의 균형
IS–MP 모형을 사용하여 거시경제의 균형을 설명한다.

복습문제

3.1 *IS–MP* 모형에서 장기 거시경제 균형을 보여주는 그래프를 그리시오. 그래프 중 하나는 산출량 갭 버전의 필립스곡선을 나타내시오. 장기 균형에서, 산출량 갭은 무엇이며, 실제와 예상 인플레이션율에 대해 무엇을 말할 수 있나?

3.2 연준이 실질금리를 낮추면, 산출량 갭과 인플레이션율은 어떻게 되는가?

3.3 채무불이행위험 프리미엄이란 무엇인가? 2007~2009년과 2020년 경기침체기에 채무불이행위험 프리미엄의 크기는 어떻게 되었나? 채무불이행위험 프리미엄의 크기 변화는 *MP*곡선과 산출량 갭에 어떤 영향을 미쳤는가?

응용문제

3.4 **[개념적용: "*IS–MP* 모형은 어디에서 왔을까?" 관련]** 케인스는 (나중에 힉스가 정교화시킨) 총생산량이 경제의 공급 측면은 거의 고려하지 않고 총지출에 의해서만 결정되는 모형을 개발하였다. 케인스와 힉스는 왜 대공황기에 총지출에 초점을 맞춘 경제 모형을 개발했을까?

3.5 경제학자들은 연준, 의회, 대통령이 경제를 "세밀하게 조정"하려는 적극적 안정화 정책, 즉 GDP 또는 인플레이션의 거의 모든 변동을 완화하려는 정책을 채택해야 하는지, 아니면 낮은 인플레이션이나 꾸준한 경제성장과 같은 장기적인 목표에 초점을 맞춘 정책을 채택해야 하는지 논쟁한다. 정책입안자

들이 나중에 수정될 수도 있는 "실시간 데이터"(연준이 결정을 내릴 때 이용할 수 있는 데이터)에 의존해야 하는 현실은, 적극적 안정화 정책으로 경제를 미세 조정하는 것에 반대하는 주장을 약화시키는가, 강화시키는가? 간략히 설명하시오.

3.6 [개념적용: "공짜 패니와 프레디?" 관련] 2014년에 출판된 회고록에서, 티모시 가이트너(Timothy Geithner) 전 재무장관은 "결국 의회는 모기지 시장에 대해 몇 가지 어려운 선택을 해야 할 것이다. 이는 단지 정부의 지배적인 역할을 어떻게 줄일 것인지에 대한 것뿐만 아니라, 안전성과 접근성 사이의 상충관계를 어떻게 조화시킬 것인지에 대한 것이다"라고 적었다.

a. 정부가 모기지 시장에서 지배적인 역할을 한다는 것은 무엇을 의미하는가?

b. 모기지 시장에서 정부의 역할을 줄이기 위해 어떤 조치를 취해야 하는가? 2020년 현재 연방정부는 모기지 시장에서 역할을 축소하기 위한 조치를 취하기 시작했다. 왜 현 제도에서 벗어나는 것이 정치적으로 어려운 문제인가?

c. 주택 모기지와 관련하여 안전성과 접근성 사이의 상충관계란 무엇인가? 모기지 시장에서 정부의 역할은 이 상충관계에 어떤 영향을 미치는가?

3.7 [예제 18.3 관련] 2020년 7월 한 기사는 코로나19 팬데믹 기간이었던 2020년 7월 의회에서 증언하는 과정에서 전 연준 의장인 벤 버냉키(Ben Bernanke)와 재닛 옐런(Janet Yellen)이 "의회가 미국 경제에 더 많은 재정부양책(fiscal stimulus)을 제공할 것을 요구했다"고 보도했다.

a. "재정부양책"이란 무엇인가?

b. 2020년 중반의 산출량 갭은 양수였나, 음수였나? 간략히 설명하시오.

c. 버냉키와 옐런 전 의장은 왜 2020년에 확장적 통화정책보다 재정부양책이 더 필요하다고 믿었을까?

d. *IS-MP* 그래프를 사용하여 2020년 중반의 환경에서 재정부양책이 경제에 미치는 영향을 보이시오. 그래프가 무엇을 보여주는지 간략히 설명하시오.

18.4 통화정책에서 금리가 전부인가?
통화정책의 여러 경로들에 대해 논의한다.

복습문제

4.1 경제학자들이 말하는 "통화정책의 경로"란 무엇을 의미하는가? 이 장에서 논의된 통화정책의 네 가지 경로를 간략히 설명하시오.

4.2 통화정책이 이자율의 변동을 초래하지 않는다면, 여전히 산출량 갭과 인플레이션율에 영향을 미칠 수 있는가? 간략히 설명하시오.

응용문제

4.3 연준이 산출량 갭과 인플레이션율에 영향을 미치기 위해 실질이자율을 변경하였을 때, 다음의 통화정책 경로들은 실질이자율 변동의 영향을 강화하는가, 약화시키는가? 상업은행을 통한 은행대출 경로, 그림자 금융을 통한 은행대출 경로, 대차대조표 경로 각각에 대해 간략히 설명하시오.

4.4 (상업은행을 통한) 은행대출 경로의 영향은 브라질이나 인도와 같은 신흥 경제국에서 미국보다 더 클 것인가, 작을 것인가? 간략히 설명하시오.

4.5 [개념적용: "현대통화이론: 논쟁의 여지가 있는 새로운 접근법" 관련] 스탠포드 후버연구소의 경제학자 존 코크레인(John Cochrane)은 현대통화이론(MMT) 지지자들이 인플레이션은 경제에 "여력(slack)"이 없을 때만 발생한다고 주장하는 것을 지적했다. 그는 "하지만 1970년대에 MMT 지지자들의 이러한 주장

을 반박하는 스태그플레이션(stagflation)이 일어나
지 않았느냐?"고 묻는다.

a. 산출량 갭의 관점에서 경제의 여력(economic
   slack)을 정의하시오.

b. *IS-MP* 모형을 사용하여 경제가 인플레이션과
   여력(slack)을 동시에 경험할 수 있는지 여부를
   논의하시오.

IS–LM 모형

학습목표

18.A *IS-LM* 모형을 사용하여 거시경제균형을 설명한다.

이 장에서 개발한 *IS-MP* 모형은 연준이 연방기금금리를 목표로 한다고 가정한다. 오늘날 연준과 다른 많은 중앙은행들이 연방기금금리와 같은 단기 은행대출 금리를 통화정책의 목표로 사용하기 때문에, 우리는 통화정책의 효과를 보여주기 위해 *IS-MP* 모형을 사용했다.

그러나 한때 일부 중앙은행들은 단기 금리보다는 화폐공급을 목표로 삼았다. *IS-LM* 모형은 개념적용: "*IS-MP* 모형은 어디에서 왔을까?"에서 설명되었듯이 1937년 영국의 경제학자 존 힉스(John Hicks)가 처음 개발했다. 힉스는 케인스의 아이디어를 바탕으로 이 모형을 만들었다. **IS-LM 모형**은 *IS-LM* 모형과 유사하다. 중요한 차이점은, *IS-LM* 모형은 연준이 연방기금금리보다는 화폐공급을 타겟팅한다고 가정한다는 점이다. *IS-MP* 모형과 *IS-LM* 모형 모두, 재화와 용역 시장에서 실질이자율과 지출 사이의 음(-)의 관계를 보여주기 위해 *IS* 곡선을 사용한다. *IS-LM* 모형은 *MP*곡선을 **LM곡선**으로 대체한다는 점에서 *IS-MP* 모형과 다르다. *LM*곡선은 통화시장의 균형을 만드는 이자율과 산출량 갭의 조합을 보여준다.

*LM*곡선의 도출

*LM*곡선을 도출하기 위해 17장의 단기금융시장 분석을 사용한다. 17장에서 우리는 단기금융시장의 균형이 단기 명목금리를 결정한다고 가정했다. *IS*곡선에서 보듯 상품시장 균형은 실질금리에 의존하기 때문에, 예상 인플레이션율이 일정하다는 단순화 가정을 함으로써 명목금리 변동이 실질금리 변동과 같도록 만든다. 여기에 더해, 단기 금리가 움직이면 소비와 투자 결정에 중요한 장기 금리에 상응한 움직임을 가져온다고 가정한다. 만약 이러한 가정들이 충족된다면, 균형 장기 실질금리는 통화시장에서 결정된다.

*LM*곡선을 도출하기 위해, 산출량 갭(실질GDP와 잠재GDP의 백분율 차이)이 증가할 때 실질(화폐)잔고(real balances)에 대한 수요에 어떤 변화가 일어나는지 고려한다(*IS-MP* 모형과 일관성을 유지하기 위해 생산량을 산출량 수준이 아닌 산출량 갭으로 측정한다). 그림 18A.1의 (a)에서, 경제는 A지점의 균형 상태에서 시작한다. 산출량 갭이 $\tilde{Y}_1$에서 $\tilde{Y}_2$로 변화하고, 이로 인해 실질잔고에 대한 수요가 MD_1에서 MD_2로 이동한다. 실질잔고에 대한 수요는 생산량이 증가함에 따라 증가하는데, 이는 더 높은 수준의 생산에 따라 증가하는 거래

IS-LM 모형
중앙은행이 화폐공급을 타겟으로 한다고 가정하는 총수요의 거시경제모형

LM곡선
통화시장의 균형을 만드는 이자율과 산출량 갭의 조합을 보여주는 곡선

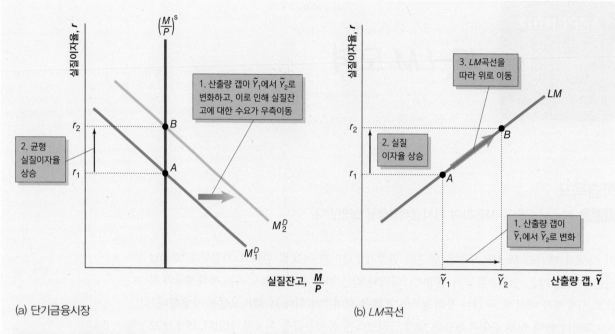

그림 18A.1 *LM*곡선 도출

(a)에서, 경제는 A지점의 균형 상태에서 시작한다. 산출량 갭이 $\tilde{Y}_1$에서 $\tilde{Y}_2$로 변화하고, 이로 인해 실질잔고에 대한 수요가 MD_1에서 MD_2로 이동한다. B지점에서 단기금융시장의 균형을 유지하기 위해 실질금리가 r_1에서 r_2로 상승해야 한다. (b)는 (a)에서 균형점 A와 B에 해당하는 이자율과 산출량 갭의 조합을 나타낸다. *LM*곡선은 단기금융시장의 균형을 초래하는 실질금리와 산출량 갭의 모든 조합을 나타낸다.

를 위한 자금조달을 위해 가계와 기업이 더 큰 화폐잔고를 필요로 하기 때문이다. 실질잔고 수요가 증가함에 따라, B지점에서 단기금융시장의 균형을 유지하기 위해 실질금리가 r_1에서 r_2로 상승해야 한다. 이 분석은 **실질잔고의 공급을 일정하게 유지할 때**, 더 높은 수준의 생산량은 단기금융시장에서 더 높은 수준의 실질금리와 연관됨을 말해준다. 그림 18A.1의 (b)는 (a)에서 균형점 A와 B에 해당하는 이자율과 산출량 갭의 조합을 나타낸다. (a)에서 산출량 갭을 계속 변화시키면, (b)에서 *LM*곡선으로 표시된 조합을 그려나갈 수 있다. 즉, *LM*곡선은 단기금융시장의 균형을 초래하는 실질금리와 산출량 갭의 모든 조합을 나타낸다.

*LM*곡선의 이동

생산량 외에 실질잔고에 대한 수요나 공급에 영향을 미치는 요인들이 변화하면 *LM*곡선은 이동하게 된다. 예를 들어, 그림 18A.2는 화폐공급 증가가 *LM*곡선에 미치는 영향을 보여준다. (a)에서, 단기금융시장은 A지점의 균형에서 시작한다. 이후 연준은 실질잔고의 공급을 $(M/P)^S_1$에서 $(M/P)^S_2$로 증가시킨다. 실질금리는 r_1에서 r_2로 하락하고, 단기금융시장의 균형은 B지점에서 회복된다. (b)는 실질화폐잔고 증가의 결과 *LM*곡선이 LM_1에서 LM_2로 우측이동하게 됨을 보여준다. A지점((a)의 A지점에 상응)과 비교할 때, B에서는 산출량 갭은 동일

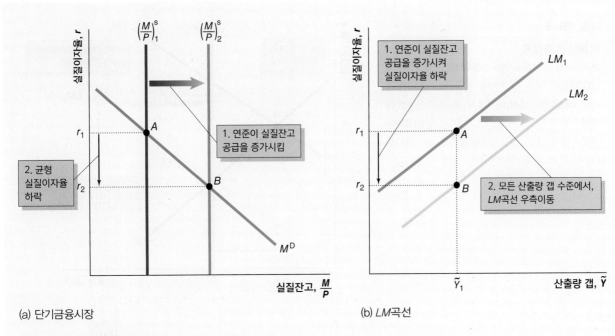

그림 18A.2 *LM*곡선 이동

(a)에서, 단기금융시장은 A지점의 균형에서 시작한다. 이후 연준은 실질잔고의 공급을 $(M/P)^S_1$에서 $(M/P)^S_2$로 증가시킨다. 실질금리는 r_1에서 r_2로 하락하고, 단기금융시장의 균형은 B지점에서 회복된다. (b)는 실질화폐잔고 증가의 결과 *LM*곡선이 LM_1에서 LM_2로 우측이동하게 됨을 보여준다.

하게 유지되지만 실질이자율은 더 낮다.

IS–LM 모형에서 **통화정책**

그림 18A.3에서는 *IS*곡선과 *LM*곡선을 함께 보여준다. 두 곡선이 교차하는 곳에서 상품시장과 단기금융시장 모두의 균형이 달성된다. 이 그래프를 이용해 연준이 (연방기금금리 목표를 하락시키기보다는) 실질잔고 공급을 늘리는 확장적 통화정책을 시행할 때의 효과를 설명할 수 있다. 초기 균형 A지점에서는 실질GDP(Y_1)가 잠재 실질GDP보다 낮은 수준이다. 그림 18A.2에서 보았듯이, 실질잔고 공급의 증가는 *LM*곡선을 우측이동시킨다. 만약 연준이 *LM*곡선이 LM_1에서 LM_2로 이동할 정도로 실질화폐잔고를 충분히 증가시키면, 균형은 B지점으로 이동한다. 여기서 실질GDP는 잠재수준과 같고, 실질금리는 r_1에서 r_2로 하락한다.

그림 18A.3

확장적 통화정책

초기 균형 A지점에서는 실질GDP($\tilde{Y}_1$)가 잠재 실질GDP보다 낮은 수준이다. 실질잔고 공급의 증가로 *LM*곡선은 *LM*$_1$에서 *LM*$_2$로 우측이동한다. 균형은 B지점으로 이동하고, 여기서 실질GDP는 잠재수준과 같고, 실질금리는 r_1에서 r_2로 하락한다.

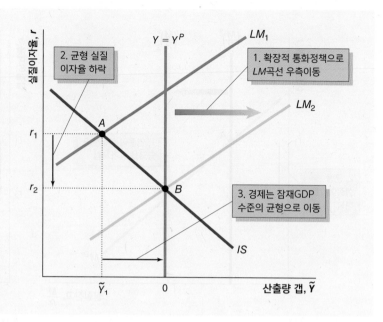

가치 저장(store of value) 미래에 상품과 서비스를 구매하는 데 사용될 수 있는 달러나 다른 자산을 보유함으로써 부를 축적하는 것. 사실상 구매력을 미래로 이전하는 것; 화폐의 기능

개방경제(open economy) 가계, 기업, 그리고 정부가 국제적으로 빌리거나 빌려줄 수 있는 경제

갭 분석(gap analysis) 은행의 변동금리 자산의 달러 가치와 변동금리 부채의 달러 가치 간의 차이 또는 격차에 대한 분석

거래비용(transactions costs) 당사자들이 재화와 용역의 교환을 합의하고 수행하는 과정에서 발생하는 시간 내 비용 또는 기타 자원

거래비용(transactions costs) 무역 또는 금융거래의 비용; 예를 들어, 금융자산을 매매하는 데 부과되는 중개 수수료

거래상대방 위험(counterparty risk) 거래 상대방(거래의 상대방에 있는 사람 또는 회사)이 채무 불이행을 할 위험

결제 시스템(payments system) 경제에서 거래를 수행하는 메커니즘

결제일(settlement date) 선도계약에 명시된 상품이나 금융자산의 인도가 이루어져야 하는 날짜

경기변동(business cycle) 경기확장과 경기침체가 번갈아 일어나는 현상

경제성장(economic growth) 재화와 서비스 생산의 지속적 증가; 통화정책의 목표

계약상 저축기관(contractual saving institutions) 계약 결과로 개인으로부터 자금을 지급 받고 그 자금을 투자하는 데 사용하는 연기금이나 보험회사 같은 금융중개업자

계절신용(seasonal credit) 농업이나 관광이 중요한 지역의 소규모 은행이 이용할 수 있는 재할인대출

계좌 단위(unit of account) 화폐로 경제의 가치를 측정하는 방법; 화폐의 기능

고든 성장 모형(또는 배당-할인 모형) 현재 지급된 배당금, 예상 배당 증가율 및 요구수익률을 사용하여 주식 가격을 계산하는 모형

고유(비시스템) 위험 시장 전체보다는 특정한 자산에만 미치는 위험으로 새로운 상품의 성공 혹은 실패로 인해 주가가 요동치는 경우에 발생함

고정지급대출(fixed-payment loan) 대출자가 대부자에게 원금과 이자금을 합쳐 매번 일정한 금액을 지급하는 부채상품

고정환율제(fixed exchange rate system) 정부가 결정하고 유지하는 수준으로 환율이 정해지는 시스템

공개시장매각(open market sale) 연준의 증권 매각으로 보통 재무부 증권 매각

공개시장매입(open market purchases) 보통 미국 재무부 증권인 연방준비제도의 증권 매입

공개시장운영(open market operations) 일반적으로 금융시장에서 연방준비제도의 미국 재무부 증권의 매입과 매각

공급 충격(supply shocks) 단기 총공급곡선을 이동시키는 예상치 못한 생산비용이나 기술의 변동

공익적 관점(public interest view) 관료들이 대중의 이익을 위해 행동한다고 주장하는 중앙은행 의사결정 이론

관계금융(relationship banking) 은행이 차입자에 대한 개인 정보를 기반으로 신용위험을 평가할 수 있는 능력

관리변동환율제도(managed float regime, dirty float regime 이라고도 불림) 중앙은행이 때때로 환율에 영향을 미치기 위해 개입하는 환율제도

관세(tariff) 정부가 수입품에 부과하는 세금

교환 매체(medium of exchange) 일반적으로 재화와 용역에 대한 지불로 받아들여지는 것; 화폐의 기능

구매력평가(purchasing power parity, PPP) 환율이 서로 다른 통화의 구매력을 균등하게 하기 위해 움직인다는 이론

국립은행(national banks) 연방정부가 허가한 은행

국제수지 계정(balance-of-payments account) 국내 경제와 외국 사이의 모든 민간 및 정부의 자금 흐름을 측정

국제준비금(international reserves, 또는 외환보유고(foreign reserves)) 외화로 표시되고 국제거래에 사용되는 중앙은행 자산

국제통화기금(International Monetary Fund, IMF) 브레튼 우즈협정에 의해 1944년 설립된 다국적 기구로 고정환율제를 관리하고 국제수지 문제를 겪고 있는 국가들에 최종대부기관 역할을 하기 위해 설립됨

규모의 경제(economies of scale) 생산되는 재화나 용역의 양적 증가로 인한 평균 비용 감소

금리스왑(interest-rate swap) 거래상대방이 명목원금이라고 하는 고정된 달러 금액으로 지정된 기간 동안 이자를 교환하기로 합의 하는 계약

금본위제(gold standard) 참가국들의 통화를 합의된 양의 금으로 교환할 수 있는 고정환율제

금융부채(financial liability) 개인이나 법인이 가지는 금전적 청구권

금융시장(financial market) 주식, 채권 및 기타 유가증권의 매수 또는 판매를 위한 장소 또는 통로

금융위기(financial crisis) 금융시스템의 심각한 문제로 인해 대출자에서 차입자로의 자금 흐름이 크게 흐트러지는 상황

금융위기(financial crisis) 대출자에서 차입자로의 자금흐름이 크게 중단되는 것

금융자산(financial asset) 다른 사람에 대한 지급 청구를 나타내는 자산

금융중개기관(financial intermediaries) 저축자에게 자금을 빌려 대출자에 자금을 빌려주는 은행과 같은 금융기관

금융차익거래(financial arbitrage) 단기간에 가격 변동으로부터 이익을 얻기 위해 유가 증권을 사고파는 과정

금융회사(finance company) 기업어음 및 기타 유가 증권의 판매를 통해 자금을 조달하고 그 자금을 가계 및 기업에 소액 대출을 하는 데 사용하는 비은행 금융중개기관

기간 분석(듀레이션 분석; duration analysis) 은행 자본이 시장 이자율의 변화에 얼마나 민감한지를 분석

기간 프리미엄(term premium) 여러 개의 단기채권의 결합보다 장기채권을 매입하는 투자자들이 얻는 추가적인 이자율

기대 이론(expectations theory) 장기채권의 이자율이 장기채권의 만기 이전 기간까지의 단기채권의 기대 이자율의 평균이 이자율의 기간구조임 설명하는 이론

기대수익률(expected return) 미래 기간 동안 자산으로부터 얻을 수 있을 것으로 기대하는 수익률

기업공개(initial public offering, IPO) 회사가 주식을 대중에게 처음 파는 것

내부 정보(inside information) 공개적으로 사용할 수 없는 보안 관련 정보

단기 총공급곡선(short-run aggregate supply (SRAS) curve) 물가수준과 기업이 공급하려는 총 생산량 (또는 실질GDP) 사이의 단기적 관계를 보여주는 곡선

단기금융시장 모형(money market model) 단기 자금의 수요-공급을 통해 단기 명목 금리가 어떻게 정되는지를 보여주는 모형

단순대출(simple loan) 원금이라고 하는 금액을 대출자가 대부자로부터 지급받고 대부자에게 특정일자에 원금을 되갚으면서 이자를 함께 지급하기로 한 부채상품

단순예금승수(simple deposit multiplier) 은행이 신규 지준에 대해 창출한 예금액의 비율

담보(collateral) 차입자가 채무를 불이행 할 경우 대부자가 압류할 수 있도록 차입자가 대부자에게 약속한 자산

당좌예금(checkable deposit) 예금자가 수표를 쓸 수 있는 계정

대규모 개방경제(large open economy) 대부자금의 수요와 공급 변화가 세계 실질이자율에 영향을 미칠 정도로 큰 경제

대마불사 정책(too-big-to-fail policy) 연방정부가 금융시스템을 손상시킬 것을 우려하여 대형 금융회사의 파산을 허용하지 않는 정책

대차대조표 경로(balance sheet channel) 통화정책으로 인한 금리변동이 차입자의 순자산과 지출 결정에 어떤 영향을 미치는지에 대한 설명

대출 채권 판매(loan sale) 은행이 기초 은행 대출의 예상 미래 수익을 제3자에게 판매하기로 동의하는 금융계약

대출약정(loan commitment) 은행이 대출자에게 지정된 기간동안 명시된 양의 자금을 제공하는 것에 대한 합의

도덕적 해이(moral hazard) 사람들이 거래를 시작한 후 상대방을 악화시키는 조치를 취할 위험; 금융시장에서 투자자가 차용인이 자금을 의도한 대로 사용하고 있는지 확인할 때 겪는 문제

디플레이션(deflation) 지속적인 물가수준의 하락 현상

레버리지(leverage) 투자자가 투자를 할 때 얼마나 많은 부채를 부담하는지를 나타내는 척도

롱포지션(long position; 매수포지션) 선물계약에서 구매자가 특정 미래 일에 기초자산을 수취하거나 매입할 권리와 의무

만기수익률(yield to maturity) 자산의 현재가격과 동일한 자산으로부터 얻는 지급액의 현재가치에 대한 이자율

머니마켓 뮤추얼펀드(money market mutual funds) 재무부증권, 양도성예금증서, 기업어음 등 단기자산에만 투자하는 뮤추얼펀드

명목이자율(nominal interest rates) 가격 변화로 인한 구매력 변화를 반영하지 않은 이자율

명목화폐(fiat money) 지폐와 같이 화폐로서의 사용하는 것 외에는 가치가 없는 화폐

명목환율(nominal exchange rate) 다른 통화에 대한 통화의 가격; 환율이라고도 함

물물교환(barter) 개인이 상품과 용역을 직접 다른 상품과 용역과 교환하는 교환 시스템

뮤추얼펀드(mutual funds) 개인 예금자에게 주식을 팔아 자금을 조달하고 주식, 채권, 주택담보대출, 단기사장증권 등 금융자산 포트폴리오에 투자하는 금융중개사

미래가치(future value) 오늘 이루어진 미래의 투자 가치

바젤 협정(Basel accord) 은행 자본 요건에 관한 국제 협정

발행시장(primary market) 주식, 채권 등 유가증권이 처음으로 매매되는 금융시장

배당(dividends) 일반적으로 분기별로 기업이 주주에게 지급하는 지급금

배당금(dividend) 기업이 주주에게 지급하는 것

배당수익률(dividend yield) 예상 연간 배당금을 주식의 현재 가격으로 나눈 값

뱅크런(bank run, 대량인출) 은행에 대한 신뢰를 잃은 예금자 들이 은행을 강제로 폐쇄할 수 있을 만큼 충분한 자금을 동시에 인출 하는 과정

버블(bubble) 자산가격이 지속불가능하게 상승하는 현상

법정화폐(legal tender) 세금 납부할 때 사용 가능하고 개인과 기업이 채무를 갚을 때도 사용할 수 있는 정부가 지정한 통화

벤처캐피탈 회사(venture capital firms) 스타트업에 투자하기 위해 투자자로부터 자기자본을 조달하는 회사

변동환율제도(flexible exchange rate system) 환율이 외환시장에서 결정되는 제도

보증 신용장(standby letter of credit) 은행이 필요에 따라 상업어음 판매자에게 상업어음 만기가 도래할 때 자금을 빌려주겠다는 약속

보험회사(insurance company) 특정 사건과 관련된 재정적 손실 위험으로부터 보험 계약자를 보호하기 위해 계약서를 전문으로 작성 하는 금융중개자

복리화(compounding) 저축이 누적됨에 따라 투자 원금과 이자에 대한 이자를 얻는 과정

본원통화(고성능화폐, monetary base) 유통되고 있는 은행 지준 및 현금통화의 합계

부(wealth) 자산의 총액에서 부채의 총액을 제한 가치

부실 자산 구제 프로그램(Troubled Asset Relief Progrma, TARP) 미 재무부가 은행의 자본을 늘리기 위해 수백 개 은행 주식을 매입하는 정부 프로그램으로 2008년 의회가 제정

부외거래(off-balance-sheet activities) 은행의 자산이나 부채를 증가시키지 않기 때문에 은행의 재무상태표에 영향 을 미치지 않는 활동

부채(liability) 개인이나 회사가 빚진 것

부채-디플레이션 프로세스(debt-deflation process) 자산 가격의 하락과 상품과 서비스의 가격 하락의 주기가 불황의 심각성을 증가시킬 수 있는 어빙 피셔가 처음으로 확인한 과정

부채상품(신용시장 상품, 고정수익 자산, debt instrument) 단순대출, 할인채권, 쿠폰채권, 고정지급대출을 포함한 대출 방법

분리된 시장 이론(segmented markets theory) 특정한 만기의 채권의 이자율은 해당 만기를 가진 채권의 수요와 공급에 의해 결정된다고 하는 이자율의 기간구조에 관한 이론

분산투자(diversification) 위험을 줄이기 위해 많은 다른 자산으로 부를 나누는 것

불태화 외환시장 개입(sterilized foreign exchange intervention) 중앙은행이 본원통화에 대한 효과를 상쇄하는 외환시장 개입

브레튼우즈 시스템(Bretton Woods system) 1945년부터 1971년까지 지속된 환율제도로 각국은 달러 대비 고정 환율로 통화를 매매하기로 약속하고 미국은 외국 중앙은행이 요청하면 달러를 금으로 교환해주기로 약속함

비대칭정보(asymmetric information) 경제 거래의 한 당사자가 다른 당사자보다 더 나은 정보를 가지고 있는 상황

사모펀드 회사(private equity firm) 무임승차 및 도덕적 해이 문제를 줄이기 위해 다른 회사의 주식을 인수하기 위해 자기 자본을 조달하는 회사

사전적 정책방향 제시(forward guidance) 연방공개시장위원회의 향후 통화정책 방향에 대한 진술

산출량 갭(output gap) 실질GDP와 잠재GDP의 백분율 차이

상업은행(commercial bank) 예금을 받아 대출에 활용하는 금융중개 역할을 하는 금융회사

상장기업(publicly traded companies) 미국 주식시장에서 주식을 발행해서 파는 기업. 500만 개가 넘는 미국 기업 중 4,400개만이 상장기업이다.

상품화폐(commodity money) 돈으로 사용하는 것과 무관하게 가치가 있는 돈으로 사용되는 상품

선도계약(forward contracts) 미래의 시간에 합의된 가격으로 자산을 사고파는 계약

선물계약(futures contract) 특정 미래 날짜에 특정 금액의 상품 또는 금융자산을 구매하거나 판매하기 위한 표준화된 계약

소규모 개방경제(small open economy) 대부자금의 수요와 공급량이 너무 적어 세계 실질이자율에 영향을 미치지 못하는 경제

숏포지션(short position; 매도포지션) 선물계약에서 매도인이 특정 미래 일에 기초자산을 매도하거나 인도할 권리와 의무

수익(return) 증권으로부터 얻는 지급액 전부; 1년 동안 채권을 보유하고 있다면, 수익은 쿠폰 이자와 채권의 가격 변동의 합

수익률(rate of return, R) 증권의 수익을 처음 가격으로 나눈 비율; 1년 동안 채권을 보유하고 있다면, 수익은 쿠폰 이자와 채권의 가격 변동의 합을 시초 가격으로 나눈 값

수표(checks) 은행이나 다른 금융기관에 예금된 금액을 지급한다는 약속

순이자마진(net interest margin) 은행이 증권과 대출에 대해 받는 이자와 예금과 부채에 지불하는 이자의 차이를 수익 자산의 총가치로 나눈 값

순자산(net worth) 기업의 자산 가치와 부채 가치의 차이

스왑(swap) 미래의 일정 기간 동안 일련의 현금 흐름을 교환하기로 하는 둘 이상의 거래상대방 간의 계약

승수(multiplier) 균형 GDP 변화를 자율적 지출의 변화로 나눈 값

승수적 예금창출(multiple deposit creation) 은행지준이 증가하면 은행 대출 및 당좌예금이 생성되고 초기 지준 증가의 배수인 화폐 공급의 일부

승수효과(multiplier effect) 자율적 지출의 변화가 더 큰 균형 GDP 변화를 만드는 과정

시스템 위험(systemic risk) 개별 기업이나 투자자가 아닌 전체 금융시스템에 대한 위험

시장(시스템) 위험(market(systematic) risk) 특정한 종류의 모든 자산에 동시적으로 미치는 위험으로, 경기변동에 따른 주가 수익률 등락을 의미함

시장조성자(market maker) 유가 증권의 재고를 보유하고 있으며 유가 증권의 매수자와 매도자 사이의 중개자 역할을 하는 회사

시재금(vault cash) 은행이 보유한 통화

시재금(vault cash) 은행에 있는 현금; ATM의 통화와 다른 은행의 예금을 포함

신디케이트(syndicates) 발행된 증권을 공동으로 인수하는 투자은행 그룹

신용디폴트스왑(credit default swap, CDS) 기초유가 증권의 가격이 하락할 경우 판매자가 구매자에게 지급하도록 요구하는 파생상품. 사실상 보험의 일종

신용스왑(credit swap) 채무불이행 위험을 줄이기 위한 목적으로 이자율 지급을 교환하는 계약

신용위험(credit risk) 차입자가 채무를 불이행할 수 있는 위험

신용위험 분석(credit-risk analysis) 은행 대출 담당자가 대출 신청자를 선별하는 데 사용하는 프로세스

신용제한(credit rationing) 차입자가 주어진 이자율로 원하는 자금을 얻을 수 없도록 대부자에 의한 신용제한

실시간 결제 시스템(real-time payments system) 수 분 내에 수표 및 기타 결제를 사용할 수 있도록 하고 1년 365일 하루 24시간 운영되는 시스템

실질이자율(real interest rates) 가격 변화로 인한 구매력 변화를 반영한 이자율

실질화폐잔고(real money balances) 물가수준으로 조정된 가계와 기업이 보유하고 있는 화폐의 가치; M/P

실질환율(real exchange rate) 한 나라의 상품과 서비스가 다른 나라의 상품과 서비스와 교환될 수 있는 비율

안정화 정책(stabilization policy) 경기변동의 심각성을 줄이고 경제를 안정화시키기 위해 사 용하는 통화 정책이나 재정 정책

양적완화(quantitative easing, QE) 경기를 부양하기 위해 장기 증권을 사들이는 중앙은행 정책

역선택(adverse selection) 투자자가 투자를 하기 전에 저위험 차입자와 고위험 차입자를 구별할 때 겪는 문제

연기금(pension fund) 근로자와 기업의 출연금을 주식, 채권, 주택담보대출 등에 투자하여 근로자의 은퇴 동안 퇴직급여를 지급하는 금융중개기관

연방공개시장위원회(Federal Open Market Committee, FOMC) 공개시장운영을 지휘하 는 12명의 연방준비위원회

연방기금금리(federal funds rate) 은행들이 단기대출에 서로 부과하는 이자율

연방예금보험(federal deposit insurance) 예금계좌 잔액에 대한 최대 250,000달러까지의 정부 보증

연방예금보험공사(Federal Deposit Insurance Corporation, FDIC) 1934년 의회가 상업은행의 예금을 보증하기 위해 설립한 연방정부기관

연방준비은행(Federal Reserve Bank) 연방 준비 제도에서 할인 대출을 실시하는 12개 지역 은행 중 하나

연방준비제도(Federal Reserve System, Fed) 미국의 중앙은행으로 보통 줄여서 '연준'이라고 함.

오쿤의 법칙(Okun's law) 오쿤에 의해 밝혀진 산출량 갭과 경기적 실업률 사이의 통계적 관계

옵션(options) 구매자가 정해진 기간 동안 정해진 가격으로 기초 자산을 사고 팔 수 있는 권리를 갖는 파생상품 계약의 한 유형

옵션 프리미엄(option premium) 옵션 가격

외환시장(foreign exchange markets) 국제 통화가 거래되고 환율이 결정되는 장외 시장

외환시장 개입(foreign exchange market intervention) 환율에 영향을 미치기 위한 중앙은행의 의도적인 조치

요구수익률(required return on equities, r_E) 주식 투자의 위험을 보상하는 데 필요한 기대 수익

우대금리(prime rate) 이전에는 은행이 우량 차입자에게 6개월 대출에 부과하는 이자율; 현재는 은행이 주로 소규모 차입자에게 부과하는 이자율

월스트리트 개혁 및 소비자 보호법(도드-프랭크법, Wall Street Reform and Consumer Protection Act) 2010년 금융 시스템 규제를 개혁하기 위한 2010년 통과된 법

위험(risk) 자산의 수익률에서 불확실의 정도

위험 분담(risk sharing) 저축자가 위험을 분산시키고 이전할 수 있도록 금융시스템이 제공하는 서비스

유동성(liquidity) 자산을 돈으로 쉽게 교환할 수 있는 용이성

유동성 위험(liquidity risk) 은행이 자산을 매각하거나 합리적인 비용으로 자금을 조달하여 현금 수요를 충족하지 못할 가능성

유동성 프리미엄 이론(선호 서식지 이론, liquidity premium theory)(혹은 선호 서식지 이론(preferred habitat theory)) 장기채권의 이자율이 장기채권의 만기 기간동안 기대되는 단기채권의 이자율 평균에 만기가 길어질수록 늘어나는 기간 프리미엄을 더 한 값이 되는 이자율의 기간구조에 관한 이론

유럽중앙은행(European Central Bank, ECB) 유로를 채택한 유럽 국가들의 중앙은행

유럽통화동맹(European Monetary Union) 1992년 단일 유럽시장 이니셔티브에 포함된 계획으로, 이에 따라 환율이 고정되고 궁극적으로 공동통화가 도입됨

유로(euro) 유럽 19개국의 공동통화

유통시장(secondary market) 투자자들이 기존 증권을 사고 파는 금융시장

유한책임(limited liability) 기업 소유주가 기업에 투자한 것보다 더 많은 손실을 입지 않도록 보호하는 법적 조항

은행 레버리지(bank leverage) 자본 대비 자산 비율(자산 대비 자본 비율의 역수)로 은행 레버리지 비율

은행 패닉(bank panic) 많은 은행이 동시에 뱅크런을 경험하는 상황

은행대출 경로(bank lending channel) 통화정책이 상업은행의 대출이나 그림자 금융에 증권을 판매하는 것에 의존하는 차입자의 지출 결정에 어떤 영향을 미치는지에 대한 설명

은행자본(bank capital) 은행의 자산가치와 부채가치의 차이; 자기자본이라고도 함

이사회(Board of Governors) 미국 대통령이 임명한 7명의 위원으로 구성되는 연방준비제도를 지배하는 이사회

이자율(interest rate) 자금을 빌리는 비용(또는 대출에 대한 지불)으로 일반적으로 빌린 금액의 백분율로 표현됨

이자율 위험(interest-rate risk) 시장 이자율의 변화에 따라 이자 위험 재무 자산의 가격이 오르내리는 위험

이자율 위험(interest-rate risk) 시장 이자율의 변화가 은행의 이익이나 자본에 미치는 영향

이자율의 기간구조(term structure of interest rates) 만기는 다르지만 다른 요소는 유사한 채권들 사이의 이자율 관계

이자율의 위험구조(risk structure of interest rates) 만기는 동일하지만 특성들이 다른 채권의 이자율의 관계

이자율평형조건(interest-rate parity condition) 국가별로 유사한 채권의 금리 차이가 향후 환율 변동에 대한 기대감을 반영한다는 명제

이중 은행시스템(dual banking system) 주 정부나 연방정부에 의해 은행이 인가되는 미국의 시스템

인수(underwriting) 투자은행이 발행법인에 새로운 유가 증권의 가격을 보증한 후 이익을 위해 그 유가 증권을 되파는 활동

일물일가의 법칙(law of one price) 동일한 제품은 어디에서나 동일한 가격으로 판매되어야 한다는 기본 적인 경제 개념

일일정산(marking to market) 선물시장에서 거래소가 계약가격의 변동에 따라 구매자의 계정에서 판매자의 계정으로 또는 그 반대로 자금을 이체하는 일일결제

임의보행(random walk) 유가 증권 가격의 예측할 수없는 움직임

자기자본(equity) 기업의 소유권을 주장할 수 있는 권리; 기업이 발행한 주식 그 자체

자기자본수익률(return on equity, ROE) 은행의 세후 이익과 자본 가치의 비율

자본손실(capital loss) 자산의 시장가격이 하락

자본이익(capital gain) 자산의 시장가격이 상승

자본통제(capital controls) 외국 투자자가 국내 자산을 구매하거나 국내 투자자가 해외 자산을 구매하는 것에 대해 정부가 부과하는 제한

자산(asset) 개인이나 법인이 가지고 있는 가치 있는 모든 것

잠재GDP(potential GDP) 모든 기업이 정상적인 생산능력으로 생산할 때 달성되는 실질GDP 수준

장기 총공급곡선(long-run aggregate supply (LRAS) curve) 장기에서 가격수준과 기업이 공급하는 총생산량(또는 실질 GDP) 사이의 관계를 보여주는 곡선

장외시장(over-the-counter market) 컴퓨터로 연결된 딜러들이 금융증권을 사고파는 시장

재무상태표(balance sheet) 특정 날짜에 개인 또는 회사의 재무 상태를 나타내기 위해 개인 또는 회사의 자산과 부채를 나열하는 명세서

재정정책(fiscal policy) 거시경제 정책목표를 달성하기 위해 정부지출과 세금을 변화시키는 것

재할인정책(discount policy) 재할인율과 재할인 대출조건을 설정하는 정책수단

재할인창구(discount window) 연준이 은행의 단기 유동성을 충족시켜 주기 위해 재할인대출을 제공하는 통로

적응적 기대(adaptive expectations) 사람들이 변수의 과거 값만 사용 하여 변수의 미래 값을 예측한다는 가정

전문화(specialization) 개인이 다른 사람에 비해 자신이 가장 뛰어난 능력을 가진 재화나 용역을 생산하는 시스템

전자화폐(e-money) 인터넷을 통해 상품과 서비스를 구매하기 위해 사용하는 디지털 현금; 전자화폐(electronic money)의 줄임말

절상(appreciation, 가치 상승) 다른 통화와 교환하는 통화 가치의 증가

절하(depreciation; 가치 하락) 다른 통화와 교환하는 통화 가치의 감소

정보(information) 대출자에 대한 사실과 금융자산의 수익에 대한 기대

정보비용(information costs) 저축자가 차입자의 신용도를 결정하고 취득한 자금을 어떻게 사용하는지 모니터링하기 위해 발생하는 비용

정책 트릴레마(policy trilemma) 한 나라가 환율 안정, 통화정책 독립, 자유로운 자본흐름을 동시에 가질 수 없다는 가설

정치적 경기 순환(political business cycle) 정책입안자 들이 선거에 앞서 경기 부양을 위해 연준에 금리인하를 촉구할 것이라는 이론

제1차신용(primary credit) 일시적 유동성 문제를 겪는 건전한 은행들이 이용할 수 있는 재할인대출

제2차신용(secondary credit) 제1차신용 이용이 불가능한 은행들이 이용할 수 있는 할인대출

제한적 규약(restrictive covenants)　차입자가 받는 자금의 사용을 제한하는 채권 계약의 조항

주가지수(stock market index)　투자자가 주식 시장의 전반적인 성과를 측정하는 데 사용하는 평균 주가

주식(stock)　기업의 일부 소유권을 나타내는 금융 담보이며, 자본이라고도 함

주식회사(corporation)　사업 실패 시 투자 손실보다 더 큰 손실을 입지 않도록 소유자를 보호하는 법적 형태의 사업체

주인-대리인 관점(principal-agent view)　관료들이 일반 대중의 행복보다는 개인의 행복을 최대화한다고 주장하는 중앙은행 의사결정 이론

주인-대리인 문제(principal-agent problem)　주주(본인)보다 자신의 이익을 추구하는 경영자 (대리인)의 도덕적 해이 문제

중재 해제(disintermediation)　저축자와 차입자가 은행에서 금융시장으로 빠져나가는 것

증거금(margin requirement)　선물시장에서 거래소가 금융자산의 매수인과 매도인에게 요구하는 최소한의 예치금; 증거금은 채무 불이행 위험을 감소시킴

증권(security)　금융시장에서 사고팔 수 있는 금융자산

증권거래소(stock exchange)　거래소에서 대면하여 주식을 사고 팔 수 있는 물리적 장소

증권화(securitization)　거래할 수 없는 대출 및 기타 금융자산을 유가증권으로 전환하는 과정

지급준비제도(reserve requirements)　은행이 당좌예금의 일부를 현금이나 연준 예치금으로 보유해야 한다는 연준의 규제. 2020년 3월 연준은 지급준비금 요건을 없앰

지방채(municipal bond)　지방자치단체가 발행한 채권

지준(reserves)　시재금과 연방 준비 은행 예금으로 구성된 은행 자산

채권(bond)　일정한 금액의 상환 약속을 나타내는 법인이나 정부가 발행하는 금융 담보

채권 등급(bond rating)　신용평가사가 채권 발행자가 원금과 이자를 지불할 능력이 어느 정도 되는지 표현한 통계량

채무불이행 위험(default risk, 혹은 신용 위험(credit risk))　채권 발행자가 이자와 원금 지급을 실패할 위험

초과지준(excess reserves)　은행이 필요지준 이상을 초과한 은행지준. 2020년 3월 기준, 연준이 지준 요구사항을 삭제했기 때문에 모든 은행지준은 초과지준임

초인플레이션(hyperinflation)　매달 인플레이션율이 50%가 넘는 극도로 높은 인플레이션 상태

총공급(aggregate supply)　기업들이 주어진 물가수준에서 공급하고자 하는 총생산량 또는 GDP

총수요 충격(aggregate demand shocks)　*IS*곡선의 이동을 일으키는 총지출 구성요소 중 하나의 변화

총수요(AD)곡선(aggregate demand(AD) curve)　물가수준과 상품 및 서비스에 대한 총지출의 관계를 보여주는 곡선

총자산수익률(return on assets, ROA)　은행의 세후 이익과 자산 가치의 비율

최종 대부자(lender of last resort)　은행 시스템에 대한 궁극적인 신용의 원천 역할을 하는 중앙은행으로, 좋지만 유동적이지 않은 대출에 대해 상환 능력이 있는 은행에 대출을 한다.

콜옵션(call option)　구매자에게 정해진 기간 동안 정해 진 가격으로 기초 자산을 살 수 있는 권리를 부여하는 파생상품 계약의 한 유형

쿠폰채권(coupon bond)　반년 혹은 일 년에 한 번씩 이자를 정기적으로 지급하고 만기에 액면가를 상환하는 부채상품

쿼터(quota)　정부가 수입할 수 있는 상품의 수량에 부과하는 제한

태화 외환시장 개입(unsterilized foreign exchange intervention)　중앙은행이 본원통화에 대한 효과를 상쇄하지 않는 외환시장 개입

통과 대 예금 비율(currency-to-deposit ratio, C/D)　수표발행 예금 보유 D에 대한 비은행 기관의 통화 보유량 C의 비율

통화량(monetary aggregate)　현금보다 더 넓은 의미의 통화의 양으로, M1과 M2로 불림

통화스왑(currency swap)　거래상대방이 서로 다른 통화로 표시된 원금을 교환하기로 합의하는 계약

통화정책(monetary policy)　연방준비제도이사회(FRB)가 거시경제 정책 목표를 추구하기 위해 통화공급 및 이자율을 관리하기 위해 취하는 조치

투기(speculate)　자산 가격의 움직임에서 이익을 얻으려는 시도로 선물이나 옵션계약을 매매할 때와 같이 금융 베팅을 하는 것

투기 버블(bubble)　자산의 가격이 자산의 기초가치보다 훨씬 높게 상승하는 상황

투자기관(investment institute)　뮤추얼펀드나 헤지펀드와 같

이 대출과 증권에 투자하기 위해 자금을 조달하는 금융기관

투자은행업(investment banking) 특히 인수 합병과 관련하여 신주 발행을 이해하고 고객에게 조언과 금융서비스를 제공하는 것을 포함하는 금융 활동

파산상태(insolvent) 기업의 자산이 부채보다 가치가 적기 때문에 은행이나 다른 기업이 음(-)의 순자산을 보유하는 상황

파생상품(derivative securities, 또는 derivatives) 주식이나 채권과 같은 기초자산에서 경제적 가치를 파생시키는 선물계약이나 옵션계약과 같은 자산

페깅(pegging) 한 나라가 자국통화와 외국통화 사이의 환율을 고정시키는 것

평가절상(revaluation) 한 국가 통화의 공식가치를 다른 통화 대비 높이는 것

평가절하(devaluaton) 한 국가 통화의 공식가치를 다른 통화 대비 낮추는 것

폐쇄경제(closed economy) 가계, 기업, 그리고 정부가 국제적으로 빌리거나 빌려줄 수 없는 경제

포트폴리오(portfolio) 주식 및 채권과 같은 자산 모음

풋옵션(put option) 구매자에게 정해진 기간 동안 정해진 가격에 기초 자산을 판매할 수

피셔 효과(Fisher effect) 어빙 피셔가 주장한 이론으로, 명목이자율이 기대 인플레이션율의 변화에 일대일로 반응하는 것을 의미

필립스곡선 산출량 갭(또는 실업률)과 인플레이션율 사이의 단기 관계를 보여주는 곡선

필요지준(required reserves) 연준이 은행에 요구불예금 및 NOW 계정 잔고에 대해 보유하도록 요구하는 지준; 2020년 3월부터 은행은 더 이상 지준을 보유할 필요가 없음

필요지준율(required reserve ratio) 연준이 은행이 지준으로 보유해야 한다고 지정하는 당좌예금의 백분율. 2020년 3월 현재 필요지준율은 0과 같음

할인(discounting) 미래에 지급되거나 받을 자금의 현재가치를 결정하는 과정

할인대출(discount loan) 일반적으로 상업은행에 대한 연방준비제도 대출

할인율(discount rate) 연방준비제도가 할인 대출에 부과하는 이자율

할인채권(discount bond) 대출자가 만기에 한번에 대출금 전

부를 되갚지만 처음에는 액면가 이하로 지급받는 부채상품

합리적 기대(rational expectations) 사람들이 사용 가능한 모든 정보를 사용하여 변수의 미래 값을 예측한다는 가정; 공식적으로 모든 이용 가능한 정보를 사용하여 기대치가 최적의 예측과 같다는 가정

행동재무(behavioral finance) 금융시장에서 사람들이 선택하는 방식을 이해하기 위해 행동 경제학의 개념을 적용

행사가격(strike price 또는 exercise price) 옵션 매수자가 기초 자산을 매수 또는 매도할 수 있는 권리가 있는 가격

헤지(hedge) 예를 들어, 투자자 포트폴리오의 다른 자산 가치가 하락할 때 가치가 증가하는 파생상품 계약을 구매함으로써 위험을 줄이기 위한 조치를 취하는 것

헤지펀드(hedge funds) 비교적 고위험의 투기적 투자를 하는 부유한 투자자들의 파트너십으로 조직된 금융회사

현금통화(currency in circulation) 연준 밖에서 유통되는 지폐

현물가격(spot price) 상품 또는 금융자산이 현재 날짜에 판매될 수 있는 가격

현재가치(present value) 미래에 지급되거나 수령될 오늘의 자금 가치

화폐(money) 재화와 용역에 대한 지불이나 빚을 갚기 위해 일반적으로 받아들여지는 모든 것

화폐공급(money supply) 경제에 공급된 화폐의 총량

화폐수량이론(quantity theory of money) 화폐의 유통속도가 주로 제도적 요인에 의해 결정되므로 단기적으로 거의 일정하다는 가정하에서 화폐와 물가 사이의 연관성을 설명하는 이론

화폐의 시간가치(time value of money) 지급을 받은 시기에 따라 지급액이 달라지는 방식

화폐의 중립성(monetary neutrality) 화폐공급 증가(감소)가 장기에 물가수준을 상승(하강)시키기지만 균형 생산량은 변화하지 않기 때문에, 화폐공급 변화는 장기에 생산량에 영향을 미치지 않는다는 명제

확산(contagion) 은행 패닉이 발생되는 원인으로 한 은행의 뱅크런이 다른 은행으로 퍼지는 과정

환율(foreign exchange) 외국화폐의 단위

환율위험 환율 변동으로 인해 투자자 또는 기업이 손실을 입을 위험

환율제도(exchange rate regime) 국가 간 환율과 상품 및 자

본의 흐름을 조정하는 시스템

효율적 시장 가설(efficient markets hypothesis) 금융시장에 합리적 기대 적용; 유가 증권의 균형가격이 증권의 기초 가치와 같다는가설

후불 기준(standard of deferred payment) 시간이 지남에 따라 환전을 촉진하는 화폐의 특성; 화폐의 기능

IS–LM 모형 중앙은행이 화폐공급을 타겟으로 한다고 가정하는 총수요의 거시경제모형

IS–MP 모형 상품시장의 균형을 나타내는 *IS*곡선, 통화정책을 나타내는 *MP*곡선, 그리고 산출량 갭(실제 실질GDP와 잠재 실질GDP의 백분율 차이) 과 인플레이션율 사이의 단기 관계를 나타내는 필립스곡선으로 구성된 거시경제모형

IS곡선 *IS-MP* 모형에서 상품 및 서비스 시장의 균형을 나타내는 실질이자율과 총생산량의 조합을 보여주는 곡선

LM곡선 통화시장의 균형을 만드는 이자 율 과 산출량 갭의 조합을 보여주는 곡선

M1 통화공급의 좁은 정의: 유통 중인 통화와 당좌예금 및 은행의 저축계좌의 합계

M1 통화(currency in M1) 비은행 기관이 보유한 통화

M2 통화공급의 넓은 정의: M1에 포함된 모든 자산에 10만 달러 미만의 정기예금과 비제도권 MMF 지분을 포함함

MP곡선 *IS-MP* 모형에서 연준의 통화정책을 나타내는 곡선

T–계정(T-account) 대차 대조표 항목의 변경 사항을 표시하는 데 사용되는 회계 도구

찾아보기